Christopher Erhard
Denken über nichts – Intentionalität und Nicht-Existenz bei Husserl

Quellen und Studien zur Philosophie

Herausgegeben von
Jens Halfwassen, Dominik Perler
und Michael Quante

Band 118

Christopher Erhard
**Denken über nichts –
Intentionalität und
Nicht-Existenz bei Husserl**

—

DE GRUYTER

Gedruckt mit Unterstützung des Förderungs- und Beihilfefonds Wissenschaft der VG Wort.

ISBN 978-3-11-055453-3
e-ISBN 978-3-11-034584-1
ISSN 0344-8142

Library of Congress Cataloging-in-Publication Data
A CIP catalog record for this book has been applied for at the Library of Congress.

Bibliografische Information der Deutschen Nationalbibliothek
Die Deutsche Nationalbibliothek verzeichnet diese Publikation in der Deutschen Nationalbibliografie; detaillierte bibliografische Daten sind im Internet über http://dnb.dnb.de abrufbar.

© 2017 Walter de Gruyter GmbH, Berlin/Boston
Dieser Band ist text- und seitenidentisch mit der 2014 erschienenen gebundenen Ausgabe.
Druck: Hubert & Co. GmbH & Co. KG, Göttingen
♾ Gedruckt auf säurefreiem Papier
Printed in Germany

www.degruyter.com

Also „Bewußtsein von etwas" ist ein sehr Selbstverständliches und doch zugleich höchst Unverständliches. Die labyrinthischen Irrwege, in welche erste Reflexionen führen, erzeugen leicht eine Skepsis, welche die ganze unbequeme Problemsphäre negiert. (Hua III/1, 201)

Edmund Husserl: *Ideen I*, § 87

Wenn wir sagen, meinen, daß es sich so und so verhält, so halten wir mit dem, was wir meinen, nicht irgendwo vor der Tatsache: sondern meinen, daß das und das – so und so – ist. – Man kann aber dieses Paradox (welches ja die Form einer Selbstverständlichkeit hat) auch so ausdrücken: Man kann denken, was nicht der Fall ist.

Ludwig Wittgenstein: *Philosophische Untersuchungen*, § 95

Vorwort

Die vorliegende Arbeit ist eine überarbeitete Version meiner 2012 an der Fakultät für Philosophie, Wissenschaftstheorie und Religionswissenschaft der Ludwig-Maximilians-Universität München eingereichten Dissertation „Denken über nichts. Intentionalität und das Problem der Nicht-Existenz bei Husserl".

Mein besonderer Dank gilt Professor Thomas Buchheim, der die Arbeit stets mit großem Interesse und kritischem Auge verfolgt und auch darüber hinaus mit Unterstützung, Rat und Tat zur Seite gestanden hat. Auch meiner Zweitbetreuerin Professor Verena Mayer bin ich zu großem Dank verpflichtet. In ihren intensiven Lektüreseminaren zur Husserl'schen Phänomenologie habe ich viel gelernt.

Der Hans-Rudolf-Stiftung danke ich für zeitweilige finanzielle Unterstützung während des Schreibens der Arbeit. Für die rasche und unkomplizierte Aufnahme des Buches in die Reihe „Quellen und Studien zur Philosophie" danke ferner ich den Herausgebern der Reihe sowie dem deGruyter-Verlag, insbesondere Frau Dr. Gertrud Grünkorn. Der VG Wort (Förderungs- und Beihilfefonds Wissenschaft) danke ich für einen Druckkostenzuschuss.

Ich widme dieses Buch meinen Eltern, Joachim und Sylvia Erhard, sowie meiner geliebten Frau, Marisa Scherini.

München, im Mai 2014

Inhalt

A Einleitung – Viel Lärm um Nichts? — 1

B Das Problem der Nicht-Existenz — 5
   I   Denken über nichts? — 5
       1 Das Problem — 5
       2 Lösungsvorschläge — 8
       3 Relationalität *au fond?* — 21
       4 Intentionalität als intrinsische Eigenschaft — 29
   II Brentanos Vermächtnis: Intentionalität und Nicht-Existenz — 33
   III Freges Rätsel — 39
   IV Theorien der Intentionalität vis-à-vis Nicht-Existenz — 40
       1 Reiner Relationalismus — 41
       2 Nicht-relationale Theorien — 50
       3 Mischformen — 54
   V Terminologisches — 55
       1 Intentionale Objekte, Entitäten, Realismus und Nihilismus — 55
       2 Nichts in Hülle und Fülle — 62
   VI Das Problem der Nicht-Existenz bei Husserl — 66
   VII Zusammenfassung und weiteres Vorgehen — 80

C Ontologie der Phänomenologie — 83
   I   Formale Ontologie: Mereologie und Fundierung — 83
       1 Teile — 85
       2 Fundierung — 89
   II Materiale Ontologie: Realia, Irrealia und Bewusstsein — 95
       1 Zwei Argumente für Irrealia — 99
       2 Irrealia und Realia — 111
          § 1 Irrealia im Überblick — 112
          § 2 Der Primat der Realia — 123
          § 3 Akte und (ihre) Irrealia — 129
       3 Gegenständlichkeit — 131
       4 Phänomenologische Ontologie des Bewusstseins — 137
   III Zusammenfassung und Ausblick — 193

D Das Problem der Nicht-Existenz in Husserls Phänomenologie — 198
   I   Die Logik der Nicht-Existenz – Wahrheit unter Assumption — 198
       1 Was sind „Vorstellungen"? — 199

2   Erste Schritte: *Der Folgerungskalkül und die Inhaltslogik* (1891) —— 202
3   Das Paradox gegenstandsloser Vorstellungen (PgV) —— 208
4   Husserls Lösung des Paradoxons und die Theorie assumptiver Urteile —— 213
    § 1 Kritik am Relationalismus —— 213
    § 2 Assumptionen —— 227
        1   Husserls Explikation von Antithese und These des PgV —— 228
        2   Spielarten von „Assumptionen": Hypothetische, essentiale und analytische Urteile —— 231
5   Intentionalität, Assumption und Identität —— 252
6   Zusammenfassung und Ausblick —— 255

II Die Phänomenologie der Nicht-Existenz – Intrinsische Intentionalität —— 258
1   Das Problem der Nicht-Existenz in den *Untersuchungen* —— 259
    § 1 Vorbemerkung: Gegenstandslose Vorstellungen in den *Untersuchungen* —— 259
    § 2 Aktanalyse I —— 262
        1   „Inhalt" —— 263
        2   Intentionalität als Akt-Moment —— 265
        3   Die Jupiter-Passage, Adverbialismus und Non-Relationalismus —— 278
        4   Das Speziesmodell der Intentionalität —— 285
        5   Erlebnisse und ihre Identitätsbedingungen —— 295
        6   Mehr zur Struktur intentionaler Erlebnisse —— 315
    § 3 Leeres Denken und *impossibilia* —— 323
    § 4 Zusammenfassung und Ausblick —— 332
2   Das Problem der Nicht-Existenz in den *Ideen* —— 338
    § 1 Aktanalyse II —— 347
        1   Noemata als „gebundene Idealitäten" —— 347
        2   Noesen I: Konstitution, Hylemorphismus & Egologie —— 383
        3   Noesen II: „Thesis" und „Doxa" – die Einheit der intentionalen Modi —— 396
    § 2 Phantasie und *imaginabilia* —— 402
    § 3 „Kardinale Unterschiede" —— 422
    § 4 Kausalität, Motivation & Intentionalität —— 428
    § 5 Zusammenfassung und Ausblick —— 439

3 Das Problem der Nicht-Existenz in Husserls später
Phänomenologie —— **443**
§ 1 Wahrnehmung, Phantasie und fiktionale Rede —— **446**
1 *Beziehende Wahrnehmung und der Außenhorizont* —— **446**
2 *Die Reichweite anschaulicher Einheiten* —— **448**
3 *Phantasie und fiktionale Rede* —— **455**
§ 2 Wirklichkeits- und Vergleichungsrelationen —— **466**
§ 3 *Ficta* als Entitäten im Spätwerk —— **470**
§ 4 Zusammenfassung und Ausblick —— **484**

E Veridische Phänomenologie, Relationalität und Existenz —— **487**
I Erfüllung und Evidenz —— **490**
1 Allgemeines zu Erfüllung und Evidenz —— **490**
2 e erfüllt e* —— **494**
3 Evidenz —— **501**
II Intentionale Objekte (oder: Konstitution im weiten Sinne) —— **512**
1 Synthesen über Synthesen —— **514**
2 Intentionale Objekte als „Identitätspole" im Horizont des „Ich kann" —— **520**
III Konstitution im prägnanten Sinne —— **524**
IV Relationalität und kognitive Teleologie —— **536**
1 Die Relationalität „triftiger" Intentionalität —— **537**
2 Mundaner Relationalismus? —— **540**
3 Kognitive Teleologie —— **549**
V Zusammenfassung und Ausblick —— **551**

F Rück- und Ausblick —— **556**

Literatur —— 568
I Siglen —— **568**
1 Husserl —— **568**
Husserliana —— **568**
Materialien —— **570**
Briefwechsel —— **571**
Außerhalb der Husserliana —— **571**
2 Sonstige Siglen —— **571**
II Weitere Literatur —— **572**

Personen- und Sachregister —— 590

A Einleitung – Viel Lärm um Nichts?

Und so haben wir unzählige intuitive und konzeptive Denkakte, die gegenstandslos sind. Gegenstandslos, sofern die Gegenstände, die da vorgestellt und gedacht sind, gar nicht sind. Und doch nicht gegenstandslos, sofern in allen ein Gegenstandsbewußtsein vorliegt: In der Halluzination steht uns ein Gegenstand vor Augen, im falschen Urteil ist ein gedanklicher Sachverhalt geglaubt. Auf Sachen beziehen sich also die Akte, die wir Denkakte nennen, in jedem Fall. Zum Wesen des [...] Aktes gehört es, Bewußtsein von Gegenständlichkeit zu sein. Aber wie ist das zu verstehen? (Hua XXIV, 153)	A relational account of the intentionality of mental acts, however, runs immediately into the formidable problem of nonexistent objects. This problem arises because the nature of relations clashes with the nature of intentionality. Relations seem to require existing terms, while mental acts can intend nonexistent objects and circumstances. Can theses two features be reconciled? I do not think so. *Reinhardt Grossmann* (1984a, 45)

Gute philosophische Probleme erkennt man häufig an *drei Merkmalen: erstens* daran, dass sie bereits im Frühstadium der Philosophiegeschichte ihren ersten Auftritt gehabt haben; *zweitens* daran, dass sie, ungeachtet kürzerer oder längerer Latenzphasen, stets aufs Neue und in wechselnder Gestalt ins Rampenlicht philosophischer Reflexion treten. *Drittens* zeichnen sie sich dadurch aus, dass es sich bei ihnen nicht um isolierte Probleme handelt, sondern dass sie vielmehr grundlegende Fragen des menschlichen Selbstverständnisses und seines ‚In-der-Welt-Seins' betreffen. Das hier behandelte *Problem der Nicht-Existenz* ist, in seiner Verflochtenheit mit der Idee der Intentionalität, der „Gerichtetheit" des Geistes auf etwas, so eine wesentliche These dieses Buches, ein gutes philosophisches Problem in diesem dreifachen Sinne.

Dieses Problem tritt im Wesentlichen in zwei Varianten auf, nämlich *einerseits* in Gestalt der Frage, ob und ggf. wie *Wahrheiten* über Nicht-Existierendes zu verstehen sind. Denn wenn etwas nicht existiert, also überhaupt nicht ist und nicht zur Welt gehört, wie kann es dann Eigenschaften haben, die wir ihm in wahren Urteilen zuschreiben? Wie kann es sein, dass James Bond gerne Wodka Martini trinkt, wenn es ihn gar nicht gibt? *Andererseits* ist es bereits ein Problem, zu verstehen, ob und ggf. wie es möglich ist, an Nicht-Seiendes überhaupt zu *denken*. Denn was liegt näher, als zu sagen, alles Denken sei Denken *an* etwas und somit eine *Relation* (eine Beziehung, Verbindung oder ein Verhältnis zwischen Denker/Denkakt und Denkobjekt)? Aber nun scheint es geradezu selbstverständlich zu sein, dass eine Relation nur zwischen existierenden Dingen bestehen kann – ganz so, wie eine Brücke nicht ohne ihre Pfeiler stehen kann. Auf der einen Seite gibt es also das *Problem der Wahrheit über*, auf der anderen Seite das *Problem des Denkens an* nicht-existierende Objekte.

Bereits zu Beginn der (abendländischen) Philosophie lassen sich beide Varianten des Problems der Nicht-Existenz nachweisen. So kann der vorsokratische Philosoph Parmenides als erster ‚Denker der Nicht-Existenz' in der Philosophie angesehen werden, dicht gefolgt von Sokrates und Platon, die sich an beiden Spielarten abgemüht haben. Einen erneuten Höhepunkt erleben diese Probleme im 19. Jahrhundert und in der ersten Hälfte des 20. Jahrhunderts in der deutschsprachigen Philosophie auf dem europäischen Festland. Viele Philosophen und philosophierende Psychologen bemühten sich in dieser Zeit darum, Logik und Philosophie ein wissenschaftliches Fundament zu errichten, wobei ein zentrales Augenmerk auf die Klärung von grundlegenden Begriffen wie „Vorstellung", „Bedeutung", „Begriff", „Gedanke", „Urteil", „Gegenstand" und „Wahrheit" gelegt wurde. Zu dieser Strömung können Autoren wie Bernard Bolzano, Franz Brentano, Edmund Husserl, Kasimir Twardowski, Alexius Meinong, aber auch Gründungsfiguren der sog. ‚analytischen Philosophie' wie Gottlob Frege, Bertrand Russell oder Ludwig Wittgenstein gerechnet werden. Interessanterweise beschäftigt sich eine Mehrzahl dieser Philosophen mehr oder weniger ausführlich mit Spielarten des Problems der Nicht-Existenz, wobei mitunter radikal entgegengesetzte Positionen entstehen. Aber auch in der zweiten Hälfte des 20. und zu Beginn des 21. Jahrhunderts lebt dieses Problem hartnäckig weiter. In den letzten Jahren lässt sich sogar eine gewisse Renaissance des Problems des Nicht-Seins, insbesondere innerhalb der Philosophie des Geistes, beobachten, was exemplarisch die neueren Arbeiten von Tim Crane, Uriah Kriegel, Wolfgang Künne, A. D. Smith, Amie Thomasson, Lilian Alweiss, Wayne Davis, Colin McGinn, Graham Priest und Ed Zalta zeigen.[1]

Allerdings wäre ein gutes philosophisches Problem kein solches, wenn es neben seiner ehrwürdigen Geschichte nicht an profunde Fragen rührte, die unser Selbstverständnis als bewusste Wesen in der Welt betreffen. Darauf weisen die obigen Zitate Husserls hin. Denn einer zentralen Idee der (Husserl'schen) Phänomenologie zufolge ist in der sog. „Intentionalität" oder „Bezogenheit" des Bewusstseins auf Objekte ein, wenn nicht sogar *das* entscheidende Merkmal des Mentalen zu finden: wir sehen, denken und fühlen niemals simpliciter, sondern wir sehen, fühlen und denken immer *(an) etwas*. Es scheint zur Natur solcher, wie Brentano sagt, „psychischen Phänomene" zu gehören, auf etwas anderes „gerichtet" zu sein: Bewusstsein ist immer Bewusstsein *von* etwas – und das scheint

---

[1] Vgl. auch die aktuelle Ausgabe des *International Journal for Philosophical Studies* 21. Nr. 3, die dem Thema Intentionalität gewidmet ist und in der das Problem der Nicht-Existenz eine zentrale Rolle spielt. In vielen Debatten bildet das Problem der Nicht-Existenz eine Art Leitmotiv, so z. B. in der Philosophie der Wahrnehmung in Gestalt des Problems der Halluzination/Illusion, oder in der Sprachphilosophie in Form des Problems nicht-referierender Ausdrücke.

auch dann zu gelten, wenn es tatsächlich kein Objekt außerhalb des Bewusstseins gibt. Wenn nun, erstens, Intentionalität ein wesentlicher Aspekt bewusster Subjekte in der Welt ist, und wenn es, zweitens, für Intentionalität ihrerseits wesentlich ist, auf nicht-existierende Objekte gerichtet sein zu können, dann folgt, dass das Problem der Nicht-Existenz nicht nur ein spitzfindiges Rätsel der Philosophie darstellt, sondern gleichsam unser ureigenes Selbstverständnis betrifft. Das sieht man nicht zuletzt daran, dass die „Gerichtetheit" auf Nicht-Seiendes tatsächlich häufiger vorkommt, als es zunächst erscheinen mag. So involviert z. B. jede Absicht eine „Gerichtetheit" auf etwas Zukünftiges, also etwas, das (noch) nicht ist und vielleicht niemals eintreten wird. Jedes Handeln, Planen, Erwarten und Antizipieren bezieht sich demnach auf nicht-existierende *futurabilia* – und was wäre menschliche Existenz ohne diese geistigen Tätigkeiten? Ferner geht es in fundamentalen Fragen wie z. B. der Frage nach der Existenz eines Gottes um Sein oder Nicht-Sein. Egal ob Gott nun existiert oder nicht – denken können wir offenbar unabhängig davon an ihn. Ja, jedes wahre negative (Existenz-)Urteil scheint die Möglichkeit, an etwas, das es nicht gibt, denken zu können, vorauszusetzen – denn sollte der Atheist mit seinem Urteil „Gott existiert nicht" Recht haben, dann denkt er dabei gleichwohl an Gott (woran sonst?). Auch wenn wir uns irren und täuschen, sind wir auf etwas gerichtet, das nicht existiert: erscheint mir ein Stab wie gebrochen, so erscheint mir ein gebrochener Stab, den es (so) nicht gibt – in solchen Fällen könnte man von *falsa*, *errata* oder *simulacra* sprechen. Parmenides scheint sich also geirrt zu haben, als er behauptete, man könne an Nicht-Seiendes nicht einmal denken. Alexius Meinong, einer der größten Fans nicht-existierender Objekte, hat sogar behauptet, dass nichts „gewöhnlicher" sei, „als etwas vorzustellen oder über etwas zu urteilen, was nicht existiert" (Meinong 1971, 382). Ähnlich geht Jean-Paul Sartre in seinem Hauptwerk mit dem vielsagenden Titel „Das Sein und das Nichts" davon aus, dass intentionale Wesen beständig von einem regelrechten „Gewimmel" von sog. „Negatitäten" (vgl. EN, 75 ff.) umgeben sind.

Die vorliegende Arbeit platziert sich *systematisch* an dem Schnittpunkt zwischen dem Problem der Nicht-Existenz und der Intentionalität des Geistes. Zugleich wird in ihr versucht, dieses Problem *historisch* auf den wohl wichtigsten Philosophen der phänomenologischen Tradition zu beziehen, nämlich auf Edmund Husserl (1859–1938). Husserl eignet sich besonders gut dafür, weil er, wie es zu zeigen gilt, dieses Problem sehr ernst nimmt und es ein steter Begleiter seiner Analysen ist. Es ist nicht nur der *agent provocateur*, sondern auch ein *basso continuo* in seiner Phänomenologie der Intentionalität. Entgegen relationalen und externalistischen Theorien des Geistes, die bis heute en vogue sind, allerdings zunehmend in die Kritik geraten, entwickelt Husserl eine nicht-relationale Theorie der Intentionalität, die von dem Credo geleitet ist, dass Denken an etwas nicht dadurch bestimmt ist, wie die Welt außerhalb des Subjekt *an sich ist*, sondern dadurch, wie sie dem Subjekt *gegeben ist* oder *erscheint*. Intentionalität ist in diesem Sinne eine subjektive Tatsache, ein phänomenologisches Datum. Das Problem der Nicht-Existenz trägt dazu bei, diese bewusste Perspektive besser zu verstehen. Nach einer Skizze der philosophischen Optionen, die sich im Kontext des Problems der Nicht-Existenz ergeben (Kap. B), gehe ich in den nachfolgenden Kapiteln C-E ausführlich darauf ein, wie sich Husserls Phänomenologie dazu in Beziehung setzen lässt.

B Das Problem der Nicht-Existenz

I Denken über nichts?

1 Das Problem

Viele alltägliche, wissenschaftliche und philosophische Diskussionen kreisen um Existenzfragen: Gibt es den Yeti? Gibt es Sherlock Holmes – oder ist er nur etwas ‚in unseren Köpfen'? Existiert das Higgs-Teilchen? Gibt es extraterrestrische Lebewesen? Existieren die Zahlen wirklich? Wie steht es mit Gott und Teufel?

Bevor man anfängt, Gründe für oder wider die Existenz der fraglichen Dinge abzuwägen, kann man sich fragen, was es eigentlich heißen soll, an etwas zu denken und über etwas zu sprechen, das nicht existiert. Diese Frage scheint sogar einen Vorrang vor der eigentlichen Existenzfrage zu haben.

Denn um überhaupt entscheiden zu können, was es gibt und was nicht, muss man offenbar in der Lage sein, an die entsprechenden Objekte zu denken; andernfalls ist unklar, *wessen* Existenz auf dem Spiel steht. Aber wie geht das zu, wenn die fragliche Sache gar nicht existiert? Wie kann man an etwas denken und über etwas sprechen, das es überhaupt nicht gibt? Es gibt doch immer positive und wahre, wenn auch mitunter vage und unbestimmte, *Antworten* auf die Frage „Woran denkt S?", wenn S überhaupt denkt. An oder über nichts kann man eben nicht denken. Heißt das, dass es *alles* gibt, woran gedacht werden kann, und dass manches von dem, was es gibt, existiert, während anderes eben nicht existiert?

Schon Platon/Sokrates – und vor ihnen Parmenides – haben auf dieses Problem aufmerksam gemacht. Nach Parmenides können wir nur an Seiendes denken – eine These, die im Dialog *Theaitetos* aufgegriffen wird:

> Sokrates: Und wer Nicht-Seiendes denkt, der denkt nichts? – Theaitetos: So scheint es.
>
> Sokrates: Wer aber nichts denkt, der denkt überhaupt nicht. – Theitetos: Offenbar, wie wir sehen.
>
> Sokrates: So ist es demnach nicht möglich, das Nicht-Seiende zu denken, weder von etwas, das ist, noch auch an und für sich.[2]

---

[2] *Theaitetos* 189 a. Vgl. *Sophistes* 237b-e. Zu Parmenides vgl. das Lehrgedicht *Über das Sein* (2000). Zum Problem des Nicht-Seins in der Antike vgl. Denyer 1991 und Caston 1998. Eine semiotische Variante von Platons Rätsel findet sich in Augustinus' *De Magistro* (2010), § 3: Da alle Worte Zeichen sind und Zeichen ein Bezeichnetes voraussetzen, kann es keine Worte für nicht-existierende Objekte geben. Zur Intentionalität im Mittelalter vgl. Perler 2004.

B Das Problem der Nicht-Existenz

Über etwas zu sprechen und an etwas zu denken, das nicht existiert, scheint eine Art Kollaps mit sich zu bringen. Es sieht so aus, als sei man gezwungen, eine Art *minimales Sein* für jedes Objekt des Denkens und Sprechens anzunehmen, um das zu vermeiden.

Mehr als 2000 Jahre nach Parmenides, Sokrates und Platon hat Willard van Orman Quine in seinem berühmten Essay „On What There Is" ein vergleichbares dialektisches Szenario entworfen. Dabei stehen sich zwei Diskutanten A und B gegenüber, von denen A die Existenz von etwas behauptet, B diese hingegen leugnet. Angenommen, B hat Recht, und es gibt die fragliche Sache X, z. B. Pegasus, nicht. Wenn man nun die simple Frage aufwirft, *worüber* eigentlich debattiert worden ist, wird die Situation rätselhaft. Denn wenn Pegasus nicht existiert, worüber haben A und B dann gesprochen? Offenbar über Pegasus. Aber der existiert doch nicht! Woran liegt es, dass ein Denken und Sprechen sich auf X bezieht, obgleich X nicht existiert? Nach Quine hat dabei der Diskutant, der die Existenz bejaht, *prima facie* Oberwasser, weil er seinem Opponenten entgegenhalten kann, dieser leugne etwas, das doch auf gewisse Weise sein muss, damit er es überhaupt leugnen kann. Dieses Problem bezeichnet Quine als „das alte platonische Rätsel des Nicht-Seins" bzw. knapper als „Platons Bart", an dem das Ockham'sche Rasiermesser stumpf wird: „In gewissem Sinn muß Nicht-Sein sein; was andernfalls wäre das, was nicht ist?" (Quine 1979, 9)[3]

Das Problem, das in diesen scheinbar spitzfindigen Vexierfragen zum Ausdruck kommt, nämlich wie man sich denkend und sprechend auf etwas beziehen oder – wie es in der phänomenologischen Tradition heißt – *intentional „richten"* kann, das nicht existiert, wird von nun an als das *Problem der Nicht-Existenz* bezeichnet.[4]

Aber was genau ist problematisch an diesem Problem? Das Problem der Nicht-Existenz ist deshalb ein philosophisches Problem, weil es die *grundlegende Struktur* von Denken und Sprechen betrifft. Im Kern besteht es darin, dass Denken und Sprechen eine *relationale Struktur* zu haben scheinen, die sich nicht damit verträgt, dass nur *ein* Relatum existiert.

---

3 Vgl. ähnlich Moore 1958, 289: „It seems, therefore, as if to say of anything whatever that we can mention that it absolutely *is not*, were to contradict ourselves: as if absolutely everything we can mention must *be*, must have some kind of being."

4 Der Singular soll nicht suggerieren, dass es keine anderen Probleme im Umkreis der Nicht-Existenz gibt – Probleme, die primär metaphysischer Natur sind. Man denke z. B. an Leibniz' Frage, warum es etwas und nicht vielmehr nichts gebe; ob ein leerer Raum möglich sei; wie der Tod, das Nicht-Mehr-Sein oder das Noch-Nicht-Sein von etwas zu verstehen sind; auch Objekte wie Löcher, Spiegelbilder oder Schatten gehören hierher. Zum Problem der Nicht-Existenz im Kontext der Intentionalität vgl. z. B. Crane 2001a, § 7, und Kriegel 2007, 2008 und 2011a. Kriegel spricht im Anschluss an Chisholm 1957 auch vom *Problem der Inexistenz*.

Spitzen wir das Problem für *Denken* zu.⁵ Der parmenideischen Intuition zufolge gilt stets:

(Denken)   Wenn S an X denkt, so existiert X.⁶

Warum sollte man dieses Konditional für bare Münzen nehmen? Da Denken immer Denken an oder über etwas ist, liegt es nahe, Denken als eine dyadische Relation zwischen einem Subjekt und einem Gegenstand zu konzipieren. Die grammatische Oberfläche suggeriert, den Ausdruck „S denkt-an X" analog zu „S sitzt-auf X", „S verschiebt X" oder „S schwebt-über X" zu behandeln. Nun ist es aber nicht nur ein Axiom der klassischen Prädikatenlogik, dass relationale Prädikate *Existenzeinführung* gestatten;⁷ sondern dies scheint auch intuitiv gerechtfertigt zu sein, denn wie soll eine Relation zwischen einem existierenden und einem nichtexistierenden Objekt bestehen? Relationen brauchen zwei Standbeine für ihr Bestehen, sonst brechen sie in sich zusammen wie eine Brücke, der ein tragender Pfeiler fehlt. (Denken) folgt also aus den beiden Prämissen, dass Denken eine dyadische Relation ist (I), und dass Relationen die Existenz ihrer Relata voraussetzen (II). Kurz:

(I) Denken ist eine dyadische Relation zwischen einem Denkenden/Denkakt und einem Objekt des Denkens.⁸
(II) (Bestehende) Relationen setzen die Existenz ihrer Relata voraus.
(III) Wenn S an X denkt, so existiert X. (Denken)

Dieses Argument ist formal gültig, da (III) aus (I) und (II) logisch folgt. Wenn man also die Konklusion nicht akzeptieren will, so muss man entweder (I) oder (II)

---

5 Ich verwende den Ausdruck „Denken" im weiten Sinne, der auch Wahrnehmungen, Vorstellungen (Phantasien), Gefühle, Absichten, Willensakte etc. umfasst. „Denken an X" ist synonym mit „intentional auf X gerichtet sein". Dieser weite Sinn von „Denken" (*cogitare*) geht bekanntlich auf Descartes zurück; vgl. *Zweite Meditation*, § 8.
6 In diesem Schema kann „X" ein singulärer oder ein pluraler Term sein: S kann an Barack Obama denken (Eigenname), an den gegenwärtigen Präsidenten der USA (Kennzeichnung), an diesen Präsidenten hier (Demonstrativum) oder an die Regierungsmitglieder der USA (pluraler Term). Ferner kann „X" die Form eines Begriffswortes („ein E") annehmen, etwa wenn S an ein Regierungsmitglied denkt. Schließlich gibt es propositionale Varianten den Denkens: S kann denken, dass Obama ein guter Präsident ist. Im letzten Fall muss das Konditional adjustiert werden: „Wenn S denkt, dass p, so existiert/besteht der Sachverhalt/die Tatsache, dass *p*." „X", „E" und „p" können ferner durch Objekte aller denkbaren Arten und Kategorien ersetzt werden, z.B. durch Zahlen, Ereignisse, Eigenschaften, Arten, Personen, Dinge etc.
7 Aus „aRb" folgt „∃x. aRx" und „∃x. xRb" für beliebige singuläre Terme „a" und „b".
8 Alternativ zu (I): (I*) Ist der Satz „S denkt an X" wahr, besteht eine Relation (die Denkrelation) zwischen S und X.

leugnen, oder Äquivokationen aufweisen. Die Prämissen dieses Arguments führen mithin zu einem Paradox, wenn man Fälle von Denken an Nicht-Seiendes einräumt. Dies bezeichne ich als das *intentionale Paradox*: zusammen mit den plausiblen Prämissen (I) und (II) und dem Datum, dass es de facto Denken an Nicht-Existentes gibt, resultieren auf logisch zwingende Weisen unvereinbare Aussagen.[9] Das Problem der Nicht-Existenz führt somit dazu, die Natur von Intentionalität zu hinterfragen: ist sie überhaupt eine Relation?

Vermutlich hat Edmund Husserl solche Rätsel vor Augen, wenn er mit Blick auf das Mantra der Phänomenologen – Bewusstsein sei immer Bewusstsein von etwas – von „labyrinthischen Irrwege[n]" spricht, „in welche die ersten Reflexionen führen", und die „leicht eine Skepsis [erzeugen], welche die ganze unbequeme Problemsphäre negiert" (Hua III/1, 201). Welche „Irrwege" kann man einschlagen? Und welche Wege führen möglicherweise aus dem Labyrinth heraus?

2 Lösungsvorschläge

Beginnen wir mit der zweiten Prämisse (II), die von einigen Autoren bestritten wird: Relationen können demnach auch zwischen Relata bestehen, von denen eines oder gar beide nicht existieren. Dazu gehören Positionen, die verschiedene Seins- und/oder Existenzweisen anerkennen oder zwischen Existenz, Sein und Es-gibt begrifflich unterscheiden. Insbesondere sind *meinongianisierende Ansätze* zu nennen, die im Anschluss an Alexius Meinong zwischen (raum-)zeitlicher *Existenz*, abstrakter *Subsistenz/Bestand* und *Außer-* oder *Quasi-Sein* unterscheiden. Solche Theorien unterschreiben zudem oft das *Prinzip der Unabhängigkeit des Soseins vom Sein*.

Ohne solche Theorien ab ovo zu diskreditieren, ist gleichwohl zu sagen, dass sie eine *extreme Aufblähung* dessen, was es in ‚gewissem Sinne' gibt, zur Folge haben. Auch wenn Meinong stricto sensu von einem *Außersein* spricht, da manche Objekte, z. B. halluzinierte oder bloß gedachte Gegenstände, „jenseits von Sein und Nichtsein" sind, fällt es schwer, dies nicht doch als eine Art minimales Sein zu verstehen. Natürlich gibt es nicht alles im gleichen Sinn und mit gleicher Dignität,

---

9 Das lässt sich auch für das *Sprechen über etwas* formulieren, das zu dem Konditional (Sprechen) führt: Wenn S über X spricht, so existiert X. Analog lassen sich Paradoxien für sprachliche Zeichen, Bilder, Skulpturen, Musikwerke, DVDs etc. formulieren. Allgemein ergibt sich ein *repräsentationales Paradox* für alle Arten des *von-etwas*-Handelns oder Sich-auf-etwas-Beziehens. Vgl. dazu Davis 2003, § 15.5; 2005, 8.2. Das intentionale Paradox nimmt dabei eine bevorzugte Stellung ein, da alle anderen Arten von Repräsentation letztlich in der Intentionalität verankert sind.

aber Objekte des Denkens und Sprechens scheinen ipso facto einen positiven ontologischen Status zu haben: sie sind ‚nicht nichts'. Jedes Objekt des Denkens und Sprechens hat gleichsam Gewicht. Jeder Traum, in dem uns exotische Wesen erscheinen, bereichert in diesem Sinne die Welt nicht nur um Traumepisoden, sondern auch um neuartige geträumte Objekte. Neben dem Prinzip der Unabhängigkeit des Soseins wird dabei oft ein weiteres Prinzip vertreten, nämlich ein *Komprehensionsprinzip*, demzufolge jeder Menge von Eigenschaften ein Objekt als Träger dieser Eigenschaften entspricht (vgl. etwa Parsons 1980, Zalta 1983 und den Überblick bei Thomasson 1999, Kap. 1, und Reicher 2010). Der Menge {rot, grün, rund, quadratisch} entspricht demnach ein Objekt, das rot, grün, rund und quadratisch ist. Dieses Objekt existiert nicht, da sonst ein widersprüchliches Objekt existieren würde (was terminologisch ausgeschlossen sein soll), aber gleichwohl ‚gibt es' ein solches Objekt.

Neben der unnötig liberal anmutenden Aufblähung des Bereich des Seins und der damit einhergehenden Gefahr, unmögliche und widerspruchsvolle Objekte anzuerkennen, scheint auch der Unterschied zwischen „Existenz" und „Es-gibt" problematisch. Denn umgangssprachlich unterscheiden wir oft nicht zwischen beiden Ausdrücken. Von allem zu sagen, es sei etwas und erweitere die Ontologie der Welt, weicht die Begriffe der Existenz und des Seins auf. Ferner halte ich es für einen überaus plausiblen Ausgangspunkt philosophischer Diskussionen, davon auszugehen, dass es nicht alles – und sei es auch nur auf eine besonders ‚schwache' Weise – gibt. Eine philosophische Theorie sollte der Intuition des *common sense* Rechnung tragen, dass es manches schlichtweg nicht. Wenn wir uns z. B. fragen, ob es das, was wir gerade sehen oder zu sehen glauben, wirklich gibt, oder ob wir bloß halluzinieren, so scheint dabei implizit vorausgesetzt, dass im Fall der Halluzination die Antwort ein kompromissloses und nicht-konzessives „Nein" ist: das halluzinierte Objekt existiert überhaupt nicht; *es gibt gar nichts* – außer dem Subjekt und seinen psychischen Vorgängen. Mit anderen Worten: eine Theorie sollte dieser *‚nihilistischen' Intuition* gerecht werden und nicht für jeden Fall von Irrtum, Täuschung, Halluzination und Illusion eine Art *Ersatz-Entität* im Ärmel haben. Eine philosophische Theorie sollte nicht von vornherein in Fällen, in denen buchstäblich *nichts* in einer Relation zu uns zu stehen scheint, etwas *gänzlich Anderes* herbeizaubern, zu dem wir in einer echten Relation stehen. Falscher Glaube über etwas, das es nicht gibt, ist kein wahrer Glaube über etwas anderes, das es gibt:

> [F]alse thoughts about the world aren't true thoughts about something else. And exactly the same point holds of experiences. Nothing – well, almost nothing – falsifies the nature of

hallucination more than treating the nonveridical awareness of the world as the veridical awareness of ‚appearances' or something else that falls short of it. (Hopp 2011, 155 f.)[10]

Aus diesen Gründen, die auf *problematische Konsequenzen* der Annahme besonderer Entitäten im Fall der Nicht-Existenz abzielen, soll an (II) in der ursprünglichen Form festgehalten werden. Es gibt aber auch *direkte Gründe*, die für (II) sprechen. Denn (II) kommt m. E. nah an den Status einer begrifflichen (und damit apriorischen) Wahrheit heran. Ähnlich wie es zum Begriff einer (monadischen) Eigenschaft zu gehören scheint, dass sie nur dann instanziiert sein kann, wenn tatsächlich ein Träger existiert, so scheint die Instanziierung einer (dyadischen) Relation die Existenz zweier Relata vorauszusetzen.[11] Dafür spricht übrigens auch, dass das Bestehen einer Relation Glieder mit intrinsischen Eigenschaften voraussetzt. Wenn das stimmt und wenn intrinsische Eigenschaften von der Existenz eines Trägers abhängen, dann gilt das *a fortiori* auch für Relationen. Ein weiteres Argument ist mereologischer Natur. Wenn man die plausible Annahme macht, dass eine Relation ein gewisses Ganzes ist, zu dessen Teilen die Relata gehören, dann folgt die Unmöglichkeit von nicht-existierenden Relata daraus, dass die Existenz eines Ganzen die Existenz aller seiner Teile impliziert. Es spricht also viel dafür, dass Relationen in zweifacher Hinsicht *existenzabhängige Gebilde* sind.

Eine etwas andere Strategie im Umgang mit Prämisse (II) besteht darin, für Intentionalität den Status einer *exzeptionellen Relation* zu beanspruchen. Denken ist dadurch ausgezeichnet, eine oder gar die einzige Relation in der Welt zu sein, die gleichsam einen Brückenschlag zwischen Existenz und Nicht-Existenz zu etablieren vermag. Kasimir Twardowski ist ein klassischer Vertreter eines solchen Exzeptionalismus; ihm zufolge, „darf nicht befremden", dass „hier Relationen von der Art behauptet werden, dass das eine ihrer Glieder existiert, das andere nicht". Denn „die Frage, ob die Glieder einer Relation existieren oder nicht" kommt „für

---

10 Willard 1967, 516, kritisiert, dass wir relationalen Theorien zufolge im Falle von Täuschungen und Irrtümern zu Entitäten in Relationen stehen müssten, die vollkommen überraschende Eigenschaften haben. Denn die berühmte halluzinierte Oase in der Wüste gibt es, aber sie ist ganz anders als erwartet, da sie weder grün noch kühl ist. Denn nicht-reale *hallucinata* können diese Eigenschaften nicht haben.

11 Vgl. Kriegel 2011a, 251: „To my mind, however, it is straightforwardly incoherent, as it posits relations that can be instantiated in the actual world even when their relata do not exist in the actual world. Compare the view that some monadic property can be instantiated in the actual world even if no instantiator exists in the actual world. To hold this view is to misunderstand what the word ‚property' means. Likewise, to hold the view that some relations can be actually instantiated even in the absence of the appropriate number of actual relata is to misunderstand the word ‚relation'."

die zwischen ihnen ‚bestehende' Relation gar nicht in Betracht" (Twardowski 1894, 27).¹² Exzeptionalistisch argumentiert heutzutage z. B. der Husserl-Forscher Dan Zahavi, demzufolge „Intentionalität nicht eine gewöhnliche Beziehung zu einem außergewöhnlichen Objekt [ist], sondern eine spezielle Art der Beziehung zum jeweiligen Objekt; eine spezielle ‚Beziehung', die sogar bestehen kann, wenn das Objekt nicht existiert; und die fortbestehen kann, selbst wenn das Objekt zu existieren aufhört" (Zahavi 2008, 146).¹³ Mit der Rede von einem „außergewöhnlichen Objekt" spielt Zahavi auf Theorien an, die für den Fall der Nicht-Existenz *spezielle* Entitäten einführen. Zahavi zufolge ist dies aber nicht nötig, da es genüge, für Intentionalität den Status einer „speziellen" Relation zu beanspruchen, für die das Prinzip der zweifachen Existenzabhängigkeit nicht gilt. Auch Reinhardt Grossmann vertritt eine Version des Exzeptionalismus, indem er den „intentionalen Nexus" als „abnormal" charakterisiert. Mit Blick auf Akte, die auf nicht-bestehende Sachverhalte gerichtet sind, gilt nach Grossmann:

> In this case, the intentional nexus connects a mental act with something that does not obtain, something that is not the case, does not exist. In this, precisely, consists the peculiarity of the intentional nexus, namely, in that it can relate mental acts to states of affairs which are not facts. (Grossmann 1984b, 364; vgl. 1984a, 45 ff.; 1992)

Ein solcher Exzeptionalismus ist immer dann am Werke, wenn Autoren relativ unbekümmert von einer „intentionalen Relation" sprechen, die sich durch besagte Existenzunabhängigkeit auszeichnet (vgl. z.B. Tugendhat 1976, 99 ff.; Smith/McIntyre 1982, Kap. I). In der Regel wird dabei nicht näher darauf reflektiert, was es bedeutet, auch in solchen Fällen noch von einer Relation (Verhältnis, Beziehung) zwischen zwei Objekten zu sprechen. M.E. ist dies nicht nur eine laxe Terminologie, sondern ontologisch gesehen fragwürdig; eine Relation ohne existierende Relata kommt einer *contradictio in adjecto* gleich – wie ein hölzernes Eisen oder verheiratete Witwen. Grossmann hingegen behauptet, die Idee einer universellen Existenzabhängigkeit von Relationen beruhe lediglich auf einseitiger Beispieldiät: daraus, dass existierende und inexistente Objekte in keinen räumlichen, zeitlichen oder anderen physikalischen Relationen stehen können, folge nicht, dass es nicht ganz andersartige Relationen – etwa intentionale – zwischen Seiendem und Nicht-Seiendem geben könne.¹⁴ Dagegen lässt sich einwenden, dass es sich bei der

---

12 Twardowski verweist auf das Logik-Buch von Höfler und Meinong, in dem dieselbe These verteidigt wird; vgl. Höfler 1890, § 45.
13 Der Ausdruck *intentionality exceptionalism* stammt von Kriegel 2007, 311.
14 Nach Grossmann 1984a, 50 f., sind auch manche nicht-intentionalen Relationen existenzindifferent. So kann z.B. die logische Relation *Weder A noch B* zwischen zwei nicht-bestehenden

Existenzabhängigkeit um etwas so Fundamentales handelt, das nicht wie eine Eigenschaft unter anderen zu behandeln ist. Was bleibt denn noch übrig, wenn man für das Bestehen einer Relation nicht einmal das Sein beider Relata einfordern kann? Was macht das Ganze dann überhaupt noch zu einem relationalen Phänomen *zwischen* zwei Objekten? Wenn nicht einmal die Existenz der beiden Relata eine notwendige Bedingung für das Bestehen einer Relation ist, was dann?

Natürlich kann man *sagen*, Intentionalität sei eine solche spezielle Relation; aber die Frage ist, was damit erklärt wird, bzw. inwiefern man dann überhaupt noch in einem univoken Sinne von Relationen sprechen kann. Außerdem müssten dann auch *monadische* Eigenschaften zugelassen werden, die einem *nicht-existierenden* Objekt zukommen können – und zwar im gewöhnlichen Sinne von ‚zukommen'. Denn es scheint eine plausible Annahme, dass nichts relationale Eigenschaften haben kann, wenn es nicht auch monadische (intrinsische) Eigenschaften hat. Aber macht das Sinn? Kann ein *toto coelo* Nicht-Seiendes Eigenschaften haben, als deren ‚Träger' es fungiert? Schon Descartes bemerkte, dass das Nichts keine Eigenschaften haben könne (vgl. *Fünfte Meditation*, § 6). Zudem ist zu fragen, worin der *ontologische* Unterschied zwischen monadischen Eigenschaften und dyadischen Relationen bestehen soll, wenn man Relationen mit nur einem Relatum einräumt.[15]

Meines Erachtens fährt man insgesamt besser, wenn man statt (II) Prämisse (I) aufgibt, wobei sich auch (I) auf unterschiedliche Weise lesen und bestreiten lässt. In aktuellen Diskussionen werden mindestens *vier Optionen* erörtert:

(1) Propositionalismus. Gemäß einer ersten Lesart ist Prämisse (I) elliptisch. Tatsächlich gibt es gar kein *bloßes* Denken an etwas, sondern alles Denken an oder über X ist *au fond* Denken, dass X so und so ist. Es gibt nur propositionale Intentionalität, jede Gerichtetheit auf ein Objekt X ist eigentlich Bezugnahme auf eine Proposition, dass X p ist – für irgendeine Eigenschaft p.

Sachverhalten bestehen. Auch das klassische tertium non datur *A oder non-A* gründet in einer „abnormalen Relation", denn das *Oder* verbindet einen bestehenden und einen nicht-bestehenden Sachverhalt zu einem bestehenden „fact" (1984a, 50). Dagegen könnte man sagen, dass solche logischen Relationen zwischen, mit Frege gesagt, „Gedanken" und nicht zwischen bestehenden und nicht-bestehenden Sachverhalten bestehen, wobei es sowohl falsche als auch wahre Gedanken gibt. (Bei Frege sind sie Bewohner eines 3. Reichs nicht-raumzeitlicher Entitäten; vgl. GED)

15 Man könnte erwidern, dass es für das Vorliegen einer Relation genügt, dass das fragliche Phänomen mit Hilfe von zweistelligen Prädikatausdrücken charakterisierbar ist und dass die Relationenlogik formal anwendbar ist. („S denkt an X" wäre z. B. non-symmetrisch, non-transitiv u. ä.) Aber dann bewegt man sich sozusagen nur noch auf der Ebene der Beschreibung und des sprachlichen Ausdrucks.

R. M. Sainsbury, einer der versiertesten Vertreter des Propositionalismus[16], schreibt in diesem Sinne:

> Might one not just think about, say Paris, without thinking any specific thing about it? "Ah, Paris ...!" It seems to me that thinking about Paris must put the city in some kind of light, as attractive, expensive, or whatever, evoking memories, hopes, or plans (the ellipsis in the quoted phrase is not without point); likewise for any object. The light in which my thought places the object provides the predicative material for the propositional content. (Sainsbury 2010a, 136 f.; vgl. 2010b)

Nach Sainsbury gibt es kein bloßes Denken an X, sondern jedes Denken bezieht sich auf X auf bestimmte Weise und in einem gewissen „Licht", wie es metaphorisch heißt; diese Hinsicht auf das Gedachte enthält den propositionalen Gehalt. Folglich ist jede Gerichtetheit auf etwas propositional verfasst.[17]

Einem solchen Propositionalismus geht es darum, eine „hidden clausal structure" (Forbes 2006, 65) in sämtlichen Selbst- und Fremdzuschreibungen intentionaler Phänomene aufzudecken. Stets gilt es, solche Sätze über Mentales als Sätze zu enthüllen, in denen ein *weiterer Satz* zum Vorschein kommt – ein Satz im Satz: aus *S denkt an X* wird *S denkt, dass X p ist*. *Intentionalität ist immer satzartig*. Nun erzeugen solche propositionalen Einstellungen auf semantischer Ebene typischerweise sog. „intensionale Kontexte", die wahrheitsindifferent sind (s. u.). Auf diese Weise wird der Propositionalismus fruchtbar für das Problem der Nicht-Existenz. *Mein Denken an Faust* ist etwa *Denken, dass Faust mit Mephisto paktiert*, und letzteres ist keine Relation zwischen mir/meinem Denken und Faust, einem, wie Sainsbury sagt, „exotischen Objekt"[18], sondern zwischen mir/meinem Denken und einem propositionalem Gehalt, der ohnehin in *jedem* Denken involviert ist:

> The possibly empty 'intentional object' in the grammatical sense has been safely relegated to an embedding under an intensional sentence operator. Thinking about an object reduces to a proposition-related activity. If the proposition involves an object, as it will if it is expressed using a non-empty name, then the thinking about will also involve an object: we'll have external [relational] singularity. If not, any singularity will be internal. (Sainsbury 2010b, 315)

---

16 Andere prominente Propositionalisten sind Quine 1956, Tugendhat 1976 und Searle 1987.
17 Sainsbury konzentriert sich zwar auf begriffliches Denken, aber er scheint seine propositionalistische These auf alle intentionalen Phänomene zu beziehen.
18 Sainsbury bezeichnet seine Position als „Irrealismus" (*irrealism*) mit Blick auf fiktionale Objekte. Diese gibt es in keinem Sinne von „Sein" oder „Existenz"; sie sind mithin keine *Exotica*. *Exotica* sind nach Sainsbury nicht-existente, nicht-konkrete oder nicht-aktuale Entitäten. Mit diesem Dreigespann deckt Sainsbury die wichtigsten realistischen Theorien fiktionaler Objekte ab, nämlich den (Neo-)Meinongianismus, die Abstrakte-Artefakt-Theorie und den Possibilismus.

Objekte im engeren Sinne und damit Gerichtetheit kommen nach Sainsbury erst dann ins Spiel, wenn den singulären Termen in den fraglichen Propositionen Objekte entsprechen. Denke ich z. B., dass Paris eine schöne Stadt ist, so bin ich auch auf Paris gerichtet, da Paris existiert. Denke ich hingegen an Faust, so liegt keine Gerichtetheit vor, sondern nur ein Akt, der in Relation zu einer, wie Sainsbury sagt, „intern singulären" Proposition steht – etwa *dass Faust Gretchen verführt*.[19] Was immer Propositionen sind, es sind keine exotischen Entitäten wie Faust et alii, da sie nicht nur im Kontext des Problems der Nicht-Existenz, sondern für jede Theorie der Intentionalität und Bedeutung relevant sind. Für den Propositionalismus ist das Problem der Nicht-Existenz somit im Kern ein Problem der Intensionalität intentionaler Verben, die stets propositionale Einstellungen zum Ausdruck bringen.

Zum Propositionalismus möchte ich *fünf kritische Anmerkungen* machen. Erstens ist die These, jeder intentionale Zustand sei ein propositionaler, fragwürdig. Dies haben zahlreiche Autoren aufgezeigt.[20] Intentionale Verben wie „imaginieren (vorstellen)", „wahrnehmen", „lieben" und „fürchten" widersetzen sich hartnäckig dem Versuch, sie zu ‚propositionalisieren'. Insbesondere genuin *ding-* und *personenzentrierte* Phänomene wie Wahrnehmung, Liebe oder Hass scheinen nicht sinnvoll in eine propositionale Einstellung überführbar zu sein: worauf sollte etwa „Ich liebe dich" reduzierbar sein? Auf „Ich liebe es, dass du so und so bist" oder auf „Ich liebe es, dass du existierst"? Zweitens bleibt hier, wie so oft, die Art der Relation zwischen Subjekt/Akt und Proposition im Dunkeln. Offenbar ist es nicht die Intentionalität qua Gerichtetheit des Geistes, da diese nach Sainsbury nur dann vorliegt, wenn entsprechende Objekte existieren. Es ist wohl eine ähnliche Relation wie die Frege'sche Relation des Fassens eines Gedankens,

---

19 Vgl. Sainsbury 2010b, 302: „An appealing thought is that, in an intentional mental state, the mind is directed at an object: at, as one might say, an 'intentional object'. This seems unproblematic for cases like Bush's admiration for Cheney or Obama's careful thought about Iraq. Bush directs his mind at the object Cheney, Obama at the object Iraq. [...] It is problematic for cases like Bush's admiration for Superman or Obama's careful thought about Arcadia. These cases cannot be straighforwardly described as ones in which the minds of Bush or Obama are directed on objects." Sainsbury verwendet also den Ausdruck „intentionales Objekt" im relationalen Sinne, sodass die Rede von intentionalen Objekten nur dort angemessen ist, wo solche tatsächlich existieren.

20 Vgl. Forbes 2006, Kap. 3–4. Forbes weist auf die Bedeutung *intensionaler Transitiva* hin (z. B. imaginieren, fürchten, bewundern, anbeten, suchen), die sich nicht auf intensional-sententiale Verben (imaginieren, dass p, etc.) reduzieren lassen. Eben dies behauptet Sainsbury 2010b, 313: „Propositionalists say that every V-sentence [Sätze der Form: S–intentionales Verb–X] is reducible to an O-sentence [S–Verb–dass X p]." Gegen den Propositionalismus argumentieren Chisholm 1955/56, 128; Crane 2001a, § 34; 2009; 2013, 108 ff.; Montague 2007.

die bekanntlich daran krankt, dunkel, wenn nicht gar mystisch zu bleiben. Drittens fehlt dem Propositionalismus in obiger Form eine Unterscheidung zwischen intentionalem *Objekt* und intentionalem *Gehalt*, wie sie z. B. von Tim Crane, einem zeitgenössischen Anti-Propositionalisten und Non-Relationalisten, stark gemacht wird. Im Falle einer Halluzination wird das Problem deutlich. Angenommen, ich halluziniere eine gelbe Paprika, schwebend im Raum. Dem Propositionalismus zufolge vollziehe ich dabei einen Akt etwa mit dem Gehalt „Diese Paprika ist gelb". Aber mein Akt könnte auch die *paarweise verschiedenen* Gehalte „Dies ist eine gelbe Paprika", „Eine gelbe Paprika schwebt hier in meinem Zimmer" etc. haben. Intuitiv ist man geneigt zu sagen, alle diese Akte teilten ein und dasselbe intentionale Objekt, einen gemeinsamen *Fokus* sozusagen. Der Propositionalist hingegen kann nur von Gehalten reden und somit nicht den Einheitspunkt, den, mit Husserl gesagt, „Identitätspol" (CM, 48) charakterisieren, der allen diesen Propositionen gemeinsam ist. Wir werden sehen, dass nicht-relationale Positionen wie die von Edmund Husserl und Tim Crane diesem Befund Rechnung tragen können – und zwar ohne intentionale Objekte, wogegen sich Sainsbury zu Recht verwahrt, zu exotischen Entitäten zu machen. Viertens hat der Propositionalismus zur Folge, dass nicht-menschliche Wesen und gewisse Kleinkinder über *Begriffe* verfügen müssen, sofern sie intentionale Akte vollziehen können. Denn propositionale Zustände gelten gemeinhin als Zustände mit begrifflichem Gehalt. Natürlich kommt viel bzw. alles darauf an, was genau „über Begriffe verfügen" und „etwas sei begrifflich verfasst" bedeutet. Aber es ist fragwürdig, wenn eine Theorie wie der Propositionalismus von vornherein ausschließt, dass es nicht-begriffliche Intentionalität gibt. Der Propositionalismus läuft somit auch Gefahr, alle Intentionalität zu versprachlichen, sofern begrifflicher Gehalt aufs Engste mit Sprachlichkeit verbunden ist. Insbesondere für Wahrnehmungen erscheint das fraglich (vgl. Crane 2008; Hopp 2011, Kap. 2–5.). Fünftens ist zu sagen, dass Propositionalisten (wie viele andere zeitgenössische Autoren[21]) in der Regel wie selbstverständlich davon ausgehen, dass Propositionen dasjenige sind, wovon intentionale Zustände handeln. Intentionalität qua *aboutness* und *directedness* ist demnach eine Relation zwischen einem Akt bzw. einer propositionalen Einstellung und einer Proposition, d. i. einem *abstractum*. Dies ist m. E. aber wenig plausibel, denn wenn ich z. B. befürchte, dass es in Kürze regnen wird, dann bin ich auf einen *Sachverhalt in der Welt* gerichtet, eine gewisse *Konfiguration* von realen Objekten (Himmel, Wassertropfen), und nicht auf ein abstraktes Objekt. Die

---

21 Vgl. z. B. McGinn 1997, 9: „A propositional attitude [...] is defined by two factors: the type of attitude it is [...] and the proposition on to which the attiude is directed." Vgl. ähnlich Lowe 2000, 40, 69. Kritisch dazu D. W. Smith 2011, 355.

Proposition umfasst die *Weise*, wie ich auf diesen Sachverhalt gerichtet bin, und ist somit von diesem selbst zu unterscheiden. Wenn eine solche fregeanische Unterscheidung zwischen „Sinn" und „Bedeutung" auch für propositionale Zustände zu machen ist,[22] dann wiederholt sich aber das Problem der Nicht-Existenz: denn offenbar kann ich auf nicht-existierende oder, wenn man lieber will, nicht-bestehende Sachverhalte gerichtet sein. Aber wie ist das seinerseits möglich?

(2) Disjunktivismus. Einer zweiten Lesart zufolge ist die Prämisse (I) des intentionalen Paradoxons ein *Allsatz* der Form „Jede Denkepisode ist eine Relation zwischen Subjekt/Akt und Gegenstand". Die Negation von (I) besagt somit, dass *nicht jedes* intentionale Denken eine Relation zwischen Subjekt/Akt und Gegenstand ist. Wenn X existiert, ist die zugehörige Denkepisode relational verfasst, wenn X nicht existiert, dann nicht. Diese Lesart läuft somit auf eine *disjunktive Konzeption* des Denkens hinaus, derzufolge Intentionalität mal eine Relation ist, mal nicht – je nach Existenz oder Nicht-Existenz von X.

Diese Konsequenz hat etwas Rätselhaftes an sich. Denn wie kann *eine* Eigenschaft des Geistes gleichsam zwischen zwei Kategorien (monadische versus dyadische Eigenschaft) pendeln?

> For it seems to [...] [be] extremely obscure how one of the fundamental characteristics of the mind (or, indeed, anything) could, in itself, be sometimes a relation, and sometimes not. (Crane 2006a, 18)

Auf einen ähnlichen Punkt weist Uriah Kriegel hin, wenn er sich gegen den „bifurcated account of experiental intentionality" (Kriegel 2011a, 160) richtet, demzufolge z. B. ein Akt, der von einem existierenden Pferd handelt, qua intentionaler Akt eine ganz andere Art von Eigenschaft aufweisen soll als ein auf ein nicht-existierendes Einhorn gerichteter Akt. Nach Kriegel werden dabei genetische und konstitutive Aspekte durcheinandergeworfen:

> It is a promising story about how our experiences *come to have* their contents, but it is not a plausible story about *what it is* for our experiences to have their contents. Considered as a constitutive/philosophical story, it suffers from obvious difficulties. [...] More deeply, it is odd to think that an experience as of a horse and an experience as of a unicorn have a different *kind* of property when they have their intentional contents: the having of an intentional content is one kind of property in the former (a relation to the property of being a horse) and another kind of property in the latter (essentially, a relation to other experiences). What is plausible is only that there are two different ways they aquire the same kind of property. (Kriegel 2011a, 161)

---

[22] Dass Frege die Bedeutung eines Aussagesatzes mit dessen Wahrheitswert identifiziert, kann an dieser Stelle hintangestellt werden.

Intentionalität wäre ein merkwürdiger *ontologischer Proteus.*[23]

(3) Eliminativismus. Man könnte dieses Problem dadurch lösen, indem man die Möglichkeit des Denkens an nicht-existierende Objekte schlichtweg leugnet (vgl. McDowell 1986 und Evans 1982, Kap. 6). Demnach wäre ein Denken an etwas, das nicht existiert, gar kein Denken mehr (vgl. die Passage aus dem *Theaitetos*). Existiert das Objekt nicht, findet eine Art intentionaler Kollaps statt – wir denken gar nicht mehr. Es käme uns nur so vor, als dächten wir (an etwas). Damit wäre das Problem der Nicht-Existenz mit einem Schlag aus der Welt geschafft. Aber um welchen Preis (vgl. Kriegel 2008, 93 f.)? Unser bewusstes Leben würde dadurch auf merkwürdige Weise beschnitten: wir würden gar nicht mehr denken, wenn wir an Pegasus oder Hamlet ‚denken' würden; wir würden uns nicht mehr fürchten, wenn wir uns vor der Apokalypse ‚fürchten' würden; wir hätten gar keine Angst vor unserem Tod mehr, wenn wir uns vor ihm ‚ängstigen' würden (zur Freude von Epikur); es gäbe kein Warten auf Godot mehr, weil es Godot nicht gibt; usw. Wir befänden uns in all diesen Fällen auf profunde Weise im *Irrtum über uns selbst*. Ein großer Teil unseres wachen Lebens wäre nichts als Schein und Trug, bestenfalls eine Art Als-Ob-Intentionalität (vgl. Davis 2005, 180 f.). Eine, frei nach Sartre, „opake Klinge" würde zwischen das Erscheinen und Sein unseres manifesten Erlebens getrieben. Eine solche *Irrtums-Theorie* über uns selbst und unser putatives Denken an Nicht-Existentes ist kontraintuitiv und scheint mir zu folgenschwer, als dass sie akzeptiert werden könnte.

(4) Nicht-relationaler Intentionalismus (NRI). Nun zu einer vierten und hier favorisierten Leugnung von Prämisse (I). Versteht man „Denken" als generischen Ausdruck, so bedeutet die Negation von (I), dass Denken an X *qua Genus* psychischer Phänomene kein relationales Genus ist. Dies impliziert, dass Denken *als solches* keine Relation zwischen Subjekt/Denken und gedachtem Gegenstand ist: *Intentionalität qua Gerichtetheit auf ein Objekt ist nicht Relationalität.* Anders ge-

---

[23] Gibt es in anderen Bereichen der Wirklichkeit Eigenschaften, die eine derartige Metamorphose durchmachen können? Kann z. B. Kausalität mal relational, mal monadisch sein? Oder räumlicher und zeitlicher Abstand? Oder Ähnlichkeit? D. W. Smith 1999, 98 f., plädiert dafür, Intentionalität einen kategorialen Status *sui generis* einzuräumen, sie also nicht als Relation – auch nicht als „intentionale Relation" – zu behandeln. Denn diese „'relation' is so unusual that Intentionality and Relation deserve the status of distinct formal categories. [...] If it is a relation, its number of terms varies: sometimes there is no object and it's a three-place relation [subject–act–content, CE]; sometimes there is an object and it's a four place relation [subject–act–content–object, CE]. This is not normal for relations. As Brentano and Husserl observed, intention is 'relation-like' if not a proper relation. If it is not a relation, then what? Then it has its own form, as described, and a distinct category." Vgl. ähnlich Johansson 1989, 20 f., 205 ff., in dessen ontologischem Entwurf Intentionalität eine eigene nicht-relationale (monadische) Kategorie bildet.

sagt: dadurch, dass S an X denkt, steht S nicht *eo ipso* in einer Relation zu X, sondern schafft gewissermaßen nur die Bedingungen der Möglichkeit für relationalen ‚Kontakt'. Intentionalität *involviert* nicht notwendigerweise einen Gegenstand X. Noch einmal anders gewendet: wenn S in einer geistigen Relation zu X steht, dann liegt das nicht allein daran, dass S intentional auf X gerichtet ist; Intentionalität *per se* macht nicht, dass eine Relation besteht. Wenn es eine geistige Relation zwischen Subjekt/Akt und Gegenstand gibt, so liegt das an anderen Faktoren, die zur bloßen Intentionalität *hinzukommen*. NRI impliziert mithin nicht, dass es keine relationalen Ausprägungen von Intentionalität gibt – im Gegenteil: veridische Intentionalität ist stets relational, aber nicht kraft ihrer Intentionalität, sondern kraft ihrer Veridizität. Uriah Kriegel bringt dies treffend zum Ausdruck:

> The [relational, CE] requirement need not be satisfied by intentionality as such, only by successful intentionality. A true thought connects us to the world; but it does so in virtue of being true, not in virtue of being a thought. An accurate auditory experience as of trumpets connects us to trumpets, not in virtue of being an experience however, but in virtue of being accurate. Admittedly, there must be a bridge between representation and reality. But representation is the bridged not the bridging. The bridging is provided by the notions of truth, accuracy, veridicality, etc. (Kriegel 2008, 90) [24]

Diese Idee liegt den folgenden Seiten zugrunde und kann mit einem gewissen Recht als eine fundamentale Idee der Phänomenologie Husserls angesehen werden.

Der Unterschied zwischen Intentionalität als solcher und ihren relationalen Ausprägungen spiegelt sich bereits im Aufbau zentraler systematischer Werke von Husserl wider. So kreist z. B. die ganze *V. Logische Untersuchung* (1901), der *locus classicus* von Husserls (früher) Konzeption von Intentionalität, einzig und allein um Intentionalität qua nicht-relationaler Eigenschaft, während die *VI. Untersuchung* Fragen nach Erfüllung, Erkenntnis, Existenz (Sein) und Wahrheit behandelt, also relationale Ausprägungen der Gerichtetheit. Ähnliches gilt für den Übergang von der zweiten zur dritten *Cartesianischen Meditation* (1931): die zweite Meditation, betitelt mit „Freilegung des transzendentalen Erfahrungsfeldes nach seinen universalen Strukturen", behandelt u. a. Intentionalität als eine solche universale Struktur des Bewusstseins – und zwar unabhängig von Fragen nach „Triftigkeit". Die dritte Meditation („Die konstitutive Problematik. Wahrheit und

---

[24] Analog verhält es sich bei sprachlichen Ausdrücken, insbesondere bei Sätzen: ein Satz ist nicht dadurch ein Satz, dass er in einer Relation zu einem Sachverhalt steht; gleichwohl besteht eine solche Relation (der ‚Übereinstimmung'), wenn der Satz wahr ist. Sonst gäbe es ja keine falschen Sätze.

Wirklichkeit") hingegen nimmt spürbar relationalen Kurs. Dabei unterscheidet Husserl Konstitution im weiten und engen (prägnanten) Sinne:

> Phänomenologische Konstitution war uns bisher [II. Med.] Konstitution eines intentionalen Gegenstandes überhaupt. [...] Wir gehen nun daran, diese Weite strukturell zu differenzieren und einen prägnanteren Begriff von Konstitution vorzubereiten. *Es war bisher gleich, ob es sich um wahrhaft seiende oder nicht-seiende bzw. mögliche oder unmögliche Gegenstände handelte.* (CM, 57; Herv. CE)

Ganz offensichtlich ist Konstitution im weiten Sinne nicht-relationale Intentionalität. Vollkommen analog ist schließlich der Übergang vom dritten zum vierten und letzten Abschnitt der *Ideen I* (1913) zu verstehen (genauer: zum zweiten Kapitel des vierten Abschnitts). Erst hier wird die Frage nach der *Wirklichkeit* des intentionalen Objekts gestellt, was impliziert, dass Intentionalität als solche diesbezüglich neutral ist. Denn „im w e i t e r e n Sinne [...] ‚konstituiert' sich ein Gegenstand – ‚ob er wirklicher ist oder nicht' – in gewissen Bewußtseinszusammenhängen, die in sich eine einsehbare Einheit tragen, sofern sie wesensmäßig das Bewußtsein eines identischen X mit sich führen" (Hua III/1, 313).

Die hier proponierte Zurückweisung des obigen Arguments lautet also, dass Prämisse (I) in dem Sinne falsch ist, dass S's Denken an X nicht *eo ipso* in einer Relation zu X steht. *Denken* ist kein relationales, sondern ein monadisches Genus.[25] Der Gattung nach ist Intentionalität eine monadische Eigenschaft, eine, wie Dallas Willard sagt, „referentielle Qualität" (*referential quality*; vgl. Willard 1967, 523; 1977, 15; 1994, 257). Dies scheint überraschend, da wir sprachlich keine Alternative haben, Intentionalität anders als durch zweistellige Prädikate auszudrücken: „Es ist schlechterdings nicht möglich, die meinenden Akte zu beschreiben, ohne im Ausdruck auf die gemeinten Sachen zu rekurrieren." (Hua XIX/1, 16); die „noetischen Komponenten" des Bewusstseins, d.h. die intentionalen Eigenschaften, „können wir auch nur so bezeichnen, daß wir auf das noematische Objekt und seine Momente rekurrieren; also etwa sagen: Bewußtsein, näher Wahrnehmungsbewußtsein v o n einem Baumstamme, von der Farbe des Stammes usw." (Hua III/1, 227 f.). Aber solchen intentionalen Prädikaten liegt *ontologisch* keine Relation zugrunde.[26] Freilich kann man solche intentionalen Prädikate

---

25 Das schließt nicht aus, dass Denken in Relationen *zu anderen* Entitäten steht. Im Folgenden werden wir sehen, dass (intentionale) Gehalte zu Denkepisoden in Relationen stehen. Auch eine Relation zu S, dem Subjekt des Denkens, liegt nahe, z. B. die Relation des *Habens* (S hat ein Denkerlebnis).
26 Ein solches Missverhältnis zwischen Grammatik und Semantik/Ontologie ist nicht so ungewöhnlich. Man denke an einstellige Prädikate wie „ ... ist ein Vater" oder „ ... ein Mörder", die trotz ihrer Einstelligkeit auf Relationen basieren. Vgl. Crane 2013, 9. Auch *interne Relationen* sind

wie gewöhnliche zweistellige Relationen formalisieren und ihre ‚quasi-relationalen' Eigenschaften im Rahmen der klassischen Relationenlogik formulieren.[27]

Entscheidet man sich für einen nicht-relationalen Intentionalismus, muss plausibel gemacht werden, wieso nicht alle mentalen Phänomene, die auf nicht-existente Objekte gerichtet sind, dem Typ nach identisch sind. Auch wenn es Pegasus, den goldenen Berg und das runde Quadrat nicht gibt, scheint es extrem unplausibel zu sagen, Gedanken an diese drei Objekte seien dieselben Gedanken. Aber wie können solche Unterschiede gemacht werden, wenn es nicht die Objekte sind, die Mentales individuieren? Die klassische Antwort auf diese Frage lautet, dass mentale Phänomene nicht *simpliciter* auf ihr Objekt gerichtet sind, sondern dies stets auf *eine bestimmte Weise* tun. Akte haben, mit Frege gesagt, einen *Sinn*, eine, mit Searle gesagt, Aspektgestalt (*aspectual shape*) und inkorporieren somit eine „Art des Gegebenseins" ihres Objekts. Akte haben nicht nur intentionale Gerichtetheit, sondern auch *intentionalen Gehalt*. Gedanken an Nicht-Seiendes können sich durch ihren Gehalt voneinander unterscheiden.[28] Nicht-relationale Theorien müssen also eine *scharfe Trennung* zwischen intentionalen Objekten und Gehalten vornehmen. Aber was sind, ontologisch gesehen, Gehalte? Und in welcher Relation stehen wir bzw. unsere Akte zu ihnen? Diese Fragen werden uns im Laufe der Arbeit wiederholt beschäftigen.

Gegen die Relationalität der Intentionalität lässt sich auch ein *epistemologisches Argument* anführen, das freilich von externalistischen Philosophen abgelehnt wird, hier aber hervorgehoben werden soll. Um ganz allgemein festzustellen, ob zwischen zwei Objekten a und b eine bestimmte Relation R besteht oder nicht, ist es notwendig, *a und b mit Blick auf R zu thematisieren*. Dabei ist ein gewisses *Übergangsbewusstsein* (von a nach b oder umgekehrt) im Spiel. Will man z. B. wissen, welche von zwei Karotten länger ist, so muss man beide wahrnehmen (oder erinnern) und bezüglich ihrer Länge miteinander vergleichen. Aber findet

---

in dieser Hinsicht eigentümlich, da sie allein in den intrinsischen Eigenschaften ihrer Relata gründen. So ist z. B. die relationale Tatsache, dass der Louvre kleiner als der Eiffelturm ist, in den intrinsischen Eigenschaften (der Ausdehnung oder Größe) des Louvre und des Eiffelturms gegründet. Das Bestehen einer internen Relation zwischen a und b lässt sich in diesem Sinne ontologisch auf das Bestehen monadischer Tatsachen über a und b reduzieren. Allerdings ist Intentionalität auch keine interne Relation, da *jede* Relation die *Existenz* ihrer Relata voraussetzt.

27 Klassiker zur Relationenlogik sind Carnap 1929 und 1960. Angewandt auf Intentionalität ergibt sich, dass die ‚intentionale Beziehung' in erster Linie *negativ* ausgezeichnet ist, da sie z. B. weder symmetrisch, reflexiv, transitiv noch konnex ist. Vgl. Thomasson 1999, 88 ff.

28 Hopp 2011, Kap. I, zufolge lässt sich die Annahme von Gehalten sowohl durch das Problem der Nicht-Existenz als auch durch die Möglichkeit epistemisch differenter Bezugnahmen auf ein und dasselbe Objekte rechtfertigen (vgl. Freges Abend- und Morgenstern-Beispiel).

etwas dergleichen statt, wenn wir wissen wollen, wovon unser Denken handelt und worauf es gerichtet ist? Abgesehen davon, dass man (in gewissem Sinne und in gewissen Grenzen) immer schon weiß, worauf man intentional gerichtet ist, scheint ein solcher Vergleich zwischen mir bzw. meinem Denkakt und dem Objekt nicht nötig zu sein. Offenbar kann man durch Introspektion (Reflexion) auf den Akt *allein* ‚feststellen', worauf man gerichtet ist.[29] Dabei ist man in gewissem Sinne auch auf das Objekt gerichtet (*in obliquo*, mit Brentano gesagt), denn es ist *wesentlich* für den Denkakt, von seinem Objekt zu handeln. Natürlich kann man einen Akt e und dessen Objekt X auch direkt miteinander vergleichen, aber das ist nötig für Aussagen des Typs „e steht in Relation R zu X" (z. B. „Mein Denken an X dauert länger an als X selbst", „e wird durch X verursacht", „e ist numerisch und qualitativ verschieden von X" etc.), nicht hingegen für Aussagen der Form „e ist auf X gerichtet". Man kann mithin die These vertreten, dass die Gerichtetheit eines (bewussten) mentalen Phänomens unmittelbar (nicht-inferentiell, nicht-komparativisch) durch Introspektion zugänglich ist. Wäre Intentionalität eine Relation, wäre das nicht möglich. Ergo ist Intentionalität keine Relation.

3 Relationalität *au fond?*

An dieser Stelle könnte man einwenden, dass der nicht-relationale Intentionalismus übereilt ist und, ähnlich wie der Meinongianismus (gewissermaßen in umgekehrter Richtung), eine *Überreaktion* darstellt. Wird nicht buchstäblich *viel Lärm um nichts* gemacht? Denn es mag ja sein, dass es manches nicht gibt, sodass unser Denken nicht immer als eine Relation zu verstehen ist. Gleichwohl gibt es *immer etwas*, zu dem Denken in einer Relation steht. Denken, so der Einwand, mag in manchen Fällen gleichsam *à la surface* nicht-relational sein, aber *au fond* ist es stets relational.

Dieser Einwand, der an der Relationalität des Denkens (mutatis mutandis) festhält, ist in der Geschichte der Philosophie auf diverse Weise ausbuchstabiert worden und wird bis heute formuliert. Zwei Spielarten seien hier betrachtet.

Die erste, wenn man so will, *empiristische Sichtweise* besagt, dass alle intentionalen Phänomene ihren Gehalt (und damit ihren Objektbezug) letztlich Wahrnehmungen verdanken. Kombiniert man dies mit der These, dass Wahr-

---

[29] Vgl. Willard 1998, 5: „A primary manifestation of the affinity between thought and object is the fact that no one ever has to be taught what their thought (or perception) is a thought (or perception) *of*, nor could be [...]. [...] [T]he child knows what its thoughts (perceptions, etc.) are of as soon as it becomes aware that it is having experiences". Vgl. Addis' (1989, 1999, 2005) „phänomenologisches Argument" für den intrinsischen Charakter der Intentionalität.

nehmungen ihrerseits relationaler Natur sind, erhält man die erwünschte Konklusion, dass alle intentionalen Phänomene *au fond* relational sind. Die Wahrnehmung wird dabei für eine robuste Relation zwischen dem Subjekt und seiner Umgebung gehalten, denn in ihr treten wir in direkten Kontakt mit einer bewusstseinsunabhängigen Wirklichkeit – man denke dabei z. B. an John McDowells propagierte Idee der Offenheit (*openness*) der Wahrnehmung für die Welt, die mit einer solchen relationalen Verpflichtung einhergeht (vgl. McDowell 1994). Diese Position kann man auch als *perzeptiven Relationalismus* bezeichnen (vgl. ähnlich Drummond 2012).[30]

Einer zweiten Sichtweise zufolge ist Intentionalität deshalb *au fond* relational, weil es immer repräsentierte *Eigenschaften* gibt, zu denen S in einer Relation steht. Mag sein, dass es X mitunter nicht gibt, wie z. B. bei der Halluzination einer blauen Paprika; aber dann existieren immerhin die Eigenschaften *Blau-* und *Paprika-Sein*. Denken an Fabelwesen lässt sich damit ebenfalls verstehen. Denn es handelt sich bei ihnen um gewisse Kombinationen (Bündel, Mengen, Summen o. ä.) von existierenden Eigenschaften. Selbst auf das Denken an das runde Quadrat lässt sich dieser Ansatz ausdehnen. Denn *Rundes* und *Quadratisches* gibt es offenbar. Die Prämisse (I) des intentionalen Paradoxons wird also im Fall der Nicht-Existenz so gedeutet, dass es Eigenschaften gibt, zu denen S in einer (intentionalen) Relation steht. Diese Position lässt sich als *Eigenschaftsrelationalismus* charakterisieren.[31] Wie plausibel sind diese Positionen? Ich halte beide für unplausibel.

Was die angebliche Relationalität der Wahrnehmung betrifft, so ist sie mit dem intensiv diskutierten *Problem der Halluzination* konfrontiert. Crane formuliert dieses Problem wie folgt:

---

30 Eine Spielart davon ist ein *genetischer Relationalismus*, der so argumentiert: nicht-veridische (nicht-relationale) Wahrnehmungen (Halluzinationen, Illusionen) von einem Objekt X des Typs A setzen frühere veridische (relationale) Wahrnehmungen von Objekten des Typs A voraus. Folglich ist eine nicht-veridische Wahrnehmungen insofern relational, als sie via eine frühere relationale Wahrnehmung mit einem Objekt gleichen Typs in relationalem Kontakt steht. Ergo ist die Intentionalität der Wahrnehmung au fond relational. Einer weiteren relationalen Spielart zufolge sind Wahrnehmungen au fond *passive (rezeptive) Erlebnisse*. Die beste Erklärung dafür besteht darin, dass Wahrnehmungen tatsächlich von einer subjektunabhängigen und -externen Quelle hervorgerufen werden. Beide Spielarten beruhen jedoch nicht, wie die Geschichte der Philosophie gezeigt hat, auf zwingenden Argumenten.
31 Eine solche Position wird oft von naturalistischen Theorien der Repräsentation vertreten. Vgl. exemplarisch Dretske 1995. Nach Dretske haben Wahrnehmungen die natürliche Funktion, Eigenschaften wie Farbe, Form und Bewegung der Dinge verlässlich anzuzeigen. Repräsentationen stehen demnach immer in Relationen zu Eigenschaften – auch wenn diese nicht immer (dort) instanziiert sind, wo man ein Ding wahrzunehmen glaubt. Dies ist der Fall bei Fehlrepräsentationen (*misrepresentations*). Kriegel 2011b, 251, spricht von der „property theory of perceptual intentionality".

The argument from hallucination can be formulated as follows. Perceptual experience in all five senses seems intuitively to be a relation to mind-independent objects of experience. But it seems possible for there to be an experience which seems just like a perception of a real mind-independent object but where there is no real mind-independent object being perceived. This is what we shall call a hallucination. If a hallucination is a mental state of the same fundamental kind as the perception, then it turns out that perceptual experience isn't a relation to a mind-independent object after all. The conclusion of this bit of the argument is that our pre-theoretical conception of perception as a relation to mind-independent objects must be wrong. (Crane 2006a, 12)[32]

Das Ziel von Proponenten dieses Arguments besteht gewöhnlich darin, zu zeigen, dass die unmittelbaren Objekte der Wahrnehmung nicht *gewöhnliche Objekte* wie Hunde, Schiffe und Menschen, oder Gewitter und Konzerte sind, sondern vielmehr *andersartige Entitäten* wie z. B. Hume'sche *impressions*, Brentano'sche physische Phänomene, Frege'sche Vorstellungen, Russell-Moore'sche *sense data* oder Dretske'sche Eigenschaften. Genauer betrachtet, lässt sich das Argument in mehreren Schritten rekonstruieren:

Die erste Prämisse lautet, dass jede (äußere) Wahrnehmungsepisode im Prinzip eine Halluzination sein könnte – in dem Sinne, dass ihr intentionaler Gegenstand X nicht existiert:

(A) Jede Wahrnehmung könnte eine Halluzination sein.

Im nächsten Schritt des Arguments wird davon ausgegangen, dass die Wahrnehmungsepisode von einer „gegenstandslosen" Halluzination *subjektiv ununterscheidbar* sein kann. Damit kann mehreres gemeint sein. Eine Lesart lautet, dass es prinzipiell möglich ist, dass sich das wahrgenommene Objekt, von meinem Standpunkt aus gesehen, genauso darstellt, wie ein halluziniertes Objekt:

(B) Wahrnehmung und Halluzination sind subjektiv ununterscheidbar.

Eine dritte Prämisse geht davon aus, dass subjektive Ununterscheidbarkeit ein hinreichendes Kriterium dafür ist, dass Wahrnehmungen und Halluzinationen zu *derselben (niedersten) Art* mentaler Phänomene gehören. Nur weil X nicht existiert, gehören dieser Prämisse zufolge Wahrnehmung und Halluzination nicht zu verschiedenen Arten mentaler Akte – ähnlich wie ein Glaube Glaube ist, unabhängig davon, ob das Geglaubte wahr ist oder nicht:

(C) Subjektive Ununterscheidbarkeit impliziert Zugehörigkeit zu derselben (niedersten) Art intentionaler Phänomene.

---

32 Zum Problem der Halluzination (und der Illusion) vgl. die Monographie von A. D. Smith 2002, die sich u. a. dadurch auszeichnet, sowohl die analytische Debatte als auch die phänomenologische Tradition zu berücksichtigen.

Des Weiteren wird angenommen, dass Akte derselben niedersten Art dieselbe Art von intentionalen Objekten haben. Unseren natürlichen Intuitionen zufolge haben etwa Wahrnehmungen (inter alia) *Dinge* wie Tische, Steine oder Personen zum Gegenstand:

(D) Gehören zwei intentionale Phänomene zu derselben niedersten Art, so sind sie auf dieselbe Art von intentionalen Objekten gerichtet.

Als vorletzte Prämisse kommt hinzu, dass Entitäten, die zu derselben niedersten Art gehören, ontologisch sozusagen homogen sein müssen, will sagen: wenn die eine Entität z. B. eine relationale Struktur hat, dann auch die andere. Anderenfalls ist man mit dem *Proteus-Problem* konfrontiert:

(E) Gehören zwei intentionale Phänomene zu derselben niedersten Art, so sind beide ontologisch homogen.

Schlussendlich kommt noch die Prämisse ins Spiel, dass die Intentionalität der Wahrnehmung relational ist, d. h. existenzinvolvierend mit Blick auf X:

(F) Perzeptive Intentionalität ist relational.[33]

Was folgt aus diesen prima facie plausibel erscheinenden Annahmen? Nun, es folgt, dass jede (einzelne) Wahrnehmungsepisode, also z. B. mein jetziges Sehen eines Bildschirms, eine Halluzination sein könnte, die subjektiv ununterscheidbar von einer veridischen Wahrnehmung ist. Aus (C)-(F) folgt dann aber, dass auch die Halluzination eine relationale Struktur hat. Da aber Halluzinationen per definitionem keine gewöhnlichen Dinge zum Objekt haben, muss es gewisse *exotica* geben, welche die unmittelbaren Objekte der Wahrnehmung bzw. Halluzination darstellen. Es folgt somit, dass auch die unmittelbaren Objekte der Wahrnehmung keine gewöhnlichen Objekte sind. Die Folge ist, dass unsere Wahrnehmung nicht wirklich eine Relation zu der Welt ist, wie wir sie vortheoretisch zu kennen meinen, sondern uns gleichsam mit einem *Schleier von exotischen Entitäten* umhüllt.

Der Eigenschaftsrelationalist könnte an dieser Stelle einwenden, dass es andere, nicht als exotisch zu brandmarkende Kandidaten gibt, mit denen wir sowohl bei veridischen Wahrnehmungen als auch bei Halluzinationen in echtem intentionalen-*cum*-relationalen Kontakt stehen. Probate Kandidaten dafür sind eben *Eigenschaften*. Intentionale Phänomene verdanken ihre Identität und Exis-

---

[33] Prämisse (F) liegt dem *Prinzip der Phänomenalität/Erscheinung* (*Phenomenal Principle*) des zeitgenössischen Sinnes-Daten-Theoretikers Howard Robinson 2005, 79, zugrunde, das besagt: „If someone, S, appears to perceive something F (where F is a sensible quality and not a substance term) then there is something F of which S is aware." Die Pointe besteht in der *Existenzeinführung*, dem „reifying the contents" (ebd.) im Konsequens: erscheint S perzeptiv etwas als F, *so gibt es etwas*, das F ist. In diesem Sinne ist das *Phenomenal Principle* dem Relationalismus verpflichtet.

tenz solchen Eigenschaften, durch die sie individuiert werden. Fred Dretske formuliert diese Position treffend wie folgt:

> If we include (as I do) the properties a representation represents (the way it depicts what – if anything – it depicts) as (part) of what it is of or about, then a representation (hence, experience) will always be of or about something. When there is no object (e. g., a round square) the experience will be of or about the properties (roundness and squareness) it (mis)represents an object to have. (Dretske 1995, 172 Fn. 20)[34]

Der Eigenschaftsrelationalist deutet also das Prädikat „S denkt an X" so, dass es stets eine Relation ausdrückt: „S denkt an E, F, …", wobei E, F, … (existierende) Eigenschaften eines möglicherweise nicht-existenten X sind. Ein Gedanke an Pegasus ist z. B. eine Art konjunktiver Gedanke an die Eigenschaften *Pferd-Sein*, *Geflügelt-Sein* etc. Da diese Eigenschaften ihrerseits existieren (offenbar sind sie aktual instanziiert – in Pferden und Vögeln), kann Intentionalität *au fond* als eine Relation behandelt werden. Durchgängige Gerichtetheit auf Nicht-Seiendes gibt es demnach gar nicht, sondern nur an der Oberfläche. Im Falle von Halluzinationen, bei denen es keine materiellen Dinge gibt, besteht eine Relation zwischen Subjekt und *Eigenschaft*, während bei veridischen Wahrnehmungen zusätzlich eine Relation zwischen Subjekt und *Ding* besteht. In jedem Fall ist Intentionalität eine echte Relation, welche die obigen Prämissen (I) und (II) erfüllt.

Ich werde später im Kontext von Husserls Phänomenologie nochmals auf den Eigenschaftsrelationalismus (*ER*) eingehen. Hier seien einige kritische Punkte aus der aktuellen Debatte referiert: (1) Wie jüngst Uriah Kriegel gezeigt hat, hat *ER* zur Folge, dass zwischen uns und der Welt der Dinge ein *Schleier von Abstracta* (nämlich Eigenschaften) errichtet wird. Das hat zur Folge, dass Subjekte nur zu Eigenschaften unmittelbaren kognitiven Zugang haben, während gewöhnliche Dinge lediglich inferentiell zugänglich sind. Unsere auf Wahrnehmungen gestützten Überzeugungen handeln somit von ganz anderen Objekten (z. B. Dingen) als unsere Wahrnehmungen (Eigenschaften). Dies ist eine unliebsame Folge von *ER* – speziell im Fall der Wahrnehmung.[35] (2) *ER* hat zur Folge, dass unser Denken

---

34 Vgl. Dretskes Definition von Repräsentation ebd., 2ff., in der nur Eigenschaften als Repräsentiertes auftreten.
35 Vgl. Kriegel 2011b, der drei Spielarten des Schleiers unterscheidet: Eigenschaften als Universalien *ante rem*, *in re* und als partikularisierte Eigenschaften (Tropen) bzw. Bündel davon. Alle drei Varianten scheitern laut Kriegel daran, dass sie einen Schleier von Abstracta (*veil of abstracta*) über die Welt konkreter Dinge werfen und somit der Intuition nicht gerecht werden, dass unsere auf Wahrnehmungen basierten Überzeugungen von *denselben Entitäten* handeln wie unsere Wahrnehmungen selbst. Denn der Schleier von Abstracta bewirkt, dass Wahrnehmungen von abstrakten Objekten (Eigenschaften) handeln, während wir aufgrund von Wahrnehmungen an konkrete materielle Dinge glauben. Vgl. ebd., 259: „The nature of the veil changes

an Einzeldinge in eine Art Russell-Quine'sches konjunktives Denken an Eigenschaften aufgelöst wird. Damit ist eine fragwürdige deskriptivistische Auffassung unseres Denkens an Individuen verbunden. (3) Schließlich ist *ER* aus phänomenologischen Gründen inadäquat: ob ich an eine Eigenschaft, also einen abstrakten Gegenstand denke, oder an ein Konkretum (ein *hic et nunc*) ‚fühlt sich' auf ganz andere Weise an. Wir *meinen* etwas ganz anderes, wir haben etwas ganz anderes *im Sinn*, mit Husserl gesagt, je nachdem, ob wir an Dinge oder Eigenschaften denken. Und dies sind Unterschiede, die phänomenologisch (introspektiv) manifest sind. Es ist einfach nicht dasselbe, an diesen PC hier vor mir zu denken, oder an ein Bündel von Farben, Formen etc. Nach Husserl sind für das Denken an Abstraktes ganz andere Akte erforderlich als für das Denken an Konkreta (vgl. LU II).[36] Zudem hat Tim Crane darauf hingewiesen, dass im Falle von gewissen Emotionen *ER* geradezu absurde Formen annimmt: Wenn ich mich z. B. vor dem Ertrinken fürchte, so fürchte ich mich vor einem konkreten Ereignis, und nicht vor Eigenschaften; wenn ich eine Person liebe, dann liebe ich einen anderen Menschen, ein singuläres Wesen aus Fleisch und Blut – und kein abstraktes Eigenschaftsbündel. Es mag sein, dass Eigenschaften in all unserem Denken an Einzeldinge involviert sind, aber nicht jedes Denken ist Denken an Eigenschaften. Genau davon will uns *ER* aber überzeugen (vgl. Crane 2013, 8ff.).

Aber zurück zum Problem der Halluzination. Wenn die obige Rekonstruktion logisch gültig ist, dann muss eine der sechs Prämisse (A)-(F) über Bord geworfen werden. Hier bieten sich mehrere Optionen an. Externalisten und Disjunktivisten werden typischerweise Prämisse (C) anzweifeln; denn diesen Autoren zufolge erschöpft sich die Natur mentaler Phänomene nicht darin, wie sie sich vom Standpunkt des Subjekts aus geben.[37] Man denke nur an Hilary Putnams Zwillingserde-Gedankenexperiment, bei dem Oskar und sein typidentischer Zwilling Toskar in Welten leben, die sich nur dadurch voneinander unterscheiden, dass in Oskars Welt Wasser aus H_2O-Molekülen besteht, während in Toskars Welt – un-

---

depending on the operative conception of properties (Platonic, Aristotelian, or trope-theoretic). But in all its forms the veil creates a conflict between the notion that perceptual experiences fall under intentional types in virtue of bearing intentional relations to properties and the idea that perceptual beliefs can sometimes be formed and justified by endorsement of perceptual experiences."

36 Zur Kritik am Eigenschaftsrelationalismus vgl. auch Janzen 2006, der von der „Property Assumption" spricht.

37 Dass Husserl die Prämissen (A), (B) und wohl auch (C) unterschreiben würde, belegt folgende Stelle: „Eine Wahrnehmung kann eine ehrliche und ganze Wahrnehmung sein, subjektiv genauso charakterisiert wie irgendeine andere Wahrnehmung, aber es kann sein, daß der Gegenstand gar nicht ist oder daß er zwar ist, aber gar nicht in Wirklichkeit so ist, wie er da erscheint." (Hua XXIV, 153) Vgl. ähnlich Hua XIX/1, 358; Hua XVI, 15f., 31.

geachtet derselben phänomenal manifesten Eigenschaften von Wasser – eine andere molekulare Struktur XYZ realisiert ist (vgl. Putnam 2004). Putnams These lautet, dass beide Zwillinge sich in ganz anderen intentionalen Zuständen befinden, obgleich subjektive Ununterscheidbarkeit vorliegt. M. a. W.: beide Zwillinge haben andere mentale Eigenschaften. Eine derartige *Kryptisierung*, wie man zugespitzt sagen könnte, der eigenen bewussten Erlebnisse für das Subjekt scheint aber extrem unplausibel. In extremen Fällen neigen Externalisten sogar dazu, zu leugnen, dass wir überhaupt denken, wenn es kein Objekt des Denkens gibt.

Da in meinen Augen die Prämissen (A)-(E) prima facie plausibel sind, scheint es angebracht, Prämisse (F) in Zweifel zu ziehen, womit wir wieder bei der Frage nach der Relationalität (perzeptiver) Intentionalität angelangt sind. Gibt man (F) auf, ist man nicht mehr gezwungen, andersartige Entitäten als unmittelbare Objekte der Wahrnehmung einzuführen, sondern kann der natürlichen und realistischen Intuition treu bleiben, derzufolge wir Autos, Steine und Hunde sehen.

Es ergibt sich die paradox anmutende Folgerung, dass man die Relationalität perzeptiver Intentionalität aufgeben muss, um an der Idee festhalten zu können, Wahrnehmungen seien ursprünglich auf gewöhnliche Objekte gerichtet: Um die Gerichtetheit des Subjekts auf die Welt der echten Dinge zu retten, muss man sich von der Idee lösen, Gerichtetheit sei eine echte Relation zwischen Subjekt und Welt. Subjekte sind in der Tat, wie Heidegger und Sartre zu sagen lieben, in die Welt geworfen und essentiell Subjekte in der Welt. Aber diese Geworfenheit ist intentionale, nicht relationale Geworfenheit. Selbst Heidegger lokalisiert die Intentionalität der Wahrnehmung angesichts des Problems der Halluzination in der intrinsischen Verfassung des Wahrnehmens:

> Wir sprechen kurz von der Beziehung der Wahrnehmung auf das Objekt. Wie wird man natürlicherweise diese Beziehung charakterisieren? Objekt der Wahrnehmung ist das Fenster dort. [...] Die Beziehung der Wahrnehmung ist eine vorhandene Beziehung zwischen zwei Vorhandenen. Nehme ich das eine Beziehungsglied weg, etwa das Subjekt, dann ist auch die Beziehung selbst nicht mehr vorhanden. Wenn ich das andere Beziehungsglied, das Objekt, das vorhandene Fenster, verschwinden lasse bzw. mir verschwunden denke, dann verschwindet damit offenbar auch die Beziehung zwischen mir und dem vorhandenen Objekt, ja überhaupt die Möglichkeit der Beziehung. Denn die Beziehung hat jetzt gleichsam keinen Stützpunkt mehr in dem vorhandenen Objekt. Die intentionale Beziehung kann, so scheint es, nur vorhanden sein als Beziehung, wenn beide Beziehungsglieder vorhanden sind [...]. Demgegenüber gilt es zu sehen, daß die intentionale Beziehung nicht erst durch das Hinzukommen eines Objektes zu einem Subjekt entsteht, so etwa wie ein Abstand zwischen zwei vorhandenen Körpern erst entsteht und vorhanden ist, wenn zu einem vorhandenen ein anderer hinzukommt. [...] Der Ausdruck ‚Beziehung der Wahrnehmung' meint nicht eine Beziehung, in die die Wahrnehmung als der eine Beziehungspunkt erst tritt, die der an sich

beziehungsfreien Wahrnehmung zufällt, sondern eine Beziehung, die das Wahrnehmen als solches selbst ist. (Heidegger 2005, 83–85)[38]

Auch Walter Hopp macht diesen Punkt durch Unterscheidung zwischen Intentionalität im Sinne von *reaching out* und im Sinne von *involving objects* klar:

> Hallucinations do not have to be of anything less than the world, and they do not have to be of the world in anything less than a direct way. [...] While hallucination cannot involve its object, since its object does not exist, it does reach out to the external world: it is erroneous because it reaches out but does not involve, and would not be erroneous if it reached out towards and involved a mere appearance. And the difference between a hallucination an a veridical perception might turn out to consist entirely in the involvement but not in the reaching – perception might just be a case in which the intentional content that it shares with a possible hallucination is satisfied. Such a view in no way entails that the intentional content falls short of the world in either case. (Hopp 2011, 161)

Mit Blick auf die beiden zu Beginn dieses Abschnitts formulierten Einwände ist also zu sagen, dass Intentionalität auch nicht als eine *au fond* relationale Eigenschaft des Geistes konzipiert werden muss, sondern eben als eine nicht-relationale (monadische) Bestimmung.[39]

---

38 Der § 9 dieser Vorlesung (*Die Grundprobleme der Phänomenologie*, 1927) enthält erhellende Beobachtungen, die gegen den Eigenschaftsrelationalismus und die Sinnes-Daten-Theorie ins Spiel gebracht werden können.
39 Eine etwas andere und phänomenologisch viel plausiblere Lesart des *au fond*-relationalen Charakters der Wahrnehmung/Intentionalität verteidigt John Drummond 1998 und 2012 unter Rückgriff auf Husserl. Drummond zufolge ist Gerichtetheit auf nicht-existente Objekte zwar möglich, aber stets eingebettet in veridisch-relationale Intentionalität. Dabei spielt vor allem der *horizontale Charakter* intentionaler Phänomene eine wichtige Rolle. Halluzinationen erweisen sich als parasitäre Phänomene gegenüber veridischen Wahrnehmungen und sind nicht unabhängig von diesen möglich. Vgl. ebd., 125: „The act's horizons contribute, therefore, not only to the sense of the intended object; they also refer us [...] to other objects horizontally implicated in those acts intending non-existent, fictional, or ideal objects. On this basis we can legitimately claim [...] that the intentional relation holds between the intending act and a transcendent (intentional and intended) objectivity [...], even when the act mistakenly apprehends such objectivities or mistakenly posits a non-existent object." Vgl. ebd., 117ff.; vgl. ähnlich Alweiss 2010. Diese Lesart hat einiges für sich, wobei ich skeptisch bin, ob damit das intentionale Paradox wirklich gelöst wird; denn ob eine Halluzination *selbst* eine Relation zu *ihrem* putativen Objekt ist oder nicht, scheint nicht dadurch beantwortet zu werden, dass man auf die Relationalität *anderer* Akte verweist, mit denen die Halluzination notwendigerweise verflochten ist und von denen sie sich abhebt.

4 Intentionalität als intrinsische Eigenschaft

Wenn man Intentionalität als ein solches nicht-relationales Genus versteht, so müssen sich intentionale Phänomene, die auf unterschiedliche Objekte gerichtet sind – seien diese nun existent oder nicht – unter anderem durch ihre intrinsischen Eigenschaften voneinander unterscheiden. Intentionale Phänomene müssen, mit anderen Worten, eine interne Strukturiertheit und Komplexität haben, die sie nicht der Existenz ihrer Objekte verdanken. In den Individuations- und Existenzbedingungen von intentionalen Phänomenen darf also die Existenz ihrer Objekte keine konstitutive Rolle spielen. Der Husserl-Forscher Dallas Willard bringt diese Idee treffend zum Ausdruck:

> [T]here must be something within the makeup of the mental or linguistic act that is responsible for its picking out whatever it does in fact pick out as object. (Willard 1994, 243)[40]
>
> Any question about why this act has this sense (exemplifies this concept or proposition) will be answered by reference to the internal structure of the act, or possibly in terms of the position of the act in its context of life and thought. (Willard 1994, 259)
>
> Thus the intrinsic parts and properties of the mental act are the sole determinants of what is to be its object and of how that object is presented for the act. (Willard 1984, 221; vgl. ähnlich Mackie 1975)

Da die *Idee einer intrinsischen Intentionalität* bewusster mentaler Phänomene eine Leitthese dieser Arbeit darstellt, sei sie explizit hervorgehoben:

> Ist e eine auf X gerichtete bewusste mentale Entität, so ist e allein kraft ihrer intrinsischen Beschaffenheit auf X gerichtet.

So formuliert, bestünde die begriffliche Möglichkeit, Intentionalität als eine Relation zu verstehen, die sich dadurch auszeichnet, dass sie allein durch die nicht-relationalen (intrinsischen) Eigenschaften des Subjekts und seiner mentalen Zustände bestimmt ist. Dies wäre sicherlich eine Relation *sui generis* – wenn nicht gar *novi generis* –, denn dass eine Relation in ihrem Bestehen und ihren Eigenschaften vollständig durch die Existenz *eines* Relatums mitsamt dessen nicht-relationalen Bestimmungen konstituiert wird, ist sicherlich etwas höchst Eigentümliches. Ob

---

40 Vgl. Willard 1994, 235: „There is a general structure present in the event of something standing before us as the object of our consciousness. Obviously, for not just any event is an event of this sort. Such an event must be one with characteristic parts, interrelated in a definite manner, for it is a whole of a specific type. No one denies this, and it is hard to see what might be meant by a denial of it."

man diese begriffliche Möglichkeit einräumt oder nicht, in jedem Fall spielen die intrinsischen Charaktere des Subjekts und seiner Akte die entscheidende Rolle.

Einer der Schlüsselbegriffe dieser Arbeit ist somit der Begriff einer intrinsischen Eigenschaft (einer mentalen Entität). Vorläufig verstehe ich darunter, im negativen Sinne, die nicht-relationalen Eigenschaften einer bewussten mentalen Episode (eines Husserl'schen *Erlebnisses*), also diejenigen Eigenschaften, die ein Erlebnis im Prinzip unabhängig von der Existenz und Beschaffenheit seines Objekts haben könnte. Die Rede von „intrinsischen Eigenschaften" mit Bezug auf mentale Phänomene ist der heutigen Philosophie des Geistes durchaus nicht fremd. Soweit ich sehe, hat das Wort „intrinsisch" *vier* eng miteinander verbundene, aber gleichwohl unterscheidbare Bedeutungen:

Erstens bedeutet „intrinsisch" so viel wie *unabgeleitet* oder *ursprünglich*. So wird z. B. oft gesagt, mentale Phänomene seien ursprünglich intentional, während sprachliche, semiotische und bildartige Repräsentationen derivative Intentionalität hätten. Letztere beziehen sich nicht *von sich aus* auf etwas anderes, sondern nur dadurch, dass sie von uns oder anderen Wesen als intentional aufgefasst oder interpretiert werden. In diesem Sinne verwendet etwa John Searle, ein Verfechter der ursprünglichen Intentionalität des Geistes, das Wort „intrinsisch", wenn er nach der Beziehung zwischen ursprünglicher und abgeleiteter Intentionalität fragt: „what is the relationship between the Intentionality of our mental states, where the mental state seems somehow to be intrinsically Intentional, and the intentionality of certain material phenomena in the world such as utterances, pictures, etc.[?]" (Searle 1979, 88)[41] Ähnlich schreibt Crane „that words, like pictures, do not represent in themselves (,intrinsically'). They need interpreting – they need an interpretation assigned to them in some way." (Crane 2003, 23) Nur „our minds have *original* intentionality: their intentionality does not depend on, or derive from, the intentionality of anything else" (Crane 2003, 40).

Ist ein Phänomen M nicht ursprünglich intentional, so muss man bei der Beantwortung der Frage „Warum oder wodurch ist M intentional?" auf ein von M verschiedenes intentionales Phänomen M* Bezug nehmen, kraft dessen M intentional ist. Ein Bild z. B. muss als ein Bild von etwas interpretiert werden, um ein Bild von etwas *sein* zu können – es gibt keine intrinsischen Eigenschaften des Bildes, die es intentional machen. (Ähnlichkeit zwischen Bild und Abgebildetem ist nicht hinreichend für den Bildcharakter von etwas, denn sonst wären zwei Eier

---

[41] Vgl. den Überblick zu den Bedeutungen von „intrinsisch" in Searle 1992, 78 ff. Dort unterscheidet Searle zwischen intrinsischer und abgeleiteter Intentionalität und metaphorischer Als-ob-Intentionalität, wie sie z. B. Pflanzen zukommt („Die Blume verlangt nach Wasser").

Bilder voneinander.) Schließlich gelangt man zu einem intrinsisch intentionalen Phänomen M*...* – sonst droht ein Regress.[42]

Die These, es gäbe ursprüngliche Intentionalität, insbesondere mentale, wird mitunter als „magisch" gebrandmarkt. Dies behauptet z.B. Hilary Putnam in seinem berühmten Essay „Brains in a Vat" (1981). Nach Putnam hat keine Entität von sich aus Intentionalität. Nichts „[has] an *intrinsic*, built-in, magical connection with what it represents" (1981, 5). „Magisch" und damit philosophisch unseriös ist eine solche Auffassung, weil sie ähnlich wie mystische Namens-Theorien davon ausgeht, Name und Sache seien irgendwie innerlich oder von Natur aus verbunden. Dagegen behauptet Putnam, dass es nur dann der Fall sein kann, dass X Y repräsentiert, wenn es ein S gibt, das X als Y repräsentierendes „interpretiert" oder „auffasst". Eine von einer Ameise zufällig in den Sand gezogene Figur, die Winston Churchill verblüffend ähnelt (Putnams Beispiel), ist von sich aus kein Bild von Churchill, weil die Ameise keinerlei darstellende Absicht hat. Aber auch eine solche Absicht ist nicht intrinsisch Absicht von etwas, sondern verdankt ihre Repräsentationalität gewissen Worten oder Begriffen, die letztlich nur aufgrund von kausalen Relationen von etwas handeln können. Somit gilt nach Putnam: entweder müssen mentale Phänomene, bewusst oder unbewusst, als intentionale interpretiert werden, um intentional sein zu können; oder aber sie sind kraft externer Relationen intentional, weil nichts in und von sich aus mit etwas anderem „verbunden" sein kann.

Abgesehen davon, dass Putnam offenbar unterstellt, „S repräsentiert X" sei stets ein relationales Prädikat (vgl. Davis 2005, 8.6.), kann sein *Interpretationalismus* offenbar nicht uneingeschränkt gelten. Denn entweder folgt ein Interpretationsregress (jedes Interpretieren oder Auffassen ist ja selber intentional), oder aber es gibt Interpretationen, die nicht intentional sind, was eine contradictio in adjecto zu sein scheint (vgl. Willard 2000).[43] Es sieht so aus, als müsse es ursprüngliche Intentionalität geben, damit überhaupt etwas intentional sein kann (vgl. Addis 2005). Die Intentionalität *bewusster mentaler Phänomene* ist dafür der

---

42 Nicht-bewusste intentionale Phänomene sind z.B. Überzeugungen, die wir haben können, ohne zugehörige bewusste Erlebnisse (Urteile) zu vollziehen. Vgl. dazu auch Searles 1992 viel diskutiertes „Verbindungsprinzip" (*connection principle*); vgl. auch McGinn 1997, Kap. 1, und Farkas 2008, Teil I. Oft gilt nur bewusste Intentionalität als ursprünglich intentional (vgl. Kriegel 2011) – eine Idee, die auch Husserl zugeschrieben werden kann.

43 Vgl. auch Hopp 2011, 35f., der Putnam entgegenhält, dass dieser nur solche Intentionalität, die sich reduktiv explizieren lässt (etwa kausal), für intelligibel (nicht-mystisch) hält.

aussichtsreichste Kandidat. Dies ist jedenfalls eine operative Hintergrundannahme dieser Arbeit.[44]

Zweitens wird das Wort „intrinsisch" als Synonym von „essentiell" oder „wesentlich" verwendet. Intrinsische Eigenschaften in diesem Sinne sind wesentliche oder notwendige Merkmale, die eine Entität der Art A haben muss, um überhaupt ein A sein zu können.[45]

Wayne Davis verteidigt diese Idee mit Blick auf bewusste kognitive Phänomene wie Gedanken und Vorstellungen (*thoughts* und *ideas*) ausdrücklich. Nach Davis macht es ab einem gewissen Punkt keinen Sinn mehr zu fragen, was eine *idea* zu einer *idea of X* macht, sofern man damit auf irgendwelche relationalen Eigenschaften abhebt. Denn gerade darin besteht das Wesen, die Essenz oder Natur dieser *idea*. Ähnlich macht es keinen Sinn, zu fragen, was die Eigenschaft *Röte* zu einer Eigenschaft roter Dinge macht. Gerade darin besteht eben die Natur der Eigenschaft *Röte*:

> Philosophers who insist on an answer to the question to „What makes the idea of Φ be of Φ?" normally presuppose either that there are no simple ideas, or that ideas have their objects in virtue of external factors. Both presuppositions are false. [...] Nothing external to any idea makes it be the idea it is. For an idea to be of this or that is for it to be the idea it is. Hence nothing external makes an idea be of Φ. (Davis 2005, 193)

Ersetzt man hier Davis' „idea" durch Husserls „intentionales Erlebnis",[46] könnte man diese Passage auch in einem der Husserliana-Bände finden, etwa hier:

> Daß ein Erlebnis Bewußtsein von etwas ist, z.B. eine Fiktion Fiktion eines bestimmten Zentauren, aber auch eine Wahrnehmung Wahrnehmung ihres „wirklichen" Gegenstandes, ein Urteil Urteil seines Sachverhaltes usw., das geht nicht das Erlebnisfaktum in der Welt, speziell im faktischen psychologischen Zusammenhang an, sondern das rein und in Ideation als pure Idee erfaßte Wesen. Im Wesen des Erlebnisses selbst liegt nicht nur, daß es, sondern auch wovon es Bewußtsein ist, und in welchem bestimmten oder unbestimmten Sinne es das ist. (Hua III/1, 74)

---

[44] Zu einer detaillierten Kritik an Putnam vgl. Addis 1989, 87 ff. Addis' heutzutage vernachlässigtes Buch *Natural Signs. A Theory of Intentionality* ist eine luzide Verteidigung der These, dass Bewusstsein aufgrund seiner Natur oder intrinsisch (vgl. 29, 43, *passim*) auf Objekte gerichtet ist. Intentionales Bewusstsein ist oder enthält ein natürliches Zeichen, das „by its very nature represents something else" (ix).

[45] Vgl. dazu Meixner 2003, 2006. Meixner kontrastiert die „classical intentionality" der Phänomenologen mit zeitgenössischen (naturalistischen, relationalen) Konzeptionen, wobei die diversen Bedeutungen von „intrinsisch" eine wichtige Rolle spielen.

[46] Davis' *thoughts* und *ideas* ähneln Husserls propositionalen und nominalen Akten; vgl. LU V, §§ 37–43.

Drittens bedeutet „intrinsisch" so viel wie „nicht-relational". Zu sagen, dass „S denkt an X" eine nicht-relationale Eigenschaft ausdrückt, bedeutet, dass dieser Satz lediglich die Existenz von S und gewisser mentaler Phänomene und Eigenschaften von S impliziert. So heißt es z. B. bei Willard:

> By an intrinsic property I understand one which is such that the having of it by one thing does not entail the existence of any other thing than the property itself and one thing of one type level lower than the property. To-be-the-left-of is an extrinsic property, because if **a** has it then there exists something other than and of the same type level as **a** which **a** is the left of. Thought of **b** is intrinsic; because if **a** is a thought of **b** it does not follow that **b** exists. (Willard 1964, 151 f.)[47]

Viertens wird „intrinsisch" oft im Sinne von „subjektiv erlebt" gemäß Thomas Nagels *what it is like* verwendet (vgl. Nagel 1974). In diesem Sinne sind einige mentale Entitäten bewusst, erlebt, fühlen sich auf eine spezifische Weise an oder haben Erlebnisqualitäten (*Qualia*). Unbewusste intentionale Zustände wie Überzeugungen und Wünsche sind in diesem Sinne nicht intrinsisch.

Soweit ich sehe, sind bei Husserl, obgleich er nirgends explizit das Wort „intrinsisch" gebraucht, alle vier Verwendungsweisen im Spiel. Dies wird sich im Laufe der Arbeit wiederholt bestätigen.

II Brentanos Vermächtnis: Intentionalität und Nicht-Existenz

In diesem primär historisch orientierten Abschnitt soll, ausgehend von Franz Brentano und seiner Interpretation durch Roderick Chisholm, angedeutet werden, wie Intentionalität und das Problem der Nicht-Existenz in die heutige Diskussion Eingang gefunden haben.[48]

Bekanntlich schreibt Brentano in seiner *Psychologie vom empirischen Standpunkt* (1874) der sog. „intentionale Inexistenz" (vgl. PES I, 125) eine ausgezeichnete

---

[47] Poellner 2007, 417, schlägt eine andere Terminologie vor und unterscheidet intrinsische, extrinsische, begrifflich relationale und begrifflich nicht-relationale Eigenschaften. *S denkt an X* ist in diesem Sinne eine intrinsische, aber begrifflich relationale Eigenschaft von S, während „X ist intentionales Objekt von S" eine extrinsische und begrifflich relationale Eigenschaft von X ausdrückt.

[48] Wie bereits erwähnt, ist das Problem der Nicht-Existenz viel älter. Als wichtiger Autor aus der Zeit kurz vor Brentano ist auf Bernard Bolzano (1781–1848) hinzuweisen, der dieses Problem im Kontext „gegenstandsloser Vorstellungen" thematisiert. Vgl. dazu ausführlich Fréchette 2010 und Künne 2011. Einen Überblick über die Geschichte der Intentionalität seit Brentano und deren Voraussetzungen liefert Moran 2013.

Rolle bei der Bestimmung des Gegenstandsbereich der Psychologie zu.[49] In diesem sowohl für die Phänomenologie als auch für die analytische Philosophie des Geistes[50] einflussreichen Werk schickt sich Brentano an, eine strikt erfahrungsbasierte Theorie „psychischer Phänomene" zu entwickeln.[51] Die Gesamtheit der Erscheinungen zerfällt nach Brentano vollständig und exklusiv in physische und psychische Phänomene. Diese Klassifikation gründet in der Natur der jeweiligen Phänomene, wobei der Intentionalität die zentrale Rolle zukommt, als *diskriminatorisches Wesensmerkmal* des Psychischen zu fungieren: ein Phänomen ist deshalb psychischer Natur, weil es eine „Beziehung auf etwas als Objekt" (PES I, 137) aufweist.[52] Psychische Phänomene bilden den Objektbereich der Psychologie, während physische Phänomene in der Naturwissenschaft im engeren Sinne untersucht werden.[53]

Brentanos zweifaches Verdienst und Vermächtnis ist darin zu sehen, dass er, erstens, Intentionalität als ein das Mentale charakterisierendes Merkmal beschrieben hat; sodann hat er, insbesondere in späteren Texten, das Problem der Nicht-Existenz als eine Herausforderung für die These der Intentionalität des

---

49 „Empirisch" ist Brentanos Psychologie nicht deshalb, weil sie auf Experimenten beruht, sondern deshalb, weil sie die „innere Wahrnehmung" oder das „innere Bewusstsein" als *ursprüngliche Quelle* psychologischer Erkenntnis anerkennt. Modern gesagt: eine Charakterisierung mentaler Zustände vom Standpunkt der Ersten-Person-Perspektive ist für Brentano unverzichtbarer und konstitutiver Bestandteil psychologischer Erkenntnis.
50 Dabei kommt Roderick Chisholm eine besondere Bedeutung zu, da er in den 1950er Jahren Brentano interpretiert und einige seiner Ideen sprachanalytisch umzuwenden versucht hat. Vgl. etwa Chisholm 1955/6 und 1957. Damit wurde Brentano und die Theorie der Intentionalität salonfähig für Diskussionen auf angelsächsischem Terrain.
51 Im Vorwort der *Psychologie* schreibt Brentano, dass ihm „Erfahrung allein [...] als Lehrmeisterin" (PES I, 1) gelte.
52 Brentano charakterisiert psychische Phänomene insgesamt durch sechs Merkmale (vgl. PES I, 109 ff.), wobei ihm „intentionale Inexistenz" als das entscheidende, das Psychische „am meisten" (PES I, 137) kennzeichnende gilt. Der Reihe nach diskutiert er die Frage, ob ein Phänomen genau dann psychischer Natur ist, wenn es: 1) entweder eine „bloße Vorstellung" ist oder auf einer solchen basiert; 2) nicht räumlich ausgedehnt bzw. örtlich bestimmt ist; 3) intentional ist; 4) ausschließlich (und nur für ein Subjekt) in innerer Wahrnehmung auf infallible Weise gegeben ist; 5) wahrhaft existiert, d. h. nicht nur insofern, als es Objekt für etwas anderes ist; 6) stets als Teil der „Einheit des Bewußtseins" (PES I, 136) erlebt wird.
53 Der Methode nach unterscheiden sich Psychologie und Naturwissenschaft nicht, denn beide basieren exklusiv auf Erfahrung und suchen durch Induktion allgemeine Gesetzmäßigkeiten zu ermitteln. Allerdings muss die Psychologie von der inneren Wahrnehmung ausgehen; zudem unterscheidet Brentano zwischen deskriptiver und genetischer Psychologie. Letztere verfährt kausal oder explanatorisch, indem sie die Ursachen psychischer Phänomene ausfindig macht; erstere hingegen will das aufgrund innerer Wahrnehmung erfassbare Wesen mentaler Erlebnisse erkennen.

Geistes betrachtet. Die Geschichte der unmittelbaren Brentano-Nachfolger ist somit nicht nur eine Geschichte der Intentionalität, sondern auch der Nicht-Existenz.

Brentanos wichtigste und *ad nauseam* zitierte Passage mit Blick auf Intentionalität lautet:[54]

> Jedes psychische Phänomen ist durch das charakterisiert, was die Scholastiker des Mittelalters die intentionale (auch wohl mentale) Inexistenz eines Gegenstandes genannt haben, und was wir, obwohl mit nicht ganz unzweideutigen Ausdrücken, die Beziehung auf einen Inhalt, die Richtung auf ein Objekt (worunter hier nicht eine Realität zu verstehen ist), oder die immanente Gegenständlichkeit nennen würden. Jedes enthält etwas als Objekt in sich, obwohl nicht jedes in gleicher Weise. In der Vorstellung ist etwas vorgestellt, in dem Urteile ist etwas anerkannt oder verworfen, in der Liebe geliebt, in dem Hasse gehaßt, in dem Begehren begehrt. Diese intentionale Beziehung ist den psychischen Phänomenen ausschließlich eigentümlich. Kein physisches Phänomen zeigt etwas Ähnliches. Und somit können wir die psychischen Phänomene definieren, indem wir sagen, sie seien solche Phänomene, welche intentional einen Gegenstand in sich enthalten. (PES I, 124 f.)

Brentano verwendet hier, im vollen Bewusstsein ihrer Mehrdeutigkeit, fünf unterschiedliche Ausdrücke, um psychische Phänomene eindeutig zu charakterisieren: „intentionale" und „mentale Inexistenz eines Gegenstandes", „Beziehung auf einen Inhalt", „Richtung auf ein Objekt", „immanente Gegenständlichkeit". Wie Chisholm gezeigt hat, verweisen diese Ausdrücke auf zwei Aspekte des Mentalen: zum einen auf die *Ontologie des Mentalen*, derzufolge mentale Phänomene sich dadurch auszeichnen, andere (mentale oder physische) Phänomene als „immanente Gegenständlichkeiten" zu enthalten.[55] Sehe ich z. B. einen roten Apfel, so wohnt meinem Sehakt nach Brentano zwar nicht der Apfel qua räumlich-materielles Ding, aber gleichwohl seine phänomenale Farbe und Form ein; diese beiden Phänomene existieren nicht an sich, sondern sind aktabhängige Gebilde; zum anderen verweist Brentano nach Chisholm auf die *Phänomenologie des Mentalen*, derzufolge dem Subjekt seine Akte in „innerer Wahrnehmung" als etwas erscheinen, das auf etwas anderes gerichtet ist.[56] Brentano spielt auf die

---

54 Ich bezeichne diese Passage im Folgenden als „Brentano-Passage".
55 „Inexistenz" in diesem Sinne ist eine relationale Eigenschaft, nämlich das Enthalten-Sein von etwas in etwas anderem (von lat. *inesse*). Offenbar sind nach Brentano „X ist intentional in Y enthalten", „Y ist (intentionaler) Inhalt von X" und „Y ist immanenter Gegenstand von X" synonym. Dies ist zu unterscheiden von Inexistenz qua Nicht-Existenz.
56 Nach Brentano sind alle mentalen Phänomene *Phänomene*, d.h. sie erscheinen dem Subjekt in einem „inneren Bewusstsein". Dieses Bewusstsein ist allerdings kein zweiter Akt, sondern ist vielmehr jedem psychischen Phänomen gleichsam eingeschrieben, sodass jedes Bewusstsein von etwas (*in recto*) zugleich Bewusstsein seiner selbst ist (*in obliquo*).

scholastische Phrase „intendere arcum in aliquid" an: den Pfeil auf ein Ziel, einen terminalen Gegenstand oder eine Portion des Raums richten (vgl. Künne 1986).

Die „intentionale Inexistenz" hat allerdings, anders als oft behauptet, nicht direkt mit dem Problem der Nicht-Existenz zu tun.[57] Die Immanenzdoktrin bedeutet nicht Nicht-Existenz, sondern In-Existenz im wörtlichen Sinne, und hängt eng mit Brentanos indirekten Realismus zusammen, demzufolge physische Phänomene nicht an sich, sondern lediglich im Bewusstsein existieren. Diese Phänomene zeigen eine Realität außerhalb des Bewusstseins an, machen diese aber nicht unmittelbar zugänglich (vgl. PES I, 28 ff.). Gleichwohl ist Brentano das Problem der Nicht-Existenz nicht entgangen. Dies zeigt eine Passage, in der Brentano explizit die Relationalität psychischer Phänomene thematisiert:[58]

> Wenn bei anderen Relationen sowohl Fundament als Terminus real sind, ist es hier nur das Fundament. [...] Ist ein Haus größer als ein anderes Haus, so muß auch das andere Haus sein und eine Größe haben. Ähnliches wie von Verhältnissen der Gleichheit und Verschiedenheit gilt auch von jedem Verhältnis von Ursache und Wirkung. [...] Ganz anders ist es dagegen bei der psychischen Beziehung. Denkt einer etwas, so muß zwar das Denkende, keineswegs aber das Objekt seines Denkens existieren; ja, wenn er etwas leugnet, ist dies in allen Fällen, wo die Leugnung richtig ist, geradezu ausgeschlossen. So ist denn das Denkende das einzige Ding, welches die psychische Beziehung verlangt. Der Terminus der sogenannten Relation muß gar nicht in Wirklichkeit bestehen. Man könnte darum zweifeln, ob hier wirklich etwas Relatives vorliege, und nicht vielmehr etwas in gewissem Betracht einem relativen Ähnliches, was man darum als etwas „*Relativliches*" bezeichnen könnte. (PES II, 133 f.)

Brentano beschreibt hier das Problem der Nicht-Existenz ziemlich genau. Er beschränkt sich allerdings auf die *negative* These, dass Intentionalität keine Relation „im eigentlichen Sinne" sei. Brentano führt anderswo *positiv* aus, dass Intentionalität einige formale Kennzeichen mit echten Relationen teilt, z. B. die Tatsache, dass man beim expliziten Denken (*in recto*) an ein intentionales Phänomen implizit (*in obliquo*), an einen weiteren Gegenstand denkt, nämlich an das intentionale Objekt des *in recto* bewussten Phänomens: „Denke ich einen Blumenliebenden, so ist der Blumenliebende das Objekt, das ich in recto denke, die Blumen aber sind das, was ich in obliquo denke." (PES II, 134) Ganz ähnlich sei es, wenn man an den Terminus einer echten Relation denkt: denke ich an den Vater von Peter, so denke ich in recto an den Vater und in obliquo an Peter. Die Differenz zwischen in recto und in obliquo taucht sowohl bei der Beschreibung eigentlicher Relationen als auch bei „etwas Relativlichem" auf. Mehr sagt uns Brentano freilich

---

[57] *Contra* Künne 1986 und Segal 2005. Crane 2006b desavouiert in diesem Sinne überzeugend die gängige angelsächsische Brentano-Lesart.
[58] Vgl. die Überschrift: „Die psychische Beziehung im Unterschied von der Relation im eigentlichen Sinne".

an dieser Stelle nicht über die Struktur des Geistes, aufgrund deren ein solches „Relativliches" möglich ist. Interessant ist allerdings seine Bemerkung, dass im Falle eines wahren negativen Existenzurteils (z. B. „Der goldene Berg existiert nicht") zwar ein Denken an etwas stattfindet, dieses etwas aber notwendigerweise nicht existiert – denn sonst könnte das Urteil nicht wahr sein. Brentano bringt damit eine in meinen Augen profunde Intuition zum Ausdruck, derzufolge manche Objekte des Denkens schlichtweg und in keinem Sinne von „Sein" existieren oder „sind".

Eine andere Stelle aus dem zweiten Band der *Psychologie* gibt insofern weiteren Aufschluss, als sie *adverbiale* und *anti-meinongianische Züge* in Brentanos Denken freilegt:

> Die Dinge, auf welche man sich psychisch bezieht, sind in vielen Fällen nicht. Man pflegt aber zu sagen, sie seien auch dann als Objekte. Es ist dies ein uneigentlicher Gebrauch des Wortes „sein", den man sich der Bequemlichkeit halber ebenso ungestraft erlaubt, wie den des „Auf- und Untergehens" in seiner Anwendung auf die Sonne. Man sagt damit aber eben nicht mehr, als daß sich ein psychisch Tätiges darauf beziehe. Es ist nur konsequent, wenn man sich daraufhin auch Äußerungen erlaubt wie „ein Zentaur ist halb Mensch, halb Pferd", obwohl ein Zentaur im eigentlichen Sinn nicht ist und darum im eigentlichen Sinn kein Zentaur ist, keinen Leib hat, der zur Hälfte menschlich und zur Hälfte pferdeartig wäre. (PES II, 158)

Intentionalität involviert keine Relation zwischen Subjekt und Objekt, sondern lediglich eine gewisse „psychische Tätigkeit", die sich auf ein Objekt bezieht. Folglich tut es auch nicht Not, das Denken an einen Zentauren durch die Annahme zu stützen, dieser existiere zwar nicht, *sei* aber als Objekt des Denkens.

Über die einflussreichen Arbeiten *Roderick Chisholms* aus den 1950er Jahren hat Brentano Einzug in analytische Kreise gewonnen.[59] Chisholms Ansatz, der insbesondere in seinem Essay „Sentences on Believing" (1955/6) vorgeführt wird, demonstriert den „semantischen Aufstieg" in der analytischen Philosophie. Dieser Methodologie zufolge sind Fragen über die Natur einer Entität E dergestalt zu beantworten, dass *semantische Kriterien* unserer sprachlichen Bezugnahme auf E ermittelt werden. Das bedeutet, dass Sätze über Mentales kriterial von Sätzen über Nicht-Mentales ausgezeichnet werden sollen. Chisholm schlägt vor allem zwei negative Merkmale vor, die besagen, dass Sätze über Mentales gewisse gängige Inferenzen blockieren:

Erstens implizieren Zuschreibungen mentaler Phänomene in Sätzen der Form „S – Verb – (ein) X" oder „S – Verb – dass p" nicht, dass (ein) X existiert bzw. dass p der Fall ist. So kann ich z. B. an den Jeti denken, ohne dass daraus folgt, dass er existiert.

---

59 Vgl. Chisholm 1952, 1955/56 und 1957, Kap. 11 (*Intentional Inexistence*).

Zweitens folgt daraus, dass die Sätze „S – Verb – X" und „X ist Y" wahr sind, nicht, dass „S – Verb – Y" wahr ist; und aus „S – Verb – dass p" und „p⇔q" folgt ebenfalls nicht, dass „S – Verb – dass q" wahr ist. So kann jemand z. B. glauben, dass 2 prim ist, ohne zu glauben, dass die 10. Wurzel aus 1024 prim ist, obgleich diese beiden Sätze äquivalent sind (sogar notwendigerweise). Diese beiden Merkmale sind als Verletzung des Prinzips der *Existenzeinführung* und der *Substitution salva veritate* koreferentieller, koextensionaler und äquivalenter Ausdrücke bekannt. Die Verletzung dieser beiden Prinzipien konstituiert intensionale Kontexte. Damit kann Chisholm seine von Brentano inspirierte semantische Hauptthese formulieren: Eine Entität ist genau dann intentional, wenn sie durch mindestens einen intensionalen Satz charakterisiert werden kann.[60] Zudem ist eine Entität genau dann mental, wenn sie intentional ist.

Heutzutage werden solche semantische Kriterien für Intentionalität/Mentalität in der Regel nicht mehr für bare Münze genommen, da sie weder notwendig noch hinreichend zu sein scheinen (vgl. Crane 2001a, § 4; Searle 1987, 41 ff.). So folgt z. B. aus der Wahrheit des Satzes „C. Erhard fehlt es an Glukose" nicht, dass es Glukose gibt, die C. Erhard fehlt – man stelle sich eine mögliche Welt vor, in der es Organismen an Stoffen mangelt, die es dort nicht (oder nicht mehr) gibt. Die Notwendigkeit von Intensionalität für Intentionalität kann durch faktive Sätze angezweifelt werden. So folgt aus „C. Erhard weiß, dass es Glukose gibt", dass es Glukose gibt, obschon Wissen ein intentionales Phänomen ist.[61]

Wie es damit auch stehen möge, zeitgenössische Ansätze interessieren sich in erster Linie für die *Natur* derjenigen mentalen Eigenschaften, die sich *symptomatisch* in intensionalen Kontexten manifestieren. Die wahlweise als Existenzneutralität, Existenzunabhängigkeit oder Existenzindifferenz bezeichnete Eigenschaft der Intentionalität spielt dabei eine besondere und insgesamt, wie mir scheint, wichtigere Rolle als jene Eigenschaft des Geistes, die sich in der Falsifikation der *substitutio salva veritate* zeigt. Für die Natur des Geistes ist die Fähigkeit konstitutiv, sich gleichsam mit dem Nichts einlassen zu können. Keine moderne

---

60 Vgl. sinngemäß Kriegel 2011a, 125: „We may put the main point of Chisholm's analysis as follows: a property is intentional just in case it is picked out by a predicate that is intensional, and a predicate is intensional just in case it fails to support certain inferences." Künne 1986 versucht in neo-chisholmianischer Manier Intentionalität allein durch Existenzindifferenz zu charakterisieren.
61 Tatsächlich steckt hier der Teufel im Detail und die Tragfähigkeit einer semantischen Charakterisierung von Intentionalität hängt davon ab, wie genau das Kriterium formuliert wird. In der hier gegebenen Form lässt sich Wissen als Gegenbeispiel zurückweisen, denn zur Beschreibung von Wissen gehört, dass das Subjekt glaubt, dass es Glukose gibt. Glauben ist aber intensional zu beschreiben.

Theorie der Intentionalität kommt umhin, zum Problem der Nicht-Existenz Stellung zu nehmen.

III Freges Rätsel

Das Problem der Nicht-Existenz lässt sich auch mit einem berühmten Problem bei Frege in Beziehung setzen, nämlich mit dem *Fassen* eines Gedankens, das unabhängig von dessen Wahrheit ist.

Bekanntlich vertritt Frege die These, dass es eine Verwendungsweise des Wortes „Gedanke" gibt, mit der man sich auf die Existenz gewisser abstrakter Gegenstände verpflichtet, die einem „3. Reich" zugehören, das aus nicht-mentalen, nicht-räumlichen und nicht-zeitlichen Entitäten besteht. Wenn wir nach Frege einen sprachlichen Ausdruck verstehen, treten wir in eine (intentionale) Relation zu diesem Reich; beim Verstehen von Sätzen *fassen* wir, so Freges berühmte Formulierung, *einen Gedanken*, der unabhängig von diesem Fassen existiert und die Intersubjektivität und Objektivität der Wahrheit garantiert.[62] Das Fassen ist eine dyadische intentionale Relation zwischen dem Subjekt bzw. seinen psychischen Vorgängen und dem Gedanken: wir stehen beim Denken dem Gedanken auf ähnliche Weise „gegenüber" wie beim Sehen dem Baum (vgl. GED, 46 f.).

Wie eine solche Relation zwischen zwei ontologisch heterogenen Bereichen möglich ist, hat Frege relativ wenig interessiert. In dem nachgelassenen Fragment *Logik* (1897) räumt er allerdings ein, dass es hier tatsächlich ein gewisses Rätsel gibt, eine „Frage für sich". Mit Blick auf das Gravitationsgesetz, das einen Gedanken ausdrückt, heißt es:

> Aber das Erfassen dieses Gesetzes ist doch ein seelischer Vorgang! Ja! Aber ein Vorgang, der schon an der Grenze des Seelischen liegt und deshalb vom rein psychologischen Standpunkte aus nicht vollkommen wird verstanden werden können, weil etwas wesentlich in Betracht kommt, was nicht mehr im eigentlichen Sinne seelisch ist: der Gedanke; und vielleicht ist das der geheimnisvollste Vorgang von allen. Aber eben weil er seelischer Art ist, brauchen wir uns in der Logik nicht um ihn zu kümmern. Uns genügt, daß wir Gedanken fassen und als wahr erkennen können; wie das zugeht, ist eine Frage für sich.* [Fußnote] Diese Frage ist in ihrer Schwierigkeit wohl noch kaum erfaßt. (L, 63 f.)

---

62 Nach Frege ist eine solche Relation bereits bei der Wahrnehmung im Spiel, die vom Haben sinnlicher Empfindungen unterschieden wird. Etwas „Nichtsinnliches" macht Sinneseindrücke intentional und schließt uns dergestalt die „Außenwelt" auf. Vgl. GED, 58 f. Offenbar ist das Nichtsinnliche bei jeder Art von Intentionalität (obschon Frege dieses Wort nicht verwendet) im Spiel. Vgl. Martin 1999, 352.

Und im Aufsatz *Der Gedanke* (1918) heißt es:

> Dem Fassen der Gedanken muß ein besonderes geistiges Vermögen, die Denkkraft entsprechen. [...] Das Fassen der Gedanken setzt einen Fassenden, einen Denkenden voraus. Dieser ist dann Träger des Denkens, nicht aber des Gedankens. Obgleich zum Bewußtseinsinhalte des Denkenden der Gedanke nicht gehört, muß doch in dem Bewußtsein etwas auf den Gedanken hinzielen. Dieses darf aber nicht mit dem Gedanken selbst verwechselt werden. (GED, 57 f.)

Mit Blick auf das Problem der Nicht-Existenz und dessen Verknüpfung mit der intrinsischen Intentionalität des Geistes sind diese Stellen deshalb aufschlussreich, weil nach Frege die psychischen Vorgänge, in denen das Fassen eines Gedankens vor sich geht, eine gewisse innere Beschaffenheit aufweisen müssen, kraft deren sie gerade diesen und keinen anderen Gedanken fassen. Im Bewusstsein „muss doch etwas auf den Gedanken hinzielen". Unabhängig von der Wahrheit des Gedankens muss es also gewisse *intrinsische Züge* des Bewusstseins geben, aufgrund deren es Gedanken fassen kann.

Man kann sagen, dass Husserls Phänomenologie sich an besagter „Grenze des Seelischen" entzündet und explizit danach fragt, wie es psychischen Vorgängen möglich ist, auf etwas außerhalb ihrer selbst „hinzuzielen" – eine Frage, die bei Frege notorisch ungeklärt bleibt. Unklar ist bei Frege auch das Verhältnis zwischen Gedanke und intentionalem Objekt des Denkens. Denn einerseits sind Gedanken bei Frege „Sinne" von Sätzen, die eine gewisse „Art des Gegebenseins" enthalten; andererseits fungieren sie, wie die Analogie zum Sehen eines Baums zeigt, als intentionale Objekte des Denkens. Darin kommt das Problem zum Ausdruck, wie sich der intentionale Gehalt und das Objekt eines mentalen Phänomens zueinander verhalten. Im Folgenden werde ich wiederholt auf dieses *Frege'sche Rätsel* zu sprechen kommen.

Anknüpfend an die oben skizzierten Lösungsvorschläge für das intentionale Paradoxon, sollen im nächsten Abschnitt Theorien der Intentionalität aufgrund ihres Verhältnisses zum Problem der Nicht-Existenz klassifiziert werden.

IV Theorien der Intentionalität vis-à-vis Nicht-Existenz

Realistische[63] Theorien der Intentionalität lassen sich vollständig und exklusiv in rein relationale, rein nicht-relationale und gemischt-(nicht-)relationale Theorien

---

63 Damit ist gemeint, dass Intentionalität eine echte oder, wie Ingarden sagen würde, „immanente" oder „autonome" Eigenschaft mentaler Phänomene ist, die diesen nicht nur kraft

einteilen.[64] Einer solchen Klassifikation liegt die Idee zugrunde, dass die Frage, ob Intentionalität eine Relation ist oder nicht, die *zentrale Frage* ist: Wenn Intentionalität eine Relation ist, um was für eine Art von Relation handelt es sich und durch welche Eigenschaften zeichnet sie sich aus? Und was sind ihre Relata? Wenn sie keine Relation ist, was ist sie dann?

Dem Problem der Nicht-Existenz nähern sich relationale und nicht-relationale Theorien sozusagen von zwei Seiten: Während relationale Theorien auf der Objektseite ontologische Differenzierungen vornehmen, konzentrieren sich nicht-relationale Theorien auf die Subjekt- bzw. Aktseite. Zugespitzt formuliert: relationale Theorien treiben in erster Linie eine *Ontologie der intentionalen Objekte* voran, nicht-relationale Theorien hingegen eine *Ontologie des Subjekts*. Beide Theorietypen, können, wie wir gleich sehen werden, auch in Mischformen auftreten.

1 Reiner Relationalismus

Gemäß rein *relationalen Theorien* ist Intentionalität ihrer Natur nach eine *Relation* zwischen einem Subjekt/mentalen Phänomen und einem Objekt. Der Relationalismus hat zur Folge, dass die Gerichtetheit auf Nicht-Existentes entweder geleugnet und eliminiert, oder aber durch die Einführung spezieller Entitäten aufrechterhalten wird. Relationalismen können somit *deflationäre* und *eliminativistische* oder *inflationäre Züge* annehmen.[65]

---

gewissen Interpretationen zukommt (vgl. SEW I, 79 ff.). Für einen prominenten anti-realistischen Ansatz vgl. Dennett 1987. Dennett zufolge ist etwas nur dann intentional, wenn es durch etwas anderes im Rahmen des „intentional stance" als intentional interpretiert wird; es gibt mithin nichts in der Welt, das *in sich* intentional ist.

64 Oft werden relationale Theorien als „(Akt-)Objekt-Theorien" bezeichnet. Vgl. etwa Smith/McIntyre 1982, Kap. 2; Kriegel 2007. Das ist insofern irreführend, als die Rede von „intentionalen Objekten" für eine Theorie der Intentionalität unverzichtbar ist; vgl. Crane 2001a, b. Es macht daher mehr Sinn, von relationalen Theorien oder „Entitäten-Theorien" zu sprechen. Vgl. A. D. Smith 2003, 36 ff.; 2002, Kap. 9. Dies setzt freilich voraus, dass die Rede von intentionalen Objekten nicht auf die Annahme einer Relation verpflichtet.

65 Naturalistische Theorien der Intentionalität sind in der Regel relational und unterscheiden sich dadurch, welcher Art die Relation ist, auf welche Intentionalität zurückgespielt wird. In jedem Fall muss es sich um eine, wie Kriegel sagt, naturalistisch „koschere" Relation handeln, die sich in eine naturalistische Beschreibung der Welt einfügt. Zu den klassischen Kandidaten zählen kausale (*X verursacht Y*), teleologische (*X hat die biologische Funktion, Y anzuzeigen*) und informationale (*X trägt die Information Y*) Relationen. Vgl. Jacob 2004, Kap. 9, und die kritische Diskussion bei Crane 2003, Kap. 5.

Zunächst zum *Deflationismus/Eliminativismus*. Hierzu können Spielarten externalistischer Theorien gerechnet werden, die z. B. im Fall von Halluzinationen behaupten, das Subjekt sei überhaupt nicht intentional auf etwas gerichtet. A. D. Smith zufolge wird so eine Position z. B. von John McDowell (1986) und Gareth Evans (1982) vertreten. Dieser Externalismus vertritt die These einer strikten *Objekt-* bzw. besser *Entität-Abhängigkeit* des Bewusstseins:

> According to this view, a hallucinating subject is aware of precisely nothing. Perceptual experience presents itself as giving us immediate awareness of an entity ontologically distinct from us. When such an entity is absent, as in hallucination, there is no perceptual awareness at all. (A. D. Smith 2003, 36)

Zugespitzt formuliert behaupten solche Theorien, dass wir uns manchmal darüber täuschen, ob wir überhaupt intentionales Bewusstsein haben.[66] Dem halluzinierenden Subjekt kommt es nur so vor, als sei es intentional auf etwas gerichtet. Smith weist mit Recht darauf hin, dass so eine These „plainly absurd" (A. D. Smith 2003, 36) sei. Zumal es dann rätselhaft erscheint, wieso halluzinierende Subjekte mitunter auf vergleichbare Weise reagieren wie veridisch perzipierende Subjekte. Nach Smith unterscheidet der Eliminativismus – wie viele andere Autoren in der analytischen Tradition – nicht hinlänglich zwischen *(intentionalen) Objekten* und *Entitäten*. Dass jedes intentionale Phänomen ein (intentionales) Objekt hat, ist, wenn man eine solche Unterscheidung einmal gemacht hat, nicht so zu verstehen, dass es zu jedem solchen Phänomen eine Entität, d. h. ein existierendes Objekt gibt, zu dem es in einer Relation steht. Wir werden sehen, dass bereits Husserl mit einem solchen ontologisch neutralen Objektbegriff operiert.

Anders als der Deflationismus (Eliminativismus) tritt der *Inflationismus (Maximalismus, „Allism")*[67] in mehreren Spielarten auf. Bei ihm handelt es sich um eine relationale Theorie, die zu jedem Akt eine passende Entität bereithält.

Spielart 1: Meinongianismus.[68] Die bekannteste und stärkste total-relationale Theorie der Intentionalität in diesem Sinne ist die des Grazer Philosophen und Psychologen Alexius Meinong (1853–1920), die bis heute im Gewande sog. „neo-meinongianischer" Theorien weiterwirkt.[69] Diese Theorien sind nicht nur durch

---

[66] Davis 2005, 181f., kritisiert Evans' These, es gäbe keine leeren demonstrativen Gedanken („S denkt an dieses X" etc.) und dass folglich ein halluzinierendes Subjekt gar nicht denkt, wenn es urteilt „Dieser Dolch ist blutig".
[67] Der Begriff „allism" geht auf Lewis 1990 zurück.
[68] Vgl. dazu Chrudzimski 2001.
[69] Die bekanntesten zeitgenössischen Neo-Meinongianer sind Ed Zalta 1983, Graham Priest 1980 und Terence Parsons 2005. Alle drei thematisieren Intentionalität und Nicht-Existenz im Rahmen einer formalisierten Axiomatik.

und durch relational, sondern gehen in der Regel von einem begrifflichen Unterschied zwischen *Existenz* und *Sein (es gibt)* aus. Demnach gibt es manches, was nicht existiert; der Bereich des Quantifizierbaren ist umfassender als des Existierenden, mitunter sogar umfassender als der des Seienden (vgl. Meinongs *Außersein*). Intentionale Phänomene stehen stets in einer Relation zu etwas, das es gibt, aber dieses etwas muss nicht notwendigerweise existieren.

Meinongs *Gegenstandstheorie* lässt sich, wie die Theorien aller Schüler Brentanos, als Reaktion auf die These verstehen, der intentionale Gegenstand eines psychischen Phänomens sei durch „intentionale Inexistenz" charakterisiert. Meinong teilt Brentanos Thesen, dass Intentionalität die Natur des Mentalen konstituiert und dass Vorstellungen die grundlegenden intentionalen Phänomene sind[70] – er weist jedoch jede Form von ‚Einverleibung' intentionaler Objekte ins Bewusstsein scharf zurück und behauptet im Gegensatz dazu, dass jedes Objekt des Erkennens, Urteilens und Vorstellens etwas *Gegebenes* und für das Subjekt *Vorfindbares* sei:

> Blau und ebenso jeder andere Gegenstand ist unserer Entscheidung über dessen Sein oder Nichtsein in gewisser Weise *vorgegeben*, in einer Weise, die auch dem Nichtsein nicht präjudiziert. Von der psychologischen Seite könnte man die Sachlage auch so beschreiben: soll ich in betreff eines Gegenstandes urteilen können, daß er nicht ist, so scheine ich den Gegenstand gewissermaßen erst einmal *ergreifen* zu müssen, um das Nichtsein von ihm aussagen, genauer es ihm zuurteilen oder es ihm aburteilen zu können. (ÜG, 491; vgl. § 2; Herv. CE)

Die Ausdrücke „X ist Y [vor-]gegeben" und „Y ergreift X" sind relational zu verstehen. Für Meinong hat jedes intentionale Objekt als solches einen positiven und robusten, weil subjekt- und aktunabhängigen Status. Es ist notorisch schwierig, Meinongs Intuitionen in die Umgangssprache zu übersetzen. In gewissem Sinne ‚gibt es' für Meinong alles, woran gedacht und worüber gesprochen werden kann. Auch wenn man die Existenz von etwas leugnet, muss dieses etwas als *Objekt sein*, denn sonst fände das negative Existenzurteil sozusagen keinen „Angriffspunkt" (ÜG, 494): „Es ist, als ob das Blau erst einmal sein müsste, damit man die Frage nach seinem Sein oder Nicht-sein überhaupt aufwerfen könnte." (ÜG, 490)

Sowie man über Blau, d.h. die Eigenschaft, Blau zu sein, oder über die Idee des Blauen nachdenkt, steht man bereits in einer Relation zu einem Objekt. Das Nachdenken über X kann nicht auf eigenen Füßen stehen, sondern braucht gleichsam Halt in X. Meinongs gegenstandstheoretischer Intuition zufolge ist

---

[70] Brentano geht von einer asymmetrischen Fundierungshierarchie von drei Aktarten aus (Vorstellungen, Urteile, Gemütsbewegungen), die Meinong akzeptiert; vgl. ÜG, § 1.

Objekt-Sein eine relationale Eigenschaft, die darüber hinausgeht, dass es ein psychisches Phänomen gibt, das Gerichtetheit aufweist. Es muss mehr geben als das Subjekt und dessen Akt, damit Gerichtetheit auf *etwas* vorliegen kann. Was Objekt ist, kann nicht nichts sein: „Und sofern alle Gegenstände erkennbar sind, kann ihnen ohne Ausnahme, mögen sie sein oder nicht sein, Gegebenheit als eine Art allgemeinster Eigenschaft nachgesagt werden." (ÜG, 500) Da über alle intentionalen Objekte Wahres gesagt werden kann, vertritt Meinong darüber hinaus das von Ernst Mally inspirierte *Prinzip der Unabhängigkeit des Soseins vom Sein* (vgl. ÜG, § 3). Kategorische Urteile der Form *S ist p* können demnach unabhängig davon wahr sein, wie es mit dem Sein oder Nicht-Sein von S steht. Die Sätze „Das runde Quadrat ist rund" oder „Der jüngste Sohn meines Urururenkels ist männlich" sind Beispiele dafür. Gefragt, was es alles gibt, reagiert der Meinongianer gewissermaßen wie ein Poker-Spieler mit der Strategie *„All In"*. Erst im zweiten Anlauf wird näher zwischen verschiedenen Arten zu sein bzw. Arten des ‚es gibt' differenziert. Meinong gelangt auf diesem Wege zu der oft zitierten Aussage, dass man, wenn man „paradoxe Ausdrucksweise liebt", geradezu sagen kann: „es gibt Gegenstände, von denen gilt, daß es dergleichen Gegenstände nicht gibt" (ÜG, 490).

Insgesamt schlägt Meinong mit seiner Gegenstandstheorie einen spürbar realistischen, anti-psychologischen und ontologischen Kurs ein, der sich mehr und mehr von Brentanos psychologischem Ansatz entfernt. Da für Meinong Intentionalität eine eigentümliche „Doppeltatsache" (ÜG, 485, 504) ist, der das Objekt als „ein relativ Selbständiges gegenübersteht" (ebd.), ist eine eigene Disziplin erforderlich, um *Gegenständlichkeit als solche* zu thematisieren. Eben dies ist die Aufgabe der *Gegenstandstheorie*.[71] Für eine solche allgemeine Gegenstandstheorie plädiert Meinong nicht zuletzt deshalb, weil es in seinen Augen eine Reihe von „heimatlose[n] Gegenständen" (vgl. ST, 8) gibt, die in keiner der bisherigen Wissenschaften thematisiert worden sind. Dazu gehören u.a. Empfindungsgegenstände (Qualitäten) wie Röte, Weiße etc., *Objektive* (modern: Propositionen, Sachverhalte), aber auch *impossibilia*.[72]

Nach Meinongs Gegenstandstheorie ist jedes intentionale Objekt als solches etwas, wodurch das Inventar der Welt gleichsam um einen weiteren Eintrag erweitert wird. Meinong spricht dabei auch von der *Pseudo-Existenz*, von einem

---

[71] Im programmatischen Essay „Über Gegenstandstheorie" (1904, §§ 9–11) präzisiert Meinong die Gegenstandstheorie im Verhältnis zu anderen Disziplinen (Psychologie, Logik, Erkenntnistheorie, Philosophie, Metaphysik), und behauptet, dass es sich bei ihr um eine eigenständige und apriorische Wissenschaft von höchster Allgemeinheit handle.
[72] Chisholm 1973 zufolge können Meinongs heimatlose Gegenstände auch so verstanden werden, dass sie weder *concreta* noch *abstracta (universalia)* im klassischen Sinne sind.

Außer- und *Quasi-Sein* des Objekts, das sich qua bloßes Objekt noch „jenseits von Sein und Nicht-Sein" befindet (vgl. ÜG, § 4). Dieses Quasi-Sein haben alle Objekte des Denkens und Sprechens *qua* Objekte des Denkens und Sprechens. Dafür spielt es keine Rolle, ob sie faktisch nicht existieren, bloß phantasiert sind, irrtümlich angenommen werden oder prinzipiell unmöglich sind. Sofern wir an ein X denken und somit Wahres über X aussagen können, ‚gibt es' X in einem gewissen Sinne. Etwas, woran ich denken kann, kann demnach nicht *durch und durch* nichts sein, sondern muss eine Art ‚Selbstsein' haben, das über sein ‚Für-mich-sein' hinausgeht. Meinong unterscheidet dabei eine Reihe von unterschiedlichen *Seinsweisen*. *Existenz* ist z. B. die Seinsweise von raumzeitlichen Objekten, physischen oder psychischen. Zeit- und raumlose *abstracta* wie Zahlen hingegen existieren nicht, sondern haben die Seinsweise der *Subsistenz*. Sachverhalte, die Meinong auch als *Objektive* bezeichnet, sind in der Weise des *Bestands* (zu Details vgl. Simons 1986 und Marek 2009). Absurde und unmögliche Objekte ‚sind' in der Weise des *Nicht-Seins* (vgl. ÜG, §§ 2–4, 11).

Wichtig für Meinong ist zudem die These, dass es *alle* Gegenstände, auch die nicht-existierenden, *strikt unabhängig* vom Subjekt und dessen Akten ‚gibt'. Sie liegen gleichsam bereit, um erfasst zu werden, wobei Meinong ähnlich wie Frege vom „[E]rgreifen" (ÜB, 491) eines Gegenstandes spricht; aber sie sind diesbezüglich vollkommen indifferent: „ich kann mir heute nicht verhehlen, daß der Gegenstand, um nicht zu existieren, das Vorgestelltwerden womöglich noch weniger nötig hat, als um zu existieren [...]." (ÜG, 491) Darin kommt ein *ultrarealistischer Zug* von Meinongs Gegenstandstheorie zum Ausdruck. In diesem Punkt unterscheidet sich Meinong deutlich von zwei anderen maximalistischen und relationalen Positionen, nämlich vom *Immanentismus* und *Kreationismus* (s. u.)

Moderne Meinongianer wie Ed Zalta oder Terence Parsons halten sich zugute, Meinongs „naive", d.i. informelle Gegenstandstheorie in Gestalt einer (konsistenten) „axiomatischen Metaphysik" explizit gemacht zu haben.

Für Zaltas Theorie, auf die ich mich hier wegen ihrer Prägnanz und Eleganz exemplarisch beschränke, sind zwei Ideen entscheidend: zum einen die Unterscheidung zwischen zwei primitiven Weisen, wie Objekte Eigenschaften „haben" können, die Zalta als „Exemplifikation" (*exemplification*) und „Enkodierung" (*encoding*) bezeichnet; zum anderen ein Komprehensionsprinzip, demzufolge es für jede Menge von Eigenschaften (genau) eine Entität gibt, die eben diese Eigenschaften enkodiert.[73] Objekte sind dabei für Zaltas platonistische Theorie

---

[73] Formal: Für jeden Ausdruck φ, in dem x nicht frei vorkommt, ist es ein Axiom, dass $\exists x(A!x \,\&\, \forall F(xF \leftrightarrow \varphi(F))$. In Zaltas eingängiger Notation steht „Fx" für Exemplifikation und „xF" für Enkodierung. „A!x" bedeutet, dass x ein abstraktes Objekt ist. In der Regel formuliert Zalta seine

entweder konkret bzw. „ordinary" oder abstrakt. Für die Individuation von *concreta* ist ihre raumzeitliche Position entscheidend; nicht so für *abstracta*: „[A]bstract objects are *constituted* by the properties that we use to conceptualize, define, and individuate them. [...] Every abstract object is characterized by some group of constitutive properties." (Zalta 1997, 2f.) Während *concreta* und *abstracta* Eigenschaften exemplifizieren können, können nur *abstracta* Eigenschaften enkodieren. Ein Beispiel: der wahre Satz „Hamlet ist ein Prinz" bezieht sich nach Zalta auf ein abstraktes Objekt, nämlich auf die fiktionale Figur Hamlet, welche das Prinz-Sein enkodiert. Diese Figur ist abstrakt, weil sie ‚nicht wirklich' ein Prinz ist, denn Prinzen sind aus Fleisch und Blut und räumlich lokalisierbar, während dies für Hamlet nicht zutrifft. Nach Zalta hat eine Prädikation, die sich auf *abstracta* bezieht, eine andere logische Form als ein Satz über ein *concretum*, etwa „William ist ein Prinz". Das prädikative „ist" spielt somit eine *systematisch ambige Rolle*, da es im einen Fall für Enkodierung (Hamlet), im anderen für Exemplifikation (William) steht. Das Problem der Nicht-Existenz löst bzw. beseitigt Zalta somit dadurch, dass er prima facie Nicht-Seiendes durch abstrakt Seiendes ersetzt. Seine Theorie ist global relational in unserem Sinne, da es für jeden Akt ein Objekt gibt – entweder ein *concretum*, das Eigenschaften *exemplifiziert*, oder eben ein *abstractum*, das Eigenschaften *enkodiert*. Im echten Sinne leere Akte gibt es demnach nicht. Auch das runde Quadrat z. B. ist ein *abstractum*, das Rund-Sein und Quadrat-Sein enkodiert. Die Logik der Enkodierung ist ganz anders als die der Exemplifikation; so kann z. B. eine Entität kontradiktorische Eigenschaften enkodieren und bzgl. P und non-P unbestimmt sein. Auf diese Weise gelingt es Zalta, Russells (1905) klassische Einwände gegen Meinongs *impossibilia* et alii zu umschiffen (vgl. Zalta 1983, „Introduction").

Intentionale Objekte sind somit niemals durch und durch nichts: „[i]t is central to Meinongian strategy to raise the objects of intentional states to the full-fledged ontological status of being" (Zalta 1991, 16f.). Explizit gilt dies auch für die Objekte von Träumen, Halluzinationen, Phantasien und Illusionen, bei denen es sich nach Zalta ebenfalls um *abstracta*, um „*pure objects of thought*" (Zalta 2013, 12) handelt (vgl. Zalta 1991, 4, 6, 16). Zalta deutet somit prima facie nicht-existierende intentionale Objekte als existierende abstrakte Objekte.

Spielart 2: Immanentismus/Mentalismus. Eine nicht-realistische Spielart des inflationären Maximalismus kann man aus der Brentano-Passage gewissermaßen durch Extrapolation gewinnen. Denn Brentano ordnet jedem psychischen Phänomen ein intentional inexistierendes Objekt zu. Jeder Akt hat somit eine von ihm

---

Theorie in einer modallogischen Sprache zweiter Stufe, in der auch der λ-Kalkül und ι-Terme Verwendung finden. Zu Details vgl. Zalta 1983, 1988 und die Übersicht 1997.

zwar distinkte, aber ontologisch abhängige, da in ihm *enthaltene* Entität – eine *individuelle intramentale* oder *immanente Entität*.[74] Denkt S z. B. an den Weihnachtsmann, so existiert im Akt des Denkens von S gleichsam ein mentaler Weihnachtsmann. Bei einem Gedanken an Barack Obama hingegen existiert neben einem immanenten Barack Obama auch ein wirklicher Barack Obama aus Fleisch und Blut. Anders als beim Meinongianismus sind dem Immanentismus zufolge intentionale Objekte in besonderem Maße akt- bzw. subjektabhängig. Sie haben eine „bloß intentionale" Existenz oder Seinsweise (vgl. PES I, 129 f.). Dem Immanentismus zufolge sind prima facie nicht-existente Objekte im Akt enthaltene konkrete Objekte.

Spielart 3: (Supervenienz-)Kreationismus. Diese Aktabhängigkeit wird in einer dritten maximalistischen Theorie etwas anders gedeutet, indem die Objekte von Halluzinationen, Irrtümern und leeren Gedanken nicht als aktimmanente, sondern als geschaffene und durch den Akt gleichsam am Leben erhaltene Objekte konzipiert werden. Die Objekte leerer Akte sind demnach zwar akttranszendent, d. h. nicht in-existent, aber bezüglich ihres Seins und Soseins vollständig durch den Akt bestimmt und doch von ihm verschieden. Es sind Entitäten, die gewissermaßen zwischen realen und idealen (abstrakten) Objekten anzusiedeln sind.

In diesem Sinne können die „rein intentionalen Gegenständlichkeiten" des Husserl-Schülers Roman Ingarden (1893–1970) verstanden werden, die im Kontext einer Ontologie ästhetischer und fiktionaler Objekte eingeführt werden.[75] Ingarden definiert:

> Unter einer rein intentionalen Gegenständlichkeit verstehen wir eine Gegenständlichkeit, welche durch einen Bewußtseinsakt bzw. eine Mannigfaltigkeit von Akten [...] *ausschließlich* vermöge der ihnen immanenten [...] Intentionalität in einem übertragenen Sinne „geschaffen" wird und in den genannten Gegenständlichkeiten den Ursprung ihres Seins und ihres gesamten Soseins hat (LK, 121 f.; vgl. D. W. Smith 2007, 304 f.; Chrudzimski 2005).

Diese rein intentionalen Objekte sind den Akten in dem Sinne transzendent, dass „kein reelles Element (oder Moment) des Aktes ein Element der rein intentionalen Gegenständlichkeit ist und umgekehrt" (LK, 123). Daraus folgt, dass rein intentionale Objekte keine Teile der auf sie gerichteten Akte sind. „Rein" – und nicht „auch intentional" – sind diese Gegenständlichkeiten deshalb, weil sie unabhängig vom erzeugenden Akt schlichtweg nichts sind. Für „auch intentionale" Objekte, wie z. B. einen Stein, ist es zufällig, ob sie intentionale Objekte sind; es sind gegenüber dem Bewusstsein „seinsautonome" (LK, 122) Gegenstände. Darin

---

74 In diesem Sinne deutet und kritisiert Husserl Brentano; vgl. LU V, § 11.
75 Eine zeitgenössische Vertreterin des Kreationismus ist Amie Thomasson 1999, v. a. 88 ff.

unterscheiden sich die „rein intentionalen Objekte" fundamental von realen und idealen Objekten, die aktunabhängig sind. Ferner sind rein intentionale Objekte durch sog. „Unbestimmtheitsstellen" (LK, 261 ff.) gekennzeichnet, also in sich nicht durchgängig bestimmt. Ob z. B. ein fiktionaler Gegenstand wie Sherlock Holmes ein abstehendes linkes Ohr hat oder nicht, ist unbestimmt, wenn es im Shakespeare'schen Text dazu keine Angaben gibt.

Der maximalistische und relationale Charakter des Kreationismus kommt darin zum Ausdruck, dass Ingarden auch *impossibilia* als rein intentionale Objekte zulässt – obschon diese keine realen oder idealen Entitäten sind:

> So gibt es z. B. kein reales „hölzernes Eisen" oder ideales „rundes Quadrat", während rein intentionale Gegenstände mit derartigen Gehalten durchaus möglich sind, wenn sie auch nicht *anschaulich* vorgestellt werden können. (LK, 129)

Der rein intentionale Gegenstand ist „nicht ein *völliges* Nichts, ein Nichts, das in keiner Seinssphäre seinen Stütz- und Anknüpfungspunkt hätte" (LK, 128). Auch rein intentionale Objekte haben mithin „Sein" und „Sosein", obschon sie diesbezüglich vollständig von kreativen Akten abhängen. Anderenfalls machte es keinen Sinn, dass rein intentionale Objekte, wie Ingarden explizit sagt (LK, 129 Fn. 1), auch aufhören können, zu existieren. Rein intentionale Gegenstände sind nur insofern ‚Nichtse', als sie radikal *abhängig* sind von etwas anderem – letztlich von einem Bewusstsein; sie sind „seinsheteronom" (LK, 127). Durch diese Thesen erweist sich der (Ingarden'sche) Kreationismus als eine Spielart des globalen Relationalismus. Direkt auf Ingarden beruft sich heutzutage z. B. Amie Lynn Thomasson, die im Kontext der Verteidigung einer realistischen und kreationistischen Konzeption fiktionaler Objekte die von ihr so genannte „intentional object theory of intentionality" vertritt (vgl. Thomasson 1999, Kap. 6). Dies ist eine relationale Auffassung von Intentionalität, die sich dadurch auszeichnet, dass in *prima facie* Fällen von Nicht-Existenz ein aktabhängiges und akterzeugtes intentionales Objekt als zweites Relat der Gerichtetheit fungiert.[76] Dem Kreationismus zufolge gibt es also keine echten Fälle von Nicht-Sein, denn putative Nicht-

---

76 Die Positionen von McGinn 2000, 37–44, 2004b und A. D. Smith 2002, Kap. 9, liegen gewissermaßen zwischen Meinongianismus und Kreationismus. Beide Autoren nehmen nichtexistierende Objekte ernst – ‚es gibt sie' – und räumen ihnen eine gewisse Natur ein; gleichzeitig wird betont, dass diese Natur vollständig durch intentionale Zustände bestimmt wird. Nichtexistierende intentionale Objekte – Smith nennt sie „nonentities" – sind demnach in ihrem gesamten *Sosein* aktabhängig – Smith spricht von Supervenienz – und haben selbst keinerlei *Sein*. Das ist insofern merkwürdig, als Abhängigkeit von etwas (bzw. Supervenienz über etwas) Existierendem zu implizieren scheint, dass auch das Abhängige bzw. Superveniente existieren muss.

Existenz ist secunda facie akterzeugte und aktabhängige „rein intentionale" Existenz.

Was ist zu diesen drei Spielarten des globalen Relationalismus zu sagen? Abgesehen von möglichen Folgeproblemen wie z. B. der Verletzung des Satzes vom Widerspruch, die sich, zumindest prima facie, aus der Annahme von *impossibilia* ergeben und die Russells einflussreiche Kritik provoziert haben[77], scheint mir der (Neo-)Meinongianismus eine *ontologische Überreaktion* auf das Problem der Nicht-Existenz zu sein. Er nimmt die psychologisch (oder phänomenologisch) unleugbare Tatsache, dass uns in *jedem* Akt etwas ‚gegeben' ist oder ‚gegenübersteht' zu wörtlich; was uns dabei ‚wirklich' gegeben ist, ist die *Gerichtetheit* des Bewusstseins. Aber diese Gerichtetheit ist nicht eo ipso relational, d. h. so, dass sie ihr Ziel tatsächlich erreicht. Akte können eben auch ins Leere schießen. Meinong nimmt die grammatische Zweistelligkeit von Prädikaten wie „S denkt an X", „S stellt X vor" und „S urteilt über X" als direkte Belege für ontologische Relationalität. Das ist aber ein fragwürdiger Schritt.[78] Ferner scheint mir Zaltas Vorschlag, das, was prima facie nicht existiert, als existierendes Abstraktes zu deuten, fragwürdig. Es erscheint nicht plausibel, alle möglichen Kandidaten von Nicht-Existenz uniform als abstrakte Entitäten zu konzipieren. Ein halluzinierter Dolch wäre demnach ein existierendes abstraktes Objekt, obwohl es mir genauso wie ein konkretes Objekt anmuten kann. Zudem kann man berechtigte Zweifel anbringen, ob Enkodierung nicht letztlich eine intentionale Leistung ist (vgl. Crane 2013, 69 f.). Denn was meint man anderes, wenn man sagt, Hamlet sei ein Prinz, als dass Hamlet im Shakespear'schen Drama auf diese Weise dargestellt wird? Und dies weist wiederum auf Shakespeares intentionale Erlebnisse zurück, aus denen das literarische Werk hervorgegangen ist.

Ähnliches gilt meines Erachtens für Immanentismus und Kreationismus, die auf je eigene Weise prima facie Nicht-Existenz als secunda facie Existenz-im-Akt oder Existenz-durch-den-Akt umdeuten. Das Problem der *Unmöglichkeit* falscher Existenz- oder Seinsurteile haben alle drei Positionen gemeinsam. Allerdings soll Blick auf den Kreationismus nicht von vornherein ausgeschlossen werden, dass es *gewisse* rein intentionale Objekte, z. B. Sonaten oder fiktionale Figuren, tatsäch-

---

[77] Meinong reagiert auf diese Kritik in ST, § 3, indem er darauf hinweist, dass der Satz vom Widerspruch nicht universell, sondern eben nur für Wirkliches (faktisch Raumzeitliches) und Mögliches gültig sei.

[78] Auf diese Tendenz, die auch heute noch bei zahlreichen (angelsächsischen) Autoren zu finden ist und die zur Doppeldeutigkeit von Ausdrücken wie „refer", „about(ness)", „directedness", „of-ness" etc. führt, weist nachdrücklich Davis 2005, Kap. 8, hin. Davis plädiert für eine konsequente Unterscheidung zwischen intentionalen (nicht-relationalen) und relationalen Verwendungsweisen dieser Ausdrücke.

lich gibt. Bei diesen beiden Positionen kommt allerdings, anders als beim Meinongianismus, die Gefahr einer *Verdoppelung* intentionaler Objekte hinzu. Wenn es z. B. stets einen immanenten Gegenstand gibt, dann fragt man sich, wie man denselben Gegenstand sehen kann, den man sich zuvor nur vorgestellt hat. Gedachte Objekte sind dem Immanentismus zufolge gewissermaßen stets anders als wirklich existierende Objekte, sodass numerische Identität ausgeschlossen scheint. Ferner sind kompromisslos negative Existenz- oder Seinsurteile bei maximalistischen Positionen unmöglich. Denn in gewissem Sinne existiert oder gibt es eben jedes Objekt der Bezugnahme (vgl. Platos Bart). Der goldene Berg existiert nicht wirklich in Raum und Zeit, extramental, transzendent oder seinsautonom, aber dafür eben abstrakt, bloß intentional, intramental, immanent oder seinsheteronom. Urteile wie „X existiert nicht", „F's existieren nicht" („Es gibt keine F's") oder „Ein F existiert nicht" („Es gibt kein F") sind also niemals *toto coelo* falsch. Bei Meinong haben die Subjekte solcher Urteile zwar ein „jenseits von Sein und Nichtsein" anzusiedelndes „Außersein", aber dies scheint schwerlich von einer gewissen positiven Seinsweise zu unterscheiden. Global-relationale Positionen sind insgesamt offenbar von der Idee geleitet, dass die bloße Existenz eines intentionalen Bewusstseins nicht ohne ein ‚irgendwie seiendes' Objekt gedacht werden kann. Aber das ist ein fragwürdiger Schritt, sodass es ratsam erscheint, sich global nicht-relationalen Positionen zuzuwenden.

2 Nicht-relationale Theorien

Anders als globale Relationalismen behaupten diese Theorien, dass für die Gerichtetheit auf ein Objekt keine Relation zwischen Subjekt/Akt und Objekt konstitutiv ist; Intentionalität ist nicht *ipso facto* relational. Zwei Spielarten sind populär, nämlich der *Adverbialismus* und die *Gehalt-/Mediator-Theorie*.

Spielart 1: Adverbialismus. Adverbiale Theorien der Intentionalität gehen auf Arbeiten von Chisholm und Ducasse aus den 1940–50er Jahren zurück und sind vor allem im Kontext der Philosophie der Wahrnehmung bzw. der Empfindungen entstanden. In neueren Arbeiten, in denen eine Art Renaissance des Adverbialismus zum Ausdruck kommt, wird dieser Ansatz auf alle Arten von Intentionalität übertragen. Wichtige Vertreter des Neo-Adverbialismus sind Uriah Kriegel, Terry Horgan und John Tienson (vgl. Uriah Kriegel 2007, 2008, 2011a, b; Horgan/Tienson 2002).

Die allgemeine Idee des Adverbialismus besteht darin, die Gerichtetheit eines Aktes auf etwas als eine bestimmte Weise des Aktvollzugs zu deuten, als eine, wie es oft heißt, „adverbiale Modifikation" des Aktes, die *per se* keine Relation zu einem intentionalen Objekt involviert und somit neutral ist bezüglich dessen Existenz. Das Denken an (inexistente) Drachen erläutert Kriegel so:

> Likewise, thinking about dragons is just a matter of thinking dragon-wise and does not involve bearing any relation to dragons. More generally, representing x is a matter of representing x-wise rather than of bearing a representation relation to x. In such a view, there is no ontological commitment to what Quine called entia non grata as part of accounting for the existence of objectless intentional acts. The acts exist, the objects may or may not. (Kriegel 2008, 85)

Kriegel entwickelt seinen Adverbialismus somit in direkter Auseinandersetzung mit dem Problem der Nicht-Existenz.[79]

Der Adverbialist deutet also den Satz „S denkt an X" so, dass er allein durch die Existenz eines Aktes von S wahr gemacht wird, der den phänomenalen Charakter hat, X-artig (X-wise) zu repräsentieren. Die These des Adverbialismus ist, dass eine solche Rekonstruktion für alle möglichen Einsetzungsinstanzen von „Denken" (Wahrnehmen, Phantasieren etc.) und von „X" (Eigennamen, Kennzeichnungen etc.) funktioniert. Dies ist sozusagen das Programm des Adverbialismus, das es im Detail durchzuführen gilt.

Kriegel macht dabei klar, dass die adverbial verstandene Intentionalität eines Aktes streng von einer intentionalen Relation zu unterscheiden ist:

> [T]o say that phenomenal experience presents us with the external world is to say that it is inherently directed at the external world, not that it is inherently related to the external world. The former would entail the latter only if directedness at the external world involved a relation to it. (Kriegel 2007, 322)[80]

---

[79] Laut Kriegel 2008 kann man Adverbialismen in phänomenale und inferentialistische Varianten unterteilen. Der phänomenale Adverbialismus behauptet, dass die jeweilige Weise des Denkens durch den phänomenalen und intrinsischen Charakter der Akte konstituiert wird. Denken an X ist demnach phänomenal ausgezeichnet, es ‚fühlt sich' auf eine charakteristische Weise an, an X zu denken. Im Gegensatz dazu deutet der inferentialistische Adverbialismus diese Weise im Sinne der inferentiellen Rolle, die Denken im Spiel des Nehmens und Gebens von Gründen, wie es bei Sellars und Brandom heißt, spielt. Ein Gedanke an Drachen ist demnach dadurch intentional, dass er eine inferentiell konstituierte ‚Drachen-Rolle' spielt. Einer der Hauptunterschiede zwischen phänomenalem und inferentiellem Adverbialismus besteht darin, dass ersterer die Intentionalität bewusster Akte als etwas Ursprüngliches und Unabgeleitetes ansieht, während letzterer Intentionalität als etwas Abgeleitetes begreift, das sich durch das ursprünglichere Phänomen der Inferenz erklären lässt. Zum Inferentialismus vgl. Brandom 2001. Wenn im Folgenden Parallelen zwischen Husserl und dem Adverbialismus gezogen werden, so habe ich stets den „phänomenalen Adverbialismus" im Auge.
[80] Vgl. auch Horgan/Tienson 2002, 529: „Referring to something, mentally or linguistically, requires appropriate relations to that thing; but having thoughts that are intentionally directed

Intentional auf X gerichtet zu sein ist also etwas anderes, als zu X in einer bestimmten Relation zu stehen. Interessanterweise behauptet Kriegel, dass der Adverbialismus zwar eine radikale Position sei (wegen seines global nicht-relationalen Charakters), er aber die einzige plausible Antwort auf das Problem der Nicht-Existenz sei: „But fundamentally, what motivates (ATEI)[81] is the notion that, however radical, it is the only account of experiential intentionality consistent with the fact that exp-intentional states exhibit intentional inexistence." (Kriegel 2011a, 159)

Eine andere, immer noch global nicht-relationale Position ist die *Gehalt-, Sinn-* oder *Mediatortheorie* der Intentionalität:

Spielart 2: Gehalt-/Mediatoren-Theorien. In gewissem Sinne ist der Adverbialismus die stärkste Form einer nicht-relationalen Theorie. Schwächere nicht-relationale Theorien verstehen Intentionalität zwar auch als eine global nicht-relationale Eigenschaft mit Blick auf ihre *Objekte*, aber nicht mit Bezug auf ihren *intentionalen Gehalt*.[82] Zur Struktur der Intentionalität gehört diesen Konzeptionen zufolge eine Relation zwischen Akt und Gehalt, aber nicht notwendigerweise zwischen Akt und Objekt. Gehalte und Objekte werden somit strikt und in der Regel auch kategorial voneinander unterschieden: Der Gehalt eines Aktes ist weder mit dessen Objekt identisch noch gehört er (in der Regel) zu derselben Kategorie wie das (putative) Objekt. Je nachdem, zu welcher *Art von Entität* der Gehalt eines Aktes gerechnet und wie die *Relation* zwischen Akt und Gehalt ausbuchstabiert wird, ergeben sich unterschiedliche Spielarten der Gehalt-Theorie.

Hier beschränke ich mich auf eine Gehalt-Theorie, die als eine *Mediator-Theorie* der Intentionalität bezeichnet und oft durch Freges sprachphilosophische These motiviert wird, Ausdrücke seien wesentlich durch ihren *Sinn* gekennzeichnet, wobei dieser Sinn die „Art des Gegebenseins" (SB, 24) eines Objektes in sich trägt. Diese Idee wird dann gleichsam auf mentale Phänomene übertragen.

---

toward such a thing – thoughts *purporting* to refer to such a thing – does not." In diesem Zitat setzen Horgen/Tienson *Referenz (reference)* als ein relationales Phänomen an – im Unterschied zur *intentionalen Gerichtetheit (intentional directedness)*.

81 „(ATEI)" steht für „adverbialist theory of experiential intentionality", wobei „experiential intentionality" die Intentionalität bewusster Erlebnisse ist – im Kontrast zu unbewussten Formen. Vgl. Kriegel 2011a, 43–46.

82 Es sei angemerkt, dass man sowohl eine global-relationale Theorie der Intentionalität als auch eine Gehalt-Theorie vertreten kann. Ein Beispiel dafür ist wiederum die in jeder Hinsicht maximalistische Theorie Meinongs. Meinong konzipiert Gehalte als gewisse unvollständige Mediatoren zwischen Subjekt/Akt und Objekt (vgl. Chrudzimski 2001). Dasselbe gilt für Ingarden (vgl. SEW II/1, Kap. IX). In der Regel werden in der zeitgenössischen Literatur Gehalt-Theorien und relationale Objekt-Theorien als exklusive Ansätze präsentiert.

Intentionale Gehalte haben demnach die Funktion eines Sinnes, der die Gerichtetheit auf ein Objekt (eine Frege'sche *Bedeutung*) gewissermaßen *vermittelt* – daher die Rede von einer Mediator-Theorie (siehe Smith/McIntyre 1982, Kap. 1–2; Crane 2001a). Der Sinn ist dasjenige, was macht, dass uns ein Gegenstand auf eine bestimmte Weise gegeben oder zugänglich ist. Sinne sind Manifestation der Perspektivität (im weiteren Sinne) bzw. besser der *Aspektivität* intentionaler Phänomene. Nichts ist uns als ein Objekt *simpliciter* gegeben; es ist stets unter einem *bestimmten Aspekt* gegeben. Sinne spielen somit auch eine individuierende Rolle für die mentalen Phänomene ‚in' oder ‚an' denen sie auftreten und sind selbst feinkörniger strukturiert als die Objekte, auf die sie sich richten. So ist etwa der Sinn des Ausdrucks „der gegenwärtige Präsident der USA" ein anderer als der Sinn des Ausdrucks „der Ehemann von Michelle Obama", obschon beide Ausdrücke dieselbe Person (Barack Obama) bezeichnen. Außerdem sind Sinne typischerweise intersubjektiv zugänglich und in dem Sinne objektiv, dass sie von verschiedenen Subjekt zu unterschiedlichen Zeitpunkten „gefasst" werden können, wie Frege sagt. Zudem sind Sinne existenzindifferent. Sie können eine „Art des Gegebenseins" eines Objekts unabhängig davon enthalten, wie es mit der Existenz des Objekts steht: Es gibt „Sinn" ohne „Bedeutung". „Sinn" ist gewissermaßen omnipräsent, wenn Intentionalität im Spiel ist, während Bedeutungen auch abwesend sein können. Tim Crane, ein Verfechter einer nicht-relationalen Mediatortheorie (er selbst spricht von „Repräsentationalismus") schreibt dazu:

> What does it mean that intentional states are relations to intentional contents but not to intentional objects? The relevant point is this: the content of the state must always exist, but the object of the state need not exist [...] It makes some sense for the subject to say something like ‚I was thinking about Pegasus, but Pegasus does not exist, so in a sense my thought was about nothing!' But it makes no sense to say this about the *content* of a thought. Whether or not the object of a thought exists, it cannot be the case that a thought has no content, that its content is nothing. (Crane 2001a, 33)

Zu den zentralen Desiderata einer nicht-relationalen Gehalt-Theorie der Intentionalität gehört zum einen, eine klare Antwort auf die Frage nach dem ontologischen Status von Sinnen zu geben: welche Art von Entitäten sind Sinne? Zum anderen muss geklärt werden, in welchem Verhältnis mentale Phänomene und Sinne zueinander stehen. Was heißt es, dass ein Akt einen Sinn ‚hat', dieser ‚in' oder ‚an' ihm vorkommt? Zudem muss die phänomenologische Frage geklärt werden, wie uns Sinne selbst „gegeben" oder bewusst sind, wenn es sich bei ihnen nicht um die intentionalen Objekte eines Aktes handelt. Diese Fragen werden uns wiederholt beschäftigen.

Nicht-relationale Gehalt-Theorien der Intentionalität können somit als, wie manchmal gesagt wird, *krypto-relational* bezeichnet werden: in der monadisch konzipierten Objekt-Gerichtetheit ‚verbirgt' sich gleichsam eine Relation zu einem Sinn oder Gehalt. Darin besteht der entscheidende Unterschied zum Adverbialismus, der keine solche Relation anerkennt, sondern alles sozusagen in den Akt und verschiedene Weisen des Denkens packt. In diesem Sinne stehen Gehalt-Theorien zwischen Adverbialismus und Relationalismus: während sie mit ersterem die These teilen, dass zwischen Subjekt/Akt und intentionalem Objekt keine Relation bestehen muss, stimmen sie mit letzterem darin überein, dass es etwas vom Subjekt/Akt Verschiedenes gibt, zu dem beide in einer Relation stehen.

Da in dieser Arbeit die Leitthese der intrinsischen Intentionalität mit Blick auf Husserls Phänomenologie vertreten wird, ist klar, dass Husserl als Vertreter eines global nicht-relationalen Ansatzes interpretiert wird. Ob Husserl eher Adverbialist oder „Repräsentationalist" ist, wird dabei zu prüfen sein.

3 Mischformen

Hybride Konzeptionen, die relationale und nicht-relationale Elemente kombinieren, sind auch möglich. So könnte man z.B. die These vertreten, dass die Intentionalität der Wahrnehmung relationaler Natur sei, während bloße Gedanken nicht per se relational seien.

Solche Positionen sind m.E. fragwürdig, vor allem angesichts des erwähnten *Proteus-Problems*. Um hier noch einmal Tim Crane zu zitieren: „it seems to [...] [be] extremely obscure how one of the fundamental characteristics of the mind (or, indeed, anything) could, in itself, be *sometimes* a relation, and sometimes not" (Crane 2006a, 18). Wie kann Intentionalität *als solche* manchmal eine relationale, manchmal eine intrinsische Eigenschaft sein? Dass eine so fundamentale Eigenschaft des Geistes zwischen Relationalität und Nicht-Relationalität okkasionell zu pendeln vermag, scheint ein Unding. Wenn es um die Natur einer Eigenschaft geht, so scheint es keine dritte Alternative jenseits von Relationalität und Nicht-Relationalität (Monadizität) zu geben: entweder eine Eigenschaft (Merkmal, Charakteristikum, Bestimmung) hat eine relationale oder eine nicht-relationale Struktur. *Tertium non datur.*[83]

---

[83] Eine Möglichkeit an dieser Stelle wäre, die ‚Wirklichkeit' intentionaler Phänomene zu leugnen. Wenn Intentionalität keine ‚wirkliche' Eigenschaft ist, dann ist es nicht mehr problematisch, dass sie sich proteusartig verhält. Prominent für eine solche Strategie ist Daniel Dennetts Interpretationalismus; vgl. Dennett 1987. Dennett zufolge ist Intentionalität keine wirkliche Eigenschaft des Bewusstseins, die diesem unabhängig von gewissen Interpretationen von der Warte der drittpersonalen, „heterophänomenologischen" Perspektive aus zukommt. Intentionale Zuschreibungen innerhalb des „intentional stance" sind ontologisch unverbindli-

Die Fülle der skizzierten Positionen vis-à-vis Nicht-Existenz, deren jede bis heute Vertreter unter sich versammelt, zeigt, dass dieses Problem immer noch als ein echtes und im besten Sinne des Wortes „kontroverses" philosophisches Problem wahrgenommen wird. Arbeiten jüngeren Datums zeigen insbesondere, dass es für die Frage nach der Natur der Intentionalität von zentraler Bedeutung ist. In den letzten Jahren kann man sogar eine gewisse *Renaissance* dieses Problems innerhalb der Philosophie des Geistes feststellen (vgl. Kriegel 2007, 2008, 2011a; Crane 2001a, 2012; A. D. Smith 2002, Kap. 9; Sainsbury 2010b; Künne 2011). In diesem Sinne lässt sich Husserls Einschätzung in seinem frühen Essay *Intentionale Gegenstände* (1894) – einem Essay, der mehr oder weniger alle heute noch lebendigen Lösungsvorschläge erwähnt – ohne Umschweife auf das Jahr 2014 übertragen: „Es ist merkwürdig, daß diese Schwierigkeiten, mit deren Lösung sich schon die Scholastik redlich gequält hat, noch immer nicht behoben sind; wenigstens ist man gegenwärtig in dem, was man für die richtige Lösung hält, von der Einigkeit weit entfernt." (Hua XXII, 304)

V Terminologisches

In diesem Abschnitt möchte ich einige terminologische und notationelle Bemerkungen machen. Diese sind vor allem deshalb nötig, weil das Sprechen über Dinge, die es nicht gibt, zu etlichen Verwirrungen Anlass gibt. Dies hat sich bereits bei der Doppeldeutigkeit von intentional verwendeten Präpositionen wie „auf", „an", „über" und „von" gezeigt, die relational oder nicht-relational gelesen werden können.

1 Intentionale Objekte, Entitäten, Realismus und Nihilismus

Wie über etwas sprechen, das nicht existiert? Schon diese Frage ist verdächtig: „etwas", „das" *nicht* existiert? Wie kann es denn etwas geben, das nicht existiert? Es scheint dabei unumgänglich, zu sagen, *es gäbe* diese oder jene ‚Dinge', die gleichwohl nicht existieren. Auf den ersten Blick sieht es so aus, als müsste man dem Meinongianer Recht geben und letztlich allem einen *positiven* ontologischen Status einräumen. Ähnliches gilt für erste Versuche, das Problem der Nicht-

---

che, aber fruchtbare Instrumente, um das Verhalten von komplexen Systemen wie Menschen und höheren Säugetieren zu erklären und vorherzusagen. Eine solche anti-realistische Position vertreten heutzutage aber relativ wenige Philosophen; insbesondere für Husserl ist sie *ab ovo* ausgeschlossen. Vgl. dazu Cerbone 2006, 157–169, und ausführlich Tewes 2007.

Existenz zu formalisieren. Will man es im Rahmen der klassischen Prädikatenlogik formalisieren und versteht man „S denkt an X" als zweistelliges Prädikat, so folgt via Existenzeinführung, dass es etwas gibt, woran S denkt ($\exists x.\ S\ denkt\text{-}an\ x$).[84]

Aus diesen Gründen verwende ich von nun an die Begriffe *(intentionales) Objekt, Entität, Seiendes* und *Existierendes* auf terminologisch festgelegte Weise, die es ermöglichen soll, solche sprachlichen Hürden zu minimieren. Alles, woran ein Subjekt denken und/oder worüber es sprechen kann, ist ein (intentionales) Objekt: Tische, Bäume, Fledermäuse, Angela Merkel, die Kreiszahl π, der Äquator, der Massenmittelpunkt der Sonne, die Oberfläche meiner Nase, mein Herzschlag, meine Kopfschmerzen, mein Denken an Hamlet, Pegasus, Fausts Pakt mit Mephisto, Utopia, die größte Primzahl, meine Urururenkel, der Begriff des Bewusstseins, der 2. Weltkrieg, die Apokalypse, die Farbe Rot, der Unterschied zwischen Denken und Sprechen, die Eigenschaft, ein Mensch zu sein, die Tatsache, dass Obama mächtig ist, *etc. pp.* All dies sind intentionale Objekte. Es gibt mithin keine kategorialen Grenzen für intentionale Objekte. Man kann auch sagen, all dies sind (aktuelle oder potentielle) *Themata* des Denkens und Sprechens.

Dieser weite Objektbegriff ist frei von Konnotationen, die uns im Alltag zögerlich machen, uns selbst, andere Menschen, aber auch Tiere und ggf. Pflanzen als ‚bloße' Objekte oder Gegenstände zu bezeichnen. Wer etwa Menschen wie Objekte betrachtet und behandelt, handelt ja bekanntlich auf eine ethisch problematische Weise. Von diesen Nuancen des Wortes „Objekt" soll hier abgesehen werden; die Wörter „Objekt" und „Gegenstand" sind demnach in einem *axiologisch* neutralen Sinne zu verstehen.[85] Dieser Objektbegriff hat durchaus etwas Natürliches an sich. Wir sind zwar nicht gewohnt, alles und jedes, womit wir denkend und sprechend zu tun haben, ohne Weiteres als „Objekt" zu bezeichnen, aber wenn man unter einem intentionalen Objekt einfach nur das versteht, woran man denken und worüber man sprechen kann, so ist der weite Gebrauch durchaus angemessen. Wittgensteins Bedenken, mit dem Wort *Gegenstand* „Tische und Töne und Schwingungen und Gedanken [...] unter einen Hut" (zitiert nach Künne 2007, 43f.) bringen zu wollen, können somit vernachlässigt werden. Denn natürlich können wir über Töne und selbst über Gedanken sprechen und an sie denken – wie könnten wir sonst leugnen, dass sie „Gegenstände" sind? Auch Heidegger'sche Skrupel, mit dem Begriff eines „Ob-jekts" bzw. „Gegen-stands"

---

[84] Die klassische Prädikatenlogik (1. Stufe) ist eine *nicht-freie negative Logik*. Das heißt, dass in ihr keine singulären Terme zugelassen sind, die kein Denotat haben (nicht-frei). Ferner gilt, dass eine einfache (positive) Prädikation der Form $P^n t_1...t_n$ nur dann wahr ist, wenn alle Terme denotieren (negativ). Um das Problem der Nicht-Existenz formal darzustellen, ist daher eine freie Logik angemessener, in der leere Terme zulässig sind. Vgl. Crane 2013, Kap. 3.

[85] „Objekt" und „Gegenstand" werden synonym verwendet.

einer Ontologie der Subjekt-Objekt-Spaltung und der Vorhandenheit zu erliegen, können zurückgewiesen werden. Denn nicht jedes intentionale Objekt ist uns auf dieselbe Weise gegeben – nicht jedes „starren" wir, mit Heidegger gesagt, in einer interesselosen und distanzierten Haltung an, in der es uns als etwas bloß „Vorhandenes" gegenübersteht.[86]

Intentionale Objekte sind darüber hinaus (aktuelle oder potentielle) Objekte unserer mentalen *Aufmerksamkeit (Attentionalität)*. Objekte sind gleichsam etwas, an dem wir geistig hängen bleiben können, was wir in Gedanken verfolgen und worauf wir uns wiederholt beziehen können.

In sprachlicher Hinsicht ist die Rede von intentionalen Objekten eng verwandt mit der *Benennbarkeit* von etwas. Alles, was einen Namen hat, ist (potentielles) intentionales Objekt, und vice versa. So heißt es z. B. bei Frege, der zwar nicht von intentionalen Objekten spricht, aber einen sehr weiten und flexiblen Gegenstandsbegriff hat:

> Örter, Zeitpunkte, Zeiträume sind, logisch betrachtet, Gegenstände; mithin ist die sprachliche Bezeichnung eines bestimmten Ortes, eines bestimmten Augenblicks oder Zeitraums als Eigenname aufzufassen. (SB, 38)
>
> Eigennamen nenne ich jedes Zeichen für einen Gegenstand. (BG, 52, Fn. 10)[87]

Ähnlich charakterisiert Husserl sog. *nominale Vorstellungen*. Dies sind intentionale Vorkommnisse, in denen ein Gegenstand im „prägnanten Sinne" vorgestellt wird, der als „Gegenstand-worüber" (Hua XXVI, 66) bzw. als Subjekt einer Prädikation fungieren kann:

---

[86] Bekanntlich vermeidet Heidegger die „defiziente" Rede von „Subjekt" und „Objekt", um sie durch die Rede vom fundierenden „In-der-Welt-sein" des „Daseins" mitsamt seinem „Zeug" zu ersetzen. Erst wenn Zeug (Dinge im Gebrauch) aufhören, benutzbar zu sein, macht der Begriff eines „Objekts" nach Heidegger *phänomenologisch* Sinn (vgl. SZ, §§ 12, 13, 69). Heidegger schüttet damit aber das Kind mit dem Bade aus, denn bei allen Phänomenologen aus dem Husserl'schen Umfeld gibt es eine Fülle von verschiedenen Weisen, wie intentionale Objekte gegeben sein können. Heideggers Kritik an der Redeweise von „intentionalen Objekten" wäre nur dann legitim, wenn damit *per se* eine gewisse theoretisch-distanzierte Einstellung verbunden wäre – was Hedwig Conrad-Martius 1916, 470, treffend als „Distanzstellung" bezeichnet. Aber dem ist nicht notwendig so.

[87] Nach Frege lässt sich das Wort „Gegenstand" nicht definieren, da es „wegen seiner Einfachheit eine logische Zerlegung nicht zulässt" (FB, 13). Frege vertritt bekanntlich die kontroverse These, dass nicht alles, was es gibt, ein Gegenstand ist (vgl. Freges These, der Begriff *Pferd* sei kein Begriff). Nach Frege zerfällt die Gesamtheit dessen, was es gibt, in zwei Kategorien, nämlich in *Gegenstände* und *Funktionen*, in „gesättigte" und „ungesättigte" Entitäten. Auf diese Frege'sche Eigentümlichkeit gehe ich nicht näher ein. Vgl. dazu Künne 2010, Kap. 1, § 2.

> Wir können demnach unter dem Titel *Vorstellung* jeden Akt befassen, in welchem uns etwas in einem gewissen engeren Sinne gegenständlich wird, nach Maßgabe etwa der in einem Griff erfassenden, das Gegenständliche in einem Meinungsstrahl meinenden Wahrnehmungen und parallelen Anschauungen oder nach Maßgabe der eingliedrigen Subjektsakte in kategorischen Aussagen (Hua XIX/1, 477).
>
> Vorstellung als nominaler Akt, z. B. als Subjektvorstellung eines Aussagesatzes. (Hua XIX/1, 521)

Ähnlich wie Frege behauptet Husserl, dass nicht alles durch einen nominalen Aktes bewusst ist. Dies gilt z. B. für Urteile, die auf Sachverhalte gerichtet sind, die nur in einer „mehrstrahligen" Vorstellung gegeben sind.[88] Zudem sind nicht alle „einstrahligen" Akte automatisch „in einem gewissen engeren Sinne gegenständlich"; dies gilt z. B. für Wahrnehmungen, die im Bewusstseinshintergrund ablaufen, und für Gefühle, in denen wir einer „werten Sache" zwar *zugewandt* sind, aber sie und ihren Wert nicht *erfassen* und zum Subjekt eines Urteils machen (vgl. *Ideen I*, §§ 35–37).

Insgesamt lassen sich *intentionale Objekte* somit wie folgt charakterisieren:

X ist ein intentionales Objekt **gdw.** X ist Objekt des Denkens (oder Sprechens) **gdw.** Es gibt ein Subjekt S, das intentional auf X gerichtet ist **gdw.** Es gibt ein Subjekt S und ein psychisches Phänomen e, sodass S in e auf X gerichtet ist.[89]

Natürlich ist das keine besonders informative Erläuterung, denn es fragt sich ja sogleich, was es eigentlich bedeutet, Objekt des Denkens (oder Sprechens) zu sein und was intentionale Gerichtetheit auf näherhin X ausmacht.

Das Prädikat „intentional" fungiert jedenfalls auf doppeldeutige Weise, da es sowohl von Objekten als auch von mentalen Phänomenen ausgesagt werden kann. Der mentalen Intentionalität kommt dabei Priorität zu, denn Objekte sind nur *dadurch* intentional, d. h. *Ob-jekte*, dass sie von Subjekten intendiert werden. Übrigens soll die Rede von *dem* intentionalen Objekt eines Aktes nicht suggerieren, jeder Akt habe nur *ein* solches Objekt. Denke ich z. B. daran, dass Superman stärker als Batman ist, so ist sowohl Superman als auch Batman intentionales Objekt. Jedes intentionale Phänomen hat mindestens ein, aber nicht zwangsläufig

---

[88] Zudem folgt bei Frege daraus, dass X ein Gegenstand ist, dass X existiert, während Husserl diese Implikation für den intentionalen Objektbegriff leugnet. Anders gesagt: Frege hat gar keinen *intentionalen* Objektbegriff.

[89] Die letzten beiden Erläuterungen machen die ontologischen Festlegungen sichtbar, welche die Rede von intentionalen Objekten mit sich bringt: es muss in jedem Fall ein Subjekt S und ein intentionales Phänomen e geben.

nur ein Objekt; offenbar gibt es keine prinzipielle Obergrenze für die Anzahl intentionaler Objekte eines Aktes.[90]

Eine wichtige Rolle spielt im Folgenden die These, dass das Prädikat „X ist intentionales Objekt" gewisse *Neutralitätsbedingungen* erfüllt. Insbesondere ist es in existenzialer, ontologisch-kategorialer und modaler Hinsicht *neutral* (vgl. Crane 2001b).

Ein intentionales Objekt zu sein bedeutet nicht, dass X eine gewisse Art zu sein hat, die es von einem schlicht und ergreifend überhaupt nicht seienden/existierenden Objekt abhebt. Das Intentional-Sein ist sozusagen kein Ritterschlag, aufgrund dessen intentionale Objekte vom Status eines Nicht-Seienden ins Reich des Seins aufsteigen. In diesem Sinne ist „X ist ein intentionales Objekt" existenzial neutral, da sich daraus, dass X intentionales Objekt ist, weder folgern lässt, dass X existiert, noch, dass X nicht existiert (*existenziale Neutralität*). Demzufolge ‚gibt es' *bloß intentionale Objekte*, womit aber lediglich gemeint ist, dass es Subjekte und psychische Phänomene gibt, die auf etwas gerichtet sind, das nicht existiert:[91]

X ist ein *bloßes intentionales Objekt* **gdw.** X ist ein intentionales Objekt, das nicht existiert.

Meinongs Redeweise vom *Außersein* intentionaler Objekte, die „jenseits von Sein und Nichtsein" anzusiedeln sind, ist insofern vollkommen nachvollziehbar, als Intentionalität *als solches* neutral ist bezüglich der Frage, ob das Objekt existiert oder nicht. Es ist nicht Intentionalität *per se*, die darüber entscheidet, was es gibt und was nicht. In diesem Sinne ist auch Husserls Rede von Intentionalität als einer „im Akt selbst liegende[n] Beziehung" (Hua VII, 107) mit Meinongs *Außersein* kompatibel: „der Gegenstand, auf den er [der Akt] sich bezieht, ist und bleibt sein Gegenstand, wie immer es mit dessen wahrem Sein stehen mag" (Hua VII, 107). Für die Aktgerichtetheit ist es gleichgültig, ob das Objekt „'wirklich' sei oder nicht" (Hua VII, 106).

Ferner bilden intentionale Objekte keine besondere oder eigene *Art* von Objekten, die sich durch charakteristische (intrinsische oder relationale) Merkmale (oder „reale Prädikate" im Sinne Kants) von anderen Objekten unterscheiden. Es gibt keine *Gattung* (oder *Art*) intentionaler Objekte, so wie es die Gattung der *Lebewesen* oder die Art der *Säugetiere* gibt. Mit dem Prädikat „X ist intentionales

---

[90] Man kann sich fragen, ob es immer nur *ein* fokales oder attentionales intentionales Objekt geben kann.
[91] Vgl. Davis 2003, 485: „'There are objects of thought that do not exist' sounds contradictory, but is not. For it does not mean '∃x[Ox & ¬∃y(x=x)]'. All it means is that we can think of things that do not exist. Since 'S is thinking of Φ' is not a relational predicate, thinking of Φ does not entail the existence of Φ."

Objekt" wird offenbar keine Aussonderung aus der Klasse alles Seienden vorgenommen (vgl. McGinn 2004b, 495 f.; Crane 2001b). Gegen die These, intentionale Objekte seien eine bestimmte Art von Objekten, ist ferner ins Feld zu führen, dass offenbar *alles* Objekt sein kann. Objekte jeder Kategorie können intentionale Objekte sein – Dinge, Personen, Sachverhalte, Eigenschaften, Begriffe, Tatsachen, Ereignisse, Vorgänge oder Zustände; aber auch Objekte jeder möglichen ontologischen Gattung (oder „Region" im Sinne Husserls[92]) können intentionale Objekte sein: Mentales und Nicht-Mentales, Raumzeitliches („Reales") und Nicht-Raumzeitliches („Ideales/Irreales"), etc. In diesem Sinne ist die Rede von intentionalen Objekten in formal- und material-ontologischer Hinsicht neutral: daraus, dass X intentionales Objekt ist, folgt nicht, dass X aus dieser oder jener Kategorie oder Region stammt – sofern es überhaupt existiert (*ontologisch-kategoriale Neutralität*). Ryle merkt dazu an: „[...] the important sounding word ‚object' never did have any other positive function than to be a synonym for ‚subject-matter' or ‚remark-topic'. The three phrases carry the same ontological burdens – namely none." (Ryle 1973, 257)

Weiterhin kann man behaupten, dass intentionale Objekte auch in *modaler Hinsicht* neutral sind. Das zeigt sich daran, dass wir (offenbar) auch an Widersprüchliches oder Unmögliches denken können. So glaub(t)en viele Menschen, die Quadratur des Kreises sei möglich und können somit an diese denken. Ähnliches gilt für die größte Primzahl. Ob es sich um empirische (faktische, nomologische) oder apriorische Unmöglichkeit handelt, scheint dabei keine entscheidende Rolle zu spielen. Wie könnten wir sonst z. B. einsehen, dass die größte Primzahl nicht existiert oder dass Pegasus ein (im Rahmen unserer Evolution) unmögliches Wesen ist? In diesem Sinne sind intentionale Objekte in modaler Hinsicht neutral: aus „X ist ein intentionales Objekt" folgt weder, dass X möglich, noch, dass X unmöglich ist. Ein weiterer Aspekt der modalen Neutralität besteht darin, dass intentionale Objekte sowohl bestimmt als auch unbestimmt sein können. So werden z. B. fiktionale Objekte häufig als *unbestimmte Objekte* mit „Unbestimmtheitsstellen" angesehen (vgl. Ingarden in LK, § 38). Anders als bei raumzeitlichen Objekten, bei denen, zumindest im Prinzip, entscheidbar ist, ob sie gewisse Eigenschaften haben oder nicht, ist dies bei fiktionalen Figuren mitunter prinzipiell unmöglich. Aber auch wenn wir z. B. an ein Pferd denken, so denken wir nicht eo ipso an ein bestimmtes Pferd. Oder wenn sich ein Kind ein Fahrrad zum Geburtstag wünscht, so wünscht es sich nicht automatisch ein bestimmtes

---

92 Unter „Regionen" versteht Husserl die höchsten Gattungen bzw. „Wesen" der materialen Ontologie – im Unterschied zu den formalen „Kategorien" (z. B. Sachverhalt, Eigenschaft). Vgl. *Ideen I*, §§ 9 ff. S. u. C II.

Fahrrad. Intentionale Objekte sind auch in dem Sinne modal neutral, dass sie bestimmt oder unbestimmt sein können.

Das Eigentümliche intentionaler Objekte macht sich auch dadurch bemerkbar, dass sie, anders als ‚gutartige' Entitäten, *nicht zählbar sind*.[93] Die Frage, wie viele intentionale Gegenstände sich z. B. in diesem Zimmer, in dem ich gerade sitze, befinden, ist eigentlich sinnlos. Denn hat man einmal eine Abzählung vorgelegt, so kann man stets an die Gesamtheit der aufgelisteten Objekte denken, denn diese ist offenbar auch ein intentionales Objekt im obigen Sinne. Ferner kann *jeder Teil* eines intentionalen Objekts selber Objekt sein. Bei räumlichen Objekten führt dies zu einer unüberschaubaren Vervielfältigung intentionaler Gegenstände. So kann ich z. B. an jede durch drei reelle Raumkoordinaten (x, y, z) bestimmte Stelle eines Dinges denken. Das Prädikat „intentionales Objekt" verhält sich somit ganz anders als sortale Ausdrücke wie „grünes Objekt" oder „materielles Objekt".[94] Ähnlich sinnlos wäre es, eine vollständige Liste aller (transitiven) Objekte im grammatischen Sinne zu erstellen. Denn alles kann ja grammatisches Objekt sein (vgl. Anscombe 1965).[95] Anders steht es mit der Auflistung aller Gegenstände im existenzialen Sinne (aller *Entitäten*) in diesem Zimmer. Je nachdem, welcher Ontologie man anhängt, ergeben sich unterschiedliche Antworten: *Atomisten* behaupten, dass nur eine bestimmte Anzahl von kleinsten Partikeln existiert; *Pluralisten* zufolge existieren neben Atomen auch Dinge wie Kühlschränke und Personen. Aber intentionale Objekte sind nicht auf- und abzählbar; sie sind auch keine kontroversen ‚Gegenstände' ontologischer Querelen. Ein intentionales Objekt zu sein ist lediglich die *Eintrittskarte* ins Labyrinth ontologischer Kontroversen; es ist eine *Bedingung* dafür, sich fragen zu können, ob es A's gibt, dass A's intentionale Objekte sind.

Sagt man, X sei ein intentionales Objekt, so spricht man eigentlich elliptisch. Denn gemeint ist, dass X intentionales Objekt *für ein bestimmtes Subjekt S ist*. Ohne intentional ausgerichtete Subjekte ist die Rede von intentionalen Objekten leer. Mit Blick auf *Subjekte* des Denkens und Sprechens ist die Rede von intentionalen

---

93 Vgl. dazu auch Wittgenstein in TLP, 4.1272. Nach Wittgenstein ist „Gegenstand" ein *Scheinbegriff*. Husserl bezeichnet die formale Region „Gegenstand-überhaupt" ähnlich als eine „Quasi-Region" (vgl. Hua III/1, 126).
94 Ein weiterer Unterschied besteht darin, dass „intentionales Objekt" im folgenden Sinne *nicht zerlegbar* ist: während aus „X ist ein grünes Objekt" oder „X ist ein materielles Objekt" folgt, dass X grün bzw. materiell ist, folgt aus „X ist ein intentionales Objekt" nicht, dass X *selbst* intentional ist. Denn Intentionalität ist keine Eigenschaft, die allen intentionalen Objekten zukommt. Ein Stein z. B. kann intentionales Objekt sein, ohne selbst intentional zu sein.
95 Vgl. Ryle 1973, 257: „Category-words do not list countables – not because they list too many to count, but because they do not provide qualifications for, or disqualifications from being on any list. ‚It' does not describe; ‚object' does not distinguish."

Objekten also nicht existenzial, ontologisch und modal neutral, da es (mindestens) ein auf ganz bestimmte Weise ausgerichtetes Subjekt geben muss, damit X intentionales Objekt sein kann. Das Prädikat „S denkt an X" gestattet also Existenzeinführung bezüglich der S-Stelle; ferner ist auch die Substitution koreferentieller Terme bezüglich S zulässig: wenn S an X denkt und S=S*, so denkt auch S* an X. Verwendet man das vollständige *vierstellige Prädikat* „X ist intentionales Objekt für das intentionale Erlebnis e von S zum Zeitpunkt t/im Zeitintervall Δt", so ist dieses bezüglich der e-, S- und t- bzw. Δt-Stelle transparent und existenzabhängig. Mit Blick auf die X-Stelle zeichnen sich die Prädikate „S denkt an X", „X ist Objekt des Denkens für S" etc. hingegen dadurch aus, opake und intensionale Kontexte zu erzeugen, die neben dem Prinzip der Existenzeinführung auch die Substitution koreferentieller Ausdrücke verletzen. So folgt aus „S denkt an X" und „X=Y" nicht, dass S an Y denkt. Wenn Lois Lane an Superman denkt, so denkt sie nicht eo ipso an Clark Kent, obwohl gemäß der Superman-Story beide identisch sind.

Ganz anders als die Rede von intentionalen Objekten sind die Ausdrücke „Entität", „Seiendes", „Es gibt" und „Existierendes" zu verstehen, die ich im Folgenden synonym verwende:

> X ist eine *Entität* **gdw.** X *existiert* **gdw.** X ist ein *Seiendes* **gdw.** *Es gibt* X **gdw.** X hat einen *positiven ontologischen Status* **gdw.** X ist ‚nicht nichts'

Nicht jedes (intentionale) Objekt ist also eo ipso eine Entität. Dies ist eine in meinen Augen plausible alltägliche und philosophische Ausgangsthese, die man als *nihilistische Intuition* oder als „Datum der Nicht-Existenz"[96] bezeichnen kann, derzufolge nicht alle intentionalen Objekte Entitäten sind.

2 Nichts in Hülle und Fülle

Interessanterweise ‚gibt es' nicht-existierende – oder vorsichtiger: *putativ* nicht-existierende – Objekte in Hülle und Fülle, sodass in dieser Arbeit eine Auswahl vorgenommen werden muss. Im Folgenden geht es im Kontext der Husserl'schen Phänomenologie in erster Linie um sog. *hallucinata, impossibilia (absurda), imaginabilia* und *ficta*, also der Reihe nach um die intentionalen Objekte nicht-veridischer Wahrnehmung, bloßen (leeren, anschauungslosen) Denkens und Annehmens, freien Phantasierens und fiktionalen Denkens und Sprechens.

---

[96] Vgl. Kroon/Voltolini 2011, die mit Blick auf *ficta* vom „*nonexistence datum*" sprechen.

So sind *imaginabilia* die intentionalen Objekte der, von Husserl so genannten, „freien Phantasie". Es sind nicht-gegenwärtige, aber anschaulich vorgestellte Objekte, denen wir sozusagen neutral gegenüberstehen. Wir halten sie weder für aktuell, vergangen oder zukünftig seiend oder nicht-seiend; unser *doxastisches commitment* ist sozusagen null. Phantasiere ich mir z. B. einen Zentauren, so habe ich ein *imaginabile* als intentionales Objekt. Existiert dieses *imaginabile?* Hat es irgendeinen positiven ontologischen Status, der darüber hinausgeht, von mir intendiert zu sein? Existiert es vielleicht ‚in meinem Bewusstsein', ist es eine mentale Entität (vgl. Immanentismus)? Oder ist es eine Entität, die zwar nicht in mir existiert, aber gleichwohl nur solange existiert, wie sie von mir phantasiert wird, und die somit eine Art parasitäre und flüchtige Existenz genießt (vgl. Kreationismus)? Oder ist der Zentaur ein ‚Bild' (in mir), dem kein ‚Urbild' entspricht? Solche Fragen werden uns beschäftigen.

Possibilia sind mögliche, *impossibilia* unmögliche intentionale Objekte. Je nachdem, welche Art von (Un)Möglichkeit im Spiel ist (faktische, metaphysische, logische oder epistemische (Un)Möglichkeit), lassen sich *(im)possibilia* weiter differenzieren. *impossibilia* sind zum einen Objekte, die aus apriorischen Gründen unmöglich sind, aber gleichwohl Eigenschaften aus ein und derselben Region zu instanziieren scheinen. *Das runde Quadrat* ist ein Beispiel hierfür; zum anderen sind aber auch heterogene Objekte wie z. B. *gelbe Kopfschmerzen* oder *kalte Primzahlen* aus apriorischen Gründen unmöglich. Letztere könnte man als *absurda* bezeichnen, da sie Eigenschaften aus gänzlich heterogenen Objektbereichen auf ein und denselben Gegenstand beziehen.

Können wir überhaupt an *impossibilia* denken? Und wenn ja, welche Spielarten von Intentionalität kommen dabei in Frage? Auch diese Frage wird im Kommenden thematisiert.

Simulacra, also die intentionalen Objekte ‚bildlicher' Intentionalität, werden in dieser Arbeit nur am Rande thematisiert, nämlich im Kontext von Husserls Kritik an (Ab-)Bildtheorien der Intentionalität. Hier eröffnet sich ein weites Feld von Fragen und Problemen. So muss z. B. zwischen Bildern, die existierende Objekte darstellen, und solchen, die das nicht tun, unterschieden werden. Auf der einen Seite stehen Fotos, Porträts, Karikaturen, Skizzen, ‚realistische' Bilder etc.; auf der anderen Seite hingegen Bilder von nicht-existierenden Objekten. Der Phänomenologe muss solche Unterschiede von innen her, d. h. mit Blick auf die jeweiligen Aktstrukturen erläutern.

Eine weitere Art bloßer intentionaler Objekte sind manche Objekte von *Träumen* – die *somniata*. Dass Träume qua mentale Ereignisse intentional sind, wird sowohl durch unsere alltägliche Rede als auch durch die unmittelbaren Erinnerungen kurz nach dem Erwachen nahegelegt: Träumen ist immer von etwas Träumen. Wie verhalten sich *somniata* und *imaginabilia* zueinander? Ist Träumen eine Form des Phantasierens, Wahrnehmens (Halluzinierens), eine Mischform daraus oder eine Intentionalität sui generis?

Während ich auf *somniata* nur am Rande eingehe, werden fiktionale Objekte alias *ficta* genauer betrachtet. Darunter sind vor allem Figuren und Charaktere zu verstehen, die in fiktionalen Werken dargestellt werden, also etwa Sherlock Holmes oder Madame Bovary. Für das Kommende ist es wichtig, *imaginabilia* und *ficta* nicht von vornherein in einen Topf zu werfen (vgl. Ingarden in LK, § 5, und Thomasson 1999, 21–23). So scheinen *imaginabilia* ungleich idiosynkratischer und privater als *ficta* zu sein: wie ich mir Holmes anhand der Geschichten von Doyle konkret vorstelle, unterscheidet sich vermutlich deutlich von der Weise, wie andere sich ihn vorstellen. Es ist schwer, über *imaginabilia* intersubjektive Übereinkunft zu erzielen, während *ficta* aufgrund der Vorgaben, die vom fiktionalen Medium gemacht werden, eine gewisse Objektivität genießen. In der aktuellen Debatte stehen sich realistische und nicht-realistische (nihilistische) Positionen gegenüber.[97] Dem Realismus zufolge sind *ficta* Entitäten, dem Anti-Realismus zufolge sind es bloß intentionale Objekte. Eine wichtige Rolle spielen prima facie wahre *Kreationsurteile* wie z. B. „Gretchen ist eine Schöpfung Goethes". Können solche Urteile nur deshalb wahr sein, weil *ficta* Entitäten sind – Geschöpfe ähnlich wie Kunstwerke (Sonaten, Gedichte)? Oder sind diese Urteile eigentlich so zu lesen, dass *ficta* bloße intentionale Objekte sind, die von einem geschaffenen Werk repräsentiert werden, sodass ein wahres Kreationsurteil lediglich die Existenz eines Werkes impliziert?

Im Kontext von fiktionalen Objekten spielen die diversen Formen *fiktionaler Rede* eine wichtige Rolle (vgl. Thomasson 2009, Beyer 2004a und Künne 2007a). Zu den wichtigsten Unterscheidungen gehören dabei, mit Künnes eingängiger Terminologie gesprochen, die *intrafiktionalen* (z. B. „Hamlet ist ein melancholischer Prinz"), die *interfiktionalen* (z. B. „Ophelia ist älter als Gretchen"), die *transfiktionalen* (z. B. „Zeus ist mächtiger als Obama") und gewisse *Statusaussagen* (z. B. „Hamlet ist fiktiv", „Zeus existiert nicht"). Ein wesentlicher Teil der Debatte kreist um die Frage, welche Logik hinter solchen Aussagen steckt und worin ihre Wahrheit gründet. Im Folgenden werde ich darauf im Husserl'schen Kontext wiederholt zu sprechen kommen.

Eine weitere Klasse intentionaler Objekte, die mit Blick auf das Problem der Nicht-Existenz von Interesse ist, enthält putative Fälle *temporaler Nicht-Existenz*. Dazu gehören vergangene und zukünftige Objekte – *praeterita* und *futurabilia* –,

---

[97] Zur Übersicht vgl. Kroon/Voltolini 2011, Thomasson 1999, Kap. 1, und Sainsbury 2010a, Kap. 2–5.

an die wir uns ggf. erinnern und die wir erwarten, erhoffen, wollen und erstreben können.

Mit Blick auf die erwähnten Arten intentionaler Objekte zeigt sich, dass diese stets als Objekte von gewissen ausgezeichneten *Arten intentionaler Akte* zu charakterisieren sind. In diesem Sinne geht es in dieser Arbeit vorrangig um die intrinsische Natur derjenigen Akttypen, aufgrund deren die entsprechenden Objekte intendiert sind. Weiterhin zeigen all diese Beispiele eine gewisse *Omnipräsenz nicht-existierender Objekte* in unserem Denken. Es ist nicht so, dass Nicht-Existenz ein exotisches und marginales Phänomen wäre – wie man zu Beginn vielleicht meinen könnte. Im Gegenteil: nicht-existierende Objekte *durchdringen* gleichsam unser Denken und Sprechen. Sartre, neben Meinong wohl der größte ‚Fan' nicht-existierender Objekte in der Philosophiegeschichte, hat sogar von einem „Gewimmel von weltjenseitigen Wesen" und uns umgebenden „Lachen von Nichtsein"[98] gesprochen. Für Sartre sind bewusste Subjekte geradezu dadurch *charakterisiert*, in jedem Moment auf mindestens eine solche „Negatität" gerichtet zu sein.

Mit Blick auf die genannten intentionalen Objekte lassen sich prinzipiell nur zwei Standpunkte vertreten: entweder man unterschreibt die These, dass es solche Objekte gibt bzw. dass sie einen positiven Status haben, oder man leugnet dies. Den ersten Standpunkt bezeichne ich – in Ermangelung eines besseren Ausdrucks – als *Realismus* bezüglich der fraglichen Objektart O (treffender wäre der anderweitig reservierte Ausdruck ‚Existenzialismus'). Normalerweise verbindet man mit dem Wort „Realismus" nicht nur eine Existenz-, sondern auch eine Unabhängigkeitsthese. Realistisch sind in der Regel Positionen, welche die Existenz bestimmter Entitäten unabhängig von Subjekten und Bewusstsein postulieren. Eine realistische Position bzgl. O's umfasst also normalerweise zweierlei: (i) es gibt O's, und (ii) O's existieren unabhängig davon, ob sie intentionale Objekte für gewisse Subjekte sind. Oft ist eine dritte Bedingung mit im Spiel: (iii) O's sind unabhängig davon so-und-so, ob O's als so-und-so seiend durch gewisse Subjekte gedacht werden. Ich weiche von dieser Redeweise ab und bezeichne eine Position bereits dann als *realistisch*, wenn sie (i) impliziert. Je nachdem, ob ein meinongianisch inspirierter begrifflicher Unterschied zwischen *Existenz, Sein, „Es gibt"* und ggf. *Außersein* gemacht wird, lassen sich weitere Spielarten des Realismus unterscheiden. Der Realist vertritt die These, dass Objekte der Art O einen *positiven*

---

[98] Vgl. EN, 75, 78. Sartre spricht recht treffend von „Negatitäten" (*négatités*); dies ist ein Neologismus aus „Negation" (*négation*) und „Entität" (*entité*). Im engeren Sinne charakterisiert Sartre damit existierende Objekte, die ein irreduzibel negatives Moment enthalten (z. B. Abstände, Zerstörungen). Im weiteren Sinne lassen sich darunter auch *durch und durch* nichtseiende Objekte verstehen, die Sartre als „irreal" oder „imaginär" bezeichnet (vgl. IM, *passim*).

ontologischen Status haben. Die fraglichen Objekte sind ‚nicht nichts'. Es gibt dem Realismus bzgl. O's zufolge *immer mehr* als uns und unsere Bezugnahmen auf O's. Kontrapunktisch dazu ist der *Anti-Realismus* oder *Nihilismus* bzgl. *O's* zu verstehen, demzufolge es keine O's gibt und diese bloße intentionale Objekte sind.

VI Das Problem der Nicht-Existenz bei Husserl[99]

Was Husserls historischen Werdegang betrifft, so fällt auf, dass er sich schon sehr früh mit dem Problem der Nicht-Existenz alias „Paradoxon gegenstandsloser Vorstellungen" beschäftigt hat. Der wichtigste Textzeuge dafür ist der bereits erwähnte und zu Husserls Lebzeiten nicht publizierte Essay „Intentionale Gegenstände" (Hua XXII, 303–348), der zwischen 1894 und 1898 entstanden ist. In diesem Essay, auf den wir ausführlich zu sprechen kommen werden, lässt sich deutlich erkennen, dass Husserl jeder „Vorstellung" unabhängig von der Existenz ihres Objekts Intentionalität zuschreibt. Das Problem der Nicht-Existenz wird Husserl auch in späteren Werken immer wieder begegnen und bei der Entwicklung seiner Theorie der Intentionalität gleichsam Pate stehen. Dass er dabei trotz nicht unerheblicher Modifikationen, insbesondere was die Natur des intentionalen

---

[99] In der Regel wird das Problem der Nicht-Existenz in der Husserl-Literatur als ein Problem *inter alia* behandelt. Ausnahmen dazu bilden die jüngeren Arbeiten von Künne, Alweiss, Fréchette und Staub. Vgl. dazu die Aufsätze von Ryle 1971; Künne 1986, 2011; Schuhmann 1991; Drummond 1998; Alweiss 2009, 2010; Føllesdal 2010; Simons 2012; Marbach 2013. Was entsprechende Kapitel in Monographien betrifft, vgl. Willard 1964, 1984; Smith/McIntyre 1982; Süßbauer 1995; Beyer 2000; Rinofner-Kreidl 2000; Rother 2004; A. D. Smith 2002, 2003; Staub 2003; Fréchette 2010; Hopp 2011. Staub 2003 ist dabei insofern eine Ausnahme, als er sich ganz auf das Phänomen „Leerintentionen und leere Namen" bei Husserl konzentriert – ein Phänomenbereich, zu dem auch, aber nicht nur, „gegenstandslose" Akte und Namen gehören. Staub konfrontiert dabei Husserls „phänomenologischen" mit einem „metaphysischen Objektbegriff", wie er in der realistischen Semantik der analytischen Philosophie am Werke sei. Gegenstandsbezug gibt es laut Staub auch dort, wo es keinen Gegenstand im „metaphysischen" Sinne gibt. Ähnliches gelte für fiktionale und andere „leere" Namen. Ich stimme vielen Thesen Staubs zu. Allerdings missversteht Staub, worauf Fréchette 2010, 357f., hinweist, meines Erachtens die Stärke von Husserls These, Intentionalität als solche sei existenzindifferent. Denn nach Staub (54ff., 99) soll dies z.B. nicht für die Wahrnehmung gelten, was Husserl gleichwohl an zahlreichen Stellen sagt. Hier soll jedenfalls das Problem „gegenstandsloser" Akte im Vordergrund stehen und direkt in Verbindung mit Husserls Auffassung von Intentionalität diskutiert werden. Mögliche relationale Ausprägungen der Intentionalität werden im letzten Kapitel der Arbeit diskutiert. Ausdrücklich schließe ich mich an Süßbauer 1995 an, der Intentionalität im Sinne eines bloßen „Gegenstandsbewusstseins" konsequent als nicht-relationale und existenzindifferente Eigenschaft deutet.

Gehalts eines Aktes betrifft (Stichwort: Noesis-Noema-Korrelation), im Rahmen eines nicht-relationalen Paradigmas bleibt und somit anschlussfähig für heutige Theorien der intrinsischen Intentionalität ist, gilt es auf den folgenden Seiten ausführlich darzulegen. Insbesondere gilt es zu sehen, wie Husserl sich zum Adverbialismus und zu Mediatoren-Theorien verhält, und wie er sich die Verhältnisse zwischen Subjekt, Akt (Erlebnis), Gehalt (Sinn) und Gegenstand denkt. Auch Fragen nach dem ontologischen und phänomenologischen Status des Sinns sind dabei zu berücksichtigen. Ferner ist darauf zu achten, wie sich Husserl zum Proteus-Problem und zu Freges Rätsel verhält.

Husserl erweist sich mit Blick auf das Problem der Nicht-Existenz vor allem deshalb als fruchtbar, weil er gewissermaßen *der* Philosoph der intrinsischen Intentionalität ist. Bei ihm bleibt es kein Lippenbekenntnis, diejenigen nicht-relationalen Aspekte von Erlebnissen aufzuweisen, aufgrund deren sie auf ihren Gegenstand gerichtet sind; denn Husserl führt solche Aktanalysen in geradezu chirurgischer Manier durch und gelangt zu einem fein nuancierten Bild von Erlebnissen. Intentionale Erlebnisse zeichnen sich durch, wie Dallas Willard treffend sagt, massive interne Komplexität (*massive internal complexity*) aus. Aufgrund dieser internen Strukturiertheit können Erlebnisse auf etwas gerichtet sein, das es nicht gibt; auf X gerichtete Erlebnisse werden nicht erst durch die Existenz von X individuiert, sondern durch ihre eigene intrinsische Natur. *Ferner* wird sich zeigen, dass Husserl das Problem der Nicht-Existenz an zahlreichen Stellen seines voluminösen Werkes diskutiert hat und zwar in der Regel an systematisch neuralgischen Punkten. Dort, wo die Natur der Intentionalität thematisiert wird, taucht das Problem der Nicht-Existenz auf; beide Phänomene bzw. Problemfelder gehen bei Husserl Hand in Hand. Um die Natur des Geistes zu verstehen, muss man das Problem der Nicht-Existenz klären.

Es sei kurz angedeutet, wie sich Husserl systematisch mit Blick auf das intentionale Paradox positioniert. Wie bereits gesagt, vertritt Husserl nach der hier vertretenen Lesart einen nicht-relationalen Intentionalismus, was impliziert, dass er die These (Denken) aufgibt und die Möglichkeit intentionaler Phänomene, die auf nicht-existierende Objekte gerichtet sind, einräumt und auch an der Existenzabhängigkeit von Relationen festhält.

Was die zweite Prämisse des Paradoxons – die Existenzabhängigkeit von Relationen – betrifft, so bekennt Husserl schon 1896 in seiner Rezension von Twardowskis Schrift *Zur Lehre vom Inhalt und Gegenstand der Vorstellungen* (1894) unmissverständlich Farbe:

> Mit der notwendigen Zugehörigkeit eines Gegenstandes zu jedem Vorstellungsakt ist zugleich der Bestand einer Relation zwischen einem Existierenden und einem evtl. Nichtexistierenden

behauptet. Das scheint unmöglich zu sein: besteht eine Relation, so müssen auch die Relationsglieder existieren. (Hua XXII, 464)

Die Intentionalität einer Vorstellung ist also etwas anderes als das Bestehen einer Relation. Von jeder „echten Relationswahrheit" gilt, dass „das Sein der Relation […] das Sein der Relationsglieder" einschließt (Hua XXII, 315): „I s t die Beziehung, so auch die Beziehungspunkte" (Hua XXII, 420). In einem Brief an Anton Marty von 1901 kritisiert Husserl in diesem Sinne den globalen Relationalismus, denn dieser „beweist zuviel", nämlich die „notwendige Existenz" des vorgestellten Objekts (Hua XXII, 421). Denn das bloße Denken an X würde für die Existenz von X hinreichend sein; nicht-existierende intentionale Objekte wären unmöglich.[100] Abgesehen von diesen frühen Bekenntnissen zum Prinzip der Existenzabhängigkeit finden sich nach 1901 kaum explizite Äußerungen Husserls hierzu – ein Indiz dafür, dass es sich in seinen Augen geradezu um eine Selbstverständlichkeit gehandelt hat.

Belegstellen für die Leugnung der Relationalität der Intentionalität finden sich hingegen in Hülle und Fülle und verstreut durch das ganze Husserl'sche Œuvre. Exemplarisch dafür stehe ein Zitat aus den *Logischen Untersuchungen* (1901), das als Leugnung von Prämisse (I) des intentionalen Paradoxons gelesen werden kann:

> Ist dieses Erlebnis präsent, so ist *eo ipso*, das liegt, betone ich, an seinem eigenen Wesen, die intentionale Beziehung auf einen Gegenstand vollzogen, *eo ipso* ist ein Gegenstand „intentional gegenwärtig", denn das eine und das andere besagt genau dasselbe. Und natürlich kann solch ein Erlebnis im Bewußtsein vorhanden sein mit dieser seiner Intention, ohne daß der Gegenstand überhaupt existiert und vielleicht gar existieren kann; der Gegenstand ist gemeint, d. h. das ihn Meinen ist Erlebnis; aber er ist dann bloß vermeint und in Wahrheit nichts. (Hua XIX/1, 385 f.)

Wenn wir z. B. an Pegasus denken, ist in uns ein gewisses „Erlebnis" präsent, das auf Pegasus intentional gerichtet ist: er ist es eben, woran wir denken. Dem Zitat zufolge genügt es für diese „intentionale Beziehung", dass das Erlebnis mitsamt seinen intrinsischen Eigenschaften („seinem eigenen Wesen") existiert. Es muss folglich keine ‚echte' Relation zwischen dem Erlebnis und Pegasus bestehen. Mit anderen Worten: Intentionalität als solche ist keine Relation. Die „gegenständliche Richtung" (Hua XIX/1, 25) ist eine intrinsische Eigenschaft der intentionalen

---

[100] Vgl. Mohanty 2008, 348 f.: „Husserl will reject a relational, and so a realistic construal of intentionality according to which ‚an act A intends an object O' would logically entail that O must exist."

Erlebnisse. Noch in dem Spätwerk *Cartesianische Meditationen* (1931) heißt es in diesem Sinne:

> Es darf nicht übersehen werden, daß die epoché hinsichtlich alles weltlichen Seins daran nichts ändert, daß die mannigfaltigen cogitationes, die sich auf Weltliches beziehen, in sich selbst diese Beziehung tragen, daß z. B. die Wahrnehmung von diesem Tisch nach wie vor eben Wahrnehmung von ihm ist. So ist überhaupt jedes Bewußtseinserlebnis in sich selbst Bewußtsein v o n dem und dem, wie immer es mit der rechtmäßigen Wirklichkeitsgeltung dieses Gegenständlichen stehen mag und wie immer ich als transzendental Eingestellter dieser wie jeder meiner natürlichen Geltungen mich enthalten mag. (CM, 34)

Intentionale Erlebnisse, nunmehr *cogitationes* genannt, „tragen in sich selbst diese Beziehung auf Weltliches", unabhängig wie es mit dessen Existenz oder Nicht-Existenz steht. Prägnanter lässt sich der intrinsische Charakter der Intentionalität kaum ausdrücken.

Es soll von Anfang an nicht verschwiegen werden, dass Husserl trotz der intrinsischen Natur der Intentionalität nicht aufhört, von einer „Beziehung" oder „Relation" zu sprechen.[101] Daraus resultiert eine gewisse Instabilität der Theorie, die es dem Leser schwer macht, Husserls Position abschließend einzuschätzen. Gleichwohl weist Husserl oftmals ausdrücklich darauf hin, dass die relationale Redeweise nicht wörtlich zu verstehen ist. Es sei „sehr bedenklich und oft genug irreführend, davon zu sprechen, daß die wahrgenommenen, phantasierten, beurteilten, gewünschten Gegenstände usw. [...] ins ‚Bewußtsein treten', oder umgekehrt, daß das ‚Bewußtsein' (oder ‚das Ich') zu ihnen in dieser oder jener Weise ‚in Beziehung trete'" (Hua XIX/1, 384 f.). Husserl räumt zwar ein, dass Intentionalität relational *beschrieben* werden muss, weil neben Subjekt und Akt immer auch ein intentionales Objekt Erwähnung finden muss (vgl. Hua XIX/1, 16, 385, 389; Hua VII, 106 f.). Aber daraus folgt nicht, dass das zugrunde liegende psychische Phänomen selbst die Struktur einer Relation hat.[102] Allerdings lassen solche Stellen die Lesart zu, dass Intentionalität eine exzeptionelle Relation ist, die eben dadurch ausgezeichnet ist, dass nur eines ihrer Relata existieren muss. Die oben formulierte Leitthese der intrinsischen Intentionalität besagt, dass Intentionalität allein durch die nicht-relationalen Eigenschaften des Subjekts und seiner Akte bestimmt ist. So formuliert, ist diese These sowohl kompatibel mit der

---

101 Soweit ich sehe, verwendet Husserl die Worte „Beziehung", „Verhältnis" und „Relation" synonym.
102 Addis 1999, 43 Fn. 4, bemerkt dazu, dass die Notwendigkeit, etwas anderes zu beschreiben, um intentionale Phänomene zu beschreiben, nur für „natürliche Beschreibungen" gelte, während es „ontologische Beschreibungen" des Bewusstseins gäbe, die dessen intrinsische Eigenschaften charakterisieren.

Lesart, dass Intentionalität gar keine Relation ist, als auch mit der Deutung, dass es sich bei ihr um eine Relation *sui* oder *novi generis* handelt. In jedem Fall hängt Intentionalität nicht von Faktoren ab, die außerhalb des Subjekts mitsamt seiner Erlebnisse liegen und ihm „transzendent" sind, wie Husserl sagt. Anders als bei anderen Relationen leistet das intentionale Objekt sozusagen keinen eigenen Beitrag für das Bestehen der ‚intentionalen Relation' – denn wie kann im Fall der Nicht-Existenz etwas in jeder Hinsicht Nicht-Existentes ‚einen Beitrag' leisten? Wie kann nichts etwas bestimmen und individuieren? Und mit Blick darauf, dass es manche intentionalen Objekte in keinem Sinne von „Sein" und „Existenz" gibt, ist Husserl unzweideutig.

Verwirrenderweise spricht Husserl auch an anderen Stellen explizit von der intentionalen Relation/Beziehung zwischen Subjekt/Bewusstsein und Objekt (vgl. *Ideen II*, § 55; Hua VII, 106 ff.; Hua XXXI, 73). Diese Passagen können exzeptionalistisch gelesen werden, müssen es aber m. E. nicht. Zumal es oft so aussieht, dass Husserl primär die veridische oder, wie er zu sagen pflegt, „triftige" Ausprägung der Intentionalität vor Augen hat. Dass veridische Intentionalität eine Relation zwischen Subjekt/Denken und Objekt involviert, steht aber außer Frage: kein wahres Urteil ohne bestehenden Sachverhalt; keine triftige Wahrnehmung ohne Existenz der Wahrgenommenen. Meines Erachtens sollte man sich bezüglich dieser Stellen bei Husserl an das hermeneutische Prinzip halten, Husserls Aussagen auf kohärente Weise zu interpretieren. Am ehesten, so meine These, erreicht man das dadurch, dass man Intentionalität als nicht-relationale Gerichtetheit interpretiert. Husserls häufige Rede von „Beziehung", „intentionaler Relation" usw. ist also entweder *uneigentlich* oder im Sinne *veridischer Intentionalität* zu verstehen. Ein dritte Möglichkeit besteht darin, dass Husserl an diesen Stellen in erster Linie die Relation zwischen *Akt* und *Sinn* im Auge hat, die von der Gerichtetheit auf den eigentlichen, den terminalen Gegenstand zu unterscheiden ist (vgl. Süßbauer 1995, 111 Fn. 24; 124, Fn. 5.). Im Folgenden werde ich weiterhin von einer ‚intentionalen Beziehung' sprechen, obschon das zugrunde liegende Phänomen nicht-relational ist – gemäß der Berkeley'schen Maxime „to think with the learned and to speak with the vulgar".

Mit Blick auf einen Husserl-Kenner möchte ich an dieser Stelle einen Einwand präemptiv aufgreifen und zurückweisen, der den Ausgangspunkt meiner Fragestellung betrifft.

Vielleicht wird eingewandt, dass hier überall von *Sein, Existenz* und *Wirklichkeit* die Rede ist, obgleich uns Husserl beständig ermahnt, existenziale Neutralität zu bewahren. Wir sollen ja bekanntlich Epoché üben, d. h. vorgefertigte und unreflektierte Existenzannahmen und Überzeugungen „einklammern" und unsere natürlichen Vorurteile dergestalt „inhibieren", damit wir das „reine Bewusstsein" entdecken können, das alle unseren „Setzungen" ermöglicht (vgl.

Ideen I, §§ 27 ff.; s. u. D. II. 2). Kurz: wir sollen eigentlich nur über bloß intentionale Objekte reden, nicht darüber, ob diese Entitäten sind. Es geht eigentlich nur darum, wie sich Objekte dem Bewusstsein präsentieren, nicht darum, wie sie in Wirklichkeit sind bzw. ob sie überhaupt existieren. Es gehe dem Phänomenologen schließlich nur um das *Sein für uns*, nicht um das *Sein an sich*. Insbesondere verbiete die transzendentale Phänomenologie, über bewusstseinsunabhängige Dinge zu sprechen. Schreibt Husserl nicht in § 55 der *Ideen I* mit Blick auf reale (raumzeitliche) Objekte, dass diese lediglich „'Einheiten des Sinnes'" seien und somit „sinngebendes Bewußtsein" wesentlich voraussetzten? Und dass eine „absolute Realität" gleichbedeutend mit der Annahme eines *impossibile*, nämlich dem „runden Viereck" (Hua III/1, 120), sei? Diese Lesart von Husserl wird oft vertreten und gehört gewissermaßen zum kolportierten und leicht karikierbaren Lehrgehalt seiner Phänomenologie (vgl. dazu Zahavi 2003a, 53 ff.). Ich möchte sie als *quietistische Lesart* bezeichnen. Es genügt eine Handvoll Indizien, um diese Lesart zu kritisieren (vgl. A. D. Smith 2003, 159 ff.).

Zunächst sei dazu gesagt, dass dieser Einwand, selbst wenn er zutrifft, offenbar eine Bestätigung für die hier vertretene These ist, dass Intentionalität eine existenzindifferente intrinsische Eigenschaft ist. Denn Akte haben dann ihre Gerichtetheit „in sich" unabhängig davon, ob es überhaupt eine (selbständige) Wirklichkeit außerhalb des Bewusstseins gibt oder nicht. Auch die Tatsache, dass Husserl von der Methode der Epoché Gebrauch macht und behauptet, Erlebnisse unabhängig von gewissen Existenzannahmen beschreiben zu können, ist ein Indiz für diese These. Allerdings schießt der Quietismus ins Leere, was nun belegt werden soll.

Erstens: Husserl hat zeit seines Lebens eine mindestens duale kategoriale Ontologie vertreten, in der neben partikulären auch allgemeine Entitäten vorkommen. Diese Unterscheidung bleibt auch nach der Epoché in Kraft (vgl. *Ideen I*, §§ 60 ff.) und spielt eine zentrale Rolle für phänomenologische Erkenntnisse, denn diese kommen in *Wesensurteilen* zum Ausdruck, zu deren Wahrmachern *Wesen (Universalien)* gehören. Ohne eine solche Ontologie kann die Phänomenologie nicht beginnen – Epoché hin oder her.

Zweitens: Husserl widmet sich ausführlich Fragen nach Sein, Existenz, Wahrheit und Wirklichkeit. Dazu genügt, wie bereits erwähnt, ein Blick in die Inhaltsverzeichnisse seiner wichtigsten Werke: so behandelt die *VI. Logische Untersuchung* (1901) Fragen nach Erkenntnis und Wahrheit, und somit existenziale Themen. Dasselbe gilt für die *III. Cartesianische Meditation* und den Vierten Abschnitt der *Ideen I*. Zudem vertritt Husserl mit Blick auf viele abstrakte Gegenstände einen robusten Standpunkt. Zahlen z. B. existieren zeitlos bzw. „allzeitlich" (vgl. EU, §§ 64 f.) und unabhängig vom Menschen (und anderen Subjekten), von denen sie auch nicht ‚konstruiert' sind (vgl. Willard 1995b). Dass

Objekte und Entitäten einer gewissen „Bewußtseinsleistung" entspringen, bedeutet nicht, dass diese vom Subjekt erfunden oder gemacht werden (vgl. Hua XVII, 258).

Drittens: Schließlich ist darauf hinzuweisen, dass der Quietismus oft mit einer bestimmten Lesart von Husserls Idealismus einhergeht.[103] Dass Husserl, zumindest *verbatim*, spätestens seit den *Ideen I* (1913) eine idealistische Position bezogen hat, scheint unbezweifelbar. Allerdings ist die Natur dieses Idealismus bis heute umstritten. Hier soll eine *schwache und moderate Lesart* vorgeschlagen und verschiedenen stärkeren Lesarten entgegengesetzt werden.

Die stärkste Lesart von Husserls Idealismus ist *nihilistisch* bzw. *eliminativistisch*. Sie besagt, dass es eine gewisse Art von putativen Entitäten gar nicht gibt. Auf raumzeitliche Entitäten bezogen bedeutet das, dass es diese gar nicht gibt; alles, was existiert, sind bewusste (unkörperliche) Subjekte mitsamt ihren Bewusstseinsströmen. Eine solche Position hat Husserl definitiv nicht vertreten:

> [D]er phänomenologische Idealismus leugnet nicht die wirkliche Existenz der realen Welt (und zunächst der Natur), als ob er meinte, daß sie Schein wäre, dem das natürliche und das positiv-wissenschaftliche Denken, obschon unvermerkt, unterläge. (*Nachwort*, 152)

> [...] ein Idealismus, der sozusagen die Materie totschlägt, der die erfahrene Natur für bloßen Schein erklärt und nur das seelische Sein für das wahre erklärt, ist verkehrt [...]. (Hua XXXV, 276)

Eine schwächere Lesart ist zwar nicht eliminativistisch, aber gleichwohl *reduktionistisch*. Ihr zufolge gibt es zwar Realia, aber diese sind *au fond* etwas anderes, als wir prima facie glauben. Ein scheinbar materielles Ding ist demnach gar kein materielles Ding, sondern z. B. ein Bündel von mentalen Sinneseindrücken. Für eine solche Position hat sich bekanntlich George Berkeley stark gemacht. Auch den reduktiven Idealismus hat Husserl nicht vertreten: „Das Ding selbst löst sich nicht in Bewustsein auf. Es löst sich in Atome und Moleküle auf." (Hua XXXVI, 28)[104] Dies zeigt auch seine scharfe Abgrenzung echter, sog. „reeller Teile" des Bewusstseinsstroms von den intentionalen Objekten. Ein räumliches Ding kann demnach niemals identisch sein mit Erlebnissen.

Eine weitere, wiederum schwächere, aber nunmehr nicht-reduktionistische Lesart fasst Husserls Idealismus als eine *Abhängigkeitsthese* auf. Alles Seiende ist demnach mit Blick auf Existenz und Essenz *einseitig abhängig* von der Existenz

---

[103] Einen Überblick über verschiedene Lesarten von Husserls Idealismus liefern D. W. Smith 2007, 168–181, und Szanto 2012, 517 ff.
[104] Philipse 1995 zufolge kommt Husserl Berkeleys reduktivem Idealismus allerdings näher als ihm lieb ist.

gewisser intentionaler Subjekte.[105] Husserl schreibt in diesem Sinne zugespitzt: „Das Sein des Hauses ist sozusagen nichts anderes als ein anderer Ausdruck für Bewusstsein und so und so wirklich verlaufende und mögliche Bewusstseinszusammenhänge." (Hua XXXVI, 29) Und weiter: „Ist Sein von Dingen, Sein einer Natur, die doch ist, was sie ist, ob irgendjemand sie wahrnimmt, vorstellt, denkt oder nicht, denkbar, wenn es schlechthin kein Bewusstsein gibt? Ich sage ‚Nein!' und führe den Beweis." (Hua XXXVI, 53) Die elaborierteste zeitgenössische Version einer solchen Lesart von Husserls Idealismus ist von A. D. Smith im angelsächsischen und – unabhängig davon – von Uwe Meixner im deutschen Sprachraum entwickelt worden (vgl. A. D. Smith 2003, Kap. 4; Meixner 2010).[106] Beide Autoren machen bei ihrer Rekonstruktion vom modernen Begriff der *Supervenienz* Gebrauch und stellen damit die gängige Verwendungsweise dieses Begriffs, derzufolge Mentales auf Physikalischem superveniert, auf den Kopf. So schreibt Smith, der Husserl im Unterschied zu Kant als „*absolute idealist*" bezeichnet:

> For he subscribed to the following simple, if extreme, idealist, claim: if consciousness did not exist, nothing would. [...] Husserl's idealism is the claim that physical facts and entities supervene upon consciousness. (A. D. Smith 2003, 179, 183)

Damit wird nichts Geringeres behauptet, als dass physische/reale (und, wie offenbar zu ergänzen ist, ideale) Tatsachen vollständig durch gewisse Bewusstseinstatsachen bestimmt und festgelegt sind. Bei Meixner, dessen Aufsatz den programmatischen Titel „Husserls transzendentaler Idealismus als Supervenienzthese" trägt, heißt es:

> Wie steht es nun aber mit der umgekehrten Supervenienzbehauptung: Das Physische superveniert über dem Bewusstsein, eine Aussage, die man sofort mit dem Idealismus assoziieren wird? Den meisten philosophisch gebildeten Zeitgenossen erscheint diese umgekehrte Behauptung grotesk falsch. [...] Edmund Husserl hat ihr zugestimmt – in einer ihm gemäßen Gestaltung. (Meixner 2010, 180)[107]

---

105 Diese Lesart wird v. a. durch den Nachlassband Hua XXVI (*Transzendentaler Idealismus*) gestützt, der zahlreiche Texte enthält, in denen Husserl sogar Beweise für seinen Idealismus konstruiert. Die *loci classici* sind die *Ideen I* und die *Cartesianischen Meditationen*.
106 Historisch gesehen war allerdings Husserls Schüler Roman Ingarden einer der ersten Autoren, der diese Lesart explizit gemacht und kritisiert hat. Vgl. SEW I. Weder Meixner noch Smith beziehen sich auf Ingarden.
107 Die „Husserl gemäße" Variante besteht darin, dass Bewusstsein unter Epoché, d. h. unter Hintanstellung empirischer und naturalistischer Vorannahmen beschrieben wird (1); sodann superveniert physisches Sein nicht auf einem individuellem, sondern auf dem kollektiven Bewusstsein einer „Monadengemeinschaft" (CM, 143) (2); drittens umfasst die Supervenienzthese sowohl aktuelles als auch potentielles Bewusstsein (3); vgl. ebd., 190. Meixner resümiert prä-

Soweit ich sehe, ist diese starke ontologische Lesart konsistent und exegetisch haltbar.

Allerdings sind zwei Vorbehalte zu bedenken: *zum einen* folgt aus der starken Lesart nicht, dass es gewissermaßen alles gibt, weil alles auf die eine oder andere Weise bewusstseinsabhängig ist.[108] Auch der ‚Supervenienz-Idealismus' unterscheidet zwischen Existenz und Nicht-Existenz. *Zum anderen* sind auch schwächere Lesarten des Husserl'schen Idealismus möglich. Die hier präferierte moderate Lesart möchte ich als *Intelligibilitäts-Idealismus* bezeichnen (vgl. ähnlich Mayer 2011, Zahavi 2010, Szanto 2012, 517 ff.). Diese Form des Idealismus besagt, dass man nur dadurch ein *philosophisches* Verständnis der Welt und des Seins gewinnen kann, dass man im Stile von Husserls Phänomenologie die Weise ernst nimmt, wie sich Subjekte intentional auf Seiendes beziehen. Nur wenn man *Korrelationsforschung* betreibt, erlangt man philosophische Intelligibilität. In diesem Sinne gibt es einen Vorrang der Subjektivität bei Husserl. Solange bewusste Subjekte lediglich als Entitäten *inter alia* verstanden werden, die in kausalen Relationen zu ihrer Umgebung stehen, verstehen wir nach Husserl nicht einmal, was es heißt, ein Ding, eine kausale Relation, etc. zu sein. Aber ein solcher Idealismus ist mit profunden realistischen Intuitionen kompatibel. Es geht somit nicht so sehr um ontologische, sondern um transzendentale Priorität der „Konstitution", um eine Priorität in der Verständlichkeit.

„Konstitution" ist allerdings wiederum ein schillerndes Wort bei Husserl, das abermals primär ontologisch oder phänomenologisch verstanden werden kann.[109] Wenn X Y im transzendentalen Sinne konstituiert, dann hat X transzendental-explanatorische Priorität gegenüber Y. Husserl vertritt einen transzendental-intentionalen Erklärungsbegriff – im Kontrast zu einem deduktiv-nomologischen:[110]

---

gnant, 190 f.: „Die Supervenienz des Physischen und alles Realen über *dem Bewusstsein* wird somit – bildlich gesprochen – nicht bezogen auf einen dürftigen Stecken rein aktualen Bewusstseins, sondern auf einen reich verzweigten Baum möglichen Bewusstseins, dessen durchgängiger, alle Verzweigungen letztlich tragender Stamm aber allerdings das aktuale Bewusstsein ist."

108 Meines Erachtens kommt Ingarden dieser Position insofern nahe, als er behauptet, jedes Objekt des Denkens existiere, wenn auch nur als eine fundierte „rein intentionale Gegenständlichkeit".

109 Den nicht-ontologischen Sinn von Konstitution stellt Husserl in einem Brief an Hocking heraus: „Der [..] Ausdruck, dass sich in einem Acte ‚Gegenstände konstituieren' besagt immer die Eigenschaft des Actes den Gegenstand *vorstellig zu machen:* nicht ‚constituieren' im eigentlichen Sinn." (Hua Dok III/3, 132) Vgl. Hua XVI, 8.

110 Zum Unterschied zwischen einem transzendentalen und hypothetisch-deduktiven Erklärungsbegriff vgl. Meixner 2003.

Es gilt nicht, Objektivität zu sichern, sondern sie zu verstehen. Man muß endlich einsehen, daß keine noch so exakte objektive Wissenschaft irgend etwas ernstlich erklärt oder je erklären kann. Deduzieren ist nicht Erklären. Voraussagen oder objektive Aufbauformen physikalischer oder chemischer Körper erkennen und danach voraussagen – das alles erklärt nichts, sondern bedarf der Erklärung. Das einzig wirkliche Erklären ist: transzendental verständlich machen. Alles Objektive steht unter der Forderung der Verständlichkeit. (Hua VI, 193)[111]

Man *erklärt* in diesem Sinne einen bestimmten *Typ* von *Entitäten*, z. B. materielle Dinge, indem man gleichsam eine Geschichte darüber erzählt, in welchen *Typen* von *Akten* sich materielle Dinge *für bewusste Subjekte darstellen* oder eben „konstituieren"[112]. Der Phänomenologe fragt nach den „intentionalen Ursprüngen" (Hua VI, 171) der Dinge, nicht nach ihren empirischen, nomologischen oder kausalen Ursprüngen. Entitäten gleich welcher Art sind insofern für den Phänomenologen zunächst etwas Erklärungsbedürftiges und Unverständliches, weil nicht klar ist, wie wir überhaupt dazu kommen, z. B. an Dinge als objektiv existierende Objekte zu glauben, während unser ganzes Bewusstseinsleben unaufhörlich im Wandel befindlich ist und beständig neue Gegebenheitsweisen mit sich bringt. Was berechtigt uns, Dinge als stabile Einheiten ‚an sich' anzusetzen? Wie ist es überhaupt möglich, dass wir solche *Einheiten* im heraklitischen Strom unseres Bewusstseins repräsentieren können (vgl. Hua XIX/1, 12 f.; Hua XXIV, 149 ff., 156, 177 f., 186 f., 339)? Eben darin besteht das „Urrätsel", das „Rätsel aller Rätsel" (Hua XXX, 341–2), dessen Auflösung sich Husserls Phänomenologie verschrieben hat. Dieses „Rätsel" besteht letztlich darin, wie Bewusstseinsvorkommnisse etwas Anderes als sie selbst darstellen können. Wie kann es für eine Entität wesentlich sein, auf etwas Anderes gerichtet zu sein? Mit anderen Worten: Wie ist Intentionalität überhaupt möglich? Mitunter spricht Husserl auch vom *„Problem der Transzendenz"* (Hua X, 345):

> Es war das Problem, wie das erkennende Bewußtsein, wie das erkennende Bewußtsein in seinem Fluß mannigfach gestalteter und ineinander verwobener Erkenntnisakte sich selbst transzendieren und in gültiger Weise eine Gegenständlichkeit setzen und bestimmen kann, die in ihm nach keinem Bestandstück reell zu finden ist, in ihm nie und nirgend zu absolut zweifelloser Selbstgegebenheit kommt, während sie doch dem Sinn der Naturerkenntnis gemäß an sich existieren soll, ob sie zufällig erkannt wird oder nicht. (Hua X, 345)

---

111 Vgl. Hua VI, 171: „Intentionalität ist der Titel für das allein wirkliche und echte Erklären, Verständlichmachen."
112 Husserl bezeichnet das „Sich-Konstituieren" auch ganz schlicht als das „Sich-Beurkunden" im Bewusstsein (vgl. Hua XVI, 8).

Was hier für die Gerichtetheit auf reale Naturgegenstände formuliert wird, betrifft letztlich jede Spielart von Intentionalität, in der etwas von uns selbst und unseren Akten Verschiedenes intendiert wird.[113] Dies ist insofern ein zweistufiges „Rätsel aller Rätsel", weil dessen Klärung in allen anderen „vernunfttheoretischen und metaphysischen Rätseln" (Hua III/1, 188) präsupponiert ist. Solange es unverständlich ist, wie wir es überhaupt mit anderen Objekten als unseren eigenen Erlebnissen zu tun haben können, können wir nirgendwo epistemische Fortschritte machen.

Diese in Husserls Augen überaus dringlichen Fragen können nur vom Standpunkt der Phänomenologie aus adäquat beantwortet werden. Die Beantwortung solcher Fragen bedeutet, vom transzendental-phänomenologischen Standpunkt aus gesehen, materielle Dinge zu verstehen bzw. zu „erklären". Solange wir keinen systematischen Einblick in die Weise haben, wie wir uns veridisch und nicht-veridisch auf intentionale Objekte der Art O beziehen können, verstehen wir letztlich nicht, so Husserl, was O's sind. Der Ort, an dem eine solche systematische Beschreibung für alle denkbaren Arten von Objekten in methodisch geordneter Weise durchgeführt wird, ist Husserls transzendentale Phänomenologie, insbesondere ihr Herzstück, das sog. „universale Korrelationsapriori" (Hua VI, 161).[114] Hinter diesem Terminus verbergen sich drei zentrale Thesen: „Universal" ist die Korrelation, weil *jedem denkbaren* intentionalen Objekt gewisse subjektive Gegebenheitsweisen zugeordnet werden; um eine „Korrelation" handelt es sich deshalb, weil eben intentionalen Objekten bzw. Objekttypen Aktzu-

---

113 Ähnlich wie Descartes glaubt Husserl, dass die Sphäre der „Immanenz" (Hua II, 33) unserer je eigenen aktuellen Erlebnisse und der in ihnen „retinierten" Erlebnisse nicht vom Problem der Transzendenz betroffen ist – im Unterschied zu allem anderen (vgl. Hua X, 346 ff.; Hua II, 43, 60). Tatsächlich ist Husserls Rätsel vieldeutig, da mehrere Sinne von „Transzendenz" involviert sind, u. a.: Transzendenz im Sinne von *Verschiedenheit, ‚Außerhalb-Sein', Getrenntheit, Andersheit, Selbstidentität* und *Einheit in der Mannigfaltigkeit*, epistemische und ontologische *Unabhängigkeit, Unvollständigkeit, Objektivität, ‚An-Sich-Sein', Intersubjektivität* und *Wahrheit* bzw. *„Triftigkeit" (Gültigkeit)*. Zu beachten ist auch, dass Husserls Rätsel streng genommen kein skeptisches Rätsel ist, denn Husserl fragt in erster Linie, *wie* und nicht *ob* es überhaupt möglich ist, sich zu ‚überschreiten'. Vgl. Willard 1984, 5: „When he asks how a certain type of knowledge is possible, the ‚how' is not skeptical ‚how', and does not mean ‚whether'. Rather, he is inquiring only about the means, or the nature of the specific structures and processes, through which subjective experiences succeed in cognitively grasping independent and publicly accessible objects." Zu Husserls Rede von „Rätseln", „Mysterien" und „Wundern" vgl. auch Meyer-Drawe 1996, Abs. 2.
114 Vgl. dazu *Krisis*, §§ 46–50. Husserl beschreibt in der *Krisis* rückblickend die tiefe Erschütterung, infolge deren seine „gesamte Lebensarbeit von dieser Aufgabe einer systematischen Ausarbeitung dieses Korrelationsapriori beherrscht war" (Hua VI, 169 Fn. 1).

sammenhänge zugeordnet werden.[115] Der Ausdruck „Korrelation" ist dabei nicht im eigentlichen Sinne als eine Relation zu verstehen, denn auch nicht-existierende oder unmögliche Objekte lassen sich mit Gegebenheitsweisen „korrelieren". Schließlich geht es um ein „Apriori", womit Husserl andeutet, dass zwischen Gegebenheitsweisen und ihren Objekten apriorische Regeln gelten. Ein materielles Ding ist z. B. nur inadäquat und perspektivisch zugänglich, seine Gegebenheitsweise ist aus apriorischen Wesensgründen partiell.

Diesem Korrelationsapriori zufolge bestehen zwischen Objekten einer bestimmten Art und subjektiven Mannigfaltigkeiten von Akten bestimmter Art *wesentliche (synthetisch-apriorische) Zusammenhänge*. So sind beispielsweise materielle Dinge Objekte, die sich sinnlich wahrnehmen lassen. Diese Wahrnehmbarkeit ist aber nichts Einfaches, sondern weist eine Fülle von Aspekten und Nuancen auf. Wir sehen z. B. ein Ding niemals *simpliciter*; vielmehr ist jedes Sehen Sehen von einem bestimmten Standpunkt, von dem aus sich nur ein Teil des Dinges eigentlich präsentiert, während dessen Rückseite in gewissem Sinne mitbewusst, aber nicht sichtbar ist. Zudem ist das Sehen durch einen bestimmten Grad an Klar- und Deutlichkeit gekennzeichnet, der variieren kann. Ferner kann das Ding gleichsam en passant oder im Hintergrund gesehen sein, ohne dass ich eigens auf es achte; aber ich kann mich ihm auch aufmerkend zuwenden. Habe ich das Ding einmal gesehen, so kann ich mich ferner an es erinnern, oder anderen darüber verbal berichten; das Ding ist nicht nur „originär", wie Husserl sagt, zugänglich, sondern auch in „vergegenwärtigenden" Akten, die, wie z. B. Erinnerung, auf eine vorhergehende Wahrnehmung verweisen. All diese *Nuancierungen, Variationen* und *wechselnden Gegebenheitsweisen unterschiedlicher Art* finden auf der Subjekt-Seite statt, sie charakterisieren unsere Akte, in denen wir auf das Ding intentional gerichtet sind. Dabei gehen wir stillschweigend davon aus, dass das Ding selbst durch diese Variationen auf subjektiver Seite keine Veränderung erleidet; es ist in all diesen Mannigfaltigkeiten als etwas *Identisches bewusst*, als ein „Gegenstandspol" (Hua VI, 173), in dem eine Fülle höchst unterschiedlicher Aktlinien gleichsam zusammenlaufen. Jedem Objekt X einer bestimmten Art ist somit nach dem Korrelationsapriori eine spezifische Mannigfaltigkeit von Akten zugeordnet, in denen X als identisches Objekt bewusst ist. X fungiert dabei wie ein „Index" (Hua VI, 168) oder „Leitfaden" (Hua VI, 175) einer

---

[115] Das gilt es an mehreren Stellen zu beachten. Nicht immer, aber manchmal (vgl. z. B. LU III, § 11), ist Husserls Rede von „Korrelation" Ausdruck einer echten Relation. Wenn Husserl hingegen sagt, das runde Quadrat sei Korrelat eines darauf gerichteten leeren Denkens, so redet er nicht-relational, d.i. intentional. In der Regel sind die Ausdrücke „X ist Korrelat von Y" und „X ist intentionales Objekt von Y" synonym zu verstehen. Oft bedeutet „X ist Korrelat von Y" auch dasselbe wie „X ist der (noematische) Sinn (das Noema) von Y".

solchen Mannigfaltigkeit. Personen oder Zahlen indizieren Erlebnismannigfaltigkeiten ganz anderer Art als materielle Dinge. Denn Personen lassen sich nicht nur wahrnehmen, sondern auch durch sog. *Einfühlung* verstehen, wodurch neue Akttypen und Identifikationsweisen hinzukommen; Zahlen hingegen lassen sich gar nicht wahrnehmen, sondern präsentieren sich originär in höherstufigen, „kategorialen Anschauungen" des Zählens und Abstrahierens.

Die aus aktuellen und möglichen Erlebnissen bestehenden Mannigfaltigkeiten haben dabei etwas Unendliches und Offenes an sich, denn jedes Objekt lässt sich prinzipiell auf immer neue Weisen intendieren. Gleichwohl gelten hier, so Husserl, notwendige Regeln oder apriorische Prinzipien, welche die Korrelationsforschung zu enthüllen hat. Allgemein beschreibt Husserl das „universale Korrelationsapriori" wie folgt:

> Wir sehen auch schon [...], daß diese verwirrend vielfältige, sich an jeder Stelle wieder differenzierende Typik der Korrelationen nicht ein bloßes, wenn auch allgemein zu konstatierendes Faktum ist, sondern daß sich im Faktischen eine Wesensnotwendigkeit bekundet, die sich in gehöriger Methode umsetzen lässt in Wesensallgemeinheiten, in ein gewaltiges System neuartiger und höchst erstaunlicher apriorischer Wahrheiten. Wo immer wir zufassen mögen: jedes Seiende, das für mich und jedes erdenkliche Subjekt als in Wirklichkeit seiend in Geltung ist, ist damit korrelativ, und in Wesensnotwendigkeit, Index seiner systematischen Mannigfaltigkeiten. (Hua VI, 169)

Solche Mannigfaltigkeiten sind zunächst neutral gegenüber der Existenz des intentionalen Objekts, das sie indizieren (vgl. *Ideen I*, § 135; CM, § 57); allerdings enthalten diese „totalen Mannigfaltigkeit[en]" (Hua VI, 169) echte Teilmengen, in denen sich *existierende* intentionale Objekte als solche darstellen; solche „prägnanten" (vgl. CM, 57) Systeme zeichnen sich unter anderem durch ihre *Einstimmigkeit* und *Anschaulichkeit* oder *Originarität* aus. Auch *impossibilia* indizieren Aktmannigfaltigkeiten; allerdings enthalten diese keine originären, sondern nur *leere* Gegebenheitsweisen.

Husserls Idee eines universalen Korrelationsapriori lässt sich im Sinne eines schwachen, nicht-ontologisch verstandenen Idealismus lesen. Dieser schwache Sinn von Idealismus hat gleichwohl gewisse ontologische bzw. metaphysische *Implikationen*. Denn er schließt, anders als etwa Kants transzendentaler Idealismus, die Möglichkeit von *Dingen an sich* aus: Husserls „transcendental idealism doesn't deny the existence of mind-independent objects in the uncontroversial sense of empirical realism, but only in the controversial sense of metaphysical realism" (Zahavi 2010, 84). Hinter der Möglichkeit einer solchen Realität an sich verbirgt sich nach Husserl die grundfalsche Annahme, Bewusstsein und Wirklichkeit seien so geartet, dass sie *au fond* nichts miteinander zu tun hätten. *Was wirklich ist bzw. existiert, muss sich als solches für irgendein bewusstes Subjekt manifestieren können* – diese, wenn man so will, metaphysische Implikation gehört essentiell zu Husserls Idealismus:

> Das gilt für jede erdenkliche Art von Transzendenz, die als Wirklichkeit oder Möglichkeit soll behandelt werden. Niemals ist ein an sich seiender Gegenstand ein solcher, den Bewußtsein und Bewußtseins-Ich nichts anginge. (Hua III/1, 101)

> Gibt es überhaupt Welten, reale Dinge, so müssen die sie konstituierenden Erfahrungsmotivationen in meine und in eines jeden Ich Erfahrung hineinreichen k ö n n e n [...]. Dinge und Dingwelten, die sich in keiner m e n s c h l i c h e n Erfahrung bestimmt ausweisen lassen, gibt es selbstverständlich, aber das hat bloß faktische Gründe in den Grenzen dieser Erfahrung. (Hua III/1, 103)[116]

In diesem Kontext erwähnt Husserl, wie oben erwähnt, das runde Quadrat: „Eine absolute Realität gilt genauso viel wie ein rundes Viereck." Eine prinzipiell nichtwahrnehmbare reale Entität ist in diesem Sinne „ein N o n s e n s" (Hua III/1, 96), ein sachlicher „Widersinn" (Hua III/1, 103). Man kann Husserls phänomenologischen Idealismus deshalb auch als eine *universale Erfahrbarkeits- oder Zugänglichkeitsthese* charakterisieren (vgl. D.W. Smith 2007, 174 f.). „Sein" und „mögliches Bewusstsein" sind „äquivalente Korrelate" (Hua III/1, 329), wie Husserl sagt. Alles Seiende muss sich im Prinzip für ein Subjekt „als es selbst" oder „originär" manifestieren können, wobei die Art der „Originarität" je nach Art des Objekts variiert. Aber damit ist nicht gesagt, dass alles, was existiert und so und so ist, nur *deshalb* existiert und so und so ist, *weil* es Subjekte mitsamt ihren „originären" Akten gibt. „Äquivalenz" ist weder Identität noch ontologische Begründung oder Abhängigkeit. Bewusstsein *macht* in der Regel nicht, dass etwas (so und so) ist, sondern *manifestiert* es – im optimalen Fall auf originäre Weise.

Insgesamt kann man sagen, dass die Methode der Epoché, das Problem der Nicht-Existenz und die These der intrinsischen Intentionalität bei Husserl Hand in Hand gehen. Es ist aber nicht so, dass die Epoché das Problem der Nicht-Existenz gewissermaßen aus der Welt schafft. Ebenso wenig kann man sagen, dass Fragen nach Existenz keine Rolle spielen. Denn Husserl interessiert sich sehr wohl für die Frage nach dem Sein und Nicht-Sein der intentionalen Objekte. Und selbst wenn die starke supervenienztheoretische Lesart von Husserls Idealismus stimmen sollte, bleibt diese Frage bedeutsam. Denn auch wenn alles, was existiert, *au fond* bewusstseinsabhängig ist, so will der Idealist damit nicht behaupten, dass alles, woran sich denken lässt, existiert. Husserls Idealismus ist kein „Allism"; nicht jedes intentionale Objekt ist eine Entität.

---

[116] A. D. Smith 2003, 176, 188, 211, schreibt Husserl in diesem Sinne einen *idealen Verifikationismus* zu.

VII Zusammenfassung und weiteres Vorgehen

Das Hauptziel dieses ersten Kapitels bestand darin, das Problem der Nicht-Existenz als ein philosophisch relevantes Problem sichtbar zu machen und insbesondere seine Verwobenheit mit der Intentionalität des Geistes aufzuzeigen. Vor allem folgende Punkte haben sich als relevant erwiesen:

1. Viele (zeitgenössische) Autoren sehen es als eine Selbstverständlichkeit an, dass intentionale bzw. intensionale Präpositionen wie „von", „an" und „über" das Vorliegen einer Relation anzeigen. Insbesondere im angelsächsischen Raum gelten „intentionality", „directedness", „representation", „aboutness" und „reference" in der Regel als relationale Phänomene (vgl. exemplarisch Putnam 1981). Das ist jedoch ein *prôton pseudos*.[117] Im Gegensatz dazu wurde angedeutet, dass das Problem der Nicht-Existenz verlangt, genauer zu unterscheiden, und insbesondere die Option ernst zu nehmen, dass die Intentionalität des Bewusstseins eine nicht-relationale Struktur hat. In der skizzierten Dialektik möglicher Lösungen des intentionalen Paradoxons ist dieser Nicht-Relationalismus die in meinen Augen beste Option, die sowohl der *nihilistischen Intuition* („Nicht jedes Objekt des Denkens hat einen positiven Status") als auch dem *phänomenologischen Datum*, dass sich Denken an etwas Nicht-Seiendes genauso ‚anfühlen' kann wie Denken an etwas Seiendes, Rechnung trägt. Dass dies auch Husserls Strategie im Umgang mit dem Problem der Nicht-Existenz ist, wird sich im Folgenden bestätigen. Husserls Phänomenologie erweist sich somit als systematisch anschlussfähig an aktuelle nicht-relationale Theorien, z.B. an Kriegels Neo-Adverbialismus oder an Tim Cranes intentionalistischen Repräsentationalismus – beides Autoren, die dem Problem der Nicht-Existenz systematische Relevanz zuschreiben.

2. Die negative These, Intentionalität sei eine nicht-relationale Eigenschaft, bedeutet positiv gewendet, dass es sich um eine intrinsische Eigenschaft handelt. Allerdings ist der Ausdruck „intrinsisch" mehrdeutig, da damit sowohl *Nicht-Relationalität* als auch *Wesentlichkeit (Essenzialität)* und *Ursprünglichkeit (Nicht-Abgeleitetheit)* gemeint sein kann. Im Folgenden wird gezeigt, dass sich bei Husserl alle drei Verwendungsweisen finden. Übrigens ist zu beachten, dass die These der nicht-relationalen Intentionalität *per se* keinen Skeptizismus (bzgl. der realen Außenwelt), Agnostizismus oder gar Solipsismus zur Folge hat. Denn Intentionalität ist lediglich die *Bedingung* für relationalen ‚Kontakt' mit der Welt; die

---

[117] Vgl. Davis 2005, § 8. Nach Davis 2003, 603, ist dies der „key mistake[]" zeitgenössischer Theorien der Intentionalität und Referenz.

tatsächliche (epistemische) ‚Verbindung' mit der Welt wird durch Husserls Konzeption der Erfüllung hergestellt.

3. Um Intentionalität adäquat beschreiben zu können, müssen weitere Unterscheidungen vorgenommen werden, die um den vieldeutigen Ausdrucks des „intentionalen Gehalts" kreisen. Jedes intentionale Phänomen ist nicht nur simpliciter auf etwas gerichtet, sondern auch in einer bestimmten Hinsicht. Was unter dieser „Hinsicht" näherhin zu verstehen ist, wird von Husserl detailliert untersucht. Intentionale Objekte, so eine weitere These, sind zentral für das Verständnis intentionaler Phänomene, obschon sie nicht notwendigerweise existieren müssen. Die Rede von „intentionalen Objekten" muss auf phänomenologische Weise verstanden werden, die frei von ontologischen Verpflichtungen ist.

4. Beim Problem der Nicht-Existenz geht es nicht darum, die Existenz bestimmter Objekte kategorisch zu leugnen (z. B. von *ficta*). Der Phänomenologe muss sich selbstverständlicher Existenz- *und* Nicht-Existenz-Annahmen enthalten. Welche intentionalen Objekte existieren, ist eine ganz andere Frage, deren Beantwortung bereits voraussetzt, dass wir auf etwas gerichtet sind. Allerdings gehe ich davon aus, dass nicht alles Denkbare existiert bzw. einen positiven Status hat, wie dies letztlich bei allen relationalen Theorien (mit Ausnahme des Exzeptionalismus) der Fall ist. Dies gilt z. B. für Ingarden, bei dem jedes intentionale Objekt eine fundierte rein intentionale Seinsweise hat, oder für Meinong, über dessen „außerseiende" Objekte man gleichwohl quantifizieren kann. Zumindest *folgt* daraus, dass etwas intentionales Objekt für einen Denker ist, nicht, dass es etwas gibt, das zum Denker in einer wie auch immer gearteten Relation steht – denn *intentionalia* sind nicht eo ipso Entitäten.

5. Für die hier vorgeschlagene Lösung des Problems der Nicht-Existenz ist die These zentral, dass Relationen in der Existenz (im Sein) ihrer Relata fundiert sind. An diesem Prinzip hält Husserl, so meine These, durchgängig fest – zumindest sind mir keine gegenteiligen Aussagen bekannt. Gleichwohl spricht er oft von einer „(intentionalen) Beziehung", selbst wenn es kein Objekt gibt. Meiner Lesart zufolge ist diese, zugegebenermaßen verwirrende, Redeweise jedoch nicht wörtlich zu verstehen. Es scheint geradezu eine Perversion dessen zu sein, was unter einer Relation zu verstehen ist, wenn Relationen ohne existierende Relata eingeräumt werden.

6. Das Problem der Nicht-Existenz ist insofern kein spitzfindiges oder marginales Problem, als die Gerichtetheit auf Nicht-Seiendes in zahlreiche Weisen des Denkens involviert ist – in diesem Sinne ‚gibt es' Nicht-Seiendes in Hülle und Fülle.

Im Folgenden werde ich zunächst auf die in meinen Augen zentralen ontologischen Grundlagen von Husserls Phänomenologie eingehen (C). Diese liegen seiner Konzeption von Intentionalität und somit auch dem Problem der Nicht-Existenz zugrunde. So konzipiert Husserl z. B. intentionalen Gehalt im Sinne einer „idealen" Entität, wobei er unterschiedliche Vorschläge macht, welche Art von Idealität dem Gehalt zukommt. In den *Untersuchungen* konzipiert er Gehalte als abstrakte Spezies, die sich im Akt vereinzeln (sog. *Speziestheorie*); in den *Ideen* hingegen vertritt er die These, dass Gehalte gewisse aktabhängige Idealitäten sui generis sind, die zwar nicht im Fokus stehen, aber gewissermaßen als Medien der Intentionalität fungieren (sog. *Noematheorie*). Ferner ist Husserls formale Ontologie von Ganzen und Teilen (Mereologie) wichtig für seine Konzeption von Bewusstsein als einer bestimmten Form von Ganz- und Einheit. Sodann (Kap. D) konzentriere ich mich in werkgeschichtlicher Perspektive auf das Problem der Nicht-Existenz – von den frühen ‚logischen' Anfängen im Essay „Intentionale Gegenstände" (1894) über die *Untersuchungen* (1901) und *Ideen* (1913) bis hin zum posthumen Spätwerk *Erfahrung und Urteil* (1938). Leitfaden ist dabei die Frage, wie Husserl Intentionalität vis-à-vis Nicht-Existenz konzipiert; zudem werden jeweils besondere Fälle der Gerichtetheit auf Nicht-Seiendes untersucht, etwa freies Phantasieren von *imaginabilia* und leeres Denken an *impossibilia*. Die Leitthese ist dabei, dass Husserl im Kontakt mit dem Problem der Nicht-Existenz zur Idee der intrinsischen Intentionalität geführt wird. Im letzten Kapitel (E) sollen schließlich relationale Manifestation von Intentionalität untersucht werden, die bei Husserl im Rahmen seiner Theorie der Erfüllung und Evidenz diskutiert werden.

C Ontologie der Phänomenologie

Um Husserls Antwort auf das Problem der Nicht-Existenz und die damit verbundene Theorie der Intentionalität zu verstehen, müssen *ontologische Aspekte* seiner Phänomenologie erläutert werden. Dazu gehört zum einen die *formale (oder strukturelle) Ontologie* der Mereologie und Fundierung, zum anderen die *materiale Ontologie* „realen" und „idealen" Seins. Eine Skizze dieser beiden Aspekte ist nicht zuletzt deswegen wichtig, weil Husserl eine ontologische Konzeption von Bewusstsein verficht. Bewusstsein ist kein unfassbares, ephemeres und mystisches Medium, das sich, wie etwa bei Sartre oder anderen strikt relationalen Theorien, darin erschöpft, die Dinge zu repräsentieren und selbst ein diaphanes *néant* ist; vielmehr ist Bewusstsein eine Einheit, ein Ganzes mit einer reichhaltigen intrinsischen Struktur. Es hat eine (reflexiv erkennbare) Natur, ein „Eigenwesen". Im Folgenden gehe ich zuerst auf die formale, dann auf die materiale Ontologie ein, wobei insbesondere die Ontologie des Bewusstseins dargestellt wird. Das folgende Kapitel ist insgesamt von der These getragen, dass, anders als oft kolportiert, Ontologie und Phänomenologie bei Husserl in keinem exklusiven oder gar kontradiktorischen Verhältnis zueinander stehen; vielmehr zeigt sich, dass sich beide ergänzen und teilweise ineinander gründen.[118] Zugespitzt kann man sogar sagen, Husserls Phänomenologie sei eine Form von Ontologie, nämlich die Ontologie des Bewusstseins (vgl. Erhard 2012).

I Formale Ontologie: Mereologie und Fundierung

Der *locus classicus* von Husserls Mereologie ist die *III. Logische Untersuchung* (1901), die lapidar mit „Zur Lehre von den Ganzen und Teilen" überschrieben ist.[119] Was Husserl hier sagt, bleibt im Wesentlichen bis zum Ende seines Schaffens intakt. Husserl selbst hat diese Untersuchung für eine zu wenig rezipierte Abhandlung gehalten, die eine Art Wink zum Verständnis seiner Phänomenologie darstellt:

---

[118] Zu diesem ontologischen Verständnis von Husserl vgl. exemplarisch Willard 1984 und 1995c und D. W. Smith 1995, 2004 und 2007. Ontologie ist bei Husserl in erster Linie, anders als bei Quine, „eidetische Wissenschaft", d. h. in ihr geht es um das *Wesen* von Objekten. Um das, was es tatsächlich gibt, geht es in der Metaphysik. Vgl. *Ideen I*, §§ 9–17. Dieses Verständnis von Ontologie und Metaphysik greift Ingarden vertiefend auf; vgl. SEW I, §§ 5–6.
[119] Einige Ergänzungen finden sich in §§ 30–32 von *Erfahrung und Urteil*. Ein Vorgänger von LU III ist der Essay „Psychologische Studien zur elementaren Logik" aus dem Jahre 1894. Vgl. Hua XXII, 92–123, v. a. 92–100.

> Ich habe den Eindruck, daß diese Untersuchung allzuwenig gelesen worden ist. Mir selbst bot sie eine große Hilfe, wie sie ja auch eine wesentliche Voraussetzung für das volle Verständnis der folgenden Untersuchungen ist. (Hua XVIII, 14)

Die Bedeutung von Husserls Mereologie dokumentiert sich darin, dass fast jede Seite der Husserliana mereologisches Vokabular wie „Fundierung", „Abhängigkeit", „Selbständigkeit", „Ganzes", „Teile", „Einheit" etc. enthält. Sokolowski schreibt in diesem Sinne:

> Neglect of this Investigation could indeed prove disastrous to understanding Husserl's thought; although it seems to treat merely questions of logic and method and says nothing about subjectivity, it provides a formal structure that reappears at many strategic places in the Investigations and in Husserl's later work. (Sokolowski 1968, 537; ggl. ähnlich Drummond 2008).

Die wichtigste Pointe von Husserls Mereologie besteht darin, dass es sich um eine *formal-ontologische Theorie* handelt, die für *jede* Art von Entität gilt.[120] Die Mereologie hat „ontologischen Wert", betrifft „in schrankenloser Allgemeinheit individuelle Gegenstände überhaupt" und gehört „als solche in den Rahmen einer apriorischen formalen Ontologie" (Hua XIX/1, 221). In diesem Sinne enthält die Mereologie die „*Kategorien der logischen Region Gegenstand-überhaupt*" (Hua III/1, 27). Husserl wendet Mereologie sogar auf nicht-individuelle Entitäten, z. B. Universalien und Bedeutungen, an (vgl. LU III, § 7 a); *Ideen I*, § 15). *Röte* z. B. ist ein unselbständiges, *Dingheit* hingegen ein selbständiges Universale, weil sich Röte nur zusammen mit anderen Universalien instanziieren kann, während sich Dingheit direkt, d. h. ohne Koinstanziierung anderer Universalien, in einem Einzelding vereinzeln kann.[121]

Ich beschränke mich hier auf *folgende Aspekte* der Husserl'schen Mereologie: Es wird gezeigt, dass Husserl mit einem weiten Teilbegriff operiert, der sich transregional und transkategorial anwenden lässt. Anhand von Husserls mereologischem Dualismus, demzufolge es zwei Arten von Teilen (Stücke und Momente) gibt, wird außerdem gezeigt, dass die Idee objektiver Abhängigkeit (Fundierung) im Hintergrund der Husserl'schen Mereologie steht. Ferner wird deutlich, dass der

---

[120] Historisch gesehen besteht die Bedeutung von LU III auch darin, dass Husserl im zweiten Kapitel („Gedanken zu einer Theorie der reinen Formen von Ganzen und Teilen") Ansätze einer axiomatisierten und formalisierten Mereologie präsentiert. Vgl. dazu klassisch Simons 1982; ferner Simons 1987, Null 1984 und Fine 1995.
[121] LU IV ist dem Unterschied zwischen selbständigen und unselbständigen Bedeutungen gewidmet. Unselbständig ist z. B. die Bedeutung des Wortes „und", selbständig die des Eigennamens „Barack Obama". Ferner gibt es auch Teilbedeutungen; so ist z. B. die selbständige Bedeutung von „Frankreich" Teil der Bedeutung des Ausdrucks „Paris ist in Frankreich".

Begriff des Teils (eines Individuums) aufs Engste mit dessen intrinsischer Struktur zusammenhängt. Der Zusammenhang zwischen Ontologie, Mereologie und der Fundierungstheorie ist denkbar eng, da jede Entität in Husserls Augen eine Einheit und somit ein Ganzes von Teilen ist, die auf bestimmte Weise ineinander fundiert sind (vgl. LU III, §§ 22–23). Insbesondere ist auch jedes intentionale Erlebnis ein Ganzes. Jedem Erlebnisteil wird eine wohldefinierte Funktion zugeordnet, sodass er dazu beitragen kann, die intentionale „Weise der gegenständlichen Beziehung" (Hua XIX/1, 427) zu realisieren. Husserls Fundierungsbegriff lässt sich zudem mit Hilfe von *Amie Lynn Thomassons* Unterscheidungen verschiedener Arten von Abhängigkeit weiter fruchtbar machen, was ebenfalls angedeutet werden soll (vgl. Thomasson 1997, 1999).

1 Teile

Husserl macht gleich zu Beginn von LU III klar, dass er einen *weiten* Begriff des Teils hat:

> Den Begriff T e i l fassen wir in dem w e i t e s t e n Sinne, der es gestattet, alles und jedes Teil zu nennen, was „in" einem Gegenstande unterscheidbar oder, objektiv zu reden, in ihm „vorhanden" ist. Teil ist alles, was der Gegenstand im „realen", oder besser, „reellen" Sinne „hat", im Sinne eines w i r k l i c h ihn Aufbauenden, und zwar der Gegenstand an und für sich, also unter Abstraktion von allen Zusammenhängen, in die er eingewoben ist (1). Danach weist jedes nicht-bezügliche „reale" Prädikat auf einen Teil des Subjektgegenstandes hin. So z. B. *rot* und *rund*, nicht aber *existierend* oder *etwas*. (2) (Hua XIX/1, 231; Num. CE)

Dies ist nicht als nicht-zirkuläre *Definition* von Teilschaft zu verstehen, sondern eher als *Erläuterung*.[122] Für das Teilsein von Y in einem Ganzen X genügt es nach dem ersten Teil des Zitats (1), wenn sich Y „in" oder „an" X unterscheiden lässt. Diesem *epistemischen Kriterium* korrespondiert ein *ontologisches*, demzufolge jeder Teil Y von X vollständig in X enthalten ist und somit zu dessen interner Beschaffenheit und Struktur gehört.[123] Husserl betont ferner, dass Teile „unter Abstraktion von allen Zusammenhängen", in denen X steht, zu betrachten sind. Teile sind also im weitesten Sinne *monadische (nicht-relationale) Aspekte* eines

---

[122] Tatsächlich zielt Husserl allerdings darauf ab, den Begriff des Ganzen und des Teils mit Hilfe des Begriffs des Fundierung zu definieren (s. u.).
[123] Ändert sich ein Teil, so ändert sich auch das Ganze in einer Hinsicht: „Das Nichtsein des Teils hebt das Ganze auf, und nichts ist Teil, dessen Aufhebung das Sein des Gegenstandes unberührt läßt". (Schuhmann-Edition, 172) Natürlich gilt umgekehrt, dass mit der Aufhebung des Ganzen alle Teile aufgehoben werden.

Objekts. Teile sind unabhängig davon, ob die Objekte, mit denen das Ganze in einer Relation steht, existieren; in diesem Sinne sind Teile „innere Bestimmungen": die „Bestimmtheiten zerfallen in innere und äußere, je nachdem, ob sie die Existenz von anderen Objekten voraussetzen oder nicht" (Hua XIX/1, 839; vgl. dazu Willard 1964, 151 f.). Somit sind nicht nur meine Arme und Beine, sondern auch die Form meines Körpers, dessen Oberfläche und Farbe Teile meines Körpers. Aber auch Mentales hat Teile: so kann ich die Intensität meiner Kopfschmerzen von ihrer Qualität unterscheiden, sodass auch mein Schmerzerleben Teile im weiten Sinne hat. Auch die zeitlichen Phasen eines Erlebnisses, z. B. der Anfang der Schmerzen sowie deren Abklingen sind Teile. Es ist somit entscheidend, dass Husserl den Begriff des Teils in einem so weiten Sinne verwendet, dass er nicht nur auf räumliche Gegenstände, sondern insbesondere auch auf Erlebnisse anwendbar ist.

Im zweiten Teil (2) des obigen Zitats weist Husserl auf ein *semantisches Kriterium* hin: jedem „nicht-bezüglichen realen" (materialen und einstelligen) Prädikat P, das wahrheitsgemäß von Y ausgesagt wird, liegt ein Teil X von Y zugrunde.[124] „Reale" Prädikate sind von „formalen", „kategorialen" und „logischen" Prädikaten zu unterscheiden. Bei materiellen Dingen beziehen sich reale Prädikate entweder auf phänomenale bzw. manifeste Eigenschaften, oder aber auf dispositionelle Eigenschaften, die sich in manifesten „Zuständen" „bekunden" (vgl. *Ideen II*, § 30). „Existenz" und „Etwas-Sein" hingegen sind keine „realen Prädikate". (Husserl spielt auf Kants Diktum an, dass „Sein" kein reales Prädikat sei; vgl. KrV, A 598 f./B 626 f.). Dass etwas existiert oder so und so ist, lässt sich nach Husserl nämlich gar nicht *sinnlich wahrnehmen*, sondern nur *kategorial anschauen* bzw. *denken* (vgl. LU VI, §§ 40 ff.):

> Die Farbe kann ich sehen, nicht das Farbig-s e i n. Die Glätte kann ich fühlen, nicht aber das Glatt-s e i n. Den Ton kann ich hören, nicht aber das Tönend-s e i n. Das Sein ist nichts *im* Gegenstande, kein Teil desselben, kein ihm einwohnendes Moment; keine Qualität oder Intensität, aber auch keine Figur, keine innere Form überhaupt, kein wie immer zu fassendes konstitutives Merkmal. Das Sein ist aber auch nichts *an* einem Gegenstande [...]. (Hua XIX/2, 666; vgl. Hua Mat II, 165 f.)

Mit Blick auf intentionale Prädikate wie „ist eine Phantasie von einem Zentauren" oder „ist eine Wahrnehmung" gilt nach Husserl ebenfalls, dass sie sich auf Teile (Momente) von mentalen Zuständen beziehen. Ihrer Grammatik nach sind solche

---

[124] Husserl ist hier ungenau: Denn ein „nicht-bezügliches reales" Prädikat wie „ist ein Baum" weist nicht auf einen *Teil* des Subjektgegenstandes, sondern auf das ganze Subjekt „hin". Das semantische Kriterium ist also so zu modifizieren, dass ein „nicht-bezügliches reales Prädikat" entweder auf einen Teil oder auf das ganze Urteilssubjekt „hinweist".

Prädikate zwar zweistellig oder „bezüglich", aber ontologisch gesehen liegt ihnen eine intrinsische Eigenschaft und keine Relation zugrunde, da sie von einem Erlebnis wahrheitsgemäß ausgesagt werden können, obgleich das intentionale Objekt nicht existiert. Auf diese *Existenzunabhängigkeit* von Teilen verweist Husserl, wenn er im obigen Zitat schreibt, dass Teile „unter Abstraktion von allen Zusammenhängen" sind, was sie sind.

Husserl behauptet nun weiterhin, dass *Teile nicht gleich Teile sind*. Es gibt mithin unterschiedliche Weisen, wie ein Teil im Ganzen enthalten und mit anderen Teilen verbunden sein kann:

> Nicht jeder Teil ist im Ganzen in gleicher Weise enthalten, und nicht jeder Teil ist mit jedem anderen in der Einheit des Ganzen gleicherweise verwoben. (Hua XIX/1, 270)

Insbesondere vertritt Husserl einen *mereologischen Dualismus*, demzufolge es zwei Arten von Teilen gibt, nämlich *Stücke* und *Momente*. Da diese Unterscheidung bei Husserl mit dem Unterschied zwischen selbständigen und unselbständigen Teilen zusammenfällt, handelt es sich um eine vollständige und exklusive Disjunktion. Denn kein unselbständiger Teil kann zugleich ein selbständiger sein, und vice versa; ferner ist jeder Teil eines Ganzen selbständig oder unselbständig. Darüber hinaus vertritt Husserl die These, dass es sowohl Stücke als auch Momente *gibt*. Dies ist insbesondere bei Momenten, die den heutigen Tropen entsprechen, umstritten (vgl. Lowe 2002, 361 ff.) Für Husserl gehören Momente jedenfalls zu einer eigenen ontologischen Kategorie. Ist dieser Apfel hier vor mir rot, so ist diese partikuläre Röte, die ich an ihm sehe, ein Seiendes, wenngleich ein unselbständiges. Momente lassen sich gut anhand der Weise klarmachen, wie sich die Farbe einer zweidimensionalen Fläche zu dieser Fläche bzw. zu deren Ausdehnung verhält. Man stelle sich also einen roten kreisrunden Fleck vor. Denkt man sich nun die Ausdehnung verändert, so verändert sich nach Husserl auch die Farbe des Flecks. Damit ist nicht gemeint, dass sich die Art der Farbe ändert, sondern vielmehr die individuelle Färbung des Flecks:

> Während das Farbenmoment hinsichtlich der Farbenspezies ungeändert bleibt, kann sich die Ausbreitung und Form spezifisch beliebig ändern, und umgekehrt. Dieselbe (spezifisch dieselbe) Qualität und qualitative Abschattung ist über j e d e Ausdehnung „auszud e h n e n" oder „auszub r e i t e n", und umgekehrt ist dieselbe Ausdehnung mit jeder Qualität zu „bedecken". Aber noch bleibt ein Spielraum für funktionelle Abhängigkeiten in der Veränderung der Momente, welche, wie zu beachten ist, nicht durch das erschöpft werden, was die Spezies ideal fassen. Das Farbenmoment, als unmittelbarer Teilinhalt des angeschauten Konkretums, ist bei zwei konkreten Anschauungen nicht schon dasselbe, wenn die Qualität, die niederste Differenz der Gattung Farbe, dieselbe ist. (Hua XIX/1, 235)

Farbmomente erweisen sich damit als individuiert durch die Raumstellen, über die sich erstrecken – im Kontrast zu den Farbspezies oder Universalien, die sie instanziieren. Entscheidend ist dabei Husserls Rede von „funktionellen Abhängigkeiten". Denn Farbmomente ändern sich nicht beliebig, wenn sich die Ausdehnung ändert, sondern auf geregelte Art und Weise. Husserl verweist dabei auf zwei Abhängigkeiten „bei der Veränderung und Vernichtung" (Hua XIX/1, 251). Zum einen gibt es eine *kontinuierliche Abhängigkeit*, die darin besteht, dass mit Zu- bzw. Abnahme der Ausdehnung auch die Färbung zu- bzw. abnimmt. *Zum anderen* zeigt sich eine existenziale Abhängigkeit darin, dass bei vollständiger Aufhebung der Ausdehnung auch die Farbe verschwindet. Ähnliche Verhältnisse weist Husserl bei der Qualität und Intensität eines Tons nach (vgl. LU III, § 4).

Die gerade beschriebenen Abhängigkeiten fasst Husserl nun in einem strikt objektiven und nomologischen Sinn; sie drücken in seinen Augen „reine" Gesetze aus, die unabhängig von der faktischen Existenz von Instanzen zugehöriger „reiner" Wesen und somit a priori gelten (vgl. LU III, §§ 7, 10 – 12). Es sind solche Gesetze, welche für Momente, ihr Verhältnis untereinander und zu den jeweiligen Ganzen charakteristisch sind:

> Unselbständige Gegenstände sind Gegenstände solcher reinen Arten, in Beziehung auf welche das Wesensgesetz besteht, daß sie, wenn überhaupt, so nur als Teile umfassenderer Ganzen von gewisser zugehöriger Art existieren. [...] Die Färbung dieses Papiers ist ein unselbständiges Moment desselben; sie ist nicht bloß faktisch Teil, sondern ist ihrem Wesen, ihrer reinen Art nach zum Teil-sein prädestiniert; denn eine Färbung überhaupt und rein als solche kann nur als Moment in einem Gefärbten existieren. (Hua XIX/1, 244)

Es sind solche in Husserls Augen synthetisch-apriorischen Wesensgesetze (vgl. LU III, §§ 11 f.), welche für Momente im Unterschied zu Stücken charakteristisch sind. Ein Rot-Moment ist z. B. wesensmäßig mit einem Ausdehnungs-Moment verwoben oder „verschmolzen" (vgl. LU III, § 9), anders kann es nicht existieren. Für Stücke, z. B. die Armlehne eines Stuhls, gilt das Gegenteil: die Armlehne kann ein und dieselbe bleiben, obwohl sich alles außerhalb ihrer verändert; sie bleibt dieselbe „bei schrankenloser (willkürlicher, durch kein im Wesen des Inhalts gründendes Gesetz verwehrter) Variation der mitverbundenen und überhaupt mitgegebenen Inhalte" (Hua XIX/1, 238). Stücke sind in diesem Sinne selbständige und unabhängige Teile, deren Existenz und Essenz nicht konstitutiv von gewissen anderen Teilen abhängen.

Die Idee, die hinter Husserls mereologischem Dualismus steht, ist somit die Idee der gesetzmäßigen Abhängigkeit oder Fundierung zwischen Teilen. Im 2. Kapitel von LU III (§§ 14 – 25) unternimmt Husserl in diesem Sinne den (semiformalen) Versuch, sein mereologisches Vokabular mit Hilfe des Fundierungsbegriffs zu definieren und zu axiomatisieren, was hier nicht zu verfolgen ist.

2 Fundierung

Hinter der Idee der Fundierung steckt die Vorstellung, dass manche Entitäten nicht ‚für sich' existieren können, sondern andere Entitäten voraussetzen und dergestalt von diesen *abhängen*. Eine fundierte Entität ist in diesem Sinne „ergänzungsbedürftig":

> Kann wesensgesetzlich ein α als solches nur existieren in einer umfassenden Einheit, die es mit einem μ verknüpft, so sagen wir, *es bedürfe ein α als solches der Fundierung durch ein μ*, oder auch, *es sei ein α als solches ergänzungsbedürftig durch ein μ*. Sind demgemäß $α_0$, $μ_0$ bestimmte in einem Ganzen verwirklichte *Einzelfälle* der im angegebenen Verhältnis stehenden reinen Gattungen α bzw. μ, so nennen wir $α_0$ durch $μ_0$ fundiert. (Hua XIX/1, 267).

Dieser Umschreibung zufolge ist eine Entität x (einer Gattung X) *genau dann* in einer (anderen) Entität y (einer Gattung Y) fundiert, wenn x bzw. ein Exemplar der Gattung X aus Wesensgründen nur mit y bzw. mit einem Y zusammen existieren kann. Dabei gehören x und y zu einem umfassenden Ganzen. Typisches Beispiel dafür ist die Fundierung eines Farbmoments in einem Formmoment. Dies ist insofern ein *enger* bzw. *starker Begriff von Fundierung*, als er Abhängigkeitsbeziehungen zwischen x und y ausschließt, bei denen beide nicht im eigentlichen Sinne zu einem Ganzen gehören. Man kann diesen Fundierungsbegriff daher als einen dezidiert mereologischen Begriff bezeichnen. Dieser ist vor allem für die Fundierung realer (raumzeitlicher) Entitäten in anderen realen Entitäten relevant, z. B. bei der Fundierung der Seele in einem Körper-Ding. Allerdings gibt es bei Husserl auch einen *weiteren* bzw. *schwächeren Fundierungsbegriff*, der ohne den Begriff des Ganzen auskommt und somit auch allgemeinere Formen der Abhängigkeit zwischen Entitäten zulässt:[125]

> *Ein Inhalt der Art α sei in einem Inhalt der Art β fundiert*, wenn ein α seinem Wesen nach (d.i. gesetzlich, auf Grund seiner spezifischen Eigenart) nicht bestehen kann, ohne daß auch ein β besteht (Hua XIX/1, 281f.).

Der weite Fundierungsbegriff ist auch für Abhängigkeitsbeziehungen zwischen realen und idealen Objekten einschlägig, die nicht im eigentlichen Sinne ein

---

[125] Zur Unterscheidung dieser beiden Fundierungsbegriffe vgl. Simons 1982 und Johansson 1989, 9. 2.

Ganzes bilden können. Vertritt jemand z. B. eine *in re*-Konzeption von Universalien, so sind diese im weiteren Sinne in Realem fundiert, obgleich Universalien offenbar keine echten Teile von realen Dingen sein können – wie könnte sonst in zwei Einzeldingen ein und dasselbe Universale sein? Im Folgenden lege ich den schwächeren Begriff von Fundierung zugrunde. x bzw. ein X ist demnach genau dann in y bzw. einem Y fundiert, *wenn x bzw. ein X nicht ohne y bzw. ein Y existieren kann*. Fundierung ist eine Form ontologischer Abhängigkeit. Außerdem ist Fundierung modaler Natur: Fundiertes *kann* nicht sein ohne etwas anderes, das es fundiert. Notwendigkeit geht aber bei Husserl immer Hand in Hand mit einem Gesetz (vgl. LU III, § 7; Hua XXX, §§ 43 f.), sodass Fundierung eine modal-nomologische Relation ist. Für beliebige Entitäten X und Y gilt also:

X ist in (einem) Y *fundiert* **gdw.** Es gibt ein Wesensgesetz, aufgrund dessen gilt: X kann nicht ohne (ein) Y existieren.[126]

Dies ist die allgemeinste Form der Fundierung. Je nachdem, welche Arten von Gesetzen mit ins Spiel kommen, ergeben sich verschiedene Spielarten von Fundierung.

Husserl interessiert sich vorrangig für „reine", d.h. nicht-empirische bzw. apriorische Gesetze, zu denen *formale (analytische)* und *materiale Gesetze* gehören. Letztere sind die eigentlichen „Wesensgesetze", für welche die Phänomenologie berühmt-berüchtigt ist. Beispiele dafür sind „Jedes Ding ist ausgedehnt" oder „Jedes intentionale Erlebnis hat einen Gehalt". Dies sind im eigentlichen und strengen Sinn Gesetze, da sie mit uneingeschränkter Allgemeinheit für alle faktischen und erdenklichen Fälle gelten, während Husserl Naturgesetzen Gültigkeit nur für die faktische Welt einräumt.[127] Naturgesetze lassen sich umfingieren, was ein Indiz für ihre eingeschränkte Gültigkeit ist,

---

[126] Es sei angemerkt, dass Husserls Fundierungsbegriff möglicherweise nicht feinkörnig genug ist, um gewisse Begründungs-Relationen abzudecken. Denn Fundierung ist eine Spielart ontologischer (modaler) Abhängigkeit, welche den Gedanken *objektiver Priorität* nicht so recht erfassen kann. So sind nach Husserl offenbar die Wahrheit des Satzes „p" und die Tatsache/der Sachverhalt, dass p, wechselseitig ineinander fundiert: keines dieser beiden Relata kann ohne das andere existieren. Aber intuitiv gehen wir davon aus, dass der Satz „p" *deshalb* wahr ist, *weil* die Tatsache p besteht, und nicht umgekehrt. Die aktuelle Debatte über das *Grounding* geht vielfach davon aus, dass ontologische Abhängigkeit nicht feinkörnig genug für sämtliche Verhältnisse des Gründens ist. Einen prägnanten historisch-systematischen Überblick dazu gibt Schnieder 2012.

[127] Bei Fundierungen, die auf empirischen Gesetzen basieren, finden sich die „modifizierten Ideen", von *„empirischer* Fundierung, *empirischen* Ganzen, *empirischen* Selbständigkeiten und Unselbständigkeiten" (Hua XIX/,1 297). Ein Beispiel dafür ist z. B. die Abhängigkeit eines Lebewesens von Sauerstoff.

während sich reine Gesetze nicht anders denken lassen. Ein *formales* Fundierungsgesetz ist z. B. „Die Existenz eines Ganzen G, das aus den Teilen a, b, c, ... besteht, ist in der Existenz seiner Teile a, b, c, ... fundiert" (vgl. Hua XIX/1, 259 f.). Dies ist formal (und damit im Husserl'schen Sinne analytisch), weil sich hier alle Termini schrankenlos variieren lassen, ohne die Wahrheit des Gesetzes zu affizieren; es ist völlig egal, was für eine Art von Ganzem G involviert ist. Neben formaler Fundierung sind insbesondere materiale Abhängigkeiten zwischen Momenten bedeutsam. Eine materiale Fundierung ist z. B. die Relation zwischen der Intensität und Qualität eines Schmerzes: ein konkreter Schmerz kann sich nicht auf eine spezifische Weise anfühlen (z. B. stechend, bohrend etc.), ohne eine bestimmte Intensität zu haben (z. B. stark, schwach etc.). Es gehört zum Wesen eines Schmerzes, dass seine Qualität nicht ohne Intensität sein kann.

Fundierung (f) ist formal gesehen eine *dyadische Relation*, die in der Existenz ihrer Relata fundiert ist. Eine zentrale Eigenschaft ist ihre *Transitivität*, denn aus X f Y und Y f Z folgt X f Z (vgl. die Axiome 3 und 4 in LU III, § 14). Rein formal ist f auch *reflexiv:* X kann nicht ohne X existieren. Husserl unterscheidet weitere Eigenschaften von f. So kann Fundierung sowohl einseitig (asymmetrisch) als auch wechselseitig (symmetrisch) sein (vgl. LU III, § 16). Die Qualität eines Schmerzes ist z. B. wechselseitig in seiner Intensität fundiert, da ein Schmerz immer beides haben muss. Ferner können Teile eines Ganzen unmittelbar (direkt) oder mittelbar (indirekt) ineinander oder in einem Ganzen fundiert sein. Es ergeben sich somit größere oder kleinere *Fundierungsabstände*, es gibt *nähere* und *fernere Teile* (vgl. LU III, §§ 16, 18 – 20). So ist z. B. die Intensität eines Tones einer Melodie ein unmittelbarer Teil des Tones, aber nur ein mittelbarer Teil der Melodie als Ganzer, deren unmittelbare Teile die einzelnen Töne sind, aus denen sie besteht. Die Details müssen uns hier nicht näher beschäftigen.

Im Anschluss an Amie Thomasson, die sich neben Husserl auch auf Ingarden stützt,[128] möchte ich den Fundierungsbegriff weiter differenzieren. Dies betrifft zum einen die Einführung eines *zeitlichen Index* in die Fundierungsdefinition, zum anderen eine Unterscheidung zwischen *generischer* und *rigider/individueller* Fundierung oder Abhängigkeit. Thomasson definiert:

> So, in sum, even if we limit ourselves to dependencies based in material necessity, there are the following temporal varieties of dependence: 1. (General) Dependence: Necessarily, if α exists, then β exists. 2. Historical Dependence: Necessarily, for any time t at which α exists, β exists at t or at some earlier time. 3. Constant Dependence: Necessarily, for any time t at which α exists, β exists at t, which dependence may be: *Rigid* – dependence on a particular indi-

---

128 Vgl. Ingardens Unterscheidung verschiedener Arten von Abhängigkeit in SEW I, §§ 10 – 17.

vidual; or *Generic* – dependence on there being something or other of a certain kind. (Thomasson 1997, 126). [129]

Solche Unterscheidungen nimmt Husserl zwar nicht explizit vor, aber sie sind durchaus im Sinne der „Erweiterung der Begriffe" (Hua XIX/1, 296), die Husserl am Ende von LU III erwähnt, wo er andeutungsweise zwischen Fundierung mit Blick auf Koexistenz und Sukzession unterscheidet (vgl. auch LU III, § 13).[130] Führt man einen zeitlichen Index in den Fundierungsbegriff ein, so ergeben sich verschiedene Möglichkeiten. So kann X, das zum Zeitpunkt t existiert, z. B. statisch davon abhängen, dass Y in t ebenfalls existiert. Wenn dies für die gesamte Dauer der Existenz von X gilt, ergibt sich eine Form *konstanter Abhängigkeit* (*constant dependence*). Eine andere Spielart ergibt sich, wenn X nur für seine Entstehung von Y abhängt, aber auch unabhängig von Y existieren kann. Wenn X in t existiert, so muss also Y lediglich zu einem früheren Zeitpunkt t* existiert haben. In diesem Sinne ist ein Apfel abhängig von einem Baum, an dem er gewachsen ist. Dies ist ein Fall *historischer Abhängigkeit* (*historical dependence*), den man auch als *genetische Abhängigkeit* bezeichnen kann. Husserls Beispiele aus LU III (und auch sonst) sind vorwiegend Fälle konstanter Fundierung.

Eine weitere Modifikation ergibt sich, wenn man unterscheidet, ob X von einem *bestimmten* oder nur von *irgendeinem* Y abhängig ist – wie in obiger Definition durch „(ein) Y" angedeutet ist. Hier unterscheidet Thomasson zwischen generischer und rigider Abhängigkeit (*generic/rigid dependence*), wobei letztere auch als *individuelle Abhängigkeit* bezeichnet werden kann. So ist nach Husserl die individuelle Färbung des Apfels, sein spezifisches Rot-Moment, rigide abhängig von dem Form-Moment des Apfels bzw. seiner Oberfläche. Ein möglicher Kandidat für generische Abhängigkeit sind natürliche Arten (Husserls *empirische Allgemeinheiten/Typen*, vgl. EU, §§ 81–85). So ist z. B. die Existenz der Art Dinosaurier (wohl) generisch davon abhängig, dass es irgendeinen Dinosaurier gibt; aber dabei ist es irrelevant, um welchen Saurier es sich handelt. Auch die empirische Abhängigkeit eines Lebewesens von Sauerstoff ist generischer Natur: irgendwelche O_2-Moleküle müssen verfügbar sein, aber nicht ganz bestimmte. Im Folgenden verwende ich diese Terminologie und werde sie wiederholt auf Husserl beziehen.

---

129 Wie Thomasson zeigt, resultiert eine Fülle von Kombinationsmöglichkeiten. Es ergibt sich somit ein *Spektrum fundierter Entitäten*, in dem klassische ontologische Kategorien (Ideales/Reales, Mentales/Physisches) Pole darstellen, zwischen denen eine Reihe von anderen Entitäten möglich sind. Vgl. die Schemata in Thomasson 1997 und 1999, Kap. 8.
130 Drummonds 2008, 119, Vorwurf, Husserls Theorie der Fundierung könne temporale Abhängigkeiten nicht erfassen, ist zu pauschal.

Zurück zu LU III! Husserl vertritt dort die beiden Thesen, dass jede (individuelle) Entität eine Einheit ist und jede Einheit ein Ganzes aus Teilen ist, die auf eine bestimmte Weise ineinander fundiert sind: „Alles wahrhaft Einigende, so würden wir geradezu sagen, sind die Verhältnisse der Fundierung." (Hua XIX/1, 286) Fundierung ist sozusagen der *Kitt*, der Teile eines Ganzen zusammenhält. Dabei kommen Momente und/oder Stücke und unterschiedliche Arten der Fundierung ins Spiel – je nach Art der betreffenden Entität. Husserls Begriff des Ganzen ist dabei *ziemlich liberal*, denn auch Ganze, die aus selbständigen Teilen bestehen, können eine neue Entität und Einheit bilden. So sind offenbar auch Haufen von Dingen, Schwärme (etwa von Vögeln), Sternbilder etc. in Husserls Augen Ganzheiten, was durch die folgende komprimierte Definition des Begriffs des Ganzen nahegelegt wird:

> Unter einem *Ganzen* verstehen wir einen Inbegriff von Inhalten, welche durch eine einheitliche Fundierung, und zwar ohne Sukkurs weiterer Inhalte umspannt werden. Die Inhalte eines solchen Inbegriffs nennen wir Teile. Die Rede von der *Einheitlichkeit der Fundierung* soll besagen, daß jeder Inhalt mit jedem, sei es direkt oder indirekt, durch Fundierung zusammenhängt. Dies kann so statthaben, daß alle diese Inhalte ohne äußeren Sukkurs unmittelbar oder mittelbar ineinander fundiert sind [Fundierung aufgrund von Momenten]; oder auch so, daß umgekehrt alle zusammen einen neuen Inhalt, und zwar wieder ohne äußeren Sukkurs fundieren [Fundierung aufgrund von Stücken]. (Hua XIX/1, 282; Ergänzung CE)

Eine Pointe dieser Definition eines Ganzen besteht darin, dass der Begriff des Ganzen allein mit Hilfe des Begriffs der Fundierung charakterisiert wird. Husserl unterscheidet dabei zwei Weisen, wie ein „Inbegriff von Inhalten" zu einem Ganzen wird. Für die Teile a, b, c, ... eines Ganzen G (a, b, c, ...) = a $\oplus$ b $\oplus$ c $\oplus$ ... muss demnach gelten:

> Für jeden Teil a von G gibt es einen Teil b, in dem a mittelbar oder unmittelbar fundiert ist (1); *oder (vel)* alle Teile a, b, c, ... fundieren einen weiteren Teil x von G (2).

Im Wesentlichen wird damit gesagt, dass es Ganze gibt, in denen sich die Teile *durchdringen* und kraft dieser Durchdringung eine Einheit bilden (vgl. Hua XIX/1, 282) – dies ist Fall (1). Man könnte hier von *penetrierenden Ganzheiten* sprechen. Ein Beispiel dafür sind materielle Dinge, sofern man sie sozusagen nur als phänomenale Erscheinungen betrachtet (als *Phantome*, wie Husserl sagt), in denen sich individuelle Färbung und Raumgestalt qua Momente durchdringen. Materielle Dinge sind zugleich auch Ganzheiten durch *Verbindung* oder *Verknüpfung*, wenn man sie mit Blick auf ihre Stücke betrachtet, z.B. ihre Atome – dies ist Fall (2). Hier kann man von *konnektiven Ganzheiten* sprechen. Diese Stücke sind dann so miteinander verknüpft, dass sie einen „neuen Inhalt", wie es im obigen Zitat heißt, fundieren, womit beim Ding offenbar die Form oder Gestalt gemeint ist.[131] Offenbar vertritt Husserl ein *recht liberales Kompositionsprinzip*, da z. B. auch eine trapezförmige Anordnung von Streichhölzern die Bedingungen eines prägnanten Ganzen erfüllt, denn die selbständigen Teile (Streichhölzer) fundieren hier den „neuen Inhalt" der Trapezform, die ein Moment des resultierenden Ganzen darstellt, ein sog. *figurales Moment*.[132] Es genügt in diesem Fall, dass eine neue „reale" Eigenschaft (im obigen Sinne) des Ganzen auftritt, die in den Teilen fundiert ist, um von einem Ganzen zu sprechen. Es muss allerdings eine „sachliche Verknüpfungsform" (Hua XIX/1, 289) sein. Nicht jeder „bloße[] Inbegriff von irgendwelchen Inhalten" (Hua XIX/1, 288) ist ein Ganzes im prägnanten Sinne. So ist z. B. der rein formale Inbegriff, bestehend aus mir, dem Massenmittelpunkt der Sonne und der Zahl 3, kein Ganzes. Die Art der Verbindung ist hier eine *bloße Kollektion* (modern: *Menge*), die sich dadurch auszeichnet, dass jeder „Teil" durch irgendeine andere Entität ersetzt werden kann, ohne dass die Verbindungsform der Kollektion verloren ginge. Insgesamt sind Husserls Bedingungen für prägnante Ganze jedoch ziemlich liberal.[133] Erlebnisse und Bewusstsein als Ganzes („Strom") sind jedenfalls Fälle für prägnante Ganzheiten, da sie insbesondere Momente aufweisen.

Im Folgenden werde ich den Fundierungsbegriff im weiten Sinne verwenden und überall dort in Anschlag bringen, wo sich *wesentliche Abhängigkeiten* aufweisen lassen. Die wichtigsten „prägnanten Ganzheiten" dieser Arbeit sind der Bewusstseinsstrom eines Subjekts und dessen Teile, die Erlebnisse. Sowohl der Bewusstseinsstrom als Ganzer als auch dessen unmittelbare Teile, die Erlebnisse, stellen penetrierende Ganzheiten dar, die streng genommen nur aus unselbständigen Teilen bestehen.

---

[131] Husserls Definition hat etwas Rätselhaftes an sich. Denn wie können im Fall (2) alle Inhalte einen weiteren, neuen Inhalt fundieren, wenn es doch *alle* sind, die dabei im Spiel sind? Vielleicht kann man sagen, dass alle Stücke einen neuen Inhalt in Form eines Moments fundieren. Im Beispiel fundieren die Atome eines Körpers z. B. dessen Form.
[132] Auch von „Einheitsmomenten" ist die Rede: „Ebenso gilt jede in gleichem Sinne ‚reale' Verknüpfungsform, z. B. das Moment der räumlichen Konfiguration, als ein eigener Teil des Ganzen." (Hua XIX/1, 231)
[133] Wie plausibel das für Einzelfälle ist – ist z. B. zusammengekehrter Dreck zu einem Haufen ein Ganzes? –, sei dahingestellt. Zu solchen Fragen ausführlich vgl. van Inwagen 1990 und Hübner 2007.

II Materiale Ontologie: Realia, Irrealia und Bewusstsein

In Husserls Phänomenologie spielt nicht nur die *formale*, sondern auch die *materiale Ontologie* eine wichtige Rolle. Diese ist vor allem durch *drei Thesen* charakterisiert (vgl. ausführlich D. W. Smith 1995, 1999, 2004):

1. Die Gesamtheit des Seienden durchzieht der Unterschied zwischen *realen* und *idealen* Entitäten (fortan: *Realia* und *Idealia/Irrealia*) – zwischen, cum grano salis, (raum-)zeitlich Seiendem und Seiendem der „erweiterten Region der platonischen Ideen" (Hua XVII, 174). Husserl ist in dem Sinne Platonist, dass er an die Existenz von Irrealia glaubt. Insbesondere darf man nicht annehmen, dass diese nicht-existierende Objekte seien und es eine „bloße *façon de parler*" (Hua XIX/1, 130) sei, von ihrem Sein und Objektsein zu sprechen.[134] Wir können dies die *ontologische Dualitätsthese* der Husserl'schen Phänomenologie nennen. An ihr hält Husserl, abgesehen von einigen Modifikationen, durchgängig fest. Allerdings impliziert diese These nicht eo ipso, dass Irrealia gänzlich *unabhängig* von Realia existieren und dass sie, wie bei Platon, das ,eigentlich' Seiende seien, von dem alles andere eine Art Abbild ist.

2. Entitäten sind durch ihre Zugehörigkeit zu sog. *Regionen* charakterisiert. Die zentralen Regionen sind *Natur, Seele, Bewusstsein, Kultur* und *Person (Geist)*. Regionen umfassen die prinzipiellen und irreduziblen „Wesen" oder „Essenzen" dessen, was existiert. Ein und dieselbe Entität kann nach Husserl an verschiedenen Regionen teilhaben. Wir können dies die *multiple Regionalitätsthese* Husserls nennen. Husserls Phänomenologie ist ein Stück regionaler Ontologie, wobei die Region des Bewusstseins im Zentrum steht, da auf sie hin alle anderen Regionen intentional zurückbezogen sind.

3. Bei den Regionen handelt es sich nicht um separate Bezirke der Welt, da sie in diversen Fundierungsrelationen zueinander stehen und dergestalt „Schichten" oder „Stufen" der Welt bilden. Für eine solche Schichten- oder Stufenontologie sind die *nicht-reduktiven Thesen* zentral, dass es Entitäten höherer Schichten tatsächlich gibt und dass sie etwas Neues gegenüber den tieferen Schichten darstellen.[135] Wir können dies Husserls *schichtenontologische These* nennen.

Insbesondere die Dualitätsthese wird aus ,Angst vor abstracta' in der Literatur selten beim Wort genommen, obgleich die meisten Texte Husserls eine eindeutige

---

[134] Vgl. Hua XIX/1, 130: „Die idealen Gegenstände existieren [...] wahrhaft."
[135] In Jonathan Schaffers Typologie entspricht Husserls Schichtenontologie am ehesten einer geordneten metaphysischen Struktur (*ordered structure*). Vgl. Schaffer 2009, 354 ff. Vgl. dazu auch Johanssons 1989, Kap. 2, nicht-reduktive „level ontology", hier 22: „That the world is layered in this way means that universals belonging to one level cannot be reduced to, or replaced by, universals belonging to another level."

Sprache sprechen.[136] Es geht Husserl nämlich darum, die „Eigenberechtigung der spezifischen (oder idealen) Gegenstände neben den individuellen (oder realen)" (Hua XIX/1, 112) zu verteidigen. Wie wenig sinnvoll es ist, Husserl eine halbherzige Position zu unterstellen, zeigt folgende emphatische Stelle:

> Also, Ideen als Gegenstände. Nicht als ob es sich bloß um irgendeine besondere Betrachtungsweise handelte, die wir den Erfahrungsgegenständen als den einen und einzigen Gegenständen angedeihen ließen [...]. *Nein, es ist ganz scharf, blutig ernst gemeint: neuartige Gegenstände. Dies ist ein Angelpunkt aller Erkenntnistheorie.* [...] Somit *gibt es* Gegenstände einsichtiger Gegebenheit, *die keine Dinge sind und keine Daseinsmomente innerhalb der räumlich-zeitlichen Welt.*" (Hua XXX, 31–33; Herv. CE; vgl. Hua XXIV, 37f., 48, 309f.)

Man darf mithin, so Husserl, nicht den Fehler machen, Existenz auf (raum-)zeitliche Objekte einzuschränken.[137] Nichtsdestoweniger will Husserl damit keine „platonische Hypostasierung" betreiben, sofern damit gemeint ist, Irrealia und Realia stünden gleichsam nebeneinander und seien nur extern aufeinander bezogen. Tatsächlich sind Irrealia intrinsisch an Realia gebunden, in denen sie sich manifestieren können; die beiden „Welten", „so grundverschieden sie sind, sind doch durch Sinnesbeziehungen vermittelt" (Hua IV, 210f.). Die ontologische Verpflichtung auf Irrealia ist gemäß Husserls phänomenologischer Orientierung kein metaphysisches Dogma, sondern untrennbar mit der Anerkennung *prinzipieller Unterschiede in der Weise der Gegebenheit* intentionaler Objekte verknüpft. Nach Husserl gibt es Akte, die irreduzibel etwas Ideales meinen – und zwar in Wahrheit. Daraus ergibt sich die Aufnahme von Idealitäten in seine phänomenologische Ontologie.

Husserls Idealitäten entsprechen grob dem, was man heutzutage „abstrakte Objekte/Entitäten" zu nennen pflegt.[138] Ihnen stehen Realia dual gegenüber. Husserls Dualitätsthese lässt sich näherhin so charakterisieren:[139]

---

136 Solche Halbherzigkeiten finden sich nicht selten in der Sekundärliteratur, z.B. bei Lohmar 2003, XVIII, und Mohanty 2008, 110 ff. Meistens beruhen diese darauf, dass nicht explizit gemacht wird, was „platonischer Realismus", „Hypostasierung" etc. besagen. Hopp 2008b spricht treffend von der „Überempfindlichkeit" der Sekundärliteratur in puncto Platonismus.
137 Vgl. Hua XXII, 326: „Oft wird der Terminus Existenz in dem Sinne von Dasein, von Existenz innerhalb der realen Wirklichkeit gebraucht; hier ist der primitive und allgemeinere Existenzbegriff inhaltlich bereichert und der Umfang auf die realen Gegenstände verengt. Wahrheiten, Sätze, Begriffe sind auch Gegenstände, auch bei ihnen ist im vollen und eigentlichen Sinne von Existenz die Rede, aber sie sind nichts, das in der realen Wirklichkeit anzutreffen wäre. So weit der Ausdruck ‚Es gibt ein A' Sinn und Wahrheit beanspruchen kann, so weit reicht auch die Domäne des Existenzbegriffs." Vgl. ähnlich Hua XIX/1, 106, 141.
138 „Abstrakt" verwendet Husserl, um Momente zu bezeichnen. Es gibt sowohl abstrakte reale (z.B. ein konkretes Rot-Moment) als auch abstrakte ideale Gegenstände (z.B. die abstrakte

(i) Es gibt Realia; (ii) es gibt Irrealia; (iii) jede Entität ist entweder ein Reale oder ein Irreale.

Allerdings lässt sich eine zunehmende Ausdifferenzierung im Laufe von Husserls Schaffen beobachten. So wird der reife Husserl Idealitäten anerkennen – die sog. *gebundenen Idealitäten* (z. B. Kunstwerke) –, die insofern ideal sind, als sie multipel manifestierbar und somit nicht durch ihre raumzeitlichen Vorkommnisse bestimmt sind; gleichwohl sind sie in Realia fundiert. Dies hat zwar *keine prinzipielle Revision* der dualen Ontologie, aber eine *modifizierende Verfeinerung* auf beiden Seiten zur Folge, sodass sich in Husserls reifer Ontologie (FTL, EU) nicht mehr schlicht Reales und Ideales gegenüberstehen, sondern insbesondere ideale Entitäten anerkannt werden, die auf unterschiedliche Weise in Realia fundiert sind. Obige These (iii) ist demnach triadisch zu modifizieren, sodass im Spätwerk (iii*) gilt: *jede Entität ist entweder ein Reale, oder ein „reines" („freies") oder ein „unreines" („gebundenes") Irreale.*

Nach Husserl ist die Idee grundsätzlich verschiedener Arten von Entitäten damit vereinbar, dass zwischen ihnen Fundierungsrelationen bestehen: *Wesensverschiedenheit schließt wesentliche Abhängigkeit nicht aus.*[140] Diese Idee liegt auch Husserls Schichtenontologie zugrunde, derzufolge die Exemplare verschiedener *Regionen*[141] ineinander fundiert sind. So gilt z. B. für Seele und Ding/ Körper:

Spezies *Röte*). Manchmal bezeichnet Husserl auch „reine Erlebnisse" und das „reine Ich" als irreal. Vgl. Hua III/1, 6 f. Diese *transzendentale Verwendung* von „irreal" im Sinne von *konstituierend-*, aber *nicht-konstituiert-Sein,* vernachlässige ich im Folgenden.
139 Vgl. dazu die Schemata bei Mohanty 2008, 111, 329, und D. W. Smith 2007, 157. Probleme bei der Zuordnung machen u. a. Gott, das *reine Ich* und *Werte.* Zu *Werten* schreibt Husserl geradezu meinongianisch: „Wert ist nicht Seiendes, Wert ist etwas auf Sein oder Nicht-Sein Bezügliches, aber gehört in eine andere Dimension." (Hua XXVIII, 340). Vgl. Hua XXX, 290.
140 Diese These führt Meixner 2011 exemplarisch für das Verhältnis zwischen Seele und Ding (Materie) bei Husserl aus: Seelisches ist wesensverschieden vom Materiellen, aber gleichwohl von diesem „untrennbar".
141 Zum Begriff der Region vgl. *Ideen I,* §§ 9 ff; EU, §§ 92 f. *Regionen* sind die „obersten konkreten Gattungen" (EU, 432), denen die *formalen* Arten und Gattungen wie z. B. Gegenstand, Eigenschaft, Sachverhalt, Teil/Ganzes u. a. – die *Kategorien* – gegenüberstehen. Es sind Gattungen, deren Exemplare *konkret* (selbständig) sind. (Die Gattung *Farbe* hingegen ist ein *Abstraktum.*) Regionen zeichnen sich näherhin durch zwei (negative) Merkmale aus: (i) Sie lassen sich nicht mehr verallgemeinern (generalisieren), sondern lediglich formalisieren: ist R der zu einer Region *R* gehörige regionale Begriff (z. B. „Ding"), so gibt es keinen materialen Begriff R*, dem R untergeordnet ist. Allerdings gibt einen formalen Begriff F (z. B. „Individuum"), unter den die Exemplare von *R* fallen. (ii) Sind *R* und *R'* zwei Regionen, so lässt sich kein Exemplar r von *R* in ein Exemplar r' von *R'* durch „Umfingieren der Bestimmtheiten [...] in andere" (EU, 435) variieren: „Ein Grundbegriff einer Region kann nicht durch Variation in

> Die radikale Unterscheidung schließt übrigens keineswegs Verflechtung und partielle Überschiebung aus. So sind z. B. „materielles Ding" und „Seele" verschiedene Seinsregionen, und doch ist die letztere in der ersteren fundiert und daraus erwächst die Fundierung der Seelenlehre in der Leibeslehre. (Hua III/1, 38)

Husserls duale materiale Ontologie ist in diesem Sinne *hierarchisch* oder *geschichtet:*

> (I) Es gibt Realia, die in anderen Realia fundiert sind (z. B. Personen); (II) es gibt Irrealia, die in Realia fundiert sind (z. B. Kunstwerke); (III) es gibt Irrealia, die in anderen Irrealia fundiert sind (z. B. Röte); (IV) es gibt höchste Gattungen (*Regionen*) und niederste Arten (*eidetische Singularitäten*[142]).

Im Anschluss an diesen ontologischen Aufriss, der zum Hintergrund von Husserls Phänomenologie gehört, gilt es in diesem Abschnitt *dreierlei* zu zeigen: *Erstens* werden Husserls Hauptargumente vorgeführt, aufgrund deren er Irrealia annimmt. *Zweitens* soll ein schematischer Überblick über die verschiedenen Arten und Charakterisierungsvorschläge von Realia und Irrealia gegeben werden. Dabei gehe ich von Husserls früher Ontologie aus und fokussiere auf deren Modifikation in späteren Texten. Neben *epistemologischen* Charakterisierungen dominieren bei Husserl *temporale Kriterien* für die Differenz zwischen Realität und Irrealität. Ungeachtet der Dualität von Husserls Ontologie wird sich zeigen, dass Realia einen gewissen *Primat* einnehmen. Es wird ferner angedeutet, dass intentionale Gehalte (Sinne) von Husserl ebenfalls als Irrealia konzipiert werden. Allerdings ist hier ein m. E. problematischer Kurswechsel in der Kategorisierung festzustellen. Denn während der frühe Husserl Sinn als abstrakte Spezies von Aktmomenten konzipiert, führen der mittlere und späte Husserl Entitäten *sui et novi generis* ein (die *Noemata*), welche diese Rolle fortan spielen. *Drittens* diskutiere ich Husserls diverse Gegenstandsbegriffe. Dabei gilt es insbesondere, den ontologisch und existenzial neutralen Begriff eines intentionalen Gegenstandes von anderen Verwendungsweisen abzugrenzen.

---

einen anderen übergeführt werden. Es ist hier höchstens noch als weitere Leistung die Formalisierung möglich, durch die sie beide unter der formalen Kategorie des ‚Etwas überhaupt' gefaßt werden." (EU, 435; vgl. *Ideen I*, § 13)

[142] Eidetische Singularitäten sind *infimae species*, z.B. dasjenige Universale, auf das ich mit dem singulären Term „das Rot dieses Apfels" Bezug nehmen kann, dabei auf einen roten Apfel zeigend. Vgl. dazu *Ideen I*, §§ 12ff.

1 Zwei Argumente für Irrealia

Warum an die Existenz von Irrealia glauben? Husserl gibt darauf im Wesentlichen zwei Antworten, die auch in der aktuellen Debatte über abstrakte Gegenstände lebendig sind. Die erste Antwortstrategie lässt sich als *semantisch-phänomenologische*, die zweite als *ontologische* bezeichnen.[143]

Die erste Strategie ist denkbar simpel: wir sollten an Irrealia glauben, weil es *wahre* alltagssprachliche, philosophische und wissenschaftliche Urteile gibt, in denen wir uns auf intentionale Objekte beziehen, die sich nicht als reale Objekte verstehen lassen, ohne den Sinn unserer Urteile systematisch zu verfälschen. In solchen Urteilen kommt eine Intentionalität zum Ausdruck, die auf irreduzible Weise etwas Ideales meint. Husserl denkt hier an Sätze wie „4 ist eine gerade Zahl", „Rot ist eine Farbe"[144], „Schwarz ist verschieden von Weiß", „Orange liegt zwischen Gelb und Rot", „Ehrlichkeit ist eine Tugend" oder „'rot' und 'rouge' haben dieselbe Bedeutung". Dies sind Beispiele für Urteile, mit denen wir nach Husserl auf *irreduzible Weise* auf irreale Objekte zielen. Und da (manche) solcher Meinungen *wahr* sind, *muss es etwas geben*, worauf sie sich beziehen:

> Gelten diese Wahrheiten, so muß all das sein, was ihre Geltung voraussetzt. Sehe ich ein, daß 4 eine gerade Zahl ist, daß das ausgesagte Prädikat dem idealen Gegenstand 4 wirklich zukommt, so kann auch dieser Gegenstand nicht eine bloße Fiktion sein, eine bloße *façon de parler*, in Wahrheit ein Nichts. (Hua XIX/1, 130; vgl. Hua XIX/1, 106)

Dieses Prinzip, die Abhängigkeit der Wahrheit bzw. des Soseins vom Sein, liegt Husserls semantisch-phänomenologischem Argument zugrunde.[145] Es ist ein *semantisches* Argument, weil es die logische Form und Wahrheit von Sätzen über Irrealia thematisiert; und es ist ein *phänomenologisches* Argument, weil Husserl die logische Form solcher Sätze als eine Art Reflex von spezifischen Weisen in-

---

143 Die erste Strategie wendet Husserl z.B. in *Prolegomena*, § 39, LU I, § 31, LU II, §§ 1–8, 14, *Ideen I*, §§ 22 f., und Hua XXX, § 8, an; die zweite in LU II, §§ 4, 37, EU, § 81, und Hua XLI, 1–28. Für die erste Strategie im aktuellen Kontext vgl. Künne 2007, Kap. 3; für die zweite Armstrong 1989, Kap. 3. Zum Überblick vgl. Lowe 2002, Kap. 19–20.
144 Diesen so harmlos wirkenden Satz verwendet auch Künne, um zu zeigen, dass es abstrakte Gegenstände gibt. Es ist eine wahre und „irreduzibel abstrakte Aussage"; vgl. Künne 2007, 126 ff.; vgl. auch Hua VII, 133; Hua XVIII, 135.
145 Vgl. Hopp 2005, 165: „One argument for universals [...], for instance, has as its premises (1) at least some of our mental acts are genuinely directed towards universals, and any attempt to construe them in another manner falsifies their sense, and (2) at least some of these mental acts are true." Zu Husserls anti-nominalistischen Strategien vgl. Simons 2008, Willard 1964, Kap. II-III, und 1984, 186–193, und Moreland 1989.

tentionalen Meinens auffasst. Husserls zweites Argument geht vom Faktum objektiver Ähnlichkeits- und/oder Gleichheitsrelationen zwischen Einzeldingen aus und eruiert die ontologischen Bedingungen, unter denen solche Relationen möglich sind. Nach Husserl gehört zu diesen Bedingungen unter anderem die Existenz von Spezies oder Eigenschaften *in specie*. Husserl argumentiert dabei gegen Auffassungen, die heutzutage unter dem Stichwort *Ähnlichkeits-Nominalismus* behandelt werden (vgl. Lowe 2002, Kap. 19).

Vorweg sei gesagt, dass Husserl insbesondere Universalien (Spezies, Wesen) nicht für exotische und sporadische Objekte sprachlicher und kognitiver Bezugnahme, sondern gewissermaßen für trivial und allgegenwärtig gehalten hat. Denn Subjekte, die sich einer entwickelten Sprache bedienen, gehen mit diesen immer schon denkend und sprechend um – ja mehr noch: nach Husserl „sehen" wir Wesen „ja doch sozusagen beständig" (Hua XXV, 32).[146] Erst philosophische Theorien greifen *revisionär* in unsere Rede ein und versuchen dies zu leugnen:

> Ich behaupte sogar, daß ideale Gegenstände keineswegs etwas besonders Hohes sind, womit man paradieren könnte, sondern das Allergemeinste, so gemein wie die Steine auf der Straße. Alle Leute kennen sie ja in einer gewissen naiven Weise, da sie ja von Zahlen und Tönen u. dgl. in idealer Weise reden. Nur die Philosophen wollen sie nicht kennen. Sie tun sie mit dem Wort ab: Platonische Ideen. (Hua XXX, 34; vgl. Hua III/1, 48)

Husserl will hingegen, mit Wittgenstein gesagt, alles so lassen, wie es ist, und unsere Intentionalität rein beschreibend zu Wort kommen lassen.

Husserl ist hier erst einmal Recht zu geben. Ein simpler Satz wie „Blau ist meine Lieblingsfarbe" ist dafür ein Beispiel. Dass so ein Satz wahr sein kann, wissen wir aus alltäglicher Erfahrung. Was meinen wir damit? Meinen wir „Alles, was blau ist, wird von mir gegenüber nicht-blauen Dingen favorisiert"? Sicherlich nicht – ich muss ja keine blauen Leichen mögen. Meinen wir, dass ich die individuellen Blaunuancen (*Blau-Tropen*) gegenüber den Farbnuancen nicht-blauer Dinge favorisiere? Das kommt dem Sinn des Satzes schon näher, trifft ihn aber dennoch nicht. Denn wir meinen eben nicht, dass ich eine *Vielheit* von Blaunuancen gegenüber anderen *Vielheiten* von Farbnuancen favorisiere, sondern ich bevorzuge eben das *eine Blau*, das in allen Blau-Tropen ‚anwesend' ist, ohne im eigentlichen Sinne ‚in' ihnen zu sein. Nach Husserl legt uns ein solcher Satz also bereits auf die Annahme des Irreale *Blau* fest. Nur wenn wir neben blauen Dingen auch das Wesen oder die Spezies Blau in unsere Ontologie aufnehmen, können wir der Wahrheit des Satzes „Blau ist meine Lieblingsfarbe" gerecht werden.

---

[146] Ganz ähnlich plädiert auch Linda Wetzel für die Alltäglichkeit und Omnipräsenz der Rede von allgemeinen Objekten (Typen). Vgl. Wetzel 2009, Kap. 1.

Um argumentativ zu untermauern, was wir bereits sehen, fährt Husserl seine beiden Argumente für die Existenz von Irrealia auf. Das *semantisch-phänomenologische Argument* lässt sich so rekonstruieren:

(I) Es gibt wahre kategorische Urteile der Form „S ist p", in denen sich „S" auf *irreduzible Weise* auf ein Irreale bezieht.
(II) Wenn ein kategorisches Urteil der Form „S ist p" *wahr* ist, *existiert* S.
(III) *Folglich* gibt es Irrealia.

In dieser Gestalt ist das Argument formal gültig: aus (I) und (II) folgt (III). Wie steht es mit der Wahrheit der Prämissen?

Prämisse (II) stellt einen Zusammenhang zwischen der logischen Form eines Satzes und der Existenz seiner Bezugsgegenstände her. Nur wenn es einen Träger des singulären Terms „S" gibt, kann demnach der Satz „S ist p" wahr sein, denn nur dann kann S die *Eigenschaft haben*, p zu sein. *Was nicht ist oder existiert, kann keine Eigenschaften haben:* „To be is to be the subject of predicates in this general sense, and conversely." (Willard 1984, 189; vgl. 187) Dieses Prinzip, das im Gegensatz zum Mally-Meinong'schen Prinzip der Unabhängigkeit des Soseins vom Sein steht, hat Husserl offenbar akzeptiert:

> Überlegen wir! Wenn wir von Tönen sprechen, so sind eben Töne die Gegenstände unserer Aussage; und daß solche Gegenstände ihre Existenz haben und wahre Aussagen über sie gemacht werden können, das werden wir schwerlich zu bezweifeln Anlaß und Lust haben. Sie werden mir sicher auch zugestehen als allgemeines Prinzip: Wenn Gegenstände sind, so müssen für sie wahre Aussagen gelten, die aussagen, wie beschaffen diese Gegenstände sind – und umgekehrt: Wo immer wahre Aussagen, die positiv sagen, wie beschaffen Gegenstände sind, gelten, müssen auch die Gegenstände (aber genau in dem Sinn genommen, wie die Aussage sie setzt) sein. Das Wort Gegenstand nehmen wir hier offenbar in einem weitesten und wirklich getreuen Sinn: jedes Subjekt einer wahren Prädikation nennen wir einen Gegenstand. (Hua XXX, 31; vgl. LU I, § 31; LU II, §§ 14a), 27)

Prämisse (II) kann somit als ein *Existenzkriterium* verwendet werden. Husserls Begriff der Existenz ist aufs Engste mit dem Begriff der Wahrheit verbunden. Wenn Husserl Gegenständen „Sein" zuschreibt, die dem Partikularisten Kopfschmerzen bereiten, so möchte Husserl „diese Reden zunächst einfach als Anzeigen für die Geltung gewisser Urteile" verstanden wissen, „nämlich solcher, in denen über Zahlen, Sätze, geometrische Gebilde u. dgl. geurteilt wird". Akzeptiert der Partikularist die Wahrheit solcher Urteile, so muss dem, „worüber da geurteilt wird, evidenterweise der Titel ‚wahrhaft seiender Gegenstand' zugesprochen werden" (Hua XIX/1, 106). Das prädikative Urteil ist für Husserl keine zufällige Urteilsform unter anderen, sondern Ausdruck der „Universalität des Logischen" bzw. Manifestation „verschiedener Seinsregionen und damit auch zugehöriger Ontologien"

(Hua III/1, 272). Prämisse (II) ist somit auch Ausdruck eines, wenn man so will, *realistischen* oder *korrespondenztheoretischen Wahrheitsverständnisses.* Diesem Verständnis zufolge muss die Wirklichkeit gleichsam für die Wahrheit von Sätzen gerade stehen; es muss mithin einen Unterschied in der Wirklichkeit machen, wenn ein Satz wahr ist. Husserls Wahrheitsverständnis ist zwar kein ‚naives', da nach Husserl ein Begriff wie *Wahrheit* für uns unverständlich bleibt, wenn wir ihn nicht mit Blick auf seinen *subjektiven Ursprung* in Erlebnissen der „Erfüllung" (Evidenz) unserer „bloßen Meinungen" verstehen.[147] Nichtsdestoweniger teilt er die Intuition, dass Wahrheit auf dem, was ist, supervenieren muss, denn „Wahrheit" und „Sein" sind „offenbar korrelativ" (Hua XVIII, 137). In diesem Sinne würde Husserl z. B. gegen Konsens- oder pure Kohärenztheorien protestieren.

Kommen wir also zu Prämisse (I). Husserl beschreibt seine Strategie wie folgt:

> Die Frage, ob es möglich und notwendig sei, die Spezies als Gegenstände zu fassen, kann offenbar nur dadurch beantwortet werden, dass man auf die Bedeutung (den Sinn, die Meinung) der Namen zurückgeht, welche Spezies nennen, und auf die Bedeutung der Aussagen, welche für Spezies Geltung beanspruchen. Lassen sich diese Namen und Aussagen so interpretieren, bzw. läßt sich die Intention der ihnen Bedeutung gebenden nominalen und propositionalen Gedanken so verstehen, daß die eigentlichen Gegenstände der Intention individuelle sind, dann müssen wir die gegnerische Lehre zulassen. Ist dies aber nicht der Fall, zeigt es sich bei der Bedeutungsanalyse solcher Ausdrücke, daß ihre direkte und eigentliche Intention evidentermaßen auf keine individuellen Objekte gerichtet ist, und zeigt es sich zumal, daß die ihnen zugehörige Allgemeinheitsbeziehung auf einen Umfang individueller Objekte nur eine indirekte ist, auf logische Zusammenhänge hindeutend, deren Inhalt (Sinn) sich erst in neuen Gedanken entfaltet und neue Ausdrücke erfordert – so ist die gegnerische Lehre evident falsch. (Hua XIX/1, 115)

---

[147] Bei Husserl besteht eine *modale Äquivalenz* zwischen Wahrheit und Evidenz: „Völlig begreiflich, da evidentermaßen die allgemeine Äquivalenz besteht zwischen den Sätzen ‚A ist wahr' und ‚es ist möglich, daß irgend jemand mit Evidenz urteilt, es sei A'." (Hua XVIII, 187; vgl. *Ideen I*, §§ 142–144) Ähnlich heißt es: „Mit anderen Worten: Wahrheit ist eine Idee, deren Einzelfall im evidenten Urteil aktuelles Erlebnis ist." (Hua XVIII, 193) Wichtig ist dabei auch die Einsicht des mittleren und späten Husserl, dass Evidenz nicht eo ipso adäquate (vollständige) und apodiktische (infallible, unbezweifelbare) Evidenz ist. Obige Äquivalenz ist im Fall für (räumliche) Realia ein *idealer Zusammenhang*, da keine Gegebenheitsweise von (räumlichen) Realia adäquat und apodiktisch ist. Nur eine idealiter ins Unendliche einstimmig fortsetzbare Evidenz von Realia ist äquivalent mit Wahrheit. Nichtsdestoweniger ist nach Husserl der *subjektive Ursprung* des Begriffs der Wahrheit in Evidenzerlebnissen zu sehen: ohne Evidenzerlebnisse wären wir *wahrheitsblind*, denn „Wahrheit und Falschheit [schöpfen] ursprünglich Sinn und Recht aus der Evidenz" (Hua XVII, 201). Ein Wesen, das noch nie ein Evidenzerlebnis gehabt hat bzw. dazu nicht in der Lage ist, könnte den Sinn des Wortes „wahr" nach Husserl nicht verstehen. Ähnlich behauptet Husserl übrigens, dass wir *wertblind* wären, wenn wir keine gefühlsmäßigen Subjekte wären; vgl. Hua XXVIII, 404. Zu Husserls diversen Wahrheitsbegriffen vgl. LU VI, §§ 36–39. Siehe dazu auch Kapitel E.

Semantisch gelesen muss Husserl also zeigen, dass sich Aussagen wie „Rot ist eine Farbe", „4 ist eine gerade Zahl", „Der Ton d liegt zwischen c und e" etc. signifikant von *Paraphrasierungen* wie etwa „Alles, was rot ist, ist farbig" etc. unterscheiden. Das geht Hand in Hand mit der intentionalistischen These, dass in solchen Wesensurteilen eine irreduzibel auf Irrealia gerichtete Intentionalität zum Ausdruck kommt: Wir *meinen* in solchen Aussagen etwas ganz anderes als in Aussagen über Einzelheiten. Es gibt eine „Unentbehrlichkeit der Rede von allgemeinen Gegenständen" (Hua XIX/1, 115), denn „keine Interpretationskunst der Welt [kann] die idealen Gegenstände aus unserem Sprechen und Denken eliminieren" (Hua XIX/1, 131). Der Partikularismus scheitert mithin in den Augen Husserls und zeitgenössischer Autoren u. a. daran, dass er keine gültigen Paraphrasierungen für Aussagen über Allgemeines liefern kann. Urteilen wir z. B. „Rot ist eine Farbe", so behauptet der Partikularist, dass damit *nichts anderes gemeint* sei, als dass alles Rote farbig sei. Er behauptet also, dass folgendes Paraphrasierungsprinzip gültig ist: „die E-heit ist eine F-heit" ist *gleichbedeutend mit* „alles, was E ist, ist F".

Dieses Prinzip ist aber ungültig (vgl. Armstrong 1989, 33 f.; Künne 2007, Kap. 3, § 6). Denn ihm zufolge wäre z. B. die Form eines Dinges eine Farbe, da die rechte Seite des Prinzips erfüllt ist: alles, was eine Form hat, ist farbig, aber Form ist keine Farbe. Umgekehrt wäre z. B. jeder freundliche Mensch tugendhaft, da nunmehr die linke Seite erfüllt ist: Freundlichkeit ist eine Tugend. Ohne dies en détail zu begründen, behauptet Husserl somit, dass es keine allgemeingültigen Paraphrasierungsprinzipien gibt, die aus unserem Denken und Sprechen alle substantivierten oder nominalisierten Begriffsworte zu eliminieren gestatten.

Husserl sieht die Existenz der Ideen auch dadurch gesichert, dass es Wahrheiten gibt, in denen Subjekten Eigenschaften zugeschrieben werden, die *nur Irrealia* zukommen können. Insbesondere gilt dies für Eigenschaften, die *Unveränderlichkeit* und *Zeitlosigkeit* mit sich bringen. So ist z. B. unsere Rede über Töne ambivalent, je nachdem, ob wir von Tönen *in individuo* oder *in specie* sprechen. Es gibt mithin „miteinander unverträgliche Aussagen über Töne [...], so daß die Rede über Töne zweierlei Sinn hat, zweierlei Gegenständlichkeiten also betreffen muß" (Hua XXX, 31):

> Einmal sprechen wir von Tönen, die jetzt erklingen oder vorhin erklungen sind, kurzum von Tönen als individuellen Tatsachen, als Vorkommnissen in der räumlich-zeitlichen Natur. [...] Das sind die Töne, von denen in empirischen Aussagen die Rede ist. Ein andermal aber sprechen wir von den Tönen der Oktave c'– c'' innerhalb der idealen Tonreihe. Darin tritt als ein Ton auf der Ton c, als ein Ton der Ton d usw. [...] Von diesen Tönen der Tonreihe sagen wir aus, daß sie die und die bestimmte Anordnung haben. Man wird sagen, es sind die Qualitäten in abstracto, es sind Abstraktionen. Mag sein. Man mag dabei unter Abstraktionen nun verstehen was immer, jedenfalls sind diese reinen Qualitäten nichts Empirisches. Sie haben

keine Stellung in der Zeit, sie erklingen nicht, sie fangen nicht an und hören nicht auf; es hat keinen Sinn zu sagen, daß sie sich verändern. (Hua XXX, 31 f.)[148]

Sagen wir z. B., der Ton d liege zwischen c und e, so beziehen uns auf einen ehernen Zusammenhang zwischen Tonspezies, der unabhängig davon ist, ob gerade Töne erklingen – nach Husserl sogar unabhängig davon, ob es jemals Vorkommnisse von c's, d's und e's realiter gegeben hat. Die ideale Ton- oder Farbreihe ist „nichts in der Welt Vorkommendes, s i e geht es gar nichts an, ob es überhaupt eine Welt, ein Dasein in Zeit und Raum gibt" (Hua XXX, 32).

Insbesondere scheitert der Versuch des Partikularisten – und damit komme ich zu Husserls *zweitem Argument* – Ideen rein extensional mit Hilfe von Ähnlichkeitsrelationen zu eliminieren (vgl. auch Hua XLI, v. a. 1–28). Wollte man z. B. die Idee *Blau* mit der Menge aller blauen Entitäten identifizieren, so muss klar sein, was diese Menge von der Menge aller roten Dinge unterscheidet. Zu sagen, die Elemente der einen Menge seien eben blau und die der anderen Menge rot, hilft solange nicht weiter, bis eine befriedigende Antwort auf die Frage gegeben wird, was es heißt, dass mehrere separate Dinge blau oder rot seien. Wie kann Verschiedenes und Zerstreutes in gewisser Hinsicht dasselbe sein? Der Partikularist rekurriert auf *Ähnlichkeit:* Die Menge der blauen Dinge ist dadurch eine Einheit gegenüber der Menge der roten Dinge, dass alle blauen Dinge einander bezüglich ihrer Farbe ähneln, während dies nicht für blaue und rote Dinge gelte. Husserl wendet ein, dass damit der Bezug auf eine identische Spezies vorausgesetzt ist, der in der Redeweise „sich bezüglich ihrer Farbe ähneln" steckt. Hinter dieser Vergleichshinsicht bzw. Gleichheit bzgl. der Farbe, verbirgt sich die Identität und damit die Existenz eines Universale:

---

[148] Mit deflationären Abstraktionstheorien des klassischen (Locke, Berkeley, Hume) und modernen Empirismus (Cornelius, Erdmann u. a.) beschäftigt sich Husserl kritisch in LU II, §§ 13 ff. Vgl. dazu A. D. Smith 2008. Nach Husserl ist Abstraktion weder pointierende/selektive Aufmerksamkeit auf individuelle Momente (Tropen) noch substitutionale Repräsentation à la Berkeley-Hume, bei der Einzeldinge auf unbestimmte Weise beliebige andere Einzeldinge repräsentieren. Abstraktion muss hingegen als *ideierende Abstraktion* verstanden werden, bei der wir in einem fundierten Akt, der sich auf fundierenden Wahrnehmungen und Phantasien aufbaut, auf einen *neuen Gegenstand* (ein Wesen) Bezug nehmen. Auch mit dem Irrglauben, die Idee eines E, z. B. die Idee *Röte*, sei ein allgemeines oder unbestimmtes E, z. B. ein allgemeines Rot, räumt Husserl auf. Die Röte ist nicht rot; es „ist absurd, den Begriffsinhalt zugleich als Begriffsgegenstand zu fassen oder den Begriffsinhalt dem Begriffsumfang einzuordnen" (Hua XIX/1, 139). Vgl. LU II, §§ 10–12, 42. Zumindest gilt dies für materiale Ideen; formale Ideen (Kategorien) lassen mitunter Selbstprädikation zu. So ist z. B. das formale Universale *Gegenstand* selbst ein Gegenstand.

Tatsächlich finden wir, wo immer Gleichheit besteht, auch eine Identität im strengen und wahren Sinne. Wir können zwei Dinge nicht als gleiche bezeichnen, ohne die Hinsicht anzugeben, in der sie gleich sind. Die Hinsicht, sagte ich, und hier liegt Identität. Jede Gleichheit hat Beziehung auf eine Spezies, der die Verglichenen unterstehen; und diese Spezies ist beiderseits nicht abermals ein bloß Gleiches und kann es nicht sein, da sonst der verkehrteste regressus in infinitum unvermeidlich wäre. (Hua XIX/1, 117 f.; vgl. EU, § 81c))

Keine Ähnlichkeit/Gleichheit ohne identische Hinsicht – und keine identische Hinsicht ohne die Existenz eines Universale.[149] Es besteht eine *Unreduzierbarkeit von Identität auf Ähnlichkeit und Gleichheit*. Zu sagen, X und Y stimmen in ihrer Farbe überein, setzt ein identisches Universale voraus. Ganz allgemein gilt nach Husserl: „Identität ist absolut u n d e f i n i e r b a r, nicht aber Gleichheit [und Ähnlichkeit, CE]." (Hua XIX/1, 117 f.) Für Husserl ist somit die objektive Ähnlichkeit zwischen Einzeldingen Grund genug, die Existenz von Irrealia anzuerkennen. Darin besteht der Kern von Husserls zweitem, ontologisch ausgerichteten Argument, das sich so rekonstruieren lässt:

(i) Es gibt numerisch verschiedene und getrennte Realia X und Y, die einander ähneln (oder gleichen).
(ii) Wenn zwei Realia X und Y einander ähneln (oder gleichen), so gibt es etwas, bezüglich dessen sie einander gleichen.
(iii) Wenn es etwas gibt, bezüglich dessen zwei Realia X und Y einander gleichen, so gibt es etwas, das X und Y gemeinsam haben.
(iv) Wenn X und Y numerisch verschiedene und getrennte Realia sind, so haben sie keine Teile gemeinsam.
(v) *Folglich* gibt es etwas, das X und Y gemeinsam haben und das von X und Y (und allen ihren Teilen) verschieden ist.

Prämisse (i) sei Husserl ‚geschenkt'. Es scheint eine sinnvolle Annahme zu sein, dass es tatsächlich so etwas wie (objektive) Ähnlichkeits- und Gleichheitsrelationen zwischen Einzeldingen gibt, die nicht allein im Auge des Betrachters liegen, sondern die Sachen selbst betreffen.

---

[149] Ähnlichkeit und Gleichheit verhalten sich nach Husserl wie folgt: (a) Ähnlichkeit ist phänomenologisch grundlegender als Gleichheit. (b) Ähnlichkeit zwischen X und Y kann partiell, total, unvollkommen oder vollkommen sein. Partielle/totale Ähnlichkeit bezieht sich auf die *Anzahl* ähnlicher Aspekte, unvollkommene/vollkommene Ähnlichkeit auf den *Grad* der ähnlichen Momente. (c) (Völlige) Gleichheit ist „der Limes der totalen Ähnlichkeit" (EU, 405); d. h. X und Y sind gleich, wenn sie in allen Momenten in demselben Grad ähnlich sind. (d) Sind X und Y einander ähnlich, so sind sie auch in einer Hinsicht gleich. Diese Gleichheit wird uns allerdings erst in höherstufigen Akten des Vergleichens explizit bewusst. Vgl. EU, §§ 44, 45, 81 c), 84; Hua XLI, 1–28.

Das „Gemeinsame", von dem in (iii), (iv) und (v) die Rede ist, ist nach Husserl nichts anderes als ein *universale*, das sich in X und Y instanziiert, ohne im wörtlichen mereologischen Sinne ein Teil von X und Y zu sein. Das „Gemeinsame" ist weder identisches Stück noch Moment in X und Y. Eine rote Kugel und ein roter Quader sind *getrennte Entitäten*, die keine gemeinsamen Teile haben (iv) – anders als zwei benachbarte Häuser mit gemeinsamer Seitenwand oder siamesische Zwillinge, die buchstäblich etwas, nämlich gewisse Stücke, gemeinsam haben (vgl. Hua XXIV, 294; Hua XLI, 2, 12, 15).[150] Die *Röte*, die Kugel und Quader gemeinsam haben, ist ein und dieselbe in beiden; aber das *inesse* bedeutet nicht Teil-Sein, sondern Instanziierung. Diese besteht nach Husserl darin, dass Kugel und Quader numerisch verschiedene Rot-Momente, also unselbständige Teile, im mereologischen Sinne enthalten, die einander ähneln bzw. exakt gleichen. In diesen Rot-Momenten instanziiert sich die Spezies Röte; die Momente bilden „gesonderte Fälle" (Hua XLI, 21) des Gemeinsamen.

Die entscheidenden Prämissen des obigen Arguments sind offenbar (ii) und (iii). Husserl hat sie explizit vertreten, wie die folgenden Passagen zeigen. Ähnlichkeit und Gleichheit sind für ihn unselbständige Phänomene, die ontologischer Fundierung bedürfen; denn ist „es nicht mehr erlaubt, von der Identität der Spezies zu sprechen, von d e r Hinsicht, in welcher Gleichheit statthat, so verliert auch die Rede von der Gleichheit ihren Boden" (Hua XIX/1, 118)[151]:

> In der Vergleichung tritt hier und dort das Rotmoment hervor, es tritt hervor nicht als das überall Identische, im Identitätssinn Gemeinsame, sondern als das Identität und Gemeinsamkeit begründende. Das Rot hier und das Rot dort ist immer noch ein gesondertes und bloß gleiches, aber sofern es gleich und absolut gleich ist, wie wir einmal annehmen wollen, begründet es die Erscheinung eines in ihnen sich besondernden Identischen. (Hua XXIV, 297)

Gleichheit ist nur „ein Korrelat der Identität eines Allgemeinen, das in Wahrheit als Eines und Selbiges und als ‚Gegenwurf' des Individuellen herausgeschaut werden kann" (EU, 393).

---

150 Vgl. Hua XLI, 21: „Das Rot als Spezies ist nicht Teil des Ganzen, sondern das Ganze hat einen Fall von Rot in sich. Achte ich beiderseits auf das Moment des Roten, so erfasse ich die Identität nicht der Fälle, sondern der Spezies. Die gesonderten Fälle haben das ‚Gemeinsame' in sich. Dieses Gemeinsame ist aber doch nicht als Teil zu fassen. Mehrere Flächenstücke haben einen Teil gemeinsam, aber eine gemeinsame Beschaffenheit ist kein Teil; ihr entspricht ein unselbständiges Moment am Gegenstand, aber dieses unselbständiges Moment ist nicht die Beschaffenheit selbst, sondern ihr Einzelfall."
151 Vgl. Hua XLI, 9: „Aber wie komme ich zur Rede von der Hinsicht, wenn ich nicht fähig bin, am Einzelnen das Identische zu erkennen?"

Der Umweg des Partikularisten über *Begriffsumfänge*, d. h. Mengen von Einzeldingen, die einander bezüglich eines Merkmals gleichen oder ähneln, hilft nach Husserl auch nicht weiter. Ein rein extensionalistischer Partikularismus „vermag uns nicht zu sagen, was dem Umfang Einheit gibt" (Hua XIX/1, 120). Das zeigt sich am Problem der Identität von „Ähnlichkeitskreisen"[152], mit deren Hilfe der Partikularist Spezies wegreduzieren will. *Röte* ist demnach nichts als eine bestimmte Menge von aktuellen und potentiellen Dingen, die einander bezüglich ihrer Farbe hinreichend ähneln. Husserl wendet ein, dass sich die Identitätsbedingungen solcher Kreise nicht ohne (implizite) Bezugnahme auf ,intensionale' Entitäten wie es eben die Spezies, Eigenschaften oder „Attribute" (Hua XIX/1, 119) sind, ausbuchstabieren lassen. Denn jedes Individuum gehört mehreren solchen Kreisen (Mengen) an. So gehört z. B. ein rotes Tetraeder sowohl in den Kreis *Röte* als auch in den Kreis *Tetraederförmigkeit*. In diesem Fall unterscheiden sich diese Kreise rein extensional, denn es gibt Rotes, das nicht tetraederförmig ist. Aber was ist, wenn zwei Begriffe den gleichen Umfang haben? Sind die Eigenschaften, ein Wiederkäuer und ein Tier mit gespaltenen Hufen zu sein, dieselben Eigenschaften, weil ein Tier genau dann ein Wiederkäuer ist, wenn es gespaltene Hufe hat (vgl. Schopenhauer 1977, 80)? Auch wenn man die Bedingungen für die Identität von Eigenschaften dahingehend verschärft, dass man notwendige Koextensionalität fordert, stellt sich diese Frage. Sind z. B. *Gleichseitigkeit* und *Gleichwinkligkeit* (bei Dreiecken) dieselben Eigenschaften? Husserl verneint dies.

Aber selbst wenn die Ähnlichkeitskreise verschiedene Extension haben, sieht Husserl ein Problem. Dabei antizipiert er ein Regress-Argument, das vor allem durch Bertrand Russell Berühmtheit erlangt hat (vgl. Armstrong 1989, 53 ff.). Diesem Argument zufolge muss der Partikularist in jedem Fall mindestens ein *universale* anerkennen, nämlich die *Ähnlichkeit*. Russell (1912) schreibt:

> If we wish to avoid the universals whiteness and triangularity, we shall choose some particular patch of white or some particular triangle, and say that anything is white or a triangle if it has the right sort of resemblance to our chosen particular. But then the resemblance required will have to be a universal. Since there are many white things, the resemblance must hold between many pairs of particular white things; and this is the characteristic of a universal. It will be useless to say that there is a different resemblance for each pair, for then we shall have to say that these resemblances resemble each other, and thus at last we shall be

---

152 In moderner Terminologie sind das Äquivalenzklassen mit der Relation ~. Ein x ist genau dann in einem Ähnlichkeitskreis enthalten, wenn es darin ein y gibt mit x ~ y. „~", verstanden als Ähnlichkeit in einer Hinsicht, ist dabei eine reflexive, symmetrische und transitive Relation. Carnaps Konstitutionssystem im *Logischen Aufbau der Welt* (1928) operiert mit solchen Ähnlichkeitskreisen; Husserl bezieht sich wohl auf den Psychologen Hans Cornelius; vgl. LU II, Anhang.

forced to admit resemblance as a universal. The relation of resemblance, therefore, must be a true universal. (Russell 1999, 68 f.)

Anno 1901 heißt es bei Husserl verblüffend ähnlich:

> Was macht also z. B. den durch Röte bedingten Ähnlichkeitskreis einheitlich gegenüber dem durch Dreieckigkeit bedingten? Die empiristische Auffassung kann nur sagen: es sind differente Ähnlichkeiten. Sind A und B hinsichtlich des Rot ähnlich und sind A und C hinsichtlich der Dreieckigkeit ähnlich, so sind diese Ähnlichkeiten verschieden a r t i g e. Aber da stoßen wir ja wieder auf Arten. Die Ähnlichkeiten selbst werden verglichen und bilden Gattungen und Arten wie ihre absoluten Glieder. Wir müßten also wieder auf die Ähnlichkeiten dieser Ähnlichkeiten zurückgehen und so in infinitum. (Hua XIX/1, 120 f.)

Anders gesagt: ein rotes Dreieck X gehört in zwei Ähnlichkeitskreise r und s, in den der roten und in den der dreieckigen Dinge. Etwas gehört in r bzw. s, wenn es „the right sort of resemblance" mit X hat. Man muss folglich verschiedene Ähnlichkeiten anerkennen. Aber diese sind ihrerseits (putative) Universalien, nämlich relationale. Wollte man die Ähnlichkeiten ihrerseits wegreduzieren, muss man Ähnlichkeitskreise zweiter Ordnung einführen, die aus Ähnlichkeiten erster Ordnung bestehen, usw. Russell und Husserl zufolge ergibt sich somit ein Regress. Beide Philosophen ziehen daraus dieselbe Konsequenz: wenn mindestens ein (relationales) *universale* wie die Ähnlichkeit anerkannt werden muss, so ist gewissermaßen der Weg frei, auch andere (monadische) *universalia* ontologisch anzuerkennen.

Gemäß seiner phänomenologischen Orientierung legt Husserl den Schwerpunkt der Diskussion auf das erste Argument. Das Resultat ist der Aufweis von irreduzibel Allgemeines meinenden Akten. In ihnen macht sich das „Allgemeinheitsbewußtsein [...] deskriptiv geltend" (Hua XIX/1, 214). Anders gesagt: Akte, die auf allgemeine Objekte gerichtet sind, haben eine ihnen *eigene kognitive Phänomenologie*, die sie von Akten, die auf Individuen gerichtet sind, wesentlich unterscheidet. Ein „eigentümliche[s] Bewußtsein" (Hua XIX/1, 149) charakterisiert das Meinen eines Allgemeinen. Es ist ein „Unterschied, der sich im deskriptiven Gehalt des vereinzelten Erlebnisses, im einzelnen aktuellen Vollzug der generellen Aussage" (Hua XIX/1, 148), nachweisen lässt. Eine anschauliche Vorstellung von einem Locke'schen „allgemeinen Dreieck" ist zwar unmöglich – *cum* Berkeley und Hume –, aber ein irreduzibles allgemeines Meinen mit dem Gehalt *ein Dreieck* ist für Husserl nicht nur möglich, sondern oft wirklich und erfahrbar – *contra* Berkeley und Hume: „Es gibt ebenso gut ‚allgemeine Vorstellungen', nämlich Vorstellungen von Spezifischem, wie es Vorstellungen von Individuellem gibt." (Hua XIX/1, 145) Klassische und moderne Partikularisten machen nach Husserl zwei grundlegende Fehler: zum einen lassen sie gar keine allgemeine Intentionalität zu und reduzieren diese auf Akte, die auf Individuelles gerichtet sind. Sie anerkennen also nicht einmal begrifflich-allgemeines Denken; zum anderen leugnen sie, darauf aufbauend, dass es allgemeine Objekte gibt.

Husserls erstes Argument ist somit Ausdruck der phänomenologischen Tatsache, dass die Akte, in denen wir auf *Irrealia* gerichtet sind, intrinsisch verschieden sind von solchen, in denen wir auf Einzeldinge gerichtet sind. Es liegen wesentlich verschiedene Arten des „Meinens" vor: auf der einen Seite schlichte Akte „i n d i v i d u e l l e n Meinens"; auf der anderen Seite fundierte Akte „s p e z i a l i s i e r e n d e n Auffassens und Meinens" (Hua XIX/1, 114). Husserl hat dies für unreduzierbare Unterschiede gehalten, die er als Phänomenologe festzuhalten und weiter zu beschreiben hat. Er scheut sich auch nicht, von einer Evidenz und einem „phänomenologische[n] Faktum" (Hua XIX/1, 174) zu sprechen:

> Es ist evident, daß beiderseits das Ziel unserer Intention, das Gegenständliche, welches gemeint und als Subjekt unseres Aussagens genannt ist, ein total Verschiedenes ist. Wie viele gleiche Objekte uns in der Anschauung und Vergleichung vorschweben mögen: sie und ihre Gleichheiten sind [...] sicher nicht gemeint. Gemeint ist das „Allgemeine", die ideale Einheit und nicht diese Einzelheit und Vielen. (Hua XIX/1, 119; vgl. LU II, §§ 10, 14, 19, 21, 25)

Ob wir gerade etwas Allgemeines oder Individuelles meinen, dessen sind wir uns unmittelbar bewusst. Wir mögen uns vielleicht darin irren, ob es ein bestimmtes *Irreale* tatsächlich gibt oder ob es so ist, wie wir gemeint haben, aber *dass* wir es als etwas Abstraktes intendiert haben, scheint schwierig zu bestreiten. Husserls erstes Argument beruht somit auf der These einer gewissen *Transparenz* bezüglich dessen, was wir meinen (denken) und was nicht. Oft müssen dabei die Bedingungen berücksichtigt werden, unter denen sich ein solches Meinen erfüllt oder enttäuscht; denn nicht „bloßes Meinen", sondern evidentes, erfülltes Meinen kann uns der Existenz des intentionalen Objekts vergewissern (siehe Kapitel E). Dieser Schritt ist auch deshalb notwendig, um die „Exzesse des Begriffsrealismus" (Hua XIX/1, 115) und damit einen zügellosen Anti-Partikularismus oder Meinongianismus zu vermeiden. So könnte jemand ja sagen, es gäbe einen deutschen Durchschnittsbürger mit 1.7 Kindern, weil wir in (wahren) Sätzen der Form „Der deutsche Durchschnittsbürger hat 1.7 Kinder" eben *den Durchschnittsbürger* und nicht einen individuellen Bürger „meinen" oder „im Sinn" haben. Folglich gibt es neben konkreten Bürgern auch einen allgemeinen und abstrakten Bürger. Husserl würde einwenden, dass wir an der *Weise der Erfüllung unseres Meinens* sehen, dass wir eben etwas anderes gemeint haben, nämlich dass die Anzahl aller Kinder in Deutschland geteilt durch die Anzahl aller Deutschen den numerischen Wert 1.7 ergibt. Unser Meinen erfüllt sich nicht durch Begegnung mit einer merkwürdigen Entität mit 1.7 Kindern – was immer das bedeuten mag. Was genau wir meinen (denken, glauben), lässt sich in manchen Fällen erst anhand der Weise, wie sich unsere Meinungen (Gedanken) anschaulich erfüllen (würden), klar abstecken:

> Was wir im sinnvollen Gebrauch der Worte meinen, welches die Gegenstände sind, die wir meinen, und als was sie uns dabei gelten, das kann uns niemand abstreiten. Es ist also e v i d e n t, daß, wenn ich im generellen Sinn Vier sage, wie z. B. im Satze *Vier ist relative Primzahl zu Sieben*, ich eben die Spezies Vier meine, s i e gegenständlich vor dem logischen Blicke habe, das heißt, über sie als Gegentand (*subjectum*) urteile, nicht aber über irgendein Individuelles. Ich urteile also auch über keine individuelle Gruppe von vier Sachen oder über irgendein konstitutives Moment, über irgendein Stück oder eine Seite einer solchen Gruppe; denn jeder Teil ist als Teil eines Individuellen selbst wieder individuell. [...] Wir sprachen von E v i d e n z. Evidenz hinsichtlich gegenständlicher Unterschiede der Bedeutungen setzt voraus, daß wir über die Sphäre des bloß symbolischen Gebrauchs der Ausdrücke hinausgehen und uns an die korrespondierende Anschauung zur endgültigen Belehrung wenden. Wir vollziehen auf dem Grunde anschaulicher Vorstellung die den bloßen Bedeutungsintentionen entsprechenden Bedeutungserfüllungen, wir realisieren ihre „eigentliche" Meinung. (Hua XIX/1, 145; vgl. 112; vgl. LU I, § 21)

Mit der „scharf unterschiedenen Erfüllungsrichtung" tritt „zugleich die Verschiedenheit der Bedeutungsintention scharf hervor" (Hua XIX/1, 77).

Mit dem Nachweis der Prämissen (I) und (II) des ersten Arguments hat Husserl den ersten Schritt seines phänomenologischen Platonismus getan („Es gibt nicht-reale Gegenstände"). In vielen Texten begnügt sich Husserl damit: „Wir haben uns nicht den Kopf zu zerbrechen, welcher Art dieses Sein ist und welche Probleme es der menschlichen Erkenntnis aufgibt. Nur darauf kommt es hier an, daß es etwas Zu-habendes ist" (Hua XXX, 33). Das heißt aber nicht, dass Husserl sich nicht um die konkrete Erkennbarkeit von Irrealia bemüht hätte. Das Gegenteil ist der Fall: es gibt wenige Philosophen, die sich so intensiv um das Problem des kognitiven Zugangs zu *abstracta* bemüht haben wie Husserl. Ohne eine plausible Klärung dieses Zugangs kann die Annahme abstrakter Entitäten nicht aufrechterhalten werden; es wäre fatal, wenn mit der Annahme von Irrealia „ein zu allem Subjektiven bezugsloses An-sich-sein" (EU, 397) verbunden wäre. Husserl ist sich dessen vollends bewusst:

> Es ist aussichtslos, die Eigengeltung der Rede von allgemeinen Gegenständen überzeugungskräftig dartun zu wollen, wenn man nicht den Zweifel behebt, wie solche Gegenstände vorstellig werden können [...]. (Hua XIX/1, 128)[153]

---

[153] Vgl. Hua XVIII, 191: „Es muß zu klarem Verständnis kommen, was denn das Ideale in sich und in seinem Verhältnis zum Realen ist, wie das Ideale auf Reales bezogen, wie es ihm einwohnen und so zur Erkenntnis kommen kann."

Bekanntlich hat Husserl den kognitiven Zugang zu einer Teilmenge der Irrealia, nämlich zu den Spezies, unter dem Titel *Wesensanschauung* und *ideierende Abstraktion* en détail untersucht (dazu in Kürze mehr).

Eine Pointe von Husserls Anti-Partikularismus besteht darin, dass er *transregionale Anwendung* findet. Nicht nur raumzeitliche Einzeldinge instanziieren Spezies, sondern auch mentale Erlebnisse. Es ist gleichermaßen legitim, von gleichen, ähnlichen und identischen Häusern oder Steinen wie von gleichen, ähnlichen und identischen Gedanken, Wahrnehmungen und Urteilen zu sprechen (vgl. LU II, § 3; LU V, § 21). Husserls (frühe) Theorie der Intentionalität ist im Wesentlichen eine Anwendung seiner Ontologie von Einzelding und Spezies auf Erlebnisse, die zudem mit Hilfe seines mereologischen Vokabulars beschrieben werden; es ist eine *ideo-mereologische* Bewusstseinstheorie (s. u.).

Nach dem Aufweis der *Existenz* von Irrealia gehe ich im folgenden Abschnitt auf ihre *Essenz* und ihr *Verhältnis zu Realia* näher ein.

2 Irrealia und Realia

Akzeptiert man Husserls beide ‚Meisterargumente', so existieren Irrealia (Spezies).[154] Diese Existenzthese ist zunächst *neutral* mit Blick auf *ante rem*- oder *in re*-Lesarten der Universalien. Die bloße Existenz von Irrealia schließt somit Abhängigkeitsrelationen von konkreten Objekten weder aus noch ein. Wir werden sehen, dass insbesondere der späte Husserl einen *nuancierten* Anti-Partikularismus vertritt, demzufolge es sowohl abhängige („gebundene") als auch unabhängige („freie") Irrealia gibt.

Bekanntlich wendet sich Husserl auch gegen zwei „Mißdeutungen" (Hua XIX/1, 127) des ontologischen Status von Idealitäten: zum einen gegen die „'platonische'" (Hua III/1, 47) und „metaphysische Hypostasierung des Allgemeinen, die Annahme einer realen Existenz von Spezies außerhalb des Denkens" (Hua XIX/1, 127); zum anderen gegen konzeptualistische bzw. psychologistische Lesarten, die eine „psychologische Hypostasierung des Allgemeinen" vornehmen und somit von der „Annahme einer realen Existenz von Spezies im Denken" (Hua XIX/1, 127)

---

154 Man sollte also nicht, wie Alweiss 2010 andeutet, die Idealität der Irrealia mit dem Problem der Nicht-Existenz in Verbindung bringen. Für Husserl sind Irrealia nicht „irreal" im Sinne von fiktiv oder nicht-seiend (vgl. LU II, §§ 8, 11), denn sie „existieren wahrhaft" (Hua XIX/1, 130). Anders als einige zeitgenössische Autoren, die behaupten, *es gäbe* abstrakte Objekte, die *nicht existierten*, oder dafür plädieren, dass abstrakte Objekte fiktional und in diesem Sinne nicht-existent seien, ist Husserl im obigen Sinne Realist mit Blick auf *abstracta*: es gibt sie und sie existieren.

ausgehen. Offenbar besteht in beiden Fällen die Missdeutung darin, dass Idealitäten „reale Existenz" zugeschrieben wird. Notwendig und hinreichend für reale Existenz ist Zeitlichkeit (vgl. Hua XIX/1, 129).[155] Die platonische Hypostasierung *verräumlicht* und *verortet* also fälschlicherweise Irrealia, indem sie diese in einem himmlischen Ort (*topos ouranios*; vgl. Hua XIX/1, 106) lokalisiert; die psychologische Hypostasierung hingegen *verzeitlicht* bzw. ‚vergeistigt' Irrealia, indem sie diese als mentale Immanenzen missdeutet, die, wenn nicht in uns, so in einem „göttlichen Geiste existieren" (Hua XIX/1, 106). In beiden Missdeutungen wird die fehlerhafte Annahme gemacht, alles Seiende und Existierende müsse einen realen Ort oder Platz haben – entweder in der Welt (*extramental*) oder im Bewusstsein (*intramental*).[156] Tatsächlich ist die Annahme, alles Existierende müsse einen Ort haben, fragwürdig. Irrealia „sind eben keine realen, keine Raumgegenstände, sondern irreale Geistesgebilde, deren eigentümliches Wesen die räumliche Extension, ursprüngliche Örtlichkeit und Beweglichkeit, ausschließt" (Hua XVII, 163). Im wörtlichen, „reellen" Sinne können Idealitäten in keinem Fall ‚im' Bewusstsein sein, da sie dann nicht als *identische Objekte* intendiert werden könnten – sie würden einmalige, idiosynkratische und fließende Entitäten wie Frege'sche Vorstellungen sein.

§ 1 Irrealia im Überblick

Anhand von Husserls früher (LU), mittlerer (*Ideen I*) und reifen Ontologie (EU, FTL) soll nun ein Überblick über die verschieden Arten von Irrealia gegeben werden.

Es ist auffällig, dass der frühe Husserl im Grunde nur eine Art von Irrealia anerkennt, nämlich Spezies oder Universalien (vgl. Hua XVIII, 135, 173–175; Hua XIX/1, 104 f., 130, 144 f.; *Ideen I*, §§ 12, 22). In diesem Sinne werden alle Einzeldinge (Individuen) als Realia behandelt (und umgekehrt), während alle Irrealia uniform als allgemeine Gegenstände, Spezies oder Wesen aufgefasst werden (und umgekehrt):

---

[155] Eine raumzeitliche Entität ist z. B. jedes Ding; eine nicht-räumliche, aber zeitliche Entität, ist z. B. ein mentales Erlebnis: „Erlebnis aber ist nur als Erlebnis möglich und nicht als Räumliches." (Hua III/1, 86) Erlebnisse haben eine sekundäre Räumlichkeit, sofern sie Erlebnisse von verkörperten Subjekten sind (vgl. *Krisis*, § 62).
[156] Gegen die interne Verknüpfung von Existenz/Sein bzw. Gegenständlichkeit und Örtlichkeit argumentiert auch Frege: „[A]ber wo ist die Zahl 4? Sie ist weder außer uns noch in uns. Das ist im räumlichen Sinne verstanden richtig. Eine Ortsbestimmung der Zahl 4 hat keinen Sinn; aber daraus folgt nur, daß sie kein räumlicher Gegenstand ist, nicht, daß sie überhaupt keiner ist. Nicht jeder Gegenstand ist irgendwo.[...] Nicht jeder objektive Gegenstand hat einen Ort." (GA, 93 f.) Bei Frege sind auch Erlebnisse bzw. „Vorstellungen" nicht-räumliche Entitäten.

> Wir leugnen es nicht und legen vielmehr Gewicht darauf, daß innerhalb der begrifflichen Einheit des Seienden (oder was dasselbe: des Gegenstandes überhaupt) ein fundamentaler kategorialer Unterschied bestehe, dem wir eben Rechnung tragen durch den Unterschied zwischen idealem Sein und realem Sein, Sein als Spezies und Sein als Individuelles. (Hua XIX/1, 130)

Röte, die *Zahl 2*, der *Satz des Pythagoras* und die *Bedeutung* sprachlicher Ausdrücke sind allesamt Spezies, die sich gleichwohl in unterschiedlichen Realia vereinzeln – die Röte in roten Dingen bzw. Dingmomenten, die 2 in Paaren von Objekten und Bedeutungen in Aktmomenten des Verstehens (vgl. Hua XIX/1, 106, 110, 115f., 120, 130). Die gerade zitierte Stelle belegt Husserls *kategorial duale Ontologie:* „innerhalb der begrifflichen Einheit des Seienden" lassen sich zwei Arten von *Entitäten* unterscheiden, nämlich reale und irreale. Husserls Begriff des Seins ist offenbar univok; er macht keinen meinongianischen Unterschied zwischen Sein, Existenz, Es-Gibt und „Gegenstand überhaupt".

Der frühe Husserls vertritt somit folgenden *Monismus mit Blick auf Irrealia:*

Es gibt nur eine Art von *Irrealia*, nämlich *Universalien.*

Als Relation zwischen Realia und Irrealia kommt demnach nur eine einzige Relation in Frage, nämlich die transkategoriale Relation der *Vereinzelung (Besonderung, Exemplifikation, Instanziierung).* Irrealia ist es wesentlich, sich (wiederholt) in raumzeitlich zerstreuten Realia vereinzeln zu können und dabei mit sich selbst identisch zu bleiben. Ein zu einem generellen Prädikat „w" (z. B. „ist rot") gehöriges *universale* W (z. B. „die Röte") vereinzelt sich in einem Einzelding X (z. B. in einem Apfel) genau dann, wenn der Satz „X ist w" wahr ist; Husserl sagt dann auch, dass X W „hat". Die Vereinzelungs-Relation ist in Husserls Augen eine *ursprüngliche Relation*, die nicht auf andere Relationen zurückzuführen ist.[157] Vereinzelung ist das „primitive Verhältnis zwischen Spezies und Einzelfall" (Hua XIX/1, 114). Die Vereinzelung eines Allgemeinen in einem Einzelnen ist trotz gewisser Ähnlichkeiten scharf von der Teil-Ganzes-Relation abzugrenzen:

> Das [...] Verhältnis ist verwandt dem von Teil zum Ganzen und doch grundverschieden. *Das universale ist nicht in re* (ist nicht ante und post rem), wofern wir das in im selben Sinn nehmen wie bei Ganzem und Teil. Die Sache hat das begriffliche Allgemeine nicht in sich, aber der Begriff kommt der Sache als ihr „Wesen" zu (Hua XXIV, 300).[158]

---

[157] Auch (numerische) Identität ist nach Husserl, anders als Ähnlichkeit und deren Grenzfall Gleichheit, eine undefinierbare Relation. Ähnlichkeit bedeutet, dass zwei Dinge dieselben Universalien instanziieren. Vgl. LU II, § 3; EU, §§ 81 c).
[158] Vgl. Hua XVIII, 135: „Ein Rotes haben wir vor Augen. Aber das Rote ist nicht die Spezies Rot. Das Konkretum hat die Spezies auch nicht als (‚psychologischen', ‚metaphysischen') Teil in sich.

Offenbar können wir uns die Natur der Vereinzelung nur anhand von Beispielen klarmachen und sie von anderen Relationen abgrenzen, denn es ist eine „kaum zu beantwortende Frage, was denn das Identische, das wir Begriff nennen, sei, und wie es zu den ‚Gegenständen' stehe" (Hua XLI, 27). Allerdings können einige formale Merkmale angegeben werden (vgl. Künne 2007, 34–38). Universalien wie die Röte dürfen ferner nicht mit singulären Vorkommnissen von *Begriffsworten* („rot" bzw. „die Röte"), deren Typen oder deren *Bedeutungen* (die Bedeutung von „rot" bzw. von „die Röte") verwechselt werden: die *Röte* ist keine sprachliche, grammatische oder semantische Entität. Das sieht man daran, dass Wörter (qua *token* oder *types*), Begriffe (im Sinne von Wortbedeutungen) und Spezies in der Regel[159] *unterschiedliche Merkmale* haben. So ist die Röte z. B. kein Träger intentionaler Eigenschaften: die Röte handelt nicht so von Rotem wie die Bedeutung von „rot", der Begriff *rot* oder auch das Wort „rot". *Vereinzelung ist nicht Intentionalität.*[160] Ferner kann nur der Begriff *rot*, nicht aber die Eigenschaft Röte erlernt werden. Schließlich ist das, worin sich Röte vereinzelt, selbst rot, während das, worin sich der Begriff *rot* vereinzelt (nämlich Akte) nicht rot ist. Husserl bemängelt, dass viele partikularistische Theorien diese einfachen Unterschiede nicht anerkennen (vgl. LU II, § 42; *Ideen I*, §§ 22f.; vgl. auch Hopp 2011, 37–40; Willard 1999).

Was zeichnet nun Irrealia gegenüber Realia näherhin aus? Traditionelle *ex negativo*-Merkmale sind kausale Impotenz, nicht-sensorische Gegebenheitsweise, Zeit- und Raumlosigkeit, Ewigkeit, Unentstandenheit, Unveränderlichkeit und Unwirklichkeit (vgl. Künne 2007, Kap. 2). Offenbar sind diese Charakteristika entweder ontologischer oder epistemologischer Natur. Dies spiegelt sich auch bei Husserl wider. Ein gewisser Schwerpunkt liegt dabei bei *temporalen Merkmalen* – eine Tendenz, die im Spätwerk verstärkt wird: die „prinzipiell verschiedene Seinsweise muß letztlich begriffen werden als Verschiedenheit ihrer Zeitlichkeit" (EU, 303; vgl. 309). Eine „notwendige Beziehung zur Zeit ist immer da", aber „sie ist eine andere für sinnliche [...] Wahrnehmungsgegenstände und eine andere für

---

Der Teil, dies unselbständige Rotmoment, ist wie das konkrete Ganze ein Individuelles, ein Hier und Jetzt, mit und in ihm bestehend und vergehend, in verschiedenen roten Objekten gleich, nicht identisch. Die Röte aber ist eine ideale Einheit, bei der die Rede von Entstehen und Vergehen widersinnig ist. Jener Teil ist nicht die Röte, sondern ein Einzelfall von Röte."
159 Da dem frühen Husserl zufolge Bedeutungen Spezies von Aktmomenten sind, gibt es Fälle, in denen Spezies Bedeutungen sind. Aber dies gilt nicht allgemein.
160 Das schließt nicht aus, dass etwas nur dadurch intentional sein kann, dass es gewisse Spezies instanziiert.

Verstandesgegenständlichkeiten" (EU, 305). Zum „Sinn" von „Sein" gehört also für Husserl eine gewisse Form von Zeitlichkeit.[161,162]

Das charakteristische Merkmal realer Objekte ist ihre *intrinsische Zeitlichkeit*, ihr In-der-Zeit-Sein, während der frühe und mittlere Husserl Irrealia kontrapunktisch dazu als *unzeitlich* bestimmt. Man kann „Realität geradezu durch Zeitlichkeit" definieren, denn das Entscheidende „ist der Gegensatz zum unzeitlichen ‚Sein' des Idealen" (Hua XIX/1, 129):

> Real ist das Individuum mit all seinen Bestandstücken; es ist ein Hier und Jetzt. Als charakteristisches Merkmal der Realität genügt uns die Zeitlichkeit. Reales Sein und zeitliches Sein sind zwar nicht identische, aber umfangsgleiche Begriffe. [...] Denn worauf es hier allein ankommt, das ist der Gegensatz zum unzeitlichen „Sein" des Idealen. (Hua XIX/1, 129; vgl. 112)

Ähnlich heißt es in den *Ideen I* mit Blick auf die natürlichen Zahlen: die „Zahlvorstellung ist nicht die Zahl selbst, ist nicht die Zwei, dieses einzige Glied der Zahlenreihe, das, wie alle solche Glieder, ein unzeitliches Sein ist" (Hua III/1, 49). Unzeitlichkeit ist hier nicht im Sinne von Ewigkeit oder Unveränderlichkeit, die In-der-Zeit-Sein nicht ausschließen, zu verstehen, sondern im Sinne von *A-Temporalität*: Irrealia haben, ähnlich wie Freges Bewohner des 3. Reichs, keinerlei *konstitutive* zeitliche Eigenschaften. Wenn man von der Zahl 2 sagt, sie habe die Eigenschaft, *jetzt* von mir gedacht zu werden, so gehört dieses Gedachtsein nicht wesentlich zur 2. Die Zeitpunkte der Bezugnahme auf die 2 gehören nicht zur 2 selbst, während beim Erkennen von aktuellen (gegenwärtigen) Realia der Zeitpunkt des Erkennens zum Reale selbst gehört.[163] Zeitlichkeit ist also für den frühen Husserl notwendig und hinreichend für Realität, während Irrealität mit Nicht-Zeitlichkeit zusammenfällt.

---

[161] Nach Husserl sind nur die (intentionalen) Erlebnisse eines Subjekts im ursprünglichen (nicht-derivativen) Sinne zeitlich. Dies ist die „immanente" oder „innere" Zeitlichkeit des Bewusstseinsstroms. Alle anderen Entitäten, insbesondere die räumlichen, haben eine abgeleitete (fundierte) Zeitlichkeit, die diesen „durch apperzeptive Repräsentation einer immanenten Zeit" in Gestalt einer „'objektive[n]', apperzipierte[n] Zeit" (EU, 307) zuwächst. Wie sich aufgrund des fließenden, subjektiven inneren Zeitbewusstseins intersubjektiv und objektiv identifizierbare Zeitpunkte erkennen lassen, ist *das* Thema von Husserls Zeitanalysen. Vgl. Hua X und den Überblick in Hua XXIV, § 43, und EU, § 64.

[162] In diesem Sinne ist *Erfahrung und Urteil* (1938) übrigens als Pendant zu *Sein und Zeit* (1927) zu lesen. Zum möglichen Einfluss von Husserl auf Heidegger (und nicht umgekehrt) vgl. Rombach 2004.

[163] Vgl. EU, 308: „Beim individuellen Gegenstand gehört eben die Zeit selbst zum Gegenstand, der sich als erfüllte Zeitdauer Punkt für Punkt konstituiert."

Ergänzend zu diesem temporalen Merkmal bietet Husserl auch ein *epistemisches* Kriterium an: Realia sind solcherart, dass sie *prinzipiell* „schlicht" wahrgenommen werden können. Schlichte Wahrnehmbarkeit bedeutet Wahrnehmbarkeit durch sog. „einstrahlige" Akte, in denen das Objekt *uno actu* gegeben ist. Schlichte Intentionalität muss sich nicht Schritt für Schritt aufbauen, wie dies typischerweise beim Urteilen der Fall ist (vgl. LU VI, §§ 46–48; EU, § 63). Irrealia hingegen können nur kategorial gedacht und in fundierten Akten nicht-sinnlich angeschaut werden:[164]

---

164 Nach Husserl zerfällt das Genus *Anschauung* in zwei disjunkte, aber einseitig ineinander fundierte Spezies, nämlich in schlichte, einstrahlige und ggf. fundierende sinnliche Anschauung (Wahrnehmung i.e.S./Phantasie) und in höherstufige, mehrstrahlige und fundierte kategoriale Anschauung und Wesensanschauung. Dass es mithin eine nicht-sinnliche Anschauung gibt, zu der kategoriale Anschauung (im Wesentlichen ist das *Sachverhaltsanschauung*, ausdrückbar durch „Ich sehe, dass p") und Wesensanschauung („Ich sehe das Gemeinsame in X, Y, ...") gehört, ist eine für Husserls Erkenntnistheorie charakteristische These. Das Genus *Anschauung* ist dadurch charakterisiert, dass der intentionale Gegenstand als er selbst (*in propria persona*, leibhaft) und direkt gegeben ist – grob vergleichbar mit Russells *knowledge by acquaintance*. Den Kontrast dazu bilden das leere, rein signitive Meinen und das zwar anschauliche, aber mittelbare oder modifizierte Intendieren in Erinnerung, Phantasie oder Bildbewusstsein (vgl. LU VI, §§ 40 ff.; EU, § 88; Lohmar 2008). Übrigens ist kategoriale Anschauung keine mystische Erfindung Husserls, sondern eben dass, was heutzutage von McDowell und vielen anderen als propositionales („begrifflich durchdrungenes") Wahrnehmen, dass etwas der Fall ist, bezeichnet wird. Um z.B. zu sehen, dass dieses Buch hier grün ist, genügt es nach Husserl nicht, das Buch und dessen Grün-Moment zu sehen, denn die „Farbe kann ich sehen, nicht das Farbig-sein" (Hua XIX/2, 666; vgl. Hua XXVIII, 316). Damit S sehen kann, dass X p ist, muss S „irgendein Sachverhalt gegeben werden und dies natürlich durch einen gebenden Akt – das Analogon der gemeinen sinnlichen Anschauung" (Hua XIX/2, 670). Mit anderen Worten: *S sieht, dass p* impliziert, dass S eine „Sachverhaltwahrnehmung" (Hua XIX/2, 669) vollzieht. Sachverhalte sind „neue Objektivitäten" (Hua XIX/2, 675), „Gegenstände höherer Ordnung" (Hua XIX/2, 676), die in sinnlichen Objekten einseitig fundiert sind und diese „reell in sich schließen" (ebd.). Anders als Dinge haben Sachverhalte eine *logische (kategoriale) Form*. Und anders als „reale", z.B. figürliche Formen, „leimen, knüpfen, fügen" kategoriale Formen „die Teile nicht zusammen, daß daraus ein sinnlich wahrnehmbares Ganzes würde. Sie formen nicht in dem Sinne, in welchem der Töpfer formt" (Hua XIX/2, 715). Kategoriale Formen sind insbesondere nicht bildlich darstellbar: „Ich kann *A* malen und *B* malen, kann beide auch im selben Bildraume malen; aber das *beide, das A und B* kann ich nicht malen." (Hua XIX/2, 688) Die wichtigsten Unterschiede zwischen dem „schlichten" Sehen von X (=sS) und dem kategorialen Sehen, dass X p ist (=kS), sind: (1) sS ist einstrahlig, kS mehrstrahlig: kS muss sich aufbauen, sS ist *uno acto*, „mit einem Schlage" (EU, 300), vollzogen; (2) kS ist in sS einseitig fundiert; (3) kS ist notwendigerweise ein aktiver Akt, während sS sowohl aktiv (vgl. *S betrachtet X*) als auch passiv vollzogen sein kann (vgl. *S erblickt X*). Vgl. LU VI, §§ 46–48; EU, § 63.

> Die sinnlichen oder realen Gegenstände werden wir nämlich als Gegenstände der untersten Stufe möglicher Anschauung charakterisieren können, die kategorialen oder idealen als die Gegenstände der höheren Stufen. (Hua XIX/1, 674)

> Dürfen wir den Sinn des schlichten, oder was uns als dasselbe gilt, des sinnlichen Wahrnehmens für geklärt erachten, so ist damit auch der Begriff des sinnlichen oder realen Gegenstandes (real im ursprünglichsten Sinn) geklärt. Wir definieren ihn geradezu als möglichen Gegenstand einer schlichten Wahrnehmung. (Hua XIX/2, 679)

Wichtig ist das *modale* Beiwort: real ist das, was *mögliches* Objekt der Wahrnehmung ist.[165] Damit meint Husserl nicht nur möglich für uns (Menschen), sondern auch für „andere besser und weiter schauende Iche" (Hua III/1, 111; vgl. *Ideen I*, §§ 47f., 52). Damit können dann der eigene Rücken, entfernte Planeten, das Erdinnere – ggf. sogar das Sonneninnere –, Bakterien, Moleküle, Atome, Magnetfelder etc. zu den wahrnehmbaren und somit zu den realen Objekten gerechnet werden.[166]

Für meine Zwecke ist das erste, das temporale Merkmal, wichtiger. Wie plausibel ist insbesondere die Implikation, dass alles, was nicht real ist, unzeitlich im strengen Sinne ist? Während der frühe Husserl Unzeitlichkeit für eine notwendige Bedingung von Irrealität hält, gibt der spätere eine differenzierte Antwort. Eine wichtige Rolle spielt dabei der Status von Kunstwerken und anderen „Kulturgebilden". An dieser Stelle ist es mithin hilfreich, zu Husserls später Ontologie überzugehen, wie man sie in *Formale und transzendentale Logik* (1929) und *Erfahrung und Urteil* (posthum, 1938) finden kann (vgl. auch Hua XXXIII, Abschnitt V).

Nach Husserl ist alles Reale in dem Sinne zeitlich, dass es durch die Zeitpunkte, in denen es existiert, individuiert ist (vgl. EU, 308). Jedes Reale „schneidet sozusagen durch seine Dauer, seine besondere, ihm zugehörige Form, aus der Zeit ein Stück heraus" (ebd.). Nur Erlebnisse sind nach Husserl *rein zeitlich* individuiert,[167] während nicht-erlebnisartige Realia durch Zeit *und* Raum individuiert

---

165 Auch Frege vertritt dieses modale Wahrnehmungskriterium der Realität mit Blick auf das 1. Reich im *Gedanken*.
166 Das wirft Fragen nach dem Status indirekter (inferentieller, instrumenteller) naturwissenschaftlicher Erfahrung und Erkenntnis auf, die hier nicht zu diskutieren sind. Vgl. dazu A. D. Smith 2003, 188–200; Meixner 2003.
167 Diese starke These vertritt Husserl an mehreren Stellen, oft im Zusammenhang mit der Idee der „Absolutheit" des Bewusstseins und des reinen Ich. Vgl. z. B. *Krisis*, § 62; *Ideen II*, § 64: „Für es [das Ich] sind Raum und Zeit keine Prinzipien der Individuation" (Hua VI, 222). Und: „Die Erlebnisse im Bewußtseinsfluß haben ihr absolut eigenes Wesen, sie tragen ihre Individuation in sich selbst." (Hua IV, 300) Die vielen Fragen, die sich hier stellen, z. B. ob und wie das „reine Ich" und seine Erlebnisse unabhängig von Raum und Materie individuierbar sein können, oder

sind.[168] Die „Zeitform" gehört „unaufhebbar zum Wesen jeder sinnlichen Gegenständlichkeit, und jeder individuellen Gegenständlichkeit überhaupt"; die „Raumform" hingegen ist „nicht von so universeller Bedeutung", da sie „beschränkt [ist] auf die Welt der empirisch-physischen Gegenständlichkeit" (Hua XXIV, 291). Mit Blick auf die Zeitlichkeit verhalten sich nun die Irrealia ganz anders, da sie nicht im eigentlichen Sinne in der Zeit sind; gleichwohl „treten" sie in Realia „auf". Realia hingegen treten nicht in anderen Entitäten auf, sondern sind gewissermaßen ihr eigenes Auftreten. Allerdings gibt es im Bereich des Nicht-Realen verschiedene Weisen des (raum-)zeitlichen Auftretens, wodurch sich eine *Binnendifferenzierung* im Bereich der Irrealia ergibt, derzufolge es neben sog. „freien" auch „gebundene Idealitäten" gibt.

Freie Idealitäten sind wie alle Irrealia in unterschiedlichen Raum-Zeit-Stellen bzw. in verschiedenen Realia „verkörperbar", wie der späte Husserl zu sagen pflegt. Ihre spezifische ‚Freiheit' besteht darin, dass sie *weder individuell noch generisch, historisch oder konstant* von bestimmten Realia abhängig sind. Sie sind selbständige, unabhängige Entitäten, die zu jeder Zeit und an jedem Ort auftreten können. Ein mathematischer Lehrsatz ist zwar von einer bestimmten Person zum ersten Mal entdeckt worden, aber er ist zu jeder Zeit und an jedem Ort der Welt realisierbar. Allerdings versteht Husserl diese Freiheit nun nicht mehr als A-Temporalität (bzw. A-Räumlichkeit) wie im Frühwerk, sondern als eine Zeitlichkeit (bzw. Räumlichkeit) *sui generis*:

> Die Zeitlosigkeit der Verstandesgegenständlichkeiten, ihr „überall und nirgends", stellt sich also als eine ausgezeichnete Gestalt der Zeitlichkeit heraus, eine Gestalt, die diese Gegenständlichkeiten grundwesentlich von individuellen Gegenständlichkeiten unterscheidet. Nämlich es geht durch die zeitliche Mannigfaltigkeit eine darin liegende überzeit-liche Einheit hindurch: diese Überzeitlichkeit besagt Allzeitlichkeit. [...] [W]ährend Individuelles „seine" Zeitstelle und Zeitdauer hat, an einer Stelle anfängt und an einer Stelle vergeht und vergangen ist, hat eine solche Irrealität

---

ob das Ich selbst eine Art Irrealität bzw. Idealität ist (vgl. Hua III/1, 6 f.; Hua XXXIII, 181 ff., 274 ff.) können an dieser Stelle nicht weiter verfolgt werden. Husserls Ausführungen fehlt es in diesem Punkten an Systematizität und Geschlossenheit.

168 Raum *und* Zeit (und Kausalität) sind die *Prinzipien der Individuation* von *physischen (materiellen)* Realia. Der Zeit kommt dabei ein Primat gegenüber dem Raum zu: „Der Raum ist die Ordnung individueller Gleichzeitigkeit sinnlich gegebener (materieller) Dinge." (EU, 218) Hier kommt im Definiens das Prädikat „Gleichzeitigkeit" vor, der Begriff des Raums wird also mit Bezug auf Zeitlichkeit definiert. Vgl. ebd., 183: „Individuelle Gegenstände der Wahrnehmung haben auf Grund ihres Beisammenseins in der Zeit ihre räumliche Lage zueinander." Allerdings kann Zeitlichkeit *allein* eine nicht-mentale Entität auch nicht individuieren, da zwei verschiedene Dinge zur gleichen Zeit existieren können. Vgl. Hua XI, 301–303.

das zeitliche Sein der Überzeitlichkeit, der Allzeitlichkeit, die doch ein Modus der Zeitlichkeit ist. (EU, 313)

An die Stelle von „Unzeitlichkeit" tritt „Allzeitlichkeit". Irreales ist nicht durch Zeitstellen individuiert, sondern lediglich auf Zeitstellen für seine „Verkörperung" angewiesen. Irrealia haben notwendigerweise „Weisen möglicher Anteilnahme an der Realität" (Hua XVII, 163):

> Zu ursprünglicher Gegebenheit kommt er [der irreale Gegenstand] nur in einem zeitlichen Akt, der seine bestimmte Zeitlage hat, ev. in mehreren, ja beliebig vielen Akten, mit beliebig vielen Zeitlagen. *Aber der Satz selbst hat keine bindende Zeitlage*, keine Dauer in der Zeit [...] Er ist nicht wie ein realer Gegenstand individuiert in einem objektiven Zeitpunkt, sondern er ist ein Irreales [,] das sozusagen überall und nirgends ist. [...] Die Irrealität des Satzes als Idee einer synthetischen Werdenseinheit ist Idee von etwas, [...] „allzeit" dasselbe ist. Es ist auf alle Zeiten bezogen, oder auf welche auch immer bezogen, immerfort absolut dasselbe; es erfährt keine zeitliche Differenzierung und, was damit äquivalent ist, keine Ausdehnung, Ausbreitung in der Zeit, und das im eigentlichen Sinne. Es liegt zufällig (κατὰ συμβεβηκός) in der Zeit, sofern es, dasselbe, in jeder Zeit „liegen" kann. (EU, 311)[169]

Durch ihre Verkörperung erlangen freie Irrealia eine Art Verflechtung mit der Realität, die an Freges eigentümliche Wirklichkeit der Gedanken erinnert:[170]

> Aber jedenfalls, wenn sie aktualisiert worden sind, oder „realisiert", sind sie auch raumzeitlich lokalisiert, und freilich so, daß diese Lokalisation sie nicht wirklich individuiert. Daß ein Subjekt einen Satz evident denkt, das gibt dem Satz Lokalität, und als gedachtem dieses Denkers etc. eine einzige, aber nicht dem Satz schlechthin, der derselbe wäre als zu verschiedenen Zeiten etc. gedachter. (EU, 312f.)

---

169 Es ist offensichtlich, dass Husserl mit der Rede von *Allzeitlichkeit* auch freie Irrealia gleichsam in den Fluss der Zeit ziehen will. Husserls Entdeckung des inneren Zeitbewusstseins, das die fundamentalste Ebene der Konstitution bildet, hat hier Pate gestanden: die Zeitlichkeit des Bewusstseinsstroms verschlingt und affiziert gleichsam alles, was sich ihr als Objekt darstellt (vgl. EU, 305). Mitunter hat man den Eindruck, der späte Husserl versteige sich dadurch in einen kreationistischen Anthropologismus, wenn er z. B. in der *Krisis*-Schrift schreibt, dass auch freie Idealitäten „menschliche Gebilde" seien, auf menschliche Aktualitäten und Potenzialitäten wesensmäßig bezogen" (Hua VI, 133). Sofern damit nur gemeint ist, dass z. B. die Zahl 2 in menschlichen Akten erkennbar ist, ist das unproblematisch. Aber nach dieser Logik wäre alles Erkennbare ein „menschliches Gebilde".
170 Vgl. GED, 60 ff. Frege spricht explizit von einer „Verflechtung" des Gedankens mit der Zeitlichkeit, die er dadurch erlangt, dass er von (zeitlichen) Subjekten gefasst und dergestalt als Grund und Motivation für unser Urteilen und Handeln fungiert. Gedanken sollen somit eine Wirklichkeit *sui generis* im Vergleich zu ‚wirklich' wirklichen, d.i. kausal wirksamen, Objekten haben.

Irrealia, die an sich unräumlich sind, „gewinnen so ein sekundäres räumliches Dasein" (Hua XVII, 163). Anders als Frege widmet Husserl diesem ontologischen Sachverhalt ausführliche phänomenologische Beschreibungen. Und offenbar hält Frege, anders als Husserl, an der intrinsischen Unzeitlichkeit der „Gedanken" fest (obschon die letzten Seiten von Freges *Gedanke* diesbezüglich rätselhaft erscheinen).

Die freie Idealität besagt weiterhin, dass Irrealia zu jedem beliebigen Zeitpunkt (und an jeder beliebigen Raumstelle) auf dieselbe Weise, nämlich „originär", identifizierbar sind:

> In gewisser Weise gilt das auch für eidetische Gegenstände und Sachverhalte. Also, ihre Überzeitlichkeit sagt nicht Beziehungslosigkeit zur Zeit, sondern zu ihrem Wesen gehört es, dass sie zu jeder Zeit originär konstituiert werden können, dass eine Einheit identifizierenden Bewusstseins wiederholte Konstitution in der Erinnerung umspannen kann, derart, dass das in verschiedenen Zeitlagen Konstituierte identisch dasselbe ist. (Hua XXXIII, 321)

> Ihre Überzeitlichkeit erweist sich als Allzeitlichkeit, als Korrelat einer beliebigen Erzeugbarkeit und Wiedererzeugbarkeit an jeder beliebigen Zeitstelle. (Hua I, 130 f.; vgl. Hua XVII, 166 f.)

Freie Idealitäten können immer wieder aufs Neue erkannt werden – von jedem (geeignet disponierten) Subjekt, zu jeder Zeit, an jedem Ort. Ihre Erkennbarkeit erleidet keine Abstriche. Darin besteht ihre *epistemische Auszeichnung*. Dass der Flächeninhalt des Quadrats der Hypotenuse eines rechtwinkligen euklidischen Dreiecks identisch mit der Summe der Flächeninhalte der Kathetenquadrate ist, lässt sich immer wieder „originär", d. h. hier mit *deduktiver Evidenz* wiederholen. Aber nicht nur das: die Erkenntnis von freien Irrealia ist willkürlich und spontan „allzeitlich" und „allräumlich" initiierbar. Husserl drückt sich dabei mitunter missverständlich aus, wenn er von der „Erzeugung" der Irrealia spricht.[171] Tatsächlich können wir nicht die freien Idealitäten als solche, sondern nur ihre Erkenntnis spontan und willentlich erzeugen. In epistemischer Hinsicht unterscheiden sich freie Idealitäten somit spürbar von Realia (und gebundenen Idealitäten, s. u.). Denn weder lassen sich Realia zu jedem beliebigen Zeitpunkt und an jedem beliebigen Ort auf originäre Weise erkennen und identifizieren – noch ist originäre Gegebenheit von Realia (via Wahrnehmung) eine Sache der willentlichen Aktivität des Subjekts: Realia müssen mich *affizieren*, bevor ich sie erkennen kann.

---

[171] Vgl. z. B. EU, § 63; FTL, § 63. Für Ingarden war diese Rede von „Erzeugung", „Gebilden" etc. Grund für eine radikale Kritik an Husserls Idealismus in seinem Hauptwerk *Der Streit um die Existenz der Welt*, denn Ingarden deutet diesen Idealismus als eine Form von Kreationismus.

Daraus ergibt sich auch eine *semantische Auszeichnung* der freien Idealitäten, nämlich ihre, wie Künne sagt, *rein begriffliche Identifizierbarkeit* (vgl. Künne 2007, 85 ff.)[172]. Man kann sich sprachlich auf eine freie Idealität beziehen, ohne dabei singuläre Terme zu verwenden, die sich auf Realia beziehen und somit stets eine implizite oder explizite Bezugnahme auf bestimmte Raum-Zeit-Stellen involvieren. Über den Satz des Pythagoras kann man sprechen, ohne über Pythagoras zu sprechen. Ähnliches gilt für die Kreiszahl π, die nur kontingenterweise als „Ludolph'sche Zahl" bezeichnet wird. Die Bedeutungen, durch die wir auf freie Idealitäten Bezug nehmen, sind *rein objektive Bedeutungen*, denen keine rigide Kontextabhängigkeit oder wesentliche „Okkasionalität" zukommt (vgl. LU I, §§ 26 ff.).

Kontrastieren wir die freien Idealitäten nun mit den gebundenen. Gebundene Irrealia unterscheiden sich hinsichtlich der drei Auszeichnungen (allzeitliche/allräumliche Verkörperbarkeit bzw. Erkennbarkeit und rein begriffliche Identifizierbarkeit) merklich von freien Idealitäten. Sie sind insofern immer noch ideale Entitäten, als sie beliebig oft als numerisch dieselben in verschiedenen Raum-Zeit-Stellen auftreten können und durch dieses Auftreten nicht individuiert werden; gleichwohl sind sie von bestimmten Realia abhängig. Es sind Irrealia, „die in ihrem Seinssinn Realität mit sich führen und damit der realen Welt zugehören" (EU, 321). Sie brauchen z. B. einen Anfangszeitpunkt, von dem an sie beliebig oft verkörperbar sind; oder ein gewisses räumliches Gebiet, an dessen Existenz sie gebunden sind, ein „Territorium", wie Husserl sagt. Husserl führt als Beispiel eine Staatsverfassung an:

> Ein Staat (Staatsvolk) ist eine mundane, vielheitlich-einheitliche Realität. Er hat eine besondersartige Lokalität, sofern er ein Territorium hat als eine reale Landsphäre, in der er sein Herrschaftsbereich besitzt. Die Staatsverfassung [hingegen] hat eine Idealität, sofern sie eine kategoriale Gegenständlichkeit ist, ein Ausdruck des Staatswillens, bzw. des staatlich Gesollten, der zu verschiedenen Zeiten wiederholbar, reaktivierbar, von verschiedenen Personen nachverstehbar und identifizierbar ist. Aber in seiner Bezogenheit auf ein bestimmtes weltliches Staatsvolk hat dieses Ideale doch wieder eine *Irrealität eigener Art*. (EU, 320, Herv. CE; vgl. Hua XXXIX, 299 f.)

Eine Staatsverfassung ist *temporal* an eine bestimmte Zeit und *räumlich* an das Staatsgebiet gebunden. Hinzukommt eine Abhängigkeit von den Staatsbürgern und deren Akten. Gebundene Idealitäten erfüllen somit die Kriterien von Thomassons *joint dependence*, d. h. sie sind sowohl in räumlichen (materiellen) als auch in psychischen Entitäten fundiert. So macht es z. B. keinen Sinn, von der Existenz des Grundgesetzes der BRD vor dem 23. Mai 1949 zu sprechen. Ebenso

---

172 Künne spricht von freien abstrakten Gegenständen.

wenig macht es Sinn, die Existenz dieser gebundenen Idealität vom zugehörigen Staatsgebiet (einem Reale) abzulösen. Würde das Staatsgebiet der BRD durch einen atomaren GAU vernichtet, würde auch das Grundgesetz vernichtet. Die „gebundene Idealität" der Verfassung zeigt sich gleichwohl darin, dass das GG in München und Bonn dasselbe ist und in gleicher Weise institutionell zur Geltung gebracht werden kann.

Gebundene Idealitäten sind demnach nicht zu jedem beliebigen Zeitpunkt „originär" erkennbar. Man kann nichts vom GG wissen, bevor es in Kraft getreten ist. Ferner sind gebundene Irrealia auch nicht rein begrifflich identifizierbar. Wir sprechen eben vom „GG *der BRD*", d. h. jeder singuläre Term, mit dem wir uns auf gebundene Irrealia beziehen, enthält – zumindest implizit – Terme, die sich auf Realia beziehen. Gebundenen Idealitäten haftet demnach wesentlich ein indexikalisches Element an, denn Realia sind letztlich nur im Ausgang vom Standpunkt eines Subjekts *hic et nunc* zu identifizieren.[173]

Beim reifen Husserl fungiert Unzeitlichkeit mithin nicht mehr als notwendiges Merkmal von Idealität. Denn gebundene Idealitäten sind zwar nicht durchgängig raumzeitlich individuiert, aber dennoch nicht unzeitlich, da sie entstehen, sich ändern und auch zerstört werden können. Gebundene Idealitäten sind in vielen Fällen auch räumlich gebunden, sie sind „erdgebunden, marsgebunden, an besondere Territorien gebunden etc." (EU, 321). Sie sind demnach durch Abhängigkeitsrelationen ausgezeichnet, in denen raumzeitliche Realia (psychisch und/oder physisch) eine konstitutive Rolle spielen. Sie enthalten „empirische Einschläge" (Hua XXVI, 217), die wesentlich zu ihren Identitätsbedingungen gehören und sie gleichsam an gewisse Realia ketten. Es sind *hybride Entitäten*, die ontologisch ‚zwischen' Realia und freien Irrealia angesiedelt sind. In diesem Sinne kann man sie auch als Idealitäten *in re* bezeichnen.

Husserl gelangt somit zu einer flexibleren Konzeption von Irrealität, die Zeitlichkeit und diverse Fundierungsrelationen zwischen Realität und Idealität nicht per se ausschließt. Das Kriterium für Irrealität ist nunmehr nicht einfach Unzeitlichkeit, sondern vielmehr multiple und raumzeitlich-zerstreute „Aktualisierbarkeit"; negativ gesagt: eine Entität X ist genau dann irreal, wenn sie nicht durch ihr „Auftreten" an bestimmten Raum-Zeit-Stellen individuiert ist (vgl. EU, § 65). Irrealia haben „keine sie individuierend bindende Zeitstelle" (Hua XVII, 167). Damit lassen sich Irrealia einheitlich wie folgt charakterisieren:

---

[173] Vgl. Hua XX/2, 374: „Empirische Ausdrücke setzen eben Individuelles, und Setzung von Individuellem vollzieht sich notwendig so, dass direkt oder indirekt auch Setzung des empirischen Subjekts oder seiner Umgebung stattfindet."

Eine Entität X ist *irreal* **gdw.** es ist möglich, dass X in Realia an verschiedenen Raum- und Zeitstellen als numerisch identische Entität auftritt.

Beispiele: ein *literarisches Werk* tritt in verschiedenen Exemplaren auf, die Farbe *Rot* vereinzelt sich in diversen Rotschattierungen, ein *mathematischer Satz* verkörpert sich in Sätzen unterschiedlicher Sprachen. Damit sind profunde Abhängigkeitsrelationen vom Reich der mentalen und physischen Realia *nicht* ausgeschlossen. Auf diese Weise kann Husserl feinkörnigere Differenzierungen als im Frühwerk treffen und eine Art *Spektrum* irrealer Gegenstände einführen, das sich durch schwächere und stärkere Grade der Abhängigkeit von Realia auszeichnet.[174]

Für meine Fragestellung ist von all dem Folgendes relevant: 1) Die zu intentionalen Erlebnissen gehörigen Idealitäten (Aktsinne) können sowohl gebundene als auch freie Idealitäten sein; insbesondere scheinen die sog. „empirischen" und „okkasionellen" Bedeutungen gebundene Idealitäten zu sein. Dasselbe gilt für die Noemata, die nach Husserl „untrennbar" von der Noesis sein sollen (vgl. *Ideen I*, § 128). 2) Später wird diskutiert, inwiefern sich *ficta* als gebundene Idealitäten interpretieren lassen.

§ 2 Der Primat der Realia

Nach der Analyse der Natur von Realia und Irrealia soll nun ihr *Verhältnis* zueinander näher betrachtet werden. Husserls Ontologie ist zwar *dual, aber nicht dualistisch*, denn: „Ideenwelt und Welt des individuellen Daseins sind einander nicht fremd." (Hua XXX, 36) Der „*Gegensatz* zwischen Idealem und Realem" ist nicht in „*Beziehungslosigkeit* umzudeuten" (Hua XXII, 159). Dass dabei den Realia sogar ein gewisser Vorrang zukommt, gilt es nun zu zeigen.

Ideales ist wesentlich Ideales ‚von' oder ‚an' Realem. Ideales, obwohl grundsätzlich verschieden von Realem, muss sich in diesem *manifestieren können*. Es gibt gewisse „Sinnesbeziehungen":

> Wir kennen ja [...] kardinale Unterschiede von „Welten", die doch durch Sinnes- und Wesensbeziehungen vermittelt sind. Wir könnten hinweisen auf das Verhältnis von Ideenwelt und Erfahrungswelt oder auf das Verhältnis der „Welt" des reinen, phänomenologisch reduzierten Bewußtseins zur Welt der in ihm konstituierten transzendenten Einheiten oder der Welt der Dinge als Erscheinungen (der Dinge der „sekundären" Qualitäten) und der Welt der physikalischen Dinge. [...] [D]ie korrelativen Gegenständlichkeiten, so grundverschieden sie

---

[174] Vgl. dazu auch Thomasson 1999, Kap. 8, die eine Mehrzahl von Zwischengliedern zwischen rein idealen (zeitlosen, gänzlich unabhängigen) und realen Entitäten zulässt, je nachdem, welche Art von Abhängigkeit jeweils vorliegt.

sind, sind doch durch Sinnesbeziehungen vermittelt, die schon in den Bezeichnungen hervortreten. (Hua IV, 210 f.).

Ähnlich wie sich die Entitäten der theoretischen Physik in wahrnehmbaren Phänomenen *bekunden* (vgl. *Ideen I*, §§ 40, 52), so muss es auch zwischen Irrealia und Realia interne Relationen wie z. B. die Vereinzelungsrelation geben. In ontologischer Hinsicht ist die Relation zwischen Idealem und Realem eine *modale:* jedes ideale X muss an einem (möglichen) realen Y, wie Husserl schreibt, „Anteil" haben können. Allerdings sind auch reale Objekte solcherart, dass sie an gewissen idealen Objekte sozusagen eo ipso *methexis* haben (vgl. EU, 392 f.). Ein roter Fleck z. B. instanziiert in seinem Rotmoment die Spezies *Röte*. Qua roter Fleck ist er automatisch *Röte* instanziierend.

Trotz dieser formalen Gleichordnung von Realität und Idealität behauptet Husserl, dass Reales gegenüber Idealem in gewissem Sinn ausgezeichnet ist. Es gibt einen *Primat des Realen:*

> In einer anderen Hinsicht als der der rechtmäßigen Subsumtion der Ideen unter den Begriff des Gegenstandes und damit des Substrates möglicher Prädikationen besteht zwischen realen und idealen Gegenständlichkeiten keineswegs eine Gleichordnung, wie sich gerade auf Grund unserer Lehre verstehen läßt. *Realität hat einen Seinsvorzug vor jedweder Irrealität*, sofern alle Irrealitäten wesensmäßig auf wirkliche oder mögliche Realität zurückbezogen sind. (Hua XVII, 177)

> Unverkennbar hat dabei die reale Welt eine ausgezeichnete, und zwar eine gewisse Grundstellung [...]. Denn demgemäß muß jedes, nicht nur reale, sondern auch ideale Gebilde als in meinem tätigen Leben erwachsendes – unbeschadet seiner Idealität – in der Welt mitverwurzelt sein. (Hua VIII, 152)

Dieser Primat ist sogar *doppelter Natur:*

Erstens gibt es einen *phänomenologischen Primat* der Realität, denn jeder auf Irrealia gerichtete originäre Akt ist in mindestens einem auf Realia gerichteten Akt einseitig fundiert. So können wir uns z. B. auf kein *universale* originär beziehen, ohne dabei Einzeldinge mit Blick zu haben, an denen wir die Spezies als Gemeinsames abstrahieren. Auch eine gebundene Idealität wie ein kultureller Sinn ist uns nur durch seine „Verkörperung" in einem Reale zugänglich; denn die „Idealität, die sein eigentümliches Sein ausmacht, ‚verkörpert' sich in einer materiellen (durch ihn ‚vergeistigten') Gegenständlichkeit, und danach ist die Evidenz der objektiven Kulturbestimmtheit fundiert in einer naturalen Evidenz und mit ihr innig verflochten" (Hua XVII, 294). Diese Fundierung ändert aber nichts daran, dass Irrealia *neuartige Objekte* sind. Fundierte Akte sind nach Husserl generell so beschaffen, dass sie *als Ganze* auf einen anderen Gegenstand gerichtet sind als die fundierenden Akte. Irrealia zeichnen sich in epistemologischer Hinsicht ferner dadurch aus, dass sie *nur in spontanen Akten „originär" gegeben sind*. Spontaneität und Willentlichkeit sind konstitutiv für die Gegebenheit von Irrealia. Man muss, salopp gesagt, *von sich aus etwas tun*, um Irrealia originär – und nicht nur verbal und symbolisch – zu Gesicht zu bekommen. In diesem Sinn kann man Irrealia als Entitäten charakterisieren, die sich *exklusiv* in spontan vollzogenen fundierten Akten originär präsentieren:

> X ist ein *Irreale* **gdw.** Notwendigerweise gilt für alle Subjekte S und Akte e: Ist S in e originär auf X intentional bezogen, so ist e ein spontan von S vollzogener Akt, der in Akten e', e'', ..., die auf Realia X', X'',..., gerichtet sind, einseitig fundiert ist.[175]

Diese Charakterisierung enthält die drei erläuterungsbedürftigen Ausdrücke „originäre Bezugnahme", „spontaner" und „fundierter Akt".[176]

Nach Husserl ist für jeden existierenden Gegenstand *im Prinzip* eine *originäre Weise* der Bezugnahme möglich. Damit ist nichts Mystisches gemeint, sondern die Tatsache, dass jeder Art oder Kategorie von Entität eine spezifische Form anschaulicher, d.i. nicht rein verbaler und symbolischer Zugänglichkeit entspricht. Jede Entität ist als *sie selbst* im Prinzip intentional zugänglich (vgl. *Ideen I*, § 142); jeder korrespondiert, mit Russell gesagt, eine Form von *knowledge by acquaintance*. Materielle Dinge werden „transzendent", eigene Erlebnisse „immanent" wahrgenommen (Vgl. *Ideen I*, § 38), (kleine) natürliche Zahlen werden durch *kolligierende Anschauung* erkannt, Sachverhalte werden *kategorial angeschaut*, andere Subjekte werden durch *Einfühlung* erfahren, etc. Dies gilt auch für Irrealia. Ihre Besonderheit ist darin zu sehen, dass ihre originäre Gegebenheitsweise spontane Akte auf Seiten des Subjekts voraussetzt. Spontane Akte sind nicht nur aktiv vollzogene Akte, sondern vom Subjekt aktiv und willentlich produzierte Akte. Bei Husserl gibt es, anders als bei Kant, nicht nur Passivität und Aktivität, sondern reine Passivität (Affektivität), Rezeptivität und Spontaneität, wobei Rezeptivität und Spontaneität die Aktivität des Subjekts voraussetzen.[177] Denn Re-

---

[175] Damit lassen sich Realia kontrapunktisch so charakterisieren: Ein intentionales Objekt X ist ein *Reale* **gdw.** Es ist möglich, dass es Subjekte S und Akte e gibt, sodass gilt: S ist in e originär auf X intentional bezogen & e ist ein von S passiv erlebter oder rezeptiv vollzogener (ggf. fundierter) Akt. Realia *können* originär in passiven oder bloß rezeptiven Akten gegeben sein, während das für Irrealia *ausgeschlossen ist*.
[176] Ich greife hier auf den Überblick zu den wichtigsten Merkmalen von Akten vor (s. u. „Phänomenologische Ontologie des Bewusstseins").
[177] Vgl. EU, 83: „Dieser phänomenologisch notwendige Begriff der Rezeptivität steht keineswegs in ausschließendem Gegensatz zur Aktivität des Ich, unter welchem Titel alle spezifisch vom Ichpol ausgehenden Akte zu befassen sind; vielmehr ist die Rezeptivität als unterste Stufe der Aktivität anzusehen. Das Ich sich läßt sich das Hereinkommende gefallen und nimmt es

zeptivität ist für Husserl eine Weise, ein intentionales Objekt attentional in den Blick zu nehmen, sich ihm gleichsam *zuzuwenden* und es *zeitübergreifend* im Blick zu halten (vgl. EU, § 17). Rezeptivität ist eine „niederste Stufe ichlicher Aktivität" (vgl. EU, 79). Reine Passivität hingegen ist ein Phänomen der „rein affektiven Vorgegebenheit, des passiven Seinsglaubens, in dem noch keine Erkenntnisleistung liegt: der bloße ‚Reiz', der von einem umweltlich Seienden ausgeht, wie z. B. das Hundegebell, ‚das eben an unser Ohr dringt', ohne daß wir ihm bereits Aufmerksamkeit geschenkt und uns ihm als thematischem Gegenstand zugewendet haben" (EU, 61). Materielle Dinge bzw. Realia allgemein sind sowohl auf passive als auch auf aktive Weise originär zugänglich. Das Hundegebell affiziert mich passiv, aber es ist originär gegeben, das heißt als es selbst leibhaftig gehört; wende ich mich ihm nun aufmerksam zu, so rezipiere ich es aktiv – immer noch als es selbst. Aber ich kann mich nicht kraft spontaner Aktivität *allein* originär auf das Gebell beziehen. Ich kann zwar im Nachhinein spontan daran denken oder mich daran erinnern, aber das sind keine originären, sondern leere bzw. vergegenwärtigende Gegebenheitsweisen. Wahrnehmungen sind eben nicht willentlich vom Ich produzierbar. Anders steht es z. B. mit dem *Wahrnehmungsurteil*, dass das Gebell laut ist. In einem solchen Urteil ist uns nach Husserl ein kategorialer Gegenstand, nämlich der *Sachverhalt*, dass das Gebell laut ist, originär zugänglich; ein solches Urteil müssen wir aber willentlich produzieren, es widerfährt uns nicht, es muss vollzogen werden, damit es existiert. Im Unterschied zum Reale „kann sich die Verstandesgegenständlichkeit, der Sachverhalt wesentlich nur im spontan erzeugenden Tun, also unter Dabeisein des Ich, konstituieren" (EU, 301). Für Irrealia allgemein ist die „Weise ihrer ursprünglichen Vorgegebenheit [...] ihre Erzeugung im prädikativen Tun des Ich als einer spontanen Leistung" (EU, 300). Diese erzeugende Aktivität zeigt sich auch daran, dass die Bezugnahme auf Irrealia *unterbrochen* oder *unvollständig* sein kann: so ist z. B. ein Urteil ein *gegliederter (serieller) Vorgang*, in dem auf die Setzung eines Subjekts S die Setzung einer Eigenschaft p an S erfolgt. Anders sind Realia originär gegeben: sie sind, wie Husserl plastisch sagt, „mit einem Schlage" (EU, 301) bzw. „in einer Aktstufe da" (Hua XIX/2, 674).

Die zweite Bedingung für originäre Bezugnahme auf Irrealia ist deren *notwendige Fundierung*. Fundierte Akte sind ein zentrales Thema bei Husserl. Sie zeichnen sich dadurch aus, dass sie auf andere Objekte gerichtet sind als jene Akte, in denen sie fundiert sind. Allerdings brauchen sie diese fundierenden Akte, um ihre eigenen Objekte intentional zugänglich zu machen. Einer treffenden

---

auf." Eine ausführliche phänomenologische Analyse von Aktivität, Passivität und Zwischenformen hat Husserls Schüler Hans Reiner vorgelegt; vgl. Reiner 1927.

Charakterisierung Walter Hopps zufolge ist ein Akt A *genau dann* fundiert, wenn er drei Bedingungen erfüllt: „A contains other acts $a_1, a_2, ..., a_n$ as parts; A could not exist if those part-acts did not; and, most importantly, A is intentionally directed upon an object O which is not the object of any $a_1, a_2, ..., a_n$." (Hopp 2011, 69. Vgl. LU V, § 18; LU VI, §§ 46 ff.) Alle auf Irrealia gerichtete Akte sind in diesem Sinne fundierte Akte.[178] So ist z. B. die Wesensanschauung ein fundierter Akt, im Zuge dessen auf nicht-induktive, nicht-inferentielle und nicht-begriffsanalytische Weise das „Gemeinsame" mehrerer Einzeldinge abstrahiert werden soll. Sie basiert im Kern auf *vier Schritten*. Ihr Ziel ist es, mit Blick auf ein individuelles X der Spezies E diejenigen Merkmale A, B, ..., von X zu identifizieren, die zum Wesen von X als Exemplar von E gehören. Dazu muss X im ersten Schritt wahrgenommen oder phantasiert werden. Daran schließen sich drei Schritte:

> Also zum Prozeß der Ideation gehört beides, Mannigfaltigkeit und einheitliche Verknüpfung in fortlaufender Deckung und dazu als Drittes die herausschauende Identifizierung des Kongruierenden gegenüber den Differenzen. (Hua IX, 78)

Ausgehend von beliebigen *sensibilia* oder *imaginabilia* X, Y, ... werden in der sog. *freien* oder *eidetischen Variation* Varianten von X in der Phantasie vorgestellt. Die Variation muss dabei die Bedingung erfüllen „im reinen Bewußtsein der Beliebigkeit" (Hua XVII, 255) vollzogen zu sein, da nur auf diese Weise gewährleistet ist, dass alle möglichen und denkbaren Einzelfälle das gemeinsame Wesen teilen.[179] Diese Varianten werden im dritten Schritt so erfahren, dass sie sich in gewissen Zügen alle untereinander *decken*. In der Variation bleibt immer etwas *invariant*. Im vierten Schritt werden diese invarianten Züge, in denen sich X und seine Varianten decken, explizit gemacht und identifiziert. Sie bilden das Wesen bzw. die notwendigen Eigenschaften von X als Exemplar von E (vgl. dazu ausführlich EU,

---

[178] Die Umkehrung gilt nicht, da es fundierte Akte gibt, die auf Realia gerichtet sind, z. B. Akte der Einfühlung, die auf der Wahrnehmung eines fremden Leibes basieren. Zudem sind nicht alle fundierten Akte spontane Akte.

[179] Husserl beschreibt diese Beliebigkeit sehr lebhaft: „Also frei phantasierend lassen wir das Ding sich bewegen, seine Gestalt in beliebiger Weise sich deformieren, seine qualitativen Bestimmungen, seine realen Eigenschaften sich beliebig verändern, wir spielen mit den bekannten physikalischen Eigenschaften und Eigenschaftsgesetzen Ball, lassen die Eigenschaftsänderungen so verlaufen, daß sich die Gesetze umgestalten, in ganz andere übergehen müssen, wir fingieren uns sogar neue Sinne zu oder zu den alten Sinnen neue Quantitäten (wenn auch in einem indirekt supponierenden Fingieren), lassen sie sich an Stelle der alten in der Raumgestalt extendieren und in ihnen sich reale Eigenschaften oder unerhörte Umbildungen der alten beurkunden. In dieser Weise frei verfahrend erzeugt die Phantasie die unglaublichsten Mißgeburten von Dingen, den tollsten dinglichen Spuk, aller Physik und Chemie Hohn sprechend." (Hua V, 29 f.)

§§ 86–94; PP, § 9; CM, § 34; FTL, § 98). Der terminale Akt e der originären Gerichtetheit auf die Spezies E bzw. die Merkmale A, B, …, ist somit in mehreren Akten fundiert, die allesamt auf wahrgenommene oder phantasierte Realia gerichtet sind. Verglichen mit kategorialen „Sachverhaltsanschauungen" (*Ich sehe, dass p*), bei denen die fundierenden Akte auf Objekte zielen, die *Teile* des Objekts des fundierten Aktes sind, ist dies bei Wesensintuitionen nicht der Fall. Vollziehe ich z. B. das Wahrnehmungsurteil, dass die Sonne scheint, so ist dieses Urteil in einem nominalen Akt fundiert, der auf die Sonne gerichtet ist, die ihrerseits ein Teil des Sachverhalts, *dass die Sonne scheint*, ist. Zu der auf Sachverhalte gerichteten *primären* Intentionalität gehört stets eine auf die Objekte der fundierenden Akte gerichtete *sekundäre* Intentionalität (vgl. LU V, § 17). Anders ist es, wenn ich eine eidetische Intuition artikuliere, etwa durch *Ich sehe aufgrund der Akte x, y und z das Gemeinsame in X, Y und Z*; bei einer solchen „allgemeinen Anschauung" treten die „Gegenstände der fundierenden Akte in die Intention des fundierten" (Hua XIX/2, 690) Aktes nicht ein. Der phänomenologische Primat auf Realia gerichteter Akte ist jedenfalls offenkundig: so etwas wie eine freischwebende und mystische Kontaktaufnahme mit Irrealia gibt es bei Husserl nicht.[180]

Neben dem aktmäßigen bzw. epistemischen Primat haben Realia auch einen *ontologischen Primat*: „Realität hat einen Seinsvorzug vor jedweder Irrealität, sofern alle Irrealitäten wesensmäßig auf wirkliche oder mögliche Realität zurückbezogen sind." (Hua XVII, 177) Dies kann man als *Manifestationsbedingung* für Idealitäten bezeichnen:

> Notwendigerweise gilt: Ist Y ein Irreale, so gibt es *faktisch* ein Reale X, in dem Y sich manifestiert, oder es ist *möglich*, dass es ein Reale X gibt, in dem Y sich manifestiert („vereinzelt", „auftritt").

Für Irrealia jedweder Couleur, seien es nun gebundene oder freie Idealitäten, ist es wesentlich, dass sie sich in Realia manifestieren können. *Cum grano salis* kann man sagen, dass der erste Fall, die faktische Anbindung an Realia, bei gebundenen Idealitäten vorliegt; der zweite Fall, die modale Manifestationsbedingung, trifft hingegen für freie Idealitäten zu.[181]

---

[180] Die These, dass es intellektuelle Intuitionen oder „Einsichten" gibt, die sich nicht auf sensorische Akte reduzieren lassen, ist heutzutage keineswegs mehr so verpönt wie in den Frühstadien der analytischen Philosophie. Vgl. etwa BonJour 1998 und Chudnoff 2011.
[181] Husserls „empirische Typen" (vgl. EU, §§ 81–85) wie *Blume, Haus, Einhorn* etc. bereiten bei der Zuordnung Probleme. Denn einerseits behauptet Husserl, dass sie weder generisch noch rigide von faktisch existierenden Exemplaren abhängig sind (vgl. EU, 395, 396 f.). Das legt eine *ante rem*-Lesart von empirischen Typen nahe, zu denen offenbar auch natürliche Arten gehören (vgl. EU, § 83 b)). Andererseits grenzt Husserl empirische Typen oder „unreine Wesen" von

§ 3 Akte und (ihre) Irrealia

Husserls Ontologie ist wichtig für seine Konzeption von Intentionalität. So sind z. B. intentionale Gehalte (Akt-Sinne) und Bedeutungen sprachlicher Ausdrücke Irrealia. Eine gewisse *Ontologisierung* der für Intentionalität konstitutiven Größen ist charakteristisch für Husserl, womit allerdings nicht eo ipso ein Frege'sches 3. Reich (von Gedanken) anerkannt wird. Ein Hauptproblem eines solchen „Reiches" bildet bekanntlich die Frage, wie das „Fassen" eines Gedankens zu verstehen ist. Es wird sich zeigen, dass insbesondere der frühe Husserl dieses Problem im Rahmen seiner „Speziestheorie" elegant umschiffen kann.

Was ist der *Sinn* eines Aktes? Der Sinn fundiert die Gerichtetheit der Akte und konstituiert die spezifische *Gegebenheitsweise* des Objekts. Der Sinn qualifiziert sich dadurch als ein Irreale, dass er *in* oder *an* numerisch distinkten Akten als numerisch identischer Sinn vorkommen kann:

> Das Wesen der Bedeutung sehen wir nicht im bedeutungverleihenden Erlebnis, sondern in seinem „Inhalt", der eine identische intentionale Einheit darstellt gegenüber den verstreuten Mannigfaltigkeiten wirklicher oder möglicher Erlebnisse von Sprechenden und Denkenden. (Hua XIX/1, 102)

Ich und ein anderer können jetzt oder zu verschiedenen Zeitpunkten auf dieselbe Weise an den Eiffelturm denken, etwa unter dem Aspekt *Wahrzeichen von Paris*. Sinne können mithin auch nicht durch die Zeitlichkeit ihres Auftretens in Erlebnissen individuiert sein:

> Sinne sind irreale Gegenstände; sie sind keine Gegenstände, die eine Zeitdauer hindurch währen, Dasein in der Zeit haben. [...] [E]in [...] Sinn hat nicht Realität, er ist zwar auf eine Zeitdauer durch den Akt bezogen, in welchem er auftritt, aber er hat nicht selbst Dasein, individuelle Bindung an die Zeit und Dauer in ihr: in dem eigentlichen Sinn, wie ein Reales in der Zeit dauert (NuS, 109, 113 f.; zitiert nach Süßbauer 1995, 440 f.).

Propositionale Sinne sind „ideale Einheiten überzeitlicher Art, die in unendlich vielen Urteilen identisch als Sinn fungieren können" (Hua XXIV, 43).

Während der frühe Husserl diese „idealen Einheiten" ohne Umschweife als gewisse Universalien (Spezies) deutet, zeichnet sich in der Zeit nach den *Untersuchungen* ein Wandel in der ontologischen und epistemologischen Einschätzung ab, die aufs Engste mit Husserls Begriff des Noema zusammenhängt. Dies sei hier kurz angedeutet, wobei sogleich darauf hingewiesen sein soll, dass in dieser

---

„reinen Wesen" (Eidé) ab, die lediglich die modale Manifestationsbedingung erfüllen müssen (vgl. §§ 86–93). Einiges Licht ins Dunkel bringt Sowa 2007.

Arbeit insgesamt versucht wird, an Husserls früher Konzeption von Gehalt festzuhalten.

Die Relation zwischen Akt und Sinn begreift der frühe Husserl nicht als Intentionalität, sondern als *Vereinzelung (Exemplifikation, Instanziierung)*. Damit bettet Husserl die Ontologie der Sinne und Bedeutungen in seinen frühen Monismus bezüglich Irrealia ein. Die Relation zwischen dem Fassen eines Gedankens und dem Gedanken selbst ist dem frühen Husserl zufolge keine Relation *sui generis*, sondern von derselben Art wie die Relation zwischen Einzelding und Universale. „Gedanken" oder Bedeutungen sind somit auch nicht (wie bei Frege) die *intentionalen Objekte* des Verstehens, sondern können dazu erst in neuen reflexiven Akten werden. Die Bezugnahme auf Gehalte ist somit ebenfalls von gleicher Art wie die Bezugnahme auf Universalien, nämlich eine Form der Abstraktion. Allerdings zeichnet sich die explizite Bezugnahme auf Bedeutungen dadurch aus, dass bei ihr nicht extra-mentale Einzelheiten als Basis der „ideirende[n] Reflexion" (Hua XIX/1, 33, 10) fungieren, sondern die intentionalen Erlebnisse *selbst*. Wissen von Sinnen, Bedeutungen und intentionalen Gehalten ist kein mystisches Wissen, sondern fundiert in der reflexiven Bekanntschaft mit unseren eigenen Erlebnissen. Dies ist Husserls *Speziestheorie* intentionalen Gehalts (siehe D II 1).

Indessen hat Husserl seine Speziestheorie in den Jahren nach dem Erscheinen der *Untersuchungen* modifiziert, wobei Natur, Motivation und Berechtigung dieses Wandels bis heute kontrovers sind. So hält der Husserl der *Ideen I* Akt-Sinne nunmehr für Irrealia *sui* (besser: *novi generis*), die sich von Universalien im üblichen Sinn unterscheiden und unter dem Titel „Noema" behandelt werden (fortan: *Noematheorie*). Exemplarisch für diesen Wandel stehe folgendes Zitat aus *Formale und transzendentale Logik* (1929):

> Jede Art Irrealität, von der die Idealität der Bedeutungen *und die von ihr zu scheidende Idealität* der allgemeinen Wesen oder Spezies besondere Fälle sind, hat Weisen möglicher Anteilhabe an der Realität. (Hua XVII, 163; Herv. CE)

Die Idealität von Bedeutungen ist dem späteren Husserl also von anderer Art als die von Universalien. Diese „difference in ontological type" haben David Woodruff Smith und Ronald McIntyre überzeugend herausgearbeitet:

> In both Logical Investigations and Ideas, then, intentional contents are abstract, or ideal, meaning entities. However, in the time between these two works Husserl's conception of the ideality of meanings, or intentional contents, underwent an important change. [...] In the Investigations the intentional content of an act is the acts' „intentional essence". Intentional contents are then a kind of universals, ideal species or types of consciousness instantiated in acts, just as redness is a property instantiated in red things. In Ideas, however, noemata are not act-essences, or universals, but abstract entities of a different sort. As we shall see later,

> Husserl's description of the inner structure [...] of the noema seems to indicate that Sinne are a kind of abstract particulars. (Smith/McIntyre 1982, 134)

Die Rede von „abstract particulars" passt gut zu Husserls eigener Charakterisierung des noematischen Sinns: „Jeder bestimmt vorgelegte Sinn ist eine *ideale Einzelheit*, wir können hier nicht sagen ein Individuelles, da dieses Wort nur auf zeitliches Sein passt, aber er ist *in seiner Weise ein einmaliger, ein singulärer Gegenstand*. Jeder Sinn, der in einer Rede zum Ausdruck kommt, ist ein Beispiel." (Hua XXXVII, 267; Herv. CE)[182] Anders als Universalien sind noematische Sinne keine sich in Aktmomenten *vereinzelnden* Einheiten; vielmehr sind sie diesen (quasi-intentional) *korreliert*; Noemata befinden sich sozusagen eher auf der Objekt-Seite der Intentionalität, sind aber immer noch vom eigentlichen fokalen Objekt des Aktes zu unterscheiden; das wird dadurch belegt, dass Sinne nach Husserl im Akt „vermeint" (EU, 314) werden. An die Stelle der Vereinzelungsrelation tritt die noetisch-noematische *Korrelation*. Epistemologisch gesehen beziehen wir uns auf das Noema als „Identisches als Korrelat einer Identifikation und nicht [als] Allgemeines als Korrelat einer vergleichenden Deckung" (EU, 316). Noematische Sinne erkennen wir nicht durch *Vergleich* dessen, was diverse Akte gemeinsam haben (so wie diverse rote Flecken die gemeinsame *Röte* instanziieren), sondern dadurch, dass wir diversen Akten ein identisch gemeintes *intentionales Objekt als solches* „entnehmen" (Hua XXVI, 81). Der späte Husserl gelangt auf diese Weise zu einer zweiten Binnendifferenzierung im Bereich der Irrealia.[183] Der frühe Monismus weicht einer dualen Konzeption, derzufolge es zwei Arten von Irrealia gibt – nämlich Universalien und ideale Einzelheiten. Zusammen mit der frei/gebunden-Klassifizierung ergeben sich daraus vier Kombinationsmöglichkeiten: freie und gebundene Universalien – freie und gebundene „Einzelheiten".

3 Gegenständlichkeit

Da *Existenz*, *Sein* und *Gegenstand* verschiedene, aber eng zusammenhängende Begriffe sind, tut es not, Husserls diverse Gegenstands-Begriffe explizit zu machen. Hier sollen vor allem *drei Begriffe* hervorgehoben werden: der existenziale,

---

[182] Neben den *Ideen* und *Erfahrung und Urteil* ist die Göttinger *Vorlesung über Bedeutungslehre* vom 1908 (Hua XXVI) einer der wichtigsten Textzeugen für den Übergang von der Spezies- zur Noematheorie, obschon Husserl hier noch beide Theorien nebeneinander akzeptiert. Erst in EU, § 64, wird die Speziestheorie explizit als inadäquat diskreditiert. Vgl. Hua XXXVII, 259–267.
[183] J. N. Mohanty spricht ex negativo von „Idealities other than essences" und subsumiert darunter (noematische) Bedeutungen und diverse Kulturgegenstände. Vgl. Mohanty 2008, 111.

der logisch-alethische und schließlich der intentionale Objektbegriff.[184] Letzterer ist der für meine Fragestellung wichtigste; er deckt sich mit der oben eingeführten Idee eines intentionalen Objekts. Für das Verständnis von Husserls Phänomenologie ist es zentral, sich von allzu engen Verwendungsweisen des Wortes „Gegenstand" zu befreien, insbesondere solchen, denen zufolge „Gegenstand" und „(materielles) Ding" als Synonyme fungieren (vgl. *Ideen I*, § 22).

Zuerst also zum *existenzialen* Begriff eines Gegenstandes. Diesem zufolge ist ein Gegenstand *eo ipso* ein existierender oder seiender Gegenstand:

> In der Tat sind die Ausdrücke „ein Gegenstand" und „ein existierender, wahrer, wirklicher, eigentlicher Gegenstand" völlig äquivalent. (Hua XXII, 315)

„Spricht man Gegenständen schlechtweg", sagt Husserl, „so meint man normalerweise wirkliche, wahrhaft seiende Gegenstände der jeweiligen Seinskategorie" (Hua III/1, 314).[185] Es sind Gegenstände „schlechthin" oder „simpliciter" (vgl. CM, 57; EU, 460). In diesem Sinne verwendet auch Frege den Begriff des Gegenstandes (vgl. GA, §§ 26, 61). Ähnlich ist auch Meinong zu verstehen, wenn er schreibt: „Es ist ja nichts Ungewöhnliches, ein Stück Wirklichkeit ‚Gegenstand' zu nennen, ohne dabei irgendwie ein erkennendes Subjekt resp. einen Erkenntnisact desselben zu postulieren." (ÜA, 104)

Für diesen *existenzialen Begriff eines Gegenstandes (EG)* ist also folgende Äquivalenz konstitutiv: X ist ein *Gegenstand* **gdw.** X existiert. Ein Gegenstand im existenzialen Sinne ist eine *Entität*, wobei Husserl diesen Begriff selten verwendet.[186]

---

[184] Drei weitere Verwendungsweisen sind: 1) „Gegenstand" kann sich auf Husserls *Noema* beziehen, das oft als „intentionaler Gegenstand als solcher" oder „vermeinter Gegenstand" paraphrasiert wird. Siehe D II 2 §1. 2) Etwas ist genau dann ein Gegenstand, wenn es, à la Fichte, „Nicht-Ich" oder „Nicht-Subjekt" ist: „Ich also im Zentrum, die Anderen um mich herum – aber nicht als Gegenstände, sondern als Akteure." (Hua XXXIX, 385; vgl. Hua IV, 211f.) 3) Husserl unterscheidet Sachverhalte von Nicht-Sachverhalten, wobei letztere auch als Gegenstände „im engeren Sinn (ein Ding, eine Spezies, ein Inbegriff u. dgl.)" (Hua XXIV, 322) oder als „absolute Objekte (Nicht-Sachverhalte)" (Hua XIX/2, 654; vgl. Hua XXVIII, 255) bezeichnet werden.
[185] Husserl verwendet den Begriff *Wirklichkeit* unterschiedlich. Die Standard-Verwendung ist so, dass „Wirklichkeit", „Sein" und „Existenz" koextensionale, aber intensional verschiedene Ausdrücke sind; vgl. *Ideen I*, § 22; Hua XXX, 195. Insbesondere ist Wirklichkeit bei Husserl nicht im Sinne kausaler Wirksamkeit wie z. B. bei Frege zu verstehen. Anders als „existierend" bezieht sich „wirklich" auf den *Kontrast* zur Fiktionalität/Unwirklichkeit eines *imaginabile*. Vgl. EU, §§ 73–75.
[186] Vgl. aber Hua III/1, 195 („Seelenentität") und Hua XXII, 156, wo Husserl die Annahme „zwischen Sein und Nichtsein schwebender Entitäten" als „mystisch" zurückweist.

Husserl hat in diesem Kontext stets die *Univozität* von „Sein", „Existenz" und „Es gibt" verteidigt (vgl. Benoist 2001, 174, 204, 208f., 213; Priest 1999, 216; Willard 1995b). Diese Univozitätsthese manifestiert sich auch in jenen Passagen der *Ideen I*, in denen zwischen Bewusstsein und räumlichen Realia ein *radikaler Wesensunterschied* konstatiert wird.[187] Bewusstsein und räumliche Realität haben demnach heterogene „regionale Wesen" und können nicht aufeinander reduziert werden. Dessen ungeachtet sind beides Seiendes und Gegenstände im obigen Sinne:

> Immanentes oder absolutes Sein und transzendentes Sein heißt zwar beides „seiend", „Gegenstand", und hat zwar beides seinen gegenständlichen Bestimmungsgehalt: evident ist aber, daß, was da beiderseits Gegenstand und gegenständliche Bestimmung heißt, nur nach den leeren logischen Kategorien gleich benannt wird. Zwischen Bewußtsein und Realität gähnt ein wahrer Abgrund des Sinnes. (Hua III/1, 105)[188]

Husserl bedient sich oft des Ausdrucks „Gegenständlichkeit", wobei eine Gegenständlichkeit „ebensowohl ein Reales [...] wie in Ideales, ebensowohl ein Ding oder ein Vorgang wie eine Spezies oder eine mathematische Relation, ebensowohl ein Sein wie ein Seinsollen" (Hua XVIII, 231) sein kann (vgl. Hua XIX/1, 45 Fn.*; Hua XXVI, 27). Besonders prägnant kommt der existenziale Begriff und seine formale Universalität in folgendem Zitat aus den *Londoner Vorträgen* (1922) zum Ausdruck:

> Ein Gegenstand ist ein Ding, ein Mensch, ein Verein, Volk, Staat, ein phänomenologisches Datum, ein Sachverhalt, ein Satz, eine prädikative Wahrheit, eine Zahl, eine „Mannigfaltigkeit", eine Gattung – kurz alles und jedes, das als wahrhaft seiend bezeichnet werden darf. (LV, 223; vgl. *Ideen I*, § 10)

Neben (EG) verwendet Husserl das Wort „Gegenstand" im logischen, prädikativen oder alethischen Sinne, demzufolge ein Gegenstand das Subjekt einer wahren kategorischen Aussage der Form *S ist p* sein kann. Gegenstand in diesem Sinne ist jeder „'Gegenstand' in dem notwendig weiten Sinne der formalen Logik. Jeder

---

[187] M.E. ist die Univozitätsthese damit vereinbar, dass es bei Husserl verschiedene Seins- oder Existenzweisen gibt.

[188] Vgl. Willard 1995b, 3. Abs.: „[F]or Husserl, to exist or have being (which are one and the same thing) is simply to possess qualities or relations. In the case of specific types of beings, certain qualitative structures must come together in joint predication for beings of those types to exist, or for things which exist to be things of those types. Such qualitative structures are the essences of the relevant entities [...]. But what it is for them *to be*, the *being* of such beings, is the same in every case: a univocity extending across all ontological chasms, including the real and ideal, the *reelle* and the *irreelle*."

mögliche Gegenstand, logisch gesprochen: ‚jedes Subjekt möglicher wahrer Prädikationen'" (Hua III/1, 15):

> Das Wort Gegenstand nehmen wir offenbar in einem weitesten und wirklich getreuen Sinn: jedes Subjekt einer wahren Prädikation nennen wir einen Gegenstand. (Hua XXX, 31)
>
> Gegenstand und prädikables Subjekt sind Äquivalente. (Hua XX/1, 282)

Wenn etwas überhaupt nicht existiert, so kann „kategorisch [...] im eigentlichen Sinne von ihm nichts ausgesagt werden" (Hua XIX/1, 130). Für die zweite, die *logisch-alethische Bedeutung (LG)* von „Gegenstand" ist somit eine andere Äquivalenz charakteristisch: X ist ein *Gegenstand* **gdw.** es gibt eine wahre kategorische Aussage der Form *X ist p*.

Offenbar sind für Husserl der existenziale und der logische Begriff koextensional. Ein Gegenstand im logischen Sinn existiert, weil die Wahrheit einer kategorischen Aussage in der Existenz des Subjekts fundiert ist – darin unterscheidet er sich vom Meinongianischen Prinzip der Unabhängigkeit des Soseins vom Sein. Umgekehrt ist jeder existierende Gegenstand „explikabel" (vgl. Hua III/1, 179; EU, 324) hinsichtlich seiner intrinsischen und relationalen Eigenschaften, sodass es stets eine entsprechende kategorische Wahrheit gibt. Die Äquivalenz des logischen und existenzialen Gegenstandsbegriffs formuliert Husserl ausdrücklich:

> Sie werden mir sicher auch zugestehen als allgemeines Prinzip: Wenn Gegenstände sind, so müssen für sie wahre Aussagen gelten, die aussagen, wie beschaffen diese Gegenstände sind – und umgekehrt: Wo immer wahre Aussagen, die positiv sagen, wie beschaffen Gegenstände sind, gelten, müssen auch die Gegenstände [...] sein. (Hua XXX, 31)[189]

Impossibilia wie das runde Quadrat sind im Sinne der ersten beiden Gegenstandsbegriffe keine Gegenstände: „Also nur für Gegenstände gibt es Wahrheiten worüber; d.h. nur Gegenstände können Eigenschaften haben, können echte

---

[189] Husserls *reines Ich* stellt einen ggf. problematischen Fall dar, da es keine intrinsischen Eigenschaften zu haben scheint, sondern allein durch die Weise, wie es in seinen Akten „lebt" oder „fungiert" (Hua IV, 101), charakterisiert ist; es ist pure Funktion, von „seinen ‚Beziehungsweisen' oder ‚Verhaltungsweisen' abgesehen, ist es völlig leer an Wesenskomponenten, es hat gar keinen explikablen Inhalt, es ist an und für sich unbeschreiblich: reines Ich und nichts weiter" (Hua III/1, 179). Aber es soll gleichwohl „nichts Geheimnisvolles oder gar Mystisches" (Hua IV, 97) sein. Wir können es durch Reflexion als „terminus a quo" (Hua IV, 105) unserer Akte „fixieren" (Hua IV, 97). Einerseits sagt Husserl, auch das reine Ich sei sowohl im logisch-existenzialen als auch im intentionalen Sinne Gegenstand (vgl. Hua IV, 101, 103). Anderswo heißt es gleichwohl, das reine Ich sei ein ungegenständlicher „Urstand" (Hua XXXIII, 277). Zu diesen Spannungen vgl. Zahavi 2011, 109 ff.

Subjekte von Prädikaten sein. Ein rundes Viereck ist nichts. Es ist kein Subjekt möglicher Wahrheiten." (Hua XL, 321)

Ganz anders ist die Logik des *dritten Begriffs* eines intentionalen Objekts des Denkens und Vorstellens. „Gegenstand" wird dabei quasi im etymologischen Sinne als „Gegen-stand" oder „Ob-jekt" verstanden, d.h. als etwas, das als „Entgegengeworfenes" auf ein *Sub-jekt* verweist. Wesentlich für die intentionale Verwendung ist, dass die Äquivalenzen (EG) und (LG) nicht mehr gelten: „X ist ein intentionaler Gegenstand" impliziert nicht, existierender oder logisch-alethischer Gegenstand zu sein.[190] Umgekehrt gilt allerdings, dass ein Gegenstand im existenzialen Sinne (möglicher) Gegenstand im intentionalen Sinne ist. Denn alles, was existiert, kann Gegenstand gewisser Akte sein. Alles ist denkbar: „Also jedem Objekt entspricht die Vorstellung des Objekts, dem Hause die Vorstellung des Hauses, der Vorstellung die Vorstellung der Vorstellung, dem Urteil die Vorstellung des Urteils usw." (Hua XIX/1, 505)[191] Um von einem intentionalen Gegenstand sprechen zu können, genügt es, dass ein auf ihn gerichteter *Akt eines Subjekts* vorliegt:

> Der Gegenstand ist ein „bloß intentionaler", heißt natürlich nicht: er e x i s t i e r t, jedoch nur in der *intentio* (somit als ihr reelles Bestandstück), oder es existiert darin irgendein Schatten von ihm; sondern es heißt: die Intention, das einen so beschaffenen Gegenstand „M e i n e n" existiert, aber n i c h t der Gegenstand. Existiert andererseits der intentionale Gegenstand, so existiert nicht bloß die Intention, das Meinen, sondern a u c h das Gemeinte. (Hua XIX/1, 439f.)

Dieser existenzneutrale und universale Begriff hat zur Folge, dass intentionale Gegenstände keine eigene Art, Gattung oder Region bilden. „X ist ein intentionaler Gegenstand" ist kein „reales Prädikat", da es keine intrinsische, relationale oder sonstige Eigenschaft, keine „Essenz", bezeichnet und somit auch nicht eine bestimmte Art von Objekten aus dem Ensemble aller Objekte aussondert:

> Gegenstand zu sein ist kein positives Merkmal, keine positive Art eines Inhalts, es bezeichnet den Inhalt nur als intentionales Korrelat einer Vorstellung. (Hua XIX/2, 616)

---

[190] Vgl. dazu auch A. D. Smiths 2002, Kap. 9, Adaption von Husserls intentionalem Objektbegriff im Kontext von Halluzinationen. Nach Smith sind *hallucinata* Objekte, aber „nonentities", die dem Meinongianischen *Außersein* nahestehen. Laut Smith kranken aktuelle Diskussionen daran, nicht zwischen *intentionalen Objekten* und *(existierenden) Entitäten* zu unterscheiden.

[191] Vgl. Hua XIX/1, 322: „Und so kann alles und jedes in der Weise des Bedeutens gegenständlich, d.i. zum intentionalen Objekt werden."

Mit der Rede von einem „intentionalen Korrelat" meint Husserl, dass die beiden Aussagen „X ist ein intentionaler Gegenstand" und „Es gibt einen auf X gerichteten Akt" äquivalent sind (vgl. Hua XIX/1, 257). Zu sagen, X sei intentionaler Gegenstand, ist somit eine „relative, funktionelle" Bezeichnung; intentionale Objekte sind durch ihre mentale „Rolle" (Hua XIX/2, 616) charakterisiert. Von X zu sagen, es sei ein intentionaler Gegenstand, ist gewissermaßen das Langweiligste, was man auf die Frage, was X sei, antworten kann. Es ist sogar noch weniger informativ, als zu sagen, X sei etwas, denn Etwas-Sein impliziert bei Husserl Existenz.[192] Nicht alles ist etwas, aber alles ist (mögliches) intentionales Objekt. Es ist ferner eine Art selbstverifizierender Rede, denn sobald ich – aufrichtig und ehrlich – sage „X ist intentionaler Gegenstand", ist es wahr, dass X intentionaler Gegenstand ist. Husserl warnt eindringlich davor, „Gegenstand überhaupt (das leere Etwas) als Gattung für jederlei Gegenstände und dann natürlich schlechthin als die eine und einzige oberste Gattung, als Gattung aller Gattungen zu mißdeuten" (Hua III/1, 31). Der Begriff eines (intentionalen) Gegenstands ist ein *formaler* oder, wie Tim Crane neuerdings zu sagen pflegt, ein *schematischer* oder *pleonastischer Begriff* (vgl. Crane 2001a, Kap. 1; 2001b; 2013). Für den *intentionalen Gegenstandsbegriff (IG)* gilt somit eine deflationäre Äquivalenz: X ist ein *Gegenstand* **gdw.** es gibt ein Subjekt S und ein Erlebnis e von S, das sich intentional auf X bezieht.[193]

Husserls intentionaler Gegenstandsbegriff erfüllt somit neben der Universalitätsbedingung alle Neutralitätsbedingungen, durch die wir den Begriff eines intentionalen Objektes charakterisiert haben – also existenziale, ontologische, axiologische und modale Neutralität. Was es näherhin heißt, „intentional auf X bezogen zu sein", wird uns noch ausführlich beschäftigen. Es wird sich zeigen, dass Husserl dieses intentionale Objekt-Sein bis in seine phänomenologischen Mikrostrukturen hinein analysiert. Seine zentrale These lautet, dass ein intentionales Objekt immer als ein „Identitätspol" (CM, 48) verschiedener Gegebenheitsweisen bewusst ist.

---

[192] Vgl. Hua XXII, 330: „Etwas und seiendes Etwas sind äquivalente Begriffe, ‚nicht etwas' ist ‚etwas, das nicht ist'."
[193] Der intentionale Gegenstandsbegriff lässt sich noch weiter untergliedern. So ist etwa zwischen „ein-" und „mehrstrahlig" intendierten Objekten zu unterscheiden; einstrahlig sind z. B. Dingwahrnehmungen und nominale Akte, während propositionale Akte mehrstrahlig sind. Zudem ist auf den intentionalen Objektbegriff im emphatischen oder „prägnanten" (EU, 64) Sinn zu verweisen, der Urteilen über etwas zugrunde liegt. Dabei findet eine gewissermaßen ausdrückliche und aktive Entgegensetzung zwischen Subjekt und Objekt statt, das als etwas Anderes gesetzt wird. In diesem Sinne sagt Husserl: ein „Objekt, ein Gegenstand als Gegenstand ist erst für das tätige Ich da" (Hua XXXI, 3; vgl. EU, § 13).

4 Phänomenologische Ontologie des Bewusstseins

In diesem letzten Abschnitt zur „Ontologie der Phänomenologie" soll Husserls Begriff des Bewusstseins erläutert werden (vgl. den Überblick bei Künne 1986; Süßbauer 1995, 58–119; Stepanians 1998, 214 ff.; 246 ff.; Zahavi 2008). Mein Hauptziel besteht darin, zu zeigen, dass intentionale Erlebnisse oder „Akte"[194] eine Fülle von intrinsischen Bestimmungen aufweisen, die vor dem Hintergrund von Husserls mereologischer Ontologie und seiner Konzeption idealer Gegenstände eingeführt werden, sodass eine „Ontologie des Bewusstseins" sichtbar wird. Das Resultat ist Husserls *multidimensionales ideo-mereologisches Modell intrinsischer Intentionalität*. Dieses Modell ist als Kontrast zu einem relationalen Modell zu verstehen, demzufolge Bewusstsein allein oder primär durch seine Relationen zu Objekten außerhalb seiner selbst konstituiert wird. Abgesehen von diesen Relationen ist Bewusstsein diesem Gegenmodell zufolge nichts als ein „transparentes", „diaphanes" Medium – geradezu ein „Nichts", wie Sartre zu sagen pflegt (zu diesem Kontrast vgl. auch Hopp 2011, Kap. 1).[195] Solche Theorien haben nicht zuletzt mit nicht-existierenden Objekten große Probleme, da sie das Denken an solche Objekte entweder leugnen oder Objekte *sui generis* als Relata einführen müssen.

Dem setzt Husserl die viel plausiblere These entgegen, dass Erlebnisse eine reichhaltige Struktur besitzen, die reflexiv zugänglich ist. In diesem Sinne kann man seinen Bewusstseinsbegriff als „dick" bezeichnen; Bewusstsein hat „a

---

194 Die Rede von „Akten" ist nicht so zu verstehen, als hätten Erlebnisse *per se* Aktivitäts- oder Handlungscharakter. Nach Husserl muss „der Gedanke der Betätigung [...] schlechterdings ausgeschlossen bleiben" (Hua XIX/1, 393). „Akte" sind in erster Linie Entitäten *in actu* – im Kontrast zu dispositionalen Zuständen (Vermögen) *in potentia*. In den *Ideen* kommt Husserl dem ursprünglichen Wortsinn wieder ein Stück weit entgegen, wenn er Akte im engeren Sinne als „explizit" „vollzogene" cogitationes charakterisiert (vgl. *Ideen I*, §§ 84, 115).
195 Die zeitgenössische Rede vom *diaphanen Charakter* des Bewusstseins geht auf G. E. Moore (1903) zurück und lebt unter dem Stichwort der *Transparenz des Geistes* weiter. Die Grundidee ist, dass jeder Versuch, intrinsische Eigenschaften von Erlebnissen zu erfassen, zum Scheitern verurteilt ist, weil Bewusstsein wesentlich relational ist. Versucht man, Erlebnisse in sich selbst zu beschreiben, kann man nichts anderes tun, als *ausschließlich* die intentionalen *Objekte* zu beschreiben. Vgl. Harmans 1990, 39, klassische Formulierung: „When you see a tree, you do not experience any features as intrinsic features of your experience. Look at a tree and try to turn your attention to intrinsic features of your visual experience. I predict you will find that the only features there to turn your attention to will be features of the presented tree, including relational features of the tree ‚from here'." Bei Sartre wird diese Idee auf die Spitze getrieben, denn für ihn ist Bewusstsein bar intrinsischer Eigenschaften – ein eigenschaftsloses „Nichts", das nur kraft seiner Relationen zum „An-Sich" existieren kann. Zur Kritik an der Transparenz-These vgl. Crane 2006a; Addis 1999, Kap. 3–4; Hopp 2011, Kap. 6.3; Shim 2011.

‚substance' of its own in terms of which it does contact independent objects, a substance that is uniquely its own in kind and is significantly open to inspection. This is the grand difference between Husserl and the others, early and late" (Willard 2003, 179). Im Grunde ist dies die Pointe von Husserls Rede von der „Eigenheit" (Hua IX, 32), „Immanenz" und dem „Eigenwesen" von Bewusstsein (vgl. *Ideen I*, §§ 39, 42, 59, 61). Mit Ingardens Terminologie gesagt: Bewusstsein ist „seinsautonom", weil es „in sich selbst etwas immanent Bestimmtes" (SEW I, 79) ist. Eine weitere Pointe besteht darin, dass für Husserl Bewusstsein den Kern des Mentalen bildet. Ein Wesen hat nur *deshalb* mentale Eigenschaften, weil es bewusste Erlebnisse vollzieht oder vollziehen kann – und nicht umgekehrt. Im Unterschied zu den Russell'schen „propositional attitudes", die gemeinhin als Paradigmen des Mentalen fungieren, sind bewusste Erlebnisse keine Dispositionen bzw. „standing states". (Zudem hat nicht jedes Erlebnis propositionalen Gehalt.) Das „Grundwesen des psychischen Lebens" (Hua IX, 31) ist bewusste und *aktuelle* Intentionalität: „Reine Subjektivität" ist „ja überall und immer nur in Gestalt eines strömenden Lebens" (Hua IX, 201).

Bevor ich zu den wesentlichen Zügen von Erlebnissen komme, seien zwei kurze Bemerkungen zu Husserls *Methode* vorangestellt (vgl. dazu auch Cerbone 2012):

1. Nach Husserl lassen sich die zentralen Eigenschaften des Bewusstseins durch Reflexion oder „immanente Wahrnehmung" ermitteln. Erlebnisse und ihre wesentlichen Eigenschaften sind aus der subjektiven (erstpersonalen) Perspektive zugänglich.[196] Der Grund dafür ist letztlich in einer Eigentümlichkeit von Erlebnissen zu finden, die sich formelhaft so wiedergeben lässt: bei Erlebnissen koinzidieren *esse* und *apparere*, *Sein* und *Erscheinen*. Darin unterscheiden sich nach Husserl „physische" und „psychische Phänomene" radikal voneinander:

> In der psychischen Sphäre gibt es m. a. W. keinen Unterschied zwischen Erscheinung und Sein, und wenn die Natur ein Dasein ist, das in Erscheinungen [d.i. Erlebnissen] erscheint, so sind die Erscheinungen selbst (die ja der Psychologe zum Psychischen rechnet) nicht selbst wieder ein Sein, das durch dahinterliegende Erscheinungen erscheint [...]. Was psychisches Sein „ist", kann uns nicht Erfahrung in demselben Sinne sagen, der von dem Physischen gilt.

---

[196] Nicht unwichtig ist dabei, dass nicht jede „innere Wahrnehmung" oder Introspektion infallibel ist, sondern dass dies nur für eine Teilklasse aller „immanent gerichteten Akte" gilt (vgl. *Ideen I*, § 8; LU VI, Beilage). Insbesondere Introspektion auf leiblich lokalisierte Erlebnisse (z. B. Zahnschmerzen) ist fallibel, weil diese mit „transzendenten Setzungen" (Hua XIX/2, 761) einhergeht und über das unmittelbar Erlebte hinausgeht.

Das Psychische ist ja nicht erfahren als Erscheinendes; es ist „Erlebnis" und in der Reflexion erschautes Erlebnis, erscheint als selbst durch sich selbst. (Hua XXV, 29 f.)[197]

Während sich insbesondere räumliche Entitäten perspektivisch „abschatten", gilt dies nicht für Erlebnisse: sie sind in jedem Moment ihres Auftretens vollständig gegeben und haben in diesem Sinne keine verborgene Natur, die durch inferentielle Methoden aufgrund der „Erscheinungen" zu ermitteln wäre (vgl. *Ideen I*, §§ 38–42, 44–46, 49, 54). In gewissem Sinn sind mir meine eigenen Erlebnisse somit auf eine „absolute" und „zweifellose" Weise epistemisch zugänglich. Das ist eine heutzutage unpopuläre These, aber gleichwohl von einer gewissen Plausibilität (vgl. Horgan/Kriegel 2007). Husserl schwebt offenbar folgender Zusammenhang vor:

> Reflektiert S zum Zeitpunkt t in einer immanenten Wahrnehmung e' auf eines seiner Erlebnisse e, das in t stattfindet („Urimpression") oder in der unmittelbaren zeitlichen Vergangenheit t* von t stattgefunden hat („Retention"), so gilt: *erscheint* S e in e' als E, so *ist* e E.

Jedes Erlebnis, z. B. mein jetziges Sehen eines Bildschirms, kann reflektiert werden; wenn es mir dabei aufgrund von Reflexion auf eine bestimmte Weise erscheint oder anmutet, dann ist es tatsächlich so. So ist mir mein Sehen z. B. als ein *Sehen* gegeben und hat eine visuelle Phänomenologie; folglich *ist es* ein Sehen; ferner handelt es von einem Bildschirm und nicht von einem Schimpansen, weil es mir als ein solches ebenfalls anmutet. Nicht alle Eigenschaften meines Seherlebnisses sind mir dergestalt zugänglich. Sofern mein Sehen veridisch ist, wird es distal durch den Bildschirm *verursacht*. Aber diese Verursachung ist mir nicht „immanent gegeben".[198]

Anders als zeitgenössische Externalisten hält Husserl daran fest, dass es introspektives Wissen von den intrinsischen Eigenschaften eigener Erlebnisse gibt, das durch einen hohen Grad *epistemischer Sicherheit*, wenn nicht gar durch *Infallibilität* gekennzeichnet ist. In jedem Fall ist je eigenes Bewusstsein auf *privi-*

---

[197] Vgl. Hua XXXVI, 12: „Für das Immanente gilt der Satz esse = percipi, nämlich Sein = Erlebtsein. Das Erlebte ist der Reflexion des Erlebenden, der Reflexion im direkten Jetztbewusstsein oder der Reflexion in der Wiedererinnerung zugänglich".
[198] Das *esse est apparere*-Prinzip gilt nur für je eigene aktuelle oder frisch erinnerte Erlebnisse, nicht jedoch für die Erlebnisse anderer oder eigene nicht-erlebnisartige, dispositionale mentale Zustände und Eigenschaften. Um über solche ggf. „verborgenen Fähigkeiten (Dispositionen)" (Hua IV, 252) Kenntnis zu erlangen, muss man in die „Unendlichkeit der Erfahrung eintreten, in der ich mich von immer neuen Seiten, nach immer neuen Eigenschaften und immer vollkommener kennenlerne: nur sie kann mein Sosein, ja selbst schon mein Dasein ausweisen, ev. auch abweisen" (Hua IV, 104).

legierte Weise zugänglich, was eine profunde *epistemische Asymmetrie* zur Folge hat: jeder hat „seine ihm ausschließlich eigenen Erlebnisse. Diese erfährt nur er in ihrer leibhaftigen Selbstheit, ganz originär" (Hua IV, 198). Nur meine Erlebnisse sind mir „direkt gegeben" (Hua IV, 200). Das heißt übrigens *nicht*, dass fremde Erlebnisse lediglich inferentiell zugänglich wären (analogisch oder abduktiv). Nach Husserl macht es nämlich durchaus Sinn, zu sagen, fremdes Erleben sei erfahren und wahrgenommen, wozu eine gewisse „Selbstgegebenheit" (Hua IV, 198) gehört; aber es ist stets erfahren *aufgrund von* oder *an etwas* anderem (z. B. aufgrund von verbalem oder nonverbalem Verhalten). Fremdes Erleben ist nur als ausgedrücktes Erleben erfahrbar in Form einer sog. *appräsentierenden* Wahrnehmung. *Einfühlung* ist der Husserl'sche Titel für diese eigentümliche Art der Erfahrung. In meine eigenen Erlebnisse muss ich mich aber nicht „einfühlen", sie erscheinen nicht als „Appräsenz", sondern als „Urpräsenz" (vgl. Hua IV, 198, 162 ff.). Es macht nach Husserl keinen Sinn zu sagen, meine eigenen (aktuellen) Erlebnisse seien mir *in* oder *aufgrund* von etwas anderem zugänglich: es ist „innere Erfahrung, die absolut originär ist und keine Elemente der Vergegenwärtigung enthält, durch und durch Leibhaftigkeitserfassung ohne Miterfassung, es sei denn in Form von 'Horizonten'" (Hua IV, 199).[199]

2. Husserl zielt auf *Wesensaussagen* über Erlebnisse ab. Die „immanente Wahrnehmung" von und die Reflexion auf je eigene Erlebnisse ist nur der erste Schritt phänomenologischer Erkenntnis, da diese auf *generelle* Sätze zielt, während Introspektion nur *singuläre* Urteile zulässt (z. B. „Ich sehe gerade einen Baum"). Zudem geht es Husserl um Fundierungsrelationen zwischen Erlebnistypen, die nicht durch einen einfachen ‚Blick nach innen' festgestellt werden können, denn Fundierung ist, ähnlich wie Essentialität, ein *modales* Charakteristikum, das nicht durch introspektive Tatsachenberichte begründet werden kann. § 75 der *Ideen I* definiert in diesem Sinne programmatisch die „Phänomenologie als deskriptive Wesenslehre der reinen Erlebnisse". Husserl vertritt ganz allgemein die These, dass alle Einzeldinge ein Wesen haben:

> Ein individueller Gegenstand ist nicht bloß überhaupt ein individueller, ein Dies da!, ein einmaliger, er hat als „in sich selbst" so und so beschaffener seine Eigenart, seinen Bestand an wesentlichen Prädikabilien, die ihm zukommen müssen (als „Seiendem, wie er in sich selbst ist"), damit ihm andere, sekundäre, relative Bestimmungen zukommen können. (Hua III/1, 12 f.)

---

[199] Zur Einfühlung vgl. CM V; *Ideen II*, §§ 43–47, 51, 56; Hua XIII-XV. Vgl. schon LU I, § 7. Zur Thematik des „Anderen" vgl. ausführlich Theunissen 1965, Zahavi 1996 und A. D. Smith 2003, Kap. 5.

Materielle Dinge sind z. B. notwendigerweise in der Zeit und räumlich ausgedehnt. Da auch Erlebnisse qua Ereignisse im formalen Sinne Individuen sind (vgl. *Ideen I*, §§ 14 f.), haben sie ihren „Bestand an wesentlichen Prädikabilien", der von ihnen „evidentgültig aussagbar ist" (Hua XXV, 36). Zu den zufälligen Eigenschaften von Individuen gehören ihre jeweilige (raum-)zeitliche Position, ihre *haecceitas* (vgl. Hua XXIV, 226), und ihre Zugehörigkeit zu einem bestimmten Ich. Der Phänomenologe interessiert sich nur für die wesentlichen Eigenschaften der Erlebnisse: „Nur die Individuation läßt die Phänomenologie fallen, den ganzen Wesensbestand aber in der Fülle seiner Konkretion erhebt sie ins eidetische Bewußtsein, und nimmt ihn als ideal-identisches Wesen, das sich, wie jedes Wesen, nicht nur hic et nunc, sondern in unzähligen Exemplaren vereinzeln könnte." (Hua III/1, 157; vgl. Hua XXIV, § 37; Hua XXV, 36).[200]

Kommen wir nach diesen beiden methodischen Vorbemerkungen nun zur Husserl'schen Ontologie der Erlebnisse. Ich gehe dabei so vor, dass ich zunächst allgemeine Thesen zur Existenz und Essenz von Erlebnissen diskutiere; sodann fokussiere ich auf 16 in meinen Augen zentrale Aspekte.

Um mit dem Fundamentalsten zu beginnen: Husserl zufolge *gibt es* Erlebnisse. Daraus folgt, dass Intentionalität nicht gemäß dem Schema *Subjekt–Objekt*, sondern gemäß dem feinkörnigeren Schema *Subjekt–Erlebnis–Objekt* aufgefasst wird. Dass es Erlebnisse gibt, drängt sich insbesondere vom Standpunkt des Subjekts geradezu auf. So komme ich sozusagen in jedem Moment meines (wachen bzw. nicht-traumlos schlafenden) Daseins in den Genuss von Erlebnissen:

> Das erste, was uns hier Erfahrung zur Gegebenheit bringt, ist ein anfangs- und endloser Strom von „Erlebnissen", von denen uns mannigfaltige Typen wohl bekannt sind aus der inneren Wahrnehmung, der „Introspektion", in welcher jeder von uns seine „eigenen" Erlebnisse in ihrer Originalität erfaßt (Hua IV, 92).

„[M]ein Bewußtsein überhaupt ist originär und absolut gegeben, nicht nur nach Essenz, sondern nach Existenz." (Hua III/1, 97) Entscheidend ist dabei nicht zuletzt die *zeitliche Struktur* von Erlebnissen: ich *erfahre* meine Erlebnisse zwangsläufig als dauernd, auf- und abtretend, als verklingend etc. Diese Erfahrung kann nicht durch die intentionalen Objekte (allein) erklärt werden, denn ich kann z. B.

---

200 Neben einer *modalen* Charakterisierung des Wesens als etwas, das einem Individuen in allen ‚möglichen Welten', also notwendigerweise, zukommt, findet man bei Husserl auch eine *monadische* Verwendungsweise des Wesensbegriffs, derzufolge zum Wesen alle intrinsischen oder konstitutiven Eigenschaften gehören: „Alles am Gegenstand begrifflich Fassbare, und zwar durch innere Prädikate Bestimmbare, ist sein Wesen oder gehört zu seinem Wesen. In weiterer Folge heißt dann jedes Allgemeine objektiv genommen ein Wesen, eine Essenz." (Hua XXIV, 299) Wie sich diese beiden Charakterisierungen zueinander verhalten, sei hier nicht weiter verfolgt.

an ein und denselben unveränderlichen Gegenstand denken und dennoch den Fluss meines Denkens erleben (vgl. Hua XXIV, 265).

Nachdem die „Existenz" von Erlebnissen gesichert ist, können wir uns der Beschreibung ihrer „Essenz" widmen. Ziel ist es, wie oben angekündigt, Husserls *multidimensionales ideo-mereologisches Modell bewusster Intentionalität* zu exponieren.

Beginnen wir mit dem *Ereignis-, Vorgangs-* oder *Prozesscharakter* der Erlebnisse (vgl. Hua XVII, 162f.). Erlebnisse haben typischerweise ein Auf- und Abtreten, wobei sie in der Zwischenzeit kontinuierlich andauern. Husserl scheint davon auszugehen, dass dies zum Wesen der Erlebnisse gehört, denn jedes „wirkliche Erlebnis [ist] notwendig ein dauerndes" (Hua III/1, 182). Punktuelle Erlebnisse wären damit ausgeschlossen („Plötzlich fiel mir die Lösung ein ...").[201] Es sind auch Erlebnisse denkbar, die, von Unterbrechungen durch traumlosen Schlaf oder Ohnmacht abgesehen, uns vom ersten Moment bewussten Lebens bis hin zum Tod begleiten – man denke etwa an ein angeborenes Ohrenrauschen. Kurz: nach Husserl gilt für jedes Erlebnis, dass es *notwendigerweise dauert* und anfangen und enden *kann*.

Qua Vorgänge sind Erlebnisse formalontologisch gesehen *Individuen*, demonstrativ identifizierbare „diese da!" (vgl. Hua III/1, 33). Anders als äußere Ereignisse sind Erlebnisse nur durch immanente Deixis erfassbar. Es sind

> die realen Vorkommnisse (Wundt sagt mit Recht: Ereignisse), welche, von Moment zu Moment wechselnd, in mannigfacher Verknüpfung und Durchdringung die reelle Bewußtseinseinheit des jeweiligen psychischen Individuums ausmachen. In diesem Sinne sind die Wahrnehmungen, Phantasie- und Bildvorstellungen, die Akte begrifflichen Denkens, die Vermutungen und Zweifel, die Freuden und Schmerzen, die Hoffnungen und Befürchtungen, die Wünsche und Wollungen u.dgl., *so wie sie in unserem Bewußtsein vonstatten gehen*, Erlebnisse oder Bewußtseinsinhalte. (Hua XIX/1, 357; Herv. CE; vgl. Hua XIX/2, 594)

Diese Liste von Erlebnissen deckt einen großen Bereich des Mentalen ab – sowohl primär kognitive als auch praktische, sensorische und emotionale Erlebnisse werden erwähnt.[202] Ungewöhnlich ist höchstens Husserls Ansicht, dass auch

---

[201] Allerdings gibt es so etwas wie punktuelle „Einsatzpunkt[e]" (Hua III/1, 281) von Erlebnissen.
[202] Husserl bezeichnet alle diese Erlebnisse im Anschluss an Descartes als *cogitationes*. Allerdings betont er, dass nicht alle intentionalen Erlebnisse *cogitationes* sind – nur solche, die durch eine Form von „Wachheit" (vgl. Hua III/1, 71ff.) und „Ichzuwendung" (Hua III/1, 189) gekennzeichnet sind.

Hoffnungen, Befürchtungen und Wünsche Erlebnisse sein sollen.[203] Denn das sind prima facie Beispiele für propositionale Einstellungen ohne Erlebnischarakter. Wichtig ist hier, den Nebensatz zu berücksichtigen: „so wie sie in unserem Bewußtsein vonstatten gehen". Husserl macht damit deutlich, dass er nur *okkurrente*, d. i. „eben lebendige" (Hua III/1, 78) Hoffnungen, Befürchtungen und Wünsche zu den Erlebnissen zählt. Erlebnisse sind immer *in actu* und nicht bloß *in potentia*.[204]

Die Spezies *Erlebnis* ist ein immanentes Wesen, das sich, anders als transzendente Wesen, in Erlebnissen (Erlebnisteilen) vereinzelt (vgl. *Ideen I*, § 60). Auch Bewusstseins ist mereologisch verfasst:

> Wenn irgendetwas, so ist ja dies evident, daß intentionale Erlebnisse Teile und Seiten unterscheidbar enthalten, und darauf allein kommt es hier an. (Hua XIX/1, 412)[205]

Erlebnisse bilden die „konkreten synthetischen Ganzheiten" (CM, 43) bewussten Lebens und sind somit keine strukturlosen und nicht weiter beschreibbaren mentalen Atome, Qualia oder *impressions*, sondern weisen eine *komplexe intrinsische Struktur* auf, die sich in ihren wesentlichen Eigenschaften vom reflexiven Standpunkt aus beschreiben lässt.[206] Intentionale Erlebnisse haben einen „inneren Bau" (Hua III/1, 335), einen „Wesensbau" (Hua III/1, 89). Diese Thesen gelten auch für nicht-intentionale Erlebnisse, zu denen verschiedene Arten von *Empfindungen* gehören (s. u.). Ein körperlicher Schmerz z. B. hat immer eine bestimmte

---

203 Vgl. dazu eine ähnliche Liste in den *Ideen I*: Ein „Wahrnehmen ist Wahrnehmen von etwas, etwa einem Dinge; ein Urteilen ist Urteilen von einem Sachverhalt; ein Werten von einem Wertverhalt; ein Wünschen von einem Wunschverhalt usw. Handeln geht auf Handlung, Tun auf Tat, Lieben auf Geliebtes, sich Freuen auf Erfreuliches usw." (Hua III/1, 188) „Handeln" und „Tun" sind schwerlich als Erlebnisse zu begreifen – sofern es sich nicht um rein mentales Handeln und Tun handelt (z. B. Kopfrechnen). Ähnliches gilt für „Lieben", wobei Husserl hier vermutlich im Anschluss an Brentano unter Liebe eine episodische „Gemütsbewegung" versteht. Präziser ist Husserl, wenn er Liebe und Hass anderswo als „habituelle Gefühlsrichtungen" (Hua XXXVII, 8) bezeichnet.
204 Meixner 2011, 35, sagt von Erlebnissen treffend, dass „ihre Wirklichkeit [...] restlos im Wirklichen und nicht, auch nicht zum Teil, im rein Möglichen begründet" sei.
205 Vgl. Hua III/1, 202: Wir haben „also die Teile und Momente zu unterscheiden, die wir durch eine r e e l l e A n a l y s e des Erlebnisses finden, wobei wir das Erlebnis als Gegenstand behandeln wie irgendeinen anderen, nach seinen Stücken oder unselbständigen, ihn reell aufbauenden Momenten fragend."
206 Das heißt nicht, dass jeder Akt aus anderen Akten *komponiert* ist. Nach Husserl gibt es sowohl zusammengesetzte (fundierte) als auch unzusammengesetzte (nicht-fundierte) Akte. Erstere bestehen aus *Teilakten*, letztere sind atomar, da sie aus keinen weiteren *Akten* bestehen. Allerdings sind *alle* Akte insofern teilbar, als sie *Momente* enthalten. Vgl. LU V, §§ 17–19.

Intensität (Grad), einen *qualitativen Charakter* und eine gewisse *fühlbare Lokalität*. Allerdings sind Empfindungen erheblich weniger komplex strukturiert als Akte. Erlebnisse sind aber nicht nur in sich komplex; auch die relationalen Eigenschaften, die ein Erlebnis hat, sind vielfältig. Aufgrund dieser relationalen Eigenschaften bilden Erlebnisse einen Bewusstseins*strom*, wie Husserl im Anschluss an James sagt (vgl. Hua XIX/1, 363). Die wichtigsten Relationen zwischen Erlebnissen sind *zeitliche Relationen* („e ist vor/gleichzeitig mit/nach e*"), *Assoziation* („e assoziiert e*") und *Motivation* („e motiviert e*"), wobei Husserl Assoziation als eine Form passiver Motivation begreift.[207]

Akte können ferner mit anderen Akten Akte höherer Stufe bilden. Husserl hat ein *kompositionales Bild* des Bewusstseins, demzufolge es Akte gibt, die andere Akte als Teile enthalten, und demzufolge jedes Erlebnis Teil eines zusammengesetzten Erlebnisses sein kann. Zusammengesetzte intentionale Erlebnisse enthalten nicht nur andere Erlebnisse als Teile in sich, sondern beziehen sich auch auf einen höherstufigen Gegenstand, dessen Teile intentionale Gegenstände der Teilakte sind.[208] Der Gegenstand des komplexen Erlebnisses ist eine einheitliche „Gesamtleistung" (Hua XIX/1, 417):

> Jeder Teilakt hat seine besondere intentionale Beziehung, jeder hat seinen einheitlichen Gegenstand und seine Weise, sich auf ihn zu beziehen. Aber diese mannigfaltigen Teilakte schließen sich zu einem Gesamtakte zusammen, dessen Gesamtleistung in der Einheitlichkeit der intentionalen Beziehung besteht. (Hua XIX/1, 417)

Paradigmatisches Beispiel dafür sind propositionale Erlebnisse (z. B. Urteile), die auf *Sachverhalte* gerichtet sind. Urteile ich z. B., dass dieser Tisch hart ist, so ist mein Urteil auf den Sachverhalt, dass dieser Tisch hart ist, gerichtet; fundiert ist dieser propositionale Akt in einem nominalen Teilakt, der auf den Tisch gerichtet ist.

Nicht nur einzelne Erlebnisse, sondern auch der Bewusstseinsstrom als Ganzer wird von Husserl mereologisch beschrieben, wie seine drei Bewusstseinsbegriffe zeigen (vgl. Zahavi 2002):

> 1. Bewußtsein als der gesamte reelle phänomenologische Bestand des empirischen Ich, als Verwebung der psychischen Erlebnisse in der Einheit des Erlebnisstroms. 2. Bewußtsein als

---

[207] Assoziation, die Tatsache, dass *etwas an etwas (anderes) erinnert*, ist nach Husserl eine Form passiver Motivation: Ein Erlebnis „weckt" ein anderes assoziativ und motiviert somit das „geweckte" Erlebnis. Vgl. CM, § 39; *Ideen II*, § 56; EU, §§ 16, 42; Hua XXXVII, 107 ff.
[208] Die Umkehrung gilt nicht immer: denke ich an ein Land ohne Berge (Bolzanos Beispiel), so bin ich in einem Teilakt auf Berge gerichtet, obwohl der Gesamtakt gerade nicht auf Berge zielt. Vgl. LU IV, § 2.

inneres Gewahrwerden von eigenen psychischen Erlebnissen. 3. Bewußtsein als zusammenfassende Bezeichnung für jederlei „psychische Akte" oder „intentionale Erlebnisse". (Hua XIX/1, 356)

Mit dem Wort „Bewusstsein" bezieht sich Husserl hier also auf zweierlei: zum einen auf bestimmte Erlebnisse (2. und 3. Begriff), zum anderen auf eine gewisse Gesamtheit von Erlebnissen eines Subjekts (1. Begriff). Die Umschreibung des ersten Begriffs zeigt, dass Husserl einen *Inbegriff* (eine Mannigfaltigkeit) vor Augen hat, nämlich die als unauflöslich *erlebte Einheit* aller Erlebnisse eines Subjekts:[209]

> Das erste, was uns hier die Erfahrung zur Gegebenheit bringt, ist ein anfangs- und endloser Strom von „Erlebnissen", von denen uns mannigfaltige Typen wohl bekannt sind aus der inneren Wahrnehmung, der „Introspektion", in welcher jeder von uns seine „eigenen" Erlebnisse in ihrer Originarität erfaßt, die er auch in inneren Erinnerungen, inneren freien Phantasien, inneren Bildvorstellungen anschaulich, wenn auch nicht mehr originär und im „Wirklichen" seiend erfassen kann. [...] Wie schon der bildliche Ausdruck Erlebnisstrom (oder Bewußtseinsstrom) besagt, sind uns die Erlebnisse, [...] in der Erfahrung nicht gegeben als in sich zusammenhangslose Annexe von materiellen Leibern, als ob sie miteinander nur durch die gemeinsame phänomenale Anknüpfung an diese geeinigt wären. Sie sind vielmehr durch ihr eigenes Wesen eins, miteinander verbunden und verflochten, schichtenweise ineinanderströmend und nur in dieser Einheit eines Stromes möglich. Nichts kann diesem entrissen, nichts gleichsam als Ding für sich abgestückt werden. (Hua IV, 92)

Diese erlebte Einheit einer Mannigfaltigkeit von miteinander verwobenen und fundierten Erlebnissen, von denen manche gleichsam dominieren (Vordergrund), andere sich unterordnen (Hintergrund), hat eine diachrone und eine synchrone Seite. Denn es gilt das „Wesensgesetz [...], daß jedes Erlebnis nicht nur unter dem Gesichtspunkt der zeitlichen Folge in einem wesentlich in sich geschlossenen Erlebniszusammenhang steht, sondern auch unter dem Gesichtspunkt der Gleichzeitigkeit" (Hua III/1, 184). Bewusstsein im ersten Sinne ist also in zeitlicher Hinsicht wesentlich holistisch verfasst; jedes aktuelle Erlebnis ist gleichsam umgeben von einem Nimbus gleichzeitigen, vergangenen und künftigen Erlebens.

---

209 Der Erlebnisstrom fällt unter den formalen Begriff der *Mannigfaltigkeit*. Im Unterschied zu einer „mathematisch-definiten Mannigfaltigkeit" (Hua III/1, 152), z.B. der dreidimensionalen Raumkörper in der euklidischen Geometrie oder der natürlichen Zahlen, kann der Strom nicht „idealisiert" werden, d.h. ausschließlich mit exakten Begriffen beschrieben werden. Dafür sind deskriptive oder morphologische Begriffe unverzichtbar, die durch eine gewisse *Vagheit* gekennzeichnet und „wesentlich und nicht zufällig inexakt" (Hua III/1, 155) sind. Beispiel eines deskriptiven Begriffs ist *Wahrnehmung*, ein exakter Begriff ist *Dreieck*, *Zahl* oder *Linie*. Husserl zufolge kann es eine „strenge Wissenschaft" (eben die Phänomenologie der Erlebnisse) geben, die wesentlich auf deskriptiven Begriffen beruht.

Husserl verficht auch in dem Sinne eine „Ontologie des Bewusstseins", dass Erlebnisse sind, was sie sind, unabhängig davon, ob sie von einem Subjekt als solche erfasst werden. Erlebnisse existieren in diesem Sinne „an sich". Wir können auf unsere Erlebnisse, z. B. eine aktuelle Freude, „reflektieren" und dabei finden wir „diese vor als aktuelle gegenwärtige, a b e r nicht als eben erst a n f a n g e n d e. Sie steht da als fortdauernde, vordem schon erlebte und nur nicht ins Auge gefasste" (Hua III/1, 164). Wir finden reflektierte Erlebnisse als etwas vor, das bereits *vor* der Reflexion existiert hat. Erlebnisse existieren nicht nur, „wenn wir ihnen zugewendet sind und sie in immanenter Erfahrung erfassen" (Hua III/1, 163): „Erlebtsein ist nicht Gegenständlichsein." (Hua XIX/2, 669) Reflexion setzt „ihrem Wesen nach voraus ein unreflektiertes Bewußtsein" (Hua IV, 248). Die meisten unserer Erlebnisse sind uns nur auf diese unreflektierte Weise bewusst, da wir relativ selten explizit reflektieren. Für den Phänomenologen ist eine solche reflexive Einstellung hingegen konstitutiv, denn „die phänomenologische Methode bewegt sich durchaus in Akten der Reflexion" (Hua III/1, 162). Husserl bezeichnet diese reflexive Einstellung sogar als einen „widernatürlichen Habitus" (Hua XIX/1, 16), als „widernatürliche Anschauungs- und Denkrichtung", denn anstatt im „*Vollzuge* der [...] Akte aufzugehen und somit die in ihrem Sinn gemeinten Gegenstände sozusagen naiv als seiend zu setzen [...], sollen wir vielmehr ‚reflektieren', d. h. diese Akte selbst und ihre immanenten Sinnesgehalt zu Gegenständen machen" (Hua XIX/1, 14; vgl. Hua III/1, 201).

Dass Erlebnisse immer erlebt oder bewusst sind, ist für Husserl nichts Triviales. Während Husserl dieses Erlebtsein manchmal rein mereologisch als bloßes Enthaltensein im Bewusstseinsstrom interpretiert (vgl. LU V, § 3), spricht er auch von einer *eigenen Weise des Bewusstseins* vor und unabhängig von der Reflexion, gar von einem „Urbewußtsein" (Hua XXIV, 245). Jedes Erlebnis ist urbewusst, obschon es kein intentionales Objekt eines höherstufigen Aktes ist:[210] „Jeder Akt ist Bewußtsein von etwas, aber jeder Akt ist auch bewußt. Jedes Erlebnis ist ‚empfunden', ist immanent ‚wahrgenommen' (inneres Bewußtsein), wenn auch natürlich nicht gesetzt, gemeint (wahrnehmen heißt hier nicht meinend zugewandt sein und erfassen)." (ZB, 481)[211] Alle Erlebnisse, die ein Subjekt gerade hat, sind auf eine *präreflexive Weise* bewusst, empfunden oder eben „erlebt".

---

210 In diesem Sinne vertritt Husserl keine (aktualistische) „Higher-Order-Theory" von Bewusstheit.

211 Husserls Terminologie ist nicht konsistent; so heißt es z. B. in EU, 304, dass Erlebnisse „Gegenstände des inneren Bewußtseins" seien. Nach Husserl war es vor allem Sartre (vgl. EN), der diese Eigenart der Erlebnisse zum Ausgangspunkt einer Theorie des Bewusstseins gemacht hat. Jedes Erlebnis ist nach Sartre zugleich *intentional* (Bewusstsein von etwas) und *präreflexiv* und *nicht-intentional* seiner selbst bewusst (Bewusstsein [von] sich). Zur Intentionalität gehört

Existenz und Natur dieser präreflexiven Bewusstheit ist bis heute kontrovers. Oft ist von einem *impliziten, peripheren, nicht-fokalen, inattentionalen* oder *marginalen* Bewusstsein die Rede, das alle Erlebnisse begleitet (vgl. z. B. Horgan/ Kriegel 2007). Es besteht eine gewisse Analogie zwischen diesem präreflexiven Gewahrsein der eigenen Erlebnisse und dem *Hintergrundbewusstsein*, das wir von Objekten haben, die aktuell gesehen, aber nicht explizit fokussiert sind, bzw. dem *Horizontbewusstsein* (s. u.), das wir von aktuell ungesehenen, aber mitbewussten Aspekten eines Dinges (z. B. Rückseite) haben. Aber Husserl macht klar, dass beides grundverschiedene Arten von Bewusstsein sind, denn das implizite Bewusstsein, das wir von unseren Akten haben, ist keine Spielart von Intentionalität:

> Nicht verwechseln darf man das Bewußtsein vom gegenständlichen Hintergrund und das Bewußtsein im Sinn des Erlebtseins. Erlebnisse als solche haben ihr Sein, aber sie sind nicht Gegenstände von Apperzeptionen (wir kämen ja sonst auf einen unendlichen Regress). Der Hintergrund aber ist uns gegenständlich, er ist es durch den Komplex von apperzeptiven Erlebnissen, die ihn gleichsam konstituieren. [...] Das attentionale Bewußtsein des Hintergrunds und das Bewußtsein als bloßes Erlebtsein ist ganz zu scheiden. (Hua XXIV, 252)[212]

Die präreflexive Bewusstheit erstreckt sich auf alle Momente intentionaler Erlebnisse, sodass z. B. Akte mit unterschiedlichen intentionalen Gehalten auch als unterschiedlich *erlebt* werden (vgl. dazu Pitt 2004). Dies hat auch zur Folge, dass der Gehalt meiner Erlebnisse reflexiv zugänglich ist.

Das präreflexive oder „präphänomenale Sein" (Hua XXIV, 244) eines Erlebnisses hängt eng mit dessen *Zeitlichkeit* zusammen, die Husserl in der triadischen Struktur von Retention-Urimpression-Protention lokalisiert. Erlebnisse als dauernde Einheiten von Phasen sind immer *jetzt (urimpressional)* und haben somit gleichsam einen Kulminationspunkt, in dem die unmittelbar vorangegangenen und kommenden Phasen gleichwohl „noch im Griff" sind bzw. antizipiert werden:

> Es ist eben ein Unding, von einem „unbewußten" Inhalt zu sprechen, der erst nachträglich bewußt würde. Bewußtsein ist notwendig Bewußtsein in jeder seiner Phasen. Wie die retentionale Phase die voranliegende bewußt hat, ohne sie zum Gegenstand zu machen, so ist auch schon das Urdatum bewußt – und zwar in der eigentümlichen Form des „Jetzt" – ohne gegenständlich zu sein. (Hua X, 472 f.)

---

notwendigerweise ein „präreflexives cogito". Ausführlich zu diesem Thema innerhalb und außerhalb der phänomenologischen Tradition vgl. Zahavi 1999 und D. W. Smith 2004, 2005 und 2011.
212 Vgl. *Ideen I*, § 45. Dieser Regress beruht darauf, dass das Erlebtsein eines Erlebnisses nicht darin bestehen kann, dass ein anderer Akt auf es gerichtet ist. Denn dieser Akt wäre seinerseits erlebt, was einen weiteren Akt erforderte *ad infinitum*. Vgl. LU V, § 5.

Urbewusstsein der Urimpression und Retention der soeben verflossenen Phase bilden die Bedingung der Möglichkeit für Reflexion:

> Im cogito lebend, haben wir die cogitatio selbst nicht bewußt als intentionales Objekt; aber jederzeit kann sie dazu werden, zu ihrem Wesen gehört die prinzipielle Möglichkeit einer „reflektiven" Blickwendung und natürlich in Form einer neuen cogitatio, die sich in der Weise einer schlicht-erfassenden auf sie richtet. (Hua III/1, 77; vgl. 95, 162)

Es ist die „Seinsart des Erlebnisses [...], in der Weise der Reflexion prinzipiell wahrnehmbar zu sein" (Hua III/1, 95). Jedes Erlebnis ist in diesem Sinne „wahrnehmungsbereit" (Hua III/1, 95). Diese dispositionale Bereitschaft der Erlebnisse wird durch das aktuelle präreflexive Bewusstsein fundiert. Wären unsere Erlebnisse nicht auf eine gewisse Weise bewusst, so wäre es unverständlich, wieso wir jederzeit und in gewisser Weise mühelos explizit urteilen können, dass wir uns gerade in diesem oder jenem Bewusstseinszustand befinden bzw. gerade befunden haben.[213] Egal was „intentionale[s] Leben [...] sonst in sich bewußt haben mag", es ist „zugleich Bewußtsein seiner selbst", wobei letzteres *ermöglicht*, dass es „wesensmäßig jederzeit auf sich selbst nach allen seinen, ihm abgehobenen Gestalten reflektieren, sich selbst thematisch machen, auf sich selbst bezogene Urteile und Evidenzen erzeugen" kann (Hua XVII, 279f.). Die methodische Bedeutung der Reflexion ist somit in ihrer *epistemischen Funktion* zu sehen. Denn nach Husserl beruht letztlich alles, was wir von unseren eigenen Erlebnissen wissen, auf Reflexion:

> Sie [die Reflexion] ist, so können wir es auch ausdrücken, der Titel der Bewußtseinsmethode für die Erkenntnis von Bewußtsein überhaupt. [...] Durch reflektiv erfahrende Akte allein wissen wir etwas vom Erlebnisstrom (Hua III/1, 165, 168; vgl. ebd., 175).[214]

Um reflektieren zu können, muss ich den Fokus meiner Aufmerksamkeit ändern; ich blicke nicht mehr geradehin auf meine unmittelbare Umgebung (obgleich diese natürlich immer noch wahrgenommen wird), sondern darauf, wie diese für mich da ist, wie ich auf sie bezogen bin. Dass ich gerade etwas wahrnehme und nicht etwa phantasiere, dass ich etwas visuell und nicht auditiv präsent habe etc.,

---

213 So argumentiert z.B. Sartre in seinem berühmten Beispiel des Zigaretten-Zählens: nach Sartre setzt Zählen voraus, dass wir uns während des Zählens auf „nicht-setzende", d.i. nicht-intentionale Weise, dessen bewusst sind, zu zählen. Anderenfalls könnten wir nicht zählen, weil Zählen voraussetzt, dass die bisher gezählten Einheiten noch bewusst sind – und zwar als von uns gezählte. Vgl. EN, Einleitung, III.
214 Vgl. auch Hua IV, 248: „Durch solche Reflexionen weiß ich von meinem unreflektierten Ichleben, sie bringen nur Strukturen eines solchen in den Blick des Bemerkens."

ist nicht durch Inspektion meiner raumzeitlichen Umgebung festzustellen – wo es zudem frei fingierte Objekte gar nicht gibt. Dazu muss ich eben reflektieren. Husserl hat bekanntlich keine Scheu, auch bei reflexiv gerichteten Akte von einer Form der Anschauung zu sprechen, ja sogar von Wahrnehmung. Dies ist nur ein Spezialfall von Husserls epistemologischen Intuitionismus (s. u.). Er verwendet dafür auch das Wort „Introspektion" (Hua IV, 92). Introspektion bildet den ursprünglichen („originären") epistemischen Zugang zu unseren Erlebnissen. Dabei ist zu beachten, dass Wahrnehmung bei Husserl nicht an das Vorliegen eines besonderen Organs gebunden ist, sondern ein *operatives Phänomen* ist, das in erster Linie eine ausgezeichnete Weise der Gegebenheit bedeutet, nämlich dessen originäre, leibhafte und gegenwärtige Gegebenheit. Anschauung und Wahrnehmung sind ausgezeichnete Präsentationsweisen. Meine momentanen Erlebnisse kann ich, so Husserl, in diesem Sinne wahrnehmen, indem ich einen Akt höherer Stufe, ein reflexives Erlebnis, vollziehe. Diese Wahrnehmung eigener Erlebnisse ist ganz anderes beschaffen als die Wahrnehmung räumlicher Objekte. Zwei zentrale Unterschiede sind hier zu nennen: *Erstens* wird das reflektierte Erlebnis durch die Reflexion modifiziert. Es verliert seine Unmittelbarkeit, sein gleichsam naives Geradehin-Vollzogensein. Dies kann so weit gehen, dass das unreflektierte Erlebnis in dem Moment verschwindet, in dem der reflexive Akt auftaucht. *Zweitens* gehören das reflexive und das reflektierte Erlebnis zu ein und demselben Erlebnisstrom, während räumliche Realia niemals Teile des Stroms sein können.[215]

Wie bereits en passant erwähnt, ist für Husserl nicht alles Mentale und Intentionale erlebnis- und damit vorgangsartig. Er rechnet auch „seelische Eigenschaften", Dispositionen, Vermögen und – im heutigen Jargon gesprochen – intentionale „Zustände" (*standing mental states*) zum Bereich des Mentalen.[216]

---

[215] Husserl ist wenig beeindruckt von der schon zu seiner Zeit herrschenden Skepsis gegenüber Introspektion als Wissensquelle. Gegen diese Skepsis hat er differenziert argumentiert und Retorsions-Argumente formuliert. Ein genereller Reflexionsskeptiker („Wir können von unseren Erlebnissen nichts durch Reflexion wissen, weil ...") widerspricht sich insofern selbst, als er bereits ein Wissen von Erlebnissen in Anspruch nehmen muss, das nur reflexiv gewonnen sein kann. Zumindest muss man bereits wissen, dass man überhaupt Erlebnisse hat. Und woher soll man das wissen, wenn nicht aus eigener „Erfahrung"? Vgl. *Ideen I*, §§ 77–79, v. a. § 79. Vgl. dazu instruktiv Cerbone 2006, 157 ff., und 2012, der Husserl gegen zeitgenössische (Dennett'sche) Versionen solcher Einwände in Schutz nimmt.

[216] Wenn Husserl von „Zuständen" spricht, so hat er Manifestationen (Okkurrenzen) von (dispositionell verstandenen) Eigenschaften im Auge. Es gibt materielle und seelische Zustände. So ist z. B. die Farbe, die ein Apfel unter gewissen Umständen der Beleuchtung manifestiert, ein Zustand („sinnliches Schema") des Apfels; bei der Seele hingegen sind Zustände Erlebnisse oder gewisse Verhaltensweisen. So ist z. B. der akute Zorn Manifestation der seelischen Eigenschaft des Jähzorns. Vgl. *Ideen II*, §§ 30–33; Meixner 2011. In diesem Sinne ist Husserls Terminologie

Gleichwohl konzentriert sich ein großer Teil seiner Überlegungen auf Erlebnisse, die durch einen gewissen methodischen und konstitutiven Primat ausgezeichnet sind, denn jede „seelische Eigenschaft [...] hat Beziehung auf bestimmte zusammengehörige Gruppen von wirklichen und möglichen Erlebnissen, die zu ihr ähnlich stehen, wie jede materielle Eigenschaft zu den wirklichen und möglichen schematischen ‚Erscheinungen', in denen sie sich bekundet, bzw. bekunden würde" (Hua IV, 122). Ähnlich wie sich die Zerbrechlichkeit eines Stoffes im Zerbrechen manifestiert, so können sich seelische Eigenschaften in Erlebnissen „bekunden". Die Jähzornigkeit eines Menschen bekundet sich *inter alia* in gewissen Erlebnissen des Zornig-Seins etc. Anders als Ryle und andere Behavioristen würde Husserl betonen, dass es für seelische Eigenschaften wesentlich ist, sich in Erlebnissen und nicht nur in objektiven Verhaltensweisen zu bekunden. Das heißt aber nicht, dass solche seelischen Eigenschaften eine vernachlässigbare Rolle spielen. Ganz im Gegenteil. Bei ihnen handelt es sich um *persistierende* Eigenschaften, die insbesondere in Husserls genetischer und konstitutiver Phänomenologie eine zentrale Rolle spielen. Denn es sind solche „bleibenden Eigenheit[en]" (CM, 68), z. B. Überzeugungen, aufgrund deren uns eine Welt persistierender Objekte gegenübersteht.[217] Nur weil Erlebnisse keine folgenlos flottierenden Ereignisse sind, können wir uns z. B. an einen früher einmal gesehenen Gegenstand erinnern oder *bekannte* und *vertraute* Objekte vor uns haben. Subjektivität ist nicht nur „strömendes Leben", sondern „ein Leben, in dem sich *unweigerlich* neue Einheiten, Habitualitäten, konstituieren" (Hua IX, 140; Herv. CE). Husserl vertritt sogar die These, dass *jedes* intentionale Erlebnis dispositionelle Spuren hinterlässt, die sich in neuen Erlebnissen aktualisieren und reaktivieren lassen:

> Mit der Notwendigkeit der Änderung der Zustände ist nun bei der Seele gegeben die Notwendigkeit der erwähnten Änderung seelischer Eigenschaften durch Neubildung von Dispositionen. Jedes Erlebnis hinterlässt Dispositionen und schafft in Hinsicht auf die seelische Realität Neues. Sie selbst ist also eine beständig sich verändernde. (Hua IV, 133)[218]

---

der heutigen diametral entgegengesetzt, die unter „mentalen Zuständen" (*mental states*) gerade keine Erlebnisse, sondern mentale Dispositionen versteht (*standing states*); vgl. dazu Crane 2001a, §§ 10, 31–32.

217 Ohne bleibende mentale Eigenschaften wäre mithin keine „Synthesis der Rekognition" möglich.

218 Hua IV, 136: „Die früheren Erlebnisse sind nicht spurlos verschwunden, ein jedes wirkt nach. Zum Wesen der Seele gehört eine kontinuierliche Neubildung oder Umbildung von Dispositionen unter den bekannten Titel Assoziation, Gewohnheit, Gedächtnis". Vgl. EU, § 25; FTL, Beilage II, § 2b))

Erlebnisse bilden sozusagen die Haut der Seele. Ihr Auf- und Abtreten hinterlässt feste dispositionelle Züge, gleichsam Narben auf der Haut der Seele. So stiftet z. B. jedes Erlebnis die Möglichkeit, auf es selbst via Erinnerung zurückzukommen. Dies ist die *minimale Disposition*, die durch ein Erlebnis gestiftet wird und die bereits im Moment der Entstehung des Erlebnisses die Eigenschaften der Seele ändert.[219] Insofern nach Husserl jedes Erlebnis eine solche minimale Disposition stiftet, kann man sagen, dass bewusste Subjekte nichts Erlebtes jemals vollständig vergessen. Zumindest geht kein Erlebnis gänzlich spuren- und narbenlos am Subjekt vorbei. Ein anspruchsvolleres Beispiel ist der Erwerb von Überzeugungen, von „bleibenden ‚Meinungen' eines und desselben Subjekts" (Hua IV, 111) im Anschluss an Urteils-Episoden. Nach Husserl gehen solche bleibenden Überzeugungen Hand in Hand mit der „notwendig[en] Konsequenz" (Hua IV, 112) des Subjekts. Solange keine widerstreitenden Erfahrungen gemacht oder Gegengründe erwogen werden, bleibe ich bei meinen Überzeugungen:

> [J]ede „neue" Stellungnahme stiftet eine bleibende „Meinung", bzw. ein Thema [...], so daß ich von nun ab, so oft ich mich als denselben erfasse, der ich früher war, oder als denselben, der jetzt ist und früher war, auch meine Themata festhalte, sie als aktuelle Themata übernehme, so wie ich sie früher gesetzt habe. [...] Bin ich derselbe, der ich bin, so kann die Stellungnahme nicht anders als „bleiben" und ich bei ihr bleiben, ich kann eine Änderung nur dadurch vollziehen, daß die Motive andere werden. (Hua IV, 112)

Das *reine (transzendentale) Ich*, der numerisch identische „Pol der Erlebnisse" (CM, 67), wird durch solche Überzeugungen gleichsam *dynamisch angereichert* und zu einem „Substrat von Habitualitäten"; denn es gewinnt „mit jedem der von ihm ausstrahlenden Akte eines neuen gegenständlichen Sinnes eine neue bleibende Eigenheit" (CM, 68):

> Entscheide ich mich z. B. erstmalig in einem Urteilsakte für ein Sein und Sosein, so vergeht dieser flüchtige Akt, aber nunmehr bin ich, und bleibend, das so und so entschiedene Ich, „ich bin der betreffenden Überzeugung". Das sagt aber nicht bloß, ich erinnere mich oder kann mich weiterhin des Aktes erinnern. Das kann ich auch, wenn ich inzwischen meine Überzeugung „aufgegeben" habe. Nach der Durchstreichung ist sie nicht mehr meine Überzeugung, aber sie ist es bis zu ihr hin bleibend gewesen. Solange sie für mich geltende

---

[219] Meixner 2011, 36 Fn. 20, zufolge zeigt sich darin ein wesentlicher Unterschied zwischen Seele und materiellem Ding: „Die Seele als verharrende Realität und das, was ihr Verharren macht, stellt sich allerdings gegenüber den entsprechenden Verhältnissen beim materiellen Ding als wesentlich komplexer dar, involviert es doch offenbar determinierende *Meta*dispositionen. [...]. Bei der Seele sind also keineswegs schon die *Dispositionen erster Stufe* konstant." Während also materielle Dinge konstante Dispositionen haben, sind die Dispositionen der Seele in ständigem Wandel, obschon die Seele nicht fließt. Vgl. Hua IV, 132f.

ist, kann ich auf sie wiederholt „zurückkommen" und finde sie immer wieder als die meine, die mir habituell eigene, bzw. ich finde mich als das Ich, das überzeugt ist – durch diesen bleibenden Habitus als verharrendes Ich bestimmt ist. (CM, 68)

Das Ausbilden solcher Eigenschaften und Fähigkeiten nennt Husserl *Sedimentierung* oder Bildung von „Niederschlägen" (Hua IX, 215; vgl. FTL, § 98), was bildlich ausdrücken soll, wie ein Erlebnis gleichsam auf den subkutanen Grund des Bewusstseinsstroms sinken und dort verharren kann, ohne aktualisiert oder bewusst erlebt zu werden. Eine einmalige Urteilsepisode führt dazu, dass ich eine zugehörige Überzeugung solange habe, bis Erlebnisse auftreten, die Gegengründe liefern. Ich bleibe überzeugt, „ob ich passiv werdend in dumpfen Schlaf versinke oder andere Akte durchlebe"; das „Verharren, das zeitliche Dauern solcher ichlicher Bestimmtheiten und das ihnen eigentümliche ‚Sich-Verändern' besagt offenbar keine Füllung der immanenten Zeit mit Erlebnissen, wie denn das bleibende Ich selbst als Pol bleibender Bestimmtheiten kein Erlebnis und keine Erlebniskontinuität ist, obschon doch wesensmäßig zurückbezogen auf den Erlebnisstrom" (CM, 68; vgl. *Ideen II*, §§ 29f., 32; CM, §§ 27, 32f.; EU, § 67).

Zurück zu den Erlebnissen! Zunächst ist klar geworden, dass Erlebnisse (anders als seelische Dispositionen) permanent im Fluss sind. Ein Erlebnis ist „Seiendes nur als Strömendes" (Hua IX, 171), sein *esse* ist *fluere* (vgl. Hua VI, 181; CM, 51) Husserl definiert Erlebnisse geradezu durch ihre fließende, „phänomenologische" Zeitlichkeit, wenn er schreibt, dass der „Begriff des Erlebnisses [...] jedes in phänomenologischer Zeitlichkeit extendierte *datum* oder *dabile* betrifft" (Hua XXIV, 245). Unter „Erlebnissen im weitesten Sinne" ist somit „alles und jedes im Erlebnisstrom Vorfindliche" zu verstehen (Hua III/1, 74). Ein Vorgang e ist also *genau dann* ein Erlebnis von S, wenn e ein im inneren Zeitbewusstsein (von S) auftretender, erlebter (präreflexiv bewusster) Vorgang ist. Selbst wenn man ein unverändertes, ruhendes Ding unter konstanten Umständen der Beleuchtung und Orientierung sieht, *fließt* das visuelle Erlebnis. Auch unter solchen idealisierten Konstanzbedingungen bleibt die Struktur *Soeben–Jetzt–Sogleich* erhalten:

> Selbst wo ein Bewußtseinsinhalt dauert, besteht das Dauern nicht in dem bloß Sich-identisch-Erhalten eines Inhalts, sondern in einem beständigen Fluß von Veränderungen. Denn von jeder Phase des Dauernden bleibt ein Nachhall zurück, jeder Inhalt klingt ab, und wenn er sich dauernd erhält, so gehört zu jeder Phase seiner Dauer eine Abschattung, ein stetiges Abklingen. (Hua XXIV, 272f.; vgl. Hopp 2011, 164f.)

Erlebnisse sind *intrinsisch* durch Zeitlichkeit ausgezeichnet. Das heißt nicht nur oder in erster Linie, dass jedes Erlebnis zeitlich datier- und positionierbar ist; vielmehr ist die Zeitlichkeit der Erlebnisse *erlebte (bewusste) Zeitlichkeit*. Jedes Erlebnis hat eine „urimpressionale" Jetzt-Phase, an die sich nahtlos eine „retentionale" und eine „protentionale" Phase anschließen. In jedem Erlebnis sind wir uns sowohl der soeben vergangenen Phasen als auch der sogleich zu erwartenden Phasen des Erlebnisses bewusst. Auf diese Weise erweisen sich Erlebnisse als kumulative und antizipative Gebilde, sodass sich jede Phase des Erlebnisses von jeder anderen notwendig unterscheidet:[220]

> Jedes Erlebnis ist in sich selbst ein Fluß des Werdens, es ist was es ist, in einer ur-sprünglichen Erzeugung von einem unwandelbaren Wesenstypus: ein beständiger Fluß von Retentionen und Protentionen vermittelt durch eine selbst fließende Phase der Originarität, in der das lebendige Jetzt des Erlebnisses gegenüber seinem „Vorhin" und „Nachher" bewußt wird. (Hua III/1, 167; vgl. 182)

Übrigens ist die Zeitlichkeit der Erlebnisse, ihr „Fluß des Werdens", für mentale Episoden *charakteristisch*. Ein Naturereignis, z. B. ein Gewitter, ist zwar auch ein Vorgang, der sich aus „Phasen" aufbaut, aber nichts *in* einer solchen Phase *bezieht sich von sich aus* auf andere Phasen, während jedes Erlebnis gleichsam Fühler in Vergangenheit und Zukunft ausfährt.

Diese Unterschiede zwischen mentalen und physischen *Vorgängen* manifestieren sich auch im Unterschied zwischen materiellen und seelischen *Substanzen*; erstere sind nämlich im Unterschied zu letzteren *geschichtslos* (vgl. Ideen II, § 33): seelische Entitäten können, anders als materielle Dinge, prinzipiell nicht in denselben Zustand, in dem sie einmal waren, zurückkehren. Nur zum materiellen Ding gehört die

> ideale Möglichkeit, daß [es] in zyklischen Prozessen in identisch dieselben äußeren Umstände zurückkehrt, unter denen [es] schon gewesen ist, mag dergleichen auch gegebenenfalls höchst unwahrscheinlich sein. So geartet ist aber die materielle Realität, daß sie bei solcher zyklischen Rückkehr identisch denselben Gesamtzustand haben müßte. Demgegenüber gehört es zum Wesen seelischer Realität, daß sie prinzipiell in denselben Gesamtzustand nicht zurückkehren kann: seelische Realitäten haben eben eine Geschichte. (Hua IV, 137)

Ein weiteres Merkmal von Erlebnissen ist ihre durchgängige „Durchdringung und Verknüpfung". Während sich *Durchdringung* (Verschmelzung) auf die synchrone Einheit im Strom bezieht, passt *Verknüpfung* besser auf die diachrone (kontinuierliche) Einheit mehrerer Erlebnisse, die einander ablösen oder auseinander hervorgehen. Typischerweise können Erlebnisse unterschiedlicher Art gleichzeitig

---

[220] Daran sieht man, dass das Bild vom „Bewusstseinsstrom" rasch an seine Grenzen stößt, da die Wassermoleküle in einem Strom in sich unverändert bleiben können. Der Strom der Erlebnisse hingegen ist *durch und durch* im Fluss. Vgl. dazu Ingardens luzide Bemerkungen zur Strom-Metapher in SEW II/1, § 77.

stattfinden und sich dergestalt durchdringen. Bewusstsein ist reich und polymorph: Gerade *sehe* ich einen Bildschirm, *höre* (im Hintergrund) das Brummen des Kühlschranks und *denke aufmerksam* über Erlebnisse nach. Diese Erlebnisse durchdringen sich zwar, hören aber nicht auf, unterscheidbare Akte zu sein.

Wenn der Strom eine Einheit (Ganzheit) ist, dann muss es Husserls Fundierungstheorie zufolge auch eine Fundierungsbeziehung zwischen den Teilen des Stroms geben (*Keine Einheit ohne Fundierung*). Im Falle des Erlebnisstroms bilden Motivation (und Assoziation) und Zeitlichkeit diese fundierenden Relationen. Zeitlichkeit ist insofern eine *formale* Struktur des Stroms, als *alle* Erlebnis relativ zueinander in den Relationen *Vorher, Nachher* oder *Gleichzeitigkeit* stehen:

> Wie fremd Erlebnisse einander im Wesen auch sein können: sie konstituieren sich insgesamt als e i n Zeitstrom, als Glieder in der e i n e n phänomenologischen Zeit. (Hua III/1, 273)

Motivation hingegen ist eine *materiale* intramentale Relation, da sie nur zwischen Erlebnissen bestimmter Art bestehen kann. Ganz allgemein betrachtet ist Motivation eine interne Relation zwischen zwei Erlebnissen e und e*, von denen das eine das andere *begründet:* e* tritt *aufgrund* von e ein. Dieses „aufgrund" oder „'Weil–So' der Motivation" (Hua IV, 229) ist von Naturkausalität strikt zu unterscheiden (vgl. *Ideen II*, §§ 55 f.); es kann ganz unterschiedliche Formen annehmen, von rein assoziativen bis hin zu vollständig rationalen Begründungen. Husserl vertritt die *starke These*, dass kein Erlebnis im Strom gänzlich unmotiviert auftritt (vgl. Hua IV, 227 f.). Selbst unerwartet und plötzlich eintretende Erlebnisse (z. B. ein Knall) können insofern als motiviert betrachtet werden, als sie zu den leer vorgezeichneten Möglichkeiten der vorangegangenen Wahrnehmungsphasen gehören. Jedes Erlebnis impliziert nämlich einen protentionalen Horizont der Form „irgendetwas wird sein" (vgl. Hua IV, 227). Die „durchgehende Einheit des Bewußtseinsstromes" ist für Husserl auch „eine Einheit der Motivation" (Hua IV, 228).

Nachdem ich bisher den ersten und zweiten Bewusstseinsbegriff aus § 1 von LU V thematisiert habe (Erlebnis und Erlebnisstrom), gehe ich nun auf den für diese Arbeit zentralen dritten Begriff des *intentionalen Erlebnisses* näher ein. Was sind Husserls generelle Thesen zur Intentionalität? 16 Merkmale seien hier diskutiert.

I. Begriffliche Primitivität & ontologische Irreduzibilität. Husserl zufolge ist der Begriff der Intentionalität ein primitiver oder undefinierbarer „Grundbegriff":

> Der Begriff der Intentionalität, in der unbestimmten Weite gefaßt, wie wir ihn gefaßt haben, ist ein zu Anfang der Phänomenologie ganz unentbehrlicher Ausgangs- und Grundbegriff. (Hua III/1, 191)

Husserl sagt hier zwar, dass Intentionalität „zu Anfang der Phänomenologie" ein Grundbegriff sei, aber das heißt nicht, dass dieser Begriff im Laufe der Analyse durch *nicht-intentionale* Begriffe ersetzt würde.[221] Vielmehr erscheint Intentionalität zu Beginn als ein amorphes Phänomen, dessen interne Struktur noch nicht sichtbar ist. Die Aufgabe des Phänomenologen besteht darin, diesen „wahren Wunderbau feinster intentionaler Strukturen" (Hua VII, 111) durch Beschreibung und Analyse sichtbar zu machen. Intentionalität ist aber nicht nur begrifflich primitiv, sondern auch ontologisch irreduzibel: es handelt sich um eine „Grundeigenschaft des Bewußtseins" (Hua III/1, 337) und einen „Grundcharakter" (Hua III/1, 74), gar eine „Urtatsache" (Hua XXX, 342), die es zu erläutern gilt.[222] „Was ‚Bedeutung' ist", schreibt Husserl, „das kann uns so unmittelbar gegeben sein, wie uns gegeben ist, was Farbe und Ton ist. Es läßt sich nicht weiter definieren, es ist ein deskriptiv Letztes" (Hua XIX/1, 187). Statt „Bedeutung" hätte man hier auch „Sinn" oder „Intentionalität" einsetzen können, zumal Sinn/Bedeutung-Haben den Kern von Husserls Auffassung von Intentionalität ausmacht. Begriffliche Primitivität und ontologische Irreduzibilität schließen nicht aus, dass intentionale Phänomene mereologisch strukturiert sind und sich somit genauer analysieren lassen. Allerdings ist ausgeschlossen, dass Intentionalität begrifflich durch nicht-intentionales Vokabular expliziert werden kann; dass Intentionalität auch ontologisch irreduzibel ist, ergibt sich daraus, dass Husserl Intentionalität und Naturkausalität strikt unterscheidet (vgl. *Ideen II*, §§ 55, 63 f.).[223] Husserl verpflichtet sich damit mindestens auf einen *Eigenschaftsdualismus*[224] und somit auf einen *antiphysikalistischen Standpunkt*.

---

221 Die begriffliche Primitivität zeigt auch sich darin, dass Husserl intentionale Phänomene häufig mit metaphorischen Ausdrücken umschreibt. Begrifflich basale Phänomene lassen sich oft nur metaphorisch erläutern. So ist z. B. notorisch von der *Gerichtetheit* und dem *(Blick-)Strahl* des Subjekts die Rede – Phänomene, die aus der optischen Sphäre stammen. Aber auch durch Kontrastierung und Abgrenzung wird der Begriff der Intentionalität näher bestimmt. So grenzt Husserl z. B. Intentionalität von naturaler Kausalität oder Ähnlichkeit scharf ab. Mit Blick auf die begriffliche Primitivität der Intentionalität stimmt Husserl z. B. mit Searle überein. Für Searle 1987, 46, ist Intentionalität eine „Erdgeschoss-Eigenschaft des Geistes *(ground floor property of the mind)*". Vgl. auch Crane 2013, Kap. 4, insb. 116 ff.
222 Dass Intentionalität ontologisch irreduzibel ist, weist auf die „Grenze möglicher Naturalisierung" (Hua IV, 297). Intentionale Phänomene genügen nämlich gewissen „Wesensgesetzen" (Hua IV, 291), die anderer Art als Naturgesetze sind. Vgl. dazu Mayer 2011.
223 Zum Unterschied zwischen begrifflicher und ontologischer Reduktion vgl. Crane 2003, 169 ff.
224 Zur Situierung von Husserl in der „Leib-Seele-Debatte" vgl. Meixner 2007, 2011, und D. W. Smith 1995.

II. Der Primat erlebter Intentionalität. Intentionalität ist für Husserl in erster Linie eine Eigenschaft von bewussten Erlebnissen, welche macht, dass *Bewusstsein* Bewusstsein von etwas ist (vgl. *Ideen I*, § 87).

Das heißt nicht, wie bereits gezeigt, dass es keine nicht- oder unbewussten intentionalen Zustände gäbe. Dazu gehören „bleibende[] Meinungen" (Hua IV, 111) und „bleibende Eigenheit[en]" (CM, 68) wie z. B. Überzeugungen, Emotionen (vgl. Hua IV, 113 f.) und Entschlüsse. So ist z. B. mein Glaube, dass München in Bayern liegt, ein intentionaler Zustand, in dem ich mich befinden kann, auch wenn ich gerade nicht urteile, dass dem so ist. Ich kann „passiv werdend in dumpfen Schlaf versinke[n] oder andere Akte durchlebe[n]" (CM, 68). Meine Überzeugung hat eine Form der *Verharrung*, die „offenbar keine kontinuierliche Füllung der immanenten Zeit mit Erlebnissen" (CM, 68 f.) darstellt. Habe ich z. B. einmal geurteilt, dass München in Bayern liegt, und habe ich dieses Urteil nicht zwischenzeitlich revidiert, so glaube ich seit meinem ersten Urteil, dass München in Bayern liegt. Es ist „also [ein] Gesetz: daß jede ‚Meinung' eine Stiftung ist, die solange Besitz des Subjekts bleibt, als nicht Motivationen in ihm auftreten, die eine ‚Änderung' der Stellungnahme, eine Dahingabe der alten Meinung [...] fordern" (Hua IV, 113). Husserl spitzt das mitunter dahingehend zu, dass man an nichts glaubt, worüber man nicht einmal geurteilt hat. Alle bleibenden Eigenheiten wären in diesem Sinne *Niederschläge* früherer Akte. Husserl behauptet auch, dass ich auf jeden „Ursprungsakt" (Hua IV, 118), der eine bleibende Eigenheit induziert hat, „wiederholt ‚zurückkommen'" (CM, 68) und ihn „‚wieder' aufnehmen, [...] mir wieder zur Gegebenheit (im Neuvollzug) bringen" (Hua IV, 115) kann. Nicht-erlebte Zustände sind somit auch als *potentiell bewusste Zustände* charakterisiert.[225] Intentionalität ist also primär eine Eigenschaft aktueller und bewusster Erlebnisse; nicht-erlebte Intentionalität gründet in ihren möglichen bewussten Aktualisierungen: „bleibende Ichbestimmtheiten" sind „wesensmäßig [...] zurückbezogen auf den Erlebnisstrom" (CM, 69). Im Bereich des Mentalen gibt es einen *ontologischen Primat* des Bewussten, Aktuellen und Manifesten gegenüber dem Unbewussten, Möglichen und Dispositionalen. Etwas hat *dadurch* an der Intentionalität des Geistes teil, dass es mit bewussten intentionalen Erlebnissen verbunden ist.

III. Essentialität. Intentionalität ist eine *wesentliche Eigenschaft* intentionaler Erlebnisse. Intentionalität ist eine „Wesensbestimmtheit der ‚psychischen Phänomene' oder ‚Akte'" (Hua XIX/1, 382). Husserl fasst Brentanos Passage als eine Realdefinition auf, als eine „essentielle Definition" (Hua XIX/1, 382). Das „de-

---

[225] Vgl. dazu ähnlich Searles 1992, Kap. 7, *Verbindungsprinzip* zwischen bewussten und unbewussten Zuständen.

terminierende Beiwort *intentional* nennt den gemeinsamen Wesenscharakter der abzugrenzenden Erlebnisklasse" (Hua XIX/1, 380). Wenn Erlebnisse als intentional charakterisiert werden, so „ist von Erlebnissen rein ihrem Wesen nach, bzw. von reinen Wesen die Rede und von dem, was in den Wesen, ‚a priori', in unbedingter Notwendigkeit beschlossen ist" (Hua III/1, 74). Damit ist für Husserl bereits ausgeschlossen, dass Intentionalität auf eine *empirische Relation*, z. B. eine kausale oder raum-zeitliche Relation, reduzierbar, geschweige denn mit einer solchen identisch sein kann. Denn empirische Relationen sind nach Husserl *kontingent*. Auch nomologisch fundierte Kausalrelationen können Intentionalität nicht erklären, weil nach Husserl keine Wirkung *von sich aus* auf etwas anderes (hier: ihre Ursache) verweist: „Es ist ein äußerliches Kausalverhältnis, wonach die Wirkung als das, was sie in sich betrachtet ist, denkbar wäre auch ohne die Ursache oder die Leistung der Ursache in dem Hinzutreten von etwas bestände, das auch für sich sein könnte." (Hua XIX/1, 405). Intentionalität ist aber auch nicht nur ein Reflex unseres Sprechens über mentale Phänomene. Ein Gefallen z. B. ist nicht deshalb ein Gefallen *an* oder *über* etwas, weil die Grammatik des Wortes „Gefallen" eine solche Ergänzung fordert. Die Intentionalität des Gefallens gründet nicht in „korrelativen Ausdrücken" (vgl. LU III, § 11), sondern darin, dass „das spezifische Wesen des Gefallens die Beziehung auf ein Gefallendes fordert" (Hua XIX/1, 404). Intentionalität gründet in der Natur (gewisser) mentaler Phänomene, nicht im sprachlichen Ausdruck dieser Phänomene.[226]

Intentionalität ist aber noch in einer *anderen Hinsicht* essentiell für Erlebnisse. Denn nach Husserl ist Intentionalität diejenige Eigenschaft, die Mentales oder Psychisches *als solches* auszeichnet; sie kennzeichnet das „Grundwesen alles psychischen Lebens" (Hua IX, 31). Anders als Brentano vertritt Husserl zwar nicht die These, dass *alle* Erlebnisse intentional seien; gleichwohl „faßt" Intentionalität „alles in sich [...], was in einem gewissen *prägnanten* Sinne psychisches, bewußtes Dasein charakterisiert" (Hua XIX/1, 378). Nicht-intentionale Erlebnisse sind bei Husserl die *Empfindungen* oder *hyletischen Daten*, zu denen sensorische Eindrücke, Schmerz-, Un- und Lustempfindungen, Kitzel, Jucken etc., aber auch kinästhetische Empfindungen gehören (vgl. *Ideen I*, §§ 36, 85; s. u.). Obschon dies nicht-

---

226 Vgl. Crane 2001b, 340: „In any case, it would surely be surprising if the idea of an intentional object, and related ideas like object of attention, object of experience and object of thought, were mere shadows of the grammar of our language (unless, of course, one held the implausible view that all philosophically interesting concepts were mere shadows or artefacts of grammar). These ideas are phenomenological ideas, ideas we use in trying to articulate to ourselves the fundamental nature of what our experience and thought is like. Why should we expect the fundamental nature of experience and thought to be *explained* in terms of grammar? If anything, the explanation should be the other way around."

intentionale Erlebnisse sind, so sind sie solcherart, dass sie in Akte als Teile eingehen können. Empfindungen werden von Husserl in erster Linie mit Blick auf ihre *intentionale Funktion* charakterisiert; sie sind „T r ä g e r einer Intentionalität", obschon „nicht selbst Bewußtsein von etwas" (Hua III/1, 75). Intentionalität

> ist insofern eine Wesenseigentümlichkeit der Erlebnissphäre überhaupt, als alle Erlebnisse in irgendeiner Weise an der Intentionalität Anteil haben, wenn wir gleichwohl nicht von j e d e m Erlebnis im selben Sinne sagen können, es habe Intentionalität, wie wir z. B. von jedem, in den Blick möglicher Reflexion als Objekt eintretenden Erlebnis, und sei es auch ein abstraktes Erlebnismoment, sagen können, es sei ein zeitliches. Die Intentionalität ist es, die B e w u ß t s e i n im prägnanten Sinne charakterisiert, und die es rechtfertigt, zugleich den ganzen Erlebnisstrom als Bewußtseinsstrom und als Einheit eines Bewußtseins zu bezeichnen. (Hua III/1, 187).

Intentionalität gleicht einer „durchgehenden [...] Linie" (Hua XXV, 30), an der alle Erlebnisse auf die eine oder andere Weise beteiligt sind. Mit Blick auf die heutzutage viel diskutierte Frage nach einem „Merkmal des Mentalen",[227] kann man Husserl folgende These zuschreiben, die einen *mentalen Primat intentionaler Phänomene gegenüber nicht-intentionalen* ausdrückt:[228]

> Für jedes Erlebnis e gilt: e ist *entweder* ein intentionales Erlebnis, *oder* es gibt ein intentionales Erlebnis e*, sodass e aktueller oder potentieller Teil von e* ist.

Allerdings räumt Husserl die prinzipielle Möglichkeit eines reinen Empfindungswesens ein – eines „bloße[n] Empfindungskomplex[es]" (Hua XIX/1, 379), eines, modern gesagt, puren *Qualia-Bündels*:

> Fingieren wir ein Bewußtsein vor allen Erfahrungen, so empfindet es der Möglichkeit nach dasselbe wie wir. Aber es schaut keine Dinge und dinglichen Ereignisse, es nimmt nicht Bäume und Häuser wahr, nicht den Flug des Vogels oder das Bellen des Hundes. (Hua XIX/1, 80)

Es wäre zu fragen, ob solch ein Bewusstsein auch bar jeder *Möglichkeit* intentionaler Erfahrung wäre. Husserl zufolge würde dieses Bewusstsein „niemand mehr ein psychisches Wesen nennen wollen", auch wenn ein solches Wesen

---

[227] Vgl. Crane 2007b. Im Kern stehen sich Neo-Brentanisten, für die Intentionalität alles Mentale charakterisiert, und Qualia-Freunde, die dies leugnen, gegenüber.
[228] Vgl. ähnlich Addis 1989, 8: „[E]verything that is mental is so only by virtue of its intimate connection with the intentional. Thus the notion of intentionality is the most important one in the idea of the mental, and the understanding of what it is for something to be mental requires in the first instance what it is for a state of consciousness to be an awareness *of* something."

"überhaupt denkmöglich" (Hua XIX/1, 379) ist. Nicht-intentionale Erlebnisse belegen jedenfalls, dass Erlebnisse und Akte unterschiedliche Essenzen instanziieren. Die Essenz *Erlebnis* wird nicht durch Intentionalität, sondern durch innere Zeitlichkeit konstituiert (s. o.). In jedem Fall ordnet Husserl die Subdisziplin der Phänomenologie, die sich mit Empfindungen befasst, die *reine Hyletik*, der intentionalen Phänomenologie methodisch unter (vgl. Hua III/1, 337, 198 f.). Während die „Phänomenologie der sinnlichen Daten" *relativ arm* ist, ist die „Phänomenologie der Intentionalität" (Hua XXXV, 334) *unendlich reich*. Die Intentionalität – und nicht die Hyletik – ist und bleibt Husserls „phänomenologisches Hauptthema" (Hua III/1, 187).

Aus dem Primat bewusster mentaler Entitäten gegenüber dispositionalen ergibt sich zusammen mit dem Primat der Intentionalität der *Primat bewusster Intentionalität* für den Bereich des Mentalen: Bewusste Intentionalität ist diejenige Eigenschaft, *aufgrund deren* etwas mental oder psychisch („im prägnanten Sinne") ist.

IV. Empfindungen. Bevor ich Husserls Argumente für die Existenz von Empfindungen skizziere, sollen ihre wesentlichen Merkmale zusammengestellt werden. Ich konzentriere mich dabei schwerpunktmäßig auf die Sinnesempfindungen der äußeren Wahrnehmung.

In gewissem Sinn sind Sinnesempfindungen ein Tribut an die klassischen Empiristen und deren Sinnes-Daten-Theorien, aber nur „in gewissem Sinn", denn es gibt gravierende Unterschiede (vgl. Smith/McIntyre 1982, 138 f.; A. D. Smith 2003, 79 ff.). Insgesamt kann man sagen, dass Empfindungen bei Husserl den *sensorischen, impressionalen* und, wie es mitunter heißt, *ichfremden* Charakter von Wahrnehmungen konstituieren. Alles Noetische, alle intentionalen Aspekte von Akten sind im Gegensatz dazu *ichhaft* oder *ichlich*, weil das Subjekt in seinen Akte gleichsam engagiert ist.[229] Empfindungen sind demgegenüber etwas Rohes, dem Ich (Vor-)Gegebenes. Es sind die „an sich sinnlosen, irrationalen – aber freilich der Rationalisierung zugänglichen – Stoffe" (Hua III/1, 197). Neun weitere Merkmale sind für Husserl'sche Empfindungen charakteristisch (vgl. Gallagher 1986):

Erstens. Empfindungen sind Teilerlebnisse von Akten der Wahrnehmung (oder Phantasie[230]). Als solche gehören sie zu den „reellen Teilen" von Akten und werden präreflexiv erlebt, sind aber keine intentionalen Objekte. Darin unter-

---

[229] Vgl. A. D. Smith 2003, 100; Ingarden 1992, 159 f. Empfindungen werden auch als „mögliche Einschläge in das intentionale Gewebe" (Hua III/1, 199) bezeichnet.
[230] Die Empfindungen von Phantasieerlebnissen bezeichnet Husserl als *Phantasmen:* „Die darstellenden Inhalte der äußeren Wahrnehmung definieren den Begriff der *Empfindung* im gewöhnlichen, engen Sinn. Die darstellenden Inhalte der äußeren Phantasie sind die *sinnlichen Phantasmen.*" (Hua XIX/2, 610). Ich gehe hier nicht näher auf diese ein.

scheiden sie sich von Sinnes-Daten, die in Theorien des indirekten Realismus als unmittelbare Objekte der Wahrnehmung fungieren und im veridischen Fall zeichen- oder bildartige kausale Stellvertreter von materiellen Dingen darstellen. Dagegen wendet Husserl ein: „Die Empfindungen [...] werden [...] erlebt, aber sie erscheinen nicht gegenständlich; sie werden nicht gesehen, nicht gehört, mit irgendeinem ‚Sinn' wahrgenommen. Die Gegenstände andererseits erscheinen, werden wahrgenommen, aber sie sind nicht erlebt." (Hua XIX/1, 399) Und: „Ich sehe ein Ding, z. B. diese Schachtel, ich sehe nicht meine Empfindungen." (Hua XIX/1, 396) Ich sehe das „Vollding" (Hua XI, 4); das „Ding ist das erste, das affiziert, und erst in einer reflektiven Ablenkung davon, sekundär, die Perspektive oder weiter zurück die Empfindungsfarbe" (Hua XVII, 294). Empfindungen sind Entitäten „mit" (Hua XIX/1, 133) oder „mittels" (Hua XIX/1, 79) denen wir Realia wahrnehmen, dabei aber selbst nicht in Erscheinung treten. Auch wenn Husserl mitunter von „physischen Data" (Hua XVI, 47 ff.) spricht, so soll damit nicht gemeint sein, dass diese „Data" fokale intentionale Objekte seien. *Husserl'sche Data sind keine klassischen sense data.*

Zweitens. Empfindungen sind in sich selbst bar jeder Intentionalität: „Eine Empfindung ist kein Akt, kein intentionales Erlebnis" (Hua XXXVIII, 25). Sie haben selbst keine intentionalen Eigenschaften, aber fungieren in Akten als deren „Träger" (Hua III/1, 75) oder *Stoffe* (vgl. *Ideen I*, §§ 85 f.). Sie spielen eine intentionale Rolle, indem sie als „*darstellende[]* oder *intuitiv repräsentierende[] Inhalte []*" (Hua XIX/2, 609) fungieren. Sie werden im Akt sinngebend beseelt, gegenständlich oder objektivierend aufgefasst (apperzipiert, apprehendiert), gedeutet und interpretiert (vgl. Hua XIX/1, 79 ff., 358 f., 394 ff., 406 f.; Hua XIX/2, 606 ff., 616– 627; Hua III/1, 83 ff., 192 ff.; DR, §§ 14–17, 40; PP, § 31; FTL, § 107 c); EU, § 64 b). Sie sind gleichsam das, woran sich die Intentionalität des Aktes entzündet. Ohne intentionale Aktmomente blieben Empfindungen „ein toter Stoff" (Hua XVI, 46):

> Apperzeption ist uns der Überschuß, der im Erlebnis selbst, in seinem deskriptiven Inhalt gegenüber dem rohen Dasein der Empfindung besteht; es ist der Aktcharakter, der die Empfindung gleichsam beseelt und es seinem W e s e n nach macht, daß wir dieses oder jenes *Gegenständliche* wahrnehmen, z. B. diesen Baum sehen, jenes Klingeln hören, den Blütenduft riechen usw. (Hua XIX/1, 399)

Das Ergebnis dieser „Auffassung" besteht darin, dass Realia mitsamt ihren phänomenalen Eigenschaften erscheinen (vgl. Hua XIX/1, 395 f., 399 f.). Ohne Auffassung hätten wir kein *intentionales* Bewusstsein von transzendenten Objekten *außerhalb* unserer Akte.

Drittens. Man darf daher auch nicht den Fehler machen, Empfindungen mit phänomenalen Eigenschaften oder *sekundären Qualitäten* zu identifizieren. Selbst wenn, was Husserl einräumt und detailliert in den *Ideen II* begründet,[231] sekundäre Qualitäten eine gewisse Subjektabhängigkeit aufweisen, so ist das nicht damit zu verwechseln, dass solche Qualitäten selbst etwas Psychisches sind: „Die Subjektivität der sekundären Bestimmtheiten kann nie und nimmer den Widersinn besagen, daß sie reelle Bestandstücke der Phänomene [Erlebnisse, CE] sind. Die erscheinenden Objekte der äußeren Anschauung sind g e m e i n t e Einheiten, aber nicht ‚Ideen' oder Ideenkomplexe im Sinne der L o c k e schen Rede." (Hua XIX/1, 135; vgl. *Ideen I*, § 52) *Erlebnis-Abhängigkeit* ist nicht eo ipso *Erlebnis-Immanenz*. Empfindungen haben ganz andere Eigenschaften als phänomenale Qualitäten. Eine Rotempfindung ist nicht rot.[232] Empfindungen sind mithin nicht sinnlich wahrnehmbar, sondern lediglich durch eine „psychologische Reflexion" (Hua XIX/1, 165; vgl. 222f.) bzw. „Empfindungsreflexion" (Hua XX/1, 149) aufweisbar. Ferner schatten sich sinnliche Eigenschaften ab, während Empfindungen abschattungsfrei erlebt werden und beständig fließen. Außerdem sind Empfindungen – wie Erlebnisse überhaupt – selbst nicht räumlich, sondern nur zeitlich ausgedehnt (vgl. Hua IV, 149, 154; Hua XX/1, 149). Empfindungen sind weiters stets im Fluss und ein Mannigfaltiges, während die ihnen „entsprechenden" Eigenschaften als identische Einheiten *bewusst sind:*

> Es genügt hier aber der Hinweis auf den leicht faßlichen Unterschied zwischen dem objektiv als gleichmäßig gesehenen Rot dieser Kugel und der gerade dann in der Wahrnehmung selbst unzweifelhaften und sogar notwendigen Abschattung der subjektiven Farbempfindungen – ein Unterschied, der sich in Beziehung auf a l l e Arten von gegenständlichen Beschaffenheiten und die ihnen korrespondierenden Empfindungskomplexionen wiederholt. (Hua XIX/1, 358 f.)

Die „gleichmäßige Färbung der Kugel, die wir sehen [...], haben wir nicht empfunden" (Hua XIX/1, 81).

Viertens. Empfindungen sind auf mehrfache Weise auffassbar; und umgekehrt: ein und dieselbe Auffassung, ein und derselbe „*Auffassungssinn*" (Hua XIX/1, 430), kann diverse Empfindungen beseelen:

---

[231] Vgl. v. a. das Kapitel „Die Aistheta in Bezug auf den aisthetischen Leib" (§ 18).
[232] „Das empfundene Rot ist ein reelles Moment der Wahrnehmung selbst. Sie enthält das Moment Rot, sie ist aber nicht rot; Rot ist keine ‚Eigenschaft', kein Merkmal der Wahrnehmung, sondern Merkmal des wahrgenommenen Dinges. [...] Ebenso enthält die Wahrnehmung ein Moment Ausdehnung; es wäre aber grundverkehrt, sie als ausgedehnt zu bezeichnen, nachdem dieses Wort den dinglichen Sinn hat, den einer gewissen räumlichen Modifikation. Der Raum aber ist die notwendige Form der Dinglichkeit und nicht die Form der Erlebnisse, und näher der ‚sinnlichen' Erlebnisse." (Hua XVI, 42 f.)

Verschiedene Akte können dasselbe wahrnehmen und doch ganz Verschiedenes empfinden. Denselben Ton hören wir einmal räumlich nahe und das andere Mal ferne. Ebenso umgekehrt: Gleiche Empfindungsinhalte „fassen wir" einmal so und das andere Mal anders auf. [...] Wie immer die im Bewußtsein präsenten (die erlebten) Inhalte entstanden sein mögen, es ist denkbar, daß in ihm gleiche Empfindungsinhalte vorhanden und doch verschieden aufgefaßt, m.a.W., daß aufgrund derselben Inhalte verschiedene Gegenstände wahrgenommen werden. (Hua XIX/1, 395; vgl. Hua XVI, 45 f.)

Fünftens. Ungeachtet ihrer multiplen Auffassbarkeit schreiben Empfindungen Auffassungssinnen Grenzen vor. Ein roter Fleck an der Wand, der mir als rot erscheint, kann mir nicht als grün erscheinen; Rotempfindungen sind in diesem Sinne apperzeptiv unvereinbar mit Grünempfindungen: „a l s w a s wir einen Inhalt auffassen (in welchem Auffassungssinn), das steht uns nicht ganz frei" (Hua XIX/2, 623).[233] Natürlich ist es möglich, zu *glauben*, ein rot erscheinender Fleck sei tatsächlich grün; es kann sogar sein, dass ich an das Grün-Sein des Fleckes *aufgrund* der Rot-Erscheinung glaube – nämlich dann, wenn ich z. B. die Beleuchtungsverhältnis genau kenne und weiß, dass Grünes unter diesen und jenen Umständen als rot erscheint. Darin besteht ein wesentlicher Unterschied zwischen anschaulicher und semiotischer (signitiver) Intentionalität. Denn durch Zeichen, die durch sog. *Bedeutungserlebnisse* beseelt werden (vgl. LU I, §§ 1–16), lässt sich alles und jedes bezeichnen. Diejenige Hyle, die das Zeichen anschaulich macht, begrenzt von sich aus in keiner Weise, auf welches Objekt das beseelende Bedeutungserlebnis gerichtet ist. Dieses hat „am Sinnlichen des Ausdrucks" einen „intuitiven A n h a l t", nicht eo ipso einen „intuitiven Inhalt" (Hua XIX/2, 586) mit Blick auf das Objekt. Die Zeichen-Hyle (Lautgestalt, Schriftbild) „kann willkürlich variieren, ohne die signitive Funktion zu stören. Ob z. B. die Buchstaben eines Wortzeichens aus Holz, Eisen, Druckerschwärze sind usw., bzw. ob sie objektiv als dergleichen erscheinen, ist gleichgültig. [...] Als solcher [fundierender Inhalt] kann, so scheint es, jeder beliebige Inhalt fungieren" (Hua XIX/2, 619 f.; vgl. 622). Anders steht es bei anschaulicher Intentionalität, die keine „zufällige, äußerliche Beziehung", sondern eine „wesentliche, innerliche" (Hua XIX/2, 622) Relation zwischen Hyle und Objekt bzw. Eigenschaft herstellt. Eben deshalb kann die Hyle Auffassungssinne einschränken. Der frühe Husserl erklärt dies damit, dass die Hyle eine gewisse *Ähnlichkeit* (vgl. Hua XIX/2, 623, 647) mit den Eigenschaften aufweisen muss, die sie kraft Auffassung darstellt.[234] Und Ähnlichkeit ist eine

---

[233] Føllesdal 1978, 93 f., bezeichnet die hyletischen Stoffe deshalb treffend als *Begrenzungsbedingungen* („boundary conditions") für den „Auffassungssinn" der Erlebnisse.
[234] Trotz der Verschiedenheit von phänomenalen Eigenschaften und Empfindungen räumt der frühe Husserl eine gewisse Verwandtschaft bzw. „Ähnlichkeit" (Hua XIX/2, 623, 647) ein. Der „Inhalt der Empfindung" ist „sozusagen ein analogisches Baumaterial" (Hua XIX/1, 80 f.) für die

interne Relation (eine „Vergleichungsbeziehung"; vgl. EU, § 43), welche gemeinsame Merkmale voraussetzt und nicht willkürlich variabel ist. Empfindungen haben jedenfalls bereits eine bestimmte Beschaffenheit, die sie nicht für beliebige Auffassungen geeignet macht.

Sechstens. Empfindungen sind eng verwandt mit *sensorischen Qualia* im heutigen Sinne. Es sind Eigenschaften von Erlebnissen, die ein „what it is like" mit sich bringen:

> In summary, hyletic data are phenomenal qualia of specifically sensory episodes that you live through or undergo in experiences. Unlike whatever object of an experience, hyletic data are immanent to the experience. In perception, hyletic data are distinguishable from whatever it is that you perceive and, therefore, hyletic data are distinguishable from what the representationalists seem to mean by "content". Although hyletic data are typically unnnoticed in first-order perceptual experiences, [...] Husserl claims that you can become aware in second-order reflection that hyletic data are distinct from what you perceive. [...] [H]yletic data [...] functionally match what most contemporary philosophers mean by "phenomenal qualia". (Shim 2011, 205, 214)

Siebtens. Empfindungen sind *epistemisch relevant.* Der unanschauliche Gedanke, dass der Eiffelturm aus Stahl ist, trägt nichts zu dessen Rechtfertigung bei; hin-

---

Eigenschaft des Objekts. Es ist dieses *analogische Verhältnis*, das der äquivoken Verwendungsweise von Worten zugrunde liegt, die sich einerseits auf sinnliche Eigenschaften als auch auf Empfindungen beziehen (vgl. Hua XIX/1, 81, 134 f.). „Ich empfinde Röte" kann demnach zweierlei bedeuten: entweder „Ich sehe etwas Rotes" (1) oder „Ich habe eine Rotempfindung (ein Rot-Quale)" (2). Während (1) ein intentionales Erlebnis ausdrückt, bezieht sich (2) auf eine nicht-intentionale Empfindung. Nach Husserl impliziert (1) (2), aber nicht umgekehrt. Es sind Fälle möglich, in denen ein Subjekt eine Rotempfindung hat, ohne etwas Rotes zu sehen. Allerdings hat Husserl später an der Ähnlichkeits-Doktrin Selbstkritik geübt, wie die Überarbeitung der VI. Untersuchung zeigt (vgl. auch *Ideen I*, § 81): „Was liegt näher, als hier (wie in der ersten Auflage des Werkes geschah) von einer Repräsentation des Ähnlichen durch Ähnliches zu sprechen? Aber diese Rede ist inkorrekt, eine eigentliche Ähnlichkeit und somit mögliche Gleichheit liegt hier nicht vor und ist durch die Wesenslage ausgeschlossen. Der empfundenen Farbe entspricht nicht am ‚äußeren' Ding (dem Ding im Sinne der Wahrnehmung) ein im eigentlichen Verstand gattungsmäßig Gleiches, als ob die Empfindungsfarbe ‚hinausprojiziert' wäre und als ob dieses ‚Projizieren' überhaupt einen Sinn gäbe." (Hua XX/1, 148 f.) Die Relation, die im veridischen Fall zwischen Empfindung und Eigenschaft besteht, bezeichnet Husserl nun als ein „durchaus eigenartiges Wesensverhältnis" (Hua XX/1, 149); Farbempfindungen haben demnach eine „Quasi-Ausdehnung" und „Quasi-Deckung" mit objektiven Farben, die sich dadurch ausweist, dass sich jedem Punkt auf der farbigen Oberfläche ein Empfindungsmoment zuordnen lässt – und vice versa; es ist also eine Art *formaler Homomorphismus* zwischen Empfindungen und Farbe, der an die Stelle der *materialen Ähnlichkeit* tritt. Trotz Revision des Ähnlichkeitsparadigmas hält Husserl also weiterhin daran fest, dass in der Wahrnehmung nicht-intentionale Empfindungen als darstellende Inhalte fungieren.

gegen ist eine sensorisch „erfüllte" Wahrnehmung des stählernen Wahrzeichens von Paris epistemisch relevant. Es macht Sinn zu sagen, man glaube, dass der Eiffelturm aus Stahl sei, weil man dies sehe; es macht hingegen keinen Sinn zu sagen, man glaube dies deshalb, weil man daran denke. Die epistemische Funktion von Empfindungen hängt eng mit Husserls Konzeption der Erfüllung eines Aktes zusammen, die das Herzstück seiner Erkenntnistheorie bildet (vgl. LU VI; *Ideen I*, §§ 132, 135 ff.). Die epistemische Rolle der Empfindungen besteht darin, zur *Fülle* des Aktes beizutragen, wobei die Faustregel gilt: je mehr Fülle ein Akt aufweist, desto größer ist sein epistemisches Gewicht, sein Rechtfertigungspotential für Urteile.

Achtens. Empfindungen weisen *Intensitätsunterschiede* auf; das Haben von Empfindungen ist somit, anders als Intentionalität, eine *graduelle Eigenschaft* (vgl. Hua XIX/1, 410). Es gibt „Gradationen der Fülle" (Hua XIX/2, 610) und „Steigerungsreihen der Erfüllung" (Hua XIX/2, 614). Ein Akt kann mehr und intensivere Empfindungen als ein anderer enthalten. Ein leerer (anschauungsloser) Gedanke an den Eiffelturm ist nicht weniger auf diesen gerichtet als eine entsprechende Wahrnehmung (vgl. Hua XXIV, 278); allerdings sind beide auf höchst unterschiedliche Weise intentional ausgerichtet.

Neuntens. Schließlich ist darauf hinzuweisen, dass selbst Empfindungen nicht durch und durch einfache Gegebenheiten sind, sondern ihrerseits konstituiert sind im inneren Zeitbewusstsein.[235] Ein Ton-Quale stellt bereits eine Entität dar, die sich in der Reflexion als eine *Einheit von Retention-Urimpression-Protention* darbietet und von anderen Ton-Qualia und Qualia anderer Sinne abgegrenzt ist. Auch auf der Ebene der Qualia gibt es bereits eine passive Synthesis, die alle anderen Aktstufen fundiert. Aufgrund dieser Synthesis fügen sich Ton-Qualia gleichsam automatisch zusammen und bilden *ein* tonales Erlebnis. Mit dem inneren Zeitbewusstsein, das uns hier nicht näher beschäftigt, ist die tiefste Stufe von Husserls Phänomenologie erreicht (vgl. ZB, Hua X, Hua Mat VIII, Hua XXXIII).

Die beschriebenen neun Merkmale von Empfindungen bilden gleichsam ihre *Essenz:* So wären Empfindungen beschaffen, wenn es sie gäbe. Natürlich glaubt Husserl, dass es sie gibt; dies ist für ihn sogar introspektiv aufweisbar. Soweit ich sehe, bietet Husserl auch *zwei Argumente* an.

Das *erste* – bereits unter *Viertens* angedeutete – Argument kann man als *Variationsargument* bezeichnen. Es beruht auf der Beobachtung, dass Objekte mitsamt ihren (phänomenalen) Eigenschaften auf dieselbe Weise gegeben sind, obschon sich im Erlebnis etwas ändert (1. Fall): *ein* gleichmäßig gesehenes Rot –

---

[235] Vgl. dazu ausführlich Hua X und knapp und überblicksartig: Hua XXIV, § 43; CM, §§ 18, 37; *Ideen I*, §§ 81 f.; EU, § 64. Siehe dazu A. D. Smith 2003, 86–100.

variierende Abschattungen. Umgekehrt gilt, dass trotz einer gewissen Konstanz im Erlebnis Verschiedenes intendiert ist (2. Fall): Wahrnehmung einer Person, dann einer Schaufensterpuppe – konstanter sensorischer Input (vgl. Hua XIX/1, 458 ff.; Hua XVI, 45 ff.; Hua XXIII, 40 f., 48 f.; EU, § 21). In beiden Fällen schließt Husserl, dass es nicht-intentionale Erlebnisse geben muss, die im Fall (1) variieren und im Fall (2) konstant bleiben.[236]

Husserls zweites Argument für die Existenz von Empfindungen ist eine Art *regressives Isolationsargument* (vgl. *Ideen II*, § 10). Husserl beschreibt anhand einer auditiven Wahrnehmung (Hören eines Tones) einen dreistufigen Abstraktionsprozess, bei dem schrittweise verschiedene Auffassungen ausgeblendet werden, sodass man schließlich bei einem nicht-intentionalen Tondatum ankommt:

> Er [der Ton, CE] kann aufgefaßt sein als realer Gegenstand, somit als räumlich-reales Vorkommnis. Er ist dann derselbe, wenn ich mich von ihm entferne und ihm nähere, ob das Nebenzimmer, in dem er erklingt, geöffnet bleibt oder geschlossen wird. Unter Abstraktion der materiellen Realität kann ich noch übrig behalten ein tonales Raumphantom, erscheinend in bestimmter Orientierung, von einer Raumstelle ausgehend, durch den Raum hindurch klingend usw. Endlich kann auch die räumliche Auffassung außer Vollzug gesetzt, also statt eines räumlich erklingenden Tons der Ton als bloßes „Empfindungsdatum" genommen werden. Anstelle dessen, was bei Annäherung und Entfernung als der unveränderte Ton draußen im Raum bewußt war, erscheint in Blickwendung auf das Empfindungsdatum Ton ein sich kontinuierlich Veränderndes. [...] Es wäre ein Ton denkbar, der jeder räumlichen Auffassung entbehrte. Wir stoßen hier bei dem puren Empfindungsdatum auf eine Vorgegebenheit, die noch vor der Konstitution des Gegenstandes als Gegenstandes liegt. (Hua IV, 22 f.)

Erst ertöne z. B. die Alarmanlage eines Autos; dieses Geräusch wird räumlich lokalisiert und kausal an eine materielle Ursache geknüpft. Abstrahiere ich von dieser kausalen Auffassung, erscheint mir der Ton nur noch als Tonphantom, gewissermaßen wie ein halluzinierter Ton, der kausal impotent ist, aber noch in einer gewissen räumlichen Orientierung gegeben ist (z. B. eher rechts als links). Schließlich lässt sich auch von der Räumlichkeit des Tons, so Husserl, abstrahieren (vgl. Tinnitus). Dann haben wir es nicht mehr mit einem intentionalen Objekt zu tun, sondern mit einer nicht-intentionalen „Vorgegebenheit": es ist ein

---

[236] Mir scheint, dass dieser Schluss nicht zwingend ist. So folgt z. B. daraus, dass ich dieselbe Kugel sehe, obschon sich ständig meine Perspektive ändert, nicht, dass es nicht-intentionale Aspekte meines Sehens gibt, sondern nur, dass das fokale (thematische) intentionale Objekt nicht durch die wechselnden Perspektiven bestimmt wird. Die verschiedenen „Abschattungen" sehe ich sozusagen *mit*, obschon sie nicht fokal intendiert sind. Zur Kritik am ersten Argument vgl. auch Hopp 2008a, Abs. III.

„Empfindungszustand, der zwar in Bezug auf das Ich als Reiz fungiert, aber nicht die Eigenheit eines Gegenstandsbewußtseins besitzt, dem ein erklingender Ton gegenständlich bewußt ist" (Hua IV, 23).[237] Offenbar meint Husserl, auf diese Weise keine nachträgliche begriffliche Abstraktion zu vollziehen, sondern eine tatsächlich im vollen Erlebnis enthaltene Komponente zu *isolieren*, die wir durch aufmerksame Introspektion jederzeit *entdecken* können.[238]

Neben Empfindungen, die eng mit *phänomenalen* Eigenschaften von äußerlichen Objekten verknüpft sind (Farben, Klang, Geschmack etc.), führt Husserl eine zweite Art von Empfindungen ein, zu denen insbesondere kinästhetische Bewegungsempfindungen und „sinnliche Gefühle" (Hua XIX/1, 406) gehören.[239] Letztere umfassen leibliche Empfindungen, z. B. physische Schmerzen. Offiziell vertritt Husserl somit einen nicht-intentionalistischen Standpunkt mit Blick auf Schmerzen und Lust. Manche zeitgenössische „starke Intentionalisten" wie z. B. Tim Crane und Michael Tye behaupten hingegen, dass Schmerzen *durch und durch* intentional sind. Nach Tye sind Schmerzen deshalb intentional, weil sie gewisse *Schäden des Körpers* anzeigen; laut Crane beziehen sie sich intentional auf ge-

---

[237] Husserl vertritt auch die These, dass Empfindungen einen *genetischen Primat* vor intentionalen Erlebnissen haben. Am Anfang der Objekt-Konstitution stehen Empfindungen als nicht-intentionale „Urgegenstände" (Hua IV, 17), die erst peu à peu eine intentionale Funktion erlangen (vgl. EU, §§ 15–17; *Ideen II*, §§ 8–10). Husserls Argument dafür lautet, dass der erstmalige bewusste Kontakt mit Sinnesqualitäten eine Form nicht-intentionaler Affektion ist. Denn ein „Bewußtseinssubjekt, das noch nie einen Ton ‚wahrgenommen' hat, also einen Gegenstand für sich erfaßt hätte, dem könnte sich auch kein Gegenstand Ton als Gegenstand aufdrängen. [...] es muß ein Tonempfinden geben, das nicht gegenständliches Auffassen oder Erfassen ist" (Hua IV, 23).

[238] Im Sehen eines weißen Papiers ist das Weiß-Quale „etwas dem Wesen der konkreten Wahrnehmung unabtrennbar Zugehöriges, und zugehörig als reelles konkretes Bestandstück"; es lässt sich durch „passende Blickwendung" im intentionalen Erlebnis „vorfinden" (Hua III/1, 75). Vgl. dazu kritisch Q. Smith 1977b.

[239] Husserl unterscheidet zwei Arten von Empfindungen. Die bisher thematisierten Sinnesempfindungen (Farb-, Tonempfindung etc.) haben *darstellende Funktion* für gewisse Eigenschaften wahrgenommener Objekte (Farben, Töne etc.) und sind somit *exterozeptive* Empfindungen; Empfindungen von der Art der „sinnlichen Gefühle", z. B. Schmerzen und kinästhetische Empfindungen, also *propriozeptive* Empfindungen, haben nicht die Funktion, Eigenschaften anderer äußerer Objekte darzustellen, sondern sie machen vielmehr den je eigenen Leib phänomenal manifest; sie werden typischerweise *leiblich lokalisiert* erfahren, während das für Farbempfindungen nicht gilt. Eine Rotempfindung fühlt sich nicht so an, als sei sie im Auge (oder auf der Netzhaut, Pupille etc.). „Sinnliche Gefühle" und kinästhetische Empfindungen tragen zur *Phänomenologie des Leibes* bei. Vgl. DR, §§ 46 f.; *Ideen II*, §§ 35–42. Empfindungen, die unmittelbar am eigenen Körper lokalisiert erfahren werden, nennt Husserl *Empfindnisse*.

wisse *Körperteile*.²⁴⁰ Fehlen diese, wie z.B. beim Phantomschmerz, haben wir es mit einem Spezialfall der Gerichtetheit auf Nicht-Existentes zu tun. Husserls Position passt wohl am besten zum „schwachen Intentionalismus", demzufolge Schmerzen i.d.R. *intentional fungieren*, sie aber gleichwohl Aspekte haben, die nicht in ihrer repräsentationalen Funktion aufgehen. (Leibliche) Schmerzen wären somit nicht-intentionale Empfindungen, aber stets eingebunden in intentionale Erlebnisse des propriozeptiven Wahrnehmens des eigenen Leibes mitsamt seiner Glieder. Es ist auch bei Husserl das Phänomen der *erlebten Lokalisation* physischer Schmerzen, das eine solche schwach-intentionalistische Lesart nahelegt. Ein „sinnlicher Schmerz" ist zwar „nicht auf gleiche Stufe zu stellen mit einer Überzeugung, Vermutung, Wollung usw."; trotz dieses nicht-propositionalen Charakters des Schmerzens wird gleichwohl „[i]n gewisser Weise [...] nun freilich jedes sinnliche Gefühl, z.B. der Schmerz des sich Brennens und Gebranntwerdens, auf Gegenständliches bezogen; einerseits auf das Ich, näher auf das gebrannte Leibesglied, andererseits auf das brennende Objekt". Und obwohl „sich diese Beziehung in intentionalen Erlebnissen vollzieht, so wird darum doch niemand daran denken, die Empfindungen selbst als solche Erlebnisse zu bezeichnen" (Hua XIX/1, 406). Also: der Schmerz in sich betrachtet ist zwar ein nicht-intentionales *quale*, aber er tritt immer als *Moment* von Akten auf, die insbesondere auf das schmerzende „Leibesglied" gerichtet sind (vgl. auch Hua XIX/2, 760 – 2; *Ideen II*, §§ 36f.).

Kehren wir nach der Diskussion der Empfindungen und ihrer Rolle für die Intentionalität zu den wesentlichen Merkmalen der „Gerichtetheit" auf ein Objekt zurück.

V. Ursprünglichkeit. Die Intentionalität von Erlebnissen ist in dem Sinne ursprünglich, dass sie nicht durch andere intentionale Phänomene erklärt werden kann. Jede Entität, die intentional ist, ist entweder ein intentionales Erlebnis oder verdankt ihre Intentionalität einem solchen. Husserl weist dies vor allem am Beispiel von *Bildern* und *(sprachlichen) Zeichen* auf. Dies sind bekanntlich traditionelle Kandidaten, um die Gerichtetheit des Geistes zu erklären. Man denke z.B. an Descartes' These aus den *Meditationes*, derzufolge sensorische Akte „gleichsam Bilder der Dinge" (*tamquam imagines rerum*) sind. Weiter unten wird gezeigt, dass Husserl mehrere Einwände gegen Bild- und Zeichentheorien auffährt.

VI. Modus & Gehalt. Damit ein Erlebnis das Genus *Intentionalität* instanziieren kann, muss es zwei Momente haben, nämlich einen *Modus* und einen *Gehalt*. Ein

---

240 Vgl. Crane 2001a, § 24. Verfechter des Nicht-Intentionalismus sind z.B. Searle 1987, Kap. I, und McGinn 1997, Kap. I.

Akt ist immer ein Akt einer bestimmten Art (Wahrnehmung, Phantasie, Urteil etc.) mit einem bestimmten „Inhalt". Ich bediene mich dieser gängigen Ausdrücke (*content/mode*), um möglichst neutral Husserls eigentümliche Termini zuordnen zu können. Tatsächlich sind seine Unterscheidungen jedoch viel feinkörniger als die gängige Differenzierung zwischen Modus und Gehalt.

Husserl selbst bezeichnet den Modus eines Aktes auf unterschiedliche Weise. Der frühe Husserl spricht von der *Qualität* eines Aktes, der spätere vom *thetischen Charakter* der Noesis (vgl. *Ideen I*, § 129). Es ist somit wichtig, zu sehen, dass Husserl Verschiedenes im Auge hat, wenn er über die Qualität eines Aktes spricht. Im Wesentlichen unterscheidet er zwischen „setzenden" und „nicht-setzenden" (neutralen) und „originären" und „nicht-originären" Aktarten (vgl. *Ideen I*, §§ 99–103). In jedem Fall obliegt es dem Modus, die Art oder den Typus des Aktes zu bestimmen: ob ein Akt eine Wahrnehmung, Erinnerung, Phantasie, ein Gedanke, ein Gefühl, ein Wunsch oder ein Urteil ist, wird durch die Qualität festgelegt. Der Gehalt hingegen bestimmt, auf welche Weise der intentionale Gegenstand gegeben ist, mit welchen materialen und formalen Aspekten er sich darstellt. Wenn wir vom Gehalt eines Aktes sprechen, reden wir eo ipso über dessen intentionales Objekt; in diesem Sinne wird das Objekt „durch", „mittels" oder „via" den Gehalt bestimmt. Für den Gehalt gilt, dass „sich in ihm oder durch ihn das Bewußtsein auf ein Gegenständliches als das ‚seine' bezieht" (Hua III/1, 297). Husserl bezeichnet den Gehalt als *Materie* (früh) bzw. als *Noema* (spät) des Aktes; durchgängig ist die Beschreibung des Gehalts als *Sinn* des Aktes. Zu den wichtigsten diesbezüglichen Unterscheidungen gehört der Unterschied zwischen *einstrahligen (monothetischen)* und *mehrstrahligen (poly- bzw. synthetischen)* Materien (vgl. LU V, §§ 33, 17, 37 f., 42; *Ideen I*, §§ 118 f., 121, 132). Anders als viele zeitgenössische Autoren erkennt Husserl nicht nur „mehrstrahlige", d. h. insbesondere nicht nur propositionale Intentionalität an. Nicht jede Intentionalität ist satzartig. Für Husserl ist der Unterschied zwischen Ein- und Mehrstrahligkeit unreduzierbar.

Au fond besteht Intentionalität also darin, dass ein Erlebnis eines Subjekts zwei monadische Eigenschaften instanziiert, nämlich eine Materie und eine Qualität.

VII. Modale Diversität. Intentionalität ist nicht gleich Intentionalität: es gibt „wesentlich verschiedene ‚Weisen des Bewußtseins', nämlich der intentionalen Beziehung auf Gegenständliches" (Hua XIX/1, 400). „Die Weise, in der eine ‚bloße Vorstellung' eines Sachverhalts diesen ihren ‚Gegenstand' meint, ist eine andere als die Weise des Urteils, das den Sachverhalt für wahr oder falsch hält. Wieder eine andere ist die Weise der Vermutung und des Zweifels, die Weise der Hoffnung oder Furcht, die Weise des Wohlgefallens und Missfallens, des Begehrens und Fliehens" (Hua XIX/1, 381). Es gibt eine *irreduzible Diversität* intentionaler Modi, die allesamt das Genus Intentionalität exemplifizieren. Husserl führt Intentionalität in diesem Sinne anhand verschiedener Beispiele ein:

> Es drängt sich an beliebigen Beispielen unverkennbar entgegen. In der Wahrnehmung wird etwas wahrgenommen, in der Bildvorstellung etwas bildlich vorgestellt, in der Aussage etwas ausgesagt, in der Liebe etwas geliebt, im Hasse etwas gehaßt, im Begehren etwas begehrt usw. (Hua XIX/1, 380)

Ähnlich heißt es in den *Ideen I*: „Wahrnehmen ist Wahrnehmen von etwas, etwa einem Dinge; ein Urteilen ist Urteilen von einem Sachverhalt; ein Werten von einem Wertverhalt; ein Wünschen von einem Wunschverhalt usw. Handeln geht auf Handlung, Tun auf Tat, Lieben auf Geliebtes, sich Freuen auf Erfreuliches usw." (Hua III/1, 188) Das „Allgemeine", das der Begriff der Intentionalität bezeichnet,

> mag vor näherer Untersuchung ein noch so Vages sein; es mag in einer noch so großen Vielheit wesentlich verschiedener Gestaltungen auftreten; es mag noch so schwierig sein, in strenger und klarer Analyse herauszustellen, was das pure Wesen der Intentionalität eigentlich ausmache, welche Komponenten der konkreten Gestaltungen dasselbe eigentlich in sich tragen, und welchen es innerlich fremd sei – jedenfalls sind Erlebnisse unter einem bestimmten und höchst wichtigen Gesichtspunkt betrachtet, wenn wir sie als intentionale erkennen und von ihnen aussagen, daß sie Bewußtsein von Etwas sind. (Hua III/1, 191).

Wenn man alle diese Erlebnisse durch das „determinierende Beiwort *intentional*" (Hua XIX/1, 392) charakterisiert, so haben wir es nicht mit einer bloßen Wittgen'steinschen Familienähnlichkeit zu tun, sondern mit einem „gemeinsamen Wesenscharakter" (Hua XIX/1, 392). Alle Akte instanziieren das Genus *Intentionalität*. Husserl macht sich auch dafür stark, dass nicht nur kognitive Phänomene wie Vorstellungen, Urteile und Denkakte, sondern auch emotionale, konative und volitive Phänomene intentionalen Charakter haben (vgl. LU V, § 15). Solche sog. *nicht-objektivierenden Akte* sind gleichermaßen auf etwas gerichtet, obschon sie ihre Gerichtetheit *objektivierenden Akten* „verdanken" (Hua XIX/1, 404), weil sie in diesen einseitig fundiert sind. Husserl vertritt, anders als oft behauptet, keinen Kognitivismus, denn es ist „unmöglich, alle Unterschiede der Akte auf Unterschiede der eingewobenen Vorstellungen und Urteile zu reduzieren, unter bloßem Sukkurs von Elementen, die nicht zur Gattung Intention gehören" (Hua XIX/1, 381). Beim frühen Husserl sind z. B. Gefühle intentional, aber nicht-objektivierend, weil sie keine *eigenen* Objekte oder Eigenschaften präsentieren. (Der spätere Husserl wird *axiologische Objekte* bzw. *Eigenschaften* als genuine Beiträge von Gefühlen und Volitionen einführen.[241]) Insgesamt vertritt Husserl die These modaler Akt-

---

[241] Die Unterscheidung zwischen objektivierenden und nicht-objektivierenden Akten weist

diversität; zugleich wird eine grundlegende Dualität zwischen nicht-objektivierenden und objektivierenden Akten statuiert, die Husserl auch als Dualität von genuinen „Stellungnahmen" von Seiten des Subjekts – ‚cogito' – und „Gegenstandsbewusstsein" *simpliciter* – ‚cogitat' – charakterisiert:

> Wir müssen die Intentionalität unterscheiden: 1. als diejenige, der gemäß Gegenstände bewußt sind, bloßes Bewußtsein, V o r s t e l l e n, und 2. als diejenige, welche das Verhalten der Akte zu dem Vorgestellten ausmacht, den „S t e l l u n g n a h m e n". (Hua IV, 278)

In diesem Sinne unterscheiden sich z. B. eine Freude oder eine Volition auf profunde Weise von einer Wahrnehmung oder einer Phantasie, denn nur die beiden ersteren sind Stellungnahmen, gleichsam *Antworten* auf einen bereits intentional bewussten Gegenstand.[242]

VIII. Mereologische Exklusivität und Transzendenz. Obwohl Akte immer auf ein Objekt gerichtet sind, enthalten sie dieses nicht im mereologischen Sinne. Die Überwindung einer solchen „Immanenzillusion", wie Sartre treffend sagt[243], ist für Husserls Auffassung von Intentionalität zentral. Es gilt mithin:

> Für jedes Erlebnis e und jedes intentionale Objekt X von e gilt: X ist kein Teil von e.[244]

---

interessante Parallelen zum *belief-desire*-Modell der Intentionalität auf, wie es bei vielen zeitgenössischen Autoren zu finden ist. So zeichnen sich z. B. nach Searle (1987) Überzeugungen durch eine „Welt-Geist-Ausrichtung" aus, während Wünsche (Absichten, Volitionen etc.) eine „Geist-Welt-Ausrichtung" haben. Während nämlich ein Glaube dadurch „erfüllt" wird – Searle spricht von „conditions of satisfaction" –, dass die Welt auf eine bestimmte Weise verfasst ist, erfüllen sich *desires* dadurch, dass das Subjekt die Welt gleichsam seinen Wünschen anpasst. Zustände mit „Null-Ausrichtung" (z. B. Phantasien) spielen eine ähnliche Rolle wie neutrale Akte (s. u.) bei Husserl.

242 Nach Husserl konstituiert sich die Person oder „Subjektivität in ihrer Eigenart" (Hua IV, 278) bevorzugt, aber nicht ausschließlich, in den Stellungnahmen. Vgl. dazu auch Hildebrands 1916, I. Teil, analoge Kontrastierung von „Kenntnisnahmen" und „Stellungnahmen".

243 Sartre hat diese These enthusiastisch als ein Hauptverdienst Husserls gefeiert. Mit ihr sei jeder Form von „Verdauungsphilosophie" der Garaus bereitet. Vgl. TE, 34.

244 Die einzige mögliche Ausnahme davon sind ggf. *strikt selbstbezügliche Akte*, sprachlich ausdrückbar z. B. durch „Dieses Urteil, das ich gerade fälle, ist selbstbezüglich". Soweit ich sehe, beschäftigt sich Husserl mit solchen Akten nicht näher. In der Regel gilt auch folgende Verstärkung: *weder X noch ein Teil von X sind ein Teil von e*. Diese Verstärkung trifft nicht auf adäquate immanente Wahrnehmungen zu, da bei ihnen die Empfindungen von e mit den „repräsentierten Eigenschaften" von X identisch sind. Vgl. Hua Mat III, 102. Ganz klar sind die Dinge also bei Husserl nicht.

Denn:

> Kein intentionaler Gegenstand ist in dem jeweiligen cogito ein reelles Moment; wenn viele Bewusstseinsakte denselben intentionalen Gegenstand evidenterweise in sich tragen, so haben sie nicht ein reelles Moment gemeinsam (Hua XXXV, 276; vgl. Hua XIX/1, 139).

Sehe ich einen Baum, so ist der Baum kein Teil meines Erlebnisses; höre ich einen grellen Ton, so ist kein greller Ton in meinem Hören – sonst wäre mein Hören selbst grell; selbst wenn ich eine „immanente Wahrnehmung" vollziehe, ist das reflektierte Erlebnis kein echter Teil des reflektierenden, denn sonst könnte das Erlebnis erster Stufe nicht ohne das Erlebnis zweiter Stufe existieren. Dies gilt selbst dann, wenn ich an ein inexistentes *imaginabile* denke:

> Man mag dieses intentionale Erlebnis in deskriptiver Analyse zergliedern, wie man will, so etwas wie den Gott Jupiter kann man darin natürlich nicht finden; der „immanente", „mentale" Gegenstand gehört also nicht zum deskriptiven (reellen) Bestande des Erlebnisses, er ist in Wahrheit gar nicht immanent oder mental. (Hua XIX/1, 387; vgl. 129; vgl. Hua II, 72)

Wäre das intentionale Objekt Teil des Aktes, würden alle intentionalen Objekte existieren. Denn existiert ein Ganzes, dann existieren auch alle seine Teile (vgl. Hua XIX/1, 259f.). Intentionalität besteht nicht darin, dass Objekte irgendwie *im* Bewusstsein sind, sondern darin, dass Bewusstsein von sich aus, d. h. kraft seiner intrinsischen Eigenschaften, auf etwas (anderes) *gerichtet ist*. Intentionale Objekte übersteigen den Akt insofern, als sie nicht vollständig in ihm enthalten sein können. Diese *Transzendenz intentionaler Objekte* gilt nach Husserl universell, wenngleich in unterschiedlichen Ausprägungen.[245] Sie gilt, wie wir sehen werden, in gewissem Sinne sogar für die immanente Wahrnehmung je eigener und momentan erlebter Erlebnisse – dem engstmöglichen ‚Kontakt' zwischen Akt und

---

[245] *Immanenz* und *Transzendenz* sind konträre Begriffe, die relativ zu einem intentionalen Erlebnis e bzw. zu einer Erlebnismannigfaltigkeit ausgesagt werden. Husserl unterscheidet wenigstens drei Bedeutungen: 1) X ist transzendent bzgl. e, wenn X kein Teil von e ist (*Transzendenz im mereologischen Sinne*); 2) X ist transzendent bzgl. e, wenn X nicht adäquat (vollständig) und zweifelsfrei erkannt werden kann (*Transzendenz im epistemologischen Sinne*); 3) X ist transzendent bzgl. e, wenn X nur „durch ‚Erscheinungen' vorstellig" (Hua XX/1, 150) werden kann. Eine Pointe sieht Husserl darin, dass etwas zugleich transzendent im mereologischen und immanent im epistemologischen Sinne sein kann. Dies trifft z. B. auf einige Idealitäten (z. B. immanente Wesen) und intentionale Gehalte (Noemata) zu. Vgl. Hua II, 35 ff.; *Ideen I*, §§ 41 f.; vgl. die hilfreiche Differenzierung verschiedener Transzendenzbegriffe bei Ingarden in: SEW I, § 2; II/1, § 48; LK, § 20.

Objekt.²⁴⁶ Alle intentionalen Objekten sind mit einer *gewissen* Unvollständigkeit gegeben.

IX. Intentionaler Monismus und Anti-Repräsentationalismus. Eng mit der mereologischen Exklusivität hängt die These des *intentionalen Monismus* bei Husserl zusammen. Damit ist gemeint, dass intentionale Objekte *als solche* keinen spezifischen ontologischen Status haben. Ist X ein existierendes intentionales Objekt, so ist X ein gewöhnliches Objekt, bei Husserl ein Reale oder Irreale. Es gibt nicht neben gewöhnlichen Objekten noch die Klasse oder den Seinsmodus intentionaler Objekte. Ist X ein bloßes intentionales Objekt, so existiert es nicht und hat auch keinen Status *sui generis*. Es gibt in diesem Sinne nichts zwischen Akt und Objekt, sodass man Husserls intentionalen Monismus auch als *Anti-Repräsentationalismus* bezeichnen kann.²⁴⁷ Husserl hält diesen Punkt für eine „Selbstverständlichkeit[]" und einen „Truism[us]" (Hua XIX/1, 440), der gleichwohl oft übersehen wurde:

> Man braucht es nur auszusprechen, u n d j e d e r m a n n m u ß e s a n e r k e n n e n : daß der intentionale Gegenstand der Vorstellung *derselbe* ist wie ihr wirklicher und gegebenenfalls ihr äußerer Gegenstand und daß es *widersinnig* ist, zwischen beiden zu unterscheiden. Der transzendente Gegenstand wäre gar nicht Gegenstand dieser Vorstellung, wenn er nicht *ihr* intentionaler Gegenstand wäre. Und selbstverständlich ist das ein bloß analytischer Satz. Der Gegenstand der Vorstellung, der „Intention", das i s t u n d b e s a g t der vorgestellte, der intentionale Gegenstand. (Hua XIX/1, 439; vgl. *Ideen I*, § 90)

Für Husserl ist das folgende *Konditional* ein „analytischer Satz": „Wenn e (nur) auf X gerichtet ist und wenn der intentionale Gegenstand von e existiert, dann existiert X"; ferner auch der Satz „Wenn e (nur) auf X gerichtet ist und wenn der intentionale Gegenstand von e nicht existiert, dann existiert X nicht". Anders gesagt: im positiven Fall (Existenz) sind wirklicher (existierender) und intentionaler Gegenstand identisch; im negativen Fall (Nicht-Existenz) existiert der intentionale Gegenstand genauso wenig wie der wirkliche; sondern nur „die Intention, das einen so beschaffenen Gegenstand ‚M e i n e n' existiert" (Hua XIX/1, 439). Mit Blick auf die Wahrnehmung vertritt Husserl damit eine Position, die heutzutage als „naiver" oder „direkter Realismus" bezeichnet wird. Demnach sind die unmit-

---

246 Während der frühe Husserl die innere Wahrnehmung noch gemäß Brentanos Immanenz-Doktrin deutet und von ihrem Objekt, das ein eigenes Erlebnis ist, sagt, es wohne dem Akt zweiter Stufe „wahr und wirklich ein" (Hua XIX/2, 770), macht er später klar, dass diese „Art reellen ‚Beschlossenseins' [...] eigentlich nur ein Gleichnis" (Hua III/1, 79) sei. An der universellen Transzendenz aller Objekte gegenüber den auf sie bezogenen Akten hält Husserl von nun an eisern fest.

247 Naberhaus 2006, 49, spricht auch von Husserls „identity thesis".

telbaren Objekte der Wahrnehmung gewöhnliche Entitäten wie Steine, Bäume, Farben oder Sonnenuntergänge. Sinnes-Daten, Erscheinungen, Empfindungen, *impressions* oder *ideas*, etc. sind keine direkten Objekte der Wahrnehmung. Aber auch Eigenschaften (Form, Farbe, Geruch etc.) von Dingen bilden nicht den Fokus der Wahrnehmung, sondern in erster Linie *Dinge*, die Form, Farbe etc. *haben*. Für diese *dingzentrierte Intentionalität* der Wahrnehmung beansprucht Husserl geradezu infallible Gewissheit:

> Wenn uns jemand durch noch so eindrucksvolle philosophische Argumente beweisen wollte, dass alle unseren empirischen Urteile über Dinge vermöge einer [...] Täuschung nur scheinbar auf Dinge gehen – nur Bewußtseinsimmanentes könne eigentlich wahrgenommen [...] werden [...], so würden wir uns sofort besinnen und antworten: Jetzt urteile ich über diesen Tisch da; das ist offenbar keine Empfindung, kein Aktcharakter usw.; er ist allen ‚immanenten' Daten gegenüber ein ‚Transzendentes'. Das Urteil mag falsch sein, aber dass das hier ‚Wahrgenommene' und ‚Beurteilte' eben ein Tisch, ein Transzendentes ist, ist absolut sicher. (Hua XX/1, 284)

Die Tatsache, dass wir Dinge notwendigerweise *partiell* (oder *inadäquat*) sehen, in gewissem Sinne also immer nur einen Teil oder eine Seite (Profil, Abschattung, Erscheinung) von ihnen eigentlich sehen, darf nicht dazu verleiten, zu glauben, wir würden niemals das Ding selbst, sondern nur die (Teile seiner) Oberfläche sehen:

> Zu beachten ist, daß Urpräsenz eines Gegenstandes nicht besagt Urpräsenz aller seiner inneren oder eigenschaftlichen Bestimmungen; es genügen einige wie bei allen physischen Dingen. Es besteht dann für das Ich die Möglichkeit, in kontinuierlichen ursprünglichen Wahrnehmungen den Gegenstand nach jeder seiner Eigenschaften zur Urpräsenz zu bringen, wobei in diesem Wahrnehmungskontinuum beständig der Gegenstand selbst in Urpräsenz bewußt ist. (Hua IV, 162 f.)[248]

X. *„Triftigkeit", Positionalität & Neutralität.* Ein nächstes essentielles Merkmal intentionaler Erlebnisse ist ihre inhärente Sensitivität für „Triftigkeit" (Hua XXX, 342) und „Untriftigkeit": „Durch alle Arten von Bewußtseinsakten geht ein damit verflochtenes normatives Bewußtsein von richtig und unrichtig (schicklich, unschicklich, schön, hässlich, zweckmäßig, unzweckmäßig usw.)." (Hua XXVII, 59; vgl. Hua XXX, 341 f.; Hua XIX/1, 379)

Akte sind von Natur aus dergestalt, dass sie ihren Gegenstand treffen oder verfehlen können. Triftig und untriftig können sowohl propositionale als auch

---

248 Vgl. Chisholm 1957, 155 f., der Moores Argument kritisiert, demzufolge daraus, dass Dinge nicht vollständig wahrnehmbar sind, gefolgert wird, dass Dinge selbst nicht wahrnehmbar seien. Vgl. dazu Künne 1986 und Süßbauer 1995, 147 f.

subpropositionale und sogar nicht-propositionale („vorprädikative") Akte sein. Nur propositionale Akte können im eigentlichen Sinne *wahr* oder *falsch* sein, während eine schlichte (einstrahlige) Wahrnehmung, etwa das Sehen eines Apfels, diesen treffen oder verfehlen kann; sie kann ihn so präsentieren wie er ist, oder eben nicht.[249] Nach Husserl gründet diese Normativität des Geistes darin, dass Akte einen Sinn haben, d. h. auf *eine bestimmte Weise* auf ihr Objekt gerichtet sind. Das genügt aber noch nicht, denn die Qualität des Aktes muss *setzenden* Charakter haben: ein „bloßes Denken", eine freie Phantasie, ist weder triftig noch untriftig. Setzung und Position ist das Charakteristikum von *Glaubensakten (doxa)*, wobei Husserl Glauben nicht primär im dispositionalen, sondern auch im manifesten Sinne versteht; zudem gibt es Formen des Glaubens, insbesondere die „Glaubhaftigkeit" (Hua XVI, 16) der Wahrnehmung, die ein basales vorprädikatives Für-existierend-Halten darstellen und kein (propositionales) Urteil verlangen. Anders als solche Glaubensakte „setzen" doxisch neutrale Akte nichts: „Der ‚bloße Gedanke' von Wirklichkeiten, Möglichkeiten usw. ‚prätendiert' nichts, er ist weder als richtig anzuerkennen, noch als unrichtig zu verwerfen." (Hua III/1, 249)[250] Anders als neutrale Akte steht „positionales Bewußtsein […] als solches notwendig unter dem Vernunftgegensatze der Gültigkeit und Ungültigkeit" (Hua III/1, 337 f.). Husserl vertritt insgesamt folgenden *Dualismus setzender Qualitäten*:

> Bewußtsein überhaupt, welcher Art und Form es immer sei, ist durchsetzt von einer radikalen Scheidung […]. [S]o geartet ist Bewußtsein überhaupt, daß es von einem doppelten Typus ist: Urbild und Schatten, positionales Bewußtsein und neutrales. (Hua III/1, 259–261)

Für jede Aktqualität Q gilt somit: Q ist entweder eine positionale oder eine neutrale Qualität[251].

XI. Fülle und Leere, Originarität und Modifikation. Ein weiteres duales Begriffspaar hat mit *epistemischer Relevanz* zu tun (siehe oben *IV. Empfindungen*). Akte, insbesondere positionale, zeichnen sich dadurch aus, dass sie andere Akte

---

249 Crane 2008 nennt diesen Charakter von Wahrnehmungen „accuracy" im Kontrast zur Wahrheit propositionaler Akte.
250 Doxisch neutrale Akte sind Husserls Antwort auf Brentanos „bloße Vorstellungen". In aktuellen Diskussionen werden solche Akte selten thematisiert. Eine Ausnahme ist Kriegel 2013d, der von irreduziblen *entertainings* spricht.
251 Nota bene: Annahmen, Vermutungen, Zweifel u.dgl. sind nicht durch und durch neutral, sondern werden vom reifen Husserl als doxische Modalisierungen bzw. Modifikationen charakterisiert. Sie zeichnen sich dadurch aus, implizite Setzungen in sich zu tragen, sodass sie in unmodifizierte doxische „Urthesen" transformiert werden können. Vermuten, dass p, ist z. B. in ein Glauben, dass p eine gewisse Wahrscheinlichkeit hat, überführbar (vgl. *Ideen I*, §§ 102ff.).

auf eine Weise motivieren können, die rechtfertigenden oder begründenden Charakter hat. Urteilen wir z. B. aufgrund einer Wahrnehmung, dass die Sonne scheint, so trägt diese Wahrnehmung zur Begründung des Urteils bei. Nicht jeder Akt ist dazu in der Lage: würde ich mir nur phantasieren, dass die Sonne scheint, so würde dadurch mein Urteil nicht gerechtfertigt. Husserls Phänomenologie ist in großen Stücken ein Versuch, die für solche Rechtfertigungs- und Begründungsfragen einschlägigen Wesensgesetze zu ermitteln. Er subsumiert diese Fragen unter die Titel *Vernunft* und *Vernunftbewusstsein*. Vernunftbewusstsein ist eine Form des Setzens aufgrund eines *Sehens* im weitesten Sinne. Das Optimum ist dabei „originäre Anschauung" oder Evidenz:

> Ein spezifischer Vernunftcharakter ist aber dem Setzungscharakter zu eigen als eine Auszeichnung, die ihm wesensmäßig dann und nur dann zukommt, wenn er Setzung auf Grund eines erfüllten, originär gebenden Sinnes und nicht nur überhaupt eines Sinnes ist. [...] Die Setzung hat in der originären Gegebenheit ihren ursprünglichen Rechtsgrund. [...] Einsicht, überhaupt Evidenz ist also ein ganz ausgezeichnetes Vorkommnis; dem „Kerne" nach ist es die Einheit einer Vernunftsetzung mit dem sie wesensmäßig Motivierenden [...]. (Hua III/1, 315 f.)

Ein Akt e ist auf *originäre Weise* auf sein Objekt X gerichtet, wenn X als *es selbst*, *direkt*, *unmittelbar*, *in propria persona*, *leibhaftig* und *anschaulich* intendiert ist (vgl. EU, § 88; *Ideen I*, §§ 3, 19). Dies sind barock anmutende, aber durchaus treffende Umschreibungen für den schwer in Worte zu fassenden *präsentationalen Charakter*, den wir auch im Alltag mit Anschauung und Wahrnehmung (v. a. Sehen) verbinden. So sind uns Dinge z. B. in der sinnlichen Wahrnehmung originär gegeben. Das heißt nicht, dass originäre Erlebnisse *eo ipso* relational und existenzinvolvierend sind, denn das „als wirklich und selbst Erscheinen" kann „sehr wohl ein trügerisches sein" (Hua XIX/2, 672; vgl. Hua XXXVI, 86 f.). Originäre Gegebenheit ist ein „innere[r], rein deskriptive[r], bzw. phänomenologische[r] Charakter der Wahrnehmung" (Hua XIX/1, 358). Ein Ding X zu sehen, ist etwas anderes, als bloß an X zu denken, über X zu sprechen oder X zu phantasieren. All dies sind nicht-originäre Gegebenheitsweisen von X, die X *re-präsentieren*. Nicht-originäre Akte „verweisen" auf gewisse Weise auf originäre Akte, sodass sie zugleich parasitären oder abkünftigen Charakter haben – ein Phänomen, das Husserl als *intentionale Modifikation* bezeichnet. Eine modifizierte Gegebenheitsweise lässt sich gewissermaßen befragen, wobei sie uns „sagt [...], daß sie Modifikation v o n jener ursprünglichen sei" (Hua XVII, 315). So ist eine Phantasie nach Husserl nicht einfach, wie bei Hume, eine schwache Wahrnehmung, der es an *force* und *vivacity* mangelt, sondern eine Art simulierende Wahrnehmung, eine Wahrnehmung im Modus des Als-ob. Phantasiere ich X, so ist mir so zumute, als ob ich X sehen würde. Ähnliches gilt für *bildhafte* Intentionalität. Originäre Gegebenheitsweisen zeichnen sich somit durch eine *aktspezifische Geschlossenheit* aus. Die Dingwahrnehmung verweist, anders die Phantasie oder das leere Denken, nicht auf eine *andere Aktart*, in der ihr Objekt *präsentiert* würde. Originäre Akte bleiben mit Blick auf ihre Erfüllungen und Bestätigungen sozusagen *unter sich*, während nicht-originäre Akte gleichsam fremdgehen müssen, um sich zu erfüllen. In der Wahrnehmung bestätigt sich die Sache „durch sich ‚selbst', indem sie sich von verschiedenen Seiten zeigt und dabei immerfort die eine und selbe ist" (Hua XIX/2, 588). In diesem Sinne ist Originarität ein „Endmodus des 'Selbst da'" (CM, 59). Zentral ist nun Husserl These, dass es für alle Entitäten originäre Gegebenheitsweisen gibt. Dies ist, wenn man so will, Husserls *globaler Intuitionismus:*

> Für alle Entitäten O gibt es originäre Aktqualitäten Q, in denen O's intentional zugänglich sind.

Nicht nur Realia, sondern auch Irrealia wie z. B. Wesen und Zahlen können demnach originär gegeben sein. Für Husserl ist *originäre Anschauung* ein Genus, das in unterschiedliche Arten von Anschauungen zerfällt (vgl. *Ideen I*, § 3). Wesensanschauung ist zwar ganz anderer Art als Dinganschauung, stimmt aber mit dieser in ihrem präsentierenden Charakter überein. Husserl sieht auch keinen Widerspruch darin, dass eine originäre Qualität in anderen Qualitäten fundiert ist. So ist Wesensanschauung z. B. keine frei flottierende mystische Eingebung, sondern ein fundierter Akt, der auf wahrgenommenen und/oder frei phantasierten Einzeldingen basiert und gleichwohl „direkt" auf ein Wesen gerichtet sein kann (vgl. *Ideen I*, § 3; EU, § 88). Bei der Einfühlung in andere bewusste Subjekte ist nur für den Anderen, aber nicht für mich Originarität möglich: „Das Eigentümliche der Einfühlung ist es, daß sie auf ein originäres Leib-Geist-Bewußtsein verweist, aber als ein solches, das ich selbst nicht originär vollziehen kann, ich, der ich nicht der Andere bin" (Hua IV, 198).

Leere Akte sind stets nicht-originäre Akte. Das Umgekehrte gilt nicht; so sind z. B. Phantasien nicht-originäre Akte, aber gleichwohl anschaulicher Natur. Leere Akte spielen vor allem in Husserls Phänomenologie der Bedeutung (und der sprachlichen Zeichen) eine wichtige Rolle (vgl. LU I). Für sprachliche Intentionalität scheint es geradezu wesentlich, dass sie sich auf leere Weise vollziehen kann. Anderenfalls könnten wir nur dann über X sprechen, wenn X anschaulich zugegen wäre. Zu den leeren Akten gehören aber nicht nur diese sog. *signitiven* oder *bedeutung(s)verleihenden Akte*, die fundierte Akte „höherer Stufe" (Hua XX/1, 96) darstellen, da sie in anschaulichen Akten fundiert sind, in denen Zeichen entweder wahrgenommen oder phantasiert sind. Leere Akte sind auch in der Dingwahrnehmung in Gestalt von sog. *Leerintentionen* involviert, in denen die Rückseite eines Dinges zwar mit-intendiert, aber nicht angeschaut ist. Leere Akte sind entweder unselbständige Momente anderer Akte, oder aber höherstufige und selbständige leere Akte (z. B. Bedeutungserlebnisse). Für den Begriff des Horizonts (s. u.) sind vor allem die unselbständigen Leerintentionen von Bedeutung. Nicht-originäre Qualitäten sind dabei in phänomenologischer Hinsicht als Modifikationen von originären Qualitäten zu verstehen, was einen gewissen *Primat originärer gegenüber nicht-originären Gegebenheitsweisen* zur Folge hat:

> Ist Q* eine nicht-originäre Gegebenheitsweise, so gibt es eine originäre Gegebenheitsweise Q, sodass gilt: Q* ist eine intentionale Modifikation von Q.

Originäre Modi sind hingegen keine Modifikationen nicht-originärer. Das schließt nicht aus, dass auch originäre Akte nicht-originäre, z. B. leere, Komponenten haben. Tatsächlich sind originäre Gegebenheitsweisen *immer* verflochten mit nicht-originären: jeder Akt, der eine originäre Qualität instanziiert, instanziiert auch eine nicht-originäre.

Insgesamt sind Husserls diverse duale Kategorisierungen von Aktqualitäten stets mit einer *Primaritäts-* und einer *Modifikationsthese* verbunden.[252] So haben z. B. originäre Gegebenheitsweisen einen Primat gegenüber nicht-originären; letztere sind in dem Sinne abkünftig gegenüber ersteren, weil sie sich „in sich selbst" als Modifikationen von originären Qualitäten geben (vgl. Hua XVII, 315). Ein gewisses *asymmetrisches Gefälle* kennzeichnet das Reich der Aktmodi. Modifikationen fungieren aber auch als einheitstiftende Operationen, denn Original und Modifikation gehören ungeachtet ihrer Verschiedenheit *in specie* immer noch *in genere* zusammen. Eine Phantasie als modifizierte Wahrnehmung ist wie die Wahrnehmung ein anschaulicher und objektivierender Akt.

XII. Horizontalität. Eng mit leeren Gegebenheitsweisen ist einer der wichtigsten, innovativsten und fruchtbarsten Begriffe von Husserls Bewusstseinstheorie verbunden: der Begriff des *Horizonts*.[253]

Die Bedeutung dieses Begriffs beruht *einerseits* darauf, dass Akte aufgrund ihrer Horizontalität mit anderen Akten verflochten sind, sodass sich ein *holistisches Bild* ergibt: aufgrund ihres Horizonts greifen die „vereinzelten und zu analysierenden Erlebnisse" (CM, 50) über sich hinaus. Es ist ein „eidetisch gültige[r] und evidente[r] Satz", dass „**kein konkretes Erlebnis als ein im**

---

[252] Es gibt eine Fülle von Modifikationen bei Husserl. Exemplarisch seien genannt: Neutralisationsmodifikation, Leermodifikation, Konformitätsmodifikation, qualitative und imaginative Modifikation, doxische (=qualitative) Modifikation und (In-)Aktualitäts- bzw. Attentionalitätsmodifikation – der Reihe nach belegt durch: *Ideen I*, §§ 119 ff.; Hua XX/1, 85–98, 141–150; LU V, § 40; LU V, §§ 39 f.; *Ideen I*, §§ 104 f.; *Ideen I*, §§ 35 f., 92, 113 ff.
[253] Wichtige Stellen zum Horizont („Hof") sind: Hua XXVI, Beilage XIX; *Ideen I*, §§ 27, 35, 81–83; *CM*, §§ 19 f.; EP, 47.–49. Vorlesung; *Krisis*, §§ 45–50; EU, §§ 8, 25, 33, 83; Hua XX/1; Hua XI, 3–24. Zum Horizont bei Husserl vgl. A. D. Smith 2003, 75 ff.; 2006; Smith/McIntyre 1982, Kap. V.

vollen Sinne Selbständiges gelten kann. Jedes ist ‚ergänzungsbedürftig' hinsichtlich eines, seiner Art und Form nach nicht beliebigen, sondern gebundenen Zusammenhanges" (Hua III/1, 186). Intentionale Objekte sind deshalb stets mit einem *Mehr* an Aspekten *bewusst,* das über die ‚explizit' bewussten Aspekte, den „Kern von 'wirklich Dargestelltem'" (Hua III/1, 91) hinausgeht; „jede Erscheinung führt im Leerhorizont ein *plus ultra* mit sich." (Hua XI, 11) Da Horizonte darüber hinaus auf potentielle Erlebnisse verweisen, trägt der Begriff des Horizonts auch dazu bei, die Erlebnisse in einen dynamischen, praktischen und modalen Zusammenhang zu stellen. Kurz: die Horizontalität der Akte führt zu einem tendenziell *holistischen, dynamischen* und *modalen Bild des Bewusstseinsstroms.*

Andererseits schreibt der Horizontcharakter der Akte der intentionalen Analyse eine „total neuartige Methodik vor" (CM, 51). Die Horizontalität der Akte hat somit neben systematischen auch methodische Konsequenzen; denn der Phänomenologe darf Akte nunmehr nicht nur statisch „analysieren", sondern muss diese „auslegen" oder „explizieren". Nur wenn er die in den Akten schlummernden „vorgezeichnete[n] Möglichkeiten" (CM, 46) explizit macht, kann er, so Husserl, verstehen, was es überhaupt heißt, ein intentionales Objekt vor Augen zu haben. Nach Husserl ist es z. B. Brentano nicht gelungen, diese *implizite Intentionalität* der Akte zu sehen. Meistens ist es bei dem Bild geblieben, dass Akten Objekte intentional einwohnen: „Es fehlte die Aufwickelung der implizierten Intentionalitäten, die Enthüllung der ‚Mannigfaltigkeiten', in denen sich die ‚Einheit' konstituiert. [...] Intentionalität ist nichts Isoliertes, sie kann nur betrachtet werden in der synthetischen Einheit, die alle Einzelpulse psychischen Lebens teleologisch in der Einheitsbeziehung auf Gegenständlichkeiten verknüpft" (Hua XVII, 269). Kurz: es fehlte die Idee, dass sich intentionale Objekte vom subjektiven Standpunkt aus als gewisse Knotenpunkte darstellen, die gleichsam von einem Netzwerk weiterer Aktverläufe umgeben sind.

Die Horizontalität der Akte, dieser weitere „Grundzug der Intentionalität" (CM, 46), lässt sich mereologisch formulieren und fügt sich nahtlos in Husserls Ontologie des Bewusstseins ein. Jedes intentionale Erlebnis ist notwendigerweise ein Ganzes aus expliziter und impliziter Intentionalität, die nur im Zusammenspiel ein Objekt vorstellig machen können.[254] Dies ist Husserls *Horizontthese,* die, obschon nahezu ausschließlich am Beispiel von (visuellen) Wahrnehmungen entwickelt, für *alle* Akte gelten soll. Im Folgenden orientiere ich mich bei der Dar-

---

[254] Zur Redeweise von impliziter und expliziter Intentionalität in diesem Zusammenhang vgl. EP, 47. und 49. Vorlesung. Vgl. aber schon LU VI, § 47 (Hua XIX/2, 680).

stellung an der Intentionalität des Sehens von „mittelgroßen" *Dingen* à la Austin:[255]

> Jede Erfahrung hat ihren Erfahrungshorizont; jede hat ihren Kern wirklicher und bestimmter Kenntnisnahme, hat ihren Gehalt an unmittelbar selbstgegebenen Bestimmtheiten, aber über diesen Kern bestimmten Soseins hinaus, des eigentlich als ‚selbst da' Gegebenen hinaus, hat sie ihren Horizont. (EU, 27)

> Demgemäß werden wir in den inadäquaten Wahrnehmungen und Einbildungen ganz richtig Komplexionen von primitiven Intentionen sehen müssen [...]. Dabei ist die Verflechtung eine so innige, dass hier jede intuitive Intention sozusagen mit einem Hof, einem Strahlenkranz von leeren Intentionen umgeben und mit ihm wesenseins ist. Konkrete Anschauung von Transzendentem, z. B. von einem physischen Ding, ist a priori nur durch solche Verflechtung intuitiver und leerer Elementarintentionen möglich. (Hua XX/1, 90 f.; vgl. Hua XVI, 57)

Dinge erscheinen uns demnach so, dass mit ihren tatsächlich sichtbaren Aspekten, Seiten und Teilen zugleich unsichtbare Aspekte, Seiten und Teile *bewusst sind*. Würde uns dieses Unsichtbare (Rück- und Unterseite, etc.) nicht auf leere Weise mit-bewusst sein, würden uns nach Husserl keine dreidimensionalen Objekte erscheinen. Perzeptive Intentionalität ist demnach ein „Komplex voller und leerer Intentionen (Auffassungsstrahlen)" (Hua XVI, 57), ein „Gemisch von erfüllten und unerfüllten Intentionen" (Hua XIX/2, 590), von eigentlichen (expliziten) und uneigentlichen (impliziten) Komponenten (vgl. DR, §§ 16–18). Dies soll für alle Akte gelten, nicht nur für solche, die auf räumliche Realia gerichtet sind. Dies ist Husserls *Horizont-These der Intentionalität*. Die expliziten und impliziten Erlebnisteile sind Momente, die wechselseitig ineinander fundiert sind: Keine explizite Intentionalität ohne implizite, und vice versa. Es sind „einander wechselseitig fordernde [...] Momente in der äußeren Perzeption" (Hua XVI, 54); eigentliche und „uneigentliche Erscheinung sind [...] aber nichts Getrenntes, sondern einig in der Erscheinung im weiteren Sinn" (Hua XVI, 50). Bei allen Akten gibt es einen Unterschied zwischen explizit „Gemeintem" (Kern) und implizit „Mitgemeintem" (Hof).[256] Jeder Objektbezug birgt somit eine gewisse Leere, Offenheit oder Unvollständigkeit in sich – *keine Anwesenheit ohne Abwesenheit*.

---

[255] Vgl. *Ideen I*, §§ 39–42. Husserl zufolge sind auch Akte der anderen Sinne inadäquat präsentierende Akte. Beim Gehör liegt das an der zeitlichen Inadäquatheit des Gehörten: wir hören niemals etwas zu einem Zeitpunkt als Ganzes (auch ein punktueller Ton hat bereits zeitliche Phasen). Wie es damit bei Geruch, Geschmack und Getast aussieht, ist hier nicht zu verfolgen. Vgl. dazu A. D. Smith 2006, 324 f., und Moran 2005, 238–240.

[256] Husserl betont, dass *Leere* und *Unbestimmtheit* nicht dasselbe sind (vgl. DR, § 18). Ein Leerbewusstsein kann durchaus bestimmt sein. Vgl. ähnlich McGinn 2004a, 25 f., der zwischen *Bestimmtheit* und *Sättigung* unterscheidet.

Auf die Frage, welchem intentionalen Modus die impliziten Erlebnisse zugehören, bieten sich unterschiedliche Antworten an. Husserl erwägt im Wesentlichen *drei Optionen:* signitive, anschaulich vergegenwärtigende (erinnernde, erwartende, phantasierende), oder aber genuin leere Intentionen; er entscheidet sich für die letzte Option (vgl. Hua XX/1, 143 ff., 240 ff.). So erscheint es phänomenologisch unplausibel, anzunehmen, dingliche Rückseiten würden von uns beim unreflektierten Sehen anschaulich vergegenwärtigt – als ob wir, wenn wir ein Ding im normalen, ununterbrochenen Wahrnehmungsverlauf sehen, ständig Bilder von dessen Rückseite vor dem geistigen Auge hätten. Wir *können* uns zwar (normalerweise) stets ein gewisses Bild der Rückseiten machen, aber die Aktualisierung dieses Vermögens ist nicht notwendig für das schlichte Sehen eines Dinges. Mit der Idee, dass die impliziten Erlebnisse beim Dingsehen zeichenartig repräsentiert seien, hat Husserl in den *Untersuchungen* geliebäugelt (vgl. LU VI, § 14), sie aber später zurückgewiesen (vgl. DR, §§ 17 f.). Denn zum einen ist Zeichenbewusstsein ein parasitäres Bewusstsein, das in Wahrnehmungen oder Phantasien fundiert ist. Es kann mithin nicht dazu beitragen, die Natur der Wahrnehmung selbst phänomenal zu erklären. Zum anderen sind Zeichen auf arbiträre Weise mit den bezeichneten Objekten verknüpft, während Vorderseiten wohl kaum als arbiträre Zeichen für Rückseiten anzusehen sind. Für Husserl steht somit fest, dass die impliziten Intentionen der Dingwahrnehmung leere Erlebnisse sind und eine irreduzible Aktart *sui generis* darstellen.[257]

Husserl sagt dabei in aller Klarheit, dass der Horizontcharakter in den *intrinsischen* Eigenschaften des Erlebnisses gründet: „Dieses Offenlassen ist vor den wirklichen Näherbestimmungen, die vielleicht nie erfolgen, *ein im jeweiligen Bewußtsein selbst beschlossenes Moment*, eben das, was den Horizont ausmacht." (CM, 47; Herv. CE) Die momentan nicht sichtbaren Teile des Dinges bilden dessen *Innenhorizont* (vgl. EU, § 8). Es geht hier nicht um die physikalische Optik des Sehens, sondern vielmehr um die Weise, wie Dinge als Dinge wahrnehmungsmäßig erscheinen.[258] Unser *Bewusstsein* von Dingen ist ein Ganzes aus erfüllter und leerer Intentionalität und somit *wesentlich inadäquat*. Husserl will damit auch nicht einen Mangel unserer endlichen Erfahrung von Dingen aufzeigen, den ein unendliches göttliches Bewusstsein überwinden könnte. Transzendente Realia

---

[257] Diese *Emanzipation der leeren Akte* ist ein wichtiges Resultat von Husserls Überarbeitungen von LU VI in Hua XX/1.
[258] Vgl. A. D. Smith 2006, 324: „This is not an incursion into pure phenomenology of the ‚objective' knowledge that physical objects have unperceived sides. It is, rather, itself a phenomenological datum. Physical objects *appear* like that – i.e., as having more to them than is revealed in one glance – and we take them to be like that."

müssen sich für ein Subjekt „abschatten", wie Husserl zu sagen liebt: „Kein Gott kann daran etwas ändern." (Hua III/1, 91 f.)[259]

Husserl verwendet horizontales Vokabular in Hülle und Fülle: es gibt Innen- und Außenhorizonte (vgl. EU, § 8), Leerhorizonte (vgl. Hua VIII, 148), zeitliche Horizonte wie den „Originaritätshorizont" des „Erlebnisjetzt" (Hua III/1, 184), den „Vergangenheitshorizont als zu weckender Wiedererinnerungen" (CM, 47) und den Zukunftshorizont (vgl. Hua VIII, 150); schließlich ist jedes Erlebnis *au fond* mit einem impliziten Weltbewusstsein verwoben, wobei die Welt als ultimativer Horizont aller Erlebnisse fungiert (vgl. *Ideen I*, §§ 27 f.; A. D. Smith 2003, 170 f.).

Obige Horizontthese beschränkt sich auf den *Innenhorizont*. Der Innenhorizont bezieht sich auf das fokale intentionale Objekt X, während der Außenhorizont die mitbewusste *Umgebung* oder den *Hintergrund* von X bewusst macht. Der Innenhorizont ist der für die Intentionalität des einzelnen Aktes grundlegendere, da ein Akt dadurch, dass er einen Innenhorizont hat, auch einen Außenhorizont hat – letzterer ist in diesem Sinne ein „Horizont zweiter Stufe" (EU, 28). Während der Innenhorizont dem selektiven Charakter der Wahrnehmung Rechnung trägt, liegt der Außenhorizont ihrem *aus*schnittartigen Charakter zugrunde. Wegen des Außenhorizonts ist Wahrnehmung stets ein *Herausfassen* oder *-greifen* aus einem Hintergrund mitbewusster Objekte (vgl. *Ideen I*, §§ 35, 45; *Krisis*, § 47).[260]

Gemäß der Horizontthese kann man den Horizont eines Erlebnisses als Gesamtheit der zu diesem Erlebnis gehörigen impliziten Erlebnisse verstehen. Husserl behauptet somit, dass *jedes* intentionale Erlebnis einen nicht-leeren Horizont hat. Da jede Aktart entweder eine *Modifikation* der (transzendenten/ immanenten) Wahrnehmung, oder aber in einer solchen Wahrnehmung einseitig

---

[259] Transzendente Realia sind materielle Dinge, beseelte Lebewesen und Personen, aber auch Eigenschaften von Dingen (Momente), z. B. die Färbung eines Dinges, und sog. *Phantome*. Darunter versteht Husserl Entitäten, die zwar räumlich ausgedehnt und qualitativ bestimmt, aber keine materiellen Dinge sind (z. B. Regenbögen, Schatten, der Himmel, ggf. Gespenster). Auch nicht-wahrnehmbare Entitäten der Naturwissenschaften wie Atome sind transzendente Realia. Manche solche Realia sind *durch*, manche *aufgrund* von Erscheinungen (Abschattungen) erfahrbar. Andere Personen sind z. B. *aufgrund* von Erscheinungen ihres Leibes erfahrbar; Dinge hingegen sind *durch* Erscheinungen wahrnehmbar. Vgl. Hua XX/1, 150 ff.

[260] Offenbar ist es möglich, dass ein Objekt keinen Außenhorizont hat. Man denke z. B. an die Wahrnehmung von frei schwebenden Objekten im All durch einen Astronauten. Auch bei anderen Sinnesmodalitäten ist nicht unmittelbar zu sehen, warum sie einen Außenhorizont haben müssen: Kann man nicht ein isoliertes Geräusch hören, das *nicht* als ein *Geräusch unter anderen Geräuschen* gegeben ist? Auch die sog. *Ganzfeld*-Erfahrungen oder das Sehen absoluter Finsternis sind prima facie Gegenbeispiele für Husserls Außenhorizont-These. Zu bedenken wäre hier ggf. auch die Innenhorizont-These.

fundiert ist, ist zu erwarten, dass horizontale Strukturen bei allen Akten zu finden sind – *mutatis mutandis:*

> Alles Ausgeführte überträgt sich aus der Sphäre der originären Gegebenheiten auf ihre *verschiedenen Modifikationen*, z.B. von der transzendenten Wahrnehmung auf die entsprechende Erinnerung und freie Phantasie. Desgleichen von dem gesamten Umkreis der schlicht anschauenden Erfassungen individuellen Seins auf die *fundierten Anschauungen*, die wir kategoriale nennen werden. (Hua XX/1, 167; Herv. CE)

Horizonte haben wesentlich damit zu tun, welche *Art* von Objekt intentional gegeben ist. So haben z.B. auf Zahlen gerichtete Akte ihre eigene Horizontalität, die natürlich keine räumlich-perspektivische ist; eine natürliche Zahl ist nach Husserl notwendigerweise bewusst als Glied *in* der Zahlenreihe bzw. „Zahlenwelt" (vgl. Hua VIII, 151f.; *Ideen I*, § 28) und hat somit auch einen gewissen *Umgebungs-* oder *Außenhorizont*. Selbst für die prima facie vollständige, abschattungsfreie immanente Wahrnehmung gibt es einen Horizont, nämlich einen *zeitlichen*. Die immanente Wahrnehmung hat „in einem Sinn auch einen offenen Horizont [...], nämlich in Hinsicht auf ihr Fortdauern". Auch hier wird also etwas am Objekt leer gelassen, wobei dieses „Offensein" „durch das vorblickende Erwarten" (Hua XX/1, 169) vertreten ist.

Explizite und implizite Teilerlebnisse gehören zu den Momenten von Erlebnissen. Sie existieren stets zugleich mit dem ganzen Erlebnis und sind in diesem Sinne *aktuell*. Die Gesamtheit aller impliziten Erlebnisse eines Erlebnisses bildet dessen *aktuellen Horizont:*[261]

> Ein Erlebnis e* gehört zum *aktuellen Horizont* eines Erlebnisses e **gdw.** es gibt ein implizites Erlebnis e**, das Teil von e ist, für das gilt: e*=e**.

Wie bereits erwähnt, ist in der Horizontalität der Erlebnisse auch eine *Potentialität* am Werke. Intentionale Erlebnisse haben nicht nur einen aktuellen Horizont leerer Erlebnisse, sondern auch einen *potentiellen Horizont:* „Jedes Erlebnis hat [...] einen intentionalen Horizont der Verweisung auf ihm selbst zugehörige Potentialitäten des Bewußtseins"; die „Horizonte sind vorgezeichnete Potentialitäten" (CM, 46f.). Der aktuelle Horizont ist ontologisch gesehen eine Gesamtheit von *actualia*, der potentielle hingegen von *possibilia*. Dem aktuellen Horizont kommt dabei ein Vorrang zu, denn nur weil es aktuelle „Verweisungen" auf potentielle

---

261 Zu Mehrdeutigkeiten des Ausdrucks „Horizont" vgl. Hopp 2011, 53ff. Eine zentrale Ambiguität besteht darin, dass ein Horizont entweder der *Horizont eines Erlebnisses* e (noetisch) oder aber der *Horizont eines intentionalen Objektes* X von e ist (noematisch). Ich konzentriere mich auf den grundlegenderen noetischen Sinn. Vgl. Smith/McIntyre 1982, 240f.: „But it is apparently act-horizon that is the basic notion of horizon used throughout Husserl's later writings".

Erlebnisse gibt, gehören diese auch dem Horizont zu (vgl. Hopp 2011, 54 f.). Dies ist so zu verstehen, dass aktuelle implizite Erlebnisse sozusagen eine *bidirektionale Intentionalität* aufweisen: einerseits sind sie leer auf aktuell nicht wahrgenommene Aspekte des Objekts gerichtet; andererseits sind sie so auf diese Aspekte gerichtet, dass sich das Subjekt dessen bewusst ist, dass sie zum Bereich des Wahrnehm*baren* gehören („Ich kann die Rückseite zur Vorderseite machen"). In diesem Sinne „verweisen" aktuelle implizite Intentionen auf potentielle explizite Intentionen, die in ihnen gleichsam eingewickelt oder *impliziert* sind.

Husserl legt großen Wert darauf, den für den potentiellen Horizont einschlägigen Möglichkeitsbegriff zu klären. Es handelt sich nämlich nicht um eine logische, phantasierbare oder metaphysische Möglichkeit. Aber es geht auch nicht um eine Disposition des Subjekts, deren Manifestation nicht in seiner Macht steht; vielmehr sind die implizierten Erlebnisse bewusst als vom Subjekt (im Prinzip) initiierbare. Es sind „motivierte Möglichkeiten", die vom aktuellen Horizont aus vorgezeichnet sind wie Pfade, die ich jederzeit gleichsam begehen könnte. Es geht um das *bewusste Vermögen* des Subjekts:[262]

> Dabei ist die potenzielle, die in meiner Bewußtseinssphäre selbst sich von der aktuellen Intentionalität her vorzeichnende Gewißheit des „ich kann" bzw. „ich könnte" – nämlich des „ich könnte" synthetisch verknüpfte Bewußtseinsreihen ins Spiel setzen, als deren Einheitsleistung mir fortgesetzt bewußt würde derselbe Gegenstand. (Hua XVII, 241)

> Die Erfahrbarkeit besagt nie eine leere logische Möglichkeit, sondern eine im Erfahrungszusammenhange motivierte. [...] Im Wesen liegt es, daß, was auch immer realiter ist, aber noch nicht aktuell erfahren ist, zur Gegebenheit kommen kann, und daß das dann besagt, es gehöre zum unbestimmten, aber bestimmbaren Horizont meiner jeweiligen Erfahrungsaktualität. (Hua III/1, 101)

Auf diese Weise „impliziert jede Aktualität ihre Potentialitäten, die keine leeren Möglichkeiten sind, sondern inhaltlich, und zwar im jeweiligen aktuellen Erlebnis selbst, intentional vorgezeichnete Möglichkeiten, und zudem ausgestattet mit dem Charakter vom Ich zu verwirklichender" (CM, 46). Anders als empiristische Wahrnehmungstheorien behauptet Husserl, dass zu „jeder Wahrnehmung Funktionen der Spontaneität gehören". Wahrnehmungsbewusstsein involviert eine präreflexive Freiheitserfahrung des Subjekts; es ist eine „Freiheit im Ablaufsbewußtsein" (Hua IV, 58). Natürlich ändert sich dadurch nichts an dem *au fond* passiven (affizierenden) Charakter der Wahrnehmung. Hat das Subjekt seinen Leib und seine wahrnehmenden Organe erst einmal auf eine bestimmte Weise

---

[262] Vgl. Hua XVII, 253 f.; Hua IV, 255: „Vermögen ist kein leeres Können, sondern eine positive Potentialität".

justiert, so treten Wahrnehmungen ein – ungeachtet dessen, was es will oder nicht.

Somit lässt sich der Begriff des *potentiellen Horizonts* mit Hilfe des Begriffs des aktuellen Horizonts und des Begriffs der Motivation definieren:

> Ein Erlebnis e* gehört zum *potentiellen Horizont* eines Erlebnisses e **gdw.** es gibt ein Erlebnis e** aus dem aktuellen Horizont von e, das e* motiviert.

So gehört z. B. die Wahrnehmung der Rückseite des Apfels zum potentiellen Horizont der Wahrnehmung des Apfels (von vorne). Denn leere Erlebnisse des aktuellen Horizonts motivieren diese Wahrnehmung. Leerintentionen sind in diesem Sinne *tendenziöse Erlebnisse*, sie legen dem Subjekt gleichsam nahe, wie es das Objekt näherhin kennenlernen könnte.[263] Wahrnehmungen (und letztlich alle Akte überhaupt) charakterisiert insbesondere der späte Husserl aufgrund ihrer Horizontalität als *tendenziöse* oder *konative Akte*. Zum „Wesen der normalen Wahrnehmung" gehört ein „Moment des Strebens" (EU, 91), aufgrund dessen Wahrnehmungsverläufe *motivierte* Erlebniszusammenhänge sind. Motivierte Erlebnisse gehören zu dem, was ein bewusstes Subjekt von sich aus tun kann. Damit geht der Begriff einer *praktischen Möglichkeit* („Ich kann") einher (vgl. *Ideen II*, §§ 59 f.). Räumliche Realia sind *bewusst* als Objekte *in ambulando* (vgl. *Ideen I*, § 88).[264] Natürlich gibt es faktische Begrenzungen, Beschränkungen und Hem-

---

263 Vgl. Hua XI, 5. Ein „Spiel von Tendenzen, der tendenziös geregelte Ablauf von motivierenden Kinästhesen, gehört zum Wesensbestand der äußeren Wahrnehmung" (EU, 90).

264 Damit gehört ein *phänomenal verleiblichtes Subjekt* wesentlich zur Intentionalität – zumindest zur Intentionalität der Wahrnehmung. Husserl ist einer der ersten Philosophen, der diese interne Verknüpfung zwischen Intentionalität und Leiblichkeit systematisch herausgearbeitet hat. Der „Leib" des Subjekts ist dabei allerdings als erlebter Körper zu verstehen, d. h. so zu beschreiben, wie er „in 'Inneneinstellung'" (Hua IV, 161) erlebt ist. Aber qua materielles Ding oder bloßer Körper ist der Leib zugleich „in der 'Außeneinstellung'" (Hua IV, 161) erfahren: ich sehe meine Hände und Arme, ertaste meine Zähne etc. Der Leib ist damit ein januskäpfiges Phänomen, da er einerseits ein konstituiertes Objekt *inter alia* (Leib-Objekt) ist, andererseits zum konstituierenden Subjekt gehört (Leib-Subjekt). Zu den Eigentümlichkeiten des subjektiv erlebten Leibes gehören: 1) Er ist bewusst als *Orientierungszentrum*, auf das hin alle aktuell und potentiell bewussten räumlichen Realia orientiert sind; aber für sich ist der Leib nicht lokalisiert, er ist „Nullpunkt" (Hua IV, 158) der Orientierung und somit eine Art *absolutes Hier*, ein „letzte[s] zentrale[s] Hier", das kein „anderes außer sich hat, in Beziehung auf welches es ein ‚Dort' wäre" (Hua IV, 158). 2) Der Leib ist *hyletisch manifest*, d. h. er ist erlebt als Träger lokalisierter Empfindungen (Empfindnisse), als „Lokalisationsfeld" (Hua IV, 151) von Empfindungen; nur meinen eigenen Leib kann ich von innen fühlen. 3) Der Leib ist die einzige Entität, die für das Subjekt „unmittelbar spontan beweglich" (Hua IV, 152) ist und als *Wahrnehmungsorgan* fungiert. 4) Der Leib ist stets vom Subjekt wahrgenommen; aber anders als bei externen Dingen ist er *nicht in jeder Hinsicht in ambulando erschließbar*. Mein Leib „steht mir bei der Wahrneh-

mungen in Hülle und Fülle (vgl. CM, 47) – das Ding kann explodieren, mir kann schwindlig werden, ich kann in Ohnmacht fallen oder die Kontrolle über meinen Körper verlieren etc.; aber ohne die Möglichkeit, solche Explikationen jederzeit *versuchen zu können*, könnten wir nach Husserl gar kein Dingbewusstsein haben.

Horizonte sind überaus wandelbare, dynamische und subjektabhängige Gebilde. Jeder Horizont ist essentiell „lebendige[r] Horizont" und eine „ständig strömende[] Horizonthaftigkeit" (Hua VI, 152). Mit jeder Bewegung um ein Ding herum ändern sich sowohl der aktuelle als auch der potentielle Horizont. Hinzukommt, dass Horizonte eine Geschichte/Vergangenheit haben und eine Zukunft projektieren: „Intentionales Erleben hat einen Vergangenheitshorizont – es fällt nicht vom Himmel. Es hat einen Zukunftshorizont, es sorgt automatisch dafür, dass ich zukünftige Erlebnisse antizipiere." (Beyer 2012a, 44) Die implizite Intentionalität speist sich u. a. aus den früheren Erlebnissen des Subjekts. Wenn jemand z. B. noch nie einen Apfel von unten gesehen hat, so wird sich sein Horizont beträchtlich von einem Kenner von Apfelunterseiten unterscheiden. Ferner gehen neue Erfahrungen in die Horizonte zukünftiger Erlebnisse ein: habe ich zum ersten Mal die Unterseite eines Apfels gesehen, so werde ich in Zukunft eine ähnliche Unterseite erwarten. Dabei spielt *Assoziation* eine wichtige Rolle, die dafür sorgt, dass das eigentlich Wahrgenommene unmittelbar von uneigentlich Intendiertem umgeben ist (vgl. CM, §§ 38, 39). Die Leerintentionen sind das genetische Ergebnis assoziativer „Weckung" (Hua XI, 172 ff.). Auch in diesem Sinne sind die Möglichkeiten, die in den Horizonten liegen, motivierte Möglichkeiten, obschon passiv motivierte. Leere Möglichkeiten werden hingegen nicht passivassoziativ geweckt:

> Eine leere Möglichkeit ist es, daß dieser Schreibtisch hier, auf der jetzt unsichtigen Unterseite zehn Füße hat, statt wie in Wirklichkeit deren vier. Eine motivierte Möglichkeit ist diese Vierzahl hingegen für die bestimmte Wahrnehmung, die ich gerade vollziehe. (Hua III/1, 325)

Frühere Tisch-Wahrnehmungen gehen nicht spurlos an mir vorüber, sondern werden „latent" und sind somit „jederzeit bereit zu erneuter aktueller assoziativer Weckung". Sie sind zum „habituellen Besitz" geworden und bilden einen „Niederschlag habitueller Kenntnisse" (EU, 137). Habe ich früher regelmäßig oder im Normalfall vierbeinige Tische gesehen, so wird diese Vierbeinigkeit beim erneuten Sehen eines Tisches „geweckt". In diesem Sinne ist sie eine (durch Assoziation) motivierte Möglichkeit und keine „leere", d. h. eine bloß denkbare Möglichkeit.

---

mung seiner selbst im Wege und ist ein merkwürdig unvollkommen konstituiertes Ding" (Hua IV, 159). Die *loci classici* zum Leib bei Husserl sind: *Ideen II*, §§ 18, 35–42; PP, § 39; CM V, § 44; *Krisis*, §§ 28, 47, 62; DR, §§ 44–83. Vgl. den Überblick bei Zahavi 2003a, 98–109.

Horizonte haben somit zugleich eine *habituelle* (vgl. EU, § 25), *antizipative* und eine *sedimentative (kumulative) Funktion* (vgl. FTL, Beilage II, § 2 b): auf der einen Seite motivieren die Leerintentionen mögliche zukünftige Erfüllungen und zeichnen somit den weiteren Verlauf der Wahrnehmung vor: „Immerfort ist antizipiert, vorgegriffen." (Hua XI, 7). Auf der anderen Seite entstammen diese, mit Kant gesagt, „Antizipationen der Wahrnehmung" früheren Wahrnehmungen, die sich in Vermögen verwandelt haben und sich in aktuellen Erlebnissen in Gestalt der Leerintentionen manifestieren.

Die zu jedem Akt gehörigen Leerintentionen tragen ferner dazu bei, dass das Objekt mit einem gewissen *Unbestimmtheitscharakter* bewusst ist. Nicht das intentionale Objekt selbst ist unbestimmt, sondern unser Bewusstsein von ihm enthält unbestimmte Sinnkomponenten, die Husserl mitunter als eine Form nichtbegrifflicher Allgemeinheit bezeichnet (vgl. DR, § 18; EU, §§ 8, 21 c)). So sind z. B. die Rückseiten eines gesehenen Apfels zwar mitbewusst, aber nicht mit durchgängiger Bestimmtheit; ihnen fehlt die Bestimmtheit der „Fülle". So ist uns die Rückseite vielleicht als rot bewusst, aber ob sie überall dasselbe Rot hat, ob es Flecken gibt etc., das wird im Sehen des Apfels unbestimmt (offen) gelassen:

> Die Vorzeichnung, welche in der Wahrnehmung eines Dinges von der Vorderseite für die unsichtigen Rückseiten gegeben ist, ist eine unbestimmt allgemeine. Diese Allgemeinheit ist ein noetischer Charakter des leer vorweisenden Bewußtseins und korrelativ für das Vorgezeichnete ein Charakter seines gegenständlichen Sinnes. (EU, 105)

Diese Unbestimmtheit ist aber in keinem Fall, auch nicht beim erstmaligen Sehen eines Apfels (oder sonstigen Dinges), eine totale Unbestimmtheit, denn „völlige Unbestimmtheit ist ein *nonsens*" (Hua XVI, 59). Etwas kann nach Husserl nur dann intentionales Objekt für uns sein, wenn es von gewissen Leerintentionen umringt ist, die trotz ihrer Leere einen Sinn haben, der etwas am Objekt vorzeichnet. Selbst wenn wir ein dermaßen unbekanntes Ding, etwa extraterrestrischen Ursprungs, zum ersten Mal sehen und uns verwundert fragen „Was zum Geier ist das?", so hat die Wahrnehmung gewissermaßen über grundlegende Züge des Dinges bereits entschieden: es erscheint uns von einer Seite, die auf weitere Seiten verweist, die auch sinnlich qualifiziert und ausgedehnt sein müssen, etc.: „Die Auffassung als ‚Gegenstand überhaupt' – noch in völliger Unbestimmtheit, Unbekanntheit – bringt also schon ein Moment der Bekanntheit mit sich, eben als eines Etwas, das ‚irgendwie ist', das explikabel ist nach dem, was es ist, bekannt werden kann" (EU, 34 f.). „Gewiß ist ,irgendeine Farbe überhaupt', oder eine ,mit Flecken unterbrochene Farbe überhaupt'" (EU, 105 f.). Der „L e e r h o r i z o n t" ist somit stets Horizont „einer bekannten Unbekanntheit" (EU, 35). Die Unbestimmtheit des Horizonts ist weiterhin eine vom Subjekt des Aktes im Prinzip näherhin bestimmbare

Unbestimmtheit. Die Rückseite und deren Form und Farbe würde ich sehen, wenn ich mich (oder den Apfel) so und so bewegen würde. Dieser Möglichkeiten bin ich mir nach Husserl beim Wahrnehmen präreflexiv bewusst. Es ist eine Art *konditionales bzw. kontrafaktisches Möglichkeitsbewusstsein*, ein Zusammenhang des *Wenn – So*, für das die kinästhetischen Empfindungen eine wesentliche Rolle spielen. Denn diese üben eine *motivationale Kraft* auf mich aus (vgl. Hua IV, 57 f.): indem ich die Augen etwa von links nach rechts bewege und dabei den gesehenen Apfel gleichsam abtaste, motivieren mich die aktuellen Bewegungsempfindungen zu weiteren Wahrnehmungen, die ich haben würde, wenn ich um den Apfel herumgehen würde. Es spielt hier ein „verborgener intentionaler ‚Wenn-so'-Zusammenhang [...]: in gewissen systematischen Mitfolgen müssen die Darstellungen verlaufen; so sind sie erwartungsmäßig im Gang des Wahrnehmens als eines stimmenden vorgezeichnet" (Hua VI, 164).

XIII. Eidetische Regularität. Eng mit der Horizontalität eines Aktes ist eine Struktur verbunden, die ich als *eidetische Regularität* bezeichnen möchte. Damit ist gemeint, dass sich Akte auf regulierte Weise erfüllen, enttäuschen bzw. überhaupt auf ein Objekt beziehen. Nach Husserl gelten hier Wesensgesetze, die regulieren, wie Akte und Objekte zusammenkommen können. So muss sich z. B. eine auf ein *Ding* gerichtete Wahrnehmung an solche Wesensgesetze halten; anderenfalls „explodiert" sie und erweist sich als Halluzination (vgl. *Ideen I*, §§ 149 f.). Nach Husserl ist es der *Sinn* einer Wahrnehmung, der solche eidetischen Regularitäten gleichsam diktiert. Der Sinn legt die „Triftigkeitsbedingungen" des Aktes fest. Der intentionale Gehalt schreibt den *modus procedendi* weiterer Akte vor:

> Die regionale Idee des Dinges, sein identisches X mit dem bestimmenden Sinnesgehalt, als seiend gesetzt – schreibt Mannigfaltigkeiten von Erscheinungen Regeln vor. Das sagt: es sind nicht überhaupt Mannigfaltigkeiten, zufällig zusammenkommende, wie ja schon daraus hervorgeht, daß sie in sich selbst, rein wesensmäßig, Beziehung auf das Ding, das bestimmte Ding, haben. Die Idee der Region schreibt ganz bestimmte, bestimmt geordnete, in infinitum fortschreitende, als ideale Gesamtheit genommen fest abgeschlossene Erscheinungsreihen vor, eine bestimmte innere Organisation ihrer Verläufe (Hua III/1, 350; vgl. 329 f., 344 ff.).[265]

Intentionalität birgt wesentlich solche Regeln in sich, denn intentionale Objekte sind bewusst als etwas Identisches in mannigfaltigen Gegebenheitsweisen: *e*

---

[265] Vgl. Hua XI, 6: „Denn nicht beliebig ist der intentionale Horizont auszufüllen; es ist ein Bewußtseinshorizont, der selbst den Grundcharakter des Bewußtseins als Bewußtseins von etwas hat. Seinen Sinn hat dieser Bewußtseinshof, trotz seiner Leere, in Form einer Vorzeichnung, die dem Übergang in neue aktualisierende Erscheinungen eine Regel vorschreibt." Vgl. EU, 410.

pluribus unum ist sozusagen das Motto der Intentionalität (vgl. A. D. Smith 2002, 233).

XIV. Egozentrizität und „Ich-Zuwendung". Als Nächstes ist auf die *Ich-Bezüglichkeit* oder *Egozentrizität* hinzuweisen. Erlebnisse fließen nicht einfach inkognito vor sich hin und lösen einander ab. Vielmehr sind sie stets jemandes Erlebnisse, im paradigmatischen Fall *meine:* „Erlebnisse sind nicht in einem Nirgendheim. Ihr Sein ist wesensmäßig Bewußtsein, und alle Erlebnisse, die die meinen sind, sind es in der allumspannenden Einheit meines Bewußtseins, und so sind sie für das Ich in der Sonderreflexion zugänglich." (Hua VII, 166) Wie ist diese Zugehörigkeit zu einem Ich *phänomenologisch* zu verstehen?

Bekanntlich hat Husserl in diesem Punkt eine 180°-Wendung vollzogen – weg von einer Hume'schen, nicht-egologischen Konzeption im Frühwerk, hin zu einer egologischen Theorie spätestens ab den *Ideen I* (1913). Diese Tendenz kulminiert in Husserls These, Phänomenologie sei letztlich Egologie (vgl. CM, § 33). Während Husserl in den *Untersuchungen* mit einem deflationären Begriff des Ich operiert, demzufolge das Wort „Ich" entweder die empirische Person (Ich qua Mensch, soziale Person etc.) oder einen Bewusstseinsstrom bezeichnet, vertritt er ab den *Ideen* eine transzendentale und „polare" Ich-Theorie, derzufolge mit dem Wort „Ich" nicht (nur) die empirische Person bzw. der Bewusstseinsstrom, sondern ein „reines Ich" benannt wird.[266] Der polaren Ich-Theorie zufolge gehört zu jedem (intentionalen) Erlebnis ein reines Ich. Dieses reine Ich individuiert die Akte ohne selbst einer ihrer Teile zu sein; es hat einen Status *sui generis*, den Husserl mit dem Bild des *Pols* charakterisiert. Zweierlei phänomenologische „Daten" sind ausschlaggebend für das reine Ich.

Erstens ist es dadurch „gegeben", dass sich gewisse *Vollzugsweisen* von Akten phänomenologisch aufweisen lassen. Akte lassen sich nämlich nicht nur mit Blick auf Objekt, Gehalt und Modus variieren, sondern auch mit Blick darauf, wie sie sozusagen durchgeführt werden. Das reine Ich „lebt" immer auf eine spezifische Weise in seinen Akten; es ist stets sozusagen engagiert, mal passiv, mal aktiv. Nach Husserl gründet auch die *erlebte Einheit* aller (synchronen) Akte in dieser Funktion des Ich. Denn in der Fülle von Erlebnissen gibt es immer einen prävalierenden Akt,

---

[266] Einer der schärfsten Kritiker dieser egologischen Wende ist bekanntlich Sartre in *Die Transzendenz des Ego* (1936). Sartre hält Husserls nicht-egologische Auffassung der *Untersuchungen* für ausreichend, derzufolge der Bewusstseinsstrom, ähnlich wie eine Melodie, keines Trägers oder vereinheitlichenden „Pols" bedarf (vgl. LU V, §§ 4, 8). Insbesondere ein „reines Ich" ist in Sartres Augen unauffindbar. Der Husserl ab ca. 1913 behauptet ebendies. In der zweiten Auflage der *Untersuchungen* heißt es: „Inzwischen habe ich es zu finden gelernt, bzw. gelernt, mich durch Besorgnisse vor den Ausartungen der Ichmetaphysik in dem reinen Erfassen des Gegebenen nicht beirren zu lassen." (Hua XIX/1, 374 Fn.; vgl. 368 Fn.)

der alle anderen Akte gleichsam dominiert. Husserl spricht dabei in Anspielung auf die Vorsokratiker von einer „alle anderen Thesen in sich vereinigend[en] und sie durch durchherrschend[en]" *archontischen Thesis* (Hua III/1, 269; vgl. Hua IV, 12f.). Nicht-egologische Bewusstseinstheorien können dieses Datum in Husserls Augen nicht angemessen erklären. Interessanterweise bringen wir diese ichlichen Vollzugsweisen in der Umgangssprache in der Regel nicht zum Ausdruck. Normalerweise schreiben wir Akte in der Form „S Q-t X" („S Q-t, dass p") zu, wobei „Q" für den Modus und „X" („dass p") für den Gehalt bzw. das intentionale Objekt stehen. Aber für das „spezifisch Ichliche haben wir leider keinen Namen" (Hua XXXV, 91)[267]:

> [I]m Einzelnen können wir hinweisen auf das Affiziertsein des Ich durch das, was ihm bewusst wird, also durch den jeweils so erscheinenden, in den oder jenen Bewusstseinsmodis bewussten Gegenstand, dann auf das Sich-aufmerkend-Zuwenden und die verschiedenen Abwandlungen der Aufmerksamkeit, desgleichen auf Stellungnahmen wie die des Glaubens, Wertens, wieder in verschiedenen Modis, auf die Strebensmodalitäten, wie Vermissen, Begehren, Wollen, Erzielen, auf explizierende, beziehende Tätigkeiten und kolligierende, eines und anderes Zusammengreifen in einer Einheit, eines auf das andere Beziehen. (Hua XXXV, 91)

Es sind vor allem solche *attentionalen Modi* der „Zuwendung", welche das Vorliegen eines Ich bezeugen. Husserl verknüpft dies eng mit der (kantischen) Dyade von *Rezeptivität und Spontaneität*, die er durch die feinkörnigere Triade von *(purer) Passivität/Affektivität, Rezeptivität und Spontaneität* ersetzt. Dabei sind Rezeptivität und Spontaneität aktive Weisen der Ich-Beteiligung. So ist z. B. ein unerwarteter „Reiz" (Pfiff o.ä.) Objekt einer rein passiven Wahrnehmung (vgl. Hua XXXV, 91f.; EU, 61; Hua IV, 227), während es sich beim „Festhalten" dieses Reizes um eine Form attentionaler Zuwendung handelt, die bereits eine gewisse Aktivität voraussetzt. Ein rezeptives Ich „läßt sich das Hereinkommende gefallen und nimmt es auf" (EU, 83). Rezeptivität ist die niederste, Spontaneität die höchste Form von Aktivität (vgl. EU, § 17). Spontaneität ist dann erfordert, wenn sich bestimmte Akte *als solche* nicht ohne Zutun des Ich einstellen. Rezeptivität bedeutet, dass das Subjekt bereits *vorliegende Akte* sozusagen ichlich modifiziert, nicht hingegen, dass das Ich diese Akte aus sich hervorbringt. Jeder Akt lässt sich nach Husserl aktivisch modifizieren, aber nicht zwangsläufig spontan initiieren. Erst auf der Stufe aktiver Rezeptivität und Spontaneität gibt es sozusagen ein *cogito*, während auf rein passiven Stufen ein *cogitat* stattfindet: „Im Cogito lebt das Ich,

---

[267] Das wirkt übertrieben, denn mit Hilfe von *adverbialen Modifikatoren* (z. B. „S hört T aufmerksam zu") lässt sich auch das „spezifisch Ichliche" ausdrücken. Vgl. dazu das „modale Bewusstseinsmodell" von D. W. Smith 2011.

und das gibt allem Gehalt des Cogito seine besondere Ichbeziehung." (EU, 90) Husserl würde Kants Diktum („Das *Ich denke* muß alle meine Vorstellungen *begleiten können*") in dem Sinne akzeptieren, dass *alle* Akte, egal wie passiv sie zunächst sein mögen, eine „Aktivität des Ich" (EU, 83) zulassen; das Ich kann stets „auf-" und „abtreten" (vgl. *Ideen I*, §§ 35, 57, 92; *Ideen II*, §§ 22f.).

Wie so oft gewinnt Husserl diese egologische Dimension durch eine *Methode der Variation*. In diesem Fall durch Variation (Modifikation) von *Aktualität- und Inaktualität*:

> Es ist [...] evident, daß Änderungsweisen des fixierten Erlebnisses möglich sind, die wir eben unter dem Titel „bloße Änderungen in der Verteilung der Aufmerksamkeit und ihrer Modi" bezeichnen. Es ist klar, daß dabei der noematische Bestand des Erlebnisses insoweit derselbe bleibt, daß es nun überall heißen kann: es sei dieselbe Gegenständlichkeit immerfort als leibhaftig daseiend charakterisiert, sich in denselben Erscheinungsweisen, denselben Orientierungen, erscheinenden Merkmalen darstellend; von ihr sei in denselben Modis unbestimmter Andeutung und unanschaulicher Mitgegenwärtigung der und der Inhaltsbestand bewußt usw. [...] Es gibt eben verschiedene speziell zur Aufmerksamkeit als solcher gehörige Modi. Dabei scheidet sich die Gruppe der Aktualitätsmodi von dem Modus der Inaktualität; von dem, was wir schlechthin Unaufmerksamkeit nennen, dem Modus des sozusagen toten Bewußthabens. (Hua III/1, 212f.; vgl. *Ideen I*, §§ 35–37)

Insbesondere bei fundierten Akten spielt die Attentionalität eine besondere Rolle, denn sie *bestimmt*, welchen „Hauptakt" (Hua IV, 12) wir vollziehen. So liegen z. B. beim verständigen Lesen sowohl verstehende Akte (sog. „Bedeutungserlebnisse") als auch Zeichenwahrnehmungen vor, wobei erstere in letzteren einseitig fundiert sind. Da in diesem Fall unsere Aufmerksamkeit aber nicht bei den Zeichen, sondern bei den durch sie bezeichneten Objekten ist, „leben" wir im eigentlichen Sinne im Akt des Verstehens: „In der Komplexion prävalieren also die einen Akte in eigentümlicher Weise." (Hua XIX/1, 422; vgl. LU V, § 19) Intentionalität ist somit eng mit Attentionalität und einem (reinen) Ich verknüpft. Allerdings handelt es sich um verschiedene Eigenschaften (vgl. LU V, § 13)[268], denn Attentionalität (Zuwendung etc.) ist eine *graduelle*, Intentionalität hingegen eine *alles-oder-nichts*-Eigenschaft: während man einem Objekt X mehr oder weniger aufmerksam zugewendet sein kann, ist man entweder auf X gerichtet oder nicht. Intentionalität *als solche* lässt keine Grade zu.[269]

---

[268] Jedes intentionale Objekt kann attentionales Objekt sein; jedes attentionale Objekt ist auch intentionales Objekt.
[269] Die Gradualität der Attentionalität betont Husserl in EU, §§ 17–20. Wichtige Züge von Husserls Aufmerksamkeitstheorie finden sich bereits in der Empirismuskritik in LU II. Aufmerksamkeit ist demnach eine „Modalität", die alle Aktqualitäten charakterisieren kann. Der

Humes egologischer Deflationismus ist dem reifen Husserl zufolge aus phänomenologischen Gründen inadäquat. Unsere Erlebnisse fühlen sich notwendigerweise *ichlich modalisiert* an. Wir haben nicht einfach nur irgendwelche Erlebnisse, über die wir introspektiv „stolpern", wie es bei Hume heißt; sondern wir leben notwendigerweise auf eine bestimmte Weise in ihnen. Selbst mit Blick auf ein Erlebnis der Trauer, ein *prima facie* bloß gehabtes Widerfahrnis, schreibt Husserl:

> So bin ich z. B. in der *passiven* Trauer „versunken", in einer *starren, bewegungslosen* Trauer, in einer reinen Passivität. Oder ich bin von einer *leidenschaftlichen* Trauer erfüllt, als einer „Gemütsbewegung" und doch passiv; oder auch bewegt tätig mich haltend in *beherrschter* Trauer usw. (Hua IV, 98; Herv. CE)

Die hervorgehobenen Adjektive drücken hier nicht (nur) Intensitätsunterschiede, sondern eben gewisse „eigentümliche[] Modi der Subjektbeteiligung" (Hua IV, 99) aus. Trauer ist nicht gleich Trauer. Husserls erstes Argument für die Annahme eines reinen Ich lässt sich somit als *Argument aus der attentionalen Vollzugsweise der Erlebnisse* bezeichnen: es gibt eine introspektiv manifeste Weise, wie es ist, ein *Subjekt* von Erlebnissen zu sein – es gibt eine *egologische Phänomenologie*.

Zweitens ist es nach Husserl ein introspektives Faktum, dass es eine diachrone Identität im Bewusstseinsstrom gibt.[270] Da *im* Strom aber alles im Fluss ist, kann es sich dabei nicht um ein Erlebnis handeln. Das reine Ich, das als „identischer Vollzieher" (Hua VI, 174) oder „Pol" fungiert, begründet diese diachrone Identitätserfahrung:

> Das Ich bezeichnet eine eigenartige Zentralisierung oder Polarisierung aller cogitationes, und eine total andere als die intentionalen Gegenständlichkeiten; es ist das eine, absolut identische Zentrum, auf das alle in den cogitationes intentional beschlossenen Gegenständlichkeiten in Form von Affektion und Aktion bezogen sind. (Hua XXXV, 92)

Das reine Ich hat bei Husserl einen besonderen ontologischen und epistemologischen Status (vgl. *Ideen II*, §§ 22–28). Man kann sagen, dass es generisch und konstant im Erlebnisstrom fundiert ist. Es braucht keine bestimmten, aber irgendwelche Erlebnisse, in denen es seinen „Auf-" und „Abgang" hat (vgl. Hua IV, 103). Anders als die intentionalen Objekt-Pole, existiert das reine Ich notwendi-

---

Begriff der Aufmerksamkeit reicht schließlich „überhaupt soweit als der Begriff des Bewußtseins von etwas" (Hua XIX/1, 168).
270 Vgl. dazu Millar 1986. Ausführlich zur Motivation von Husserls egologischer Theorie im Ausgang von seinem frühen Humeanismus vgl. Marbach 1974 und 2011.

gerweise: es gibt keine „ichlosen", aber gleichwohl „gegenstandslose" Akte. Aus „S Q-t X" folgt stets „S existiert", aber nicht „X existiert". Epistemologisch gesehen kommt ihm, ohne zur Kategorie der Substanz zu gehören, cartesische „absolute Zweifellosigkeit der Seinserfassung" (Hua IV, 103) zu.

XV. Phänomenologie/Phänomenalität. Eng mit der oben diskutierten präreflexiven Bewusstheit aller Erlebnisse hängt eine Eigenschaft zusammen, die heutzutage unter dem Schlagwort „Phänomenale Intentionalität" behandelt wird (vgl. Zahavi 2003b; Soldati 2005; Kriegel 2013a). Die verschiedenen Momente intentionaler Erlebnisse fühlen sich auf eine spezifische Weise an, sodass es, mit Thomas Nagels Phrase gesagt, für das Subjekt eine bestimmte Weise gibt, wie es ist *(what it is like)*, zu erleben. Alle intentionalen Erlebnisse haben jeweils eine *Phänomenologie* oder *Qualia* – nicht nur sensorische Erlebnisse oder Empfindungen. (Im Folgenden hebe ich das „**P**" in „**P**hänomenologie" fett hervor, wenn der spezifische Erlebnischarakter eines Aktes oder Aktmomentes charakterisiert werden soll.) Insbesondere Husserl'sche Bedeutungserlebnisse des Verstehens haben kognitive Qualia. Wenn man Ich-Bezug, Modus und Gehalt als konstitutive Merkmale von Akten ansetzt, so bedeutet die These der „Phänomenalen Intentionalität", dass es zu jedem Akt eine ichliche, modus- und gehaltartige **P**hänomenologie[271] gibt. Husserl'sche Erlebnisse haben somit *multidimensionalen phänomenalen Charakter*. Husserl selbst spricht dabei vom „Zumutesein" (vgl. Hua XIX/1, 71, 387 f., 396, 460, 475; Hua XIX/2, 621), was der Rede vom „phänomenalen Bewusstsein" nahekommt. Was den *Modus* betrifft, so schreibt Husserl, dass wir, wenn wir die Sätze eines Anderen verstehen, ohne diesen sogleich Glauben (oder Unglauben) zu schenken, ein „eigenartige[s] Zumutesein jenes bloßen Verstehens, Dahinstehendhabens" (Hua XIX/475) erleben. Dass auch der *Gehalt* ein Zumutesein hat, zeigt sich daran, das es einen subjektiven Unterschied macht, ob wir, wenn gleiche sinnliche Eindrücke vorliegen, diese gemäß der einen oder anderen Materie auffassen. Wechselt meine Auffassung angesichts derselben Eindrücke z. B. zwischen einer Puppen- und einer Menschenauffassung, so ist das nichts, was mir phänomenal verborgen bliebe: mit dem „Repräsentant[en]" ist mir „immer wieder anders ‚zumute'" (Hua XIX/2, 621). Etwas Ähnliches passiert, wenn wir äquivoke Ausdrücke verstehen: verstehe ich z. B. unter dem Wort „Schloss" zunächst ein Türschloss, sodann ein bewohnbares Schloss, so vollziehe ich den „jähen Bedeutungswechsel", der den „Aktcharakter" (Hua XIX/1, 76) betrifft.

---

[271] In dem programmatischen Text zur „Phänomenalen Intentionalität" von Horgan/Tienson 2002, Abs. 2, ist von *phenomenology of intentional content* und *phenomenology of attitude type* die Rede.

XVI. Nicht-Relationalität & Existenzindifferenz. Schließlich soll der für diese Arbeit besonders wichtige nicht-relationale Charakter der Intentionalität hervorgehoben werden. Zu sagen, dass ein Akt e, der auf X gerichtet ist, nicht-relational ist, ist streng genommen elliptisch. Denn es soll nicht ausgeschlossen werden, dass e irgendwelche relationalen Eigenschaften hat, sondern lediglich, dass e *und* X nicht *per se* in einer Relation stehen. Die Intentionalität, „das Den-Gegenstand-Meinen", ist „ein reelles Moment der Wahrnehmung", das dem Erlebnis „essentiell" (Hua XXXVIII, 10) zukommt. Nur dadurch, dass das Erlebnis ein solches monadisches Moment in sich enthält, ist es ein intentionales. Ein Akt steht gleichwohl immer in einer Relation zum Subjekt, das diesen „*hat*", *in ihm lebt* und sich „*durch*" oder „*in*" ihm auf X richtet. Während die Relation zwischen Ich und Akt keine mereologische ist, verhält sich ein Akt zu seiner Materie, Qualität und Fülle *in individuo* wie ein Ganzes zu seinen Momenten. Ferner stehen Aktmomente zur Materie, Qualität und Fülle *in specie* in der transkategorialen Relation der Vereinzelung (Speziestheorie); gemäß der Noematheorie stehen Noesen (Akte/Aktmomente) zum „Noema" (Sinn) in einer neuartigen „(Kor-)Relation" des „Vermeinens".

Die in diesem Kapitel dargestellten Wesensmerkmale von Erlebnissen werden in den folgenden Kapiteln weiter vertieft. Insgesamt wird bereits deutlich, welche interne Komplexität im „reinen Bewusstsein" am Werke ist. Es ist gerade diese intrinsische Strukturiertheit der Erlebnisse, die verantwortlich dafür zeichnet, dass Akte unabhängig von der Existenz ihrer Objekte Intentionalität aufweisen können. Wäre das Bewusstsein lediglich ein relationales und transparentes Medium, so wäre unverständlich, wie es sich auf nicht-existente Objekte richten kann. Aber nach Husserl ist Bewusstsein nicht „etwas in sich Wesenloses, ein leeres Hinsehen eines leeren ‚Ich' auf das Objekt" (Hua III/1, 81). Anders als ein internalistisches Modell à la Husserl kann ein rein relationales Modell zudem nicht erklären, wieso ein und dasselbe Objekt auf so unterschiedliche Weisen erscheinen kann.

III Zusammenfassung und Ausblick

Fassen wir die wichtigsten Ergebnisse des Kapitels zur „Ontologie der Phänomenologie" zusammen.

1. Hier ging es darum, zu zeigen, dass Husserls Phänomenologie nicht frei von ontologischen Grundsatzentscheidungen ist. Diese beziehen sich vor allem auf die formale (kategoriale) und materiale (regionale) Ontologie, wobei unter „Ontologie" nicht so sehr, wie prominenterweise bei Quine, die Lehre von dem, was es *tatsächlich* gibt, zu verstehen ist (das wäre bei Husserl eher „Metaphysik"), son-

dern vorrangig die Lehre von *wesentlichen Strukturen (Essenzen)* und *Fundierungszusammenhängen*.[272] In diesem Sinne schließen sich Husserls „transzendentale Phänomenologie" und eine „Ontologie der Phänomenologie" nicht aus.

2. Konkret wurde gezeigt, dass für Husserls Phänomenologie der Unterschied zwischen realen (raum)zeitlichen und irrealen (idealen) Entitäten zentral ist. Husserl schlägt dabei eine Reihe von Kriterien vor, um Realia von Irrealia zu unterscheiden. Husserls Texten lassen sich auch (mindestens) zwei Argumente für die Existenz von Irrealia entnehmen, nämlich zum einen die Idee, dass es kategorische Wahrheiten über Irrealia gibt, die sich nicht als Wahrheiten über Realia paraphrasieren lassen und die somit in der Existenz von Irrealia gründen (*das semantisch-phänomenologische Argument*); zum anderen gibt es Irrealia deshalb, weil sie erklären können, warum verschiedene Individuen ähnlich bzw. gleich sein können (*das ontologische Argument*). Irrealia sind nicht zuletzt deshalb wichtig, weil sie eine zentrale Rolle in der Theorie des Intentionalität spielen, v. a. mit Blick auf den Status des intentionalen Gehalts. In diesem Sinne ist Husserl ein ‚Platonist'. Allerdings ist Husserls Nachweis der Existenz von Irrealia nicht gleichzusetzen mit „platonistischer" oder „psychologistischer Hypostasierung", denn weder sind Irrealia *Dinge* noch sind sie *eo ipso irgendwo* noch sind sie automatisch *ante rem*. Husserls Gegenstands- und Seinsbegriff ist flexibel genug, um Universalien und (Akt-)Sinne als Objekte zu behandeln, ohne sie zu hypostasieren.

3. Während der frühe (und mittlere) Husserl eine *duale Ontologie* von Realia und Irrealia vertritt, zeigt sich beim späteren Husserl, wenn auch eher am Rande, eine *triadische Ontologie* von Realia, „freien" und „gebundenen Idealitäten". Innerhalb der Irrealia wird somit eine Binnendifferenzierung vorgenommen; insbesondere unterscheidet Husserl nun Idealitäten von der Art der „Allgemeingegenstände" (Universalien, Typen, Spezies) von Idealitäten *sui et novi generis*, die, ungeachtet ihrer Idealität und Nicht-Räumlichkeit, durch gewisse Abhängigkeiten von Realia gekennzeichnet sind („gebundene Idealitäten"). Zu dieser Kategorie gehören neben „Kulturgebilden" (z. B. Verfassungen, Kunstwerke) auch, wie sich im Folgenden zeigen wird, die Noemata. Mit seiner triadischen Ontologie antizipiert Husserl die von Ingarden systematisch ausgearbeiteten Seinsweisen realer, idealer und „rein intentionaler" (bewusstseinsabhängiger) Gegenstände. Allerdings sind Husserls Aussagen zum ontologischen Status von Irrealia insgesamt recht mager. Insbesondere die Ontologie der Spezies (Universalien, Typen) und der Noemata ist erläuterungsbedürftig. Wie verhalten sich z. B. Spezies zu Universalien,

---

[272] Zu diesem (mit Husserl kompatiblen) Verständnis von Ontologie und Metaphysik vgl. Ingarden in SEW I, §§ 5 f.

Eigenschaften und Typen? Sind alle Typen Universalien und vice versa? Sind alle Spezies ante rem, oder gibt es auch Spezies in re?[273]

4. Die formale Ontologie ist bei Husserl im Kern die Mereologie, die ihrerseits eng mit der Theorie der Fundierung verbunden ist. Entscheidend ist die These, dass jede Entität Teile in Form von Momenten und/oder Stücken enthält, wobei Momente unselbständige Teile sind, die in wesentlichen Abhängigkeitsrelationen zu anderen Momenten stehen. Momente (und Stücke) und die zugehörigen Gesetze finden sich in allen materialen Regionen, insbesondere nicht nur im Bereich des räumlich fundierten bzw. materiellen Seins, sondern auch im Bereich der Erlebnisse und ihrer Einheit, dem „Bewusstseinsstrom".

5. Es wurden drei wesentliche Verwendungen des Wortes „Gegenstand" bei Husserl herausgestellt: der *existenziale*, der *alethische* und der *intentionale Gegenstandsbegriff*. Während die ersten beiden umfangsgleich sind, spielt der Begriff eines intentionalen Objekts eine zentrale Rolle für Husserls Konzeption von Intentionalität. Denn jeder Akt ist auf (mindestens) einen intentionalen Gegenstand gerichtet. Allerdings ist dieser Begriff ein genuin phänomenologischer Begriff, der keine ontologischen oder metaphysischen Implikationen mit sich bringt. Denn intentionale Objekte bilden weder eine Region von Entitäten, die eine gemeinsame Natur haben, noch müssen sie überhaupt existieren.

6. Gemäß Husserls „Ontologie des Bewusstseins" sind sowohl einzelne (intentionale) Erlebnisse als auch der „Bewusstseinsstrom" eines Subjekts Ganzheiten aus Momenten und Stücken. Erlebnisse sind notwendigerweise dauernde und ineinander übergehende „Vorgänge", die präreflexiv erlebt werden und in denen das Subjekt der Erlebnisse „lebt", indem es seine Aufmerksamkeit, „Zuwendung" und „Erfassung" auf Objekte verteilt. Intentionale Erlebnisse (Akte) zeichnen sich durch folgende Momente aus: sie enthalten – in aller Regel – nicht-intentionale *Empfindungen* (Qualia), die zusammen mit einer „Materie", einer „Qualität" und einer „Auffassungsform" eine Erlebnisganzheit bilden. Eine Pointe dieser ‚dicken' Ontologie des Bewusstseins ist darin zu sehen, dass Erlebnisse *intrinsische Eigenschaften* haben, aufgrund deren sie sind, was sie sind; insbesondere ihre Intentionalität gründet in ihrer mereologischen Bauart. In diesem Sinne wurde Husserls Bewusstseinsmodell als ein *multidimensionales Modell* beschrieben, in dem verschiedene Momente durch ihr mereologisches Zusammenspiel Bewusstsein von etwas ermöglichen. Eine zentrale Idee dieses Modells besagt auch, dass jeder intentionale Unterschied in der intrinsischen Struktur des Bewusstseins verankert sein muss (vgl. Hua XIX/1, 427). Diese Idee kulminiert gewissermaßen in Husserls diversen *Horizontbegriffen*. So wird z. B. die Tatsache, dass wir von einem dreidimensionalen Ding Bewusstsein haben,

---

[273] Vgl. dazu etwa Davis 2003, 312ff., *passim*, und ausführlich Wetzel 2009.

dadurch ermöglicht, dass *im* Erlebnis explizite (erfüllte) und implizite (leere) Intentionen aktuell präsent sind und eine spezifische Einheit bilden. Das Gegenbild hierzu ist eine (ausschließlich) relationale und externalistische Konzeption von Bewusstsein.

Eine weiterführende Frage betrifft die *Individuation* von Erlebnissen. So ist z. B. nicht immer klar, ob Husserl meint, Erlebnisse seien klar unterscheidbare und in sich unterschiedene Einheiten. Kann man Erlebnisse zählen? Gibt es eine definitive und nicht-stipulative Antwort auf die Frage, wie viele Erlebnisse ich habe, wenn ich z. B. eine Menschenmenge sehe, begleitet von unzähligen Geräuschen, Gerüchen, etc.? Falls die Antwort auf diese Fragen „Nein" lauten sollte, welche Konsequenzen ergäben sich daraus für die Ontologie der Erlebnisse? Müsste man ggf. sogar, Quines Diktum *no entity without identity* folgend, Erlebnisse ontologisch diskreditieren?

So weit sollte man freilich nicht gehen. Denn man kann durchaus Identitätsbedingungen für Erlebnisse angeben.[274] So sind Erlebnisse e und e* genau dann identisch, wenn sie dieselbe Qualität, Materie, „Auffassungsform" und denselben Horizont haben, und ferner auf dieselben Objekte gerichtet sind; zudem müssen sie zu denselben Zeitpunkten stattfinden und zu demselben (reinen) Ich gehören, das in ihnen auf dieselbe attentionale Weise „lebt". (Auf die Frage, wann Qualität und Materie identisch sind, gehe ich später näher ein; siehe D II 1. § 2. Natürlich ist es eine nicht einfach zu beantwortende Frage, wie viele intentionale Objekte insbesondere komplexe und fundierte Akte genau haben. Aber mir scheint, dass es hierauf immer eine definitive Antwort gibt, wenn man die Aufmerksamkeitsstrukturen und die Unterschiede zwischen „Aktualität" und „Inaktualität" berücksichtigt.) Gleichwohl bereitet die Frage der Individualität und Abtrennbarkeit von Erlebnissen Schwierigkeiten. Husserl selbst spricht von „Durchdringung" (Hua XIX/1, 357) und „Verschmelzung" (vgl. Hua XIX/1, 363) der Erlebnisse, die sich „durchtränken" (Hua XVI, 75). Zudem betont er die Unselbständigkeit von einzelnen Erlebnissen relativ zum Strom, denn „kein konkretes [einzelnes, CE] Erlebnis" ist ein „im vollen Sinne Selbständiges" (Hua III/1, 186). Ontologisch gesehen sind Erlebnisse somit am besten als *Momente des Bewusstseinsstroms* zu konzipieren – und nicht als dessen „Stücke". Erlebnisse sind unterscheidbar und abgrenzbar, aber (in der Regel) nicht abtrennbar und selbständig gegenüber ihrer „Erlebnisumgebung" (Hua III/1, 186), durch die sie stets mitbestimmt werden.[275] Das passt gut zu Husserls Vergleich mit *Wellen eines*

---

274 Solche „sortalen Identitätsbedingungen" haben die Form: „Für alle Entitäten x und y der Art A gilt: x = y *gdw.* F (x, y)", wobei durch das zweistellige Prädikat „F" die Identitätsbedingung ausgedrückt wird. Bei Mengen z. B. steht „F (x, y)" für „$\forall z\ (z \in x \leftrightarrow z \in y)$".
275 Vgl. Hua III/1, 187: „Je nach der Änderung der Umgebungsbestimmtheit ändert sich also die Wahrnehmung selbst".

Stroms: „Bewußtsein ist eine Einheit. Ein Akt ist nichts für sich, er ist Welle im Bewusstseinsstrom."[276] Der Eindruck, Erlebnisse seien selbständige Individuen, entsteht infolge ihrer reflexiven und vor allem retrospektiven Thematisierung, die dazu neigt, sie zu ‚verdinglichen'. Mit Blick auf den Bewusstseinsstrom *als Ganzen* vertritt Husserl – zumindest in den *Ideen I* und in anderen Texten mit ausgeprägten idealistischen Tendenzen – die These der Selbständigkeit des „reinen Bewusstseins" (vgl. v. a. *Ideen I*, §§ 42–55).[277] Es bleibt insgesamt ein Desiderat, den ontologischen Status des eigentümlichen Ineinander der Erlebnisse im Strom genauer zu charakterisieren.

Anknüpfend an die virulente Frage, ob es ein „Merkmal des Mentalen" gibt und ob dieses tatsächlich in der Intentionalität besteht, wäre weiterhin zu fragen, wie Husserl – neben den diskutierten Schmerzen – insbesondere *Stimmungen* analysieren würde, da es sich bei ihnen offenbar weder um einzelne Akte noch um Empfindungen handelt.[278]

---

[276] Vgl. das Manuskript L I 15 2b, zitiert nach Zahavi 1999, 77. Zur Frage nach der Struktur des Bewusstseinsstroms vgl. auch die Erläuterungen von Ingarden in SEW II/2, § 77. Nach Ingarden ist der Strom eine „organische Ganzheit". Da im Strom „heterogene" Erlebnisse (z. B. Zorn und Zuneigung) lückenlos ineinander übergehen und simultan auftreten können, liegt keine „strenge Einheit" vor; desgleichen ist der Strom auch keine „strenge Mannigfaltigkeit" diskreter Einheiten. Im *Aufbau* geht Carnap 1998, §§ 64 ff., so weit, zu jedem Zeitpunkt bewussten Erlebens nur ein einziges „Elementarerlebnis" anzunehmen. Elementarerlebnisse sind „unzerlegbar" und erfordern eine besondere Methode, die „Quasi-Analyse", um sie formal so behandeln zu können, als seien sie ontologisch zerlegbar.

[277] Während materielle Dinge nur aufgrund ihrer kausalen Bezüge zu *anderen* Dingen voneinander unterscheidbar und distinkte *individuelle Einheiten* sind, sind nach Husserl Erlebnisse und (reine) Iche ursprüngliche Individuen, die ihre Einheit nichts außerhalb ihrer selbst verdanken; sie tragen „ihre Individuation in sich selbst" (Hua IV, 300). Denn das „Ich" ist ‚'dieses' und hat Individualität in sich und aus sich selbst, es hat nicht Individualität aus Kausalität" (Hua VI, 222).

[278] Bei Stimmungen stellt sich zudem die Frage, ob sie überhaupt Erlebnisse sind. Kategorial gesehen, scheinen sie zwischen Erlebnissen und dispositioneller „bleibender Habe" (CM, § 27), wie z. B. Überzeugungen, zu stehen: sie sind aktuell wie Erlebnisse, aber hintergründig wie Überzeugungen und Wünsche. Am ehesten sind sie wohl als „Aktregungen" zu kategorisieren, die gleichwohl keine ‚bloßen' Dispositionen sind (vgl. *Ideen I*, § 115). In LU V, § 15 b, deutet Husserl an, dass Empfindungen, die nicht mehr aufgefasst werden, gleichwohl noch präsent sein können und somit gleichsam als Folie neuer Akte fungieren können. Davon ausgehend versucht Lee 1998 mit Hilfe von nachgelassenen Texten Husserls Phänomenologie der Stimmungen zu rekonstruieren. Ein Vergleich zur aktuellen Philosophie des Geistes unternimmt Lee nicht. Allerdings gelangt er zu der intentionalistischen These, dass Stimmungen eine Form von „Weltbewusstsein" darstellen (116 f.); eine ähnliche These findet sich bei Crane 2007b. Zur aktuellen Debatte vgl. auch die Beiträge in Kriegel 2013c, Kap. III.

D Das Problem der Nicht-Existenz in Husserls Phänomenologie

In diesem Kapitel soll der Zusammenhang zwischen dem Problem der Nicht-Existenz und der Theorie der Intentionalität bei Husserl dargestellt werden. Dazu gehe ich in zwei Schritten vor, wobei ich mich grob an der historischen Entwicklung von Husserls Phänomenologie orientiere. Zunächst geht es schwerpunktmäßig um die *Logik der Nicht-Existenz*, sodann um die *Phänomenologie der Nicht-Existenz*. Diese beiden Hauptfragen lassen sich im kantischen Jargon formulieren. Bei der Logik der Nicht-Existenz geht es um die Frage:

> (LNE) Wie sind *Wahrheiten* über nicht-existierende Objekte möglich?

(LNE) ist deshalb ein Problem, weil Wahrsein Sein vorauszusetzen scheint. Im zweiten Schritt geht es dann um die *Phänomenologie der Nicht-Existenz:*

> (PNE) Wie sind *Akte* möglich, die auf nicht-existierende Objekte gerichtet sind?

(PNE) bereitet deshalb Schwierigkeiten, weil Gerichtetheit prima facie eine Relation ist und Relationen zwei existierende Relata zu erfordern scheinen.

I Die Logik der Nicht-Existenz – Wahrheit unter Assumption

Husserls Antwort auf die Frage, wie man wahre Urteile über nicht-existierende Objekte fällen kann, lautet, dass hierfür eine spezielle Klasse von Urteilen einschlägig ist, nämlich sog. *assumptive Urteile*, d.i. Urteile, deren Wahrheit den Urteilenden nicht auf die Existenz der beurteilten Objekte festlegt. Dazu gehören insbesondere hypothetische, essentiale und analytische Urteile. Diese drei Arten assumptiver Urteile können mit Urteilen über unterschiedliche Arten nicht-existierender Objekte korreliert werden. So lassen sich z. B. intrafiktionale („Faust verführt Gretchen") und interfiktionale („Casanova ist ein subtilerer Verführer als Faust") und gewisse transfiktionale Urteile („Faust hat mehr akademische Grade als Karl-Theodor zu Guttenberg") als hypothetische Urteile reformulieren. Urteile wie „Ein Zentaur ist ein Mischwesen aus Mensch und Pferd" hingegen können als Wesensurteile gedeutet werden. Schließlich lassen sich Wahrheiten über *impossibilia* und *absurda* („Ein rundes Quadrat ist rund", „Eine grüne Primzahl ist prim") als analytische Urteile verstehen. Bevor ich auf diese assumptiven Urteile eingehe, wird das sog. „Paradox gegenstand(s)loser Vorstellungen" diskutiert, das am Anfang von Husserls Auseinandersetzung mit der Intentionalität steht und ihn schon früh zu einer nicht-relationalen Position geführt hat.

1 Was sind „Vorstellungen"?

Da Husserl das Problem der Nicht-Existenz im Frühwerk im Anschluss an Bernard Bolzano unter dem Stichwort „gegenstand(s)lose Vorstellungen" diskutiert, seien einige Erläuterungen zum Begriff der Vorstellung vorausgeschickt.

„Vorstellung" ist eines der schillerndsten Worte der neuzeitlichen Philosophie. Moderne Philosophie ist in großen Stücken eine Philosophie der Vorstellungen. Man denke nur an Descartes' diverse Klassifikationen der *ideae* – gemeinhin als „Vorstellungen" übersetzt – in den *Meditationes*, die Unterscheidung zwischen *impressions* und *ideas* bei den angelsächsischen Empiristen, an Kants „Stufenleiter" der Vorstellungen[279] oder an Schopenhauers Metaphysik von Wille und Vorstellung. In der Zeit um 1900 erreichen Vorstellungen erneut einen akademischen Höhepunkt. Dies ist im Zusammenhang mit dem Aufstieg der Psychologie als eigenständiger Wissenschaft und den verschiedenen Varianten des „Psychologismus" zu sehen, dessen Vertreter mitunter, wie z. B. aus Freges Kritik im Aufsatz *Der Gedanke* und aus Husserls Kritik in den *Prolegomena* (Hua XVIII) zu ersehen ist, behaupten, dass alles Vorstellung sei, also eine Art Vorstellungs-Monismus propagierten. So unterschiedliche Autoren wie Bolzano, Lotze, Stumpf, Frege, Brentano, Twardowski, Meinong und Husserl machen in ihren Werken extensiv Gebrauch vom Wort „Vorstellung".[280] Aber was *sind* Vorstellungen?

Das Bemerkenswerte am Wort „Vorstellung" ist dessen *kategoriale Mehrdeutigkeit*. Es bezieht sich nicht nur auf Verschiedenes gleicher Kategorie, wie das bei den meisten äquivoken Ausdrücken der Fall ist (z. B. „Hahn"), sondern auf Gegenstände verschiedener Kategorien. Das Wort „Vorstellung" belegt damit exemplarisch Husserls Bemerkung, dass „der Fluch der philosophischen Terminologie die Äquivokation" (Hua Mat I, 51) sei.[281] Husserl ist (bis heute) einer der wenigen Philosophen, der um explizite Klarheit bemüht ist. Ähnlich schillernd wie das heutzutage antiquierte Wort „Vorstellung" ist das heutzutage ubiquitäre

---

[279] Vgl. *KrV*, B 376f. Historisches zum Vorstellen liefern Mayer/Erhard 2008, 160–163, und Mohanty 1995, 47–53.
[280] Hilfreiche historische Bemerkungen zum Verhältnis Philosophie-Psychologie um 1900 finden sich bei Soldati 2000. Husserl bemerkt zu LU V, dass diese Untersuchung „in ziemlich erheblichem Maße in die Phänomenologie der 'Vorstellungen'" (Hua XIX/1, 354) eindringe.
[281] Eine Übersicht über 13 (!) verschiedene Vorstellungsbegriffe findet sich in LU V, § 44.

Wort „Inhalt" bzw. „Gehalt (*content*)" (eines mentalen Zustands).[282] Die Mehrdeutigkeit des Wortes „Vorstellung" bekundet sich schon in der Alltagssprache. So verstehen wir nicht selten unter „Vorstellungen" entweder dasjenige, was wir vorstellen, also das *vorgestellte Objekt*, oder aber den *Vorgang des Vorstellens*. Vorgestelltes Objekt kann Reales oder Ideales sein, aber das Vorstellen ist notwendigerweise ein reales, in der Zeit fließendes psychisches Phänomen.

Mit Blick auf das Vorstellen spricht Husserl im Anschluss an Bolzano von Vorstellungen im *subjektiven Sinne*. Subjektiven Vorstellungen sind Vorstellungen im *objektiven (logischen) Sinne* entgegengesetzt, die wiederum vom *vorgestellten Objekt* zu unterscheiden sind. Mit dem Unterschied *subjektiv/objektiv* wird nicht in erster Linie auf eine erkenntnistheoretische, sondern auf eine ontologische Differenz abgehoben: Subjektive Vorstellungen sind mentale Vorkommnisse (Ereignisse), zeitlich datierbar und jeweils einem einzigen Individuum zugehörig, in dessen Bewusstseinsstrom sie einmalig und unwiederholbar auftreten. Objektive Vorstellungen hingegen sind, ähnlich wie Bolzanos Vorstellungen *an sich*[283], intersubjektiv zugänglich, multiple instanziierbar und „unzeitlich"; sie fungieren als „objektive Inhalte" oder „Bedeutungen" von Akten begrifflichen Vorstellens:

> So wie es aber an die Unterschiede der wesentlichen „Formen" der Vorstellungen geht, bereitet sich schon ein Bruch in der Betrachtungsweise vor [...]. Der Terminus Vorstellung verliert plötzlich den Charakter eines psychologischen Klassenbegriffs. [...] Wenn der Logiker Unterscheide fixiert, wie die zwischen singulären und allgemeinen Vorstellungen (Sokrates – der Mensch überhaupt; die Zahl Vier – die Zahl überhaupt) [...]; oder wenn er die mannigfachen Verknüpfungsformen von Vorstellungen zu neuen Vorstellungen aufzählt, wie konjunktive, disjunktive, determinative Verknüpfung u. dgl. [...]: so muß doch jedermann sehen, daß hier nicht von phänomenalen, sondern von spezifischen Einzelheiten die Rede ist. (Hua XVIII, 177 f.)

Hier deutet Husserl objektive Vorstellungen als „spezifische Einzelheiten", die sie sich in mannigfachen subjektiven Vorstellungen vereinzeln können und in diesem Sinne „objektiv" sind.

Es sei angemerkt, dass selbst der subjektive Vorstellungsbegriff keineswegs eine einheitliche Gattung bezeichnet. Auch dies ist umgangssprachlich leicht zu

---

282 Vgl. Hopp 2011, Kap. 1. Hopp zeigt, wie unklar der gängige Begriff des Ge- oder Inhalts (*content*) tatsächlich ist. Wayne Davis 2003, 2005 ist einer der wenigen gegenwärtigen Philosophen, die mit Husserls Detailliertheit und Unterscheidungsreichtum mit Blick auf intentionales Vokabular mithalten können.
283 Vgl. Hua XXII, 462: „Objektive Vorstellung = Vorstellung ‚an sich' in Bolzanos Sinn = das spezifisch Gefaßte des Inhalts, das die ‚Bedeutung' ausmacht; subjektive Vorstellung = der konkret-lebendige Vorstellungsakt; Bedeutung ≠ Gegenstand." Vgl. Bolzano 1978, 64 ff. Dazu ausführlich Beyer 1996, Kap. 2, und Fréchette 2010, Teil I.

belegen, denn „sich etwas vorstellen" kann Mannigfaches bedeuten. Manchmal meinen wird damit *anschauliche Vorstellbarkeit* in Wahrnehmung oder Phantasie. So kann man sich ein Dreieck vorstellen, aber nicht ein regelmäßiges 1004-Eck – ein Unterschied, auf den bereits Descartes verwiesen hat.[284] Der Gegenbegriff zum Vorstellen ist dann (rein) begriffliches und anschauungsloses Denken. In anderen Kontexten bedeutet „Vorstellung" so viel wie Meinung, Überzeugung oder Ansicht, kurz: eine gewisse *doxastische (propositionale) Einstellung*, die nicht zwangsläufig mit anschaulicher Vorstellbarkeit einhergeht. So haben z.B. Sozialisten und Liberale andere Vorstellungen mit Blick darauf, worin die beste Wirtschaftsordnung besteht. Schließlich kann man noch einen dritten Sinn von Vorstellung im subjektiven Sinne unterscheiden. Dies ist die brentanistische Auffassung von Vorstellungen als „bloßen Vorstellungen", wobei die *Blöße* darin besteht, dass kein doxastisches *commitment* im Spiel ist. So kann ich mir in diesem Sinne vorstellen, wie eine Gesellschaft funktionieren würde, in der es ein bedingungsloses Grundeinkommen gäbe (wobei nicht notwendigerweise anschauliche Vorstellungen im Spiel sind).[285]

Ist nun die objektive Vorstellung der vorgestellte Gegenstand einer Vorstellung im subjektiven Sinne? Dies ist nach Husserl (und Bolzano) strikt zu verneinen. Von einer objektiven und subjektiven Vorstellung ist der Gegenstand der Vorstellung zu unterscheiden, womit eine dritte Bedeutung von „Vorstellung" hervortritt. Die Notwendigkeit, von einem Gegenstand der Vorstellung zu sprechen, der von der subjektiven und objektiven Vorstellung verschieden ist, ergibt sich daraus, dass zwei verschiedene subjektive/objektive Vorstellungen gleichwohl dasselbe vorstellen können; ferner daraus, dass vorgestellte Objekte nicht in jedem Fall existieren, während es subjektive und objektive Vorstellungen in gewissem Sinne immer gibt.

Objektive Vorstellungen existieren mithin auch dann, wenn sie gegenstandslos sind. Denke ich z.B. zu zwei verschiedenen Zeitpunkten an einen Lindwurm, dann denke ich dasselbe bzw. habe dieselbe objektive Vorstellung in zwei numerisch verschiedenen Akten des Vorstellens, obgleich es nichts gibt, worauf sie sich beziehen. Objektive Vorstellungen sind vergleichbar mit den Bedeutungen sprachlicher Ausdrücke bzw. Frege'schen Sinnen. An einigen Stellen identifiziert Husserl objektive Vorstellungen geradezu mit Bedeutungen: „Die Vorstellung (scil. die objektive Vorstellung = Bedeutung), ist die Vorstellung von etwas, das usw." (Hua XXII, 331) Ähnlich wird Bedeutung mit „Vorstellung im

---

[284] Vgl. *Sechste Meditation*, § 2.
[285] Wenn John Lennon singt „Imagine all the people/living life in peace", hat „imagine" offenbar diesen Sinn von „vorstellen". Eng verwandt damit ist das Annehmen.

objektiv-logischen Sinn" (Hua XXII, 343; vgl. 346) gleichgesetzt. Verschiedene objektive Vorstellungen können sich auf denselben vorgestellten Gegenstand beziehen (z. B. *gleichseitiges Dreieck* und *gleichwinkliges Dreieck*). Die Möglichkeit verschiedener objektiver Vorstellungen, die denselben Gegenstand haben, ist neben der Möglichkeit „gegenstandsloser Vorstellungen" ein weiterer Grund für die Unterscheidung von Vorstellungen im objektiven Sinne und Vorstellung im Sinne des vorgestellten Objekts.

Insgesamt sind also drei distinkte Referenten des Wortes „Vorstellung" zu unterscheiden: 1) Vorstellung qua intentionales Erlebnis (*Vorstellen*, subjektive Vorstellung), 2) Vorstellung qua intentionaler Gehalt (Sinn, Bedeutung, objektive *Vorstellung*) und schließlich 3) Vorstellung qua *vorgestelltes (intentionales) Objekt*. Kurz: *Vorstellung qua Erlebnis, Gehalt und Objekt*. Eine ähnliche dreifache Äquivozität wird sich bei dem Ausdruck „Inhalt eines Aktes" weiter unten ergeben. Auch andere intentionale Wörter weisen diese drei Nuancen auf (z. B. „Wahrnehmung", „Erfahrung", „Erscheinung", „Phantasie", „Gedanke", „Begriff" oder „Urteil"). Husserl legt großen Wert auf solche Differenzierungen, da deren Vermengung mitunter verheerende Konsequenzen hat. Werden z. B. 1) und 3) nicht scharf getrennt, wird alles zur subjektiven Vorstellung, was den von Frege attackierten Vorstellungs-Monismus zur Folge hat.

2 Erste Schritte: *Der Folgerungskalkül und die Inhaltslogik* (1891)

Bevor ich mich auf Husserls Essay „Intentionale Gegenstände" (*IG*, 1894) – den wichtigsten und richtungweisenden Text in puncto Nicht-Existenz aus dem Frühwerk – konzentriere, gehe ich kurz auf den noch früheren Essay *Der Folgerungskalkül und die Inhaltslogik* von 1891 (fortan: *Kalkül*) ein. Wichtig an *Kalkül* ist dessen *anti-meinongianische* und *nicht-relationale* Orientierung. Husserls Überlegungen lassen sich ferner der sog. *negativen freien Logik* zuordnen, die leere singuläre Terme zwar zulässt, aber ihnen keinen Referenten zuordnet, und die einfache kategorische Aussagen der Form *S ist p* für falsch erklärt, wenn es keine Entität S gibt, auf die sich „S" bezieht. Diesen Tendenzen bleibt Husserl auch in späteren Texten weitgehend treu.

Kalkül gehört zu den ersten Arbeiten Husserls, die auf eine Grundlegung der Logik abzielen und steht in engem Zusammenhang mit Husserls kritischer Rezension von Ernst Schröders einflussreichen Vorlesungen über die Algebra der Logik.[286] Dieser Text ist in Husserls Augen symptomatisch und paradigmatisch für

---

[286] Die Schröder-Rezension findet sich in Hua XXII, 3–43, die Abhandlung zum Folgerungs-

die Logik der Zeit. Nachdem Husserl sich in seiner *Philosophie der Arithmetik* dem Grundbegriff der Arithmetik, d. i. dem Begriff der (An-)Zahl, gewidmet hat, beschäftigt er sich nun verstärkt mit logischen Grundbegriffen wie *Schluß, Wahrheit, Urteil, Begriff* etc. Husserls Kritik an Schröder ist dabei nicht so sehr an technischen Details orientiert, sondern vielmehr an den zugehörigen Deutungen und Ansprüchen, die die neue Logik erhebt (vgl. Rang 1979, XII). Insgesamt ist Husserls Kritik (in seinen Augen) vernichtend, denn nach Husserl erreicht Schröder weder sein Ziel, eine Theorie der mentalen Prozesse zu liefern, die das logische Folgern konstituieren, noch ist die Algebra der Logik methodisch für die Entwicklung einer solchen Theorie geeignet (vgl. Hua XXII, 5–9).[287]

Eine zentrale Idee dieser Algebra ist die Idee der „Kalkülisierung" oder „Algorithmisierung" der traditionellen Logik. Die Theorie des *logischen Schließens* soll in ein *symbolisches Rechnen* überführt werden. Schließen, als Grundoperation der Logik, wird als Rechnen aufgefasst. Husserl wendet ein, dass Schließen und Rechnen wesentlich verschiedene Aktarten sind:

> Weit entfernt, eine Theorie der reinen Folgerungen zu sein, ist er [der Kalkül] vielmehr eine Kunst, solche Folgerungen entbehrlich zu machen. [...] Rechnen aber ist kein Folgern, sondern ein äußerliches Surrogat des Folgerns. [...] Der Logikkalkül ist also ein Kalkül der reinen Folgerungen, nicht aber ihre Logik. Er ist dies so wenig, als die arithmetica universalis, welche das gesamte Zahlengebiet umfaßt, eine Logik desselben darstellt. Über die deduzierenden Geistesprozesse erfahren wir im einen Falle so wenig als im anderen. (Hua XXII, 7 f.)

Aus angenommenen Prämissen eine Konklusion zu folgern, ist etwas ganz anderes als Rechnen, bei dem Symbole regelkonform so manipuliert werden, dass andere Symbole zum Vorschein kommen. Die Struktur der, wie Willard treffend sagt, *epistemischen Progression des Schließens* geht dabei verloren: es geht beim Schließen um idealerweise einsichtige („evidente") und wahrheitserhaltende kognitive Übergänge von Prämissen zu Konklusionen; Rechnen hingegen ist höchstens eine Art *symbolischer Progression*. Die Logik soll nach Husserl in erster

---

kalkül ebd., 44–73. Zum historisch-systematischen Hintergrund vgl. Rang 1979, XI ff., und Willard 1979.

287 Willard 1979 macht klar, dass die beiden Grundideen der „extensionalen Algebra der Logik" nach Husserl falsch sind: *Zum einen* kann ein Kalkül (eine Algebra oder Rechnung) die basale logische Operation des *Schließens* als einer Form von epistemischer Progression (*epistemic progression*) nicht adäquat darstellen; denn „calculation and deduction are eidetically different processes" (147). *Zum anderen* stellt die extensionale Klassenalgebra den Objektbereich des Schließens falsch dar: wir handeln dabei nicht von *Klassen von Objekten*, sondern von *begrifflich aufgefassten Objekten*.

Linie die Natur der Folgerungsbeziehung aufklären; erst an zweiter Stelle steht die Frage, wie man aus gegebenen Prämissen möglichst einfach die Gesamtheit der Konklusionen „berechnen" kann. Das ist Anwendung und Technisierung der Logik, nicht Klärung ihrer Natur. Eine „Theorie" der Folgerung ist keine Rechenkunst; die Logik kann zwar als Kunstlehre angewandt werden, aber darin erschöpft sie sich nicht. Auch sie hat rein theoretische Fundamente, die sich jederzeit normativ (praktisch) wenden lassen.[288] Dieser Einwand gegen Schröder ist fundamentaler Natur, denn Husserl fordert eine ganz andere Art und Methode der Logikfundierung als die zeitgenössische Logik. Die Durchführung dieser Kritik hat Husserl in den *Prolegomena zur reinen Logik* vorgenommen. Dort wird zunächst die psychologistische, nominalistische und ‚technische' Natur der herrschenden Logik angegriffen, um sodann eine ‚platonistische' Theorie der Logik in Form einer rein deskriptiven Theorie idealer (apriorischer) Gesetzmäßigkeiten zwischen begrifflichen und propositionalen Gehalten zu entwerfen.[289]

Wichtiger für meine Fragestellung ist Husserls Kritik am *extensionalen Charakter* von Schröders Logik. Der Logikkalkül rechnet mit den *Umfängen* (modern: Mengen, Klassen) von Begriffen und gibt Regeln an die Hand, wie man aus dem Vorliegen bestimmter Verhältnisse zwischen solchen Umfängen auf andere Verhältnisse durch rechnerische Umformung gelangen kann. Diese Begriffsumfänge oder Klassen sind der eigentliche Gegenstand der neuen Logik. Husserl setzt dem einen ‚*intensionalen*' Logikkalkül entgegen, demzufolge die klassischen (aristotelischen) Urteilsformen, allen voran das Schema „SaP" („Alle S sind P"), nicht als Urteile über Begriffsumfänge gedeutet werden:

> Der Kalkül, den wir jetzt aufbauen wollen, soll ein Kalkül der Begriffsgegenstände sein, und eben dadurch wird er sich als ein wahrhaft logischer dokumentieren. Denn alles Urteilen geht nicht auf Klassen, nicht auf Begriffsinhalte, sondern einzig und allein auf die Begriffsgegenstände [...]. (Hua XXII, 55)

Husserl beansprucht damit, dem Ziel der Logik, das er in *Kalkül* noch ‚psychologistisch' als Theorie der mentalen Prozesse des Folgerns auffasst, deutlich näher gekommen zu sein. Denn Urteilen und Schließen sind in seinen Augen *gegenständlich gerichtet* – und zwar auf *begrifflich aufgefasste Gegenstände*, und nicht

---

[288] Zum Unterschied zwischen Logik als normativer Kunstlehre und rein theoretischer Disziplin vgl. *Prolegomena*, §§ 4–16.
[289] Vgl. Tieszen 2008, 9: „The comments on ideal objects and ideal truths in the *Logische Untersuchungen* suggest a newfound platonism about logic and mathematics."

primär auf Begriffsumfänge.[290] Die extensionale Logik ist deshalb nicht falsch, aber sie modifiziert den semantischen Gehalt unserer Urteile. Sie nimmt „äquivalente Transformationen" (Hua XXII, 52) vor, ohne offenzulegen, damit den *Sinn* der Ausdrücke verschoben zu haben. Eine intensionale Logik, die nicht über Umfänge, sondern über Gegenstände, die unter Begriffe fallen, urteilt, sei hingegen „dem natürlichen logischen Denken" (Hua XXII, 53) viel angemessener:

> So macht die kalkulierende Logik, wo immer es ihr bequem ist, von dem Mittel der äquivalenten Transformation Gebrauch, nicht im mindesten beirrt, daß sie sich hierdurch von dem Gange des ursprünglichen Denkens, und oft sehr erheblich, entfernt. [...] Das Prinzip ist hier, mit möglichst wenig Mitteln, und darin liegt schon: bei möglichst engem Anschluß an das natürliche Denken, einen schließenden Kalkül zu erzielen. Je enger wir uns an das natürliche Denken halten, um so leichter wird auch die Umsetzung der Folgerungsaufgaben in ihre Formeln [...]. (Hua XXII, 53)

Auf diese Weise beansprucht Husserl nichts weniger, als die Umfangslogik als überflüssig zu erweisen (vgl. Hua XXII, 61). Er will die „Technik jenes Kalküls [des extensionalen] mit einem Schlage" umstempeln in einen „direkt und eigentlich logischen Kalkül" (Hua XXII, 61). Alle Theoreme, seien es prädikaten- oder aussagenlogische, die im Umfangskalkül hergeleitet werden können, können auch im Inhaltskalkül deduziert werden (und umgekehrt). Beide Kalküle sind deduktiv äquivalent: „Die Formeln bleiben dieselben." (Hua XXII, 63) Der Inhaltskalkül hat aber nach Husserl den Vorteil, die *tatsächliche Struktur* folgernder Denkprozesse angemessener wiederzugeben – während der Umfangskalkül rein mengentheoretisch formuliert ist und in diesem Sinne lediglich rechnet, statt eigentlich zu folgern. Aus diesem Grund ist das Grundsymbol des intensionalen Kalküls das Zeichen für die (universelle) hypothetische Urteilsform. Husserl verwendet dafür das Zeichen „∈". „A∈B" bedeutet „Sofern etwas ein A ist, ist es ein B" und nicht wie im extensionalen Kalkül „Der Umfang des Begriffs A ist in dem Umfang des Begriffs B enthalten (A⊆B)". Damit will Husserl formal zum Ausdruck bringen, dass *logisches Schließen natürlicherweise hypothetisches Urteilen ist* (vgl. Hua XXII,

---

[290] Husserl entwickelt also keinen Kalkül der Begriffsinhalte, sondern einen „Gegenstandskalkül" (Hua XXII, 63), einen Kalkül der „Begriffsgegenstände" (Hua XXII, 61), demzufolge Urteile ursprünglich über begrifflich aufgefasste Gegenstände urteilen. Vgl. Hua XXII, 400. Man kann darin eine Vorform von Husserls Kritik an *repräsentationalistisch-relationalen Theorien* der Intentionalität sehen. Denn nach Husserl sind wir *ursprünglich* auf reale oder ideale Gegenstände gerichtet und nicht auf Sinnesdaten, Bilder, „Inhalte", Sinne oder dergleichen vermittelnde Entitäten. Auch Umfänge sind nach Husserl nicht die primären Objekte des Denkens und Urteilens. In einem Allsatz wie „Alle Menschen sind vernünftig" urteile ich nicht über die Klasse aller Menschen, sondern über alle Menschen.

55). Eine rein extensionale Deutung von „SaP" enthält hingegen gar nicht mehr den hypothetischen Gedanken, sondern besagt lediglich, dass ein Umfang in einem anderen *enthalten* ist; und das ist ein relationales Urteil über Umfänge. Ausführlicher erläutert Husserl die hypothetische Urteilsform wie folgt:

> „Wenn etwas ein A ist, so ist es ein B", d. h. nicht: Wenn etwas mit dem Merkmal A vorgestellt wird, so wird es oder muß es mit dem Merkmal B vorgestellt werden; sondern: Wenn etwas als das Merkmal A besitzend anerkannt wird, so muß es als das Merkmal B besitzend anerkannt werden; oder, was gleichwertig ist: „Wenn etwas existiert, was das Merkmal A besitzt, so besitzt es auch das Merkmal B". (Hua XXII, 69)

Hier wird Husserls These der *Existenzabhängigkeit kategorischer Urteile* deutlich – in Gestalt des Vordersatzes „Etwas ist ein A". Ein solches Urteil kann nach Husserl nicht wahr sein, wenn es kein A gibt. Damit positioniert sich Husserl an früher Stelle *anti-meinongianisch*, hat doch Meinong im Anschluss an Mally die *Unabhängigkeit des Soseins vom Sein* postuliert. Zudem erweist sich der frühe Husserl als Vertreter einer negativen freien Logik.

Im Anschluss an die allgemeine Kritik an der extensionalen Logik skizziert Husserl einen *axiomatischen Folgerungskalkül*. Neben „∈" führt Husserl das logische Produkt (Konjunktion), die logische Summe (Disjunktion) zweier Begriffe und die Negation eines Begriffs ein, der Reihe nach abgekürzt mit „A•B", „A+B" und „A_1".[291] Äquivalenz („="), zwischen „A" und „B" liegt genau dann vor, wenn sowohl „A∈B" als auch „B∈A" gelten. Weitere Symbole sind „0" und „1", die nicht als Ziffern für Zahlen, sondern als Zeichen für die Begriffe *Existenz* und *Nicht-Existenz* verwendet werden:

> Definition der 1. 1 sei das Zeichen für den Gegenstand des Begriffes der Existenz, des Seins im Sinne der Wahrheit. [...]

> Definition der 0. 0 sei das Zeichen für den Gegenstand des Begriffes der Nichtexistenz. Es bedeutet also „etwas, von dem gilt, es sei nicht im Sinne der Wahrheit". (Hua XXII, 59)

Der Vollständigkeit halber seien Husserls *acht Axiome* aufgelistet. Für das Problem der Nicht-Existenz sind vor allem die Axiome V, VI und VIII von Interesse:[292]

---

[291] Zunächst geht Husserl auf prädikatenlogische Formen ein (Hua XXII, 55–61), dann auf aussagenlogische (Hua XXII, 63–66). Ich beschränke mich hier auf den prädikativen Teil.
[292] Dabei sind „A", „B" und „C" Variablen für (einstellige) Begriffswörter. „&" und „⇒" stehen für die metasprachliche Konjunktion und Implikation.

I Die Logik der Nicht-Existenz – Wahrheit unter Assumption

I. $A \in A$
II. $A \in B \,\&\, B \in C \Rightarrow A \in C$
III. $C \in A \,\&\, C \in B \Rightarrow C \in A \bullet B$
IV. $A \in C \,\&\, B \in C \Rightarrow A+B \in C$
V. $A \in 1$
VI. $0 \in A$
VII. $A \bullet (B+C) \Rightarrow A \bullet B + A \bullet C$
VIII. $(A \bullet A1 \in 0) \,\&\, (1 \in A+A1)$

Beginnen wir mit V. „$A \in 1$" bedeutet definitionsgemäß: „Wenn etwas ein A ist, so ist es ein Gegenstand des Begriffs der Existenz" bzw. schlicht: „Wenn etwas ein A ist, so existiert es" – was auch immer „A" bedeutet. Axiom V ist damit Ausdruck der *Abhängigkeit des Soseins vom Sein*. Aufschlussreich ist Husserls Erläuterung dieses Axioms, die sich wie eine Rechtfertigung gegenüber einem fingierten Meinongianer liest:

> Man darf diese Formel nicht etwa lesen: A (z. B. Gold, ein rundes Viereck usw.) ist ein Existierendes; sondern: Sofern etwas ein Gegenstand des Begriffes A ist, ist es auch ein solcher des Existenzbegriffes. Und dies ist wirklich evident. Das Urteil „etwas ist ein A" schließt wie jedes kategorische Urteil die Existenz des Subjektes ein. (Hua XXII, 59)

Husserl will offenbar Einwänden vorbeugen, die so argumentieren: Das runde Quadrat ist auch *etwas*, wie könnte sonst wahrheitsgemäß von ihm prädiziert werden, dass es rund sei? Also gibt es etwas, was rund (und quadratisch) ist, nämlich das runde Quadrat (vgl. Hua XXII, 330). Husserl würde dagegen einwenden, dass man lediglich sagen kann, dass ein rundes Quadrat rund sei, *sofern es existiert*. Man kann über alles, was benenn- und beschreibbar ist, Wahres aussagen, allerdings nur *unter der Hypothese*, dass es existiert.

Trivial erscheint Axiom V in Husserls Erläuterung in einem Nachtrag zur ersten Fassung von *Kalkül*, denn dort wird „$A \in 1$" als „Wenn etwas existiert, was das Merkmal A besitzt, so existiert es" (Hua XXII, 69) wiedergegeben. In dieser Form kann man sich schwerlich einen Einwand denken. Denn hierbei handelt es sich um ein handfestes analytisches Urteil, in dem der Vordersatz eine Konjunktion darstellt, von der ein Konjunkt im Nachsatz wiederholt auftritt. Ein solcher Satz ist analytisch, d.i. allein aufgrund seiner Form wahr (vgl. LU III, § 12). Wollte man Axiom V ablehnen, muss man das Prinzip der Existenzabhängigkeit kategorischer Urteile ablehnen und eine der gängigen Strategien der (Neo-) Meinongianer einschlagen. So könnte man z. B. wie Ed Zalta (1983) zwischen zwei Prädikationsweisen unterscheiden (Exemplifikation/Enkodierung); das runde Viereck würde in diesem Sinne *Rundheit* enkodieren, aber nicht exemplifizieren. Oder man könnte einen Keil zwischen *Existenz*, *Sein*, *Es gibt* und *Außersein* treiben. All dies kommt für Husserl jedoch nicht in Frage. Er schreibt dezidiert: „Die Hypostasierung der Existenz eines Nichtexistierenden impliziert eben eo ipso einen Widerspruch." (Hua XXII, 60; vgl. 70)

Am detailliertesten beschäftigt sich Husserl mit Axiom VI „0 ∈ A", das wörtlich besagt: „Wenn etwas Gegenstand des Begriffs der Nicht-Existenz ist, so ist es ein A" – was auch immer „A" bedeutet. Anders gesagt: „Wenn etwas existiert, das das Merkmal der Nichtexistenz besitzt, so besitzt es das Merkmal A" (Hua XXII, 69). Dieses Axiom erinnert an das klassische *ex contradictione quodlibet sequitur*, und ähnlich erläutert Husserl es auch (vgl. Hua XXII, 69 f.). Für Husserl folgt daraus, dass man nicht-existierende Objekte lediglich als Objekte im *intentionalen Sinne* gelten lassen darf, *nicht* hingegen im *alethisch-existenzialen Sinne*. Die „Paradoxie", dass sowohl „0 ∈ A" und „0 ∈ A_1" gültige Instanzen von Axiom (VI) sind – „obgleich sie einander direkt zu widerstreiten scheinen" –, gründet „in der Absurdität der Hypostasierung der Existenz eines Nichtexistierenden, welche gegen die logischen Fundamentalprinzipien verstößt" (Hua XXII, 70).

Fazit: Im frühen Essay *Kalkül* wird eine für das Folgende wichtige Strategie Husserls erkennbar, die darin besteht, logische Widersprüche mit Blick auf *impossibilia* und andere Negativitäten dadurch zu vermeiden, über solche Objekte nur *innerhalb von hypothetischen Urteilen* – oder allgemeiner „unter Assumption" – zu sprechen. *Die Gefahr des meinongianischen Allism wird durch Einbettung in Hypothesen gebannt.* Gegen „Absurditäten" wie runde Vierecke hat Husserl nichts, im Gegenteil, sie spielen in „jedem indirekten Beweis" eine zentrale Rolle. In einem „rein hypothetischen Raisonnement" darf eben auch „Absurdes als Hypothese fungieren" (Hua XXII, 72). Logisch korrektes Schließen ist nur am konditionalen Wahrheitstransfer interessiert, nicht an der unbedingten Wahrheit der Vordersätze (vgl. Hua XXII, 71). *Absurda* und *impossibilia* sind legitime intentionale Objekte des Denkens und Sprechens, solange sie nicht „hypostasiert" werden und als Gegenstände im alethisch-existenzialen Sinn angesetzt werden.

3 Das Paradox gegenstandsloser Vorstellungen (PgV)

Kommen wir nun zum berühmten „Paradox gegenstandsloser Vorstellungen", der Initialzündung von Husserls Theorie der Intentionalität. Mit dem Terminus „Gegenstandslosigkeit" bezeichnet Husserl letztlich nichts anderes als das Problem der Nicht-Existenz. In *IG* tritt es als besagtes „Paradox der sogenannten gegenstandslosen Vorstellungen" (Hua XXII, 303) auf den Plan.[293] In *VüB* ist ähnlich vom

---

[293] Als Abkürzung verwende ich *PgV*. Vgl. Rother 2004, 70, *passim*.

"Problem der sogenannten ‚gegenstandslosen Vorstellungen'" (Hua XXVI, 38) die Rede.[294]

Um ein Paradoxon handelt es sich deshalb, weil es sich als inkonsistente Dyade von zwei prima facie wahren Sätzen ergibt:

Thesis	Antithesis
Jede Vorstellung stellt einen Gegenstand vor. (D.h. es gibt keine „gegenstandslosen Vorstellungen")	Nicht jede Vorstellung stellt einen Gegenstand vor. (D.h. es gibt „gegenstandslose Vorstellungen")

Formuliert man These und Antithese in dieser Form, ist klar, dass verschiedene Bedeutungen der Ausdrücke „etwas vorstellen" und „gegenstandslose Vorstellungen" im Spiel sein müssen, denn anders lässt sich der Widerspruch zwischen beiden Aussagen nicht auflösen.

Die Thesis kann man der Brentano-Passage entnehmen, derzufolge explizit „[j]edes psychische Phänomen [...] die intentionale (auch wohl mentale) Inexistenz eines Gegenstandes" (PES I, 124) aufweist; dies gilt insbesondere für jede Vorstellung, da nach Brentano Vorstellungen allen anderen mentalen Phänomenen fundierend zugrunde liegen (vgl. PES I, 112 ff; PES II). Brentano ist somit offenbar ein Verfechter der Thesis des PgV. Ähnliches gilt für Twardowski, dessen 1894er Habilitationsschrift *Zur Lehre vom Inhalt und Gegenstand der Vorstellungen. Eine psychologische Untersuchung* für Husserl der Stein des Anstoßes gewesen ist, sich mit dem Paradoxon zu befassen (vgl. Hua XXII, 307–311). Twardowskis Buch ist nicht zuletzt deswegen von Bedeutung, weil hier explizit zwischen dem Inhalt und dem Gegenstand einer Vorstellung unterschieden wird (eine Unterscheidung, welche die Brentano-Passage nivelliert). Allerdings verfällt Twardowski in Husserls Augen wiederum in das Extrem eines global-relationalen und immanentistischen *allism*, wenn Twardowski contra Bolzano schreibt:

> Nun wird aber durch jede Vorstellung ein Gegenstand vorgestellt, mag er existieren oder nicht, ebenso wie jeder Name einen Gegenstand nennt, ohne Rücksicht darauf, ob dieser existiert oder nicht. War man also auch im Recht, wenn man behauptete, die Gegenstände gewisser Vorstellungen existieren nicht, so sagte man doch zu viel, wenn man behauptete, unter solche Vorstellungen falle kein Gegenstand, solche Vorstellungen hätten keinen Gegenstand, sie seien gegenstandslose Vorstellungen. (Twardowski 1894, 24)[295]

---

294 Über dieses Paradox (in *IG* und darüber hinaus) ist in jüngerer Zeit viel geforscht worden. Vgl. etwa Philipse 1987; Schuhmann 1991; Cavallin 1997; Künne 2009, 2011; Hickersen 2005; Simons 2009; Fréchette 2010.
295 Zu Husserl und Twardowski vgl. Schuhmann 1993a und Hickersen 2005.

Husserl greift solche Halbherzigkeiten scharf an (vgl. IG, §§ 3 ff.). Denn Twardowski legt sich offenbar darauf fest, dass jede Vorstellung einen Gegenstand *hat*, sodass es stets einen solchen Gegenstand *gibt*. Im Fall der Nicht-Existenz gibt es ein immanentes Bild, das als „Inhalt" der Vorstellung fungiert, und der Gegenstand genießt eine bloß intentionale Existenz (vgl. Twardowski 1894, §§ 1, 5). „Haben" und „Es gibt" implizieren nach Husserl aber Sein und Existenz. Die intentionale Gerichtetheit, die jeder Vorstellung als solcher zukommt, muss nach Husserl von dem Haben eines Objekts unterschieden werden.

Die Antithese des Paradoxons, gegen die sich Twardowski hier wendet, lässt sich bei Bernard Bolzano belegen, der in seiner *Wissenschaftslehre* (1837) die Existenz von gegenstandslosen Vorstellungen ausdrücklich verteidigt:

> So wahr es ist, daß die meisten Vorstellungen gewisse [...] Gegenstände haben: so behaupte ich, daß es doch auch Vorstellungen gebe, welche ich oben gegenstandslos genannt, d. h. welche gar keinen Gegenstand, und somit auch keinen Umfang haben. (Bolzano 1978, 118, § 67).[296]

In § 67 führt Bolzano als belegende Beispiele drei gegenstandslose Vorstellungen an. Zunächst den Ausdruck „Nichts", der eine Vorstellung (einen „Begriff") bezeichnet, aber keinen Gegenstand habe; sodann verweist Bolzano auf komplexe Ausdrücke, die unvereinbare Eigenschaften verbinden („rundes Viereck", „grüne Tugend"); schließlich werden Vorstellungen angeführt, die kontingenterweise gegenstandslos sind („goldener Berg", „ein eben jetzt blühender Weinstock"). Husserls Beispiele für die Antithese sind ähnlich, allerdings erwähnt Husserl auch zahlreiche fiktionale Ausdrücke. Aus apriorischen Gründen leer sind die Vorstellungen „ein rundes Viereck" (Hua XXII, 330; vgl. auch Hua XXVI, 39, 155 ff.), „Quadratur des Zirkels" (Hua XXII, 330), „stetig gekrümmtes Polygon" (330) und „ein ungleichseitiges Rechteck" (310); aus faktischen Gründen leer sind hingegen – noch vor Russells *On Denoting* von 1905 – „gegenwärtiger französischer Kaiser" (303) und fiktionale Vorstellungen v. a. aus der griechischen Mythologie und aus deutschen Fabeln und Märchen.[297]

---

296 Schuhmann spricht daher vom „Brentano-Bolzano-Problem"; vgl. Schuhmann 1991, 48 ff. Ausführlich mit gegenstandslosen Vorstellungen bei Bolzano beschäftigt sich Fréchette 2010.
297 Vgl. Zeus (Hua XXII, 317), der Zentaur Cheiron bzw. Zentauren allgemein (306; vgl. auch Hua XXVI, 39, 63, 205 ff.), Cerberus (Hua XXII, 309, 316), Nymphen (328), eine zehnköpfige Schlange (310), der Lindwurm (334), Rotkäppchen (328) und schließlich den lernäischen Löwe (304; vgl 456) – bei letzterem handelt es sich laut Künne um einen fiktiven Bastard, der vermutlich aus dem „nemeischen Löwen" und der „lernäischen Hydra" konstruiert wurde. Vgl. Künne 2011, 84.

Husserl selbst formuliert das Paradoxon nicht unmittelbar in der obigen simplen antinomischen Gestalt. Er spricht von „merkwürdigen Schwierigkeiten" (Hua XXII, 303) und schreibt:

> Stellt jede Vorstellung einen Gegenstand vor, so gibt es doch für jede einen Gegenstand. Andererseits gilt es aber als unzweifelhafte Wahrheit, daß nicht jeder Vorstellung ein Gegenstand entspricht, es gibt, mit Bolzano zu sprechen, „gegenstandslose Vorstellungen". (Hua XXII, 303)

Ausführlicher ist die Beschreibung in den *Vorlesungen über Bedeutungslehre* (1908):

> Die Vorstellung „ein Zentaur" stellt einen Zentaur, die Vorstellung „ein Viereck, das rund ist" eben ein Viereck vor, und zwar ein Viereck, das rund ist. Von Vorstellungen, wie den eben als Beispiel angedeuteten, sagen wir, daß es keinen Gegenstand gebe, der ihnen entspricht. Sie stellen zwar einen Gegenstand vor, aber der Gegenstand ist in Wahrheit nicht. Wie ist das zu verstehen? Wie kann ich in einem Atem sagen: „Der vorgestellte Gegenstand" und „Eben derselbe existiert nicht"? Wie kann ich sagen: „Es gibt einen Gegenstand, den die Vorstellung vorstellt" und zugleich „Diesen Gegenstand gibt es in Wahrheit nicht"? (Hua XXVI, 39)[298]

Diese Passagen können wie folgt rekonstruiert werden:
(I) Jede Vorstellung V stellt etwas vor.[299]
(II) Wenn jede Vorstellung V etwas vorstellt, dann stellt V einen Gegenstand vor.
(III) Wenn jede Vorstellung V einen Gegenstand vorstellt, dann gibt es einen Gegenstand, den V vorstellt.
(IV) Es gibt kein rundes Viereck, keinen gegenwärtigen König von Frankreich etc.
(V) Wenn es kein rundes Viereck, keinen gegenwärtigen König von Frankreich etc. gibt, dann gibt es keinen Gegenstand, den die Vorstellungen [rundes Viereck], [gegenwärtiger König von Frankreich] etc. vorstellen. (aus (III) + (IV))

---

[298] Vgl. ähnlich Hua XXIV, 153: „Und so haben wir unzählige intuitive und konzeptive Denkakte, die gegenstandslos sind. Gegenstandslos, sofern die Gegenstände, die da vorgestellt und gedacht sind, gar nicht sind. Und doch nicht gegenstandslos, sofern in allen ein Gegenstandsbewußtsein vorliegt: In der Halluzination steht uns ein Gegenstand vor Augen, im falschen Urteil ist ein gedanklicher Sachverhalt geglaubt. Auf Sachen beziehen sich also die Akte, die wir Denkakte nennen, in jedem Fall. Zum Wesen des intellektiven Aktes gehört es, Bewußtsein von Gegenständlichkeit zu sein. Aber wie ist das zu verstehen?"
[299] Alternativ: (I*) Jede Vorstellung ist Vorstellung von etwas.

(VI) Die Vorstellungen [rundes Viereck], [gegenwärtiger König von Frankreich] etc. stellen keinen Gegenstand vor. (aus (III)-(V))[300]
(VII) Nicht alle Vorstellungen stellen etwas vor. (aus (II) + (VI))

Das „Paradox" gegenstandsloser Vorstellungen erscheint nun als Widerspruch zwischen (I) und (VII). Die Herleitung von (VII) ist formal gültig. Die Auflösung des Paradoxons ist also in den Prämissen zu suchen.

Hier bieten sich mehrere Möglichkeiten an. An (I) zu zweifeln scheint unplausibel, handelt es sich doch geradezu um eine grammatische Wahrheit, zu sagen, jede Vorstellung stelle etwas vor oder sei Vorstellung von etwas. Ähnliches gilt für (II), wobei zu beachten ist, dass (II) stärker ist als (I), denn hier wird das Vorstellen von etwas als Vorstellen von einem Gegenstand interpretiert. Das scheint nicht trivial, denn auch für Empfindungen (z. B. Schmerzen) gilt im Sinne von (I), dass sie Empfindungen von etwas sind („Was empfindest du? Kopfschmerzen."), aber damit ist nicht zwangsläufig impliziert, dass Empfindungen von einem Gegenstand handeln.[301] Das „von" in dem Ausdruck „Jedes Empfinden ist Empfinden von etwas" hat offenbar nicht die Funktion, einen Gegenstand der Empfindung anzuzeigen; vielmehr weist es darauf hin, dass jedes Empfinden eine bestimmte Art oder Weise des Empfindens ist. Das „von" fungiert hier nicht transitiv, sondern eher adverbial.

Entscheidend ist (III), denn hier wird in Bezug auf (II) eine *Existenzeinführung* vorgenommen: aus dem Vorstellen von etwas wird auf die *Existenz* von etwas, das vorgestellt wird, geschlossen.[302] Dieser Schritt ist der neuralgische Punkt in der obigen Herleitung. Husserl wird ihn letztlich nicht billigen, denn aus (I) und (II) allein dürfen keine Existenzaussagen abgeleitet werden. Die zentrale Frage besteht somit darin, wie das *Vorstellen von etwas* zu verstehen ist, wenn es nicht als dyadische Relation aufzufassen ist, die Existenzeinführung gestattet.

Husserls Lösung beruht darauf, Ausdrücke wie das „Vorstellen von etwas" und – parallel dazu – die „vorgestellten", „immanenten" oder „(bloß) intentionalen Gegenstände" als doppeldeutige (Hua XXII, 337 f.) bzw. „modifizierte" und „uneigentliche" Redeformen zu entlarven, die uns nur scheinbar auf eine Onto-

---

300 Um objektive Vorstellungen (bzw. Gehalte oder Materien in specie) zu bezeichnen, habe ich hier eckige Klammern verwendet. Die Unterscheidung zwischen (I) und (II) kann man nicht direkt bei Husserl finden, aber mir erscheint sie nicht irrelevant.
301 D. h. daraus, dass Empfinden immer Empfinden von etwas ist, folgt nicht, dass alle Empfindungen intentional sind.
302 Existenzeinführung vollzieht Husserl bei der Einführung der These des *PgV*, wenn er schreibt: „Stellt jede Vorstellung einen Gegenstand vor, *so gibt es* doch für jede einen Gegenstand." (Hua XXII, 303; Herv. CE)

logie nicht-existierender Objekte verpflichten. Um den drohenden Widerspruch zwischen (I) und (VII) zu vermeiden, behauptet Husserl also, dass der Ausdruck „V stellt etwas vor" auf unterschiedliche Weise verstanden werden kann – nämlich einerseits in einem relationalen, andererseits in einem nicht-relationalen Sinne. Um an der Idee festzuhalten, dass auch solche Vorstellungen intentional sind, zu denen es keinen Gegenstand gibt, genügt nach Husserl die nicht-relationale Lesart. Die Tatsache, dass es keinen Gegenstand gibt, beraubt die Vorstellung nicht ihrer Intentionalität. Husserl bewegt sich also schon früh in die Richtung eines nicht-relationalen Intentionalismus (vgl. Philipse 1987).

4 Husserls Lösung des Paradoxons und die Theorie assumptiver Urteile

§ 1 Kritik am Relationalismus

Husserl entwickelt seine Lösung in zwei Schritten: im ersten *destruktiven* Schritt kritisiert er relationale Konzeptionen, im zweiten *positiven* Schritt entwickelt er seine eigene nicht-relationale Konzeption. Zwei Versionen relationaler Theorien sind zu unterscheiden: die *Stellvertreter-* oder *Surrogattheorie* und die Theorie *intentionaler Seinsweisen*. Die Stellvertretertheorie ist gewissermaßen eine ‚ontische' Theorie, da sie besondere Ersatz-Entitäten als Bezugsobjekte gegenstandsloser Akte einführt; die Theorie intentionaler Seinsweisen ist eher ‚ontologischer' Natur, weil sie annimmt, die Tatsache, intentionales Objekt für ein Subjekt zu sein, zeichne ein Objekt aus und verleihe ihm einen Status sui generis – als gäbe es so etwas wie eine *Region* oder *Gattung* intentionaler Objekte. Ich diskutiere beide Theorien der Reihe nach.

(1) Zur *Stellvertretertheorie* können zwei weitere Varianten gerechnet werden, nämlich die *Bilder-* und die *Zeichentheorie der Intentionalität*.[303] Den gemeinsamen Kern dieser Positionen beschreibt Husserl so:

> Unmittelbar kann sich der Bewußtseinsakt nur an dem betätigen, was im Bewußtsein wirklich gegeben ist, also an den Inhalten, die es r e e l l, als seine Bestandstücke in sich befaßt. Außerbewußtes kann also nur mittelbarer Gegenstand eines Aktes sein, und dies

---

[303] Husserls Kritik an der Stellvertretertheorie der Intentionalität ist ein *basso continuo* seiner Phänomenologie, was folgende Texte belegen: *IG* (1894); LU II, § 22 und LU V, Beilage zu §§ 11, 20 (1901); *Ideen I*, § 90 (1913); EP I, 17. Vorlesung (1923/24). Während Husserl die Bildtheorie häufig mit Locke und Descartes in Verbindung bringt, schreibt er die Zeichentheorie zeitgenössischen Autoren wie Helmholtz und Brentano zu (vgl. Hua XXXVI, 45 f.).

> geschieht einfach dadurch, daß der unmittelbare Inhalt des Aktes, sein erster Gegenstand, als Repräsentant, als Zeichen oder als Bild des nicht Bewußten fungiert. (Hua XIX/1, 165)[304]

Die Stellvertretertheorie hat demnach zur Folge, dass es *kein unmittelbares Bewusstsein* von Objekten außerhalb des Bewusstseins gibt. Wir sind von einem Schleier von inneren Bildern/Zeichen umschlossen und können nur indirekt, z. B. inferentiell, auf Objekte außerhalb der Erlebnisse zugreifen.

Der *Bildertheorie* zufolge bedeutet einen Gegenstand „vorstellen [...] ein ihm entsprechendes geistiges Abbild haben" (Hua XXII, 304):

> Man glaubte eben, sich das Verhältnis von Vorstellung und Gegenstand nach Maßgabe des Verhältnisses zwischen Bild und Sache zurechtlegen zu können. (Hua XXII, 343)[305]

Die Bildtheorie verpflichtet sich auf folgende Lesart des Ausdrucks „e stellt X vor": „Es gibt ein von e und X verschiedenes Y, sodass gilt: Y ist Teil/immanentes Objekt von e & Y ist ein Bild von X." Das heißt: *Intentionalität wird durch Abbildung erklärt.* Existiert der Gegenstand X nicht, so gibt es, wie der Bildtheoretiker sagen könnte, zumindest das intramentale Abbild, das gleichsam als Ersatzobjekt fungiert; denn das Bild kann „auch sein, ohne dass überhaupt eine abgebildete Sache ist" (Hua XXXVIII, 349). Wenn wir von Pegasus reden und uns diesen anschaulich vorstellen, so haben wir der Bildertheorie zufolge ein existierendes Bild von Pegasus im Kopf; diesem Bild entspricht allerdings nichts außerhalb unseres Bewusstseins.

Mit der Bildtheorie tritt eine global-relationale und immanentistische Auffassung von Intentionalität auf den Plan, die das Problem der Nicht-Existenz zu lösen versucht, indem eine weitere Entität eingeführt wird, die in einer echten Relation zur Vorstellung steht und somit die Bürde der Gegenstandsbezogenheit auf sich nimmt. Auf den ersten Blick scheint damit durchaus etwas gewonnen, denn die Bildbeziehung kann auch dann vorliegen, wenn das Abgebildete nicht existiert. Da aber das Bild existiert und mit der Vorstellung in einer echten Relation steht (Teilrelation), besteht kein Anlass mehr für ein Paradox (vgl. Hua XXII, 304):

---

[304] Vgl. Hua XXXVI, 106: „Was liegt näher als zu sagen: Draußen sind die Dinge, außerhalb meines Bewusstseins. Wenn meine Bewusstseinserlebnisse als Wahrnehmungen oder sonstige Vorstellungen mir von den Dingen Kunde geben, wie soll es anders statthaben, als dass als Stellvertreter der äußeren Dinge in meinem Bewusstsein Bilder oder Zeichen auftreten, die ich eben als solche auf die Dinge selbst beziehen?"

[305] Man muss sich vor „dem Irrtum der Bildertheorie [hüten], welche die (in jedem Akte beschlossene) Tatsache des Vorstellens hinreichend aufgeklärt zu haben glaubt, indem sie sagt: ‚Draußen' ist, oder mindestens unter Umständen, das Ding selbst; im Bewußtsein ist als sein Stellvertreter ein Bild" (Hua XIX/1, 436).

Es liegt nun gar nahe zu sagen: Im Erlebnis gegeben sei die Intention mit ihrem intentionalen Objekt, das als solches ihr unabtrennbar zugehöre, also ihr selbst r e e l l einwohne. Es sei und bleibe ja ihr vermeintes, vorstelliges u. dgl., ob das entsprechende „wirkliche Objekt" eben in der Wirklichkeit sei oder nicht sei, inzwischen vernichtet worden sei usw. (Hua III/1, 207)

Allerdings wird dadurch das intentionale Paradox lediglich auf das *Paradox des Bildes* verschoben. Denn in der Explikation von „e stellt X vor" fungiert der Ausdruck „Y ist Bild von X" als *explicans*. Aber nun wiederholt sich das Problem der Nicht-Existenz: Wie kann etwas ein Bild von etwas sein, das nicht existiert? Was macht, dass das Bild ein Bild von diesem X ist, wenn es X nicht gibt? Oder sollten Bilder etwa aufgrund ihrer intrinsischen Eigenschaften Bilder *von* etwas sein? Husserl führt eine Reihe von Argumenten gegen die Bildertheorie an.

Erstens. Nach Husserl können wir auch in allgemeinen Begriffen an etwas denken; ferner können wir *Irrealia* im weiten Sinne des Wortes „vorstellen". Es ist aber unklar, welche Bilder hierfür in Frage kommen sollen:[306]

> Ich möchte die „geistigen Abbilder" kennenlernen, welche den Begriffen Kunst, Literatur, Wissenschaft u. dgl. einwohnen sollen. Oder hat es noch einen Sinn, das flüchtige Phantasma eines Goldrahmens (das ich eben vorfinde) als Abbild der Kunst, die Reproduktion meines Bücherschrankes als Abbild der Literatur und Wissenschaft zu bezeichnen? Ich möchte auch die geistigen Abbilder in absurden Vorstellungen gedachter Gegenstände kennenlernen und wieder diejenigen, welche dem Mathematiker bei der Lektüre einer von komplizierten Formelsystemen erfüllten Abhandlung vorschweben. Wahre Wirbelstürme von Phantasmen müßten sich in seinem Bewußtsein abspielen.[307] (Hua XXII, 305; vgl. Hua XIX/1, 67 ff.)

Husserl berührt hier mehrere Punkte: 1) Wenn die Bildertheorie stimmt, muss sie den Bildbegriff extrem strapazieren. Denn Subjekte haben höchst unterschiedliche Bilder, wenn sie sich ein und dasselbe vorstellen. Dem einen schwebt ein Goldrahmen vor, wenn er über Kunst nachdenkt, dem anderen das Gesicht van Goghs. Beides sollen „Bilder" der Kunst sein. Aber in welchem Sinne? Von Ähnlichkeit zwischen Bild und Abgebildetem zu sprechen, macht offenbar keinen Sinn. Die Bildertheorie läuft Gefahr, jede assoziativ und idiosynkratisch sich einstellende Anschauung als Bild des intentionalen Objekts zu deuten.[308] 2) Nach Husserl können wir an Absurdes, d. h. Unmögliches, denken. Z.B. kann ich ein

---

[306] Vgl. Schuhmann-Edition, 166–174. Vgl. ähnlich Hua XIX/1, 304, 322. Zu Husserls Kritik an der Bilder- und Zeichentheorie vgl. auch Rang 1975, Zahavi 1994 und Erhard 2009, 75–78.
[307] Husserl spielt hier auf Schopenhauers 1977, 76, Verteidigung begrifflichen Denkens an. Vgl. Hua Mat V, 80.
[308] Hinzukommt, dass Bilder keine logischen Formen darstellen können: „Ich kann *A* malen und *B* malen, kann beide auch im selben Bildraume malen; aber das *beide*, das *A und B* kann ich nicht malen." (Hua XIX/2, 688)

Erlebnis mit dem Gehalt „Die Primzahl zwischen 13 und 16 ist eine Summe von drei Quadratzahlen" vollziehen, obgleich dies notwendigerweise falsch ist, weil es gar keine solche Primzahl gibt. Von etwas Unmöglichem, hier einem unmöglichen Sachverhalt, kann es aber kein Bild geben. 3) Bei mathematischen Vorstellungen kommt hinzu, dass diese auf gewisse Irrealia zielen, die jeder sinnlichen Anschaulichkeit entbehren. Das gilt nicht nur für Algebra und Analysis, sondern auch für die Geometrie, da diese nicht von visuellen Objekten handelt, sondern von sog. „Limes-Gestalten" (vgl. *Krisis*, § 9) bzw. „Idealisierungen" (Hua XIX/1, 70). Dabei dienen gemalte Dreiecke etc. lediglich als Anhalte „für die intellectio" (ebd.). 4) Schließlich neigt die Bildertheorie zu „abenteuerlichen Annahmen" (Hua XXII, 305), denn es ist einfach falsch, dass man beim verständigen Lesen von Formeln, sprachlichen Zeichen etc. „wahre Wirbelstürme" von Bildern vor dem geistigen Auge hat.

Zweitens. Ein weiteres Argument gegen die Bildertheorie besteht darin, dass Bilder Intentionalität nicht erklären können, weil sie selbst eine abgeleitete Intentionalität haben. Bilder können mentale Intentionalität nicht herstellen, sondern setzen sie voraus:

> Man übersieht, daß der Phantasieinhalt zum repräsentierenden Bild von irgend etwas erst werden muß und daß dieses Über-sich-Hinausweisen des Bildes, welches es zum Bild erst macht, und das es vom bloßen Inhalt unterscheidet, den wir anschauend so nehmen wie er ist, ein Plus ist, das wesentlich beachtet werden muß. (Hua XXII, 306; vgl. Hua XXVIII, 270)

Ähnlichkeit ist eine notwendige, keine hinreichende Bedingung für Bildlichkeit. Denn die „Ähnlichkeit zwischen zwei Gegenständen, und sei sie auch noch so groß, macht den einen noch nicht zum Bilde des anderen" (Hua XIX/1, 436). Das „Plus" muss durch mentale Intentionalität geleistet werden:

> Auch die Bildbeziehung erfordert also mehr denn Ähnlichkeit. Das Bild „stellt die Sache vor" eben dadurch, daß das Ähnliche als Vorstellungsrepräsentant des Ähnlichen dient. Das Plus ist der psychische Habitus der Repräsentation, der ihm erst Bedeutung verleiht und somit den Charakter als Bild. (Hua XXII, 344)

Bildlichkeit ist kein „innerer Charakter (kein ‚reales Prädikat')" (Hua XIX/1, 436), keine „objektive Eigenschaft" (Hua VIII, 117), die ein Gegenstand unabhängig von seiner Interpretation durch ein Subjekt hat.

Wir müssen hier nicht näher auf Husserls Phänomenologie des Bildes eingehen.[309] Es genügt, zu sehen, dass es ein Widersinn[310] wäre, der Wahrnehmung eines realen Einzeldings die Struktur des Bildbewusstseins unterzulegen. Es ist vom phänomenologischen Standpunkt aus falsch, der Wahrnehmung ein „Bildbewußtsein [zu] unterschieben, das deskriptiv betrachtet ein wesentlich andersartig konstituiertes ist" (Hua III/1, 208). Das Bildbewusstsein weist nämlich eine „Vielfältigkeit des inneren Baus" (Hua XXXVIII, 350) auf, während eine Wahrnehmung „schlicht" gebaut ist. In jedem Fall kann sie nicht durch das seinerseits durch Wahrnehmung fundierte Bildbewusstsein erklärt werden (vgl. Hua XXXVIII, 348 ff.). Anders als die Wahrnehmung basiert das Bildbewusstsein auf einem komplizierten intentionalen Zusammenspiel von dreierlei intentionalen Objekten, die Husserl als *Bildding*, *Bildobjekt* und *Bildsujet* bezeichnet (vgl. Hua XXXVIII, 350; vgl. Hua XXIII, 18–23; *Ideen I*, § 111). Während das Bildding stets existiert, muss das Bildsujet nicht existieren.[311] Das Bildding ist der physische (materielle) Träger des Bildobjekts, in dem sich das Bildsujet (kraft Ähnlichkeit) darstellt. Die Intentionalität des Bildes hat somit eine triadische Struktur, während bei der „schlichten" Wahrnehmung nur ein Objekt involviert ist, nämlich ein gewöhnliches Ding. Allein aufgrund dieser strukturellen Differenzen scheitert die Bildertheorie der Wahrnehmung.

Nach Husserl ist die Verbildlichung der Wahrnehmung aber nicht nur phänomenologisch inadäquat, sondern führt auch zu einem Regress. Denn angenommen, meine Wahrnehmung von diesem Tisch hier wäre ein Bildbewusstsein, in dem ein Tisch-Bild (T*) (immanentes) Objekt ist, das den wahren Tisch (T) abbildet. Wenn dieses Bild in einem unmittelbaren Bewusstsein gegeben ist, dann war seine Einführung überflüssig, denn dann gibt es direktes Objektbewusstsein (Wahrnehmung); wenn es hingegen ein weiteres Bild benötigt, um bewusst zu sein, entsteht ein Regress bzw. eine unendliche Vervielfältigung innerer Bilder. Es ergibt sich, dass die Bildertheorie entweder überflüssig ist und unmittelbare In-

---

309 Vgl. Hua XXIII und den Überblick bei Bernet/Kern/Marbach 1996, Kap. 5, § 1. Siehe auch De Warren 2010.
310 *Widersinn* ist ein Terminus bei Husserl. Widersinn ist stärker als Falschheit, denn alle widersinnigen Sätze sind falsch, aber nicht umgekehrt. Widersinn umfasst neben Kategorienfehlern (z.B. „2 ist grün", „Erlebnisse sind räumlich ausgedehnt") auch „theoretische Fiktion[en]" (Hua XXII, 305). Darunter versteht Husserl theoretische Konstrukte (Annahmen), die zur Erklärung bestimmter Phänomene herangezogen werden, diese dabei jedoch ‚entstellen'. Die Bild- und Zeichentheorie der Intentionalität sind Beispiele für Widersinn in diesem Sinne, da sie insbesondere die Struktur der Wahrnehmung entstellen.
311 Mit Blick auf den Status des Bildobjekts ist Husserl unentschieden: mal hält er es für ein pures „Nichts" (Hua XXIII, 22), mal charakterisiert er es als eine ideale (gebundene) Entität (vgl. Hua XXIII, 536 ff.).

tentionalität voraussetzt; oder aber in einen unendlichen Regress führt und somit Intentionalität ad absurdum führt:

> Das Abbild als reelles Stück [...] wäre wieder ein Reales – ein Reales, das für ein anderes als Bild fungierte. Das könnte es aber nur vermöge eines Abbildungsbewußtseins, in welchem erst einmal etwas erschiene – womit wir eine erste Intentionalität hätten – und dieses wieder bewußtseinsmäßig als „Bildobjekt" für ein anderes f u n g i e r t e – wozu eine zweite, in der ersten fundierte Intentionalität notwendig wäre. Nicht minder erkennt man aber, daß jede einzelne dieser Bewußtseinsweisen schon die Unterscheidung zwischen immanentem und wirklichem Objekt fordert, also dasselbe Problem in sich beschließt, das durch die Konstruktion gelöst werden sollte. [...] Doch die Hauptsache ist hier, daß der Wahrnehmung und konsequenterweise jedem intentionalen Erlebnis eine Abbildungsfunktion zumuten, unausweichlich [...] einen unendlichen Regreß mit sich führt. (Hua III/1, 208)[312]

Husserl zieht daraus eine zweifache Lehre: 1) Es gibt unmittelbare (nicht-fundierte) Intentionalität; 2) unmittelbare Intentionalität lässt sich nicht auf grundlegendere Repräsentationsformen zurückführen. Insbesondere ist die sinnliche Wahrnehmung ihrem Sinn nach Bewusstsein von realen Individuen in Raum und Zeit. Wir sehen also in einem ursprünglichen Sinne Tische, Bäume, Menschen, Steine und Katzen:

> In der Wahrnehmung haben wir nicht ein Bild vor Augen, sondern wir haben die Sache selbst vor Augen. Das ist der eigene Sinn der Wahrnehmung, das gehört zu ihrem Wesen: ein Objekt im Modus leibhafter Selbstheit bewusst zu machen. (Hua XXXVI, 107)[313]

---

[312] Vgl. Hua XXXVI, 107, wo Husserl einen *homunculus*-Vorwurf gegen die Bildtheorie erhebt: „Diese Theorie ist nicht nur falsch, sondern ein vollkommener Widersinn. Was heißt das: ‚Es treten in meinem Bewusstsein Bilder oder Zeichen auf'? Sind das etwa Dinge, etwa so etwas wie Photographien oder plastische Abgüsse, Gemälde der äußeren Dinge? Nur eben drinnen in meinem Bewusstsein? Man stellt sich da so ungefähr das Bewusstsein wie einen Kasten vor, worin den äußeren Dinge ähnliche Objekte, abbildliche Objekte, sind, wobei man zu fragen vergisst, wie nun das Ich zu denken ist, welches die Abbilder als solche der äußeren Dinge erfasst und erkennt. Das Ich ist doch nicht ein kleines Menschlein im Kasten darin, das sich die Bilder ansieht und dann gelegentlich einmal aus dem Kasten herauskriecht und die Dinge draußen mit denen drinnen vergleicht usw. Für dieses das Bild sehende Ich wäre ja das Bild wieder ein Draußen, für welches ein Bild drinnen in seinem Bewusstsein gesucht werden müsste, und dann so *in infinitum*."

[313] Vgl. Hua III/1, 207 f.: „Das Ding, das Naturobjekt nehme ich wahr, den Baum dort im Garten; das und nichts anderes ist das wirkliche Objekt der wahrnehmenden ‚Intention'. Ein zweiter immanenter Baum oder auch ein ‚inneres Bild' des wirklichen, dort draußen vor mir stehenden Baumes ist doch in keiner Weise gegeben, und dergleichen hypothetisch zu supponieren, führt nur auf Widersinn."

Die Stellvertretertheorie hat insgesamt ein falsches, letztlich naturalistisches Bild von Intentionalität. Ihr zufolge ähneln Erlebnisse Schachteln, Kästen bzw. „Sächelchen" (Hua III/1, 253), in denen Bilder oder Zeichen auftreten. Intentionalität bedeutet dann, dass solche unmittelbar gegebenen inneren Daten mit nicht-unmittelbar gegebenen äußeren Dingen in einer gewissen naturalisierbaren Korrelation stehen (Ähnlichkeit, Anzeige, Kausalität). Man übersieht dabei, so Husserl, dass „die Gegenstände, die uns ‚bewußt' werden, nicht im Bewußtsein als wie in einer Schachtel einfach da sind [...], sondern daß sie sich in verschiedenen Formen gegenständlicher Intention als das, was sie uns sind und gelten, allererst konstituieren" (Hua XIX/1, 169; vgl. Hua XXVI, 107; Hua XXIV, 150 ff.).

Es sei darauf hingewiesen, dass selbst in dem Fall, wo es kein existierendes Objekt gibt, die Stellvertretertheorie nicht weiterhilft (vgl. Hopp 2011, 17f.). Es ergibt sich ein Dilemma: Entweder repräsentiert der Stellvertreter (T*) in irgendeiner Weise den inexistenten Gegenstand T oder nicht. Repräsentiert er ihn, so wiederholt sich die Frage, wie etwas, das nicht existiert, repräsentiert werden kann. Die Einführung von T* war also überflüssig. Steht T* hingegen nicht in irgendeiner Weise *für* T, so verschwindet das Problem der Nicht-Existenz, denn T* existiert ja ex hypothesi. Wir könnten dann niemals an nicht-existierende Objekte denken.

Husserl erhebt einen weiteren einschlägigen Einwand gegen die Stellvertretertheorie. Er bezieht sich auf die Identität von immanenten und äußeren Gegenständen. Intentionale Stellvertreter führen zu einer überflüssigen und vitiösen „Verdoppelung" (Hua XXII, 309) der Gegenstände, zur Einführung eines „gespensterhaften Schattenbildes" (Hua XXII, 334). Sobald man zwischen intentionalen und wahren Gegenständen einer Vorstellung numerisch unterscheidet, wird es unverständlich, wie sich intentionale Erlebnisse erfüllen, enttäuschen, verifizieren und falsifizieren können. Angenommen, man unterscheidet das immanente Haus-Objekt von dem Haus selbst. Wenn der Akt „triftig" ist, dann muss sein Gegenstand numerisch identisch mit dem Haus sein: nur wenn dieses selbst immer schon „gemeint" ist und „im Sinn" liegt, kann der Akt triftig oder untriftig sein. Husserl plädiert für den *intentionalen Monismus*, demzufolge der intentionale Gegenstand im positiven Fall mit dem wahren Objekt identisch ist; im negativen Fall existiert im eigentlichen Sinne gar kein Objekt, sondern lediglich die Gerichtetheit des Aktes:

> Evident ist jedenfalls, daß, wenn das Ding wirklich ist, das wirkliche Ding selbst kein anderes ist als das wahrgenommene und daß es grundverkehrt ist, zu sagen, das Wahrgenommene als solches sei bloß ein Bild oder Zeichen für ein an sich seiendes wahres Ding, das, was es selbst ist, nicht in meine Wahrnehmung falle. (Hua VIII, 117; vgl. Hua XIX/1, 439; Hua XXII, 421)

Das heißt: ist meine aktuelle Wahrnehmung des Hauses gültig, so folgt daraus allein die Existenz des Hauses. Ist die Wahrnehmung nicht gültig, so existiert das Haus nicht. In jedem Fall existiert höchstens *ein* intentionales Objekt:

> Existiert es, so existiert eben dieses Haus hier. Existiert es nicht, nun dann existiert zwar meine Intention, näher mein Dies-Haus-Wahrnehmen, aber nicht das intentionale Haus, welches nichts anderes als das Haus selbst ist. [...] Dieses Haus vor mir ist der einzig wahrgenommene Gegenstand [...]. (Hua XXXVIII, 133 f.)

Wie bereits ausgeführt, bilden bloß intentionale Objekte bei Husserl keine ontologische Kategorie, sondern verweisen auf die intrinsische Struktur des Aktes. Im Falle der Nicht-Existenz existiert kein intentionales Objekt, aber die „Intention, das einen so beschaffenen Gegenstand ‚Meinen' existiert, aber nicht der Gegenstand. Existiert andererseits der intentionale Gegenstand, so existiert nicht bloß die Intention, das Meinen, sondern auch das Gemeinte" (Hua XIX/1, 439 f.). Die Rede von „bloß intentionalen" oder „immanenten" Objekten, die unabhängig von den „wirklichen" Objekten existieren, ist uneigentliche Rede, die nicht wörtlich zu verstehen ist. Eigentlich kann allein von den Akten und, falls diese „triftig" sind, von ihren intentionalen, d.i. wirklichen, Objekten gesprochen werden (vgl. Hua XXXVIII, 134 f.).

Kommen wir nun zur *Zeichentheorie*, der zweiten Variante der Stellvertretertheorie, die Husserl diskutiert. Die semiotische Explikation von „e stellt X vor" lautet analog zur bildtheoretischen: „Es gibt ein von e und X verschiedenes Y, sodass gilt: Y ist Teil/immanentes Objekt von e & Y ist Zeichen von X". Wir müssen hierzu nicht viel sagen, denn bis auf den Vorzug der Zeichentheorie, ideale und kategoriale Objekte repräsentieren zu können (Zeichensein basiert nicht auf Ähnlichkeit), wiederholen sich alle Einwände *mutatis mutandis* (vgl. Hua XIX/1, 438). Auch semiotische (linguistische) Intentionalität ist nach Husserl derivativer Natur. Ferner ist Zeichen-Sein keine intrinsische Eigenschaft, sondern bedarf einer bewussten Auffassung, semiotische Intentionalität ist somit in perzeptiver Intentionalität fundiert und kann diese nicht erklären, etc.[314]

---

314 Husserls Kritik der Bild- und Zeichentheorie hat weitreichende wissenschaftstheoretische und ontologische Konsequenzen. Denn auch das Verhältnis zwischen sinnlichem und physikalischem Ding kann nach Husserl nicht nach dem Bild- bzw. Zeichenmodell verstanden werden. Husserl zufolge sind beide Dinge numerisch identisch, werden aber unter unterschiedlichen Aspekten bzw. in unterschiedlichen Einstellungen erfasst. Das physikalische Ding *bekundet* sich im sinnlichen Ding, wobei *Bekundung* etwas ganz anderes als *Kausation* ist. Das „objektive" Ding ist gegenüber dem Sinnending eine „Transzendenz höherer Stufe" (und damit keine „absolute" Transzendenz, kein *An sich* im metaphysischen Sinne), dessen Eigenschaften rein mathematisch zu bestimmen sind. Husserl bestimmt die physikalische Entität als Träger

Damit können wir zur *zweiten Theorie* übergehen, die Husserl ähnlich scharf wie die Stellvertretertheorie attackiert. Dies ist die Theorie bloß intentionaler Seinsweisen.

(2) Dieser Position zufolge bilden intentionale Gegenstände eine eigene Kategorie oder Region von Objekten jenseits der wirklichen oder existierenden Gegenstände. Die Prädikate „bloß intentional", „existiert als (bloße) Vorstellung" oder „existiert in der Vorstellung" sind demnach „reale Prädikate" im kantischen Sinne, d. h. sie sondern aus der Menge aller Gegenstände eine Teilmenge aus, die gegenüber der Komplementärmenge durch die Eigenschaft des Bloß-intentional-Seins ausgezeichnet sind. Dem gegenwärtigen König von Frankreich kommt demnach eine bloß intentionale, aber keine wahre Existenz zu – im Unterschied etwa zur Seinsweise der gegenwärtigen Königin von England.

Husserl wirft dieser Auffassung u. a. mangelndes Unterscheidungsvermögen und übereilte Ontologisierung unserer Rede über Nicht-Existentes vor. In seinen Augen handelt es sich jedoch, wie bereits erwähnt, um uneigentliche Redeweisen, deren „eigentlicher" Sinn frei von ontologischen Verpflichtungen ist. So sind z. B. Aussagen wie „Rotkäppchen existiert nicht wirklich, sondern nur in der (Welt der) Phantasie/im Grimm'schen Märchen" uneigentlicher Natur. Was wir eigentlich sagen wollen, aber aus pragmatischen Gründen oft weglassen, ist, dass es Rotkäppchen gäbe, wenn das Märchen wahr wäre o. dgl. Man kann durchaus sagen, Rotkäppchen sei ein intentionaler Gegenstand, aber das allein qualifiziert es noch nicht als ein Gegenstand einer besonderen Art. Die Märchenwelt ist keine „Welt" im eigentlichen Sinne; Husserl vertritt eine *Eine-Welt-* und *Eine-Wahrheit-These:*

> Die unklare Rede von verschiedenen Existenzgebieten, von verschiedenen „Welten" (universes of discourse), die über Existenz und Nichtexistenz desselben Objekts verschieden disponieren, werden wir also nicht billigen. Die „Welt" des Mythus, die Welt der Phantasie, die Welt der Geometrie, die wirkliche Welt, das sind nicht gleichberechtigte „Welten". Es gibt

---

derjenigen Eigenschaften, die minimaliter notwendig sind, damit intersubjektive Identifikation möglich ist: „Die objektive Bestimmung bestimmt das Ding durch das, was ihm zukommt und zukommen muß, wenn es mir oder irgend einem mit mir in Verkehr stehenden soll erscheinen können – auch mir bei allen möglichen Abwandlungen meiner Sinnlichkeit. Gemeinsam ist Raum- und Zeitbestimmung, und gemeinsam ist eine Gesetzlichkeit, die mit ihren auf das physikalische Ding bezogenen Begriffen eine einheitliche Regel aller der Erscheinungen der intersubjektiven Gemeinschaft ist, die dasselbe Ding und in der Vernunftverständigung konstituieren müssen. Den Sinn dessen, was ein Ding in ‚objektiver Wirklichkeit' ist, [...] können wir nur aus den Erscheinungen (und dem intersubjektiven Zusammenhang) entnehmen." (Hua IV, 87) Vgl. *Ideen I*, §§ 40, 43, 52; *Ideen II*, § 18. Zu den Details vgl. Rang 1990, Kap. VI.

nur eine Wahrheit und eine Welt, aber vielfache Vorstellungen, religiöse oder mythische Überzeugungen, Hypothesen, Fiktionen [...]. (Hua XXII, 329)[315]

Diese Thesen begründet Husserl im Rahmen seiner Logik der Nicht-Existenz durch die Unterscheidung zwischen eigentlicher und uneigentlicher Rede. In § 8 der *II. Untersuchung* gibt Husserl dieser Idee Ausdruck:

Das letztere [das Fiktive, bloß Intentionale] existiert überhaupt nicht, kategorisch kann im eigentlichen Sinne von ihm nichts ausgesagt werden; und wenn wir doch so sprechen, als wäre es, als hätte es seine eigene Seinsweise, die „bloß intentionale", so erweist sich die Rede bei genauerer Betrachtung als eine uneigentliche. (Hua XIX/1, 129 f.)

Schreiben wir Objekten, die wir für nicht-existierend halten, Eigenschaften zu, so ist stets eine Form von uneigentlicher Rede im Spiel. Kategorisch lässt sich über nicht-existierende, „bloß intentionale" Objekte nichts aussagen. Wenn es so aussieht, als würden wir kategorisch über Nicht-Seiendes reden, reden wir uneigentlich. Allgemein besteht uneigentliche Rede darin, dass zwischen der logischen und der grammatischen Form der Rede eine Differenz besteht: das, was der Sprecher ‚eigentlich' meint, wird nicht explizit ausgedrückt.[316]

Neben der in Kürze zu besprechenden assumptiven Urteile diskutiert Husserl in diesem Zusammenhang vor allem die Rolle von sog. *modifizierenden Prädikaten*, die er von Brentano und Twardowski kannte. Modifizierende Prädikate zeichnen sich dadurch aus, dass sie gewisse Inferenzen blockieren, die bei *determinierenden Prädikaten* zulässig sind. Twardowskis klassisches Beispiel ist der Ausdruck „gemalt" (vgl. Twardowski 1894, § 4). Fungiert „gemalt" modifizierend, so folgt aus „X ist ein gemalter Berg" nicht, dass X ein Berg ist, sondern ein Bild eines Berges. Wird „gemalt" hingegen determinierend verwendet, so folgt, dass X ein Berg ist, der durch die relationale Eigenschaft ausgezeichnet ist, von jemandem gemalt zu sein. Allgemein ist die modifizierende Verwendung eines Adjektivs oder Prädikats f dadurch charakterisiert, dass aus „X ist ein f G" oder „X ist f" nicht folgt, dass X ein G oder f ist (vgl. Beyer 2004b). Wenn ein Ausdruck f modifizierend

---

315 Vgl. ähnlich Russell 1993, 169: „To say that unicorns have an existence in heraldry, or in literature, or in imagination, is a most pitiful and paltry evasion. What exists in heraldry is not an animal, made of flesh and blood, moving and breathing of its own initiative. What exists is a picture, or a description in words. Similarly, to maintain that Hamlet, for example, exists in his own world, namely, in the world of Shakespeare's imagination, just as truly as (say) Napoleon existed in the ordinary world, is to say something deliberately confusing [...]. There is only one world, the ‚real' world."
316 Wenn sich der Sprecher dessen nicht bewusst ist, dass er uneigentlich redet, so ist er gleichwohl dazu disponiert. Vgl. Hua XXII, 329.

verwendet wird, gibt es ein von X verschiedenes X*, von dem f determinierend ausgesagt werden kann. Husserl schreibt dazu:

> Alle mit „modifizierenden" statt mit „determinierenden" Prädikaten behafteten Ausdrücke fungieren [...] anomal: in mehr oder minder komplizierter Weise ist der normale Sinn der ganzen Rede durch einen anderen zu ersetzen, der, wie immer er sonst gebaut sein mag, an Stelle des scheinbaren Subjekts nach Maßgabe der normalen Interpretation vielmehr eine in dieser oder jener Weise darauf bezügliche Vorstellung, und zwar bald eine Vorstellung im logisch-idealen, bald eine solche im empirisch-psychologischen oder auch rein phänomenologischen Sinn enthält. Z.B. *der Kentaur ist eine Fiktion der Poeten*. Wenig umschreibend können wir dafür sagen: Unsere Vorstellungen von Kentauren (sc. subjektive Vorstellungen des Bedeutungsgehalts „Kentaur") sind Fiktionen der Poeten. Modifizierend sind die Prädikate *ist, ist nicht, ist wahr* oder *falsch* u. dgl. Sie drücken nicht Beschaffenheiten der scheinbaren Subjekte aus, sondern solche der entsprechenden Subjektbedeutungen. Z.B. *daß 2×2=5 ist, ist falsch*; das heißt der Gedanke ist ein falscher Gedanke, der Satz ist ein falscher Satz. (Hua XIX/1, 331 f.)

Husserl behauptet hier, dass auch das Prädikat „ist fiktiv" modifizierend fungieren kann.[317] Aus „Pegasus ist ein fiktives Pferd" folgt z. B. nicht, dass Pegasus ein Pferd ist. Eigentlich gemeint ist, dass die (objektive) Vorstellung [Pegasus] keinen Gegenstand hat und dass diese Vorstellung in gewissen fiktionalen Kontexten auftaucht. Fiktivität ist somit ein modifizierendes Prädikat. Im heutigen Jargon gesprochen, handelt es sich dabei um Prädikate zweiter Stufe, nämlich um Prädikate von (objektiven) Vorstellungen (Bedeutungen, Sinnen). Die von Husserl diskutierten modifizierenden Verwendungsweisen bringen somit gleichsam einen *semantischen Aufstieg* mit sich.

Husserls Strategie gegen die Theorie verschiedener Seinsweisen besteht in dem Nachweis, dass insbesondere die Ausdrücke „vorgestellt", „immanent" und „bloß intentional existierend" modifizierende Adjektive sind.[318] Wenn wir z. B. sagen, dass die größte Primzahl nicht wirklich existiere, sondern bloß intentionales Sein habe, so ist damit nach Husserl *eigentlich* gemeint, dass die Vorstellung [die größte Primzahl] zwar keinen Gegenstand hat, aber in etlichen (assumptiven)

---

317 Die Passage ist gleichwohl verwirrend. So ist z. B. unklar, warum unsere „subjektiven Vorstellungen" von Kentauren Fiktionen der Poeten sein sollen. Unsere Erlebnisse sind doch gerade wirklich und nicht fingiert!

318 Vgl. Hua XXII, 311: „Jedenfalls ist es [...] der Überlegung wert, ob sich die Rede von immanenten Gegenständen der Vorstellungen und Urteile nicht als eine uneigentliche verstehen läßt [...]. Zu solcher Auffassung paßt dann ganz wohl die Rede von der modifizierenden Kraft des Attributs ‚vorgestellt'. Denn überall weist die Modifikation auf eine Uneigentlichkeit der Ausdrucksweise hin, die die normale Bedeutung und Funktion eines grammatischen Attributs in irgendeiner Beziehung wesentlich ändert."

Urteilszusammenhängen wie eine „gegenständliche" Vorstellung fungieren kann (vgl. Hua XXII, 311). Um das zu motivieren, stellt Husserl eine Reihe weiterer modifizierender Ausdrücke zusammen, die allesamt keine Demarkationen erster Stufe mit sich bringen, sondern Vorstellungen klassifizieren.

Das erste modifizierende Ausdruckspaar ist „unbestimmt/bestimmt". Während Eigennamen wie „Karl V." bestimmte Gegenstände vorstellen, stellen allgemeine Namen wie „ein Löwe" auf *unbestimmte Weise* vor. Polemisch wendet sich Husserl allerdings gegen die Annahme *unbestimmter Einzeldinge*:

> Zerfällt dementsprechend der Umfang des Begriffes Löwe in diese beiden Arten? In den Umfang gehört doch alles, was da als Löwe existiert, somit auch jener unbestimmte Löwe, von dem in dem obigen Urteil [„Es gibt einen Löwen"] die Rede ist. Man wird natürlich antworten: Jeder Gegenstand ist in sich bestimmt. Die Einteilung der Löwen in bestimmte und unbestimmte ist keine Einteilung der Löwen in bestimmte und unbestimmte – wie etwa die in afrikanische und asiatische –, sondern eine Einteilung der Vorstellungen (und natürlich der objektiven Vorstellungen) in solche, deren gegenständliche Beziehung eine bestimmte, und in solche, wo sie eine unbestimmte ist (etwas, ein A). (Hua XXII, 313)

Husserl macht hier von der ontologischen Prämisse Gebrauch, dass jeder (individuelle) Gegenstand „in sich bestimmt" sei.[319] Der unbestimmte Löwe, so es ihn denn gäbe, würde das nicht erfüllen, denn man kann nicht sagen, ob er z. B. ein afrikanischer Löwe ist oder nicht. Auch „unbestimmt" erweist sich somit als ein modifizierender Ausdruck, denn ein unbestimmter Löwe ist gar kein Löwe. Tatsächlich ist Unbestimmtheit ein Prädikat von Vorstellungen: die Weise, wie wir auf Löwen intentional Bezug nehmen können, kann unbestimmt oder bestimmt sein, nicht aber die Löwen selbst. Bedeutungen können in diesem Sinne bestimmt und unbestimmt sein, nicht aber Realia.

Das Gleiche, was für „unbestimmt/bestimmt" gilt, soll mutatis mutandis für das Paar „unmöglich/möglich" gelten. Husserl greift dabei auf imaginäre Zahlen ($i^2=1$) zurück, die in seinen Augen „unmöglich" sind:

> Ganz ähnlich verhält es sich mit der Einteilung der Gegenstände in mögliche und unmögliche (der Anzahlen z. B. in reale und imaginäre). Hier liegt nicht eine Einteilung der Gegenstände vor, sondern eine solche der Vorstellungen, je nach den gültigen Verträglichkeits- bzw. Unverträglichkeitsurteilen, in die sie eintreten. Eine Anzahl, welche quadriert das Ergebnis -1 liefert: kann es nicht geben. Die Vorstellung, die vor dem Doppelpunkt angezeigt ist, verbindet widerstreitende Merkmale; daß sie es tut und daß darum ein ihr entsprechender Gegenstand nicht existiert, besagt eben das Urteil, und mit Rücksicht darauf, daß sie in solch

---

[319] Vgl. der „Grundsatz der durchgängigen Bestimmung" bei Kant (KrV, A 571/B 599).

einem gültigen Urteil Bestandstück ist, heißt sie selbst unmögliche Vorstellung, und wieder heißt ihr Gegenstand ein unmöglicher. (Hua XXII, 313)[320]

Husserls These ist wiederum, dass Möglichkeit und Unmöglichkeit keine Eigenschaften von den in Rede stehenden intentionalen Objekten (hier: Zahlen) darstellen, sondern vielmehr einen Unterschied im Bereich der Bedeutungen und ihrer logischen Rolle reflektieren. „i ist eine unmögliche Anzahl" ist uneigentliche Rede, die nicht impliziert, dass i eine Anzahl ist. Gemeint ist vielmehr, dass die Bedeutung von „i" widersprüchlich ist, d.h. unvereinbare Eigenschaften vereint. Der frühe Husserl konzipiert Modalitäten als determinierende Prädikate von Bedeutungen, wobei die Möglichkeit einer Bedeutung [B] als „ideale Existenz" eines anschaulichen Aktes mit dem Gehalt [B] bestimmt wird (vgl. LU VI, §§ 30 ff.). Es muss ein anschaulicher (sinnlicher oder kategorialer) Akt möglich sein, dessen Gehalt die fragliche Bedeutung bildet. Die Bedeutung [goldener Berg] ist in diesem Sinne eine mögliche („reale"), die Bedeutung [natürliche Zahl, deren Quadrat gleich -1 ist], hingegen eine unmögliche („imaginäre").[321]

Wiederum analog wie die Paare „möglich/unmöglich" und „bestimmt/unbestimmt" behandelt Husserl die Unterscheidung zwischen existierenden und nicht-existierenden Gegenständen. Sagt man, der goldene Berg sei ein nicht-existierender Gegenstand, so meint man eigentlich, dass die Vorstellung [goldener Berg] ungültig sei. Die Unterscheidung ist eine

> bloße Einteilung der Vorstellungen in Vorstellungen A, welche sich in gültige Existentialurteile der Form ‚A existiert' eingliedern, und wieder in solche Vorstellungen B, welche sich in gültige Existentialurteile ‚B existiert nicht' eingliedern. [...] Die Vorstellungen existieren dabei stets, ob sie in den einen oder anderen Urteilszusammenhang eintreten. (Hua XXII, 314)[322]

---

320 Vgl. Hua XL, 321: „Gegenstände zerfallen nicht in mögliche und unmögliche [...], aber die Urteile zerfallen in solche, die einstimmig und widersinnig sind usw." (Hua XL, 321)
321 So wird mit der Unterscheidung zwischen möglichen und unmöglichen Bedeutungen im ‚Reich' der Bedeutungen eine echte Demarkationslinie gezogen: „Die Bedeutungen (in specie die Begriffe und Sätze) zerfallen in mögliche und unmögliche (reale und imaginäre). [...] Demgemäß liegt wirklich hinter der Einteilung der Bedeutungen in mögliche und unmögliche ein eigenes, inhaltreiches generelles Gesetz" (Hua XIX/2, 632–634). Möglichkeiten (mögliche Bedeutungen) sind „ideale Gegenstände [...]. So wenig wie in der realen Welt Zahlen im allgemeinen, Dreiecke im allgemeinen zu finden sind, sowenig auch Möglichkeiten." (Hua XIX/1, 120) Realia hingegen können nicht in mögliche und unmögliche klassifiziert werden (vgl. Hua XIX/1, 105).
322 Diese zweistufige Auffassung von Existenzaussagen wird Husserl später ein Stück weit zugunsten einer tendenziell erststufigen Konzeption modifizieren. Vgl. dazu insbesondere seine Konzeption von „Wirklichkeitsaussagen" in Hua XXX, § 40, v.a. in Abschnitt f), wo Husserl

Schlussendlich behauptet Husserl, dass sich auch die Unterscheidung zwischen bloß intentionalen/immanenten und wahren Gegenständen auf der gleichen Ebene wie die bisher besprochenen Begriffspaare bewegt. Ein immanenter goldener Berg ist kein Berg, er ist auch nicht immanent im Bewusstsein, denn sonst würde er, wie alles Immanente bzw. jeder Teil eines Ganzen, existieren. Immanentes Sein ist für den Univozisten Husserl gleichermaßen Sein wie jedes andere: „Es gibt ohne Zweifel Fälle echter Immanenz, sie sind aber eo ipso Fälle echter Existenz." (Hua XXII, 309) Wären auch Objekte wie das runde Quadrat immanente Teile von Vorstellungen, dann würden auch sie existieren, da die Vorstellungen existieren. Damit würden aber die logischen Gesetzen verletzt, die nach Husserl ihrem Sinn nach *strikt universell* gültig sind.[323] Die Rede von Objekten, die gleichsam zwischen Existenz und Nicht-Existenz schweben, ist für Husserl inakzeptabel:

> Ein bloß intentionaler Gegenstand ist ein nicht existierender, ein wahrer Gegenstand ein existierender: die Begriffe haben sicher den gleichen Umfang. (Hua XXII, 315)[324]

> Etwas und seiendes Etwas sind äquivalente Begriffe, „nicht etwas" ist „etwas, das nicht ist." (Hua XXII, 330)

Husserls frühe Kritik am globalen Relationalismus, sei er nun immanentistisch oder meinongianisch, manifestiert sich somit nicht nur in der These der Univozität von Existenz/Sein, sondern auch in der These der *strikten Universalität der Logik*. Auf dieser Universalität beruht auch die Möglichkeit, über nicht-existente Gegenstände wahrheitsgemäß zu urteilen. Logische Beziehungen bleiben nämlich auch dort erhalten, wo wir „unter Assumption" urteilen. So ist es z. B. zulässig, wie folgt zu urteilen: „Hamlet ist ein melancholischer dänischer Prinz. Folglich gibt es einen melancholischen dänischen Prinzen" (die Assumption ist hier die Annahme, dass Hamlet existiert oder dass Shakespeares Drama wahr ist). Die „logischen Gesetze, welche das Denken unter einer festen Assumption regeln, [sind] identisch

---

Bolzanos These, Existenzurteile seien „kategorische Urteile über Vorstellungen" und deren Gültigkeit, kritisiert.
323 Die logischen Gesetze „kennen den Unterschied nicht zwischen dem, was in den subjektiven Erlebnissen der Menschen vorkommt und gilt, und dem, was in der Welt sonst vorkommt und gilt" (Hua XXII, 311). Husserl antizipiert hier die Russell'sche Kritik (1905) an Meinong. Nach Meinong gelten die logischen Gesetze, insbesondere der Satz vom Widerspruch und vom ausgeschlossenen Dritten, nur für existierende/seiende und mögliche, aber nicht für außerseiende oder unmögliche Objekte. Vgl. ST, § 3.
324 Vgl. EU, 365: Als „ob es eine Klasse von Gegenständen gäbe, die nicht Wirklichkeiten sind – jede Gegenstandsklasse ist eine Klasse von Wirklichkeiten". „Wirklichkeit" ist hier gleichwertig mit „Existenz".

dieselben [...], als welche für ein sozusagen freies, d.h. durch keine Bedingungen eingeschränktes Denken gültig sind." (Hua XXII, 323; vgl. Hua XXVI, 52f.) Als Beispiel erwähnt Husserl auch die Transitivität von hypothetischen Urteilen: Wenn B unter der Assumption A steht, und C logisch aus B folgt, so steht auch C unter der Assumption A.[325] Solche Gesetze ermöglichen es Vorstellungen, eine bestimmte *logische Rolle* zu spielen – unabhängig davon, ob es einen Bezugsgegenstand gibt oder nicht.[326] Tatsächlich sind es solche logischen Funktionen, die Husserl relationalen und ontologischen Theorien entgegenhält. Ob eine Vorstellung [V] intentional ist oder nicht, hängt nicht von der Existenz eines Bezugsobjekts ab, sondern manifestiert sich darin, dass [V] eine gewisse logische Rolle in Urteilen spielen kann. Die Rede von „bloß intentionalen" im Unterschied zu „wahren" Objekten „reduziert" sich, so Husserl, auf „gewisse Eigentümlichkeiten und Unterschiede der logischen Funktion der Vorstellungen, d.h. der Formen möglicher gültiger Zusammenhänge, in welche die Vorstellungen, ausschließlich nach ihrem objektiven Gehalt betrachtet, eintreten können" (Hua XXII, 311). Die zentrale „Eigentümlichkeit der logischen Funktion" ist dabei, wie wir bald sehen werden, die Funktion der Identifikation.

§ 2 Assumptionen

Folgt man Husserls negativer Kritik an relationalen und ontologischen Positionen bis hierher, so muss noch geklärt werden, wie das Paradox gegenstandsloser Vorstellungen schlussendlich aufgelöst wird. Insbesondere gilt es zu klären, wie es zu verstehen ist, dass sich jede Vorstellung auf einen Gegenstand bezieht – auch wenn es keinen solchen Gegenstand gibt. Ferner ist zu fragen, wie Husserl die Möglichkeit wahrer Urteile über nicht-existierende Objekte verschiedenster Couleur begründet.

---

325 Vgl. Hua XXII, 323: „Die Nachsätze einer und derselben Assumption unterstehen denselben Deduktionsgesetzen, die für selbständige Sätze gelten, jeder Schlusssatz, der aus solchen Nachsätzen für sich selten würde, gilt auch unter der Assumption, und zwar als unter ihr stehender."
326 Vgl. Hua XXII, 323: „Damit hängt es zusammen, daß jede bedingte Rede von Wahrheit und Falschheit, Existenz und Nicht-Existenz, Folge und Nichtfolge, wirklichen und fiktiven Gegenständen usw. wie eine unbedingte behandelt werden kann, solange man dessen versichert ist, daß man den Rahmen der herrschenden Assumption nicht überschreitet."

1 Husserls Explikation von Antithese und These des PgV

Die Antithese des *PgV* besagt, dass nicht jede Vorstellung einen Gegenstand vorstellt. In ihr wird, so Husserl, das dyadische Prädikat „x stellt y vor" im relationalen Sinne verwendet. Das Prädikat „x stellt y vor" lässt bei dieser Lesart Existenzeinführung bezüglich „y" zu. Die relationale Bedeutung des Vorstellens bezeichnet Husserl auch als „Haben" eines Gegenstandes („x hat y"). Der Vorstellung „entspricht" dann ein Gegenstand (vgl. Hua XXII, 315, 335f.):

> Von unseren beiden scheinbar kontradiktorischen Aussagen ist [...] die eine schon vollkommen klar: „Nicht jeder Vorstellung entspricht ein Gegenstand", [...] oder kurzweg und eigentlich gesprochen: Nicht jede Vorstellung hat einen Gegenstand. (Hua XXII, 315)

Dabei stellt Husserl, obschon eher en passant, heraus, dass er am *Prinzip der Existenzabhängigkeit für Relationen* festhält:

> [U]nd bleibt auch die Bedeutung des Wortes „Haben" unmodifiziert, so schließt es das Sein des Gehabten ein. [...] Ähnliches gilt von jeder echten Relationswahrheit; denn das Sein der Relation schließt das Sein der Relationsglieder ein. (Hua XXII, 315)[327]

Wie steht es aber mit der These des *PgV*? Was bedeutet „Vorstellen" in dem Satz „Jede Vorstellung stellt etwas/einen Gegenstand vor"? Da nach Husserl Gegenstände vorgestellt werden können, die nicht existieren, ist hier die relationale Lesart ausgeschlossen.

An dieser Stelle nimmt Husserls Untersuchung des Paradoxons eine entscheidende Wende. Denn anstatt direkt das Vorstellen von etwas zu erklären, wendet sich Husserl der *Rolle* zu, die Vorstellungen in bestimmten Urteilen spielen können. Er konzentriert sich dabei insbesondere auf Identitätsurteile, in denen zum Ausdruck kommt, dass zwei Vorstellungen sich auf denselben Gegenstand beziehen. Auf diese Weise kann – so Husserls These – verständlich gemacht werden, was es heißt, dass sich *eine* Vorstellung auf *ihren* Gegenstand bezieht. *Intentionalität ist demnach auf das Engste mit Identifikation verwoben*. Es gilt also zu klären, was es bedeutet, zwei Vorstellungen stellten ein und denselben Gegenstand vor, denn anderenfalls, so Husserl, würde die Rede von *dem* Gegenstand einer Vorstellung keinen Sinn machen:

---

[327] Husserl formuliert ein ähnliches Prinzip für kategorische Aussagen der Form *S ist p*: „[...] was nicht ist, kann in Wahrheit auch keine Beschaffenheiten haben." (Hua XXII, 331) Und: „Sofern etwas ein Gegenstand des Begriffes A ist, ist es auch evident ein solcher des Existenzbegriffes. Und dies ist wirklich evident. Das Urteil ‚etwas ist ein A' schließt wie jedes kategorische Urteil die Existenz des Subjektes ein." (Hua XXII, 59)

Soll nun die Möglichkeit bestehen, überall von „dem" Gegenstand der Vorstellung zu sprechen, so muß vor allem auch die Möglichkeit bestehen, diese „intentionalen" Gegenstände zu identifizieren oder zu unterscheiden. (Hua XXII, 316; vgl. 317)

Da sich diese Identifikationen in Identitätsurteilen ausdrücken lassen, muss der Status von solchen Urteilen analysiert werden, in denen Namen nicht-existierender Gegenstände gleichgesetzt werden. In *VüB* heißt es dazu ausführlicher:

> Es ist also klar, daß es darauf ankommen wird, Urteilszusammenhänge, und zwar evidente herzustellen, in denen sich einerseits jene Beziehung auf Gegenständlichkeit, die zum Wesen alles Vorstellens gehört, ausweist, und wiederum solche, in denen sich andererseits der Sinn des Existenzialurteils ausweist, in dem in Beziehung auf irgendeine Vorstellung die Existenz der vorgestellten Gegenstände zu oder abgesprochen wird. In der ersten Richtung soll jede Vorstellung zu einer idealen geschlossenen Gruppe von Vorstellungen gehören, die, obwohl ihrem Inhalt nach verschieden, doch „ein und dasselbe Gegenständliche vorstellen". Das weist, sage ich, auf gewisse Urteilszusammenhänge hin, auf gewisse Identitätsurteile. Diese müssen wir studieren und klarlegen, um in ihnen den Sinn dieser Identifikation verständlich zu machen. Dann verstehen wir, was das Identische ist, diese Beziehung auf Gegenständliches. (Hua XXVI, 40)[328]

Hier weist Husserl auf verschiedene Aspekte hin, unter denen sich Vorstellungen untersuchen lassen: zum einen mit Blick darauf, dass sie Vorstellungen von etwas sind, zum anderen mit Blick darauf, dass sie wahre oder gültige Vorstellungen sind. Beide Aspekte weisen auf unterschiedliche Urteilsarten hin, in denen sich die „Beziehung auf Gegenständlichkeit" (Intentionalität) bzw. Gültigkeit einer Vorstellung „ausweist": im einen Fall sind es Identitätsurteile, im anderen Existenzurteile. Das heißt, dass die Intentionalität, die jeder Vorstellung zukommt, sich in der Möglichkeit von wahren Identitätsurteilen manifestiert, in denen verschiedene Vorstellungen als Glieder auftreten, die identifiziert werden. Da für Husserl Identität den formalen Bedingungen einer echten Relation genügt, „so sieht man sofort, daß hier nur Identität gemeint sein kann unter einer Hypothese, d. h. unter einer, sei es auch unausgesprochenen Assumption oder etwas damit Äquivalentes" (Hua XXII, 316; vgl. 329). Alle Vorstellungen sind insofern intentional, als sie in geeignet modifizierten Urteilen in wahre Identifikationszusammenhänge eingehen können. Jede Vorstellung, die keinen Gegenstand hat, lässt sich durch eine „assumtive Wendung" (Hua XXVI, 89) wie eine relationale Vorstellung behandeln. Zunächst wird das anhand von Identitätssätzen belegt, in die leere Namen eingehen. Denn die eigentliche logische Form solcher Sätze ist keine

---

328 Die §§ 15 und 17 dieser Vorlesung tragen die prägnanten Titel „Die Identitätsprädikation bringt den Sinn der gegenständlichen Beziehung zum Ausdruck" und „Die Bestimmung der vorstellenden Akte durch ihre Fähigkeit, in identifizierende Synthesis zu treten".

kategorische, sondern eine hypothetische. Husserls paradigmatisches Beispiel ist folgendes:

(i) Zeus ist der oberste der olympischen Götter (vgl. Hua XXII, 317).

Diesen Satz sind wir geneigt für wahr zu halten – unabhängig davon, dass wir i. d. R. überzeugt sind, dass es keine olympischen Götter gibt. Wäre (i) aber ohne weitere Einschränkungen wahr, so müsste Zeus existieren. Aus diesem Grund analysiert Husserl (i) so:

(i*) (Zeus ist der oberste der olympischen Götter)$_A$

Das tiefgestellte „A" in (i*) soll hervorheben, dass wir (i) nicht uneingeschränkt behaupten, sondern aufgrund einer bestimmten Annahme in Bezug auf die Wahrheit von (i):

> Die Vorstellungen „Zeus" und „der oberste der olympischen Götter" haben dieselben intentionalen Gegenstände, d. h. Zeus ist der oberste der griechischen Götter – nach der griechischen Mythologie. Wir lassen diesen Zusatz in der Regel weg und vermissen ihn nicht, wo er fehlt: Es ist selbstverständlich, daß, wer über mythische Objekte urteilt, sich auf den Boden des Mythos stellt, ohne ihn sich doch wahrhaft zu eigen zu machen. [A$_1$] Wenn dem Mythos der Griechen Wahrheit entspräche, also auch die beiderseitigen Vorstellungen gültige wären, bestände die hingestellte Identität; darin liegt der Sinn der scheinbar absoluten Identitätsbehauptung, die als absolut verstanden, nicht gültig wäre. [A$_2$] Oder es liegt der Sinn in einer dieser hypothetischen Aussage äquivalenten Aussage: Die alten Griechen g l a u b t e n, es gäbe einen Gott Zeus, d e r s e l b e sei der oberste der von ihnen ebenfalls a n g e n o m m e n e n olympischen Götter u. dgl. [A$_3$] (Hua XXII, 317, Num. CE; vgl. 319, 322, 328f., 331f., 335ff.)

Zusammengefasst lauten Husserls drei Paraphrasevorschläge von (i), deren paarweise „Äquivalenz" er voraussetzt: (A$_1$) *In der griechischen Mythologie (nach der griechischen Mythologie)* ist Zeus der oberste der olympischen Götter; (A$_2$) *Wenn die griechische Mythologie wahr wäre*, dann wäre Zeus der oberste der olympischen Götter[329]; (A$_3$) *Die alten Griechen glaubten*, dass Zeus der oberste der olympischen

---

329 Die Idee, die Rede über Nicht-Seiendes durch kontrafaktische Konditionale zu analysieren, findet sich auch beim späten Brentano (1911). Im Anhang zum zweiten Band der *Psychologie vom empirischen Standpunkt* heißt es mit Bezug auf *praeterita* – von einem jetzt lebenden Enkel wird gesagt, er sei größer als der verstorbene Großvater: „Auch hier besagt die Behauptung nicht soviel wie, der Enkel sei größer als der Großvater [...]. Das ist aber absurd, richtig ist vielmehr nur, daß er, wie wir uns ausdrücken, größer ist, als jener war und kleiner ist, als er sein wird, *was nicht mehr bedeutet, als daß, wenn der Jüngere noch die Größe hätte, die er früher gehabt hat oder schon die Größe hätte, die er erreichen wird, der Ältere ihm nicht an Größe gleich, sondern größer bezw. kleiner als er sein würde*." (PES II, 125, Herv. CE; vgl. 123ff.) Es wäre interessant,

Götter ist. Diese drei „eigentlichen" Urteile können *als Ganze* wahr sein, obgleich die eingebettete Identität „Zeus ist das Oberhaupt der olympischen Götter" wörtlich verstanden falsch ist, da die singulären Terme „Zeus" und „das Oberhaupt der olympischen Götter" leer sind. Wir urteilen aber nicht über die Existenz oder Nicht-Existenz, sondern vollziehen bei fiktionaler Rede eine „'vorstellende Setzung' (Assumption)" (Hua XXII, 331) – eine Art Epoché.

2 Spielarten von „Assumptionen": Hypothetische, essentiale und analytische Urteile

Da Assumptionen die Pointe von Husserls Logik der Nicht-Existenz darstellen, sollen sie nun näher erläutert werden. Husserls Kernthese ist, dass sich Rede über nicht-existierende Objekte in assumptiven Urteilen vollzieht. Die Logik der Nicht-Existenz ist eine Logik der Assumption.

Assumptive Urteile sind, qua Urteile, setzende Akte mit propositionalem Gehalt; werden Urteile sprachlich ausgedrückt, so wird eine Aussage gemacht: „Wer nicht überzeugt ist, wem das Vorgestellte nicht als geltend gegenübersteht, der stellt es eben nur vor, aber urteilt nicht. In der sprachlichen Sphäre urteilen wir, sooft wir eine Aussage machen." (Hua Mat II, 181)[330] Assumptive Urteile sind also keine bloßen propositionalen Vorstellungen, sondern positionale Erlebnisse. Allerdings sind assumptive Urteile sozusagen nicht ‚durch und durch' urteilend. Sie enthalten nämlich Teilakte, die nicht setzend sind. Das lässt sich besonders gut durch *hypothetische Urteile* („Wenn A, so B") erläutern. Fälle ich ein solches Urteil, so vollziehe ich einen komplexen setzenden und propositionalen Akt, der zwei propositionale Glieder enthält, in denen der Vorder- bzw. Nachsatz erfasst wird. Es liegen also zwei Teilakte vor, die sich wiederum in weitere Teilakte gliedern lassen, je nachdem, wie A und B ihrerseits strukturiert sind. Kennzeichnend für hypothetische Urteile ist, dass sie *als Ganze* für wahr gehalten werden, während das für Vorder- und Nachsatz nicht notwendig ist: Ich kann glauben, dass die Welt einen Sinn hat, wenn es einen allmächtigen und allgütigen Gott gibt, obwohl ich weder glaube, dass die Welt einen Sinn hat, noch dass es einen solchen Gott gibt. In das hypothetische Urteil gehen also nicht-setzende Teilakte ein. In diesem Sinne sind hypothetische Urteile assumptiver Natur.

---

herauszufinden, ob hier Brentano durch Husserl beeinflusst wurde. Auch der Brentano-Leser Chisholm macht von kontrafaktischen Konditionalen Gebrauch, um Rede über Nicht-Seiendes zu paraphrasieren; vgl. Chisholm 1955/6, 130 f.

[330] Bloße „Vorstellungen haben im Urteil keinen Platz [...]. Es bedarf eines Setzungscharakters" (Hua XL, 327).

Nach Husserl müssen jedoch alle Glieder eines Urteilganzen einen *gewissen* Setzungscharakter tragen. Im hypothetischen Urteil ist z. B. der Vordersatz kein bloßer Gedanke, sondern ein *Ansatz*. Ansätze lassen sich nach Husserl als sog. „doxische Modifikationen" von bloßen, d. h. neutralen Akten verstehen. Tritt ein bloßer Gedanke als Vordersatz in ein Konditional, so erfährt er eine solche doxische Modifikation. Der „hypothetische Vordersatz [verweist] uns auf einen propositionalen bloßen Gedanken, der im hypothetischen Urteil enthalten ist als Terminus, aber eben als Terminus mit einer durch das Wort Vordersatz bezeichneten funktionalen Form" (Hua XXX, 108). Ein bloßer Gedanke kann nur dadurch als Ansatz fungieren, dass er als Vorder- oder Nachsatz in einem hypothetischen Urteil auftritt:

> Eine hypothetische Voraussetzung, wie z. B.: „Gesetzt, daß ein Dreieck zwei rechte Winkel hätte...", ist nicht ein bloßes Sich-denken, sondern eben Voraussetzen, und Voraussetzen, sage ich, weist hin auf ein Folgesetzen und ist, was es ist, nur im Ganzen eines hypothetischen Urteils. (Hua XXX, 84)

Anders als bei nicht-assumptiven Urteilen lassen sich bei (komplexen) assumptiven Urteilen nicht immer Urteile „abstücken", wie Husserl sagt. Urteile ich z. B. lediglich „Wenn A, so B", so kann ich nicht immer dazu übergehen, „A" oder „B" zu urteilen. Darin unterscheidet sich das hypothetische Urteil vom *kausalen Urteil* „Weil A, so B". Das Interessante an assumptiven Urteilen besteht mithin darin, dass sie, *als Ganze genommen*, zwar setzenden Charakter haben, dieser Setzungscharakter sich aber nicht unmittelbar auf die einzelnen Teilakte vererbt: man kann „nicht ohne weiteres sagen, es setze eine positionale Thesis höherer Stufe lauter positionale Thesen in den niederen Stufen voraus" (Hua III/1, 277; vgl. Hua XXX, § 15 b)). Als Beispiel erwähnt Husserl neben hypothetischen Urteilen Wesensurteile, die ein Wesen setzen, aber gleichwohl in nicht-setzenden Phantasien fundiert sind. So kann ich z. B. urteilen „Ein Zentaur ist beseelt", ohne an die Existenz von Zentauren zu glauben; es schwebt mir beim Urteilen vielleicht nur der ein oder andere phantasierte Zentaur vor Augen.

Assumptive Urteile setzen eine gewisse *modifizierte kognitive Einstellung* voraus. Normalerweise fällen wir Urteile mit uneingeschränkten Existenzannahmen und Wahrheitsansprüchen. Urteile ich, dass die Sonne scheint, so halte ich das nicht nur für wahr, sondern „setze" dabei auch die Sonne, d. h. ich halte sie für etwas Existierendes – ohne dass dies im Urteil selbst ausgedrückt würde. Im Unterschied dazu ist es nicht zwingend, beim Fällen des Urteils „Faust ist gebildet" an dessen (buchstäbliche) Wahrheit und an die Existenz von Faust zu glauben. Es gibt eine Reihe verschiedenartiger assumptiver Urteile, von denen nur einige für das Problem der Nicht-Existenz relevant sind. Neben *hypothetischen Urteilen*, welche die paradigmatischen assumptiven Urteile darstellen, sind dies vor allem *essentiale* und *analytische Urteile*. Daneben gibt es Möglichkeitsurteile („Es ist möglich, dass die Sonne gerade scheint"), Vermutungen („Vermutlich scheint die Sonne gerade") oder Wahrscheinlichkeitsaussagen („Es ist wahrscheinlich, dass die Sonne gerade scheint"). Für-möglich-Halten, Vermuten und Für-wahrscheinlich-Halten sind keine Glaubensgewissheiten, sondern „doxische Modalitäten", die Husserl als „Modifikationen" eines schlichten Glaubens, einer „Urdoxa" bezeichnet (vgl. *Ideen I*, §§ 104 f.), weil sie sich in unmodifizierte Überzeugungen umwandeln lassen (vgl. Husserls doxischer Universalismus, s. D II 2 §1, 3.) Auch disjunktive Urteile sind assumptiv im obigen Sinne, da ich glauben kann, dass „A oder B" der Fall ist, ohne zu glauben, dass „A" bzw. „B" der Fall ist (vgl. Hua XXX, § 41). Urteile, in denen anderen Subjekten intentionale Erlebnisse oder Überzeugungen zugeschrieben werden, können ebenfalls assumptiver Natur sein, z. B. das Urteil „Christen glauben, dass es einen Gott gibt"; so ein Urteil kann auch der Atheist fällen.

Husserls These im Rahmen der „Logik der Nicht-Existenz" lautet somit, dass wahre Urteile über nicht-existierende Objekte gewisse assumptive Urteile sind. Diese These soll nun der Reihe nach anhand von hypothetischen, essentialen und analytischen Urteilen belegt werden.[331]

Hypothetische Urteile. Husserl hat sich schon in seiner frühen Hallenser Phase detailliert mit hypothetischen Urteilen beschäftigt, von denen er, anders als Frege, ein *intensionales* Verständnis hat.[332] Der kanonische sprachliche Ausdruck für so

---

[331] Es sei hier auf eine weitere Klasse assumptiver Urteile verwiesen, die Husserl als *Ausdrucks-*, *Erscheinungs-* oder *Beschreibungsurteile* bezeichnet (vgl. Hua Mat VI, 174 ff.). Urteile ich z. B., gerade wissentlich einen Apfel halluzinierend oder phantasierend, „Dies ist ein roter Apfel", so liegt diesem Urteil, das gewissermaßen nur den *Sinn*, in dem mir etwas erscheint, zum Ausdruck bringt und das darüber hinaus keinerlei Setzungen enthält, eine „assumtive Setzung" (Hua Mat VI, 181) zugrunde. Im „Modus bloßer Assumtion" nehme ich das „Bedeutete bloß" (Hua Mat VI, 181) hin und setze nichts davon als wirklich. Solche assumptiven Urteile haben besondere Wahrheitsbedingungen. Sie sind nämlich genau dann wahr, wenn sie das *Erlebnis angemessen ausdrücken*, sich ihm sozusagen anpassen – unabhängig davon, ob es *selber* „triftig" ist: „Die Richtigkeit des Urteils ist hier eine bloße Anpassungsrichtigkeit oder Ausdrucksrichtigkeit. Das Urteil richtet sich bloß nach dem aufgenommenen Erscheinungsgehalt, fasst ihn bloß in die passenden, sich ihm anschmiegenden Gedanken und Formen. Die Wahrheit des Urteils ist demnach bloß Wahrheit im Sinne der Richtigkeit solchen ‚Ausdrucks'. Im anderen Fall haben wir nicht bloß Erscheinungsgehalt und ihm zugehörige Anpassung, vielmehr schon mit der Erscheinung das die Wahrnehmung als solche auszeichnende Bewusstsein der Wirklichkeitssetzung." (Hua Mat VI, 178 f.)

[332] Vgl. z. B. Hua Mat I, §§ 40, 58–66; Hua Mat II, 199 ff.; Hua Mat VI, 206 ff.; Hua XXX, §§ 42, 47. In der Sekundärliteratur findet sich wenig dazu. Einige Aspekte beleuchtet Mulligan 2004. Hilfreich ist die kritische Rezension von Hua Mat II durch van Atten 2005. Husserl ist eigenen

ein Urteil hat die Form „Wenn A, so B", abgekürzt mit „A∈B". Dabei stehen „A" und „B" für Aussagen. Ein solches Urteil ist „propositional-komplex, aber als Urteil einfach" (Hua XXX, 215). Demnach sind hypothetische Urteile zwar aus propositionalen Teil-Bedeutungen zusammengesetzt, aber diese gehören nicht zum Inhalt dessen, was wir behaupten, wenn wir ein hypothetisches Urteil fällen: Wer glaubt oder behauptet, dass „Wenn A, so B", glaubt oder behauptet nicht zwingend, dass A bzw. B der Fall ist. In diesem Punkt unterscheiden sich hypothetische von kausalen Urteilen. Letztere haben die Form „Weil A, so B". Fällen wir ein kausales Urteil, behaupten wir zwar nicht explizit, dass A und B der Fall sind, aber beide Inhalte sind als Teilurteile A! und B! jederzeit „abstückbar" (Hua XXX, 215).[333] Wer kausal urteilt „Weil A, so B", ist auch der Überzeugung, dass A und B wahr sind. Anders als bei den ebenfalls komplexen konjunktiven („A und B") und disjunktiven („A oder B") Urteilen sind bei hypothetischen und kausalen Urteilen A und B „mit unterschiedlichen Bedeutungsfunktionen behaftet" (Hua Mat VI, 97), sodass A und B nicht ohne Bedeutungsänderung des ganzen Satzes vertauscht werden können. Demgemäß werden die beiden Glieder eines hypothetischen Urteils terminologisch in Hypothese/hypothetischer Vordersatz (A) und Thesis/hypothetischer Nachsatz (B) differenziert.

Im Zuge seiner Diskussion entwickelt Husserl eine *differenzierte Taxonomie* hypothetischer Urteile. In unserem Kontext ist die wichtigste Unterscheidung die zwischen *echten* und *unechten* hypothetischen Urteilen.[334]

Während sich bei unechten hypothetischen Urteilen der Bedingungscharakter, ausgedrückt durch das *Wenn–so*, eliminieren lässt, ist dies bei echten hypothetischen Urteilen unmöglich. Ein unechtes hypothetisches Urteil ist z. B. „Wenn

---

Angaben zufolge durch eine „interessante und bedeutsame Paradoxie" (Hua XXII, 255 Fn.) auf die Problematik hypothetischer Urteile gestoßen. Diese Paradoxie besteht darin, dass die Sätze „Wenn A, so B" und „Es ist nicht A ohne B" den gleichen Wahrheitswert haben, obwohl die zugehörigen Negationen nicht gleichwertig sind. Die Negation von „Wenn A, so B" ist nämlich nicht, à la Frege, „A und nicht B", sondern vielmehr „Es *kann* A gelten, ohne dass B gilt" (vgl. Hua XXII, 254 f.) – also nach Husserl eine modale Aussage.

333 Durch Ausrufezeichen hinter Satzvariablen deutet Husserl an, dass die Sätze für wahr gehalten werden, vergleichbar mit Freges „behauptender Kraft" und dem vertikalen Urteilsstrich.

334 Daneben wird zwischen *anaphorischen* und *nicht-anaphorischen* hypothetischen Urteilen unterschieden. Während in anaphorischen Urteilen im Nachsatz anaphorisch auf einen Terminus aus dem Vordersatz Bezug genommen wird, liegen bei nicht-anaphorischen Urteilen selbständige propositionale Bedeutungen vor, die „in der hypothetischen Verbindung nichts anderes als außer ihr besagen" (Hua Mat II, 205 f.). Anaphorische Urteile können weiter in quantifizierte („funktionale") und nicht-quantifizierte („feste") unterteilt werden (vgl. Hua Mat II, 203– 205; Hua XXX, § 42a). Anaphorisch-fest ist z. B. das Urteil „Wenn das Sonnenlicht auf *diesen* Stein fällt, so wird *er* warm"; anaphorisch-quantifiziert ist z. B. „Wenn *ein* Dreieck gleichseitig ist, so ist *es* gleichwinklig".

ich auf die Straße gehe, begegne ich anderen Menschen". Damit ist nicht mehr gemeint als etwa „In jedem Fall, in dem ich (oder sooft ich) auf die Straße gehe, begegne ich anderen Menschen". Ein unechtes hypothetisches Urteil kann somit „einem universellen Urteil Ausdruck geben und dann äquivalent in die Form ‚Alle S sind P' umgewandelt werden" (Hua Mat II, 202). Hier spielt der Bedingungscharakter des *Wenn–so* keine entscheidende Rolle, sodass er, wie Husserl plastisch sagt, „in den Inhalt des ‚in allen' oder ‚in einigen Fällen' [aufgesaugt wird]" (Hua Mat II, 204). Als Beispiele für echte Konditionale erwähnt Husserl singuläre Bedingungsgefüge („Wenn dies da ein S ist, ist es ein P"), Schlüsse („Wenn alle Menschen sterblich sind und Sokrates ein Mensch ist, so ist Sokrates sterblich") und Schlussgesetze („Wenn alle A B sind und alle B C, dann sind alle A C").

Husserl behauptet nun, dass jedes echte Konditional in einem Schluss gründet: „Jeder hypothetische Zusammenhang ist nämlich entweder ein schließender Zusammenhang oder ist aus einem solchen erwachsen oder weist auf einen solchen zurück." (Hua Mat II, 211) Damit ist gemeint, dass ein echtes Konditional wie „Wenn dieses Dreieck gleichseitig ist, so ist es gleichwinklig" in gewissem Sinne unvollständig ist und auf einem vollständigen *schließenden Zusammenhang* basiert: „Alle gleichseitigen Dreiecke sind gleichwinklig; dieses Dreieck ist gleichseitig; also ist dieses Dreieck gleichwinklig". In diesem Sinne sind echte hypothetische Urteile in *Folgerungsbeziehungen* fundiert:

> Verstehen wir die Formel „Wenn A gilt, so gilt B" des sogenannten hypothetischen Urteils in dem Sinn der Folgerungsnotwendigkeit, dann können wir dafür ebenso gut sagen „A bedingt B, oder vielmehr aus A folgt B", wie „Die Hypothese A bedingt die Folge B"; „Vorausgesetzt, dass A gilt, gilt auch B" und dgl. (Hua XL, 20)[335]

Mit dieser Verknüpfung von echten hypothetischen Urteilen und Schlüssen zielt Husserl darauf ab, echten Konditionalen einen ausgezeichneten modalen und epistemologischen Status zuzuschreiben. Sie gehen nämlich aufgrund des Gedankens des Folgens des Nachsatzes aus dem Vordersatz mit einer Form von Notwendigkeit einher, die sich idealerweise auf apodiktische Weise einsehen lässt

---

[335] Dafür argumentiert Husserl auch mit einem *Negationstest:* Wären „Wenn etwas S ist, so ist es P" und „In jedem Fall ist S P" bedeutungsgleich bzw. äquivalent, so müssten auch ihre Negationen äquivalent sein. Die Negation des ersten Satzes ist aber „Daraus, dass etwas S ist, folgt gar nicht, dass es P sein muss" oder „Es kann etwas S sein und doch nicht P", während die des zweiten lautet „Es gibt ein S, das nicht P ist" oder „Es gibt einen Fall, in dem S nicht P ist" (vgl. Hua Mat II, 142). Die Negation des echten Konditionals ist eine *Möglichkeitsaussage*, während die des unechten Konditionals eine *faktische Existenzaussage* ist. Folglich sind beide weder bedeutungsidentisch noch äquivalent (vgl. Hua XXII, 255). Echte Konditionale haben modalen Charakter und gehören zur intensionalen, nicht-wahrheitsfunktionalen Logik.

(vgl. Hua XXX, 236 f.). Für den semantischen Gehalt hypothetischer Urteile ist es wesentlich, dass der Vordersatz den Nachsatz bedingt bzw. zur *(notwendigen) Folge* hat. Notwendigkeit ihrerseits ist für Husserl korrelativer Ausdruck einer strengen Gesetzlichkeit:

> Zum Wesen der Notwendigkeit gehört es, dass sie Gesetzlichkeit ist; Gesetz und Notwendigkeit sind Korrelativa. Jeder Einzelfall eines Gesetzes spricht eine Tatsache als gesetzlich gültige aus. Dieses Gesetzlich-gültig-sein ist logisch äquivalent mit Notwendig-gültig-Sein. (Hua Mat II, 207 f.)[336]

„p ist notwendig" impliziert bei Husserl „es gibt ein Gesetz G, demgemäß p gilt" – und vice versa. Echte hypothetische Urteile sind somit *modal-nomologischer Natur*. Jedes echte hypothetische Urteil gilt aufgrund eines Gesetzes, wobei Husserl unter einem Gesetz im engeren Sinne einen unbedingt wahren Allsatz versteht (vgl. Hua XXX, § 44). (Husserl hat also keine empirischen Regularitäten im Auge, die streng genommen gar keine „reinen" Gesetze sind (vgl. Hua XXX, 236).) Jedes wahre echte hypothetische Urteil ist somit auch notwendigerweise wahr.

Echte hypothetische Urteile lassen sich somit aufgrund der verschiedenen Gesetze, die sich in ihnen vereinzeln, klassifizieren. Diese Gesetze können wir durch ein bestimmtes Variations- bzw. Formalisierungsverfahren erkennen. Dazu müssen die echten Konditionale in einer „perfekten" Form vorliegen, d. h. alle für die Folgerungsbeziehung relevanten Ausdrücke und Vordersätze (und nur diese) müssen in dem echten hypothetischen Urteil vorkommen. Perfekte Konditionale tragen dergestalt ihr „Gesetz vollständig in sich" (Hua Mat II, 212). Husserl erläutert das anhand der Transitivität der Teil-Beziehung: „Wenn Bayern (a) in Deutschland (b) und Deutschland (b) in Europa (c) enthalten ist, so ist Bayern (a) in Europa (c) enthalten" (vgl. Hua Mat II, 207). Den Nachsatz erkennen wir hier als notwendige Folge des Vordersatzes, indem wir die Terme a, b und c (Bayern, Deutschland, Europa) als beliebig variabel erfassen und dadurch den konkreten Satz als Spezialfall eines allgemeinen Gesetzes erkennen:

> Wir sehen sofort [...], nämlich dass Notwendigkeit ihr Korrelat hat im Gesetz und gleichwertig ist mit Gesetzlichkeit, denn es ist klar, dass das Notwendigkeitsbewusstsein nicht an der Besonderheit des a, b, c haftet. Variieren wir diese Termini beliebig, so bleibt die Notwendigkeit unerschüttert. [...] [W]ir erfassen in der Variation und in der Einführung der allge-

---

336 Vgl. Hua XXX, 219: „Jede Notwendigkeit weist hin auf eine Gesetzlichkeit; Notwendigkeit und Gesetzlichkeit sind Korrelate, und das gibt einem Begriff von Notwendigkeit einen festen Sinn. Das ‚Es muß so sein' drückt aus, das Ausgesagte gelte als Folge, als Einzelfall eines Gesetzes". Gesetze selbst sind streng genommen keine Notwendigkeiten, sondern die „Quelle der Notwendigkeit" (Hua XXX, 220).

meinen Variablen a, b, c mit einem Schlag auch das Gesetz, dass es sich in gesetzlicher Allgemeinheit so verhält. In der Betrachtung des Einzelfalls erfassen wir Notwendigkeit. Diese Notwendigkeit hat aber den Wert der Gesetzlichkeit. Es ist notwendig so, das heißt, es ist gesetzlich so. Was hier gilt, gilt auch überhaupt, und zwar nicht bloß immer, sondern gilt nach einem Gesetze. [...] Es ist nicht nur hier so, sondern gesetzlich so. Und das Gesetz wird formuliert, indem wir für die bestimmten a, b, c die allgemeinen Termini a, b, c als unbeschränkte Variable einführen. Für beliebige Größen gilt das Gesetz. (Hua Mat II, 207 f.)

Notwendigkeit wird hier auf Gesetzlichkeit zurückgeführt, die in der – relativ zu einem bestimmten Gegenstandsbereich – *uneingeschränkten Variabilität der Termini* der echten Konditionale gründet. Die Art der involvierten Gesetze hängt vom Gehalt der Termini des Vorder- und Nachsatzes ab.

Husserl zufolge gibt es analytische (kategoriale, logische) und synthetische (reale, materiale) Gesetze im strengen Sinne:

> Jedes echte Gesetz gründet in reinen Begriffen, und nur in solchen. Die reinen Begriffe können aber reale sein, sofern sie Abstraktionen der Sinnlichkeit sind, oder sie können kategoriale sein, sofern sie unsinnlich sind, sofern sie auf bloße Gedankenformen gehen. So sind die Begriffe der Farbe, des Tones oder die Begriffe des Vorstellens, Fühlens, Wollens reale. Dagegen ist der Begriff der Einheit und Mehrheit, der Begriff des Seins und Nichtseins, der Begriff der notwendigen Folge, auch der des Gesetzes, kategorial. (Hua Mat II, 214)

Ein Beispiel für ein reales Gesetz ist die Transitivität der Höher-Als-Beziehung bei Tönen: Für beliebige Töne a, b und c gilt: Wenn a höher als b und b höher als c ist, so ist a höher als c. Entscheidend ist dabei, dass die Variabilität der Termini, durch die wir die Gesetze jeweils erkennen, auf bestimmte Arten von Realia beschränkt ist. Im gerade genannten Beispiel ist der Quantifikationsbereich *auf Töne* beschränkt. Dies ist bei kategorialen Gesetzen nicht der Fall:

> Ganz anders, wenn wir schließen, dass, wenn alle A B sind, es kein A gibt, das nicht B wäre; oder wenn wir schließen: weil A B sei, könne nicht A ein mit B unverträgliches Prädikat haben; oder wenn wir aus ‚Alle A B' und ‚Einige A C' schließen, dass einige B C sind; [...] oder: ‚Wenn α in einer gewissen Relation zu β und β in einer gewissen Relation zu γ steht, so steht α in einer gewissen zugehörigen Relation zu γ' usw. Hier sind die Gesetze rein kategorial, denn die Termini variieren hier innerhalb rein kategorialer Sphären, z. B. Gegenstand und Beschaffenheit überhaupt, Relation überhaupt oder Sachverhalt überhaupt usw." (Hua Mat II, 215)

Zusammengefasst ergibt sich bis hierher: 1) echte hypothetische Urteile enthalten den Gedanken der notwendigen Folge; 2) echte hypothetische Urteile sind als Instanzen von apriorischen analytischen oder synthetischen Gesetzen aufzufassen; 3) jedes imperfekte echte hypothetische Urteil lässt sich in ein perfektes überführen (vgl. Hua XXX, § 47 c)); 4) perfekte hypothetische Urteile lassen sich mit apodiktischer Evidenz einsehen.

Bevor ich diese Thesen mit hypothetischen Urteilen im Kontext des Problems der Nicht-Existenz konfrontiere, soll noch auf die *Asymmetrie* zwischen Vorder- und Nachsatz echter hypothetischer Urteile eingegangen werden. Es gibt eine wesentliche „Ungleichseitigkeit des hypothetischen Verhältnisses" (Hua Mat II, 210). Um diesem Unterschied gerecht zu werden, verweist Husserl auf das für die Logik der Nicht-Existenz wichtige Phänomen der *Annahme* bzw. des *Ansatzes*. Für das echte hypothetische Urteil sind typischerweise *zwei Ansätze* relevant: einmal der Ansatz, der im Vordersatz steckt und aufgrund dessen der Nachsatz „gesetzt" wird, sodann der Nachsatz, der insofern ebenfalls eine Annahme ist, als er für sich genommen nicht für wahr gehalten wird. Damit erklärt Husserl die Asymmetrie von Vorder- und Nachsatz wie folgt:

> Aufgrund der Voraussetzung wird die Folge gesetzt. Die Annahme, dass U sei, bedingt notwendig die Setzung, dass V sei. Das Annehmen ist ein eigentümliches Bewusstsein, in welchem wir den Sachverhalt U nicht für wahr halten, sondern eben annehmen. Und indem wir das tun, erschauen wir im Fall der Evidenz ein eigentümliches Verhältnis des zweiten Sachverhalts V zu dem U. Dieser erscheint als ein zu dem U notwendig gehöriger, in ihm notwendig beschlossener, von dem angenommenen sozusagen mitgenommener, mitgesetzter. (Hua Mat II, 210)

Annehmen ist also „ein eigentümliches Bewußtsein", das auf doppelte Weise im hypothetischen Urteil auftritt – einmal im Vorder- und einmal im Nachsatz. Annahmen haben also eine spezifische kognitive Phänomenologie, die im Folgenden beschrieben werden soll.[337]

Annahmen haben das Eigentümliche an sich, gleichsam zwischen Positionalität und Neutralität zu schweben – was Meinong veranlasst hat, von einem psychischen „Thatsachengebiet zwischen Vorstellen und Urteilen" (ÜA, 1) zu sprechen. Damit sind sie potentielle Störenfriede für Husserls dem Anspruch nach erschöpfende Klassifizierung aller Akte in setzende und nicht-setzende (neutrale). Tatsächlich nehmen Annahmen eine *Sonderstellung* ein und erweisen sich als Setzungen *sui generis*.[338] Sie sind eher mit Setzungen als mit neutralen Akten verwandt, weisen aber Aspekte von beiden auf. Annahmen lassen sich am besten

---

337 Zum Folgenden vgl. Hua XX/1, § 56; dort geht Husserl ausführlich auf Ansätze innerhalb von „Grund- und Folgesetzungen" (Hua XX/1, 201) ein. Vgl. dazu auch den knappen § 110 der *Ideen I*.

338 Ich greife hier auf die ausführlichen Aktanalysen kommender Kapitel vor. Auf den besonderen Status der Annahmen innerhalb von Husserls Akt-Klassifikation verweist auch Rollinger 1996, 94 f., 97, in seinem Vergleich von Husserls und Meinongs Annahmen.

durch Kontrastierung relativ zu diesen beiden Polen charakterisieren, was ich im Folgenden auch tun will. Husserl rechnet Annahmen insofern zu den positionalen Akten, als er das Annehmen als *An-Setzen* beschreibt: „Aber Ansetzen ist wiederum so etwas wie Setzen, der Ansatz wiederum eine Art ‚Satz' [...]." (Hua III/1, 249; vgl. auch Hua XX/1, 201 f.) Annehmen lässt sich in diesem Sinne als ein *Quasi-Setzen* charakterisieren: wenn man annimmt, dass p, so tut man in gewissem Sinne so, als ob p der Fall wäre. Allerdings ist der Setzungscharakter ein modifizierter – verglichen mit unmodifizierten „urdoxischen" Setzungen, wie sie z. B. Urteile als Ganze auszeichnen:

> Was das Bewusstsein anlangt, das zum hypothetischen Urteil gehört, so bemerken wir, dass die hier als fundierende Glieder auftretenden propositionalen Akte eigentümliche Modifikationen des Urteilsbewusstseins sind: das hypothetische Annehmen, Voraussetzen, und das Daraufhinannehmen, Daraufhinsetzen. Sie sind offenbar anders charakterisiert als z. B. jenes propositionale Bewusstsein, das im disjunktiven Urteilen dessen Gliedern anhaftet; und dem entsprechen korrelative Bedeutungsunterschiede. (Hua Mat VI, 210)

Für Annahmen sind *zwei Merkmale* typisch. *Erstens* sind Annahmen – wie die „doxischen Modalitäten" (vermuten, fragen etc.) und die zugehörigen „Seinsmodalitäten" (möglich-sein, fraglich-sein etc.; vgl. *Ideen I*, §§ 103–105.) – Modifikationen von doxischen „Urthesen". Damit ist gemeint, dass sich jede Annahme in eine schlichte „Glaubensgewissheit" umwandeln lässt. So lässt sich z. B. das echte Konditional „Wenn A, so B" (äquivalent, aber nicht identisch) umwandeln in „Die Voraussetzung A begründet die Folge B" (vgl. Hua XX/1, 211). In dieser Umwandlung wird „A" nominalisiert und als vorausgesetzter Sachverhalt doxisch gesetzt. Diese Möglichkeit dieser Umwandlung interpretiert Husserl dahingehend, dass Annahmen – wie doxische Modalitäten überhaupt – *implizit* doxische Urthesen mit sich führen; das heißt nicht, dass Annahmen sozusagen *au fond* Urteile sind.[339] Gleichwohl ist eine Annahme ein „Annehmen eines entsprechenden Seins" (Hua XX/1, 203). *Zweitens* gehen Annahmen aus neutralen Akten dadurch hervor, dass sie als Glieder in hypothetischen Urteilen fungieren. Jeder setzende Akt lässt sich somit über sein neutralisiertes Gegenstück in ein Annehmen mit gleichem Gehalt, aber unterschiedlicher Form transformieren (vgl. Hua III/1, 249).

---

339 Vgl. Hua XX/1, 205: „Ist danach ein Vermuten ein Sonderfall gewissen Glaubens, nur mit geändertem Thema bzw. Objekt, das hier eben eine Wahrscheinlichkeit sei? Das geht evidentermaßen nicht an; mit genau demselben Argument müssten wir [...] sagen, Fragen, Zweifeln, Sichfreuen, Wünschen, Wollen – all das seien ‚Urteile' im erweiterten Sinn von Glaubensgewissheiten. In eigentümlicher Weise sind sie es a u c h, aber sie sind es nicht bloß, und vor allem, sie sind es bloß implizite und nicht explizite." Vgl. ebd., 203, 206, 210, 212.

In dieser universalen „Entgegensetzung" zu echten setzenden Akten stimmen neutrale Akte und Ansätze überein (vgl. Hua XX/1, 204).

Die Kontrastierung von Annahmen mit neutralen Akten gibt weiteren Aufschluss über die Natur von Ansätzen. Mit neutralen Akten teilen Annahmen nämlich ihre *Freiheit*. Das

> Annehmen [ist] eine Sache der Freiheit [...], was ganz und gar nicht für die übrigen objektivierenden Akte gilt. So wenig wir alles und jedes glauben können, so wenig alles und jedes vermuten, bezweifeln, (im ernsten Sinn) erfragen usw. Ansetzen können wir in der Tat „alles und jedes", das ist, jede Einheit des Sinnes kann willkürlich zum Inhalt eines Ansatzes gemacht werden (Hua XX/1, 204).

Der Gehalt einer Annahme muss lediglich grammatische Bedingungen erfüllen, er darf nicht unsinnig, kann aber durchaus widersinnig sein (vgl. Hua XX/1, 213 f.).[340] Annehmen kann man nach Husserl jeden syntaktisch korrekten Satz, also z. B. auch den Satz „Diese Primzahl ist depressiv". Jede Bedeutung lässt sich ansetzen: „Zur Möglichkeit eines Ansatzes als solchen genügt also, dass er überhaupt einen Sinn [...] habe." (Hua XX/1, 214) Der *Willkürcharakter* von Annahmen bekundet sich auch darin, dass Annahmen stets aktiv und willentlich vollzogen werden müssen; anders als ein Gedanke, der mir ohne mein Zutun ‚einfallen' kann, muss ich eine Annahme aktiv vollziehen. Allerdings gibt es auch einen wesentlichen Unterschied zwischen Ansätzen und bloßen Vorstellungen, die ebenfalls „Sache unserer Freiheit" sind. Denn Ansätze sind im Unterschied zu neutralen Akten gewissen *Normen der Rechtfertigung* unterworfen:

> Nicht von einem bloß dahinstehenden Gedanken, aber wohl von einem hypothetischen Ansatz kann es heißen, er sei ein richtiger oder nicht. Es ist ein fundamentaler Irrtum, das eine und andere zu vermengen, und die in der Rede vom bloßen Sich-denken, bzw. vom bloßen Gedanken liegende Äquivokation zu übersehen. (Hua III/1, 249 f.)[341]

Sobald ein neutraler Akt in einen Ansatz modifiziert wird und als Vordersatz in einem Konditional auftritt, werden normative Fragen nach Wahrheit, Korrektheit

---

[340] Widersinnig sind Bedeutungen/Ausdrücke, die syntaktisch wohlgeformt sind, aber aus apriorischen Gründen nicht wahr sein können, z. B. der Satz „Mut ist eine grüne Tugend". Widersinnige Ausdrücke haben gleichwohl eine Bedeutung. Im Unterschied dazu sind unsinnige Ausdrücke syntaktisch nicht wohlgeformt und haben als Ganze überhaupt keine Bedeutung, z. B. die Zeichenkette „Mut grün hüpft nicht oder 2". Vgl. LU I, § 15; LU IV, §§ 12–14.

[341] Vgl. Hua III/1, 249: „Hingegen das bloße Sich-denken ‚setzt' nichts, es ist kein positionales Bewußtsein. Der ‚bloße Gedanke' von Wirklichkeiten, Möglichkeiten usw. ‚prätendiert' nichts, er ist weder als richtig anzuerkennen, noch als unrichtig zu verwerfen."

etc., kurz: „**Rechtsprechung[en] der Vernunft**" (Hua III/1, 249), relevant. Genauer müsste man sagen, dass *konditionale* oder *hypothetische* Formen der Rechtfertigung bei Annahmen, aber nicht bei bloßen, neutralen Gedanken greifen. Aus Ansätzen lassen sich, im Unterschied zu neutralen Gehalten, *Folgerungen ziehen*, man kann sagen, was der Fall wäre, wenn der Ansatz wahr wäre, etc. Dergleichen ist beim bloßen Vorstellen nicht möglich; sobald wir den Gehalt eines neutralen Aktes explizieren oder daraus etwas folgern, modifiziert sich dieser Akt: Das bloße Vorstellen wird zu einem Ansatz und nimmt die Form eines Antezedens an. Dadurch wird auch die Freiheit des Annehmens insofern eingeschränkt, als manche Ansätze (Nachsätze) nur durch bestimmte Ansätze (Vordersätze) motiviert bzw. durch diese begründet sind:

> Ein Ansetzen kann als grundgebendes, als motivierendes fungieren für ein anderes Ansetzen; es nimmt die neue Form des Voraussetzens für ein Folgesetzen an. Darin besteht keine Freiheit mehr, evidenterweise ist nicht ein beliebiger Ansatz mit einem beliebigen „wenn" und „so" verknüpfbar (Hua XX/1, 204).

Wie lässt sich all das auf Urteile „unter Assumption" im Kontext des Problems der Nicht-Existenz anwenden? Wie sind jene hypothetischen Urteile und die in ihnen involvierten Ansätze zu verstehen, die insbesondere im Kontext fiktionaler bzw. intrafiktionaler Rede auftauchen (z. B. „Zeus ist mächtig")? Sehen wir uns dazu noch einmal einschlägige Stellen aus *IG* an:

> Die Vorstellungen „Zeus" und „der oberste der olympischen Götter" haben denselben intentionalen Gegenstand, d. h. Zeus ist der oberste der olympischen Götter – nach der griechischen Mythologie. [...] Es ist selbstverständlich, daß, wer über mythische Objekte urteilt, sich auf den Boden des Mythus stellt, ohne sich ihn jedoch wahrhaft zu eigen zu machen. Wenn dem Mythus der alten Griechen Wahrheit entspräche, also auch die beiderseitigen Vorstellungen gültige wären, bestände die hingestellte Identität (Hua XXII, 317).

> Denn jede Vorstellung (=Inhalt, Bedeutung) [A] fügt sich der Formel „Ist etwas A, so ist es etwas" gültig ein, wir haben es hier mit einem jener primitiven Axiome zu tun, in denen sich das Wesen der objektiven Vorstellung (des „Inhalts") ausprägt. (Hua XXII, 333)

Die oben dargestellte Klassifikation der hypothetischen Urteile legt nahe, Aussagen innerhalb eines fiktiven Kontextes (intrafiktionale Aussagen) als *echte hypothetische* Urteile zu interpretieren. *Hypothetisch* und nicht *kausal* sind diese Urteile deshalb, weil der Urteilende nicht glaubt, dass die jeweiligen Vordersätze wahr sind. Wir machen uns also die Annahmen nicht wirklich zu eigen. *Echt* hypothetisch sind die Urteile, da sich das *Wenn–So* nicht eliminieren lässt. Das zeigt sich daran, dass die Paraphrase „Sooft der Mythus der alten Griechen wahr ist, ist Zeus identisch mit dem Oberhaupt der Götter" offenbar unsinnig ist. Zudem erweisen sich diese Konditionale als *imperfekt*, denn offenbar werden in den Vordersätzen keineswegs alle „Termini der Konditionalität" (Hua XXX, 214) explizit gemacht. Es ist ja ganz global davon die Rede, dass der Mythos wahr sei o. dgl. Nach Husserl sind dabei sowohl „materiale" als auch „logische" Gesetze relevant:

> Im Rahmen, den die zusammenhängende Einheit von Erfahrungen gesteckt hat, gibt es objektive Wahrheit als *quasi*-Wahrheit, aber doch als bindende Wahrheit. Aber sie reicht nur so weit, als die zusammenhängende Fiktion durch das aktuell zur Anschauung Gebrachte und durch das nach logischen Gesetzen darin Beschlossene (eidetisch und erfahrungslogisch) Vorzeichnung geleistet hat. Darüber hinaus ist jede Aussage völlig unbestimmt. Auf die Frage, was der phantasierte Zentaur am Phantasiemorgen essen wird, mit wem er sich unterhalten oder kämpfen wird, gibt es keine Antwort. Die entsprechende, willkürlich anzusetzende Aussage ist weder wahr noch falsch. Ich entscheide sie nicht, wenn ich hinterher dazufingiere, dass er eine Ziege verspeisen will: Hätte ich es von vornherein dazuphantasiert in einstimmiger Fortführung meiner Fiktionen, so wäre die „Wahrheit" vorgezeichnet gewesen. (Hua XXIII, 523 f.)

Nach Husserl sind bei intrafiktionalen Urteilen also mehrere Gesetze im Spiel: *Logisch-kategoriale Gesetze* kommen offenbar dann zur Geltung, wenn sich der Nachsatz (mehr oder weniger) *explizit* aus dem Vordersatz ergibt. Ein Beispiel dafür wäre „Faust paktiert mit Mephisto". Sätze wie „Faust hat zwei Augen" oder „Faust ist eine Person" basieren hingegen auf gewissen impliziten „eidetischen und erfahrungslogischen" Hintergrundannahmen, die wir immer schon in die Phantasiewelt hineinlegen, die uns wie eine Wahrnehmungswelt im Modus des Als-ob erscheint (vgl. EU, §§ 39 ff.).[342] Das wären also gewisse *materiale Gesetze* – empirischer oder eidetischer Natur. Schwieriger wird es, sobald wir Urteile fällen, die über solche selbstverständlichen Hintergrundannahmen hinausgehen. Darauf verweist Husserl in der obigen Passage aus Hua XXIII und antizipiert damit das Phänomen der „Unbestimmtheitsstellen", das nach Ingarden charakteristisch für „rein intentionale Gegenständlichkeiten" wie *ficta* und *imaginabilia* ist. Ein Satz wie „Faust hat ein Muttermal auf der rechten Schulter" (=p) lässt sich weder logisch noch mit Hilfe von empirischen oder eidetischen Zusatzannahmen aus dem großen Antezedens „Wenn die Faust-Geschichte wahr wäre" folgern. p bleibt

---

[342] Die Bedeutung eines solchen impliziten „backgrounds" bei wahren fiktionalen Urteilen hat vor allem David Lewis 1978 betont. Nach drei Explikationsversuchen („Analysis 0 – 2") für den „assumptiven" Satzoperator „In fiction f, φ" mittels der Semantik möglicher Welten schreibt Lewis (44): „I have said that truth in fiction is the joint product of two sources: the explicit content of the fiction, and a background consisting either of the facts about our world (Analysis 1) or of the beliefs overt in the community of origin (Analysis 2)." Vgl. dazu Künne 2007, 300 ff., und Beyer 2004a, 11 ff.

unbestimmt und unbestimmbar mit Blick auf seinen Wahrheitswert, weil die Geschichte diesen Sachverhalt offenlässt. Daraus folgt nicht unmittelbar, dass das *tertium non datur* außer Kraft gesetzt wird (*pace* Mohanty 2008, 312f.), sondern lediglich, dass keiner der folgenden Sätze wahr bzw. entscheidbar ist: „Wenn die Faust-Geschichte wahr wäre, dann p" und „Wenn die Faust-Geschichte wahr wäre, dann non-p".

Vor diesem Hintergrund ist allerdings Husserls These fraglich, alle imperfekten Urteile ließen sich auf perfekte „schließende" Urteile zurückführen, in denen alle erforderlichen Annahmen und Prämissen im Vordersatz stehen, sodass der Nachsatz gefolgert werden kann.[343] Husserl hat schon früh ein Bewusstsein für dieses Problem gehabt, schreibt er doch in *IG*, dass man es bei solchen assumptiven fiktionalen Urteilen „nicht mit wissenschaftlichen Hypothesen und reinen Deduktionen zu tun" (Hua XXII, 328) habe. Ebenda bezeichnet Husserl die entsprechenden Assumptionen auch als „willkürliche, poetische und mythologische", wobei der Kontrast zu einer „wissenschaftlichen Assumption" (Hua XXII, 329) im Vordergrund steht. Offenbar ist es für wissenschaftliche Hypothesen charakteristisch, dass sie vollständig explizierbar sind, während das für außerwissenschaftliche, insbesondere für fiktive, nicht gilt. Die hypothetischen Urteile im Kontext fiktionaler Rede scheinen *irreduzibel* imperfekte hypothetische Urteile zu sein, für die sowohl logische als auch empirische und eidetische Gesetze eine Rolle spielen. Der wesentlich unbestimmte bzw. willkürlich bestimmbare Horizont der „Phantasiewelt" liegt diesem logischen Phänomen zugrunde. Im Zusammenhang mit Husserls Analyse der Phantasie werden wir darauf nochmals zu sprechen kommen.

Fazit: Die Urteile, die wir vollziehen, wenn wir intrafiktional und scheinbar kategorisch über *imaginabilia* bzw. *ficta* urteilen, erweisen sich vom logischen Standpunkt aus als echte und imperfekte hypothetische Urteile, die auf der Gültigkeit rein logischer Gesetze beruhen, die in vielen Fällen durch Hintergrundannahmen und materiale Gesetze ergänzt werden müssen. In solchen Urteilen stellen wir uns auf den „Boden" der jeweiligen Geschichte, was – metaphernfrei ausgedrückt – bedeutet, dass wir in Bezug auf Vorder- und Nachsatz *Annahmen* vollziehen. Solche Annahmen sind willentlich vollziehbare intentionale Erlebnisse, deren Gehalt lediglich grammatischen Bedingungen unterworfen ist und die „Modifikationen" von neutralen Akten darstellen.

---

[343] Ein weiteres Problem von Husserls Analyse des hypothetischen Urteils besteht darin, dass Husserl das *ex falso quodlibet* für wahr hält (vgl. dazu van Atten 2005, 146ff.). Das hat zur Folge, dass Husserl alle intrafiktionalen Sätze, die in inkonsistenten Geschichten auftauchen, *unisono* für wahr erklären müsste. Zu diesem Problem vgl. auch Lewis 1978 und Künne 2007, 301ff.

Essentiale Urteile. Als nächste assumptive Urteilsformen sind „Wesensurteile" (Hua XXVI, 121 ff.) bzw. „essentiale Urteile" (Hua XL, 316 ff.) zu betrachten. Auch diese können im Kontext der Rede über Nicht-Seiendes eine Rolle spielen; man denke nur an Urteile wie „Ein Zentaur ist ein Mischwesen aus Mensch und Pferd" oder „Ein Drache kann Feuer speien". Solche Urteile können direkt als intrafiktionale (z. B. hypothetische) Urteile behandelt werden; sie sind dann elliptischer Ausdruck für die „eigentlich" gemeinten Urteile „Wenn die griechischen Mythen wahr wären, wäre ein Zentaur ein Mischwesen aus Mensch und Pferd", oder, was hier treffender erscheint, „Den griechischen Mythen zufolge ist ein Zentaur ein Mischwesen aus Mensch und Pferd". Aber diese Urteile können, so Husserl, in gewissem Sinne auch „kategorisch" verstanden werden; denn wir können sie als Urteile verstehen, welche das „Wesen" oder gewisse Eigenschaften von Objekten betreffen, deren tatsächliche Existenz wir dahingestellt sein lassen. Wir haben es also wieder mit assumptiven Urteilen im oben eingeführten Sinn zu tun: Wesensurteile sind Urteile, die *als Ganze* setzend sind, in die aber gleichwohl gewisse nicht-setzende Akte eingehen.[344] Es sind mithin wahre Urteile über Dinge, die es nicht gibt. Husserl vertritt in diesem Zusammenhang die These, dass Wesensurteile zwar nicht die faktische Existenz, aber immerhin die *Möglichkeit* gewisser Realia implizieren. Husserl ist in diesem Sinne berühmt und berüchtigt für seine Behauptung, dass sich fiktionalen Kontexten nicht nur hypothetische Tatsachenwahrheiten, sondern auch kategorische Wesenswahrheiten entnehmen lassen. Fiktionen können somit eine erkenntniserweiternde Rolle spielen und als Hilfsmittel für die Gewinnung eidetischer Erkenntnisse fungieren. Für die Methode der eidetischen Variation spielen frei phantasierte *imaginabilia* eine zentrale Rolle, da sich nur im Durchgang durch beliebig phantasierte Exemplare die invarianten Züge ermitteln lassen (vgl. FTL, § 98; CM, § 34; EU, § 87; PP, § 9). Fiktionen sind in diesem Sinne eine Quelle essentiellen und modalen Wissens. In den *Ideen I* heißt es dazu provokativ:

> So kann man denn wirklich, wenn man paradoxe Reden liebt, sagen und, wenn man den vieldeutigen Sinn wohl versteht, in strikter Wahrheit sagen, daß die „Fiktion" das Lebenselement der Phänomenologie, wie aller eidetischen Wissenschaft ausmacht, daß Fiktion die Quelle ist, aus der die Erkenntnis der „ewigen Wahrheiten" ihre Nahrung zieht. (Hua III/1, 148)

---

344 Vgl. Hua III/1, 277: „So ist ja eine aktuelle Wesensanschauung ein positionaler und nicht ein neutralisierter Akt, der in irgendwelchem exemplarisch anschauenden Bewußtsein fundiert ist, das seinerseits sehr wohl ein neutrales, ein Phantasiebewußtsein sein kann." Nach Husserl sind Wesensurteile somit Gegenbeispiele dafür, dass eine „positionale Thesis höherer Stufe lauter positionale Thesen in den niederen Stufen" (ebd.) voraussetzt.

I Die Logik der Nicht-Existenz – Wahrheit unter Assumption — 245

Im Rahmen von Husserls Urteilstheorie gehören Wesensurteile zu den apriorischen Urteilen (vgl. Hua XXVI, Kap. 7; Hua XXX, § 45). Sie stehen als „reine Begriffsurteile" den aposteriorischen Urteilen bzw. „Tatsachen-" oder „Daseinsurteilen" (Hua XXX, 225) gegenüber. In „Tatsachenurteilen" sind setzende Akte, die auf Realia zielen, konstitutiv eingebaut; zu den Wahrheitsbedingungen solcher Urteile gehören mithin gewisse Realia. Ebendies trifft auf apriorische Urteile nicht zu:

> Wesensurteile, Essentialurteile, sie mögen übrigens welche Form auch immer haben, die Form von existentialen, kategorischen, hypothetischen, disjunktiven Sätzen etc. Sie enthalten keinerlei Daseinsbehauptung, weder explicite noch implicite. Dagegen enthalten sie explicite oder implicite Wesenssetzungen. (Hua XXVI, 124)

Aber nicht alle apriorischen Urteile sind eidetischer Natur. Nach Husserl sind apriorische Urteile entweder (synthetische) Wesensurteile oder (analytische) Bedeutungsurteile, sodass eine *triadische Klassifikation* aller Urteile resultiert:

> Wir haben also dreierlei Urteile: 1) Existentialurteile in einem gewissen engeren Sinn, die individuell Einzelnes bestimmt oder unbestimmt setzen, sei es als Existentialurteile im gewöhnlichen Sinn der Logik, aber auf Individuelles bezogen, sei es als „kategorische Urteile", sei es als Urteile überhaupt, in denen „analytisch" Dasein mitgesetzt ist. 2) Wesensurteile, die allgemeine Gegenstände setzen und evtl. auf dem Grund dieser Setzung urteilen, und zwar a priori, was im Wesen gründet. Die Hauptsache ist hier wieder, dass analytisch in diesen Urteilen Behauptungen über „Möglichkeit", Setzungen von Essenzen beschlossen sind. 3) Analytische Urteile (bloße Bedeutungsurteile), die gar keine Setzung „implizieren", es sei denn von Bedeutungen, und nur urteilen wollen, was „in den puren Bedeutungen" liegt, d. h. hypothetisch urteilen, und zwar so, dass die Voraussetzungen ausschließlich durch den Sinn bestimmt sind und in dieser Bestimmung schon Evidenz der Gegebenheit ermöglicht ist. (Hua XL, 322 f.)[345]

Für apriorische Urteile sind demnach ganz andere *Setzungen* konstitutiv als für aposteriorische. Fällen wir Daseinsurteile, so unterstellen wir „implicite" oder „explicite" bzw. auf bestimmte oder unbestimmte Weise, wie Husserl sagt, die faktische Existenz von Realia, aufgrund deren die Urteile wahr sind. Wesensurteile

---

345 Vgl. auch Hua XXX, 224. Vgl. Hua III/1, 17 f.: „[R]eine Wesenswahrheiten enthalten nicht die mindeste Behauptung über Tatsachen, also ist auch aus ihnen allein nicht die geringfügigste Tatsachenwahrheit zu erschließen. [...] In dieser Weise gehören reine Wesensurteile (rein eidetische Urteile), welcher logischen Form immer sie sein mögen, zusammen. Ihr Gemeinsames ist, daß sie kein individuelles Sein setzen, auch wenn sie über Individuelles – eben in reiner Wesensallgemeinheit – urteilen."

(und analytische) Urteile hingegen sind frei von solchen Setzungen.[346] In diesem Sinne setzen beispielsweise die Sätze „Die Sonne scheint" (implizit/bestimmt), „Die Sonne existiert" (explizit/bestimmt), „Es gibt acht Planeten" (explizit/unbestimmt), aber auch negative Tatsachenaussagen wie „Es gibt keine Gespenster" (implizit/unbestimmt) die Existenz von Individuen[347].[348] Hingegen wird mit dem Urteil „Eine Farbe hat einen Helligkeitsgrad" keinerlei Individuum gesetzt (wohl aber implizit das universale *Farbe*).

Husserl zufolge erkennen wir am „Sinn der Sätze" (Hua XXVI, 122), welche Setzungen in einem Urteil involviert sind. Dazu müssen wir mitunter die Horizonte unserer Akte gewissermaßen explorieren und die Erfüllungsbedingungen analysieren, die zum Urteil gehören.[349] Nach Husserl sind in universellen Wesensurteilen, anders als in Tatsachenurteilen, Setzungen von Universalien implizit in-

---

[346] Da nach Husserl auch ganze Urteile bzw. Sätze einen intentionalen Gegenstand haben, nämlich einen Sachverhalt, entsprechen Daseinsurteilen und Wesensurteilen verschiedene Sachverhaltsarten: erstere handeln von Tatsachen oder „Wirklichkeitsverhalte[n]" (Hua III/1, 21), letztere von „Wesensverhalte[n]" (ebd.).

[347] Auch negierte generelle oder singuläre Existenzaussagen können Daseinsurteile sein, wenn sie implizit die Setzung von Individuen in der Welt voraussetzen. So gehört zum Sinn von „Es gibt keine Gespenster", dass Gespenster raumzeitliche Entitäten sind – das gehört zum Begriff eines Gespenstes oder „Phantoms" (vgl. *Ideen II*, § 15 b) –, deren Nicht-Sein durch „Widerstreit" mit der Wahrnehmung erkannt wird: „Denn das Nicht in der Sphäre der Tatsachen weist auf einen Widerstreit hin, und Widerstreit ist immer Widerstreit mit etwas, und dieses Etwas muß hier eine Tatsache sein." (Hua XXVI, 122) In diesem Sinne besagt „Es gibt keine Gespenster" dasselbe wie *„In der Welt der Erfahrung (in der Natur etc.) gibt es keine Gespenster"*. Ähnliches gilt für den Allsatz „Alle Körper sind schwer", bei dem es sich nach Husserl um ein Naturgesetz handelt und der elliptisch für „Alle Körper *in der Natur* sind schwer" steht (vgl. Hua III/1, 20; Hua III/2, 522f.). Auch die implizite Setzung der Welt macht also ein Urteil zu einem Daseinsurteil. Allein ein Satz wie „Alle materiellen Dinge sind ausgedehnt" ist, so Husserl, ein reines Wesensurteil, also frei von jeder Tatsachensetzung. Gerade darin soll dessen „Reinheit" und Apriorität bestehen. Solche Urteile beziehen sich nicht auf diese Welt, sondern, wenn man so will, *unterschiedslos auf alle möglichen Welten*. Vgl. EU, § 89.

[348] Vgl. Hua XXVI, 122: „'Sokrates ist ein Philosoph', ,*Dieses A* (dieses Haus, das mir jetzt als wirkliches Dasein gegenübersteht, das Haus vis-à-vis) ist ein Renaissancebau', ,*Ein gewisses A* ist b' (ein Mann ist da gewesen) usw. Die betonten Worte beziehen sich auf Subjekte, die nicht in exemplarischen Existenzialsätzen als daseiend behauptet sind (ich sage nicht aus: Sokrates existiert, dieses da existiert). Gleichwohl gehört es zum Sinn der Sätze, daß sie an diesen Stellen Dasein setzen, es sind in diesen Beispielen kategorische Sätze, deren Prädikatsetzungen gegründet sind auf ,Untersetzungen', subjizierende Setzungen."

[349] Vgl. Hua XIX/1, 113: „Wir brauchen bloß auf die Fälle zurückzugehen, in welchen sich individuelle oder spezifische Vorstellungen intuitiv erfüllen, und wir gewinnen die lichtvollste Klarheit darüber, was für Gegenstände sie eigentlich meinen und was in ihrem Sinne als wesentlich gleichartig oder verschieden zu gelten hat."

volviert. Urteilen wir z. B. „Ein Zentaur ist ein Mischwesen aus Mensch und Pferd", so unterstellen wir implizit die Existenz der Essenz *Zentaur:*

> Jedes Urteil hat den Sinn, den ihm die mögliche Adäquation vorschreibt. Die Wahrheit des Urteils ist das in der Adäquation, in der „Anschauung" (der Gegebenheit des Sachverhalts) sich Herausstellende, Konstituierende. Im Sinn des allgemeinen Urteils „Ein A überhaupt ist B" liegt es, dass es, wenn es wahr sein soll, sich muss intuitiv bewähren lassen können, und zwar muss ich „ein A überhaupt 'sehen'" und in dieser Intuition, aufgrund derselben, das „B-Sein". Und das Urteil meint eben das, was in der Evidenz gegeben ist. Also das Urteil setzt als „seiend" das „ein A überhaupt". Das Urteil setzt nicht die einzelne Existenz eines A, es setzt nicht, dass es ein A gebe, aber es setzt die Möglichkeit eines A, es muss sich „ein A überhaupt" intuitiv geben lassen. (Hua XL, 316 f.)

Es müssen uns also, damit wir die Wahrheit von Wesensurteilen der Form „Ein A überhaupt/als solches ist (ein) B" einsehen können, die *universalia A-* und *B-heit* anschaulich gegeben sein. Bei wahren Wesensurteilen besteht eine kognitive Relation, ein „knowledge by acquaintance", wenn man so will, zwischen Akt und *universale.*

Dabei unterscheidet Husserl zwei logische Formen von „Wesensurteilen", die zwar äquivalent, jedoch nicht synonym (bedeutungsidentisch) sind:[350]

> Einmal urteilen wir über Essenzen als Gegenstände-worüber, das andere Mal über unbestimmte Etwas, unbestimmte Gegenstände, welche an den Essenzen Methexis haben. Die Essenzen gewinnen nun einen Umfang, das Urteil wird ein universelles. (Hua XXVI, 127)

Wesensurteile, in denen mit Hilfe eines singulären Terms der Form „das Wesen des/von A" oder „das A *in specie*" explizit auf Universalien Bezug genommen wird, sind nach Husserl sekundäre Urteilsformen. Husserl nennt sie „generelle Urteile", weil in ihnen generelle (allgemeine) Gegenstände als Subjekte fungieren. Primär sind hingegen „universelle Urteile", in denen auf unbestimmte Weise über Vereinzelungen von Wesen geurteilt wird. Universell in diesem Sinne sind Urteile der Form „Ein A überhaupt/als solches ist (ein) B" oder „Jedes mögliche/denkbare A ist (ein) B". Universelle Urteile gehen aus generellen Urteilen durch „Umfangswendung" (Hua XXVI, 128) hervor (vgl. *Ideen I*, § 5; Hua XXX, 36). Andererseits lässt sich jedes universelle Wesensurteil so „objektivieren" (vgl. *Ideen I*, § 5), dass in einem neuen Urteil explizit über Wesen geurteilt wird. Der Vorrang der universellen Urteilsweise besteht darin, dass wir Urteile, in denen Wesen als „Ge-

---

[350] Zum Unterschied zwischen semantischer Äquivalenz und Identität vgl. Hua XXX, § 48; Hua Mat VI, 156, 161, 173. Äquivalente „Umformungen" ändern „nicht nur die Worte, sondern [...] den Sinn" (Hua XXX, 145).

genstände-worüber" fungieren, nur verstehen und fällen können, sofern wir schon universelle Urteile vollzogen haben. Auf diese Weise kommt einmal mehr der Primat der Gerichtetheit auf Individuen/Realia gegenüber der Gerichtetheit auf Idealitäten zum Ausdruck.

Fazit: Auch Wesensurteile können insofern als assumptive Urteile bezeichnet werden, als sie auf nicht-setzenden Akten in Bezug auf exemplifizierende Individuen basieren. Man muss nicht glauben, dass es Zentauren gibt, um wahre und gerechtfertigte Wesensurteile über Zentauren bzw. deren Wesen fällen zu können. Essentiale Urteile bilden mithin einen wichtigen Teil der Rede über nicht-existierende Objekte. Dies wird auch durch folgende Stelle bestätigt, in der Husserl explizit von Assumptionen im Kontext von Wesensurteilen spricht:

> „'In der Idee gesetzt' ist ein Löwe das und das" oder „In der assumtiven Weise gesetzt ist ein Löwe das und das". Und so gehört zur Vorstellung „ein A" nicht ein Gegenstand Elefant, sondern assumtiv, in der „Idee" nur eines: etwas, das A ist. Und was das ist, das ergibt die unter dieser Assumtion zu vollziehende Wesensanalyse des A.[351] (Hua XXVI, 92; vgl. §§ 16, 28)

Mitunter bezeichnet Husserl die „Ideation" selbst als eine Art Assumption (vgl. Hua XXVI, 93, Fn. 1). In jedem Fall lassen sich Wesensurteile stets äquivalent in uneingeschränkte Allsätze der Form „Jedes erdenkliche Individuum mit dem Wesen W ist ..." umwandeln (vgl. *Ideen I*, § 5).

Analytische Urteile. Kommen wir nun zur dritten Klasse assumptiver Urteilsformen, die im Kontext gegenstandsloser Rede zum Zuge kommen. Neben den bisher besprochenen hypothetischen und essentialen Urteilen sind dies die *analytischen Urteile* oder „Bedeutungsurteile".[352] Husserl hat dabei u. a. Urteile über das runde Quadrat vor Augen, die Meinong diskutiert und zur Rechtfertigung seiner Ontologie außerseiender (unmöglicher) Objekte herangezogen hat. Husserl formuliert die Position, gegen die er sich richtet, wie folgt:

> Ich sage über runde Vierecke und unmögliche und sich selbst direkt widersprechende Gegenstände etwas i n W a h r h e i t aus. Also sind sie nicht nichts: sie sind Gegenstände, nur nichtseiende, nicht-mögliche, vielmehr unmögliche Gegenstände. Wie könnte ich, wenn sie nichts sind, über sie etwas aussagen? (Hua XL, 316)

---

[351] Die Phrase „In die Idee gesetzt" verwendet Husserl auch anderswo, um die Bezugnahme auf Wesen unabhängig von ihrer faktischen Exemplifikation zu charakterisieren (vgl. Hua III/1, 13).

[352] Interessanterweise bezeichnet Husserl analytische Urteile mitunter auch als hypothetische Urteile, da ihre Wahrheit die Existenz ihrer Bezugsobjekte nicht impliziert und sie nur unter der Annahme dieser Existenz gelten (vgl. Hua XXIV, 331).

Derlei Konsequenzen will Husserl vermeiden: Nicht-existierende, widersprüchliche oder unmögliche Gegenstände, die keine Bedeutungen sind[353], gibt es nach Husserl nicht. Um Husserls Antwort auf den Meinongianer zu verstehen, erläutere ich zunächst Husserls Auffassung von Analytizität; in einem zweiten Schritt referiere ich Husserls Antwort auf dieses „Scheinargument" (Hua XXII, 330) des Meinongianers.

Zunächst: Was versteht Husserl unter einem analytischen Urteil? Die *loci classici* dazu sind die §§ 11–12 von LU III.[354] Dort unterscheidet Husserl zwischen *analytischen Sätzen und Gesetzen*:

> *Analytisch notwendige Sätze*, so können wir definieren, sind solche Sätze, welche eine von der sachlichen Eigenart ihrer (bestimmt oder in unbestimmter Allgemeinheit gedachten) Gegenständlichkeiten und von der evtl. Faktizität des Falles, von der Geltung der evtl. Daseinssetzung völlig unabhängige Wahrheit haben: also Sätze, die sich v o l l s t ä n d i g „f o r m a l i s i e r e n" und als Spezialfälle oder empirische Anwendungen der durch solche Formalisierung gültig erwachsenden formalen oder analytischen Gesetze fassen lassen. In einem analytischen Satz muß es möglich sein, jede sachhaltige Materie, bei voller Erhaltung der logischen Form des Satzes, durch die leere Form *etwas* zu ersetzen und jede Daseinssetzung durch Übergang in die entsprechende Urteilsform „unbedingter Allgemeinheit" oder Gesetzlichkeit auszuschalten. (Hua XIX/1, 259)
>
> *Analytische Gesetze* sind unbedingt allgemeine (und somit von aller expliziten oder impliziten Existenzialsetzung von Individuellem freie) Sätze, welche keine anderen Begriffe als formale enthalten (Hua XIX/1, 258 f.).

Analytische Sätze (oder Urteile) sind demnach notwendig wahre (oder falsche) Sätze, die Instanzen von analytischen Gesetzen sind. In diesen Gesetzen kommen nur Variablen (für Sätze, Prädikate oder singuläre Terme) vor; es sind *schematische Satzformen*. Ein analytisches Urteil erkennt man daran, dass sich alle nicht-logischen Ausdrücke, alle „sachhaltigen Begriffe" (Hua XIX/1, 256), *salva veritate* (oder *falsitate*) durch Variablen ersetzen lassen. Analytische Urteile sind vollständig formalisierbar und haben in diesem Sinne keinen „sachlichen" oder materialen Objektbezug. Durch diese Formalisierung werden die analytischen Gesetze sichtbar, auf denen einzelne analytische Sätze basieren. Aufgrund ihrer

---

[353] Nach Husserl liefert „die Verknüpfung *ein rundes Viereck*" eine „wahrhaft [...] einheitliche Bedeutung, die ihre Weise der ‚Existenz', des Seins in der ‚Welt' der idealen Bedeutungen hat" (Hua XIX/1, 334). Bedeutungen sind bei Husserl Idealitäten. Zwischen Begriffen im Sinne von Bedeutungen und Begriffen im Sinne von Eigenschaften von Dingen muss streng unterschieden werden: Die Bedeutung *rundes Quadrat* existiert, während das Universale *rundes Quadrat* nicht existiert.

[354] Vgl. auch Hua XXII, 192 ff; *Ideen I*, § 16. Zur Diskussion vgl. Soldati 1999 und Rosado Haddock 2008a.

Schematizität haben analytische Gesetze weder individuelle noch essentielle Existenzimplikationen. Ein analytischer Satz ist z. B. „Ein roter Tisch ist rot". Die Formalisierung ergibt das Gesetz „Ein E seiendes a ist E" oder „Ein Gegenstand a, der die Eigenschaft E hat, ist E" was für jede Instanz von „a" und „E" wahr ist. In diesem Gesetz kommen bis auf die Variablen nur formale oder kategoriale Begriffe vor, hier also die Begriffe *Eigenschaft* und *Gegenstand*. Dieses Gesetz ist unabhängig davon, ob es Tische oder die Spezies *Röte* gibt oder nicht. Es hat keine singulären oder generellen Existenzimplikationen.

Wie reagiert Husserl nun auf die meinongianische Herausforderung? Wie kann er das Urteil „Ein rundes Quadrat ist rund" als ein wahres Urteil gelten lassen, ohne sich auf ein *impossibile* festzulegen?

Husserl kontrastiert zu diesem Zweck das Wesensurteil „Ein Rotes ist ein Farbiges" mit dem scheinbar gleich gebauten analytischen Urteil „Ein rundes Quadrat ist rund". Für Urteile dieser Form, also der Form „Ein A überhaupt/als solches ist B", gilt jedoch nach Husserl folgende Implikation: ein A *als solches* ist B → es ist möglich, dass ein A existiert.
Dabei ist der Vordersatz logisch äquivalent mit „Zum Wesen von A gehört B" (vgl. Hua XL, 316f.):

> Jedes wahre allgemeine Urteil [der Form „Ein A als solches ist B"] setzt das „Sein des Subjekts" voraus: in seinem Sinn natürlich. [...] Das Urteil setzt nicht die einzelne Existenz eines A, es setzt nicht, dass es ein A gebe, aber es setzt die Möglichkeit eines A, es muss sich „ein A überhaupt" intuitiv geben lassen. (Hua XL, 316f.)[355]

Reden wir von einem *A überhaupt*, einem *A als solchen* oder von dem *Wesen von A*, so beziehen wir uns nach Husserl auf die Spezies von Einzeldingen. Diese existieren genau dann, wenn sie vereinzelbar sind (vgl. *Ideen I*, §§ 7, 13, 16). Einem widersprüchlichen Begriff wie „rundes Quadrat" hingegen entspricht kein Universale, da es keine runden Quadrate geben kann.

Welche logische Form hat aber nun unser Störenfried, wenn nicht die Form „Ein rundes Quadrat *als solches* ist rund"? Husserl greift bei seiner Antwort interessanterweise wiederum auf den Begriff der *Assumption* bzw. *Voraussetzung* zurück (vgl. Hua XL, 320): Das Urteil „Ein rundes Quadrat ist rund" hat nämlich die Form „Das angebliche, vermeintliche runde Viereck ist rund" oder „Ein rundes Viereck wäre rund" o. ä.:

---

[355] Vgl. Hua XL, 324: „Sage ich ‚Ein Dreieck überhaupt ist α', sage ich ‚Ein gleichseitiges Dreieck ist gleichwinklig', so ist das ‚Sein' (die ‚Möglichkeit' im übertragenen Sinn) gesetzt."

> Dass ein Viereck rund ist, oder ein „Rundes viereckig", das kann mir nicht gegeben werden, weder als Einzelnes [...] noch als ein „Überhaupt", als Möglichkeit. Aber die Voraussetzung kann mir immer gegeben werden. Ich brauche sie nur zu „vollziehen". Das Vorausgesetzte kann ein Widersinn sein, aber die Voraussetzung ist immer etwas, nämlich als Voraussetzung. Hier bin ich an die rein grammatische Sphäre gebunden. (Hua XL, 319)

Urteile ich also „Ein rundes Quadrat ist rund", so mache ich dabei die Voraussetzung oder Annahme eines runden Quadrats, ohne zu glauben, dass es ein solches gibt oder dass es auch nur möglich ist. Ich expliziere lediglich, was zu dieser Voraussetzung ihrem „bloßen Sinn" (Hua XL, 320) nach gehört (vgl. Hua XL, 329). Auf diese Weise kann ich erkennen, dass das Urteil wahr ist. Der Gegenstandsbezug dieses Urteils beruht darauf, dass über einen angenommenen Gegenstand auf ähnliche Weise geurteilt werden kann wie über einen kategorisch gesetzten:

> Worüber urteile ich? Ich denke ein rotes Haus, und zwar in der Weise der Voraussetzung, der Assumtion, und in dieser Assumtion urteile ich. Ein rotes Haus (dergleichen gesetzt) wäre nicht nichtrot. Primär wird also über assumierte Gegenstände geurteilt, unter Assumtion oder in Assumtion. (Hua XL, 320; vgl. Hua XXVI, 155)

Was dabei phänomenologisch vorgeht, beschreibt Husserl so, dass wir uns „nun in ein Hinnehmen, Voraussetzen einlasse[n], in eine Haltung, die für die Etablierung eines Urteils, das nicht gerade auf der urteilenden Setzung (Glaubenssetzung) des S basiert" (Hua XL, 327), konstitutiv ist. Ein assumptives Bewusstsein ist also charakteristisch für ein solches ‚absurdes' Urteilen. Um ein solches vollziehen zu können, genügt es, dass ein bedeutungsvoller Ausdruck vorliegt. Ausgeschlossen sind also nur „unsinnige" Zeichenketten, nicht hingegen „widersinnige" wie eben „ein rundes Quadrat" (vgl. LU IV, § 12).

Husserl behauptet sogar, dass solchen Urteilen eine gewisse Form von Evidenz zukommt. Diese entsteht dadurch, dass wir dieses Urteil auf eine spezifisch explizite, artikulierte oder „gegliederte" Weise vollziehen. Tun wir dies, so machen wir uns klar, was alles zur Voraussetzung gehört und was nicht – und zwar allein aufgrund der Voraussetzung. Husserl beschreibt somit eine Art *syntaktischer Evidenz* (vgl. Mohanty 2008, 236 f.):

> Dagegen müssen überall die kategorialen Formen und Gliederungen eigentlich vollzogen sein. [...] Nur dadurch kommt eine Art Gegebenheit unter dem Titel Bedeutung zustande, daß die Form der kategorialen Bildung, sozusagen das kategoriale Gerüst jeder kategorialen sachlichen Gegebenheit überhaupt, zu wirklicher Gegebenheit kommt dadurch, daß die kategorialen Synthesen, die kategorialen Akte wirklich vollzogen werden. Dieser wirkliche Vollzug hat den Charakter einer Art Anschauung. (Hua XXVI, 133; vgl. Hua XL, 318, 329)

Dieser „wirkliche" Vollzug, gleichsam das explizite und gegliederte Nachsprechen, soll dabei als eine Veranschaulichung des blind vollzogenen Urteils „Ein rundes Viereck ist rund" fungieren. Im Zuge eines solchen Vollzugs wird uns klar, dass wir es mit einer Instanz eines analytischen Gesetzes zu tun haben, die als solche wahr ist allein aufgrund der involvierten Bedeutungen und ihrer formalen Verknüpfung. Diese merkwürdige Art von Evidenz beschreibt Husserl anderswo unter dem Titel der „Vollzugsmodalitäten in der logisch-ausdrücklichen Sphäre" (vgl. *Ideen I*, § 125). Analytische Urteile zeichnen sich dadurch aus, dass ihre Termini, ihr „Stoff", beliebig variabel ist. Phänomenologisch bedeutet das, dass wir ein analytisches Urteil einsichtig (evident) vollziehen können, ohne Evidenz mit Blick auf die intentionalen Objekte des Urteils zu haben und ohne diesbezügliche Setzungen zu vollziehen. Analytische Evidenz ist in diesem Sinne gänzlich unabhängig von materialer Evidenz. Wenn wir diese Urteile „artikuliert und freitätig vollziehen" und dabei „in der vorgezeichneten Art Bedeutungen mit Bedeutungen synthetisch verknüpfen", so gewinnen wir in diesem „Vollzuge der Bedeutungsakte im Modus eigentlicher Erzeugung vollkommene Deutlichkeit des 'logischen Verständnisses'" (Hua III/1, 289). Für eine solche logische Evidenz ist die Evidenz der „Unterschichten" der Urteile irrelevant; es genügt die „Gegebenheit der Bedeutungen" (Hua III/1, 290), während die „Unterschichten [...] nicht zur Klarheit gebracht zu werden [brauchen], wenn es sich um eine rein-logische Einsicht handelt" (Hua III/1, 290). In analytischen Urteilen leben wir sozusagen lediglich in den Bedeutungen der involvierten Ausdrücke und ihrer Verknüpfungsweise. Es sind Urteile, die *allein* aufgrund von *Bedeutungen* und der *Form ihrer Verknüpfung* wahr sind. Analytische Urteile bilden somit einen wichtigen Fall der Rede über Nicht-Seiendes. Es sind diejenigen Urteile, kraft deren wir selbst über *impossibilia* und *absurda* Wahres sagen können.

Fazit: Contra Meinong et alii würde Husserl also darauf insistieren, dass keine Ontologie von *impossibilia* oder *absurda* notwendig ist, um wahre Urteile über diese intentionalen Objekte fällen zu können. Denn wenn wir so urteilen, nehmen wir eine modifizierte kognitive Einstellung ein und vollziehen ein analytisches Urteil unter Assumption.

5 Intentionalität, Assumption und Identität

Ich möchte nun Husserls Lösung des PgV zusammenfassen und näher erläutern, was es heißt, eine nominale (objektive) Vorstellung sei intentional auf X gerichtet – und zwar unabhängig davon, ob X existiert oder nicht.

Es wurde gezeigt, dass sich das PgV dadurch ergibt, dass zwei prima facie plausible Annahmen zu zwei unvereinbaren Aussagen führen, nämlich zum einen zu der (These) „Jede Vorstellung stellt einen Gegenstand vor" (d. h. es gibt keine „gegenstandslosen Vorstellungen"), und zum anderen zu der (Antithese) „Nicht jede Vorstellung stellt einen Gegenstand vor" (d. h. es gibt „gegenstandslose Vorstellungen"). Husserl zufolge gründet dieses Paradox darin, dass das Prädikat „X stellt Y vor" *doppeldeutig* ist: Im *eigentlichen Sinne* meinen wir mit der These, dass jeder Vorstellung ein Gegenstand entspricht, d. h. dass es einen entsprechenden Gegenstand tatsächlich gibt. Der eigentlichen Lesart zufolge ist das Vorstellen von etwas somit *relational* zu verstehen: Aus dem Vorliegen der Relation des Vorstellens folgt die Existenz beider Relata. Eigentlich verstanden ist die These also falsch, die Antithese wahr. Im *uneigentlichen Sinne* hingegen meinen wir mit der These, dass jede (nominale) Vorstellung in ein wahres Urteil integriert werden kann, in dem sie die logische Rolle eines Gliedes einer Identifikation spielt; falls der Gegenstand nicht existiert, steht diese Identifikation „unter Assumption". Uneigentlich gelesen, ist die These wahr, die Antithese falsch.

Damit ist klar, dass Husserl Intentionalität jeder Vorstellung zuschreibt, unabhängig davon, ob ihr etwas entspricht oder nicht. Schematisch dargestellt:

Lesart	Aussage des PgV	These *Jede Vorstellung stellt einen Gegenstand vor*	Antithese *Nicht jede Vorstellung stellt einen Gegenstand vor*
eigentlich (relational)		falsch	wahr
uneigentlich (non-relational)		wahr	falsch

Da bei jeder Lesart jeweils wahre *und* falsche Aussagen resultieren, löst sich das Paradox auf (vgl. ähnlich Davis 2003, § 15.5).

Husserl gelangt also in *IG* und *VüB* insofern zu einer nicht-relationalen Auffassung von Intentionalität, als *ausnahmslos jede* Vorstellung aufgrund ihres Gehalts eine Klasse von möglichen wahren Urteilen bestimmt, in denen sie als Glied einer Identität fungieren kann. Die Intentionalität einer Vorstellung wird auf die logische Rolle in gewissen Urteilszusammenhängen zurückgeführt:

> Indessen, wenn sich nicht jede Vorstellung auf einen wahren Gegenstand bezieht [vgl. Antithesis], so bleibt es doch dabei, daß man von *jeder* [vgl. Thesis] unbedingt sagen kann, daß sie „einen Gegenstand vorstellt", nämlich sofern es zum Wesen jeder Vorstellung überhaupt gehört, assumtiv gefaßt zu werden und als Glied in hypothetischen Urteilen (und verwandten Urteilen) in Wahrheit zu fungieren, so daß wahre Aussagen erwachsen, von denen es heißt, daß sie aussagen, was dem „Gegenstand" der Vorstellung gemäß wahrhaft zukommt, nicht als seiend gesetztem, sondern als assumiertem. (Hua XXVI, 75; vgl. 63, 91–94)[356]

---

[356] Vgl. Hua XXII, 336: „Als ein Hauptergebnis des letzten Kapitels dürfen wir die Erkenntnis

Die logische Funktion der Identifikation ist hier das *punctum saliens*. Wenn wir verstehen wollen, was es heißt, dass jede Vorstellung sich auf einen Gegenstand bezieht, so müssen wir Husserl zufolge auf die Weise blicken, wie eine solche Vorstellung in „Synthesen der Identifikation" (Hua XXVI, 49; vgl. 51) treten kann, aufgrund deren sich ein „Einheits-" oder „Selbigkeitsbewußtsein" (Hua XXVI, 74 f.) etabliert. Je nachdem, ob der intendierte Gegenstand existiert oder nicht, sind diese Urteile unbedingte oder assumptive, aber gleichwohl wahre: „Denn jede Vorstellung, das gehört zu ihrem Wesen, läßt eine Einordnung nicht nur überhaupt in Identitätsgedanken und mögliche Identitätsurteile, sondern in wahre Identitätsurteile zu" (Hua XXVI, 52):

> Es gibt also wahre Urteile, in die jede beliebige Vorstellung sich eingliedern lässt, und jede kann und muß hierbei zum durchgehenden Glied verschiedener verknüpfender Identifikationen werden, in denen sich die Identität des Gegenstands als wesentliche Identität durchhält [...]. Gewisse Identifikationen und Attributionen gehören also, und zwar in wahren Urteilen, zum Wesen jeder Vorstellung. (Hua XXVI, 63)[357]

Dass sich eine objektive Vorstellung intentional auf einen Gegenstand bezieht, lässt sich damit durch folgende Disjunktion charakterisieren:

> Die (objektive) nominale Vorstellung [N] bezieht sich auf X **gdw.** (I) X existiert & „N=X" ist kategorisch wahr, *ODER* (II) X existiert nicht & „N=X" ist wahr unter Assumption.

(II) spiegelt die Möglichkeit wider, dass X nicht existiert, obgleich eine Vorstellung auf X gerichtet ist. Trivialerweise bezieht sich jede nominale Vorstellung [N] auf ‚ihren' Gegenstand N, denn es gilt entweder kategorisch oder unter Assumption „N=N".[358] Somit wird Intentionalität auf *existenzneutrale Weise* erläutert, womit das zentrale Desiderat einer nicht-relationalen Auffassung von Intentionalität erfüllt ist. Den beiden Fällen (I) und (II) liegt die zum Wesen einer jeden Vorstellung gehörige „Schicklichkeit, Identitätsbewußtsein zu fundieren" (Hua XVI,

---

bezeichnen, daß in der Tat, so wie wir es vermutet hatten, die Bedeutung allein die innere und wesentliche Bestimmung der Vorstellung ist, während die gegenständliche Beziehung auf gewisse Wahrheits- bzw. Urteilszusammenhänge hinweist, in die sich die Bedeutung eingliedert." Vgl. ebd., 317 f., 333, 338, 340 f.

357 Benoist 2001, 207, kommentiert prägnant: „Au fond de tout cela, une seule intuition, simple et puissante à la fois: l'*objet* est toujours l'objet."

358 Auch Identitätsurteile können nur dann kategorisch wahr sein, wenn ihre Glieder existieren: „Auf Gegenstände im eigentlichen Sinn bezieht sich jede echte Identität: Sie verknüpft zwei Vorstellungen und identifiziert deren Gegenstand. Denn Identischsein (und ebenso: Differentsein) setzt das Sein des Identischen (bzw. Differenten) voraus." (Hua XXII, 315) Vgl. EU, § 91 b).

28), zugrunde.[359] Jede Vorstellung kann aufgrund ihres „Wesens", ihrer intrinsischen Natur, als Glied in *ganz bestimmten* Identifikationen fungieren.[360] Im Grunde kann man Husserls Idee auch so ausdrücken: eine objektive Vorstellung [N] ist *genau dann* intentional auf X gerichtet, wenn gilt: ist bzw. wäre [N] gültig („triftig"), würde X existieren. Und eine subjektive Vorstellung (ein Erlebnis) ist *genau dann* auf X gerichtet, wenn ihr Gehalt, also die zugehörige objektive Vorstellung, auf X gerichtet ist (vgl. IG, § 11). *Jeder* Vorstellung lässt sich aufgrund der Tatsache, dass sie einen Gehalt hat, ein solches kontrafaktisches Konditional entnehmen, in welchem ihre Gerichtetheit zum Ausdruck kommt. Zu jeder Vorstellung gehört gewissermaßen eine „assumptive" *Perspektive*, gemäß deren bestimmte Objekte als (so-und-so) seiende erscheinen.

6 Zusammenfassung und Ausblick

Bereits im Frühwerk Husserls vor dem Erscheinen der *Untersuchungen* (1900/1), das sich in erster Linie mit den philosophischen Grundlagen der Logik befasst, beschäftigt sich Husserl intensiv mit dem Problem der Nicht-Existenz. Folgendes konnte gezeigt werden:

    1. Die zentrale Frage der „Logik der Nicht-Existenz" besteht darin, ob es Wahrheiten über nicht-existierende Objekte gibt und wie diese ggf. möglich sind. Husserl zufolge gibt es Wahrheiten über nicht-existierende Objekte; die Präposi-

---

359 Vgl. Sowa 2005, 127 f.; vgl. *VüB*, § 17. Vgl. Mohanty 2008, 230: „Thus, the nominal presentation acquires its object-relatedness from the identifiying synthesis among propositional acts through an identifying proposition in which the nominal presentations themselves appear, such that the locution ‚having an object' or ‚relatedness to an object' refers back, for its origin, to such an identifying synthesis."
360 Gegen den Einwand, unter Assumption könne man alles ansetzen (vgl. das *ex falso quodlibet sequitur*), wendet Husserl ein, dass jede Vorstellung ein Wesen hat, aufgrund dessen nur ganz bestimmte Identifikationen möglich sind. Vgl. Hua XXVI, 91 f.: „Man könnte freilich einwenden: In der Weise der Assumtion kann ich doch jede Vorstellung auf jeden beliebigen Gegenstand beziehen, während jede Vorstellung ihren Gegenstand haben soll, ihren immanenten oder intentionalen Gegenstand, wie man auch unklar sagte. Assumtiv kann ich z. B. sagen: ‚Jede Vorstellung stellt einen Elefanten vor' [...]; ich kann ja ansetzen: ‚Angenommen, jede Vorstellung stelle einen Elefanten vor'. Indessen, das wäre ein verkehrter Einwurf. Ganz richtig: jede Vorstellung stellt eine bestimmte, eine ihr zukommende Gegenständlichkeit und keine andere vor. Das besagt, daß zu ihrem Wesen, und näher zu ihrem bedeutungsmäßigen Wesen, eine gewisse assumtive Umwendung und assumtive Urteilsweise gehört. [...] Und was das ist, das ergibt die unter dieser Assumption zu vollziehende Wesensanalyse des A. Durch die phänologische Bedeutung, durch Begriff und Satz, ist, was dabei zu urteilen ist, bestimmt und ganz und nicht willkürlich." Vgl. ähnlich Hua XVI, 27 f.

tion „über" legt uns ebenso wenig auf die Existenz des beurteilten Objekts fest wie das „von" in der Formel *Bewusstsein ist immer Bewusstsein von etwas*. Allerdings gibt es nach Husserl keine *logisch-einfachen kategorischen* Urteile über nicht-existierende Objekte, sondern nur Urteile „unter Assumption", z. B. hypothetische. Das heißt, dass nach Husserl das Sosein eines Objekts nicht unabhängig von seinem Sein ist – *pace* Mally-Meinong. Damit kann Husserl als ein Wegbereiter moderner Theorien angesehen werden, die fiktionale Rede mit Hilfe von narrativen Operatoren („*Im Mythos* ist ...") oder unter dem Label *Pretense* zu klären suchen (vgl. etwa Künne 2007; Walton 1990, 2007; Sainsbury 2010; Kroon 2013). Der frühe Husserl ist insgesamt ein entschiedener Verfechter der Möglichkeit „gegenstandsloser Vorstellungen" und bettet diese schon früh in eine nicht-relationale Konzeption von Intentionalität ein. Subjektive Vorstellungen alias Akte sind intrinsisch so verfasst, dass sie bestimmte Identifikationen ermöglichen, andere hingegen ausschließen, da in ihnen eine „objektive Vorstellung" oder eine „Bedeutung" (Gehalt) enthalten ist, die vom intentionalen Objekt zu unterscheiden sind. In diesem Sinne kann jede Vorstellung „unter Assumption" Identitätsurteile fundieren; man auch sagen, dass jede Vorstellung gleichsam eine Relation zum Objekt nahelegt, annimmt oder „prätendiert" (Hua XI, 3).

2. Gegen relationale Spielarten der Intentionalität, insbesondere gegen die „Bilder-" und „Zeichentheorie" sowie gegen die Theorie „rein intentionaler Seinsweisen", entwickelt Husserl eine ganze Batterie von Einwänden, die auch noch für heutige Debatten über (gewisse) repräsentationalistische Theorien der Intentionalität relevant sind. Ein gewisser direkter Realismus scheint von Anfang an für Husserls Denken über Intentionalität zentral zu sein.

3. Interessanterweise lassen sich nach Husserl auch analytische Urteile und „Wesensaussagen" als Urteile „unter Assumption" verstehen, da wir uns auch mit solchen (wahren) Urteilen nicht eo ipso auf das „Sein" gewisser Einzeldinge festlegen.

Ein kritischer Punkt besteht darin, dass man offenbar nicht jede Rede über Nicht-Seiendes durch die Technik des Assumierens einfangen kann. Das gilt z. B. für fiktionale Rede. Wie würde Husserl z. B. den Satz „James Bond ist eine Schöpfung von Ian Fleming" verstehen? Liegt diesem Satz etwa auch eine Assumption zugrunde? Darauf werde ich noch einmal zurückkommen (vgl. D II 3 § 3). Auch wenn z. B. ein Atheist mit einem Theist darüber streitet, ob Gott existiert, so streiten sie sich nicht darüber, ob es *gemäß der Bibel* wahr ist, dass es einen allmächtigen, allgütigen etc. Gott gibt; sondern es geht eben direkt um Gott. Keiner der beiden Sätze „Gott existiert" und „Gott existiert nicht" ist demnach ein „assumptiver Satz", obgleich nur einer von beiden wahr sein kann. Offenbar müssen (negative) Existenzurteile anders behandelt werden. *Nicht jede wahre Rede über Nicht-Existierendes ist folglich Rede „unter Assumption"*. Desgleichen gilt natürlich, dass Sätze über unser *Denken* an Negatitäten nicht als Denken „unter Assumption" zu verstehen sind. (Angenommen, Gott existiert nicht. Dann heißt das nicht, dass Theisten die ganze Zeit nur Gedanken der Form *Gäbe es Gott, so wäre er ... gedacht haben.)

4. Ein weiteres Problem betrifft den obigen Versuch, die Gerichtetheit einer objektiven nominalen Vorstellung [N] auf X so zu charakterisieren: „(I) X existiert & ‚N=X' ist kategorisch wahr, ODER (II) X existiert nicht & ‚N=X' ist wahr unter Assumption."

Falls das eine Husserls Texten angemessene Erläuterung ist, gibt es mindestens *zwei Probleme: Erstens* folgt daraus nicht, dass sich z. B. die Vorstellung „das gegenwärtige Staatsoberhaupt von Deutschland" nicht nur auf Angela Merkel, sondern auch auf Deutschland bezieht – wenngleich in einem „sekundären Sinn" (Hua XIX/1, 415). Dieses Problem lässt sich relativ leicht beheben, indem man (I) und (II) wie folgt modifiziert: (I*) X existiert & es gibt eine nominale Teilvorstellung [N*] von [N], sodass gilt: „N*=X" ist kategorisch wahr, ODER (II*) X existiert nicht & es gibt eine nominale Teilvorstellung [N*] von [N], sodass gilt: „N*=X" ist wahr unter Assumption. Auf diese Weise bezieht sich [das gegenwärtige Staatsoberhaupt von Deutschland] nicht nur auf Angela Merkel, sondern auch auf Deutschland, was intuitiv plausibel erscheint. (Eine Teilvorstellung von [N] ist dabei entweder identisch mit [N] oder mit einem echten Teil [N*] davon.)

Ein *zweites Problem* sehe ich darin, dass die beiden Bedingungen (I) und (II) bzw. (I*) und (II*) extensionale Kontexte sind, während man erwarten würde, dass die Intentionalität einer Vorstellung intensionale Kontexte erzeugt. Der Punkt ist, dass in (I) und (II) das Prinzip der *substitutio salva veritate* gilt, obgleich z. B. [das gegenwärtige Staatsoberhaupt von Deutschland] nicht eo ipso von Angela Merkel handelt – denn das muss ja nicht jedem Sprecher und Denker bekannt sein, der an das gegenwärtige Staatsoberhaupt Deutschlands denkt. Eine Modifikationsmöglichkeit besteht darin, in die rechte Seite intentionale Prädikate einzuführen. Statt (I) könnte man z. B. sagen (I**): „X existiert, & ‚N=X' ist kategorisch wahr, & jedes Subjekt, dass eine subjektive Vorstellung mit dem Gehalt [N] vollzieht, urteilt kategorisch: N=X." (Analog für den Fall der Nicht-Existenz von X.) Dies ist sicherlich ein intensionaler Kontext. Diese Probleme zeigen, dass man die Intentionalität einer Vorstellung nicht durch nicht-intentionales Vokabular *definieren* kann – was offenbar ganz im Sinne von Husserls These ist, Intentionalität sei ein „deskriptiv Letztes" (Hua XIX/1, 187).

II Die Phänomenologie der Nicht-Existenz – Intrinsische Intentionalität

Wahrheiten über nicht-existierende Objekte sind eine Sache, das *Denken* an solche Objekte eine andere. Anders als in der *Logik der Nicht-Existenz* geht es in der *Phänomenologie der Nicht-Existenz* in erster Linie um Erlebnisse, die sich auf nicht-existierende Objekte richten. Während Husserls Logik der Nicht-Existenz im Kern eine Theorie der „Annahmen" ist, macht es keinen Sinn, eine solche Strategie direkt auf die involvierten *Akte* zu übertragen. Denn angenommen, folgender Satz ist wahr: „Obama denkt gerade an Zeus". Offenbar ist damit *nicht gemeint* „Wären die griechischen Mythen wahr, so würde Obama gerade an Zeus denken" oder „Gäbe es Zeus, würde Obama an ihn denken". Direktes Denken an nicht-existente Objekte ist also nicht assumptiv zu verstehen, sondern kategorisch, und muss folglich anders erklärt werden: „Mit einer assertorischen Äußerung" des Satzes über Obama kann man, wie Künne treffend sagt, „zu Recht einen ‚unbedingten' Wahrheitsanspruch erheben" (Künne 2011, 89). Denken an Nicht-Existentes ist in diesem Sinn gerade *kein* „uneigentliches" Denken. Uneigentlich und assumptiv im obigen Sinne sind nach Husserl nur die Prädikationen und Wahrheiten, in denen wir nicht-existierenden Objekten Eigenschaften und Relationen zuschreiben oder als Objekte ‚in unserer Vorstellung' charakterisieren.

Meine *Hauptthese* lautet nun, dass bei Husserl intentionale Sätze der Form „S denkt an X" dadurch wahr gemacht oder erklärt werden, dass es ein intentionales Erlebnis von S gibt, das aufgrund seiner intrinsischen Beschaffenheit ein Denken an X ist. Wie diese intrinsische Natur intentionaler Erlebnisse konkret aussieht, ist Thema der folgenden drei Kapitel, die sich werkgeschichtlich an den *Untersuchungen* (1900/1), den *Ideen I-III* (1913 ff.) und an *Erfahrung und Urteil* (posthum, 1938) orientieren. Dabei wird stets eine *Tandem-Strategie* verfolgt, indem *einerseits* das Problem der Nicht-Existenz im jeweiligen Werkkontext beleuchtet, *andererseits* parallel dazu die Theorie der Intentionalität dargestellt wird, die sich insbesondere wegen Husserls mirakulösem Begriff des Noema nicht unerheblich wandelt. Ein Tenor der Deutung besteht darin, das Noema deflationär aufzufassen, d. h. so, dass es im Grunde durch die Noesis *in specie* ersetzt werden kann. Der frühen Speziestheorie des intentionalen Gehalts soll der Vorrang gegeben werden. Die Vorzüge der Noesis-Noema-Theorie der *Ideen* (und darüber hinaus) sind meines Erachtens vor allem darin zu sehen, dass die Natur der Noesen, insbesondere der Aktqualitäten, einheitlicher entwickelt wird als noch in den *Untersuchungen*. Eine besondere Rolle spielt dabei Husserls Unterscheidung zwischen *originären* und *nicht-originären* Akttypen (z. B. Wahrnehmung vs. Phantasie); ferner bemüht sich Husserl, alle (nicht-neutralen) Aktarten als „explizite" oder „implizite" Weisen des Glaubens (*doxa*) auszuweisen, wodurch eine gewisse

Vereinheitlichung erreicht wird. Bei der Besprechung von *EU* wird am Ende ein eher ontologischer Weg eingeschlagen, indem gezeigt wird, dass es beim späten Husserl Ansätze eines fiktionalen Realismus gibt, demzufolge *ficta* als vom Menschen geschaffene abstrakte Artefakte, d. h. als eine Spielart von gebundenen Idealitäten gedeutet werden können. Neben den *ficta* liegt der Schwerpunkt im Folgenden auf den *imaginabilia* und den *impossibilia*. Während *imaginabilia* Objekte der *(freien) anschaulichen Phantasie* sind, sind *impossibilia* Objekte eines durchgängig *leeren Denkens*.

1 Das Problem der Nicht-Existenz in den *Untersuchungen*

Beginnen wir mit der Rolle, die das Problem der Nicht-Existenz in Husserls *Logischen Untersuchungen* spielt.[361] Der Schwerpunkt liegt dabei auf der *V. Untersuchung*, dem *locus classicus* zum Begriff der Intentionalität.[362] Es wird sich zeigen, dass Husserl hier eine nicht-relationale Konzeption vertritt, die explizit im Rahmen seiner mereologischen Ontologie aus der *III. Untersuchung* formuliert wird. Intentionalität erweist sich als eine Eigenschaft, die in den intrinsischen und **p**hänomenalen Eigenschaften von Erlebnissen fundiert ist. Das Problem der Nicht-Existenz übernimmt dabei die Rolle eines *agent provocateur*, der Husserl zu einer nicht-relationalen Konzeption führt.

Um dies nachzuweisen, gehe ich nach Vorbemerkungen zum Problem der Nicht-Existenz in den *Untersuchungen* (§1) auf Husserls Aktanalyse (§2) und auf eine spezielle Spielart des Problems der Nicht-Existenz ein, nämlich die Gerichtetheit auf *impossibilia*, die in den *Untersuchungen*, verglichen mit der Gerichtetheit auf andere Negativitäten, relativ ausführlich behandelt wird (§3).

§ 1 Vorbemerkung: Gegenstandslose Vorstellungen in den *Untersuchungen*

Obwohl nur selten von „gegenstandslosen Vorstellungen" die Rede ist, begegnet der Leser der *Untersuchungen* dem zugrunde liegenden Problem der Nicht-Existenz auf Schritt und Tritt. Auffällig ist, dass der im Essay „Intentionale Gegenstände" so zentrale Begriff der Assum(p)tion in *LU* nicht vorkommt. Dass Husserl an der oben dargestellten Lösung des PgV weiterhin festhält, geht allerdings aus

---

361 Von „gegenstandslosen Vorstellungen", „Gegenstandslosigkeit" u. ä. ist explizit die Rede in: Hua XVIII, 194; Hua XIX/1, 21, 60, 98, 101, 342, 510.
362 Zu LU V vgl. exemplarisch Zahavi 2008; Mayer/Erhard 2008; Q. Smith 1977a; Stepanians 1998, Kap. 7–9; Fréchette 2010, Kap. 6.3.2; Mohanty 2008, Kap. 7.

einer bereits zitierten Stelle hervor, in der Husserl Universalien („Spezies") gegen fiktionalistische Einwände verteidigt:

> Natürlich ist es nicht unsere Absicht, das S e i n d e s I d e a l e n auf eine Stufe zu stellen mit dem G e d a c h t s e i n d e s F i k t i v e n o d e r W i d e r s i n n i g e n. Das letztere [wohl Fiktive *und* Widersinnige] existiert überhaupt nicht, kategorisch kann im eigentlichen Sinne von ihm nichts ausgesagt werden; und wenn wir doch so sprechen, als wäre es, als hätte es seine eigene Seinsweise, die „bloß intentionale", so erweist sich die Rede bei genauerer Betrachtung als eine uneigentliche. In Wahrheit bestehen nur gewisse gesetzlich gültige Zusammenhänge zwischen „gegenstandslosen Vorstellungen", die vermöge ihrer Analogie mit den auf gegenständliche Vorstellungen bezüglichen Wahrheiten die Rede von bloß vorgestellten Gegenständen, die in Wahrheit nicht existieren, nahelegen. Die idealen Gegenstände hingegen existieren wahrhaft. (Hua XIX/1, 129 f.)

Hier finden sich *in nuce* alle Elemente der „assumptiven" Logik der Nicht-Existenz wieder: Husserl interpretiert die Rede über nicht-existierende Gegenstände als uneigentliche, die nur scheinbar kategorische Struktur hat. Tatsächlich haben wir es mit „gesetzlich gültigen Zusammenhängen" zu tun, worunter die assumptiven (hypothetischen, essentialen, analytischen) Urteilsformen zu verstehen sind, die Wahrheit trotz Gegenstandslosigkeit ermöglichen. Ferner wird die Twardowski'sche Idee einer „bloß intentionalen Seinsweise" ihrer ontologischen Implikationen beraubt. Man kann somit davon ausgehen, dass Husserl in den *Untersuchungen* die Lösung des *Paradoxons* aus *IG* und *VüB* immer noch billigt.[363] Die Tatsache, dass hier nicht mehr von Assum(p)tionen die Rede ist, lässt sich vielleicht damit erklären, dass Husserls Augenmerk in den *Untersuchungen* in erster Linie auf die intrinsische Natur von intentionalen Erlebnissen gerichtet ist.[364] Und Akte *selbst* sind *nicht* „unter Assumption" auf nicht-existente Objekte gerichtet; dies gilt nur für unsere Rede *über* Akte.

Überblickt man die sechs logischen Untersuchungen, so zeigt sich die systematische Relevanz gegenstandsloser Vorstellungen bereits in der *I. Untersuchung*. Diese Untersuchung ist der sprachphilosophischen Frage gewidmet ist, was es heißt, ein sinnlich anschauliches Gebilde (Zeichen) als einen sprachlichen Ausdruck aufzufassen und zu verstehen. Um diese Frage zu klären, unterscheidet Husserl zweierlei Arten von Zeichen bzw. Funktionen: Anzeichen (Anzeigefunktion) und Ausdrücke (Ausdrucksfunktion). Anzeichen als solche haben keine

---

[363] Vgl. Fréchette 2010, 353 ff., der treffend von einer „Konsolidierung" der Konzeption der Intentionalität aus *IG* in den *Untersuchungen* spricht.
[364] *En passant* kommt Husserl auf hypothetische Urteile und Annahmen auch in den *Untersuchungen* zu sprechen. Aber eine systematische Diskussion findet nicht statt. Vgl. Hua XIX/1, 14, 51, 328, 339, 348, 418, 477 f., 482 f., 494 f.

Bedeutung und erschöpfen sich darin, einen assoziativen Zusammenhang zwischen okkurrenten Überzeugungen in Gang zu setzen, bei dem die Überzeugung vom Bestehen eines Sachverhaltes die Überzeugung vom Bestehen eines anderen auf nicht-logische Weise motiviert (z. B. Glauben an Rauch motiviert Glauben an Feuer) (vgl. LU I, §§ 1–4). Für die Anzeige sind setzende Erlebnisse ausschlaggebend, während Ausdrücke auch dann bedeutsam sind, wenn der Sprecher nicht an die Existenz eines Referenten glaubt oder wenn ein solcher gar nicht existiert. Mehr noch: um zu zeigen, dass die Ausdrucksfunktion *logisch unabhängig* von der Anzeigefunktion eines sprachlichen Zeichens ist, verweist Husserl darauf, dass nicht einmal die sprachlichen Zeichen existieren müssen, um eine Bedeutung ausdrücken zu können; es genügt, wenn sie bloß vorgestellt sind. Dies kann in der sog. „einsamen Rede" stattfinden:

> Was uns als Anzeichen (Kennzeichen) dienen soll, muß von uns als d a s e i e n d wahrgenommen werden. Dies trifft auch zu für die Ausdrücke in der mitteilenden Rede, aber nicht für die in der einsamen Rede. Hier begnügen wir uns ja, normalerweise, mit vorgestellten anstatt mit wirklichen Worten. In der Phantasie schwebt uns ein gesprochenes oder gedrucktes Wortzeichen vor, in Wahrheit existiert es gar nicht. (Hua XIX/1, 42)

Im unmittelbaren Anschluss bettet Husserl diese Stelle in den weiteren akttheoretischen Kontext ein, innerhalb dessen die Gerichtetheit auf Nicht-Seiendes zu klären ist:

> Wir werden doch noch nicht die Phantasievorstellungen oder gar die ihnen zugrunde liegenden Phantasieinhalte mit den phantasierten Gegenständen verwechseln. Nicht der phantasierte Wortklang oder die phantasierte Druckschrift existiert, sondern die Phantasievorstellung von dergleichen. Der Unterschied ist derselbe wie zwischen dem phantasierten Zentauren und der Phantasievorstellung von demselben. Die Nicht-Existenz des Wortes stört uns nicht. Aber sie interessiert uns auch nicht. Denn zur Funktion des Ausdrucks als Ausdruck kommt es darauf gar nicht an. (Hua XIX/1, 42 f.)

Neben der Rolle, die gegenstandslose Vorstellungen bei der Abgrenzung der Anzeige- von der Ausdrucksfunktion spielen, ist auch auf den geradezu analytischen Zusammenhang zwischen Intentionalität und Bedeutsamkeit hinzuweisen, den Husserl schon in LU I hervorhebt. Ausdrücke sind per se bedeutsam und intentional – unabhängig davon, ob ihr Gegenstand existiert oder nicht:

> Er [der Ausdruck] meint etwas, und indem er es meint, bezieht er sich auf Gegenständliches. (Hua XIX/1, 44; vgl. 52)

> In der Bedeutung konstituiert sich die Beziehung auf den Gegenstand. Also einen Ausdruck mit Sinn gebrauchen und sich ausdrückend auf den Gegenstand beziehen (den Gegenstand

vorstellen) ist einerlei. Es kommt dabei gar nicht darauf an, ob der Gegenstand existiert oder ob er fiktiv, wo nicht gar unmöglich ist. (Hua XIX/1, 59)

Ermöglicht wird dieser enge Zusammenhang zwischen Intentionalität und Bedeutsamkeit dadurch, dass Bedeutsamkeit als „bestimmte Weise des den jeweiligen Gegenstand Meinens" (Hua XIX/1, 55) bestimmt wird.

Des Weiteren spielen gegenstandslose Vorstellungen eine wichtige Rolle in dem *erkenntnistheoretischen Kontext* von Intention und Erfüllung („Evidenz"). Mit diesem Begriffspaar will Husserl den Begriff der Wahrheit erläutern und die „Gegenständlichkeit" (oder Relationalität) einer intentionalen Episode erläutern (vgl. z. B. Hua XIX/1, 21, 44f., 56f.). Eine notwendige Bedingung für die Relationalität einer Vorstellung besteht darin, dass sie erfüllbar ist. Da sich manche Vorstellungen nicht erfüllen lassen, gibt es gegenstandslose Vorstellungen, die „bloße Intentionen" bleiben. Allerdings ändert das nichts daran, dass auch solche Erlebnisse intentional sind:

> Aber nicht alle intendierte Erkenntnis ist möglich, nicht alle nominale Bedeutung ist zu realisieren. „Imaginäre" Namen sind eben auch Namen, aber sie können in keiner a k t u e l l e n Nennung stehen, sie haben, eigentlich gesprochen, keinen Umfang (Hua XIX/2, 564).

Die angeführten Stellen zeigen, dass gegenstandslose Vorstellungen in den *Untersuchungen* von Beginn an präsent sind und für semantische und epistemologische Fragen eine wichtige Rolle spielen. Die Frage, wie Gerichtetheit auf Nicht-Seiendes möglich ist, ist offenbar *systematisch* relevant.

§ 2 Aktanalyse I

Der Kern von Husserls früher Aktanalyse besteht darin, verschiedene „Teile und Seiten" von Akten zu identifizieren und diesen eine wohl bestimmte *intentionale Funktion* zuzuweisen. Da die sog. *Materie* eines Aktes, sein intentionaler Gehalt, hierbei die zentrale Funktion spielt, und die Materie ein *Moment* ist, ergibt sich eine nicht-relationale Auffassung von Intentionalität. Die These der intrinsischen Intentionalität wird somit bestätigt. Diese Überlegung lässt sich als Argument rekonstruieren:

(I) Jedes intentionales Erlebnis hat eine Materie.
(II) Die Materie eines intentionalen Erlebnisses ist ein Moment.
(III) Momente sind intrinsische (nicht-relationale) Eigenschaften.
(IV) Die Materie eines intentionalen Erlebnisses ist konstitutiv für dessen Intentionalität.

(V) *Folglich* ist jedes intentionale Erlebnis aufgrund seiner intrinsischen Eigenschaften intentional.

Dies ist Husserls *mereologisches Argument* für die These der intrinsischen Intentionalität. Es ist nun Schritt für Schritt zu entfalten, wobei das Problem der Nicht-Existenz eine zentrale Rolle spielt. Prämisse (III) folgt terminologisch aus Husserls Mereologie, muss also nicht näher begründet werden. Formal gesehen, ist das Argument gültig, denn aus den Prämissen folgt die Konklusion.[365] Entscheidend sind somit (I), (II) und (IV).

1 „Inhalt"

Zuvor möchte ich auf die wichtigsten Unterscheidungen hinweisen, die Husserl mit Blick auf die schwammige Rede vom „Inhalt" eines Aktes vornimmt. Diese Differenzierungen sind mit den Mehrdeutigkeiten des Wortes „Vorstellung" verwandt. Unter dem „Inhalt eines intentionalen Erlebnisses" kann nämlich ebenfalls dreierlei verstanden werden: 1) die echten, „reellen" Teile, 2) der intentionale Gehalt und 3) der intentionale Gegenstand eines Aktes.

1) Jedes Erlebnis ist ein singuläres Ereignis, ein individuelles „Vorkommnis" im Bewusstseinsstrom und als solches zeitlich ausgedehnt (ggf. punktuell), unwiederholbar und an ein einziges Subjekt gebunden. Ein bestimmtes Urteil z. B. „als Erlebnis dauert eine Weile (immanente Dauer), dann ist es unwiederbringlich dahin. Ein neues Erlebnis desselben Inhalts kann später auftreten, nicht dasselbe" (Hua IV, 113). Da Husserl Erlebnisse als Ganzheiten betrachtet, haben Erlebnisse einen „reellen Inhalt". Damit sind alle Teile gemeint, die ein konkretes Erlebnis während der Dauer seines Daseins hat. Dazu gehören z. B. einzelne *Phasen* oder „Partialakte[]" (Hua XIX/2, 678) einer Wahrnehmung („jetzt sehe ich die Vorderseite, jetzt die rechte Seite etc."), aber auch die ggf. *fundierenden Erlebnisse*, die ein Gesamterlebnis aufbauen. Im Falle des Urteils „Die Sonne scheint" ist der nominale Akt, der auf die Sonne gerichtet ist, ein solches reelles Teilerlebnis. Ferner ist auch ein *Moment im engeren Sinn* Teil des ganzen Erlebnisses, z. B. der setzende Charakter des Urteils, die „Aktqualität", der selbst kein konkretes (selbständiges) intentionales Erlebnis darstellt. Reelle Inhalte haben nicht nur intentionale Erlebnisse, sondern auch nicht-intentionale Erlebnisse, z. B. Schmerzen, die eine

---

[365] Zu sagen, die Materie sei konstitutiv für die Intentionalität, bedeutet, dass ein Erlebnis *aufgrund* oder *wegen* seiner Materie intentional ist. Das ist stärker als zu sagen, die Materie sei notwendig für Intentionalität, denn das gilt auch für die Qualität.

Weile dauern und eine gewisse Intensität als Moment aufweisen können. Allerdings spricht Husserl meist vom reellen Inhalt von Akten und definiert:

> Unter dem reellen phänomenologischen Inhalt eines Aktes verstehen wir den Gesamtinbegriff seiner gleichgültig ob konkreten [Stücke] oder abstrakten [Momente] Teile, mit anderen Worten, den Gesamtinbegriff der ihn reell aufbauenden Teile r l e b n i s s e. (Hua XIX/1, 411)

Ist *r ein reeller Teil von e*, so ist r im gleichen Sinne einmalig, zeitlich, ontologisch subjektiv und unwiederholbar wie e selbst. Reelle Inhalte gibt es aber nicht nur bei Akten. So ist z. B. der reelle Inhalt eines Buches die Gesamtheit seiner Teile: die Seiten, die Druckerschwärze, der Einband etc.

2) Kontrapunktisch zum reellen Inhalt ist der *intentionale Inhalt* eines Erlebnisses zu verstehen. Intentionalen Inhalt haben nur intentionale Erlebnisse. Der intentionale Inhalt charakterisiert das Erlebnis als ein spezifisch intentionales. In erster Linie ist damit die *Materie in specie* eines Aktes gemeint, die in Akten verschiedener Qualität oder Art dieselbe sein kann. Wenn ich z. B. zuerst annehme, dass die Sonne scheint, und dann urteile, dass die Sonne scheint, dann liegen zwei numerisch verschiedene Akte (mit unterschiedlichem reellen Inhalt) vor, die dieselbe Materie in specie instanziieren. In zweiter Linie versteht Husserl unter dem intentionalen Inhalt Materie *und* Qualität in specie eines Aktes. Diese komplexe Spezies bzw. deren Vereinzelung bezeichnet er als „intentionales Wesen" (Hua XIX/1, 413). Obige Urteile haben nicht dasselbe intentionale Wesen, weil Urteilen etwas anderes als Annehmen ist. Husserl betont, dass mit der Gleichheit von Materie und Qualität noch nicht alle Aspekte von Akten erfasst sind. Insbesondere Unterschiede in der „Fülle" der Akte werden dadurch nicht erfasst. Ob man z. B. einsichtsvoll urteilt, dass die Sonne scheint (aufgrund einer Wahrnehmung), oder lediglich aufgrund von Hörensagen und ohne „Evidenz", wird durch das intentionale Wesen nicht erfasst. Diese dritte Dimension ist entscheidend für die *epistemologische Relevanz* der Akte, weshalb Husserl das Tripel aus Materie, Qualität und Fülle (*in specie*) als *erkenntnismäßiges Wesen* bezeichnet (vgl. LU VI, § 28). Zu beachten ist dabei, dass Materie, Qualität, Fülle, intentionales und epistemisches Wesen sowohl *in individuo* als auch *in specie* verstanden werden können. So gehört z. B. die Materie *in individuo* zum reellen Inhalt eines Aktes, während die Materie *in specie* kein Teil des Aktes ist. Zwei Akte können nur die als Spezies verstandene Materie gemeinsam haben. Vergleichen wir dies wieder mit einem Buch: auch ein Buch hat einen intentionalen Inhalt, den man als dessen *Thema* bezeichnen kann. Der intentionale Inhalt ist die Weise, wie das Buch seinen „Gegenstand" darstellt. Anders als der reelle Inhalt lässt sich der intentionale Inhalt des Buches nicht berühren, anfassen, zerreißen oder verbrennen. Er ist das, was wir verstehen, wenn wir das Buch lesen. Anders als Akte, zu deren intrinsi-

schen Eigenschaften der intentionale Inhalt wesentlich gehört, ist das Thema eines Buches keine intrinsische Eigenschaft desselben. Dies liegt daran, dass das Buch – die Worte und Sätze, die es konstituieren – im Unterschied zu Akten eine Form *derivativer Intentionalität* aufweist. Es ist nicht von sich aus intentional, sondern kraft der Akte verständiger Subjekte.

3) Schließlich kann unter dem intentionalen Inhalt der bzw. ein *intentionaler Gegenstand* des Aktes verstanden werden. Wenn ich die Sonne sehe und mich später an sie erinnere, so vollziehe ich Akte mit demselben intentionalen Objekt (und ggf. derselben Materie), aber mit verschiedener Qualität – die Wahrnehmung ist originär, die Erinnerung nicht. Weil das Wort „Inhalt" stets eine Art echtes Enthaltensein suggeriert, verzichtet Husserl in der Regel auf die dritte Verwendungsweise (vgl. Hua XIX/1, 416). Es ist in Husserls Augen unpassend, den intentionalen Gegenstand als „Inhalt" eines Aktes zu bezeichnen. Angewendet auf ein Buch: der intentionale Gegenstand eines Buches umfasst die Objekte und Sachverhalte, die in ihm dargestellt werden. Ein historisches Buch über den Ersten Weltkrieg handelt unter anderem von kriegerischen Auseinandersetzungen zwischen Deutschland und Frankreich, von Waffen, Schützengräben usf.

2 Intentionalität als Akt-Moment

Beginnen wir nun mit Prämisse (I) des mereologischen Arguments – *jedes intentionale Erlebnis hat (notwendigerweise) eine Materie*. Der grundlegende Befund, der Husserl zur Einführung des Begriffs der Materie veranlasst, besteht darin, dass jeder Akt auf *bestimmte Weise* auf etwas gerichtet ist: es gibt keine Gerichtetheit *simpliciter*:

> Offenbar ist die gegenständliche Beziehung *a priori* nur möglich als bestimmte Weise der gegenständlichen Beziehung; sie kann nur zustande kommen in einer vollbestimmten Materie. (Hua XIX/1, 430)[366]

> Es ist evident, daß wir Gegenständen nur zugewandt sein können, indem wir ihnen als so und so bestimmten, so und so bedeutungsmäßig gefassten zugewandt sind. (Hua XXVI, 48)[367]

---

[366] Dies ist heutzutage gängige Münze und wird im Anschluss an Searle oft als Aspektgestalt (*aspectual shape*) intentionaler Erlebnisse bezeichnet. Vgl. Crane 2001a, 20: „The thesis of aspectual shape is that, where states of mind are concerned, there is no such thing as a pure reference. All mental access to objects is 'one-sided and dependent on a standpoint'". Vgl. Searle 1992, 130 f.

[367] Vgl. Hua III/1, 35: „Ein Erscheinen als Erlebnis gewisser Gattungsbestimmtheit ist unmöglich, es sei denn als Erscheinen eines ‚Erscheinenden als solchen', und ebenso umgekehrt."

Jeder Akt muss sein Objekt als in dieser oder jeder Hinsicht bestimmt oder mit bestimmten Eigenschaften, Aspekten oder Hinsichten intendieren. So ist z. B. ein Sehen immer ein Sehen von etwas Farbigem und Ausgedehntem; aber auch ein anschauungsloses Denken denkt an etwas auf eine inhaltlich (mehr oder weniger) bestimmte Weise.

Intentionalität ist in diesem Sinne wesentlich *perspektivisch* oder besser, um auch unanschauliche Akte zu berücksichtigen, *aspektivisch*. Husserls Begriff der *Materie eines Aktes* soll diese *aspektivische Struktur* einfangen: Jedes intentionale Erlebnis hat eine Materie.

Dieses „Haben" einer Materie lässt, ontologisch gesehen, zwei Lesarten zu, die Husserl bemüht ist, klar zu unterscheiden. *Zum einen* bedeutet es, dass ein intentionales Erlebnis ein gewisses Materie-Moment als Teil enthält. Dies ist die Materie im intrinsischen oder „reellen" Sinne. Im Folgenden bezeichne ich die Materie in diesem Sinne als Materie *in individuo*. *Zum anderen* ist das Haben einer Materie im Sinne der Vereinzelung eines *universale* zu verstehen. Ein Erlebnis „hat" eine Materie *in specie*, wenn es eine solche als *universale* verstandene Materie instanziiert. Da Erlebnisse neben einer Materie stets auch eine Qualität haben, ist die Materie *in specie* ein unselbständiges (abstraktes) *universale*, das sich nur in Kombination mit einer Qualität *in specie* vereinzeln kann – als Analogon denke man an Form und Farbe eines Dinges. Die beiden Weisen des „Habens" einer der Materie (und Qualität) hängen wie folgt zusammen: Ein intentionales Erlebnis e vereinzelt eine Materie M *in specie* genau dann, wenn es eine Materie m *in individuo* gibt, die ein Moment von e ist und in der sich M vereinzelt. Verschiedene Erlebnisse können somit zwar dieselbe Materie *in specie*, aber nicht dieselbe Materie *in individuo* haben. Wichtig ist insgesamt, dass sowohl Materie als auch Qualität *monadische Eigenschaften* sind (vgl. Addis 1999, Kap. 4).

Allerdings ist Husserls Rede von der „Weise der gegenständlichen Beziehung" *mindestens doppeldeutig*, denn neben der Materie kann damit auch die *Qualität*, der „allgemeine Charakter des Aktes" gemeint sein, „der ihn je nachdem als bloß vorstellenden oder als urteilenden, fühlenden, begehrenden usw. kennzeichnet" (Hua XIX/1, 425). Es gilt somit auch: Jedes intentionale Erlebnis hat eine Qualität.

Auch die Qualität ist ein Moment und notwendiges Merkmal eines jeden Aktes. Der Ausdruck „Akt-Qualität" ist allerdings wiederum mehrdeutig bei Husserl.[368] Der simpelsten Lesart zufolge ist die Qualität die Art oder Gattung des

---

368 In den bis heute wenig gelesenen Kapitel 3–5 von LU V entwickelt Husserl mindestens *drei Lesarten* der Qualität eines Aktes: 1) die niederste Spezies, zu der ein Akt gehört (z. B. Wahrnehmung, Phantasie, Urteil, Furcht etc.); 2) die höchste Gattung, der ein Akt zugehört (objektivierend oder nicht-objektivierend); 3) den setzenden (doxischen) oder neutralen Charakter eines Aktes. Dazu in Kürze mehr.

II Die Phänomenologie der Nicht-Existenz – Intrinsische Intentionalität — 267

intentionalen Erlebnisses: sie ist „eine innere Bestimmtheit und nicht etwa ein äußerlich anhängendes Merkzeichen", die ein Erlebnis „als Urteil von Wünschen, Hoffnungen und anderen Aktarten unterscheidet" (Hua XIX/1, 442).

Husserl unterscheidet Qualität und Materie, indem er beide gegeneinander variiert:

> Inhalt im Sinne von Materie ist eine Komponente des konkreten Akterlebnisses, welche dieses mit Akten ganz anderer Qualität gemeinsam haben kann. Sie tritt also am klarsten hervor, wenn wir eine Reihe von Identitäten herstellen, in welchen die Aktqualitäten wechseln, während die Materie identisch dieselbe bleibt. Dazu bedarf es keiner großen Veranstaltungen. Wir erinnern an die übliche Rede, daß derselbe Inhalt das eine Mal Inhalt einer bloßen Vorstellung, das andere Mal Inhalt eines Urteils, wieder in anderen Fällen Inhalt einer Frage, eines Zweifels, eines Wunsches und dergleichen sein kann. Wer sich vorstellt, *es gebe auf dem Mars intelligente Wesen*, stellt dasselbe vor wie derjenige, der aussagt, es gebe auf dem Mars intelligente Wesen, und abermals wie derjenige, der fragt, *gibt es auf dem Mars intelligente Wesen?*, oder wie derjenige, der wünscht, *möge es doch auf dem Mars intelligente Wesen geben!* usw. (Hua XIX/1, 426)

Husserls Theorie der eidetischen Variation zufolge haben alle diese Exempel intentionaler Erlebnisse *etwas gemeinsam*, eben dasjenige, worauf durch die kursivierten Satzteile Bezug genommen wird. Auf diesem „Wege der Vergleichung" (Hua XIX/1, 442), im Zuge dessen die Akte „in gewisse Reihen der Gleichheit und Verschiedenheit" (Hua XIX/1, 475) eingeordnet werden, lassen sich die „Deckungen", d.h. die essentiellen Gemeinsamkeiten fixieren. Keinem intentionalen Erlebnis kann es somit an Qualität und Materie fehlen.

Um zu zeigen, dass die Materie, sei es *in individuo* oder *in specie*, nicht mit dem intentionalen Objekt zu identifizieren ist, verweist Husserl einerseits auf ‚Frege'-sche Fälle', andererseits auf gegenstandslose Akte:

1. Selbst wenn die intentionalen Gegenstände von zwei qualitativ identischen Akten zusammenfallen, kann diesen Akten noch eine unterschiedliche Weise der Bezogenheit zukommen. Husserl bringt folgende Beispiele: das gleichseitige Dreieck – das gleichwinklige Dreieck, eine Länge von a+b Einheiten – eine Länge von b+a Einheiten (vgl. Hua XIX/1, 429), der Sieger von Jena – der Verlierer von Waterloo, a ist größer als b – b ist kleiner als a (vgl. Hua XIX/1, 53f.). Dies sind in Husserls Augen allesamt unterschiedliche Materien oder Aktsinne, die zur Individuation des Aktes wesentlich gehören.

2. Husserls zweite Bemerkung ruft gegenstandslose Vorstellungen auf den Plan. Damit kommen wir zur Begründung der Prämissen (II) – *Die Materie eines intentionalen Erlebnisses ist ein Moment* – und (IV) – *Die Materie eines intentionalen Erlebnisses ist konstitutiv für dessen Intentionalität* – des mereologischen Arguments. Man sieht hier wiederum, dass gegenstandslose Vorstellungen an einer systematisch sensiblen Stelle eine zentrale Rolle spielen:

> Was heißt hier also derselbe Inhalt? Offenbar ist die intentionale Gegenständlichkeit in den verschiedenen Akten dieselbe. Ein und derselbe Sachverhalt ist in der Vorstellung vorgestellt, im Urteil als geltender gesetzt, im Wunsche erwünscht, in der Frage erfragt. Aber mit dieser Bemerkung langen wir nicht aus, wie die folgende Überlegung herausstellen wird. Für die reell phänomenologische Betrachtung ist die Gegenständlichkeit selbst nichts; sie ist ja, allgemein zu reden, dem Akte transzendent. Gleichgültig in welchem Sinne und mit welchem Rechte von ihrem „Sein" die Rede ist, gleichgültig, ob sie real oder ideal, ob sie wahrhaft, möglich oder unmöglich ist, der Akt ist „auf sie gerichtet". (Hua XIX/1, 427)

Emphatischer könnte Husserl die Existenzindifferenz der Intentionalität als solcher wohl kaum aussprechen. Wenn der Akt aber unabhängig davon bestimmt ist, ob sein Objekt existiert, dann können jene Aspekte, die ihn zu dem machen, was er ist, nicht von der Existenz des Objekts abhängen – sprich: Materie und Qualität müssen intrinsische Eigenschaften sein. In dieselbe Kerbe schlagen jene Passagen, in denen Husserl sich von der mereologischen Immanenzthese des frühen Brentano („intentionale *In*-existenz") abgrenzt (vgl. LU V, §§ 9–13). Dort wechselt Husserl von seinem griechischen Standard-Beispiel Zeus in die *interpretatio romana*:

> Stelle ich den Gott *Jupiter* vor, so ist dieser Gott vorgestellter Gegenstand, er ist in meinem Akte „immanent gegenwärtig", hat in ihm „mentale Inexistenz", und wie die in eigentlicher Interpretation verkehrten Redeweisen sonst lauten mögen. Ich stelle den Gott Jupiter vor, das heißt ich habe ein gewisses Vorstellungserlebnis, in meinem Bewußtsein vollzieht sich das Den-Gott-Jupiter-Vorstellen. Man mag dieses Erlebnis in deskriptiver Analyse zergliedern, wie man will, so etwas wie der Gott Jupiter kann man darin natürlich nicht finden; der „immanente", „mentale" Gegenstand gehört also nicht zum deskriptiven (reellen) Bestande des Erlebnisses, er ist also in Wahrheit gar nicht immanent oder mental. Er ist freilich auch nicht *extra mentem*, er ist überhaupt nicht. [*] Aber das hindert nicht, dass jenes Den-Gott-Jupiter-Vorstellen wirklich ist, ein so geartetes Erlebnis, eine so bestimmte Weise des Zumuteseins, daß, wer es in sich erfährt, mit Recht sagen kann, er stelle sich jenen mythischen Götterkönig vor, von dem dies und jenes gefabelt werde. Für das Bewußtsein ist das Gegebene ein wesentlich Gleiches, ob der vorgestellte Gegenstand existiert oder ob er fingiert und vielleicht gar widersinnig ist. *Jupiter* stelle ich nicht anders vor als *Bismarck*, den *Babylonischen Turm* nicht anders als den *Kölner Dom*, ein *regelmäßiges Tausendeck* nicht anders als einen *regelmäßigen Tausendflächner*. (Hua XIX/1, 386 f., eckige Klammer CE)[369]

---

[369] Da diese Stelle inzwischen einen gewissen Ruhm in der Husserl-Literatur erlangt hat, bezeichne ich sie im Folgenden als „Jupiter-Stelle" (oder „-Passage"). Husserl greift öfter auf mythologische Götter zurück, wenn er über das Problem der Nicht-Existenz spricht. Vgl. dazu auch die folgende Passage, in der nunmehr nach den griechischen und römischen Göttern und Fabelwesen (*lernäischer Löwe*) auch noch die aztekischen Götter (*Fitzlijutzli* alias *Vitzliputzli* alias *Huitzilopochtli*) ihr Nicht-Sein vorgeführt bekommen: „Der aufgewiesene Sinn [...] ist aufgewiesen als ein wirklich Seiendes, obschon ein ideales. Anders der Gegenstand: ob er ein

Diese Passage ist zentral und repräsentiert Husserls frühe Konzeption der Intentionalität *in nuce*. Sie erinnert an die deflationäre Strategie aus *IG*, derzufolge ebenfalls zwischen eigentlicher und uneigentlicher Rede unterschieden wird; auch hier zieht Husserl keine ontologischen Schlüsse aus der Tatsache des Gerichtetseins auf ein nicht-existentes *fictum* (Jupiter).

Gehen wir diese Passage Schritt für Schritt durch (vgl. Simons 2012; Künne 2009, 2011; Fréchette 2010, 355 ff.; Erhard 2009, 73 ff.). Husserl will die Frage beantworten, wie sich eine Vorstellung[370] bzw. ganz allgemein ein Akt auf Jupiter beziehen kann, obgleich dieser *ex hypothesi* nicht existiert – und zwar in keinem Sinne von Existenz/Sein (Jupiter „ist überhaupt nicht"). Husserl vertritt hier also eine *dezidiert nihilistische* und *anti-meinongianische* Position mit Bezug auf Jupiter. Die Jupiter-Passage besteht aus einem negativen und einem positiven Teil (vgl. die Schnittstelle [*]). Im ersten Teil des Zitats wendet sich Husserl gegen eine realistische Interpretation fiktionaler Objekte und greift zwei Varianten an: zum einen kritisiert er die Idee, *ficta* seien mentale Entitäten; zum anderen verwirft er die These, *ficta* existierten auf irgendeine andere Weise außerhalb des Bewusstseins. Husserl setzt in seiner Argumentation voraus, dass jede Entität X entweder *intra mentem* oder *extra mentem* existiert. Dabei bedeutet intramentale Existenz, dass X Teil des Erlebnisstroms eines Subjekts ist, während extramentale Existenz das kontradiktorische Gegenteil davon ist: X existiert *extra mentem*, wenn X existiert, aber nicht Teil irgendeines Erlebnisstroms ist.[371]

Husserl schließt zunächst aus, dass sich Jupiter durch „deskriptive Analyse" des Vorstellungserlebnisses aufweisen lässt; d. h. Jupiter selbst ist kein reeller Teil

---

wirklich seiender oder ein illusionärer, mythologischer Gegenstand ist, das ist nicht gesagt. Urteilt jemand, Fitzlijutzli ist ein großer Gott, so ist Fitzlijutzli sein Urteilsgegenstand bzw. für den Sinn, den Satz, Subjektgegenstand, aber wir haben gute Gründe zu wissen, dass er in Wirklichkeit nichts sei." (Hua XXXVII, 162 f.)

370 Offenbar versteht Husserl hier unter „Vorstellen" ein (leeres) Denken (Meinen), anschauliches Phantasieren oder Bildbewusstsein. Der Kontext der Passage macht aber klar, dass es Husserl um Akte jeden Typs geht.

371 Vgl. Hua XIX/2, 774 f.: „Die Gebilde der produktiven Phantasie, die meisten Objekte der künstlerischen Darstellung in Gemälden, Statuen, Poesien usw., die halluzinatorischen und illusorischen Objekte existieren nur phänomenal und intentional, d. h. sie existieren, e i g e n t l i c h zu reden, überhaupt nicht, sondern nur die entsprechenden E r s c h e i n u n g s a k t e mit ihren reellen und intentionalen Gehalten." Vgl. Hua XIX/1, 42, 129 f. Man kann sich fragen, ob es nicht ein *tertium* jenseits intra- und extramentaler Existenz gibt. Könnte Jupiter nicht ein Objekt sein, das zwar nicht *intra*, aber gleichwohl „*propter*" oder „*per mentem*" existiert, d. h. als aktabhängiger Gegenstand, der nicht notwendigerweise *aktimmanent* wäre? Tatsächlich kommt der spätere Husserl einer solchen Ingarden'schen Position mit Blick auf *ficta* nahe, s. D. II. 3. § 3.

des Aktes.³⁷² Wieso nicht? Husserl könnte sich hier auf seine Argumente gegen die ontologischen (relationalen) Lösungsversuche des PgV, wie wir sie oben dargestellt haben, berufen. Ferner würde aus der ernst gemeinten Annahme, Jupiter sei Teil der Vorstellung, folgen, dass er existieren würde, und zwar *intra mentem*. Denn offenbar ist es ein mereologisches Prinzip, dass jeder Teil eines existierenden Ganzen ebenfalls existiert. Somit würde jeder intentionale Gegenstand existieren. Außerdem wäre ein solcher intramentaler Jupiter eine idiosynkratische Entität, vergleichbar mit Frege'schen Vorstellungen; das heißt, jedes Subjekt, das sich auf Jupiter bezieht, hätte *seinen eigenen* Jupiter ‚im Kopf/Geist'. Aber das ist für Husserl unannehmbar, denn es soll möglich sein, dass sich verschiedene Subjekte auf dasselbe, sei es auch nicht-existente, Objekt beziehen. Außerdem ist es absurd anzunehmen, dass etwas Intramentales Blitze schleudern und sich in Schwäne verwandeln kann.

Aber wie ist es dann möglich, dass ein Erlebnis von Jupiter handelt? Husserls Antwort ergibt sich aus jenen Sätzen des Zitats, in denen er positiv sagt, was eine Vorstellung zu einer Vorstellung von Jupiter macht. Auffällig ist dabei die Bindestrich-Notation, deren Husserl sich bedient: Eine Vorstellung zu haben, die sich auf Jupiter bezieht, bedeutet, dass ein *Den-Gott-Jupiter-Vorstellen* im Bewusstseinsstrom des Subjekts vorkommt. Offenbar soll durch diese Schreibweise angedeutet werden, dass das Erlebnis eine gewisse intrinsische Beschaffenheit aufweist, kraft deren es von Jupiter handelt. Die relationale Eigenschaft, mit dem intentionalen Gegenstand in einer echten Beziehung zu stehen, wird in das Haben einer intrinsischen Eigenschaft übersetzt; eine Eigenschaft, deren Haben „das diesen Gegenstand Vorstellen oder Beurteilen usw. voll und allein" (Hua XIX/1, 386) ausmacht. Husserl spricht hier wie ein *phänomenaler Adverbialist* im Sinne Kriegels: das Erlebnis ist ein „so geartetes Erlebnis, eine so bestimmte Weise des Zumuteseins, daß, wer es in sich erfährt, mit Recht sagen kann, er stelle sich jenen mythischen Götterkönig vor, von dem dies und jenes gefabelt werde" (Hua XIX/1, 387). Dass das Erlebnis *von Jupiter* handelt (und nicht etwa von Amor) und dass es ein *Vorstellen* (und kein Urteilen oder Wahrnehmen) ist, gehört zu seiner **Phä**nomenologie, zu seinem „Zumutesein". Es ist diese Phänomenologie, vor allem die der Materie, die ‚macht', dass das Erlebnis ein Jupiter-Erlebnis ist. Zum Jupiter-Vorstellen rechnet Husserl hier über die bloße einfache „Eigenbedeutung" (Hua XIX/1, 306) des Wortes „Jupiter" hinaus noch eine gewisse deskriptiv bestimmte Aktmaterie, kraft deren mir Jupiter als ein mythischer Götterkönig mit einigen

---

372 Wenn Husserl von „deskriptiver Analyse" von Gegenständen spricht (vorzugsweise von Akten), so bezieht er sich auf deren reelle Teile (Stücke/Momente), also auf intrinsische Eigenschaften. Vgl. z.B. Hua XIX/1, 427.

"gefabelten" Merkmalen erscheint. Husserl scheint sich hier auf einen gewissen Deskriptivismus festzulegen, demnach die Materie [Jupiter] *cum grano salis* mit einer ‚identifizierenden' Kennzeichnung der Form [derjenige Gott aus den antiken Mythen mit den Eigenschaften E, F ...] zusammenfällt.[373]

In den *Untersuchungen* lassen sich weitere Stellen finden, die diese nicht-relationale Lesart der Intentionalität stützen. So sagt Husserl z. B., dass es für die Gerichtetheit genüge, dass ein Akt „präsent" (existent) sei; denn dann „ist *eo ipso*, das liegt, betone ich, an seinem Wesen, die intentionale ‚Beziehung auf einen Gegenstand' vollzogen, *eo ipso* ist ein Gegenstand ‚intentional gegenwärtig'; denn das eine und das andere besagt genau dasselbe. Und natürlich kann solch ein Erlebnis im Bewußtsein vorhanden sein mit dieser seiner Intention, ohne daß der Gegenstand überhaupt existiert und vielleicht gar existieren kann" (Hua XIX/1, 386). Die Anführungszeichen machen deutlich, dass Husserl nicht im eigentlichen Sinne von einer Beziehung (Relation) zwischen Akt und Objekt spricht. Ein Akt „verdankt" seine Gerichtetheit „ausschließlich" seiner „eigenen Besonderheit" (Hua XIX/1, 451).

In diesem Sinne sind auch die folgenden Passagen aus zeitlich nahen Vorlesungen zu verstehen. In *Die Idee der Phänomenologie* von 1907 ist zu lesen:

[M]ögen diese [Erlebnisse] auch intentional sich auf objektive Wirklichkeit beziehen, so ist dieses Sich-beziehen irgendein Charakter in ihnen, während für das Sein und Nicht-sein der Wirklichkeit doch nichts präjudiziert ist. (Hua II, 45)

Das Sich-auf-Transzendentes-beziehen, es in dieser oder jener Weise meinen, ist doch ein innerer Charakter des Phänomens. (Hua II, 46)[374]

Und explizit heißt es in einer Vorlesung vom Wintersemester 1904/05, dass das „Erscheinen des Gegenstandes, das Den-Gegenstand-Meinen [...] ein *reelles Moment* der Wahrnehmung sein" müsse. „Nur dadurch, dass die Wahrnehmung essentiell einen Charakter, ein Moment enthält, das wir *Den-Gegenstand-Meinen* nennen, und näher als Selbst-gegenwärtig-Meinen, nur dadurch bezieht sie sich auf den Gegenstand." (Hua XXXVIII, 10; Herv. CE; vgl. Hua XXVIII, 270 f.) Auch hier greift Husserl auf Bindestrich-Prädikate zurück, um die Intentionalität des Erlebnisses zu erläutern. Dass die Materie bzw. allgemeiner das „Den-Gegenstand-

---

[373] Allerdings ist Husserl insgesamt wohl kein strikter Deskriptivist bezüglich Eigennamen. Vgl. LU IV, § 3. Husserl stellt dort heraus, dass Eigennamen einfache, einstrahlige, kontextunabhängige und nicht-deskriptive Bedeutungen, d.i. „Eigenbedeutungen" haben; gleichwohl können wir einen Eigennamen nur verstehen, wenn wir zugleich einen Akt mit einer gewissen *deskriptiven Materie* vollziehen.
[374] Vgl. auch Hua II, 55: „Das sich auf eine Gegenständlichkeit Beziehen gehört ihnen zu, wenn auch die Gegenständlichkeit ihnen nicht zugehört."

Meinen" ein Moment ist, scheint somit plausibel, womit Prämisse (II) des mereologischen Arguments belegt ist.

An diesem Punkt ist zu fragen, wie man diese ungewöhnlichen Bindestrich-Prädikate zu verstehen hat. Wolfgang Künne (2011) hat kürzlich zwei Lesarten vorgeschlagen, von denen ihm zufolge nur eine plausibel erscheint:

(I) Der ersten Lesart zufolge ist das „Den-Gott-Jupiter-Vorstellen" im Anschluss an Goodman als semantisch „unzerbrechliches" (unteilbares) Prädikat zu lesen. Das ist ein Prädikat, das keine syntaktischen, sondern lediglich morphologische Teile enthält. „Rotes Papier" ist beispielsweise ein teilbares Prädikat, während „rot" unteilbar ist. Ist „P" syntaktisch teilbar, so lässt sich aus „t ist P" stets „t ist P*" herleiten, sofern „P*" ein syntaktischer Teil von „P" ist. Kriegel bezeichnet diese Position neologistisch als „hyphenism", demzufolge das Denken an Jupiter eine monadische Eigenschaft ist, der jede interne Struktur fehlt (vgl. Kriegel 2013b, 18). Angenommen nun, „Den-Gott-Jupiter-Vorstellen" ist unteilbar, so wäre der Satz „e ist eine Vorstellung" aus „e ist ein Den-Gott-Jupiter-Vorstellen" nicht mehr herleitbar. Künne schematisiert das Problem wie folgt:

(1) e ist ein Denken-an-Jupiter.
(2) e ist ein Denkenanjupiter.
(3) e ist ein Denken.

Wäre das unteilbare Prädikat „ist ein Denkenanjupiter" (2) die richtige Explikation von (1), dann, so Künne, ließe sich (3) nicht mehr folgern. Man kann sich fragen, ob das stimmt. Versteht man das Verhältnis zwischen (3) und (2) nämlich in Analogie zum Verhältnis zwischen „Der Fleck ist karminrot" und „Der Fleck ist rot", dann ließe sich aus (2) durchaus (3) folgern, ohne dass (2) intern strukturiert wäre. Das Denken-an-Jupiter stünde dann zum Denken im Verhältnis der „Subordination eines Wesens unter seine höhere[] Spezies" (Hua III/1, 32).[375] Es ist nicht leicht, Husserls Stellung hierzu zu ermitteln, aber er scheint die Position des „hyphenism" abzulehnen, da sich für ihn Qualität und Materie nicht wie Gattung und Art zueinander verhalten – als wären das *Denken an Jupiter* und das *Denken an Hades* zwei Besonderungen des gemeinsamen Genus *Denken*. Vielmehr behauptet Husserl, dass diese beiden Akte Instanziierungen heterogener „Essenzen" enthalten.

---

[375] Dies scheint eine Spielart der von Husserl kritisierten These Brentanos zu sein, derzufolge alle Akte Besonderungen der Gattung Vorstellung sind. Vgl. Hua XIX/1, 451: „Die Vorstellungen *Papst* und *Kaiser* [...] unterscheiden sich in genau analoger Art, wie sich die Farben *Rot* und *Blau* (beiderseits als bestimmte Differenzen, als ‚Nuancen' gedacht) unterscheiden. Das Allgemeine ist Vorstellung, das Besondere [...] letzt-differenzierte Vorstellung. Ebenso ist im Vergleichsfalle das Allgemeine *Farbe*, das Besondere *diese* und *jene* bestimmte *Farbe*, diese *Nuance Rot*, jene *Nuance Blau*."

Die beiden Akte verhalten sich also nicht wie *Rot* und *Blau* zu *Farbe*, sondern wie *Farbe* zu *Ausdehnung* (vgl. LU V, §§ 25 f.). Die monadische Eigenschaft, von Zeus bzw. Hades zu handeln, ist eine ganz andere Eigenschaft als die monadische Eigenschaft, ein Denken zu sein – beide stehen sozusagen quer und nicht vertikal zueinander.

(II) Der zweiten Lesart zufolge ist „Den-Gott-Jupiter-Vorstellen" teilbar, und zwar in folgendem Sinne: Es handelt sich tatsächlich um eine *komplexe Eigenschaft*, eine „Komplexionsform" (Hua XIX/1, 452), die aus Aktmaterie und Aktqualität besteht. Ein Erlebnis e hat gemäß dieser Lesart die Eigenschaft, ein Den-Gott-Jupiter-Vorstellen zu sein, wenn es die *beiden* heterogenen Eigenschaften hat, eine Vorstellung zu sein und von Jupiter zu handeln. À la Künne:

(1) e ist ein Denken-an-Jupiter.
(2*) e ist ein Denken, und der Gehalt von e ist [Jupiter].
(3) e ist ein Denken.

Die inferentiellen Vorzüge dieser Explikation liegen auf der Hand: Durch die konjunktive Analyse (2*), die semantisch zum Ausdruck bringt, dass das Denken-an-Jupiter eine komplexe (intrinsische) Eigenschaft ist, lässt sich aus (1) (3) bequem folgern. Dies ist auch die von Husserl favorisierte Lesart seiner Bindestrich-Notation in der Jupiter-Passage. Was das Haben eines Gehalts in (2*) betrifft, so deutet es der frühe Husserl als Vereinzelung der abstrakten Aktmaterie-Spezies [Jupiter]. (2*) ist demnach äquivalent mit „e ist ein Denken, und e vereinzelt [Jupiter]".

Noch ein Wort zu den letzten beiden Sätzen der Jupiter-Passage:

> Für das Bewußtsein ist das Gegebene ein wesentlich Gleiches, ob der vorgestellte Gegenstand existiert oder ob er fingiert und vielleicht gar widersinnig ist. *Jupiter* stelle ich nicht anders vor als *Bismarck*, den *Babylonischen Turm* nicht anders als den *Kölner Dom*, ein *regelmäßiges Tausendeck* nicht anders als einen *regelmäßigen Tausendflächner*. (Hua XIX/1, 386)

Husserl will hier offenbar nicht sagen, dass ich Jupiter und Bismarck etc. in dem Sinne auf die gleiche Weise vorstelle, dass ich beide mit derselben Materie und/oder Qualität vorstelle. Das wäre absurd, denn Jupiter ist für mich ein „bloß vorgestelltes" *fictum* oder *imaginabile*, das ich mit göttlichen Attribute repräsentiere, während ich in einer „setzenden" Vorstellung Bismarck für ein vergangenes personales *Reale* halte. Was Husserl meint, ist, dass all diese Akte *qua intentionale Erlebnisse* gleichartig sind (vgl. Hua XXVIII, 271). Alle sind gleichermaßen intentionale Entitäten – unabhängig davon, wie es mit dem ontologischen Status ihrer Objekt steht. Akte sind nicht aufgrund ihrer Intentionalität allein relational.[376]

Ich komme nun zur vierten Prämisse (IV) des mereologischen Arguments, derzufolge die Materie wesentlicher für die Intentionalität als die Qualität sein soll. Bei Materie und Qualität handelt es sich zunächst um verschiedene *unselbständige Momente*, die gleichwohl wechselseitig voneinander abhängig sind: keine Materie ohne Qualität, und vice versa:

> Die Aktqualität ist zweifellos ein abstraktes Moment des Aktes, das von jedweder Materie abgelöst schlechterdings undenkbar wäre. Oder sollten wir etwa ein Erlebnis für möglich halten, das Urteilsqualität wäre, aber nicht Urteil einer bestimmten Materie? Damit verlöre ja das Urteil den Charakter eines intentionalen Erlebnisses, der ihm als wesentlicher evident zugeeignet ist. Ähnliches wird für die Materie gelten. Auch die Materie, die weder Materie eines Vorstellens, noch die eines Urteilens u.dgl. wäre, wird man für undenkbar erachten. (Hua XIX/1, 430)

Ontologisch gesehen sind Materie und Qualität (*in specie*) *abstrakte Universalien*, da sie sich nur im Doppelpack in einem Akt vereinzeln können – anders als z. B. das konkrete Universale *Akt*. Trotz dieser formalen Ebenbürtigkeit gibt es eine entscheidende *Asymmetrie*, denn während die Qualität (cum grano salis) die Art- bzw. Gattungszugehörigkeit des Aktes fundiert, beantwortet die Materie die Frage, *wovon* das Erlebnis handelt und mit welchem *Sinn* es sich auf etwas bezieht. Husserl schreibt der Materie folglich eine *doppelte Funktion* zu, nämlich zum einen eine *deskriptive („auffassende")*, zum anderen eine *referentielle (intentionale, fokussierende)*:

> Die Qualität bestimmt nur, ob das in bestimmter Weise bereits „vorstellig Gemachte" als Erwünschtes, Erfragtes, urteilsmäßig Gesetztes u.dgl. intentional gegenwärtig sei. Danach muß uns die *Materie* als dasjenige im Akte gelten, was ihm allererst die Beziehung auf ein Gegenständliches verleiht, und zwar diese Beziehung in so vollkommener Bestimmtheit, daß durch die Materie nicht nur das Gegenständliche überhaupt, welches der Akt meint, sondern auch die Weise, in welcher er es meint, fest bestimmt ist. Die Materie – so können wir noch weiter verdeutlichend sagen – ist die im phänomenologischen Inhalt des Aktes liegende Eigenheit desselben, die es nicht nur bestimmt, daß der Akt die jeweilige Gegenständlichkeit auffaßt, sondern auch, als was er sie auffaßt, welche Merkmale, Beziehungen, kategorialen Formen er in sich selbst ihr zumißt. An der Materie des Aktes liegt es, daß der Gegenstand dem Akte als dieser und kein anderer gilt, sie ist gewissermaßen der die Qualität fundierende (aber gegen deren Unterschiede gleichgültige) Sinn der gegenständlichen Auffassung (oder kurzweg der *Auffassungssinn*) (Hua XIX/1, 429 f.)

---

376 Vgl. Fréchette 2010, 357: „Mein Jupiter-Vorstellen und mein Bismarck-Vorstellen sind im gleichen Sinne existenzindifferent, einfach deshalb, weil sie intentionale Erlebnisse sind."

Anderswo heißt es, dass der „qualitative Charakter [...] in seinem inneren Wesen keine Beziehung auf den Gegenstand" habe, obschon in ihm „eine idealgesetzliche Beziehung" gründet, „nämlich die, daß solch ein Charakter nicht sein kann ohne ergänzende ‚Materie', mit der die Beziehung auf den Gegenstand [...] in das konkrete intentionale Erlebnis selbst hineinkommt" (Hua XIX/1, 452). Da die Qualität nur die Art des Gegenstandbezugs bestimmt und der Gegenstand allein auch nicht hinreicht, den Akt zu bestimmen (er muss ja nicht einmal existieren), muss es der Materie obliegen, einerseits den Gehalt, andererseits die Gerichtetheit auf den Gegenstand zu etablieren.

Worin besteht die referentielle und deskriptive Funktion der Materie? Und wie verhalten sich beide zueinander? Was die *deskriptive Funktion* betrifft, so soll die Materie des Aktes bestimmen „welche Merkmale, Beziehungen, kategorialen Formen er in sich selbst ihr [der Gegenständlichkeit] zumißt" (Hua XIX/1, 429). „Die Materie sagt gleichsam, welcher Gegenstand im Akte gemeint ist und mit welchem Sinne er hierbei gemeint ist" (Hua XIX/1, 520).

> Die Materie galt uns als dasjenige Moment des objektivierenden Aktes, welches macht, daß der Akt gerade d i e s e n G e g e n s t a n d und gerade i n d i e s e r W e i s e, d. h. gerade in diesen Gliederungen und Formen, mit besonderer Beziehung gerade auf diese Bestimmtheiten oder Verhältnisse vorstellt. (Hua XIX/2, 617)

Die Materie legt somit die Hinsicht, den Aspekt oder *Sinn* der Intentionalität fest.

Was die *referentielle Funktion* angeht, so besteht sie darin, den intentionalen Gegenstand in dem Sinne zu bestimmen, dass sie ihn festlegt, ihn gleichsam aus dem Ensemble möglicher Objekte herauspickt: Dass die Materie „gerade diesen Gegenstand" (Hua XIX/2, 617) vorstellig macht, bedeutet mithin, dass zwei intentionale Erlebnisse mit derselben Materie auch auf denselben Gegenstand gerichtet sind: „Gleiche Materien können niemals eine verschiedene gegenständliche Beziehung geben." (Hua XIX/1, 430). Ähnlich heißt es von der propositionalen Materie eines Urteils, dass sie „dasjenige [ist], was das Urteil zum Urteil dieses Sachverhalts determiniert" (Hua XIX/1, 462). In diesem Sinne ist die Materie eines Aktes im bevorzugten Sinne der *Träger der Intentionalität*: „Die Beziehung auf eine Gegenständlichkeit konstituiert sich überhaupt in der Materie." (Hua XIX/1, 515)

Während man sagen kann, dass zwei Akte, die ein und dieselbe Materiespezies exemplifizieren, auf denselben Gegenstand gerichtet sind, kann man dies nicht von der Qualität sagen: Es ist möglich, dass zwei Akte dieselbe Qualitätsspezies instanziieren, obgleich sie auf verschiedene Objekte durch verschiedene Sinne bezogen sind: Ich kann sowohl urteilen, dass die Sonne scheint, als auch urteilen, dass 2 eine Primzahl ist. Wenn hingegen die Materie zweier Akte identisch ist, sind auch die Gegenstände der Akte dieselben. Die Intentionalität eines Erlebnisses, seine „gegenständliche Beziehung", ist durch dessen Materie *bestimmt*. Akte sind *aufgrund* ihrer Materie, nicht aufgrund ihrer Qualität, *objektgerichtet*: „jeder Akt [verdankt] diese Beziehung seinem 'Bedeutungsgehalt'" – ob der Akt nun „berechtigt oder unberechtigt" (Hua XXIV, 154) ist. Es gilt zwar notwendigerweise, dass ein Erlebnis dann und nur dann intentional ist, wenn es eine Qualität hat (*notwendige Koextensionalität*), aber die Qualität ist nicht das, was *macht*, dass es intentional ist. Da die Materie ein Moment bzw. eine intrinsische Eigenschaft des Aktes ist, ergibt sich die These, dass Intentionalität durch die intrinsische Verfassung des Aktes *konstituiert* wird. Husserl formuliert diesen Zusammenhang im Sinne einer Supervenienzrelation (avant la lettre):

> Alle Unterschiede in der Weise der gegenständlichen Beziehung sind deskriptive Unterschiede der bezüglichen intentionalen Erlebnisse. (Hua XIX/1, 427)
>
> Gegenstände, die in der Vorstellung nichts sind, können auch keine Differenz zwischen Vorstellung und Vorstellung bewirken, also speziell auch nicht die uns aus dem eigenen Gehalt der jeweiligen Vorstellungen so wohlvertraute Differenz hinsichtlich dessen, was sie vorstellen. (Hua XIX/1, 450)[377]

Anders gesagt: Jeder intentionale Unterschied gründet in einem Unterschied in der intrinsischen Struktur des Aktes; Intentionalität ‚superveniert' auf den intrinsischen, phänomenalen Eigenschaften der Erlebnisse. Husserl erweist sich als *phänomenologischer Internalist*.

Materien und damit intentionale Gegenstände können allerdings auch *unbestimmt* sein: ich kann an ein Auto denken, ohne an ein bestimmtes Auto zu denken, z. B. wenn ich urteile, „ein Auto ist ein modernes Fortbewegungsmittel". Ich kann mir auch ein Rennauto wünschen, ohne mir ein bestimmtes Rennauto zu wünschen: „Vollziehen wir einen Gedanken der Form *irgendein A*, so sind wir darin eben auf *irgendein A* und nicht auf dieses da aufmerksam." (Hua XIX/1, 167) Mit der These, dass die Materie eines Aktes unbestimmt sein kann, trägt Husserl der Eigentümlichkeit intentionaler Objekte Rechnung, dass diese mitunter unbestimmte Objekte zu sein scheinen, die sich in logischer Hinsicht merkwürdig verhalten und z. B. das tertium non datur zu verletzen scheinen – ist das erwünschte Rennauto rot oder weiß? Aber Husserl postuliert deshalb keine unbestimmten Entitäten, sondern charakterisiert die Materie, den intentionalen Gehalt eines Aktes, als unbestimmt. Das Prädikatpaar *bestimmt/unbestimmt* gehört zu

---

377 Vgl. Hua XIX/2, 610: „Notwendig müssen jedem Teil, überhaupt jeder Bestimmtheit des Gegenstandes, und zwar als des *hic et nunc* gemeinten, gewisse Momente oder Stücke des Aktes entsprechen. Worauf sich kein Meinen bezieht, das ist für die Vorstellung nicht vorhanden."

den modifizierenden Prädikaten, die nicht von realen Einzeldingen, sondern nur von Sinnen/Bedeutungen unmodifiziert ausgesagt werden können (vgl. Hua XIX/1, 105). In anderen Kontexten bewirken sie eine *Verschiebung der Bezugnahme* – vergleichbar mit Freges indirekter Rede, in der die Bedeutung der Wörter nicht ihre Frege-Bedeutung, sondern ihr Frege-Sinn ist. Aus „X ist unbestimmt" folgt somit nicht, dass es eine unbestimmte Entität gibt, sondern lediglich, dass es einen Akt mit einer *unbestimmten Weise* der Intentionalität gibt. Husserl bleibt seiner nicht-relationalen Orientierung treu. Für Husserl sind bestimmte und unbestimmte Intentionen intrinsisch distinkte Akte, denen eine eigene **P**hänomenologie entspricht: „Es ist phänomenologisch etwas anderes, ob sich Akte mit bestimmter oder unbestimmter Intention erfüllen" (Hua XIX/2, 573). Die Unbestimmtheit des Gehalts ist „eine deskriptive Eigentümlichkeit, die zum Charakter der Intention gehört" (Hua XIX/2, 572f.). Auf unbestimmte Weise Gerichtetsein ist also kein bloßer Mangel an Bestimmtheit, sondern, wie Husserl bewusst paradox schreibt, „eine Bestimmtheit dieser Intention" (Hua XIX/2, 573). Die Erlebnisse sind zwar qua reale Vorkommnisse im Bewusstseinsstrom bestimmt, aber es kann zu ihrer „Bestimmtheit", ihrem *Wesen* gehören, auf unbestimmte Weise auf ein X gerichtet zu sein (vgl. Hua XIX/1, 410). Mit Blick darauf, wie sich Erlebnisse mit unbestimmter Materie erfüllen, unterscheiden sie sich radikal von Akten mit bestimmter Materie. Denn unbestimmte Materien lassen „eine gewisse Weite möglicher Erfüllung" (Hua XIX/2, 573) zu, während bestimmte Materien keinen solchen Erfüllungsspielraum haben. Wünsche ich mir ein Rennauto, aber kein bestimmtes, so geht es nur darum, mit Quine gesagt, vom Rennauto-Mangel erlöst zu werden – egal durch welches Rennauto.[378] Wünsche ich mir hingegen das aktuelle Rennauto (*in individuo*, nicht *in specie*) von Sebastian Vettel, so ist die Erfüllung dieses Wunsches auf eine einzige Entität beschränkt. Im Falle unbestimmter Materien bestimmen diese den intentionalen Gegenstand insofern, als sie den „Umfang" (Hua XIX/1, 53) der Erfüllung festlegen. Die Materie [ein Auto] bestimmt die *Extension* des „universellen Namen[s]" (Hua XIX/1, 53) „ein Auto".

Auch im Fall der Nicht-Existenz legt die Materie den intentionalen Gegenstand insofern fest, als man unter Assumption sagen kann, dass zwei Akte mit derselben Materie dieselben Objekte haben, denn „[h]alte ich den Sinn und damit die Bedeutung genau fest, so muß der Gegenstand, *wenn er in Wahrheit ist*, derselbe sein. (Hua XXVI, 187; Herv. CE) Mit Blick auf die These, der Sinn eines Aktes bestimme dessen Gegenstand, stimmt Husserl mit Freges Idee überein, derzufolge sinngleiche Ausdrücke dieselbe Frege'sche Bedeutung haben. Allerdings ist Husserls

---

378 Vgl. Quine 1956, der von „relief from slooplessness" spricht, die bei unbestimmten Wünschen im Spiel sein kann.

These weitreichender als Freges, weil sich Husserl nicht nur auf Ausdrücke bezieht, sondern letztlich auf alle Akte und deren Sinne. Wir können Husserl jedenfalls folgende *internalistische Determinationsthese* zuschreiben:

> Für alle intentionalen Erlebnisse e (X) und e* (X*) gilt: wenn e und e* dieselbe Materie haben und wenn X existiert, so ist X=X*.

Wenn X (oder X*) nicht existiert, so kann man „unter Assumption" sagen, dass X=X* *wäre*, wenn e und e* „triftige" (veridische) Akte wären.

3 Die Jupiter-Passage, Adverbialismus und Non-Relationalismus

Die Jupiter-Passage bringt Husserls frühe Konzeption der Intentionalität prägnant zum Ausdruck. Diese Passage bietet sich auch an, um Parallelen zu zwei aktuellen Konzeptionen zu ziehen, nämlich zum Neo-Adverbialismus *Uriah Kriegels* und zum Repräsentationalismus *Tim Cranes*. Die Theorien von Kriegel und Crane bieten sich deshalb für einen Vergleich mit Husserl an, weil sich beide für eine nicht-relationale Konzeption von Intentionalität stark machen und dabei das Problem der Nicht-Existenz zum Ausgangspunkt nehmen.[379]

Die Weise, wie Husserl das Gerichtetsein auf Jupiter analysiert, nämlich als „Den-Gott-Jupiter-Vorstellen", erinnert an adverbiale Rekonstruktionen der Intentionalität. Dies gilt insbesondere für den modernen Neo-Adverbialismus, der im Kontext einer resolut internalistischen Konzeption phänomenaler Intentionalität entwickelt wird. Dem Adverbialismus zufolge sind, wie in der Einleitung angedeutet, intentionale Erlebnisse *au fond* nicht relational, sondern monadisch strukturiert. Das relationale Akt-Objekt-Modell muss angesichts des Problems der Nichtexistenz aufgegeben werden. Dem Adverbialismus zufolge ist ein mentales Erlebnis dadurch intentional, dass es *auf eine bestimmte Weise vollzogen* wird. Oft wird eine Analogie zu Tänzen gezogen: einen Tango zu tanzen, heißt nicht, in einer Relation zu einem (konkreten oder abstrakten) Tango zu stehen, sondern auf eine bestimmte Weise zu tanzen. Adverbialisten verwenden dabei eine ähnliche „Bindestrichnotation" wie Husserl in der Jupiter-Passage. Denken an Drachen ist Kriegel zufolge „dragonwise-thinking":

> Likewise, thinking about dragons is just a matter of thinking dragon-wise and does not involve bearing any relation to dragons. More generally, representing x is a matter of repres-

---

[379] Vgl. Kriegel 2007, 2008, 2011a, 2011b. Klassische Vertreter des Adverbialismus bezüglich Wahrnehmung bzw. „sensation" sind R. Chisholm 1957 und C. J. Ducasse (vgl. die Verweise bei Kriegel). Adverbiale Lesarten des frühen Husserl findet man bei Smith/McIntyre 1982, xv, 142, und Simons 2012. Zur Kritik am Adverbialismus vgl. Butchvarov 1980 und Chrudzimski 2005.

enting x-wise rather than of bearing a representation relation to x. In such a view, there is no ontological commitment to what Quine called entia non grata as part of accounting for the existence of objectless intentional acts. The acts exist, the objects may or may not. (Kriegel 2008, 85)

Nun gibt es, wie Kriegel ausführt, einige einschlägige Einwände gegen adverbiale Lesarten der Intentionalität. Diese Einwände, die u. a. von Frank Jackson in den 70er Jahren formuliert wurden, galten lange Zeit als ‚Totschlagargumente' gegen den Adverbialismus (vgl. Kriegel 2008, 88f.; 2007, 315f., 323f.). Neben dem allgemeinen Unbehagen, der Adverbialismus könne als nicht-relationale Theorie dem intentionalen Kontakt zur Welt nicht Rechnung tragen, lautet ein eher technischer Einwand, dass er die *kompositionale Struktur* der Intentionalität nicht adäquat wiedergeben kann. Denke ich z. B. an einen grünen Baum, so denke ich dem Adverbialismus zufolge auf *grüne-Baum-Weise*, was allein sprachlich unzumutbar erscheint. Ein solches Denken ist zudem nicht mehr intern strukturiert, sondern gleichsam *Denken en bloc*. Wenn dem aber so ist, so scheint nicht mehr verständlich zu sein, wie aus „Ich denke an einen grünen Baum" folgen kann, dass ich an etwas Grünes oder an einen Baum denke. Kriegel schlägt nun vor, das Denken auf Baum-Weise als etwas weiter Bestimmbares zu verstehen, als ein *determinable*, das durch das *determinate* auf grüne-Baum-Weise-Denken näher bestimmt wird – ähnlich wie die Eigenschaft, eine Beere zu sein, durch die Eigenschaft, eine Erdbeere zu sein, näher bestimmt wird:

> [T]he property of thinking dragon-wise is a determinable of which the property of thinking green-dragon-wise is a determinate. So we can reason as follows: I am thinking green-dragon-wise; whatever is a green-dragon-wise thinking is a dragon-wise thinking; therefore, I am thinking dragon-wise. (Kriegel 2008, 89)

Ich denke, dass Husserls Spezieskonzeption eine ganz ähnliche Erwiderung zulässt. Im Husserl'schen Rahmen bedeutet das (begriffliche) Denken an einen grünen Drachen, dass ich einen Akt vollziehe, dessen Materie den „idealen Sinn" oder die Bedeutung [grüner Drache] instanziiert. Zwischen dem als Spezies konzipierten intentionalen Gehalt [grüner Drache] und dem Gehalt [Drache] besteht eine analoge Beziehung wie zwischen *genus* und *species* bzw. *species* und *inferiora species*. Folglich ist es inferentiell zulässig, von einem Denken, das [grüner Drache] vereinzelt, zu einem Denken, das [Drache] instanziiert, überzugehen. Denn die Spezies stehen in einem Verhältnis der ‚Inklusion' (vgl. *Ideen I*, §§ 12f., 15).

Kriegel selbst buchstabiert die Gerichtetheit mit Hilfe einer Ontologie von Typen und Token aus. Bewusstes Denken an einen Drachen, also an *ein F*, gründet darin, eine bestimmte monadische Eigenschaft zu haben bzw. einen bestimmten

Typ von Gedanken zu instanziieren. Kriegels adverbiale Haupthese für bewusste, phänomenal erlebte Gerichtetheit, die er als „*adverbialist theory of experiental intentionality*"[380] bezeichnet, lautet:

> Necessarily, for any mental state x and exp-intentional type I, there is an experiental property E, E=being-intentionally-directed-I-wise, such that x betokens I iff. x is E.

Im Kern heißt dass, dass das *Denken (von S) an ein F* nicht darin gründet, dass S in einer wie auch immer gearteten Relation zu (einem) F steht, sondern vielmehr darin, dass S's Denken eine ganz bestimmte phänomenale Eigenschaft instanziiert („betokens"), nämlich die Eigenschaft des Denkens auf F-Weise. Was macht, so ist man geneigt, sogleich zu erwidern, dass *diese Eigenschaft* überhaupt etwas mit dem F-Sein zu tun hat, wenn es keine Relation zwischen ihr und dem Vorkommen von Entitäten, die F sind, gibt? Kriegel räumt das ein: „This requires us to have an independent grasp of what property being directed F-wise is. We cannot explicate F-wise directedness in terms of the putative property F" (Kriegel 2011a, 153). Nach Kriegel muss man also sozusagen ‚Brückenprinzipien' für das *F-wise-thinking* angeben; dies geschieht mit Hilfe gewisser (kontrafaktischer) Konditionale, in welche die Idee der Veridizität eingeht. Darin besteht, so Kriegel, eine „illuminating connection between F and F-wise directedness":

> The connection is as follows: (a) whenever the state directed F-wise is veridical, it bears the appropriate relation to F; (b) whenever the state directed F-wise is non-veridical, a certain counterfactual is still true of it, namely, that if x *were* veridical, x *would* bear the appropriate relation to F. (Kriegel 2011a, 154)

Kriegel betont, dass es die Natur der Eigenschaft des Gerichtetseins auf F-Weise ist, aufgrund deren (a) und (b) wahr sind – und nicht umgekehrt. (a) und (b) bringen gleichsam das „Wesen" eines Erlebnisses zum Ausdruck, das auf ein F gerichtet ist. Dass eine bewusste Episode eine Gerichtetheit auf F-Weise in sich birgt, ist uns nach Kriegel introspektiv zugänglich.

Kriegels „illuminating connection" erinnert nicht umsonst an Husserls „Intentionalität unter Assumption". Und Husserl formuliert auch ein ähnliches ‚Brückenprinzip' wie Kriegel. Es gibt eine „wesentliche[] Beziehung", nämlich wenn der „Satz [Sinn, CE] wahr ist, so hat das im Satz vermeinte Gegenständliche Wirklichkeitswert" (Hua XXXVII, 263). Weder bei Husserl noch bei Kriegel etabliert

---

[380] Vgl. Kriegel 2011a, 153. Kriegel unterscheidet scharf zwischen phänomenaler („experiental") und nicht-erlebter („non-experiental") Intentionalität. Während erstere ursprüngliche Intentionalität ist, verdankt letztere ihre Gerichtetheit letztlich ihrer Verbindung mit bewussten Erlebnissen; vgl. Kriegel 2007, 2011a.

Intentionalität *eo ipso* eine Relation zwischen Subjekt/Akt und Gegenstand. Beide richten sich gegen das relationale Akt-Objekt-Modell der Intentionalität. Erst eine besondere Spielart der Intentionalität stellt eine solche Relation her, nämlich *veridische Gerichtetheit:*

> The [relational, CE] requirement need not be satisfied by intentionality as such, only by successful intentionality. A true thought connects us to the world; but it does so in virtue of being true, not in virtue of being a thought. An accurate auditory experience as of trumpets connects us to trumpets, not in virtue of being an experience however, but in virtue of being accurate. Admittedly, there must be a bridge between representation and reality. But representation is the bridged not the bridging. The bridging is provided by the notions of truth, accuracy, veridicality, etc. (Kriegel 2007, 322; vgl. 2008, 90; 2011a, 161 f.)

> Is not saying that phenomenal experience presents us with the external world precisely saying that it is inherently relational? The short answer is NO: to say that phenomenal experience presents us with the external world is to say that it is inherently directed at the external world, not that it is inherently related to the external world. The former would entail the latter only if directedness at the external world involved a relation to it. (Kriegel 2007, 322)

Intentionalität *als solche* ist mithin nicht konstitutiv für eine Relation zum intentionalen Gegenstand. Damit beschreibt Kriegel im Grunde etwas Ähnliches wie Husserl, wenn dieser zwischen Konstitution im weiteren und im prägnanten Sinne unterscheidet (vgl. CM, § 23, *Ideen I*, § 135). Nur zwischen Intentionalität im prägnanten Sinn und veridischem bzw. relationalem Gegenstandsbezug besteht eine konstitutive Verbindung.

Trotz dieser berechtigten Parallelen zwischen dem frühen Husserl[381] und Kriegels Adverbialismus besteht ein wichtiger Unterschied darin, dass Kriegels Position offenbar mit Bezug auf intentionale Objekte *eliminativistisch* ist. Denn Kriegel will letztlich die Rede von intentionalen Objekten zugunsten adverbialer Modifikationen von Akten eliminieren. Ganz anders Husserl, der an dem Begriff eines intentionalen Objekts festhält, ohne ein im eigentlichen Sinne relationales Akt-Objekt-Modell der Intentionalität zu vertreten. Die Rede von intentionalen Objekten ist phänomenologisch unverzichtbar, ontologisch hingegen harmlos. Es wurde bereits gezeigt, dass Husserl den Begriff des intentionalen Gegenstands in einem nicht-ontologischen Sinne verwendet. Ohne den Begriff eines intentionalen

---

381 Offensichtlich fehlt bei Kriegel ein transzendentaler Ansatz, wie man ihn beim mittleren und späteren Husserl findet. Die Idee, dass Objekte und Entitäten unter Epoché gemäß dem „Korrelationsapriori" zu untersuchen sind, ist dem Adverbialismus sichtlich fremd, der von einem (metaphysischen) realistischen Standpunkt ausgeht. M.E. sind dadurch jedoch profunde Gemeinsamkeiten mit Blick auf die *Struktur* der Intentionalität nicht ausgeschlossen. Kriegels Adverbialismus kann somit durchaus als eine Form „phänomenologischer Psychologie" angesehen werden. Vgl. Weidtmann 2010.

Objekts läuft eine Theorie der Intentionalität nach Husserl Gefahr, das Phänomen der *erlebten Identität* des intentionalen Objekts aus dem Blick zu verlieren. Husserls Theorie versucht eine Zwischenposition zwischen einem reinen Adverbialismus und einem relationalen Akt-Objekt-Modell der Intentionalität einzunehmen – ein, nur scheinbar paradox gesagt, *Akt-Objekt-Modell ohne Akt-Objekt-Relation*.

In diesem Sinne weist Husserl größere Ähnlichkeit mit Tim Cranes repräsentationalistischer Theorie der Intentionalität auf, die man in vielerlei Hinsicht durchaus als ‚neo-husserlianisch' bezeichnen kann.[382] Mindestens *vier Punkte* sprechen dafür:

Erstens hält Crane an intentionalen Objekten fest, ohne eine eigene ontologische Nische für sie zu reservieren. Nach Crane sind intentionale Objekte *schematischer Natur*. Damit ist gemeint, dass intentionale Objekte, anders als materielle, physikalische oder mentale Objekte, keine gemeinsame Natur bzw. „Wesen" haben. Es ist unmöglich, Eigenschaften anzugeben, die allen intentionalen Objekten *als solchen* zukommen:

> The category of „things thought about" has no chance of being a metaphysically unified category: objects of thought are not just particulars, not just properties, and not just events. [...] So rather than introduce a class of objects which includes real events and properties, indeterminate entities, and things which do not exist, we should conclude that intentional objects, unlike abstract objects, have no nature of their own. The idea of an intentional object is schematic idea of an object, not a substantial idea. (Crane 2001a, 16)

Dass intentionale Objekte in diesem Sinne schematischer und nicht „substantieller" Natur sind, folgert Crane aus zwei Befunden: *zum einen* daraus, dass nicht alle intentionalen Objekte existieren. Wegen des Problems der Nicht-Existenz können also intentionale Objekte nicht als Objekte mit einer gemeinsamen Natur aufgefasst werden; *zum anderen* weist Crane darauf hin, dass intentionale Objekte ‚transkategorialer' und ‚transregionaler' Natur sind: wir können nämlich sowohl an Individuen als auch an Eigenschaften, Sachverhalte und Ereignisse ganz unterschiedlicher Art denken – z. B. an materielle Eigenschaften und Dinge, an abstrakte Sachverhalte etc. Es ist aber nicht sinnvoll, für derart heterogene Objekte eine eigene ontologische Sparte anzunehmen. Die Nähe zu Husserls intentionalem Gegenstandsbegriff ist offenkundig. Denn auch Husserl behauptet, dass intentionale Objekte keine gemeinsamen Merkmale teilen:

> Gegenstand zu sein ist kein positives Merkmal, keine positive Art eines Inhalts, es bezeichnet den Inhalt nur als intentionales Korrelat einer Vorstellung. (Hua XIX/2, 616)

---

[382] Vgl. auch A. D. Smiths 2002, Kap. 9, Anwendung auf das Problem der Halluzination.

Von X zu sagen, es sei ein intentionaler Gegenstand, impliziert lediglich, dass es einen Akt gibt, der auf X gerichtet ist. In ontologischer Hinsicht kann man sagen, dass Crane (und Husserl) – anders als Kriegel – einen *Reduktionismus*, aber keinen *Eliminativismus* bezüglich intentionaler Objekte vertreten. Im Fall der Gerichtetheit auf nicht-existierende Objekte *gibt es* nichts als das Subjekt mitsamt seinen Akten und Gehalten. Crane will wie Husserl keinen neo-meinongianischen Keil zwischen *Existenz* und *Sein (Es gibt...)* treiben. Nicht-existierende, bloß intentionale Objekte haben überhaupt keinen ontologischen Status sui generis:

> For when I say „some intentional objects do not exist", I do not mean that there are some real, but non-existent, intentional objects. Rather, I mean that there are intentional states which can be truly described as „being about Pegasus", „about unicorns", etc. – and it is not the case that there is anything corresponding to these quoted words. The words have no reference: there are no unicorns, and no Pegasus. Nothing: not a non-existent but real thing, just nothing. This is what I mean when I talk about „intentional objects which do not exist" and „thoughts about the non-existent". (Crane 2001a, 25)

Was Crane hier anno 2001 schreibt, klingt wie ein verspätetes Echo auf Husserls Worte anno 1901:

> Stelle ich Gott oder einen Engel, ein intelligibles Sein an sich oder ein physisches Ding oder ein rundes Viereck usw. vor, so ist dieses hier Genannte und Transzendente eben gemeint, also (nur mit anderen Worten) intentionales Objekt: dabei ist es gleichgültig, ob dieses Objekt existiert, ob es fingiert oder absurd ist. Der Gegenstand ist ein „bloß intentionaler", heißt natürlich nicht: er e x i s t i e r t, jedoch nur in der *intentio* (somit als ihr reelles Bestandstück), oder es existiert darin irgendein Schatten von ihm; sondern es heißt: die Intention, das einen so beschaffenen Gegenstand „M e i n e n" existiert, aber n i c h t der Gegenstand. (Hua XIX/1, 439; vgl. 386)

Zweitens hält Crane intentionale Objekte trotz ihrer ontologischen Nullität vom phänomenologischen Standpunkt aus für unverzichtbar. Wir brauchen den Begriff eines intentionalen Objekts, um die Weise, wie uns intentional etwas erscheint, adäquat beschreiben zu können:

> [A]s long as we continue to make use of the idea of what a mental state is about, then we will need to make use of the idea of an intentional object. (Crane 2001b, 351)
>
> These ideas are phenomenological ideas, ideas we use in trying to articulate to ourselves the fundamental nature of what our experience and thought is like. (Crane 2001b, 351)

Die Rede von intentionalen Objekten ist laut Crane ferner notwendig, weil nur sie es gestattet, *Frege'sche Fälle* zu klären, in denen in zwei Erlebnissen mit unterschiedlichem Gehalt ein und derselbe Gegenstand intendiert ist:

> That we do employ the idea of a thought's being about something (and not just the idea of a thought's having representational content) is shown by the fact, noted above, that we can count thoughts as being about the same thing even when they have different contents. [...] Retaining the intuitive notion of aboutness means retaining the intuitive idea of what thoughts are about, and this in turn means retaining the idea of an intentional object. (Crane 2001b, 350)

Der Begriff eines intentionalen Gegenstands hat in diesen Frege'schen Fällen die Funktion, dem, was in beiden Gedanken identisch ist, Rechnung zu tragen. Ganz ähnlich begründet Husserl den Unterschied zwischen der Akt-Materie und dem intentionalen Gegenstand, wobei er auch vom „Gegenstand, so wie er intendiert ist", im Unterschied zum „Gegenstand, welcher intendiert ist", spricht. In Frege'schen Szenarien ist dann der „Gegenstand, welcher intendiert ist, derselbe, aber in jeder [Vorstellung] ist die Intention eine verschiedene, jede meint den Gegenstand in anderer Weise" (Hua XIX/1, 414; vgl. 53, 428f.).

Eine *dritte* nunmehr auf der Hand liegende Gemeinsamkeit zwischen Crane und Husserl besteht darin, dass beide die These der intrinsischen Intentionalität vertreten:[383]

> It has traditionally been part of the concept of intentionality – the mind's directedness upon its objects – that the existence of an intentional state does not entail the existence of its object and that therefore intentionality is not a relation [...]. It is for this reason that I call the non-relational, representational conception of experience intentionalism. I will also assume, along with the philosophical orthodoxy, that if a condition or property is not relational then it is intrinsic. So intentionality in this traditional sense must be an intrinsic feature of mental states or acts. And intentionalism therefore says that the intentionality of perception is intrinsic to perceptual experiences themselves. (Crane 2006a, 15)

Schließlich ist *viertens* zu sagen, dass Crane und Husserl an einer ‚robusten' Konzeption des intentionalen Gehalts eines Aktes festhalten. Das heißt: egal ob der intentionale Gegenstand existiert oder nicht, der Gehalt existiert in jedem Fall: „The relevant point is his: the content of the state must always exist, but the object of the state need not exist." (Crane 2001a, 32) Deshalb kann Crane die Struktur eines Aktes, die er durch das „dreiteilige" (*tripartite*) Schema *Subjekt/Akt–intentionaler Modus–Gehalt* wiedergibt, gleichwohl als eine relationale Struktur charakterisieren, denn Subjekt/Akt und Gehalt existieren in jedem Fall und stehen in einer Relation. (Der Modus entspricht grob Husserls Qualität.)[384] Auch Hus-

---

[383] Crane ist auch der Meinung, dass die Intentionalität mentaler Phänomene intrinsisch im Sinne von ursprünglich ist; vgl. Crane 2003, Kap. 1.
[384] Husserls reifes Modell der Intentionalität ist ähnlich gebaut: *ego–cogito–cogitatum*. Vgl. CM, §§ 14, 21.

serl'sche Gehalte, seien es die Materien *in specie* des frühen oder die Noemata des mittleren und späten Husserl, existieren stets.

Insgesamt rechtfertigen diese vier Gemeinsamkeiten durchaus, Cranes Konzeption der Intentionalität als „neo-husserlianisch" zu bezeichnen.[385]

4 Das Speziesmodell der Intentionalität

Das schon mehrfach erwähnte „Speziesmodell" der Intentionalität, das sich vor allem beim frühen Husserl findet und das als Explikation einer nicht-relationalen Konzeption verstanden werden kann, soll nun dargestellt werden. Obwohl Husserl dieses Modell primär mit Blick auf sog. „Bedeutungserlebnisse" entwickelt, die im Verstehen und Artikulieren sprachlicher Ausdrücke (Namen, Sätze) im Spiel sind (vgl. LU I), wird rasch klar, dass es letztlich für alle Arten intentionaler Erlebnisse gilt. Eine Schlüsselpassage stammt aus der ersten *Untersuchung* („Ausdruck und Bedeutung"):

> Diese wahrhafte Identität, die wir hier behaupten, ist nun keine andere als die Identität der Spezies. So, aber auch nur so, kann sie als ideale Einheit die verstreute Mannigfaltigkeit der individuellen Einzelheiten umspannen [...]. Die mannigfaltigen Einzelheiten zur ideal-einen Bedeutung sind natürlich die entsprechenden Aktmomente des Bedeutens, die Bedeutungsintentionen. Die Bedeutung verhält sich also zu den jeweiligen Akten des Bedeutens (die logische Vorstellung zu den Vorstellungsakten, das logische Urteil zu den Urteilsakten, der logische Schluß zu den Schlussakten) wie etwa die Röte *in specie* zu den hier liegenden Papierstreifen, die alle diese selbe Röte „haben". Jeder Streifen hat neben anderen konstituierenden Momenten (Ausdehnung, Form u. dgl.) seine individuelle Röte, d.i. seinen Einzelfall dieser Farbenspezies, während sie selbst weder in diesem Streifen noch sonst in aller Welt real existiert; zumal auch nicht „in unserem Denken", sofern dieses ja mitgehört zum Bereich des realen Seins, zur Sphäre der Zeitlichkeit. (Hua XIX/1, 105f.; vgl. 102, 112)[386]

---

385 Anders als Crane bemüht sich Husserl, explizite Aussagen über den Status des intentionalen Gehalts zu machen; zudem scheint mir Husserls Idee, intentionale Objekte seien durch ihre phänomenologische Rolle als „Identitätspol[e]" (CM, 48) charakterisiert, ein Plus gegenüber Cranes knappen, wenn nicht gar dunklen Äußerungen zu sein, denen zufolge auch nicht-existierende intentionale Objekte Akte „intentional individuieren" können. Vgl. Crane 2001a, § 24, und die Kritik von Voltolini 2006b.

386 Sehr prägnant ist auch folgende Stelle aus der Palágyi-Rezension von 1903: „Und weiter kam zur Klarheit, daß dieser identische Sinn nichts anderes sein könne als das Allgemeine, die Spezies, zu einem gewissen in allen aktuellen Aussagen desselben Sinnes vorhandenen Momente, welches bei sonst erheblich wechselndem deskriptivem Gehalt der Erlebnisse diese Identifizierung ermöglicht. Der Satz verhält sich also zu jedem der Urteilsakte, denen er als ihre identische Meinung zugehört, wie z.B. die Spezies der Röte zu den Einzelfällen ‚desselben' Rot." (Hua XXII, 156f.) Laut Schuhmann 1992, 237f., liefert die Speziestheorie eine „genial-einfache Antwort" auf die Frage nach dem Verhältnis zwischen Akt und Bedeutung. Im Unterschied dazu

Husserl geht es hier darum, die *Identität* von Bedeutungen sprachlicher Ausdrücke und sprachlich artikulierter „Bedeutungserlebnisse" ontologisch zu fundieren. Woran liegt es, dass ich zu verschiedenen Zeitpunkten ein und dasselbe meinen kann? Wie kann ich dasselbe meinen wie ein Anderer? Husserl bezweifelt nicht die Möglichkeit solchen identischen Meinens. Sie wird dadurch begründet, dass ein und dieselbe Bedeutung im Spiel ist, die er als eine ideale „Spezies" konzipiert. Damit meint Husserl eine nicht-reale Entität, die sich in mannigfaltigen realen Einzeldingen vereinzeln, exemplifizieren oder instanziieren kann. Ob „Spezies" eher wie klassische Universalien, Wesen (Essenzen) oder Typen zu verstehen sind, ist dabei offen. Die Analogie zur „Röte *in specie*" legt eine universalientheoretische Lesart nahe, während Husserls Rede vom „Ausdruck *in specie*" (vgl. Hua XIX/1, 48 f.) eher an die Unterscheidung zwischen Typen und Token erinnert. Im weiteren Verlauf der *Untersuchungen* wird klar, dass Husserl dieses Speziesmodell nicht nur für Bedeutungen vertritt, sondern für intentionalen Gehalt (Materie) allgemein. In diesem Sinne vertritt er die *Speziestheorie von Intentionalität:*

> Für jedes intentionale Erlebnis e gilt: die Materie von e ist eine Spezies, die sich im Materiemoment von e vereinzelt.

Der intentionale Gehalt eines Aktes erweist sich im Rahmen von Husserls mereologischer Ontologie des Bewusstseins als eine unselbständige Spezies, die sich in einem *Akt-Moment* vereinzelt. Auch das wird durch die Analogie zur Röte suggeriert, denn nach Husserl gibt es in einem roten Reale stets ein individuelles Rot-Moment, das durch ein Ausdehnungsmoment ergänzt werden muss. Die notwendige Ergänzung der Materie ist die Aktqualität, die Husserl ganz analog als Eigenschaft in specie konzipiert. Materie und Qualität sind, wie gezeigt, wechselseitig ineinander fundiert, wobei die Materie einen gewissen Primat einnimmt, da sie das intentionale Objekt bestimmt. Analog kann man der Ausdehnung eine fundamentalere Rolle zuschreiben: etwas ist deshalb farbig, weil es ausgedehnt ist, aber etwas ist nicht deshalb ausgedehnt, weil es farbig ist. Die nicht-relationale Lesart wird durch die obige Passage ebenfalls bestätigt, denn *phänomenale* Röte ist nach Husserl ebenfalls eine nicht-relationale Eigenschaft (vgl. Hua XIX/1, 134 f., 157 ff., 212 f.).

Man kann sich fragen, *welche* Spezies die Materie eines Aktes ist, da sich offenbar mehrere in einem Akt vereinzeln.[387] Soweit ich sehe, kann der inten-

---

führe die Noema-Theorie zur Verdunkelung, da sie Bedeutungen als „Mittelding[e]" und „Zwischending[e]" zwischen Akt und intentionalem Gegenstand konzipiere.
387 Martin 2007 sieht ein Problem der Speziestheorie darin, dass sie nicht erklären kann, welche der vielen Spezies das Erlebnis zu einem bedeutungsvollen bzw. intentionalen macht. Er spricht vom „problem of meaningful instantiation". Das ist m. E. aber kein wirkliches Problem.

tionale Gehalt eines Aktes als die *eidetische Singularität* bzw. *niederste unselbständige Spezies* bestimmt werden, die sich im zugehörigen Erlebnismoment vereinzelt. Denke ich z. B. an den Verführer von Gretchen, so ist die Materie eben [der Verführer von Gretchen] und nicht etwa die Materie [eine unmoralisch handelnde Person], obschon erstere letztere impliziert. Husserls früher Speziesismus mit Blick auf Gehalte läuft somit darauf hinaus, dass intentionale Gehalte *unselbständige Spezies niederster Stufe* sind, die sich in Akt-Momenten vereinzeln. Gehalte sind somit „immanente Wesen", die sich, anderes als „transzendente Wesen", exklusiv in mentalen Erlebnissen vereinzeln (vgl. *Ideen I*, § 60).

Da Spezies oder Typen auch als *allgemeine* Entitäten (Universalien) charakterisiert werden können – sie enthalten jene Momente in specie, die mehrere Einzeldinge „gemeinsam" haben –, kann man sich fragen, ob und ggf. wie Spezies *indexikalische Gehalte* adäquat inkorporieren können. Denke ich z. B. gerade an diesen Bildschirm hier vor mir, dann muss dem Gehalt dieses demonstrativen Gedankens eine „allgemeine" Materie in specie entsprechen, die sich prinzipiell in mehreren Gedanken (von mir oder von anderen) an verschiedenen Raum-Zeit-Stellen vereinzeln kann. Aber dies scheint der *haecceitas* dieses Gedankens nicht gerecht zu werden, denn damit scheint die These verbunden, dass sich demonstrative Gedanken letztlich auf „objektive" Gedanken reduzieren lassen. Aber das scheint unplausibel. Denn die beiden folgenden Sätze drücken offenbar verschiedene Gedanken aus:
(a) Ich denke an diesen Bildschirm.
(b) Ich denke an den einzigen Bildschirm mit den Eigenschaften A, B, ..., der zum Zeitpunkt t den Raum mit den Koordinaten (x, y, z) erfüllt.[388]

Denn zum einen will die Speziestheorie nicht *erklären*, wie Intentionalität nicht-intentionale Entitäten zu intentionalen macht, sondern lediglich diejenigen Aspekte im Erleben identifizieren, welche konstitutiv für Intentionalität sind. Zum anderen ist Intentionalität ein erlebter (phänomenaler) Charakter, den wir reflexiv von nicht-intentionalen Aspekten unterscheiden können. So ist z. B. die bloße immanente Zeitlichkeit des Erlebens nichts intrinsisch Intentionales, während die „Auffassung" von wechselnden Empfindungen im Sinne eines „Identitätsbewußtseins" (Hua XIX/1, 397) für intentionales Erleben konstitutiv ist. Solche konstitutiven Erlebnismomente nennt Kriegel 2013a, 17, die „phänomenologische Signatur der Gerichtetheit".
388 (b) ist Husserls eigenen späteren Überlegungen zufolge nicht völlig frei von indexikalischen Elementen. Denn Ausdrücke für Raum- und Zeitkoordinaten setzen ihrem Sinn nach ein perspektivisches Subjekt voraus, in Bezug auf dessen raumzeitliche Positionierung Koordinaten eingeführt werden. Würde „diese okkasionelle Beziehung aber ganz durchgeschnitten, so wäre Amerika, die Erde, jeder relative Koordinatenanfang, jedes Koordinatensystem, auf das ich mich beziehen kann, nichts und damit fiele der Sinn jeder nur durch Koordinaten zu vollziehenden Bestimmung" (Hua XX/2, 373). Selbst die gesetzesartigen Aussagen der Naturwissenschaften weisen okkasionelle Komponenten auf: „Sagen wir, alle materiellen Körper unterliegen dem Gravitationsgesetz, so ist *gemeint*, alle Körper, *die jetzt sind oder früher waren oder künftig sein*

Der Gehalt des in (b) ausgedrückten Gedankens ist frei von indexikalischen Ausdrücken und enthält neben logischen Ausdrücken lediglich allgemeine Terme und Namen für Zeit- und Raumkoordinaten. Er ist vollständig deskriptiv-quantifikational. Nun kann man aber leicht sehen, dass es sich um verschiedene Gedanken handelt. Denn man kann an den einzigen Bildschirm mit den Eigenschaften A, B, ..., ... denken, ohne zu wissen, dass es sich dabei um diesen Bildschirm hier vor mir handelt.[389] (a) scheint also ein irreduzible „subjektives" und „okkasionelles" Element zu enthalten (vgl. LU I, § 26). Relationale Theorien können dies ganz leicht erklären, denn ihnen zufolge liegt (a) eine Relation zwischen dem Subjekt/Denken und dem Bildschirm zugrunde. Da dieser Bildschirm ein real existierendes Einzelding *hic et nunc* ist, überträgt sich dessen *haecceitas* gleichsam auf den Gedanken. Allerdings haben solche Theorien zur Folge, dass es keine leeren indexikalischen Gedanken gibt. Würde ich z. B. gerade halluzinieren und urteilen „Da ist ein Bildschirm", so würde ich damit gar kein Urteil ausdrücken, da es gar keinen Gedanken gibt. Dies ist aber eine unplausible Konsequenz relationaler Theorien (vgl. Davis 2005, 181 f.) und passt auch nicht zu Husserls internalistischer Orientierung. In diesem Sinne hält Husserl auch im Fall von Halluzinationen an der Unterscheidung zwischen Sinn und Gegenstand fest:

> Wir urteilen aber, wenn wir von der Nichtexistenz des „dieses da" reden, nicht über Bedeutungen, sondern über das Bedeutete, über das erscheinende und unwirkliche Ding, das bald so, bald so bedeutungsmäßig gefasst ist. Also müssen wir doch zwischen Bedeutung und Bedeutetem unterscheiden. (Hua Mat VI, 174)

Husserl hat die Problematik indexikalischer Ausdrücke und Gehalte klar gesehen und im Rahmen seiner frühen Bedeutungstheorie einen Lösungsvorschlag unterbreitet. Obwohl er in den *Untersuchungen* noch von der Idee geleitet ist, jeder „wesentlich subjektive" oder „okkasionelle Ausdruck" ließe sich ohne Bedeu-

---

werden: Damit ist die Universalität bezogen auf die empirische Wirklichkeit, auf den durch meine aktuelle Existenz, durch mein aktuelles Jetzt und Hier vorgezeichneten und gesetzten, weil erfahrenen Horizont. Das gilt also bei allen Erfahrungsurteilen, mögen sie auch Gesetzescharakter haben und mögen die Gegenständlichkeiten-worüber, die im Gesetz völlig unbestimmt gelassen und beliebig sind, selbst keine Setzung erfahren." (Hua III/2, 522; Herv. CE)

389 Auch Frege hat im *Gedanken* dafür plädiert, dass es irreduzibel indexikalische Gedanken gibt. Dazu gehören insbesondere kontingente Gedanken, deren Ausdruck das Wort „Ich" einschließt, z. B. der Gedanke [Ich bin verwundet worden]. Es gibt also idiosynkratische Ich-Gedanken, die nur derjenige, der sie äußert, vollständig fassen kann. Der tiefere Grund dafür ist darin zu sehen, dass „jeder sich selbst in einer besonderen und ursprünglichen Weise gegeben ist, wie er keinem anderen gegeben ist" (GED, 46).

tungsverlust durch einen rein „objektiven Ausdruck" ersetzen,[390] lässt sich § 26 von LU I eine Konzeption irreduzibler indexikalischer Gehalte entnehmen, was hier andeutet werden soll. Meine These ist, dass die Gehalte indexikalischer Gedanken mit gewissen Spezies identifiziert werden können, die eine individuelle oder rigide *Akt- oder Subjektabhängigkeit* aufweisen. So ist z. B. der Gehalt von (a) in einer individuellen Wahrnehmung von mir fundiert. (a) könnte man mithin wie folgt wiedergeben:

> (a*) Ich denke an den einzigen Bildschirm hier vor mir, den ich gerade aufmerksam sehe (vgl. Crane 2001a, § 38).

Der in (a*) ausgedrückte Gedanke ist immer noch indexikalischer Natur, da er die „wesentlich subjektiven" Ausdrücke „hier", „mir", „ich"[391] und „gerade" enthält. Denke ich tatsächlich (a) oder (a*), so müssen diese Ausdrücke denotieren, aber nicht notwendigerweise der Ausdruck „dieser Bildschirm". Stimmt das, so

---

390 Husserl schreibt: „[...] *ideal* gesprochen, [ist] jeder subjektive Ausdruck, bei identischer Festhaltung der ihm augenblicklich zukommenden Bedeutungsintention, durch objektive Ausdrücke ersetzbar. (Hua XIX/1, 95) Denn es besteht „*a priori* die Möglichkeit [...], *jede subjektive Bedeutung zu objektivieren*" (Hua XX/2, 379). Wie diese „Objektivierung" aussieht, wird von Husserl nicht vorgeführt. Er hat sich später von dieser These distanziert, die noch im Bannkreis der „*Schrankenlosigkeit der objektiven Vernunft*" (Hua XIX/1, 95; vgl. Hua XXVI, 202) steht: „In der Tat ist es klar, dass unsere Behauptung, es ließe sich jeder subjektive Ausdruck durch einen objektiven ersetzen, im Grunde nichts anderes besagt als die Schrankenlosigkeit der objektiven Vernunft. Alles, was ist, ist ‚an sich' erkennbar, und sein Sein ist inhaltlich bestimmtes Sein, das sich dokumentiert in den ‚Wahrheiten an sich'. [...] Was aber in sich fest bestimmt ist, das muss sich objektiv bestimmen lassen, und was sich objektiv bestimmen lässt, das lässt sich, ideal gesprochen, in fest bestimmten Wortbedeutungen ausdrücken." (Hua XIX/1, 95) Vgl. dazu Soldati 2008, 64 ff., der drei Thesen unterscheidet. 1) eine metaphysische: alles, was existiert (real oder ideal), ist (vollständig) bestimmt; 2) eine epistemologische: alles, was existiert (real oder ideal), ist erkennbar; 3) eine semantische: alles, was existiert (real oder ideal), lässt sich so beschreiben, wie es ist. Der Hintergrund der These der „Schrankenlosigkeit der objektiven Vernunft" ist Husserls Psychologismus-Kritik, derzufolge Bedeutungen einen hinreichend ‚robusten' Status haben müssen, um als Träger objektiver und intersubjektiver Wahrheit fungieren zu können. Vgl. dazu Philipse 1982. Wichtige Stellen zu okkasionellen Ausdrücken sind: LU I, §§ 26–28; LU VI, §§ 4 f.; FTL, § 80; EU, § 80; Hua XXX, § 26 c); Hua XX/2, 343 ff.; Hua XL, 309 ff. Husserls Analyse okkasioneller Ausdrücke wurde bereits vielfach untersucht; vgl. D. W. Smith 1982, Mulligan/Smith 1986, Schuhmann 1993b und Ferencz-Flatz 2011.

391 Husserl macht bei der Diskussion des Wortes „ich" klar, dass sich jemand, der „ich" sagt, nicht nur auf sich selbst bezieht. Das geschieht nämlich auch dann, wenn man seinen eigenen Namen sagt. Beim „ich"-Sagen kommt hinzu, dass sich der Sprechende auf sich selbst *als er selbst* bezieht, d. h. es findet zugleich eine Identifikation statt. Sage ich „ich", so weiß ich eo ipso, dass ich gemeint bin. Das ist beim Nennen seines eigenen Namens nicht automatisch der Fall (ich kann meinen Namen ja auch vergessen). Vgl. Hua XIX/1, 88 f., 812 f.

könnten auch demonstrative Gedanken im Rahmen einer nicht-relationalen Theorie verstanden werden. Allerdings müssen dann die zugehörigen Spezies durch indexikalische „empirische Einschläge" (Hua XXVI, 217), insbesondere durch Wahrnehmungen, gleichsam supponiert werden.[392]

Husserl gelangt zu dieser Idee, indem er „wesentlich subjektive" und „objektive Ausdrücke" miteinander vergleicht. Okkasionelle Ausdrücke zeichnen sich dadurch aus, dass sie sich auf unterschiedliche Objekte beziehen können, allerdings ohne *äquivok* wie „Schloss" oder „Hahn" oder *allgemein* in der Art von „universellen Namen" wie „ein Pferd" zu sein. Ähnlich wie Eigennamen beziehen sich (einfache) okkasionelle Ausdrücke auf *direkte (nicht-deskriptive)* und *einstrahlige (monothetische) Weise* auf ihre Objekte, d. h. „nicht in attributiver Weise als Träger dieser oder jener Merkmale, sondern ohne solche ‚begriffliche' Vermittlung" (Hua XIX/2, 555). Anders als Eigennamen kommt den okkasionellen Ausdrücken aber ein *gewisser deskriptiver Charakter* zu, der beim „dies" im „Gedanken der Hinweisung" steckt, wodurch eine „gewisse Mittelbarkeit und Verwicklung, also eine gewisse Form" (Hua XIX/2, 555), ins Spiel kommt.

Ein sprachlicher Ausdruck A ist *genau dann* okkasioneller Natur, wenn ihm

> eine begrifflich-einheitliche Gruppe von möglichen Bedeutungen so zugehört, daß es ihm wesentlich ist, seine jeweils aktuelle Bedeutung nach der Gelegenheit, nach der redenden Person und ihrer Lage zu orientieren. Erst im Hinblick auf die tatsächlichen Umstände der Äußerung kann sich hier für den Hörenden eine bestimmte unter den zusammengehörigen Bedeutungen überhaupt konstituieren (Hua XIX/1, 87).

Hier deutet Husserl an, dass „okkasionelle Ausdrücke" eine Art semantisches ‚Doppelleben' führen, da sie ihre „jeweils aktuelle Bedeutung" gewissen okkasionellen Umständen verdanken; gleichzeitig haben sie eine „*allgemeine Bedeutungsfunktion*" (Hua XIX/1, 88). So ist z. B. bei nicht-anaphorischer Verwendung die „Bedeutung des Dies [...] ein Gemisch von Denkbedeutung und Anschauungsbedeutung" (Hua XXX, 122).[393] Es sind hier „zwei Bedeutungen aufeinander gebaut" (Hua XIX/1, 89). Die allgemeine (deskriptive) objektive Bedeutung ist verantwortlich dafür, dass wir indexikalische Ausdrücke selbst dann nicht für

---

[392] Da es auch „immanente deiktische Gegenstände" (Hua XL, 353) gibt, sind nicht alle okkasionellen Ausdrücke von *äußerer* Wahrnehmung abhängig. Ich kann mich ja auch mit dem Wort „dies" auf meine aktuellen Erlebnisse beziehen, z. B. aufgrund von „immanenter Wahrnehmung" urteilend „Diese Schmerzen sind unerträglich". Ich konzentriere mich hier auf transzendent gerichtete okkasionelle Ausdrücke.

[393] Wird „dies" anaphorisch verwendet, so fungiert es nicht *wesentlich* okkasionell, sondern nur als Abkürzung eines zuvor erwähnten Ausdrucks, z. B.: „Jean ist verliebt in Simone. Diese liebt ihn auch" (vgl. Hua XIX/1, 89 f.).

bedeutungslose Zeichenhaufen halten, wenn wir das Bezugsobjekt nicht eindeutig identifizieren können. Höre ich z. B. im Dunklen eine fremde Stimme rufen „Ich bin hier", so weiß ich zwar nicht, wer sich da meldet und wo er/sie sich befindet, aber ich verstehe immer noch so viel, dass sich ein Sprecher auf sich selbst und seine Lage im Raum bezieht. Zur allgemeinen Bedeutung von „ich" gehört „der jeweilig Redende, der sich selbst bezeichnet" (Hua XIX/1, 88). Konträr dazu gilt Husserl ein Ausdruck als *objektiv* (nicht-wesentlich okkasionell), „wenn er seine Bedeutung bloß durch seinen lautlichen Erscheinungsinhalt bindet, bzw. binden kann, und daher zu verstehen ist, ohne daß es notwendig des Hinblickes auf die sich äußernde Person und auf die Umstände ihrer Äußerung bedürfte" (Hua XIX/1, 86). Das Wesentliche von okkasionellen Ausdrücken ist dabei nicht so sehr ihr schwankender Charakter als solcher, sondern vielmehr ihre Standpunkt-Gebundenheit oder Perspektivität (vgl. Soldati 2008, 64 ff.).

Interessanterweise sagt Husserl nun *nicht*, dass okkasionelle Ausdrücke stets dieselbe Bedeutung haben und dass sich lediglich ihr Objektbezug von Kontext zu Kontext ändert.[394] Husserl hält auch hier in *internalistischer Manier* daran fest, dass unterschiedlicher Objektbezug einen Unterschied in Sinn und Bedeutung impliziert: „Je nach der unterschiedlichen Anschauung oder sonstigen Vorstellung hat das Dies evtl. eine verschiedene gegenständliche Richtung, *also* eine verschiedene Bedeutung." (Hua XXX, 121; Herv. CE) Was der allgemeinen, gleichsam ungesättigten Bedeutungsfunktion oder „anzeigende[n]" Bedeutung im konkreten Fall zur Sättigung gereicht, nennt Husserl die „angezeigte Bedeutung" (Hua XIX/1, 89). Die anzeigende Bedeutungskomponente macht, dass wir überhaupt etwas verstehen, wenn wir „dies", „ich" etc. hören. Sie zeigt uns im positiven Fall wie eine „Richtschnur" (Hua XIX/1, 89) an, worauf sich der Ausdruck im Allgemeinen bezieht. Aber erst die angezeigte Bedeutung vervollständigt die anzeigende. Sie ist für den *hybriden Charakter* okkasioneller Ausdrücke verantwortlich, denn sie ist *einseitig fundiert* in und damit *abhängig* von gewissen Anschauungen (Wahrnehmungen), die „supponieren" (Hua XIX/1, 90) müssen, um eine vollständige Bedeutung zu konstituieren:

> Ich sage *dies* und meine soeben das vor mir liegende Papier. Die Beziehung auf d i e s e n Gegenstand verdankt das Wörtchen der Wahrnehmung. Nicht aber liegt in dieser selbst die Bedeutung. Ich nehme, wenn ich *dies* sage, nicht bloß wahr; sondern a u f G r u n d d e r W a h r n e h m u n g b a u t s i c h e i n n e u e r, s i c h n a c h i h r r i c h t e n d e r, i n s e i n e r D i f f e r e n z v o n i h r a b h ä n g i g e r A k t a u f, d e r A k t d e s D i e s - M e i n e n s. I n d i e s e m h i n w e i s e n d e n M e i n e n l i e g t u n d l i e g t g a n z a l l e i n d i e B e d e u t u n g. Ohne die Wahrnehmung – oder einen entsprechend fungierenden Akt – wäre das Hinweisen leer, ohne bestimmte Differenzierung, *in concreto* gar nicht möglich. (Hua XIX/2, 554)

---

[394] Diese These vertritt z. B. Crane 2001a, § 38.

Durch eine Wahrnehmung erhält die abstrakte und unbestimmte Bedeutungsfunktion die „Bestimmtheit der gegenständlichen Richtung und damit [...] letzte Differenz" (Hua XIX/2, 553). Die allgemeine Bedeutung okkasioneller Ausdrücke kann somit als ein *determinable* verstanden werden, das erst aufgrund gewisser Wahrnehmungen zu einem *determinate* wird. Es werden somit nicht einfach zwei Bedeutungen nebeneinander gestellt, sondern die Bedeutungsfunktion wird durch die „eigentliche[] Bedeutung" (Hua XIX/1, 89) erst bestimmt.[395]

Es sieht also so aus, als könnte die Speziestheorie der Intentionalität auch indexikalische Gehalte erfassen. Die zugehörigen Spezies haben einen hybriden Charakter, es sind keine reinen oder freien Idealitäten, sondern vielmehr „unreine[] Ideen" (Hua XXVI, 217), die ihre Identität und letzte Bestimmtheit faktischen Erlebnissen (v. a. Wahrnehmungen) perspektivischer Subjekte verdanken. Ontologisch gesehen, gehören okkasionelle Bedeutungen somit zu gebundenen Idealitäten von der Art der Universalien (*universalia in re*). Es sind *abstracta*, die „unbeschadet ihrer Idealität, die Mitsetzung einer empirischen Sphäre mit sich [führen], in der sie die Stätte ihrer möglichen Verwirklichung in Einzelheiten haben" (EU, 398).

Eine unmittelbare *epistemologische Konsequenz* der Speziestheorie besteht darin, dass der Zugang zu intentionalen Gehalten auf *Reflexion* bzw. „immanenter Wahrnehmung" unserer Erlebnisse und einer darauf aufbauenden „ideierenden Abstraktion" beruht – ähnlich wie der Zugang zur Röte auf einer Abstraktion gründet, die von konkreten (wahrgenommenen oder phantasierten) Instanzen ausgeht. Denn ganz allgemein gilt: um epistemischen Kontakt zu einer Spezies herzustellen, müssen die zugehörigen Instanzen in Augenschein genommen werden. Da sich die Materie in specie in einem Aktmoment vereinzelt und Aktmomente präreflexiv bewusst oder „erlebt" sind, haben wir bereits eine Art vorthematisches ‚Wissen' von dem Gehalt unserer Akte. Allerdings sind *zwei Missverständnisse* abzuwehren, die anhand der Spezies von „Bedeutungserlebnissen" erläutert werden sollen – obschon sie für intentionalen Gehalt allgemein gelten:

1. Einen Ausdruck, z.B. einen Satz, verstehen heißt nicht, auf dessen Bedeutung als intentionales oder fokales Objekt gerichtet zu sein.[396] Einen Satz

---

[395] Husserl legt Wert darauf, dass die Wahrnehmung zwar als Bedeutungsdeterminante, aber nicht als Bedeutungskonstituent fungiert. Das heißt: die Wahrnehmung selbst ist nicht bedeutungsvoll, in ihr vereinzelt sich keine begriffliche Bedeutung (vgl. Hua XIX/2, 550f., 555). Das „Dies"-Meinen ist im „Dies"-Sehen einseitig fundiert. Willard 1988 und Hopp 2011, Kap. 4, betonen ebenso, dass Wahrnehmungen unabhängig von ihrem demonstrativen Ausdruck einen eigenen Sinn und Gegenstandsbezug haben. Wahrnehmungssinn ist also nicht eo ipso demonstrativer Sinn.

[396] Vgl. dazu auch Soldati 1996, der Husserl gegen Einwände Tugendhats in Schutz nimmt.

verstehend, beziehen wir uns durch oder mittels einer Bedeutung auf einen Sachverhalt, wobei dieses *durch* und *mittels* nunmehr präzise expliziert werden kann, denn es bedeutet nichts anderes, als dass der jeweilige Akt die Bedeutungsspezies instanziiert. Einen sprachlichen Ausdruck bzw. dessen Bedeutung verstehen *ist* Bedeutung instanziieren. Der (fokale) intentionale Gegenstand eines Aktes und dessen Gehalt fallen niemals zusammen. Zu sagen, dass der Gehalt oder die Bedeutung eine „intentionale Einheit" sei, „bedeutet also nicht notwendig die intendierte Einheit, die des Gegenstandes" (Hua XIX/1, 102). Wir denken „*in* den Bedeutungen statt *über* die Bedeutungen" (Hua XIX/1, 187). Die Bedeutung kann allerdings thematisch werden, sie wird uns „gegenständlich in einem reflektiven Denkakt, in dem wir nicht bloß auf die vollzogene Aussage zurückblicken, sondern die erforderliche Abstraktion (oder besser gesagt Ideation) vollziehen" (Hua XIX/1, 108). Da Bedeutungen Spezies sind, werden sie durch Abstraktion bzw. „Wesensanschauung" aufgrund von Introspektion (Reflexion) erkannt. Durch Vergleich verschiedener Akte kann in ihnen etwas Gemeinsames abgehoben werden. Ich urteile z. B. jetzt, dass 2+3=5 ist, dann lese ich, dass 2+3=5 ist, dann phantasiere ich einen Kontext, in dem ich so urteile usw. In all diesen Fällen ist etwas Identisches gemeint.[397] Ausdrucksverstehen bzw. Aktvollzug allgemein ist also eine Weise, Bedeutungen qua Akt- bzw. Materiespezies zu instanziieren. Bedeutungen sind mithin nicht die intentionalen Objekte von erststufigen Bedeutungserlebnissen, sondern von retrospektiven bzw. reflexiven Akten zweiter Stufe, in denen abstraktiv die Bedeutung von diversen Bedeutungserlebnissen explizit zum intentionalen Objekt gemacht wird. Dies geschieht, wenn wir z. B. urteilen, *dass 2+3=5* wahr ist, oder dass daraus, *dass A & B* wahr ist, A folgt, etc. Hier sind Bedeutungen oder Propositionen thematische intentionale Objekte: sie sind Gegenstände-worüber, *über* die wir denken, und nicht nur Bedeutungen, *in* denen wir denken. Darin unterscheidet sich Husserl scharf von Moore, Frege, Russell und zahlreichen zeitgenössischen Autoren, denen zufolge Gedanken (Propositionen) *intentionale Objekte* propositionaler Einstellungen sind.

---

397 Ganz ähnlich charakterisiert Scott Soames 2010, der die „kognitiv-realistische" These vertritt, dass Propositionen gewisse Ereignis-Typen sind, diesen Vorgang: „Just as the sentence ‚Snow is white' can be identified with an event type of which the utterance of it is an instance, so *the proposition that snow is white* can be identified with an event type of which predicating whiteness of snow at a particular time and place is an instance." (103) Weiter heißt es: „[A]gents capable of being acquainted with their own cognitive processes – in the sense of being able to make them objects of their thoughts – will typically be capable of being similarly acquainted with the proposition that snow is white, by virtue of being acquainted with the cognitive event that is the instance of it they have thought about." (105) Anders als bei Husserl instanziiert sich bei Soames die Proposition im ganzen Akt des Prädizierens und nicht in einem Moment desselben.

2. Die Speziestheorie hat ferner nicht *eo ipso* zur Folge, dass das einzelne Subjekt infallible introspektive Autorität darüber hat, was es meint und was nicht. Wir können uns durchaus darüber im Unklaren sein bzw. darin täuschen, was wir eigentlich (genau) meinen und was nicht. Es sind zwar die Akte mitsamt ihren intrinsischen Eigenschaften, die festlegen, was wir meinen und was nicht, aber daraus folgt nicht, dass wir kraft einfacher Introspektion immer genau wissen, was wir meinen und was nicht. Nahezu infallibel sind wir, so Husserl, mit Bezug auf grundlegende semantische Differenzen: „Um Bedeutungsunterschiede zwischen *Mücke* und *Elefant* zu erkennen, bedarf es keiner besonderen Veranstaltungen" (Hua XIX/1, 76). Ähnliches gilt für perzeptiven Sinn. Ob ein Gegenstand der Wahrnehmung „in der Meinung dieses Wahrnehmens nicht ein total anderer ist, z. B. ein Tannenbaum statt eines Maikäfers" (Hua XIX/1, 201; vgl. Hua XXIV, 231 f.), darüber kann ich mich nicht täuschen. Auch mit Blick auf die Frage, ob wir gerade (oder gerade eben) *überhaupt* etwas meinen (gemeint haben), können wir uns eigentlich nicht täuschen. Husserl würde hier sicherlich ‚harten' externalistischen Theorien der Bedeutung widersprechen. In jedem Fall können wir nach Husserl kraft Introspektion/Reflexion wissen, ob und was wir meinen, wenngleich wir uns dabei unter Umständen irren können. Husserl räumt damit ein, dass auch *Bedeutungen opake Aspekte*, „Unbestimmtheitsstellen" (im Sinne Ingardens) und ‚offene' Horizonte haben. Er führt dies aber nicht in erster Linie darauf zurück, dass es externe (soziale und öffentliche) Regeln gibt, die den korrekten Gebrauch eines Ausdrucks festlegen (à la Tyler Burges *Arthritis*), oder darauf, dass es dem Sprecher opake objektive Unterschiede in der Welt gibt (à la Hilary Putnams *twin earth*); sondern vielmehr darauf, dass sich insbesondere feinere semantische Unterschiede nicht aufgrund von leeren, sondern erst aufgrund von erfüllten Bedeutungsintentionen dingfest machen lassen.[398] *Manchmal wissen wir erst dann (sozusagen ‚eigentlich'), was wir meinen, wenn wir Erfüllungen unseres Meinens berücksichtigen.* Wir machen uns ‚klar', was wir meinen, indem wir z. B. auf Beispiele rekurrieren. Und Erfüllungen stehen uns nicht immer zur Verfügung, obschon sie mit zum Horizont des Aktes gehören. Über die Gehalte unserer Akte können wir uns somit mitunter „leicht täuschen, sobald wir nämlich über die Sphäre der groben Unterschiede hinausgehen" (Hua XIX/1, 203):

> Wo die Bedeutungen aber fließend ineinander übergehen und ihr unmerkliches Schwanken die Grenzen verwischt, deren Innehaltung die Sicherheit des Urteilens erfordert, da bietet die Veranschaulichung das naturgemäße Mittel der Verdeutlichung. Indem sich die Bedeutungsintention an verschiedenen und begrifflich nicht zusammengehörigen Anschauungen

---

[398] Zum Unterschied zwischen leeren und erfüllten Bedeutungserlebnissen vgl. LU I, §§ 9, 14.

erfüllt, tritt mit der scharf unterschiedenen Erfüllungsrichtung zugleich die Verschiedenheit der Bedeutungsintention hervor. (Hua XIX/1, 77)

5 Erlebnisse und ihre Identitätsbedingungen

Eine wichtige Frage in Bezug auf die beiden zentralen Komponenten eines Aktes (Qualität, Materie) besteht darin, welche Rolle sie für dessen *Identität* spielen. Wann sind nach Husserl Akte identisch?

Husserl ist in den *Untersuchungen* nicht so sehr an der Frage interessiert, wann partikuläre Erlebnisse numerisch identisch sind, sondern daran, wann sie dem Typ oder der Spezies nach dieselben sind; es geht nicht um die „individuelle Identität der Akte, als wäre mein Bewußtsein gewissermaßen zusammengewachsen mit dem eines anderen" (Hua XIX/1, 432). Husserl fragt primär nach der *syn-* und *diachronen, inter-* und *intrasubjektiven qualitativen Identität* von Erlebnissen:

> Wir sagen allgemein und im guten Sinne, es könne ein Individuum zu verschiedenen Zeiten oder es könnten mehrere Individuen, sei es zur selben oder zu verschiedenen Zeiten, d i e s e l b e Vorstellung, Erinnerung, Erwartung haben, d i e s e l b e Wahrnehmung machen, d i e s e l b e Behauptung aussprechen, d e n s e l b e n Wunsch, d i e s e l b e Hoffnung hegen. (Hua XIX/1, 432)

Im Zuge seiner Analyse gelangt Husserl zu zwei zentralen Elementen seiner Akttheorie, nämlich zum *intentionalen, bedeutungsmäßigen* und *erkenntnismäßigen Wesen* eines Aktes (vgl. LU V, § 21; LU VI, § 28). Alle drei manifestieren auf unterschiedliche Weise das „Eigenwesen", die intrinsische Struktur intentionaler Erlebnisse *in specie*. Das intentionale Wesen ist ‚wesentlicher' für Erlebnisse, da es Unterschiede der Fülle nicht berücksichtigt, während das erkenntnismäßige Wesen ebensolchen Differenzen Rechnung trägt und daher primär für epistemologische Fragen einschlägig ist. Stimmen zwei Akte in ihrem erkenntnismäßigen Wesen überein, dann auch in ihrem intentionalen Wesen, aber nicht vice versa. (Das bedeutungsmäßige Wesen bezieht sich auf Akte im Kontext des Verstehens sprachlicher Ausdrücke.)

Wie wir bereits gesehen haben, ist die Identität des intentionalen Gegenstands nicht hinreichend dafür, dass zwei Akte e und e* identisch sind. Denn die Materien können immer noch verschieden sein (vgl. *gleichseitiges* vs. *gleichwinkliges Dreieck*). Ähnliches gilt für die Qualität. Dass e und e* dieselbe Qualitätsspezies instanziieren, also beide z. B. Wahrnehmungen oder Wünsche sind, macht diese noch nicht zu identischen Akten, da die Materie einer Wahrnehmung oder eines Wunsches wesentlich zum Akt gehört. Wir würden z. B. nicht sagen, Hans und Peter hätten dieselben Wünsche, nur weil sich jeder von ihnen irgendetwas wünscht, der eine etwa ein Fahrrad und der andere einen Hut. Kurz: Identität der Qualität ist zwar notwendig, aber nicht hinreichend für spezifische Aktidentität. Für Aktidentität ist es aber auch nicht notwendig, dass die Erlebnisse in *allen* ihren intrinsischen (und relationalen) Eigenschaften übereinstimmen, „als ob der eine ein bloßes Duplikat des anderen wäre" (Hua XIX/1, 432).

Husserls erste positive Bestimmung der Identitätsbedingungen von Akten kommt im Begriff des *intentionalen Wesens* zum Ausdruck. Dieses intentionale Wesen lässt sich als mereologische Verknüpfung der Qualität und Materie *in specie* verstehen. Zwei intentionale Erlebnisse e und e* sind dann und nur dann spezifisch identisch, wenn e dieselbe Qualität Q bzw. dieselbe Materie M wie e* instanziiert:

Zwei intentionale Erlebnisse e und e* haben dasselbe *intentionale Wesen* **gdw.** M (e)=M (e*) & Q (e)=Q (e*)

Nun stellt sich unmittelbar die Frage, wann Qualität und Materie zweier Akte identisch sind. Ich gehe zuerst auf die Qualitäten, dann auf die Materien ein.

Ein Indiz dafür, wann Qualitäten von Akten identisch sind, ist in den *intentionalen Verben* zu sehen, mit denen diese Akte sprachlich ausgedrückt werden. Stimmen diese Verben überein, so sind auch die Aktqualitäten identisch. Natürlich ist der sprachliche Ausdruck nur ein erster Hinweis, denn Aktqualitäten lassen sich auf unterschiedliche Weise ausdrücken. Zudem sind viele intentionale Verben mehrdeutig (vgl. „vorstellen", „denken"). Entscheidend für qualitative Identität ist in jedem Fall die *niederste Qualitäts-Spezies*. Stimmen zwei Akte in ihren niedersten qualitativen Differenzen überein, so ist ihre Qualität dieselbe. Diese niederste Differenz ist gemäß obiger Terminologie eine *abstrakte eidetische Singularität*. So ist z. B. *visuelle Wahrnehmung* eine solche letzte qualitative Differenz; wir würden z. B. nicht sagen, eine Wahrnehmung und eine Phantasie seien qualitativ identisch, nur weil beide zum Genus *anschaulicher Akte* gehören.

In den *Untersuchungen* spielt die Frage nach höchsten und niedersten Qualitätsgattungen und -arten eine wichtige Rolle. Husserl gelangt nach minutiösen Analysen im dritten, vierten und fünften Kapitel der *V. Untersuchung* (vgl. §§ 22– 43) zu einer *Zweiteilung* der Aktqualitäten in objektivierende (z. B. Wahrnehmungen, Phantasien, Urteile, Nennungen) und nicht-objektivierende (z. B. Gefühle, Begehren, Wünsche, Wollungen). Diese Zweiteilung setzt er Brentanos *Dreiteilung* in Vorstellungen, Urteile und Gemütsbewegungen entgegen.[399] Ob-

---

399 Objektivierende Akte sind funktional mit Brentanos (bloßen) Vorstellungen äquivalent, obgleich sie ihrem Wesen nach verschieden sind. Während für Brentano Vorstellungen doxisch neutral (nicht-setzend) sind, umfassen objektivierende Akte bei Husserl auch setzende Akte wie z. B. Urteile und Nennungen. Ausführlich zu den verschlungenen Pfaden, auf denen Husserl zum

jektivierende und nicht-objektivierende Qualitätsgattungen bilden die Spitze der Hierarchie. Dies ist Husserls *Qualitätsdualismus:*

> Jede Aktqualität ist entweder eine objektivierende oder eine nicht-objektivierende Qualität.

Gehaltvoll wird diese These dadurch, dass Husserl mit ihr einen *Vorrang objektivierender Akte* verbindet:

> Ist e ein Akt mit einer nicht-objektivierenden Qualität Q, so gibt es einen Akt e* mit einer objektivierenden Qualität Q*, in dem e einseitig fundiert ist.

Die Umkehrung dieser Aussage gilt *nicht*, d.h. Akte mit objektivierenden Qualitäten setzen nicht notwendig fundierende Akte mit nicht-objektivierenden Qualitäten voraus. Dieser Primat objektivierender Akte ist zunächst rein mereologischer Natur. Er besagt lediglich, dass nicht-objektivierende Aktqualitäten in objektivierenden einseitig fundiert sind; über die intrinsischen Unterschiede der beiden Aktqualitäten wird damit nichts gesagt. Tatsächlich ist die genaue Abgrenzung zwischen beiden Qualitäten alles andere als einfach, was man auch daran sieht, dass Husserl nach den *Untersuchungen* erhebliche Modifikationen an der Zweiteilung vorgenommen hat.

Um die Natur nicht-objektivierender Akte zu verstehen, ist zu beachten, dass auch diese Akte eben *Akte*, d.h. intentional sind. Allerdings ist ihre Intentionalität nicht selbständig, sondern wird von den zugrunde liegenden objektivierenden Akten getragen:

> All das sind Intentionen, echte Akte in unserem Sinn. Sie alle „verdanken" ihre intentionale Beziehung gewissen ihnen unterliegenden Vorstellungen. Aber im Sinn der Rede vom Verdanken liegt ja ganz richtig, daß sie selbst nun auch das h a b e n , was sie den anderen verdanken. (Hua XIX/1, 404)

Gefühle, Volitionen etc. sind *deshalb* intentional, *weil* sie in gewissen Wahrnehmungen, Vorstellungen oder Urteilen fundiert sind. Nicht-objektivierend zu sein bedeutet mithin *nicht*, nicht-intentional zu sein (wie Empfindungen), sondern auf *eine bestimmte Weise* gegenständlich bezogen zu sein. Den *Untersuchungen* zu-

---

Begriff objektivierender Aktqualitäten gelangt, vgl. Mayer/Erhard 2008. Es sei hier angemerkt, dass Husserl in seinen *Vorlesungen zur Ethik und Wertlehre* (Hua XXVIII) und dann explizit in den *Ideen I* und *II* alle Akte als *objektivierende* kennzeichnet. Auch Gefühle, Wünsche etc. sind demnach objektivierend, aber nicht „explizit" oder „aktuell", sondern lediglich „implizit" oder „potentiell" (vgl. *Ideen I*, §§ 37, 95, 116f.; *Ideen II*, §§ 4, 7, 11). Alle Akte sind somit letztlich objektivierend, aber nicht alle sind *auf dieselbe Weise* objektivierend. Vgl. Q. Smith 1977a; Lorca 1999. S. u. D II § 1.3.

folge entsprechen nicht-objektivierenden Akten keine eigenen Regionen von Gegenständen. Gefühle und Wertungen haben *keine eigenen Objekte oder Eigenschaften*, sondern ‚färben' die durch Objektivationen gegebenen Gegenstände lediglich auf bestimmte subjektive Weise (vgl. Hua Mat III, 148f.). Ein typisches Beispiel für einen nicht-objektivierenden Akt ist ein Erlebnis der Freude über etwas, z.B. über das schöne Wetter. Diese Freude ist auf das Wetter gerichtet, erschöpft sich aber nicht darin, wie dies eine eventuell zugrunde liegende Wahrnehmung tut.[400] Es findet eine ‚Färbung' statt, das „Ereignis erscheint als wie von einem rosigen Schimmer umflossen" (Hua XIX/1, 408). Ähnlich bei der Trauer:

> Ebenso ist ein trauriges Ereignis nicht bloß vorgestellt nach seinem dinglichen Gehalt und Zusammenhang, nach dem, was ihm an und für sich, als Ereignis zugehört; sondern es erscheint als mit der Färbung der Trauer umkleidet. Dieselben Unlustempfindungen, die das empirische Ich auf sich selbst (als Wehe im Herzen) bezieht und lokalisiert, werden in der gefühlsbestimmten Auffassung des Ereignisses auf dieses selbst bezogen. (Hua XIX/1, 408f.)[401]

Der objektivierende Akt liefert mithin die gesamte Materie des nicht-objektivierenden Aktes, Gefühle konstituieren nichts Neues, bringen keine ihnen eigentümlichen Objekte oder Eigenschaften zur Erscheinung:

> Wir dürfen nämlich sagen: **Jedes intentionale Erlebnis ist entweder ein objektivierender Akt oder hat einen solchen Akt zur „Grundlage", d.h. er hat in diesem letzteren Falle einen objektivierenden Akt notwendig als Bestandstück in sich, dessen Gesamtmaterie zugleich, und zwar individuell identisch *seine* Gesamtmaterie ist.** [...] [S]o haben die objektivierenden Akte eben die einzigartige Funktion, allen übrigen Akten die Gegenständlichkeit zuallererst vorstellig zu machen, auf die sie sich in ihren neuen Weisen beziehen sollen. Die Beziehung auf eine Gegenständlichkeit konstituiert sich überhaupt in der Materie. **Jede Materie ist aber, so sagt unser Gesetz, Materie eines objektivierenden Aktes** und kann nur mittels eines solchen zur Materie einer neuen, in ihm fundierten Aktqualität werden. (Hua XIX/1, 514f.)

Hier wird die mereologische Ontologie konsequent auf nicht-objektivierende Akte angewendet, die sich somit als *komplexe Akte* erweisen. Der objektivierende Akt ist

---

400 Die Intentionalität der Gefühle betont Husserl in LU V, § 15 a). Es gibt demnach sowohl intentionale Gefühlsakte (z.B. Freude) als auch nicht-intentionale Gefühlsempfindungen (z.B. Schmerzen); vgl. Hua XIX/1, 406ff.

401 Allerdings deutet Husserl hier schon die spätere ‚intentionalistische' Auffassung der Gefühle an. Denn die fragliche (Un-)Lustempfindung fungiert als „Repräsentant einer *gefälligen Eigenschaft*" (Hua XIX/1, 409; Herv. CE) des Gegenstands der Trauer bzw. Freude („Traurigkeit", „Gefälligkeit" u.ä.). Damit wird angedeutet, dass gewisse (Un-)Lustempfindungen eine ähnlich darstellende Funktion wie etwa Farb- und Tonempfindungen spielen können.

ein Stück des Ganzen, mithin ein selbständiger Teil, während der nicht-objektivierende Akt ein unselbständiges Moment ist. Ferner gilt:

Ist e ein nicht-objektivierender Akt, der in dem objektivierenden Akt e* fundiert ist, so gilt: M (e) = M (e*).

Cum grano salis kann man sagen, dass objektivierende Akte ‚wahrheitsfähige' Akte sind. Objektivierende Akte können ihre Objekte „treffen" oder verfehlen, sie können angemessen oder unangemessen sein; sie sind auf „Sein" und „Wahrheit" aus, mithin wesentlich doxische Erlebnisse. Wahrheit („Triftigkeit") ist bei Husserl wesentlich mit Erfüllung verbunden, die ihrerseits eine bestimmte Synthesis der Identifizierung voraussetzt. Husserl charakterisiert objektivierende Akte in der *VI. Untersuchung* in diesem Sinne durch ihre *spezifische Weise der Erfüllung*. Sie erfüllen sich durch bloße intentionale Identifikation ihres Gegenstandes. Auch nicht-objektivierende Akte können sich erfüllen (man denke nur an Wünsche), aber dafür ist *mehr* als bloße Identifikation ihres Gegenstandes erforderlich, die durch den fundierenden objektivierenden Akt geleistet wird:

> Dies vorausgeschickt, ist es nun klar, daß, wenn die Wunscherfüllung, um bei diesem Beispiel zu bleiben, auch in einer Identifizierung und eventuell in einem Akt des intuitiven Erkennens fundiert ist, dieser Akt die Wunscherfüllung nicht erschöpft, sondern eben nur fundiert. Das sich Befriedigen der spezifischen Wunschqualität ist ein eigener und andersartiger Aktcharakter. [...] Also mit dem besonderen Charakter der Intention hängt der besondere der erfüllenden Deckung zusammen. (Hua XIX/2, 583f.)

Die Erfüllung eines Wunsches setzt neben der Identifikation des Gewünschten mit dem Gegebenen ein gewisses ‚Befriedigungserlebnis' voraus, ohne das keine Wunscherfüllung stattfinden würde. Objektivierende Akte können somit durch ihre *dynamische Rolle* im Erfüllungszusammenhang des Bewusstseinsstroms charakterisiert werden. Husserl bezeichnet eine solche, modern gesprochen, *funktionalistische* Auszeichnung als „indirekte Charakterisierung" (Hua XIX/2, 582; vgl. 588, 622)[402] In diesem Sinne können objektivierende Akte funktional charakterisiert werden als Akte, deren „Erfüllungseinheit den Charakter der Identifizierungseinheit und eventuell den engeren der Erkenntniseinheit hat, somit den eines Aktes, welchem gegenständliche Identität als intentionales Korrelat entspricht" (Hua XIX/2, 584). Objektivierende Akte sind

---

[402] Kapitel II der VI. Untersuchung liefert eine indirekte, Kapitel III eine „innere Charakteristik" (Hua XIX/2, 622), die sich auf die intrinsischen Merkmale der objektivierenden Akte unter Abstraktion von ihrer Rolle im Erfüllungs- und Identifizierungszusammenhang des Erlebnisstromes beschränkt. Vgl. LU VI, § 27, für eine vollständige Charakteristik der intrinsischen Natur objektivierender Akte (Qualität, Auffassungsform, Materie, Empfindungen).

demnach fundamental für die *intentionale Identifikation* eines Gegenstands. Nur objektivierende Akte können uns in diesem Sinne einen Gegenstand ‚geben'. Ein Gefühl, z. B. eine Freude, identifiziert ihr Objekt nicht; sie braucht eine Wahrnehmung o. ä., um *ihr* Objekt anvisieren zu können.

Man sollte Husserl in diesem Kontext keine einseitige Bevorzugung kognitiver Bewusstseinsweisen vorwerfen – als sei unser Weltbezug *au fond*, mit Heidegger gesagt, ein theoretisches „Anstarren" vorhandener Dinge in einem puren sinnlichen „Gewärtigen". Die obige Primatthese ist durchaus vereinbar damit, dass jeder objektivierende Akt mit einem nicht-objektivierenden, z. B. einer Stimmung, einem Gefühl, einem Interesse, einer Wertung, etc. einhergeht.[403] Aber Gefühle, Wünsche etc. können *von sich aus* ihren primären Bezugsgegenstand nicht identifizieren. A. D. Smith hat Husserl in diesem Punkt überzeugend gegen Heidegger verteidigt:

> But the following, more interesting interpretation seems to me possible: that when Husserl says, for example, that a certain act of valuing is founded upon, say, a perception of a certain object, what he means is that valuing that object itself is so founded. When we are related feelingly to a determinate object, that object must have been constituted for us as such; and it is indeed objectifying acts that produce such ‚finished' objects. The determinate relation of all affective comportment to objects is therefore the work of such objectification. This does not imply that some valuing, or some other ‚non-cognitive' response or drive, may not already be at work in constituting that object. [...] In fact it is Heidegger who is a somewhat ‚one-dimensional' philosopher in this connection, operating entirely on the level of fully constituted, personal life. (A. D. Smith 2003, 155)

Damit lässt sich der *Primat objektivierender Akte* präzisieren:

> Ist e ein auf X gerichteter Akt mit einer nicht-objektivierenden Qualität Q, so gibt es einen Akt e* mit einer objektivierenden Qualität Q*, sodass gilt: e ist in e* fundiert & e ist *deshalb* auf X gerichtet, *weil* e* auf X gerichtet ist.

Was heißt das? Husserls Fundierungsbegriff scheint nicht feinkörnig genug, um das Verhältnis zwischen objektivierenden und nicht-objektivierenden Akten auszudrücken. Denn selbst wenn man einräumt, dass nicht-objektivierende Akte gleichermaßen unverzichtbar sind wie objektivierende (und beide stets im Doppelpack vorkommen), besteht doch ein Vorrang der objektivierenden Akte darin, dass sie diejenigen Akte sind, *aufgrund deren* wir überhaupt auf ein Objekt bezogen sind. Ich freue mich (u. a.) deshalb über den Sonnenschein, weil ich ihn sehe; aber ich sehe ihn nicht deshalb, weil ich mich über ihn freue. Volitionen,

---

[403] Vgl. Hua IV, 26: „Das Korrelat der Natur ist also nicht ein überhaupt nicht strebendes, wollendes, wertendes Subjekt. Das ist undenkbar." Vgl. ebd., 16; vgl. Hua XXXVII, 294 f.

Gefühle, Absichten etc. machen *für sich* nicht ‚sehend', sondern nur aufgrund eines begründenden ‚Sehens': „Ein intentionales Erlebnis gewinnt überhaupt seine Beziehung auf Gegenständliches nur dadurch, daß in ihm ein Akterlebnis des Vorstellens präsent ist, welches ihm den Gegenstand vorstellig macht." (Hua XIX/1, 443)

Husserl macht von einer weiteren Strategie Gebrauch, um objektivierende Qualitäten auszuzeichnen. Dazu greift er auf den Unterschied zwischen setzenden (positionalen) und nicht-setzenden (nicht-positionalen, neutralen) Akten zurück. Jede Aktqualität ist, so lautet ein weiteres nicht-triviales Wesensgesetz, entweder setzend oder nicht-setzend. Einen setzenden Akt vollziehen bedeutet, seinen intentionalen Gegenstand für existierend (bestehend) zu halten:

> Die ersteren [setzenden] sind gewissermaßen Seinsmeinungen: sie sind, sei es sinnliche Wahrnehmungen, sei es Wahrnehmungen in dem weiteren Sinn vermeintlicher Seinserfassungen überhaupt, sei es sonstige Akte, die, auch ohne daß sie den Gegenstand „selbst" (leibhaft oder überhaupt anschaulich) zu erfassen vermeinen, ihn doch als seienden meinen. Die anderen [nicht-setzenden] Akte lassen das Sein ihres Gegenstandes dahingestellt; der Gegenstand mag, objektiv betrachtet, existieren, aber in ihnen selbst ist er nicht in der Seinsweise vermeint oder gilt er nicht als wirklicher, er wird vielmehr „bloß vorgestellt". (Hua XIX/1, 499)

Vollziehen wir einen neutralen Akt, so stehen wir dem Objekt sozusagen doxastisch gleichgültig gegenüber und machen keine Stellungnahme bezüglich dessen Sein oder Nicht-Sein. Beispiel dafür sind Akte des *bloßen Verstehens fremder Äußerungen*, aber auch ästhetische Erlebnisse wie ein Bildobjekt-/Bildsujetbewusstsein und die freie Phantasie (vgl. Hua XIX/1, 444). Interessanterweise schreibt Husserl setzenden Charakter nicht nur prädikativen (propositionalen) Akten (Urteilen), sondern auch „einstrahligen" Wahrnehmungen zu. Der Setzungscharakter ist ein generisches Merkmal, das sowohl Wahrnehmungs- als auch Denkakte im engeren Sinne betrifft: „Vergleichen wir eine Wahrnehmung – mit ihrem schlichten Bewußtsein wirklichen Daseins – mit einer prädikativen Behauptung, so besteht hinsichtlich der Qualität offenbar Gemeinsamkeit" (Hua XXX, 72). „Doxische Qualitäten" gibt es somit nicht nur „bei den spezifisch logischen Akten [...], sondern auch innerhalb der mannigfaltigen Akte der Anschauungssphäre, der Wahrnehmungen, Erinnerungen u. dgl., die wir nicht selbst logische Akte zu nennen pflegen" (Hua XXX, 72). X wahrnehmen etwa ist nach Husserl in sich selbst glauben, dass X existiert: „Die Wahrnehmung, das Phänomen des leibhaft dastehenden Hauses, ist zugleich Glaube, daß es dastehe." (Hua XVI, 15)[404] Wahrnehmungen sind geradezu dadurch gegenüber anderen

---

[404] Das Verhältnis Wahrnehmung und Glaube/Überzeugung/Urteil (*perception and belief*) ge-

Aktarten ausgezeichnet, dass sie, sofern sie „einstimmig" verlaufen, *per se* setzenden Charakter haben: „Widerstreitlose Wahrnehmung trägt notwendig den schlichten Glaubenscharakter" (Hua XXIV, 345). Ein setzendes Erlebnis hat *belief*-Charakter (vgl. Hua XIX/1, 507, 513). Während Wahrnehmungen im engeren Sinne einstrahlige Erlebnisse sind, sind Urteile mehrstrahlige (propositionale) Erlebnisse, in denen wir auf *Sachverhalte*, d.i. kategoriale Gegenstände, gerichtet sind und diese für „bestehend" halten. Auch nominale Akte können aber nach Husserl setzend sein, ohne Urteilsakte zu sein: „Sage ich: ‚der König', ‚das Münster', so habe ich das Bewußtsein von einem wahrhaft Wirklichen, ebenso, wie wenn ich das Münster sähe. Beides ist ein Bewußtsein von einem Seienden, ein Für-seiend-Halten" (Hua XXX, 72).

Da auch nicht-setzende Erlebnisse wie Phantasien und bloße propositionale Verstehensakte objektivierende Akte sind, fällt der Unterschied zwischen objektivierenden und nicht-objektivierenden Akten *nicht* mit der Differenz setzend/nicht-setzend zusammen. Allerdings macht sich Husserl die in seinen Augen evidente Tatsache zu Nutze, dass die Klasse der objektivierenden Akte dadurch ausgezeichnet ist, dass jedem setzenden Akt ein nicht-setzender Akt mit gleicher Materie entspricht (und *vice versa*). Die Klasse der objektivierenden Qualitäten ist sozusagen abgeschlossen bezüglich der Operation Neutralisierung/Positionali-

---

hört zu den heiß diskutierten Themen der zeitgenössischen Philosophie des Geistes. Dass beide Phänomene eng verknüpft sind, zeigt sich daran, dass Wahrnehmungen offenbar als *Grundlage* von Überzeugungen fungieren können: wir glauben tendenziell, was wir sehen, und wir berufen uns (oft) auf unsere Wahrnehmungen, wenn wir unsere Urteile begründen sollen. Wahrnehmungen beeinflussen unsere Urteile und Überzeugungen. (Auch die andere Richtung scheint möglich: unsere Überzeugungen können beeinflussen, was und wie wir sehen.) Die zentrale Frage ist, was die Wahrnehmungen zu dieser Rolle prädestiniert. Manche Autoren, z.B. David Armstrong, vertreten die reduktionistische These, Wahrnehmungen seien *au fond* Überzeugungen und somit bereits propositionaler (und begrifflicher) Natur. Andere hingegen, wie z.B. Fred Dretske 1995, Kap. 1, und Gareth Evans, vertreten die separatistische These, dass Wahrnehmungs- und Überzeugungszustände separaten „Systemen" zugehören. Dretske unterscheidet in diesem Sinne einfaches und epistemisches (begriffliches) Sehen (*simple/epistemic seeing*) und schreibt einfachen Wahrnehmungen nicht-begrifflichen Gehalt und damit auch keinen Glaubenscharakter zu. Husserl nimmt hier offenbar eine Zwischenposition ein, da er die These vertritt, Wahrnehmungen zeichneten sich durch nicht-propositionalen *belief* aus. Ein solcher „primitiver" Seinsglaube durchsetzt alle unsere einstrahligen Wahrnehmungen. Verliert unsere Wahrnehmung diesen Glaubenscharakter, wie z.B. bei der Müller-Lyer-Illusion, so findet eine qualitative (doxische) Modifikation statt, in deren Folge wir unseren „perzeptiven Glauben" (Hua XVI, 15; vgl. 48f.) verlieren und es mit einer bloßen Perzeption zu tun haben (die übrigens den gleichen Gehalt wie die setzende Wahrnehmung haben kann – die eine der beiden Linien erscheint immer noch länger als die andere, obschon wir dies nicht mehr glauben). Zur Lokalisierung von Husserls Position in der aktuellen Theorielandschaft vgl. A. D. Smith 2001.

sierung. Da nicht-objektivierende Akte nicht in dieser Weise abgeschlossen sind, glaubt Husserl durch diese „qualitative Modifikation" (Hua XIX/1, 505) objektivierende und nicht-objektivierende Qualitäten scharf sondern zu können:

> Wir treten beim Übergang vom setzenden zum modifizierten Akt nicht in eine heterogene Klasse ein, so wie etwa beim Übergang von irgendeinem nominalen Akte zu einem Begehren oder Wollen. (Hua XIX/1, 500)

> Für die Zusammenfassung der objektivierende Akte in eine Klasse fiel uns der Umstand entscheidend ins Gewicht, daß diese ganze Klasse durch einen qualitativen Gegensatz charakterisiert war, daß also, wie zu jedem nominalen *belief*, so zu jedem propositionalen, zu jedem vollen Urteil eine „bloße Vorstellung" als ihr Gegenstück gehöre. (Hua XIX/1, 505)

Ein (setzender) objektivierender Akt hat sozusagen immer einen Zwilling: „innerhalb der oberen Gattung 'objektivierender Akt'" findet man zu ihm „wohl ein koordiniertes, aber nicht gegensätzliches Phänomen: das ‚bloße' Vorstellen" (Hua XXII, 246 f.).[405] „Gegensätzlich" sind Setzung und bloße Vorstellung deshalb nicht, weil letztere eben keine Setzung ist, zu der auch die *Negation*, die Setzung *als nicht*, gehört. Die Klasse der objektivierenden Akte wird demnach durch die Operation der qualitativen Modifikation gebildet und zusammengehalten.[406] So entspricht einer setzenden Wahrnehmung eine bloße Perzeption ohne Stellungnahme.[407] Ein Objekt kann sich mir in einer Wahrnehmung anschaulich genauso präsentieren, wie in einer bloßen Perzeption. Dieser Fall tritt z. B. ein, wenn wir, aus welchen Gründen auch immer, ‚nicht glauben, was wir sehen'. Husserls Lieblingsbeispiel ist „der bekannte Panoptikumscherz" (Hua XIX/1, 459), im Zuge dessen wir eine Puppe mit einer Dame verwechseln. Zunächst sehen wir eine Dame, nicht eine Puppe. Nachdem wir den Trug entlarvt haben, sehen wir eine Puppe, „die eine Dame *vorstellt*" (ebd.). Auch nachdem wir den Schwindel durchschaut haben, gibt es eine Hinsicht, in der uns eine Dame anschaulich erscheint. Die Materie dieser Perzeption ist dieselbe wie zuvor, lediglich die Qualität hat sich verändert:

> Gewiß haben beide (wozu eine so weitgehende Gleichheit keineswegs nötig wäre) dieselbe M a t e r i e. Es ist dieselbe Dame, die beiderseits erscheint, und sie tut dies hier und dort mit identisch denselben phänomenalen Bestimmtheiten. Aber auf der einen Seite steht sie als Wirklichkeit vor uns [setzend], auf der anderen Seite im Gegenteil als Fiktion, leibhaft er-

---

[405] In den *Ideen I* spricht Husserl bildlich von „Schatten", „Spiegelung" und „Gegenwesen" (vgl. Hua III/1, 259).
[406] Später wird Husserl von *Neutralisationsmodifikation* sprechen. Vgl. *Ideen I*, §§ 109 ff.
[407] Dieses „Entsprechen" ist „im Sinne einer idealen Möglichkeit zu verstehen" (Hua XIX/1, 499).

scheinend und doch als ein Nichtiges [nicht-setzend]. Der Unterschied liegt beiderseits in den Qualitäten. (Hua XIX/1, 460)[408]

Ein einfacheres Beispiel ist die bekannte *Müller-Lyer-Illusion*. Obschon man weiß, dass beide Pfeile die gleiche Länge haben, hören sie (in der Regel) nicht auf, als unterschiedlich lange Pfeile zu erscheinen. Die Materie der Wahrnehmung bleibt dabei gleich, obwohl sich die Setzung ändert. Ähnlich ist der Fall beim Urteilen. Denn offenbar können wir ein und denselben propositionalen Gehalt zu einem Zeitpunkt bloß vorstellen (verstehen), zu einem anderen Zeitpunkt hingegen für wahr halten. So ein Übergang findet z. B. beim Prüfen eines Gedankens statt (vgl. dazu *en détail* LU V, §§ 28 – 31).

Wenn Husserls These stimmt, dass objektivierende Akte dadurch ausgezeichnet sind, immer in Paaren von setzenden und neutralen Erlebnissen vorzukommen, darf dies auf nicht-objektivierende Akte nicht zutreffen. Ein Beispiel dafür ist Freude, ein nicht-objektivierender Gemütsakt, der in einem setzenden objektivierenden Akt, z. B. einer Wahrnehmung, fundiert ist.[409] Wenn die Wahrnehmung ihren positionalen Charakter verliert und in eine bloße Perzeption übergeht, dann verschwindet (typischerweise) auch die Freude.

Der Zusammenhang zwischen dieser Charakterisierung objektivierender Akte durch, wie man sagen könnte, *doxische Koordination* und der oben skizzierten funktionalen Charakterisierung durch *Erfüllung via bloße Identifikation* ist darin zu sehen, dass objektivierende Akte verifiziert oder falsifiziert werden können. Das heißt aber letztlich, dass eine Position in eine entgegengesetzte neutrale Qualität mit identischer Materie umschlagen kann.

Um nun auf unsere Frage nach der Individuation intentionaler Erlebnisse zurückzukommen, so lässt sich sagen, dass die Qualität eines Aktes in den *Untersuchungen* dadurch bestimmt ist, dass sie a) objektivierend oder nicht-objektivierend, und b) setzend oder nicht-setzend ist. Jede letzte spezifische Differenz

---

408 Das Puppen/Damen-Beispiel zeigt übrigens, dass Husserl *kein Disjunktivist* bezüglich des Verhältnisses von veridischer und nicht-veridischer Wahrnehmung ist, wobei letztere neben Illusionen auch Halluzinationen und Sinnestäuschungen umfasst. Husserl sagt explizit, die beiden intentionalen Erlebnisse vor und nach Entlarvung der Täuschung haben „beide ein Gemeinsames" (Hua XIX/1, 460), was der Disjunktivist leugnet, demzufolge es kein *highest common factor* gibt. Eine disjunktivistische Deutung entwickelt A. D. Smith 2006, die, anders als bei zeitgenössischen Disjunktivisten, Hand in Hand mit Husserls Idealismus geht.

409 Vgl. Hua XXX, 288: „Freude überhaupt ist ein Ausdruck für existenziales Werten." Vgl. Hua XIX/1, 418, 515, 516. Von Freude in diesem Sinne ist „interesseloses" Gefallen, das „ästhetische Gefühl" (Hua XIX/1, 515), zu unterscheiden. Man kann sich fragen, ob Husserls Abgrenzung wirklich funktioniert. Mir scheint, dass dem nicht so ist, da es offenbar auch ‚neutrale' Freude gibt.

fällt unter diese beiden Arten bzw. Gattungen. Allerdings sind a) und b) nicht hinreichend, um Qualitäten feinkörnig genug zu differenzieren, worauf Husserl selbst hinweist (vgl. Hua XIX/1, 434 f.). So sind z. B. eine Wahrnehmung und eine (anschauliche) Erinnerung setzende und objektivierende Akte, die zudem dieselbe Materie haben können. Husserl wird aus diesem Grund in der *VI. Untersuchung* den Begriff der *Auffassungsform* einführen, der für die letzte Differenzierung sorgen soll (s. u.).

Husserls Konzeption in den *Untersuchungen* macht aber insgesamt nicht hinreichend klar, was so unterschiedliche Aktarten wie Wahrnehmungen, Urteile, Vermutungen, Fragen, Phantasien, Freuden, Wünschen und Wollungen zu Arten *eines einheitlichen Genus* macht.[410] Was ist die Einheit aller intentionalen Modi? Seine frühe Analyse erschöpft sich in der einseitigen Fundierungsthese aller nicht-objektivierenden Qualitäten in objektivierenden. Lediglich die objektivierenden Akte werden einheitlich charakterisiert: es sind solche, deren Erfüllung die Form der bloßen Identifikation hat. Bei der Analyse der Aktstruktur in den *Ideen I* wird sich zeigen, dass Husserl dort alle Qualitäten als *explizit/aktuell* oder *implizit/potentiell objektivierende* charakterisieren wird, wodurch eine größere Vereinheitlichung erreicht wird. Jeder Akt ist demnach in ein *aktuelles Glauben* transformierbar. Objektivierende Akte erweisen sich nicht nur als *Basis*, sondern auch als ,fokaler' Rückbezug aller Akte.

Ich gehe nun näher auf Husserls Klassifikationen von Identitätskriterien für *Aktmaterien* ein.

Husserl nimmt auch bezüglich der Materie eine grundlegende *Zweiteilung* vor. Der prinzipielle Unterschied ist der zwischen *mehrstrahligen* (alternativ: *synthetischen, polythetischen*) und *einstrahligen* (alternativ: *thetischen, monothetischen*) intentionalen Gehalten. Haben diese Materien eine kategoriale (syntaktische, logische) Struktur, so handelt es sich um Akte mit *propositionaler, prädikativer* oder *nominaler* Materie. Alle Bedeutungserlebnisse, die im rezeptiven Verstehen und aktiven Ausdrücken von sprachlichen Ausdrücken konstitutiv involviert sind, sind kategoriale Akte.[411] Kategoriale Akte zeichnen sich dadurch aus, dass ihre

---

410 Vgl. Tugendhat 1970, 39: „In den LU wird noch nicht sichtbar, was sie [die Qualitäten] zu einer einheitlichen Gattung verbindet."

411 Das Umgekehrte scheint interessanterweise nicht zu gelten, da für Husserl kategoriale Akte nicht notwendigerweise an sprachliche Artikulation gebunden sind: „Beziehendes Auffassen und Erkennen z. B. auf Grund bloßer Wahrnehmung, ohne Worte und Wortbedeuten, faßt in sich gewisse kategoriale Aktformen, die aber nicht prädikativ sind." Anders gesagt: nicht alles ,Denken' (in einem gewissen engeren Sinne) ist sprachlich konstituiert. Bedeutungserlebnisse bezeichnet Husserl auch als „prädikative Akte"; es sind entweder „volle" propositionale Akte, oder solche, die aktuelle oder potentielle Teile solcher Akte sind. Vgl. *VüB*, § 14.

Materie eine *(gegliederte) Form* hat. Allerdings ist nicht jede Materie kategorialer Natur, insbesondere nicht die der „schlichten" Wahrnehmung. Wird eine schlichte Wahrnehmung, z. B. das Sehen eines Apfels *hic et nunc*, ausgedrückt, indem ihr Objekt benannt wird („dieser Apfel"), dann liegen zwei Akte mit unterschiedlicher Materie und gleichem Gegenstand vor: der Sinn der Wahrnehmung ist einstrahlig und nicht-kategorial, der Sinn der Nennung kategorial und ‚geformt' – die Wahrnehmung wird „nominal geformt" (vgl. LU VI, § 49). Diese „Formung" bedeutet, dass der Gegenstand bzw. die Materie von nun an eine bestimmte *syntaktische Rolle* in Aussagen spielen kann, z. B. als Subjekt einer Prädikation („Dieser Apfel ist rot").

Insgesamt ergibt sich folgende *Tabelle für die Struktur von Aktmaterien* (vgl. LU V, § 38):

	kategorial	nicht-kategorial
einstrahlig	*Nominal* S denkt an ein E/an X S nennt X	S sieht ein E/X S phantasiert ein E/X
mehrstrahlig	*Propositional* S urteilt, dass x E ist/dass p S nimmt an, dass x und y E sind *Nicht-propositional* S denkt an X, Y und Z	S liebt X, Y und Z („plurale Liebe")[412] S sieht X neben Y stehen („beziehende Wahrnehmung")[413]

Die Tatsache, dass Husserl einstrahlige nicht-kategoriale Intentionalität zulässt, bringt seinen resoluten *Anti-Propositionalismus* oder *Anti-Kategorialismus* zum Ausdruck: *Nicht jede Intentionalität ist propositional/kategorial*. Das wichtigste Beispiel dafür ist die schlichte Wahrnehmung von raumzeitlichen Einzeldingen („Ich sehe den Baum"). Kategoriale Akte sind für Husserl höherstufige und fundierte Akte, deren Erfüllung durch „kategoriale Anschauung" schlichte Anschauungen einseitig voraussetzt.[414] Dass jedes Erlebnis auf eine bestimmte Weise

---

[412] Vgl. Hua III/1, 279 f.: „Die Einheit eines kollektiven Aktes der Liebe ist nicht eine Liebe und ein kollektives Vorstellen dazu, sei es auch als notwendige Unterlage der Liebe zugeordnet. Sondern das Lieben selbst ist kollektives, es ist ebenso vielstrahlig wie das ihm ‚unterliegende' Vorstellen […]. Die geliebte Kinderschar als L i e b e s o b j e k t ist ein Kollektivum; das sagt […], nicht nur ein sachliches Kollektivum und dazu eine Liebe, sondern ein L i e b e s k o l l e k t i v u m."
[413] Vgl. EU, §§ 33–35.
[414] Kategoriale Akte erfüllen sich nach Husserl zwar *aufgrund* von schlichten Anschauungen, aber nicht *durch* diese allein. Ein Urteil z. B. hat einen „Überschuß in der Bedeutung, eine Form,

auf seinen Gegenstand gerichtet ist, impliziert nicht, dass jedes Erlebnis propositionaler Natur ist. Insbesondere ist nach Husserl die Setzungsqualität eines Aktes *nicht* mit einem expliziten oder impliziten Existenz*urteil* zu verwechseln, denn Urteile sind ausnahmslos propositionale Gebilde.

Die Scheidung der abstrakten Materiegattungen in einstrahlige und mehrstrahlige ist bei Husserl das Ergebnis mühevoller Analysen und keineswegs einfach der sprachlichen Oberflächenstruktur entnommen.[415] Viele Akte sind in sich ein- oder mehrstrahlig, unabhängig davon, ob sie sprachlich artikuliert oder ausgedrückt werden. Nur „logische Erlebnisse" (vgl. Hua XIX/1, 10) sind eo ipso semantisch artikulierte Erlebnisse.[416]

In den *Untersuchungen* gewinnt Husserl diesen Unterschied infolge einer scharfen Abgrenzung von Namen bzw. nominalen Akten von Aussagen/Urteilen bzw. propositionalen Akten. Ein und derselbe Akt kann nicht in derselben Hinsicht eine nominale und eine propositionale Materie haben. Allerdings kann jeder Akt mit propositionaler Materie umgewandelt werden in einen nominalen Akt. Dies wird durch die

> fundamentale Operation der Nominalisierung möglich, der Umwandlung der synthetischen Vielstrahligkeit in eine „nominale" Einstrahligkeit mit der zugehörigen zurückdeutenden Materie. (Hua XIX/1, 502)

So können wir z. B. nach dem Fällen des Urteils „Dieser Apfel ist rot" (1) den darin intendierten Sachverhalt benennen, indem wir weiter urteilen „Dass dieser Apfel rot ist, ist erfreulich" (2). In (1) liegt ein Urteilsvollzug vor, durch den ein Substratgegenstand und eine Eigenschaft (ein Moment) durch eine Form serieller explikativer Synthese bestimmt wird; aufgrund von (1) sind wir intentional auf einen Sachverhalt gerichtet, ohne diesen zu benennen. Dies geschieht erst in (2), denn hier wird der Sachverhalt selber zum Substratgegenstand, vom dem etwas ausgesagt wird (hier eine Werteigenschaft). In beiden Urteilen haben wir es mit

---

die in der Erscheinung selbst nichts findet, sich darin zu bestätigen" (Hua XIX/2, 661). Das Weiß-*Sein* eines Blatt Papiers lässt sich nach Husserl nicht selbst sinnlich anschauen. Husserl fordert somit, dass sich kategoriale Akte durch ihnen angepasste kategoriale Anschauungen erfüllen. Es muss mithin so etwas wie ‚intellektuelle Anschauung' geben, selbst für die Erfüllung einfacher Wahrnehmungsurteile („Dieses Blatt ist weiß"). Vgl. LU VI, Zweiter Abschnitt.

415 Vgl. LU V, Kapitel IV (§§ 32–36). Vgl. dazu ausführlich Mayer/Erhard 2008, 169 ff.
416 Wie Frege unterscheidet Husserl klar zwischen logischer und sprachlicher Form. Vgl. Hua XIX/1, 17–19. Allerdings genügt die „allgemeine Erkenntnis, daß grammatische Unterschiede nicht immer mit logischen Hand in Hand gehen" (Hua XIX/1, 19) nicht. Dies muss durch Reflexion auf die Struktur von Bedeutungsintentionen (logischen Erlebnissen) ergänzt werden (ebd.).

setzenden propositionalen Akten zu tun, deren Materie erheblich variiert. Es ist zwar ein und derselbe Sachverhalt, aber in (1) ist er polythetisch bewusst, in (2) monothetisch, als ob „mit dem Finger" (Hua XIX/1, 492) darauf hingewiesen würde:

> Der Sachverhalt ist auf der einen und anderen Seite derselbe, aber er wird uns in ganz anderer Weise gegenständlich. [...] Das Urteil vollziehen und in dieser „synthetischen", „etwas auf etwas" hin setzenden Weise eines Sachverhalts „bewußt" werden[,] ist einerlei. Eine Thesis wird vollzogen und daraufhin eine zweite unselbständige Thesis, derart, daß in der Aufeinandergründung dieser Thesen die synthetische Einheit des Sachverhalts zu intentionaler Konstitution kommt. Offenbar ist dieses synthetische Bewußtsein ein ganz anderes als das sich ein Etwas sozusagen in einer einstrahligen Thesis Gegenübersetzen, in einem möglichen schlichten Subjektsakte, in einer Vorstellung. (Hua XIX/1, 491f.; vgl. 477f.)

Kategoriale (höherstufige) Objekte zeichnen sich u. a. dadurch aus, dass wir auf sie polythetisch und monothetisch gerichtet sein können. Die mehrgliedrige Bezugnahme lässt sich stets zu einer einstrahligen gleichsam bündeln. Eine solche einstrahlige Bezugnahme auf kategoriale Objekte weist auf eine „ursprüngliche" mehrstrahlige zurück. Epistemisch bedeutet diese Modifikation, dass der nominalisierte kategoriale Akt bezüglich seiner Rechtfertigung („Evidenz") einen unmodifizierten, ursprünglich mehrstrahligen Akt voraussetzt. Ein Beispiel dafür sind auch sog. „attributive Namen" wie „der rote Apfel" oder „der Apfel, der rot ist". Ein anschauliches Verstehen solcher Namen ist nach Husserl epistemisch fundiert in dem zugehörigen anschaulichen Urteil „Der Apfel ist rot".

Sind wir in einem mehrstrahligen Erlebnis e auf einen Gegenstand X gerichtet, so gibt es ein echtes Teilerlebnis e* von e, das auf einen Teil X* von X gerichtet ist. Paradigmatisch dafür ist der intentionale Bezug auf Sachverhalte: Urteile ich, dass die Sonne scheint, so enthält mein Urteilserlebnis ein nominales Teilerlebnis, das auf einen Teil des Sachverhalts, dass die Sonne scheint (eben auf die Sonne), gerichtet ist. Dieses nominale Erlebnis ist zugleich ein typisches Beispiel für einen einstrahligen Akt. Husserl hat ein *kompositionales Bild* von Akten, das auf seiner Mereologie basiert: Mehrstrahlige Akte enthalten einstrahlige als Teile in sich und bilden mit diesen ein Ganzes.[417] Ferner lassen sich alle mehrstrahligen Akte sozusagen ‚vereinheitlichen', sodass ein einstrahliger, modifizierter Akt resultiert. Solche Vorgänge der Objektivierung oder Nominalisierung sind entscheidend für Husserls hierarchische formale Ontologie. So stellen sich z. B. Mengen als Objekte

---

[417] Husserl zufolge erfahren alle Akte, die als Teile in Aktkomplexe eingehen, eine Modifikation, eine „Formung". Dies gilt insbesondere für *kategoriale* Aktkomplexe. Akte außerhalb solcher Komplexe sind also nicht vollständig identisch mit Akten innerhalb dieser fundierten Akte.

einstrahliger Akte heraus, die aus mehrstrahligen kolligierenden Erlebnissen hervorgehen. In solchen kolligierenden Akten allein haben wir keine Menge als einheitlichen Substratgegenstand vor uns, dem Eigenschaften und Relationen zugeschrieben werden können, sondern zunächst haben wir es mit einer Gruppe oder einem Aggregat von Objekten zu tun (vgl. *Ideen I*, § 118f.; EU, § 61).

Wie verhalten sich, innerhalb der kategorialen Akte, nominale und propositionale Materien zueinander? Auf den ersten Blick scheint Husserl in den *Untersuchungen* eine Art semantischen Atomismus zu vertreten, demnach alle propositionalen Akte mindestens einen nominalen Akt enthalten, der darüber hinaus selbständig ist und unverändert in anderen propositionalen Gebilden auftreten kann.[418] Diese Lesart legt sich nahe, wenn es z. B. heißt, die Materie „einer prädikativen Aussage" sei in der Materie der „fundierenden Nominalakte" (Hua XIX/1, 519) gegründet. Liegt ein komplexer Akt vor, so können wir seinen inneren Bau bis zu letzten Akten zurückverfolgen, die nach Husserl „einstrahlig" und zudem „einfach" (ohne Rückbezug auf weitere Akte) sein müssen. Es gilt,

> daß die letztfundierenden Akte eines jeden komplexen Aktes (bzw. die letztimplizierten in den nominalen Gliedern) objektivierende Akte sein müssen. Dieselben sind alle von der Art der nominalen Akte, und zwar sind schließlich die letztimplizierten Glieder in jeder Hinsicht einfache nominale Akte, schlichte Verbindungen einer einfachen Qualität mit einer einfältigen Materie. (Hua XIX/1, 518)

> Offenbar führt die Analyse jedes (nicht schlichten) objektivierenden Aktes, wofern sie auch der Stufenfolge der Rückdeutungen in den in ihm beschlossenen Nominalisierungen nachgeht, zuletzt auf derart „schlichte" Aktglieder, einfältig nach Form und Materie, zurück. (Hua XIX/1, 503)

Offenbar hat Husserl hier einseitige Fundierungsverhältnisse vor Augen, sodass (einfache) nominale Akte gleichsam die ‚Aktatome' darstellen, die in allen anderen Akten enthalten sind und für sich allein vollzogen werden können. Als Beispiel dafür erwähnt Husserl diejenigen nominalen Akte, die dem Verstehen von Eigennamen und indexikalischen Ausdrücke wie „dies" oder „ich" zugrunde liegen (vgl. Hua XIX/1, 502f.).

Tatsächlich ist diese Form semantischen Atomismus schon in den *Untersuchungen* nicht durchgängig vorherrschend. Denn ein nominaler Akt ist wesentlich auf eine syntaktische Funktion innerhalb eines propositionalen Aktes bezogen.

---

[418] Nach Husserl verlangt „jede voll ausgesprochene Aussage" (Hua XIX/1, 479) mindestens einen Namen – eine fragliche These. Denn welche Namen enthalten die Aussagen „Nichts (Etwas) existiert", „Etwas ist etwas" oder „Alles ist mit etwas identisch"? Husserl selbst hat diese These im Rahmen einer Konzeption quantifizierter Funktionalurteile zurückgenommen. Nur „feste Urteile" müssen nominale Terme enthalten. Vgl. Hua XXX, §§ 32, 40.

Nominale Akte sind auf propositionale Akte angewiesen, in denen sie sozusagen erst ‚zu sich selbst' kommen. Ob (nominale) Akte innerhalb oder außerhalb von propositionalen auftreten, ist diesen also nicht ‚gleichgültig'. Es findet eine phänomenologische Änderung statt:

> Wir können zunächst vielleicht ganz allgemein sagen: objektivierende Akte rein für sich und „dieselben" objektivierenden Akte in der Funktion, Beziehungspunkte irgendwelcher Beziehungen zu konstituieren, sind nicht wahrhaft dieselben, sie unterscheiden sich phänomenologisch (Hua XIX/2, 685).[419]

Besonders wichtig ist dies nach Husserl, wenn eine einstrahlige Wahrnehmung, die in sich noch keine kategoriale Struktur hat, nominal geformt wird, etwa dadurch, dass wir sie ausdrücken und dabei simultan eine kategoriale Anschauung vollziehen („Dieser Apfel ist rot"). Obwohl sinnlich alles beim Alten bleibt, „tut" die „Funktion des synthetischen Denkens (die intellektive Form)" der Wahrnehmung etwas an (Hua XIX/2, 685). Der intentionale Gegenstand steht „in neuer Weise da" (Hua XIX/2, 686), nämlich mit einer „neuen Form" [...] (sozusagen mit dem charakteristischen Kostüm seiner Rolle, die sich im angemessenen Ausdruck durch die nominale Ausdrucksform bekundet)" (Hua XIX/2, 687).

Tatsächlich vertritt Husserl also keinen Atomismus im Reich der kategorialen Akte, sondern eine Art *kontextualistischen Propositionalismus*, demzufolge nominale Vorstellungen ihre Gerichtetheit auf etwas letztlich einem prädikativen Kontext (Urteil) verdanken (vgl. Stepanians 1998, Kap. 11.3; Mohanty 2008, 229 f.). Dies macht folgende Stelle aus *VüB* besonders deutlich:

> Wir finden „für nominale Vorstellungen zu bemerken, daß sie in jedem prädikativen Zusammenhang etwas, und zwar ein und dasselbe vorstellen, ein und dasselbe nennend vorstellen. Zwar können wir solche Vorstellungen κατὰ μηδεμίαν συμποκήν[420] vollziehen, nämlich außerhalb eines prädikativen Zusammenhangs; aber dann weist die Vorstellung durch einen mitverflochtenen funktionellen Gedanken auf irgendeinen prädikativen Zusammenhang zurück, und jedenfalls schöpft sie nur aus ihrer prädikativen Funktion ihre originär vorstellende Eigenschaft. Nur um dessentwillen, was sie dort auszuweisen imstande ist auf Grund ihres spezifischen Wesens, wird ihr auch isoliert gegenständliche Beziehung

---

419 Besonders deutlich und allgemein formuliert Husserl diese These in folgender Passage: „Tritt irgendein Konkretum – in welchem Gebiet immer – in eine Verbindung ein, wird es zum Teil, so nimmt es *eo ipso* eine Form an, die durch die Art des zusammengesetzten Ganzen vorgezeichnet ist. Auch ein physisches Stück eines physischen Ganzen ist als dasjenige, das es im Ganzen ist, nie und nimmer außerhalb des Ganzen, eben vermöge der Form. [...] Ebenso verhält es sich in der Bedeutungssphäre." (Hua XXX, 103)
420 Husserl spielt hier auf Aristoteles an, der in der *Kategorienschrift* Ausdrücke außerhalb eines propositionalen Kontextes diskutiert. Vgl. *Kategorien* 1a, 16 ff.

zugeschrieben, und zwar genau in dem Sinn zugeschrieben, den sie dort urteilsmäßig ausweist. (Hua XXVI, 61; vgl. 65, 94)

Das soll nicht heißen, dass wir niemals nur nominale Akte vollziehen könnten, oder dass nominale Akte elliptischer Ausdruck für zugrunde liegende propositionale Akte wären. Wir können durchaus nominale Akte vollziehen, ohne zugleich propositionale zu vollziehen. Ein Beispiel dafür ist das (registrierende) *Aufzählen* von Objekten aus einer bekannten Umgebung, etwa der Wohnung („mein Schreibtisch", „der PC", „der Apfel" etc.; vgl. Hua XXII, 346 ff.). Aber dann, so Husserls These, ist ein „funktionaler Gedanke mitverflochten", der auf ein Urteil verweist. Im Beispiel sind das Urteile der Form „dies ist mein Schreibtisch", „das ist mein PC" etc. In solchen Urteilen erfüllen sich die nominalen Akte; solche Identitätsurteile sind mithin für das Verständnis der Intentionalität der Namen vorausgesetzt. In solchen Urteilen „weist sich aus", was ich nennend meine.

Die nennende Funktion hat ihren „originären" Sitz in einem propositionalen Ganzen, in dem der nominale Akt unselbständiger Teil ist. Für das Nennen sind insbesondere identifizierende Urteile der Form „Dies ist A", „A ist (identisch mit) B" etc. konstitutiv. Vollziehen wir einen nominalen Akt für sich, verweist dieser Akt nach Husserl mit Blick auf seine Erfüllung auf einen propositionalen Akt, in dem der nominale Akt als Subjekt- oder Objektterm zum Ausdruck kommen würde. *Nennen ist ‚ursprünglich' Identifizieren in einem Urteil.* Einen Namen verstehen heißt, ihn als Terminus in ein Identitätsurteil einbetten zu können:

> Wie, wenn es eine nominale Vorstellung gäbe, die in keinen gültigen propositionalen Identitätsakt einfügbar wäre? Könnte dann noch die Rede davon sein, daß diese Vorstellung etwas vorstellt, daß sie einen vorgestellten, genannten Gegenstand hat? (Hua XXVI, 62)

Trotz dieses Vorrangs des Urteils im Rahmen kategorialer Akte darf nicht vergessen werden, dass die Basis unserer intentionalen Erlebnisse durch einstrahlige Wahrnehmungen gebildet wird, die nicht in kategorialen Zusammenhängen fundiert sind. Nach Husserl muss eine vorkategoriale und vorprädikative „aesthetische (‚sinnliche') Synthesis" (Hua IV, 18) anerkannt werden:

> So führt uns jede schlichte Dingwahrnehmung (also ein originär gebendes Bewußtsein vom gegenwärtigen Dasein eines Dinges) intentional zurück, sie fordert von uns E i n z e l b e - t r a c h t u n g e n [...], die zwar von der Einheit einer kontinuierlichen Thesis umspannt sind, aber offenbar so, daß die vielerlei einzelnen Thesen keineswegs in Form einer kategorialen Synthesis geeinigt sind. Was d i e s e n Einzelthesen Einheit verleiht, ist eine Synthesis ganz anderer Art: wir wollen sie die a e s t h e t i s c h e Synthesis nennen. [...] Hierbei gibt sich das

Ding immerfort als etwas, was so und so ist, mögen auch keine Begriffe, keine Urteile im prädikativen Sinne vermitteln. (Hua IV, 19 f.)[421]

Objekte einstrahliger Wahrnehmungen konstituieren sich „vor aller Kategorie" (Hua XXVI, 77) oder „außer-kategorial" (Hua XXVI, 94). Eine kontinuierliche Wahrnehmung ist beispielsweise keine Abfolge von Erlebnissen oder Sinneseindrücken, sondern ein übergreifendes „Einheitsbewußtsein", zu dem zwar einzelne Wahrnehmungsphasen gehören, in denen jedoch ein „Identisches" bewusst wird (Hua XXVI, 64). Dieses *Einheitsbewusstsein* ist von einem expliziten *Identitätsurteil* (X=Y) zu unterscheiden. Nach Husserl muss man bereits ein Einheitsbewusstsein vollzogen haben, um urteilen zu können, dass X=Y. Nur weil ich z. B. den Abendstern schon als *ein Ding* im Fluss meiner Erlebnisse „konstituiert" habe, kann ich urteilen, dass dieser Stern identisch mit der Venus sei. Für Intentionalität allgemein ist Identitätsbewusstsein – sei es nun das „schlichte synthetische Einheitsbewusstsein" oder das darin fundierte „gegliederte Identitätsbewusstsein" (Hua XXXV, 90) – konstitutiv.

Nach diesen eher taxonomischen Bemerkungen zur Aktmaterie gehe ich nun näher auf Fragen nach der *Identität* von Materien ein. Wann haben zwei Akte dieselbe Materie *in specie*?

Die Identitätsbedingungen der Materie werden in der Husserl-Literatur kontrovers diskutiert (vgl. Künne 1986; Rang 1990, Kap. 4.1). Nach Husserl zeigt sich „die Bedeutung solcher wesentlichen Identität" in der „Funktion der Vorstellungen als Fundierungen für höhere Akte" (Hua XIX/1, 432). Er formuliert folgende Identitätsbedingung *in specie*:

> (I) [a] Zwei Vorstellungen sind im W e s e n d i e s e l b e, wenn sich auf Grund einer jeden unter ihnen und zwar rein für sich genommen (also analytisch), über die vorgestellte Sache genau dasselbe und nichts anderes aussagen ließe. Und ähnlich in betreff der anderen Aktarten. [b] Zwei Urteile sind wesentlich dasselbe Urteil, wenn alles, was vom beurteilten Sachverhalt nach dem einen Urteil (rein auf Grund des Urteilsinhalts selbst) gelten würde, von ihm auch nach dem anderen gelten müsste und nichts anderes. Ihr Wahrheitswert ist derselbe, und er ist es offenbar, wenn „das" Urteil, das intentionale Wesen als Einheit von Urteilsqualität und Urteilsmaterie dasselbe ist. (Hua XIX/1, 433; Numm. CE)

Ganz ähnlich heißt es in § 25 der *VI. Untersuchung*:

> (II) Vorstellungen von übereinstimmender Materie stellen nicht nur überhaupt denselben Gegenstand vor, sondern sie m e i n e n i h n g a n z u n d g a r *als* d e n s e l b e n, nämlich

---

[421] Husserl charakterisiert kategoriale und sinnliche Synthesen kontrapunktisch. Vgl. *Ideen II*, § 9; LU VI, §§ 46–47; EU, § 63.

als völlig gleich bestimmten. Die eine teilt ihm in ihrer Intention nichts zu, was ihm nicht auch die andere zuteilt. Jeder objektivierenden Gliederung und Form auf der einen Seite entspricht eine Gliederung und Form auf der andern Seite, derart daß die übereinstimmenden Vorstellungselemente objektiv dasselbe meinen. (Hua XIX/2, 617)

Offenbar hat Husserl hier nicht nur hinreichende, sondern auch notwendige Bedingungen für die Identität *in specie* von Akten gleicher Qualität vor Augen. (Das „wenn" in Zitat [I] ist also als ein „genau dann, wenn" zu lesen.). Die Grundidee von Husserls materialem Identitätskriterium ist eine Art *Gleichwertigkeit der ‚objektiven' oder ‚aspektivischen' Gegebenheitsweise* des intentionalen Objekts:

> Genauer: von einer Selbigkeit des Sinnes kann eigentlich nur die Rede sein, wo eben der Gegenstand nicht nur als identischer, sondern „im selben Sinn" gemeint ist, das heißt von derselben Seite, mit denselben Bestimmungen usw. So kann der Sinn identisch derselbe sein in verschiedenen Erlebnissen. (NuS, 4 f. Zitiert nach Süßbauer 1995, 434, vgl. Hua XVI, 92 f.)

Die intentionalen Objekte X und Y von zwei material identischen Akten ‚erscheinen' (im weiteren Sinne) dem Subjekt S mit denselben (intrinsischen und relationalen) Eigenschaften, „Bestimmtheiten" (Hua XIX/1, 434) und kategorialen Formen, sodass S aufgrund des einen Aktes dem Gegenstand „objektiv nichts zudeutet, was ihm nicht auch [...] [der] andere zudeutet" (Hua XIX/1, 435).[422] Beide Akte *meinen* dasselbe (vgl. Hua XIX/1, 433 f.). Dies lässt sich dahingehend präzisieren, dass jedes Urteil, das S aufgrund des einen Aktes über X fällt, *eo ipso* von S auch aufgrund des anderen Aktes über Y gefällt werden kann.[423] Die beiden Urteile haben dabei notwendigerweise denselben Wahrheitswert und folgen wechselseitig auseinander.[424] Das objektivierende, aspektivische und prädikative Potential der Akte ist – vom Standpunkt des Subjekts aus gesehen – dasselbe."[425]

Husserl'sche Materien sind damit *überaus feinkörnig* individuiert. Denn nicht nur die üblichen Verdächtigen wie *Abendstern* und *Morgenstern*, *der Sieger von Jena* und der *Verlierer von Waterloo*, sondern auch *gleichseitiges Dreieck* und *gleichwinkliges Dreieck* und *2* und *10. Wurzel aus 1024* sind nach Husserl unter-

---

[422] Vom Standpunkt der *Ideen I* aus gesehen, beschreibt Husserl hier die Identität des *noematischen Kerns* bzw. des *gegenständlichen Sinns* eines Aktes, der den Gegenstand im *Wie seiner Bestimmtheiten* intendiert (vgl. *Ideen I*, §§ 91, 130 f.).
[423] Zuvor hat Husserl die These vertreten, dass spezifisch identische Akte auf dieselben Objekte gerichtet sind. Identität der Materie impliziert Identität der Objekte. Vgl. Hua XIX/1, 432.
[424] Husserls Hinweis auf die Wahrheitswertgleichheit in (I) ist allerdings irreführend. Denn weder kontingente noch notwendige Wahrheitswertgleichheit (bei Sätzen) ist hinreichend für materiale Identität.
[425] Husserl dehnt das Identitätskriterium auch auf nicht-kategoriale Akte (Wahrnehmungen, Phantasien) aus. Vgl. Hua XIX/1, 433–435.

schiedliche Materien. Auch *eine Länge von a+b Einheiten/eine Länge von b+a Einheiten* und *a ist größer als b/b ist kleiner als a* sind verschiedene Sinne (vgl. LU I, § 12; LU V, § 21; VüB, § 30 b)). Selbst scheinbar synonyme Sätze wie „es wird Regenwetter geben" und „das Wetter wird regnerisch werden" sind sinnverschieden, weil in ihnen unterschiedliche kategoriale Gliederungen und Formungen am Werke sind. Anders als Frege sind für Husserl somit auch scheinbar bloß ‚grammatische' Unterschiede sinnrelevant, etwa der Unterschied zwischen Aktiv- und Passivform. Husserls Identitätskriterium ist in jedem Fall nicht nur intensionaler, sondern vielmehr *hyperintensionaler Natur*, denn auch Extensionsgleichheit ‚in allen möglichen Welten' ist nicht hinreichend für materiale Identität (vgl. Künne 2009). Husserls Beispiele für identische Sinne in den *Untersuchungen* (und anderswo) sind leider rar. Triviale Beispiele sind die „tautologischen Ausdrücke" (Hua XIX/1, 52) wie „London" und „Londres" und andere (unproblematische) Übersetzungen eines Ausdrucks in eine andere Sprache.

Materiale Identität ist jedenfalls wesentlich an die *Perspektive des Subjekts* gebunden: Akte derselben Qualität sind wesentlich dieselben, wenn sie kognitiv und phänomenologisch äquivalent sind und gleichsam dasselbe objektivierbare Potential in sich tragen. Ein Denkakt mit der Materie *gleichschenkliges Dreieck* ist deshalb nicht material mit einem Denkakt der Materie *gleichwinkliges Dreieck* identisch, weil *Gleichwinkligkeit* einen anderen Aspekt eines Dreiecks manifestiert als *Gleichschenkligkeit*. Hat man die Zeichnung eines gleichwinkligen Dreiecks vor Augen (z. B. auf der Tafel), so muss man anders fokussieren, um die Gleichseitigkeit sehen zu können, eine Art Gestaltwechsel ist involviert beim Übergang von Gleichwinkligkeit zu Gleichseitigkeit. In diesem Fall genügt es nicht, die Materie *gleichwinkliges Dreieck* „rein für sich genommen" (Hua XIX/1, 433) zu betrachten. Zusätzliche Informationen müssen herangezogen werden, um aus Gleichwinkligkeit Gleichseitigkeit herzuleiten.

Zur materialen Identität gehört aber nichts ‚Subjektives' in dem Sinn, dass auch Unterschiede der Klar- und Deutlichkeit, der Lebendigkeit, Intensität und allgemein der „Fülle" sinnrelevant wären (vgl. LU V, 433f.). (Erlebte) Verschwommenheit z. B. gehört nicht zur Materie eines Sehens, da sie nicht zum „Gegenständlichen, d a s bewußt", sondern zur „W e i s e, w i e es bewußt ist" (Hua III/1, 300) gehört. In den *Ideen I* wird Husserl dafür den Begriff des Gegenstands im *Wie der Gegebenheitsweisen* bzw. den „Kern als Sinn im Modus seiner Fülle" einführen, der sich vom *Gegenstand im Wie seiner Bestimmtheiten* unterscheidet (vgl. *Ideen I*, § 132). Ergänzend sei angemerkt, dass Husserls Materie nicht nur die manifest gemeinten, sondern auch die implizit bzw. horizontal mitgemeinten Aspekte des Objekts umfasst:

> [D]ie voll bestimmte Bedeutung hängt wesentlich vom „Hof" ab, sei es vom unbestimmten Hof, sei es von dem anschaulichen Zusammenhang, auch von dem Fortgang des weiteren Anschauens. (Hua XXVI, 185)

Man muss also zwischen expliziter und impliziter Materie unterscheiden. Husserls *Determinationsprinzip* gilt für die Materie als Ganze: instanziieren zwei Akte dieselbe explizite und (implizite) horizontale Materie *in specie*, dann sind die Objekte der Akte identisch – entweder kategorisch oder „unter Assumption".

6 Mehr zur Struktur intentionaler Erlebnisse

Im Folgenden werden weitere Thesen Husserls zusammengestellt, welche die intrinsische Struktur der Akte schärfer konturieren. Diese Thesen beziehen sich vor allem auf die Weise, wie einzelne Aktteile miteinander interagieren können; es geht gleichsam um die *interne Variabilität* von Akten.

Eine erste These bezieht sich auf das Verhältnis von Qualität und Materie (vgl. die Diskussion bei Stepanians 1998, Kap. 8). Beides sind Momente von Akten, die wechselseitig ineinander fundiert sind: Keine Materie ohne Qualität und umgekehrt. Husserl behauptet darüber hinaus, dass – ähnlich wie bei Farbigkeit und Ausdehnung – „ideal gefaßt, beliebige objektivierende Materien mit beliebigen Qualitäten verbindbar sind" (Hua XIX/1, 503):

> Jede Qualität ist mit jeder gegenständlichen Beziehung zu kombinieren. Diese zweite Variation trifft also eine zweite von der Qualität verschiedene Seite im phänomenologischen Inhalt des Aktes. (Hua XIX/1, 428)

Prima facie-Gegenbeispiele wie die Unmöglichkeit, *eine Primzahl zu begehren*, oder auf den *Eintritt seiner eigenen Geburt zu hoffen*, stellen kein Problem dar. Denn der Kontext macht klar, dass Husserl unter der Qualität den Unterschied zwischen den positionalen und neutralen Qualitätsarten und nicht den zwischen niedersten Qualitätsdifferenzen, zu denen etwa Begehren und Hoffen gehören, im Auge hat (vgl. Hua XIX/1, 483 f., 503 f.). Nennen wir diese These Husserls *universale Kombinationsthese* (Komb):[426]

> Für jede Materie M *in specie* gilt: M kann sich sowohl in setzenden als auch in neutralen Akten instanziieren.

---

[426] In der Literatur ist auch von Husserls *Permutationsthese* die Rede. Künne 1986, der hier den Anstoß gegeben hat, spricht von *universaler Kombinierbarkeit* von Qualität und Materie.

Aber wie steht es mit den ‚cartesischen' Materien *ich existiere (hic et nunc)* oder *ich habe (gerade) ein Erlebnis?* Oder mit logischen Materien wie *wenn A, so A,* oder *a≠a?* Kann man in diesen Fällen tatsächlich sowohl setzende als auch neutrale Erlebnisse vollziehen? Mir scheint, dass Husserl diese Fragen bejahen würde. Hier ist der Unterschied zwischen leeren und erfüllten Akten einschlägig. So kann ich durchaus sagen und verbal verstehen „ich existiere jetzt nicht". Man kann dies z. B. in einem skeptischen Diskurs annehmen, ohne es sogleich für bare Münzen zu nehmen. Aber auch ohne dies anzunehmen, kann ich Descartes' Einsicht bloß vor mich hinsagen und in diesem Sinne *bloß verstehen* – was immer noch etwas anderes als das ist, was der Papagei tut. Ähnliches scheint auch bei den einfachsten logischen Tautologien bzw. Kontradiktionen möglich zu sein: man kann sie stets, mit Brentano gesagt, „bloß vorstellen", ohne zu urteilen.[427] Ausgeschlossen ist in solchen Fällen aber der *anschauliche (einsichtige) Vollzug*. Mit Blick auf Akte der „immanenten Wahrnehmung" schreibt Husserl z. B.:

> Jede immanente Wahrnehmung verbürgt notwendig die Existenz ihres Gegenstandes. Richtet sich das reflektierende Erfassen auf mein Erlebnis, so habe ich ein absolutes Selbst erfaßt, dessen Dasein prinzipiell nicht negierbar ist, d. h. die Einsicht, daß es nicht sei, ist prinzipiell unmöglich; es wäre ein Widersinn, es für möglich zu halten, daß ein s o g e g e b e n e s Erlebnis in Wahrheit n i c h t sei. (Hua III/1, 96)

Sobald ich einen reflexiven Akt (eine „immanente Wahrnehmung") auf ein Erlebnis vollziehe, glaube ich eo ipso an dieses Erlebnis; das heißt, ich vollziehe ein setzendes Erlebnis 2. Stufe (vgl. Hua III/1, 256). (Komb) scheint also im folgenden Sinne vertretbar zu sein: *jeder* intentionale Gehalt lässt sich auf leere Weise sowohl im setzenden als auch im neutralen Modus vollziehen. Kein Gehalt *als solcher* zwingt uns sozusagen, ihn zu setzen. Erst in Verbindung mit einer bestimmten Weise der *Erfüllung* ‚müssen' wir mitunter daran glauben.

Ein weiteres wichtiges Ergebnis von Husserls Analysen ist die Unterscheidung *verschiedener Arten von Akt-Modifikationen*. Diese Modifikationen, die Husserl auch als „Operationen" bezeichnet (Hua XIX/1, 506 f.), haben die Funktion, im

---

[427] Stepanians 1998, 239, behauptet, dass für *alle evidenten* Akte gilt, dass sie „prinzipiell auch ohne Stellungnahme vollzogen werden können". Das ist aber falsch, denn immanente Wahrnehmungen z. B. sind evident, können aber nicht neutral vollzogen werden. Stepanians hält es hingegen für die Selbstidentität *a=a* wesentlich, dass sie nicht ohne bejahendes Urteil gedacht werden kann, und weist deshalb die Kombinationsthese zurück. Aber man kann nach Husserl eben auf leere und erfüllte Weise ein- und dieselbe Materie denken. Und leeres Denken birgt immer die Möglichkeit in sich, neutral vollzogen zu werden. Ganz in diesem Sinne schreibt Husserl, dass auch eine Materie wie „2*2=5" „mit jeder Thesis verträglich ist". Jede Materie ist mit jeder Thesis „im Modus des uneigentlich Gegebenen [...] verträglich" (Hua IV, 264).

,Reich' der idealen Akttypen Verweisungsbezüge sichtbar zu machen. Husserl hebt die Nähe zu mathematisch-logischen Operationen hervor:

> Es ist hier zu beachten, daß die Rede vom Entsprungensein und der Modifikation keineswegs in einem empirisch-psychologischen und biologischen Sinn zu verstehen ist, sondern ein im phänomenologischen Gehalt der Erlebnisse gründendes eigenartiges Wesensverhältnis ausdrückt. [...] [S]o bleibt [...], daß hier gesetzliche, und offenbar idealgesetzliche Zusammenhänge bestehen. Als idealgesetzliche meinen sie nicht das kausale Hervorgehen oder das empirische Zusammenbestehen der einander zugeordneten Akte; sondern sie meinen eine gewisse idealgesetzliche operative Zusammengehörigkeit der betreffenden ideativ erfaßbaren Aktwesen, die ihr „Sein" und ihre gesetzliche „Seinsordnung" im Reiche der phänomenologischen Idealität ebenso haben wie die reinen Zahlen und die reinen Artungen geometrischer Gestaltungen im Reiche der arithmetischen bzw. geometrischen Idealitäten. (Hua XIX/1, 488 f.)

Husserl unterscheidet Modifikationen in *konforme* und *nicht-konforme*. Konforme Modifikationen zeichnen sich dadurch aus, dass sie die Materie des Aktes unberührt lassen, während nicht-konforme oder materiale Modifikationen ebendas tun (vgl. Hua XIX/1, 504). Die wichtigste materiale Modifikation ist die Operation der Nominalisierung, aufgrund deren wir einstrahlig auf kategoriale Objekte (z. B. Sachverhalte, Mengen) Bezug nehmen können.[428] Urteile ich z. B. „die Sonne scheint", so vollziehe ich einen Akt mit einer propositionalen Materie, die auf einen Sachverhalt gerichtet ist. Fälle ich nun das neue Urteil, „dass die Sonne scheint, ist erfreulich", so nehme ich nominalisierend auf den Sachverhalt Bezug. Es hat eine materiale Modifikation einer propositionalen Materie in eine nominale stattgefunden.

Konforme Modifikationen sind ihrerseits entweder *qualitative* oder *imaginative Modifikationen*. Die qualitative Modifikationen verwendet Husserl, wie gezeigt, um die Gattung objektivierender Akte zu charakterisieren. Es gibt hier immer koordinierte Paare, die bis auf die Qualität übereinstimmen, z. B. glauben, dass p, und bloß denken, dass p. Typischerweise geht die qualitative Modifikation von einem setzenden Akt aus und ordnet ihm einen neutralen Akt zu. Wendet man sie auf einen neutralen Akt an, so kann man „zum Glauben zurückkehren" (Hua XIX/1, 507). Während die qualitative Modifikation nur den Setzungscharakter des Aktes modifiziert, modifiziert die imaginative Modifikation den sensorischen Gehalt des Aktes bzw. das, was Husserl in der *VI. Untersuchung* als „Auffas-

---

[428] Weitere materiale Modifikationen sind: 1) Vorder-/Nachsätze in hypothetischen Urteilen werden in Nach-/Vordersätze überführt. 2) Adjektive in prädikativer Position gehen über in attributive Position. 3) Substantive in Subjektposition gehen über in Objektposition. Vgl. Stepanians 1998, 292.

sungsform" des Aktes bezeichnet (Hua XIX/1, 512; Hua XIX/2, 621 ff.). So erfährt z. B. die visuelle Wahrnehmung der Sonne eine imaginative Modifikation, wenn ich die Augen schließe und sie „imaginiere". Was hat sich geändert? Ich glaube immer noch, dass sie existiert (Qualität konstant), und ich fasse sie immer noch auf dieselbe Weise auf, als gelbe Scheibe am Himmel, leuchtend etc. (Materie konstant). Aber die „Fülle" hat sich geändert, die Sonne ist nicht mehr in der gleichen Weise ‚präsent' wie zuvor.

Die Annahme einer imaginativen Modifikation ist dadurch motiviert, dass sich die Begriffe *nicht-setzender Akt* und *imaginierender Akt* nicht decken (vgl. Hua XIX/1, 511). Denn zum einen halten wir imaginierte oder phantasierte Objekte nicht zwangsläufig für nicht-existierend, zum anderen sind nach Husserl setzungslose Wahrnehmungen möglich. Dazu gehören z. B. halluzinierte Objekte, von deren Nicht-Existenz das Subjekt überzeugt ist. In einem solchen Fall vollzieht das Subjekt eine Perzeption, die durch „Leibhaftigkeit", aber nicht durch „Glaubhaftigkeit" charakterisiert ist (vgl. Hua XVI, 15 f.).

Die Pointe der verschiedenen Modifikationen besteht darin, dass Husserl mit ihrer Hilfe die intrinsisch-mereologische Komplexität intentionaler Erlebnisse weiter vertiefen kann. Jede Modifikation ist eine Variation, bei der gewisse Teile des Aktes konstant gehalten werden. Intentionale Erlebnisse, erweisen sich dergestalt – anders als „physische Phänomene" – als gleichsam intrinsisch multidimensionale Entitäten. Eine vollständige Charakteristik objektivierender Akte liefert Husserl in den §§ 25–27 der *VI. Untersuchung*. Nach Husserl ergeben sich insgesamt *vier Determinanten* intentionaler Erlebnisse, die sich allesamt als verschiedene Manifestationen der „Weise der gegenständlichen Beziehung" verstehen lassen (vgl. Hua XIX/2, 624):[429]

(i) Qualität, (ii) Auffassungsform (Form), (iii) Auffassungsmaterie (Materie), (iv) aufgefasste Inhalte (Empfindungen, Repräsentanten, Fülle)

Von der Notwendigkeit dieser vierfachen Unterscheidung überzeugt man sich am besten durch Variation von Beispielen. Gemäß Husserls mereologischer Erlebnisontologie der Akte müssen alle vier Aspekte unabhängig voneinander variiert werden können – ungeachtet der Tatsache, dass es sich um Aktmomente handelt.

Akte sind somit mereologische Fusionen von vier unterschiedlichen Momenten, deren jeweilige Komposition und Interaktion die intrinsische Natur intentionaler Erlebnisse konstituiert. Qualität und Materie wurden bereits näher

---

[429] Wie immer gilt dies in erster Linie für Akte, die auf transzendente Realia gerichtet sind. Husserls These ist, dass diese Determinanten bei allen Akten *mutatis mutandis* auftreten. Wir beschränken uns hier auf die basalen Fälle.

erläutert. Bleiben noch Auffassungsform und repräsentierende Inhalte (Empfindungen) zu erläutern.

Die Auffassungsform ist für den jeweiligen *Präsenz-* oder *Absenzcharakter* des intentionalen Objekts verantwortlich. Ob ein Gegenstand bloß signitiv (durch konventionelle Zeichen) oder bildlich intendiert ist, ob er phantasiert oder wahrgenommen ist – all diese Unterschieden kommen in der Form der Auffassung zu Ausdruck (vgl. Hua XIX/2, 624). Hier stößt die Analyse auf letzte Differenzen. Auf die Frage, worin die „Eigenart der Auffassungsform besteht" kann es keine „weiterführende Antwort" mehr geben: „Es handelt sich wohl um einen phänomenologisch irreduktibeln Unterschied." (Hua XIX/2, 623) Beispiele dafür sind Wahrnehmung und setzende Phantasie (oder Erinnerung) eines Objekts. Nach Husserl ist es möglich, dass wir uns ein und denselben Gegenstand mit denselben Merkmalen in der Wahrnehmung und der setzenden Phantasie vorstellen:

> Im übrigen kann eine Wahrnehmung auch mit einer Phantasievorstellung die Materie gemein haben, wofern diese Vorstellung den Gegenstand oder Sachverhalt „als genau denselben" imaginativ auffaßt, als welchen ihn die Wahrnehmung perzeptiv auffaßt, so daß ihm die eine objektiv nichts zudeutet, was ihm nicht auch die andere zudeutet. Da die Vorstellung nun auch gleich qualifiziert sein kann (Erinnerung), so sehen wir schon, daß die Artunterschiede der intuitiven Akte sich nicht durch das intentionale Wesen bestimmen. (Hua XIX/1, 434f.; vgl. 512)

Die „Artunterschiede der intuitiven Akte", hier also der Unterschied zwischen Wahrnehmung und setzender Phantasie bzw. Erinnerung, werden nicht durch Materie und Qualität konstituiert, sondern eben durch die Auffassungsform. In den *Ideen* wird Husserl deutlichere Worte für die Auffassungsform finden, denn dort werden alle Akte bzgl. ihrer „Form" in *Gegenwärtigungen* („Präsentationen") und *Vergegenwärtigungen* („Repräsentationen") unterteilt – was grob der Hume'schen Differenz zwischen *impression* und *idea* entspricht.[430]

Die Auffassungsform ist, anders als die anderen drei Komponenten des Akt-Quadrupels, kein einfaches Moment, sondern vielmehr eine Verknüpfung von Materie und Empfindungen (Inhalt). Sie ist die „Form" dieser Verknüpfung und damit ein mereologisch komplexes Moment des Aktes:

> Es ist klar, daß es nur die phänomenologische Eigenart der Einheitsform sein kann, die dem Unterschied, als einem phänomenologisch vorfindlichen, seinen Inhalt gibt. Diese Form verknüpft aber speziell die Materie und den Repräsentanten. [...] Wir nennen

---

[430] Bei Hume ist das bekanntlich nur ein *gradueller* Unterschied. Vgl. zu diesem Paar Hua XIX/2, 609f., 646.

> daher die phänomenologische Einheit zwischen Materie und Repräsentanten, sofern sie dem letzteren den Charakter als Repräsentanten verleiht, die *Form der Repräsentation* und das durch sie hergestellte Ganze jener beiden Momente *Repräsentation schlechthin*. (Hua XIX/2, 621)

Empfindungen können unterschiedlich aufgefasst werden, sie können in einem Aktganzen ganz unterschiedlich fungieren (vgl. Hua XIX/2, 620 f.).[431] Die Auffassungsform entspricht diesem variierenden Fungieren. So spielen z. B. die Sinnesempfindungen, die der Wahrnehmung eines Satzes entsprechen, beim verständnisvollen Lesen dieses Satzes eine ganz andere Rolle als beim unverständigen ‚Anstarren' dieses Satzes. Verstehend fungieren die Empfindungen lediglich als Sprungbrett, um mich auf den angezeigten Gegenstand richten zu können; beim bloßen Sehen des ‚Satzes' hingegen fungieren sie als „intuitive Repräsentanten" und stehen in einer Ähnlichkeitsrelation zum Objekt. Im letzteren Fall besteht eine „wesentliche, innerliche" (Hua XIX/2, 622) Beziehung zwischen Empfindung und Objekt, die sich dadurch bemerkbar macht, dass die Empfindungen unseren Auffassungen Grenzen setzen. Haben wir eine Rotempfindung, so können wir nicht machen, dass uns etwas Grünes erscheint. Anders beim signitiven Bewusstsein: wir mögen psychisch disponiert sein, das Zeichen „Rot" als Zeichen für etwas Rotes aufzufassen, aber nichts in unseren Empfindungen zeichnet eine solche Auffassung vor, denn die „Bedeutung kann sozusagen nicht in der Luft hängen, aber für das, was sie bedeutet, ist das Zeichen, dessen Bedeutung wir sie nennen, völlig gleichgültig" (Hua XIX/2, 622). Bei einem Zeichen ist alles, was über das hinausgeht, was den Zeichentyp, die „wieder erkennbare Gestalt", unberührt lässt, *willkürlich variierbar* (vgl. Hua XIX/2, 619).

Damit sind wir bereits bei der vierten und letzten Komponente des Quadrupels angelangt, den Repräsentanten, repräsentierenden Inhalten oder Empfindungen. Wie bereits im Abschnitt über die allgemeinen Wesenszüge von Erlebnissen dargestellt (s. C II 4), gibt es nach Husserl nicht-intentionale Erlebnisse. Typische Beispiele dafür sind sinnliche und kinästhetische Empfindungen, aber auch („physische") Schmerzen und Lustgefühle. Obwohl nicht jedes Vorkommnis im Bewusstseinsstrom intentional ist, beschreibt Husserl nicht-intentionale Erlebnisse ausschließlich im Kontext intentionaler Erlebnisse, innerhalb deren sie *intentional fungieren*. In den *Untersuchungen* spielen sinnliche Empfindungen die entscheidende Rolle. Empfindungen fungieren stets als *Repräsentanten* von Eigenschaften intentionaler Objekte, obgleich sie selbst bar jeder Intentionalität sind. Husserl unterscheidet *drei repräsentationale Funktionsweisen* (vgl. LU VI,

---

[431] Husserl bezeichnet die Auffassungsform auch als „repräsentative Funktion" (Hua XIX/2, 621).

§ 25): nämlich rein intuitive (1), rein signitive (2) und gemischte Repräsentanten (3).

Beginnen wir mit Fall (3). Bei der Wahrnehmung entsprechen den intuitiven Repräsentanten alle sinnlichen Empfindungen, die innerhalb des Aktes so aufgefasst werden (via die Materie, den *Sinn*), dass ihnen eine qualitative Eigenschaft (eine „sekundäre Qualität") am intentionalen Gegenstand entspricht. Da die transzendente Wahrnehmung *perspektivisch* ist und wir somit immer nur einen Teil (eine Seite, ein Profil, eine „Abschattung") des Objekts zu Gesicht bekommen, fungieren in ihr intuitive Repräsentanten zugleich als signitive Inhalte. Sehe ich einen Apfel von vorne, so ist mir zwar nur diese Vorderseite vollständig zugänglich, aber ich sehe dennoch *einen Apfel*, d. h. ein dreidimensionales *Ding*, und nicht ein zweidimensionales *Profil*. Nach Husserl bedeutet das, dass auch die ungesehenen Aspekte des Apfels (nicht-inferentiell) *mitintendiert* sein müssen:

> Offenbar liegt im Sinn dieser Rede, was die phänomenologische Analyse in gewissen Grenzen sicher bewährt, daß auch N i c h t -Dargestelltes in der anschaulichen Vorstellung mitgemeint ist und ihr somit ein Gehalt an signitiven Komponenten zugeschrieben werden muß. (Hua XIX/2, 611)

Mit anderen Worten: auch die Rückseite gehört zum intentionalen Gehalt (zur Materie) des Aktes, nämlich dadurch, dass die anschaulich fungierenden Empfindungen zugleich unanschaulich (leer) fungieren und aktuell unwahrgenommene Aspekte des Objekts darstellen. In den *Untersuchungen*, in denen Husserl noch nicht explizit mit dem Begriff des Horizonts operiert, interpretiert er diesen Befund so, dass bei der Wahrnehmung ein und derselbe Bestand an Empfindungen *zugleich* eine intuitive *und* eine signitive Repräsentationsfunktion übernimmt. Transzendente Wahrnehmungen haben somit *gemischte Repräsentanten*; ihre „Eigenheit" besteht darin

> daß sie einen repräsentierenden Inhalt haben, welcher in Hinsicht auf den einen Teil der vorgestellten Gegenständlichkeit als abbildender oder selbstdarstellender Repräsentant [intuitive Funktion], in Hinsicht auf den ergänzenden Teil als bloße Hindeutung fungiert [signitive Funktion]. Wir müssen also den rein signitiven und rein intuitiven Repräsentanten die *gemischten* beiordnen, welche zugleich signitiv und intuitiv repräsentieren (Hua XIX/2, 620).

Akte mit rein signitiven Inhalten sind leere Akte wie z. B. *bloße Bedeutungsintentionen*. Darunter versteht Husserl eine echte Teilmenge objektivierender Akte, die als Träger der Bedeutung von sprachlichen Ausdrücken fungieren. Es sind kategoriale Akte des „Meinens". Nennen und Urteilen sind die wichtigsten Bedeutungsintentionen. Dass es *reine* Bedeutungsintentionen überhaupt gibt, ist eine systematisch wichtige These für Husserl, da er mit ihrer Hilfe „Bildertheorien" der Bedeutung und des Bedeutungsverstehens verwirft.[432] Bedeutungsintentionen (signitive Akte) bilden eine Aktart *sui generis*.

Allerdings können Bedeutungsintentionen nicht frei vor sich hin flottieren, sondern sind stets *einseitig* in anschaulichen Akten *fundiert*. Sie haben „jeweils einen intuitiven Anhalt", aber nicht eo ipso einen „intuitiven I n h a l t " (Hua XIX/2, 586). Das heißt, ihr fokales Objekt ist nicht notwendigerweise anschaulich intendiert, was mitunter auch gar nicht möglich ist, z.B. beim leeren Denken an *impossibilia* (s. u.). Sprachliches Verstehen ist immer an anschaulich zugängliche Zeichen (Ausdrücke) gebunden. Höre ich beispielsweise in einem Gespräch „In Deutschland gibt es viele Arbeitslose", so sind dafür keine *konstitutiven* anschaulichen Erlebnisse *nötig*, die sich auf den intendierten Sachverhalt oder dessen Konstituenten (Deutschland, Arbeitslose) richten – wenngleich es *faktisch* oft so ist, dass wir irgendein *begleitendes* ‚Bild' vor Augen haben (z.B. die Lage Deutschlands auf dem Globus oder einen ‚stereotypen' Arbeitslosen). Mit Bezug auf den intentionalen Gegenstand des signitiven Aktes sind also keine Anschauungen im Spiel, sondern lediglich bezüglich der sinnlichen Zeichen. Der rein signitive Akt existiert „immer als Anhang einer fundierenden Anschauung. Diese Anschauung des Zeichens hat allerdings mit dem Gegenstande des signifikativen [=signitiven] Aktes ‚nichts zu tun', d.h. sie tritt zu diesem Akte in keine Erfüllungsbeziehung; aber sie realisiert seine Möglichkeit in concreto als die eines schlechthin unerfüllten Aktes" (Hua XIX/2, 619).

Signitive Akte sind *eo ipso* fundierte Akte. Es sind zwei Auffassungen involviert: eine der fundierenden Wahrnehmung und eine darin fundierte des Verstehens:

> Diese erste Auffassung fundiert aber eine zweite, die über das erlebte Empfindungsmaterial ganz hinausgeht und in ihm nicht mehr sein analogisches Baumaterial für die n u n gemeinte und durchaus neue Gegenständlichkeit findet. Diese letztere ist in dem neuen Akte des B e d e u t e n s gemeint, aber in der Empfindung nicht präsentiert. Das Bedeuten, der Charakter des ausdrückenden Zeichens, setzt eben das Zeichen voraus, als dessen Bedeuten es erscheint. (Hua XIX/1, 81)

Schließlich sind noch die rein intuitiven Repräsentanten zu erwähnen. Anders als die reine Signifikation ist reine Anschauung ein Grenzfall, der bei der transzendenten Wahrnehmung unmöglich bzw. ein „ideale Grenze" (Hua XIX/2, 598, 647) ist; streng genommen ist reine Anschauung nur bei der *immanenten Wahrnehmung*

---

[432] Es gibt „Verständnis ohne Anschauung" (Hua XIX/1, 72) und „anschauungsloses Denken" (Hua XIX/1, 73). Vgl. LU I, §§ 17–23.

möglich – aber selbst diese hat, worauf bereits hingewiesen wurde, leere (zeitliche) Horizonte. Allgemein ist reine Anschauung dadurch charakterisiert, dass der ganze intentionale Gehalt bzw. die Materie durch Empfindungsinhalte getragen wird. Mit Husserls Worten:

> Alles an ihr ist Fülle; kein Teil, keine Seite, keine Bestimmtheit ihres Gegenstandes, die nicht intuitiv dargestellt, keine, die bloß indirekt mitgemeint wäre. Nicht nur ist alles, was dargestellt ist, gemeint (was ein analytischer Satz ist), sondern es ist auch alles Gemeinte dargestellt. (Hua XIX/2, 612)
>
> So wie im Gegenstande nichts ist, was nicht präsentiert, so im Inhalte nichts, was nicht präsentierend ist. (Hua XIX/2, 613; vgl. 647)

Reine Anschauungen erweisen sich damit als *vollständige* und *angemessene* Akte (vgl. LU VI, § 29), die ihren Gegenstand so meinen, wie er anschaulich gegeben ist, und vice versa.[433] Das Ideal reiner Anschauung ist die adäquate Wahrnehmung als „Selbsterfassung des vollen und ganzen Objekts" (Hua XIX/2, 614). Adäquate Wahrnehmungen sind insbesondere *existenzimplizierende Akte:* Sie können nicht ohne ihren intentionalen Gegenstand existieren. Wichtig sind solche Akte für Husserl deshalb, weil sie als Paradigmen für veridische Akte und Erkenntniserlebnisse fungieren. Wir werden darauf zurückkommen (s. E).

Alle vier Aspekte intentionaler Erlebnisse (Materie, Fülle, Qualität, Auffassungsform) konstituieren die intrinsische Beschaffenheit der Akte, kraft deren sie intentional auf einen Gegenstand gerichtet sind. Zudem sind diese Aspekte jeweils mit einer je eigenen **P**hänomenologie ausgestattet.

Abschließend soll die Gerichtetheit auf *impossibilia* beschrieben werden, die sich laut Husserl nur in leeren Akten begrifflichen Denkens vollziehen kann. Ähnlich wie wir nur analytisch wahre Urteile über *impossibilia* fällen können, so können wir nur auf *leere Weise* an diese intentionalen Objekte denken. *Impossibilia* lassen sich aus Wesensgründen nicht veranschaulichen.

§ 3 Leeres Denken und *impossibilia*

Aufgrund der Zielsetzung der *Untersuchungen*, logische Grundbegriffe auf Aktbasis zu „klären", dominiert hier die „Phänomenologie der logischen Erlebnisse"

---

[433] *Vollständigkeit* ist eine $\forall\exists$-Eigenschaft: ein intuitiver Akt ist genau dann vollständig, wenn *jeder* Eigenschaft des Gegenstands, die ihm durch den Akt kraft seiner Materie zugeschrieben wird, *ein* intuitiver Repräsentant im Akt entspricht. Aus dieser Definition ergibt sich, dass alle rein intuitiven Akte vollständig sind. Zu den graduellen Weisen der „Annäherung" eines Aktes an seinen Gegenstand vgl. v. a. LU VI, §§ 23, 24, 29, und Hua XX/1, 99 ff. S. u. Kap. E.

(Hua XIX/1, 16). Damit sind Akte mit *begrifflichem Gehalt* gemeint, insbesondere sprachlich ausgedrückte symbolische (signitive) Akte oder Bedeutungserlebnisse, die unabhängig von Anschauungen auftreten können. Solche leeren Bedeutungserlebnisse sind für das Problem der Nicht-Existenz deshalb von besonderem Interesse, weil sich in ihnen – und nur in ihnen – die Gerichtetheit auf *impossibilia* vollzieht.

Impossibilia sind „widersinnige" intentionale Objekte, die *nur* in leeren Akten zugänglich sind: „Alles widersinnige Denken setzt Leervorstellungen [...] voraus." (Hua XX/1, 146) Leeres Denken ist für Husserl aber kein bloß negatives Phänomen; es ist nicht nur die Abwesenheit von „Fülle"; es ist kein bloßes Spiel mit Worten, denn ‚bloße' Worte bedeuten nichts; sondern leeres Denken ist eine *eigene Weise zu denken*, das sich auf eine charakteristische Weise ‚anfühlt'. Leeres Denken ist *intrinsisch* ausgezeichnet. Dass „Leervorstellungen" (Hua XX/1, 144) tatsächlich eine Aktart *sui generis* sind, hat Husserl vor allem in seinen Überarbeitungen von LU VI (vgl. Hua XX/1) herausgestellt. Husserl wendet sich dabei gegen die These, leere Akte seien prinzipiell von gleicher Art wie anschauliche Akte, die ihrer Fülle beraubt sind. Leere Akte sind aber nicht dasselbe wie erfüllte Akte minus Fülle. Wenn dem so wäre, könnte man Leerintentionen gleichsam mit Empfindungen anfüllen und würde auf diese Weise zu Anschauungen gelangen. Dann müsste aber „prinzipiell jede Leervorstellung in eine entsprechende Anschauung überzuführen sein. Nichts weniger als das ist aber möglich, wie *a priori* einzusehen ist. Wäre es möglich, so gäbe es keinen Widersinn [=Denken an *impossibilia*], keine absurde Rede, keine logisch widerspruchsvolle Aussage" (Hua XX/1, 146). Der Unterschied zwischen leeren und erfüllten Akte ist also *kein gradueller*, sondern ein *generischer:* Es besteht ein „kardinaler Unterschied [...] zwischen niederen Stufen reproduktiver Klarheit – unklaren Anschauungen, die immer noch Anschauungen sind [...] – und echten Leervorstellungen, die eben wirklich leer sind an intuitivem Gehalt" (Hua XX/1, 144). Für das Denken an *impossibilia* sind insbesondere solche leeren Akte charakteristisch, die eine komplexe „kategoriale" (begriffliche, logische) Materie haben. An ein *impossibile* wie das runde Quadrat kann man nicht in „schlichten" Leervorstellungen denken, deren Gehalt keine unvereinbaren Begriffe enthält. Es geht im Folgenden mithin um „kategoriale Leervorstellungen" (Hua XX/1, 146).

In diesem Zusammenhang sind drei Begriffspaare aus den *Untersuchungen* einschlägig. Nämlich, *erstens*, un- und widersinnige Ausdrücke, *zweitens* der Unterschied zwischen eigentlichem und uneigentlichem Denken und schließlich *drittens* – der Sache nach an erster Stelle – der Unterschied zwischen leeren (unerfüllten) und anschaulichen (erfüllten) Akten.

Denken an (logische) *impossibilia* – oder an sonstige bloß gedachte Dinge[434] – vollzieht sich in intentionalen Erlebnissen *sui* generis, eben in leeren oder rein signitiven Akten. Diese sind von Wahrnehmungen und Phantasien scharf zu unterscheiden:

> Ein rundes Viereck erscheint nicht in der Phantasie, wie mir der Drachentöter erscheint, und nicht in der Wahrnehmung wie ein beliebiges Außending, aber ein intentionales Objekt ist doch evidentermaßen da. (Hua II, 73)

Alles lässt sich bloß denken, aber nicht jedes Denken an etwas lässt sich veranschaulichen. In den *Untersuchungen* konzipiert Husserl ein solches bloßes Denken als reines *Bedeutungsbewusstsein*:

> [Es sind] zweierlei Akte oder Aktreihen zu unterscheiden: einerseits diejenigen, die dem Ausdruck wesentlich sind, wofern er überhaupt noch Ausdruck, d.i. sinnbelebter Wortlaut, sein soll. Diese Akte nennen wir die bedeutungsverleihenden Akte oder auch Bedeutungsintentionen. Andererseits die Akte, die zwar dem Ausdruck als solchem außerwesentlich sind, dafür aber in der logisch fundamentalen Beziehung zu ihm stehen, daß sie seine Bedeutungsintention mit größerer oder geringerer Angemessenheit erfüllen (bestätigen, bekräftigen, illustrieren) und damit seine gegenständliche Beziehung aktualisieren. Diese Akte, welche sich in der Erkenntnis- oder Erfüllungseinheit mit den bedeutungverleihenden Akten verschmelzen, nennen wir bedeutungerfüllende Akte. (Hua XIX/1, 44)

Die „Bedeutungsintentionen" sind Akte, die wir immer dann vollziehen, wenn wir einen sprachlichen Ausdruck verstehen. Solche Akte sind unerlässlich, sofern überhaupt etwas gedacht werden soll, das ausgedrückt werden kann. Nicht notwendig („außerwesentlich") dafür sind „bedeutungserfüllende Akte". Falls eine Erfüllung möglich ist, „realisiert" oder „aktualisiert" sich der intentionale Bezug, was nicht heißt, dass er ermöglicht wird, sondern vielmehr, dass er bestätigt oder erfüllt wird (vgl. Hua XIX/1, 44 f.). Auch ein rein semantischer Akt „meint etwas, und indem er es meint, bezieht er sich auf Gegenständliches" (Hua XIX/1, 44).

Im Kontext leerer Bedeutungserlebnisse ist der Unterschied zwischen Unsinn und Widersinn relevant. Unter widersinnigen Ausdrücken/Bedeutungen versteht Husserl Ausdrücke, denen aus a priorischen Gründen kein Objekt entsprechen kann. Sein Lieblingsbeispiel ist das runde Viereck:

---

[434] Nach Husserl kann man in Bezug auf jeden intentionalen Gegenstand „leer" eingestellt sein: „[J]eder Weise der Anschauung entspricht eine mögliche Weise der Leervorstellung." (Hua XI, 71) *Impossibilia* zeichnen sich dadurch aus, dass sie *nur* auf leere Weise zugänglich sind.

> Die Verknüpfung *ein rundes Viereck* liefert wahrhaft eine einheitliche Bedeutung, die ihre Weise der „Existenz", des Seins in der „Welt" der idealen Bedeutungen hat; aber es ist eine apodiktische Evidenz, daß der existierenden Bedeutung kein existierender Gegenstand entsprechen kann. (Hua XIX/1, 334)[435]
>
> Ich kann sagen: „Gold ist leichtsinnig", „Gold ist ein rundes Viereck" – das sind immer Sätze. Dem ersten haftet ein naturwissenschaftlicher Widersinn an, sofern das psychische Prädikat notwendig eine Person als Subjekt fordert und mit einem physischen Subjekt a priori streitet. Der andere Satz ist mathematisch widersinnig und evtl. logisch widersinnig, wofern „rund" etwa definiert würde durch „keine Ecken habend". Es ist aber zu beachten, daß Widersinn auch Sinn ist. (Hua XXX, 100 f.)

Eine (selbständige, „kategorematische") Bedeutung wie ein Name oder ein Satz ist demnach genau dann widersinnig, wenn es notwendigerweise der Fall ist, dass kein Gegenstand existiert, auf den sich die Bedeutung bezieht. Da Notwendigkeit (im strengen Sinne) bei Husserl immer mit einem Gesetz (im strengen Sinne) einhergeht, folgt, dass widersinnige Bedeutungen bestimmte Gesetze verletzen. Husserl unterscheidet in diesem Sinne zwischen dem „materialen (synthetischen) Widersinn, für den sachhaltige Begriffe (sachhaltige letzte Bedeutungskerne) aufzukommen haben" und dem „formalen oder analytischen Widersinn" (Hua XIX/1, 343). Ein Satz wie *Ein Viereck ist rund* ist nach Husserl materialer Widersinn – genauso wie jeder falsche „reingeometrische[] Satz[]" (ebd.). Auch weniger offensichtlich falsche Sätze wie *Die Seitenhalbierenden im Dreieck schneiden sich im Verhältnis 3:1*[436] drücken widersinnige Bedeutungen aus. Husserls materialer Widersinn ist eng verwandt mit Kategorienfehlern (à la Ryle) und Sphärenvermengungen (à la Carnap).[437] Für materialen Widersinn sind die involvierten Bedeutungen relevant; dies ändert sich beim formalen Widersinn. Dieser beruht allein auf analytischen Gesetzen, die darin gründen, dass alle „sachhaltigen" Begriffe salva veritate/falsitate variiert werden können. Formaler Widersinn ist vollständig formalisierbar. Ein Beispiel dafür ist der Satz *Ein runder Ball ist nicht rund*, der das formale Gesetzes *Ein E seiendes a ist E* verletzt.

---

435 Vgl. Hua XIX/1, 335: „Namen wie *hölzernes Eisen* und *rundes Viereck* oder Sätze wie *alle Vierecke haben 5 Ecken*, das sind so ehrliche Namen bzw. Sätze wie irgendwelche." Vgl. ebd., 72: „Auch die als Absurdität (Widersinn) verstandene ‚Sinnlosigkeit' konstituiert sich im Sinn: es gehört zum Sinn des widersinnigen Ausdrucks, objektiv Unvereinbarliches zu meinen." Vgl. Hua Mat III, 165: „Der Satz ‚Das Tetraeder ist ein tugendhaftes Kind' ist ein grammatisch korrekter Satz, aber ein lächerlicher. Der Satz 2×2=5 hat einen grammatischen Sinn, aber logisch ist es eine Absurdität."
436 In Wahrheit im Verhältnis 2:1.
437 Husserl'scher materialer Widersinn – Denken an *absurda* – ist darauf zurückzuführen, dass Eigenschaften aus *verschiedenen Regionen* auf ein und denselben Gegenstand bezogen werden (z. B. törichte Primzahl, grüne Tugend).

II Die Phänomenologie der Nicht-Existenz – Intrinsische Intentionalität — 327

Nach Husserl ist Intentionalität oder Bedeutsamkeit also nicht auf relationale oder veridische Gegenstandsbeziehung beschränkt – ja nicht einmal deren *Möglichkeit* ist vorausgesetzt. Leere Akte sind „so ehrliche Akte wie irgendwelche":

> In der Bedeutung konstituiert sich die Beziehung auf den Gegenstand. Also einen Ausdruck mit Sinn gebrauchen und sich ausdrückend auf den Gegenstand beziehen (den Gegenstand vorstellen) ist einerlei. Es kommt dabei gar nicht darauf an, ob der Gegenstand existiert oder ob er fiktiv, wo nicht gar unmöglich ist. (Hua XIX/1, 59)

Solche Akte, obschon notwendigerweise unanschaulich, sind „Vorstellungen genau in dem Sinne wie irgendwelche Repräsentationen" und „haben eine ganz bestimmte und wohlverständliche Intention, aber gerichtet auf etwas Unmögliches" (Hua XXII, 104). Erst *Unsinn* markiert eine unüberwindliche Grenze für Intentionalität und Bedeutung:

> Sagen wir hingegen *ein rundes oder*; *ein Mensch und ist*; u. dgl., so existieren gar keine Bedeutungen, welche diesen Verbindungen als ihr ausgedrückter Sinn entsprächen. (Hua XIX/1, 334)

> Das Wort Unsinn ist hierbei (um es wiederholt zu betonen) eigentlich und streng zu nehmen; ein Worthaufen, wie *König aber oder ähnlich und*, ist eigentlich überhaupt nicht zu verstehen; jedes Wort für sich hat einen Sinn, nicht aber die Komposition. (Hua XIX/1, 342)[438]

(Verbaler) Unsinn kann in zwei Varianten vorkommen: entweder jemand produziert „wortartig klingende artikulierte Laugebilde, wie *Abracadabra*" (Hua XIX/1, 59); oder es gibt eine Reihe von bedeutungsvollen Worten, die aber kein Bedeutungsganzes, sondern lediglich einen „Bedeutungshaufen" (Hua XIX/1, 326) bilden. Anders als Widersinn verletzt Unsinn die Gesetze der reinen Formenlehre der Bedeutung; diese Formenlehre bildet ein Teilgebiet der formalen Logik und ist unabhängig von Fragen nach Wahrheit, Falschheit, Gegenständlichkeit und Gegenstandslosigkeit (vgl. LU IV, Einleitung, §§ 12–14; Hua XXX, 101f.).[439]

---

[438] Vgl. Hua XXX, 101: „Man tut gut daran, zu scheiden: Unsinn im rein grammatischen Sinn und jede Art von Widersinn, darunter den formal-logischen Widersinn. Wer Worte aneinanderreiht, gar in der Protention, etwas Einheitliches zu sagen, wo die Wortbedeutungen zu keinem einheitlichen Sinn sich zusammenschließen lassen, der spricht ohne Sinn, er sagt im härtesten Verstand Unsinn, Nicht-Sinn, so z. B. der Irre in der Ideenflucht."

[439] Husserl vergleicht die grammatischen Gesetze, die Unsinn ausschließen, wittgensteinianisch mit den Spielregeln beim Schach, die ebenfalls indifferent gegenüber guten („wahren") und schlechten („falschen") Zügen sind: „In der Formenlehre ist aber gar keine Rede von Wahrheit und Falschheit. So ist im Schachspiel jede Partie eine Partie, sofern sie die Spielregeln

Widersinn und Unsinn manifestieren weiters zweierlei Arten von Unverträglichkeiten bzw. Unmöglichkeiten (vgl. LU VI, §§ 30 – 35). Husserl buchstabiert diese modalen Begriffe mereologisch aus. Allgemein heißen zwei Gegenstände a und b (un-)verträglich, wenn (k)ein Ganzes G möglich ist, dessen Teile a und b sind:[440]

> Zwei Gegenstände, welche Teile irgendeines Ganzen sind, sind in ihm vereint, sie sind also auch vereinbar, in der Einheit des Ganzen verträglich. (Hua XX/1, 174)

> Unvereinbar sind nun, um den entgegengesetzten Fall in seine allgemeinen Gründe zu verfolgen, Inhalte dann, wenn sie sich in der Einheit eines Ganzen nicht vertragen, (Hua XIX/2, 637)

Vereinbarkeit und Unvereinbarkeit sind Prädikate, die in erster Linie von den Spezies von Einzeldingen ausgesagt werden. Sind etwa ein individuelles Rot- und ein Rund-Moment faktisch vereint in Gestalt eines roten Balls, dann sind *Röte* und *Rundung* vereinbare (abstrakte) Spezies. Faktische Vereinbarkeit bzw. Unvereinbarkeit von a und b wird durch die Existenz entsprechender komplexer Spezies fundiert:[441]

> Die ideale „Existenz" dieser komplexen Spezies ist es, welche *a priori* die Vereinbarkeit von Röte und Rundung in jedem denkbaren Einzelfalle begründet, eine Vereinbarkeit, die somit ein ideal gültiges Verhältnis ist, ob in aller Welt empirische Einigung vorkommt oder nicht. (Hua XIX/2, 635)

Wichtig ist weiterhin Husserls These, dass sich Vereinbarkeit und Unvereinbarkeit von a und b immer relativ auf eine bestimmte Art der Verbindung beziehen (vgl. Hua XIX/2, 635, 638 f.; Hua XX/1, § 57). Absolute Unverträglichkeit von a und b soll es mithin nicht geben:

> Niemals ist ein Inhalt der Art q mit einem Inhalt der Art p s c h l e c h t h i n unverträglich, sondern immer bezieht sich die Rede von ihrer Unverträglichkeit auf eine Inhaltsverbindung bestimmter A r t $G(\alpha, \beta, ...; p)$, welche p enthält und welcher sich nun auch q einknüpfen s o l l. (Hua XIX/2, 638)

---

einhält, während sie andererseits eine kluge oder töricht gespielte Partie sein kann, weil die Spielregeln nicht Klugheit oder Torheit, sondern nur die Form der Züge regeln, die jede Figur ihrer Kategorie gemäß vollführen darf." (Hua XXX, 102 f.; vgl. 97)

440 *Möglichkeit* und *Vereinbarkeit* sind koextensional, aber *Möglichkeit* ist der basalere Begriff für Husserl: „Vereinbarkeit ist eben Möglichkeit des Vereintseins, also der Idee der Möglichkeit überhaupt untergeordnet." (Hua XX/1, 176)

441 Husserl folgt hier der These, dass die Existenz einer Idealität I äquivalent ist mit der (idealen) Möglichkeit einer Realität R, in der I „auftritt" (sich vereinzelt); vgl. Hua XIX/2, 633, 636.

So sind z. B. die Eigenschaften (Spezies) *Röte* und *Grün* nur insofern unvereinbar, als sie nicht ein und denselben ausgedehnten Körper zu derselben Zeit vollständig bedecken können (vgl. Hua XX/1, 216, 229 f.). Ähnlich steht es mit dem runden Quadrat, bei dem die Eigenschaften *Rundung* und *Quadratheit* relativ zu einem Ganzen, dessen Eigenschaften sie sind, unverträglich sind.[442] Allerdings wird davon nicht, wie bereits erwähnt, die bloße Gerichtetheit auf ein *rundes Quadrat* beeinträchtigt. Denn die Bedeutung des Ausdrucks „rundes Quadrat" existiert, obgleich es sich um eine unmögliche oder imaginäre Bedeutung handelt. Eine Bedeutung existiert – oder ist „real"[443] – genau dann, wenn sie nicht die rein grammatischen Gesetze verletzt. (Un-)möglich ist eine Bedeutung hingegen dann, wenn sie sich (nicht) veranschaulichen lässt:

> Die Möglichkeit (Realität) einer Bedeutung läßt sich [...] dadurch definieren, [...] daß sie einen erfüllenden Sinn hat, oder auch, daß es eine vollständige Anschauung in specie gibt, deren Materie mit der ihren identisch ist. (Hua XIX/2, 633)

Eine Bedeutung B ist möglich, wenn es einen anschaulichen Akt (z. B. Wahrnehmung/Phantasie) gibt, dessen Materie M identisch ist mit B. Das Genus Bedeutung zerfällt somit vollständig und disjunkt in mögliche und unmögliche Bedeutungen, wodurch eine echte „Einteilung" (ebd.) der Gattung Bedeutung entsteht.[444] Bei widersinnigen oder unmöglichen Bedeutungen geht es um „Möglichkeit oder Unmöglichkeit des Seins von bedeuteten Gegenständen" (Hua XIX/1, 343) – es kann nichts geben, das zugleich ein Viereck und ein Kreis ist. Im Unterschied dazu bedeutet Unvereinbarkeit beim Unsinn, dass sich zwei oder mehrere Bedeutungen nicht zu einem Bedeutungsganzen vereinen lassen. Kurz:

---

442 Husserl widmet der *epistemologischen Frage*, woher wir wissen, was verträglich (möglich) und was unverträglich (unmöglich) ist, längere Analysen. Entscheidend für Unverträglichkeit ist, dass ihr ein eigenes phänomenologisches Datum entspricht, nämlich ein *Widerstreitbewusstsein*, das „in seiner Idealität von allem empirischen Bemühen und von allem Sonstigen des Einzelfalls unabhängig ist" (Hua XIX/2, 637). Vgl. LU VI, §§ 32–35; Hua XX/1, § 57.
443 Husserl bezeichnet Bedeutungen auch als „real", was insofern irreführend ist, als er sonst Realität mit (Raum-)Zeitlichkeit bzw. sinnlicher Wahrnehmbarkeit gleichsetzt (vgl. Hua XIX/1, 129 ff.; Hua XIX/2, 679). Als Prädikat von Bedeutungen bedeutet „real" Vereinzelbarkeit in einem anschaulichen Akt.
444 Einfache (nicht-zusammengesetzte) Bedeutungen sind nach Husserl *eo ipso* möglich, sie können als vereinbar „'mit sich selbst'" (Hua XIX/2, 636) betrachtet werden. Eine „einfache Bedeutung, als Ausdruck des Einfachen, [kann] niemals imaginär sein; und dies trifft somit auch jede einfache Bedeutungsform. Während ein *zugleich A und nicht A Seiendes* unmöglich ist, ist *ein A und B* möglich, die Und-Form hat als einfache einen ‚realen' Sinn" (Hua XIX/2, 721 f.) Einfache Bedeutungen sind z. B. *etwas* oder *eins*; auch die Bedeutungen von Eigennamen („Eigenbedeutungen") sind nach Husserl einfach. Vgl. LU IV, §§ 1–3.

Widersinn geht mit ontologischer, Unsinn mit semantischer Unvereinbarkeit einher (vgl. Hua XIX/1, 335).

Dies lässt sich mit Husserls Unterscheidung zwischen eigentlichem und uneigentlichem Denken vertiefen (vgl. LU VI, §§ 59 ff.). Beides sind Arten zu denken, die durch Gesetze reguliert werden. Eigentliches Denken hat mit der Möglichkeit kategorialer Anschauung aufgrund eines „gegebenen" sinnlichen Stoffs, einer sinnlichen Anschauung zu tun. Gesetze des eigentlichen Denkens drücken hingegen aus, welche kategorialen Akte möglich sind, sofern bereits bestimmte kategoriale Anschauungen vollzogen sind. Solche „reinen Gesetze" drücken aus, dass, wenn eine kategoriale Anschauung vorliegt, „ein festumgrenzter Kreis weiterer Formen [...] zu Gebote steht" (Hua XIX/2, 720). Auch diese eigentlichen Gesetze sind analytischer Natur; ein Beispiel ist das formal-ontologische Gesetz „Ist X p, dann ist p eine Eigenschaft von X".[445] Im Unterschied dazu beschränken sich die Gesetze des uneigentlichen Denkens auf die Möglichkeit des signitiven Denkens.[446] Uneigentlich kann man z. B. *denken*, dass p keine Eigenschaft von X ist, selbst wenn man dies durch kategoriale Anschauung eingesehen hat (vgl. Hua XIX/2, 717). Uneigentlich kann man mithin an alles denken, was nicht unsinnig ist, also z. B. an ein grünes Buch, das nicht grün ist, oder an eine grüne Überzeugung, oder eben an ein rundes Quadrat, denn das „**Gebiet der Bedeutung ist sehr viel umfassender als das der Anschauung**, d.i. als das Gesamtgebiet möglicher Erfüllungen" (Hua XIX/2, 721):

> In der Sphäre des uneigentlichen Denkens, der bloßen Signifikation, sind wir von allen Schranken der kategorialen Gesetze frei. [...] In der uneigentlichen kategorialen Formung und Umformung sind wir frei, sofern wir nur nicht die Bedeutung unsinnig konglomerieren. Wollen wir aber auch den formalen und realen Widersinn fernhalten, so engt sich die weiteste Sphäre des uneigentlichen Denkens, des signitiv Verknüpfbaren, sehr ein. (Hua XIX/2, 723)

Gerichtetheit auf *impossibilia* gehört somit definitionsgemäß zur Sphäre des uneigentlichen Denkens. Man kann hier zwar noch Identifikationen vollziehen („das runde Quadrat mit Seitenlänge 1 ist dasselbe wie das runde Quadrat mit Flä-

---

[445] Die Gesetze des eigentlichen Denkens laufen parallel zu den logischen Gesetzen im engeren Sinn, die formalen Widersinn ausschließen. Analog laufen die Gesetze des uneigentlichen Denkens den logisch-grammatischen Gesetzen parallel, die Unsinn ausschließen.

[446] Vgl. Hua XIX/2, 722: „Die uneigentlichen Denkakte wären die Bedeutungsintentionen der Aussagen und in naturgemäß e r w e i t e r t e r Fassung all die signifikativen [signitiven] Akte, welche möglicherweise als Teile solcher prädikativen Intentionen dienen können: so aber können, wie von selbst einleuchtet, alle signifikativen Akte dienen."

cheninhalt 1" etc.), aber diese sind bar möglicher Erfüllung.[447] Wir haben es mit Identifikationen zu tun, in denen sich keine „Annäherung an ein Erkenntnisziel" vollzieht und die „ziellos ins Unendliche fortlaufen" (Hua XIX/2, 598).[448] Es gibt im Reich des uneigentlichen Denkens eine *gewisse Freiheit*, sofern wir hier Bedeutungen beliebig kombinieren können – solange wir Unsinn vermeiden. Aber es ist sozusagen eine „ziellose" Freiheit, die die Sachen selbst nicht erreichen kann.

Zusammengefasst ergibt sich für das Problem der Nicht-Existenz aus alldem: 1) Wir können an nicht-existierende Objekte von der Art der *impossibilia* tatsächlich denken und über sie sprechen. Wäre dem nicht so, könnten wir nicht einmal wissen, dass es sie nicht gibt bzw. dass sie unmöglich sind. Intentionalität ist, wie Sinn und Bedeutung, nicht auf den Bereich des Möglichen beschränkt. 2) Auf *impossibilia* gerichtete Akte haben einen Sinn; die zugehörigen Ausdrücke sind bedeutungsvoll und nicht unsinnig. 3) Denken an *impossibilia* ist notwendigerweise leer, bar jeder Möglichkeit der Erfüllung, stets begrifflich bzw. sprachlich artikulierbar verfasst und typischerweise, aber nicht notwendigerweise, doxisch neutral. Anders als eine Phantasie lässt sich so ein Denken nicht veranschaulichen; und offenbar kann man sagen, dass sich nur Wesen, die über sprachliche Zeichen verfügen, auf *impossibilia* beziehen können, während Phantasien auch bei nicht-sprachlichen Wesen möglich scheinen. Außerdem ist leeres Denken von einem gewissen Freiheitsbewusstsein begleitet, aufgrund dessen wir lediglich an die Gesetze des zu vermeidenden Unsinns (an die ‚Grammatik') gebunden sind, aber ansonsten denken können, ‚was wir wollen'. 4) *Impossibilia* selbst haben keinerlei positiven ontologischen Status: „selbstverständlich sind alle diese Reden von unmöglichen Gegenständen [...] uneigentliche" (Hua XX/1, 215). Weder existieren sie noch gibt es sie – lediglich unsere Akte und die zugehörigen Bedeutungen existieren. 5) Wahre Urteile über *impossibilia* sind analytischer Natur – wenn es nicht gerade negative Existenz- oder Modalurteile wie „Das runde Quadrat existiert nicht" oder „Eine größte Primzahl ist unmöglich" sind. 6) Identitätsurteile über *impossibilia* sind „ziellos" und ohne epistemischen Fortschritt.

---

447 Das heißt nicht, dass es keine wahren Urteile über das runde Quadrat gibt. Aber diese analytischen Urteile bleiben stets hypothetisch bzw. „unter Assumption" und ohne Veranschaulichung mit Bezug auf die *nominal* intendierten Objekte. Husserl vertritt also auch die These, dass es zwar einsichtsvoll vollzogene *propositionale Akte* gibt, die von *impossibilia* handeln, aber keine einsichtsvoll oder anschaulich vollziehbaren *nominalen Akte*. So kann man einsehen, dass das runde Quadrat vier Ecken hat (es ‚ist' ja ein Quadrat), aber man kann vom runden Quadrat selbst keinerlei Anschauung haben.
448 Vgl. Hua XXIV, 312: „Vielerlei Vorstellungen können zur Identifikation kommen, sofern sie ihrem Sinn nach Beziehung auf denselben Gegenstand haben, aber damit kommt nicht das S e i n   d e s   G e g e n s t a n d s zum realisierenden Bewußtsein, seine Wirklichkeit."

Gleichwohl sind auch *impossibilia* intentionale Objekte und als solche „Identitätspole" (CM, 48) für das leere Denken.

Diese Aspekte tragen dazu bei, leeres Denken an *impossibilia* mit einer eigenen kognitiven Phänomenologie zu versehen, die es auf profunde Weise vom anschaulichen Wahrnehmen und Phantasieren unterscheidet.

§ 4 Zusammenfassung und Ausblick

Husserls Überlegungen zum Problem der Nicht-Existenz in den *Untersuchungen* können nun zusammengefasst werden.

1. Obwohl Husserl *der Sache nach* klar eine nicht-relationale Konzeption vertritt (vgl. *das mereologische Argument*), hört er nicht auf, an vielen Stellen *dem Wortlaut nach* von einer intentionalen Beziehung zu sprechen – ja, mehr noch, eine solche „Rede von einer Beziehung" sei „hier nicht zu vermeiden" (Hua XIX/1, 385; vgl. 389). Dies führt zu einer gewissen Verwirrung, sodass man geneigt sein könnte, Husserl eine *gewisse Unentschlossenheit* zuzuschreiben, was den Status der Intentionalität betrifft. Soweit ich sehe, ist diese Unentschlossenheit nicht zuletzt darauf zurückzuführen, dass es beim frühen (und späten) Husserl keine ausgearbeitete Ontologie von Relationen gibt. Wenn Husserl für die ‚Relation' der Intentionalität einen exzeptionalistischen Status beanspruchen sollte, demzufolge sie die einzige Relation in der Welt ist, welche nicht die Existenz beider Relata erfordert, so wird dies jedenfalls nicht näher begründet und bleibt, wie im Eingangskapitel ausgeführt, vom ontologischen Standpunkt aus problematisch – zumal Husserl ja in *IG* explizit sagt, Relationen seien existenzial in beiden Relata fundiert. Ich halte es deshalb für sinnvoller, Husserls Rede von einer „intentionalen Beziehung" als vorläufige und uneigentliche Redeweise im Sinne von *IG* zu deuten.

2. Intentionalität ist insofern eine intrinsische Eigenschaft von Akten, als ihr Vorliegen durch das *Moment der Materie* bestimmt wird, und Momente gemäß Husserls mereologischer Ontologie nicht-relationale Eigenschaften eines Ganzen sind. Akte sind *dadurch* intentional, dass sie ein Moment haben, das macht, dass sie etwas auf eine bestimmte Weise meinen oder im Sinn haben. Husserls Phänomenologie der Intentionalität ist in diesem Sinne mit nicht-relationalen Konzeptionen wie dem Kriegel'schen Adverbialismus oder dem Crane'schen Intentionalismus kompatibel.

3. Husserls Ontologie steht Pate bei der Analyse der Intentionalität als einer intrinsischen Eigenschaft. Denn Gerichtetheit auf etwas wird mithilfe der *mereologischen Relation des Moment-Seins*, der *Vereinzelungsrelation* und schließlich mithilfe der Relation des *Lebens-In* charakterisiert (vgl. ähnlich Künne 2010):

S ist intentional auf X gerichtet **gdw.**

es gibt ein Erlebnis e, Momente m, m* und (unselbständige) monadische Universalien (Spezies, *types*) U, U*, sodass gilt: S lebt in e, & m und m* sind Momente von e, & U und U* vereinzeln sich in m und m*, & U ist die Eigenschaft, auf X unter einem Aspekt gerichtet zu sein (Materie *in specie*), & U* die Eigenschaft, eine bestimmte Art der Gerichtetheit zu sein (Qualität *in specie*).

Dieses ideo-mereologische Modell der Erlebnisintentionalität liefert keine nicht-zirkuläre Erläuterung des Ausdrucks „S ist intentional auf X gerichtet"; aber das strebt Husserl auch nicht an, da für ihn Intentionalität etwas „deskriptiv Letztes" (Hua XIX/1, 187) und ein „unentbehrlicher Ausgangs- und Grundbegriff" (Hua III/1, 191) ist. Nichtsdestoweniger helfen Husserls ontologische Begriffe, um die Gerichtetheit der Akte zu erhellen. Ähnlich wie sich bestimmte Eigenschaften von Typen auf ihre Token übertragen, so kommt die Intentionalität in der Spezies-theorie sowohl *Akten in individuo* als auch den in ihnen sich vereinzelnden *Materien in specie* zu. Dies ist vergleichbar mit dem Fall, in dem wir Worttypen *und* Worttoken z. B. als einsilbig bezeichnen. Intentionalität ist, ähnlich wie Wahr- und Falschheit, eine jener Eigenschaften, die sowohl auf Spezies als auch deren Instanzen zutrifft. Nur Akte bzw. Aktspezies sind demnach ursprüngliche Träger von Intentionalität, worin sich Husserl von Freges These abgrenzt, Bewohner eines 3. Reichs, die in sich nichts mit denkenden Subjekten zu tun haben, könnten intentionale Gegebenheitsweisen in sich bergen (vgl. Addis 1999, 41–56).[449] Materien *in specie* hingegen sind insofern intern mit Bewusstsein verknüpft, als es für sie wesentlich ist, in Erlebnissen aufzutreten bzw. auftreten zu können – das ist geradezu ihre Natur.

Es ist eine berechtigte Frage, wie sich die Aktmaterie *in specie* beim Denken an eine rote Kugel zu einer solchen Kugel und zu den Spezies *Röte, Kugelgestalt* und *rote Kugelgestalt* verhält. Nun, wenn „[Röte]" für die Aktmaterie *in specie* steht, dann vereinzelt sie sich in einem Moment eines konkreten Denkens an etwas Rotes. Dadurch wird der Akt selbst nicht rot, weil [Röte] ein anderes Universale ist als Röte – nur letztere vereinzelt sich in roten Dingen. (Damit ist keine überflüssige „Verdoppelung" von Universalien verbunden, weil es nach Husserl sowohl Uni-

---

[449] B. Smith 1994, 177 f., sagt in diesem Sinne treffend: „Husserl was responsible, with Frege, for banishing thoughts from the mind. We can now recognise however that, in contrast to Frege, he was in his earlier theory able to arrive at a non-psychologistic conception of thoughts which yet preserves a natural tie (instantiation – a relation tighter than which one cannot hope to find) between ideal meaning entities and cognitive activities." Vgl. Willard 1977, 16: „For Bolzano (and most anti-Psychologists) the relation of mind to proposition is intentionality, while for Husserl it is instantiation or exemplification."

versalien von mentalen als auch von nicht-mentalen Entitäten gibt. Zudem ist es nötig, zwischen Begriffen im Sinne von *intentionalen Gehalten* und Begriffen im Sinne von *Objekt-Eigenschaften* zu unterscheiden.) [Röte] ist hingegen intentional auf Röte bzw. etwas Rotes bezogen, eben deshalb, weil [Röte] diejenige Eigenschaft ist, die ein individuelles Erlebnis haben muss, damit es intentional auf etwas Rotes gerichtet sein kann. Weiter lässt sich gewissermaßen nicht fragen. Es gibt nichts ‚außerhalb' der [Röte] oder des Denkens an etwas Rotes, das macht, dass beide intentional auf etwas Rotes gerichtet sind, denn darin besteht das „Wesen" oder die Natur von [Röte] bzw. dem Denken an etwas Rotes. Nur wenn man von vornherein davon ausgeht, dass es so etwas wie ursprüngliche oder intrinsische Intentionalität nicht gibt, mag es mystisch erscheinen, wie eine Entität aufgrund ihrer eigenen Natur von etwas anderem intentional handeln kann. Die Stimmen von einigen zeitgenössischen Autoren, die der Husserl'schen Speziestheorie nahe stehen, sollen dies abschließend untermauern.

So verteidigt z. B. *Walter Hopp* gegen Relationalisten die These, dass ein mentaler Zustand einen von seinem Objekt verschiedenen intentionalen Gehalt hat und dieser eine Eigenschaft *in specie* sei, die sich in ihm instanziiert:

> [M]ental states do have properties, and it is in virtue of having those properties that they are directed upon the objects that they are. The instantiation model provides a very economenical account of what those properties are: they are the same properties that are expressed by that-clauses, capable of truth and falsity, expressed linguistically, and so forth. […] If there are such properties as being about water or being about Socrates, and if mental representations are individuated by their possession of such properties, then there is a perfectly acceptable sense in which mental representations, unlike configurations of clouds, patterns of paint, and possibly words […], are essentially of what they are of. And there are such properties. It makes perfect sense to ask how a sense-perceptible sign like ‚water' comes to be about water. […] But it does not make sense to ask how intentional contents themselves come to possess their intentional properties. They *are* intentional properties. The concept of water, unlike the word ‚water', doesn't come to be about water via any process; it is intrinsically and essentially about water. But what, exactly, is mysterious about that? How is being about water any more, or any less, mysterious that being water? (Hopp 2011, 35f.)

Was Hopp hier als „intentionale Eigenschaften" bezeichnet, heißt bei *Laird Addis* „natürliches Zeichen". Nach Addis haben nur bewusste mentale Zustände natürliche Zeichen, d. h. nur Bewusstsein ist aufgrund seiner eigenen Natur intentional. Nach Addis sind es „monadic properties of states of consciousness that are intrinsically intentional" (Addis 1999, 50). Und auch bei Addis ist die Relation zwischen einem Akt und dem natürlichen Zeichen „exemplification" und nicht „awareness of":

> The view I have been advocating holds that one may, if one chooses to introspect, become aware of a property that is exemplified by one in imagining that Sirius has ten planets and that intrinsically represents that fact; *the imagining itself does not involve the awareness of that property but only its exemplification.* So there are not, on this view and contrary to representationalism, two different connections involved – one of the self to the „idea" and another of the „idea" to the original intentional object – but only [...] that of the exemplification of the property by the self which exemplification just is the awareness of the intentional object, the chair or Sirius's having ten planets or whatever. (Addis 1983, 557 f.)

Dass wir beim Denken, dass Sirius zehn Planeten hat, kein intentionales Bewusstsein von dem Gedanken [Sirius hat zehn Planeten] haben, schließt nicht aus, dass ein solches Denken nicht anders *erlebt* ist als der Denkakt, dass die Erde einen Mond hat. Denn nach Husserl ist jedem Akt ein präreflexives Bewusstsein seiner selbst eingeschrieben, sodass auch die Materie *in individuo* auf diese Weise erlebt ist. Es gibt also so etwas wie *bewusste* oder *erlebte Instanziierung* im Kontrast zu nicht-bewusster Instanziierung, wie sie bei allen nicht-bewussten Entitäten auftritt.

Schließlich vertritt auch *Wayne Davis* im Rahmen seines breit angelegten Projektes einer repräsentationalistischen (mentalistischen) „ideational semantics" die These, dass intentionale Gehalte essentielle und nicht-relationale Eigenschaften sind:

> Contents are essential properties. [C]ontents are *properties of ideas*. For an idea to have the content „Earth" is for it to have a property, a nonrelational property, and one that it alone possesses. The content „Earth" is the property of being the idea of Earth. The content of an idea is its identity, that which makes it the idea it is. (Davis 2003, 421)
>
> **Definition:** S is thinking of (about) Φ iff the idea of Φ is occurring to S. (Davis 2003, 318)
>
> „What makes the idea of Φ be of Φ?[450]" In virtue of what does an idea have the content or object „Φ"? [...] [F]or an idea to have the intentional content „Φ" is for it to *be* the idea of Φ. (Davis 2005, 192)

---

450 Davis verwendet den Ausdruck „Φ" in Wendungen wie „i is the idea of Φ", um anzudeuten, dass es sich nicht um eine Variable im gängigen Sinne handelt, die Existenzeinführung und Substitution gestattet, da „Φ" sich auf das intentionale Objekt der Vorstellung bzw. des Gedankens bezieht, das nicht per se existiert – während das sog. „relationale Objekt" stets existiert. Denke ich z. B. gerade an Hamlet, so ist Hamlet zwar intentionales Objekt, obwohl er nicht existiert; im Unterschied dazu existiert der Gedanke an Hamlet (der Gedankentyp); das intentionale Objekt ist das, woran ich denke, was im Fokus der Intention steht, während das relationale Objekt das ist, was ich denke, sozusagen das Thema des Denkens. Dabei steht der singuläre Term „the idea of Φ" für den Ereignistyp des Vorstellens von Φ. Vgl. Davis 2003, §§ 12.3–4, 13.3, 15.6, 19.1; 2005, 15–17, 20.

> I have argued that „What makes the thought of Φ be of Φ" is unanswerable to the extent that it falsely presupposes that something external to the thought connects it to its intentional object. (Davis 2005, 194; 66–68)

Ähnlich wie Husserls intentionale Erlebnisse bzw. „subjektive Vorstellungen" sind Davis' *ideas* und *thoughts* dadurch intentional, dass sie einen Gehalt haben, der jedoch nicht, wie bei Frege, beim Denken gefasst und somit gleichsam in die Objekt-Stelle des Denkaktes gerückt wird (vgl. Davis 2003, §§ 12.3, 13.3); vielmehr bedeutet Denken an X, einen Gedankentyp zu instanziieren, der *in sich* als Gedanke an X charakterisiert ist (vgl. Hua XXII, 337f.). Davis' Ontologie des Bewusstseins basiert wie die des frühen Husserl auf einer ‚robusten' Ontologie von Typen oder Spezies, deren Instanziierung mit der Realisierung von Intentionalität Hand in Hand geht. Davis' mentale Ereignis-Typen entsprechen dabei Husserls „immanenten Wesen" (vgl. *Ideen I*, § 60). Sowohl Davis als auch Husserl halten Intentionalität für eine nicht-relationale, nicht-kausale und essentielle Eigenschaft von „Vorstellungen", die internalistisch durch die Perspektive des Subjekts bestimmt und diesem introspektiv zugänglich ist. Auch Davis legt großen Wert auf das „Paradox gegenstandsloser Vorstellungen" und gründet die Möglichkeit des Denkens an Nicht-Seiendes in der intrinsischen Natur des Geistes (vgl. v. a. Davis 2005, § 8.2). Intentionale Objekte bilden bei beiden Philosophen keine besondere Klasse des Seienden, Nicht-Seienden oder *Außerseienden*, sondern markieren lediglich das Gegenstandsbewusstsein eines Aktes (vgl. Davis 2003, 320).[451]

4. Husserls *internalistisches Determinationsprinzip*, demzufolge Akte, in denen sich dieselbe Materie *in specie* vereinzelt, dieselben intentionalen Objekte haben, muss differenziert werden, um klassische Einwände externalistischer Provenienz abwehren zu können. Denn damit werden intentionale Objekte nur der Art nach, aber nicht in ihrer Individualität bestimmt oder festgelegt. Anders gesagt: die Materie *in specie* bestimmt die *(formalen und materialen) Eigenschaften* des intentionalen Objekts, nicht aber dessen *haecceitas*. In diesem Sinne könnten die Akte zweier Subjekte intrinsisch gleich sein und dennoch numerisch verschiedene Objekte haben – im veridischen Fall. So könnte es eine mögliche Welt geben, in der ein Zwilling von mir existiert, der dieselbe Geschichte wie ich durchlebt hat und in einer phänomenal identischen Umwelt lebt (vgl. Putnams *twin earth*). Sehen wir beide einen Apfel, so unterscheiden sich unsere Akte mit Blick auf Materie und Qualität nicht; und dennoch sind unsere intentionalen Objekte verschieden.[452] Um

---

[451] Auch David Pitt 2009 vertritt eine dem Speziesmodell verwandte Konzeption, die er als „type psychologism" bezeichnet.
[452] Allerdings behauptet Husserl in den *Ideen*, dass zwei Erlebnisströme, die in ihrem gesamten intrinsischen syn- und diachronen Verlauf übereinstimmen, numerisch identisch sein

das intentionale Objekt *in individuo* gleichsam festnageln zu können, bedarf es einer weiteren Funktion, nämlich der kontinuierlichen „Synthesis der Identifikation". Nur wenn ich bei einer Reise zu dieser Zwillingserde meine Wahrnehmung des Apfels auf der Erde mit der auf der anderen Erde kontinuierlich identifizieren könnte, wären die beiden Akte auf dasselbe Objekt gerichtet. Da dies aber nicht möglich (ich reise ja von der Erde zur Zwillingserde), sind es verschiedene Äpfel. Insgesamt kann man also sagen, dass die Materie *in specie* das intentionale Objekt *in specie* bestimmt, während die „Synthesis der Identifikation" das intentionale Objekt *in individuo* festlegt. Im Folgenden wird sich zeigen, dass diese Synthesis eine entscheidende Rolle in Husserls Konzeption von Intentionalität spielt.

5. Die frühe Speziestheorie intentionalen Gehalts ist mit dem Problem der sog. „wesentlich okkasionellen Ausdrücke" konfrontiert, da deren Bedeutungen systematisch vom Kontext der Äußerung abzuhängen scheinen. Es wurde der Versuch unternommen, die Bedeutung solcher Ausdrücke als gewisse „hybride Universalien" zu deuten – gewissermaßen als *universalia in res* –, die ihre jeweilige Bedeutung erst durch individuelle (innere oder äußere) Wahrnehmungsakte bekommen. So hat das Wort „dies" zwar eine allgemeine Bedeutung („das sichtbare Objekt, auf das sich der gerade Sprechende bezieht"), aber was genau gemeint ist, wird erst durch die Wahrnehmungen des Sprechers festgelegt. Sowohl der intentionale Gehalt von Wahrnehmungen als auch der von „wesentlich okkasionellen Ausdrücken" enthält ein indexikalisches Moment. Das hat zur Folge, dass zwei Subjekte, etwa Putnam'sche Zwillinge, nicht denselben *vollen* intentionalen Gehalt teilen, da dieser durch die Identität der *Subjekte* und deren *Erlebnisse hic et nunc* mitbestimmt ist.

6. Ingarden hat gegen Husserls frühe Bedeutungstheorie eingewandt, sie könne der unleugbaren Tatsache nicht gerecht werden, dass sich sprachliche Bedeutungen je nach Kontext ändern und historisch-kulturelle Wandlungen durchlaufen können. Um diesen Einwand abzufedern, ist es wichtig, sich stets vor Augen zu halten, dass Husserl nicht in erster Linie an sprachlicher Bedeutung im konventionellen Sinn interessiert ist, die durch historisch gewachsene und kulturell variierende Regeln bestimmt sind (vgl. Davis 2003, § 21.1). Vielmehr interessiert er sich – ähnlich wie Frege – an den für die Logik allein relevanten „Gedanken". Dies hängt mit Husserls früher Kritik am Psychologismus zusammen. Ohne das hier weiter auszuführen, scheint mir gleichwohl die Idee fruchtbar,

---

müssen (vgl. *Ideen I*, § 83). Zwei Erlebnisse können niemals denselben Horizont, d.i. exakt dieselbe „Erlebnisumgebung" (Hua III/1, 186) haben. Ich und mein Zwilling müssten demnach auch *qualitativ* unterschiedliche Erlebnisströme haben.

sprachlich-konventionelle Bedeutungen im Stile von intersubjektiv erzeugten und normierten Noemata zu konzipieren, die sich wie rein intentionale Gegenstände im Ingarden'schen Sinne verhalten.[453] Im Kontrast dazu stehen Bedeutungen im Sinne von Materien *in specie* von Bedeutungsintentionen, die insofern keine rein intentionalen Gegenstände sind, als sie nicht von Bedeutungsintentionen intendiert geschweige denn geschaffen werden. Denn solche Bedeutungen instanziieren sich im Verstehen und können folglich nicht von diesem erst hervorgebracht werden.

Entsprechend meinem werkgeschichtlich orientierten Vorgehen gehe ich im nächsten Kapitel auf das Problem der Nicht-Existenz in Husserls mittlerer Werkphase näher ein – exemplarisch repräsentiert durch die *Ideen I-III*.

2 Das Problem der Nicht-Existenz in den *Ideen*

Bekanntlich hat sich Husserls Denken in der Zeit nach dem Erscheinen der *Untersuchungen* (1900/1) und vor der Veröffentlichung der *Ideen I* (1913) nicht unwesentlich modifiziert. Bis heute ist die Natur dieser Modifikationen nicht restlos geklärt.[454] In jedem Fall bilden sich in dieser Zeit Husserls „transzendental-phänomenologischer Idealismus" und die Methode der Epoché und der transzendentalen (phänomenologischen) und eidetischen Reduktion explizit aus.[455]

Dass diese Methoden eng mit dem Problem der Nicht-Existenz und der Idee der intrinsischen Intentionalität in Verbindung stehen, sieht man daran, dass Epoché üben u. a. bedeutet, unreflektierte *Existenz-* und *Nicht-Existenzannahmen* „einzuklammern", „auszuschalten" oder zu „inhibieren", wie Husserl eigenwillig zu sagen pflegt. Im Zentrum stehen dabei nicht so sehr einzelne Existenzurteile, sondern vielmehr die „Generalthesis der natürlichen Einstellung" (Hua III/1, 60 f.), bei der es sich um die unreflektierte und implizite Überzeugung handelt, dass diese (raumzeitliche) Welt um mich herum mit allem, was in ihr ist, schlichtweg existiert. Die kognitive Operation der „Einklammerung" dieses Thesis unter-

---

453 Vgl. LW, § 18, wo Ingarden Husserls frühe Bedeutungstheorie für ihren starken Platonismus kritisiert. Laut Ingarden sind Bedeutungen rein intentionale Gegenstände, die wandelbar sind und kraft der Bedeutungsintentionen existieren; sie sind „Produkte subjektiver Operationen". Indem man zwischen Bedeutungen im Sinne von intentionalen Gehalten *in specie* und bewusstseinsabhängigen noematischen Bedeutungen unterscheidet, kann diese Kritik m. E. abgeschwächt werden.
454 Für einen profunden werkgenetischen Überblick vgl. Mohanty 2008.
455 Zum ersten Mal tritt die Epoché in den Vorlesungen *Einführung in die Logik und Erkenntnistheorie* (1906/7, Hua XXIV) und *Die Idee der Phänomenologie* (1907, Hua II) auf den Plan.

scheidet sich von verwandten Operationen wie Zweifeln, Annehmen, Negieren, Leugnen (Unglauben) und „bloßem Vorstellen" auf subtile, aber profunde Weise. So ist die Epoché z. B. eine willentlich vollziehbare Einstellung, während Leugnen und Zweifeln nicht unserer Willkür unterstehen. Und anders als das Annehmen, das immer „Annehmen eines entsprechenden Seins" (Hua XX/1, 203) ist, zeichnet sich die Epoché durch *doxische Neutralität* aus. Allerdings ist sie, wiederum anders als das „bloße Vorstellen" à la Brentano, eine genuin *reflexive Haltung:* übe ich Epoché gegenüber meinen Wahrnehmungen und Überzeugungen, so reflektiere ich auf diese, ohne deren implizite oder explizite Stellungnahmen zu übernehmen. Epoché ist eine höherstufige Einstellung, die Husserl sogar mit einer Art „Ichspaltung" in Verbindung bringt, bei der das reflektierende Ich (der Epoché) anders eingestellt ist als das reflektierte Ich (der natürlichen Einstellung).

Die Details der Epoché müssen uns an dieser Stelle nicht weiter interessieren. Entscheidend ist jedoch die Verbindung zwischen Epoché, Nicht-Existenz und intrinsischer Intentionalität. Denn offenbar setzt die Epoché die Idee einer intrinsischen Intentionalität voraus. So gelangt Husserl im Zuge der Epoché zu der „**Einsicht, daß Bewußtsein in sich selbst ein Eigensein hat, das in seinem absoluten Eigenwesen durch die phänomenologische Ausschaltung nicht betroffen ist**" (Hua III/1, 68); bei der Intentionalität handelt es sich nicht um eine „**Beziehung zwischen irgendeinem psychologischen Vorkommnis – genannt Erlebnis – und einem anderen realen Dasein – genannt Gegenstand – oder von einer psychologischen Verknüpfung, die in objektiver Wirklichkeit zwischen dem einen und dem anderen stattthätte**"; sondern vielmehr „ist von Erlebnissen rein ihrem Wesen nach [...] die Rede" (Hua III/1, 74). Übe ich als reflektierendes Ich Epoché gegenüber meinen aktuellen Wahrnehmungen eines Baumes, denen ein Glaubenscharakter wesentlich ist, so mache ich diese Setzungen nicht mit und beschreibe mein Erlebnis so, dass diese Beschreibung unabhängig davon ist, ob der Baum existiert oder nicht. Durch solche Beschreibungen gelange ich zum *reinen Akterlebnis,* das „in Erfahrung setzbar ist, und jederzeit setzbar und erkennbar ist, wenn ich als Reflektierender alles geradehin Geltende außer Geltung setze" (Hua VIII, 110). In jedem Fall ändert die „Einklammerung" des Wahrnehmungsglaubens nichts daran, dass das Erlebnis in sich intentional ist. Auch wenn die Wahrnehmung eine nicht-veridische Halluzination ist, ist sie immer noch eine „Wahrnehmung *von* ‚diesem blühenden Apfelbaum, in diesem Garten usw.' und ebenso das reduzierte Wohlgefallen Wohlgefallen an diesem selben" (Hua III/1, 204) Mit anderen Worten: die Epoché beruht wesentlich darauf und macht uns darauf aufmerksam, dass Akte durch intrinsische Intentionalität charakterisiert sind.

Man muss nicht so weit gehen und behaupten, dass Erlebnisse im absoluten Sinne ontologisch selbständig sind und somit auch dann existieren könnten, wenn es *gar nichts anderes* gäbe – also auch keinen Körper, kein Gehirn etc. (vgl. *Ideen I*, § 49). Ferner impliziert die Epoché nicht *eo ipso* die (ontologische) Möglichkeit, dass der Akt, aber nicht der Gegenstand existiert. Denn das hätte die unliebsame Folge, dass gewisse notwendige *abstracta* auch nicht sein könnten (z. B. Zahlen); ferner wäre die Möglichkeit von notwendigerweise veridischen Akten ausgeschlossen, zu denen z. B. reflexive „immanente Wahrnehmungen" (vgl. *Ideen I*, § 38) gehören. Sinnvoll hingegen ist es, zu sagen, dass die Epoché voraussetzt, dass Akte *von sich aus* und *in sich* intentional sind. Ihre Intentionalität *als solche* ist eine nicht-relationale und wesentliche Eigenschaft. Ob das intentionale Objekt existiert oder nicht, steht auf einem anderen Blatt.

Die Methode der Epoché und die sich anschließende Reduktion auf das „reine Bewusstsein" machen sich somit die Tatsache zunutze, dass Akte ihre intentionalen Objekte auch dann haben, wenn diese nicht existieren. Sie zwingen uns gleichsam, den Blick nicht wie in der „natürlichen Einstellung", die „geradehin" eingestellt ist, auf die intentionalen Objekte, sondern vielmehr auf unsere Erlebnisse und deren Strukturen zu richten – Strukturen, kraft deren sich für uns Objekte überhaupt darstellen oder „konstituieren". Die Klärung der Frage, was es heißt, ein intentionales Objekt zu sein, steht dabei an erster Stelle und gehört zur *Konstitution im weiten Sinne*. (Wir werden sehen, dass dabei die sog. „Synthesis der Identifikation" eine entscheidende Rolle spielt, da sich intentionale Objekte stets als identische Bezugspunkte mannigfaltiger Gegebenheitsweisen darstellen.) Sodann geht es Husserl darum, zu klären, aufgrund welcher Erlebnisse und Erlebniszusammenhänge wir ein intentionales Objekt für ein *seiendes (existierendes, wirkliches, gültiges)* Objekt halten. Dies ist Thema der *Konstitution im engeren oder prägnanten Sinne*. (Hier spielt die „Erfüllungssynthesis" die zentrale Rolle, denn nach Husserl wird uns etwas als existierend letztlich durch eine gewisse Anschauung bewusst.)

Die Tendenz Husserls geht nun dahin, *alle Arten* von Objekten und Entitäten – und nicht nur die Objekte „logischer Erlebnisse" wie in den *Untersuchungen* – *systematisch, konkret* und *en détail* vom reflexiven Standpunkt der Ersten Person auf dem Boden der Epoché zu studieren. Objekte und Entitäten werden nur insofern in Rechnung gezogen, als sie *für das* Subjekt da sind und sich im „reinen Bewusstsein" *konstituieren:*

> Gegenstände sind für uns, und sind für uns, was sie sind, nur als Gegenstände wirklichen und möglichen Bewußtseins: Soll das keine leere Rede sein und kein Thema leerer Spekulationen, so muß gezeigt werden, was dieses Für-uns-Sein und So-Sein konkret ausmacht bzw.

was für ein, ein wie strukturiertes wirkliches und mögliches Bewußtsein in Frage kommt [...]. Das kann allein leisten die konstitutive Untersuchung. (CM, 66)

Konstitution soll Intentionalität, das „Rätsel aller Rätsel" (Hua XXX, 341), lösen. Der Konstitutionstheorie oder dem „Korrelationsapriori" zufolge entspricht jeder Art intentionaler Objekte A eineindeutig eine unendliche, aber in sich strukturierte Menge von aktuellen und potentiellen Erlebnissen bestimmter Art, in denen sich ein Objekt X der Art A als identischer Bezugspunkt darstellt. Jedes Objekt indiziert, wie Husserl oft sagt, ein System bestimmter Erlebnisse, die untereinander in der Relation „identifizierender Synthesis" stehen. Dem *impossibile rundes Quadrat* entspricht ein System *leerer Akte* mit dem Gehalt *rundes Quadrat*, die sich auf leere Weise identifizieren. Auch *imaginabilia* können so untersucht werden, indem Systeme von *Phantasien* beschrieben werden. Dass jede Art intentionaler Objekte mit ganz bestimmten Arten intentionaler Erlebnisse *systematisch zusammenhängt*, dass es hier *wesentliche Zusammenhänge* gibt, die sich *konkret beschreiben* lassen – dies ist Husserls fundamentale Einsicht, die hinter der Idee eines „universalen Korrelationsapriori" (Hua VI, 161) steckt und seine Analysen in Atem hält. Es ist eben nicht so, dass wir Objekte und Akte *nach Gusto* in Verbindung bringen können. Zahlen kann man nicht riechen, Ereignisse nicht anfassen, Stühle nicht ohne „Abschattung" sehen. Es sind solche prima facie Selbstverständlichkeiten, die Husserl transparent machen will.

Sofern dabei die Frage nach der Existenz des Objektes irrelevant ist, spricht Husserl von Konstitution im weiteren Sinne (vgl. Hua III/1, 313; CM, 57 f.). Im engeren Sinne ist Konstitution im Spiel, wenn es um *Entitäten* und Fragen nach Wahrheit, Wirklichkeit und Erkenntnis geht. Pointiert gesagt: *Konstitution im weiteren Sinne ist intrinsische Intentionalität, Konstitution im engeren Sinne ist relationale Intentionalität.* Die Konstitutionstheorie zielt dabei auf Wesenswahrheiten ab, die apriori gelten. Dass sich z. B. materielle Dinge durch Wahrnehmungen konstituieren, die ein phänomenal verleiblichtes Subjekt mit kinästhetischen Empfindungen und wechselnden Perspektiven vollzieht, ist keine kontingente Einsicht, denn selbst Gott ist daran gebunden, Dinge so und nur so wahrnehmen zu können: „Kein Gott kann daran etwas ändern" (Hua III/1, 92). Konstitutive Aussagen sind also dem Anspruch nach synthetisch-apriorische Urteile, die in der Natur der Erlebnisse und ihrer Objekte gründen.

In diesem Sinne vollzieht Husserl nunmehr eine ‚transzendentale Wende' und bekennt sich ganz unverhohlen zu einem idealistischen Standpunkt (vgl. CM, §§ 40 f.; *Ideen I*, § 55), der allerdings kein reduktiver Idealismus sein soll, demnach intentionale Objekte Teile des Bewusstseins sind. Wie oben (B) erwähnt, soll die Idealismus-Debatte hier nicht aufgerollt werden. Meiner Lesart zufolge kann Husserls Idealismus als *methodischer (Intelligibilitäts-)Idealismus* verstanden werden, der zu erhellen sucht, wie sich unterschiedliche Arten von Objekten für das Subjekt darstellen. Ich verstehe den transzendental-phänomenologischen Idealismus mithin in einem *deflationären Sinne*. Man kann, aber muss ihn nicht als eine These über die ontologische Abhängigkeit aller Objekte und Entitäten vom „reinen Bewusstsein" auffassen. In jedem Fall ist meine Behandlung des Problems der Nicht-Existenz im Kontext der Intentionalität davon unabhängig. Das zeigt sich daran, dass Husserl auch in den *Ideen* eine nicht-relationale Konzeption von Intentionalität vertritt, derzufolge Akt, Gehalt und Objekt kategorial zu unterscheiden sind. Gegenstandslose Akte, oder *Noesen*, wie es nun heißt, sind deshalb möglich, weil sie einen Gehalt (ein *Noema*), haben, „durch" den (das) sie sich auf ihr Objekt richten. Wie bisher fungiert das Problem der Nicht-Existenz dabei als *agent provocateur* für die Theorie der Intentionalität, obgleich das Paradox gegenstandsloser Vorstellungen wie in den *Untersuchungen* nicht mehr explizit erwähnt wird.[456]

Natürlich gibt es wichtige Unterschiede zwischen der Konzeption der Intentionalität der *Untersuchungen* und der *Ideen*. Insbesondere der Status des Noema im Verhältnis zu seinem Vorgänger, der Akt-Materie (*in specie*), bildet den Ausgangspunkt für eine breite und allmählich schwer zu überschauende Debatte in der Husserl-Literatur, zu der ich hier nicht beanspruche, Neues beizutragen. Im Kern geht es dabei um die Frage, wie der ontologische, epistemologische, funktionale und intentionale Status des Noema zu charakterisieren ist.[457]

Die Struktur eines Aktes ist der Noema-Theorie der *Ideen* zufolge *komplizierter* (wörtlich: „verwickelter") als der Spezies-Theorie der *Untersuchungen* zufolge. Denn das Noema, das irritierenderweise von Husserl oft als „intentionaler Gegenstand (als solcher)" bezeichnet wird, ist zwar numerisch und kategorial vom ‚eigentlichen' Objekt der Noesis zu unterscheiden (so meine in der Literatur nicht unbestrittene These), stellt aber gleichwohl ein *implizit* intendiertes Objekt dar, auf welches das Subjekt jederzeit seine Aufmerksamkeit in einem Akt „noematischer Reflexion" richten kann. Es ist gleichsam in die Objekt-Gerichtetheit auf X eingeflochten und steht somit, anders als die Materie-Spezies, ‚eher' auf der Objekt- als auf der Erlebnisseite. Meiner Lesart zufolge, die sich stark an Dallas Willard

---

[456] Anders als in den *Untersuchungen* kommen die Worte „gegenstandslos", „Gegenstandslosigkeit" etc. in den *Ideen I-III* gar nicht mehr explizit vor.
[457] Vgl. dazu selektiv den Sammelband zum Noema von Drummond/Embree 1992, Drummond 2008, Chukwu 2009, Kosowski 2010, die Darstellung bei Süßbauer 1995, Teil 5, und Szanto 2012, III. 2.2, und die reichhaltige Literatur in allen diesen Arbeiten. Zum Übergang von den *Untersuchungen* zu den *Ideen* vgl. Simons 1995 und Chrudzimski 2002 und 2005, die beide die inzwischen weithin anerkannte Relevanz der *Vorlesung über Bedeutungslehre* von 1908 (VüB, Hua XXVI) bei diesem Übergang betonen.

und (dessen Schüler) Walter Hopp anschließt, ist das Noema am besten als eine implizit und nicht-fokal intendierte *aktabhängige gebundene Idealität* zu verstehen. Ein gewisses Analogon für das Noema sind die Seiten oder Profile eines gesehenen Objektes, die ja auch nicht *die* Objekte unserer Akte sind, obgleich sie in gewissem Sinne *auch* deren Objekte sind und explizit zu *den* Objekten unserer Aufmerksamkeit *werden können*. Zwischen Noesis und Noema besteht – anders als zwischen Noesis und *dem* intentionalen Objekt des Aktes – eine *echte Relation*, die Husserl auch als „Korrelation" bezeichnet. Noemata existieren also immer, sofern es Noesen gibt, während *die* intentionalen Objekte nicht immer existieren. Anders als in den *Untersuchungen* tritt somit eine zweite Gegenständlichkeit auf den Plan, die ‚zwischen' Akt und fokalem Objekt vermittelt. Die Noemata von nicht-begrifflichen Akten und die Noemata von „Bedeutungserlebnissen", die sog. „phänomenologischen" und „ontischen Bedeutungen" (vgl. Hua XXVI, 30 ff., 85), sind sowohl von der Aktmaterie *in individuo* und *in specie* als auch vom primären intentionalen Objekt verschieden. Es gibt mithin eine gewisse *Rückkehr* des intentionalen Objekts als einer idealen Entität *sui* oder besser: *novi generis* (vgl. Chrudzimski 2005, 92 ff.). Nach Husserl bilden Noemata eine eigene *Region*, nämlich die der Akt-Sinne. An der Idee nicht-relationaler Intentionalität ändert sich insofern nicht wirklich etwas, als Intentionalität immer noch als eine intrinsische Eigenschaft der Erlebnisse konzipiert ist, die unabhängig von der Existenz ihrer *primären* Objekte ist. Noemata, phänomenologische und ontische Bedeutung hin oder her: diese Entitäten sind nicht die fokalen Objekte des Bewusstseins und folglich auch nicht mit *imaginabilia, ficta, falsa* oder *impossibilia* zu identifizieren. Auch im mittleren und späteren Werk ist Husserl kein meinongianischer Allist.

Im Folgenden werde ich mich etwas näher mit der sog. *West-Coast-* oder *California-Lesart* des Noema befassen. Diese Schule deutet Husserls Noemata, inspiriert von Dagfinn Føllesdals Arbeiten aus den 60er Jahren, als abstrakte intensionale Entitäten, die, ähnlich wie Frege'sche Sinne, die Intentionalität vermitteln, sodass Husserls Theorie als eine Mediator-Theorie in scharfem Kontrast zu relationalen Objekt-Theorien der Intentionalität exponiert wird. Mit dieser Lesart teilt die hier vorgeschlagene Deutung vor allem die *numerische und kategoriale Trennung* von Noema und intentionalem (fokalem) Objekt.[458] Allerdings

---

[458] Darin unterscheiden sich die *West-* und die sog. *East-Coast-Deutung* des Noema wesentlich voneinander. Letzterer zufolge sind Objekt und Noema ontologisch identisch, werden aber aus unterschiedlichen Blickwinkeln beschrieben. Das Noema ist das Objekt vom Standpunkt der transzendentalen Phänomenologie aus gesehen. Da ich diese grundlegende These der East-Coast-Deutung weder exegetisch noch inhaltlich nachvollziehen kann, gehe ich nicht näher auf sie ein. Sie kann meines Erachtens z. B. nicht befriedigend auf das Problem der Nicht-Existenz

versuche ich zu zeigen, dass die Kritik der West-Coastler an der Speziestheorie wenig überzeugend ist und dass die Relation zwischen Noesis und Noema (wie bei Husserl) nicht überzeugend geklärt wird. Deshalb besteht mein Ziel darin, zu zeigen, dass es bei Husserl (und einigen seiner Interpreten) Stellen gibt, welche die Lesart gestatten, das Noema als Noesis *in specie* zu deuten – oder zumindest als durch die Noesis *determinierte Entität*. Es soll ein Primat der Noesis gegenüber dem Noema aufgezeigt werden, sodass sich die Speziestheorie auch über die *Untersuchungen* hinaus aufrechterhalten lässt.[459] Alles Noematische ist eine „Spiegelung", wie Husserl sagt, des Noetischen; nach A. D. Smith „superveniert" das Noema über der Noesis. Dadurch kommt ein gewisser Primat des Noetischen gegenüber dem Noematischen zum Ausdruck, denn, um im Bild zu bleiben, eine Spiegelung ‚gründet' in dem, was gespiegelt wird, aber nicht vice versa. Im Folgenden wird gezeigt, dass in der Tat sowohl ein ontologischer als auch ein epistemologischer Primat der Noesis vorhanden ist. Alle Vorzüge der Noema-Konzeption der *Ideen* lassen sich dadurch einholen, dass das Noema als Noesis *in specie* gedeutet wird. Ich für meinen Teil kann jedenfalls nicht sehen, dass die Einführung des Noema wesentliche Forschritte gegenüber einer solchen, von den *Untersuchungen* inspirierten, Lesart des Noema als Noesis *in specie* mit sich bringt. Der Grund für dieses exegetische Manöver, das Husserl in gewissem Sinn gegen den Strich liest, besteht darin, dass das Noema als eine ideale Entität *novi generis* zu (mindestens) *zwei Problemen* führt, welche die *in specie*-Lesart vermeidet: *erstens* ist die Relation zwischen Noesis und Noema bei Husserl notorisch unterbestimmt; Husserl spricht oft von einer „Korrelation" (vgl. *Ideen I*, §§ 87–127), womit inhaltlich nichts Gehaltvolles über die *Natur* dieser Relation gesagt wird. Tatsächlich besteht hier die Gefahr, dass das Frege'sche Rätsel erneut auftaucht;

---

reagieren, da sie letztlich jedem Akt ein existierendes Objekt zuordnen muss, denn jeder Akt hat ein existierendes Noema. Prominente Vertreter der East-Coast-Deutung sind John Drummond 1990 und seit einiger Zeit Dan Zahavi 2003a, 2004. Zahavi weist explizit darauf hin, dass das Problem der Nicht-Existenz für diese Lesart besonders virulent ist.

459 Vgl. Willard 1992. Eine ähnliche These vertritt Føllesdal 2010, der den Begriff des Noema anhand des Begriffs der Noesis einführt. Letztere hat in diesem Sinne heuristischen und methodischen Vorrang: „Wenn wir verstanden haben, was Husserl mit Noesis meint, ist es nur noch ein kleiner Schritt, die Kernpunkte des Noema und des Objekts zu erfassen." (138) Vgl. 152: „Da uns die wesentlichen Merkmale der Noesis und der Hyle nun vertraut sind, ist es einfach, den Begriff des Noema zu definieren. *Das Noema ist ein Netz von Bestimmungen, die – den Antizipationen der Noesis entsprechend – das Objekt eines Bewusstseinsaktes bestimmen.*" Vgl. auch A. D. Smith 2006, 331 Fn. 26, der sogar einen ontologischen Vorrang der Noesis gegenüber dem Noema einräumt: „in any case, we can trace the fundamental ground of difference [between Noemata] back to *noetic* features of experiences (which are certainly really inherent in experience), since an experience's noema is determined by its noesis."

zweitens sprechen einige Indizien dafür, dass die Relation zwischen Noesis und Noema eine Spielart von Intentionalität ist, wenn auch eine Art impliziter, marginaler oder peripherer Gerichtetheit. Dies hat aber zur Folge, dass jeder Akt zwei intentionale Objekte hat, ein direktes oder fokales, und ein indirektes oder nichtfokales. Damit scheint Husserl nun doch eine Art *Verdoppelung der intentionalen Objekte* einzuführen, gegen die er sich zeit seines Lebens gewehrt hat. Zudem würde Intentionalität nunmehr proteischen Charakter annehmen: denn die implizite Gerichtetheit auf das Noema ist relationaler Natur (*jede Noesis hat ein Noema*), während die explizite Gerichtetheit auf das fokale Objekt X nicht-relationaler Natur ist (*nicht jedes Noesis hat ein Objekt*). Die Noematheorie steht somit letztlich vor einem in meinen Augen schwer auflösbaren Dilemma: entweder ist die Relation zwischen Noesis und Noema eine Spielart von Intentionalität oder nicht; wenn ja, dann kommt es zur Verdoppelung der intentionalen Objekte und zum Proteus-Problem; wenn nicht, dann bleibt uns Husserl (und die West-Coast-Deutung) eine Antwort auf die Frage nach der Natur dieser Relation schuldig. Da die East-Coast-Deutung in meinen Augen nicht plausibel ist, scheint es angesichts dieser dialektischen Situation angebracht, dem Motto *back to the roots* zu folgen und an der Speziestheorie festzuhalten.

Verglichen mit den *Untersuchungen* machen die *Ideen* einen terminologisch reiferen und systematisch-einheitlicheren Eindruck. Das wird im Folgenden dadurch aufgezeigt, dass Husserl die Einheit aller Aktqualitäten daran dingfest macht, dass letztlich *alle Akte* auf gewisse Weise objektivierenden Charakter haben und somit einen eigenen Beitrag zum intentionalen Gehalt leisten. Insbesondere Brentanos „Gemüts- und Willensbewegungen" sind dem reifen Husserl zufolge nicht nur ‚Färbungen' genuin objektivierender Akte[460], sondern konstituieren Objekte und Eigenschaften *sui generis* – nämlich Werte bzw. affektive, praktische und axiologische Eigenschaften. Alle Noesen erweisen sich dergestalt als doxische Akte, sodass ein gewisser *doxischer Universalismus* sichtbar wird. Die Vorzüge der Noema-Theorie sind vor allem darin zu sehen, dass Husserl nunmehr explizit verschiedene Aspekte und Komponenten innerhalb des intentionalen Gehalts eines Aktes unterscheidet und terminologisch fixiert. Im Wesentlichen sind das der noematische *Kern* oder *gegenständliche Sinn*, die noematischen *Charaktere* und das bestimmbare und identische X, das als ‚Kern des Kerns' und der Charaktere fungiert. Das bestimmbare X entspricht der referentiellen, der Kern der deskriptiven Funktion der Materie aus den *Untersuchungen*. Die noematischen Charaktere entsprechen cum grano salis der Qualität des Aktes. Was in den *Un-*

---

460 Vgl. LU V, § 15 b), wo vom „rosigen Schimmer" eines freudigen und der „Färbung" eines traurigen Ereignisses die Rede ist.

tersuchungen explizit mereologisch als „reeller Teil" eines Aktes bezeichnet wird, wird in den *Ideen* als dessen noetische Struktur oder „Schicht" bezeichnet. Es gilt also die Gleichung:

intrinsische Eigenschaften eines Aktes = Reelles = Noesis ⊕ Hyle

In vollkommener Übereinstimmung mit den *Untersuchungen* haben Akte sowohl intentionale als auch nicht-intentionale Komponenten. Die Intentionalität eines Aktes ist in dessen noetischen Eigenschaften (*Morphe*) fundiert. Die aufgefassten Empfindungen bezeichnet Husserl nun als *Hyle*, hyletische Stoffe oder Daten, sodass sich ein *hylemorphistisches Bild* von Akten ergibt.

Ich verfolge somit insgesamt eine exegetische *divide et impera*-Strategie, indem ich einerseits die problematischen Aspekte der noematischen Wende hervorhebe, andererseits versuche, die wertvollen Ergänzungen aufzugreifen, die diese Wende mit Blick auf die *Untersuchungen* zeitigt.[461]

Um all das zu zeigen, gehe ich wie folgt vor: Im Abschnitt „Aktanalyse II" (§ 1) stelle ich die in meinen Augen zentralen Erweiterungen und Modifikationen der Konzeption intrinsischer Intentionalität in den *Ideen* gegenüber den *Untersuchungen* dar. Dabei gehe ich zuerst auf das Noema kritisch ein und versuche zu zeigen, dass sich die Speziestheorie auch im Kontext der Noema-Theorie noch vertreten lässt. Dazu gilt es, im Anschluss an Dallas Willard den *Primat der Noesis gegenüber dem Noema* aufzuzeigen (§ 1.1). Dann gehe ich in zwei Abschnitten (§ 1.2–3) auf die Theorie der Noesis und des (reinen) Ich näher ein. In § 2 wird die Gerichtetheit der freien Phantasie auf *imaginabilia* untersucht. § 3 hebt grundlegende Unterschiede zwischen Noema, Objekt und Wesen hervor; ferner gehe ich hier nochmals auf den Eigenschaftsrelationalismus ein. Schließlich bespreche ich in § 4 ausführlicher den § 55 der *Ideen II*, in dem Husserl die Existenzindifferenz intentionaler Erlebnisse verwendet, um den Begriff der *Motivation* vom Begriff der *Kausalität* abzugrenzen. Das Problem der Nicht-Existenz, so die These, wirft nach Husserl profunde Probleme für das allgegenwärtige Programm der ‚Naturalisierung der Intentionalität' auf.

---

[461] Husserl selbst interpretiert die neu eingeführten Begriffe in den *Ideen* als *Nachfolgerbegriffe* gegenüber den *Untersuchungen*. Zu dieser ‚Übersetzungsstrategie' des Vokabulars der *Untersuchungen* in das der *Ideen* vgl. *Ideen I*, § 129.

§ 1 Aktanalyse II

1 Noemata als „gebundene Idealitäten"
Beginnen wir mit der Frage nach der Natur des Noema und seinem Verhältnis zur Noesis und zum Objekt des Aktes.
Implizites Sinnbewusstsein. Husserl zufolge „hat" jede Noesis ein (und nur ein) Noema, sodass jede Noesis *ihr* Noema hat. Darin besteht das „Grundstück der Intentionalität" (Hua III/1, 206):[462]

> Die Wahrnehmung z. B. hat ihr Noema, zu unterst ihren Wahrnehmungssinn, d. h. das Wahrgenommene als solches. Ebenso hat die jeweilige Erinnerung ihr Erinnertes als solches eben als das ihre genau wie es in ihr „Gemeintes", „Bewußtes" ist; wieder das Urteilen das *Geurteilte als solches*, das Gefallen das Gefallende als solches usw. (Hua III/1, 203)

Obgleich jeder Akt ein Noema hat, hat nicht jeder Akt einen „Gegenstand schlechthin". Das Haben eines Noema ist unabhängig davon, ob der intentionale Gegenstand existiert. Deshalb sind Noema und Objekt zu trennen:

> Das intentionale Erlebnis ist, zeigten wir, zweifellos so geartet, daß ihm bei passender Blickstellung ein „Sinn" zu entnehmen ist. Die uns diesen Sinn *definierende Sachlage*, nämlich der Umstand, daß die Nichtexistenz (bzw. die Überzeugung von der Nichtexistenz) des vorgestellten oder gedachten Objektes-schlechthin der betreffenden Vorstellung (und so dem jeweiligen intentionalen Erlebnis überhaupt) sein Vorgestelltes als solches nicht rauben kann, *daß also zwischen beiden unterschieden werden muß*, konnte nicht verborgen bleiben. (Hua III/1, 207; Herv. CE)

Dieses Zitat ist ein deutlicher Beleg für den systematischen Zusammenhang zwischen dem Problem der Nicht-Existenz und der Natur der Intentionalität. Denn das Haben eines Sinnes, durch den sich der Akt auf ein Objekt X richtet, ist geradezu dadurch *definiert*, dass X nicht eo ipso existiert. Die Möglichkeit der Nicht-Existenz des Objekts fungiert hier als Kriterium für Intentionalität als solche. In § 129 der *Ideen I* macht Husserl weiterhin klar, dass der Unterschied zwischen Noema und intentionalem Objekt zur Folge hat, dass die gängige Formel „Bewusstsein ist Bewusstsein von etwas" *doppeldeutig* wird: „Das intentionale Erlebnis hat, so pflegt man zu sagen ‚Beziehung auf Gegenständliches'; man sagt aber auch, es sei 'Bewußtsein von etwas'" (Hua III/1, 298 f.; vgl. 179 f.). Dieser Unterschied wird erst beim phänomenologischen Reflektieren

---

[462] „Haben" wird dabei im relationalen Sinne verwendet, demgemäß aus „x hat y" folgt, dass es etwas gibt, zu dem x in der Relation des Habens steht.

sichtbar und zeigt, dass Gerichtetheit „auf Gegenständliches" nur dadurch möglich ist, dass wir dieses Gegenständliche auf eine bestimmte Weise bewusst haben; diese Weise kommt in dem „Wovon" unseres Erlebnisses zum Ausdruck. Ein intentionales Objekt ist nur ‚durch' einen Gehalt oder Sinn Objekt für uns. Wenn man das intentionale Objekt eines Aktes angibt, so bringt man dadurch eo ipso dessen Sinn zum Ausdruck (vgl. Crane 2001a, 30).

Husserl behauptet weiters, dass das Noema eines Aktes erst durch eine besondere „Blickstellung" explizit gemacht werden kann. Das ist eine *epistemologische These*, derzufolge das Noema nicht der „erfasste" Gegenstand eines Aktes ist, sondern dazu erst durch eine bestimmte Art von *Reflexion* wird. Davor ist es höchstens implizit oder unthematisch bewusst. Bevor wir in die phänomenologische Einstellung übergehen, sind wir nicht intentional auf „ein Wahrgenommenes als solches" etc. gerichtet, sondern schlichtweg auf ‚normale' Dinge und Vorgänge in der Welt: „Das Ding, das Naturobjekt nehme ich wahr, den Baum dort im Garten; das und nichts anderes ist das wirkliche Objekt der wahrnehmenden ‚Intention'." (Hua III/1, 207 f.)[463] Im *Ding*, nicht im Dingsinn oder Noema, terminieren meine wahrnehmenden Akte, es ist das, worauf meine Aufmerksamkeit gerichtet ist. Ähnliches gilt für *Sachverhalte*, die Objekte propositionaler Noesen, deren Noemata Husserl bolzanistisch als „Sätze" bezeichnet (vgl. *Ideen I*, § 94):

> Aber notabene: Nicht das Urteilen selbst ist das Gerichtetsein auf seinen Satz, als ob wir im Urteilen den Satz zum Gegenstand hätten. Urteilen wir aktuell, der Himmel ist trübe, so sind wir eingestellt auf den Himmel und das Trübesein, und zwar in der Einheit „Der Himmel ist trübe". Also, der Sachverhalt der Natur ist das Gegenständliche, worauf das Urteilen hier eingestellt ist. Etwas anderes als dieser Sachverhalt ist aber der Satz „Der Himmel ist trübe", den wir in einer neuen Blickstellung als Objekt entnehmen. (Hua XXX, 47)

Noemata werden erst durch eine Reflexion zu thematischen Objekten. Reflexion ist bei Husserl ein Oberbegriff für Akte höherer Stufe, deren Objekte durch „Wendung" einer bereits vorliegenden Gerichtetheit thematisch werden. Nach Husserl können wir nur auf etwas reflektieren, was schon unthematisch oder *implizit* bewusst ist. Darauf weist auch das Wort „Entnahme" hin, das Husserl in diesem Kontext oft verwendet: Der Sinn lässt sich einem Akt *entnehmen*, indem wir eine reflexive Einstellung ihm gegenüber einnehmen. Entnehmen lässt sich aber nur, was schon auf eine gewisse Weise da ist:

---

[463] Vgl. Hua XXX, 50: „Wahrnehmen ist auf den Gegenstand hinsehen und ihn als den seienden erfassen, etwa diesen Tisch, oder auch einzelweise auf die Teile und Momente des Gegenstandes hinsehen, auf die Gestalt, die Farbe etc. In diesem Bewußtsein sind Gegenstände einfach für uns da, sind Gegenstände gesetzt."

In jedem Urteilen „liegt" zwar sein Sinn [...] – aber dergleichen können wir eben nur evident aussagen vermöge der Urteile und Evidenzen zweiter Stufe, in denen wir den schlichten Urteilen ihre Vermeintheiten „entnehmen", sie zu G e g e n s t ä n d e n machend. (Hua XVII, 140)

Im ‚geraden', unreflektierten Urteilen ist „zwar *implicite* die jeweilige Vermeintheit bewußt, aber bloßer ‚D u r c h g a n g' der Erkenntniszielung, die ihrerseits in der entsprechenden kategorialen Gegenständlichkeit selbst [...] terminiert" (Hua XVII, 140). Die „jeweilige Vermeintheit", das heißt der Sinn (Satz) eines Urteils, ist nicht das, worauf wir fokal gerichtet sind. Urteile ich etwa „Dieser Apfel ist rot", so ist der Sachverhalt, dass der Apfel rot ist, das, worauf ich im eigentlichen Sinne gerichtet bin; nur ihm bin ich „zugewendet" (Hua XXVI, 43). Davon *handelt* mein Urteil, es ist das, was existiert oder besteht, wenn mein Urteil wahr ist. Man kann auch sagen, dass mein Urteil von dem Apfel handelt. Dieser ist der *Gegenstand-worüber* des Urteilens, der nominale Gegenstand, von dem ich etwas prädiziere. Der noematische Sinn ist weder terminaler noch nominaler Gegenstand eines Urteilens; er hat vielmehr eine ‚mediale' Funktion, ist „bloßer Durchgang der Erkenntniserzielung". Das Noema ist „sozusagen implicite bewußt" und wird „zum Gegenstand-worüber [...] durch eine neue Blickstellung" (Hua XXVI, 85).

Die zentrale Frage ist, welcher Art dieses implizite Bewusstshaben ist (vgl. Hua III/1, 222; Hua XXVI, 48). Ist es eine Spielart intentionalen Bewusstseins? Soweit ich sehe, ist Husserl zu dieser These verpflichtet – zumindest ist das Noema etwas, dessen wir uns *bewusst* sind und das kein Moment des Aktes ist (wie die Materie *in individuo*, deren wir uns präreflexiv bewusst sind).[464] Reflektieren wir auf einen Akt, so sehen wir, dass das Noema „*im Blick lag*, dass aber der Blick nicht auf das Noema als erfassender Blick ging, sondern auf das Ding als Identisches der Synthesen" (Hua XXIII, 585; Herv. CE). Offenbar fungiert das Noema als ein intentionales Objekt des Aktes, das zwar nicht „erfasst" wird, aber gleichwohl Objekt

---

[464] Das zu Sinnen gehörige implizite Bewusstsein ist von anderen Arten impliziter Intentionalität zu unterscheiden. Dazu gehören: 1) das perzeptive Bewusstsein von Objekten im Hintergrund, aus dem man ein Objekt attentional „herausgreift"; 2) das retentionale Bewusstsein gerade verflossener Ereignisse und Erlebnisse; 3) das Bewusstsein von Werten, das in fundierten Gemütsakten involviert ist; 4) das Bewusstsein von Typen oder Spezies von Objekten, das im Spiel ist, wenn wir etwas als *ein P* begreifen; 5) der Unterschied zwischen primären (*in recto*) und sekundären Objekten (*in obliquo*) bei kategorialen Akten, z. B. die implizite Gerichtetheit auf die Seine beim Vollzug des nominalen Aktes „der bekannte Turm an der Seine". Vgl. dazu der Reihe nach: 1) *Ideen I*, § 35; EU, § 8; VüB, § 9 f. 2) *Ideen I*, §§ 45, 77 f.; 3) *Ideen I*, § 37; *Ideen II*, §§ 4–7; 4) EU, §§ 8, 80, 83 a); Hua IV, 273; 5) LU V, § 17. Das präreflexive Selbstbewusstsein, das jedem Akt zugehört, gehört ggf. auch zu diesen Phänomenen, obschon unklar ist, ob es eine Form von Intentionalität ist. Vgl. EU, 308 f.; Hua X, 472 f.

ist."⁴⁶⁵ Sinne sind also in einer Form *impliziter Intentionalität* bewusst.⁴⁶⁶ Noemata sind sozusagen eingewickelt in die *explizite Intentionalität* auf das intentionale Objekt erster Stufe: während ich z.B. um einen Stuhl herumgehe, habe ich in jedem Moment unterschiedliche Noemata implizit zum Objekt, während mein „erfassender Blick" auf dem einen Stuhl als „Identisches der Synthesen" ruht. Noemata sind *auch* Objekte unserer Akte, aber sie sind nicht *die* Objekte unserer Akte. Zu expliziten Objekten werden sie durch gewisse reflexive Akte, wobei Husserl nunmehr zwei Arten von Reflexion unterscheidet, nämlich noetische und noematische Reflexion.

In einer *noetischen Reflexion* thematisieren wir *Akte*, ihre intrinsischen (reellen) Aspekte und das *Subjekt*, in einer *noematischen Reflexion* hingegen die *noematischen Aktsinne*. Noetische Reflexion liefert, gepaart mit eidetischer Variation bzw. „ideierender Abstraktion", „noetische Ideen". In den *Untersuchungen* dominiert die noetische Reflexion. Durch noetische Reflexion allein werden eigene Akte *in individuo*, gepaart mit ideierender Abstraktion werden Akte *in specie* (Aktuniversalien) zu intentionalen Objekten. Urteile ich z.B. „Gerade sehe ich einen Apfel", so vollziehe ich in erster Linie eine noetische Reflexion, indem ich die Art meiner intentionalen Gerichtetheit („Sehen"), den Zeitpunkt des aktuellen visuellen Erlebnisses („gerade") und zugleich das „reine Ich" als „Pol" oder Ausgangspunkt der Gerichtetheit („ich") thematisiere. Urteile ich hingegen „Der Apfel erscheint (mir) als rot, rund, neben dem Glas liegend etc.", so vollziehe ich (in erster Linie) eine noematische Reflexion auf die Aspekte, unter denen mir der Apfel intentional präsent ist. Noematische Reflexion liefert eine Antwort auf die Frage, *was* und *unter welchen Aspekten* wir etwas intendieren. Noetische Reflexion

---

465 Vgl. dazu Willard 1988, 196f.: „The noema is *an* object. We are aware of it within the act. But it is not therefore (indeed, is therefore not!) *the* object of the act. [...]. It is, I believe, Husserl's view that this ‚marginal' type of subordinate awareness alone makes possible the functioning of hyla and noemata in the act, and simultaneously, their universal availability to reflexion in a cogito proper of them. They lie in one essential dimension of the horizon of the act in which they serve."

466 D. W. Smith 2007, 264, ist angesichts obiger Belegstellen definitiv zu widersprechen, wenn er Sinnen *gar kein* (Objekt-)Bewusstsein bescheinigt: „[T]here is no question of a ‚veil' of ideas or sense that stands between consciousness and its object. Consciousness is a consciousness of *its* object, not *of* its sense. Indeed, it is only in phenomenological reflection that I become aware of the sense through which I am conscious of the tree I see." Offenbar räumt auch Smith ein gewisses – man weiß (wie bei Husserl) nicht so recht, was für ein – Bewusstsein von Sinnen im unreflektierten Akt ein, wenn er auf S. 278, sagt, dass Sinne dergestalt im Akt realisiert (*realized*) seien, dass sie erfahren (*experienced*) sind. Aber was heißt es, ein Sinn sei im Akt erfahren, ohne dessen Objekt zu sein?

hingegen beantwortet die Frage, *in welchen* und *wie beschaffenen* Erlebnissen uns etwas erscheint.

Husserls noematische Konzeption des Sinns hat somit zur Folge, dass es ‚zwischen' Noesis (Akt) und dem fokalen intentionalen Objekt X ein weiteres, obschon nicht-fokal intendiertes Objekt X* gibt – eben das Noema. Während die fokale Gerichtetheit nicht-relationaler Natur ist, da sie auch dann bestehen kann, wenn X nicht existiert, ist jenes implizite Bewusstsein offenbar relationaler Natur, denn ein Noema *gibt es* zu jeder Noesis. Es ist diese *Verwicklung* bzw. *Verdoppelung der Intentionalität*, welche die Interpretation von Husserls Noema-Theorie ungemein erschwert und das Noema zu einer gleichsam lasziven Entität macht, die sich schwer dingfest machen lässt. Denn Intentionalität scheint nunmehr ein janusköpfiges und proteisches Genus zu sein, das sowohl eine relationale als auch eine nicht-relationale Spezies umfasst.[467]

Für meine Lesart ist es nicht notwendig, diese Punkte detailliert zu verfolgen. Im Folgenden wird nämlich gezeigt, dass es Möglichkeiten gibt, dem Noema gegenüber der Noesis (*in specie*) eine untergeordnete und derivative Rolle zuzuschreiben. Die frühe Husserl'sche These, intentionale Gehalte als Aktmomente *in specie* zu konzipieren, kann somit weiterhin aufrechterhalten werden. Auch im Rahmen der frühen Theorie lässt sich die These vertreten, dass wir uns des Sinnes unserer Akte auf gewisse Weise bewusst sind.[468] Denn jeder Sinn qua Aktmoment-Spezies vereinzelt sich ja im Materiemoment des Aktes. Nun haben wir aber gesehen, dass alle Akte ein präreflexives Bewusstsein ihrer selbst mit sich führen: Erlebnisse sind erlebt, aber nicht ipso facto gegenständlich. Somit kann man sagen, dass ein Subjekt sich des Sinns seiner Akte insofern bewusst ist, als es das Moment, in dem sich der Sinn vereinzelt, präreflexiv erlebt. Der Sinn *färbt* in gewissem Sinne das Erlebnis, in dem er sich vereinzelt, auf *qualitative Weise*, es *fühlt sich* auf eine bestimmte Weise *an*, dieses oder jenes im Sinn zu haben. Husserls frühes Speziesmodell hat somit die These einer *phänomenalen oder erlebten Vereinzelung des Sinns* zur Folge: dem Subjekt ist auf spezifische Weise zumute, diese oder jene Materie *in specie* zu vereinzeln. In diesem Sinne ist es sich

---

467 Angesichts der Tatsache, dass Husserl ausdrücklich eine implizite Intentionalität für das Noema einräumt, ist die Deutung von Smith/McIntyre 1982, 141ff., die behaupten, man müsse die Relation zwischen Noesis und Noema, die sie mit dem Russell'schen Terminus als „entertaining" bezeichnen, strikt von einer Spielart von Intentionalität unterschieden, exegetisch nicht zu halten. Zudem: zu sagen, jede Noesis „entertains a noema", ist schwerlich als eine nichtintentionale Lesart dieser Relation zu verstehen. Denn was soll „entertaining" anderes sein als ein gewisser intentionaler Zustand? Ebd., 136, verwenden die Autoren zudem „entertain", um den *intentionalen Zustand* des „bloßen Denkens" im Kontrast zur Wahrnehmung zu bezeichnen.
468 Vgl. dazu Soldati 2005 mit Blick auf die Phänomenologie von Bedeutung.

des Gehaltes seiner Akte auf nicht-intentionale Weise bewusst. Man kann sagen, dass Husserl dieses präreflexive Bewusstsein, das wir von der Materie eines Aktes haben, im Zuge der noematischen Wende durch ein implizites und intentionales Bewusstsein vom Noema bzw. noematischen Kern unterfüttert. Wir sind uns nicht nur präreflexiv der *Weise des Meinens* bewusst, sondern auch implizit-intentional eines *Ge-* oder *Vermeinten*, wie Husserl oft sagt. Die Weise des Meinens wird im Rahmen der Noema-Theorie zu einer eigenen, obschon ‚eingewickelten' intentionalen Gegenständlichkeit gemacht, die vom explizit intentionalen Objekt unterschieden ist.

Existenzindifferenz. Wie bereits erwähnt, hat nach Husserl mein Akt seinen Sinn, seine Weise der Gerichtetheit auf X, unabhängig davon, ob ich glaube, dass X existiert (1), und unabhängig davon, ob mein Glaube wahr ist (2). Auch der Satz eines Urteils ist direkt in Verbindung mit dem Problem der Nicht-Existenz zu sehen:

> Vom Sachverhalt heißt es, er bestehe nur, wenn das Urteilen richtig ist. Dem unrichtigen Urteilen entspricht in Wirklichkeit ein Sachverhalt nicht; es meint einen Sachverhalt, aber der ist eben nicht. Es m e i n t , ob es richtig ist oder nicht, unter allen Umständen einen Sachverhalt [...]. Auch ein widersinniges Urteilen wie „Das Viereck ist rund", „Es gibt im Raum regelmäßige Dekaeder" hat sein Gemeintes, hat als Vermeintheit einen Satz, eben einen widersinnigen. Ein Satz hat seine Stelle in der Welt der Sätze, er ist ein Seiendes. Auch ein widersinniger, lächerlicher, falscher Satz ist ein Seiendes. (Hua XXX, 47; vgl. 51)[469]

Hier wird dem Noema eines Urteils, dem „Satz", ein positiver ontologischer Status zugewiesen – unabhängig davon, wie es mit der Wahrheit steht. Wie Frege in „Die Verneinung" (1919) behauptet auch Husserl, dass das Sein eines Gedankens nicht in seinem Wahrsein besteht.

Sinne als ‚Bedeutungen'. Husserls Auffassung von Intentionalität geht von einer *strukturellen Analogie* zwischen der semantischen Bedeutung von Ausdrücken und dem intentionalen Gehalt von Akten aus. Beides sind Ausprägungen von *Sinn*. Dies macht Husserl an mehreren Stellen explizit (vgl. Føllesdal 1969, 1990):

> Wir blicken ausschließlich auf „Bedeuten" und „Bedeutung" hin. Ursprünglich haben diese Worte nur Beziehung auf die sprachliche Sphäre, auf die des „Ausdrückens". Es ist aber nahezu unvermeidlich und zugleich ein wichtiger Erkenntnisschritt, die Bedeutung dieser Worte zu erweitern und passend zu modifizieren, wodurch sie in gewisser Art auf die ganze noetisch-noematische Sphäre Anwendung findet: also auf alle Akte, mögen diese nun mit

---

[469] Es ist „klar, daß das wirkliche Sein des Urteils als Sinnes nicht leidet, wenn S nicht ist oder S nicht p ist, mit einem Wort, wenn der Sachverhalt, der für den Urteilenden seiende, nicht besteht. Das Urteil ist dann unrichtig, aber a l s Urteil ist es S e i e n d e s d e r S i n n e s r e g i o n " (Hua XVII, 139).

ausdrückenden Akten verflochten sein oder nicht. So haben wir immerfort von „Sinn" – ein Wort, das doch im allgemeinen gleichwertig mit „Bedeutung" gebraucht wird – bei allen intentionalen Erlebnissen gesprochen. Der Deutlichkeit halber wollen wir das Wort B e ‑ d e u t u n g für den alten Begriff bevorzugen und insbesondere in der komplexen Rede „l o g i s c h e" oder „a u s d r ü c k e n d e" B e d e u t u n g. Das Wort S i n n gebrauchen wir nach wie vor in der umfassenderen Weise. (Hua III/1, 285)

[D]as Noema überhaupt ist aber nichts weiter als die Verallgemeinerung der Idee der Bedeutung auf das Gesamtgebiet der Akte. (Hua V, 89)[470]

Husserl vertritt hier ganz offen die These, dass jeder Akt ein Noema hat, das als *Sinn* des Aktes fungiert, und dass dieses Sinn-Haben eine generische Eigenschaft ist, die aus der „Verallgemeinerung der Idee der Bedeutung auf das Gesamtgebiet der Akte" (Hua V, 89) hervorgeht. Logische Akte (Bedeutungserlebnisse) unterscheiden sich von vorprädikativen Akten wie Wahrnehmungen durch die Art ihres Sinnes, nicht dadurch, überhaupt Sinn zu haben. Typischerweise sind logische Sinne (Bedeutungen im engeren Sinne) propositionaler oder subpropositionaler Natur, während nicht-logische Akte nicht-propositionale Gehalte haben. Dass Husserl dabei von „Verallgemeinerung" (i. S. v. Generalisierung) spricht, ist kein Zufall, denn dies ist ein *terminus technicus*, der auf der *„sachhaltigen" und nicht nur „formalen" Verwandschaft* zweier Phänomene beruht (vgl. *Ideen I*, § 13). Generalisierung ist „sachhaltige", Formalisierung hingegen „formale" Verallgemeinerung. Das Verhältnis zwischen einzelnen Dreiecken und dem Wesen *Dreieck* ist ein anderes als das zwischen mehreren konkreten Schlüssen und der identischen Schlussform, die ‚in' allen Schlüssen desselben Typs wie ein Skelett liegt. Das Noema ist im sachhaltigen Sinn die Verallgemeinerung des Habens einer Bedeutung, wie sie bei logischen Akten vorliegt. Alle Akte teilen somit dieselbe Struktur: sie sind auf ein Objekt gerichtet, *indem* sie einen Sinn haben. Sinn-Haben ist diejenige Eigentümlichkeit von Akten, die *macht*, dass sie Akte *von* etwas sind: „Sinn zu haben, bzw. etwas ‚im Sinne zu haben', ist der Grundcharakter alles Bewußtseins, das darum nicht nur überhaupt Erlebnis, sondern sinnhabendes, ‚noetisches' ist." (Hua III/1, 206)

---

470 Vgl. Hua XXX, 73 f.: „Extendieren wir, was durchaus korrekt ist, die Rede von ‚Bedeutung' selbst auf die anschaulichen Akte, so betrifft sie das ‚Angeschaute als solches'. Der angeschaute Tisch als solcher – d. h. nicht der Tisch schlechthin, welcher in der Wahrnehmung vermeint ist und welcher, wenn die Wahrnehmung keine trügende ist, in Wirklichkeit existiert […]. Vielmehr, wenn wir von dem Wahrnehmungsvermeinten als solchen sprechen, haben wir im Auge den bestimmten Sinn, in dem im sinnlichen Erscheinen das Ding erscheinend, und als Tisch erscheinend, uns vor Augen steht – ein Sinn, der sich adäquat in Begriffe fassen und demgemäß beschreiben läßt."

In diesem – und nur in diesem Sinne – kann man sagen, dass Husserls Bild von Intentionalität *repräsentationalistischer* oder ‚semantischer' Natur sei: Akte involvieren eine ‚mentale Repräsentation' in Gestalt ihres Sinnes, dem man ebenfalls Intentionalität zuschreiben kann (vgl. *Ideen I*, § 129). Ursprünglicher Träger von Intentionalität ist aber das Erlebnis. Vorprädikative Wahrnehmungen und prädikative Akte stimmen darin überein, ihre Objekte durch oder mittels eines *Sinns* zu intendieren. Es gibt keine Gerichtetheit simpliciter; Objekte sind nur dadurch intentionale Objekte, dass wir „etwas im Sinn" haben, wenn wir auf sie gerichtet sind.

Die Region der Sinne. Aus dem Bisherigen ergibt sich eine weitere *ontologische These*, nämlich dass Sinne/Noemata numerisch und ontologisch vom intentionalen Gegenstand unterschieden werden müssen: „Der Sinn, der da ‚Urteil *S ist p*' heißt, kann nie identifiziert werden mit dem schlechthin geurteilten *S ist p*" (Hua XVII, 139). Diese These kommt auch in einer berühmten Passage zum Ausdruck, die man wegen ihrer Zitationshäufigkeit als die „Baum-Passage" der *Ideen* bezeichnen kann:[471]

> Der B a u m s c h l e c h t h i n, das Ding in der Natur, ist nichts weniger als dieses B a u m - w a h r g e n o m m e n e a l s s o l c h e s, das als Wahrnehmungssinn zur Wahrnehmung und unabtrennbar gehört. Der Baum schlechthin kann abbrennen, sich in seine chemischen Elemente auflösen usw. Der Sinn aber – der Sinn d i e s e r Wahrnehmung, ein notwendig zu ihrem Wesen Gehöriges – kann nicht abbrennen, er hat keine chemischen Elemente, keine Kräfte, keine realen Eigenschaften. (Hua III/1, 205)

Die Phrase „nichts weniger" ist hier wichtig. In der *Krisis* paraphrasiert Husserl diese Passage und hält sie für „völlig korrekt" (Hua VI, 245):

> Von einem Baum schlechthin kann ausgesagt werden, er verbrenne, ein wahrgenommener Baum „als solcher" kann nicht verbrennen; nämlich von ihm das aussagen, ist widersinnig; denn dann mutet man einer Komponente einer reinen Wahrnehmung, die nur als eigenwesentliches Moment eines Ichsubjekts denkbar ist, zu, etwas zu tun, was nur für einen Körper aus Holz Sinn haben kann: zu verbrennen. (Hua VI, 245)

Immer, wenn Husserl sagt, etwas sei „nichts weniger als" etwas anderes, zielt er darauf ab, kategoriale bzw. regionale, und nicht nur numerische Unterschiede

---

[471] D. W. Smith 2007, 245, bezeichnet die Stelle als „dense but revealing passage". Tatsächlich hat diese Passage einen ‚Spezies-Vorläufer' in LU II, wo Husserl den kategorialen Unterschied zwischen Spezies und Einzeldingen betont und hervorhebt, dass Spezies nicht abbrennen können (vgl. Hua XIX/1, 159).

aufzuzeigen.[472] Der Sinn eines Aktes ist demnach nicht nur numerisch vom Gegenstand unterschieden, sondern er stellt auch eine andere Art von Entität als der gerade intendierte Gegenstand dar. Es handelt sich beim Noema um eine „dem Bewußtsein zugehörige und doch e i g e n a r t i g e G e g e n s t ä n d l i c h k e i t" (Hua III/1, 295). Egal wie unterschiedlich die intentionalen Gegenstände ‚erster Stufe' auch sein mögen (Dinge, Tiere, Personen, Zahlen etc.), „alle Gegenstandssinne und alle vollständig genommenen Noemen" sind „prinzipiell von einer einzigen obersten Gattung" (Hua III/1, 295). Noemata sind demnach „G e g e n s t ä n d e e i n e r e i g e n e n R e g i o n, bilden ein in sich geschlossenes Gegenstandsfeld" (Hua XVII, 136; vgl. EU, § 65).[473] Manifest wird das u. a. darin, dass die Prädikate, die von Noemata in Wahrheit ausgesagt werden können, nicht auf Realia zutreffen können. Es ergibt sich dabei nicht nur Falschheit, sondern Widersinn: Der Sinn einer Wahrnehmung kann nicht „verbrennen", sagt Husserl; das können nur raumzeitliche Dinge. Damit ist zwar noch nicht viel darüber gesagt, was dieser Sinn genau ist. Denn auch Dispositionen, Ereignisse, Sachverhalte und Erlebnisse können nicht verbrennen, obgleich es sich um Realia handelt, die offenbar keine Sinne alias Noemata sind. Allerdings haben diese Realia reale Eigenschaften oder dingliche Komponenten und Substrate. Es liegt somit nahe, dass Noemata *ideale Gegenstände* sind[474]:

> Sinne sind irreale Gegenstände; sie sind keine Gegenstände, die eine Zeitdauer hindurch währen, Dasein in der Zeit haben.
>
> [...] ein [...] Sinn hat nicht Realität, er ist zwar auf eine Zeitdauer durch den Akt bezogen, in welchem er auftritt, aber er hat nicht selbst Dasein, individuelle Bindung an die Zeit und Dauer in ihr: in dem eigentlichen Sinn, wie ein Reales in der Zeit dauert. (NuS, 109, 113 f. Zitiert nach Süßbauer 1995, 440 f.)

Die These, dass Noemata Irrealia sind, ist eine der Kernthesen der von Dagfinn Føllesdal inspirierten West-Coast- oder California-Interpretation des Noema bei Husserl. Dieser Lesart zufolge muss das Noema *cum grano salis* wie ein Frege'scher

---

[472] Vgl. zu dieser Verwendungsweise von „nichts weniger als": Hua XIX/1, 11f., 21; Hua III/1, 229, 247; Hua XXV, 33, 44; Hua IV, 183, 229, 244; Hua V, 105; Hua VI, 22, 197.
[473] Vgl. Hua XXXVIII, 341: „Baumvermeintes ist aber nicht Baum, sondern Vermeintes, es gehört zur Gattung der intentionalen Korrelate und nicht zur Gattung der Dinge. Das gilt von jedem Dingvermeinen und als Vermeinten überhaupt (es sei denn, dass A selbst Vermeintes bedeutet)."
[474] Darin stimme ich der West-Coast-Interpretation im Unterschied zur East-Coast-Deutung des Noema zu. Vgl. Føllesdal 2010.

Sinn verstanden werden, der als „Mediator" zwischen Akt und Objekt fungiert.[475] Føllesdals Hauptthesen lauten:

> My main thesis is the following: 1. the noema is an intensional entity, a generalization of the notion of meaning (Sinn, Bedeutung). [...] A third thesis is the following: The noematic Sinn is that in virtue of which consciousness relates to the object. [...] 8. Noemata are abstract entities. (Føllesdal 1969, 681–684)[476]

Das Noema wird also als eine *intensionale* und *intrinsisch intentionale abstrakte Entität* gedeutet, welche *erklärt*, warum ein Akt (eine Noesis) auf ein Objekt gerichtet ist. Noemata fungieren bei dieser Lesart als explanatorische Endpunkte der Intentionalität von Akten: sie sind, wie Frege'sche Sinne, intrinsisch objektgerichtet, obschon selbst keine mentalen Entitäten.[477] Die West-Coast-Lesart hat klar gezeigt, dass sich der ontologische und epistemologische Status des Sinns in der Zeit nach den *Untersuchungen* geändert hat. Noemata sind weiterhin Irrealia, aber nicht mehr von der Art der Universalien. Vielmehr handelt es sich um, wie es bei Smith/McIntyre heißt, „abstract particulars", die eine von den Universalien verschiedene Unterkategorie der Irrealia bilden und wie eine Kreuzung von realen Individuen und idealen Spezies anmuten:

> Jeder bestimmt vorgelegte Sinn ist eine ideale Einzelheit, wir können hier nicht sagen ein Individuelles, da dieses Wort nur auf zeitliches Sein passt, aber er ist in seiner Weise ein einmaliger, ein singulärer Gegenstand. Jeder Sinn, der in einer Rede zum Ausdruck kommt, ist ein Beispiel. (Hua XXXVII, 267)

---

[475] Die resultierende Auffassung von Intentionalität wird daher oft als *Mediator-Theorie* bezeichnet – im Kontrast zu immanentistischen (früher Brentano) und meinongianischen relationalen Objekt-Theorien. Vgl. Smith/McIntyre 1982, 40 ff., 141 ff.,

[476] Insgesamt formuliert Føllesdal 12 Thesen zum Noema und seinem Verhältnis zum Akt und Gegenstand. In 1990 greift Føllesdal die Thesen 1, 4 („The noema is not the object of the act (i.e., the object toward which the act is directed)") und 8 auf und verteidigt sie erneut mit Hilfe systematischer und exegetischer Argumente. In Smith/McIntyre 1982 und D. W. Smith 2007 werden Føllesdals Andeutungen ausführlich entwickelt. Kritisch zu Smith-McIntyres Ansatz vgl. die Rezension von Willard 1988.

[477] Laird Addis 1999, 56, kritisiert, dass Frege eine nicht-mentale abstrakte Entität mit ursprünglicher Intentionalität ausstattet. Wie Husserl verteidigt er hingegen die These, dass ursprüngliche Intentionalität nur in bewussten Erlebnissen vorkommt. In diesem Sinne deutet er den Gehalt solcher Erlebnisse wie der frühe Husserl als eine monadische Eigenschaft, die sich in intentionalen Erlebnissen exemplifiziert. Diese Eigenschaft bezeichnet er auch als „natural sign", das „intrinsically represents or intends what that state of consciousness is a consciousness of". Vgl. Addis 1983, 1989, 1999, Kap. 3–4 und 2009.

Die West-Coast-Deutung des Noema liegt somit m. E. völlig richtig, wenn sie den *sui-* bzw. *novi generis*-Status von noematischen Sinnen beim mittleren und späteren Husserl hervorhebt.

Anders als in den *Untersuchungen* versteht Husserl ab ca. 1908 unter dem Sinn eines Aktes nicht mehr eine Spezies eines Aktmoments.[478] Vielmehr stellen Noemata nunmehr Irrealia dar, die keine *universalia* sind.[479] Das „3. Reich" idealer Entitäten zerfällt disjunkt in zwei Kategorien: auf der einen Seite stehen *abstracta* von der Art der *universalia*, auf der anderen Seite *abstracta* von der Art der Noemata (und gewisser anderer Entitäten[480]). Entsprechend dieser Zweiteilung tritt neben die Relation der Vereinzelung eine zweite transkategoriale Relation auf den Plan, die Husserl in den *Ideen I* vage und formal als „Korrelation" und andernorts als „Auftreten" bezeichnet: „Also das ‚Auftreten' der Allgemeingegenständlichkeiten [...] ist zu unterscheiden von ihrer Vereinzelung." (EU, 317) Ein *Dualismus* kennzeichnet also von nun an die Region der Irrealia, in der es wesentlich verschiedene Arten von „Allgemeinheiten" gibt:

> Jede Art Irrealität, von der die Idealität der Bedeutungen und die von ihr zu scheidende Idealität der allgemeinen Wesen oder Spezies besondere Fälle sind, hat Weisen möglicher Anteilhabe an der Realität. (Hua XVII, 163)
>
> Allgemeine Gegenstände im Sinne von Bedeutungen und allgemeine Gegenstände im Sinne von Spezies sind scharf zu unterscheiden." (Hua XXVI, 217, Fn. 1)

---

478 Eine wichtige Rolle spielt dabei *VüB*, in der erstmals explizit zwischen der sog. *phansischen/phänologischen* und der *ontischen/phänomenologischen* Bedeutung eines Ausdrucks- bzw. Bedeutungserlebnisses unterschieden wird. Vgl. VüB, §§ 8–10, 22–35, *passim*. Erstere entspricht der Bedeutung qua Akt-Spezies aus den *Untersuchungen*, letztere dem noematischen Bedeutungs- bzw. Sinnbegriff der *Ideen*.
479 Beyers 2000, 104 ff., 120 ff., These, es handle sich nur um zwei verschiedene Sinn- bzw. Bedeutungs*begriffe*, die gleichwohl dieselbe Art von Entität bezeichnen, scheint mir angesichts der Textstellen nicht haltbar. Nach Husserl gibt es tatsächlich unterschiedliche Arten von *Irrealia*.
480 Dieser Zusatz bezieht sich darauf, dass Husserl in späteren Texten auch andere ideale Entitäten anerkennt, die keine Universalien sind. Zumindest legen dies einige Texte nahe. Ein Beispiel dafür sind Kunstwerke, die zu den gebundenen Idealitäten gehören (s. u.). Auch *ficta* gehören offenbar dazu. So schreibt Husserl z. B. über den in einer Plastik dargestellten Läufer, dass er ein „Fiktum" sei, wobei „Fikta [...] durch Änderung der Einstellung erfassbare *ideale* Gegenständlichkeiten [seien]. Aber natürlich keine Spezies" (Hua XXIII, 537). Und von einem Gedicht heißt es, es sei eine „individuelle ‚objektive' Idee" (Hua XXIII, 543) und als das „nicht ein abstrahiertes allgemeines Wesen, abstrahiert aus den individuellen Fällen, nicht ein Alllgemeines, das einen Umfang hat" (ebd.).

Was sind Husserls Gründe für diesen eigentümlichen Kurswechsel?[481] Soweit ich sehe, gibt es zwei Hauptargumente, die Husserl gegen die Spezies- und für die Noematheorie formuliert – allerdings an verstreuten Stellen, *en passant* und nicht *en détail*. Husserls Selbstkritik ist dabei relativ versteckt.

Ein *erstes Argument* ist epistemologischer Natur und hat damit zu tun, dass wir auf die Spezies eines Aktes auf ganz andere Weise Bezug nehmen als auf dessen Sinn. Wir können es auch als *Argument differenter Gegebenheitsweisen* bezeichnen (vgl. EU, § 64 d); Hua XXXVII, 264 ff.; Hua XXX, §§ 10, 40 f). Es hat folgende Form:

(i) Um auf Aktspezies Bezug zu nehmen, müssen wir „ideierende Abstraktion" an unseren Akten vollziehen (durch sog. „noetische Reflexion").

(ii) Um auf den Sinn (intentionalen Gehalt) unserer Akte Bezug zu nehmen, müssen wir eine andere kognitive Operation vollziehen (sog. „noematische Reflexion", „Sinnentnahme").

(iii) *Folglich* ist der Sinn (intentionale Gehalt) eines Aktes keine Aktspezies.

Dies ist eine Argumentationsfigur, aufgrund von epistemologischen (oder phänomenologischen) Unterschieden zu ontologischen Unterschieden zu gelangen: Sind Entitäten der Art A auf die Weise E, Entitäten der Art A* auf die Weise E* gegeben und sind E und E* verschieden, dann ist die Art A verschieden von der Art A*. § 64 d) aus *Erfahrung und Urteil* ist dafür einschlägig:

> Ganz anders, wo es gilt, den Sinn einer Aussage herauszufassen und zum Gegenstand zu machen. Um den Satz 2<3 zu erfassen als diesen Satz, den wir etwa nach dem grammatischen Sinn zergliedern wollen, haben wir nicht Urteilsakte, die urteilen, es sei 2<3, vergleichend zu behandeln; wir haben keine generalisierende Abstraktion zu vollziehen, und demnach finden wir auch nie und nimmer den Satz als ein Gattungsmäßiges, als ob dementsprechend in jedem Urteilsakt ein eigenes Moment, ein individueller Satz vorfindlich wäre. Jedes Urteil für sich meint den Satz: d e n Satz und dieser gemeinte ist von vornherein der irreale. Zwei Akte des Urteilens, die denselben Satz meinen, meinen i d e n t i s c h d a s s e l b e, und nicht meint jeder einmal für sich einen individuellen Satz, der als Moment in ihm enthalten wäre, und jeder nur einen g l e i c h e n, so daß der eine irreale Satz 2<3 nur das Gattungsallgemeine all solcher Vereinzelungen wäre. (EU, 315)

Husserl wirft hier die Frage auf, auf welche Weise wir den „Satz" *2<3* bzw. den *Sinn* eines Urteilsaktes „zum Gegenstand machen" können. Anders gesagt: welche Akte sind im Spiel, wenn wir über Sinne ausdrücklich urteilen? Wäre die Speziestheorie

---

[481] Vgl. dazu ausführlich Sowa 2005, 176 ff. Sowa kommt das beträchtliche Verdienst zu, zahlreiche unveröffentlichte Manuskripte erschlossen zu haben, die Husserls Übergang von der Spezies- hin zur Noematheorie exegetisch transparenter machen.

richtig, so würden wir zu diesem Zweck genauso verfahren, wie bei anderen Fällen „ideierender" oder „generalisierender Abstraktion". Wir würden Einzelfälle miteinander vergleichen, ein ihnen allen Gemeinsames abstrahieren und auf diese Weise zum „Gattungs-" oder „Artmäßigen" gelangen. Husserls Paradebeispiel dafür ist die Bezugnahme auf die *Röte* aufgrund von Einzelfällen roter Dinge.[482] Bei einer solchen Verallgemeinerung spielen „vergleichende[] Deckungen" (EU, 316) unter den Einzelfällen eine wichtige Rolle. In diesem speziellen Fall würden wir auf unsere je eigenen Urteilsakte reflektieren und eine allen gemeinsame Spezies identifizieren. Die Speziestheorie verlangt als ersten Schritt eine „noetische Reflexion" auf unsere je eigenen Akte. Aber, so Husserls These, dies ist einfach nicht richtig bzw. eine unangemessene Beschreibung dessen, was wir tatsächlich tun, wenn wir *über* Sinn sprechen. Wir müssen sozusagen nicht den Umweg über den Vergleich einzelner Akte machen, sondern können gewissermaßen direkt den allen gemeinsamen Sinn erfassen. Diese Art der „Sinnentnahme" ist zwar auch eine Reflexion, aber keine „noetische", sondern eine „noematische": nicht das *Denken qua Erlebnis*, sondern das *Gedachte qua Sinn* steht im Fokus. Im Zuge der noematischen Reflexion auf einen Akt gelangen wir zu einem identischen Sinn „als Korrelat einer Identifikation und nicht als Allgemeines als Korrelat einer Deckung" (EU, 316). Der Sinn soll etwas numerisch Identisches und nicht nur etwas qualitativ Gleiches in oder an den verschiedenen Akten sein. Ausdruck noetischer Reflexion sind nach Husserl z. B. folgende Urteile: „Ich habe Kopfschmerzen" oder „Gerade vollziehe ich eine Wahrnehmung". Noematische Reflexion liegt hingegen Urteilen wie „Gerade sehe ich einen blühenden Apfelbaum" oder „Mein Urteil handelt von einem Baum" zugrunde. In solchen Urteilen wird nicht, wie bei der noetischen Reflexion, in erster Linie das Erlebnis qua Vorgang, sondern eben dessen ‚Inhalt' thematisiert. Noematische Reflexionen sind gleichsam zwischen noetischen Reflexionen und unreflektierten Urteilen über Reales und Ideales außerhalb des Bewusstseins angesiedelt. Zugespitzt formuliert:

(a) „Ich habe gerade ein visuelles Erlebnis" (Urteil aufgrund noetischer Reflexion)

(b) „Ein Apfelbaum ist das, was ich gerade sehe" (Urteil aufgrund noematischer Reflexion)

(c) „Der Apfelbaum blüht" (Urteil ohne Reflexion)

---

[482] Husserl verwendet in EU, § 64 d), dieses Beispiel, um seine Speziestheorie der Bedeutung zu kritisieren. Genau dasselbe Beispiel hatte er in LU I, § 31, noch verwendet, um der Speziestheorie Plausibilität zu verleihen! Dasselbe gilt übrigens für LU I, § 34, wo Husserl noch behauptet, wir gelangten durch eine „ideierende Abstraktion" zur Bedeutung.

Sowohl bei (a) als auch bei (b) handelt es sich um Urteile aufgrund einer Reflexion. „Reflexion" steht bei Husserl generisch für jede Art der „Ablenkung der Blickrichtung" (Hua XX/1, 149 Fn. 1) von der „ursprünglichen, ‚geraden' Blickrichtung auf das X" (Hua III/1, 349). Aber die „Blickrichtung" wird sozusagen anders gebrochen: in (a) schreibe ich mir bzw. meinem Erlebnis eine *intrinsische Eigenschaft* zu, nämlich das *Visuell-Sein*; in (b) hingegen geht es um eine *Relation* zwischen meinem Sehen und dem *irrealen* „Wahrgenommenen als solchen" bzw. Wahrnehmungssinn. Zu beachten ist, dass in (b) nicht über den Apfelbaum „schlechthin" geurteilt wird, denn (b) kann auch dann wahr sein, wenn es keinen solchen Baum gibt (Halluzination).[483] Husserl kritisiert seine Speziestheorie zudem dafür, dass sie zur Folge hat, dass jeder Urteilsakt einen individuellen Satz als Moment enthält (er ist im Akt „vorfindlich"). Aber das scheint obskur: es gibt doch nur den einen einzigen Satz. Nur das „Meinen" dieses Satzes ist ein Aktmoment und tritt im Plural auf; der gemeinte Satz selbst ist ein *singulare tantum*. Die Art der Allgemeinheit von Noemata ist also eine andere als die der Spezies. Es gibt keine Einzelfälle, Instanzen, Exemplare oder Token von Aktsinnen, sondern nur von Sinn meinenden Akten.

Das sind subtile Unterscheidungen, die vor allem bei sprachlichen Ausdrücken nachvollziehbar sind. Denn offenbar können wir relativ direkt und ohne Reflexion auf unsere Erlebnisse, was ja ‚Introspektion' erfordert, über die Bedeutungen sprachlicher Ausdrücke sprechen (vgl. Hua XXX, 196 ff.). Aber selbst wenn man das einräumt, so würde daraus zunächst nur folgen, dass der Sinn *sprachlicher Ausdrücke* keine Aktmoment-Spezies ist. Es wäre immer noch möglich, dass der Gehalt oder Sinn des *Verstehens des Ausdrucks* eine solche Spezies ist. Eine interessante Beobachtung Husserls scheint mir dabei, dass man offenbar aufgrund *eines einzigen Aktes* sagen kann, was man „im Sinn" hat. Wir scheinen in der Tat nicht erst mehrere Instanzen (reflexiv) durchlaufen zu müssen, um zu diesem Sinn zu gelangen. Wäre die Speziestheorie wahr, so Husserls Idee, müssten wir aber „vergleichende Deckung*en*" feststellen, bevor wir vom Sinn unserer Akte sprechen könnten. Da wir das aber nicht tun müssen, folgt, dass die Speziestheorie falsch ist.[484] Allerdings ist Husserls Hinweis, dass der Speziestheorie zufolge der

---

[483] Vgl. Hua XXX, § 40 f), g). Hier behauptet Husserl, dass auch positive und negative Existenzurteile wie „Das regelmäßige Ikosaeder existiert" und „Das regelmäßige Dekaeder existiert" über noematische Bedeutungen urteilen. Wir urteilen weder über die „Gegenstände schlechthin" – weil das impliziert, dass wir sie setzen oder für existierend halten – noch über unsere Urteilsakte (weder *in individuo* noch *in specie*).
[484] Das setzt voraus, dass es unmöglich ist, an einer einzigen Instanz Eigenschaften *in specie* zu erkennen – eine sicher nicht selbstverständliche Prämisse. So behauptet Husserl selbst noch

II Die Phänomenologie der Nicht-Existenz – Intrinsische Intentionalität — 361

Gehalt ‚nur' etwas „Gleiches" und nicht etwas „Identisches" sei, merkwürdig: wenn eine Spezies, ein Typ oder ein *universale* sich in diversen Instanzen vereinzelt, dann ist es doch in allen diesen Fällen etwas strikt Identisches – eben *ein und dieselbe* Spezies.

Aber in meinen Augen ist die in der obigen Passage aus *EU* implizit geäußerte Selbstkritik an der Speziestheorie aus anderen Gründen nicht fair. Denn offenbar unterstellt Husserl der Speziestheorie u. a., dass jeder Urteilsakt mit dem Sinn *2<3* „für sich einen individuellen Satz, der als Moment in ihm enthalten wäre" (EU, 315), *meinen* würde. Aber das stimmt so nicht. Denn die Speziestheorie behauptet, dass der Sinn *2<3* eine Spezies ist, die sich in den Materie-Momenten diverser Urteilsakte vereinzelt. Diese Akte „meinen" ihre Momente nicht, sondern diese Momente sind unselbständige Aktteile, deren wir uns höchstens präreflexiv bewusst sind. Es ist m. E. unklar, was Husserl sagen will, wenn er davon spricht, dass ein Urteilsakt den Satz *2<3* „meint" oder „vermeint". Was ist das für eine Relation, auf die sich das Prädikat „x vermeint y" bezieht? Es kann offenbar nicht die Intentionalität sein, denn im Urteilen sind wir auf den Sachverhalt, dass 2 kleiner als 3 ist, gerichtet; ein idealer mathematischer Zusammenhang ist das intentionale Objekt des Urteils und nicht ein Aktsinn. Wolfgang Künne kritisiert Husserl in diesem Sinne dafür, dass er dem Leser keine nähere Erläuterung des Prädikats „x vermeint y" an die Hand gibt:

> This is rather opaque (hence hard to translate), and it seems to distort the earlier doctrine. I cannot make sense of Husserl's talk of ‚*x (ver)meint y*' in this and the preceding quotation, unless it means: y is the intentional object of x. But then the objection does not hit its target: the species conception did not at all imply that the matter-moment of an act of judging is the intentional object of that act. Its claim was that if there is something which is the intentional object of such an act then it is a state of affairs. Furthermore, the earlier doctrine did not deny that if two people judge that 2<3 then their acts have the very same matter: it was an attempt at explaining ‚having the same matter' in terms of two other relations, membership [Vereinzelung] and inherence [Moment-Sein]. If Husserl does not have any other objection against his earlier view, and a more substantial objection, then I cannot help thinking that he would have done better to stick to his old guns. (Künne 2009, 74)[485]

Mir scheint, dass Husserl den Ausdruck „x (ver)meint y" als einen primitiven Ausdruck einführen muss, der sich neben den ebenfalls primitiven Ausdruck „x ist

---

in LU II, dass wir die „spezifische Einheit *Röte* [...] auf Grund einer singulären Anschauung von etwas Rotem" (Hua XIX/1, 225) erfassen können.

485 Vgl. auch Künne 2010, 514–531, wo Künne Freges Gedankenfassen in kritischer Absicht als ein Akt-Objekt-Verhältnis deutet und mit dem frühen Husserl'schen Speziesmodell kontrastiert. Husserls Noema-Modell des Sinnes ist also tendenziell wie Freges Sinn-/Gedankenfassen zu verstehen und somit auch mit dessen Problemen behaftet. Vgl. Aquila 1977, 107–121.

intentional auf y" gerichtet gesellt. Andere Stellen legen nahe, dass „x (ver)meint y" dasselbe besagt wie „y ist (intentionales, noematisches) Korrelat von x". Allein, was heißt das? Mir scheint, dass dafür nur eine gewisse Spielart der Intentionalität in Frage kommt, die oben als eine nicht-fokale Bezogenheit charakterisiert wurde. Anders als die Intentionalität ‚in recto' auf Objekte außerhalb des Bewusstseins ist sie eine *echte Relation*, da es keinen Akt ohne Sinn gibt. Es müssen also zwei ganz unterschiedliche Arten des Bewusstseins von etwas unterschieden werden, eine relationale und eine nicht-relationale. Im Unterschied dazu behauptet die Speziestheorie, dass „x (ver)meint y" bedeutet, dass es ein Moment von x gibt, in dem sich die (abstrakte) Spezies y vereinzelt. Nach der Speziestheorie ist dieses Vermeinen keine Form transitiven Bewusstseins *von* etwas, sondern vielmehr eine Form von Vereinzelung (Exemplifikation, Instanziierung).

Es gibt eine weitere Stelle, diesmal aus *VüB*[486], in der Husserl nicht durch Kontrast verschiedener Gegebenheitsweisen, sondern auf direktem Wege zeigen will, dass es einen „schwierige[n] Doppelsinn von Meinen" (Hua XXVI, 195) und eine „zweifache Gegenständlichkeit" (Hua XXVI, 37) gibt, die in jedem Akt involviert ist. Der eine Sinn des Meinens ist herkömmliche Intentionalität, der andere bezieht sich auf das implizite, nicht-fokale Bewusstsein des „Vermeinten als solchen" alias Noema. Husserl geht von einem fregeschen Szenario aus, bei dem verschiedene Sinne, aber nur ein intentionales Objekt im Spiel sind:

> Man könnte nun, um dieses klar zu machen, folgende Überlegung anstellen. In der Aussage [sic!] „der Sieger von Jena" denke ich und setze ich eben: der Sieger von Jena! Also worauf bin ich da gerichtet, was steht mir gleichsam vor Augen, was meine ich? Nun: der, Sieger, von, Jena. Enthält da nicht jedes Wort, jeder schrittweise aufgefasste Ausdrucksteil eine Bestimmtheit dessen, worauf ich gerichtet bin? Kommt hier aber anderes als Gegenständliches vor? [...] Heißt es dann andererseits „der Besiegte von Waterloo", so meinen wir denselben, aber nicht dasselbe, oder denselben nicht in derselben Weise. Wir meinen jetzt nicht „der Sieger", sondern „der Besiegte", und wir beziehen uns dabei nicht auf Jena, sondern eben auf Waterloo. Beiderseits, möchte man sagen, ist das Thema, das uns im Bewußtsein vor Augen steht, ein anderes, und es ist etwas, das in der Weise eben des Themas Verschiedenes befaßt, bald eine Beziehung auf diese, bald die auf jene Stadt, einmal Sieger-Sein, einmal Besiegter-

---

[486] In dieser Vorlesung vertritt Husserl sowohl die Spezies- als auch die Noematheorie der Bedeutung. Bedeutungen qua Spezies heißen dort „phänologische" bzw. „phansische" Bedeutungen, während noematische Bedeutungen als „phänomenologische" bzw. „ontische" Bedeutungen charakterisiert werden. Husserl behauptet, dass der „phänomenologische (ontische)", d.i. noematische Bedeutungsbegriff gegenüber dem „phänologischen (phansischen)" Speziesbegriff der „richtunggebende" sei, weil „wir doch naturgemäß gerichtet sind auf die Gegenständlichkeiten, während wir zum phänologischen Begriff dadurch kommen, daß wir auf die Erlebnisse reflektieren" (Hua XXVI, 38). Es soll also einen methodischen Primat des noematischen gegenüber dem spezifischen Bedeutungsbegriffs geben.

Sein und dergleichen. Nicht der Gegenstand schlechthin ist das Thema. Er selbst kommt uns dabei nie und nirgends selbst vor Augen. Ein Thema kommt uns vor Augen, und einmal dieses und einmal jenes Thema. (Hua XXVI, 36 f.)[487]

Husserl vertritt hier nicht nur die gängige These, die Ausdrücke „der Sieger von Jena" und „der Besiegte von Waterloo" hätten verschiedene Sinne. Vielmehr sind verschiedene *Themata* gegeben, deren wir uns bewusst sind. Das Noema wird in diesem Sinne als „bedeutete[r] Gegenstand als solche[r]" eingeführt, der „kein Spezifisches aus dem Akt trifft", sondern „vielmehr etwas korrelativ dem Gegenüberstehendes auf gegenständlicher Seite" (Hua XXVI, 35). Das Noema steht uns also „gegenüber" und gehört zur „gegenständlichen Seite". Heißt das nicht, dass es in gewissem Sinne auch ein intentionales Objekt ist – wenn auch nicht das primäre oder fokale? Aber was genau soll das heißen? Reden wir etwa nicht über den Sieger von Jena (Napoleon), ein vergangenes Wesen aus Fleisch und Blut, sondern über eine semantische Entität, ein „Thema", das, anders als Napoleon, sozusagen *syntaktisch strukturiert* ist („der – Sieger – von – Jena")? Es sieht sehr danach aus, als würde hier ein *Schleier von Noemata* über das Bewusstsein geworfen. Natürlich muss Napoleon nicht „vor Augen kommen", wenn damit gemeint ist, dass wir ihn anschaulich vorstellen müssen, um an ihn denken oder über ihn reden zu können. Aber das heißt doch nicht – und Husserls Argumente gegen die Bilder- und Zeichentheorie sprechen ja gerade dagegen –, dass *an Stelle* von Napoleon etwas anderes als ein intentionales Objekt fungiert. Meines Erachtens gerät Husserl hier in gefährliche Nähe zu jener Verdoppelung der intentionalen Objekte, gegen die er anderswo so vehement protestiert hat (vgl. Schuhmann 1992).

Eine Möglichkeit, diese Probleme abzuschwächen und die Relation des Vermeinens zu verstehen, besteht darin, sie als eine *Form von Produktion* zu verstehen.[488] Es sind „Gebilde", wie Husserl oft sagt (z. B. Hua III/1, 29, 274). Noesen sind demnach insofern ‚kreative' oder ‚bildende' Vollzüge, als sie eine von ihnen unterschiedene Entität hervorbringen, durch die sich das eigentliche Objekt darstellt. Diese Ingarden'sche Deutung des Noema hat den Vorzug, dass sie *ei-*

---

[487] Vgl. zu dieser Passage Chrudzimski 2002, 194, und 2005, 92. In Hua XXX, 200–203, verwendet Husserl wie Frege zu Beginn von „Über Sinn und Bedeutung" Identitätsurteile, um noematische Sinne von Objekten zu unterscheiden.

[488] Auf diese Weise hat Ingarden Husserls Noemata gedeutet und sie somit als „rein intentionale Gegenstände" im Rahmen seiner Ontologie eingeordnet (vgl. SEW I u. II/1). Sie stehen damit gleichsam zwischen realen und idealen Entitäten und weisen eine Reihe von existential- und formalontologischen Eigenheiten auf. Diese *kreationistische Lesart* der Noemata passt gut zu Husserls eigenen Aussagen zur Fundierung und Unselbständigkeit der Noemata gegenüber den Noesen.

nerseits die Verschiedenheit des Noema von der Noesis und damit den relationalen Charakter des Vermeinens begründen kann; *andererseits* kann somit an der Idee der Fundierung der Noemata in den Noesen festgehalten werden, denn Produkte sind ontologisch und essential vom Produzierenden abhängig. Diese Lesart passt auch zur Deutung der Noemata als „gebundene Idealitäten" bei Husserl, die im Folgenden vertieft werden soll.

Husserls *zweites Hauptargument* gegen die Speziestheorie ist ganz anders geartet (vgl. Erhard 2011). Diesem Argument zufolge scheitert die Speziestheorie daran, dass sie zu ‚platonistisch' ist, um, wenn man so will, situationsgebundene Bedeutungen und Sinne erfassen zu können. Wir können dies als *Argument situationsgebundener Sinne und Bedeutungen* bezeichnen. Es folgt folgendem Schema:

(i) Es gibt Bedeutungen und Sinne, die situationsabhängig sind.
(ii) Wären Bedeutungen und Sinne Spezies, könnten sie nicht situationsabhängig sein.
(iii) *Folglich* sind nicht alle Bedeutungen und Sinne Spezies.

Unter dem Begriff „situationsabhängig" sollen diverse Formen von Veränderung, Kontextbezogenheit, Indexikalität etc. subsumiert werden. Die Idee ist, dass Spezies (alias Typen oder Universalien) „freie Idealitäten", „reine Ideen" (Hua XXVI, 217) und somit „starre" Entitäten sind. In der für dieses Argument wichtigen Beilage XIX aus *VüB* unterscheidet Husserl „empirische" und „reine Bedeutungen" und konfrontiert die Speziestheorie mit dem Problem, empirische Bedeutungen nicht einfangen zu können. Husserl antizipiert dabei sogar ein Putnam'sches Zwillingserden-Szenario und stellt sich die Frage, ob die von den Zwillingen geäußerten demonstrativen Bezugnahmen „Dies ..." dieselbe Bedeutung haben oder nicht.[489] Beide Zwillinge leben in einer phänomenal und geschichtlich „völlig gleiche[n] Erfahrungswelt" (Hua XXVI, 212). Ohne hier im Detail auf dieses Gedankenexperiment einzugehen, gelangt Husserl jedenfalls zu dem Ergebnis, dass es sowohl „reine" als auch „unreine Ideen" geben müsse:

> Das Resultat scheint zu sein: Empirische Bedeutung ist keine Idee im Sinne eines Eidos, das entnommen werden könnte aus einem aktuellen Bedeuten und einem Phantasiebedeuten, so wie Rot eine Idee ist, die zu entnehmen ist aus einem faktischen Rot-Wahrnehmen und einem Quasi-Rot-Wahrnehmen. (Hua XXVI, 215; vgl. 210 f.)

---

489 Beyer 1996, Kap. 3.3., hat diese Beilage als erster mit Putnams *Twin Earth* in Verbindung gebracht. Vgl. dazu auch Alweiss 2009, Erhard 2011 und Szanto 2012, Kap. III. 2.

> Also das Eigentümliche ist, daß wir zwar auch in der empirischen Sphäre Bedeutungen als Ideen haben, aber daß diese Ideen nicht reine Ideen sind, sondern nicht wegschiebbare empirische Einschläge enthalten. (Hua XXVI, 217)

Während reine Ideen in allen möglichen und denkbaren (phantasierbaren) Szenarien strikt identisch sind (z. B. die Bedeutungen logischer und mathematischer Ausdrücke), werden unreine Ideen durch „empirische Einschläge" individuiert. Unter der Annahme „völlige gleicher Umgebungserscheinung[en]" hat ein von mir geäußertes „Dies" hat einen anderen Sinn als das von meinem Zwilling geäußerte „Dies", weil es durch meine individuelle Wahrnehmung *hic et nunc* mitbestimmt ist.[490] Zugleich erwägt Husserl dabei, ob es Sinn macht, „unreine Spezies" anzunehmen, oder ob es nicht besser sei, eine neue Kategorie von *abstracta* für die Sinne und Bedeutungen empirischer Ausdrücke einzuführen – eben „ideale Einzelheit[en]" (Hua XXXVII, 267) von der Art der Noemata. Von ihnen sagt Husserl, dass sie allgemein und ideal seien, „aber diese Idealität ist nicht Idealität in meinem ursprünglichen Sinn (mit der ich sie verwechselt habe), die des Eidos, des Wesens als einer ‚Allgemeinheit'. Allgemeine Gegenstände im Sinne von Bedeutungen und allgemeine Gegenstände im Sinne von Spezies sind scharf zu unterscheiden. ‚Unreine' Wesen sind keine Wesen, sondern Wesensvereinzelungen." (Hua XXVI, 217, Fn. 1; vgl. 216 oben) Auch bei dem Argument aus der Situationsgebundenheit geht es letztlich darum, den ontologischen Status von Bedeutungen und Sinnen genauer zu bestimmen. Und wiederum ringt Husserl damit, dass es sich in gewissem Sinn um Einzeldinge handeln muss, deren Allgemeinheit nicht von der Art einer Spezies, eines Typs oder eines Universale ist. Ein wesentliches Ergebnis von Husserls Selbstkritik an der Speziestheorie ist somit auch, dass Sinne und Aktgehalte nicht mehr als „freie", sondern als „gebundene Idealitäten" konzipiert werden – eine (Ingarden'sche) Lesart, die im Rest dieses Abschnitts vertieft werden soll.[491]

Die „Unselbständigkeit" des Noema. Nach Husserl kann das Noema eines Aktes „nicht weggedacht werden", da es ihm, „wie es in sich ist" (Hua III/1, 205), zugehört. Das Noema als „Bewußtseinskorrelat" ist „unabtrennbar" vom Akt (Hua

---

490 Ob daraus die externalistische These folgt, dass die Bedeutung des „Dies" von der Existenz des Objekts abhängt, wird kontrovers diskutiert. M.E. folgt das nicht, denn das, was dem „Dies" seine Bedeutung gibt, ist die Tatsache, dass es in *meiner Wahrnehmung hic et nunc* fundiert ist. Demonstrative Gedanken wie „Dies ist ein E" meinen dasselbe wie Gedanken der Form „Das, was ich gerade vor mir und mit Aufmerksamkeit wahrnehme, ist E". Vgl. Crane 2001a, § 37. Zudem kann ein „Dies" auch leer sein, etwa wenn Macbeth halluzinierend sagt, „Dies ist ein Dolch".
491 Auch Eden 1999 deutet Noemata als gebundene Idealitäten. Willard 1992 betont die Aktabhängigkeit der Noemata.

III/1, 295; vgl. Hua XX/1, 166). Das Noema ist somit *ontologisch unselbständig* bzw. *fundiert*. Ist es etwas Reelles? Husserl verneint dies (vgl. *Ideen I*, §§ 90, 98, 128; vgl. aber Hua XI, 334 f.). Reflektieren wir noematisch auf einen Akt, so ist das „in dieser Blickstellung Gegebene [...] nun zwar selbst, logisch gesprochen, ein Gegenstand, aber ein durchaus u n s e l b s t ä n d i g e r ". Sein „e s s e besteht ausschließlich in seinem ‚p e r c i p i ' – nur daß dieser Satz nichts weniger als im Berkeleyschen Sinne gilt, da das percipi das esse hier ja nicht als reelles Bestandstück enthält" (Hua III/1, 229 f.). Das Noema ist demnach ein Gegenstand im alethisch-existenzialen Sinn, der auf profunde Weise abhängig ist von einer Noesis. Denn Husserl verlangt für das *esse* des Noema (aktuelles) *percipi*. Dieses „percipi" ist natürlich kein sinnliches Wahrnehmen; einen Sinn kann man nicht sehen, hören etc. Zudem kann es sich höchstens um ein nicht-fokales Bewusstsein handeln. Mit Blick auf ein solches „percipi" ist das Noema dem Akt „immanent" (Hua III/1, 203, 206) – allerdings nicht im mereologischen, sondern im intentionalen oder epistemischen Sinne: das Noema ist transparent, es ist so, wie es „gemeint" ist. Ein und dasselbe Noema kann aber in numerisch distinkten Akten verschiedener Subjekte identisch sein: „So kann der Sinn identisch derselbe sein in verschiedenen Erlebnissen" (NuS 4 f. Zitiert nach Süßbauer 1995, 434). Die Abhängigkeit des Noema kann also keine individuelle (rigide), sondern muss eine *generische Aktabhängigkeit* sein. Da Noemata zudem auf das aktuelle „percipi" angewiesen sind, muss es sich ferner um eine *konstante Abhängigkeit* handeln.

Das Noema eines Aktes lässt sich somit als ein *generisch und konstant in Noesen (Erlebnissen) fundierter idealer Gegenstand* charakterisieren – mit anderen Worten: als eine „gebundene Idealität". In Ingardens Terminologie gesagt, ist das Noema eine „rein intentionale Gegenständlichkeit" (vgl. SEW I, §§ 12–16; II/1, §§ 46 f.). D.h. das Noema ist eine Entität, die nur kraft eines Aktes existiert (*Seinsabgeleitetheit*), so ist, wie sie im Akt „vermeint" ist (*Seinsheteronomie*) und die nur solange existiert, wie es einen vermeinenden Akt gibt (*Seinsabhängigkeit*); trotz dieser Fundiertheit und „Immanenz" in der Noesis ist das Noema gleichwohl kein „reeller Teil" des Aktes, sondern, wie Husserl sagt, etwas „Irreelles", eine gewisse „Transzendenz in der Immanenz" (vgl. *Ideen I*, § 97). Die Fundierung ist eine *exklusiv mentale*, d. h. Noemata hängen *nur* von der Existenz von Erlebnissen und nicht von der Existenz der fokalen intentionalen Objekte ab. In dieser *exklusiv* mentalen Fundierung der Noemata kommt Husserls *Internalismus* zum Ausdruck, demgemäß der Sinn eines Aktes nicht von der Existenz des intentionalen Objektes abhängt, sondern von der Perspektive des Subjekts auf sein Objekt. Sinne sind durch das, was ‚im Kopf' des meinenden Subjekts stattfindet, bestimmt. Die Idealität der Noemata bedeutet, dass ein und dasselbe Noema in Akten verschiedener Subjekte und in Akten desselben Subjekts als etwas numerisch Identisches vermeint werden kann. Aber gleichwohl setzen Noemata nach dieser

Lesart die Existenz meinender Akte *überhaupt* voraus – würden alle Subjekte verschwinden, gäbe es keine Noemata mehr. Noemata existieren in diesem Sinne *in re* bzw. *in actu*, und nicht *ante rem* bzw. *ante actus*. Rigide ist diese Aktabhängigkeit gleichwohl nicht – höchstens im Fall indexikalisch-demonstrativer Ausdrücke. Wieder einmal erweist sich die Idee der Fundierung als hilfreich, um den Status eigentümlicher Gegenständlichkeiten bei Husserl zu erhellen. Auch folgende Passage wird dadurch klarer, da bereits gezeigt wurde, dass „X ist in Y fundiert" kompatibel damit ist, dass X und Y wesensverschiedene Entitäten sind bzw. unterschiedlichen „Regionen" zugehören:

> Zugleich ist es klar, daß mit dieser Scheidung [zwischen Noesis und Noema] eo ipso eine solche zweier radikal gegensätzlicher und doch wesensmäßig aufeinander bezogener Seinsregionen zur Abhebung gekommen ist. Wir haben früher betont, daß Bewußtsein überhaupt als eine eigene Seinsregion zu gelten habe. Wir erkannten dann aber, daß die Wesensdeskription des Bewußtseins auf dasjenige des in ihm Bewußten zurückführe, daß Bewußtseinskorrelat von Bewußtsein unabtrennbar und doch nicht reell in ihm enthalten sei. So schied sich das Noematische als eine dem Bewußtsein zugehörige und doch e i genartige Gegenständlichkeit. (Hua III/1, 295)

Mit Blick auf die Kontroverse zwischen deflationären und inflationären Lesarten des Noema (vgl. East- vs. West-Coast-Interpretation) scheint die Deutung des Noema als einer generisch und konstant in Akten fundierten Entität, die gleichwohl ein Irreale ist, als eine probate Kompromisslösung. Noemata passen demnach auch in die Kategorie der *gebundenen Idealitäten* (vgl. EU, § 65), die, anders als die „reinen" Spezies der *Untersuchungen* (vgl. LU I, § 35), nicht nur an mögliche, sondern an faktische Manifestation gebunden sind.

Das Noema als „intentionaler Gegenstand als solcher". Verwirrenderweise bezeichnet Husserl – trotz der herausgestellten Verschiedenheit von Noema und Objekt – das Noema auch als „intentionales Objekt (als solches)" (vgl. *Ideen I*, §§ 88 ff.). Dabei verwendet er in der Regel Anführungszeichen, die andeuten sollen, dass eben doch nicht von ein und derselben Entität die Rede ist – vergleichbar mit der Anführung und Zitation sprachlicher Ausdrücke.[492] Was bedeutet es, einen intentionalen Gegenstand „rein als solchen" zu beschreiben? Die Phrase „als solches" – das heißt als Wahrgenommenes, Erinnertes etc. – soll anzeigen, dass weder der Gegenstand simpliciter noch dessen Eigenschaften und Wesen ‚an sich' Thema der Beschreibung sind, sondern die *Weise, wie er in den*

---

[492] Eine solche an der Technik der Anführung orientierte Lesart des Noema entwickelt D. W. Smith 2007, Kap. 5 u. 6.

jeweiligen Akten intendiert ist.[493] Der „intentionale Gegenstand als solcher" ist somit nichts anderes als der *Sinn* der Noesen. Dies hat die paradox anmutende Folge, dass der „intentionale Gegenstand als solcher" nicht der (fokale) intentionale Gegenstand des Aktes ist. Ähnlich gilt auch, dass das „Wahrgenommene als solches" nicht wahrgenommen ist. Durch die Phrase „als solcher" verschiebt sich also die Referenz, denn ein wahrgenommenes Ding als solches ist kein reales wahrgenommenes Ding, sondern eine exklusiv aktfundierte „gebundene Idealität".

Die interne Struktur des (vollen) Noema.[494] Eine Pointe des Noema ist in dessen interner Strukturierung und „Schichtung" zu sehen. Wie so oft beschreibt Husserl diese interne Struktur mittels seines mereologischen Vokabulars, sodass sich das Noema als ein Ganzes darbietet; das Noema ist ein „Komplex von noematischen Momenten" (Hua III/1, 206). Die noetische Rede von der *„verschiedenen Weise der Beziehung eines Aktes auf seinen Gegenstand"* (Hua XIX/2, 624) aus den *Untersuchungen* wird von Husserl auf diese Weise noematisch reformuliert.[495] Der Sinn, durch den wir uns auf einen Gegenstand beziehen, ist niemals Sinn *simpliciter*, sondern weist stets mehrere Dimensionen der Gegebenheitsweise auf. Das Noema hat einen „allgemeinen Bau" (Hua III/1, 296), wobei die grundlegende Struktur des „v o l l e n Noema" (Hua III/1, 210) aus einem *Kern* bzw. *gegenständlichen Sinn* besteht, der von *thetischen Charakteren* gleichsam umgeben ist (vgl. *Ideen I*, §§ 91, 99).[496] Ein weiteres Moment des vollen Noema ist das *bestimmbare X im Kern*, der „Zentralpunkt des Kerns" (Hua III/1, 299); dieses X, das den intentionalen Gegenstand als identischen Bezugspunkt repräsentiert, erscheint stets als ein *Gegenstand im Wie seiner Bestimmtheiten* oder *Prädikate*. Schließlich gibt es noch Unterschiede in der *Fülle* der Gegebenheitsweise (Klarheit, Undeutlichkeit, Verschwommenheit, etc.), die unabhängig von den anderen Dimensionen variieren können. Versuchen wir, Husserls idiosynkratisches Vokabular anhand einer vi-

---

[493] Manchmal verwendet Husserl den Ausdruck „als solches" auch, um gewisse Wesensurteile zu formulieren, z. B. „ein Ton als solcher hat eine Höhe" (vgl. *Ideen I*, § 5; LU III, § 14).
[494] Vgl. *Ideen I*, §§ 91, 99, 129 ff. Vgl. dazu D. W. Smith 2007, 257 ff.
[495] Es ist aber mitnichten so, dass Husserl über diese Unterscheidungen in den *Untersuchungen* noch nicht verfügt. Dies sagt Husserl selbst, indem er sein noematisches Vokabular als Nachfolgervokabular für die noetischen Begriffe präsentiert (vgl. *Ideen I*, § 129). Die Qualität entspricht dabei den thetischen Charakteren, die Materie dem noematischen Kern.
[496] Die thetischen Charaktere sind zum einen sog. *Seinscharaktere* (wirklich, möglich, wahrscheinlich etc.), zum anderen *Charaktere der Prä- oder Absenz* (Gegenwärtigung vs. Vergegenwärtigung; Originarität vs. Nicht-Originarität).

suellen Wahrnehmung uns näherzubringen.⁴⁹⁷ Gerade sehe ich einen roten Apfel vor mir auf dem Schreibtisch liegen; dieses Erlebnis kann so ausgedrückt werden:

Ich sehe einen roten Apfel auf dem Schreibtisch liegen.

Nach Husserl umfasst der Kern alles im Noema, aufgrund dessen das intentionale Objekt X als *bestimmt* durch gewisse intrinsische Momente und relationale Eigenschaften erscheint. Der Kern ist das „Was" des Aktes: „Jedes Bewußtsein hat sein W a s " (Hua III/1, 301). Aufgrund des Kerns sind wir gleichsam geneigt, zu urteilen „X ist E, F, ...". Dabei ist X ein „mit lauter objektiven Ausdrücken zu Beschreibendes" (Hua III/1, 233); alle „'s u b j e k t i v e n ' A u s d r ü c k e " (Hua III/1, 300) sind dabei zu vermeiden. Zum Kern des obigen Aktes gehören also (die Eigenschaften) „rot", „Apfel", „auf dem Schreibtisch", „liegen"; dies sind „sachhaltige Bestimmungen" (Hua III/1, 300), die im Kern intentional dargestellt werden. Zu diesen *explizit bewussten* Bestimmungen gesellen sich noch weitere, nämlich zum einen formal-ontologische wie „Gegenstand" (im Sinne eines Trägers von Eigenschaften) oder „Eigenschaft"; zum anderen material-ontologische (regionale) Bestimmungen wie „materielles Ding", „sinnliche Qualität", „räumliche Relation". Diese Bestimmungen gehören zur regionalen „Essenz" bzw. formalen „Kategorie" von X (vgl. *Ideen I*, §§ 1–17) und sind sozusagen *implizit* (‚horizontal') mitintendiert.

Der Kern selbst ist aber *nicht* mit diesen Bestimmungen unterschiedlicher Art und Stufe zu verwechseln; er ist vielmehr dasjenige invariante Moment im Gehalt des Aktes, in dem diese Bestimmungen *sich darstellen*, wobei andere Aspekte des Noema variieren können. Der „bloße Sinnesgehalt ist n i c h t i m e i g e n t l i c h e n S i n n P r ä d i k a t d e s G e g e n s t a n d e s . Prädikate des Gegenstandes sind so wenig Sinne als der Gegenstand selbst, der als solcher ‚an sich selbst' ist" (EU, 322). Zudem kann es ja sein, dass ein Akt mitsamt Kern existiert, obschon es kein Objekt und somit auch keine Bestimmungen gibt. Der Sinn hat eine „von wahrem Sein und Nichtsein [des Objekts] unabhängige[] Identität" (EU, 322). *Sinnes-Kern und objektive Bestimmungen sind also strikt zu trennen:* die reale Welt besteht nicht aus Sinnen, sondern aus Dingen und ihren Eigenschaften.⁴⁹⁸ Kern und Objekt-Bestimmung sind dadurch verknüpft, dass ein veridischer oder „triftiger" Kern in

---

497 Husserl orientiert sich bei der Einführung der internen Struktur des Noema (wie so oft) an „schlichten" (einstrahligen) Akten der Wahrnehmung, Erinnerung und Phantasie; im Anschluss an diese Beispiele verallgemeinert er die Befunde und behauptet ihre universelle Gültigkeit für alle Aktarten.
498 Vgl. Willard 2011, der dies gegen idealistische Lesarten Ingarden'scher Provenienz zu bedenken gibt. Man sollte Reales (und Ideales) *nicht* auf Bündel, Summen, Komplexe oder bloße Schnittpunkte von Noemata reduzieren.

einer echten Relation zu gegenständlichen Bestimmungen steht. Existiert das Objekt nicht, so gilt immerhin das kontrafaktische („assumptive") Konditional, dass der Kern in einer Relation zur Objekt-Bestimmung stehen würde, wenn X existieren würde.

Der Kern hat auch einen *horizontalen Aspekt*. Der Apfel ist ja nicht nur mit den explizit manifesten Eigenschaften bewusst, sondern auch mit implizit mitgemeinten. So glaube ich z. B., dass er auch auf der Rückseite rötlich gefärbt ist, mit Fruchtfleisch innerlich erfüllt ist etc., obschon all diese Bestimmungen nicht explizit gegeben, sondern implizit (horizontal), d. h. leer oder unbestimmt, mitgemeint sind.

Der Kern gehört ferner zu denjenigen Aspekten des Aktes, die sich *begrifflich (sprachlich) artikulieren lassen*. Husserl sagt an mehreren Stellen, der Kern sei geradezu durch seine identische sprachliche Artikulierbarkeit charakterisiert. (Das heißt, *nota bene*, nicht, dass nur Subjekte, die zu solchem Ausdruck fähig sind, Akte mit Kernen haben können.)

> Jedes „Gemeinte als solches", jede Meinung im noematischen Sinn (und zwar als noematischer Kern) eines beliebigen Aktes ist a u s d r ü c k b a r   d u r c h   „B e d e u t u n g e n". (Hua III/1, 286)

Der Kern wird gewonnen „durch Explikation und begriffliche Fassung" eines „geschlossenen Inbegriffs von formalen oder materialen, sachhaltig bestimmten oder auch ‚unbestimmten' (‚leer' vermeinten) 'P r ä d i k a t e n'" (Hua III/1, 301). Zwei Akte e und e* haben in diesem Sinne denselben *Kern*, „wofern eben der ‚Gegenstand im Wie der Bestimmtheiten' beiderseits als derselbe und absolut gleich zu beschreibende dasteht" (Hua III/1, 303; vgl. 210): „Die Beschreibungen würden sich decken, und es könnte ein synthetisches Einheitsbewußtsein das beiderseitige Bewußtsein so umgreifen, daß es sich wirklich um dasselbe Vermeinte handelte." (Hua III/1, 304) Der Kern zweier Akte ist also genau dann derselbe, wenn zwei Bedingungen erfüllt sind: (i) dem Subjekt muss das intentionale Objekt in e auf dieselbe Weise bestimmt *erscheinen* (in einem weiten Sinne von „erscheinen") wie in e*. Dies ist die Bedingung der „Sinnesgleichheit" (Hua XVI, 155), die dem Identitätskriterium für Materien aus LU V ähnelt (s. o.); (ii) diese „Sinnesgleichheit" muss selber in einem synthetischen Akt gegeben sein können. „Sinnesidentität" kommt dem Subjekt in einer identifizierenden Synthesis von e und e* zum Bewusstsein, aufgrund deren S in e und in e* das Objekt X in demselben „Wie seiner Bestimmtheiten" erscheint. Die Identität der Kerne setzt somit ein Identitätsbewusstsein voraus, im dem sich ein „evidentes Gegebensein der Identität" (Hua XVI, 155) vollzieht. Sind in diesem Sinne die Kerne K und K* identisch, so sind auch deren intentionale Objekte X und X*, sofern sie existieren, identisch. Husserl scheint hier das Identitätskriterium für Materien *in specie* aus den *Untersuchungen* um eine *Synthesisbedingung* zu ergänzen – zwei Akte e und e* können nur dann denselben Kern haben, wenn e und e* eine identifizierende Synthesis eingehen können, in denen X und X* auf dieselbe Weise bestimmt erscheinen.

Ingesamt wird der Kern somit durch die intrinsische Natur der Akte festgelegt; er wird durch die Weise, wie dem Subjekt das Objekt erscheint, determiniert. Der Kern ist *internalistisch bestimmt*, er ist, modern gesagt, ‚im Kopf' bzw. ein sog. „enger intentionaler Gehalt". Zudem impliziert Husserls These, ein Kern gehöre zum Wesen jedes Aktes, einen gewissen *Deskriptivismus*. Kein intentionales Objekt ist uns gleichsam als ein ‚nacktes' Etwas gegeben, als ein Objekt simpliciter, sondern jedes intentionale Objekt erscheint *eigenschaftlich* bestimmt. Denken an *etwas* ist notwendigerweise Denken an *so*-etwas. Dafür verwendet Husserl auch die Notation „X (α, β, γ)" (vgl. Hua III/2, 514).[499]

Kommen wir nun zum *bestimmbaren X*, dem „innersten Moment" (Hua III/1, 299) des Noema bzw. Kerns. Dieses „X" ist notorisch äquivok bei Husserl, da mit ihm einerseits der intentionale Gegenstand, oder aber ein Moment im Gehalt des Aktes gemeint sein kann. Für meine Zwecke genügt es, dieses X als ein noetisches und noematisches Aktmoment aufzufassen, das macht, dass uns Objekte als identische Fokusse in unterschiedlichen Kernen erscheinen. Sehe ich den roten Apfel auf dem Schreibtisch liegen, so erscheint er mir in der Regel in einem Fluss ganz unterschiedlicher Gegebenheitsweisen. Ungeachtet all dieser wechselnden Erscheinungsweisen, Perspektiven, Umstände etc., habe ich dabei ein (fallibles) *Bewusstsein von ein und demselben Apfel*. Es wäre nach Husserl *phänomenologisch* verfehlt, im Sinne der Empiristen die Wahrnehmung *eines* Dinges als stetes Auftauchen *neuer Objekte* (*impressions*) zu beschreiben, denn der Apfel *erscheint* mir schlicht als ein identisches X in unterschiedlichen Gegebenheitsweisen. Die Bestimmungen im Kern präsentieren sich mir nicht als isolierte oder irgendwie ge-

---

[499] Offenbar impliziert ein solcher Deskriptivismus bei Husserl keinen Propositionalismus: Daraus, dass jedes Denken (im weiten cartesischen Sinne) auf ein so-etwas gerichtet ist, folgt nicht, dass jedes Denken an etwas ein Denken, *dass* etwas so und so ist, ist. Zudem hat dieser Deskriptivismus nicht zur Folge, dass es keine irreduzibel indexikalischen Gedanken gibt. Wie Husserls Analyse der „wesentlich okkasionellen Ausdrücke" zeigt (vgl. LU I, § 26; LU VI, § 5) zeigt, haben nicht alle Gedanken einen rein deskriptiven (begrifflichen, generellen) Gehalt. Denke ich z. B., dass ich existiere, dann gibt es keine nicht-indexikalischen Umschreibungen, die das Wort „ich" ersetzen könnten, ohne den Aktsinn zu ändern. Das heißt aber nicht, dass ich beim Vollzug dieses Gedankens auf mich selbst als ein eigenschaftsloses *bare particular* gerichtet bin. Allerdings müsste das genauer untersucht werden, da Husserl mitunter das reine Ich (s. u.) tatsächlich als in „sich unbeschreiblich" und ohne „explikabeln Inhalt" charakterisiert (*Ideen I*, § 80; vgl. ähnlich *Ideen II*, §§ 22 ff.).

bündelte Eigenschaften, sondern als ‚zentriert' in dem einen Ding, das ich beständig vor mir habe: „Die Prädikate sind aber Prädikate von ‚e t w a s ', und dieses ‚etwas' gehört auch mit, und offenbar unabtrennbar, zu dem fraglichen Kern [...]. Es ist der Verknüpfungspunkt oder ‚Träger' der Prädikate, aber keineswegs Einheit derselben in dem Sinne, in dem irgendein Komplex, irgendwelche Verbindung der Prädikate Einheit zu nennen wäre." (Hua III/1, 301). Das X-Moment im Kern trägt diesem Befund Rechnung:

> Wir sagen, daß das intentionale Objekt im kontinuierlichen oder synthetischen Fortgang des Bewußtseins immerfort bewußt ist, aber sich in demselben immer wieder „anders gibt"; es sei „dasselbe", es sei nur in anderen Prädikaten, mit einem anderen Bestimmungsgehalt gegeben [...]. Es scheidet sich als z e n t r a l e s n o e m a t i s c h e s M o m e n t aus: der „G e g e n s t a n d ", das „Objekt", das „I d e n t i s c h e ", das „bestimmbare Subjekt seiner möglichen Prädikate" – d a s p u r e X i n A b s t r a k t i o n v o n a l l e n P r ä d i k a t e n – und es scheidet sich ab von diesen Prädikaten, oder genauer, von den Prädikatnoemen. (Hua III/1, 301f.)[500]

Das X im Sinn ist aber kein Locke'sches *je ne sais quoi*, denn was Husserl hier sagen will, ist schlicht, dass sich intentionale Objekte vom phänomenologischen (‚subjektiven') Standpunkt aus als identische Bezugspunkte mannigfacher Gegebenheitsweisen darstellen. Die ‚Einheit' der im Kern dargestellten Bestimmungen ist *intentionale Identität*. Die Eigenschaft, intentionales Objekt X eines Erlebnisses e zu sein, besteht darin, dass e mit weiteren Akten in eine (kontinuierliche oder diskrete) *Synthesis der Identifikation* und „Deckung" treten kann, aufgrund deren X als gemeinsamer Fokus erscheint (vgl. Hua III/1, 303f.).[501] Das bestimmbare X fungiert wie ein „Einheitspunkt", „notwendiges Zentrum" (Hua III/1, 303) und „Identitätspol" (CM, 48), in dem verschiedene ‚Akt-Linien' zusammenlaufen. Dies ist nach Husserl eine essentielle Eigenschaft intentionaler Erlebnisse und ihrer Objekte:

---

[500] Husserls Terminologie ist heuristischer Natur und nicht Zeugnis einer linguistischen (grammatischen) Auffassung von Intentionalität. Husserl will nicht sagen, dass die Struktur „X+Bestimmungen" eine Art linguistischer Projektion auf die intentionalen Objekte sei. Er bedient sich dieser Redeweise lediglich, um den bereits vorprädikativ manifesten Unterschied zwischen identischem X und wechselnden Erscheinungsweisen hervorzuheben. Wenn Husserl in diesem Kontext von „Subjekt" (das „bestimmbare X") und „Prädikat" spricht (vgl. *Ideen I*, §§ 130 – 132), so ist das also nicht so zu verstehen, als sei jeder intentionale Gehalt (Noema) propositionaler Natur.

[501] Insgesamt nehmen kontinuierliche Synthesen einen gewissen *Vorrang* gegenüber diskreten (polythetischen) ein, insb. im Fall der (äußeren) Wahrnehmung. Diskrete Identifikation („Synthesis der Rekognition") hängt wesentlich von der prinzipiellen Möglichkeit kontinuierlicher Identifikation ab. S. u. Kap. E II.

> Dem e i n e n Objekt ordnen wir mannigfaltige Bewußtseinsweisen, Akte, bzw. Aktnoemen zu. Offenbar ist dies nichts Zufälliges; keines ist denkbar, ohne daß auch mannigfaltige intentionale Erlebnisse denkbar wären, verknüpft in kontinuierlicher oder in eigentlich synthetischer (polythetischer) Einheit, in denen „es", das Objekt, als identisches und doch in noematisch verschiedener Weisen bewußt ist: derart, daß der charakterisierte Kern ein wandelbarer und der „Gegenstand", das pure Subjekt der Prädikate, eben ein identisches ist. (Hua III/1, 302)

Diese *phänomenologische Rolle* intentionaler Objekte hebt Husserl in den *Ideen* pointierter hervor als in den *Untersuchungen* – wobei wir bei der Diskussion des Paradoxons gegenstandsloser Vorstellungen gesehen haben, dass bereits in *IG* und *VüB* die Rolle der intentionalen Objekte als „Identitätspole" thematisiert wird. Es sei allerdings darauf hingewiesen, dass die Unterscheidung zwischen Kern und X im Noema bereits *vollständig* in der *doppelten, d.i. deskriptiven und referentiellen, Funktion* der Materie in den *Untersuchungen* angelegt ist. Denn die Materie ist ja „dasjenige Moment des objektivierenden Aktes, welches macht, daß der Akt gerade d i e s e n Gegenstand [X] und gerade i n d i e s e r W e i s e [Kern], d. h. gerade in diesen Gliederungen und Formen, mit besonderer Beziehung gerade auf diese Bestimmtheiten oder Verhältnisse vorstellt" (Hua XIX/2, 617; vgl. 428 ff.). Die „noematische" Analyse der *Ideen* liefert nichts prinzipiell Neues gegenüber der „noetischen" Analyse der *Untersuchungen*.

Zwei Akte e und e* (eines Subjekts S) haben somit dasselbe intentionale Objekt, wenn sie aufgrund ihrer Kerne K und K* eine „I d e n t i t ä t s e i n h e i t" (Hua III/1, 302) bilden können. Dabei können die Kerne durchaus verschieden sein. Sehe ich den Apfel von vorne, dann von hinten, so habe ich (typischerweise) differente Kerne, die aber gleichwohl denselben Apfel intendieren. Beide Akte müssen allerdings *einstimmig* miteinander synthetisiert werden können. Das „leere X" ist deshalb kein bloßer Bindfaden, mit dem beliebige Akte zu einer Identitätseinheit geknüpft werden können; die Kerne der Akte müssen zueinander ‚passen'; es hängt „am Wesen der Phänomene [...], ob dergleichen möglich ist oder nicht. Eine Wahrnehmung oder Vorstellung eines Elephanten und die eines Steines schicken sich ihrem Wesen nach in eine Identifikation nicht, ihr Wesen schließt dergleichen aus" (Hua XVI, 27 f.).

Die „Identitätseinheiten", die Akte bilden können, die zu demselben bestimmbaren X gehören, sind *grobkörniger* individuiert als jene, die Akte mit demselben Kern eingehen können. Dies ist Ausdruck für die These, dass Akte mit verschiedenen Kernen oder Sinnen auf ein und dasselbe X intentional gerichtet sein können: „Mehrere Aktnoemata haben hier überall verschiedene K e r n e, jedoch so, daß sie sich trotzdem z u r I d e n t i t ä t s e i n h e i t z u s a m m e n - s c h l i e ß e n, zu einer Einheit, in der das ‚E t w a s ', das Bestimmbare, das in jedem Kerne liegt, als identisches bewußt ist." (Hua III/1, 302)

Schließlich führt Husserl neben dem Kern („Gegenstand im Wie seiner Bestimmtheiten") und seinen beiden Momenten (X + Prädikate) noch eine zweite Verwendungsweise der Rede vom „Gegenstand im Wie" ein – nämlich den *Gegenstand im Wie seiner Gegebenheitsweisen*. Diese Dimension deckt sich letztlich mit der Dimension der *Fülle* aus den *Untersuchungen* (vgl. LU VI, §§ 21 ff.), die sich vor allem durch ihre epistemologische Valenz auszeichnet. Es sind „Unterschiede der Klarheitsfülle, welche erkenntnismäßig so sehr bestimmend sind" (Hua III/1, 304). Der als rot gesehene Apfel kann mir z. B. verschwommen erscheinen, wenn ich meine Brille abnehme („blurry vision").[502] Husserl zufolge ändert sich dabei nicht (notwendigerweise) der Kern des Aktes. Unterschiede zwischen klarer und dunkler Gegebenheitsweise affizieren nicht eo ipso den „Bestimmungsgehalt" des Aktes; dieser kann beim dunklen und klaren Bewusstsein „absolut identisch" (Hua III/1, 304) sein. *Verschwommenheit* ist keine Bestimmung des Objektes. Nach Husserl muss jeder intentionale Gegenstand in einem *bestimmten* „Wie seiner Gegebenheitsweisen" bewusst sein. Jeder Akt hat in diesem Sinne Fülle, wobei auch leere, undeutliche und vage Gegebenheitsweisen zur Fülle im weiten Sinne gehören. Jeder gegenständliche Sinn muss einen „M o d u s s e i n e r F ü l l e" (Hua III/1, 304) haben.

Mit diesen drei internen Differenzierungen im Sinn des Aktes (Kern: X + Prädikate; Fülle) beendet Husserl seine strukturelle Charakterisierung der Akte in den *Ideen I*. Es sind universelle Wesensmerkmale intentionaler Erlebnisse als solcher, die indifferent gegenüber Sein und Nicht-Sein der intentionalen Objekte sind. (Erst ab § 135 widmet sich Husserl der „Triftigkeit" von Akten.)

Es ist zu betonen, dass sich all diese *noematischen Differenzierungen* in *noetischen Differenzen* niederschlagen und diesen letztlich ‚entspringen'. Das Noema superveniert vollständig auf der Noesis. Es gibt, mit anderen Worten, einen Primat der Noesis gegenüber dem Noema. Man kann versuchen, das Noema gleichsam als *Noesis in specie* zu deuten, wodurch die Speziestheorie gewissermaßen innerhalb der Noemattheorie wiederauferstehen würde. Einige Hinweise in diese Richtung sollen abschließend gegeben werden.[503]

---

[502] Dieses Phänomen wird heutzutage intensiv diskutiert. Es geht dabei um die Frage, ob Verschwommenheit ein nicht-intentionales Quale ist, oder mit zum intentionalen Gehalt der Wahrnehmung gehört. Vgl. dazu etwa Crane 2001a, § 43, und Zahavi 2003b.

[503] Vgl. Mohanty 1992; Rang 1990, 234. Damit lese ich – zusammen mit Willard und Hopp – die *Ideen* in gewissem Sinn gegen den Strich, betont doch Husserl wiederholt, deren Fortschritt sei in der Überwindung der einseitigen noetischen Orientierung der *Untersuchungen* zu sehen (vgl. *Ideen I*, §§ 94, 128, 129). Die folgenden Zitate belegen indes, dass die Noesis immer noch die tragende Rolle spielt.

Der Primat der Noesis. Ein erstes Indiz für den Primat der Noesis besteht darin, dass Husserl sagt, dass der Sinn einer Wahrnehmung qua Noesis „notwendig zu ihrem Wesen" (Hua III/1, 205) gehöre. Etwas Ähnliches wird bereits in § 36 der *Ideen I* angedeutet, wo Husserl – bezeichnenderweise im Kontext der Fiktion eines Kentauren – die Intentionalität eines Erlebnisses von dessen zufälligen Eigenschaften abgrenzt: „Im Wesen des Erlebnisses selbst", heißt es dort, „liegt nicht nur, daß es, sondern auch wovon es Bewußtsein ist, und in welchem bestimmten oder unbestimmten Sinne es das ist" (Hua III/1, 74). Das „Wesen des Erlebnisses" ist aber nichts anderes als das Erlebnis *in specie*, sodass sich ergibt, dass die Noesis in specie bestimmt, worauf der Akt gerichtet ist und auf welche Weise. Das Erlebnis *in specie* determiniert mithin den Sinn des Erlebnisses.

Dieser Primat der Noesis zeigt sich weiterhin darin, dass noematische Differenzen auf noetischen ‚supervenieren' und in diesen gründen. Sind die Noemen zweier Akt verschieden, so deshalb, *weil* es in den zugehörigen Noesen einen Unterschied gibt – und nicht vice versa:

> [D]as Eidos des Noema weist auf das Eidos des noetischen Bewußtseins hin, beide gehören e i d e t i s c h zusammen. Das Intentionale als solches ist, was es ist, als Intentionales des so und so g e a r t e t e n Bewußtseins, das Bewußtsein von ihm ist. (Hua III/1, 230)
>
> So spiegeln sich denn überhaupt in noematischen „Charakterisierungen" noetische. (Hua III/1, 232)
>
> Jede niederste Differenz auf der noematischen Seite weist eidetisch zurück auf niederste Differenzen der noetischen. (Hua III/1, 296)
>
> In sich selbst ist die Wahrnehmung Wahrnehmung von i h r e m Gegenstande, und jeder Komponente, die die „objektiv" gerichtete Beschreibung an dem Gegenstande heraushebt, entspricht eine reelle Komponente der Wahrnehmung: aber wohlgemerkt, nur soweit die Beschreibung sich getreu an den Gegenstand hält, so wie er in dieser Wahrnehmung selbst „dasteht". (Hua III/1, 227)[504]

Formal gesehen gilt auch, „kein noetisches Moment ohne ein ihm spezifisch zugehöriges noematisches Moment" (Hua III/1, 215), aber der Primat der Noesis ist darin zu sehen, dass die Noesis bzw. ihr „Eidos" der *Ursprung* des Noema ist. Noemata gibt es, *weil* es Noesen gibt – und nicht vice versa. Nach Husserl kann

---

[504] Diese Zitate erscheinen wie Echos folgender Passagen aus den *Untersuchungen:* „Notwendig müssen jedem Teil, überhaupt jeder Bestimmtheit des Gegenstandes, und zwar als des *hic et nunc* gemeinten, gewisse Momente oder Stücke des Aktes entsprechen. Worauf sich kein Meinen bezieht, das ist für die Vorstellung nicht vorhanden." (Hua XIX/2, 610) Vgl. Hua XIX/1, 427: „Alle Unterschiede in der Weise der gegenständlichen Beziehung sind deskriptive [reelle] Unterschiede der bezüglichen intentionalen Erlebnisse."

man das Prädikat „intentional" sowohl auf die Noesis als auch auf das Noema anwenden: Sowohl der Akt ist intentional auf etwas gerichtet als auch dessen Gehalt (Sinn), wobei beide auf denselben Gegenstand gerichtet sind. Es ergibt sich eine Art Parallelismus noetischer und noematischer Intentionalität.[505] Allerdings ist die „noematische Intentionalität" *abkünftig* gegenüber der noetischen:

> Es ist gleichsam eine noematische Intentionalität gegenüber der noetischen. Die letztere trägt die erstere als Bewußtseinskorrelat in sich, und ihre Intentionalität geht in gewisser Weise durch die Linie der noematischen hindurch. (Hua III/1, 237)

Diese Passage und ähnliche Stellen, in denen Husserl von der noematischen Intentionalität sagt, sie sei eine „Spiegelung" der noetischen (vgl. Hua III/1, 232), legen den Primat der Noesis gegenüber dem Noema nahe.[506] (Wenn A eine Spiegelung von B ist, dann ist A ontologisch und essentiell von B abhängig.)

Ein letztes Zitat, diesmal aus den späten *Cartesianischen Meditationen* (entstanden 1928–31), belegt dies ebenfalls deutlich. Husserl weist hier darauf hin, dass die intentionale Analyse zwar in der Regel mit einer noematischen, am Gegenstand orientierten und somit gleichsam „anonymen" Analyse anzufangen hat, es aber letztlich auf die „ursprünglichere" noetische Intentionalität ankomme. Ohne noetische Reflexion „blieben verborgen die noetischen Mannigfaltigkeiten des Bewußtseins und deren synthetische Einheit, vermöge deren wir, und als ihre wesensmäßige Einheitsleistung, überhaupt einen intentionalen Gegenstand, und jeweils diesen bestimmten, kontinuierlich gemeint haben, ihn gleichsam vor uns haben als so und so gemeinten" (CM, 49). Es sind also letztlich die Noesen mitsamt ihren intrinsischen Eigenschaften und ihrem internen Zusammenspiel („Synthesen"), welche die Intentionalität tragen. Die Noemata sind zwar notwendige und irreduzible Aspekte der Intentionalität, aber noetisch fundiert. „Reelles" Bewusstsein ist der ursprüngliche Ort von Intentionalität.

Fazit: Obgleich Husserl in den *Ideen* den Sinn eines Aktes alias Noema nicht mehr explizit als Spezies des „sinngebenden" Moments des Aktes begreift, bleibt die These der intrinsischen Intentionalität erhalten. Es sind nach wie vor die nichtrelationalen (noetischen) Momente von Erlebnissen, die konstitutiv für deren Intentionalität sind. Das Noema superveniert über den Noesen; es ist numerisch und ontologisch vom terminalen intentionalen Gegenstand des Aktes zu unter-

---

505 Vgl. Hua III/1, 299: „Also auch das Noema bezieht sich auf einen Gegenstand und besitzt einen ‚Inhalt', ‚mittels dessen' es sich auf den Gegenstand bezieht: wobei der Gegenstand derselbe ist wie der der Noese; wie denn der ‚Parallelismus' wieder durchgängig sich bewährt." Vgl. ebd., 229 ff., 297.
506 Willard 1988 buchstabiert den Primat der Noesis näher aus.

scheiden und lässt sich am besten als eine aktabhängige „gebundene Idealität" verstehen – eng verwandt mit dem, was Ingarden als einen „ursprünglich rein intentionalen Gegenstand" bezeichnen wird.[507]

Trotz der hier versuchten – und von Ingarden inspirierten – Lesart, hinterlässt die Noematheorie insgesamt ein gewisses Unbehagen, zumal Husserl den ontologischen und phänomenologischen (epistemologischen) Status des Noema nirgends hinreichend explizit macht.[508] Überspitzt formuliert kann man geradezu sagen, dass uns die Noematheorie zurück in das Frege'sche Rätsel des Fassens eines Gedankens (Sinnes) katapultiert. Dieses Rätsel besteht ja darin, dass die Relation zwischen Akt und Sinn (Gedanke) im Unbestimmten bleibt. Husserl spricht von einer *Korrelation*, aber das ist rein formal; und die These, Noemata seien „seinsheteronome" Gebilde oder Produkte des Bewusstseins, wird nicht im Rahmen einer Theorie eines solchen Seinsmodus fundiert. Zudem hat Husserl sichtlich Schwierigkeiten, den Unterschied zwischen der impliziten Gerichtetheit auf das Noema und der expliziten Gerichtetheit auf den terminalen Gegenstand des Aktes zu klären. Er spricht von einem „schwierige[n] Doppelsinn von Meinen" (Hua XXVI, 195), wobei nicht so recht klar wird, wieso ein solcher „Doppelsinn" anzuerkennen ist und warum er nicht durch die *Instanziierung* einer unselbständigen Aktmaterie *in specie* ersetzt werden kann. Zudem birgt die These, Gehalte seien intentionale Objekte, wenn auch nur implizite, die Gefahr in sich, einen *Schleier von (gebundenen) Irrealia*[509] zwischen Akt und explizitem Objekt zu errichten und dergestalt eine *Verdoppelung* der intentionalen Objekte zu erzeugen, die Husserl zeit seines Lebens abgelehnt hat. Einem indirekten Realismus, demzufolge, um bei der Wahrnehmung zu bleiben, die direkten Objekte der Wahrnehmung keine materiellen Dinge, sondern gewisse ‚mentale Gebilde' sind, wären

---

507 Vgl. SEW II/1, 174: „Der [ursprünglich] rein intentionale Gegenstand ist das *Korrelat* und das *Gebilde* eines Bewußtseinsaktes bzw. einer Mannigfaltigkeit derselben." (Herv. CE) Ingarden liegt m. E. richtig damit, Husserls recht dunkles zweistelliges Prädikat „X ist Korrelat von Y" im Sinne der Relation „X ist Gebilde von Y" zu deuten.
508 Vgl. Willard 1992, 47: „But the exact ontological status of this ‚difference' in the act/object nexus – what the precise nature of the ‚noema' might be – remains quite puzzling. Husserl in the end succeeds only in characterizing it negatively, and in urging us to wait in ‚pure surrender' before it in hopes of a revelation of its essence."
509 Diese in der aktuellen Diskussion über Wahrnehmung und Intentionalität häufig verwendete Rede von „Schleiern" („veil of ...") geht, so. A. D. Smith 2002, 275 Fn. 18, auf Jonathan Bennett zurück. Im aktuellen Diskurs sollen diese Schleier „the general spectre of a loss of direct contact with the physical world" andeuten. Vgl. dazu Kriegels 2011b jüngste Verteidigung einer abverbialen Theorie der Wahrnehmung, die sich gegen den Eigenschaftsrelationalismus wendet („veil of abstracta").

somit Tür und Tor geöffnet.⁵¹⁰ Dinge wären nur indirekte intentionale Objekte – eine Konsequenz, die sich schwerlich mit vielen anti-repräsentationalistischen Passagen bei Husserl verträgt.

Glücklicherweise konnte gezeigt werden, dass alle internen Strukturierungen des Noema in der Noesis angelegt sind und dass es einen Primat der Noesis gegenüber dem Noema gibt. Es besteht mithin die Möglichkeit, das *Noema als Noesis in specie* aufzufassen, um die meisten Vorzüge und Erweiterungen der Noema-Theorie gegenüber der frühen Spezies-Theorie ins Boot zu holen. Interessanterweise schreibt selbst Dagfinn Føllesdal, der Inaugurator der fregeanischen Lesart von Husserls Noema:

> The way I interpret Husserl, *the Noema is like a Peircean type, which is instantiated in various individual acts*. These acts are characterized by a pattern of determinations whose common structure is the noema. (Føllesdal 1990, 271; Herv. CE. Vgl. ähnlich Martin 1999, 360 ff.)

Deutlicher kann die Lesart des Noema als Noesis *in specie* kaum ausgedrückt werden. (Merkwürdigerweise sieht Føllesdal nicht, dass Frege Sinne und Gedanken offenbar nicht als Typen mentaler Vorkommnisse konzipiert hat, sondern als in sich subjekt- und aktunbezügliche Entitäten eines 3. Reichs.)⁵¹¹

Kann man die Struktur der Intentionalität mit Hilfe der These verstehen, dass Noemata Noesen in specie sind, dann werden Noemata im Sinne von *abstracta novi generis* („gebundene Idealitäten; „rein intentionale Gegenstände") sozusagen überflüssig. Ferner wird damit wird auch Freges Rätsel gelöst, denn die Relation zwischen Noesis und Noema ist die ubiquitäre Relation der Vereinzelung und nicht eine eigentümliche relationale Spielart der Intentionalität („X vermeint Y"; „Y ist Korrelat von X"; „Y ist Gebilde von X"). Einen Gedanken fassen bedeutet nicht, auf einen Gedanken, sondern auf die Objekte des Gedankens auf bestimmte Weise gerichtet zu sein – und dabei den Gedanken qua Typ zu instanziieren. Denke ich z. B., dass die Sonne scheint, so bin ich auf die Sonne und ihr Scheinen (auf einen *Sachverhalt* oder ein *Sosein* in der Welt) gerichtet, und nicht auf den Sinn meines Aktes. Aus diesem Grund birgt die Speziestheorie auch nicht die Gefahr in sich, einem repräsentationalistischen indirekten Realismus Tür und Tor zu öffnen. Denn, wie Laird Addis, der eine dem frühen Husserl verwandte Theorie der In-

---

510 Vgl. A. D. Smith 2002, Einleitung, für eine luzide Darstellung dessen, worum es beim Gegensatz zwischen direktem und indirektem Realismus geht.
511 Die *Noema-als-Noesis in specie-Lesart* findet sich auch bei Rang 1990, 233 ff., und Mohanty 1992. Vgl. auch Hopp 2011, 29 Fn. 10: „Fortunately, Husserl maintains that there is a parallelism between noetic and noematic contents, so most of what I say in what follows can, in principle, be translated into noetic, or act-based, terms."

tentionalität vertritt, mit Blick auf das Denken an den Mars schreibt: „Because, on this ontological analysis, to be aware of something is to *exemplify* and not to be aware of the property that is the natural sign (although, as in my Mars example, one can *also* be aware that one is exemplifying the natural sign), this theory is not a form of representationalism." (Addis 2009, 62) Addis' „natürliches Zeichen" entspricht Husserls Aktmaterie *in specie*, die sich im Akt vereinzelt.

Zudem kann man ein *Dilemma* formulieren, dem die Noematheorie m. E. nicht leicht ausweichen kann. Geht man von der Annahme aus, dass das Verhältnis zwischen Akt und Noema entweder eine Form von Intentionalität ist oder nicht, so haben beide Hörner problematische Konsequenzen (Vgl. ähnlich B. Smith 1987):

1. Horn. Wenn der Akt *intentional* auf seinen Sinn gerichtet ist, dann führt dies zu einer *Verdoppelung der intentionalen Objekte*, gegen die sich Husserl seit seiner Kritik an Twardowski stets zur Wehr gesetzt hat; ein Akt, z. B. mein jetziges Sehen eines Bildschirms, hätte somit zwei intentionale Objekte: ein explizites oder fokales (Bildschirm) und ein implizites oder marginales (Wahrnehmungssinn). Selbst wenn diese Unterscheidung zwischen impliziten und expliziten Objekten gerechtfertigt werden könnte, taucht an dieser Stelle das *Proteus-Problem* auf. Denn das prima facie einheitliche Genus Intentionalität zerfiele nun in eine relationale und eine nicht-relationale Spezies: während die implizite Gerichtetheit auf das Noema relational ist, weil es zu jedem Akt einen Sinn gibt (im existenzialen Sinne), ist die explizite Gerichtetheit auf den Bildschirm nicht-relational, weil der Bildschirm nicht eo ipso existiert, sobald der Akt existiert. Aber wie kann Intentionalität ein solcher ontologischer Proteus sein? Oder muss man tatsächlich zwei heterogene Spezies intentionaler Gerichtetheit anerkennen, sodass es einerseits das relationale und „sinnbildende" *(Ver)Meinen* und das nicht-relationale ‚eigentlich' intentionale Bewusstsein *von* etwas gibt? Dies ist das erste Horn des Dilemmas.

2. Horn. Das zweite Horn besteht darin, dass dann, wenn Akte *nicht intentional* auf Sinne gerichtet sind, das Verhältnis zwischen beiden schlichtweg im Dunkeln bleibt. Husserl spricht von einer „Korrelation" (*Ideen I*, §§ 87 ff.), was rein formal ist und lediglich besagt, dass jeder Akt ein Noema hat, und jedes Noema zu (mindestens) einem Akt gehört. Husserl spricht auch davon, dass der Sinn im Akt *ge-* oder *vermeint* sei (vgl. EU, § 64 d)), was wiederum auf eine Form der Intentionalität hinweist, aber die im ersten Horn genannten Probleme nach sich zieht. Es ist aber besonders misslich, wenn gerade *diese* Relation unaufgeklärt bleibt, denn zum einen sind Sinne der zentrale Ort der Intentionalität bei Husserl: Akte sind *kraft ihres Sinnes* intentional auf Objekte gerichtet. Sinne lösen somit auch das Problem der Nicht-Existenz, weil Sinne unabhängig von der Existenz ihrer Objekte existieren können. Zum anderen sind Noemata gewisse Irrealia, während Akte zeitliche Realia sind. Eine nicht näher spezifizierte Relation zwischen Realia und

Irrealia einzuführen, stellt einen Rückfall in das Frege'sche Rätsel des Fassens eines Gedankens dar. Dies ist das zweite Horn des Dilemmas.

Kurz: die Noematheorie scheint entweder eine *Verdoppelung der intentionalen Objekte* und das *Proteus-Problem der Intentionalität*, oder aber das *Frege'sche Rätsel* zur Folge zu haben. Dies sind meines Erachtens hinreichende Gründe, an der Speziestheorie bzw. der Noesis *in specie*-Lesart des Noema festzuhalten. Anders als die Noematheorie hat die Speziestheorie, soweit ich sehe, keine dieser drei Konsequenzen. Die Speziestheorie beutet sozusagen das (in Husserls Augen) *ohnehin ubiquitäre* Verhältnis zwischen *universale* und *particulare* aus, um es auf Akte zu übertragen. Oder, um Dallas Willard zu zitieren, der angesichts des unklaren Status des Noema schreibt: „This is far from satisfactory, and makes one wonder if it might not be possible to account for the ‚difference' [zwischen Akten mit verschiedenem Sinn, CE] as well or better than he does, do as good or better job of describing the ‚facts,' by attempting to treat it in terms of a sufficiently elaborate version of noetic intentionalities alone." (Willard 1992, 47)

Aufgrund der Ausführungen in diesem Abschnitt lassen sich einige Aspekte der West-Coast-Deutung (WCD) kritisieren, mit der ich in Grundzügen übereinstimme – insbesondere was die *numerischen und kategorialen Differenzen* zwischen Akt, Noema und intentionalem Objekt betrifft. Meinem Verständnis zufolge ist diese Deutung *au fond* adäquat, weil sie, anders als die East-Coast-Deutung, strikt zwischen Gehalt (Sinn, Materie, Noema) und intentionalem Objekt unterscheidet. Sinne sind demnach numerisch und ontologisch von ‚ihren' Objekten zu unterscheiden – und nicht nur in epistemologischer Hinsicht, wie etwa der prominente East-Coastler John Drummond behauptet.[512] Allerdings hat die WCD in meinen Augen zwei Schwachstellen.

Erstens ist ihre Kritik der Speziestheorie unklar. Smith/McIntyre behaupten, diese Theorie sei letztlich eine nicht-relationale bzw. adverbiale Konzeption der Intentionalität. Dies sei aber unvereinbar damit, dass Husserl in den *Untersuchungen* und anderswo immer noch von einer intentionalen „Beziehung" oder „Relation" spreche, die darin zum Ausdruck komme, dass intentionales Be-

---

[512] Vgl. Drummond 1990, 59: „The object, the sense, and the noema are the same differently considered. In the natural attitude, we are turned to the object *simpliciter*. [...] Only in the reflective attitude, however, do we focus on the object as a sense." Die East-Coast-Lesart Husserls ist somit auf eine ontologische Identitäts- und eine epistemologische (methodische) Differenzthese verpflichtet, während die West-Coast-Lesart in beiden Hinsichten eine Differenz konstatiert. Die ontologische Identitätsthese hat unmittelbar zur Folge, dass das Problem der Nicht-Existenz auftritt, denn wenn jeder Akt einen Sinn hat und dieser identisch ist mit dem Objekt, dann folgt mit Leibniz-Substitution, dass jedes intentionale Objekt existiert, da jeder Sinn existiert. Darauf weist auch Føllesdal 2010 hin. Die East-Coast-Lesart scheint somit eine relationale Konzeption von Intentionalität zu sein.

wusstsein eben wesentlich Bewusstsein *von* etwas sei. Husserls Analyse sei deshalb unvollständig (*incomplete*), weil die monadische Eigenschaft der Gerichtetheit nicht näher analysiert werde (vgl. Smith/McIntyre 1982, 142). Dagegen ist zu sagen, dass Husserl eben nicht im wörtlichen Sinne von einer intentionalen „Relation" spricht und sprechen kann, weil Relationen existenzabhängig sind. Außerdem kann Husserl durchaus eine solche Analyse vorlegen, wie wir bei der Analyse der Jupiter-Passage gesehen haben. Denke ich an Jupiter, so habe ich ein ‚jupiterartiges' Denk-Erlebnis, in dessen Momenten sich zwei niederste Spezies instanziieren, nämlich zum einen die Qualität-Spezies bzw. die Eigenschaft *in specie, ein Denken zu sein*, und zum anderen die Materie-Spezies bzw. die Eigenschaft *in specie, von Jupiter zu handeln*. (Dabei vertritt Husserl einen gewissen *Deskriptivismus* mit Blick auf den ‚singulären Sinn' einer Jupiter-Episode, da er in der Jupiter-Passage sagt, dieser stelle „jenen mythischen Götterkönig vor, von dem dies oder jenes gefabelt werde" (Hua XIX/1, 387). Damit ich einen ‚jupiterartigen' Gedanken haben kann, muss ich Jupiter also mit gewissen Eigenschaften vorstellen (bärtig, Blitze schleudernd etc.). Es sind diese Eigenschaften, die der intentionale Gegenstand tatsächlich hat, wenn mein Vorstellen veridisch ist.)[513] Mein Denken wird *adverbial modifiziert*, indem sich in ihm der Sinn *Jupiter* vereinzelt. Smith und McIntyre haben sichtlich Angst, dass die Speziestheorie zu einer Art cartesischen Isolation des Subjekts gegenüber der Welt führt. Es fehle eben der relationale Charakter der Intentionalität in einer rein adverbialen Analyse. Aber es ist unklar, wie das Einführen einer neuen Entität (Noema), die ja immer noch vom intentionalen Objekt verschieden ist, das Subjekt aus einer solchen ‚adverbialen Insel' befreien können soll. Wenn die Speziestheorie Probleme hat, den Akt in eine echte Relation zu etwas außerhalb seiner selbst zu setzen, dann, so meine These, tritt ein solches Problem *mutatis mutandis* auch bei der Noematheorie auf. Es ist angesichts von elaborierten Versionen des Neo-Adverbialismus (Kriegel) neu zu bedenken, ob Husserl damit kompatibel ist. Außerdem gehen Smith/McIntyre nicht näher auf Husserls Erkenntnis- bzw. Erfüllungstheorie ein, wo sich gerade der eigentliche relationale ‚Kontakt' zwischen Akt und Objekt etablieren soll.

---

[513] Vgl. Kriegel 2011a, 150 ff. Es ist natürlich ein zentrales Desiderat der adverbialen Speziestheorie, die Rede von „E-artigem Denken" (Kriegel: „thinking E-wise") so zu erläutern, dass dabei keine neuartige Relation zwischen dem Subjekt bzw. seinem Denken und E ins Spiel kommt. Kriegel ebd., 155–159, diskutiert vier Möglichkeiten, von denen er die Idee präferiert, dass ein Denken genau dann „E-wise" vollzogen wird, wenn der Denkakt E als etwas dem Subjekt „fremdes" (*foreign*) präsentiert, das im veridischen Fall durch eine andere Entität (*other than oneself*) instanziiert wird. Das ließe sich ggf. mit Husserls Idee der mereologischen Transzendenz alles Intentionalen in Verbindung bringen.

Zweitens ist gegen die WCD-Deutung zu sagen, dass sie nicht wirklich eine brauchbare Alternative zur Speziestheorie darstellt. Smith/McIntyre deuten die, wohlgemerkt veridische, Intentionalität eines Aktes als ein *Relationsprodukt*, das sich so darstellen lässt (vgl. Smith/McIntyre 1982, 143):

Akt (Noesis) – entertaining (Relation1) – *Noema (Sinn)* – prescribing (Relation2) – *Objekt*

Darin besteht die Gerichtetheit des Aktes auf sein Objekt. Existiert das Objekt nicht, so besteht die zweite Relation nicht, aber gleichwohl die erste. Existiert das Objekt, so bestehen beide Relationen und etablieren qua Relationsprodukt eine echte Relation zwischen Akt und Objekt.[514] Die *entertaining*-Relation wird von Smith/McIntyre *ad hoc* eingeführt, weil Husserl die Relation zwischen Noesis und Noema nicht näher ausbuchstabiert. Zudem wird behauptet, dass *entertaining* kein intentionaler Zustand sei, da sonst ein bösartiger Regress drohe. Dagegen ist nun zunächst zu sagen, dass, wie oben gezeigt, Husserl zumindest eine Art *implizites* (intentionales?) Bewusstsein des Noema anerkennt. Diese Stellen werden von Smith/McIntyre unterschlagen. Außerdem klingt es sehr merkwürdig, dass *entertaining* (zu Deutsch: jmd./etwas „unterhalten", „bewirten"; etw. „erwägen", „in Betracht ziehen") keine Spielart intentionalen Bewusstseins sein soll. Man fragt sich, um welche Art von Relation es sich sonst handeln soll. In beiden Fällen handelt es sich um ‚ungewöhnliche', weil heterogene Relationen, die Entitäten unterschiedlicher Regionen in Beziehung zueinander setzen. Denn daran, dass das Noema eine abstrakte Entität ist, hält die WCD fest (ebd., 123 ff.). Es bleibt somit unklar, wieso die *entertaining*-Relation besser sein soll als die Instanziierungs-Relation der Speziestheorie, die sie ersetzt. Insgesamt scheint mir somit die West-Coast-Deutung bzw. die Noematheorie nicht unmittelbar überlegen zu sein gegenüber Husserls früher Speziestheorie.

Ungeachtet all dieser diffizilen Unterschiede sind für das Problem der Nicht-Existenz die Unterschiede zwischen Spezies- und Noematheorie (à la West-Coast) irrelevant. Denn sowohl das Noema qua irreale Entität *sui generis* als auch qua Noesis *in specie* sind vom fokalen intentionalen Objekt X des Aktes zu unterscheiden: wenn ich an Pegasus denke, denke ich an ein fliegendes Pferd aus Fleisch und Blut, und nicht an den Sinn meiner Akte – sei dieser nun ontologisch als Spezies oder als ideale Einzelheit zu kategorisieren. Existiert X nicht, so existieren gleichwohl Noema und Noesis; folglich können sie nicht mit X identisch sein. Die Noema-Theorie fordert allerdings, dass stets zwei Irrealia existieren,

---

[514] Die *prescribing*-Relation wird durch Husserls Texte gestützt: sie ist Ausdruck für *Husserls Determinationsthese*.

sofern ein Subjekt einen Akt vollzieht: zum einen existiert der Akt *in specie*, zum anderen das dem Akt korrelierte Noema. Im Unterschied dazu ist die Noesis *in specie*-Lesart sparsamer: Gerichtetheit auf X setzt in ontologischer Hinsicht lediglich ein Subjekt und einen Akt (Noesis) mitsamt all jenen Spezies voraus, die sich im Subjekt und Akt instanziieren – mehr nicht.

Kommen wir nun zu Husserls Analyse der Noesis in den *Ideen*.

2 Noesen I: Konstitution, Hylemorphismus & Egologie

Intentionale Erlebnisse im Sinne der *Untersuchungen* subsumiert Husserl in den *Ideen* unter den Begriff der *Noesen*. Jede Noese ist ein sinnhaftes Vorkommnis im Strom (vgl. *Ideen I*, § 85). Ein Erlebnis noetisch beschreiben heißt, diejenigen intrinsischen Merkmale zu beschreiben, kraft deren es intentionaler Natur ist.

Aufgrund der transzendentalen Orientierung der *Ideen* charakterisiert Husserl die noetischen Erlebnisse nunmehr explizit mit Blick auf ihre *konstitutive Funktion*. Die

> allergrößten Probleme sind die funktionellen Probleme, bzw. die der „Konstitution der Bewußtseinsgegenständlichkeiten". Sie betreffen die Art, wie z.B. hinsichtlich der Natur, Noesen, das Stoffliche beseelend und sich zu mannigfaltig-einheitlichen Kontinuen und Synthesen verflechtend, Bewußtsein von Etwas so zustande bringen, daß objektive Einheit der Gegenständlichkeit sich darin einstimmig „bekundet", „ausweisen" und „vernünftig" bestimmen lassen kann. (Hua III/1, 196)

Konstitutive Intentionalität macht, dass Bewusstsein und Objekte jedweder Region und Kategorie keine bloße Juxtaposition bilden, sondern vielmehr *systematisch* aufeinander verweisen. Die konstitutive intrinsische Intentionalität der Erlebnisse ist „unter dem ‚teleologischen' Gesichtspunkt ihrer Funktion, ‚synthetische Einheit' möglich zu machen" (Hua III/1, 197), zu studieren. Wie obiges Zitat andeutet, ist die wesentliche Funktion der Noesen darin zu sehen, dass sie miteinander in kontinuierliche oder diskrete identifizierende Synthesen treten können, aufgrund deren sich das Bewusstsein von *einem* intentionalen Gegenstand etabliert. Intentionales Objekt zu sein bedeutet für Husserl, als „Pol" solcher noetischen Identifikationen zu fungieren. Objekt-Sein heißt, identifizierbar für ein Subjekt von Akten zu sein. Solange ein Subjekt nicht in der Lage ist, (mindestens) zwei Gegebenheitsweisen (Noemata) als Gegebenheitsweisen *eines und desselben* Objekts aufzufassen, gibt es für dieses Subjekte keine *Objekte*. Ein *existierender* Gegenstand erweist sich dabei „nach absolut festen Wesensgesetzen" als *Korrelat* für „Bewußtseinszusammenhänge ganz bestimmten Wesensgehaltes, sowie umgekehrt das Sein so gearteter Zusammenhänge gleichwertig ist mit seiendem Gegenstand; und das immer bezogen auf alle Seinsregionen und alle Stufen der

Allgemeinheit bis herab zur Seinskonkretion" (Hua III/1, 198). Anders gesagt: Entitäten sind ausgezeichnete intentionale Objekte, nämlich solche, die Objekte „triftiger" Akte sind, d.i. solcher Akte, die ganz bestimmte Kriterien erfüllen, zu denen z. B. Erfülltheit und Einstimmigkeit ihres Verlaufs gehören. Husserls Funktionsbegriff ist natürlich nicht im Sinne des modernen Funktionalismus zu verstehen, der intentionale Phänomene durch ihre kausale Rolle individuiert und dabei von ihren intrinsischen Eigenschaften absieht. Wenn Husserl von „Funktion" spricht, so verwendet er dieses Wort in einem *teleologischen* bzw. *normativen Sinn:* es geht darum, wie es noetischen Formen *gelingt,* Bewusstsein von *einem* ‚objektiven' intentionalen Objekt im Fluss einer Mannigfaltigkeit ‚subjektiver' Gegebenheitsweisen herzustellen (vgl. Hua III/1, 197). Konstitutive intrinsische Intentionalität ist auch dann am Werke, wenn wir auf nicht-existente Gegenstände gerichtet sind. Solange es nur darum geht, überhaupt ein intentionales Objekt zu haben, spricht Husserl von *Konstitution im weiteren Sinne*. Konstitution im weiteren Sinne ist mithin nicht-relationale, existenzindifferente Intentionalität. Erst *Konstitution im prägnanten Sinne* hat relationale und veridische Formen der Gerichtetheit zum Thema.

Was macht nun einen Akt qua Noesis näherhin aus? Gemäß Husserls mereologischer Konzeption von Bewusstsein gehören zur Noesis mehrere Aspekte (Momente) unterschiedlicher Dimension.

Zunächst enthält jede Noesis ein „stoffliches" und ein „formendes" Moment, wobei letzteres das eigentlich „Noetische" oder Intentionale des Erlebnisses ausmacht:

> Jedenfalls spielt im ganzen phänomenologischen Gebiet [...] diese merkwürdige Doppelheit und Einheit von sensueller ὕλη und intentionaler μορφή eine beherrschende Rolle. [...] Die intentionalen Erlebnisse stehen da als Einheiten durch Sinngebung (in einem sehr erweiterten Sinne). Sinnliche Data geben sich als Stoffe für intentionale Formungen oder Sinngebungen verschiedener Stufe, für schlichte und eigenartig fundierte (Hua III/1, 192f.).
>
> Der Strom des phänomenologischen Seins hat eine stoffliche und eine noetische Schicht. (Hua III/1, 196)

Modern gesagt: zum Bewusstsein gehören Qualia und Intentionalität. Ontologisch stellen sich Noesen somit als ‚*hylemorphistische' Entitäten* dar, in denen ein und dieselbe Form durch unterschiedliche Stoffe *realisiert* und ein und derselbe Stoff unterschiedliche Formen *haben* kann. Was Husserl hier in neoaristotelischem Vokabular ausdrückt, geht nicht über das hinaus, was weiter oben über Empfindungen (*hyle*) und Auffassung (*morphé*) gesagt wurde. Husserl hält daran fest, dass es nicht-intentionale Erlebnisse gibt, die ggf. sogar ohne jede „Form" auftreten könnten („formlose Stoffe").[515] Gleichwohl dominiert die „Form" im Reich der Erlebnisse, da alle Erlebnisse als Komponenten intentionaler Erlebnisse fungieren können und typischerweise mit Akten verwoben sind (vgl. *Ideen I*, §§ 36, 84 f.), obgleich nicht „jedes reelle Moment in der konkreten Einheit eines intentionalen Erlebnisses" selbst „den Grundcharakter der Intentionalität" (Hua III/1, 74) hat.

Zwei modale Thesen für das Verhältnis „Stoff" und „Form" seien noch einmal betont. Seien dazu h(e) und h(e*) die hyletischen, n(e) und n(e*) die noetischen Momente der Akte e und e*. Dann gilt:

(A) Ist h(e) typ-identisch mit h(e*), so kann n(e) typ-verschieden von n(e*) sein.

(B) Ist n(e) typ-identisch mit n(e*), so kann h(e) typ-verschieden von h(e*) sein.

Mit anderen Worten: die hyletischen Momente legen nicht eindeutig fest, welchem Sinn und somit intentionalem Gegenstand sie zugrunde liegen (A); ferner kann ein und derselben Gegenstand auf ein und dieselbe Weise intendiert sein, obgleich die jeweiligen Stoffe verschieden sind (B). Ein von Husserl immer wieder bemühtes Beispiel für (A) ist die Wahrnehmung einer Puppe, die einen Moment lang für eine Dame gehalten wird (vgl. LU V, § 27; EU, § 21 b)). Schlägt die eine Auffassung in die andere um, so ändert sich nicht der stoffliche Charakter der Wahrnehmung, obgleich der intentionale Gehalt mitsamt Horizont radikal modifiziert wird. Ein Beispiel für (B) ist das Phänomen der *Farbkonstanz*, d. h. die Tatsache, dass wir Farben bzw. farbige Objekte monochromatisch sehen, obgleich sich der sensorische Bestand unserer visuellen Erfahrung ändert. Ingesamt folgt aus (A) und (B), dass in jeder Noesis ein gleichsam opakes hyletisches Moment enthalten ist, das nicht auf dem intentionalen Charakter des Aktes superveniert und Wahrnehmungen sensorischen Charakter verleiht, der beim ‚bloßen Denken' fehlt.[516] Husserl bleibt somit in den *Ideen* seinem *dualen Auffassungsmodell der Intentionalität* treu. Zusammen mit den Empfindungen aus der Sinnessphäre komplettieren die *Gefühls-* und *Triebempfindungen* (z. B. Schmerz) und die *kinästhetischen Empfindungen* die Klasse der nicht-intentionalen Erlebnisse.

Neben ihrem Hylemorphismus ist ein weiterer wesentlicher Aspekt der Noesis ihr *inhärenter Bezug auf das „reine Ich"*: Erlebnisse sind immer jemandes Erleb-

---

515 Desgleichen schließt er nicht prinzipiell aus, dass es *stofflose Formen* geben könnte, womit z. B. pure Leerintentionen gemeint sein könnten (vgl. *Ideen I*, § 85).
516 Zur Verteidigung von Husserls These nicht-intentionaler Aktkomponenten vgl. Shim 2011 und Williford 2013.

nisse, jemand „lebt" immer in seinen Erlebnissen. Diese Egozentrizität oder „Ich-Polarisierung" aller Erlebnisse ist ein Novum in Husserls *Ideen*, die sich dadurch deutlich von der nicht-egologischen Bewusstseinskonzeption der *Untersuchungen* abheben. Allerdings ist das reine Ich bei Husserl nicht wie bei Kant ein bloßes *Prinzip* der Vereinheitlichung, das als Bedingung der Möglichkeit von Erfahrung postuliert wird[517]; vielmehr ist das Ich in jedem intentionalen Erlebnis im engeren Sinn, in jeder *cogitatio*, mit dabei, indem es sich *attentional* auf seinen Gegenstand richtet. In diesem Sinne sind Akte nicht nur egozentrisch und somit jemandes Erlebnisse, sondern auch ‚egosensitiv': sie sind nicht nur Akte eines Ich, sondern das Ich ist immer auch auf eine spezifische Weise an ihnen ‚beteiligt'. Anders als anonyme naturale Ereignisse in der Welt (z.B. ein Gewitter oder ein Synapsenfeuer), finden Akte nicht einfach statt, sondern das Subjekt „lebt" in jedem seiner Akte. Der Bewusstseinstrom ist für das Ich kein Schauspiel, das es gleichsam an sich vorüberziehen sieht. Humes berühmte These, wir würden, wenn wir nach innen blicken, stets über die eine oder andere *impression/idea* „stolpern" (*stumble*), ist in diesem Sinn deskriptiv inadäquat. Wir finden nicht einfach anonyme Akt-Ereignisse, sondern Akt-Vollzüge vor, an denen wir mal mehr, mal weniger ‚engagiert' beteiligt sind. Ändert sich die Weise der Ich-Beteiligung, die vom passiven Affiziertwerden über Formen rezeptiver bis hin zu spontaner Aktivität reicht, so ändert sich auch das Erlebnis als Ganzes: Qualität, Materie, Empfindungen und Auffassungsform mögen dieselben bleiben, aber der *(Vollzugs-)Modus* des Aktes variiert. Es sind diese deskriptiv nicht von der Hand zu weisenden Modi der „Zuwendung" und der Aufmerksamkeit, die Husserl veranlassen, ein reines Ich anzuerkennen. Eine nicht-egologische Bewusstseinstheorie wird diesen Daten nicht gerecht. Von den „attentionalen Gestaltungen" sagt Husserl, dass sie „in ausgezeichneter Weise den C h a r a k t e r d e r S u b j e k t i v i t ä t" (Hua III/1, 214) hätten.[518]

Man kann Husserls Wandel von einer nicht-egologischen hin zu einer egologischen Konzeption wie folgt als Argument rekonstruieren:
(i) Attentionalität (Zuwendung, Erfassung, etc.) kann nicht im Rahmen einer non-egologischen Theorie der Intentionalität verständlich gemacht werden.

---

[517] Vgl. KrV, B 131f.: „Das: ‚Ich denke' muß alle meine Vorstellungen begleiten k ö n n e n ; denn sonst würde etwas in mir vorgestellt werden, was gar nicht gedacht werden könnte". Hier wird keine phänomenologische These aufgestellt, sondern eine modale; es wird die Notwendigkeit einer Möglichkeit behauptet (*muß … können*). Bei Husserl hingegen ist das reine Ich ein (reflexives) *datum*, kein explanatorisches (transzendentales) *positum*. Husserl spielt gleichwohl oft auf Kants „Ich denke" an; vgl. *Ideen I*, § 57; *Ideen II*, §§ 26, 29.
[518] Sie bilden auch einen Aspekt der *Freiheit* des Ich, das alle seine Erlebnisse in explizit vollzogene verwandeln *kann*. Vgl. *Ideen I*, §§ 31f., 122.

(ii) Das Ich der Attention muss als reines Ich verstanden werden.
(iii) Also muss attentionales Bewusstsein mit Blick auf ein reines Ich verstanden werden.[519]

Nimmt man als weitere Prämisse (iv) hinzu, dass Intentionalität und Attentionalität verschiedene, aber wesentlich zusammengehörige Eigenschaften sind, ergibt sich, dass eine Theorie der Intentionalität eine egologische Theorie sein muss, in der ein reines Ich involviert ist (v).

Aufmerksamkeit ist deswegen wesentlich ich-bezogen, weil sie eine Form von *Aktivität* ist, die als solche immer ein *tätiges Subjekt* impliziert: „Wo immer von Aufmerksamkeit die Rede ist, liegt schon eine solche Aktivität unterster Stufe vor." (EU, 61 f.) In den *Ideen I* führt Husserl Akte in diesem Sinne als *aktive, aktuelle* oder explizit *vollzogene* intentionale Erlebnisse ein. Dies sind die *cogitationes*, die waches Bewusstsein auszeichnen. *Cogitationes* sind nicht nur intentionale Erlebnisse, vielmehr *erfassen* sie ein Objekt oder sind ihm *zugewendet*. In ihnen waltet der „geistige Blick" eines „wachen" Ich:

> Ist ein intentionales Erlebnis aktuell, also in der Weise des cogito vollzogen, so „richtet" sich in ihm das Subjekt auf das intentionale Objekt. Zum cogito selbst gehört ein ihm immanenter „Blick-auf" das Objekt, der andererseits aus dem „Ich" hervorquillt, das also nie fehlen kann. (Hua III/1, 75)

> Ein „w a c h e s" Ich können wir als ein solches definieren, das innerhalb seines Erlebnisstromes kontinuierlich Bewußtsein in der spezifischen Form des cogito vollzieht" (Hua III/1, 73).

Eine *cogitatio* zu sein bedeutet demnach, dass ein intentionales Erlebnis auf eine *bestimmte Weise* im Strom vorkommt, nämlich ausgehend vom Ich, das als „terminus a quo" (Hua IV, 105) fungiert. Nach Husserl kann jedes intentionale Erlebnis die Form einer *cogitatio* annehmen. Dabei findet eine ‚adverbiale' Modifikation statt, eine *Aktualitätsmodifikation*, die lediglich den Vollzugsmodus, nicht hingegen die niederste Aktspezies, den hyletischen Inhalt oder den noematischen Sinn modifiziert. Es kommt zu „attentionalen Wandlungen" (Hua III/1, 211). So kann ich z. B. jederzeit aus der impliziten Wahrnehmung meiner linken Hand beim Schreiben eine explizite Wahrnehmung machen, indem ich meinen Blick auf sie richte. Ich habe nun immer noch ein visuelles Erlebnis von meiner Hand, die auf

---

[519] Obschon formal gültig, können beide Prämissen dieses Arguments angefochten werden. So hat der frühe Husserl (i) und (ii) geleugnet; vgl. LU V, §§ 4, 8, 12 b), 19. Und selbst wenn man (i) anerkennt, kann man (ii) bestreiten: wieso muss das involvierte Ich ein reiner Ich-Pol sein? Wieso nicht die Person? In diesem Sinne kritisiert z. B. Sartre Husserls egologische Wende.

eine bestimmte Weise erscheint, die Farbempfindungen haben sich nicht geändert, die Setzung ist dieselbe („meine Hand existiert") – und doch hat sich der Vollzugsmodus meines Erlebnisses geändert. Die konverse Modifikation zur Aktualitätsmodifikation ist die *Inaktualitätsmodifikation*, die ein aktuelles Erlebnis erfährt, wenn es in den Bewusstseinshintergrund tritt, ohne zu verschwinden. Nicht jede *cogitatio* kann dergestalt inaktual werden, ohne vollständig zu verschwinden. Für manche Erlebnisse ist es konstitutiv, dass sie *cogitationes* sind. Ein Beispiel dafür sind Phantasieerlebnisse: Wenn ich dem phantasierten Zentaur keine Aufmerksamkeit mehr schenke, verschwindet er. Ich kann ihn dann zwar wieder phantasieren, aber in der Zwischenzeit ist er nicht implizit bewusst gewesen. Anders ist es bei der Wahrnehmung, bei der ein Objekt eine gewisse Zeit im Fokus der Aufmerksamkeit stehen und dann in den Hintergrund treten kann. Es bleibt auch dann implizites intentionales Objekt. Phantasierte Objekte sind nicht resistent gegenüber der Inaktualitätsmodifikation, sodass implizites und explizites Bewusstsein bei ihnen koinzidiert.[520] Obschon *jedes einzelne* intentionale Erlebnis *cogitatio* werden kann, kann der ganze „E r l e b n i s s t r o m [...] nie aus l a u t e r A k t u a l i t ä t e n b e s t e h e n" (Hua III/1, 73). Jedes *einzelne* Erlebnis kann mithin aktuelles Erlebnis werden, obschon *nicht alle* Erlebnisse *zugleich* (vgl. Hua IV, 107).[521]

Eine wichtige Unterscheidung in diesem Kontext ist auch der Unterschied zwischen *Zuwendung* und *Erfassung* eines intentionalen Objekts. Dabei gilt ein einseitiger Zusammenhang: Erfassung impliziert Zuwendung, aber nicht vice versa. Während bei einstrahligen und fundierenden objektivierenden Akten, wie Wahrnehmungen, Phantasien und Nennungen, Zuwendung eo ipso Erfassung ist, tritt beides bei fundierten nicht-objektivierenden Akten (Gefühle, Volitionen, Absichten) auseinander:

> Im Akte des Wertens aber sind wir dem Werte, im Akte der Freude dem Erfreulichen, im Akte der Liebe dem Geliebten, im Handeln der Handlung zugewendet, ohne all das zu erfassen. Das intentionale Objekt, das Werte, Erfreuliche, Geliebte, Erhoffte als solches, die Handlung als Handlung wird vielmehr erst in einer eigenen „v e r g e g e n s t ä n d l i c h e n d e n" W e n d u n g zum erfassten Gegenstand. (Hua III/1, 76)

Ein Erlebnis der Freude ist in einem erfassenden Erlebnis, z. B. einer Wahrnehmung, fundiert, aber das Ich ist darin nicht der wahrgenommenen „bloße[n] Sache", sondern der „werte[n] Sache" (Hua III/1, 76) *zugewendet*, auf die es ihm

---

[520] Sie sind, wie McGinn 2009, 598, treffend sagt, „hungry for attention".
[521] Vgl. Hua IV, 108: „Prinzipiell kann sich das reine Ich in alle unvollzogenen (in einem bestimmten Sinn unbewußten, unwachen) intentionalen Erlebnisse hineinleben".

„eigentlich" ankommt. Bei solchen nicht unmittelbar objektivierenden Akten liegt ein „**intentionales Objekt in doppeltem Sinne**" vor, „und entsprechend eine **doppelte intentio**, ein zwiefaches Zugewendetsein" (Hua III/1, 76). Jede Zuwendung, die keine Erfassung ist, lässt eine solche zu. Erfassung ihrerseits ist eine notwendige Bedingung für theoretische Thematisierbarkeit durch Prädikation (vgl. dazu auch *Ideen II*, §§ 1–11).

Entscheidend für Husserls egologische Konzeption der Noesen ist die Weise, wie sich das reine Ich *in* und *zu* seinen Erlebnissen *verhält*. Eine Klärung dieser Frage wirft auch Licht auf den eigentümlichen ontologischen und epistemologischen Status dieses reinen Ich (fortan nur *Ich*[522]). Alle Aussagen über das Ich sind nach Husserl *rein reflexiv verifizierbar*. Das Ich ist ein Gegenstand im logisch-existenzialen und intentionalen Sinne, es ist sogar *adäquat* erfassbar in „absoluter Selbstheit" und ist „in seiner unabschattbaren Einheit gegeben" (Hua IV, 105).[523] Aufgrund dieser spezifischen Gegebenheitsweise ist das reine Ich vom empirischen (menschlichen, personalen etc.) Ich zu unterscheiden – zumindest stellt es einen anderen Aspekt, eine andere „Schicht" des letzteren dar.

Zunächst macht Husserl explizit, dass das Ich weder ein Teil von einzelnen Erlebnissen noch vom Strom als Ganzen ist. In diesem Sinne teilt Husserl Humes berühmte Intuition, dass Introspektion kein Ich als *idée fixe* liefert, sondern dass man immer über das eine oder andere Erlebnis „stolpert"[524]:

> Klar ist von vornherein so viel, daß wir [...] in dem Flusse mannigfacher Erlebnisse [...] nirgends auf das reine Ich stoßen werden, als ein Erlebnis unter anderen Erlebnissen, auch

---

[522] Husserls Terminologie ist blühend: es ist vom reinen Ich/Ego, vom transzendentalen, phänomenologischen Ich/Ego und vom reinen „Ich-Pol" die Rede. Hier verwende ich alle diese Ausdrücke synonym. Vgl. Heinsen 1982.

[523] Darin unterscheidet es sich von den anderen ‚Ichen' bzw. Ich-Begriffen, die Husserl unterscheidet. Um über mich als „Ich-Mensch" etwas zu erfahren, genügt Reflexion nicht, ich muss vielmehr „in die Unendlichkeit der Erfahrung eintreten, in der ich mich von immer neuen Seiten, nach immer neuen Eigenschaften und immer vollkommener kennenlerne" (Hua IV, 104). Es ist sogar möglich, dass ich überhaupt keine (empirische) Persönlichkeit habe bzw. dass sie ganz anders ist, als ich denke (ebd.). Nur das reine Ich ist epistemisch durch Unbezweifelbarkeit (Apodiktizität) und Abschattungsfreiheit (Adäquatheit) ausgezeichnet. Das reale Ich ist zudem *intersubjektiv* konstituiert: was ich als reales Ich bin, hängt davon ab, wie Andere mich sehen, beurteilen etc. Das reine Ich hingegen ist *intrasubjektiv* konstituiert: „A priori können wir wohl nicht sagen, daß ein Subjekt undenkbar ist ohne Beziehung zu anderen Subjekten." (Hua XXX, 285)

[524] Vgl. Hume 1739/40, 252: „For my part, when I enter most intimately into what I call myself, I always stumble on some particular perception or other, of heat or cold, light or shade, love or hatred, pain or pleasure. I never can catch myself at any time without a perception, and never can observe any thing but the perception."

> nicht als ein eigentliches Erlebnisstück, mit dem Erlebnis, dessen Stück es wäre, entstehend und wieder verschwindend. (Hua III/1, 123)

> Ich bin und war dasselbe, das dauernd in dem und jedem Bewußtseinsakt „waltet", obschon andererseits kein reelles Moment desselben in der Weise eines Bestandstückes. Kein reelles Moment, das ist besonders zu beachten. (Hua IV, 103)

Gemäß unserer Terminologie gehört das Ich also streng genommen nicht zum intrinsischen *make-up* der Erlebnisse. Husserl bezeichnet es deshalb auch als eine „Transzendenz in der Immanenz" (vgl. Hua III/1, 124). Es ist ontologisch gesehen zwar ein Individuum, aber weder ein Ereignis noch eine Substanz (oder ein Moment). Allerdings kann man das Ich im weiteren Sinne zur intrinsischen Struktur der Erlebnisse rechnen, zumal das Ich auch dann einen „Blickstrahl" auf etwas richten kann, wenn dieses etwas nicht existiert. Attention, Zuwendung und Erfassen sind mithin existenzindifferente Modalisierungen intentionaler Erlebnisse. Auch wenn das Ich kein Teil des Stroms ist, hängt es ontologisch von Erlebnissen ab. Ein Ich, das keinen Erlebnissen zugehört, kann es nach Husserl nicht geben (vgl. CM, § 30). Es kann von „diesen Erlebnissen, als etwas von seinem ‚Leben' Getrenntes nicht gedacht werden" (Hua IV, 99). *Kein Ich ohne intentionale Erlebnisse.* Allerdings gilt auch umgekehrt, dass „diese Erlebnisse nicht denkbar sind, es sei denn als Medium des Ichlebens" (Hua IV, 99). Also: *Keine intentionalen Erlebnisse ohne Ich.*[525]

Anders als die Erlebnisse im Strom, die kommen und gehen, zeichnet sich das Ich durch numerische und transtemporale Identität aus. Es ist in allen Erlebnissen notwendigerweise dasselbe. Während in Erlebnissen attentionaler Zuwendung das Ich als Ausgangspunkt der Akte fungiert, tritt es in passiven Erlebnissen „ab", wie Husserl sagt, ohne eigentlich zu verschwinden; es lässt sich dann gleichsam affizieren (vgl. CM, § 31):[526]

---

[525] Offenbar schließt Husserl hier auch die Möglichkeit aus, dass es einen Strom aus nichtintentionalen Erlebnissen (Empfindungen, Qualia) ohne Ich-Bezug geben kann. Mit anderen Worten: wo immer Bewusstsein, da auch ein Ich. In diesem Sinne räumt Husserl auch nichthumanen (bewussten) Lebewesen ein Ich ein, denn es „gibt ja auch tierische Ichsubjekte" (Hua III/1, 73). Allerdings spricht Husserl mit Bezug auf Empfindungen davon, dass diese „ichfremd" seien.

[526] Vgl. Hua IV, 103: „Zum reinen Ich gehört also statt des Entstehens und Vergehens nur die Wesenseigentümlichkeit, daß es seinen Auftritt hat und seinen Abgang, daß es aktuell zu funktionieren, zu walten anfängt und aufhört." *Mutatis mutandis* schreibt Husserl dem reinen Ich alle klassischen metaphysischen Attribute zu, die spätestens seit der Neuzeit en vogue sind: das Ich ist „absolut einfach" (Hua IV, 105), „ungeteilt" (Hua IV, 98), „unwandelbar" (Hua IV, 104), unentstanden und unvergänglich (vgl. *Ideen II*, §§ 23 f.). Husserl selbst deutet an, dass es hier durchaus ‚Metaphysisches' zu sagen gibt (vgl. *Ideen I*, § 82). Allerdings ist das Ich keine *res*

> Das Ich kann nie verschwinden, es ist immerfort in seinen Akten, aber je nach dem: sind sie oder werden sie aktuelle Akte, dann tritt das Ich sozusagen in ihnen auf, tritt es zutage, übt es aktuelle lebendige Funktion, richtet es sich in einem aktuellen Strahl auf Gegenständliches, oder ist es sozusagen verborgenes Ich, es wirft nicht einen aktuellen Blick auf etwas, es erfährt, es wirkt, es leidet nicht aktuell. (Hua IV, 100)

Aktive Erlebnisse sind entweder *spontane* Erlebnisse, in denen das Ich aktiv neue Erlebnisse produziert, oder *rezeptive* Erlebnisse, in denen das Ich zwar keine neuen Erlebnisse hervorbringt, aber bereits vorliegende Erlebnisse sozusagen aktiviert. Spontane Erlebnisse sind z. B. Urteile, denn Urteile (insbesondere „originäre") müssen nach Husserl *ausgeführt* werden, um erlebt zu sein. Ein Urteil kann einem nicht widerfahren. Aber auch die rezeptive „Erfassung" eines Objekts innerhalb des Wahrnehmungsfeldes ist bereits eine Aktivität. Dass mir hingegen im Hintergrund ein Objekt perzeptiv erscheint, ist ein passives Erlebnis. Aber auch passive Erlebnisse sollen eine Art „Subjektbeteiligung" (Hua IV, 99) aufweisen. Husserl bemüht dabei immer wieder die *(Licht-)Strahl-Metaphorik*.[527] Während bei aktiven Erlebnissen der Strahl vom Ich ausgeht (*terminus a quo*), geht er bei passiven vom Objekt aus, sodass das Ich „Gegenstrahlen" erfährt (*terminus ad quem*).[528] Ob „als Bewußtseinstätiges" oder „Affiziertes" – das reine Ich *lebt* „als Bewußtseinstätiges und Affiziertes in *allen* Bewußtseinsweisen" und ist „durch sie hindurch auf alle Gegenstandspole bezogen" (CM, 67 f.; Herv. CE)

Um die Selbstidentität des Ich zu beschreiben, greift Husserl auf den Begriff der *Polarisierung* zurück. Polarisierung stellt sich immer dann ein, wenn mit verschiedenen Erlebnissen ein Bewusstsein von Identität einhergeht. So findet *Objektpolarisierung* statt, wenn Erlebnisse so miteinander fusionieren, dass in ihnen ein und derselbe intentionale Gegenstand bewusst wird, wobei der Gegenstand als „Identitätspol" (CM, 48) fungiert. Allerdings gibt es auch eine „zweite Art der Synthesis" (CM, 67), aufgrund deren *Subjektpolarisierung* statthat (vgl. *Ideen II*, § 25; CM, § 31; *Krisis*, § 50). Beides sind formal gesehen Fälle von Identifikationen, obgleich jede „eine solche von radikal verschiedener Art und Her-

---

cogitans, keine Substanz, sondern eine *funktionale Entität*, deren Sein sich in der Weise erschöpft, wie sie in ihren Erlebnisse lebt: „Von seinen ‚Beziehungsweisen' oder ‚Verhaltungsweisen' abgesehen, ist es völlig leer an Wesenskomponenten, es hat gar keinen explikablen Inhalt, es ist an und für sich unbeschreiblich: reines Ich und nichts weiter." (Hua III/1, 179) Es ist fraglich, ob so etwas ontologisch möglich ist: eine Entität ohne intrinsische Eigenschaften.
527 Für Husserl liegt allerdings eine „ursprüngliche Analogie" (Hua IV, 106) vor. Zur Problematisierung der Blick- und Strahl-Redeweise vgl. *Ideen II*, § 25. Allgemein zur Metaphorik bei Husserl vgl. Mertens 2010.
528 Vgl. Hua IV, 105, wo vom Ich im Sinne eines „Ausstrahlungs-" bzw. „Einstrahlungszentrum" und von „Vor-" und „Rücklauf" die Rede ist.

kunft" (Hua IV, 105) ist.[529] Nach Husserl ist Subjektpolarisierung keine Leistung der Reflexion, sondern die Weise, wie *ein und dasselbe Ich* auf jeweils unterschiedlich tingierte Weise seine Erlebnisse hat. Anders als Objektpolarisierung, die nur eine Teilmenge aller Erlebnisse des Stroms umfasst (nicht alle intentionalen Erlebnisse sind auf dasselbe Objekt gerichtet), umfasst Subjektpolarisierung *alle* (intentionalen) Erlebnisse. Akte sind dadurch Akte *eines* Ich, dass das reine Ich in allen Akten auf eine spezifische Weise lebt.

Der ontologische Status des reinen Ich lässt sich insgesamt als eine transtemporal identische (nicht-ereignisartige), obschon nicht-substanzielle ‚funktionale' Einzelheit charakterisieren. Eine Entität, die außer ihrer Weise, in intentionalen Erlebnissen zu leben (aktiv, passiv, attentional etc.), keine weiteren intrinsischen Eigenschaften, Vermögen oder Dispositionen hat. Epistemologisch gesehen ist das reine Ich mitsamt seinen Funktionsweisen adäquat und apodiktisch (unbezweifelbar) durch noetische Reflexion erkennbar. In gewissem Sinne kann man sagen, dass das reine Ich eine Art *minimaler Form von Subjektivität* verkörpert – es ist derjenige Aspekt von bewussten Subjekten, der bei allen prinzipiell möglichen Abwandlungen (Tiere, Schizophrenie, Amnesie, Alzheimer, Demenz etc.) nicht fehlen kann.

Es sei darauf hingewiesen, dass damit Husserls „Egologie" bei weitem noch nicht erschöpft ist. Auch die Beschreibung des Ich ist in seine mereologische Ontologie eingebettet, innerhalb deren verschiedene Aspekte, Stufen und Schichten des Ich zu unterscheiden sind. Bei Husserl gibt es ein Aspekt- oder Stufenmodell von Subjektivität. Insbesondere vertritt Husserl einen *Ego-Pluralismus* bzw. genauer: einen *Pluralismus von Ego-Begriffen*, denn es scheint nur ein Ich zu geben: „Ich bin ja als transzendentales Ich dasselbe, das in der Weltlichkeit menschliches Ich ist. Was in der Menschlichkeit mir verdeckt war, enthülle ich in transzendentaler Forschung." (Hua VI, 267 f.)[530] Aber dieses Ich hat ganz unter-

---

529 Allerdings können beide Polarisierungen nicht unabhängig voneinander stattfinden. In jedem Fall kann es keine Objektpolarisierung ohne Subjektpolarisierung geben.

530 „Es gibt soviele reine Ich als es reale Ich gibt" (Hua IV, 111) – und vice versa, wie man ergänzen kann. Vgl. CM, 39: „Ich als natürlich eingestelltes Ich bin auch und immer transzendentales Ich, aber ich weiß darum erst durch Vollzug der phänomenologischen Reduktion." Vgl. Hua IV, 205, 212, 214; Hua IX, 208. Zur Einzigkeit des Ich vgl. D. W. Smith 1993, der Husserl eine „Dual-Essence Theory of Ego and Experience" (86) zuschreibt, die mit einer Token-Identität von reinem und empirischem Ich vereinbar sei. Es ist allerdings notorisch schwierig, das Verhältnis zwischen reinem und empirischem Ich klar zu fassen. Gegen Smith ist zu sagen, dass reines und empirisches Ich, Person und Seele offenbar zu verschiedenen Kategorien des Seienden gehören: so sind Person und Seele Substanzen im klassischen Sinne, d.i. persistierende Träger von Eigenschaften, während das reine Ich, der „Pol" in allen Erlebnissen, keine Substanz ist. Vgl. *Ideen II*, §§ 24, 28.

schiedliche Aspekte oder „Schichten". Es bildet einen „apperzeptiven Kerngehalt" (Hua IV, 110; vgl. 265), der zu jedem Subjekt, realen Ich und jeder Person gehört. Den invarianten Kern von Subjektivität bildet dabei das reine Ich als Subjekt der intentionalen Erlebnisse. Diese Dimension von Subjektivität ist notwendigerweise bei jedem intentionalen Bewusstseinsstrom mit im Spiel.

Nun bildet nach dem reinen Ich das „Ich als Substrat von Habitualitäten" (CM, 68) die nächste Stufe von Subjektivität. Husserl zufolge haben insbesondere *aktive* Aktvollzüge, v. a. Urteile und Entscheidungen, die Ausbildung von stabilen intentionalen Gebilden zur Folge. So kann aus einem bewussten Urteilserlebnis eine unbewusste *Überzeugung* werden, die mich charakterisiert und an der ich so lange festhalte, bis Gegengründe auftauchen. Auf diese Weise wird das reine Ich sozusagen mit Eigenschaften geschwängert und es tritt ein neuer Ich-Begriff hervor – eben das Ich als „Substanz", als *Träger* „ichlicher Bestimmtheiten" (CM, 68) und „bleibender Ich-Eigenheiten" (CM, 69). Das reine Ich hingegen ist kein Träger von Eigenschaften, sondern ein bloßer „Pol" von fließenden Erlebnissen. Es ist dieses substanzielle Ich, dem Überzeugungen und Entschlüsse auch dann zukommen, wenn gerade keine zugehörigen okkurrenten Erlebnisse stattfinden. Ich kann z. B. auch im Schlaf glauben, dass 2+2=4.[531] Nach Husserl sind intentionale ‚Zustände' in diesem Sinne höherstufigere Entitäten, sprich „konstituierte Einheiten innerhalb der immanenten Sphäre" (Hua IV, 111).

Weitere Stufen der Subjektivität umfassen das reale empirische Ich, das Ich qua Seele, die in einem Leib fundiert ist, aber auch das personale bzw. soziale Ich inmitten einer Umwelt von anderen realen Mitsubjekten (vgl. *Ideen II*, §§ 27, 28, 30 ff.). All diese Ich-Begriffe setzen eine gewisse *Selbstobjektivierung* des reinen Ich mitsamt seiner Erlebnisse voraus, eine „verweltlichende Selbstapperzeption" (CM, 102) (vgl. *Ideen I*, §§ 53 f.). Bei diesen höherstufigen und fundierten Aspekten des Subjekts handelt es sich um „stabile Einheiten", die sich aus einer Mannigfaltigkeit von Erlebnissen auf jeweils ganz unterschiedliche Weise herauskristallisieren; „verweltlichend" fasse ich mich dabei insofern auf, als ich die konstituierten „stabilen Einheiten" *raumzeitlich lokalisiere* und als (kausal) *abhängig* von

---

[531] Vgl. *Ideen II*, § 29. Husserl vertritt offenbar die These, dass wir auch im traumlosen Schlaf Bewusstsein haben, obschon „dumpfes", in dem sich „immanent wie transzendent" (Hua IX, 209) nichts abhebt: „Unser ‚waches Bewußtsein' kann streckenweise unterbrochen sein durch ein schlafendes, völlig dumpfes, ohne einen Unterschied zwischen aktuellem Blickfeld und dunklem Hintergrund. Alles ist nun Hintergrund, alles Dunkel." (Hua IV, 107) Es ist sogar möglich, dass ein Bewusstsein nur schläft, obgleich es ihm dann prinzipiell möglich sein muss, zu erwachen (vgl. Hua IV, 108).

"äußeren" und "inneren" Umständen begreife. Erst als reales Ich *erfahre* ich mich als *Teil* der realen Welt.[532]

Insgesamt erweist sich Subjektivität oder ‚Ichlichkeit' als eine gestufte oder geschichtete Struktur, die sich einmal mehr mit Husserls mereologischem Vokabular beschreiben lässt. Insbesondere besteht folgende *Fundierungskette:*

> Person → Seele → Leib (beseelter Körper) → (reines Ich ↔ intentionale Erlebnisse)

Eine Person ist aus Wesensgründen eine Seele bzw. hat seelische Eigenschaften, die einem beseelten Körper zukommen. Personale und seelische Eigenschaften sind nicht ohne personale und seelische „Zustände" zu verstehen, in denen sie sich „bekunden". Seelische Eigenschaften können sich sowohl in Erlebnissen als auch in Handlungen bzw. Verhaltensweisen manifestieren. Husserls Stufenmodell der Subjektivität bringt eine gewisse Flexibilität mit sich, sodass es z. B. denkbar ist, dass es Subjekte gibt, die keine Personen sind.

Wodurch zeichnen sich Personen näherhin aus? Soweit ich sehe, lässt sich *Personalität bei Husserl* durch mindestens sechs miteinander verbundene Merkmale charakterisieren (vgl. *Ideen II*, §§ 49 ff.), die hier nur knapp anzudeuten sind:

> S ist eine *Person* **gdw.** (i) S ist ein reines Ich intentionaler Erlebnisse, (ii) S hat bleibende (habituelle) intentionale Einstellungen, (iii) S hat seelische Eigenschaften, (iv) S hat einen Leib, (v) S ist Mittelpunkt einer motivational erfahrenen Umwelt, & (vi) S ist Glied eines Personenverbandes.

Anders als das reine Ich gehört die Person zur Kategorie der Realität bzw. Substantialität: sie ist – wie die Seele – ein persistierender Träger dispositionaler Eigenschaften, die sich in „Abhängigkeit von 'Umständen'" (Hua IV, 135) auf geregelte Weise in Zuständen (Erlebnissen) manifestieren (vgl. *Ideen II*, §§ 30 – 32;

---

532 Nach Husserl ist die reale Seite des Subjekts in folgendem Sinne kontingent: es ist prinzipiell möglich, dass sich die „verweltlichende Selbstapperzeption" nicht einstimmig durchhält, obgleich ich als reines Ich weiterhin existiere. So erwägt Husserl z. B. die Möglichkeit eines „*personalen* Selbstmord[es]", der sich ungeachtet der Fortexistenz des reinen Ich ereignen könnte (zitiert nach Bernet/Kern/Marbach 1996, 197). Es ist ein „leibloses und, so paradox es klingt, wohl auch ein seelenloses, nicht personales Bewußtsein denkbar, d. h. ein Erlebnisstrom, in dem sich nicht die intentionalen Erfahrungseinheiten Leib, Seele, empirisches Ichsubjekt konstituierten, in dem alle diese Erfahrungsbegriffe, und somit auch der des Erlebnisses im psychologischen Sinn (als Erlebnisses einer Person, eines animalischen Ich), keinen Anhalt und jedenfalls keine Geltung hätten" (Hua III/1, 119). Es ist prinzipiell möglich, dass ich qua Person und qua materieller Leib nicht existiere, während das reine Ich notwendigerweise existiert (vgl. *Ideen II*, § 24). In diesem Sinne ist Husserl durchaus als Cartesianer zu verstehen.

vgl. Meixner 2011). (Allerdings steht dabei die *Motivation* im Kontrast zur *Naturkausalität* im Zentrum, s. u.) Das reine Ich ist sozusagen der innere Kern der Person. Die sechs Charakteristika sind nicht allesamt unabhängig voneinander; so setzt z. B. (iii) (iv) voraus, denn eine Seele bzw. seelische Eigenschaft ist in einem Leib, einem beseelten Körper, einseitig fundiert. Ein reines Ich zu sein, ist nicht hinreichend, obschon notwendig dafür, eine Person zu sein. Denn nach Husserl zeichnen sich Personen nicht nur dadurch aus, dass sie auf passive oder aktive Weise in ihren Akten „leben", sondern vor allem dadurch, dass darin ein gewisser „bleibende[r] Stil" (CM, 69) zum Ausdruck kommt. Dieser Stil beinhaltet habituelle Einstellungen, gewisse *rekurrente Muster* in der Weise, wie ein Subjekt Stellung nimmt, Einstellungen modifiziert und revidiert. Anders als bleibende intentionale Eigenschaften, deren Modifikation Aktivität und Spontaneität involviert, sind seelische Eigenschaften (im engeren Sinne) typischerweise passiv erworben, leibbezogen, ‚gegebene' und ggf. angeborene Eigenschaften. Ein Beispiel dafür ist die Kurzsichtigkeit einer Person, die sich u. a. in getrübten visuellen Erlebnissen manifestiert (vgl. die „Sehschärfe" in *Ideen II*, § 30). Schließlich ist es für Personen wesentlich, dass sie sich als Mittelpunkte einer Umwelt erleben. Der Begriff der *Umwelt*, der Vorbegriff des in der *Krisis* entwickelten Begriffs der *Lebenswelt*[533], umfasst dabei nicht nur die anschaulich präsenten (‚vorhandenen') Objekte, sondern auch solche (‚zuhandenen') Objekte, die *axiologischen* und *praktischen Charakter* haben. Personen können nach Husserl nur in einer derart axiologisch und pragmatisch aufgeladenen Welt leben; in ihr werden sie durch Dinge und andere Personen *motiviert* zu Handlungen, Stellungnahmen etc. Die Umwelt ist wesentlich eine *motivierende Welt*. Personen müssen immer auch Subjekte von ‚nicht-objektivierenden' Akten (Volitionen, Absichten, Wünschen, Gefühlen, Wertungen etc.) sein; rein perzeptive oder vorstellende Subjekte, falls solche überhaupt möglich sind, können demnach keine Personen sein. Schließlich sind Personen typischerweise Personen *unter anderen Personen*.[534] Für diese *Interpersonalität* spielt Husserls Konzeption der *Einfühlung* eine zentrale Rolle, durch die wir ein anderes Subjekt als ein solches erfahren können (vgl. CM V; *Ideen II*,

---

533 Der Gegenbegriff zur Lebenswelt ist die Welt bzw. Weltauffassung der mathematisierenden Naturwissenschaften (insb. der neuzeitlichen Physik), deren theoretische Begriffe bzw. Entitäten durch a) prinzipielle sinnliche Unanschaulichkeit, b) exklusiv indirekte (inferentielle) Zugänglichkeit, c) Idealisierung („Limes-Gestalten") und d) axiologische/praktische Neutralität gekennzeichnet sind.
534 Streng genommen scheint Husserl die Möglichkeit *asozialer Personen* einzuräumen, sodass Klausel (vi) nicht notwendig für Personalität scheint. So spricht er von Subjekten, die keine „soziale[n] Funktionäre" sind und die gleichwohl in einer Umwelt leben, zu der „all die Bedeutungen [gehören], die ein Subjekt in seiner Umwelt schafft und dann an seinen Gegenständen vorfindet, das als ein Robinson von aller Sozialität abgeschnitten ist" (Hua Mat IV, 139).

§§ 43–47). Es sei noch erwähnt, dass nach Husserl nicht jede Person notwendigerweise ein Mensch ist (das Umgekehrte gilt auch nicht). Husserls Personenbegriff ist flexibel genug, um z. B. „auch von untermenschlichen ‚Personen' zu sprechen" (CM, 69). Diese grobe Skizze der Essenz *Personalität* genüge an dieser Stelle (ausführlicher dazu vgl. Kreidl 2011, Monticelli 2011 und Beyer 2012b; zur „Egologie" insgesamt vgl. Heinsen 1982).

Ein bisher noch nicht erwähnter Aspekt der Noesen und des reinen Ich in den *Ideen* ist darin zu sehen, dass Husserl hier die Aktqualitäten durch den Begriff der *Stellungnahme (Thesis, Position)* zu vereinheitlichen versucht. Demnach gehören alle Arten von Akten dadurch zusammen, dass sie gewisse „Setzungen" involvieren. Das soll nun vertieft werden.

3 Noesen II: „Thesis" und „Doxa" – die Einheit der intentionalen Modi

Verglichen mit den *Untersuchungen* fasst Husserl den Begriff der Aktqualität in den *Ideen* präziser. In den *Untersuchungen* wird die Zusammengehörigkeit der Aktqualitäten primär durch den Primat objektivierender Akte begründet. Problematisch erscheint dabei die Zuordnung von Qualitäten wie Zweifeln, Vermuten oder Annehmen. Auch der Unterschied zwischen Erinnerung und Wahrnehmung wird nicht hinreichend klar, da beides setzende, anschauliche und objektivierende Akte sind. Husserl spricht dabei von unterschiedlichen *Auffassungsformen* (vgl. Hua XIX/1, 434 f.; Hua XIX/2, 623 f.), ohne dies genauer auszuführen.

Die *Ideen* tragen in diesen Punkten zu weiterer Klärung und Systematisierung bei – und zwar in *zweierlei Hinsicht: Erstens* wird gezeigt, dass alle Aktqualitäten insofern etwas gemeinsam haben, als sie sich als „explizite" oder „implizite" Glaubensweisen – oder als Neutralisierungen davon – verstehen lassen. Intentionalität ganz allgemein ist eine *Weise des Stellungnehmens*, der „Thesis", wie Husserl sagt (vgl. *Ideen I*, § 117). Und „Thesis" ihrerseits ist entweder unmittelbar oder mittelbar ein Glauben, eine „Doxa". *Zweitens* werden die Unterschiede zwischen Wahrnehmung und Phantasie, Erinnerung und Erwartung etc. nunmehr durch die prinzipielle Unterscheidung zwischen *originären (gegenwärtigenden) bzw. unmodifizierten* und *nicht-originären (vergegenwärtigenden) bzw. modifizierten* Qualitäten fundiert. Den *Ideen* zufolge gehören somit alle Aktqualitäten deshalb zu einer Gattung, weil sie durch gewisse Modifikationen miteinander verbunden sind: jede Qualität ist entweder setzend oder neutral; zudem ist jede Qualität entweder eine originäre oder eine „vergegenwärtigende". *Die generische Einheit der Aktqualitäten wird durch die beiden Modifikationen der Neutralisierung und „Vergegenwärtigung" ermöglicht.* Anders als in den *Untersuchungen* dehnt Husserl die Möglichkeit der Setzung nun auch auf Gefühle, Volitionen und andere ehemals „nicht-objektivierende Akte" aus. Diese beiden Thesen sollen nun genauer ausgeführt werden.

Was die Einheit aller intentionalen Modi betrifft, so zeigt Husserl, dass Qualitäten nicht nur dank des Primats objektivierender Akte vereint sind. Aktqualitäten gehören also nicht bloß deswegen zusammen, weil sie allesamt die *disjunktive Eigenschaft* haben, dass sie entweder selbst objektivierende Akte sind oder in solchen Akten fundiert sind. Vielmehr behauptet Husserl nunmehr, dass alle Aktqualitäten – bis auf die neutralen – „implizit" oder „potentiell" objektivierende *sind*. Jeder Akt trägt ein gewisses doxisches *commitment* in sich:

> In allen thetischen Charakteren stecken in dieser Art doxische Modalitäten [...]. Jeder Akt [...] birgt in sich ein „Logisches", explizite oder implizite. [...] Nach all dem ergibt es sich, daß alle Akte überhaupt – auch die Gemüts- und Willensakte – „objektivierende" sind, Gegenstände ursprünglich „konstituierend", notwendige Quellen verschiedener Seinsregionen und damit auch zugehöriger Ontologien. [...] Jedes nicht-doxisch vollzogene Aktbewußtsein ist [...] potentiell objektivierend, das doxische cogito allein vollzieht aktuelle Objektivierung. (Hua III/1, 271f.)[535]

Jeder (nicht-neutrale) Akt ist Thesis, Position oder Stellungnahme. Und Thesis, Position und Stellungnahme ist wiederum expliziter oder impliziter Glaube.

Der Primat objektivierender Akte wird auf diese Weise erheblich erweitert, indem jede Qualität, wie man sagen könnte, *ontologische Relevanz* erhält. Unterschiedlichen Qualitäten entsprechen im veridischen Fall *spezifisch* zugehörige Gegenstände. So birgt z. B. die Freude darüber, dass die Sonne scheint, nicht nur den Glauben in sich, dass die Sonne scheint, sondern auch den Glauben, dass der Sonnenschein einen „Wert" hat, dass er etwas „Erfreuliches" ist.[536] Nach Husserl repräsentieren Gefühle, Begierden, Wünsche, Willensakte und Absichten nunmehr axiologische und praktische Eigenschaften und Objekte, die „'Seiendes'

---

535 Da Husserl doxische, objektivierende und stellungnehmende Akte in eins setzt, kann er auch schreiben: „Alles [bewusste, CE] Leben ist Stellungnehmen, alles Stellungnehmen steht unter einem Sollen, einer Rechtsprechung über Gültigkeit oder Ungültigkeit, nach prätendierten Normen von absoluter Geltung." (Hua XXV, 56)

536 Vgl. dazu emphatisch Sartre: „Es sind die Dinge, die sich uns plötzlich als hassenswerte, sympathische, entsetzliche, liebenswerte enthüllen. [...] Husserl hat das Entsetzen und den Reiz wieder in die Dinge hineinversetzt. [...] Er hat für eine neue Abhandlung über die Leidenschaften Platz gemacht, die sich von dieser so simplen und so grundlegend von unseren Kennern verkannten Wahrheit leiten lassen würde: wenn wir eine Frau lieben, dann weil sie liebenswert ist." (TE, 36)

neuer Region" (Hua III/1, 272) darstellen.[537] Man kann diese Überlegungen auch so formulieren, *dass alle Aktqualitäten nunmehr einen gewissen Beitrag zum Gehalt des Aktes leisten*. Einem Wunsch z. B. entspricht im intentionalen Gehalt das *Wünschenswert-Sein* des Objekts.[538] Husserl antizipiert damit intentionalistische Konzeptionen von Gefühlen, Volitionen und verwandten Akten.

Wie in den LU wird weiterhin behauptet, dass jeder Akt entweder setzend oder neutral ist, und dass neutrale Akte als qualitative Modifikationen von setzenden verstanden werden können. Allerdings bekommen jetzt auch ‚dazwischen' liegende Qualitäten wie z. B. das Vermuten oder Annehmen einen Platz. Wenn ich annehme, dass p, dann geschieht das immer innerhalb eines hypothetischen Kontexts, in dem ich aufgrund von p etwas anderes setze (vgl. Hua XXX, 84). Das ist aber nur möglich, wenn p nicht bloß vorgestellt wird. Husserls These in den *Ideen* lautet, dass jeder nicht-neutrale Akt entweder ein „urdoxischer" Glaube oder eine Modifikation eines solchen Glaubens ist:

> In der jetzigen Reihe spielt offenbar die Glaubensgewißheit die Rolle der unmodifizierten, oder, wie wir hier zu sagen hätten, der „u n m o d a l i s i e r t e n" U r f o r m d e r G l a u b e n s w e i s e. Dementsprechend im Korrelat: der S e i n s c h a r a k t e r s c h l e c h t h i n [...] fungiert als die U r f o r m a l l e r S e i n s m o d a l i t ä t e n. In der Tat haben alle aus ihr entquellenden Seinscharaktere, die s p e z i f i s c h so zu nennenden Seinsmodalitäten, in ihrem eigenen Sinne Rückbeziehung auf die Urform. Das „möglich" besagt i n s i c h s e l b s t so viel, wie „möglich seiend", das „wahrscheinlich", „zweifelhaft", „fraglich" so viel wie „wahrscheinlich seiend", „zweifelhaft und fraglich seiend". (Hua III/1, 240)

Aktqualitäten bilden somit keine „Reihe gleichgeordneter Arten" (Hua III/1, 242) innerhalb der Gattung *Glaube*, wie z. B. Farbe und Ton unter das Genus *phänomenale Eigenschaft* fallen, sondern sind jeweils auf einen unmodifizierten Glauben bezogen. Wegen dieser funktionalen Auszeichnung bezeichnet Husserl diesen Glauben als *Urglauben* oder *Urdoxa*. Diese „intentionale Rückbezogenheit aller 'Glaubensmodalitäten'" (Hua III/1, 241) darf man sich nicht als *rigide genetische* Abhängigkeit vorstellen. Denn natürlich ist z. B. nicht jedes Vermuten, dass p, aus einem vorherigen Glauben, dass p, hervorgegangen, indem sich dieser gleichsam in ein Vermuten abgeschwächt hat. Allerdings kann jedes Vermuten, dass p, in den

---

[537] Vgl. Hua XXX, 290: „Und das alles sagt: Werte sind Gegenstände. Nicht nur Daseins-, Naturgegenstände gibt es, nicht bloß Sachen, sondern auch Werte [...]. Es ist zweifellos, daß sich hier eine neue Domäne von Gegenständlichkeiten auftut".

[538] Auch Nicht-Existentes kann unter Assumption als etwas Wertvolles intendiert sein: „Ein Kilogramm Radium, das ich mir vorstelle, erscheint mir als ein ungeheurer Wert, nämlich als ein Gut vermöge der ungeheuren Kraftquellen, die in ihm liegen. Aber dann ist in der Phantasie sein Dasein modifiziert gesetzt, und das fundiert wesentlich das Gut-werten. Wir sagen dann in hypothetischer Wendung: ‚Ein Kilogramm Radium wäre ein großer Gutwert'." (Hua XXX, 288 f.)

Glauben, dass p möglich oder wahrscheinlich ist, transformiert werden. Ähnlich kann der Zweifel, ob oder dass p, in den Glauben, dass p zweifelhaft ist, oder die Frage, ob p, in den Glauben, dass p fraglich ist, überführt werden. Jeder Aktqualität ist auf diese Weise ein Glaube zu entnehmen. Beschränken wir uns der Einfachheit halber auf propositionale Akte, so lässt sich Husserls These wie folgt formulieren:

> Vollzieht S ein intentionales Erlebnis mit Qualität Q und propositionalem Gehalt p, so gibt es ein Q entsprechendes Prädikat Q*, sodass gilt: S ist disponiert (in der Lage), zu glauben (urteilen), dass Q*(p).

Jeder Aktqualität entspricht ein „thetischer Charakter", der sich vom intentionalen Gegenstand des Aktes *unmodalisiert* „setzen" lässt. Husserls Rede von „potentieller" und „impliziter" Thesis, Doxa und Objektivierung wird hier als ein *Vermögen* des Subjekts verstanden.[539]

Bis auf die neutralen Akte erweisen sich auf diese Weise alle Akte als *explizit* oder *implizit (potentiell) glaubende*. Daraus folgert Husserl gewisse Äquivalenzen, die an Prinzipien moderner doxastischer Logiken erinnern:

> Fehlt uns die urdoxische Evidenz, die der Glaubensgewißheit, so kann, sagen wir, für ihren Sinnesgehalt „S ist p" eine doxische Modalität evident sein, etwa die Vermutung „S dürfte p sein". Diese modale Evidenz ist offenbar äquivalent und notwendig verknüpft mit einer urdoxischen Evidenz geänderten Sinnes, nämlich mit der Evidenz, bzw. mit der Wahrheit: „Daß S p ist, ist vermutlich (wahrscheinlich)" (Hua III/1, 323; vgl. 241).

Diese beiden Sätze („S dürfte p sein" und „Daß S p ist, ist wahrscheinlich") sind äquivalent, aber nicht sinnidentisch; die ausgedrückten Akte sind mithin verschieden: *Vermuten, dass p* ist nicht dasselbe wie *Glauben, dass p wahrscheinlich ist*. Es bedarf eines gewissen Einstellungswechsels, einer „z w e i t e n B l i c k s t e l l u n g " (Hua III/1, 242), damit der in der Qualität Q intendierte Sachverhalt als

---

[539] Husserls Redeweisen sind indes nicht leicht zu fassen. So heißt es z. B., „die Aktualität kann aber wesensmäßig erzeugt werden, in der Weise einer prinzipiell möglichen 'Operation'" (Hua III/1, 270). Wenn oben von „Disposition" die Rede ist, so soll damit ein *minimaler Sinn* dieser „prinzipiellen Möglichkeit" erfasst werden. Tatsächlich schwebt Husserl etwas Stärkeres als eine Disposition vor Augen, eben ein Vermögen. S muss diesen Übergang zur Doxa nämlich *von sich aus* vollziehen können. Es scheint auch hier eine Form des „Ich kann" vorzuliegen. Zu fragen wäre dann, ob auch Kleinkinder und Tiere, die allesamt offenbar nicht-objektivierende Akte vollziehen können, auch zu dieser „Operation" in der Lage sind.

Q* *seiend* gesetzt werden kann.[540] Semantisch heißt das, dass die Sätze „S Q-t, dass p" und „S glaubt, dass Q* (p)" äquivalent, aber nicht bedeutungsidentisch sind.

Husserl vertritt also *nicht* die These, dass alle Akte *au fond* Glaubensakte *sind*. Husserl ist kein doxischer Reduktionist bzw. kruder Kognitivist. Allerdings sind in seinen Augen alle Akte so gebaut, dass jederzeit ein Übergang zu einer Überzeugung möglich ist: jeder (nicht-neutrale) Akt geht gleichsam mit einem doxischen *commitment* schwanger. Ein Subjekt kann demnach keine nicht-objektivierenden Akte vollziehen, wenn es nicht in der Lage ist, die impliziten Objektivationen explizit zu machen. Husserl ist ein *doxischer Universalist oder Potentialist*, kein *doxischer Reduktionist oder Aktualist*. Allerdings ist diese implizite oder potentielle Setzung keine ‚bloße' Potentialität im Sinne einer bloß logischen Möglichkeit. Vielmehr sind die einem nicht-aktuell objektivierenden Akt zugehörigen Setzungen für das Subjekt implizit (oder horizontal) vorgezeichnet. Freue ich mich z. B. über das schöne Wetter, so ist das Wetter objektiviert und gesetzt, nicht aber dessen Schönheit oder Schönheitswert. Aber *in obliquo* bin ich auch auf diesen Wert gerichtet und kann diesen zum thematischen und gesetzten intentionalen Objekt *in recto* machen – etwa urteilend „Dieses Wetter hat einen ästhetischen Wert/ist schön". Meine Freude selbst ist deshalb aber kein Glauben oder Urteilen: *Sich-darüber-freuen, dass p* ist nicht identisch mit *Glauben, dass p etwas Schönes oder dgl. ist* (vgl. *Ideen I*, § 37; *Ideen II*, §§ 4, 7). Die These, dass alle Aktqualitäten Modi der Stellungnahme sind und sich in doxische Stellungnahmen überführen lassen, ermöglicht es gleichwohl, Aktqualitäten *in gewissem Sinne* als Arten einer Gattung anzusehen.

Kommen wir nun zur zweiten Verfeinerung der *Ideen I* gegenüber den *Untersuchungen*, d.i. zur Unterscheidung zwischen „originären" und „nicht-originären" Qualitäten.

Husserl bleibt in den *Ideen* nicht dabei stehen, den Unterschied zwischen objektivierenden Akten, insbesondere zwischen *anschaulichen*, für „phänomenologisch irreduktibel" (Hua XIX/2, 623) zu halten; vielmehr führt er den Unterschied zwischen (originärer) *Gegenwärtigung* und (nicht-originärer) *Vergegenwärtigung* ein, um weitere Differenzierungen zu schaffen. Husserl räumt auch hier eine Art *fokalen Rückbezugs* ein, nämlich zugunsten der Gegenwärtigungen. Diese Unterscheidung ersetzt den Begriff der *Auffassungsform* aus den *Untersuchungen*.

---

540 Vgl. Hua XX/1, 206: „Es ist eine ganz andere Einstellung, einfach zu vermuten, dass das Wetter umschlagen dürfte, und zu Zwecken einer prädikativen Aussage das ‚vermutlich' zu objektivieren, es als ein in Gewissheit seiendes ‚wahrscheinlich' zu setzen. Das gilt aber von allen Akten. Aus allen sind durch Einstellungsänderung Gewissheiten und durch prädikative Fassung Urteilsgewissheiten zu entnehmen, die vordem ‚implizierte', im normalen Aktvollzug nicht aktuell gesetzte waren."

So unterscheiden sich z. B. eine visuelle Wahrnehmung eines Ereignisses und eine Erinnerung daran – beides sind anschauliche objektivierende Akte mit gleicher Setzung – dadurch, dass die Wahrnehmung gegenwärtigend ist, während die Erinnerung das Ereignis vergegenwärtigt und in sich auf die frühere Wahrnehmung „verweist". Auch hier spielt der Begriff der Modifikation eine wichtige Rolle, denn Vergegenwärtigungen sind *in sich* Modifikationen von Gegenwärtigungen, sie „verweisen" auf Akte der Gegenwärtigung. Eine Erinnerung z. B. ist wesentlich eine Erinnerung an etwas, das einmal wahrgenommen wurde, also einmal „gegenwärtigt" wurde (vgl. *Ideen I*, §§ 99–101, 111f.). Die Unterschiede zwischen Erinnerung, Erwartung, Bild- und Zeichenbewusstsein und Phantasie werden von nun an mit Hilfe des Begriffspaars Gegenwärtigung-Vergegenwärtigung beschrieben. Abschließend soll ein Schema die aufgewiesenen drei *Aspekte* von Aktqualitäten (Originarität/Setzung/Aktualität) zusammenfassen:

	aktuell/explizit objektivierend		potentiell/implizit objektivierend	
originär (unmodifiziert)	**Wahrnehmung erfülltes Urteil Anschauung (kategorial, essential)**	Bildobjekt-Perzeption[541]	ästhetisches Gefallen	‚lebendige' Freude
nicht-originär (modifiziert)	Erinnerung/ Erwartung/ leeres Urteil	Phantasie bloßes Denken	Vermuten	‚kühle' Freude
	setzend	**neutral oder doxisch modalisiert**		**setzend**

In dieser Tabelle werden konkrete Akttypen nicht nur taxonomisch angeordnet, sondern vielmehr kommt in ihr eine gewisse Hierarchie oder Rückbezogenheit zum Ausdruck. Denn jedes (nicht-neutrale) Feld ist insofern *zurückbezogen* auf die erste linke („setzende") Spalte des Rechtecks bzw. auf das erste Feld (**), als nach Husserl alle Akte eine Objektivierung in einen aktuell setzenden Akt zulassen, der idealiter ein „originär" erfüllender oder enttäuschender Akt ist. Alle Akte sind in gewissem Sinne Weisen originären Glaubens – oder neutrale „Schatten" davon.

Ich möchte nun eine wichtige Anwendung der reifen Akttheorie der *Ideen* darstellen, nämlich die Intentionalität der Phantasie.

---

541 Vgl. Hua III/1, 251 f.

§ 2 Phantasie und *imaginabilia*

Da im Kontext des Problems der Nicht-Existenz oft die *Phantasie* im Spiel ist – man denke nur an den notorisch zitierten und phänomenologisch wenig analysierten *goldenen Berg* –, erscheint es sinnvoll, Husserls Analyse der Phantasie zu verfolgen. Es gilt also zu fragen, was es vom phänomenologischen Standpunkt besagt, einen Gegenstand „in der Phantasie vorzustellen". Anders gesagt: Wie ist es für ein Subjekt, ein Objekt zu phantasieren?

Husserl hat sich mit der Phantasie zeit seines Lebens beschäftigt. Die ausführlichsten Analysen dazu finden sich in seiner Göttinger-Periode, also der Zeit zwischen der Publikation der *Untersuchungen* (1900/01) und dem Erscheinen der *Ideen I* (1913). In der für Husserl typischen Besessenheit hat er Beschreibungen geliefert, die immer tiefer in die Mikrostruktur phantasierender Akte eindringen. Lebhaftes Zeugnis dafür bildet der Nachlassband *Phantasie, Bildbewusstsein, Erinnerung. Zur Phänomenologie der anschaulichen Vergegenwärtigungen 1898 – 1925* (Hua XXIII), einer der umfangreichsten Bände der Husserliana-Ausgabe.[542] Anders als in den *Untersuchungen* und *Ideen,* wo sich nur Bruchstücke einer Phänomenologie der Phantasie finden, sind die Göttinger Analysen systematisch angelegt, überaus detailliert und weit gefächert. Zu den „anschaulichen Vergegenwärtigungen", die in Hua XXIII beschrieben werden, gehören Phantasie, Bildbewusstsein und anschauliche Formen von Erwartung und Erinnerung. Husserls Interesse an der Phantasie ist dabei aber nicht nur deskriptiver, sondern auch systematischer Natur. Vom methodischen Standpunkt aus gesehen sind Phantasien nicht zuletzt deshalb von Bedeutung, weil sie in der Regel (ähnlich wie okkurrente Emotionen und Gefühle) *phänomenal instabil* und *flüchtig* sind, es sind „nicht gut standhaltende[] Phänomene" (Hua XXIII, 88),[543] deren Beschreibung zudem mit mannigfachen äquivoken und metaphorischen Ausdrücken zu kämpfen hat. Der Bedarf an Klärung ist enorm:

> Jedermann weiss, was es heisst, sich einen Gegenstand vergegenwärtigen, sich ihn im inneren Bild vorführen, vorschweben machen, jedermann gebraucht den Ausdruck einbilden und weiss so gewissermaßen das Wesentliche der Sache. Aber leider nur implizit. (Hua XXIII, 17)

---

[542] Vgl. den Überblick bei Bernet/Kern/Marbach 1996, 131–143; Mohanty 2008, Kap. 16; Jansen 2005; Marbach 2013. Zur Phänomenologie der Phantasie vgl. Conrad 1911, 1968; Sartre 1940/1994; Fink 1966; und Casey 2000. Phänomenologisch-analytisch inspiriert sind McGinn 2004a, 2009 und Thompson 2008.

[543] Phantasieerlebnisse sind ähnlich instabil gegenüber der Reflexion wie manche Gefühle. Ähnlich wie der Zorn dazu tendiert, zu „verrauchen" und „sich inhaltlich schnell [zu] modifizieren" (Hua III/1, 146), sobald man auf ihn reflektiert, neigen phantasierte Objekte dazu, zu verschwinden, sobald man ihnen die Aufmerksamkeit entzieht.

II Die Phänomenologie der Nicht-Existenz – Intrinsische Intentionalität — 403

Vom systematischen Standpunkt aus sind *zwei Punkte* besonders einschlägig:

Erstens bilden Vergegenwärtigungen zusammen mit Wahrnehmungen („Gegenwärtigungen") die unterste Schicht anschaulicher objektivierender Akte. Objektivierende Akte sind aber, wie wir gesehen haben, die alle anderen Akttypen *fundierenden Akte*. Nur aufgrund von objektivierenden Akten haben wir überhaupt intentionale Gegenstände, sie sind die eigentlich *konstitutiven Akte*. Auch die Phantasie konstituiert *eigene* Gegenstände, nämlich *Möglichkeiten*. Außerdem können manche Urteile allein aufgrund von Phantasie verifiziert werden, z. B. gewisse (Wesens-)Urteile über Eigenschaften oder Spezies.[544] Um ein Urteil wie „Orange liegt zwischen Gelb und Rot" oder „Ein Ton hat eine Höhe" zu verifizieren, genügt es, in der Phantasie entsprechende Exempel durchzuspielen. Und ob ein kreisförmiger Fleck möglich ist, der die Farben Rot, Grün, Schwarz und Weiß in gleichen Teilen enthält, reicht es aus, sich einen solchen Fleck anschaulich zu fingieren. Insbesondere für essentiale Urteile ist Phantasie eine Rechtfertigungsquelle.

Zweitens scheint es zum Wesen des Bewusstseins zu gehören, vergegenwärtigen *zu können*; ein bewusstes intentionales Subjekt, das nicht erinnern, erwarten oder phantasieren kann, ist schwer vorstellbar. Vergegenwärtigungen, die Husserl auch als intentionale Mittelbarkeiten oder Implikationen charakterisiert (s. u.), sind somit wesentlich für die „transzendentale Subjektivität", die „überhaupt in Stufen der relativen Unmittelbarkeit und Mittelbarkeit gegeben ist und nur ist, indem sie in solchen Stufen einer intentionalen Implikation gegeben ist. Auch die Unmittelbarkeit, in der ich mir selbst als transzendentales ego gegeben bin, hat ihre Stufen" (Hua VIII, 175).

Werkgeschichtlich gesehen, lässt sich Husserls Phänomenologie der Phantasie schematisch in *drei Phasen* einteilen, die sich grob so charakterisieren lassen:[545]

1. Phase. Im Frühwerk, zu dem auch die *Untersuchungen* (vgl. LU VI, §§ 14, 23) gehören, interpretiert Husserl Phantasieerlebnisse als *Bildbewusstsein*. Zum Phantasieren gehören demnach „innere Bilder", die, anders als „äußere Bilder", nicht in einem wahrnehmbaren physischen Bildding fundiert sind. Ein solches „inneres" Bildbewusstsein involviert zwei intentionale Gegenstände, nämlich das Bildobjekt und das Bildsujet. (Anders als beim physischen Bildbewusstsein fehlt hier das Bildding.) Die Mittelbarkeit und Indirektheit der Phantasie wird also dadurch erklärt, dass sich eine Phantasie *durch* ein gegenwärtiges Objekt auf ein

---

544 Vgl. Hopp 2011, 202: „Imagination can epistemically fulfill thoughts about *properties* and their possible relationships."
545 Ich erspare mir nähere Zeitangaben, da sich die Phasen teilweise überlappen. Zum Entwicklungsgang vgl. Marbach 1980, 2006; Sallis 1992; Volonté 1997.

anderes vergegenwärtigtes Objekt bezieht. Prägnant kommt die 1. Phase in folgendem Zitat zum Ausdruck:

> Wenn das Berliner Schloss uns im Phantasiebild vorschwebt, so ist eben das Schloss zu Berlin die gemeinte, die vorgestellte Sache. Davon unterscheiden wir aber das vorschwebende Bild, das natürlich kein wirkliches Bild und nicht zu Berlin ist. Das Bild macht die Sache vorstellig, ist aber nicht sie selbst. (Hua XXIII, 18)

Husserl hebt sogleich hervor, dass das Phantasiebild kein (reeller) Teil und kein immanentes Objekt des Bewusstseinsaktes sei, es ist ihm vielmehr, wie jedes intentionale Objekt, *mereologisch transzendent*; im Geist „steckt" kein Bild der Sache (vgl. Hua XXIII, 21). Was diese Bildertheorie der Phantasie prima facie so plausibel erscheinen lässt, ist *zum einen* die Tatsache, dass damit das Problem der Nicht-Existenz ‚gelöst' wird, denn ein Bild kann sein, ohne dass das Abgebildete existiert; *zum anderen* macht sie die mitunter erstaunliche Diskrepanz zwischen Phantasie und Wirklichkeit verständlich, denn Bilder können das, was sie abbilden, extrem entstellen.

2. Phase. Husserl nimmt die These zurück, Phantasie sei in der Art eines Bildes mittelbar und behauptet stattdessen, dass sich die Phantasie „ebenso einfältig auf den Gegenstand [bezieht] wie die Wahrnehmung" (Hua XXIII, 85). Seine Zweifel an der Bildtheorie formuliert Husserl wie folgt:

> Ist die Auffassung der Phantasievorstellung als Bildvorstellung nun wirklich berechtigt? [...] Ist die Rede von Bildlichkeit nicht in die Phantasie hineingetragen, auf Grund des Wissens von der Differenz zwischen Erscheinung und „Wirklichkeit"? [...] Wenn ich, sage ich, in der Phantasie lebe, so merke ich gar nichts von einem repräsentativen Bewusstsein, ich sehe nicht eine Erscheinung vor mir und fasse sie als Repräsentant für etwas anderes, sondern ich sehe die Sache, die Vorgänge usw. (Hua XXIII, 150f.)

Allerdings gelte dies in erster Linie für die *klaren* Phantasien, die *unklaren* seien noch bildlich vermittelt.[546]

3. Phase. Schließlich gelangt Husserl zu einer gewissen Synthese der beiden vorhergehenden Thesen, indem er die Mittelbarkeit und Indirektheit der Phantasie auf zweifache Weise interpretiert. Phantasieerlebnisse sind demnach insofern „einfältig" (unmittelbar, direkt), als ihr unmittelbares intentionales Objekt der vergegenwärtigte Gegenstand selbst ist. Phantasiere ich einen Zentaur, so ist ein Zentaur, ein Objekt aus Fleisch und Blut, mein intentionales Objekt – kein „Bild"

---

[546] Interessanterweise finden sich die ersten beiden Phasen in ein und demselben Text, nämlich im dritten Teil der Göttinger Vorlesung „Hauptstücke aus der Phänomenologie und Theorie der Erkenntnis" (1904/05). Zur ersten Phase vgl. ebd., Kap. 1–6, zur zweiten Kap. 7 ff.

schiebt sich zwischen ihn und meinen Akt. Allerdings ist meine Phantasie in dem Sinne „mehrfältig" (mittelbar, indirekt), dass sie als eine vergegenwärtigte oder reproduzierte *Wahrnehmung* erlebt wird; sie ist eine Als-ob-Wahrnehmung. Das aktuelle Phantasieerlebnis „impliziert intentional" eine inaktuelle Wahrnehmung: einen Zentauren zu phantasieren fühlt sich so an, als würde er wahrgenommen. Die Mittelbarkeit der Phantasie wird somit in die intrinsische Struktur des Erlebnisses importiert, indem im phantasierenden Akt ein perzeptives Erlebnis „impliziert" liegt. Anders als in der 1. Phase, wo der intentionale Gegenstand verdoppelt wird, indem ein Phantasiebild vom Phantasiesujet unterschieden wird, wird nunmehr das Phantasieerlebnis selbst sozusagen vervielfältigt, indem es auf eine fingierte Wahrnehmung verweist.[547] In der folgenden Darstellung beschränke ich mich auf die 3. Phase (vgl. Bernet 2006).

Husserl konzentriert sich dabei in erster Linie auf Phantasien im *episodischen Sinn*, d. h. auf *Erlebnisse* („S phantasiert X zum Zeitpunkt t") – im Unterschied zur Phantasie im Sinne eines Vermögens („S hat Phantasie", „S ist phantasiebegabt").[548] Ausgangspunkt ist die These, dass Phantasien (wie Wahrnehmungen) *anschauliche intentionale Erlebnisse* sind. Phantasieren ist wesentlich ein Bewusstsein *von* etwas, das zum Genus anschaulichen Erlebens gehört.[549] Das Verhältnis Wahrnehmung–Phantasie ist in gewissem Sinne *janusköpfig*, denn *auf der einen Seite* schließen sich beide aus, man kann – in einem noch zu präzisierenden Sinn – nicht zugleich wahrnehmen und phantasieren; in diesem Sinne vertritt Husserl einen, wie man sagen könnte, *Disjunktivismus* (oder *Exklusivismus*) bezüglich Wahrnehmung und Phantasie. *Auf der anderen Seite* ist jede Phantasie in sich auf eine Wahrnehmung bezogen, insofern sie eine „intentionale Modifikation" ist: jede Phantasie gibt sich phänomenologisch als eine „Wahrnehmung im Modus des Als ob". Darin kommt eine *asymmetrische Beziehung* zwischen

---

547 Zu Husserls Formulierung der 3. Phase vgl. *Ideen I*, § 43; Hua VIII, 112 ff.
548 Vgl. Hua XXIII, 3: „Die Anlage, das Vermögen, dieser Komplex, sei es ursprünglicher, sei es erworbener Dispositionen, ist ja nichts Phänomenologisches. Disposition ist [...] ein Begriff, der objektivierend über die echte immanente Sphäre hinausgeht." Auch Phantasien im Sinne von Wünschen („S hat sexuelle Phantasien") sind ausgeschlossen.
549 Husserls Beschreibungen der Phantasie konzentrieren sich auf singuläre („S phantasiert X") und partikuläre Phantasien („S phantasiert ein F"). Propositionale Phantasien („S phantasiert, dass p") gehören eigentlich schon zur kategorialen Sphäre und sind eng mit „bloßen Vorstellungen" und Annahmen verknüpft. Anders als singuläre und partikuläre Phantasien sind propositionale nicht zwangsläufig anschaulicher Natur. Vgl. Marbach 2006, XXII. Im Folgenden lege ich in der Regel singuläre und partikuläre Phantasien zugrunde. Zu diesen Unterschieden vgl. auch McGinn 2004a, Kap. 10, über „Cognitive Imagination".

Phantasie und Wahrnehmung zum Ausdruck.[550] Eine Phantasie gilt Husserl als „Quasi-Wahrnehmung" (EU, 462) oder „Quasi-Erfahrung" (EU, 462). Phantasie ist eine Art simulierende oder imitierende Wahrnehmung:

> Das Phantasiebewusstsein ist ein modifiziertes Bewusstsein. Wir verstehen darunter ein solches, in dem Gegenständliches gewusst ist, als ob es erfahren oder erfahren gewesen wäre usw., während es wirklich nicht erfahren ist, nicht wahrgenommen, nicht erinnert ist usw. Das Phantasierte ist bewusst als „als ob seiend". (Hua XXIII, 546)

In diesem Sinne *re-produziert* eine Phantasie eine Wahrnehmung, was aber nicht so zu verstehen ist, dass jede Phantasie eine frühere Wahrnehmung aufleben lässt – das ist nur bei (anschaulicher) Erinnerung der Fall.[551] Wenn Husserl das Verhältnis zwischen Phantasie und Wahrnehmung als *Reproduktion* und *Modifikation* beschreibt, so ist das nicht im genetischen Sinne (wie bei Hume) zu verstehen. Es mag faktisch so sein, dass wir nur phantasieren können, was wir zuvor einmal wahrgenommen haben (Husserl bestreitet dies allerdings – wie Hume interessanterweise auch[552]), und dass eine verborgene Kraft in uns frühere Wahrnehmungen ans Licht bringt und neu kombiniert; aber das ist nicht das Entscheidende bei der Phantasie. Denn diese ist in sich, „ihrem eigenen Sinn gemäß" (Hua XX/1, 125 Fn.1) als modifizierte Wahrnehmung charakterisiert. X phantasieren ist vom subjektiven Standpunkt aus gesehen eine Als-ob-Wahrnehmung. So „fühlt es sich" nach Husserl an, zu phantasieren – ungeachtet dessen, was an kausal-genetischen Antezedenzien vorangegangen sein mag:

> Die Phantasie gibt sich rein phänomenologisch, also in ihrem eigenen Wesen, als eine charakteristische „Modifikation von", näher als „Reproduktion" – wenn man diesen psychologischen Terminus noch gebrauchen will. Vom Produzieren und Wiederproduzieren, von realen Geschehnissen und Kausalitäten ist ja keine Rede, sondern nur von einem immanenten phänomenologischen Charakter. Modifikation bedeutet hier auch nicht irgendwelche

---

550 Vgl. Theodor Conrads luzide Analysen, in denen er Phantasien alias „Vorstellungen" als „Versetztseinserlebnisse" (1968, 18 ff.), beschreibt, in denen sich der „Gegenstand in Wahrnehmungsaspekt" (1911, 68) zeigt.

551 Husserl unterscheidet reproduktive und perzeptive Phantasie: „Wir müssen also den Begriff der Phantasie (sagen wir Vergegenwärtigung) verallgemeinern. Es gibt zwei Grundformen der Vergegenwärtigung: 1) die reproduktive 2) die perzeptive, d. h. die Vergegenwärtigung im Bild, in bildlicher Darstellung." (Hua XXIII, 475 f.) Perzeptive Phantasie ist, anders als reproduktive, immer an ein *gegenwärtig perzipiertes* Bildobjekt gebunden, das über sich hinausweist und ein Bildsujet vergegenwärtigt.

552 Vgl. Hume 1982, 2. Abschnitt („Über den Ursprung der Vorstellungen"). Hume räumt hier ein, dass man Farbschattierungen (einfache *ideas*) phantasieren kann, die nicht auf vorhergehenden *impressions* basieren.

Veränderung, Abwandlung, sondern zeigt eine gewisse, sich nur zu leicht verbergende Intentionalität an. Keine Wahrnehmung hat diese Intentionalität; jede ist ihrem Wesen gemäß Nichtreproduktion, Nichtmodifikation v o n etwas, oder, wie wir auch sagen können, jede ist charakterisiert als „Original". (Hua XX/1, 125 Fn. 1; vgl. Hua XVII, 315)

Der Begriff der *intentionalen Modifikation* bzw. *Vergegenwärtigung* ist Husserls Schlüssel, um das Verhältnis zwischen Wahrnehmung und Phantasie zu klären. Damit soll einerseits dem Exklusivismus von Wahrnehmung und Phantasie, andererseits der internen Abhängigkeit der Phantasie von der Wahrnehmung Rechnung getragen werden.

Zu betonen ist also, dass sich Phantasien (und Vergegenwärtigungen allgemein) nicht wie bei Hume *et alii* bloß „in sachlichen Merkmalen" (Hua III/1, 253) wie Flüchtigkeit, Lebhaftigkeit oder Intensität von der Wahrnehmung unterscheiden. Weniger *force* und *vivacity* ist nicht kriterial für Phantasie, die kein „bloßes bleichsüchtiges Empfindungsdatum" (Hua III/1, 253) ist. Der Unterschied ist vielmehr ein intentionaler: Phantasien weisen eine „mittelbare" oder „verwickelte" Intentionalität auf, während die Wahrnehmung sozusagen *geradewegs* auf ihr Objekt gerichtet ist. Husserl kritisiert die klassischen und zeitgenössischen Empiristen mit scharfen Tönen dafür, dass sie nur „sachliche Merkmale" als Unterscheidungskriterien aufgewiesen haben:

> Welcher Unsinn ist es, zu sagen, die Impression, die wahrnehmend vergegenwärtigt als leibhaftig Gegenwärtiges, sei bloß etwas Starkes, Lebhaftes, oder was immer in ähnlichem, sachbeschreibendem Stile, und das Sammelsurium Idee, mit so tiefgreifenden Unterschieden wie Erinnerung, Fiktion, und so überhaupt Vergegenwärtigung so vielfältiger Arten, sei nichts anderes als ein Mattes u. dgl.! (Hua VII, 164)

Nach Husserl ist dies grundfalsch. Phantasie und Wahrnehmung lassen sich zwar unter das Genus Anschauung subsumieren, stellen ihrerseits jedoch Akte eigener Art dar. Ihre Unterschiede schlagen sich in ihrem intentionalen Gehalt und ihrer Qualität nieder. Phantasieren ist demnach kein blasses, abgeschwächtes und bildartiges Wahrnehmen, sondern eine irreduzible Weise der Gerichtetheit auf *imaginabilia*. Weiter unten werden wir ferner sehen, dass *imaginabilia* nicht zu derselben Welt wie *sensibilia* gehören; erstere sind „ohne Zusammenhang mit den Wahrnehmungen" (EU, 195) gehören nicht derselben Raum-Zeit an und sind ferner mit unbestimmten Horizonten gegeben, die keine objektive Bestimmung zulassen. All dies sind wesentliche Differenzen im intentionalen Gehalt, und nicht in der Intensität, Stärke etc.

Husserls Phänomenologie der Phantasie kommt in einigen markanten spezifischen Differenzen zwischen Wahrnehmung und Phantasie zum Ausdruck, die ich nun vorstellen will. Sie können als *konstitutive Charakteristika* der (freien)

Phantasie[553] angesehen werden. Husserls Theorie der Phantasie lässt sich am besten als ein Stück komparativer und kontrastiver Phänomenologie verstehen.[554]

(1) *Sinnliche Anschaulichkeit.* Phantasien sind nach Husserl anschauliche intentionale Erlebnisse, die aufgrund ihres sensorischen Charakters von (leeren) Denkakten zu unterscheiden sind:

> Husserl fasst Phantasievorstellungen als sinnlich anschauliche, d.i. als individuelle Gegenstände zur Erscheinung bringende Akte. Begriffliche oder kategorial sich vollziehendes Phantasieren bzw. uneigentliches Vorstellen als bloßes „Sich-denken", „bloßes propositionales Vorstellen" von Sachverhalten behandelt er ausführlich in explizit urteilstheoretischen Zusammenhängen. (Marbach 1980, LIV)

Die Anschaulichkeit der Phantasie hat an der Anschaulichkeit der Wahrnehmung in gewissem Sinne Anteil, es ist eine quasi-wahrnehmungsmäßige Anschaulichkeit – im Unterschied etwa zur Anschaulichkeit der Wesensanschauung, die nicht sinnlich ist, obgleich sie in Wahrnehmungen bzw. Phantasien fundiert ist.[555] Die Verwandtschaft mit der Wahrnehmung zeigt sich z.B. darin, dass beide ihre intentionalen Objekte *perspektivisch* darstellen. Auch in der Phantasie gibt es Vorder- und Rückseite, abschattende Empfindungen, die noetisch aufgefasst werden etc.[556] Fast „all die Scheidungen", die bei der Wahrnehmung zu machen sind, finden „auch bei der Phantasie Anwendung" (Hua XXIII, 16). In der Phantasie wiederholen sich alle Aspekte der Wahrnehmung in der *Form des Quasi* oder *Als-Ob* (vgl. Hua XXIII, 505).

---

553 Eine auf (ein) X gerichtete Phantasieepisode e ist genau dann eine *freie* oder *reine Phantasie*, wenn X in e weder explizit noch implizit als (gegenwärtig, vergangen oder zukünftig) existierend gesetzt wird. Eine reine Phantasie enthält „keine Beimischung von Erfahrungen [...], die ihnen Beziehung zu einer Wirklichkeit (also etwa zu einer bestimmten Zeit, einem bestimmten Orte) verleihen würde" (Hua XXIII, 504). Vgl. Hua XXVI, 206, 209, 214; Hua XXIII, 504, 508ff. Dass es freie Phantasie gibt, ist eine wichtige These Husserls, die ihm hier ‚geschenkt' sein soll.

554 Vgl. ähnlich Sartre (IM) und McGinn 2004a. McGinn beruft sich nur auf Sartre und Wittgenstein. Übrigens bleibt Sartre letztlich im Rahmen von Husserls 1. Phase, indem er eine Art Bild-Theorie der Phantasie entwickelt – obwohl er von einem „Analogon" und nicht von einem „inneren Bild" spricht. Zum Vergleich Husserl-Sartre vgl. Stawarska 2005.

555 Anschaulichkeit setzt nicht-intentionale hyletische Empfindungen voraus. Husserl vertritt bisweilen die These, dass es neben perzeptiven auch imaginative Empfindungen (*Phantasmen*) gibt. Vgl. Hua XXIII, Text Nr. 1, §§ 5, 35ff.

556 Vgl. Hua Mat IV, 85: „Das gilt auch für die Fiktion. Einen Zentauren fingierend haben wir immerfort eine offene Unendlichkeit möglicher Erscheinungen und immer neuer Erscheinungen von ihm; aber es ist undenkbar, dass eine Erscheinung und selbst eine Erscheinungsreihe ihn adäquat fingierte. Er selbst, der Gegenstand, kann sich evidenterweise nie mit seinen Erscheinungen, seinen wechselnden Abschattungen decken." Vgl. Hua II, 72.

(2) *Doxische Neutralität.* Phantasieerlebnisse sind nicht-setzende oder neutrale Erlebnisse. Anders gesagt: das freie Phantasieren eines Objekts X ist weder explizit noch implizit ein Glauben, dass X existiert (oder nicht).[557] Phantasie ist damit eine Spielart der *Neutralitätsmodifikation*.[558] Die doxische Neutralität ist nicht so zu verstehen, als würden Setzungen überhaupt keine Rolle spielen. Das ist nach Husserl unmöglich, da Intentionalität stets mit Positionalität verwoben ist. Bei der Phantasie ist die Setzung der Wahrnehmung insofern noch präsent, als uns so zumute ist, als ob wir die Dinge sehen und somit setzen würden – es liegt eine „Quasi-Positionalität" (EU, 195) vor:

> Richtig und doch wieder unrichtig sagen wir: In der blossen Phantasie glauben wir nicht, in der Phantasie vollziehen wir keine Setzung, kein Für-seiend-, d.i. Für-wirklich-Halten. Richtig ist, dass wir es nicht vollziehen, aber unrichtig ist, als ob in keinem Sinn Seinsbewusstsein hier vorkäme. Vielmehr kommt es in jedem Sinn vor, in dem es in der Erfahrung vorkommt und sie charakterisiert, „nur", dass jeder Sinn und jede Form dieses Erfahrung charakterisierenden Seinsbewusstseins sozusagen entmannt ist, die kraftlose Form des Als-ob [...] angenommen hat. (Hua XXIII, 505)

Von der Neutralitätsmodifikation ist die sog. „Phantasiemodifikation" (imaginative Modifikation) zu unterscheiden. Denn nur letztere ist *iterierbar* (vgl. LU V, § 39): Ich kann in einer Phantasie phantasieren. Wird beispielsweise eine Geschichte in einer Geschichte erzählt, so haben wir es mit einer Fiktion in einer Fiktion zu tun. Formaler ausgedrückt: Wende ich die Phantasieoperation auf eine Phantasie an, so ergibt sich eine Phantasie höherer Stufe; hingegen ist die Neutralisationsmodifikation *idempotent*, da ihre wiederholte Anwendung ‚nichts Neues' liefert. Ein neutralisiertes Erlebnis lässt sich nicht nochmals neutralisieren, die „Wiederholung der ‚Operation' der Neutralisierung [ist] wesensmäßig ausgeschlossen" (Hua III/1, 253). Man kann hier nur „zum Glauben zurückkehren; aber eine sich in gleichem Sinne wiederholende und fortführende Modifikation gibt es nicht" (Hua XIX/1, 507). Solche Verschachtelungen, wie sie bei der Phantasie möglich sind (Phantasie in einer Phantasie, Traum im Traum etc.), sind bei der Wahrnehmung unmöglich – ein weiteres Indiz, dass Phantasie keine Spielart der Wahrnehmung ist wie bei Hume.

Doxische Neutralität ist notwendig, aber nicht hinreichend für freie Phantasie. Husserl zufolge kann nämlich auch eine Wahrnehmung durch „qualitative Modifikation" (Hua XIX/1, 509 ff.) ihren setzenden Charakter verlieren. Sie ist dann

---

[557] *Nota bene:* Angenommen, ich phantasiere eine Kuh. Dann kann ich zugleich glauben, dass es eine Kuh bzw. Kühe gibt. Aber dann glaube ich dies nicht *aufgrund* meiner Phantasie. Mein Phantasieren *als solches* ist nicht-positional.
[558] Dies ist der Nachfolgerbegriff der qualitativen Modifikation aus den *Untersuchungen*.

nicht mehr im eigentlichen Sinne ‚Wahr-Nehmung', sondern *bloße Perzeption* (vgl. DR, § 5). Dieser Fall tritt z. B. bei einer Wahrnehmung ein, deren veridischer Charakter suspekt wird, ohne dass das Subjekt zugleich zu einem „Unglauben" motiviert wird: „Hier fehlt Glaube und Unglaube, statt dessen besteht Zweifel und vielleicht Suspension jeder Stellungnahme. Bei all dem besteht das Phänomen des leibhaft dastehenden Objektes fort oder kann fortbestehen." (Hua XVI, 16) Eine dergestalt neutralisierte Wahrnehmung darf nicht mit einer Phantasie verwechselt werden, in der das Objekt eben nicht mehr „leibhaftig" erscheint.

(3) *Vergegenwärtigung & intentionale Implikation*. Phantasien sind Vergegenwärtigungen – im Unterschied zu Wahrnehmungen, die Gegenwärtigungen sind. Damit wiederholt Husserl nicht die Hume'sche These, Phantasien seien schwache Kopien (*faint copies*) früherer *impressions*; sondern vielmehr ist gemeint, dass *imaginabilia* einen modifizierten Charakter von Gegenwärtigkeit haben, sie sind nur ‚quasi' jetzt da oder präsent. Wahrgenommene Objekte sind immer als hic et nunc bzw. *ibi et nunc* seiende bewusst: X wahrnehmen *heißt*, X als gegenwärtig wahrzunehmen. Anders als die gleichermaßen vergegenwärtigenden Akte Erinnerung und Erwartung ist die Phantasie nicht-setzend. Erinnere ich mich an ein Ereignis, so halte ich es für existierend in der Vergangenheit bzw. glaube, dass es einmal existiert hat; Analoges gilt für die Erwartung. Phantasieren ist somit die „Neutralitätsmodifikation der ‚setzenden' Vergegenwärtigung" (Hua III/1, 250).

Das Begriffspaar *Gegenwärtigung/Vergegenwärtigung* hat eine *zeitliche Konnotation*. Zum Sinn eines gegenwärtigenden Aktes gehört es, dass dessen Gegenstand als *gleichzeitig* seiend mit dem Akt existierend *bewusst ist*. Der paradigmatische Fall dafür ist die Wahrnehmung. Die Wahrnehmung ist darüber hinaus dadurch ausgezeichnet, dass ihr Gegenstand als gegenwärtig seiend *erscheint* und nicht nur dergestalt „vermeint" ist (vgl. Hua XVI, 14 f.). Im engeren Sinne sind nur Wahrnehmungen Gegenwärtigungen. Gegenwärtigungen bilden eine echte Teilmenge der Klasse der epistemisch ausgezeichneten sog. *originären Akte*. Originäre Akte sind solcherart, dass ihr intentionaler Gegenstand X „leibhaftig", „als er selbst" oder „in propria persona" erscheint.[559] Es sind Akte, an die

---

[559] Nicht-originäre Intentionalität ist entweder *leer*, z. B. bloß verbal oder signitiv, oder *anschaulich*, obschon auf „modifizierte" Weise. Ich ignoriere hier die Frage, wie Gegenwärtigung und Vergegenwärtigung bei unzeitlichen Irrealia zu interpretieren sind. Streng genommen können nur Akte, die auf Realia gerichtet sind, gegenwärtigend bzw. vergegenwärtigend sein. Phantasien sind Vergegenwärtigungen, genauer: Quasi-Gegenwärtigungen oder Als-ob-Wahrnehmungen, in denen uns so zumute ist, als ob uns Realia erscheinen würden. Bei unzeitlichen und allzeitlichen Objekten wie z. B. Zahlen gibt es zwar originäre Intentionalität, aber keine Gegenwärtigung, da es sinnlos ist, zu sagen, die 2 existiere gleichzeitig mit dem Akt. Vgl. ZB, § 45.

wir sozusagen appellieren, wenn es darum geht, in letzter Instanz zu entscheiden, ob und wie X *in Wirklichkeit* existiert bzw. beschaffen ist. Originäre Akte sind die *ultimativ* rechtfertigenden Akte aller Urteile und Stellungnahmen. Nach Husserl gibt es zu *jeder Art* existierender Gegenstände originäre Aktarten. Materielle Dinge z. B. sind originär durch sinnliche Anschauungen zugänglich, die ggf. durch „Mithilfe korrekten Erfahrungsdenkens" (Hua III/1, 81), das in ihnen fundiert ist, zu unterstützen sind. Originären Akten stehen nicht-originäre diametral gegenüber. Diese können höchst unterschiedlicher Natur sein. Sie umfassen als echte Teilmenge die Vergegenwärtigungen, also anschauliche Phantasien, Erinnerungen und Erwartungen. Aber auch jedes leere, bloß verbale oder rein signitive Bewusstsein ist nicht-originär.

Damit ein gegenwärtigender Akt vorliegt, genügt es nicht, dass der Gegenstand als gleichzeitig seiend mit dem Akt *gemeint* ist, er muss auch dergestalt *erscheinen* oder *gegeben* sein. Dies zeigen die sog. *Gegenwartserinnerungen* (vgl. ZB, § 29):

> Ich kann mir auch ein Gegenwärtiges als jetzt seiend vorstellen, ohne es jetzt leibhaft vor mir zu haben, sei es aufgrund früherer Wahrnehmungen, sei es nach einer Beschreibung. (ZB, 417)[560]

Stelle ich mir jetzt z. B. Obama anschaulich vor, so halte ich es zwar für gleichzeitig mit meiner Vorstellung existierend, aber so *präsentiert* sich mir Obama nicht; ich denke die Gleichzeitigkeit lediglich ‚hinzu'.[561] Gegenwartserinnerungen gehören somit zu den nicht-originären Aktqualitäten, obgleich ihr Gegenstand auch als *jetzt* existierend gesetzt ist.

Vergegenwärtigungen zeichnen sich ferner, anders als Gegenwärtigungen, durch eine gewisse *intentionale Mittelbarkeit* aus. Damit ist nicht gemeint, dass wir z. B. beim Phantasieren eines Zentauren nicht direkt auf einen Zentauren, sondern stattdessen auf ein mentales Bild o. ä. gerichtet wären; vielmehr meint Husserl, dass eine Vergegenwärtigung implizit einen weiteren Akt horizontal ‚enthält', als dessen Modifikation sie sich gibt. Die deutsche Sprache bringt dies treffend zum Ausdruck, wenn sie Vergegenwärtigungen *reflexive Verben* zuordnet: Ich stelle *mir*

---

560 Gegenwartserinnerungen sind mithin Beispiele für *setzende (unreine, unfreie) Phantasien*. Vgl. Hua XIX/1, 510 f. Man kann sich auch vergangene Objekte (*praeterita*), die man nicht selbst erinnern kann, in der setzenden Phantasie vorstellen. Z.B. „mache ich mir nach einer Beschreibung eine Vorstellung von dem Attentat auf die Königin Elisabeth" (Hua XXIII, 235).
561 Vgl. Hua XVI, 15 f.: „Es steht uns zwar vor Augen, aber als kein aktuell jetzt Gegebenes; eventuell mag er [der Gegenstand] als ein Jetzt oder mit dem aktuellen Jetzt Gleichzeitiges gedacht sein, aber dieses Jetzt ist ein gedachtes und nicht dasjenige Jetzt, das zur Leibhaftigkeit, zur Wahrnehmungsgegenwart, gehört."

einen Zentauren vor, ich erinnere *mich* an das gestrige Gewitter, ich erwarte *mir* Sonnenschein. Nach Husserl ist das kein grammatischer Zufall, sondern Manifestation der phänomenologischen Struktur vergegenwärtigender Akte.[562] Im Phantasieren des Zentauren phantasiere ich mich gleichsam hinzu – und zwar als den Zentauren wahrnehmenden. Es gibt nicht nur die „bloße Phantasiewelt", sondern „auch zugleich das sie ‚gebende' Wahrnehmen" (Hua III/1, 251). Der phantasierten Szenerie sind wir „zugewendet", dem „'Wahrnehmen in der Phantasie' [...] aber nur dann, wenn wir [...] 'in der Phantasie reflektieren'" (Hua III/1, 251).

Allerdings ist es nach Husserl entscheidend, die intentionale Mittelbarkeit der Vergegenwärtigungen nicht so zu verstehen, als seien Phantasie, Bildbewusstsein, Erinnerung und Erwartung *per se* reflexive Erlebnisse, d. h. Akte, deren fokales intentionales Objekt ein Erlebnis ist. Die intentionale Mittelbarkeit der Vergegenwärtigungen ist vielmehr *Bedingung* dafür, dass es Reflexionen in ihnen geben kann – wie ja Husserl ganz allgemein die These vertritt, dass Reflexion unreflektiertes Bewusstsein voraussetzt. Unreflektiertes Bewusstsein muss stets „gewisse Bedingungen der Bereitschaft erfüllen" (Hua III/1, 95), aufgrund deren es reflektiertes werden kann. Bei den Vergegenwärtigungen bestehen diese „Bereitschaftsbedingungen" darin, dass sie *in sich* ein anderes Erlebnis horizontal „implizieren". Intentionale Implikation ist eine Form immanent gerichteter Intentionalität. Ein Akt e impliziert einen anderen Akt e* intentional, indem e e* reproduziert, wodurch sich e als Modifikation von e* erweist. Der intentional implizierte Akt e* liegt in e „beschlossen", ohne wirklich in ihm enthalten zu sein. Wäre e* in e wirklich enthalten, so würden beide Akte gleichzeitig existieren, was unsinnig ist. Zudem ist intentionale Implikation existenzneutral, denn ich kann eine Vergegenwärtigung vollziehen, ohne dass das implizierte Erlebnis existiert (Erwartung, Phantasie). Was alles in einem Akt intentional impliziert ist, lässt sich durch Reflexion herauspräparieren (vgl. Marbach 2006, XXVII f.). Schlicht gesagt bedeutet intentionale Implikation, dass in gewissem Sinne *zweierlei* vergegenwärtigt wird (vgl. *Ideen I*, § 111): Bei einer Phantasie wird z. B. das *imaginabile* (Zentaur) *und* ein fiktives Wahrnehmungserlebnis (Sehen des Zentauren) phantasiert. Ähnlich bei der Erinnerung. Damit wird der Kontrast zu gegenwärtigenden Akten deutlich: eine Wahrnehmung ist *simpliciter* auf ihren Gegenstand gerichtet und „impliziert" keine weiteren Akte.

---

562 Vgl. Hua VIII, 93: „Nicht umsonst drückt unsere Sprache die Wiedererinnerung reflexiv aus: ‚Ich erinnere mich'. In jeder Erinnerung liegt in gewisser Weise eine Ichverdoppelung beschlossen, sofern das, dessen ich mich direkt wiedererinnere, nicht nur überhaupt Gewesenes, sondern als von mir wahrgenommen Gewesenes bewußt ist. Ich erinnere mich an einen Brand: ich habe ihn gesehen; an ein Konzert: ich habe es gehört."

Die Struktur eines vergegenwärtigenden Aktes, der von S vollzogen wird („S Q*-t X"), lässt sich somit durch folgende *These* wiedergeben:

S Q-t X* impliziert intentional (enthält horizontal) *S Q*-Q-t X.*

Q ist dabei (mindestens) eine Modifikationsstufe niedriger als Q* (Q* ist eine Reproduktion von Q).

So ist z. B. das Phantasieren von X seinem Wesen nach ein Phantasieren, X wahrzunehmen. Einen Zentauren phantasieren (S, Q*, X) *impliziert* zu phantasieren, einen Zentauren wahrzunehmen (S, Q*-Q, X). Ähnliches gilt für (anschauliche) Erinnerung und Erwartung. In einem vergegenwärtigenden Akt ist demnach ein weiterer Akt intentional „enthalten". Dieser Akt niederer Modifikationsstufe wird durch den vergegenwärtigenden Akt *reproduziert*. Dies bedeutet nicht, dass das eigentliche Objekt meiner Phantasie eine Wahrnehmung (ein Erlebnis) ist – dies ist erst dann der Fall, wenn ich *in der Phantasie reflektiere*. Reflektiere ich in einer Vergegenwärtigung auf das vergegenwärtigte Erlebnis, so vollziehe ich einen *immanent gerichteten Akt.*[563] Das Objekt der unreflektierten Phantasie hingegen ist ein Zentaur, ein nicht-existentes *imaginabile*. Phantasieren ist somit in erster Linie ein transzendent gerichteter Akt. Husserl bleibt auch in der Konzeption der Vergegenwärtigung seiner These treu, dass die unmittelbaren Objekte nicht-reflexiver Akte extramentaler bzw. transzendenter Natur sind.[564]

Husserl hat die intentionale Implikation vergegenwärtigender Akte in einer handlichen Formel zum Ausdruck gebracht. In seiner Notation steht „W_a" für die äußere Wahrnehmung, „a" für ein raumzeitliches Objekt, „V_a" für eine Vergegenwärtigung von a und die einstelligen Funktionsausdrücke „R (...)" bzw. „V_i (...)" für die „Reproduktion" bzw. „innere Vergegenwärtigung" eines Erlebnisses. Damit kann Husserl sagen: „Es besteht nun ein Wesensgesetz, wonach R(W_a) = V_a [bzw. V_i (W_a) = V_a] ist. Die Vergegenwärtigung eines Hauses z. B. und die Reproduktion der Wahrnehmung dieses Hauses zeigen dieselben Phänomene." (ZB, 117)[565] Nur weil vergegenwärtigende Akte *in sich selbst* intentional mittelbar sind, ermöglichen sie entsprechende Reflexion in ihnen. Wenn ich mir z. B. einen Zentauren phantasiere, so geschieht dies in der Regel auf *unreflektierte*, gleichsam anonyme und selbst-

---

563 Vgl. *Ideen I*, § 38. Ein immanent gerichteter Akt zeichnet sich dadurch aus, dass sein intentionales Objekt, falls existent, zu demselben Bewusstseinsstrom gehört wie er selbst. Immanente Akte sind auf je eigene Erlebnisse gerichtet.
564 Thompson 2008, 408, hält Husserl mit Recht zugute: „although visualizing an object requires imagining visually experiencing the object, the visual experience is not the *object* of the imagining: the intentional object is the visualized object".
565 „S Q*-t X" bzw. „S Q*-Q-t X" entsprechen Husserls „V_a" bzw. „V_i (W_a)". Marbach 1993 hat Husserls Ideen aufgegriffen und eine formale Notation für seine Akttheorie entwickelt.

vergessene *Weise:* ich bin, z. B. aufgrund von Lektüre, dem Zentauren und seinen Bewegungen und Taten hingegeben – und nur diesen. Ich selbst trete nicht als Akteur in der phantasierten Szenerie auf. Ich, der Phantasierende, bin hier und jetzt in meinem Zimmer in München, aber ich phantasiere mich in eine fingierte Gegend hinein. Explizit wird dies erst in einem neuen *reflexiven Erlebnis*, das sich so ausdrücken lässt: „Ich phantasiere (mir), wie *ich* den Zentauren sehe" oder „Ich stelle mir vor, dass *ich* den Zentauren sehe". Die Sätze, in denen die beiden Erlebnisse – das unreflektierte „Ich phantasiere (mir) einen Zentauren" und das reflexive „Ich phantasiere (mir), den Zentauren zu sehen" – zum Ausdruck kommen, sind äquivalent, aber nicht synonym.[566] Es ist etwas anderes, ob ich mich sozusagen explizit mit in die fingierte Szenerie hineinversetze und dem Zentaur gleichsam gegenübertrete, oder ob ich den Zentauren direkt phantasiere (vgl. Künne 2007, 293 f.).[567] Im zweiten Fall habe ich nur den Zentauren thematisch, im ersten auch mich und meine Quasi-Wahrnehmung. Husserl macht diesen Unterschied zwischen unreflektiertem und reflektiertem Vollzug einer Vergegenwärtigung am Beispiel der Erinnerung sehr deutlich:

> Machen wir uns diese Verhältnisse an einem Beispiel klar: ich erinnere mich an das erleuchtete Theater – das kann nicht heißen: ich erinnere mich, das Theater wahrgenommen zu haben. Sonst hieße letzteres: ich erinnere mich, daß ich wahrgenommen habe, daß ich das Theater wahrgenommen habe usf. Ich erinnere mich an das erleuchtete Theater, das sagt: „in meinem Inneren" schaue ich das erleuchtete Theater als gewesenes. [...] Die Erinnerung impliziert also wirklich eine Reproduktion der früheren Wahrnehmung; aber die Erinnerung ist nicht im eigentlichen Sinne eine Vorstellung von ihr: die Wahrnehmung ist nicht in der Erinnerung gemeint und gesetzt, sondern gemeint und gesetzt ist ihr Gegenstand und sein Jetzt, das zudem in Beziehung gesetzt ist zum aktuellen Jetzt. [...] Diese Vergegenwärtigung der Wahrnehmung des Theaters ist also nicht so verstehen, daß ich darin lebend das Wahrnehmen meine, sondern ich meine das Gegenwärtigsein des wahrgenommenen Objektes. (ZB, 415 f.)

Eine Erinnerung an das erleuchtete Theater ist zwar äquivalent, aber nicht identisch mit einer reflexiven Erinnerung an die frühere Wahrnehmung des

---

[566] Vgl. Hua III/1, 166: „Ebenso besteht für die Erwartung, für das entgegenblickende Bewußtsein vom ‚Kommenden' die Wesensmöglichkeit der Ablenkung des Blickes [=Reflexion] von diesem Kommenden auf ein Wahrgenommenseinwerden. An diesen Wesenszusammenhängen liegt es, daß die Sätze ‚ich erinnere mich an A' und ‚ich habe A wahrgenommen'; ‚ich sehe dem A entgegen' und ‚ich werde A wahrnehmen' a priori und unmittelbar äquivalent sind; aber nur äquivalent, denn der Sinn ist ein verschiedener." Vgl. Hua XXIII, Beilage XIV.
[567] Künne argumentiert gegen die Ryle-Quine'sche These, jedes Imaginieren eines X sei propositional und habe die Form „Ich stelle mir vor, dass ich X wahrnehme". Künnes semantische Argumentation kann als Stütze von Husserls phänomenologischer Deskription gelesen werden.

Theaters. Da Erinnerungen aber implizit die vergangene Wahrnehmung ‚enthalten', besteht „jederzeit auch die Möglichkeit einer Erinnerung an die frühere Wahrnehmung des Vorgangs (bzw. die Möglichkeit einer Reflexion in der Erinnerung, die die frühere Bewußtseinsweise reproduziert" (ebd.). Vergegenwärtigungen sind, anders als originäre Akte, auf *doppelte Weise* reflektierbar (vgl. Hua XXIII, 210 f.): man kann sowohl auf den *vergegenwärtigenden* als auch auf den in ihm *vergegenwärtigten Akt* reflektieren. Die doxische Neutralität der Phantasie manifestiert sich dabei ebenfalls auf zweifache Weise, denn weder wird das intentionale Objekt noch das intentional implizierte Erlebnis als seiend gesetzt: phantasiere ich einen Zentauren, so wird eine Wahrnehmung vergegenwärtigt, die weder jetzt existiert noch in der Zukunft existieren wird oder in der Vergangenheit existiert hat.

Zusammengefasst: Vergegenwärtigungen vergegenwärtigen immer zweierlei: *explizit* wird ein transzendenter Gegenstand vergegenwärtigt, *implizit* ein zugehöriges Erlebnis. Erinnerungen, Erwartungen und Phantasien weisen eine ungleich „verwickeltere" *bidirektionale Intentionalität* im Vergleich zur Wahrnehmung auf; zu, Vergegenwärtigen gehört eine „wundersam **ineinandergeflochtene Intentionalität**" (Hua VIII, 128).

(4) *Freiheit, Attentionalität & Unbestimmtheit.* Weiterhin zeichnet sich Phantasie durch bestimmte Formen von Willkürlichkeit, Spontaneität und „Freiheit" (EU, 198) aus.

Zunächst sind Phantasien, anders als Wahrnehmungen, prinzipiell *allein* durch uns initiier- und terminierbar. In der Regel können wir sowohl den Anfang als auch das Ende einer phantasierenden Episode willkürlich bestimmen. In diesem Moment nehme ich mir z. B. vor, den Eiffelturm vorzustellen – und sofort ‚ist er da'. Sobald ich meine Aufmerksamkeit wieder auf meine wahrgenommene Umgebung richte, verschwindet der Eiffelturm: „Sowie wir auf Wahrnehmungsobjekte achten, ist das Phantasiefeld weg." (Hua XXIII, 69) In diesem Sinne ist ein *imaginabile* ein *attentionsabhängiges* Objekt; es kann nur dann intentionales Objekt sein, wenn es *erfasst* wird. Anders als *sensibilia* können *imaginabilia* nicht eigentlich „im Hintergrund" erscheinen, ohne thematisch zu sein.[568] Für eine Phantasie ist Aufmerksamkeit wesentlich, nicht hingegen für eine Wahrnehmung, deren attentionaler Vollzug lediglich eine Möglichkeit darstellt: dem „sinnlich gebenden" Bewusstsein ist „Spontaneität außerwesentlich", denn „der individuelle Gegenstand kann ‚erscheinen', auffassungsmäßig bewußt sein, aber ohne

---

568 Allerdings ist es möglich, während des Wahrnehmens die „Aktregung" zu haben, etwas zu phantasieren – was mehr ist, als eine *bloße Disposition* (vgl. *Ideen I*, § 115). In gewissem Sinne kann man also sagen, dass man während des Wahrnehmens en passant oder „im Hintergrund" etwas (anderes) phantasiert.

eine spontane ‚Betätigung' ‚an' ihm" (Hua III/1, 50). Phantasieerlebnisse sind typischerweise solche, die wir spontan, d. h. allein kraft unseres Willens, erzeugen können, während Wahrnehmungen *au fond* eintreten, ob wir wollen oder nicht. Die „freie Fiktion" vollzieht sich „spontan"; das Bewusstsein von *imaginabilia* ist – ähnlich wie kategoriale Akte – „ein Erzeugtes" (Hua III/1, 50). Da Husserl Aufmerksamkeit als *freie Leistung* des (reinen) Ich versteht, ist Phantasie konstitutiv mit der Freiheit des Ich verwoben.[569] Bei der Wahrnehmung liegt es nicht an meiner Willkür, ob mir *überhaupt* etwas erscheint, wenngleich ich *einzelne* Wahrnehmungen sensomotorisch in Gang setzen und modifizieren kann. Hingegen obliegt es meinem Willen, *ob* ich überhaupt und *was* ich jeweils phantasiere. Auch wenn es faktisch oft so ist, dass mich Phantasien passiv ‚überkommen', ist es gleichwohl möglich, dass ich typidentische Phantasien auch willentlich herbeiführen *könnte*. Wahrnehmungen hingegen hängen *nie ausschließlich* von meinen Absichten und Volitionen ab; ich kann lediglich die Rahmen- und Ausgangsbedingungen meiner Wahrnehmungen beeinflussen. Sobald ich meinen Leib und meine Organe willentlich sozusagen justiert habe, liegt es nicht mehr in meiner Macht, ob und was ich wahrnehme. Es steht „außer meiner Macht [...], daß, w e n n ich die Kinästhesen ablaufen lasse, sich ein anderes Bild einstellt; wenn ich diese und diese Kinästhesen dem Objekt gegenüber ins Spiel setze, werden sich diese und diese Bilder einstellen" (EU, 89 f.).[570]

Die Freiheit der Phantasie geht Hand in Hand mit einer *gewissen Unbestimmtheit* des intentionalen Objekts. Der Kontrast zur Wahrnehmung ist wiederum erhellend. Jede Wahrnehmung ist ein mereologisches Ganzes aus sensorisch erfüllten und leeren Komponenten. Während die erfüllten Erlebnisse die ‚eigentlich' wahrgenommenen Aspekte des Gegenstands präsentieren, richten sich die Leerintentionen auf aktuell nicht eigentlich wahrgenommene Aspekte. Diese Leerintentionen konstituieren den aktuellen Innenhorizont der Wahrnehmung. Die leer intendierten Aspekte sind dabei bewusst in der Form „bestimm-

---

569 Die These der *prinzipiellen* Initiier- und Terminierbarkeit der Phantasie schließt weder Fälle aus, in denen passiv *imaginabilia* assoziiert werden, noch solche, in denen jemand träumt, Visionen hat oder unter Zwangsvorstellungen o. ä. leidet. Die Freiheit der Phantasie ist keine „empirische", sondern eine „ideale": *im Prinzip* kann ich willentlich bestimmen, was ich phantasiere; ich kann jederzeit *versuchen*, etwas (nicht) zu phantasieren (vgl. Hua XX/1, 180). Phantasieren ist, anders als Wahrnehmen, eine „*basic* [mental] action", wie McGinn 2004a, 12 ff., treffend sagt.

570 Wahrnehmen ist nach Husserl zwar eine Tätigkeit – also etwas, das wir tun; aber sie ist nicht im eigentlichen Sinne ein willkürliches Handeln (vgl. EU, § 19). Denn die Bewegungen der Augen beim Sehen einer Bewegung oder das Ausrichten des Kopfes tun wir (in der Regel) nicht willentlich, sofern zum willentlichen Handeln ein vorhergehendes (oder auch gleichzeitiges) Bilden einer Absicht gehört.

barer Unbestimmtheit" (Hua III/1, 92). Die Rückseite des gesehenen Apfels ist als *etwas Farbiges* bewusst, wenn schon nicht als rot, grün etc. Auf der einen Seite lässt die Wahrnehmung also wie jede Erwartung offen: „Dieses Offenlassen ist vor den wirklichen Näherbestimmungen, die vielleicht nie erfolgen, ein im jeweiligen Bewußtsein selbst beschlossenes Moment, eben das, was den Horizont ausmacht." (CM, 47) Auf der anderen Seite ist Wahrnehmung durch und durch ein *setzender Akt:* nicht nur die erfüllte Vorderseite, sondern auch die leere Rückseite ist als existierend bewusst. Die Unbestimmtheit des Innenhorizonts muss sich näher bestimmen lassen, wenn die Wahrnehmung fortgesetzt wird. Trotz seiner partiellen Unbestimmtheit ist der perzipierte Gegenstand als ein „durchgängig bestimmbarer" (Kant) bewusst. In diesem Sinne lässt die Wahrnehmung – *in the long run* sozusagen – nichts offen:

> Jede Unbestimmtheit im Tatsachengebiet ist vor aller bestimmten Erfahrung, a l s o a p r i o r i bestimmbar. Das sagt, der Erkennende kann sie nur *a posteriori* entscheiden, auf Grund wirklicher Erfahrungen. Aber er weiss, dass in der Welt, der wirklichen Welt, nichts an sich offen bleibt, sondern an sich alles individuell voll bestimmt ist. (Hua XXIII, 523)[571]
>
> In der wirklichen Welt bleibt nichts offen, sie ist, wie sie ist. (EU, 202f.)

Die Erfüllung einer Wahrnehmung hat stets *entdeckenden, enthüllenden* und *explorativen Charakter.* Man muss, wie Sartre treffend sagt, die „Objekte lernen"; es gilt, „*die Runde zu machen* um die Objekte" und zu warten, „bis der ‚Zucker schmilzt'" (IM, 22). Die Wahrnehmung kann jederzeit „explodieren" (vgl. Hua III/1, 320, 327, 353): jedes *sensibile* kann sich *anders als erwartet* enthüllen, sogar als nicht-existent.

Die Intentionalität der Phantasie steht in scharfem Kontrast zu all dem. Während der phantasierte Zentaur durchaus perspektivisch erscheint, können wir ihn nicht eigentlich ‚kennenlernen'. Fingieren wir ihn von vorne, so hat er zwar einen Horizont, denn es ist immer noch ein dreidimensionales Objekt, das ich mir vorstelle. Aber anders als der bestimmbare Horizont der Wahrnehmung hat der

---

[571] Alles Reale ist demnach bestimmt und im Prinzip (potentiell) bestimmbar. Man kann sich fragen, wie Husserl mit Unbestimmtheitsphänomenen auf quantenphysikalischer Ebene umgehen würde. Vgl. Simons 1986, 123. Soweit ich sehe, stehen Husserl zwei Wege offen: 1) Husserl könnte die unbeobachtbaren (theoretischen) Objekte *antirealistisch* deuten, d. h. als bloß „ideelle[] ontologische[] Denkgebilde" (Hua III/1, 114). Ihre Unbestimmtheit wäre dann kein ontologisches Problem mehr. Dass Husserl wissenschaftstheoretischer Antirealist ist, legen einige Stellen nahe. Vgl. dazu Meixner 2003. 2) Wenn es mikrophysikalische Objekte „an sich" gibt, so könnte Husserl fordern, dass sie, wenn nicht für uns, so doch für „andere besser und weiter schauende Iche" (Hua III/1, 111) wahrnehmbar sein müssen. Dass Realia *prinzipiell* nicht wahrnehmbar sind, ist nach Husserl widersinnig.

Horizont der Phantasie *stipulativen Charakter:* „Die Phantasiewelt ‚ist' und ist so und so, soweit sie von Gnaden der Phantasie phantasiert worden ist; keine Phantasie ist am Ende und ließe nicht eine freie Ausgestaltung im Sinne einer Neubestimmung offen." (EU, 202 f.) Versuche ich, in der Phantasie um den Zentaur herumzugehen (oder ihn zu drehen), so entdecke ich eigentlich nichts an ihm; streng genommen finde ich nur das vor, was ich selber *willkürlich* hinzuphantasiere. In der Wahrnehmung *finde* ich *vor*, in der Phantasie *erfinde* ich (vgl. Hua XXIII, 559). *Sensibilia lernt* man kennen, *imaginabilia* nicht. Gebunden bin ich hier nur an das Wesen *Ding, Animal* oder *Person* (vgl. Hua XXVI, 203), aber im Rahmen dessen kann ich mir die Objekte nach Belieben phantasieren:

> [E]s besteht die Freiheit, mir den gleichsam vermeinten Gegenstand im Sinn einer Idee zurechtzumachen oder ihn so willkürlich auszugestalten, als ob er einer Idee genügte. (Hua XXVI, 219)

> Die Welten der Phantasie sind aber durchaus freie Welten [...] ihr Unbestimmtheitshorizont ist kein durch bestimmte Erfahrungsanalyse explikabler. Jedes *quasi-*Explizieren ist ein neu und frei Hineinphantasieren, nur ein Phantasieren im Stil der Einstimmigkeit. Das Eigene der Phantasie ist ihre B e l i e b i g k e i t . Und daher ideal gesprochen ihre unbedingte Willkürlichkeit. (Hua XXIII, 535)[572]

Anders als Wahrnehmung ist Phantasie kein Vorgang der „Kenntnisnahme" (vgl. Hua XI, §§ 1–4), was Husserl dahingehend zuspitzt, dass Phantasien keinen Geschehens-Charakter haben: „Erfahrung ist beständiges Geschehen und Geschichte, die pure Phantasie ist geschichtslos und geschehenslos, in gewisser Übertreibung gesprochen." (Hua XLI, 187)

(5) *Diskontinuität*. Bei der Kontrastierung von Wahrnehmungs- und Phantasiehorizont ist bereits ihr unterschiedlicher Erfüllungscharakter aufgefallen. Darin bekundet sich ein weiterer typischer Zug der Phantasie, nämlich ihr diskontinuierlicher und „schematischer" Charakter. Husserl spricht auch vom *Proteusartigen* der Phantasie im Unterschied zur Wahrnehmung:

> Die Phantasieobjekte erscheinen wie leere S c h e m e n , durchsichtig blass, mit ganz ungesättigten Farben, mit mangelhafter Plastik, oft nur vagen und schwankenden Konturen, ausgefüllt mit einem *je ne sais quoi*, oder eigentlich mit nichts ausgefüllt, mit nichts, was dem Erscheinenden als begrenzende, so und so gefärbte Fläche zugedeutet würde. Proteusartig ändert sich die Erscheinung, da blitzt wieder etwas wie Farbe und plastische Form auf, und

---

[572] Vgl. Hua XXVI, 207: „Nun kann ich in der Phantasie von gegebenen Phantasien in sehr verschiedener Weise ‚konsequent' weiter phantasieren, d.i. die Einheit der Phantasiegegenständlichkeiten und der Phantasiewelt erhaltend, die Fiktion weiterspinnen, eventuell den Roman des Helden in sehr verschiedener Weise weiterdichten etc."

schon ist es wieder weg, und die Farbe, auch wo sie aufblitzt, hat etwas eigentümlich Leeres, Ungesättigtes, Kraftloses (Hua XXIII, 59).

Auch wenn sich manche Phantasien als stabile „kernige Gestaltungen" (Hua XXIII, 59) geben, so ist die Diskontinuität der Phantasie gleichwohl ein Wesensmerkmal. Niemals kann eine Phantasie derart kontinuierlich verlaufen wie eine Wahrnehmung. Die Kontinuität der Wahrnehmung basiert auf mehreren Faktoren, etwa darauf, dass ich mich dem wahrgenommenen Gegenstand nähern kann, wobei systematisch geordnete Zusammenhänge zwischen kinästhetischen Empfindungen und Abschattungen des Objektes bestehen: je näher ich komme, desto größer erscheint das Objekt, je kleiner ich meine Augen mache, desto weniger sehe ich von ihm etc. Sehe ich ein (existierendes) Ding, so kann ich mich ihm kontinuierlich nähern, mich zu- und abwenden, es mit mehreren Sinnen erforschen usw. All dies ist so in einer Phantasie nicht möglich. In der Phantasie können systematisch ungeordnete Abschattungen ein und denselben Gegenstand darstellen:[573]

> So z. B.: Ich stelle mir Bismarck vor, und zwar durch eines der bekannten Bilder in Kürassier Uniform. Dann taucht plötzlich ein anderes Bild auf in Zivil etc. Gleichwohl kann die Einheit des vorstellenden Bewusstseins bestehen bleiben, so dass wir von einer Phantasievorstellung mit diskontinuierlicher Repräsentation sprechen können. (Hua XXIII, 62)

Allerdings darf man das Proteusartige der Phantasie nicht überbewerten. Denn nach Husserl lassen sich Phantasien auch *einstimmig* und *quasi-kontinuierlich* vollziehen. Wir können phantasierte Objekte gleichsam zwingen, sich einstimmig darzustellen, da ihre Horizonte nicht gegeben, sondern von uns ergänzt werden. Aber nicht nur das. Einstimmige Phantasien sind darüber hinaus der Schlüssel, um *Möglichkeiten* zu objektivieren und zu „setzen". Ich kann

> ein Phantasiertes als dieses da erfassen, es identisch festhalten, und ich kann ihm [...] den Gehalt seines Soseins und Werdens in der fortgehenden quasi-Erfahrung vorschreiben. Halte ich dabei solche Linien ein, dass bei all dieser Willkür in passivem Gehenlassen und aktivem

---

[573] Dieses Phänomen ist auch aus Träumen bekannt, in denen oftmals dieselben Objekte mit völlig disparaten Eigenschaften erscheinen und sich abrupt in andere Dinge verwandeln („Im Traum war ich ein Vogel"). Dies spricht, nebenbei gesagt, dafür, dass Träume Phantasien und keine Halluzinationen (nicht-veridische Wahrnehmungen) sind. Vgl. dazu auch die erhellenden Beschreibungen Sartres in IM, 197–215, wo die Modifikation der perspektivischen Struktur der Welt in Raum und Zeit beim Imaginieren betont wird. Das Proteusartige der Phantasie kommt bei Sartre darin zum Ausdruck, dass phantasierte Objekte Träger kontradiktorischer Eigenschaften sein können und nicht notwendigerweise identisch mit sich selbst sind (vgl. IM, 141 ff.). Ferner sind auch für Sartre die *imaginabilia* schematischer Natur, da sie durch „*wesensmäßige Armut*" (IM, 210) gekennzeichnet sind.

> Gestalten eine Synthese der Einheit oder Identitätsdeckung resultiert, also ein und derselbe Gegenstand in Einstimmigkeit des Sinnes quasi erfahrener ist, so konstruiere ich damit einen „möglichen Gegenstand". (Hua XXIII, 547)

Einstimmige Phantasie ist bei Husserl der epistemische Pfad ins Reich der Modalitäten (Möglichkeit und Notwendigkeit).[574] Es muss eine „anschauliche und konsequent einstimmige Phantasie" (Hua XXIII, 579) vorliegen, in der ich „solche Linien [einhalte], dass bei all dieser Willkür in passivem Gehenlassen und aktivem Gestalten eine Synthese der Einheit oder Identitätsdeckung resultiert"; ist dies der Fall, so „konstruiere ich damit einen ‚möglichen Gegenstand'" (Hua XXIII, 547).

(6) *Disjunktivismus/Exklusivismus von Wahrnehmung und Phantasie.* Ein weiterer Kontrast zwischen Wahrnehmung und Phantasie ist darin zu sehen, dass sie sich *phänomenal* ausschließen.[575] So können *imaginabilia* nicht im eigentlichen Sinne im Ensemble der *sensibilia* auftreten. Das *imaginabile*

> erscheint nicht im objektiven Zusammenhang der gegenwärtigen Wirklichkeit, der Wirklichkeit, die sich in der aktuellen Wahrnehmung, im aktuellen Blickfeld konstituiert. Der Zentaur, der mir jetzt in der Phantasie vorschwebt, bedeckt nicht scheinbar ein Stück meines Blickfelds, so wie der Zentaur eines Böcklinschen Bildes, das ich wirklich sehe. [...] Das Phantasiefeld ist völlig getrennt vom Wahrnehmungsfeld. (Hua XXIII, 49; vgl. 68–71, 75–78)

Husserl sagt plastisch: „Eins frisst gewissermaßen das andere" (Hua XXIII, 454). Desgleichen ist es nicht möglich, ein und denselben Gegenstand (in derselben Hinsicht) zugleich wahrzunehmen und zu phantasieren (vgl. Hua XXIII, 454; Hua XIX/1, 460 f.). Es scheint unmöglich, zu einem Zeitpunkt eine Wahrnehmung und eine Phantasie mit demselben intentionalen Gehalt zu vollziehen.[576] Ich kann mich nicht „versenken [...] in beide zugleich und beide in gleicher Anschauung halten. [...] Das Nichtgegenwärtige ist mit dem Gegenwärtigen unverträglich, wenn es eben gegenwärtig sein will." (Hua XXIII, 151) Es gibt deswegen auch keinen

---

574 Vgl. Hua XX/1, 177 ff.; Hua XXIII, 563 ff. Zu Husserls diversen Möglichkeitsbegriffen vgl. Mohanty 1984b. Schematisch gilt bei Husserl folgende Trias: ohne *Phantasie* kein Verständnis von *Möglichkeit und Notwendigkeit* – ohne *Wahrnehmung (Anschauung)* kein Verständnis von *Existenz und Wirklichkeit* – ohne *Gefühl* kein Verständnis von *Gut und Böse (Werten)*.

575 Vgl. Sokolowski 1987, 524; vgl. auch Bernet 2006, 412, 415. Es ist demnach nur konsequent, wenn Husserl die Möglichkeit von echten Verwechslungen zwischen Phantasie und Wahrnehmung zurückweist; vgl. Hua XXIII, Beilage XI. Wenn wir uns fragen, ob wir etwas wirklich gesehen oder uns nur eingebildet haben, so ist gemeint, ob wir veridisch wahrgenommen oder nur halluziniert haben. Halluzinationen sind keine Phantasien, sondern „untriftige" Wahrnehmungen.

576 Eine Besonderheit des *Denkens* besteht darin, dass ich etwas zugleich als F wahrnehmen/ phantasieren *und* denken kann. Vgl. Hua XXIII, 453 f.

eigentlichen *Konflikt* zwischen Wahrnehmung und Phantasie; *sensibilia* und *imaginabilia* sind sozusagen intentionale Objekte ‚außer Konkurrenz'. Egal wie laut ich z. B. einen Ton phantasiere, er wird niemals die Geräusche in meiner Umgebung übertönen oder stören; ein phantasiertes grelles Licht, z. B. das der Sonne, blendet mich nicht (vgl. Hua XXIII, 150 Fn. 1; Hopp 2011, 201 f.). Allerdings räumt Husserl ein, dass Wahrnehmung und Phantasie miteinander interagieren und sich in gewissem Sinne sogar „mischen" können.[577] Das Verhältnis zwischen beiden Anschauungsformen ist nicht derart exklusiv, dass man *in keinem Sinne* zugleich wahrnehmen und phantasieren könnte.[578]

Ein erstes wichtiges Phänomen ist in diesem Kontext das sog. *Hineinfingieren*. Dabei findet eine Art Einblendung des phantasierten Objekts in das Wahrnehmungsfeld statt, ohne dass *imaginabile* und *sensibile* eine wirkliche raum-zeitliche Einheit bildeten:[579]

> Beispiele der Mischung bieten alle Fälle des Hineinfingierens in die mir wahrnehmungsmäßig gegenwärtige oder sonstwie im Glauben bewusste Umwelt; wie wenn ich mir fingiere, daß Nixen hier vor uns einen Reigen aufführen, oder mir allerlei Abenteuer fingiere, die mir auf einer Wanderung durch einen tropischen Urwald begegnen. (Hua VIII, 113)

Ein weniger abenteuerliches Beispiel ist das Hineinfingieren einer farbigen Figur in ein wahrgenommenes weißes Blatt Papier (vgl. Hua XXIII, 67 Fn. 1). Auch alltägliche Phänomene wie das Phantasieren einer Anordnung von Möbeln in eine leere Wohnung gehören dazu.

Ein weiteres einschlägiges „Mischungsphänomen" ist das *Umfingieren*. So kann ich mir z. B. anschaulich vorstellen, wie mein grünes Exemplar von *Erfahrung und Urteil* aussehen würde, wenn es rot wäre. Nur beim Hinein- und Umfingieren gibt es so etwas wie Konkurrenz, oder, wie Husserl zu sagen pflegt, *Widerstreit* zwischen Phantasie und Wahrnehmung. Das liegt daran, dass hier nicht mehr reine, sondern unreine Phantasie am Werke ist, die mit aktuellen Partialsetzungen verwoben ist (Setzung des Papiers, der Wohnung, des Buchs).

---

[577] Eine solche Form der Interaktion ist auch das Bildbewusstsein. Denn bei ihm wird das Bildding wahrgenommen, das Bildobjekt in einer perzeptiven und das Bildsujet in einer reproduktiven Phantasie intendiert.

[578] Diese starke These wird von Sartre in *L'Imaginaire* vertreten. Nach Sartre geht das Auftauchen einer Phantasie mit der „Auflösung" (IM, 191) der Wahrnehmung einher – und vice versa.

[579] Vgl. McGinn 2004a, Kap. 3, und 2009, der ebenfalls für klare Demarkationen zwischen Wahrnehmung und Phantasie plädiert. Ähnlich wie Husserl schließt McGinn „Mischungen" nicht aus. Er deutet z. B. das Sehen-Als (*imaginative seeing*), wie es bei Kippbildern wie Jastrows Hasen-Ente statthat, als eine Interaktion von Wahrnehmung und Imagination.

Husserls Rede von „Mischung" ist jedoch mit Vorsicht zu genießen. Phantasie und Wahrnehmung mischen sich nicht so, dass sie eine homogene Einheit bilden, wie das z. B. bei Emulsionen oder Farbmischungen der Fall ist. Sie verhalten sich eher wie Wasser und Öl: „[A]n actual perception could never blend with a phantasy into a single uniform experience. The phantasied and the perceived, like oil and water, refuse to mix." (Brough 2005, XXXIX) „Die Phantasie mischt sich nicht in die Wirklichkeit, sondern bildet ein Reich für sich, das Reich der Schatten." (Hua XXIII, 152) Im eigentlichen Sinne können sie sich nicht „mischen" und bleiben distinkte Akte auch dann, wenn sie vorübergehend eine Art Einheit eingehen.

Wir werden noch sehen, dass Husserl nichtsdestoweniger großes Gewicht auf die Möglichkeit von anschaulichen „Einheit[en]" zwischen Gegenwärtigem und Vergegenwärtigtem, zwischen Wahrnehmung und [...] Phantasieanschauung" (EU, 212) legt. Denn solche ‚hybriden' Einheiten können *Vergleichungsrelationen* (z. B. „Eidechsen ähneln Drachen") anschaulich fundieren, die Husserl von *Wirklichkeitsrelationen* (z. B. „Diese Eidechse liegt auf einem Stein") abgrenzt.

Vor dem Hintergrund von Husserls vertiefter Aktphänomenologie in den *Ideen* sollen nun gezielt Stellen zum Problem der Nicht-Existenz aus diesem dreibändigen Werk unter die Lupe genommen werden. Ich gehe im Wesentlichen auf *zwei Punkte* ein: Erstens untersuche ich Passagen aus den *Ideen I & III*, in denen Husserl die kategorialen Unterschiede zwischen Akt, Noema, Gegenstand und dessen „Wesen" vertieft. Sodann kontrastiere ich Intentionalität und Kausalität anhand der *Ideen II*, wobei das Problem der Nicht-Existenz eine wichtige Rolle spielt, da es der Naturalisierung von Intentionalität Stolpersteine in den Weg legt.

§ 3 „Kardinale Unterschiede"
Die meisten Stellen, in denen Husserl in den *Ideen I* auf das Problem der Nicht-Existenz zu sprechen kommt, erinnern an den Nihilismus aus den *Untersuchungen*: die Objekte gegenstandsloser Noesen sind lediglich intentionale Objekte, keine Entitäten.[580]

Imaginabilia vs. Wesen. Es dominieren dabei *imaginabilia*. Eine erste wichtige Passage stammt aus § 23, betitelt mit „Spontaneität der Ideation. Wesen und Fiktum". Dort verteidigt Husserl den ‚robusten' ontologischen Status von *abstracta* (v. a. von Wesen) gegenüber Einwänden konstruktivistischer, fiktionalistischer,

---

[580] In den *Ideen I* dominieren, nebenbei bemerkt, wieder Beispiele aus der griechischen Mythologie, insbesondere der „flötenspielende Kentaur", der vermutlich von einem Gemälde Böcklins inspiriert ist (vgl. Hua III/1, 74, 173, 346).

nominalistischer und psychologistischer Provenienz. Diesen Einwänden zufolge „entspringen" Wesen im wörtlichen Sinne gewissen kognitiven Operationen der Abstraktion, sodass sie sich als bewusstseinsabhängige „psychologische Produkte" (Hua III/1, 49) erweisen – vergleichbar mit Ingardens „rein intentionalen Gegenständen". Wer so argumentiert, begeht nach Husserl den Kardinalfehler, den spontanen Vollzugsmodus der „Begriffsbildung" mit ontischer Kreativität zu vermengen:

> Es ist, wird man vielleicht noch beifügen, ähnlich wie im Falle willkürlicher Fiktionen: der flötenspielende Kentaur, den wir uns frei einbilden, ist eben unser Vorstellungsgebilde. – Wir antworten: Gewiß vollzieht sich die „Begriffsbildung" und ebenso die freie Fiktion spontan, und das spontan Erzeugte ist selbstverständlich ein Produkt des Geistes. Aber was den flötenspielenden Kentaur anlangt, so ist er Vorstellung in dem Sinne, wie das Vorgestellte Vorstellung genannt wird, aber nicht in demjenigen, in dem Vorstellung der Name eines psychischen Erlebnisses ist. Der Kentaur selbst ist natürlich nichts Psychisches, er existiert weder in der Seele noch im Bewußtsein, noch sonstwo, er ist ja „nichts", er ist ganz und gar „Einbildung"; genauer gesprochen: das Einbildungserlebnis ist Einbilden von einem Kentaur. Insofern gehört freilich zum Erlebnis selbst „Kentaur-vermeintes", Kentaur-phantasiertes. Aber man vermenge nun auch nicht eben dieses Einbildungserlebnis mit dem in ihm Eingebildeten als solchen. (Hua III/1, 49 f.)

Diese Stelle erinnert spürbar an die Jupiter-Passage aus LU V. Ähnlich wie dort betont Husserl, dass das Vorgestellte keinen positiven ontologischen Status hat: der Kentaur ist weder eine intra- noch eine extramentale Entität. Husserl hält somit an der Position des Anti-Realismus bzw. Nihilismus mit Blick auf *imaginabilia* fest. Allein die fingierenden Akte und deren Gehalte, die Noemata („Kentaur-vermeintes"), existieren. Im Falle der spontanen Phantasie wird zwar tatsächlich etwas willkürlich und spontan vom Ich erzeugt, nämlich das Phantasieerlebnis, aber dieser Akt ist nicht mit seinem Objekt zu verwechseln. Anders als das Phantasieerlebnis wird das *imaginabile* nicht erzeugt – würde es erzeugt, existierte es. Husserl vertritt hier implizit die These, dass alles, was durch etwas (anderes) erzeugt oder hervorgebracht wird, existiert. Da in seinen Augen der Kentaur aber in keiner Weise existiert, wird er auch nicht beim Phantasieren erzeugt. Ähnlich ist die „Begriffsbildung" für Husserl keine Erzeugung von Begriffen (hier: Universalien, Wesen), sondern von „ideierenden" Erlebnissen:

> So ist auch im spontanen Abstrahieren nicht das Wesen, sondern das Bewußtsein von ihm ein Erzeugtes, und die Sachlage ist dabei die, daß, und offenbar wesensmäßig, ein originär gebendes Bewußtsein von einem Wesen (Ideation) in sich und notwendig ein spontanes ist, während dem sinnlich gebenden, dem erfahrenden Bewußtsein Spontaneität außerwesentlich ist [...]. Es sind also keine Motive, es seien denn solche der Verwechslung, vorfindlich, die eine Identifikation zwischen Wesensbewußtsein und Wesen selbst, und somit die Psychologisierung des letzteren, fordern könnten. (Hua III/1, 50)

Husserl fährt hier also dieselbe Schiene wie in den *Untersuchungen*, wo er ebenfalls davor warnt, das „Sein des Idealen auf eine Stufe zu stellen mit dem Gedachtsein des Fiktiven oder Widersinnigen". Denn das „letztere existiert überhaupt nicht" (Hua XIX/1, 129 f.), während das erstere „wahrhaft" existiert.

Sinne vs. intentionale Objekte. Dass das Noema nicht mit dem (fokalen) intentionalen Objekt eines Aktes identifiziert werden darf, wurde bereits gezeigt. Das hat zur Folge, dass auch nicht-existierende Objekte nicht mit Noemata identifiziert werden dürfen. Zeus, der Kentaur, der goldene Berg, das runde Quadrat etc. sind keine intentionalen Gehalte, sondern nicht-existierende intentionale Objekte:

> Es ist gut, sich hier zunächst klarzumachen, daß ein Noema als seiend setzen nicht besagt, die dem Noema „entsprechende" Gegenständlichkeit setzen, obschon sie im Noema bedeutete Gegenständlichkeit ist. [...] Das sind *kardinale Unterschiede*, die nur Verallgemeinerungen des einfachen Unterschiedes sind, daß Bedeutungen setzen und Gegenstände setzen zweierlei ist (Hua V, 85–88; Herv. CE).

Eine solche Identifikation hätte außerdem zur Folge, dass sinnverschiedene gegenstandslose Akte nicht mehr auf ein und denselben Gegenstand – auch nicht unter Assumption – gerichtet sein könnten. Noemata sind eben wesentlich feinkörniger individuiert als intentionale Objekte.

Sinne vs. Wesen (vgl. Smith/McIntyre 1982, 167 ff.). Noemata qua intentionale Gehalte von Akten dürfen ferner nicht mit den *Wesen* bzw. *Eigenschaften* ihrer Objekte in eins gesetzt werden. Husserl ist wiederum überdeutlich:

> Man darf nicht verwechseln Noema (Korrelat) und Wesen. [...] Es ist auch selbstverständlich, daß, wie das Bedeutete schlechthin (das nur ist, wenn die Bedeutung eine gültige ist) etwas anderes ist als die Bedeutung, so auch das *Wesen* des Bedeuteten etwas anderes ist als die Bedeutung. Das Wesen „rundes Viereck" gibt es nicht; aber um das urteilen zu können, ist vorausgesetzt, daß „rundes Viereck" eine in dieser Einheitlichkeit seiende Bedeutung ist. (Hua V, 85 f.)

Wesen haben nach Husserl ein modales Existenzkriterium: es gibt sie dann und nur dann, wenn sie instanziier*bar* sind. Die Eigenschaft, ein rundes Viereck zu sein, ist aber nicht instanziierbar, ergo gibt es dieses Wesen nicht, obgleich es sowohl Akte gibt, die auf runde Vierecke gerichtet sind, als auch die zu diesen Akten gehörige Noemata (Bedeutungen).[581] Dass intentionale Gehalte nicht mit Wesen/Eigenschaften des intentionalen Objekts gleichzusetzen sind, zeigt sich

---

[581] Bei der Analyse rein signitiver Intentionalität wurde bereits gezeigt, dass der Ausdruck „rundes Viereck" zwar widersinnig (unerfüllbar), aber nicht unsinnig oder bedeutungslos ist. Husserl spricht von einem „U n w e s e n" (Hua V, 87), einem „wesenlosen" Ausdruck (Hua V, 83).

auch daran, dass Gehalte ebenso wie Erlebnisse *Träger intentionaler Eigenschaften* sind, während das bei Wesen und Eigenschaften im Allgemeinen nicht gilt. Walter Hopp, ein Verfechter der Speziestheorie, bemerkt dazu knapp und klar: „Neither water, nor the property of being water, nor the essence of water is about anything. The concept of water, on the other hand, is about water" (Hopp 2011, 38; vgl. D. W. Smith 2007, 253 f.). Wenn ein Akt den Gehalt [Wasser] hat, so hat er nicht die Eigenschaft *Wasser*: Denn sonst wäre er ein Vorkommnis von Wasser. Die Habensbedingungen von Gehalten und Eigenschaften sind typischerweise nicht dieselben: „what it is to possess a concept is not what it is to possess an essence or property. To possess a concept of red is to have the capacity to carry out mental acts, with a certain character, that are about the color red. But to possess the property of red is to be red." (Hopp 2011, 38)

Ungeachtet dieser „kardinalen Unterschiede" zwischen Akt, Objekt, Objekt-Wesen und Gehalt könnte ein Anhänger einer relationalen Auffassung von Intentionalität an dieser Stelle die These vertreten, dass unsere intentionalen Objekte im Falle von Phantasien, Halluzinationen und auch beim leeren Denken an *impossibilia* gewisse (nicht-instanziierte) Eigenschaften sind, zu denen wir in einer (naturalisierbaren) Repräsentationsrelation stehen. Fingiere ich z. B. ein goldenes Haus, so gibt es zwar kein goldenes Haus, zu dem mein Akt in einer Relation steht; aber immerhin existieren die Eigenschaften *Gold-sein* und *Haus-sein*, zu denen mein Akt in einer intentionalen Relation steht.[582] Diese Position nennt Crane eine „purely relational conception[] of intentionality":

> For example, one might think that although it might seem that we think about particular objects, in fact most of our thoughts are really about the existing *properties* of those objects. When we think about Pegasus, the winged horse of Greek Mythology which was born from the blood of Medusa the gorgon, we are not really thinking about *a winged horse*, since no such thing exists. Rather, we are thinking about the properties of *being a horse, having wings* etc. – and these properties exist. (Crane 2013, 10).[583]

---

[582] Eine solche Strategie schlägt z. B. der Naturalist Fred Dretske ein, um das Problem der Fehlrepräsentation in den Griff zu bekommen. Vgl. Dretske 1995, Kap. 1. Wenn es kein Individuum gibt, wie z. B. beim goldenen Berg oder bei Halluzinationen, repräsentieren wir relational uninstanziierte Universalien, während keine ‚Gerichtetheit' (*aboutness, directedness*) im engeren Sinn vorliegt. „Objekt" verwendet Dretske wie viele angelsächsische Autoren nicht im weiten Husserl'schen Sinne eines „intentionalen Objekts", sondern im Sinne einer Entität bzw. eines raumzeitlichen Einzeldings.

[583] Crane zeigt, dass diese Theorie ein semantisches Pendant im Russell-Quine'schen Deskriptivismus hat, demzufolge Eigennamen und Kennzeichnungen im Grunde nur Abbreviaturen für geeignet quantifizierte generelle Terme sind. Nach Russells berühmter Analyse aus *On Denoting* (1905) können Kennzeichnungen durch generelle Terme, aussagenlogische Junktoren und Quantoren adäquat ersetzt werden. Nach Quine 1979 gilt dasselbe für Eigennamen.

Crane zufolge verschiebt der Eigenschaftsrelationalismus lediglich das Problem der Nicht-Existenz, da auch nicht-existierende Eigenschaften (z. B. Phlogiston-Sein) intentionale Objekte sein können. Der Eigenschaftsrelationalist behauptet jedenfalls, dass Denken an nicht-existierende Objekte schlichtweg Denken an gewisse (existierende) Eigenschaften *ist*. Einen Gedanken an das runde Quadrat erklärt er dadurch, dass an die beiden Eigenschaften *Rund-* und *Quadratisch-Sein* gedacht wird. Je nachdem, welche Konzeption von Eigenschaften im Spiel ist – sei es eine platonische (*ante rem*), aristotelische (*in re*) oder eine auf Tropen basierende –, ergeben sich verschiedene Spielarten des Eigenschaftsrelationalismus (vgl. Kriegel 2011b).

Soweit ich sehe, würde Husserl an dieser Stelle einige *phänomenologische Einwände* erheben. Denn *zum einen* ist ein „einstrahliges" Denken an ein rundes Quadrat ganz anders verfasst als ein „mehrstrahliges" Denken an Rund- und Quadratsein. Es gibt „den Grundunterschied von ‚thetischen' und ‚synthetischen', *einstrahligen* und *mehrstrahligen* Akten" (Hua XIX/1, 502). In einem konjunktiven Denkakt („S denkt an P-sein und Q-sein") richtet sich das „synthetische Bewußtsein, bzw. das reine Ich ‚in' ihm, [...] v i e l s t r a h l i g auf das Gegenständliche", in einem „schlicht thetisch[en] Bewußtsein in e i n e m Strahl" (Hua III/1, 275). Ein synthetischer Akt hat einen ganz anderen Vollzugsrhythmus als ein monothetischer Akt. Vom phänomenologischen Standpunkt aus macht es also wenig Sinn zu sagen, ein Denken an Pegasus sei ‚eigentlich' ein Denken an Pferd- und Geflügelt-Sein. Denn ich denke im fokalen Sinne eben nur an *ein* Objekt, wenn ich an Pegasus oder an das runde Quadrat denke. Hätte der Eigenschaftsrelationalist Recht, so würde ich in diesen Fällen an (mindestens) *zwei* Objekte denken. Das scheint aber falsch zu sein. Vielleicht denke ich, wenn ich an Pegasus denke, ‚implizit' an gewisse Eigenschaften, die zu Pegasus qua ‚explizitem' Objekt gehören, aber *in recto* denke ich eben nur an ein Objekt – eben an Pegasus, das berühmte fliegende Pferd aus der griechischen Mythologie. *Zum anderen* unterscheidet Husserl ganz allgemein zwischen Akten, die auf Eigenschaften, und solchen, die auf Träger von Eigenschaften gerichtet sind. Eigenschaften sind nicht nur ‚höherstufigere' Entitäten als ihre Träger, auch phänomenologisch unterscheiden sich die zugehörigen Akte voneinander: es handelt sich um Unterschiede „im deskriptiven Gehalt" (Hua XIX/1, 148) unserer Erlebnisse; es liegen eigene Weisen des Bewusstseins (vgl. Hua XIX/1, 170) vor, wenn wir Eigenschaften *als solche* intendieren. Wenn wir uns auf Universalien im Unterschied zu Einzeldingen beziehen, so „ist evident, daß beiderseits das Ziel unserer Intention, das Gegenständliche, welches gemeint und als Subjekt unseres Aussagens genannt ist, ein total Verschiedenes ist" (Hua XIX/1, 119):

> Das eine Mal ist die Erscheinung die Vorstellungsgrundlage für einen Akt i n d i v i d u e l l e n Meinens, d. h. für einen solchen Akt, in dem wir in schlichter Zuwendung das Erscheinende selbst, dieses Ding oder dieses Merkmal, dieses Stück im Dinge meinen. Das andere Mal ist sie Vorstellungsgrundlage für einen Akt s p e z i a l i s i e r e n d e n Auffassens und Meinens; d. h. während das Ding, oder vielmehr das Merkmal am Dinge erscheint, meinen wir nicht dieses gegenständliches Merkmal, dieses Hier und Jetzt, sondern wir meinen seinen I n h a l t , seine „Idee"; wir meinen nicht dieses Rotmoment am Hause, sondern d a s Rot. (Hua XIX/1, 114)

Nach Husserl erfordert die Bezugnahme auf Eigenschaften eine kognitive Einstellungsänderung, nämlich den Vollzug bestimmter Abstraktionen. Solche Unterschiede betreffen aber die intrinsische Struktur der jeweiligen Akte, ihr „i m - m a n e n t e [s] W e s e n " (Hua XIX/1, 175). Es ist für mich etwas anderes, einen individuellen Träger einer Eigenschaft oder eine Eigenschaft (Spezies) zu intendieren. Es gibt hier ein fundamentales „phänomenologisch[s] Faktum", nämlich „neuartige[] Bewußtseinsweisen, die dem einzelnen Erlebnis des allgemeinen Ausdrückens und Denkens sein ganzes Gepräge verleihen" (Hua XIX/1, 174). *Drittens* zeigt folgende Stelle, dass Husserl den Eigenschaftsrelationalismus mit Blick auf die Wahrnehmung ablehnt (vgl. dazu auch A. D. Smith 2002, Kap. 9). Husserl unterfüttert hier die Intuition, dass im Falle von Halluzinationen gar kein intentionales Objekt existiert:

> Wenn der Gegenstand nicht existiert, wenn also die Wahrnehmung kritisch als Trug, als Halluzination, Illusion u. dgl. zu bewerten ist, so existiert auch die wahrgenommene, gesehene Farbe, die des Gegenstandes, nicht. Diese Unterschiede zwischen normaler und anomaler, richtiger und trügerischer Wahrnehmung gehen den inneren, rein deskriptiven, bzw. phänomenologischen Charakter der Wahrnehmung nicht an. (Hua XIX/1, 358)

Im Falle der Halluzination existieren weder der intentionale Gegenstand noch dessen Eigenschaften, die Husserl hier als Eigenschaften *in individuo*, d.i. als Momente, versteht. Der Eigenschaftsrelationalist könnte nun wie Dretske erwidern (vgl. Schmid 2006), dass wir beim Halluzinieren, etwa eines roten Apfels, intentional auf Eigenschaften *in specie* bzw. auf nicht-instanziierte – zumindest nicht hier und jetzt instanziierte – Universalien gerichtet sind, also im Beispiel auf die Röte, Apfelheit etc. Ich vermute, dass Husserl eine solche Position aus gerade genannten Gründen ablehnen würde. *Weiterhin* kann man mit Crane gegen den Eigenschaftsrelationalismus einwenden, dass er für emotionale Akte wie Angst, Freude oder Furcht extrem unplausibel ist. Denn wenn ich mich vor etwas fürchte, z. B. vor einem Löwen, so fürchte ich mich vor einem Einzelding, einem Wesen aus Fleisch und Blut, das in der Lage ist, mich zu zerfleischen. Ich fürchte mich nicht vor (abstrakten) Eigenschaften des Löwen, sondern *vor ihm selbst* und seinen *konkreten Taten*.[584]

Insgesamt erscheint der Eigenschaftsrelationalismus nicht plausibel. Nach Husserl ist er sowohl phänomenologisch als auch ontologisch unplausibel. Es genügt, scharf zwischen Akt, Gehalt und intentionalem Objekt zu unterscheiden, um dem Problem der Nicht-Existenz gerecht zu werden. Akte und Gehalte brauchen wir in jedem Fall, Objekte müssen nicht existieren, um als intentionale *foci* fungieren zu können.

§ 4 Kausalität, Motivation & Intentionalität

In den *Ideen II* macht Husserl eine weitere Unterscheidung, die für das Problem der Nicht-Existenz von Bedeutung ist. Dies ist der Unterschied zwischen Intentionalität qua Motivation und realer Kausalität.

In diesem zweiten Buch der *Ideen*, das mit „Phänomenologische Untersuchungen zur Konstitution" betitelt ist, versucht Husserl seine programmatischen Thesen vom Ende der *Ideen I* (vgl. §§ 146 ff.) durch konkrete Beschreibungen einzulösen. Im Zentrum steht dabei die Region der *Realia*. Dazu gehören alle Entitäten, die in der Raum-Zeit existieren, also insbesondere materielle Dinge, Lebewesen im engeren Sinne (Animalia, beseelte Körper) und schließlich Personen und „geistige" Dinge wie Gebrauchsgegenstände und Kunstwerke. Dabei vertritt Husserl ein Stufen- oder Schichtenmodell der Konstitution der Realität (vgl. *Ideen I*, §§ 152 ff.). Realität prägt sich demnach im Kern in *drei Stufen* aus: *Materielles Ding – Animal – Person*. Jede dieser Stufen ist in der vorherigen fundiert, also ontologisch von ihr abhängig; gleichwohl zeichnet sich jede Region durch ihr eigentümliche „Wesensgesetze" aus, die nicht aus den Strukturen der vorhergehenden abgeleitet werden können:

> Die radikale Unterscheidung schließt übrigens keineswegs Verflechtung und partielle Überschiebung aus. So sind z. B. „materielles Ding" und „Seele" verschiedene Seinsregionen, und doch ist die letztere in der ersteren fundiert und daraus erwächst die Fundierung der Seelenlehre in der Leibeslehre. (Hua III/1, 38)

Gemäß dem phänomenologischen Stufenmodell manifestiert sich die Wirklichkeit von Entitäten unterschiedlicher Regionen auf jeweils spezifische Weise. So erfahren wir z. B. materielle Dinge als wirklich, indem wir sie anschaulich als per-

---

584 Vgl. Crane 2013, 12: „If I fear death by drowning, the extreme view says that what I fear are certain properties. This is quite wrong: what I fear is an event of a certain kind. Yet events are particulars [...]."

sistierende Knotenpunkte in kausalen Umständen identifizieren, während für Animalia und Personen Akte der Einfühlung notwendig sind; Personen werden darüber hinaus nicht in erster Linie als Träger natural-kausaler Eigenschaften, sondern als von einer *Umwelt* motivierte *Agenten* erfahren, die dieses oder jenes aus diesen oder jenen *Gründen* tun oder lassen. Naturkausalität und Motivation sind nach Husserl begrifflich zu unterscheiden.

Eine weitere wichtige These der *Ideen II* lautet, dass allen drei Regionen der Realität gewisse intentionale Einstellungen eineindeutig zugeordnet sind. Am wichtigsten sind für Husserl die naturalistische und die personalistische Einstellung. Während die naturalistische Einstellung den Regionen *materielles Ding* und *Animal* zugrunde liegt, gehört die personalistische Einstellung zur Region *Person*. Die Idee ist, dass uns insbesondere Personen (und personale Entitäten wie z. B. Gebrauchsgegenstände oder Kunstwerke) nur auf dem Boden der personalistischen Einstellung *als solche* erscheinen können. Solange wir rein naturalistisch eingestellt sind, sind wir sozusagen blind für personale Entitäten: „Als Forscher sieht er [der Naturalist] nur 'Natur'" (Hua IV, 183). Er verwendet für seine Beschreibungen nur natural-deskriptive Begriffe wie Kausalität, Gestalt, Farbe, Größe, Sinneseindruck etc. Normative und intentionale Begriffe wie Gerichtetheit, Triftigkeit, Grund, Motiv, Zweck, Nützlichkeit, Güte, Schönheit etc. kommen in seinem Vokabular nicht vor. Husserl zufolge gibt es eine scharfe Grenze zwischen naturalistischer und personalistischer Einstellung (und deren Vokabularen). Beide Einstellungen sind insofern *exklusiv*, als man nicht zugleich rein naturalistisch und zugleich personalistisch eingestellt sein kann – ob es eine rein naturalistische Einstellung gibt, ist ohnehin fraglich (vgl. *Ideen II*, §§ 7, 11). Letztlich ist für Husserl die personalistische Einstellung die phänomenologisch grundlegendere, aus der die naturalistische durch eine gewisse Epoché (vgl. Hua IV, 27) erwächst (vgl. *Ideen II*, §§ 1 ff., 34, 49, 53, 62; vgl. dazu Crowell 2010, Beyer 2012b).

Für den hier einschlägigen § 55 der *Ideen II* ist von all dem die These entscheidend, dass die Region *Person* durch *Motivation* charakterisiert ist.[585] Für Personen ist es wesentlich, sich durch etwas zu etwas motivieren zu lassen. Motivationales Vokabular ist unverzichtbar bei der Beschreibung von Personen und ihrer Welt (der sog. *Umwelt*). Motivation wird von Husserl kategorial von Kausation (besser: Naturkausalität[586]) unterschieden, welche die ‚unteren' Re-

---

[585] Vgl. die Überschrift des zweiten Kapitels des dritten Abschnitts: „Die Motivation als Grundgesetz der geistigen Welt". Statt „geistig" kann man auch „personal" sagen.
[586] Tatsächlich behauptet Husserl *nicht*, dass Motivation *keine* Form von Kausalität sei; vielmehr ist Motivation eine Kausalität eigener Art, eine „Motivationskausalität" (Hua IV, 216). In diesem Sinne ist Husserl Kompatibilist, da sich motivationale Kausalität und Freiheit offenbar nicht ausschließen. Die Besonderheit der Motivation zeigt sich z. B. daran, dass abstrakte Ob-

gionen des Dinges und der (animalischen) Seele beherrscht. Die Unreduzierbarkeit von motivationalen Zusammenhängen auf kausale ist ein wichtiges Element von Husserls Anti-Naturalismus.

Im Folgenden soll gezeigt werden, dass sich das Problem der Nicht-Existenz auch bei der Unterscheidung zwischen Kausation und Motivation bemerkbar macht. Das Problem der Naturalisierung von Intentionalität und das Problem der Nicht-Existenz hängen somit zusammen. Denn während Kausation eine existenzabhängige Relation ist, soll dies für die „intentionale Beziehung" gerade nicht gelten:

> Dieses Ich der Intentionalität ist im cogito auf seine Umwelt und speziell auf seine reale Umwelt bezogen, etwa auf Dinge und Menschen, die es erfährt. Diese Beziehung ist unmittelbar keine reale Beziehung, sondern eine intentionale Beziehung auf ein Reales. Also, es ist ein Unterschied: 1. diese intentionale Beziehung: ich habe das Objekt gegeben, ich habe es gegeben als so und so erscheinend, ich habe in passender Blickwendung die Erscheinung vom Objekt gegeben; ich habe die Erscheinung, bin aber auch das Objekt aufmerksam, oder andererseits: ich bin auf sie aufmerksam usw. 2. die reale Beziehung: das Objekt D steht in realer Beziehung zu mir, zum Ich-Mensch, also zunächst zu dem Leib, der mein Leib heißt etc. Die reale Beziehung fällt weg, wenn das Ding nicht existiert: die intentionale Beziehung bleibt bestehen. Daß jedes Mal, wenn das Objekt existiert, der intentionalen Beziehung eine reale „parallel" läuft, nämlich daß dann vom Objekte (der realen Wirklichkeit) Schwingungen im Raume sich verbreiten, meine Sinnesorgane treffen etc., an welche sich meine Erfahrung anknüpft, das ist ein psychophysisches Faktum. Es liegt aber nicht in der intentionalen Beziehung selbst, die durch Nichtwirklichkeit des Objekts nichts erleidet, sondern höchstens sich ändert durch sein Bewußtsein der Nichtwirklichkeit. (Hua IV, 215 f.)[587]

Husserl weist hier mit aller Deutlichkeit auf die Existenzindifferenz der „intentionalen Beziehung" hin. Man kann also auf ein nicht-seiendes Reale intentional bezogen sein, obgleich dieses nicht existiert.[588] Wenn ich glaube oder gar weiß,

---

jekte motivieren können, was bei realer (naturaler) Kausalität unmöglich ist; Ähnliches gilt für nicht-existierende Objekte. Vgl. Hua XXXVII, 216 ff.

587 Eine sehr ähnliche Passage findet sich in der Vorlesung *Erste Philosophie* (1923/4). Dort kontrastiert Husserl die „intentionale Beziehung" mit einer existenzinvolvierenden „normale[n] Beziehungsaussage" (Hua VII, 107) und betont, dass die Intentionalität einen „wesentlich anderen Sinn als die sonstigen Beziehungen" (Hua VII, 106) habe. Nur bei Erlebnissen handelt es sich um eine „im Akte selbst liegende[] Beziehung auf sein Objekt" (Hua VII, 107).

588 Husserl schießt im obigen Zitat allerdings etwas über das Ziel hinaus, wenn er behauptet, dass die intentionale Beziehung *bestehen bleibe*, wenn das Objekt nicht existiert. Richtig ist hingegen nur die *schwächere These*, dass diese Beziehung bestehen bleiben *kann*, wenn das Objekt nicht existiert. Zudem ist zu beachten, dass die Rede von einer „intentionalen *Relation*" wegen der möglichen Nicht-Existenz eines Relatums stets mit Vorsicht zu genießen ist.

dass es nicht existiert – Husserl erwähnt die Furcht vor einem Gespenst (vgl. Hua IV, 232) –, so kann sich mein intentionales Erlebnis modifizieren. In diesem Fall ändert sich dessen doxischer Charakter, die schlichte Setzung weicht einer neutralisierten oder assumptiven Haltung.

Außerdem vertritt Husserl folgende These, die man als *Parallelismusthese* bezeichnen kann:

> Ist e ein intentionales Erlebnis, das auf ein *Reale* X gerichtet ist, & existiert X, so besteht eine *reale Relation R* zwischen e und X.

Das Zitat legt nahe, dass es sich bei der fraglichen Relation R um eine *kausale Relation* zwischen dem Objekt X und mir bzw. meinem Erlebnis e handelt. Diese Relation kann sich als ein komplexes Relationsprodukt erweisen, das aus mehreren kausalen Teilrelationen besteht: erst fällt etwa Licht auf den Gegenstand, dann wird es reflektiert und breitet sich durch die Luft aus, trifft schließlich auf meine Netzhaut, wird im Gehirn verarbeitet etc. Am Ende der Kausalkette steht mein mentales Erlebnis, sodass, wie Husserl sagt, zwischen den letzten beiden Relata des Relationsprodukts eine „psychophysische" Beziehung besteht. Eine solche reale Beziehung – eine „Wirklichkeitsbeziehung" (vgl. EU, § 43) – unterstellen wir in der Regel, wenn wir im Alltag einer anderen Person oder uns selbst z. B. eine Wahrnehmung zuschreiben. Wir „implizieren" dann, mit Grice gesagt, die Existenz eines intentionalen Objekts. Husserl zufolge liegen dann zwei „Beziehungen" vor: eine intentionale und eine reale. Sage ich „ich sehe diesen Baum, so ist freilich im normalen Sinn solcher Rede gelegen, daß der Baum in Wahrheit dort sei, während er andererseits zugleich als in diesem Wahrnehmen Wahrgenommener gemeint ist. Hier haben wir also eine normale [existenzabhängige] Beziehungsaussage, in der zugleich eine [existenzneutrale] intentionale Beziehung miteingeschlossen und mitausgesagt ist" (Hua VII, 107). Diese (implizit) zweifache Zuschreibung zeigt sich daran, dass wir normalerweise eine solche Zuschreibung aus zwei Gründen für gescheitert halten: zum einen dann, wenn es kein Objekt gibt; zum anderen dann, wenn die Person gar nicht bei Bewusstsein ist, es sich um eine Attrappe handelt etc. Vom phänomenologischen Standpunkt aus kann die intentionale Beziehung allerdings auch dann bestehen, wenn das Objekt nicht existiert.

Die fragliche reale Relation muss allerdings nicht notwendigerweise kausaler Natur sein; es genügt, wenn sie *raumzeitlicher Natur* ist. Denke ich z. B. gerade an den großen Zeh von Barack Obama, so ist mein intentionales Objekt ein existierendes Reale, zu dem ich gemäß der Parallelitätsthese in einer realen Relation stehen muss. In diesem Fall scheint es merkwürdig, eine, wenn auch komplexe, kausale Relation anzunehmen (ich habe diesen Zeh ja noch nie gesehen). Plausibler scheint es, zu sagen, dass eine zeitliche Relation der Gleichzeitigkeit von Akt und Objekt und eine räumliche Relation der Entfernung besteht. Reale Relationen sind bei Husserl nicht nur kausaler Natur. Er spricht allgemein von *Wirklichkeits-* oder *Verbindungsrelationen*, die verschiedener Art sein können (vgl. EU, § 43; s. u.). Das Entscheidende ist, dass solche realen Relationen nur zwischen existierenden realen Einzeldingen bestehen können, die raumzeitlich „verbunden" sind. Ein Gedanke an Pegasus kann u. a. deswegen keine Verbindungsrelation sein, weil Pegasus qua *imaginabile* nicht der (einen) Raum-Zeit der Welt angehört.

Im Unterschied zur realen Beziehung handelt es sich bei der Intentionalität ferner um eine *wesentliche Beschaffenheit* des Aktes. Ob der „psychophysische" Zusammenhang besteht oder nicht, ist ein kontingentes Faktum; ob das Erlebnis auf sein Objekt gerichtet ist oder nicht, gründet hingegen im Wesen des Aktes:

> Daß ein Erlebnis Bewußtsein von etwas ist, z. B. eine Fiktion Fiktion des bestimmten Kentauren, aber auch eine Wahrnehmung Wahrnehmung ihres „wirklichen" Gegenstandes, ein Urteil Urteil seines Sachverhaltes usw., das geht nicht das Erlebnisfaktum in der Welt, speziell im faktischen psychologischen Zusammenhange an, sondern das reine und in der Ideation als pure Idee erfaßte Wesen. Im Wesen des Erlebnisses liegt nicht nur daß es, sondern auch wovon es Bewußtsein ist, und in welchem bestimmten oder unbestimmten Sinne es das ist. (Hua III/1, 74)

Die These der intrinsischen Intentionalität wird hier im *essentialen Sinne* verstanden: Aussagen, in denen Erlebnissen Gerichtetheit auf etwas in einem bestimmten Sinn zugeschrieben werden, gelten notwendigerweise. Das intentionale Objekt und der Sinn, in dem es gegeben ist, gehören zum Wesen eines intentionalen Erlebnisses – ein Erlebnis wäre nicht mehr ‚es selbst', wenn sich sein Objekt oder Sinn ändern würden. Natürlich ist es nicht notwendigerweise der Fall, dass ich z. B. gerade mein hp-Notebook sehe; aber dass mein aktuelles Erlebnis mein hp-Notebook und nicht etwa meinen iMac „im Sinn" hat, betrifft das, „was i n den Wesen, ‚a priori', in unbedingter Notwendigkeit beschlossen ist" (Hua III/1, 74). Diese wesentliche Intentionalität der Akte trägt ihrem *selektiven Charakter* Rechnung – ein Charakter, der bei kausalen Beziehungen fehlt. Während die kausale Beziehung zwischen Reale und Akt zahlreiche intermediäre Relata aufweist (Licht–Oberfläche–reflektiertes Licht–Netzhaut etc.), ist die intentionale Beziehung in gewissem Sinne immer schon am Ziel oder terminiert. Ich sehe eben ein bestimmtes Ding im Raum. Die kausale Beziehung ist nicht sensitiv gegenüber der Hinsicht, in der wir auf etwas gerichtet sind. Kausalität selektiert nicht, während Intentionalität immer schon ‚weiß', was sie ‚will'. Husserl hat bereits in den *Untersuchungen* nachdrücklich auf den Unterschied zwischen Intentionalität und (Natur-)Kausalität hingewiesen (vgl. Hua XIX/1, 404 f., 436 ff.). In

Übereinstimmung mit dem Bisherigen betont er hier *drei zentrale Unterschiede* zwischen Kausalität und Intentionalität:[589]

Erstens ist Intentionalität eine „innere" Bestimmung im Kontrast zu „äußerlichen" Kausalrelation:

> Es ist kein äußerliches Kausalverhältnis, wonach die Wirkung als das, was sie in sich betrachtet ist, denkbar wäre auch ohne die Ursache oder die Leistung der Ursache in dem Hinzutreten von etwas bestände, das auch für sich sein könnte. (Hua XIX/1, 405)

Ursache und Wirkung sind in logischer und essentialer Hinsicht wechselseitig unabhängig voneinander: Ist W die Wirkung von U, so ist es möglich, dass W unabhängig von U und U unabhängig von W stattfindet. Husserl steht hier ganz in den Fußstapfen Humes, denn auch nach Hume ist Kausalität keine Relation, die in den intrinsischen Eigenschaften der Relata fundiert ist – wie dies bei den *relations of ideas* der Fall ist (vgl. EU, 472ff.). Die intentionale Beziehung zwischen einem Akt e und dessen Gegenstand X lässt sich aber nicht auf diese Weise beschreiben. Denn der intentionale Gegenstand von e zu sein bedeutet, dass e auf X gerichtet ist. Die Beschreibung der intrinsischen Struktur von e ist *ipso facto* eine Beschreibung der Gerichtetheit von e auf X.[590] Kausalität ist eine externe Relation, die – anders als eine interne Relation – nicht ausschließlich in den intrinsischen Eigenschaften der Relata fundiert ist. Intentionalität gleicht in dieser Hinsicht eher einer internen Relation.

Zweitens kontrastiert Husserl in LU V Intentionalität und Kausalität in puncto Existenzabhängigkeit. Die entsprechende Passage aus § 15 a) sei hier in ihrer Gänze zitiert:

> Ja es ist, genauer erwogen, ein prinzipieller Widersinn, das intentionale Verhältnis, hier und überhaupt, als Kausalverhältnis anzusehen, ihm also den Sinn eines empirischen, substanzial-kausalen Notwendigkeitszusammenhanges unterzulegen. Denn das intentionale Objekt, das als „bewirkendes" aufgefaßt ist, kommt dabei nur als das intentionale in Frage, nicht aber als außer mir wirklich seiendes und mein Seelenleben real, psychophysisch bestimmendes. Ein Kentaurenkampf, den ich mir in einem Bilde oder in der Phantasie vorstelle, „erregt" mein Wohlgefallen wie eine schöne Landschaft der Wirklichkeit, und wenn ich die letztere auch psychophysisch als reale Ursache für den in mir seelisch erwirkten Zustand des Wohlgefallens auffasse, so ist das eine total andere „Kausation" als diejenige, in welcher ich

---

[589] Zum Problem, Intentionalität kausal auszubuchstabieren, vgl. auch Zahavi 2003a, 14ff., und Mohanty 1984a.

[590] Vgl. Mackie 1975, 49: „If I say that this state is one of expecting an explosion, I seem to describe it intrinsically. That is how it is in itself, how it would be no matter what the rest of the world was like. And yet I cannot adaequately describe how it is in itself without mentioning a possible explosion." Das ist nach Mackie das „real puzzle about intentionality".

die gesehene Landschaft – vermöge gerade dieser Erscheinungsweise oder gerade dieser erscheinenden Farben oder Formen ihres „Bildes" – als „Quelle", als „Grund", „Ursache" meines Wohlgefallens erschaue. Das Wohlgefälligsein, bzw. das Wohlgefallenempfinden, „gehört" zu dieser Landschaft nicht als physikalischer Realität und nicht als physikalische Wirkung, sondern in dem hier fraglichen Aktbewußtsein gehört es zu ihr als so und so erscheinender, evtl. auch so und so beurteilter, an dies oder jenes erinnernder usw.; als solche „fordert", „weckt" sie dergleichen Gefühle. (Hua XIX/1, 405)

Im Fall von intentionalen Reaktionen auf nicht-existierende oder phantasierte (im Bilde oder in der Phantasie repräsentierte) Objekte gibt es keine kausale Relation zwischen Objekt und Akt. Es ist allein die *Weise*, wie etwas erscheint, ausschlaggebend. Wie wir bereits wissen, wird diese Weise durch den existenzindifferenten Sinn des Aktes festgelegt – also durch eine intrinsische Eigenschaft des Aktes. Interessanterweise lässt Husserl im obigen Zitat die begriffliche Möglichkeit zu, auch im Falle der Motivation durch *imaginabilia* von einer Kausalität oder Kausation sui generis zu sprechen. Allerdings handelt es sich dann nicht um einen „empirisch-substanzialen Notwendigkeitszusammenhang", denn ein solcher kann nur zwischen existierenden Dingen bestehen.[591]

Drittens betont Husserl, dass selbst zum *Begriff* bzw. *Sinn* der Wahrnehmung kein kausales Element gehört:

Die schlichte Wahrnehmung enthält in ihrem Wahrnehmungssinn nichts von einer Auffassung einer kausalen Beziehung zwischen meiner Seele, meinen Empfindungen, meinen Erscheinungen und dem Ding. (Hua IV, 374)

Das hat zur Folge, dass Husserl eine dezidiert nicht-kausale Konzeption von Wahrnehmung und *a fortiori* von Intentionalität überhaupt vertritt.

In § 55 der *Ideen II* betont Husserl den Unterschied zwischen Intentionalität und Kausalität insbesondere wegen seiner Bedeutung für den Begriff der *Motivation*. Denn die Gegenstände der *Umwelt* des Subjekts, die nicht eine „Sphäre 'bloßer Sachen'" (Hua IV, 25), sondern eine Sphäre von „Träger[n] von Wertprädikaten und analogen Prädikaten" (Hua IV, 27) ist, können dieses zu einer emotionalen, praktischen oder wertenden Stellungnahme motivieren – unabhängig davon, wie es um die ‚wahre' physikalische Beschaffenheit dieser Objekte bestellt ist:

---

[591] Sartre hat die „Quasi-Kausalität" der *imaginabilia* eindringlich beschrieben. Tatsächlich werden wir laut Sartre nicht durch *imaginabilia*, sondern durch uns selbst und unsere Akte motiviert, wenn wir auf sie reagieren. Vgl. IM, 215 ff.

Also nicht schlechthin und überhaupt ist die physische Wirklichkeit die aktuelle Umwelt irgendeiner Person, sondern nur sofern sie von ihr „weiß", soweit sie sie durch Apperzeption und Setzung erfaßt oder in ihrem Daseinshorizont als mitgegeben und erfassungsbereit bewußt hat – klar oder unklar, bestimmt oder unbestimmt – je nachdem eben das setzende Bewußtsein ist. Weiß sie nichts von den Entdeckungen der Physik, so gehört die Welt nicht mit dem Sinnesgehalte der Physik zu ihrer aktuellen Umwelt. [...] Ganz allgemein gesprochen ist die Umwelt keine Welt „an sich", sondern Welt „für mich", eben Umwelt i h r e s Ich-subjekts, von ihm erfahrene, oder sonstwie bewusste, in seinem jeweiligen Sinnesgehalt gesetzte Welt. (Hua IV, 186; vgl. 188–190, 218)

Die Umwelt eines Subjekts ist diesem Sinne eine *perspektivische, transparente* oder *auffassungssensitive*[592] Welt: nur das gehört zu ihr, nur das in ihr kann mich zu etwas motivieren, dessen ich mir auf die ein oder andere Weise *bewusst bin*. Gegenstände der Umwelt wirken nur insofern auf mich, als sie für mich explizit oder implizit (horizontal) thematisch sind (vgl. Hua IV, 218 f.). Was ich darüber hinaus ‚nicht weiß, macht mich nicht heiß'.[593] Mithin kann man auch sagen, dass Motivation existenzindifferent ist, da ich durch etwas motiviert sein kann, das nicht existiert.[594] Existiert das intentionale Objekt, läuft der Motivationsbeziehung eine reale (kausale) Relation parallel. Dann kann sich für das Subjekt „das Motivationsverhältnis in ein real-kausales verwandeln, das Motivations-Weil in ein reales Weil. Ich ärgere mich über den Lärm da draußen – die Auffassung kann genau dieselbe sein wie: ich ärgere mich über den Gassenhauer, der mich in der Phantasie verfolgt. Im ersten Fall ist das Korrelat als wirklich gesetzt, im letzteren nicht. Und wo es als wirklich gesetzt ist, kann ich die Sachlage kausal verstehen, kaum merklich ist die Umänderung der Einstellung, obschon es eine wesentliche Än-

---

592 Motivation erzeugt wie Intentionalität *intensionale Kontexte:* „X bewegt mich zu ...", „X veranlasst mich zu ...", „X ist ein Grund für mich zu ..." etc. sind allesamt intensional bezüglich der X-Stelle.
593 Vgl. Hua IV, 231: „Aber die physiologischen Prozesse [...] motivieren mich nicht, wenn sie das Auftreten von Empfindungsdaten, Auffassungen, psychischen Erlebnissen in meinem Bewußtsein psychophysisch bedingen. Was ich nicht ‚weiß', was in meinem Erleben, meinem Vorstellen, Denken, Tun mir nicht als vorgestellt, wahrgenommen, erinnert, gedacht etc. gegenübersteht, ‚bestimmt' mich nicht geistig. Und was nicht in meinen Erlebnissen, sei es auch unbeachtet oder implizite intentional beschlossen ist, motiviert mich nicht, auch nicht in unbewußter Weise."
594 Vgl. Hua XXXVIII, 338: „Die Speise mag Illusion sein, die Willensbestimmung ist darum noch lange keine Illusion, es liegt wirkliches Begehren und Wollen fundiert in der wirklichen Überzeugung vom Sein des Objekts vor. Das Gespenst, vor dem ich, der ich an seine Wirklichkeit glaube, davonlaufe, hat eine gewaltige Wirkung auf mich, aber dass Gespenster eine Naturkausalität üben, wird niemand annehmen." Man kann auch durch *abstracta* motiviert werden, die im Sinne der Naturkausalität kausal impotent sind (vgl. Hua IV, 232).

derung ist" (Hua IV, 233). Die intentionale Beziehung der Motivation erweist sich somit als eine nicht-reale „S u b j e k t - O b j e k t - B e z i e h u n g ", die sich zwischen „Ich und intentionalem Objekt" abspielt, wobei letzteres allein „vermöge seiner erfahrenen Eigenschaften" motivierend ist – und nicht aufgrund der „physikalischen, von denen ich nichts zu wissen brauche, und wenn ich davon weiß, so brauchten sie in Wahrheit nicht zu sein" (Hua IV, 216). Zu diesen nicht-naturalen motivierenden Eigenschaften zählen insbesondere ästhetische, praktische und axiologische Eigenschaften, aufgrund deren mich das Objekt „reizen" und mich in ein teleologisches „Verhältnis" zu ihm versetzen kann. Die Dinge der Umwelt haben somit Aufforderungs- und Abstoßungscharakter, attraktive und repulsive Züge. Ein Objekt „tritt in eine in einem neuen Sinn ‚intentionale' [motivationale] Beziehung zum Subjekt: das Subjekt v e r h ä l t s i c h zum Objekt, und das Objekt reizt, m o t i v i e r t das Subjekt. Das Subjekt ist Subjekt eines Leidens oder eines Tätigseins, passives oder aktives in Beziehung auf die noematisch ihm vorliegenden Objekte, und korrelativ haben wir v o n d e n O b j e k t e n ausgehende ‚W i r k u n g e n ' a u f d a s S u b j e k t " (Hua IV, 219).[595]

Es sei angemerkt, dass Husserl, ungeachtet der prinzipiellen Differenz zwischen Intentionalität und Kausalität, kausalen Beziehungen detaillierte Analysen widmet. Sowohl Kausalität zwischen Objekten als auch zwischen Subjekten und Objekten spielen eine zentrale Rolle für die „Konstitution der realen Wirklichkeit", denn reale Wirklichkeit ist *au fond* kausale Wirklichkeit: „R e a l i t ä t [...] und K a u s a l i t ä t g e h ö r e n u n t r e n n b a r z u s a m m e n. Reale Eigenschaften sind eo ipso kausale." (Hua IV, 45) Kausale Beschreibungen gehören aber zu einer anderen, einer *höheren Konstitutionsstufe* als intentionale Beschreibungen. Denn anders als die intrinsische Intentionalität von Erlebnissen sind kausale Relationen externe und existenzabhängige Beziehungen, die sich darüber hinaus erst von einer Dritten Person Perspektive aus adäquat beschreiben lassen. Ich muss sozusagen auf mich qua Reale in der Welt und auf das reale intentionale Objekt blicken, um das Vorliegen einer kausalen Relation feststellen zu können, während die intentionale Gerichtetheit ‚von innen' gegeben ist.

---

595 Für eine ausführlichere Charakterisierung der Motivation bei Husserl vgl. Hua IV, §§ 55–61. Vgl. dazu Kreidl 2011. Vgl. auch die Bemerkungen bei Süßbauer 1995, 74 ff. Süßbauer stellt heraus, dass Motivation im eigentlichen Sinne eine *intramentale*, d. h. eine Relation zwischen Erlebnissen ist. Objekte motivieren nur insofern, als es intentionale Erlebnisse gibt, die auf sie gerichtet sind. Motivation, zu der bereits Assoziation nach Husserl gehört (vgl. Hua IV, 222 ff.), ist im Unterschied zu den formalen Beziehungen der Fundierung und der Zeitlichkeit eine materiale Relation, die den „sachliche[n] Zusammenhang" (Süßbauer 1995, 74) des Bewusstseinsstroms bildet.

Mit der Unterscheidung zwischen Intentionalität und Kausalität haben wir ein wichtiges aktuelles Thema berührt, nämlich die Frage nach der sog. *Naturalisierbarkeit von Intentionalität*. Zusammen mit der *Naturalisierung der Qualia* bildet dieses Problem eine Herausforderung für naturalistisch, z. B. physikalistisch oder biologistisch gesinnte Philosophen, die alle mentalen Entitäten und Eigenschaften durch ‚rein' naturale Entitäten und Eigenschaften erklären wollen.[596] In der Regel geht der Naturalist so vor, dass er Qualia und Intentionalität mit Hilfe derjenigen begrifflichen Ressourcen zu explizieren versucht, die in den empirischen Naturwissenschaften Anwendung finden.[597] Dazu gehören neben dem Begriff der Kausalität auch Begriffe wie *Information, Indikation* und – seit einiger Zeit – biologische Begriffe wie *teleologische Funktion*. Je nachdem, welche empirische Disziplin im Fokus steht, ergibt sich eine andere Art der Naturalisierung.[598] Ähnlich wie Husserl sehen einige zeitgenössische Autoren wie T. Crane, U. Kriegel und J. L. Mackie im Problem der Nicht-Existenz eine Hürde, die von einem relationalen Naturalismus nur schwer bzw. gar nicht überwunden werden kann.

Der Trend besteht darin, die Intentionalität des Geistes durch eine naturale Relation zu naturalisieren – es geht also um *relationale Naturalisierung* von Intentionalität:

> Until recently, the attempt to „naturalize intentionality" dominated philosophical theorizing about intentionality, and the consensus was that the way to naturalize intentionality was to

---

[596] Meist gilt die Naturalisierung von Intentionalität als leichtes (*easy*), die von Qualia als hartes (*hard*) Problem. Vgl. Mayer 2011, die für eine Umkehrung dieser These wirbt. Vgl. ähnlich Meixner 2003.

[597] Oft werden Qualia und Intentionalität als prinzipiell verschiedene Eigenschaften des Geistes verstanden – eine Position, die als „Separatismus" bezeichnet wird. Inzwischen wird der Separatismus von zahlreichen Philosophen unter dem Label *Inseparatismus* bzw. *Phänomenale Intentionalität* bestritten. Dieser Richtung zufolge gehören Qualia und Intentionalität *wesentlich* zusammen; insbesondere gibt es keine puren Qualia, sondern lediglich intentionale Qualia (Schmerzen, Nachbilder und Stimmungen – klassische pure Qualia – sind in diesem Sinne intentionaler Natur); umgekehrt haben bewusste intentionale Zustände (und zwar nicht nur sensorische) auch Qualia. Zum Inseparatismus vgl. Horgan/Tienson 2002. Ebd., 530 Fn. 34, 532, wird Husserl für seine These gelobt, Intentionalität als eine intrinsische Eigenschaft des Bewusstseins aufgefasst zu haben. Husserl – sowie Brentano und dessen unmittelbare Schüler – können als geistige Väter dieses Programms der *Phänomenalen Intentionalität* angesehen werden. Zum Verhältnis Husserl und *Phänomenale Intentionalität* vgl. Zahavi 2003b und Weidtmann 2010.

[598] Die wichtigsten Naturalisierungsstrategien sind 1) der informationstheoretische (früher Dretske), 2) der kausale oder kovariationale (Fodor) und 3) der biologische oder teleologische Zugang (Millikan, später Dretske). Am meisten Aussicht auf Erfolg scheinen kausale-*cum*-teleologische Ansätze zu haben; vgl. dazu exemplarisch Dretske 1995. Vgl. auch den Überblick bei Crane 2003, Kap. 5, und Jacob 2004, Kap. 9.

> identify a natural relation that holds between states of the brain and states of the environment when and only when the former are about the later. [...] Different theories expanded on this basic idea, diverging in their more detailed expositions of the „tracking relation". (Montague 2010, 765)

Kurz gesagt: es geht dem relationalen Naturalisten um die Frage, ob sich eine dyadische naturale (*tracking*) Relation N finden lässt, die folgende Bedingung erfüllt:

e ist intentional auf x gerichtet **gdw.** eNx.

Ohne hier auf Details einzugehen, ist es interessant zu beobachten, dass das Problem der Nicht-Existenz eine Hürde darstellt, die relationale Naturalisierungsversuche überwinden müssen. In jedem Fall muss die Möglichkeit von Fehlrepräsentation, Irrtum und Repräsentation von purer Nicht-Existenz (z. B. bei Halluzinationen) mit Hilfe der Relation N erklärt werden. Die beiden Probleme der Intentionalität (Nicht-Existenz und Naturalisierung) hängen also zusammen. Wenn die These der intrinsischen Intentionalität zutrifft, dann muss die Naturalisierung anders vonstattengehen – wenn sie denn möglich ist:

> The standard approach among physicalist philosophers of mind is to give some account of what some call the ‚representation relation' in non-intentional (usually causal) terms. But thus formulated, the project cannot succeed. For if it is possible to represent things which do not exist, then there can be no representation relation, since relations entail the existence of their relata. It follows from this that – whatever the other problems with the idea that representation reduces to causation – causation cannot underpin representation in general, since causation is a relation and representation isn't. (Crane 2001b, 348)[599]

Husserl hat diesen engen Zusammenhang zwischen dem Problem der Nicht-Existenz und dem Naturalisierungsprogramm deutlich gesehen. Der schlichte Kern des Problems besteht darin, dass es sich bei N um eine (ggf. komplizierte) Relation handelt, die letztlich die Existenz zweier Relata fordert, während Intentionalität in diesem Sinne keine Relation ist.[600]

---

599 Kriegel 2007, 312, schreibt sogar: „It is noteworthy that [...] the claim that representing something involves constitutively bearing a relation to it, is presupposed by the mainstream research program on naturalizing intentionality as it has been pursued since the late seventies. [...] To that extent, the mainstream research program on naturalizing intentionality may be fatally flawed." Falls man weiterhin an der Naturalisierung festhalten wolle, müsse man die *nicht-relationale* Eigenschaft, intentional zu sein, naturalisieren; vgl. ebd., 331, Fn. 13.

600 Weitere Argumente gegen eine, wie man sagen könnte, ‚intrakranielle' Naturalisierung von Intentionalität finden sich in *Ideen II*, § 63. Husserl behauptet dort, dass zwar Empfindungen, nicht aber intentionale Erlebnisse naturalisierbar seien, weil letztere gewissen „Wesenszusam-

§ 5 Zusammenfassung und Ausblick

Zu den wesentlichen Ergebnissen des Abschnitts zu den *Ideen* gehören die folgenden:

1. Es wurde gezeigt, dass sich der ontologische und phänomenologische Status des Noema am ehesten als eine „gebundene Idealität" und somit auch als eine Antizipation von Ingardens „rein intentionaler Gegenständlichkeit" verstehen lässt.[601] Noemata/Sinne sind demnach sowohl von der Noesis als auch vom „fokalen" intentionalen Objekt numerisch verschieden; gleichwohl sind sie ontologisch und essentiell abhängig von der Noesis, während sie unabhängig vom intentionalen Objekt sind, das nicht existieren muss. Noemata sind in sich selbst unselbständige „Gebilde" von Noesen, die ein Subjekt vollzieht. Anders als z. B. reelle Empfindungen sind Noemata keine „reellen", sondern „irreelle" Entitäten. Sie sind wesentlich gebunden an Noesen, ohne Stücke oder Momente derselben zu sein. Im unreflektierten Erleben stehen Noemata ferner nicht im Fokus unserer Aufmerksamkeit; gleichwohl scheinen sie „implizit" intendierte Objekte zu sein. Husserl zufolge gibt es eine sowohl von der „ideierenden Abstraktion" bzw. „Wesensanschauung" als auch von der auf Erlebnisse gerichteten noetischen Reflexion verschiedene kognitive Operation der *noematischen Reflexion*, aufgrund deren wir Noemata zu expliziten und thematischen Objekten von Urteilen machen können.

Nichtsdestoweniger bleibt die Noemata-Lehre mit Unklarheiten behaftet. So ist z. B. nicht klar, wie Noemata intersubjektiv geteilt werden können, wenn sie tatsächlich aktabhängig sind. Man müsste hierfür die Idee einer generischen Abhängigkeit einführen, was Husserl aber nicht systematisch tut. Zudem bleibt die Relation zwischen Noesis und Noema letztlich unklar. Es ist zwar eine *echte Relation* (anders als die „fokale" Intentionalität), aber gleichzeitig soll es sich um eine gewisse Spielart von Intentionalität handeln – abgesehen davon, dass Noemata in gewissem Sinne auch ‚Produkte' der Noesen sind. Diese Unklarheiten waren Anlass, im Anschluss an Autoren wie Dallas Willard, J. N. Mohanty und Walter Hopp das Noema als Noesis *in specie* zu deuten, um somit gleichsam die Noematheorie ein Stück weit ins Boot der Speziestheorie zurückzuholen. Wenn die Speziestheorie Probleme haben sollte, den ‚Kontakt' zu bewusstseinstranszen-

---

menhänge[n]" (Hua IV, 293) gehorchen, die nicht auf kausale Abhängigkeiten reduziert werden können. Vgl. zu diesem Argument Arp 1994, 358 ff.; A. D. Smith 2003, 124 f.; Crowell 2010 und Mayer 2011.

601 Zu Ingardens rein intentionalen Gegenständen im Sinne von Sinnen (Noemata) und Bedeutungen vgl. LK, §§ 15, 18, 20, 22, 66; SEW II/1, § 46. Nicht alle rein intentionalen Gegenstände bei Ingarden fungieren als Aktsinne („media quo"); so sind z. B. *ficta* fokale Objekte fiktionaler Rede.

denten Objekten ‚herzustellen', dann auch die Noematheorie, da zum einen die Relation zwischen Noesis und Noema unklar bleibt, und zum anderen das Noema Eigenschaften des intentionalen Objektes auch ‚nur' intentional darstellen kann. Zum Noema *gehören* das Objekt und dessen Eigenschaften auf *modifizierte Weise*, was Husserl durch die Rede vom „intentionalen Objekt als solchen" oder durch permanente Anführungszeichen betont. Das Noema der Wahrnehmung von etwas Rotem ist „rot" oder hat „Röte", d. h. es stellt Röte bzw. etwas Rotes intentional dar; es selbst ist aber nicht rot.[602] Es bleibt mithin fraglich, inwiefern das Noema tatsächlich etwas leisten kann, wozu die Materie (*in specie*) der *Untersuchungen* außer Stande sein soll. Die eigentümlich hybride Natur der Noemata scheint letztlich auch mit Husserls idealistischen Tendenzen in den *Ideen I* (und darüber hinaus) zusammenzuhängen. In gewissem Sinne stellen Noemata den Versuch dar, die Welt ins Bewusstsein zu holen, ohne zugleich einem subjektiven Idealismus im Berkeley'schen Sinne zu verfallen, demzufolge intentionale Objekte zu reellen Bestandteilen des Bewusstseins werden. Im Unterschied dazu sind Noemata zwar bewusstseinsabhängig, aber nicht bewusstseinsimmanent im reellen Sinne – sie sind etwas „Irreelles". Husserl behauptet in den *Ideen I*, dass sich nur so verständlich machen lässt, wie Bewusstsein und Welt trotz ihrer Wesensverschiedenheit ein Ganzes bilden können. Da die Idealismus-Thematik in dieser Arbeit nicht in den Vordergrund gerückt werden sollte und eine moderat-realistische Lesart der „Konstitution" bevorzugt wurde (siehe B VI), wurde die Verbindung zwischen Noemata und transzendentalem Idealismus nicht näher verfolgt (vgl. dazu Ingarden in SEW I und Chrudzimski 2002, 2005).

2. Mit Blick auf das Problem der Nicht-Existenz ergibt sich eine interessante Verbindung zu den in den *Ideen I* eingeführten methodischen Operationen der Epoché und phänomenologischen Reduktion. Denn nach meiner Lesart stellen die Möglichkeit, an Nicht-Seiendes denken zu können, und die These der intrinsischen Intentionalität Bedingungen der Möglichkeit dieser beiden Operationen dar. Denn wie soll es möglich sein, die „Generalthesis der natürlichen Einstellung" und somit sämtliche intentionalen Objekte bezüglich ihrer Existenz „einzuklammern" (=Epoché), um sodann die Analyse auf die darauf gerichteten Erleb-

---

[602] Dass ein Rot-Noema auf „modifizierte Weise" rot ist, veranlasst den Neo-Meinongianer Zalta 1998 dazu, das Noema als eine abstrakte Entität zu deuten, die Röte (Rot-Sein) *enkodiert* – wobei *Enkodierung* von klassischer *Exemplifikation* unterschieden wird und eine zweite irreduzible Weise des Habens einer Eigenschaft darstellt. Bei einer veridischen Wahrnehmung exemplifiziert ein Ding *Röte*, während das auf es gerichtete Noema *Röte* enkodiert. Nicht unähnlich spricht Ingarden von der „Aktualisierung" von „idealen Begriffen" durch Noemata qua rein intentionaler Gegenstände, wobei diese Aktualisierung von „Realisierung" zu unterscheiden sei; vgl. LK, §§ 22, 66.

nismannigfaltigkeiten (=Reduktion) zu konzentrieren, wenn diese Erlebnisse *konstitutiv* davon abhängen, dass ihre Objekte existieren? Wenn man Erlebnisse und ihre wesentlichen Eigenschaften beschreiben kann, obwohl die Existenz ihrer Objekte „inhibiert" ist, wie kann diese Existenz dann *essentiell* für das Erleben sein? Das heißt nicht, dass jede nicht-relationale Theorie die Epoché und Reduktion mitmachen muss – der späte Brentano, Crane, Davis und Kriegel tun dies bekanntlich nicht –, aber das Umgekehrte scheint zu gelten: Epoché und Reduktion machen nur vor dem Hintergrund einer nicht-relationalen Theorie Sinn. In diesem Sinne vertrete ich eine ‚konservative' Lesart und verstehe Husserl, entgegen einiger aktueller Tendenzen (vgl. etwa Poellner 2007), als *resoluten Internalisten*.

3. Mit Blick auf die „Aktqualitäten" der *Untersuchungen* erreichen die *Ideen I* eine gewisse Vereinheitlichung, da sie eine Antwort auf die Frage geben, warum Wahrnehmen, Denken, Annehmen, Vermuten, Urteilen, Begehren, Wünschen, Wollen, Beabsichtigen, etc. einerseits *spezifisch* verschieden, andererseits *generisch* einheitlich sind. Nach Husserl liegt das daran, dass alle Qualitäten ihre je eigenen „Setzungscharaktere" haben und entweder explizit oder implizit mit Glaubenscharakteren ausgestattet sind. Wollen z. B. hängt wesentlich mit der Überzeugung zusammen, dass das Gewollte gewisse axiologische Eigenschaften hat, die es z. B. von einem bloß gewünschten Sachverhalt unterscheiden. Husserls Position in den *Ideen I* ist in dem Sinne *intentionalistisch*, dass sie Unterschiede in den Aktqualitäten mit Unterschieden in den intentionalen Objekten korreliert. Gleichwohl bedeutet dies nicht, dass Husserl im Stile von Transparenztheorien die Aktunterschiede auf objektive Unterschiede reduzieren würde.

4. Interessanterweise antizipiert Husserl, wie im Abschnitt über „Kausalität, Motivation und Intentionalität" gezeigt wurde, Einwände zeitgenössischer Autoren gegen die „Naturalisierung von Intentionalität", wobei der Hinweis auf das Problem der Nicht-Existenz einmal mehr eine zentrale Rolle spielt. Denn eine naturale Relation wie Kausalität, Informationsverarbeitung oder biologisch-teleologische Funktionalität hat Probleme mit der Möglichkeit, Nicht-Existierendes zu repräsentieren. Einige Naturalisten (z. B. Dretske) vertreten dabei den Eigenschaftsrelationalismus, der aus phänomenologischer Sicht ebenfalls kritisch zu sehen ist.

5. Im Rahmen der kontrastiven und komparativen Phänomenologie von Wahrnehmung und (freier) Phantasie habe ich mich nicht zur Natur von *Träumen* geäußert, da sich Husserl damit in den hier herangezogenen Werken nicht systematisch befasst.[603] Insbesondere wäre die Frage wichtig, ob es sich bei Träumen

---

603 Mehr dazu ließe sich ggf. im jüngsten Band der Husserliana finden: „Grenzprobleme der

um *(nicht-veridische) Wahrnehmungen* (Halluzinationen, ggf. Illusionen), *Phantasien*, *hybride* Akttypen oder gar um eine Aktart *sui generis* handelt. Husserl scheint zwischen einer halluzinatorischen und einer phantasiemäßigen Deutung zu schwanken. Denn während er im Kontext von skeptischen Szenarien à la Descartes die Möglichkeit eines „zusammenhängenden Traumes" mit der Möglichkeit einer globalen Halluzination engführt, erwähnt er im Kontext konkreter Aktanalysen (v. a. in Hua XXIII) Träume in einem Atemzug mit Phantasien.[604] Ich tendiere ebenfalls zu letzterer These, denn Träume haben, wie jüngst Colin McGinn u. a. gezeigt haben, mehr mit Phantasien als mit Wahrnehmungen gemein.[605] Allerdings bereitet das Phänomen des *„dream belief"* dabei besondere Probleme. Denn es kommt uns bei vielen Träumen so vor, als wären die Dinge tatsächlich so, wie wir sie träumen – nur deshalb scheinen Albträume so furchtbar und süße Träume so angenehm. In dieser Hinsicht wäre der Traum eher wahrnehmungsartig, denn Phantasien sind doxisch neutral.

Eine weitere Besonderheit von Träumen ist darin zu sehen, dass sich (manche) ihrer intentionalen Objekte, die *somniata*, ontologisch eigentümlich verhalten. So können geträumte Objekte abrupt ineinander übergehen und gleichsam regionale Hürden überspringen: eine Schlange kann sich in einen Strohhalm quasi-kontinuierlich verwandeln, Dinge sind zugleich nah und fern, im Traum kann ich ein Anderer sein, etc. Auch dies spricht m. E. dafür, *somniata* als Fälle von *imaginabilia* zu behandeln. Es sind intentionale Objekte, die sich genau so verhalten, wie wir sie vermeinen; sie sind mit Blick auf ihr Gegebensein als „Identitätspol[e]" (CM, 48) sozusagen viel anspruchsloser als wahrgenommene Objekte. Sie *fordern* keine bestimmten Identifikationen, sondern *überlassen* sie dem Träumenden: wenn es mir im Traum so vorkommt, als sei die Schlange ein Strohhalm, dann ist das eben so. Weil wir es mit nicht-existierenden, nur mir zugänglichen und somit, wie Ingarden sagt, „monosubjektiven" Objekten zu tun haben, macht es keinen

---

Phänomenologie. Analysen des Unbewusstseins und der Instinkte. Metaphysik. Späte Ethik (Texte aus dem Nachlass 1908–1937)" (Hua XLII, 1–81).
604 Für die Halluzinationstheorie des Traums vgl. Hua XXIII, 5; CM, § 7; LV, 207 ff.; für die Phantasietheorie sprechen hingegen eher Hua XXIII, 183, 572; Hua XXIX, 337 f.
605 Vgl. McGinn 2004a, Kap. 6–7. Zur aktuellen Diskussion von Träumen vgl. auch Sosa 2007, Kap. 1, und Ichikawa 2009. Sartre hat als einer der ersten Phänomenologen Träume in *L'Imaginaire* genauer analysiert und ebenfalls die These vertreten, dass es sich bei ihnen um „Imaginationen" und nicht um Wahrnehmungen handelt. Vgl. auch die Studie „Der Traum" von Theodor Conrad 1968. Hong 2011 beleuchtet Fink und Husserl mit Blick auf Traum, Schlaf und Unbewusstes, allerdings ohne genauer auf den Status von Träumen einzugehen. Bernet 1997 scheint Träume für Phantasien zu halten, spricht aber zugleich davon, dass sich im Traum unbewusste Wünsche durch „halluzinierte Bilder" (300) erfüllen.

Sinn, nach intersubjektiven oder objektiven Synthesen der Identifikation zu fragen.

Insgesamt bleibt es ein Desiderat, die Intentionalität von Träumen (bei Husserl) weiter zu klären.

3 Das Problem der Nicht-Existenz in Husserls später Phänomenologie

In diesem Kapitel soll Husserls posthum 1938 in Prag veröffentlichtes Werk *Erfahrung und Urteil. Untersuchungen zur Genealogie der Logik* (EU) im Mittelpunkt stehen.[606] Für das Problem der Nicht-Existenz sind dabei vor allem Husserls Aussagen zu „Phantasiewelten", zur Logik fiktionaler Rede, zu Existenz- und Wirklichkeitsurteilen, zur Relationentheorie und schließlich zur Ontologie der „Kulturgegenständlichkeiten" relevant. Anders als in den *Untersuchungen* und *Ideen* entwickelt Husserl in *EU* keine systematische Theorie der Intentionalität; zudem verwendet er seine eigene Terminologie („Materie", „Noema", „Qualität" etc.) relativ wenig. Aus diesem Grund wird hier nicht mehr der Versuch unternommen, eine „Aktanalyse III" zu entwickeln; im Zentrum steht vielmehr die ‚Anwendung' von *EU* auf Fragen, die speziell mit dem Problem der Nicht-Existenz in Verbindung gebracht werden können.

In *EU* kommt unter anderem Husserls *reife Ontologie* zum Ausdruck, die, wie bereits herausgestellt, *wesentlich feinkörniger* als die Ontologie der *Untersuchungen* und *Ideen* ist. So unterscheidet Husserl nun zwischen freien und gebundenen Idealitäten, wobei im Folgenden die Frage untersucht werden soll, ob sich *ficta* als gebundene Idealitäten interpretieren lassen. Husserl würde damit eine Ingarden'sche Position antizipieren, wie sie heutzutage von Amie L. Tho-

---

[606] *EU* wird nach wie vor stiefmütterlich von der Husserl-Forschung behandelt – bemerkenswerte Ausnahmen sind Wiegand 1998 und Süßbauer 1995 –, was nicht zuletzt daran liegt, dass *EU* nicht in der Husserliana-Ausgabe erschienen ist und durch Husserls Assistenten Ludwig Landgrebe zusammengestellt wurde. Dabei hat Husserl alle Teile bis auf die Einleitung selbst redigiert und explizit gebilligt. Mithin kann und sollte man *EU* als genuin Husserl'sches Werk behandeln. Vgl. dazu Lohmar 1999. Zum (publizierten) „Spätwerk" Husserls rechnet man neben *EU* in der Regel *Formale und transzendentale Logik* (1929), die *Cartesianischen Meditationen* (1931) und die *Krisis*-Schrift (1936). Soweit ich sehe, geben *FTL* und *EU* am meisten her für das Problem der Nicht-Existenz. Interessant wäre es in diesem Kontext, die wissenschaftstheoretische Position der *Krisis* genauer daraufhin zu überprüfen, ob Husserl darin einen Antirealismus mit Blick auf nicht-beobachtbare theoretische Entitäten der Naturwissenschaften vertritt – er spricht von einem „Ideenkleid" (Hua VI, 51) und „ideellen ontologischen Denkgebilden" (Hua III/1, 114), die den anschaulichen Gegebenheiten der Lebenswelt „untergeschoben" werden. Aber diese Frage berührt mein Thema nur marginal und soll daher nicht weiter verfolgt werden.

masson vertreten wird.[607] In Thomassons *abstract artefact theory* existieren fiktionale Figuren und sind als vom Menschen geschaffene abstrakte (nicht-räumliche) Artefakte zu verstehen, die sich durch „joint dependency" auszeichnen. *ficta* sind demnach abhängig von materiellen Objekten *und* von mentalen Zuständen. Insgesamt wird sich zeigen, dass sich Husserls Position im Spätwerk von seiner frühen eliminativistischen Position mit Blick auf *ficta* unterscheidet (bzw. sich so interpretieren lässt).

Das titelgebende Thema von *EU* ist „Genealogie". *EU* ist neben dem primär programmatischen Werk *Formale und transzendentale Logik* (1929) und den *Analysen zur passiven und aktiven Synthesis* (Hua XI, Hua XXXI) der wichtigste Textzeuge für Husserls *genetische Phänomenologie*. Im Unterschied zur größtenteils statischen Phänomenologie der *Untersuchungen* und *Ideen* zeichnet sich die genetische Methode dadurch aus, intrinsische Aktstrukturen mit Blick auf ihre *temporalen* und *genetischen Vorbedingungen* zu untersuchen. Eine typische statische Aussage ist z. B. die These aus LU V, dass jedes intentionale Erlebnis eine Materie und eine Qualität als Momente enthält. Eine typische genetische Aussage hingegen ist z. B., dass ein nominaler Akt mit der Materie *dass die Sonne scheint* einen propositionalen Akt mit der Materie *die Sonne scheint* voraussetzt. Es geht mithin nicht mehr primär um die Frage, welche Struktur ein Akt *hat*, sondern auf welche Weise er *entstanden ist*, welche „Geschichte" ihm zugrunde liegt. Es ist:

> Thema der genetischen Analysen, verständlich zu machen, wie in der zum Wesen jedes Bewußtseinsstromes gehörigen Entwicklung, die zugleich Ichentwicklung ist, sich jene komplizierten intentionalen Systeme entwickeln, durch die schließlich dem Bewußtsein und Ich eine äußere Welt erscheinen kann. (Hua XI, 24)

In EU geht es um die Genese des (prädikativen) *Urteils*, dieses „Z e n t r u m [s] d e r f o r m a l e n L o g i k, so wie sie historisch geworden ist" (EU, 1). Es tritt nun also der *genetische Begriff der Fundierung* auf den Plan (vgl. Thomassons „historical dependence"). „Genese" ist dabei allerdings in einem epistemologischen und in einem (engeren) genetischen Sinne zu verstehen, denn Husserl zufolge verweist jedes nicht-originär vollzogene Urteil auf mögliche Erfüllungen oder Enttäuschungen, die letztlich in gewissen Wahrnehmungen (allgemeiner: Erfahrungen) von Einzeldingen terminieren (vgl. Hua XVII, 316 f.): „Thema ist also das k a t e -

---

607 Vgl. Thomasson 1999. Laut Ingarden sind *ficta* sog. „rein intentionale Gegenständlichkeiten", die in seiner Ontologie einen eigenen Platz neben realen, idealen und absoluten Gegenständen einnehmen. Sie zeichnen sich insbesondere durch ihre „Seinsheteronomie" aus: sie sind mit Blick auf ihre Existenz (ihr Sein) und Essenz (ihr So-Sein) abhängig u. a. von Bewusstseinsakten. Vgl. LK §§ 20–21; SEW II/1, § 47.

gorische Urteil auf Grund der Wahrnehmung." (EU, 70) Aufgrund dieser Rückbezüge lässt sich nach Husserl studieren, wie Urteile Schritt für Schritt aus Wahrnehmungen entspringen. Eine der Hauptthesen Husserls ist dabei, dass alle propositionalen Urteilsformen gewisse strukturelle, gleichsam ‚prototypische' Vorgänger in der einstrahligen Wahrnehmung haben. So ‚entspringt' z. B. die Grundform des einfachen zweigliedrigen kategorischen Urteils „S ist p", wobei „S" für ein demonstrativ identifizierbares Ding (*dies da!*) und „p" für ein Moment steht (z. B. das Rotmoment an S), aus dem sog. „explizierenden Betrachten" (vgl. EU, §§ 24, 50). Husserl vertritt somit einen, wie man sagen könnte, *nicht-reduktiven Empirismus* mit Blick auf die Tafel der Urteile und Kategorien: Urteilsformen sind zwar etwas irreduzibel Neues, gründen aber in vorprädikativen Strukturen der Wahrnehmung (Erfahrung), ohne die sie nicht möglich wären. Urteilende Subjekte, die nicht wahrnehmungsfähig sind, sind demnach etwas phänomenologisch Unmögliches. Mehr noch: Husserl behauptet, dass geradezu eine Art Supervenienz-Relation zwischen Strukturen des prädikativen Urteils und perzeptiven Strukturen besteht, wobei jede neue prädikative Form ein strukturelles Pendant in der Wahrnehmung hat. Es „zeigt sich natürlich, dass **jede Bereicherung des logischen Sinnes eine solche in der Rezeptivität voraussetzt**" (EU, 277; vgl. 240). Gänzlich kontrapunktisch zum *linguistic turn* und zur Kritik am „Mythos des Gegebenen" behauptet Husserl somit, dass nicht nur die kausalen, sondern auch die ‚intentionalen' Bedingungen der traditionellen Logik in nicht-sprachlichen Strukturen der Wahrnehmung zu finden sind[608]. Es zeigt sich nicht nur

> daß logische Leistung schon vorliegt in Schichten, in denen sie von der Tradition nicht gesehen wurde, und daß die traditionelle logische Problematik erst in einem verhältnismäßig hohen Stockwerk einsetzt, sondern vielmehr, daß gerade in jenen Unterschichten die verborgenen Voraussetzungen zu finden sind, auf Grund deren erst Sinn und Recht der höherstufigen Evidenzen des Logikers verständlich werden. (EU, 3)

Wie es mit den Details und der Berechtigung dieses genetischen Fundierungsprogramms steht, sei hier dahingestellt. Für uns ist davon vor allem Husserls Idee relevant, dass auch die Phantasie in ihrem Wechselspiel mit der Wahrnehmung gewisse Urteilsformen begründen kann. Husserl vertritt dabei die These, dass Wahrnehmung und Phantasie trotz ihrer prinzipiellen Verschiedenheit dennoch eine Art *hybrider anschaulicher Einheit* bilden können, aufgrund deren *Vergleichsrelationen* (z. B. Ähnlichkeit) zwischen *imaginabilia/ficta* und *sensibilia* möglich werden (z. B. „Diese Eidechse ähnelt dem Drachen Grisu). Daneben

---

[608] Zum Programm von *EU* vgl. ausführlicher Wiegand 1998, v. a. Kap. IV-VII.

enthält *EU* eine vertiefte ontologische Analyse der Phantasie, die unsere obigen Beschreibungen ergänzt. Insbesondere geht Husserl auf *Individuationsfragen* ein und behauptet, dass *imaginabilia* nicht zuletzt deshalb, weil sie nicht in die eine Raum-Zeit der Welt eingebettet sind, keinen positiven Status haben können (vgl. Smith/McIntyre 1982, 378 ff.). Im Anschluss daran beschreibt Husserl auch gewisse anschauliche Grundlagen fiktionaler Redeformen und diskutiert Ansätze einer Relationstheorie. Diese Dinge gilt es nun näher auszuführen.

§ 1 Wahrnehmung, Phantasie und fiktionale Rede

Der systematische Einsatzpunkt für das Problem der Nicht-Existenz in *EU* ist die sog. „Beziehungserfassung" (§§ 33–46), das vorprädikative Wahrnehmen von Dingen, die als in einer Relation zueinander stehend wahrgenommen werden. Zusammen mit der explizierenden Wahrnehmung (§§ 22–33) bildet die Beziehungserfassung die zweite Spielart vorprädikativer Erfahrung. Husserl interessiert sich dabei v. a. für die Frage, unter welchen Bedingungen zwei Objekte eine anschauliche Einheit bilden können. Es wird sich zeigen, dass nach Husserl mehrere Kombinationen möglich sind: Denn nicht nur aktuell wahrgenommene, sondern auch wahrgenommene und erinnerte (oder erwartete), ja sogar wahrgenommene und phantasierte Objekte, sowie phantasierte Objekte untereinander, können eine solche Einheit bilden.

1 Beziehende Wahrnehmung und der Außenhorizont

Unter einer „Beziehungserfassung" versteht Husserl die vorprädikative Wahrnehmung von Individuen, insofern sie als in einem bestimmten Verhältnis zueinander stehend *wahrgenommen* werden. Treffender ist auch von einem „beziehenden Betrachten" die Rede (vgl. z. B. EU, § 34), denn es wird dabei nicht eine Beziehung als solche „erfasst", sondern vielmehr werden die Glieder einer Relation wahrgenommen und in einer bestimmten Hinsicht aufeinander bezogen.[609] Ein paradigmatischer Fall ist die Wahrnehmung der räumlichen Beziehung zweier Dinge, die z. B. vorliegt, wenn ich ein Buch auf dem Tisch liegen sehe.[610] Nach

---

[609] Husserls Beispiele sind allesamt aus der visuellen Sphäre, auf die ich mich hier auch beschränke.
[610] Der adäquate sprachliche Ausdruck für das beziehende Betrachten ist eine *Accusativus cum Infinitivo*-Konstruktion (ACI) mit zwei singulären Termen s und t und einem zweistelligen Relationsausdruck R, also etwa „S perzipiert s–R–t + Infinitiv" (z. B. „S sieht s auf t liegen"). Die propositionale Form „S perzipiert, dass sRt" ist indessen schon Ausdruck einer prädikativen

II Die Phänomenologie der Nicht-Existenz – Intrinsische Intentionalität — **447**

Husserl können wir das *sehen*, ohne dabei schon zu *urteilen*, dass das Buch auf dem Tisch liegt. Urteilen ist ein kategorialer und damit fundierter Akt, während das relationale Wahrnehmen zwar auch fundiert ist, aber keine kategoriale Struktur hat. Husserl erläutert dies so:

> [E]in bloßes aktives Zusammennehmen von Gegenständen, ein Hinzunehmen weiterer Gegenstände zu dem Ausgangsgegenstand ist noch kein beziehendes Betrachten, es kann höchstens die Voraussetzungen dafür schaffen. [...] Dazu ist vielmehr ein eigenes Interesse – in unserem weiteren Sinne – ein Interesse der Betrachtung eines dieser Gegenstände erforderlich, das ihn als Hauptthema ins Auge fassen lässt. Wir betrachten etwa aufmerksam den Federhalter. Unser Blick wandert von ihm, der als unser Thema im Griff behalten bleibt, auf die Tischplatte. Wir ziehen sie in den Kreis der Betrachtung mit herein, aber nicht als Hauptthema, sondern nur als Thema in Bezug auf den Federhalter. Ohne dass wir uns eigens in erneuter ursprünglicher Erfassung ihm noch einmal zuwenden müssen, wird er nun, so wie er im Griff behaltener ist, für uns der „auf dem Tisch liegende". (EU, 175f.)

Das beziehende Betrachten ist somit ein Produkt aus zwei Faktoren: zum einen aus der Gerichtetheit auf mehrere (zwei) Individuen („Mehrheitserfassung"), zum anderen aus der attentionalen Bevorzugung eines der beiden, wobei sich ein gewisser Aspekt der Mehrheit abhebt (hier das *Liegen-auf*). Ein Charakteristikum der beziehenden Betrachtung ist ihre *Invertierbarkeit*: Sehe ich das Buch auf dem Tisch liegen, so kann ich jederzeit meine Blickrichtung so ändern, dass ich nunmehr den Tisch unter dem Buch stehen sehe. Dies erreiche ich durch eine Art *attention shift*, wie er auch beim Aspekt-Sehen vorkommt. Die Richtung der Betrachtung ist allein interesseabhängig und nicht durch die Natur der Relata motiviert:

> Eine feste Ordnung ist hier nicht vorgezeichnet, wie sie es bei der inneren Explikation war, wo wesensmäßig Gegenstände als ursprüngliche Substrate anderen vorangingen, die nur als Bestimmungen ursprünglich auftreten konnten. Bei der beziehenden Betrachtung haben wir es von vornherein mit selbständigen Gegenständen zu tun, und jedes dieser beiden Beziehungsglieder kann ebensogut ursprünglich Hauptthema und Substrat der Beziehung sein [...], je nachdem es das Interesse jeweils erfordert. (EU, 177)

Eine wesentliche Voraussetzung für das beziehende Betrachten ist der *Außenhorizont* der Wahrnehmung. Ein wahrgenommenes Objekt ist nach Husserl immer *wahrgenommen* als ein Objekt *unter anderen* ebenfalls wahrgenommenen, aber

---

Leistung (vgl. LU VI, § 40). Zur Beziehungsbetrachtung vgl. bereits Hua XIX/2, 683ff. Zu verschieden Ausdrücken des Sehens vgl. Künne 1995.

nicht „erfassten" Objekten.⁶¹¹ Allerdings gilt nach Husserl, dass alles, was zum Außenhorizont gehört, als ein potentiell erfassbares Objekt bewusst ist (vgl. EU, §§ 8, 33). Einen Außenhorizont kann es nicht ohne einen *Innenhorizont* geben. Während der Innenhorizont die intrinsischen (anschaulichen) Eigenschaften eines wahrgenommenen Individuums umfasst, erscheinen im Außenhorizont dessen relationale Eigenschaften:

> Dieses Erwachsen äußerer, relativer Bestimmungen hängt also von der Mitgegebenheit anderer Gegenstände im Außenhorizont der Wahrnehmung, im gegenwärtigen F e l d e ab, und von ihrem Hinzutreten und Verschwinden, während die inneren Bestimmungen [Innenhorizont] durch diesen Wechsel in der Umgebung, in der Mehrheit des Mitaffizierenden unberührt bleiben. (EU, 115f.)

2 Die Reichweite anschaulicher Einheiten

Kann man alles Anschauliche in eine anschauliche Einheit bringen? Kann man insbesondere wahrgenommene und phantasierte Objekte anschaulich vereinen? Angenommen, jemand sieht einen alten antiquarischen Tisch; auf einmal ‚erscheint' ihm in der Phantasie der Pult von Faust aus Goethes Drama. Der phantasierte Pult erscheint wie „hineinversetzt" (EU, 215) in das Wahrnehmungsfeld. Aber was heißt das? Kann man sagen, dass sich beide Tische nun in demselben Raum und in derselben Zeit befinden? Stehen beide in räumlichen/zeitlichen Beziehungen zueinander? Husserl nähert sich solchen Fragen in *EU* schrittweise. Zunächst beschreibt er einzelne Phantasien, die gewissermaßen ad hoc im Fluss perzeptiver Erlebnisse auftreten, nicht weiterverfolgt und nicht zu Phantasieeinheiten zusammengefasst werden (vgl. EU, § 39); sodann thematisiert er Einheiten mehrerer Phantasien, wie sie z. B. auftreten, wenn wir uns ein Szenario aus einem Märchen vorstellen und eine Zeitlang ‚vor dem inneren Auge' verfolgen (vgl. EU, § 40); schließlich wird das Phänomen des ‚Crossover' untersucht, in dem Wahr-

---

611 Vgl. Hua III/1, 71: „Im eigentlichen Wahrnehmen, als einem Gewahren, bin ich dem Gegenstande, z. B. dem Papier zugewendet, ich erfasse es als dieses hier und jetzt Seiende. Das Erfassen ist ein Herausfassen, jedes Wahrgenommene hat einen Erfahrungshintergrund. Rings um das Papier liegen Bücher, Stifte, Tintenfaß usw., in gewisser Weise auch ‚wahrgenommen', perzeptiv da, im ‚Anschauungsfelde', aber während der Zuwendung zum Papier entbehrten sie jeder, auch nur sekundären Zuwendung und Erfassung. Sie erschienen und waren doch nicht herausgegriffen, für sich gesetzt. Jede Dingwahrnehmung hat so einen Hof von H i n t e r g r u n d s a n s c h a u u n g e n (oder Hintergrundschauungen, falls man in das Anschauen schon das Zugewendetseins aufnimmt), und auch das ist ein ‚B e w u ß t s e i n s e r l e b n i s', oder kürzer, ‚Bewußtsein', und zwar ‚v o n' all dem, was in der Tat in dem mitgeschauten gegenständlichen ‚Hintergrund' liegt."

II Die Phänomenologie der Nicht-Existenz – Intrinsische Intentionalität — 449

nehmung und Phantasie eine anschauliche Einheit bilden (vgl. EU, § 41–42). Gehen wir diese Fälle der Reihe nach durch.

1. Vereinzelte Phantasien. Bleiben wir bei obigem Beispiel. Taucht Faustens Pult, den wir uns z. B. aufgrund vergangener Lektüre herbeiphantasieren, plötzlich ‚neben' dem antiquarischen Tisch auf, um sogleich wieder zu verschwinden, so haben wir es mit einer *isolierten Phantasie* zu tun, die Husserl so charakterisiert:

> Sie ist „o h n e Z u s a m m e n h a n g m i t d e n W a h r n e h m u n g e n; das heißt, während sich alle Wahrnehmungen hinsichtlich der in ihnen vermeinten Gegenständlichkeiten zu einer Einheit zusammenschließen, auf die Einheit einer Welt bezogen sind, fallen die Phantasiegegenständlichkeiten aus dieser Einheit heraus, sie schließen sich nicht mit den Wahrnehmungsgegenständlichkeiten in dieser Weise zur Einheit einer vermeinten Welt zusammen." (EU, 195)

Diese Isolation bezieht sich auf das *imaginabile*, nicht auf die Phantasie qua Akt, denn Akte als Teile des Bewusstseinsstroms sind immer unmittelbar oder mittelbar durch die zeitlichen Relationen (vorher, gleichzeitig, nachher) miteinander verwoben (vgl. EU, § 42 a). Husserl charakterisiert die Phantasie hier lediglich negativ; *imaginabilia* zeichnen sich dadurch aus, als unverbunden mit allen wahrgenommenen Objekten zu erscheinen, was sich v. a. in ihrer fehlenden zeitlichen Lokalisation manifestiert; ihnen „fehlt die absolute Zeitlage" (EU, 198):

> Der Zentaur, den ich jetzt fingiere, und ein Nilpferd, das ich vorher fingiert hatte, und wiederum der Tisch, den ich jetzt gerade wahrnehme, haben keinen Zusammenhang untereinander, d. h. sie haben k e i n e Z e i t l a g e z u e i n a n d e r. […] [D]er Zentaur ist weder früher noch später als das Nilpferd oder als der Tisch, den ich jetzt wahrnehme. (EU, 196)

Da für Husserl Zeit die „Form der Sinnlichkeit" und damit die „Form jeder möglichen Welt objektiver Erfahrung" (EU, 191) ist, können *imaginabilia* auch nicht wie Realia individuiert werden:

> Sind die Phantasien wirklich zusammenhangslos, so fehlt jede Möglichkeit, hiebei von mehreren Gegenständen oder auch von demselben einen Gegenstand zu sprechen, der nur wiederholt vorstellig sei. (EU, 197)

Diskrete Identifikation von *imaginabilia* scheint Husserl kategorisch auszuschließen; man kann eigentlich nur von *qualitativ gleichen*, aber nicht von *numerisch identischen imaginabilia* sprechen.[612] Wenn es überhaupt Sinn machen

---

612 Vgl. Hua XXIII, 569: „Rein Phantasiertes ist rein Subjektives, nicht nur an das Subjekt, sondern […] auch an die Erlebnisse gebunden, […] und hier [ist] kein ideal Identisches, sondern

soll, von „denselben" oder „verschiedenen" *imaginabilia* zu sprechen, muss ein gemeinsamer assumptiver „Phantasieboden" betreten werden. Allerdings belässt es Husserl nicht dabei, sondern führt aus, dass phantasierten Objekten raumzeitliche Bestimmungen im „Modus des Als-ob" (EU, 197) zukommen. Vom phantasierten Pult kann man durchaus sagen, dass es *eine Zeitlang* vorschwebt, in gewissem Sinne dauert und auch räumlich qualifiziert und positioniert erscheint, z. B. ausgedehnt, so und so geformt, etc. Husserl trägt dem durch die Rede von „Quasi-Zeit" und „Quasi-Räumlichkeit" Rechnung:

> Der Phantasiegegenstand ist bewußt als zeitlicher und zeitbestimmter, in der Zeit dauernder, aber seine Zeit ist eine Quasi-Zeit. Es handle sich etwa um die Phantasie eines rot gefärbten Dreiecks, so wie es mir vorschwebt. Ich kann es beschreiben und komme dabei auch auf seine Dauer. Es ist ein zeitliches Objekt, es hat seine Zeit. Und doch wieder ist es in keiner Zeit. [...] Deutlicher: Zeit ist zwar vorgestellt, sogar anschaulich vorgestellt, aber es ist eine Zeit ohne wirkliche und eigentliche Örtlichkeit der Lage – eben eine Quasi-zeit. (EU, 196f.)

Zu sagen, dass ein frei phantasiertes X *quasi-F* sei, bedeutet, dass X F in einem modifizierten Sinne ist. Im unmodifizierten Sinne können nur wahrgenommene Objekte raumzeitlich, gefärbt etc. sein (vgl. EU, 196 f.). Dieses Quasi-F-Sein lässt sich durch folgende Bedingungen präzisieren:

> X ist *(ein) quasi-F* **gdw.** X ist *imaginabile* eines Aktes mit dem Gehalt [X ist F], & es ist nicht der Fall, dass X F ist.

Wichtig ist, dass ein quasi-F seiendes X keinerlei *ontologisches commitment* mit Blick auf X oder X's F-sein mit sich bringt. Der phantasierte Pult hat kein mystisches „Quasi-Sein", das gleichsam zwischen Sein und Nicht-Sein schwebt. Es gibt nur die phantasierenden Akte und deren Sinn.

2. *Zusammenhängende Phantasien.* Kommen wir nun zu zusammenhängenden Phantasien. Im Unterschied zu vereinzelten Phantasien zeichnen sie sich dadurch aus, dass sie eine „Einheit der Phantasie" (EU, 198) bilden und korrelativ dazu eine „Quasi-Welt" (EU, 200) zur Darstellung bringen. In einer solchen Einheit lösen wir uns gewissermaßen von der Wahrnehmungsumgebung. Dieses Phänomen lässt sich gut durch den Vorgang erläutern, der stattfindet, wenn man

---

immer wieder Neues, nur Gleiches." Vgl. auch Hua XXIII, 552: „Ein [reales] Individuum lässt sich eigentlich nicht voll und ganz fingieren. Jede individuelle Möglichkeit ist radikal unbestimmt, wesensmässig, und die Unbestimmtheit ist keine vollkommene, und sei es auch phantasiemässige *quasi*-Bestimmbarkeit." Husserl scheint hier Kripkes berühmte Thesen zu antizipieren, dass *imaginabilia* bzw. *ficta* nicht mit Realia numerisch identisch und somit auch keine möglichen Realia sein können.

sich (zeitweise) in ein fiktionales Medium (Literatur, Film, Theater etc.) vertieft oder gar verliert. Man stellt sich dann, wie Husserl metaphorisch sagt, auf den „Boden" (vgl. EU, 415) der Phantasiewelt und verfolgt die Figuren, wobei die Wahrnehmungswelt gleichsam *en bloc* in den Hintergrund tritt. *Innerhalb* einer solchen Phantasiewelt lassen sich einzelne *imaginabilia* identifizieren und zeitübergreifend verfolgen:

> E i n e Phantasie – das umspannt also einen beliebigen „Zusammenhang" von Phantasien, die eben durch ihren eigenen Sinn zusammengehen zu einer möglichen, anschaulich einheitlichen Phantasie, in der zusammenstimmend als Korrelat eine einheitliche Phantasiewelt sich konstituiert. Innerhalb einer solchen Phantasiewelt haben wir für jedes individuelle Phantasieobjekt (als Quasi-Wirklichkeit) eine „individuelle" Vereinzelung für jeden Zeitpunkt und jede Zeitdauer. (EU, 201)

Solange ich „in einem Zuge" oder „in getrennten Zügen" Grimms Märchen *Hänsel und Gretel* „durchphantasiere[]" (EU, 200), kann ich mit gutem Gewissen sagen, die jetzt vorgestellte Gretel vor der Hütte der Hexe sei identisch mit der Gretel, die ich mir gerade noch auf einem Waldweg phantasiert habe. Während ich diese einzelnen Phantasien vollziehe, bewege ich mich auf demselben Boden der Phantasiewelt, der mir dann intrafiktionale Urteile der Art „*Im Märchen* bewegt sich Gretel auf die Hütte der Hexe zu" u. ä. ermöglicht.

Husserl erläutert diesen Eintritt in die Phantasiewelt mit dem Begriff der „Märcheneinstellung" (EU, 200). Der Begriff der *Einstellung* weist bei Husserl stets auf Akte hin, die gleichsam zum Habitus und zu einer „bleibenden Meinung" (Hua IV, 111) geworden sind (vgl. CM, § 32); Einstellungen sind mithin nicht-erlebnisartige intentionale Gebilde. Eine solche „Märcheneinstellung" bildet den Hintergrund für weitere intentionale Episoden und kann prinzipiell stets explizit gemacht werden. Sprachlich kann man diese Märcheneinstellung durch das Antezedens eines hypothetischen Urteils („Wäre Grimms Märchen wahr ...") oder durch einen narrativen Operator („In Grimms Märchen ist ...") ausdrücklich machen. Im Rahmen einer Phantasiewelt gibt es somit auch Individuen und individuelle Identität, allerdings nur in der Form des Quasi – während vereinzelte Phantasien strikt genommen auch keine Quasi-Individuen hergeben. Auf dem Boden einer einheitlichen Phantasie ist das auf modifizierte Weise (im Als-ob) möglich (vgl. EU, 203). Da, wie bereits erörtert, die Horizonte eines *imaginabile* willkürlich ergänzbar sind, unterliegt diese Identifikation in großen Stücken der Freiheit des Subjekts: Es ist „unserem freiem Belieben anheimgestellt [...], wie weit wir eine solche Einheit reichen lassen wollen; wir können eine solche Welt beliebig erweitern, während der Einheit einer wirklichen Welt durch die Vorgegebenheiten feste Grenzen gesetzt sind" (EU, 415f.; vgl. 202f.).

3. Anschauliche Überschreitung (Wahrnehmung-cum-Phantasie). Kommen wir nun zu dem Problem, auf dessen Lösung Husserls Beschreibungen abzielen, nämlich die Frage, wie phantasierte und wahrgenommene Objekte eine anschauliche Einheit bilden können. Husserl zufolge ist dies nur dann möglich, wenn *zwei Bedingungen* erfüllt sind: 1. die entsprechenden perzeptiven und imaginierenden Erlebnisse sind in ein und demselben Bewusstseinsstrom zeitlich lokalisiert; 2. sie sind durch die intramentale Relation der *Assoziation* oder *assoziativen Synthesis* verbunden. *Verbindung in demselben Strom durch Assoziation* ist somit das Band, dass *sensibilia* und *imaginabilia* zu einer gewissen anschaulichen Einheit schnüren kann.

Allerdings ist diese Einheit keine echte Verbindung oder Relation der Gegenstände. Denn eine solche Verbindung setzt Zugehörigkeit zu derselben „absoluten Weltzeit" (EU, 204) voraus. Und dies ist nicht möglich, da *imaginabilia* nur quasi in der Zeit sind. Erscheint ein *imaginabile* zusammen mit einem *sensibile*, so können beide lediglich „phänomenal gleichzeitig oder aufeinander folgend (bezw. sich zeitlich überschiebend, partiell gleichzeitig, partiell folgend) in der Einheit einer anschaulichen Präsenz erscheinen" (EU, 214). Es handelt sich also um eine uneigentliche Einheit, eine Einheit, die allein auf der Einheit der zugrunde liegenden Erlebnisse basiert:

> Ist also die Einheit nicht eine solche der Gegenständlichkeiten, so kann sie nur eine E i n h e i t d e r d i e G e g e n s t ä n d l i c h k e i t e n k o n s t i t u i e r e n d e n E r l e b n i s s e, der Wahrnehmungs-, Erinnerungs- und Phantasieerlebnisse sein. (EU, 205)

> Freilich Verbindung besteht in gewisser Weise auch zwischen dem nicht Verbundenen, nicht wirklich Zusammengehörigen, sondern nur Zusammengebrachten in die Einheit der Anschauung; aber es ist nicht wirkliche V e r b i n d u n g d e r G e g e n s t ä n d e, sondern nur V e r b i n d u n g d e r k o n s t i t u i e r e n d e n E r l e b n i s s e, nämlich ihre Verbindung im Bewusstseinsstrom. Die Erlebnisse haben ihre absolute zeitliche Lage zueinander [...], nicht aber die in den Erlebnissen konstituierten Gegenständlichkeiten. (EU, 222)

Alle Erlebnisse eines Ich haben diese „a b s o l u t e z e i t l i c h e L a g e z u e i n a n d e r, ihr Vorher und Nachher" (EU, 206). Wie diese zeitliche Ordnung zustande kommt, ist Thema der Phänomenologie des inneren Zeitbewusstseins und wird in EU nicht näher thematisiert (vgl. EU, §§ 16, 42 a).

Diese Zeit der Erlebnisse ist nicht mit der Zeit der intentionalen Gegenstände zu identifizieren (vgl. EU, 205 f.), bildet aber gleichwohl die Basis für anschauliche (Quasi-)Einheiten von Objekten. Aufgrund des „Zusammen-konstituiert-seins im Fluß e i n e s inneren Zeitbewußtseins [besteht] die M ö g l i c h k e i t d e r H e r s t e l l u n g e i n e s a n s c h a u l i c h e n Z u s a m m e n h a n g s z w i s c h e n a l l e n d a r i n k o n s t i t u i e r t e n G e g e n s t ä n d l i c h k e i t e n" (EU, 206 f.).

Ähnlich wie beim Quasi-F-Sein kann man also auch hier von einer *Quasi-Einheit* zwischen einem perzipierten X und einem phantasierten Y sprechen:

X und Y bilden eine *anschauliche Quasi-Einheit* **gdw.** (i) es gibt einen Bewusstseinsstrom, in dem ein auf X gerichtetes Wahrnehmungserlebnis e und ein auf Y gerichtetes Phantasieerlebnis e* vorkommen, & (ii) e* wird anlässlich von e assoziativ geweckt, & (iii) e und e* überlappen sich zeitlich.

Klausel (i) wurde bereits diskutiert. Die anschauliche Einheit zwischen einem wahrgenommenen und einem phantasierten Objekt setzt das Vorkommen von zwei anschaulichen intentionalen Erlebnissen voraus (Wahrnehmung, Phantasie), die zum Bewusstseinsstrom eines Subjekts gehören, in dem sie kraft des inneren Zeitbewusstseins in einer robusten zeitlichen Ordnung stehen. Phantasiertes und Wahrgenommenes können nur relativ zu einem aktuellen Bewusstsein und nie *von sich aus* in eine Quasi-Einheit treten. Klausel (iii) soll garantieren, dass die Quasi-Einheit von X und Y eine solche der – zumindest partiellen – Gleichzeitigkeit oder Gegenwärtigkeit ist. Ist (iii) erfüllt, macht es Sinn zu sagen, dass X und Y für eine gewisse Dauer „in einer Präsenz anschaulich vereinigt" (EU, 212) sind. Bedingung (ii) ist entscheidend. Denn sie garantiert, dass e und e* nicht einfach nur neben- oder nacheinander im Strom auftreten, sondern dass sie in einer *motivierten Einheit der Assoziation* stehen.

Assoziation ist bei Husserl der Titel für die Weise, wie Erlebnisse im Strom aufgrund der Ähnlichkeit oder (qualitativen) Gleichheit ihrer intentionalen Gegenstände „vergemeinschaftet" werden – immer gemäß der Struktur „d e s ‚ e t w a s e r i n n e r t a n e t w a s', ‚eines weist auf das andere hin'" (EU, 78). Zusammen mit der kontinuierlichen Synthesis der Identifikation auf der Ebene der Wahrnehmung gehört Assoziation zu den passiven Synthesen, die sich ohne Aktivität des erlebenden Ich abspielen; sie basiert auf den „untersten Synthesen des passiven Zeitbewußtseins" (EU, 207).[613] Assoziation kann Erlebnisse entweder auf synchrone oder diachrone Weise verbinden; im einen Fall liegt eine „Einigung innerhalb einer Präsenz" (EU, 207) vor, im anderen eine solche von „Präsente[m] und Nichtpräsentem" (EU, 207). Einheit der Präsenz ermöglicht eine passive Strukturierung des Wahrnehmungsfeldes in verwandte (homogene) und kontrastive (heterogene) „Gegebenheiten", die sich von sich aus, d.h. passiv, als solche abheben (vgl. EU, § 16), z.B. die Aufteilung des Gesichtsfeldes in Gruppen farbiger Dinge, die sich gleichsam automatisch zusammentun und Einheiten bilden.

---

[613] Wichtige Stellen zur Assoziation sind: *Analysen zur passiven Synthesis* (Hua XI, §§ 26–41), *Ideen II* (Hua IV, §§ 54 ff.) und *Cartesianische Meditationen* (CM, §§ 37–39, 51).

Hier interessiert nur der Fall, in dem „gegenwärtig Wahrgenommenes mit entfernten, davon getrennten Erinnerungen, ja auch mit Phantasiegegenständen" (EU, 207 f.) assoziativ geeint wird (Präsenz/Nicht-Präsenz). Diese Art der Einigung beschreibt Husserl als *Paarung*, für die charakteristisch ist, dass

> im primitivsten Falle zwei Daten in der Einheit eines Bewußtseins in Abgehobenheit anschaulich gegeben sind und auf Grund dessen wesensmäßig schon in purer Passivität, also gleichgültig ob beachtet oder nicht, als unterschieden Erscheinende phänomenologisch eine Einheit der Ähnlichkeit begründen, also eben stets als Paar konstituiert sind. [...] Wir finden bei genauer Analyse wesensmäßig dabei vorliegend ein intentionales Übergreifen, genetisch alsbald (und zwar wesensmäßig) eintretend, sowie die sich Paarenden zugleich und abgehoben bewußt geworden sind; des näheren ein lebendiges, wechselseitiges Sich-Wecken, ein wechselseitiges, überschiebendes Sich-Überdecken nach dem gegenständlichen Sinn. Diese Deckung kann total oder partiell sein; sie hat jeweils ihre Gradualität, mit dem Grenzfall der „Gleichheit". Als ihre Leistung vollzieht sich am Gepaarten Sinnesübertragung, d.i. die Apperzeption des einen gemäß dem Sinn des anderen, soweit nicht an dem Erfahrenen verwirklichte Sinnesmomente diese Übertragung im Bewußtsein des „Anders" aufheben. (CM, 115 f.)

In unserem leitenden Beispiel, in dem ein wahrgenommener antiquarischer Tisch Faustens Pult „weckt", ist die Weckung typischerweise einseitig, da es der wahrgenommene Tisch ist, der den phantasierten erscheinen lässt. In jedem Fall gründet die Assoziation darauf, dass die intentionalen Gegenstände als ähnlich oder qualitativ gleich aufgefasst werden.

Die obige Bedingung (ii) der anschaulichen Weckung von e^* durch e lässt sich somit noch näher durch *drei Merkmale* charakterisieren:

Erstens. Die Weckung von e^* geht von e aus und ist ein passiver Vorgang, ein „Ereignis, das immer passiv eintritt" (EU, 210). Die Phantasie tritt aufgrund der Wahrnehmung ein und nicht vice versa.[614]

Zweitens. Es handelt sich um eine Assoziation, die auf der Ähnlichkeit oder Gleichheit der intentionalen Gegenstände X und Y beruht. Der wahrgenommene Pult ähnelt dem phantasierten Pult Faustens.

Drittens. Die assoziative Weckung kann Präsentes und Nicht-Präsentes bzw. gegenwärtigende (e) und vergegenwärtigende Erlebnisse (e^*) vereinheitlichen, sodass eine Einheit der intentionalen Gegenstände X und Y erscheint. Dies trägt zu einer „bewußtseinsmäßige[n] Einheit zwischen ihnen" (EU, 208) bei. Das Anschauliche dieser Einheit beruht darauf, dass X und Y als (quasi-)-raumzeitliche

---

[614] Es ist fraglich, ob das stimmt: gibt es nicht auch das aktive/spontane Hineinfingieren eines *imaginabile* in die Wahrnehmungsumgebung, oder das freie Assoziieren?

Objekte erscheinen;[615] da Y durch X geweckt wird, erscheinen beide als gleichzeitig bzw. aufeinanderfolgend – entsprechend der zeitlichen Verhältnisse, die zwischen den Erlebnissen e und e* bestehen:

> Assoziation kann Verbindung stiften „zwischen beliebig verschiedenen, einer jeweils wirklichen und den versunkenen, Präsenzen. Das Versunkene wird assoziativ wiedergeweckt und anschaulich vergegenwärtigt und so mit dem Weckenden erneut in einer Präsenz anschaulich vereint. Darin beruht die mögliche Einheit zwischen Gegenwärtigem und Vergegenwärtigtem, zwischen Wahrnehmung und assoziativ geweckter Erinnerung bzw. Phantasieanschauung. Es ist eine sinnlich-anschauliche, in einem wirklichen und eigentlichen Anschauungsfelde und darüber hinaus in einem lebendigem Zeitfelde konstituierte Einheit [...]. (EU, 211f.)[616]

Fazit: Es ist der universalen Leistung der Assoziation zu verdanken, dass wahrgenommene und phantasierte Objekte eine anschauliche Quasi-Einheit bilden können. Die Assoziation kann zusammenbringen, was „sachlich doch nicht zusammengehörig ist" (EU, 215). Eine solche Quasi-Einheit ist fundiert in der echten Einheit der zugehörigen Erlebnisse. Die wesentliche Bedingung dafür, dass die assoziative Weckung in Gang kommt, ist in der Ähnlichkeit und Gleichheit der weckenden und geweckten intentionalen Objekte zu sehen. Es sind solche Relationen der Ähnlichkeit und Gleichheit, deren Genese durch die beziehende Betrachtung ermöglicht wird.

3 Phantasie und fiktionale Rede

Es liegt nunmehr nahe, Husserls Analyse der Phantasie systematisch auf die verschiedenen Arten fiktionaler Rede zu beziehen, von denen schon öfter die Rede gewesen ist. Das gilt insbesondere für intra-, inter- und transfiktionale Aussagen, aber auch für die von Wolfgang Künne so genannten „Statusaussagen", in denen Prädikate wie *Existenz, Wirklichkeit* oder *Fiktivität* zugeschrieben werden (vgl. Künne 2007a). Der Zusammenhang besteht darin, dass Phantasieerlebnisse eine

---

615 Dieser Anschauungscharakter fehlt z.B., wenn ich mir die Einheit oder Kollektion von Faustens Pult und dem antiquarischen Tisch nur verbal repräsentiere oder bloß denke.
616 Vgl. EU, 214: „Einheit der Anschauung ist Einheit eines anschaulichen Gegenstandsbewußtseins und hat als Korrelat anschauliche Einheit der Gegenständlichkeit. Verschiedene Individuen (oder Quasi-Individuen der Phantasieanschauungen) können aber nur so zur Einheit einer Anschauung kommen, bezw. nur in der Weise überhaupt eine einheitlich anschauliche Gegenständlichkeit bilden, daß die Einheit einer anschaulich konstituierten Zeit sie umspannt, daß sie also phänomenal gleichzeitig oder aufeinander folgend (bezw. sich zeitlich überschiebend, partiell gleichzeitig, partiell folgend) in der Einheit einer anschaulichen Präsenz erscheinen."

gewisse *anschauliche Basis* für einige solcher Urteile darstellen (vgl. Marbach 2013). Ich gehe der Reihe nach auf intra- und interfiktionale, sodann auf „Statusaussagen" ein.

1. Intrafiktionale Urteile. Oben wurde gezeigt, dass Husserl solche Urteile, die auf dem expliziten oder impliziten Gehalt eines fiktionalen Textes beruhen (z. B. „Gretel ist im Wald") als assumptive (hypothetische) Urteile interpretiert. Eine wichtige *phänomenologische Grundlage* solcher Urteile bilden die Phantasieerlebnisse, die ein Leser während oder nach der Lektüre des jeweiligen Textes vollzieht. Auch wahre intrafiktionale Urteile haben somit eine Art anschaulicher Evidenz: Ich kann nicht nur lesend *verstehen*, dass Gretel sich im Wald verirrt, sondern ich kann mir das auch anschaulich aufgrund des Textes *vorstellen*.[617] In *IG* verweist Husserl bereits auf die Rolle der Phantasie, ohne näher darauf einzugehen: „Aber unser Urteilen ist dann ein ‚modifiziertes', ein Scheinurteil über vorgestellte Gegenstände, sofern wir uns auf den Boden der Existenz der Objekte stellen (*hineinphantasieren* u. dgl.), auf dem wir in Wahrheit gar nicht stehen." (Hua XXII, 318; Herv. CE)

Nach dem oben Gesagten ist klar, dass die in §§ 40 – 41 von *EU* eingeführte „Einheit einer Phantasiewelt", auf deren „Boden" (EU, 415) wir uns stellen, als anschauliche Grundlage intrafiktionaler Urteile fungieren kann. Die Annahme, die im Vordersatz des hypothetischen Urteils („Wäre Grimms Märchen wahr ...") zum Ausdruck kommt, basiert auf der „Märcheneinstellung" (EU, 200), auf deren Grundlage wir uns eine Episode aus Hänsel und Gretels Schicksal anschaulich vorstellen können. Innerhalb einer solchen Phantasiewelt lassen sich Objekte über die Zeit verfolgen und identifizieren – obgleich stets im *Modus des Quasi:*

> Hier wiederholt sich alles für wirkliche Erfahrung Gesagte im Modus des Quasi. Wir haben eine Quasi-Welt als einheitliche Phantasiewelt. Sie ist der „Boden", auf den wir uns im Zuge eines einheitlichen Phantasierens stellen können – nur mit dem Unterschied, daß es unserem freien Belieben anheimgestellt ist, wie weit wir solche Einheit reichen lassen wollen [...]. (EU, 415)

Anders als bei „unmodifizierter" Erfüllung aufgrund von Wahrnehmung sind wir bei phantasiemäßiger Quasi-Erfüllung in gewissen Schranken *frei*, wie wir uns das Objekt vorstellen. So kann ich mir Gretel mit grünen oder blauen Augen vorstellen, sofern das Märchen diesbezüglich offen ist.

2. Interfiktionale Urteile. Während in den bisher betrachteten Texten intrafiktionale Urteile als Beispiele dominiert haben, beschäftigt sich Husserl in *EU*

---

[617] Natürlich kann man auch ohne Phantasie ein intrafiktionales Urteil fällen, indem man einfach nur den entsprechenden Satz in der Geschichte mit Verständnis liest.

auch mit interfiktionalen Urteilen, in denen Objekte aus verschiedenen Geschichten in eine Relation zueinander gebracht werden. Ein solches Urteil ist z. B. „Rotkäppchen ist älter als Gretel". Solche Urteile erscheinen zunächst problematisch, da es hier nicht nur *eine* Phantasiewelt gibt, auf die wir uns einlassen können.

Husserl äußert sich dazu indirekt in § 40, und zwar im Zusammenhang mit der Möglichkeit der Individuation von *imaginabilia*. Ihn interessiert dabei in erster Linie der Status von interfiktionalen *Identitätsaussagen*. Ein Beispiel dafür ist „Das Gretel aus Humperdincks Oper ist identisch mit dem Gretel aus Grimms Märchen". Husserl vertritt hier wieder einen anti-realistischen Standpunkt, denn es hat

> z. B. keinen Sinn, zu fragen, ob das Gretel in einem Märchen und ein Gretel in einem anderen Märchen dasselbe Gretel ist, ob was für das eine phantasiert und ausgesagt ist, mit dem für das andere Phantasierten stimme oder nicht stimme, wie auch, ob sie miteinander verwandt sind usw. Festsetzen – und es annehmen ist schon ein Festsetzen – kann ich es, aber dann beziehen sich beide Märchen auf dieselbe Welt. Innerhalb e i n e s Märchens kann ich so fragen, da haben wir von vornherein eine Phantasiewelt (EU, 202).

Identitätsurteile setzen nach Husserl eine gemeinsame Welt voraus – sei es nun die wirkliche Welt oder eine (mögliche) Phantasiewelt. Dies beruht darauf, dass – wie bereits erwähnt – wirkliche Dinge einen andersartigen Horizont als fingierte haben. Bei Phantasien werden zwar auch Erfüllungen/Enttäuschungen vorgezeichnet, aber deren Realisierung bleibt in großen Stücken der *Willkür* des phantasierenden Subjekts überlassen. Wegen dieser wesentlichen *Unbestimmtheit* des Phantasiehorizonts gibt es in Phantasiewelten keine Individuen. Individuen müssen in sich bestimmt und als solche erkennbar sein. Das ist aber in einer Phantasiewelt prinzipiell nicht möglich. In der Wahrnehmung mag es faktische Grenzen der Bestimmbarkeit geben, aber *prinzipiell* müssen sich, so Husserls realistische These, alle Leerintentionen erfüllen oder enttäuschen können:

> Die Welt hinter den fernsten Gestirnen, in die unsere Erfahrung bisher reichte, ist unbekannt, aber sie ist empirisch erkennbar, sie ist an sich bestimmt, und Erfahrungen sind möglich, und nicht im Sinn von blossen Fiktionen möglich, die uns in diese objektive Welt, diese an sich seiende führen. Anders hinsichtlich einer in Fiktion installierten Welt. (Hua XXIII, 523; vgl. *Ideen I*, §§ 47 f.)

Übrigens ist es dieser Unterschied in der horizontalen Struktur von Wahrnehmung und Phantasie, der dem logischen Paradox zugrunde liegt, dass es so aussieht, als seien manche Aussagen über *imaginabilia* weder wahr noch falsch bzw. diesbezüglich unentscheidbar. Fragt man sich z. B., ob Gretchen Sommersprossen auf der Nase hat, so wird das durch den Text nicht entschieden. Genauso wenig wird gesagt, dass Gretel keine Sommersprossen hat. Haben wir hier also einen Fall, in dem das *tertium non datur* (TND) verletzt wird? Man muss nicht so weit gehen, denn man kann sagen, dass keiner der folgenden Sätze wahr ist, ohne sich in einen Widerspruch zu verwickeln:[618]

A Wäre Grimms Märchen wahr, dann hätte Gretel Sommersprossen auf der Nase.
B Wäre Grimms Märchen wahr, dann hätte Gretel keine Sommersprossen auf der Nase.

Eine Phantasiewelt gibt nicht genug her, um alle Fragen zu entscheiden; ihre Horizonte sind willkürlich zu entfalten. Es gibt mithin konsistente und einstimmige Erweiterungen des Grimm'schen Märchens, in denen Gretel mit Sommersprossen auftritt. Interessanterweise hat Husserl dieses Problem explizit thematisiert, wobei der oben diskutierte „imperfekte" Charakter der Phantasieassumptionen relevant ist:

> Im Rahmen, den die zusammenhängende Einheit von Erfahrungen gesteckt hat, gibt es objektive Wahrheit als *quasi*-Wahrheit, aber doch als bindende Wahrheit. Aber sie reicht nur so weit, als die zusammenhängende Fiktion durch das aktuell zur Anschauung Gebrachte und durch das nach logischen Gesetzen darin Beschlossene (eidetisch und erfahrungslogisch) Vorzeichnung geleistet hat. Darüber hinaus ist jede Aussage völlig unbestimmt. Auf die Frage, was der phantasierte Zentaur am Phantasiemorgen essen wird, mit wem er sich unterhalten oder kämpfen wird, gibt es keine Antwort. Die entsprechende, willkürlich anzusetzende Aussage ist weder wahr noch falsch. Ich entscheide sie nicht, wenn ich hinterher dazufingiere, dass er eine Ziege verspeisen will: Hätte ich es von vornherein dazuphantasiert in einstimmiger Fortführung meiner Fiktionen, so wäre die „Wahrheit" vorgezeichnet gewesen. (Hua XXIII, 523 f.)[619]

Doch zurück zu interfiktionalen Aussagen. Ungeachtet des Problems der interfiktionalen Identität können manche solcher Aussagen wahr sein. Allerdings

---

618 Vgl. Künne 2007, 304 f., der sich auch auf Husserl bzw. *IG* beruft.
619 Vgl. dazu Mohanty 2008, 312 f. Hier sieht es so aus, als würde Husserl das TND für *imaginabilia* bestreiten. In späteren Texten leugnet er die universelle Gültigkeit des TND explizit; vgl. FTL, § 90. Es soll demnach nicht für „inhaltlich ‚sinnlose' Urteile" (Hua XVII, 228) wie z. B. „Die Zahl 2 hat Schnupfen" gelten. (Genau genommen ist hier zwischen einer prädikativen und einer sentientialen Version des TND zu unterscheiden, wobei nur die prädikative Version ggf. verletzt wird. Man kann zwar nicht sagen, die 2 habe die positive bzw. negative Eigenschaft, einen bzw. keinen Schnupfen zu haben, aber es gilt gleichwohl, dass es nicht der Fall ist, dass die 2 Schnupfen hat.) Schon in LU VI, § 30, sagt Husserl, dass das TND nur für (reale) Individuen selbstverständlich („axiomatisch") sei, nicht hingegen für Irrealia. Es sei schon für (natürliche) Arten problematisch: „Wir erinnern daran, daß wir nicht etwa sagen dürfen, jede A r t Papier ist entweder rau oder ist nicht rau; denn darin läge, daß jedes einzelne Papier einer beliebigen Art rau oder jedes einzelne nicht rau sei, und derartige Behauptungen sind natürlich nicht für beliebige Artbildungen richtig." (Hua XIX/2, 634)

müssen sie in Husserls Augen auf zwei Arten beschränkt werden: zum einen auf *vergleichende Aussagen*, in denen über Ähnlichkeit und Gleichheit geurteilt wird (z. B. „Faust ist größer als Sherlock Holmes");[620] zum anderen auf solche Aussagen, in denen, wie Husserl sagt, „privative Nicht-Identität" (EU, 432; vgl. 430) ausgesagt wird. Z.B. ist es in Husserls Augen wahr, zu sagen, (Goethes) Faust sei verschieden von (Grimms) Hänsel. Aber eine solche negative Identitätsaussage ist zu unterscheiden von der nicht-privativen Nicht-Identität „Deutschland ist nicht der Gewinner der Fußball-WM 2010". Eine solche ‚positive' Nicht-Identität ist immer nur auf dem Boden ein und derselben (Phantasie)Welt möglich.

Husserl vertritt in diesem Zusammenhang also eine Position, die man als *Intramundanität der Individuation* bezeichnen kann: Individuen im eigentlichen Sinne gibt es nur innerhalb einer Welt, nämlich in der wirklichen Welt der Erfahrung:[621]

> In dem Ausgeführten liegt beschlossen, daß I n d i v i d u a t i o n u n d I d e n t i t ä t d e s I n d i v i d u e l l e n, sowie die darauf sich gründende mögliche Identifizierung, n u r i n n e r h a l b d e r W e l t w i r k l i c h e r E r f a h r u n g a u f G r u n d d e r a b s o l u t e n Z e i t l a g e m ö g l i c h i s t. Darauf sei hier nur kurz hingewiesen; eine ausgeführte Theorie der Individuation liegt jetzt nicht in unserer Absicht.[622] Phantasieerfahrung gibt danach überhaupt keine individuellen Gegenstände im eigentlichen Sinn, sondern nur q u a s i - i n d i v i d u e l l e und Q u a s i - I d e n t i t ä t, nämlich innerhalb der festgehaltenen Einheit einer Phantasiewelt. (EU, 203)[623]

Diese Intramundanitäts-These beruht darauf, dass Individuen vollständig bestimmte Entitäten sind, insbesondere sind sie bezüglich ihrer raum-zeitlichen Lokalisierung eindeutig bestimmt. Diese Vollständigkeit ist übrigens nicht als eine ontologische Prämisse zu verstehen. Sie gehört vielmehr zum *Sinn* tatsächlicher Wahrnehmung und Erfahrung. Obgleich jede transzendente Wahrnehmung einen Horizont aktuell nicht-wahrgenommener Aspekte hat und in diesem Sinne unerschöpflich ist, so ist dies doch ein Horizont mit einer „bestimmbare[n] Unbestimmtheit" (Hua III/1, 92). Erfahrung zeichnet sich dadurch aus, diese „Spiel-

---

620 Auch sog. *transfiktionale Vergleichsurteile* sind möglich, z.B. „Zeus ist mächtiger als Obama".
621 Vgl. Mohanty 1982. Mohanty schreibt Husserl die These von „Worldbound Individuals" im Kontrast zu „Transworld Individuals" zu (vgl. ebd., 242ff.).
622 Mehr zu Individuationsthematik findet sich in Hua XXXIII, den *Bernauer Manuskripten über das Zeitbewusstsein (1917/18)*, v. a. in Abschnitt V. Vgl. auch EU, § 91, und Beilage I; Hua XXXIII, 289–298.
623 Vgl. EU, 430: „Individuelle Differenzierung gibt es nur, soweit eine ‚Welt' reicht, wirkliche individuelle Differenzierung in einer wirklichen Welt, mögliche individuelle Differenzierung in einer möglichen Welt."

räume **o f f e n e r** Möglichkeiten" (EU, 370) erfüllen zu können. Im Unterschied zur Unbestimmtheit und Unvollständigkeit der Phantasie und ihrer Quasi-Welt erfolgen diese Erfüllungen zwar *infolge* der Aktivität und Spontaneität des Subjekts, aber *nicht durch* diese, da Erfüllung einer Intention auch ein passiv-rezeptives Moment enthält. Eine Phantasie hingegen ist willkürlich erfüllbar.

3. *„Statusaussagen"*. Kommen wir schließlich zu ontologischen Statusaussagen (z. B. „Faust ist fiktiv", „Faust existiert nicht", „Es gibt keinen Teufel") und ihrem Verhältnis zur Phantasie. Hierfür sind Husserls Ausführungen zu den Begriffen *Existenz, Wirklichkeit* und *Fiktivität* ausschlaggebend.[624] Nach Husserl haben solche Aussagen – verglichen mit den intra- und interfiktionalen – einen ganz anderen logischen Status, da es sich bei ihnen zwar um kategorische, aber um höherstufigere Urteile mit einem „modifizierten Subjekt" handelt. Wir prädizieren hier nicht aufgrund einer Hypothese, sondern beziehen uns auf den *Sinn* unserer Akte. Anders gesagt: „Existenz", „Wirklichkeit" und „Fiktivität" sind nach Husserl eine Spielart von Prädikaten zweiter Stufe.[625]

Die zunächst in *EU* studierten singulären Erfahrungsurteile der Form *S ist p* (z. B. „Dieses Buch ist grün") basierten allesamt auf vorprädikativer Erfahrung, die in „bruchloser Einstimmigkeit" (EU, 325) vor sich geht. Im Unterschied dazu gründen Statusaussagen auf einer modifizierten kognitiven Einstellung. Urteile wie „Faust ist fiktiv" oder „Faust existiert nicht", aber auch positive Urteile wie „Dieses Buch existiert wirklich" finden nach Husserl auf einer anderen intentionalen Ebene als schlichte Erfahrungsurteile statt und erfordern eine neuartige „Stellungnahme[] des Ich" (EU, 327); sie setzen eine kritische und reflexive „Einstellungsänderung" (Hua XXX, 196) voraus (vgl. EU, 356). Husserl hat dabei vorzugsweise singuläre Existenz-, Wirklichkeits- und Fiktivitätsaussagen der Form „a existiert (nicht)", „a ist (nicht) wirklich" und „a ist fiktiv" vor Augen.[626]

---

[624] Husserl entwickelt seine Thesen zur Logik von Existenz, Wahrheit und Wirklichkeit in direkter Auseinandersetzung v. a. mit Brentano und Bolzano. Das wird in *EU*, §§ 73–75, nur indirekt deutlich, geht aber klar aus § 40 der Vorlesung *Einführung in die Logik und Wissenschaftstheorie* (Hua XXX) hervor. Dieser Paragraph enthält eine äußerst detaillierte Analyse unterschiedlicher Arten von Existenzurteilen, die bis heute wenig erforscht ist. Vgl. dazu knapp Melle 2001 und etwas ausführlicher Beyer 2004b. Vgl. dazu auch den Vorgängertext von Hua XXX *Alte und neue Logik* (1908/09, Hua Mat VI, insb. 153 ff.).

[625] Vgl. Hua XXX, 133: „Eins ist sicher, daß es [das singuläre Existenzurteil, CE] zweigliedrig ist seiner Materie nach und daß ‚existiert' ein Prädikat ist." Vgl. auch Hua XVII, 305, Fn. 1: „Der Urteilslehre Brentanos kann ich also nicht folgen, wie ich denn auch die Existenzialsätze als kategorische Sätze mit anomal geänderter Subjektbedeutung ansehe." (Hua XVII, 305, Fn. 1)

[626] Andere (allgemeine) Existenzurteile („Es gibt A's", „Etwas ist A", „Einige A sind B", etc.) diskutiert Husserl in Hua XXX, § 40; er deutet sie, ähnlich wie Frege, als quantifizierte „Funktionalurteile", die nicht zu den kategorischen Urteilen gehören (vgl. Hua XXX, 191).

II Die Phänomenologie der Nicht-Existenz – Intrinsische Intentionalität — 461

Für wie wichtig Husserl die Klärung solcher Aussageformen gehalten hat, zeigt sich nicht zuletzt daran, dass er sich damit seit seinen Jahren als Hallenser Privatdozent beschäftigt hat. Die meisten seiner frühen Logikvorlesungen enthalten längere Abschnitte über den Status von Existenzaussagen. Im Folgenden konzentriere ich mich auf *EU*, §§ 73–75. Systematisch betrachtet, sind diese Paragraphen im Zusammenhang mit der Frage zu lesen, wie die logische Struktur von Existenz- und Wirklichkeitsurteilen zu verstehen ist: Handelt es sich um herkömmliche kategorische (bestimmende oder beziehende) Urteile? Wird dabei prädiziert? Wenn ja, was und wovon?

Husserls Position kommt bereits in der Überschrift von § 73 prägnant zum Ausdruck: „Existenzurteil und Wahrheitsurteil als Urteilsstellungnahmen höherer Stufe mit modifiziertem Urteilssubjekt." (EU, 354)[627] Darin sind *zwei* Thesen enthalten: *Erstens* sind Existenz- und Wahrheitsurteile Urteile höherer (zweiter) Stufe; *zweitens* haben sie ein anderes, ein „modifiziertes" Subjekt als erststufige Urteile.

In solchen Urteilen beziehen wir uns also nicht einfach auf reale oder ideale Gegenstände, sondern auf modifizierte Subjekte, d.i. Akt-Sinne. Husserl knüpft damit an die weiter oben eingeführte Unterscheidung zwischen determinierenden und modifizierenden Prädikaten an. Die grundlegende Motivation für die These eines modifizierten Urteilssubjekts liegt darin, dass nach Husserl einfache kategorische Urteile (*S ist p*) eine zweigliedrige Struktur haben, aufgrund deren auf eine Subjekt*setzung* eine Prädikat*setzung* erfolgt. Solche Urteile basieren auf setzenden Akten mit Bezug auf S und p. Wäre ein Urteil wie „Die Sonne existiert (wirklich)" analog gebaut, so wäre es nach Husserl tautologisch und notorisch uninformativ, denn es liegt ja bereits eine Setzung mit Blick auf S vor, die dann durch die Existenz-Prädikation lediglich wiederholt wird. Ein negatives Urteil wie „Die Sonne existiert nicht" wäre sogar widersprüchlich, da ihm ein nominaler Akt zugrunde liegt, der auf die Sonne (S) auf *setzende Weise* gerichtet ist.[628] Aus diesem

---

[627] Es ist offensichtlich, dass Husserl *keine deflationäre Auffassung* des Wahrheit-Prädikats vertritt. Ich gehe hier nicht näher auf Wahrheitsurteile ein.

[628] Vgl. Hua XXX, 197 f.: „Auch wenn wir sagen: ‚Sokrates ist etwas Wirkliches', er ‚existiert wirklich', ist nicht über Sokrates geurteilt, ist nicht das Sein des Sokrates in Form einer Untersetzung gesetzt. Das zeigt sich bei der Negation, in der das Subjektglied offenbar völlig gleich fungiert. Also, wenn wir aussagen würden: ‚Sokrates ist nichts Wirkliches'. Dann hätten wir Sokrates von vornherein so angesetzt wie etwa im Urteil ‚Sokrates ist krank', ‚Er ist kein Spartaner' usw. So wäre er ja von vornherein als Wirklichkeit gemeint, und die Aussage, er sei nichts Wirkliches, wäre so gut, als ob wir sagten, der wirkliche Sokrates sei unwirklich, was ein Widerspruch wäre. Und ebenso wäre das positive Urteil ‚Sokrates ist wirklich' eine Art Tautologie, wenn wir schon Sokrates in Wirklichkeitsweise gesetzt hätten. [...] Es ist also die Frage, was da in der Existentialprädikation als Wirklichkeitsprädikation das Subjekt eigentlich be-

Grund behauptet Husserl, dass wir es nicht mit Subjekten in normaler Funktion zu tun haben, sondern eben mit „modifizierten Urteilssubjekten".

Fällen wir Existenzurteile, so sind wir also nicht mehr in recto auf Irrealia oder Realia bezogen, sondern nehmen eine unterscheidende „kritische Einstellung" (EU, 356) ihnen gegenüber ein; statt auf Gegenstände schlechthin, geht es uns nun um ihr Verhältnis zum „gegenständliche[n] Sinn" (EU, 354). Das Existenzurteil steht somit gleichsam zwischen Urteilen über Realia oder Irrealia und rein ‚semantischen' Urteilen, in denen wir Sinnen/Bedeutungen bestimmte Eigenschaften zuschreiben; fällen wir Existenzurteile, so setzen wir vielmehr *Sinn und intentionales Objekt in Beziehung*:

> Das Urteilen in dieser höheren Stufe der spezifisch kritischen Einstellung wird daher weder ein schlicht bestimmendes und beziehendes (als Urteilen über schlichte Substrate) sein können, noch auch ein solches, das pure Vermeintheiten als solche zu Substraten hat, als Gegenstände einer eigenen Region, die nun etwa nach ihrem Gehalt bestimmt werden sollen; vielmehr wird in ihm beides in eigentümlicher Weise in Beziehung gesetzt werden, was Urteile einer eigenen Art ergibt. (EU, 355)

Was ist dieser „gegenständliche Sinn" einer Erfahrung? Der Terminologie der *Ideen* zufolge ist der gegenständliche Sinn mit dem *Kern des Noema* identisch, d.i. mit dem *Gegenstand im Wie seiner Bestimmtheiten*, der gleichwohl nicht mit den Eigenschaften des Objekts selbst zu verwechseln ist: der „bloße Sinnesgehalt ist **nicht im eigentlichen Sinn Prädikat des Gegenstandes**. Prädikate des Gegenstandes sind so wenig Sinne als der Gegenstand selbst, der als solcher ‚an sich selbst' ist, Identisches mannigfacher Selbstgebungen" (EU, 322).[629]

Urteile ich „Dieses Buch existiert (wirklich)" – bisher dachte ich vielleicht, es sei ein *hallucinatum* –, dann setze ich den Sinn von „dieses Buch" mit meinem tatsächlichen Erfahrungsverlauf in Beziehung; dieser Sinn bestätigt sich beständig in meiner Wahrnehmung, nichts spricht gegen ihn. Nach Husserl hat sich damit meine kognitive Einstellung gewandelt, sodass ich nicht mehr auf das Buch selbst und seine Eigenschaften, sondern eben auf den Sinn meiner Erfahrung und ihren Verlauf gerichtet bin. Wir

---

deutet, z. B. ‚Sokrates existiert'." Dies erinnert auffällig an Freges Diskussion singulärer Existenzurteile im *Dialog mit Pünjer*.

629 Vgl. Hua III/1, 301: „Offenbar ist hiermit ein ganz **fester Gehalt in jedem Noema** abgegrenzt. Jedes Bewußtsein hat sein Was und jedes vermeint ‚sein' Gegenständliches; [...] wir gewinnen durch Explikation und begriffliche Fassung einen geschlossenen Inbegriff von formalen oder materialen, sachhaltig bestimmten oder auch ‚unbestimmten' (‚leer' vermeinten) ‚**Prädikaten**', und diese in ihrer **modifizierten Bedeutung** bestimmen den ‚**Inhalt**' des in Rede stehenden Gegenstandskernes des Noema."

sind nun gerichtet auf die Synthesis der Identifikation, die zwischen dem Sinn und dem wahren Selbst eintritt – sofern der Sinn eben erfüllbarer Sinn ist. Ganz allgemein sagen wir dann: „diesem Sinn entspricht ein Gegenstand – er ist ein gültiger Sinn", oder „diesem Sinn entspricht nicht ein Gegenstand – er ist ungültiger Sinn". Wir prädizieren also vom Sinn das 'Sein'. Das ist das ursprüngliche existenziale Urteilen. (EU, 356)[630]

Diese Aussagen sind potentiell missverständlich. Denn *zum einen* ist nicht gemeint, dass ein Urteil wie „Dieses Buch existiert" eigentlich besagt „Der Sinn von ‚dieses Buch' existiert". Das würde zu dem unliebsamen Resultat führen, dass alle Existenzurteile wahr würden, denn nach Husserl existiert ein solcher Sinn unabhängig davon, ob unsere Bezugnahmen wahr sind oder nicht (vgl. EU, 322). Insofern ist Husserls Aussage, dass wir im Existenzurteil „vom Sinn das 'Sein'" prädizieren, irreführend. Ähnlich missverständlich ist *zum anderen* die Rede von „Identifikation". Denn im eigentlichen Sinne kann es nicht sein, dass der gegenständliche Sinn identisch ist mit dem „Original". Sinne gehören zur Gattung der irrealen Gegenstände, während ein Buch ein reales Objekt ist. Mit „Identifikation" meint Husserl also nicht numerische Identität von Sinn qua Gegenstand und Original qua Gegenstand, sondern vielmehr die phänomenologische Tatsache, dass sich ein Gegenstand, den wir mit einem bestimmten gegenständlichen Sinn *meinen*, im Zuge weiterer Wahrnehmungsverläufe *als ebensolcher bestätigt* oder *„ausweist"*. Wir haben es hier mit der für Husserls Erkenntnistheorie fundamentalen Erfüllung einer Intention zu tun, aufgrund deren wir das Bewusstsein von ein und demselben Gegenstand haben, der sich uns einstimmig und durch kontinuierliche Bestätigung unserer Erwartungen und Leerintentionen anschaulich präsentiert:

> Eins ist sicher, die Bewusstseinslage, auf welche sich der Existenzbegriff bezieht, haben wir gewonnen, und wiederum ist sicher, es ist ein synthetisches Bewusstsein, eine Einheit der Identifizierung, in welchem sich Existenz bekundet. Es ist das Erlebnis der identifizierenden Erfüllung einer Vorstellungsintention in einer ihr entsprechenden Wahrnehmung gleichen Inhalts. (Hua Mat II, 162)[631]

---

630 Vgl. EU, 357: „Das Existenzialurteil ‚A ist', etwa dieser zuvor von uns als Haus bestimmte und als das als seiend vermeinte Gegenstand existiert, besagt daher: Der Sinn ‚A' hat entsprechende Wirklichkeit. Es wird im Existenzialurteil also vom Sinn prädiziert."
631 Vgl. Hua XXIV, 311: „Im Fortgang von Wahrnehmung zu Wahrnehmung, in dem einen wesentlich zusammenhängenden Kontext der Wahrnehmungen, bestätigen sich immer wieder die Glaubensakte oder Glaubensanmutungen, und damit konstituiert sich ein immer weiter greifendes Gegebenheitsbewußtsein des Gegenstands, d.i. ein Seinsbewußtsein desselben, als ein immer voller realisiertes Seinsbewußtsein." Vgl. ebd., 313: „In dieser Erfüllungs-

Fällen wir ein Existenzurteil, so wird dieser *Erfüllungszusammenhang selbst thematisch*; bevor wir so urteilen, vollziehen wir Erfüllungen, wir „leben in ihnen", „erleben" sie einfach, wobei sie uns höchstens präreflexiv bewusst sind.

Insgesamt kann man Husserl also folgende These zuschreiben: Fällen wir ein singuläres Existenzurteil der Form „a existiert", so meinen wir damit, dass der gegenständliche Sinn [a] einstimmig erfüllt ist bzw. sich dergestalt erfüllen lässt. Diese Erläuterung ist nicht als Definition des Existenzbegriffs zu verstehen. Husserl hat den Begriff der Existenz (und den der Wahrheit) für undefinierbar gehalten. Beide können anhand ihres phänomenologischen Ursprungs zwar ‚aufgezeigt', aber nicht definiert werden:

> Existenz und Wahrheit sind Begriffe, die nur in Relation zueinander sowie zum Begriff der objektiven Vorstellung aufgewiesen, aber eigentlich nicht definiert werden können. Es sind letzte deskriptive Elemente der formalen Logik. (Hua Mat I, 220; vgl. 221)[632]

Wie steht es nun mit dem Verhältnis zwischen den Begriffen *Existenz*, *Wirklichkeit* und *Fiktivität*?

Nach Husserl sind die Begriffe *Existenz* und *Wirklichkeit* zwar koextensional, aber nicht identisch;[633] sie sind „äquivalent und doch sinnverschieden" (Hua XXX, 195). Alles Existierende ist demnach wirklich und umgekehrt. Dass keine Synonymie vorliegt, zeigt sich nach Husserl an den jeweiligen Gegenbegriffen, d.i. *Nicht-Existenz* und *Unwirklichkeit* im Sinne von *Fiktivität*. So meinen wir normalerweise nicht, dass etwas (putativ Reales) allein deshalb fiktiv sei, weil es nicht existiert. Dies gilt z. B. für Objekte, die in wissenschaftlichen Theorien zu explanatorischen Zwecke angenommen und dann durch Experimente als ‚nichtig' erwiesen werden (z. B. Phlogiston, der Planet Vulkan, Äther). Die Nicht-Existenz von Vulkan ist nicht dasselbe wie seine Fiktivität. Nach Husserl sind Existenz-

---

synthesis steht der vorgestellte Gegenstand als wirklicher, als Seinswert habender da. [...] Geltung der Vorstellung hat also ihr Korrelat im Sein des vorgestellten Gegenstands."

632 Vgl. Hua XXX, 351: „Ich neige zu der Ansicht, daß das Existentialurteil, verstanden als Wirklichkeitsurteil, eine Grundform ist, die nicht mehr reduziert werden kann."

633 Wenn Husserl hier von „Wirklichkeit" spricht, so ist nicht – wie etwa bei Frege – an Wirklichkeit qua Wirksamkeit zu denken. Wirklich im hier relevanten Sinne sind auch Irrealia, die kausal inert sind. Vgl. Hua XXX, 195: „Zu beachten ist dabei, daß Wirklichkeit immer im allgemeinsten Sinne zu nehmen ist. Von Wirklichkeit sprechen wir gewöhnlich im Sinne von realer Wirklichkeit. Da ist Wirklichsein auch Wirkendsein. Aber andererseits sprechen wir doch auch in der Mathematik von Existenz und Wirklichkeit." Vgl. auch Hua Mat I, 216: „Wirken kann nur das Reale, aber nicht alles Existierende ist real." Wirklichkeit qua Wirkendsein ist Thema der *Ideen II*.

urteile, die durch Wahrnehmung widerlegt werden können, keine Urteile über Fiktives:

> Ist der Sinn durchstrichen, nicht zur Erfüllung zu bringen, sondern stellt er sich im Widerstreit mit anderem Sinn als nicht seiend heraus, und wird demgemäß geurteilt „A ist nicht", so ist damit nicht gemeint, A ist ein Fiktum, ein Phantasiegegenstand; vielmehr ist und bleibt er Erfahrungsgegenstand, aber eben durchstrichener, der auf dem Boden der durchgehenden Erfahrungsgewißheit nicht zur erfüllenden Bewährung zu bringen ist. (EU, 362)

Wenn wir sagen, etwas sei fiktiv, so wollen wir *mehr* als dessen schiere Nicht-Existenz zum Ausdruck bringen. Dieses ‚Mehr' bezieht sich darauf, dass wir uns auf den Boden einer Phantasiewelt stellen. Wir reflektieren nicht nur auf das Verhältnis zwischen Kern und Erfüllung *innerhalb* der Erfahrung (wie bei der Feststellung der bloßen Nicht-Existenz), sondern wir *kontrastieren* Erfahrung und Phantasie (Als-ob-Erfahrung). Hier ist die „Gegenüberstellung von Vorgestelltem und Wirklichem" (Hua XXX, 195) bestimmend:

> Erst wenn wir phantasieren und aus der Einstellung des Lebens in der Phantasie (also des Quasi-Erfahrens in allen seinen Modis) übergehen zu den gegebenen Wirklichkeiten, und wenn wir dabei über die zufällige einzelne Phantasie und ihr Phantasiertes hinausgehen, diese als Exempel nehmend für mögliche Phantasie überhaupt und Fikta überhaupt, erwachsen uns die Begriffe Fiktum (bzw. Phantasie) und auf der anderen Seite die Begriffe „mögliche Erfahrung überhaupt" und „Wirklichkeit". [...] Erst wer in der Erfahrung lebt und von da aus in die Phantasie „hineinfaßt", wobei das Phantasierte mit dem Erfahrenen kontrastiert wird, kann die Begriffe Fiktion und Wirklichkeit haben. (EU, 360)

Diese *Kontrasterfahrung* bildet, anders als die *Einstimmigkeits-* bzw. *Widerstreiterfahrung* beim Existenzbegriff, den phänomenologischen Ursprung der Begriffe *Wirklichkeit* und *Fiktivität*. Der fragliche Kontrast ist aber besonderer Art, da er auf unterschiedlichen Einstellungen beruht (Phantasie vs. Erfahrung).[634]

Für Wirklichkeitsurteile ist somit nicht nur der gegenständliche Sinn des Subjektterms relevant, sondern auch die *Weise, wie er gesetzt ist.* Zu sagen, a sei wirklich, bedeutet, dass a *qua Gegenstand der Erfahrung* existiert. Etwas erfahren heißt, es als *unmodifiziert* Seiendes, Mögliches, Wahrscheinliches etc. zu setzen.

---

[634] Husserl betont, dass hier kein Kontrast im eigentlichen Sinne vorliegt (vgl. EU, 361). Eigentlicher Kontrast ist nur zwischen Gegenständen möglich, die zu ein und derselben Welt gehören; er spielt eine wichtige Rolle für die assoziative Struktur des Feldes „passiver Vorgegebenheiten" (EU, 74), innerhalb dessen sich verschiedene Sinnesfelder abheben (z. B. Farbfelder), deren Komponenten in Ähnlichkeits- oder Kontrastbeziehungen zueinander stehen können. Z.B. kontrastiert ein roter Fleck mit einem weißen Hintergrund. Vgl. EU, § 16.

Ihrer logischen Form nach sind somit auch Wirklichkeitsaussagen Urteile „höherer Stufe mit modifiziertem Urteilssubjekt", aber sie unterscheiden sich dadurch von Existenzaussagen, dass ihr Subjekt nicht der bloße gegenständliche Sinn, sondern vielmehr der doxisch qualifizierte Kern ist – in der Terminologie der *Ideen* ist das der „noematische Satz" (Hua III/1, 305), im Vokabular der *Untersuchungen* das „intentionale Wesen" als Einheit von Materie und Qualität (Hua XIX/1, 431):

> Daraus ergibt sich: in der Prädikation über Wirklichkeit und Fiktum ist nicht Subjekt der bloße Sinn, die bloße Urteilsmaterie wie im Existenzialurteil, sondern der als gewiß, wahrscheinlich, vermutlich oder nicht seiend gesetzte Sinn, also der Satz. Er ist das Subjekt der Gegenprädikate „wirklich – fiktiv". (EU, 363)

Der Unterschied wird im Fall der Fiktivität deutlicher. Denn zu sagen, a sei fiktiv, impliziert zweierlei: zum einen, dass a nicht existiert, zum anderen, dass a Gegenstand (im intentionalen Sinne) eines modifizierten Aktes, einer Phantasie, ist. Umgekehrt gehört es nach Husserl zum Begriff der Wirklichkeit, dass die fragliche Sache nicht bloß phantasiert ist. Bei *Existenzurteilen* geht es nur darum, dass ein ‚Begriff' nicht leer ist; pure Existenzaussagen „enthalten [...] gar nicht den begrifflichen Gedanken der Wirklichkeit" (Hua XXX, 195). Bei *Wirklichkeitsurteilen* ist mehr im Spiel, denn wenn wir von einem wirklichen Objekt reden, meinen wir zugleich ein Objekt, das in unmodifizierten Akten gegeben ist. Das gehört nach Husserl zum Begriff von Wirklichkeit, der, trotz Umfangsgleichheit, inhaltsreicher ist als der Begriff der Existenz.

§ 2 Wirklichkeits- und Vergleichungsrelationen

Im Anschluss an die verschiedenen Weisen vorprädikativer „beziehender Anschauung" führt Husserl zwei Arten materialer Relationen zwischen *Realia* ein, nämlich *Wirklichkeits- und Verbindungsrelationen* (W-Relationen) und *Vergleichungs-/Ideenrelationen* (V-Relationen). Während sich W-Relationen phänomenologisch dadurch auszeichnen, zwischen wahrgenommenen Objekten zu bestehen, können V-Relationen auch zwischen phantasierten und wahrgenommenen und zwischen zwei phantasierten Objekten bestehen. Insbesondere V-Relationen sind somit für das Problem der Nicht-Existenz relevant, da sie *prima facie* das Prinzip der Existenzabhängigkeit von Relationen verletzen.

Husserls Unterscheidung zwischen W- und V-Relationen weist, historisch gesehen, eine bemerkenswerte Ähnlichkeit zu der von Bradley, Russell und Wittgenstein bekannten Dichotomie zwischen externen und internen Relationen auf. Husserl selbst bezieht sich allerdings auf Humes Unterscheidung zwischen *matters of fact* und *relations of ideas* (vgl. EU, 215; Hua XXXIII, 298). V-Relationen sind Ähnlichkeits-, Komparations- und qualitative Gleichheitsrelationen, W-Relationen hingegen räumliche Lage- und Abstandsbeziehungen, mereologische, zeitliche und kausale Relationen. V- und W-Relationen sind ferner materiale Relationen, deren Relata bestimmten Regionen zugehören müssen, damit sie bestehen können.[635]

Husserl entwickelt diese Typologie von Relationen im Ausgang von der phänomenologischen Frage, wie sich zwei auf reale Einzeldinge X bzw. Y gerichtete anschauliche Erlebnisse e und e* mit unterschiedlichen Setzungscharakteren zu einer Einheit im Bewusstsein fügen können. Folgende Fälle sind möglich (vgl. Mohanty 2011, 228 ff.):

e(X)	e*(Y)	Relation zwischen X und Y
setzend	setzend	W- und V-Relation
setzend	nicht-setzend	V-Relation
nicht-setzend	nicht-setzend	V-Relation; Quasi-W-Relation

Sind e und e* setzend, d. h. Wahrnehmungen, so stehen X und Y sowohl in W- als auch in V-Relationen zueinander. Zwei wahrgenommene Objekte sind z. B. immer gleichzeitig oder nacheinander wahrgenommen; dasselbe gilt für räumliche Relationen wie Abstand, Orientierung (rechts–links, oben–unten, ...), etc. Da *sensibilia* intrinsische Eigenschaften haben, stehen sie auch in V-Relationen (Heller-Sein, Kleiner-Sein etc.). W-Relationen setzen, anders als V-Relationen, voraus, dass beide Relata zu ein und derselben Raum-Zeit (Welt) gehören, innerhalb deren sie entlang der Raum- und Zeitachsen „verbunden" sind (daher *Verbindungs*relationen). Bei W-Relationen lassen sich gleichsam immer raumzeitliche Trajektorien zwischen den Relata ziehen. Die Relata einer W-Relation sind stets existierende Realia (vgl. EU, § 38). Ist eines der Erlebnisse nicht-setzend (und nicht-veridisch), so können die intentionalen Objekte zwar nicht in einer W-, aber immer noch in einer V-Relation stehen. So macht es nach Husserl durchaus Sinn, ein frei phantasiertes Pult mit einem wahrgenommenen Pult zu vergleichen, z. B. mit Blick auf die Farbe: „Das Pult, das ich mir gerade vorstelle, hat ein kräftigeres Rot als dieses hier vor mir stehende." Solche Vergleiche sind im Kontext *transfiktionaler*

---

635 Neben materialen Relationen unterscheidet Husserl auch formale oder syntaktische Relationen, deren Anwendungsbereich unbeschränkt ist. Dazu gehört z. B. die Element-Relation zwischen einem Objekt und einer Menge (Kollektion). Vgl. EU, § 43 d). Insgesamt äußert sich Husserl selten zur Relationstheorie; einige Hinweise finden sich in LU III und Hua XXXI, 71 ff., 108 ff.

Rede gängig, z. B. wenn man reale Personen mit fiktionalen Figuren vergleicht.[636] Man kann aber nicht sagen, das vorgestellte Pult sei drei Meter von diesem Pult hier entfernt, oder Faust nähere sich mir bis auf drei Meter (vgl. EU, § 43). W-Relationen zwischen *realia* und *imaginabilia* sind unmöglich, da *imaginabilia* nicht zur Raum-Zeit der aktuellen Welt gehören. Falls beide Erlebnisse nicht-setzende Phantasien sind, sind ebenfalls nur V-Relationen möglich („Das Pult, das ich mir jetzt vorstelle, ist heller als jenes Pult, das ich mir gestern vorgestellt habe."). Dieser Fall tritt auch bei *intra-* und *interfiktionaler Rede* auf („Faust ist größer als Gretchen", „Werther ist jünger als Faust"). Wenn sich e und e* auf dieselbe Phantasiewelt beziehen (logisch: unter derselben Assumption stehen), so sind *Quasi*-W-Relationen möglich. Man kann also (unter Assumption) durchaus sagen, Faust paktiere mit Mephistopheles *bevor* er Gretchen verführt; oder dass Faust *vor* einem Spiegel steht, in dem ihm Helena erscheint, etc.

Husserl deutet somit innerhalb der Kategorie der materialen Relationen eine Gabelung an, die zum Gebiet der Relationentheorie gehört und deutliche Ähnlichkeit zu der aus der analytischen Ontologie bekannten Unterscheidung zwischen internen und externen Relationen aufweist, obgleich diese Terminologie bei Husserl nicht zu finden ist. Denn offenbar sind W-Relationen tendenziell externe, V-Relationen hingegen interne Beziehungen.[637] Wie verhalten sich Wirklichkeits- und Vergleichsrelationen zueinander? Zwei entscheidende Unterschiede sind zu nennen:

Erstens. W-Relationen sind, anders V-Relationen, nicht nur in den existenzindifferenten *Spezies* oder *Wesen* der Relata, sondern in ihrer faktischen (raum-) zeitlichen Existenz fundiert:

> Die Verbindung gründet nicht in seinem wiederholbaren Wesen wie die die Vergleichung fundierenden Einheitsbildungen, sondern außerdem und notwendig mit in seinem Einmaligen der Zeit, in ihrem den Zeitinhalt individualisierenden Werden. [...] Das Individuelle des Werdens fundiert die verbindende Einheit und Ordnung (Beziehung). (EU, 217 f.)

---

636 In solchen transfiktionalen Urteilen werden zwischen „Wirklichkeit und Sage, Mythologie, Bildwelt" (Hua Mat VI, 183) „Brücken" (Hua Mat VI, 182) geschlagen.

637 Vgl. Johansson 1989, Kap. 8–9. Johansson schlägt eine dreifache Unterscheidung vor, nämlich zwischen internen, externen und fundierten (*grounded*) Relationen. Bei internen Relationen können die Relata prinzipiell nicht unabhängig voneinander existieren (z. B. Farbe–Ausdehnung, Herr–Knecht), während dies bei externen (z. B. räumlicher Abstand) und fundierten (z. B. Kleiner-Als) Relationen möglich ist. Allerdings supervenieren fundierte Relationen auf den intrinsischen Eigenschaften der Relata, während dies bei externen Relationen nicht der Fall ist. Wittgenstein zufolge ist eine interne Eigenschaft E von X solcherart, dass es undenkbar ist, dass X nicht E ist (vgl. TLP, 4.123). Ähnliches gilt für interne Relationen. Husserls V-Relationen ähneln Johanssons fundierten und Wittgensteins internen Relationen.

Eine V-Relation superveniert in diesem Sinne auf den intrinsischen Eigenschaften *in specie* ihrer Relata: „Im Wesen der Beziehungspunkte ist die Relation gegeben"; die V-Relation ist „in dem Wesen der Beziehungspunkte fundiert" (Hua XXXIII, 298). Kennt man z. B. alle intrinsischen Eigenschaften des Eiffelturms und des Weißen Hauses, so weiß man dadurch *eo ipso*, dass der Eiffelturm größer als das Weiße Haus ist. *Größer-Sein* ist somit eine V-Relation. Dies gilt nicht bei W-Relationen; so ist z. B. der Abstand zwischen Eiffelturm und Weißem Haus nicht durch deren intrinsischen Eigenschaften festgelegt.

Zweitens. Eng damit hängt ein weiteres Merkmal von V-Relationen zusammen: V-Relationen bestehen mit bedingter Notwendigkeit, W-Relationen nur kontingenterweise. Das heißt: eine Relation ist genau dann eine V-Relation, wenn sie notwendigerweise besteht, sofern ihre Relata X und Y existieren: „S i n d die betreffenden Gegenstände, so ist notwendig auch die zugehörige Einheit." (EU, 215)

Husserl bezeichnet V-Relationen in diesem Sinne auch als „reine Wesensbeziehungen" (EU, 214). Da man unter Wesen Eigenschaften (*in specie*) verstehen kann, gilt, dass V-Relationen ausschließlich in den Eigenschaften ihrer Relata fundiert sind:

> So bildet diese Einheit der Anschauung im weitesten Sinne das F u n d a m e n t f ü r a l l e G l e i c h h e i t s - u n d Ä h n l i c h k e i t s b e z i e h u n g e n, d i e s o m i t k e i n e B e z i e h u n g e n d e r W i r k l i c h k e i t sind. Daher wurden sie in der Tradition (Hume usw.) zu den „I d e e n r e l a t i o n e n" gezählt, weil sie rein in den „Inhalten" der Vorstellungen fundiert seien. D.h. ihre Einheitsform ist fundiert ausschließlich durch die Wesensinhalte bzw. durch bestimmte Wesensmomente der vereinten Glieder. (EU, 215)

Diesem Umstand verdanken V-Relationen die Eigentümlichkeit, *prima facie* zwischen existierenden und nicht-existierenden Relata bestehen zu können, denn Wesen existieren nach Husserl unabhängig davon, ob sie faktisch instanziiert sind oder nicht. V-Relationen sind keine „Beziehungen der Wirklichkeit" (EU, 215). Husserl weist dabei explizit auf *transfiktionale V-Relationen* zwischen einem wirklichen (realen) und einem phantasierten Objekt hin:

> Ebenfalls gleichgültig ist, ob die Gegenstände wahrgenommen, erinnert, erwartet oder ob sie oder einzelne von ihnen pure Fiktionen, Phantasiegegenstände in fiktiven Zeitmodis sind. [...] I s t e i n G l i e d f i k t i v, s o g e h t d i e R e l a t i o n n i c h t v e r l o r e n, d a s r e e l l e [reale, CE] G l i e d h a t d a n n d a s B e z i e h u n g s p r ä d i k a t i n W a h r h e i t, n u r d a ß d a s G e g e n g l i e d d e n M o d u s f i k t i v e n S e i n s (b l o ß p h a n t a s i e m ä ß i g e n Q u a s i - s e i n s) h a t, w o m i t d i e R e l a t i o n s e l b s t e i n e e i g e n t ü m l i c h e M o d a l i s i e r u n g e r f ä h r t. (EU, 216)

Auf den ersten Blick sieht das wie eine Verletzung des Prinzips der Existenzabhängigkeit von Relationen aus. Allerdings scheint dies m. E. nur so. Denn *zum einen* sind V-Relationen *au fond* Relationen zwischen existierenden Spezies, d.h. zwischen *Irrealia*; man kann somit sagen, dass, wann immer V-Relationen bestehen, *eigentlich* von Relationen zwischen *Irrealia* die Rede ist. Zum anderen deutet Husserl am Ende des obigen Zitats, wenngleich auf kryptische Weise, an, dass eine Relation zwischen nicht-existierenden und existierenden Relata „eine eigentümliche Modalisierung erfährt". Damit spielt er vermutlich auf die Idee der Assumption an. Der Eiffelturm hat die *Eigenschaft* (auf die sich das „Beziehungsprädikat" bezieht), größer als Faust zu sein, *sofern Faust als Seiendes angesetzt wird*. Das heißt, eine (transfiktionale) V-Relation wie „Faust ist kleiner als der Eiffelturm" ist *uneigentlich* ausgedrückt, denn *eigentlich* ist gemeint: „Wenn das in Goethes Drama *Faust* Erzählte wahr wäre, dann wäre Faust kleiner als der Eiffelturm" o. dgl. Stricto sensu kann keine Relation zwischen Faust und dem Eiffelturm bestehen, es findet eine „Modalisierung" statt. Eine V-Relation kann demnach nur im assumptiven Sinne auf ‚einem Bein stehen'. Eine exzeptionalistische Infragestellung der Existenzabhängigkeit von Relationen oder eine Konzession ans Mally-Meinong'sche Lager ist darin wohl nicht zu sehen. Intentionalität ist mithin weder eine externe W- noch eine interne V-Relation.

§ 3 *Ficta* als Entitäten im Spätwerk

Bisher wurde gezeigt, dass Husserl im Spätwerk, exemplarisch durch *EU* repräsentiert, keine wesentlichen Kursänderungen angesichts des Problems der Nicht-Existenz vornimmt. So werden etwa *imaginabilia*, die Husserl ausführlich beschreibt, nicht als seiende (oder gar „außerseiende") Objekte sui generis behandelt. Nichtsdestoweniger soll in diesem Paragraphen gezeigt werden, dass sich in Husserls reifer Ontologie Indizien für eine andere Sichtweise gegenüber fiktionalen Objekten finden lassen. Meine These ist, dass Husserl im Spätwerk *ficta* als Entitäten zulässt und somit einen, wie man heutzutage sagt, *fiktionalen Realismus* vertritt. Eine in einem literarischen Kunstwerk repräsentierte Figur wie z.B. Hamlet existiert demnach und ist kein bloßes nicht-seiendes intentionales Objekt. Allerdings, so meine These, konzipiert Husserl *ficta* als bewusstseinsabhängige und erschaffene Entitäten, die in diversen Fundierungsrelationen zu anderen Entitäten stehen, sodass er als ein Wegbereiter der Position des *Kreationismus* betrachtet werden kann. Dies ist nicht nur systematisch interessant, wie aktuelle Diskussionen zeigen; es ist auch von historischem Interesse, weil in der Regel Husserls Schüler Roman Ingarden als der erste Verfechter einer kreationistischen Position gilt. Bei Ingarden bilden *ficta*, die „dargestellten Gegenständlichkeiten" in einem literarischen Werk, eine echte Teilmenge der sog. „rein intentionalen Gegenstände", die eine eigene Seinsweise insbesondere gegenüber realen und idealen Objekten aufweisen.⁶³⁸ Im Folgenden gilt es also zu zeigen, dass Husserl Ingardens rein intentionale Seinsweise mit Blick auf *ficta* antizipiert. Interessanterweise spielen dabei die „gebundenen Idealitäten" Husserls eine wichtige Rolle, die m. E. noch nicht hinreichend gewürdigt worden ist.⁶³⁹

Husserls später fiktionaler Kreationismus ist im Kontext seiner verfeinerten Ontologie realer Entitäten zu sehen, in der *Kulturgegenständlichkeiten*, „Geistesobjekte[]" (Hua IV, 199), „Geisteswerke" (Hua IV, 238) oder „'Kultur'-Objekte" (Hua IV, 191) eine wichtige Rolle spielen (fortan: *culturalia*). Solche Entitäten, die u. a. in puren Naturobjekten fundiert sind, erweisen sich als Träger oder, wie Husserl sagt, *Verkörperungen* irrealer Objekte, zu denen meiner Lesart nach auch die *ficta* gehören. Fiktionale Figuren erweisen sich somit in ontologischer Hinsicht als eng verwandt mit Sinfonien oder literarischen Kunstwerken – beides sind *culturalia*, die nicht leicht auf physische oder psychische Phänomene reduziert werden können.⁶⁴⁰ Das ‚Fiktive' der *ficta* ist somit nicht so sehr in ihrem Nicht-wirklich- und Bloß-phantasiert-Sein zu sehen – das gilt uneingeschränkt für die *imaginabilia* –, sondern in ihrem Geschaffen- und Fundiert-Sein.⁶⁴¹

Um das zu zeigen, mache ich mir die oben eingeführten Abhängigkeitsbegriffe von *Amie L. Thomasson* zunutze, die sie selber primär auf Ingardens vierfache Ausdifferenzierung von „Seinsabhängigkeit" aus seinem Werk *Der Streit um die Existenz der Welt* stützt (vgl. SEW I, §§ 10 – 17). Thomasson beschreibt ihre Abstrakte-Artefakt-Theorie der *ficta* so:

---

638 In Erhard 2013 gehe ich ausführlicher auf Husserls und Ingardens Konzeption fiktionaler Objekte ein.
639 Die meisten Autoren halten Husserls Position im gesamten Werk für nihilistisch. Vgl. etwa Künne 2007a, Beyer 2004 und Simons 2012. Beyer räumt zwar Kunstwerken einen eigenen ontologischen Status ein, nicht aber den in ihnen repräsentierten fiktionalen Objekten. Mir scheint eine solche Lesart angesichts der Fülle von realistischen Passagen bei Husserl, insbesondere im Nachlassband zu Phantasie und Bildvorstellung (Hua XXIII), zu simpel. Insbesondere die spezifische („gebundene") fundierte Idealität, die für Kunstwerke wesentlich ist und die sich von der „freien" Idealität anderer *abstracta* (Zahlen, Röte etc.) unterscheidet, muss dabei berücksichtigt werden.
640 Vgl. dazu die überaus prägnante Kritik Ingardens in LK, §§ 3 – 5, an reduktionistischen Zugängen zu literarischen Werken. Nach Ingarden können diese weder auf physische noch auf psychisch oder ideale Entitäten reduziert werden.
641 Thomasson 1999, 6, verweist auf die Etymologie: „Fiktion" und „fiktiv" stammen vom lateinischen *fingere*, was *bilden, schaffen, formen* und *gestalten* bedeutet. Vgl. ähnlich Husserl: „Hier kann man [...] hinweisen auf Erzeugnisse wie ‚Bilder'. Es sind erzeugte Fikta. Fiktionen im gewöhnlichen Sinn sind als Falschheiten bewusst, als Nichtseiendes. Was ich willkürlich erzeuge, hat ein gewisses Sein" (Hua XX/2, 95).

[O]n this view fictional characters are a particular kind of cultural artifact. Like other cultural objects, fictional characters depend on human intentionality for their existence. Like other artifacts, they must be created in order to exist, and they can also cease to exist, becoming past objects. (Thomasson 1999, 14)

Fiktionale Objekte sind für Thomasson ontologisch unselbständige Entitäten, die von materiellen Trägern und mentalen Repräsentationen bezüglich ihrer Existenz und Essenz abhängen. Sie zeichnen sich vor anderen abhängigen Entitäten v. a. durch ihre *multiplen Abhängigkeitsdimensionen* aus; es sind „higher-level dependent entities, indeed entities dependent in a variety of ways on a variety of entities" (Thomasson 1999, 14). Sie sind auf unterschiedliche Weise von Subjekten und deren Erlebnissen *und* von Physischem abhängig. Sie sind insofern *abstrakt*, als sie nicht im Raum existieren und keine Eigenschaften wie Ausdehnung, Lokalität, Farbe, Form, etc. haben; allerdings sind sie nicht unzeitlich oder atemporal, da sie zu einer bestimmten Zeit entstanden sind und auch wieder aufhören können, zu existieren: „On this conception, although fictional characters are artifacts, they are not concrete artifacts like tables and chairs. For despite their dependencies on ordinary entities like copies and texts and authors, fictional characters lack a spatiotemporal location and thus are abstract in that sense." (Thomasson 1999, 36). Die Figur des Mephistopheles ist nicht hier und jetzt – und sie war es auch niemals. Fiktionale Objekte sind ebenso wenig wie Kunstwerke als solche raumzeitlich lokalisiert.⁶⁴²

Thomassons *abstrakte Artefakte* entsprechen cum grano salis Husserls *irrealen, aber „gebundenen" Kulturgegenständlichkeiten* (vgl. Voltolini 2006a, 39 f.). Husserl spricht oft von geistigen „*Gebilden*", um den artifiziellen, vom Menschen geschaffenen Charakter der Kulturgegenständlichkeiten hervorzuheben.⁶⁴³ Das Zauberwort, das bei der Überwindung des fiktionalen Eliminativismus Pate steht, lautet bei Husserl wie bei Ingarden und Thomasson: Fundierung. Die entscheidende Frage ist damit nicht so sehr, *ob*, sondern auf welche Weise *ficta* mit Beziehung auf andere Entitäten, d.i. *Realia*, existieren. Allgemein bemerkt Husserl zu *culturalia*:

---

642 Das „Drama" ist, so Husserl, „ein Objekt, das nicht mehr d a im Raume ist, an dieser Stelle; das gibt in diesem Falle keinen Sinn" (Hua IV, 237; vgl. 239).
643 Insgesamt gibt es beim späten Husserl eine gewisse Tendenz, alle irrealen Objekte als „Gebilde" zu charakterisieren, deren Existenz sich spontanen Verstandesleistungen verdankt. Ob dies Husserl zu einer kreationistischen Position in der Mathematik verpflichtet, wird kontrovers diskutiert, tendenziell aber zurückgewiesen; vgl. dazu Rosado Haddock 2003 und Tieszen 2010.

> All dies sind fundierte Objekte, die sich für das Ich [...] durch fundierte Akte auffassungsmäßig konstituiert haben und wieder bald in einem originär gebenden Bewußtsein durch solche Akte konstituiert sind [...]. (Hua IV, 188)

Der Nachweis, dass *ficta* solche fundierten Entitäten sind, ist also nicht so zu verstehen, dass damit ihre Existenz in Abrede gestellt würde, im Gegenteil – ihre Abhängigkeit und ihr Geschaffensein zeichnet ihre Existenz geradezu aus. Fundierte „Realitäten jeder Art und Stufe" sind „in ihrem Sinne wahrhaft seiend" (Hua III/1, 119). Es sind „harte Wirklichkeiten" (Hua III/1, 354). Auch Thomasson warnt davor, „to take dependence as making a sort of honorary nonexistence" (Thomasson 1999, 19).[644]

Bevor ich auf die Details der Abhängigkeit von *culturalia* eingehe, sollen anhand einiger Passagen aus dem Spätwerk *Formale und transzendentale Logik* von 1929 Belege für anti-eliminativistische Tendenzen mit Blick auf fiktionale Objekte gesammelt werden:[645]

> Scheine, Fiktionen sind S i n n g e b i l d e , ihre Konstitution vollzieht sich als Intentionalität, sie sind *cogitata* von *cogitationes*, und nur aus Intentionalität kann neue Intentionalität entspringen. Fiktionen haben ihre eigene Seinsart, die zurückweist auf Wirklichkeiten, auf Seiendes im normalen Sinn. (Hua XVII, 263)

Dass Fiktionen „Sinngebilde" im Sinne von intentionalen Objekten sind, die stets durch einen Akt und dessen Sinn anvisiert werden, ist nichts Neues. Neu und unerwartet realistisch hingegen klingt Husserls These, Fiktionen hätten eine eigene „Seinsart", die hier als eine derivative oder abhängige Seinsart bestimmt wird, da sie auf „Seiendes im normalen Sinne" zurückweist.

Eine andere Stelle klingt ähnlich. Gegen den Psychologismus und Phänomenalismus, denen zufolge reale Dinge nichts als „geregelte Komplexe psychischer Daten (der ‚Empfindungen')" sind, wendet Husserl ein:

---

[644] Vgl. ebd.: „[o]ur later investigations into dependence should give pause to those inclined to equate an entity's existing as dependent with its not (really) existing, or having no metaphysical status." Husserls, Ingardens und Thomassons Ontologien weisen etliche Parallelen zur aktuellen Debatte über das *Grounding* auf, welche die Hauptaufgabe der Ontologie nicht darin sieht, à la Quine zu erforschen, was es gibt und was nicht („Listenontologie"), sondern vielmehr darin, zu fragen, „what grounds what", d. h. die fundierenden und fundierten Entitäten zu ermitteln. Vgl. dazu Schaffer 2009. Auch Ingarden warnt davor, nur ‚selbständige' Entitäten ontologisch ernst zu nehmen, diese These nennt er kritisch „existenzialen Monismus" (SEW I, 84).
[645] *Formale und transzendentale Logik* (1929) ist eine Art programmatische Einführung zu *Erfahrung und Urteil* (1938).

> Es ist eine nicht bloß falsche, gegen die phänomenologischen Wesensbestände völlig blinde Lehre, sondern sie ist auch dadurch widersinnig, daß sie nicht sieht, wie selbst Fiktionen ihre Seinsart haben, ihre Weise der Evidenz, ihre Weise, Einheiten von Mannigfaltigkeiten zu sein, und wie sie somit dasselbe Problem mit sich führen, das durch sie wegtheoretisiert werden sollte. (Hua XVII, 175)

Ficta sind also nicht nur intentionale Objekte oder „Identitätspole" (CM, 48) einer Mannigfaltigkeit von Gegebenheitsweisen, sondern haben „ihre Seinsart" – eine Formulierung, die auf einen *positiven* ontologischen Status hinweist. Sie können sogar mit Evidenz gegeben sein und nicht nur leer intendiert sein wie *impossibilia*. In einem Text um 1917 schreibt Husserl über einen Läufer, der durch eine plastische Figur dargestellt wird, dass er in gewissem Sinne ein idealer Gegenstand sei, da er „einer anderen Zeit wie einem anderem Raum [angehöre]" (Hua XXIII, 537). Der Läufer sei eine „durch Änderung der Einstellung erfassbare ideale Gegenständlichkeit" (ebd.), die zu den „Fikta" gehöre, die eine „eigene Gegenstandsregion" bilden (Hua XXIII, 565). Es deutet sich spürbar an, dass Husserl *ficta* als ideale Objekte sui generis versteht (vgl. Hua XVII, 173).

An anderen vereinzelten Stellen in *FTL* äußert sich Husserl zum ontologischen Status von *culturalia*, die zu den „geistigen Gebilden" gehören. Vom Bild („Stich") heißt es:

> [S]o scheiden wir ja auch von den tausenden Reproduktionen eines Stichs den Stich selbst, und dieser Stich, das gestochene Bild selbst, wird aus jeder Reproduktion herausgeschaut und ist in jeder in gleicher Weise als ein identisches Ideales gegeben. Andererseits nur in der Form der Reproduktion hat er Dasein in der realen Welt. (Hua XVII, 24 f.)

Hier wird das reale Bildding vom idealen „Bild selbst" unterschieden, indem das eigentliche Bild als *etwas Identisches* in allen möglichen realen Reproduktionen fungiert. Das reale Kulturobjekt manifestiert das irreale Kulturobjekt, das einen eigenen ontologischen und phänomenologischen – es wird aus „jeder Reproduktion herausgeschaut" – Status hat. Das gilt auch für das musikalische Werk. So ist die „Kreutzer-Sonate" von ihren „beliebigen Reproduktionen" (Hua XVII, 25) zu unterscheiden; in gewissem Sinne hören wir die Sonate *selbst* gar nicht, sondern nur ihre reale Verkörperung. Sie besteht nach Husserl nicht aus realen, sondern aus „idealen Tönen":[646]

---

[646] Vgl. ähnlich Sartre, der mit Blick auf Beethovens 7. Sinfonie schreibt: „Sie ist ganz außerhalb des Realen. Sie hat ihre eigene Zeit [...]. Die 7. Symphonie ist überhaupt nicht in der Zeit. [...] Ich höre sie nicht real, ich höre sie im Imaginären." (IM, 302 f.) Anders als Husserl vertritt Sartre die These, Kunstwerke seien *imaginabilia*, also „irreale" Vorstellungsobjekte, die bei

> So sehr sie selbst aus Tönen besteht, ist sie eine ideale Einheit und ihre Töne sind es nicht minder. Sie sind nicht etwa die physikalischen Töne oder auch die Töne der sinnlich akustischen Wahrnehmung, die sinnendinglichen Töne, die eben nur in einer wirklichen Reproduktion und ihrem Anschauen real vorhanden sind. Wie die eine Sonate sich in den realen Reproduktionen vielfältig reproduziert, so reproduziert sich jeder einzelne Ton der Sonate vielfältig in den entsprechenden Tönen der Reproduktion. Wie das Ganze, so ist sein Teil ein Ideales, das nur in der Weise realer Vereinzelung zum Realen *hic et nunc* wird. (Hua XVII, 25)

Der „eigentlich[e] ästhetische Gegenstand" (Hua XVII, 25) ist diese ideale Sonate, das Bildobjekt als solches oder, wie man offenbar ergänzen kann, die fiktionale Figur „selbst".

Für solche idealen Kulturgebilde ist somit das Verhältnis von numerischer Identität (Idealität) und mannigfaltiger realer Darstellung (Realität) zentral. Es sind in gewissem Sinn *hybride Entitäten*, in denen sich Irrealität und Realität aufgrund von Fundierungsrelationen auf besondere Weise miteinander „verflechten": „Jedes Kulturobjekt ist ein Beispiel. Die Idealität, die sein eigentümliches Sein ausmacht, ‚verkörpert' sich in einer materiellen (durch ihn ‚vergeistigten') Gegenständlichkeit, und danach ist die Evidenz der objektiven Kulturbestimmtheit fundiert in einer naturalen Evidenz und mit ihr innig verflochten." (Hua XVII, 294)

Die Indizien aus dem Spätwerk für die Position des fiktionalen Realismus, der im Kontext einer phänomenologischen Ontologie der *culturalia* angesiedelt ist, sind offenbar vorhanden.

Der systematische Ort von Husserls fiktionalen Realismus ist, wie gesagt, seine reife phänomenologische Ontologie der *Realia*. Er setzt nicht mehr schroff zeitliches und unzeitliches Sein gegenüber, sondern unterscheidet Realia in rein physische (naturale), psychophysische und schließlich „geistige" Entitäten, die in komplizierten Fundierungsrelationen zueinander stehen.[647] Zu den „geistigen" Entitäten rechnet Husserl zum einen individuelle Personen (und Personenverbände[648]), zum anderen die sog. *Kulturgegenständlichkeiten*. Eingebettet ist die Analyse geistiger oder personaler Entitäten in eine Analyse der *Umwelt* des

---

Sartre enigmatisch zwischen Sein und Nicht-Sein changieren. Vgl. ebd., 152, 221. Zur Kritik an Sartre vgl. Casey 1981, 154 f.

647 Vgl. Sommer 1984, XXIX: „Mit dieser neuen Sicht tritt Husserl heraus aus der schlichten Klassifikation der Gegenstände in ideale (Zahlen, Begriffe, Urteile) und reale (Dinge): es gibt Dinge, die, obgleich materielle *res extensae*, doch mehr sind als diese".

648 Gewisse Kollektionen von Personen (Verbände, Vereine, Gesellschaften, etc.) bezeichnet Husserl oft als *Personen höherer Ordnung*, denen analoge Prädikate wie einzelnen Personen zukommen. Vgl. z. B. Hua Mat IV, 133 f.

Menschen, die Husserl vom Standpunkt der natürlichen bzw. personalen Einstellung aus beschreibt und scharf von der naturalen/naturalistischen Einstellung des Naturforschers abgrenzt. In der naturalistischen Einstellung gibt es in gewissem Sinne keine *culturalia*, denn der Naturwissenschaftler beschreibt alles in einem Vokabular, das allein deskriptive Prädikate für primäre und sekundäre Eigenschaften materieller Dinge enthält, die in kausal-funktionalen Abhängigkeitsbeziehungen zueinander stehen.[649] Der Naturforscher (Naturalist, Physikalist) ist „blind" für personal-geistige Entitäten, ihm „entschlüpft die Lebenswelt der Personen" (Hua IV, 374):

> Wer überall nur Natur sieht, Natur im Sinne und gleichsam mit den Augen der Naturwissenschaft, ist eben blind für die Geistessphäre, die eigentümliche Domäne der Geisteswissenschaften. Er sieht keine Personen und aus personalen Leistungen Sinn empfangenden Objekte – also keine „Kultur"-Objekte – er sieht eigentlich keine Personen, obschon er sich mit Personen in der Einstellung des naturalistischen Psychologen zu schaffen macht. (Hua IV, 191)

Dass sich Husserls Blick für verschiedene Arten von *Realia* mit der Zeit schärft, hängt eng mit der Entfaltung seiner konstitutiven Phänomenologie zusammen, deren programmatischer Slogan „Jede Entität ist im Bewusstsein konstituiert" Schritt für Schritt in Einzelanalysen umgesetzt wird. Wichtige Textzeugen für die Konstitution von Kulturobjekten sind die *Ideen II*, die Vorlesungen *Natur und Geist* (Hua Mat IV, 1919; Hua XXXII, 1927) und *Phänomenologische Psychologie* (Hua IX, 1925) und schließlich *Erfahrung und Urteil* (§§ 64–65). Im Folgenden stütze ich mich hauptsächlich auf diese Werke. In diesen Texten nimmt die „Konstitution der Objektivitäten der Geisteswelt nach allen ihren Grundgestalten" (Hua XVII, 25) breiten Raum ein.[650]

Interessanterweise bleibt Husserls späte und verfeinerte triadische Ontologie des Realen (Natur–Seele–Geist) nicht folgenlos für Ontologie des Idealen (Irrealen), was sich insbesondere an den *gebundenen Idealitäten* zeigt. Gebundene Idealitäten, zu denen u. a. Staatsverfassungen und Kunstwerke gehören, sind nämlich vorzugsweise in *geistigen* Realia fundiert oder „verkörpert", während sich *freie Idealitäten*, z. B. das Wesen *Röte* oder die Zahl 2, auch in bloßen Naturdingen instanziieren können. Ferner sind gebundene Idealitäten in einer Weise von Realia abhängig, wie sie freien Idealitäten fremd ist. Ein Kunstwerk z. B. ist bzgl. seiner Schöpfung auf einen Künstler (d.i. ein geistiges Reale, eine Person) angewiesen;

---

[649] Wie Meixner 2011, 25, treffend sagt, geht es in der naturalistischen Einstellung *au fond* um „[w]ertentkleidete Dinghaftigkeit" bzw. „das *wertentkleidete raumzeitlich Materiale*".
[650] Die meisten Belege für Husserls fiktionalen Realismus finden sich in den Texten 18 und 19 von Hua XXIII.

anders als eine freie Idealität, z. B. ein mathematischer Satz, wird das Kunstwerk *nicht entdeckt, sondern erzeugt*. Die Individualität des Künstlers fließt dabei gleichsam in die Identität des Werkes ein, sodass „gleiche" Kunstwerke von verschiedenen Künstlern niemals „dieselben" sein können. Inwiefern auch *ficta* als Kulturgegenständlichkeiten/gebundene Idealitäten verstanden werden können, gilt es nun zu zeigen.[651]

Der erste Schritt, um Kulturgegenständlichkeiten einen eigenen ontologischen Status einzuräumen, besteht darin, den Begriff der Realität zu präzisieren. Husserl unterscheidet zwischen einem *weiteren* und einem *engeren Sinn* von Realität:

Im *weiteren Sinne* versteht Husserl unter Realia alle raumzeitlichen Entitäten. Der weite Realitätsbegriff ist der „des realen Gegenstandes, des Dinges im weitesten Sinne" (EU, 319). Darunter fallen unbeseelte und beseelte Dinge wie Steine, Grashalme, Stühle, Konzertkarten, Münzen, Löwen und Menschen; aber auch Momente an Dingen und Ereignissen, Prozesse und Vorgänge, in die Dinge involviert sind, also z. B. Lawinen, das Schwanken der Bäume im Sturm, Konzerte oder Hundegebell. Erlebnisse, die nach Husserl Ereignisse oder Vorgänge sind, gehören ebenfalls dazu, wobei sie nicht unmittelbar im Raum sind, obschon sie genuin zeitliche Entitäten sind – ihr *esse* ist ja *fluere*. Bei all diesen Entitäten handelt es sich um *Zeitobjekte*, die notwendig *Zeitprädikate* haben (vgl. Hua Mat IV, 120). Bis auf die Erlebnisse haben alle erwähnten Entitäten intrinsischen *Zeit- und Raumbezug*, d. h. sie sind von sich aus, ihrem eigenen Wesen nach, räumlich, d. i. extendiert. Räumlichkeit ist für Husserl wesentlich Ausgedehntheit (und Lokalisation; vgl. Hua Mat IV, 121 f.; Hua IX, 119 f.).

Im *engeren Sinne* gehören allerdings nicht alle erwähnten Objekte zu den Realia. Husserl liegt viel daran, einen restriktiven Begriff der Realität einzuführen, denn dieser enge Begriff hat die Funktion, *pure naturale Objekte* zu charakterisieren. Realia im engen Sinne sind die thematischen Objekte der modernen Naturwissenschaft. Es gilt, „die Idee einer reinen und bloßen Natur herauszupräparieren, wie sie zum Fundament der neuzeitlichen Naturwissenschaft geworden ist" (Hua IX, 110). Der Naturwissenschaftler hat es nun aber gerade nicht *thematisch* mit allen Entitäten der obigen Liste zu tun. Er beschreibt und erklärt zwar physische und psychische Phänomene – Husserl rechnet die Seelenlehre zur Naturwissenschaft, obgleich nicht zur physikalischen –, aber er hat sozusagen keinen *Sinn* für Personen und personale Objekte. Das liegt daran, dass Personen und geistige Objekte Träger von ganz anderen Eigenschaften sind als rein naturale Objekte. Rein naturale Objekte sind raumzeitliche Objekte, deren manifeste Eigenschaften extensionale („primäre") und qualitative („sekundäre") Eigenschaf-

---

[651] In der Husserl-Literatur findet sich dazu wenig. Eine Ausnahme ist Thomasson 1997.

ten sind.⁶⁵² Aber Entitäten wie Stühle, Konzertkarten, Münzen oder Kunstwerke haben nicht nur solche Eigenschaften:

> Danach [dem weiten Realitätsbegriff zufolge] wären ja in gleicher Weise Himmelskörper, Steine, Tische und Bänke, Werkzeuge, Bilder, Kunstwerke, Tempel und Kirchen, Waffen, Hundertmarkscheine usw. physische Objekte. Sie sind es alle auch und ihrem Wesen nach, *die meisten aber sind noch mehr*. (Hua Mat IV, 122: Herv. CE)

Nicht „alle Prädikate, die den räumlich-zeitlichen Realitäten in Wahrheit zuzusprechen sind und von uns wirklich zugesprochen werden, [gehören] darum schon zum Wesen desjenigen Naturobjektes [...], welche das Korrelat der Idee der Naturwissenschaft ist" (Hua IV, 2f.). Es handelt sich zwar um Realia, aber sie zeichnen sich durch Eigenschaften sui generis aus: ihnen kommen nämlich *Bedeutungs-* und *Sinneigenschaften* zu. Nicht alles, was raumzeitlich fundiert ist, ist bloße Natur, denn diese enthält „als bloße Natur keine Werte, keine Kunstwerke etc., die doch Gegenstände möglicher Erkenntnis und Wissenschaft sind" (Hua IV, 3). Husserl „fixiert" die „Begriffe Realität und Natur so", dass sie „nicht etwa zusammenfallen" (Hua Mat IV, 128). Realia im weiten Sinne umfassen auch Kulturgegenständlichkeiten oder „Werke", die sich dadurch auszeichnen, dass ihnen Eigenschaften zukommen, die *intrinsisch auf ein Subjekt verweisen, von dessen Akten sie abhängen*. Jederlei „Werte und Werke" sind „'s u b j e k t i v', nämlich auf b e s t i m m t e Subjekte und Subjektgruppen zurückweisend in ihrem eigenen Sinn gemäss" (Hua XXIII, 542). Die „Subjektbeziehung gehört zu ihrem eigenwesentlichen Inhalt selbst, mit dem sie jeweils gemeint und erfahren sind" (Hua XI, 118); die „Bezogenheit auf eine personale Gemeinschaft gehört [...] zum eigenen Sinn aller Kulturgegenständlichkeit" (ebd.). Ein Schriftstück gibt etwas zu verstehen, was wiederum auf ein Subjekt verweist, das damit etwas ausdrücken oder mitteilen möchte. Nach Husserl spielen hier die nicht-objektivierenden bzw. – da alle Akte eine Tendenz zur Objektivierung haben – die implizit objektivierenden Akte eine zentrale Rolle. Denn eine Kulturgegenständlichkeit ist Träger von Eigenschaften, die von *axiologischen, volitiven* und *praktischen Akten* herrühren. Axiologische und praktische Eigenschaften sind nach Husserl somit im ontologischen Sinne *subjektabhängig*, denn ohne Bezug auf ein Subjekt macht es keinen Sinn zu sagen, etwas sei wertvoll, nützlich, hilfreich, schön etc.; dies sind Ei-

---

652 Husserl bezieht neben diesen manifesten auch dispositionale Eigenschaften mit ein. So sind z. B. Elastizität, Zerbrechlichkeit, Gewicht etc. ebenfalls rein naturale, obschon dispositionale Eigenschaften, die Husserl als kausal-funktionale Eigenschaften deutet, in denen eine geregelte Abhängigkeit manifester Eigenschaften von Umständen zum Ausdruck kommt. Vgl. *Ideen II*, §§ 12–17; Meixner 2011.

genschaften eines Gegenstandes, die dieser nur „in bezug auf uns, unser Werten und Wollen, nach dem, was er für uns bedeutet" (EU, 318), haben kann.[653]

Husserl möchte die Subjektivität der *culturalia* aber nicht *psychologistisch* verstanden wissen; ihre Subjektabhängigkeit bedeutet nicht, dass sie gleichsam aus mentalem Stoff gemacht sind. Husserl ist klarer *Anti-Psychologist* mit Blick auf Kulturobjekte:[654]

> Das Kulturobjekt selbst bzw. sein Kultursinn ist dabei nicht etwa ein psychisch Reales nach Art realer psychischer Zustände oder sich in ihnen bekundender realer psychischer Eigenschaften. (Hua XI, 116)

Culturalia sind also nicht „ohne weiteres als psychische Objekte an[zu]sehen" (Hua XI, 117). Kulturdinge sind ferner auch keine mentalen Entitäten, die *assoziativ* mit einem naturalen Ding verbunden sind. Es ist nicht so, dass die Kulturgegenständlichkeit gleichsam *intra mentem* neben dem Naturding existiert. Vielmehr handelt es sich bei *culturalia* um hybride Entitäten, die von einem geistigen Sinn *beseelt* und *durchdrungen* sind; oft ist auch von einer *Verschmelzung* zwischen dem Sinn und dem Ding die Rede. Eine Kulturgegenständlichkeit ist – ähnlich wie ein Lebewesen oder eine Person – *eine* (obschon fundierte) Entität, eine „komprehensive Einheit" (Hua IV, 242). Entscheidend ist somit die Idee, dass *culturalia* insofern ‚subjektive' Entitäten sind, als sie ihren Ursprung, ihr Wesen und ihre Persistenz Subjekten, deren Akten und Handlungen verdanken; gleichwohl ist diese Abhängigkeit oder Fundierung nicht als Reduktion oder Identifikation zu verstehen. Einheiten der Fundierung können etwas Neues zur Wirklichkeit beisteuern – trotz aller Abhängigkeit von bereits existierenden „Schichten". Werke verweisen somit nicht nur auf Subjekte, *für* die sie Objekte sind; sondern auch auf Subjekte, *von* denen sie geschaffen worden sind.

---

653 Husserl ist damit offenbar *ontologischer* Wert-Subjektivist: X kann nur dann wertvoll sein, wenn es ein Subjekt gibt, das X für wertvoll hält. Dass Husserl kein *epistemologischer* Wert-Subjektivist ist, geht daraus hervor, dass in seinen Augen das „axiologische und praktische ‚Sein' als Wahrhaftsein [...] von jedem Vernünftigen, der über die beurteilbare Wertmaterie verfügt, nachwertbar [ist]" (Hua XXIII, 542f.).

654 Frege kann als Vertreter eines solchen ästhetischen Psychologismus (und Subjektivismus) zitiert werden. Er schreibt: „Das Kunstwerk ist ein Vorstellungsgebilde in uns. Jeder hat sein eigenes." (L, 36) Vgl. ebd., 44: „Es wird also wohl die Ansicht viel für sich haben, daß das eigentliche Kunstwerk ein Vorstellungsgebilde in uns ist, und daß das äußere Ding – das Gemälde, das Standbild – nur ein Mittel ist, dies eigentliche Kunstwerk in uns zu erzeugen. Jeder Genießende hat demnach sein eigenes Kunstwerk, so daß gar kein Widerspruch zwischen den verschiedenen Schönheitsurteilen besteht. Daher: *de gustibus non disputandum!*"

Werke sind von mindestens einem Subjekt geschaffen worden. Ein Werk existiert nur *deshalb*, weil es zu einer bestimmten Zeit von jemandem durch gewisse Akte und Handlungen produziert worden ist. Hierbei handelt es sich um eine *genetische (historische) Abhängigkeit:*[655]

> Offenbar verweist die Genesis solcher vergeistigter Realitäten auf Aktivitäten einer schöpferischen Subjektivität zurück. Der Sinn weist zurück auf eine sinngestaltende und den Ausdruck als Ausdruck dieses Sinnes, das konkrete Werk als Werk dieser Zweckgestalt, schaffende Subjektivität. (Hua IX, 112)

Es sind „Gebilde eines subjektiven Bildens, entsprungen aus Intention, Absicht, Zweck- und Mittelsetzung, verwirklichender Handlung, – und schließlich als Gesamtleistung, also im weitesten Sinn als Werkgebilde" (Hua XI, 112). Da die schöpferische Aktivität eine ganz bestimmte ist, lässt sich die genetische Abhängigkeit insbesondere von Kunstwerken als *individuell-genetische Abhängigkeit* präzisieren. Goethes *Faust*, d. h. das literarische Werk und die Figur Faust, ist von *Goethes* schöpferischem Tun individuell-genetisch abhängig; das sieht man daran, dass ein gleichlautendes Werk eines anderen Autors offenbar (!) nicht dasselbe Werk wäre (vgl. Thomasson 1999, 6f.). Das Werk weist somit trotz seiner Idealität (s. u.) eine *zeitliche Bindung* auf: es hat seine „Z e i t l i c h k e i t, nämlich die [seiner] Ursprungsstiftung durch den Künstler" (Hua XXIII, 543 f.).

Was passiert, wenn der Schöpfer eines (Kunst-)Werks nicht mehr existiert? Offenbar hört das Werk dadurch nicht auf, zu existieren. Für die *Fortexistenz* des Werkes ist die Existenz des Urhebers keine *conditio sine qua non*. Die Erzeugung eines Kulturobjekts besagt „keineswegs, [dass] sie sind, was sie sind, nur i n u n d w ä h r e n d der ursprünglichen Erzeugung" (Hua XVII, 176). Das Fortbestehen eines Kunstwerks ist also nicht rigide im Künstler fundiert. Gleichwohl scheint ein Werk nicht gänzlich ohne verstehende Subjekte existieren zu können, es muss als Werk *aufgefasst* werden, um ein Werk *sein* zu können. Kein *esse* eines Werkes ohne ein *interpretari*. Die Fortexistenz eines Kunstwerkes ist somit *generisch* abhängig von der Existenz verstehender Subjekte – es muss *irgendein* Subjekt geben, welches das Kunstwerk als solches versteht; in einer Welt ohne Subjekte kann es keine Kunstwerke geben.

Husserl unterscheidet innerhalb der *culturalia* zwischen ästhetischen und praktischen Werken, zwischen Kunstwerken und Gütern/Gebrauchsdingen. In beiden Fällen haben wir es mit subjektabhängigen Werken zu tun, die sowohl von einem Schöpfer als auch von einem Interpreten abhängen. Zudem haben beide ein

---

[655] Vgl. Thomasson 1999, 31. Ingarden spricht von „Seinsabgeleitetheit" (vgl. SEW I, § 13).

materielles bzw. reales Fundament.[656] Ein wichtiger Unterschied zwischen ästhetischen und praktischen Werken besteht darin, dass erstere in höherem Maße unabhängig von ihrer materiellen Verkörperung sind. Nach Husserl zeichnet sich z. B. ein Drama durch einen Sinn aus, der zu einer „rein idealen Sphäre" gehört und „keine Daseinsbeziehung hat" (Hua IV, 238) – anders als das Gebrauchsding. Husserl spricht dabei von „teils realen, teils idealen" geistigen Objekten (Hua IV, 239). Kunstwerke wären also ideale geistige Objekte, eben abstrakte und nicht konkrete Artefakte im Sinne Thomassons. Offenbar kann man dies auch so verstehen, dass (literarische) Kunstwerke lediglich *generisch* und *nicht rigide* von ihrem physischen Träger abhängig sind – es muss *irgendein* Exemplar von Goethes *Faust* geben, damit es Goethes *Faust* geben kann (vgl. Becker 2002, 87 f.). Bei einem Gebrauchsding, z. B. einem Hammer, gilt dies nicht. Ein bestimmter Hammer ist *rigide* von dem Naturding abhängig, in dem er fundiert ist. Es genügt nicht, dass es irgendeinen Hammer (sei es auch eine exakte Kopie) gibt, damit es *diesen* Hammer gibt. Erst bei Kunstwerken (und anderen abstrakten Artefakten) gibt es so etwas wie multiple Verkörperung an zerstreuten Raum-Zeit-Stellen. Es tritt eine Idealität zu Tage, die gleichwohl auf reale Verkörperung angewiesen ist – anders als bei gänzlich freien Idealitäten wie Zahlen oder Farbspezies. Diese *Dingabhängigkeit* stellt neben der dargestellten zweifachen Subjektabhängigkeit (Schöpfung + Interpretation) die *zweite Abhängigkeitsdimension* des Kunstwerks dar. Es handelt sich dabei um eine einseitige Abhängigkeit, denn das fundierende Naturobjekt als solches kann ja existieren, obgleich das Werk nicht mehr existiert (oder noch nicht): „Offenbar ist diese Dingwelt gegenüber der Kulturwelt das an sich Frühere." (Hua XI, 119) Auf die Akte bezogen bedeutet das, das Kunstwerke (genauer: ihre Verkörperungen) eben auch ‚bloß' wahrgenommen, vorgestellt und in ihren „s a c h l i c h e n Bestimmungen" (EU, 319) erfahren werden können. Allerdings stellen nicht-objektivierende Akte auch hier die vorrangigen Akte dar, denn sobald wir ein Kunstwerk bloß wahrnehmen, sehen wir es nicht mehr als Kunstwerk. Ebenso unverzichtbar für ästhetische Erfahrung sind nach Husserl neutralisierende Akte der Phantasie (vgl. Hua XXIII, 514 ff.).

Aus der *doppelseitigen Abhängigkeit* einer Kulturgegenständlichkeit ergibt sich eine „zweiseitige körperlich-geistige Gegenständlichkeit" (Hua XI, 11). Wir

---

[656] Ästhetische und praktische *culturalia* unterscheiden sich dadurch, dass ästhetische Objekte als Träger von „Schönheitswerten" intendiert sein können – und zwar in nicht-setzenden Akten. Schönes kann unabhängig davon gefallen, ob es existiert oder nicht, während Nützliches, Hilfreiches etc. existieren muss, um als nützlich, hilfreich etc. gegeben sein zu können. „Gutheitswerte" sind in diesem Sinne existenzabhängig, „Schönheitswerte" hingegen nicht (vgl. Hua XXX, 288 f.; Hua XXIII, 145, 539; Hua XXVIII, 259, 311 f.).

finden hier also genau das, was Thomasson als *joint dependency* bezeichnet und als charakteristische ontologische Signatur von Artefakten betrachtet.

Bleibt noch zu untersuchen, worin die „Idealität" eines Werkes besteht, wenn es sich bei ihm um eine „gebundene Idealität" handelt. Diese Idealität besteht darin, dass das Werk, wie jede Idealität, als identisches Gebilde mehrfach in oder an Realia „auftreten" kann, wie Husserl sagt. Negativ gesagt: irreal ist, was, anders als alles Reale, *nicht durch raumzeitliche Positionierung individuiert ist:*

> Wir nennen real im besonderen Sinne an einem Realen im weiteren Sinne all das, was seinem Sinne nach wesensmäßig durch die Raum-Zeitstelle individuiert ist, irreal aber jede Bestimmung, die zwar ihrem raum-zeitlichen Auftreten nach in spezifisch Realem fundiert ist, aber an verschiedenen Realitäten als identische – nicht bloß gleiche – auftreten kann. (EU, 319; vgl. 312)

Ein Irreale hat keine es „individuierend bindende Zeitstelle" (Hua XVII, 167). Bei Kunstwerken wird die irreale Schicht durch einen gewissen *Sinn* konstituiert. In gewisser Weise *ist* das Kunstwerk ein solcher Sinn bzw. ein Sinngebilde. Es ist dieser „geistige Sinn, der das Kunstwerk, das geistige Gebilde als solches bestimmt" (EU, 320). Nach Husserl ist der Sinn des Werks ideal, denn er weist eine gewisse *Invarianz* gegenüber der materiellen Schicht auf, in der er – bzw. genauer sein *Auftreten* – gleichwohl fundiert ist. Husserl gibt mehrere Beispiele für die Idealität des Kunstwerks. So ist z. B. ein *Bildobjekt* irreal im folgenden Sinne:

> Wenn ein Bild durch Verdunkelung oder Verderbnis der Farben und dergleichen sich nicht nur physisch ändert, sondern in Folge davon seinem Sinn nach anders erfahren wird, so hat sich nicht etwa das Kunstwerk als solches, als dieses ästhetische Bild geändert; sondern erfahren wird nun ein anderes Bild. (Hua XI, 116)

Durch solche physischen Veränderungen ändert sich das „Bildding", nicht aber das „Bildobjekt" – geschweige denn das „Bildsujet". Das „Urwerk mit seinem Ursinn" (Hua XI, 117) bleibt dasselbe. Die Irrealität eines Gemäldes zeigt sich ferner darin, dass es beliebig oft in Form von *Reproduktionen* wiederholbar ist, ohne selbst vervielfältigt zu werden. Dabei entsteht „eine Folge historischer Abwandlungen", denen gemäß das Urwerk „in eine Mannigfaltigkeit nicht von wirklichen, sondern immanenten Werken übergeht, eine Mannigfaltigkeit, die in sich einen besonderen Typus von Vereinheitlichung zeigt, nämlich als Mannigfaltigkeit miteinander streitender Interpretationen von demselben" (Hua XI, 117). Mit Blick auf Raffaels *Madonna* behauptet Husserl, dass das Originalgemälde nur die *faktisch* einzige Verkörperung sei:

> Ein idealer Gegenstand kann freilich, wie die Raffaelsche Madonna, faktisch nur eine einzige Weltlichkeit haben und faktisch nicht in zureichender Identität (des vollen idealen

Gehaltes) wiederholbar sein. Aber dieses Ideale ist prinzipiell doch wiederholbar (EU, 320).

Das „geistige Gebilde als solches [...] ist zwar in der realen Welt ‚verkörpert', aber durch die Verkörperung nicht individuiert" (EU, 320). Ungeachtet der Idealität des Werkes betont Husserl, dass es zum „Wesen der Sinngegenständlichkeit [gehört], nicht anders zu sein als in realen Verkörperungen, deren Bedeutung sie ausmachen" (EU, 323). Kunstwerke sind also keine freien, sondern gebundene Idealitäten.

Ähnliches gilt nun auch für fiktionale Objekte. Das Werk in seiner materiellen Verkörperung hat dabei die Funktion, die intersubjektive Identifizierbarkeit des *fictum* zu gewährleisten, die bei den idiosynkratischen *imaginabilia* offenbar nicht gegeben ist:

> Das ideal identische Fiktum als Objekt ist [...] ein intersubjektives Objekt, ein intersubjektiv ideal Existierendes, das wir uns alle zueignen können durch das real objektive Sein des Werkes in seiner physischen Verleiblichung. Zuletzt werden wir also doch auf das schaffende Subjekt zurückgeführt, das das Fiktum zu einem bleibenden Gegenstand bestimmt, schafft, und weiter, das ein Ding herstellt, das in fester Weise für jedermann, der verstehen kann, das geistige Idealgebilde weckt und mit dem Sinn eines Bleibenden indiziert [...]. (Hua XXIII, 54)

Über *ficta*, aber nicht über *imaginabilia*, gibt es „Streit", der ggf. durch das „Kunstwerk selbst" entschieden werden kann, das dabei „wie ein Rückgang auf wiederholte Erfahrung desselben Dinges als Mass der Objektivität benutzt wird" (Hua XXIII, 521). Jeder mag sich unter Faust etwas anderes vorstellen und somit sein je eigenes *imaginabile* haben; ferner kann diese Figur in unterschiedlichen Realia (z. B. Schauspielern) auftreten. Die involvierten *imaginabilia* sind jedenfalls bloße intentionale Objekte, d. h. keine Entitäten mit einem positiven ontologischen Status. Aber ‚durch' oder ‚in' ihnen stellt sich sozusagen etwas intersubjektiv Existierendes dar, nämlich das *fictum* Faust, die von Goethe in seinem Drama geschaffene Figur. Die Bezugnahme auf diese Figur ist verankert in Goethes Texten, also in Realia (im weiten Sinn); diese Texte stellen gleichsam die Marschroute dar, entlang deren das *fictum* zu objektivieren und identifizieren ist.[657] Ontologisch gesehen ist ein *fictum* wie Faust oder ein Bildwerk wie die Mona Lisa ein „geistiges Idealgebilde" (Hua XXIII, 545), eine „individuelle (objektive) Idee" (Hua XXIII, 543; vgl. 544). Es handelt sich um *ideale Einzelheiten*, die zwar irreal, aber keine „abstrahierte[n] allgemeine[n] Wesen [sind], abstrahiert aus den individuellen Fällen"; sie sind kein „Allgemeines, das einen Umfang hat" (Hua XXIII, 543). „Fikta sind", so

---

[657] Identitätsbedingungen von *ficta* werden von Thomasson 1999, Kap. 5, diskutiert.

Husserl weiter, „durch Änderung der Einstellung erfassbare ideale Gegenständlichkeiten. Aber natürlich keine Spezies!" (Hua XXIII, 537) Ideale Einzelheiten vereinzeln sich nicht in realen Einzelheiten, sondern *treten* in ihnen *auf, verkörpern* oder *verleiblichen* sich. Es ist mithin nicht so, als gäbe es ein Universale namens Faust, das sich in vielen Exemplaren instanziiert. Nicht alle (gebundenen) Idealitäten sind Universalien.

Offenbar können fiktionale Objekte nunmehr in Analogie zu anderen Kunstwerken als *gebundene Idealitäten* interpretiert werden. So ist die Figur Faust eine von Goethe geschaffene Entität, die prinzipiell beliebig oft in Realia im weiteren Sinne, nämlich in Büchern, Theateraufführungen etc., sich verkörpern und zur Darstellung gebracht werden kann. Vor Goethes Schöpfungsakt gab es ‚seinen' Faust nicht. Die Figur Faust ist, ähnlich wie das Werk *Faust*, auf mannigfache Weise abhängig von psychischen und physischen Realia. Aber die Figur selbst ist trotz dieser Abhängigkeit von Realia kein Reale, sondern eben irreal, d. h. insbesondere unräumlich. Was Husserl vom idealen Wohlklang eines versifizierten Dramas sagt, gilt *mutatis mutandis* auch für *ficta*:

> Der Wohlklang der Rhythmen eines Lesedramas ist nicht als reales Dasein zu setzen; sowenig das Drama selbst irgendwo als räumlich Daseiendes ist, ist dieser Wohlklang irgendwo. Zur idealen geistigen Einheit gehört der ideale Wohlklang hinzu. (Hua IV, 239)

Ungeachtet dieser unräumlichen Idealität sind *ficta* von räumlichen Realia abhängig. Husserl sieht darin nicht nur eine epistemische Intersubjektivitätsgarantie, sondern auch eine *legitime* „Naturalisierung des Geistes":

> Die Naturalisierung des Geistes ist nicht eine Erfindung der Philosophen – sie ist, wenn sie falsch gedeutet und verwertet wird, ein Grundfehler, aber eben nur dann. Aber sie hat ihren Grund und ihr Recht darin, daß mittelbar oder unmittelbar in der raum-zeitlichen Sphäre alles, was weltlich-real ist, seine Stelle hat [...]. Damit hat auch alles Unsinnliche an der Sinnlichkeit Anteil: es ist Seiendes aus der Welt, in dem einen raum-zeitlichen Horizont Seiendes. (EU, 29; vgl. *Ideen I*, § 152)

Fazit: Es gibt deutliche Indizien dafür, dass Husserl seinen frühen fiktionalen Nihilismus im Spätwerk modifiziert und *ficta* einen positiven Status im Sinne von „gebundenen Idealitäten" einräumt.

§ 4 Zusammenfassung und Ausblick

Was sind die Pointen aus Husserls Spätwerk (Schwerpunkt: *EU*) mit Blick auf das Problem der Nicht-Existenz und wo gibt es Anknüpfungspunkte für weitere Fragen?

1. In *EU* beschäftigt sich Husserl mit dem Verhältnis zwischen Wahrnehmung und Phantasie, insbesondere mit der Frage, welche Arten von „Einheiten" zwischen *sensibilia* und *imaginabilia* bestehen können. Eine Hauptthese lautet, dass frei phantasierte Objekte mit wahrgenommenen Objekten keine echte Einheit bilden können, weil *imaginabilia* in keinen raumzeitlichen Relationen zu *sensibilia* stehen können. Es gibt gleichwohl gewisse hybride anschauliche Einheiten, sofern die zugehörigen *Akte* eines Subjektes in zeitlichen und assoziativen Relationen zueinander stehen. Es sind solche assoziativen Einheiten, welche der Möglichkeit von Urteilen zwischen Wirklichkeit und Phantasie/Fiktion zugrunde liegen.

2. In diesem Kontext führt Husserl die instruktive Unterscheidung zwischen Verbindungs- bzw. Wirklichkeitsrelationen (*W-Relationen*) auf der einen, und Vergleichungs- oder Ähnlichkeitsrelationen (*V-Relationen*) auf der anderen Seite ein. Während W-Relationen externen Relationen ähneln, sind V-Relationen mit internen Relationen verwandt. Und während W-Relationen nur zwischen Realia möglich sind, können V-Relationen in gewissem Sinne auch zwischen phantasierten (fiktionalen, unmöglichen) und existierenden realen Objekten bestehen (z. B. „Zeus ist mächtiger als Obama"); W-Relationen gründen in der faktischen Existenz von Realia, V-Relationen in der idealen Existenz von Irrealia (Wesen). Allerdings beruhen solche Relationen letztlich auf einer *Assumption* (z. B. „Wäre Zeus so wie in den Mythen beschrieben, dann ..."), sodass das Prinzip der Existenzabhängigkeit von Relationen auch im Spätwerk intakt zu bleiben scheint. Das Desiderat einer *allgemeinen und systematischen Relationstheorie* wird dabei spürbar, allerdings wird dieses von Husserl nirgends erfüllt.

3. Husserl beschäftigt sich in *EU* (und anderswo) intensiv mit der logischen Form von Existenz- und Wirklichkeitsaussagen (z. B. „Obama existiert", „Zeus ist fiktiv (unwirklich)"). *EU* zufolge handelt es sich dabei um Urteile zweiter Stufe, in denen nicht über direkt über intentionale Objekte, sondern über Sinne geurteilt wird. In Existenzurteilen wird vom „gegenständlichen Sinn" (noematischen Kern) ‚Gültigkeit' prädiziert; in Wirklichkeitsurteilen hingegen wird mehr gesagt, nämlich nicht nur wird ‚Gültigkeit' vom Kern prädiziert, sondern vielmehr wird dessen Ausweisbarkeit aufgrund von setzender Erfahrung und Wahrnehmung behauptet. M. a. W.: „Existenz" und „Wirklichkeit" sind koextensionale, aber intensional verschiedene Begriffe. Anders als „Existenz" ist „Wirklichkeit" ein *Kontrastbegriff*, der darauf beruht, unmodifizierte setzende Erfahrung (Wahrnehmung) mit modifizierter nicht-setzender Phantasie zu kontrastieren. Wirklich ist das, was existiert und nicht phantasiert ist, und vice versa.

4. Schließlich wurde der Versuch unternommen, zu zeigen, dass Husserl im Spätwerk fiktionale Objekte (z. B. „Zeus") nicht mehr als durch und durch nichtseiend wie im Frühwerk behandelt, sondern dass sich die Ontologie „gebundener Idealitäten" auf sie anwenden lässt, sodass *ficta* eine eigene „Region" bilden, die

in diversen Fundierungsrelationen zu mentalen und physischen Realia steht. Husserl erweist sich damit als ein wichtiger Wegbereiter für die heutige Position der *abstrakten Artefakt-Theorie fiktionaler Objekte* (vgl. Amie L. Thomasson), als deren Wegbereiter in der Regel Roman Ingarden angeführt wird.

5. Eine weiterführende Frage betrifft den Status der *genetischen Phänomenologie* mit Blick auf die Struktur der Intentionalität. Mitunter gewinnt man den Eindruck, dass Husserls Rede von der „Vorgegebenheit der Welt" (vgl. EU, § 7) und die Annahme von „Sinnesfeldern" (vgl. EU, §§ 16 f.) ihn doch auf eine relationale Lesart festlegt. Auf der einen Seite wäre die „Welt" gewissermaßen ein ‚hintergründiges' Relatum aller Akte, die auf einzelne Objekte zielen (vgl. die Position des *mundanen Relationalismus*). Auf der anderen Seite könnte man die „Sinnesfelder" so deuten, dass sie Husserl auf den *Eigenschaftsrelationalismus* festlegen, demzufolge die Gerichtetheit auf individuelle Objekte im engeren Sinne in einer ‚robusten' Repräsentationsrelation von Eigenschaften (Sinnesqualitäten) gründet. Die genetische These wäre, dass wir zuerst (und ‚immer schon') gewisse existierende Eigenschaften repräsentieren müssen, um überhaupt auf Individuen intentional gerichtet sein zu können. Anders gesagt: nur Gerichtetheit auf Individuen, nicht hingegen Gerichtetheit auf „sinnliche Gegebenheiten" (EU, 75) wäre nicht-relational, was offenbar eine Modifikation des Begriffs der Intentionalität erfordert, sofern man dem Proteus-Einwand entgehen will. Es wäre also zu fragen, ob dieser Form von ‚Protointentionalität' eine andere Ontologie zugrunde liegt als der Gerichtetheit auf Individuen. M.E. sind dies durchaus erwägenswerte Ideen, aber insgesamt scheint mir dadurch die Leitthese der intrinsischen Intentionalität nicht widerlegt, sondern höchstens modifiziert zu werden. Eine weitere wichtige Frage wäre dabei, wie Husserl vor dem Hintergrund von *EU* (und den verwandten genetischen Analysen aus den Bänden zur passiven und aktiven Synthesis (vgl. Hua XI u. XXXI) das *Problem der Halluzination* lösen würde. Sind wir beim Halluzinieren z. B. auf existierende, aber nicht in einem Ding fundierte „sinnliche Gegebenheiten" gerichtet? Was sind diese Qualitäten? Sind es nicht-instanziierte Universalien (wie bei Dretske)? Oder gewisse Tropen?

E Veridische Phänomenologie, Relationalität und Existenz

In diesem abschließenden Kapitel soll skizziert werden, wie Husserl *relationale Ausprägungen* von Intentionalität konzipiert. Darunter sind Akte zu verstehen, deren intentionale Objekte *Entitäten* sind. Die Frage ist also, wie Husserl vom *phänomenologischen Standpunkt* aus die Existenz von Objekten rekonstruiert: Wie wird der Schritt von Intentionalität qua intrinsischer (nicht-relationaler) Eigenschaft hin zu relationalen Ausprägungen vollzogen? Gibt es solche überhaupt? Woher wissen wir, dass unsere Akte die Dinge „treffen"? Welche Bedingungen muss ein Akt erfüllen, damit er in relationalem ‚Kontakt' zu seinem Objekt steht? Wie „weist" sich, wie Husserl zu sagen pflegt, etwas als seiend, existierend und wirklich für uns aus?

Relationale Akte sind bei Husserl systematisch verwoben mit „originären", „adäquaten" bzw. allgemeiner „evidenten" und „erfüllten" Formen von Intentionalität. *Erfüllung* ist somit das Scharnier, das intrinsische Intentionalität und relationalen Objektbezug verbindet. Existierende intentionale Objekte werden als „Korrelate" von gewissen ausgezeichneten Mannigfaltigkeiten von erfüllten und erfüllbaren Erlebnissen gedacht. *Cum grano salis* kann man sagen, dass etwas genau dann existiert, wenn es zugehörige anschaulich erfüllte Akte der Möglichkeit nach gibt.

Es ist wichtig, sich klarzumachen, dass Husserl seinen eigenen Ansprüchen einer systematischen Aufklärung der Intentionalität nicht gerecht würde, wenn er existenziale und relationale Phänomene außen vor lassen würde, zumal die These intrinsischer Intentionalität keine Unterscheidung zwischen „triftiger" und „untriftiger" Gerichtetheit ermöglicht. Wird dieser *normative Unterschied* und die Sensitivität intentionaler Phänomene gegenüber dem „Vernunftgegensatze der Gültigkeit und Ungültigkeit" (Hua III/1, 338) außer Acht gelassen, kann Husserl nicht beanspruchen, eine vollständige Theorie der Intentionalität entwickelt zu haben. Seine Phänomenologie wäre im wörtlichen Sinne eine bloße ‚Erscheinungslehre' und keine Theorie der „Sachen selbst". Aber nichts wäre weniger in Husserls Sinne. Der Übergang zu „Vernunft und Wirklichkeit" (so lautet die vielsagende Überschrift des vierten Abschnitts der *Ideen I*)[658] vollzieht sich in zentralen Werken Husserls stets nach einer allgemeinen Strukturanalyse der intrinsischen Eigenschaften intentionaler Phänomene. Dies gilt bereits für die *VI. Untersuchung* „Elemente einer phänomenologischen Aufklärung der Erkenntnis".

---

[658] Vgl. auch der Titel der *III. Cartesianischen Meditation*: „Die konstitutive Problematik. Wahrheit und Wirklichkeit".

Dort stehen epistemologische Unterscheidungen im Mittelpunkt, also Fragen nach Erkenntnis, Wissen, Wahrheit, Existenz und Wirklichkeit. Husserl interessiert sich nun für die Frage, was es heißt, dass eine intentionale Episode ihren Gegenstand „trifft", d. h. ihn so zur Darstellung bringt, wie er tatsächlich *ist*. Die Verbindung zwischen den *Intentionalität*, *Relationalität* und *Existenz* lässt sich durch folgendes Schlussschema präzisieren:
(1) Ist e intentional auf x gerichtet und existiert x, so gibt es eine Relation R mit eRx.
(2) Ist e intentional auf x gerichtet und ist e triftig, so existiert x.
(3) *Folglich:* Ist e intentional auf x gerichtet und ist e triftig, so gibt es eine Relation R mit eRx.

Bisher habe ich mich auf das jeweils erste Konjunkt im Vordersatz der Konditionale (1) und (2) konzentriert. Im folgenden Kapitel stehen die zweiten Konjunkte und die Natur der Triftigkeitsrelation R im Zentrum.

Grundlage dafür ist, wie gesagt, Husserls Begriff der *Erfüllung*, mit dessen Hilfe der Begriff der „Triftigkeit" erläutert wird. Dabei spielt Husserls Idee einer „adäquaten Evidenz", so meine These, eine *paradigmatische Rolle*; denn adäquate Evidenz fungiert für andere Evidenzarten, wenn schon nicht als realisierbare Möglichkeit, so doch als eine Art *Ideal*. So sind uns z. B. unsere eigenen aktuellen Erlebnisse in einer immanenten Wahrnehmung adäquat zugänglich, in der die Adäquatheit (und Apodiktizität) immanenter Urteile und Erkenntnisse gründet. Dies sind intentionale Erlebnisse, die kraft ihrer Erfülltheit *eo ipso* relational sind. Immanente Wahrnehmungen sind reflexive Akte 2. Stufe, die in ihrem Objekt, einem Erlebnis 1. Stufe, einseitig fundiert sind. Wegen dieser einseitigen Fundierung ist die Existenz des reflektierten Aktes im reflexiven Akt ‚enthalten'; oder, wie Dallas Willard sagt: „Such complete intuitive fullness of a mental act [...] necessitates that the corresponding objectivity exists precisely as it is conceived of in the act." (Willard 1984, 231) Obschon Husserl immer wieder betont, dass es widersinnig sei, eine solche adäquate Gegebenheit für Entitäten anderer Regionen, insbesondere für räumlich fundierte Realia (z. B. für Dinge, Artefakte, Lebewesen, andere Personen), zu fordern, so orientiert sich seine Phänomenologie der Wirklichkeit an diesem paradigmatischen Fall von „Evidenz". Während adäquate Evidenz bei Erlebnissen (und gewissen Irrealia) möglich ist, fungiert sie bei allen anderen Entitäten als ein *Ideal* oder eine Art kantische *Idee* (vgl. Hua III/1, 330 ff.). Darin kommt letztlich eine zutiefst ‚realistische' Intuition zum Ausdruck, nämlich die *prinzipielle* Unerschöpflichkeit oder Transzendenz der Realität.

Es ist wichtig, die Rede von „relationaler Intentionalität" richtig zu verstehen. Ich möchte nicht quasi disjunktivistisch sagen, dass Intentionalität mal eine relationale und mal eine intrinsische Eigenschaft ist. Dies ist die Proteus-Konzeption von Intentionalität, die weiter oben eingeführt und kritisiert wurde. Die These ist vielmehr, dass intentionale Erlebnisse, die in einer Relation zu ihren Objekten stehen, dies nicht kraft ihrer – *tout court* – intrinsischen Intentionalität tun, sondern kraft ihrer „Triftigkeit" und ihrer spezifischen Art der „Erfüllung". Die Existenz der intentionalen Objekte und somit die Relationalität der Erlebnisse im eigentlichen Sinne ist ein „Index für *ganz bestimmte Systeme* teleologisch einheitlicher Bewußtseinsgestaltungen" (Hua III/1, 337; Herv. CE). Nicht intentionale Erlebnisse *als solche* sind Glieder von Relationen, sondern nur „triftige" (veridische) Erlebnisse:

> Die Frage ist also [...], wie all die Bewußtseinszusammenhänge noetisch, bzw. noematisch zu beschreiben sind, die einen Gegenstand schlechthin (was im Sinne der gewöhnlichen Rede immer einen w i r k l i c h e n Gegenstand besagt), eben in seiner Wirklichkeit notwendig machen. Im w e i t e r e n Sinne aber „konstituiert" sich ein Gegenstand – „ob er wirklicher ist oder nicht" – in gewissen Bewußtseinszusammenhängen (Hua III/1, 313).

Ganz ähnlich beschreibt der Adverbialist Uriah Kriegel das Verhältnis zwischen Intentionalität *simpliciter* und veridischer oder relationaler Gerichtetheit:

> A true thought connects us to the world; but it does so in virtue of being true, not in virtue of being a thought. An accurate auditory experience as of trumpets connects us to trumpets, not in virtue of being an experience however, but in virtue of being accurate. [...] The role of intentionality is to make such contact possible by laying the conditions whose satisfaction would constitute the establishment of contact. (Kriegel 2008, 90; vgl. 2011a, 153f., 165)

„Being a thought" entspricht Husserls Konstitution im weiteren Sinne, „being a true thought" der Konstitution im engeren Sinne. Kriegel spricht hier wie ein phänomenologischer Transzendentalphilosoph, indem er der intrinsischen Intentionalität die Funktion zuschreibt, die Bedingungen relationalen „Kontakts" zu ermöglichen. Im Husserl'schen Kontext stecken diese Bedingungen gleichsam im Sinn des Aktes, der auf weitere Erfüllung verweist.

Der systematische Zusammenhang zwischen nicht-relationaler Intentionalität als solcher und relationaler Intentionalität lässt sich auch so beschreiben: Alle Akte sind kraft ihrer intrinsischen Intentionalität auf etwas (X) gerichtet – unabhängig davon, ob X existiert oder nicht. Allerdings gehört zu jedem Akt ein *leerer (Innen-)Horizont*. Jeder Akt enthält gleichsam *Linien einstimmiger Fortsetzbarkeit*, entlang deren sich X zwar auf andere Weise, aber gleichwohl als ein und dasselbe Objekt darstellen würde. Die Existenz von X ist dann *äquivalent* mit einer, wie A. D. Smith treffend sagt, Bedingung „idealer Harmonisierung" *(ideal harmonization)* einer „offenen Mannigfaltigkeit" von Akten, die auf X gerichtet sind (vgl. A. D. Smith 2003, 176 ff.). Eine Metaphysik, die Entitäten jenseits einer solchen „idealen

Harmonie" postuliert, ist nach Husserl zwar nicht logisch widersprüchlich, aber *widersinnig*, d. h. wider den Sinn dessen, was zum Akt und seinem Horizont gehört.

Im Folgenden gehe ich so vor, dass ich zunächst die Grundstruktur der Erfüllung und das Phänomen der Evidenz erläutere (I). Sodann komme ich nochmals auf ‚bloße' intentionale Objekte zu sprechen, indem gezeigt wird, dass, wie schon öfter angedeutet, die Phrase „X ist ein intentionales Objekt für S" bedeutet, dass X für S als etwas vom subjektiven Standpunkt aus (Re-)Identifizierbares in einer Mannigfaltigkeit unterschiedlicher Sinne und Modi fungiert (II). In Teil (III) wird der Begriff eines prägnanten Konstitutionssystems exemplarisch erklärt. Ein solches System entspricht auf Subjektseite der Existenz des Objekts. Schließlich wird in (IV) gezeigt, dass triftige Akte in einer Fundierungsrelation zu ihren Objekten stehen; außerdem wird die Position des von mir so genannten *mundanen Relationalismus* diskutiert, die eine Variante der in der Einleitung vorgestellten These darstellt, derzufolge Intentionalität *au fond* relational ist, weil *zwar* einzelne Episoden, aber niemals *alle* zugleich gegenstandslos sein können. Es wird kritisch geprüft, ob Husserl eine solche Position vertritt und ob diese plausibel ist. Schlussendlich wird darauf hingewiesen, dass, ungeachtet der Möglichkeit der Nicht-Existenz, alle Akte in Husserls Augen eine inhärente Tendenz nach Evidenz, Wahrheit und somit Existenz haben.

I Erfüllung und Evidenz

1 Allgemeines zu Erfüllung und Evidenz

Husserls unzählige Nuancierungen ignoriert, besteht *Erfüllung* darin, intentionale Objekte so, wie wir *glauben (denken, meinen)*, dass sie sind, *anschaulich* zu Gesicht zu bekommen. Erfüllung bzw. ihr ausgezeichnetes Vorkommnis Evidenz ist „nichts anderes als das ‚Erlebnis' der Wahrheit" (Hua XVIII, 193). Evidenz ist gleichsam veridische **P**hänomenologie. Wenn sich unsere „bloßen" und „leeren" Gedanken, Urteile und Meinungen erfüllen, begegnen uns die zuvor anschauungslos intendierten Sachen selbst. Es findet eine identifizierende „Deckung" (Hua XIX/1, 568, 597) statt, eine bestimmte Form von *Synthesis* zwischen meinenden und anschaulichen Akten, aufgrund deren wir gewissermaßen geneigt sind, im Moment der Erfüllung auszurufen: „Ja, so ist es wirklich!"

> Was die Intention zwar meint, aber in mehr oder minder uneigentlicher oder unangemessener Weise vorstellig macht, das stellt die Erfüllung [...] d i r e k t vor uns hin; oder zumindest direkter als die Intention. In der Erfüllung erleben wir gleichsam ein *das ist es selbst*. (Hua XIX/2, 597)

> Wir erleben es, wie in der Anschauung d a s s e l b e Gegenständliche intuitiv vergegenwärtigt ist, welches im symbolischen Akte „bloß gedacht" war, und daß es gerade als das so und so bestimmte anschaulich wird, als was es zunächst bloß gedacht (bloß bedeutet) war. (Hua XIX/2, 566)

Es gibt demnach eine distinkte **P**hänomenologie der Erfüllung: es ‚fühlt sich' auf eine spezifische Weise an, wenn ein leerer Akt des Meinens durch einen anschaulichen Akt erfüllt und gleichsam gesättigt wird. Erfüllung ist nichts, das unbewusst in uns vorgeht. Es gibt ein „deskriptiv eigentümliches E r f ü l l u n g s b e w u ß t s e i n" (Hua XIX/2, 566).

In dem (putativen) „Treffen" des intentionalen Objekts, das häufig mit „Durchstreichung[en] der Unrichtigkeiten" (Hua XVII, 168 f.) einhergeht, besteht letztlich das Ziel aller (objektivierenden) Akte. Anschauliche oder originäre Gegebenheitsweise des intentionalen Objekts ist eine notwendige Bedingung für Erfüllung. Denn Anschauung ist nach Husserl generisch dadurch charakterisiert, ihr Objekt als *es selbst, leibhaftig* und *in propria persona* zu *präsentieren* – im Unterschied zu vergegenwärtigenden, symbolisch-signitiven und leeren Akttypen, die es lediglich *re-präsentieren*. Erfüllung ist aber kein mystisches oder exzeptionelles Vorkommnis im Bewusstseinsstrom eines Subjekts: Ich brauche z. B. nur für einen Moment die Augen zu schließen und den bloßen Gedanken zu fassen, dass gerade die Sonne scheint; öffne ich dann wieder die Augen und sehe, dass sie scheint, so habe ich ein Erfüllungserlebnis im Husserl'schen Sinne. Husserls berühmt-berüchtigtes „'Erlebnis' der Wahrheit" (Hua XVIII, 193) ist lediglich Ausdruck für die Tatsache, dass sich meine – typischerweise vorhergehende – Meinung mit Anschauungen in gewissen Aspekten deckt, sodass ich ein Bewusstsein der Form „so ist es" habe. Ja, mehr noch: in Husserls Augen ist Erfüllung darüber hinaus ein *wesentlicher Aspekt* unseres intentionalen „Seelenleben[s]" (Hua XIX/2, 572). Ohne Erfüllung gäbe es letztlich gar kein intentionales Bewusstsein. Es gibt eine interne Verknüpfung zwischen Intentionalität und Erfüllung/Evidenz. Denn nach Husserl gehört zu jedem bewussten Subjekt nicht nur eine *Disposition zu*, sondern auch ein aktuelles *Streben nach* Erfüllung und Evidenz:

> I n t e n t i o n a l i t ä t ü b e r h a u p t – Erlebnis eines Bewußthabens von etwas – und E v i d e n z, I n t e n t i o n a l i t ä t d e r S e l b s t g e b u n g s i n d w e s e n s m ä ß i g z u s a m m e n g e h ö r i g e B e g r i f f e. [..] So ist E v i d e n z eine universale [...] teleologische S t r u k t u r, ein Angelegtsein auf „Vernunft" und sogar eine durchgehende Tendenz dahin, also auf Ausweisung der Richtigkeit [...] und auf Durchstreichung der Unrichtigkeiten (Hua XVII, 168 f.).

Insbesondere rationale Subjekte *streben* danach, ihre bloßen Meinungen und leeren Gedanken durch Anschauungen zu erfüllen. Diese Meinungen und Gedanken sind nicht leer wie ein leeres Glas, sondern geradezu im *privativen Sinne* „leer": sie sind „der Fülle bedürftig" (Hua XIX/1, 607). Leere Erlebnisse, so Husserls generelle These, haben eine intrinsische Tendenz nach Erfüllung. In diesem Sinne hat Husserls Konzeption der Erfüllung und somit seine Erkenntnistheorie überhaupt *teleologischen Charakter*.

Husserls Rede von Erfüllung ist in erster Linie (aber nicht nur) auf kognitive Zusammenhänge bezogen.[659] Erfüllung ist dasjenige Phänomen, das verstanden werden muss, um Begriffen wie *Wahrheit, (epistemischer) Rechtfertigung*, aber auch *Sein, Existenz* und *Wirklichkeit* einen Sinn abgewinnen zu können: „Our sense of reality, of anything being real, [...] has its source in a certain sort of *synthesis*. [...] A ‚self evident confirming synthesis' requires [...] that one of the acts – a prior one – be ‚empty' with respect to the object in question (either as a whole, or with respect to some part or aspect of it), and that one self-evidently presents the object itself in the relevant respect." (A. D. Smith 2003, 160) Synthesen der Erfüllung machen, dass wir etwas als existierend, wirklich und seiend *erfahren*. Ohne Erfüllungserlebnisse wären wir wahrheits- und wirklichkeitsblind; kraft solcher Erlebnisse „allein" können „Wahrheit und Wirklichkeit für uns Sinn haben" (CM, 61):

> Es ist klar, daß Wahrheit bzw. wahre Wirklichkeit von Gegenständen nur aus der Evidenz zu schöpfen ist, und daß sie es allein ist, wodurch „wirklich" seiender, wahrhafter, rechtmäßig geltender Gegenstand, welcher Form auch immer, für uns Sinn hat, und mit all den ihm für uns unter dem Titel wahrhaften Soseins zugehörigen Bestimmungen. (CM, 61)

Ungeachtet dessen, dass in der Erfüllung die Sache selbst zur Gegebenheit kommt, ist Erfüllung nicht eo ipso faktiv oder veridisch. Es kann sich ein Gedanke an X durch eine Anschauung von X erfüllen, obschon X nicht existiert. Erfüllung ist in diesem Sinne ein nicht-relationales Phänomen: „In diesem synthetischen Charakter konstituiert sich das *es ist wirklich und wahrhaft so* [...]; was freilich nicht ausschließt, daß dieses Wirklichsein nur ein vermeintliches [...] ist." (Hua XIX/2,

---

[659] „Erfüllung" wird im Folgenden im *kognitiven Sinne* verwendet, eng verwandt mit Begriffen wie „Bestätigung", „Ausweis(ung)", „Verifikation" etc. Es gibt auch Erfüllungen von nicht-objektivierenden Akten, z.B. von Wünschen oder Begierden (vgl. Hua XIX/2, 582ff.). Kognitive Erfüllungen fundieren allerdings alle anderen Arten von Erfüllungen einseitig, obschon sie diese nicht erschöpfen: wünsche ich mir z.B. ein (bestimmtes) Fahrrad, so setzt die Erfüllung dieses Wunsches voraus, dass ich das erhaltene Fahrrad als das zuvor gewünschte identifiziere. Zugleich muss ich mich aber über den Erwerb des Fahrrads freuen, denn anderenfalls liegt keine eigentliche Wunscherfüllung vor.

583). Phänomenologisch „existieren jedenfalls die Akte, nicht immer die Gegenstände" (Hua XIX/2, 567). Ich kann z. B. glauben, dass in meinem Kuhlschrank eine rote Paprika liegt; sehe ich nach und erliege dabei einer Halluzination, findet gleichwohl ein Erfüllungserlebnis statt.

Husserl beansprucht, in der Struktur der Erfüllung eine „primitive phänomenologische Tatsache" (Hua XIX/2, 567) entdeckt zu haben, die sich nicht auf andere Phänomene zurückspielen lässt. Gleichwohl lässt sich der Begriff der Erfüllung durch konkrete Analysen und *via negativa* von anderen „phänomenologischen Tatsachen" abgrenzen. So ist z. B. Identifikation notwendiger Bestandteil einer jeden Erfüllung, obschon nicht hinreichend dafür; es gibt „ziellos ins Unendliche fortlaufende Identifikationen" (Hua XIX/2, 598), die uns nicht zur Sache selbst und ihr auch nicht *näher* bringen (vgl. das leere Denken an *impossibilia*).

Erfüllung kommt bei Husserl auf allen Ebenen intentionaler Erlebnisse zum Tragen, sie hat für das Subjekt *omnipräsenten* und gleichsam *permeativen Charakter*. Selbst wenn wir gerade bloß an etwas denken, ohne eigentlich etwas zu „sehen", sind unsere Akte mit impliziten Intentionen versehen, die auf mögliche Erfüllung oder Enttäuschung unseres Denkens verweisen, wobei Enttäuschung wiederum eine Art negative Evidenz ist (vgl. CM, § 24). Denn wenn ich z. B. entgegen meinem Glauben feststelle, dass keine rote Paprika im Kühlschrank ist, so kann ich nach erfolgter „Enttäuschung" immerhin mit Evidenz feststellen, dass dem so ist. In diesem Sinne gibt es eine Priorität von Evidenz und Erfüllung gegenüber Enttäuschung.

Der Begriff der Erfüllung ist mithin konstitutiv für Husserls Erkenntnistheorie, die im Wesentlichen darin besteht, für alle Arten intentionaler Objekte *en détail* zu untersuchen, wie sich entsprechende Meinungen erfüllen können, welche Grade von „Deckung", Gewissheit und Vollkommenheit der Erfüllung jeweils möglich sind, etc.[660] Etwas erkennen und eine erfüllte Bedeutungsintention vollziehen sind Aspekte ein und desselben Sachverhalts:

> Die Reden von Erkenntnis des Gegenstandes und Erfüllung der Bedeutungsintention drücken also, bloß von verschiedenen Standpunkten, dieselbe Sachlage aus. Die erstere stellt sich auf den Standpunkt des gemeinten Gegenstandes, während die letztere nur die beiderseitigen Akte zu Beziehungspunkten nimmt. Phänomenologisch existieren jedenfalls die Akte, nicht immer die Gegenstände. (Hua XIX/2, 567)

Ohne eine Analyse der Erfüllung, in der sich eine Anschauung „dem bewußtseinsmäßigen Meinen, dem ev. ganz unanschaulichen, in allen Gestalten genau

---

[660] Die ausführlichsten Überlegungen dazu finden sich in LU VI, Hua XX/1, 128 ff. (Überarbeitung von LU VI), *Ideen I*, §§ 135 ff., und Hua XXIV, 8. Kapitel.

anmißt, ist von einer Beschreibung der Erkenntnislage und einer Verständigung über Erkenntnis und wahres Sein keine Rede" (Hua VII, 138).[661]

Wissen im dispositionalen Sinne kann mit Hilfe des Begriffs der Erkenntnis definiert werden.[662] Erkenntnis ihrerseits erweist sich als eine bestimmte Art von Erfüllung. Erfüllung ist wiederum eine spezifische Art intentionaler Identifikation, sodass sich folgende *Fundierungsordnung* ergibt:

Wissen → Erkenntnis → Erfüllung → (Identifikation ↔ Intentionalität)

Im Folgenden beschränke ich mich wie bisher auf die untere, fundierende Stufe der Erfüllung, d.i. darauf, wie sich Bedeutungsintentionen, die auf raumzeitliche Einzeldinge zielen, durch Wahrnehmungen erfüllen. Die aufgestellten Thesen sollen allerdings, *mutatis mutandis*, für alle möglichen Erfüllungskontexte gelten. In diesem Abschnitt konzentriere ich mich auf die ersten drei Glieder der obigen Kette, insb. auf *Erfüllung*. Im nächsten Abschnitt (II) komme ich nochmals auf die Beziehung zwischen Intentionalität und Identifikation zu sprechen.

2 e erfüllt e*

Welche Struktur liegt der Erfüllung zugrunde?[663] Anders gefragt: wenn e und e* zwei Erlebnisse sind, was sind dann die Wahrheitsbedingungen des Satzes „*e erfüllt e*" (erf)?

Gehen wir von einem einfachen Beispiel aus. Gerade am PC sitzend, frage ich mich, ob mein Handy auf dem – vom Schreibtisch aus nicht sichtbaren – Regal hinter mir liegt. Ich komme zu dem *Urteil e* (Glauben, Meinung)*, dass dem so ist. Um sicher zu gehen, stehe ich auf und *sehe nach* – und in der Tat: ich *sehe* das Handy auf dem Regal liegen (e). Wie ist dieser Vorgang phänomenologisch näherhin zu beschreiben? Fünf charakteristische Merkmale der Erfüllung seien genannt:

---

[661] Übrigens vertritt Husserl die überraschende These, dass es falsche Erkenntnisse gibt: „Es gibt, und in nur zu großem Maße, falsche und selbst absurde Erkenntnisse." Das liegt daran, dass Husserl oft Erfüllung und Erkenntnis gleichsetzt, obschon es nicht-veridische Erfüllungserlebnisse gibt. Aber *nota bene:* „Aber ‚eigentlich' sind es keine Erkenntnisse – nämlich nicht logisch wertvolle, vollkommene Erkenntnisse, nicht Erkenntnisse im prägnanten Sinne." (Hua XIX/2, 594)

[662] Das ist allerdings nicht selbstverständlich. Auch umgangssprachlich sagen wir oft, wir wüssten etwas, ohne es eigentlich zu erkennen, etwa beim Wissenserwerb durch Hörensagen. Zum Unterschied zwischen Wissen und Erkennen vgl. etwa von Hildebrand 1916, 146 ff.

[663] Vgl. zum Folgenden auch Willard 1984, 225 ff.; 1995a, und Hopp 2011, Kap. 7.

Erstens zeigt sich, dass Erfüllung eine *intramentale* und *intrasubjektive Relation* ist.[664] (erf) liegt also ontologisch eine Relation zwischen e und e* zugrunde. Formal betrachtet, ist Erfüllung Erfüllung von etwas durch etwas (anderes); d. h. Erfüllung ist eine dyadische Relation. Diese Relation ist typischerweise *irreflexiv* (nichts erfüllt sich selbst), *asymmetrisch* (es gibt keine wechselseitige Erfüllung) und *transitiv* (Erfüllung kann fortschreiten über mehrere Glieder hinweg). Die Erfüllungsrelation wird zudem durch intentionale Erlebnisse flankiert, in unserem Fall durch objektivierende Akte. Nicht-intentionale Erlebnisse können sich nicht erfüllen: ein Schmerz etwa kann sich über eine gewisse Dauer erstrecken, verstärken, etc., aber er wird durch nichts erfüllt. Er hat eben keine ‚Richtung' auf etwas.[665] Aber er kann auch selbst nichts erfüllen. Selbst wenn ich z. B. erwarte, dass ich gleich Schmerzen haben werde, so wird diese Erwartung nicht durch das bloße Eintreten des Schmerzes, sondern durch eine „immanente Wahrnehmung" des eintretenden Schmerzes, also durch einen *Akt 2. Stufe* erfüllt (vgl. LU VI, § 19). Erfüllung ist also eine *intramentale dyadische Relation* zwischen zwei objektivierenden Akten eines Subjekts.[666] Erfüllung besteht darin, dass zwei intentionale Erlebnisse eine bestimmte Verbindung oder *Synthesis* eingehen und dergestalt ein neues Ganzes bilden. Allerdings muss diese Synthesis von der temporalen Synthesis, die unterschiedslos alle Erlebnisse von S umspannt, abgegrenzt werden. Denn nicht jede Abfolge oder Sukzession von Erlebnissen ist eine Erfüllung. Wenn z. B. auf dem Weg zum Regal ein lauter Knall ertönt, so folgt eine auditive Wahrnehmung auf mein Bedeutungserlebnis e*, aber sie erfüllt dieses nicht.

Zweitens kann Erfüllung in zwei und nur zwei temporalen Modi auftauchen: sie ist entweder statischer oder dynamischer Natur. Der paradigmatische Fall, den Husserl betrachtet, besteht darin, dass einer der beiden Akte (e*) ein leeres Bedeutungserlebnis ist, das durch einen nachfolgenden intuitiven Akt (e) erfüllt wird. Dies ist ein Fall dynamischer Erfüllung (vgl. LU VI, § 8). Aber auch statische

---

664 Husserls Terminologie ist nicht eindeutig. Manchmal sieht es so aus, als könne auch *ein* Akt für sich erfüllt sein. Ich vernachlässige im Folgenden diese Doppeldeutigkeit und behandle Erfüllung als ein relationales Phänomen. Ähnliches gilt übrigens für Husserls Evidenzbegriff, der manchmal eine monadische, manchmal eine relationale Eigenschaft zwischen Erlebnissen zu sein scheint. Vgl. zu diesen Problemen Hopp 2008a; 2011, Kap. 7–8.
665 Wenn wir sagen, der Durst habe sich gestillt, so haben wir es mit einer intentionalen Verwendungsweise des Wortes „Durst" und nicht mit einer bloßen Durstempfindung zu tun. Husserl weist darauf hin, dass manche mentale Verben äquivok sind und sich auf intentionale und nicht-intentionale Erlebnisse beziehen können. Vgl. LU V, § 15.
666 Es scheinen Fälle denkbar, in denen die Erlebnisse eines Subjekts Erlebnisse eines anderen erfüllen können. Aber dies ist höchstens eine uneigentliche Form der Erfüllung, bei der ich die Wahrnehmung des Anderen sozusagen für mich übernehme (via Einfühlung). Eigentliche Erfüllung ist auf ein Subjekt beschränkt und somit intrasubjektiv.

Erfüllung ist möglich; dabei finden beide Akte gleichzeitig statt. Wir können somit die allgemeine Bedingung (T) für die Anfangszeitpunkte festhalten: t (e*) ≤ t (e).

Drittens. Erfüllung ist ein fundierter Akt. Der Erfüllung entspricht selbst ein neues, ein höherstufiges Erlebnis, das in e* und e einseitig fundiert ist. Erfüllung ist somit nicht nur eine Relation zwischen Akten, sondern ein neuer zusammengesetzter Akt (fortan: e'). Eine bloße Wahrnehmung für sich genommen ist keine Erfüllung und somit auch nicht unmittelbar rechtfertigend für Urteile. Erst in der Synthese mit einer Meinung fundiert eine Wahrnehmung eine Erfüllung. Der Erfüllung qua Akt entspricht dabei ein „deskriptiv eigentümliches E r f ü l l u n g s b e w u ß t s e i n " (Hua XIX/2, 566). Wenn das Sehen des Handys als Erfüllung der Meinung fungiert, so erleben wir (präreflexiv) nicht nur die Wahrnehmung, sondern erleben sie auch als Erfüllung der vorhergehenden leeren Bedeutungsintention. Das „deskriptiv Eigentümliche" ist dabei ein „Identitätserlebnis" bzw. „Identitätsbewußtsein" (Hua XIX/2, 568). Denn das, was ich wahrnehme, muss als dasselbe bewusst sein wie das, was ich zuvor gemeint habe. Für e' können wir schreiben: e' = erf (e*, e), was bedeutet, dass e' dasjenige Erlebnis ist, das durch die erfüllende Synthesis von e* durch e konstituiert wird. e' ist numerisch sowohl von e* als auch von e verschieden. Erfüllung ist also kein einfacher, „schlichter" anschaulicher Akt, sondern stets fundiert in anderen Akten. Für e' gilt, dass es gleichzeitig mit e stattfinden muss – im Falle statischer Erfüllung auch zeitgleich mit e*: t (e') = t (e).

Sobald die erfüllende Anschauung verschwindet, verschwindet auch der Akt der Erfüllung. Die einseitige Fundierung von e' in e ist demnach genauer zu verstehen als statische (konstante) Fundierung in e, denn e' existiert genauso lange, wie e existiert; die Fundierung von e' in e* ist hingegen typischerweise genetischer Natur, denn e* geht e' zeitlich vorher. Zudem haben wir es offenbar mit Fällen rigider Fundierung zu tun, da e' als individuelles Aktvorkommnis von den ebenfalls *in individuo* verstandenen Erlebnissen e* und e abhängt.

Wenn das Erfüllungserlebnis e' ein in e und e* fundierter Akt ist, dann muss e' ein eigenes, neues und höherstufiges intentionales Objekt haben. (Denn fundierte Akte haben ihre eigenen Objekte.) Nach Husserl ist es die *Identität* (bei Enttäuschung die *Differenz*) zwischen Gemeintem und Angeschautem. Damit ist nicht gemeint, dass in beiden Akten *tatsächlich* dasselbe Objekt vorliegt; allerdings muss es mir *anschaulich* so erscheinen. Es genügt nicht, dass ich mir diese Identität nur denke. Im Beispiel mit dem Handy kann es ja sein, dass sich meine Meinung erfüllt, obgleich es gar nicht mein Handy ist, z. B. weil ich es mit einem anderen vertauscht habe. Gleichwohl erfüllt sich meine Meinung durch das Sehen des Handys auf dem Regal:

[D]ie mehr oder minder vollkommene I d e n t i t ä t ist das O b j e k t i v e , d a s d e m A k t e d e r E r f ü l l u n g e n t s p r i c h t oder das in ihm „e r s c h e i n t ". Eben darum dürfen wir nicht bloß die Signifikation und Intuition, sondern auch die Adäquation, d.i. die Erfüllungseinheit, als einen Akt bezeichnen, weil sie ein ihr eigentümliches intentionales Korrelat hat, ein Gegenständliches, worauf sie „gerichtet" ist. (Hua XIX/2, 568; vgl. LU VI, § 13)

Da e' ein Akt ist, muss e' auch eine eigene Materie und eine Qualität haben. Die Materie von e' lässt sich ungefähr so in Worte fassen: „das in e* leer intendierte Objekt X ist dasselbe wie das in e anschaulich gegebene Objekt Y". Diese Materie ist also kategorialer (mehrstrahliger) Natur, da sie eine Form hat, die dem Identitätsurteil schon recht nahe kommt (X=Y)[667] und die in den einstrahligen Materien von e und e* einseitig fundiert ist. Was die Qualität betrifft, so ist e' offenbar ein objektivierender und ein anschaulicher Akt („kategoriale Anschauung") mit einer typischerweise setzenden Qualität:

> Jede aktuelle Identifizierung bzw. Unterscheidung ist ein setzender Akt, mag sie selbst in Setzungen fundiert sein oder nicht (Hua XIX/2, 650).

Im einfachsten Fall einer Erfüllung sind sowohl e als auch e* setzend. Dann gilt dies auch für die Qualität von e'. Allerdings sind hier eine Fülle von Kombinationen möglich (vgl. LU VI, § 38). So kann ich z.B. nur vermuten („doxische Modalität"), dass sich das Handy auf dem Regal befindet; ich kann diesbezüglich auch neutral eingestellt sein. Wenn ich hingehe und es dort liegen sehe, vollziehe ich aber ein setzendes Erfüllungsbewusstsein. Dabei findet dann bezüglich der Vermutung und bloßen Vorstellung im „Übergange" zur Wahrnehmung eine Art *rückwirkende Setzung* statt: die bloße „Vorstellung [eignet] sich den Setzungscharakter zu, und die Deckungseinheit selbst hat ihn in homogener Weise" (Hua XIX/2, 651). Es gibt auch Fälle, in denen ein Glaube durch eine neutrale Phantasie erfüllt wird. So kann ich z.B. aufgrund einer Phantasie glauben, dass ein rotes Dreieck möglich ist. Es genügt dafür, dass ich mir ein solches Dreieck in der Phantasie (einstimmig) ausmale. Erfüllung von Überzeugungen oder Annahmen (Vermutungen) aufgrund von Phantasie sind offenbar auch für Husserls Wesensanschauung relevant (vgl. *Ideen I*, §§ 4, 70).[668]

---

[667] Allerdings betont Husserl, dass diese Identität im Zuge der Erfüllung selbst nicht eigens thematisch oder gar nominaler Gegenstand-worüber ist. Erfüllung besteht nicht darin, dass wir über Identität urteilen; sie bildet vielmehr die Grundlage solcher Urteile. Es ist noch kein „beziehende[s] Identifizieren", sondern eine (präreflexiv) erlebte „identifizierende Deckung" (Hua XIX/2, 570). Vgl. LU VI, § 8.
[668] Erfüllung aufgrund von Phantasie, Erinnerung und Bildbewusstsein diskutiert Hopp 2011, 7. 2.

Die Materien von e* und e müssen, so Husserl, bei der identifizierenden Erfüllung zur „Deckung" (Hua XIX/2, 596) kommen; ob sie identisch sein müssen (oder gar können) ist fraglich, denn die leere Intention wird in der Regel mehr unbestimmte Partialintentionen enthalten als die erfüllende (vgl. LU VI, § 16). Ein wichtiges Element der Erfüllungsrelation fehlt noch: nämlich die Idee, dass durch die erfüllende Wahrnehmung ein ‚Erkenntnisfortschritt' stattfindet. Erfüllung hat epistemisches „Gewicht".

Viertens. Wesentlich für die Erfüllungsrelation ist, dass der erfüllende Akt e ein größeres Maß an Fülle aufweist als der zu erfüllende Glaube e*. Gerade darin liegt das Charakteristische der Erfüllung leerer kognitiver Akte. Dieses höhere Maß an anschaulichem Gehalt ist das, was Erfüllung epistemisch signifikant erscheinen lässt. Walter Hopp schreibt dazu: „fulfillment constitutes, or at least leads one closer to the goal of, knowledge. The epistemic status of my belief that my lawn is green is raised, and raised considerably, by perceiving that my lawn is green. The intuitive act, then, provided it fulfills a corresponding signitive act, makes an epistemically relevant contribution to my body of beliefs" (Hopp 2005, 240). Die Fülle eines Aktes besteht in der Gesamtheit seiner epistemisch relevanten Teile. Die Fülle verleiht Akten unterschiedliches epistemisches „Gewicht".[669]

Im Wesentlichen wird die Fülle eines Aktes durch dessen *Empfindungen* gebildet – allerdings gilt das nur für „schlichte" Wahrnehmungen. Höherstufige kategoriale Akte haben eigene „kategoriale Repräsentanten".[670] Da Empfindungen in hohem Maße variabel sind, ist auch die Fülle eines Aktes etwas Graduelles, sodass sich die These ergibt, dass Erfüllung (und damit auch Rechtfertigung) ein *komparatives, graduelles und kumulatives Phänomen* ist.

Husserl unterscheidet *drei Dimensionen*, in denen die Fülle variieren kann (vgl. LU VI, §§ 21–24, v. a. § 23)[671]:

---

[669] Husserl quantifiziert dieses Gewicht, indem er folgende Komplementär-Gleichung aufstellt: $i + s = 1$ (vgl. LU VI, § 23). Dabei steht „i" für die intuitiv und „s" für die signitiv (leer) repräsentierten Eigenschaften des intentionalen Gegenstands (grob: Vorderseite vs. Rückseite), der hier mit „1" formalisiert wird. Darin kommt zum Ausdruck, dass zum intentionalen Gegenstand nur das gehört, als was er aufgefasst wird – sei es nun auf leere oder erfüllte Weise: „Worauf sich kein Meinen bezieht, das ist für die Vorstellung nicht vorhanden." (Hua XIX/2, 610) Je größer i ist, desto kleiner ist s, und umgekehrt. Die „Grenzwerte" 1 und 0 stehen für die adäquate Wahrnehmung bzw. gänzlich leere Akte des Denkens.

[670] Dies ist zumindest Husserls frühe Position (vgl. LU VI, Kap. 7). Ich beschränke mich hier auf Wahrnehmungen.

[671] Vgl. dazu auch die Ergänzungen aus dem Überarbeitungsband zu LU VI: Hua XX/1, 128 ff.

I Erfüllung und Evidenz —— 499

Hinsichtlich der Gradationen der Fülle an intuitivem Inhalt, mit welchem die Gradationen der Fülle an repräsentierendem Inhalt *eo ipso* parallel laufen, können wir unterscheiden:

1. den Umfang oder Reichtum an Fülle, wechselnd, je nachdem der Inhalt des Gegenstandes mit größerer oder geringerer Vollständigkeit zur Darstellung kommt,

2. die Lebendigkeit der Fülle als Grad der Annäherung der primitiven Ähnlichkeiten der Darstellung an die entsprechenden Inhaltsmomente des Gegenstandes,

3. der Realitätsgehalt der Fülle, ihr Mehr oder Weniger an präsentierenden Inhalten. (Hua XIX/2, 614)

Leider gibt Husserl dem Leser keine Beispiele an die Hand, an denen man sehen könnte, was er im Sinn hat. Daher sei es mit einem eigenen Exempel versucht.

Angenommen, ich sehe einen Bekannten aus der Ferne und urteile spontan und laut „Das ist Edmund!". In diesem Fall liegt eine statische Deckung zwischen (propositionaler) Bedeutungsintention und Wahrnehmung vor, also gemäß Definition eine Erfüllungsrelation. Während die Bedeutungsintention Empfindungen enthält, die rein signitiv fungieren (Lautempfindungen beim Aussprechen des Satzes, begleitende kinästhetische Empfindungen beim Bewegen des Mundes; vgl. LU VI, § 25), enthält die zugrunde liegende Wahrnehmung „darstellende" Empfindungen (z. B. Farb- und Formeindrücke), die sinnliche Qualitäten von Edmund repräsentieren (z. B. Farbe, Gestalt). Je nachdem, wie die Sichtverhältnisse sind, wie weit Edmund entfernt ist, ob ich meine Brille trage etc., gestaltet sich die Fülle anders, wenn ich mich sozusagen in ambulando mit Edmund beschäftige. So nimmt z. B. der *Realitätsgehalt* der Fülle zu, je mehr (darstellende) Empfindungen ich habe. Wenn ich nah an Edmund herangehe, ihm die Hand reiche, seine Stimme höre, habe ich offenbar im quantitativen Sinne mehr Empfindungen als zuvor. Allerdings kann dabei die *Lebendigkeit* der Fülle abnehmen, etwa wenn ich meine Brille abnehme und Edmund nur noch verschwommen zu sehen ist. Ein Mehr an Fülle (3) impliziert also nicht eo ipso einen höheren Grad an Lebendigkeit (2), die Husserl gemäß seiner frühen Ähnlichkeitsdoktrin mit dem Grad an Ähnlichkeit zwischen sensorischen Empfindungen und dargestellten Sinnesqualitäten identifiziert. Realitätsgehalt ist quantitativ (extensiv), Lebendigkeit qualitativ (intensiv). Lebendigkeit hat offenbar mit dem Grad an Feinkörnigkeit zu tun, mit dem uns etwas anschaulich erscheint. Es sind also verschiedene Dimensionen. Der *Umfang/Reichtum* der Fülle (1) schließlich bezieht sich auf die Vollständigkeit, mit der Eigenschaften des Objekts intuitiv repräsentiert sind. Wenn ich mich Edmund von einer einzigen Seite nähere und nur visuelle Wahrnehmungen habe, dann nehmen zwar Lebendigkeit und Realität der Fülle zu, aber der Umfang bleibt derselbe. Von Edmund kommen nicht neue Seiten (Teile) zur Erscheinung, sondern immer nur eine „Ansicht". Wenn Lebendigkeit und Realität (deren Verschiedenheit herausgestellt wurde) zunehmen, der Umfang hingegen konstant bleibt, muss es sich bei diesem um eine weitere Dimension der Fülle handeln. Husserls Dreiteilung entspricht also durchaus den Fakten, obgleich er gut daran getan hätte, wenn er dem Leser Beispiele an die Hand gegeben hätte.

Dadurch, dass Erfüllung Grade und Kumulationen zulässt, wird Husserls These verständlich, dass Erfüllung *teleologischen Charakter* hat, wobei das ultimative Ziel/Ideal die adäquate Wahrnehmung ist (vgl. LU VI, §§ 23, 37–39). Es gibt „mögliche Steigerungsreihen, gebaut aus Erfüllungssynthesen" (Hua XIX/2, 615). Die Annäherung an Edmund unter günstigen Wahrnehmungsbedingungen ist ein Beispiel dafür. Auf diese Weise lernen wir die Wahrnehmungsdinge kennen.[672]

Erfüllung zeichnet somit nach Husserl eine „ideale Grenze" vor, die sich durch ein Maximum an Fülle auszeichnet – es ist die „1" in der Gleichung „i+s=1", die „Selbsterfassung des vollen und ganzen Objekts" (Hua XIX/2, 614). In einer Steigerungsreihe mit wachsendem i ist diese „ideale Grenze" sozusagen der Grenzwert, gegen den die Folge der i's idealiter konvergiert. Je nachdem, um welche Art von Entität es sich handelt, gestaltet sich dieses Optimum anders. Während transzendente Objekte prinzipiell unerschöpflich sind ($i \neq 1$), gibt es, so Husserl, einen kleinen Bereich von Erkenntnissen, in dem ein solches Maximum realisierbar ist; dorthin gehört z. B. die immanente Wahrnehmung eigener aktueller Erlebnisse, auf die ich in Kürze eingehen werde.

Fünftens. Schließlich gibt es auch ‚negative' Erfüllung. Erfüllung hat eine Schattenseite, nämlich eine Art *kognitiver (epistemischer) Enttäuschung*, als ihren „ausschließende[n] Gegensatz" (Hua XIX/2, 574). Ein signitiver Akt kann durch einen intuitiven Akt enttäuscht werden und dergestalt in „Widerstreit" mit ihm treten. Im obigen Beispiel kann sich herausstellen, dass Edmund ganz anders beschaffen ist als erwartet. Auch in diesem Fall bilden Glaube und Wahrnehmung einen fundierten Akt höherer Stufe, dem wiederum eine eigene Materie, Qualität, Fülle und ein neuer intentionaler Gegenstand entspricht. Enttäuschung ist keine „bloße Privation der Erfüllung, sondern ein neues deskriptives Faktum, eine so eigenartige Form der Synthesis wie die Erfüllung" (Hua XIX/2, 574). Die Enttäuschung geht mit einem *Widerstreit* der beiden Aktintentionen (Sinnen/Materien) einher, der das Gemeinte von dem Anschaulichen „trennt" und beides unterscheidet. Nun tritt Unterscheidung statt Identifikation ein. Der (kategoriale) intentionale Gegenstand des fundierten Aktes der Enttäuschung ist nun *Differenz* statt Identität (vgl. LU VI, §§ 11 f.; EU, § 21 a)). Husserl behauptet allerdings, dass

---

[672] Zwischen den Gliedern der Erfüllungsrelation kann eine Ordnungsrelation („<") definiert werden, die transitiv, irreflexiv und asymmetrisch ist (vgl. Hua XIX/2, 615). Zwischen den Relata besteht somit auch ein *Abstand*. Es ergeben sich dabei streng genommen drei Ordnungsrelationen, je eine für Umfang, Lebendigkeit und Realitätsgehalt der Fülle.

selbst in diesem Fall eine Art positiver Deckung bzw. Identifikation stattfinden muss. Enttäuschung ist gewissermaßen abkünftig gegenüber Erfüllung; Unterscheidung ist parasitär gegenüber Identifikation:

> Völlig gleichgeordnet sind die beiden Synthesen allerdings nicht. Jeder Widerstreit setzt etwas voraus, was der Intention überhaupt die Richtung auf den Gegenstand des widerstreitenden Aktes gibt, und diese Richtung kann ihr letztlich nur eine Erfüllungssynthesis geben. Der Streit setzt gleichsam einen gewissen Boden der Übereinstimmung voraus. (Hua XIX/2, 575; vgl. 638 ff.)

Enttäuschung ist in diesem Sinne *negative Erfüllung*, denn eine leere Intention „enttäuscht sich in der Weise des Widerstreites nur dadurch, daß sie ein Teil einer umfassenderen Intention ist, deren ergänzender Teil sich erfüllt" (Hua XIX/2, 576). Enttäuschung setzt also partielle Erfüllung voraus. Zeigt sich Edmund anders als erwartet, so muss er sich immerhin *als Edmund* präsentieren, als den ich ihn auch identifiziere. Selbst in dem Fall, in dem sich herausstellt, dass es nicht Edmund, sondern eine andere Person ist, muss ich den wahrgenommenen Gegenstand formal als denjenigen identifizieren, den ich zuvor leer gemeint habe. Nur im Fall der „Explosion" findet keine partielle Erfüllung bzw. Identifikation mehr statt. Denn dann gibt es gar kein intentionales Objekt. Edmund könnte sich als *hallucinatum* erweisen.

3 Evidenz

Es wurde bereits angedeutet, dass Erfüllung und Evidenz in einem intimen Verhältnis zueinander stehen. In der Regel diskutiert Husserl Erfüllung im Kontext mit dem Begriff der Evidenz, und tendenziell kann man sagen, dass Erfüllung ein relationales Phänomen zwischen Erlebnissen ist, während Evidenz eher eine monadische Eigenschaft von Akten ist, die diese unabhängig von einem komplexen Erfüllungserlebnis haben können.[673]

Allgemein gesagt ist Evidenz eine epistemisch relevante Eigenschaft von Akten, die darin besteht, dass der intentionale Gegenstand „als er selbst" und „originaliter" zugänglich ist:

---

[673] In § 136 der *Ideen I* heißt es gleichwohl, dass „Einsicht, überhaupt Evidenz" ein „ganz ausgezeichnetes Vorkommnis" sei; dem „'Kerne' nach ist es die Einheit einer Vernunftsetzung mit dem sie wesensmäßig Motivierenden" (Hua III/1, 316). Evidenz liegt genau dann vor, wenn die „Setzung in der originären Gegebenheit ihren ursprünglichen Rechtsgrund" (ebd.) hat. Diese Stellen klingen so, als sei Evidenz doch ein relationales Phänomen ähnlich wie Erfüllung.

> Im weitesten Sinne bezeichnet Evidenz ein allgemeines Urphänomen des intentionalen Lebens (gegenüber sonstigem Bewußthaben, das a priori „leer", vormeinend, indizierend, indirekt, uneigentlich sein kann), die ganz ausgezeichnete Bewußtseinsweise der Selbsterscheinung, des Sich-selbst-Darstellens, des Sich-selbst-Gebens einer Sache, eines Sachverhaltes, einer Allgemeinheit, eines Wertes usw. im Endmodus des „Selbst da", „unmittelbar anschaulich", „originaliter gegeben". (CM, 59; vgl. 13)[674]

Ex negativo geht daraus hervor, dass in einem evidenten Erlebnis das Objekt *weder* in Gestalt eines Stellvertreters *noch* auf bloß leere Weise *noch* in irgendeiner Form anschaulicher intentionaler Mittelbarkeit (z. B. durch Vergegenwärtigung) bewusst ist. Ausgeschlossen sind somit bloße verbale und neutrale Akte, ferner Bild-, Erinnerungs-, Erwartungs- und Phantasiebewusstsein.

Positiv gehört zur Evidenz, dass ein Objekt als es selbst „originaliter", mit setzender und anschaulicher Gewissheit bewusst ist. So ist z. B. das Sehen eines Apfels eine „originäre[] Gegebenheit" (Hua III/1, 329) in diesem Sinne. Mein Akt ist auf den Apfel selbst gerichtet, er ist das, was ich „meine". Auch wenn mir nur seine Vorderseite „eigentlich" zugänglich ist und Fülle liefert, ist mein Akt auf den Apfel *als Ganzen* gerichtet. Ich sehe ihn „in Einem Blick" (Hua XVII, 317). Dies zeigt sich daran, dass sich im Herumgehen um den Apfel, d. h. im Auftauchen neuer Aspekte, passiv ein Identitäts- und kein Differenzbewusstsein einstellt. Es ist nach Husserl phänomenologisch falsch, etwa à la Berkeley zu behaupten, *in ambulando* würden mir ständig *neue Objekte* (*ideas*) präsentiert.[675] Zum evidenten Sehen gehört ferner ein „Endmodus des ‚Selbst da'", denn Sehen kann letztlich nur durch anderes Sehen bzw. Wahrnehmen korrigiert oder bestätigt werden. Natürlich gibt es immer Neues und mehr zu sehen, aber das Sehen selbst kann nicht durch einen besseren Zugangsmodus überboten werden. Verläuft die Wahrnehmung einstimmig, d. h. so, dass Leerintentionen fortlaufend bestätigt werden (die Rückseite des Apfels ist mehr oder weniger so, wie die Vorderseite, und

---

674 Vgl. Hua XVII, 166: „Evidenz bezeichnet [...] die intentionale Leistung der Selbstgebung. Genauer gesprochen ist sie die allgemeine ausgezeichnete Gestalt der ‚Intentionalität', des ‚Bewußtseins von etwas', in der das in ihr bewusste Gegenständliche in der Weise des Selbsterfaßten, Selbstgesehenen, des bewußtseinsmäßigen Bei-ihm-selbst-seins bewußt ist. Wir können auch sagen, es ist das urtümliche Bewußtsein: ‚es selbst' erfasse ich, originaliter, im Kontrast z. B. gegen das Erfassen im Bilde oder als sonstige anschauliche oder leere Vormeinung."
675 Vgl. Hua XXXVIII, 131: „Der empirische Zusammenhang der Bestimmtheiten ist das Ding selbst. Es ist keine ‚Summe', kein ‚Bündel', kein ‚Gewühl' von Bestimmtheiten (geschweige denn von ‚Ideen' oder ‚Empfindungen'), sondern *ein* Zusammenhang, in dem erst die prädikative (Urteils-)Analyse Teile, Seiten, Momente unterscheidet. Das ist nicht Theorie, sondern einfach deskriptive Tatsache, schlichte Auseinanderlegung dessen, als was uns das Ding im Zusammenhang der Wahrnehmungen ‚gegeben' ist, d. h. erscheint und gemeint ist."

nicht etwa aus Stein, etc.), so ‚muss' ich an die Existenz des Apfels glauben, meine Evidenz ist *setzend*, indem sie durch einstimmige Verläufe passiv motiviert ist (vgl. *Ideen I*, § 136).[676] Ich bin der Existenz des Apfels gewiss – ob ich will oder nicht. Solange kein Widerstreit auftritt, ist einstimmiges Wahrnehmen *ipso facto* setzend. Schließlich ist das Sehen ein *anschaulich-originärer* Akt, dessen Fülle durch die Sinnesempfindungen konstituiert wird. Würde ich z. B. mit geschlossenen Augen an diesen Apfel denken, so fehlte diese Fülle; selbst wenn ich ihn anschaulich phantasiere bzw. erinnere, liegt kein „Endmodus" mehr vor, da Phantasie und Erinnerung intentionale Modifikationen der Wahrnehmung sind.

Evidenz ist nach Husserl keine kontingente Eigenschaft von intentionalen Subjekten. Vielmehr behauptet er, dass Evidenz ein „Urphänomen", eine „apriorische Strukturform des Bewußtseins" (Hua XVII, 295) sei. Mithin ist kein Bewusstsein denkbar, das bar jeder Evidenzerlebnisse ist (oder bar jeder Möglichkeit zu solchen Erlebnissen). Husserl formuliert eine *vollständige Disjunktion* für diesen Zusammenhang:

> Jedes Bewußtsein überhaupt ist *entweder* selbst schon vom Charakter der Evidenz, das ist hinsichtlich seines intentionalen Gegenstandes ihn selbstgebend, *oder* es ist wesensmäßig auf Überführung in Selbstgebungen angelegt, also auf Synthesen der Bewährung, die wesensmäßig zum Bereich des „Ich kann" gehören. (CM, 59; Herv. CE)

Intentionalität und Evidenz sind „wesensmäßig zusammengehörige Begriffe" (Hua XVII, 168). Intentionalität ist deshalb eine „universale teleologische Struktur, ein Angelegtsein auf ‚Vernunft' und sogar eine durchgehende Tendenz dahin, also auf Ausweisung der Richtigkeit [...] und auf Durchstreichung der Unrichtigkeiten" (Hua XVII, 168 f.). Ist e auf X gerichtet, so ist e entweder selbst ein Evidenzerlebnis, oder aber zum Horizont von e gehören mögliche – nicht bloß logisch mögliche, sondern *motivierte* und im Prinzip vom Subjekt initiierbare – Evidenzerlebnisse. Denke ich z. B. jetzt an den Flur vor meiner Wohnung (ohne ihn zu sehen), so habe ich zwar keine Evidenz, aber zu diesem Gedanken gehören auf den Flur gerichtete Leerintentionen, die vorzeichnen, wie ich den Flur selbst zu Gesicht bekommen würde. Wichtig für Husserls vollständige Disjunktion ist, dass es auch *negative Evidenzen* gibt. Es könnte sich z. B. aufgrund eines Erdbebens herausstellen, dass der Flur gar nicht mehr existiert. In diesem Fall würden sich die Leerintentionen nicht erfüllen und der Gedanke an den Flur würde in *evidenten Widerstreit* mit den Wahrnehmungen vor der Tür treten.

---

[676] Vgl. Hua XXIV, 345: „Widerstreitlose Wahrnehmung trägt notwendig den schlichten Glaubenscharakter".

Ist Intentionalität in diesem Sinne auf Evidenz implizit (horizontal) bezogen, so ist damit *nicht* gemeint, dass Intentionalität *au fond* eine relationale Eigenschaft sei, welche die Existenz ihrer Gegenstände voraussetzt oder impliziert. Anders als die Tradition und sein Lehrer Franz Brentano vertritt Husserl explizit einen *Evidenz-Pluralismus*, demzufolge Evidenz ein Genus ist, das mehrere Arten umfasst. Nicht jede Spielart von Evidenz ist demnach, so paradox dies zunächst anmuten mag, automatisch veridisch und somit relational: daraus, dass e Evidenz von X ist, folgt nicht *eo ipso*, dass X existiert. Das liegt nicht zuletzt daran, dass Evidenz und Erfüllung graduelle Phänomene sind, die in unterschiedlichen Stufen der Vollkommenheit und Vollständigkeit auftreten können.

Relationale Formen von Evidenz sind apodiktische und adäquate Evidenz. Es gibt aber auch inadäquate, assertorische, mittelbare, unreine und präsumptive Evidenz (vgl. *Ideen I*, §§ 137f., 141; EU, § 77). Die Tradition hat sich nach Husserl allein auf veridische Evidenzarten konzentriert und somit die universelle Funktion der Evidenz für das Bewusstseinsleben eines Subjekts übersehen:

> Und an der Tradition hängen bleiben, die aus längst vergessenen Motiven, und jedenfalls aus nie geklärten, die Evidenz auf apodiktische, absolut zweifellose und sozusagen in sich absolut fertig Einsicht reduziert, heißt sich das Verständnis aller wissenschaftlichen Leistung versperren. (Hua XVII, 169; vgl. 165)

Das Verhältnis zwischen apodiktischer und adäquater Evidenz ist bei Husserl *notorisch unklar*. Mal werden sie wie äquivalente Begriffe behandelt – v. a. im Frühwerk, aber auch noch in *Erste Philosophie* (vgl. Hua VIII, 35) – mal unterscheidet Husserl sie explizit (vgl. CM, §§ 6 ff.; A. D. Smith 2003, 52 ff.; Schmid 2001). In allen Phasen gilt jedenfalls die Implikation, dass adäquate Evidenz apodiktisch ist, während die Umkehrung nicht immer zutrifft. In jedem Fall sind beide Evidenzarten „triftig" und somit relational.

Was apodiktische Evidenz angeht, so zeichnet sie sich durch ihren *modalen Charakter* aus; sie beruht darauf, dass die Nicht-Existenz des intentionalen Gegenstandes *undenkbar* bzw. *unmöglich* ist. Seine Existenz ist zudem *unbezweifelbar:*

> Eine apodiktische Evidenz aber hat die ausgezeichnete Eigenheit, daß sie nicht bloß überhaupt Seinsgewißheit der in ihr evidenten Sachen oder Sachverhalte ist, sondern sich durch eine kritische Reflexion zugleich als schlechthinnige Unausdenkbarkeit des Nichtseins derselben enthüllt; daß sie also im voraus jeden Zweifel als gegenstandslos ausschließt. (CM, 17)

Habe ich apodiktische Evidenz von X, so bin ich mir der Existenz von X wie bei jeder Evidenz anschaulich und originaliter gewiss. Allerdings kann ich dann auch durch eine „kritische Reflexion" feststellen, dass X in keinem denkbaren Szenario nicht sein bzw. nicht so sein kann, wie es intendiert ist. Beim Sehen des Apfels habe ich zwar auch Evidenz, aber diese ist nicht apodiktisch, sondern „assertorisch" (vgl. *Ideen I*, § 137), weil ich mir *vorstellen/denken kann*, dass dieser Apfel tatsächlich anders ist, als er mir erscheint (Täuschung, Illusion), oder dass er gar nicht existiert (Halluzination). Wäre apodiktische Evidenz nicht faktiv, so wäre es *möglich* und auch *denkbar*[677], dass ich eine solche Evidenz habe, obgleich X nicht existiert. Das ist aber nach Definition ausgeschlossen:

Ist e eine *apodiktische Evidenz* von X, so existiert X.

Ganz anders ist adäquate Evidenz zu verstehen. Sie zeichnet sich dadurch aus, dass der intentionale Gegenstand durch eine gewisse *Vollkommenheit* und *Vollständigkeit* gegeben ist. Nichts darf leer intendiert sein, jede auf X gerichtete Partialintention muss anschaulich erfüllt sein – und zwar *uno actu*. Nichts an X ist „gemeint [...] im bloßen Vorgriff, ohne entsprechende Komponenten der Selbstgegebenheit" (Hua VIII, 33). Logisch gesehen lässt sich Adäquatheit als eine $\forall\exists$-*Eigenschaft* charakterisieren – und zwar in zweifacher Hinsicht:

(1) *Jede* zum Akt gehörige Leerintention ist durch *eine* Anschauung erfüllt: „keine Partialintention ist mehr impliziert, die ihrer Erfüllung mangelte" (Hua XIX/2, 647). Aber noch mehr: jede Intention ist auf *maximale* und *optimale Weise* erfüllt. Damit ist der Gegenstand im Wie seiner Gegebenheitsweisen gemeint (vgl. *Ideen I*, § 132). In puncto Klarheit, Deutlichkeit etc. ist keine Steigerung mehr möglich. Es findet eine vollkommene „Deckungssynthesis" (Hua XIX/2, 651) zwischen Meinung und Anschauung statt, eine „e n d g ü l t i g e u n d l e t z t e E r f ü l l u n g" (Hua XIX/2, 647). (2) *Jedes* intrinsische Merkmal des Gegenstandes, „so wie er an sich ist" (Hua XIX/2, 647), ist durch *einen* anschaulichen Repräsentanten im Akt gegeben.

Bei adäquater Evidenz ist also sowohl jede Leerintention anschaulich erfüllt als auch jeder Aspekt (Teil) des intentionalen Objekts anschaulich repräsentiert. Es ist die maximal mögliche ‚Annäherung' des Aktes an sein Objekt.

Adäquate Evidenz ist somit in Husserls Augen das Paradigma oder Ideal für die klassische Charakterisierung der Wahrheit als *adaequatio rei et intellectus* (vgl. LU VI, § 37):

> Das Gegenständliche ist genau als das, als welches es intendiert ist, *wirklich „gegenwärtig"* oder *„gegeben"*; keine Partialintention ist mehr impliziert, die ihrer Erfüllung ermangelte. Und damit ist *eo ipso* auch das Ideal jeder und somit auch der

---

[677] Husserl setzt hier voraus, dass Denkbarkeit und Vorstellbarkeit notwendig und hinreichend für Möglichsein sind.

> signifikativen Erfüllung gezeichnet: der *intellectus* ist hier die gedankliche Intention, die der Bedeutung. Und die *adaequatio* ist realisiert, wenn die bedeutete Gegenständlichkeit in der Anschauung im strengen Sinne gegeben und genau als das gegeben ist, als was sie gedacht und genannt ist. (Hua XIX/1, 647f.)

Daraus ergibt sich auch die *Relationalität adäquater Evidenz*. Der intentionale Gegenstand einer adäquaten Evidenz muss existieren, weil er sozusagen mit dem Erlebnis ‚verwachsen' ist; beide bilden eine „unvermittelte Einheit" (Hua III/1, 78):

Ist e eine *adäquate Evidenz* von X, so existiert X.

Dass adäquate Evidenz apodiktisch ist, leuchtet ein, denn wäre sie es nicht, so müsste es denkbar sein, dass X in irgendeiner Hinsicht *anders* ist, als es erscheint. Da X aber in jeder Hinsicht vollständig und vollkommen gegeben ist, ist das ausgeschlossen. Hingegen ist nicht direkt zu sehen, wieso apodiktische Evidenz adäquat sein muss. So sind z. B. einfache logische und mathematische Wahrheiten wie „5=5" oder „4>2" apodiktischer Natur (vgl. *Ideen I*, §§ 136f.), obgleich offenbar nicht alles, was zu den jeweiligen Zahlen an Leerintentionen gehört, vollständig erfüllt ist.

Man kann sich fragen, ob es überhaupt Instanzen adäquater Evidenzen gibt. Die Bedingungen, die Husserl an sie stellt, scheinen nahezu unerfüllbar. In jedem Fall kann kein räumlicher Gegenstand adäquat gegeben sein – weder als Ganzes noch in Teilen (vgl. *Ideen I*, § 41). Räumliche Objekte erscheinen notwendigerweise *reliefartig*[678], sodass adäquate Gegebenheit ausgeschlossen ist.

Während der frühe Husserl noch die Möglichkeit einer „allseitigen" (vollständigen, adäquaten) Wahrnehmung von einem göttlichen Standpunkt aus behauptet hat,[679] betont er spätestens seit den *Ideen I* (vgl. schon DR, Kap. 6), dass selbst Gott Dinge nur inadäquat wahrnehmen könnte:

> Es zeigt sich also, daß so etwas wie „Raumdingliches" nicht bloß für uns Menschen, sondern auch für Gott – als den idealen Repräsentanten der absoluten Erkenntnis – nur anschaubar ist durch Erscheinungen, in denen es „perspektivisch" in mannigfaltigen aber bestimmten Weisen wechselnd und dabei in wechselnden „Orientierungen" gegeben ist und gegeben sein muß. (Hua III/1, 351)

---

678 Vgl. Sartres prägnante Charakterisierung des (inadäquaten) Erkennens in EN, 296f.
679 Vgl. Hua XVIII, 188: „Es ist danach eine Wahrnehmung möglich, welche in einem Schauen die ganze Welt, die überschwängliche Unendlichkeit von Körpern wahrnimmt." Für endliche empirische Subjekte ist das unmöglich und nur eine Idee im Sinne Kants.

Es bleiben somit rein zeitliche Realia (Erlebnisse), Aktsinne und Aktwesen (immanente Universalien, vgl. *Ideen I*, § 60) und freie Idealitäten als mögliche Kandidaten für adäquate Evidenz übrig.

Dass unsere eigenen Erlebnisse adäquat gegeben sein können, hat Husserl immer wieder behauptet. Eigene Erlebnisse sind uns durch *noetische Reflexionen*, also intentionale Erlebnisse höherer Stufe, die auf eigene Erlebnisse gerichtet sind, zugänglich.[680] Erinnere ich mich z. B., gestern eine Taube vor meinem Fenster gesehen zu haben, so reflektiere ich in diesem Sinne, da ein vergangenes Erlebnis intentionales Objekt meiner aktuellen Erinnerung ist. Reflexionen sind *immanent gerichtete Akte*:

> Unter immanent gerichteten Akten, allgemeiner gefaßt, unter immanent bezogenen intentionalen Erlebnissen verstehen wir solche, zu deren Wesen es gehört, daß ihre intentionalen Gegenstände, wenn sie überhaupt existieren, zu demselben Erlebnisstrom gehören wie sie selbst. (Hua III/1, 78)

Ein intentionales Erlebnis e, das auf X gerichtet ist, ist also genau dann ein immanent gerichteter Akt, wenn gilt: Wenn X existiert, so gehören e und X zu demselben Erlebnisstrom. Dies ist eine konditionale Charakterisierung. Existiert X nicht, so liegt eine „gegenstandslose" Reflexion vor. Beispiele dafür sind „falsche" Reflexionen in der Erinnerung, also Fälle, in denen wir fälschlicherweise glauben, ein bestimmtes Erlebnis in der Vergangenheit gehabt zu haben. Auch *antizipative Reflexionen*, die vorliegen, wenn wir erwarten, bestimmte Erlebnisse in der Zukunft zu haben, sind immanent gerichtet, ohne veridisch zu sein – das künftige Erlebnis existiert ja (noch) nicht und muss auch nicht notwendigerweise eintreten.[681] Es gilt also nicht allgemein, dass immanente Akte relational sind.

---

680 Nicht alle Akte, die sich auf Mentales beziehen, sind Reflexionen. So sind Akte, in denen ich auf Mentales gerichtet bin, das nicht erlebnisartig ist (also z. B. Charaktereigenschaften, dispositionelle Überzeugungen etc.), keine immanent gerichteten Akte. Dies sind Weisen der „Selbsterfahrung" oder „Selbstapperzeption" (Hua IV, 252), die keine Reflexionen im engeren Sinne sind. Denn psychische Eigenschaften (Einstellungen, Dispositionen, Habitualitäten) konstituieren sich zwar in Erlebnissen, sind aber selbst keine Teile des Stroms, in dem sie sich gleichwohl „bekunden"; sie gehören vielmehr zum Ich als „Substrat von Habitualitäten" bzw. „bleibender Ich-Eigenheiten" (CM, 68 f.). Zudem gibt es natürlich auch indirektes und inferentielles Wissen von unseren eigenen Erlebnissen. So kann ich z. B. aufgrund von Zeugnissen anderer Subjekte wissen, welche Erlebnisse ich als Kleinkind gehabt habe.
681 Oft verwendet Husserl den Oberbegriff *Erinnerung* für anschauliche Formen der Erinnerung im engeren Sinne („Wiedererinnerung") und Erwartung („vorblickende Vorerinnerung"): „Also auch in der Vorerinnerung können wir reflektieren und uns eigene Erlebnisse, auf die wir in ihr nicht eingestellt waren, als zu dem Vorerinnerten als solchen gehörig bewußt machen: wie wir

Anders steht es mit einer echten Teilmenge der immanent gerichteten Akte, den *immanenten Wahrnehmungen*. In einer immanenten Wahrnehmung ist die Verbindung zwischen reflexivem und reflektiertem Akt denkbar eng. Nach Husserl ist nämlich der reflektierende Akt *existenzabhängig* vom reflektierten Akt; hier bilden

> Wahrnehmung und Wahrgenommenes wesensmäßig eine unvermittelte Einheit, die einer einzigen konkreten cogitatio. Das Wahrnehmen birgt sein Objekt hier so in sich, daß es von diesem nur abstraktiv, nur als wesentlich unselbständiges abzusondern ist. Ist das Wahrgenommene ein intentionales Erlebnis, wie wenn wir auf eine eben lebendige Überzeugung reflektieren (etwa aussagend: ich bin überzeugt, daß –), dann haben wir ein Ineinander zweier intentionaler Erlebnisse, von welchen mindestens das höhere unselbständig und dabei nicht bloß in dem tieferen fundiert, sondern zugleich ihm intentional zugewendet ist. (Hua III/1, 78).

Diese Passage ist ein typisches Beispiel für Husserls mereologische Konzeption des Bewusstseins: immanente Wahrnehmungen sind mereologische Ganzheiten, die in ihren Objekten (hier: intentionalen Erlebnissen[682]) einseitig fundiert sind. Es liegt nahezu eine Form „reellen 'Beschlossenseins'" (Hua III/1, 79; vgl. Hua XIX/1, 365f.) vor. Immanente Wahrnehmung ist mithin eine Weise der Intentionalität, bei der Akt und Objekt ontologisch nicht voneinander zu trennen sind:[683]

> e* ist eine *immanente Wahrnehmung* von e **gdw.** (i) e* ist intentional auf e gerichtet („zugewendet"), & (ii) e* ist eine Wahrnehmung, & (iii) e* ist einseitig, konstant und rigide in e fundiert, & (iv) e* und e überlappen sich zeitlich.

Husserl vertritt somit ein *relationales Akt-Objekt-Modell* der immanenten Wahrnehmung (vgl. Ingardens Kommentar in SEW II/1, 224f.). Dass es sich hierbei um eine Form von Wahrnehmung handelt (vgl. [ii]), ist ein Spezialfall von Husserls epistemischen Intuitionismus, demzufolge jeder Region von Entitäten eine eigene Weise originärer Zugänglichkeit entspricht. Eine „eben lebendige Überzeugung" wird „immanent" insofern *wahrgenommen*, als mir dieses Erlebnis selbst, „leibhaftig" und gegenwärtig gegeben ist. Eine Wahrnehmung ist, so Husserl, ein „Bewußtsein der leibhaftigen Selbstgegenwart eines individuellen Objektes" (Hua III/1, 81). Diese Bedingungen werden durch e* erfüllt, denn e

---

es jederzeit tun, wo wir sagen, daß wir das Kommende sehen werden, wobei sich der reflektierende Blick dem ‚künftigen' Wahrnehmungserlebnis zugewendet hat." (Hua III/1, 163)

[682] Auch nicht-intentionale Erlebnisse können immanent wahrgenommen werden. Vgl. Hua XX/1, 169.

[683] Husserl vertritt damit ein Modell von Introspektion, das einem *containment-* und *self-fulfilling*-Modell ähnelt. Vgl. dazu Schwitzgebel 2010, Abschnitt 2.3.1.

findet zugleich mit e* statt und e* ist ein erfülltes Bewusstsein dieser Gegenwart (ich *denke* nicht nur, dass e jetzt da sei, sondern e *präsentiert* sich mir so): „Denkend kann ich Wahres und Falsches darüber denken, aber das, was im schauenden Blick dasteht, ist absolut da mit seinen Qualitäten, seiner Intensität usw." (Hua III/1, 92 f.) Ferner ist e ein individuelles Objekt, ein *dies-da!* (vgl. *Ideen I*, §§ 14 f.) – zwar kein Ding, aber ein Erlebnis (Ereignis). Klausel (iii) bezeugt den relationalen Charakter der immanenten Wahrnehmung, denn wenn e* in e einseitig fundiert ist, so bedeutet das, dass e* notwendigerweise nicht ohne e existieren kann. Anders gesagt: existiert e*, so auch e, aber nicht vice versa. Die Fundierung von e* in e lässt sich ferner als konstante und rigide Fundierung verstehen, denn e* ist von dem singulären Erlebnisdatum e und seiner Dauer existenziell abhängig. Die Abhängigkeit ist darüber hinaus einseitig insofern, als e auch unabhängig von e* hätte auftreten können, denn ein Erlebnis muss nicht immanent wahrgenommen werden, um zu sein. Erlebnisse sind nicht notwendigerweise aktuell immanent wahrgenommen, obschon sie notwendigerweise potentiell reflektierbar sind.[684] Die vierte Bedingung (iv), die im Grunde aus (iii) folgt, besagt, dass die Dauer von e* sich mit der Dauer von e überlappt. Das heißt: e* und e müssen in gewissen Phasen gleichzeitig vorkommen. Zusammen mit der statischen Fundierung aus (iii), derzufolge e* nur dann zu einem Zeitpunkt t existiert, wenn e in t existiert, ergibt sich, dass die Dauer von e* eine *echte Teildauer* von e ist. Wegen (iii) können immanente Wahrnehmungen auch als *apodiktische Evidenzen* angesehen werden, denn das Nicht-Sein des intentionalen Gegenstandes e ist ja ausgeschlossen – zumindest zum Zeitpunkt der Reflexion. Anders als Brentanos „innere Wahrnehmung" bzw. „inneres Bewusstsein" (vgl. PES I, 2.–3. Kapitel) ist Husserls immanente Wahrnehmung auch insofern relational, als

---

[684] Es sei darauf hingewiesen, dass ein Erlebnis niemals unmodifiziert in den reflektierten Modus übergeht. Denn nach Husserl ist jede noetische Reflexion notwendigerweise modifizierend (vgl. *Ideen I*, § 78). Jede Reflexion verändert „das ursprüngliche Erlebnis. […] Sie verändert ganz wesentlich das vordem naive Erlebnis; es verliert ja den ursprünglichen Modus des ‚geradehin' – eben dadurch, daß sie zum Gegenstand macht, was vordem Erlebnis, aber nicht gegenständlich war" (CM, 36). Es besteht sogar die Möglichkeit, dass Erlebnisse (z.B. Gefühle) durch Reflexion aufgehoben werden: „Der Zorn mag durch Reflexion verrauchen, sich inhaltlich schnell modifizieren", während die äußere Wahrnehmung, „die so viel zugänglichere", nicht durch Reflexion „verraucht" (Hua III/1, 146). (Das Beispiel des Zorns stammt von Brentano, vgl. PES I, 41). Plastisch sagt auch Sartre: „Die Reflexion ‚vergiftet' die Begierde." (TE, 58) In solchen Fällen hat Reflexion nicht so sehr „gegenwärtigenden" Charakter, sondern ist eher ein „erhaschendes Zurückgreifen" und „Nachgewahren" (Hua VIII, 88 f.). Vor allem in späteren Texten, z.B. in *Erste Philosophie II*, betont Husserl, dass Reflexion auch ein *retrospektives Moment* hat. „Verraucht" ein Erlebnis e nicht gänzlich durch eine Reflexion e*, so besteht e* aus einer nachgewahrenden *und* einer aktuell ‚gewahrenden' Komponente.

es sich bei e und e* ungeachtet des „reellen Beschlossenseins" um *numerisch verschiedene Erlebnisse* handelt: „Die Wahrnehmung ist ein auf den Gegenstand gerichtetes Meinen, und selbst im Falle der adäquaten Wahrnehmung ist zwischen dem Meinen und dem Gegenstand, der gemeint ist, ein Unterschied" (Hua Mat III, 136). Das zeigt sich schon daran, dass das reflektierte Erlebnis unabhängig davon existieren kann, dass es immanent wahrgenommen wird. Nur das präreflexive, jeden Akt gleichsam begleitende Erleben ist monadisch verfasst, weil es der Akt *selbst* ist, der sich seiner bewusst ist. (Die Details eines solchen ‚Selbstbewusstseins' wurden in dieser Arbeit nicht näher untersucht.) Nehme ich z. B. eine Rotempfindung immanent wahr, dann ist zwar der „repräsentationale Inhalt" des reflektierenden Erlebnisses identisch mit dem repräsentierten Erlebnis, aber das reflektierende Erlebnis *als Ganzes* ist verschieden von der Rotempfindung und intentional auf diese gerichtet (vgl. Hua Mat III, 102).

Sind nun immanente Wahrnehmungen tatsächlich adäquat? Da Husserl häufig die These vertritt, dass die immanente Wahrnehmung eine *abschattungsfreie* und *quasi horizontlose Intentionalität* aufweist, für die das Berkeley'sche *esse est percipi* gilt (vgl. Hua XI, 291 ff.), scheint er auch zur These ihrer Adäquatheit verpflichtet.[685] Denn Erlebnisse schatten sich nicht ab:

> Das Ding nehmen wir dadurch wahr, daß es sich „abschattet" nach allen gegebenenfalls „wirklich" und eigentlich in die Wahrnehmung „fallenden" Bestimmtheiten. E i n E r l e b n i s s c h a t t e t s i c h n i c h t a b. [...] Für Seiendes ihrer Region gibt mit anderen Worten so etwas wie „Erscheinen", wie sich Darstellen durch Abschattung gar keinen Sinn. (Hua III/1, 88)

Diese epistemische Auszeichnung der Erlebnisse, abschattungslos wahrnehmbar zu sein, bezeichnet Husserl auch als ihre *Absolutheit* (vgl. *Ideen I*, § 44). Erlebnisse sind in „selbststellenden" Akten zugänglich, Realia lediglich in „darstellenden" (vgl. DR, § 9).

Allerdings gilt es hier, zwischen Abschattung im räumlichen und im zeitlichen Sinne zu unterscheiden. Denn obwohl sich Erlebnisse nicht *räumlich* abschatten – dies wäre ein „Widersinn", da Erlebnisse ihrer Natur nach nicht räumlich (ausgedehnt) sind[686] –, schatten sie sich *zeitlich* ab, da ihr *esse fluere* ist. Reflektierte

---

[685] Unter „Abschattungen" versteht Husserl zweierlei: zum einen diejenigen Teile eines räumlichen Objekts, die im eigentlichen Sinne anschaulich gegeben sind. Ein materielles Ding, z. B. dieser Apfel hier, erscheint mit notwendigerweise so, dass nur ein Teil seiner Oberfläche „eigentlich" sichtbar ist; zum anderen sind Abschattungen die Empfindungen, die der Auffassung zugrunde liegen. Vgl. *Ideen II*, § 32.

[686] Vgl. Hua III/1, 86: „Erlebnis ist aber nur als Erlebnis möglich und nicht als Räumliches. Das Abgeschattete ist aber nur möglich als Räumliches (es ist eben im Wesen räumlich), aber nicht möglich als Erlebnis."

Erlebnisse haben somit zwar keinen räumlichen, aber einen zeitlichen Horizont: sie sind reflexiv bewusst als *bereits andauernd* und *weiterhin fortdauernd*; kurz: sie sind in der Reflexion als *zeitlich ausgedehnte* Erlebnisse gegeben. Kein Erlebnis gibt sich nach Husserl introspektiv *als bloß jetzt seiend*. Deshalb können auch Erlebnisse niemals adäquat wahrgenommen werden:

> Auch ein Erlebnis ist nicht, und niemals, vollständig wahrgenommen, in seiner vollen Einheit ist es adäquat nicht fassbar. Es ist seinem Wesen nach ein Fluß, dem wir, den reflektiven Blick darauf richtend, von dem Jetztpunkte aus nachschwimmen können, während die zurückliegenden Strecken für die Wahrnehmung verloren sind. Nur in der Form der Retention haben wir ein Bewußtsein des unmittelbar Abgeflossenen, bzw. in Form der rückblickenden Wiedererinnerung. (Hua III/1, 93 f.)

> Ergänzend sei noch beigefügt, dass die immanente Wahrnehmung in einem Sinn auch einen offenen Horizont hat, nämlich in Hinsicht auf ihr Fortdauern bzw. in Hinsicht auf die sich stetig fortentwickelnde, in immer neuen originären Jetzt mit neuer Fülle sich konstituierende Gegenständlichkeit. Dieses Offensein ist vertreten durch das vorblickende Erwarten. Wenn wir z. B. dem Ablauf des immanenten Schmerzgefühls zusehen, wie es nach Qualität und Intensität schwankt, so ist die Weise des künftigen Ablaufs nicht absolut vorbestimmt und ebenso nicht, ob und wann er ‚plötzlich aussetzen' oder abnehmend ‚verschwinden' werde. Aber was Moment für Moment wirklich zur Gegebenheit kommt, lässt in sich nichts offen. (Hua XX/1, 169)

Husserls allgemeine *Horizontthese* gilt auch für immanente Wahrnehmungen, da sich Erlebnisse zwar nicht räumlich, aber zeitlich abschatten. Die flüchtige *aktuelle* Jetzt-Phase eines Erlebnisses ist adäquat wahrnehmbar, während alle unmittelbar vorangegangenen Phasen retentional bewusst sind.[687] Dies lässt sich genauer ausdrücken: immanente Wahrnehmungen sind insofern *monoperspektivische Akte*, als sie zu einem *festen Zeitpunkt* notwendigerweise eine und nur eine originäre Gegebenheitsweise haben. Diese epistemische Eigenheit verwendet Husserl, um immanente und transzendente Entitäten abzugrenzen:

> Der immanente Gegenstand hat in jedem Jetzt nur eine mögliche Weise, im Original gegeben zu sein [...]. Der Raumgegenstand aber hat unendlich viele Weisen, da er nach seinen verschiedenen Seiten im Jetzt, also in originaler Weise erscheinen kann. Erscheint er faktisch von einer Seite, so hätte er von andern doch erscheinen können. (Hua XI, 16)

---

[687] Husserl behauptet übrigens, dass sich der apodiktische Charakter der immanenten Wahrnehmung auch auf die nahe, retentional vermittelte Erlebnisvergangenheit erstreckt. Vgl. Hua X, 210 f., 215 ff.; *Ideen I*, §§ 78, 81–83. Auf diese Weise versucht Husserl zu zeigen, dass nicht nur einzelne momentane Erlebnisse, sondern auch retinierte und in der nahen Vergangenheit liegende Erlebnisse, sowie der Bewusstseinsstrom überhaupt (zumindest in ‚Auszügen'), apodiktisch gegeben sind. Vgl. dazu Beyer 2012a.

Meine Erlebnisse sind zu *jedem Zeitpunkt* ihrer Dauer auf *eine einzige Weise* originaliter gegeben. Auf diese Weise sind *nur mir* meine Erlebnisse zugänglich. Andere Iche können sich natürlich auch (veridisch) auf meine Erlebnisse intentional beziehen, aber niemals auf dieselbe originäre Weise, wie ich sie erlebe. Andere können meine Erlebnisse durchaus „wahrnehmen", allerdings handelt es nicht um eine *gegenwärtigende*, sondern um eine *mit-gegenwärtigende* Wahrnehmung, „eine Art 'Appräsentation'" (CM, 112). Ganz anders steht es mit räumlichen (und anderen transzendenten realen und idealen Objekten). Diese können zu jedem Zeitpunkt ihrer Dauer bzw. Existenz auf unterschiedliche Weisen originaliter gegeben sein. Sehe ich den Apfel von vorne, während mein Gegenüber ihn von hinten sieht, so handelt es sich um gleichermaßen ursprüngliche und epistemisch relevante Wahrnehmungen des Apfels. Freie Idealitäten zeichnen sich, wie oben dargelegt, ferner dadurch aus, zu jedem Zeitpunkt („allzeitlich") und an jedem Ort („allräumlich") von jedem Subjekt im Prinzip auf dieselbe originäre Weise erkannt werden zu können. Auch hier sind im übertragenen Sinne „Abschattungen" möglich und notwendig, insofern Idealitäten stets auf eine bestimmte Weise intendiert sind, die andere Hinsichten ausschließt. Ein erfüllter Gedanke an die Zahl 2 als kleinster Primzahl unterscheidet sich ja von einem Gedanken an 2 als Wurzel aus 4.

II Intentionale Objekte (oder: Konstitution im weiten Sinne)

Wie bereits erwähnt, setzt jede Erfüllung eine intentionale Identifikation voraus: ein Akt kann einen anderen Akt nur dann erfüllen, wenn beide Akte als auf ein und denselben Gegenstand gerichtete Akte *erlebt werden*. Identifikationen sind also das fundierende Phänomen für Erfüllungen. Tatsächlich sind sie bei Husserl konstitutiv für *Intentionalität überhaupt*, wie A. D. Smith treffend betont:

> A concern with the identity of an object of experience is, indeed, at the very heart of Husserl's phenomenological enterprise. [...] Moreover, this sense of identity, which, for Husserl, is essential to the sense of dealing with an object at all, concerns not only the apparent unity of an object during a continous course of perceiving the same thing, but also the unity of an object as the subject of reidentifications across different experiences. Where such reidentification is not in principle possible, Husserl repeatedly says, talk of an „object" is inappropriate. (A. D. Smith 2006, 322)

Auf ähnliche Weise hat Peter Poellner jüngst versucht, intentionale Objekte mit Bezug auf bewusste Identifikationen bei Husserl zu charakterisieren, wobei er betont, dass diachrone Identifikationsmöglichkeiten („ability") – man denke an Husserls „Ich kann" – zum *Sinn* intentionaler Objekte gehören:

Intentional Object (Def.): X is a conscious, or intentional, object for a subject S at time t just in case (a) S is at t conscious of X through an experience E_1, and (b) S at t has the ability [to] become conscious of X again, without modifying it, in other experiences E_2, E_3, ..., differing in respect of their qualitative (noetic) moments, and (c) S at t has the ability to become thus conscious of X as the same across these different experiences of it (see esp. EJ, § 13; also HUA 26, pp. 49–53, pp. 62–9). (Poellner 2007, 437)[688]

Husserl konzipiert in diesem Sinne intentionale Objekte als (re-)identifizierbare Einheiten solcher Synthesen der Identifikation. Husserl drückt diesen Zusammenhang bündig aus, wenn er sagt: „'Ist dasselbe' besagt aber 'ist ein Gegenstand'." (Hua XXVI, 169) Es handelt sich dabei um eine „phänomenologische Grundtatsache" (Hua XXXV, 322).

Durch diese Charakterisierung bleibt Husserl seiner These treu, das ‚Sein' eines intentionalen Objekts einerseits als etwas phänomenologisch Fundamentales, andererseits als etwas ontologisch Neutrales zu konzipieren. Der Begriff eines „intentionalen Objekts" wird mithin auf *existenzneutrale* und *nicht-relationale Weise* erläutert, wodurch die These der intrinsischen Intentionalität weiter gestützt wird. Dass X intentionales Objekt für ein Subjekt S und dessen Erlebnis e ist oder sein kann, bedeutet mithin nicht, dass X eine besondere Weise des Seins genießt. Vielmehr ‚genügt es' dafür, dass X als „Identitätspol" (CM, 49) einer Mannigfaltigkeit von Akten fungiert, die durch Synthesen der Identifikation miteinander verwoben sind und zum Horizont von e gehören: „Beziehung auf eine intentionale Gegenständlichkeit besagt also eine phänomenologisch aufweisbare Polarisierung der Erlebnisse, wonach mannigfaltige *cogitationes* denselben idealen Pol in sich tragen." (Hua XXXV, 322) *Synthesen der Identifikation plus Horizonte* sind in diesem Sinne der Stoff, aus dem intentionale Objekte gemacht sind. Intentionale Objekte ‚entspringen' allein den intrinsischen Strukturen intentionaler Erlebnisse. Diese These geht aus folgendem Zitat aus den *Cartesianischen Meditationen* unmissverständlich hervor:

> So gehört zu jedem Bewußtsein als Bewußtsein von etwas die Wesenseigenheit, nicht nur überhaupt in immer neue Bewußtseinsweisen übergehen zu können als Bewußtsein von demselben Gegenstand, der in der Einheit der Synthesis ihnen intentional einwohnt als identischer gegenständlicher Sinn [1]; sondern es zu können, ja es nur tun zu können in der Weise jener Horizontintentionalitäten [2]. Der Gegenstand ist sozusagen ein Identitätspol, stets mit einem vorgemeinten und zu verwirklichenden Sinn bewußt, in jedem Bewußtseinsmoment Index einer ihm sinngemäß zugehörigen noetischen Intentionalität, nach der gefragt, die expliziert werden kann [3]. (CM, 48; Num. CE)

---

688 Man kann sich fragen, ob das nicht zu stark ist: muss ich wirklich in t die Fähigkeit haben, später in einem *diskreten* Akt auf X identifizierend zurückzukommen? Genügt es nicht, dass ich *während* des Aktes ein kontinuierliches Identitätsbewusstsein habe?

In [1] macht Husserl klar, dass die Intentionalität *aller Akte* auf Synthesen der Identifikation gründet; in [2] behauptet Husserl, dass diese Synthesen notwendigerweise innerhalb des Horizonts eines Aktes stattfinden; schließlich zeigt [3], dass es die intrinsische Aktstruktur bzw. die „noetische Intentionalität" ist, die hierbei im Vordergrund steht, womit einmal mehr der Primat der Noesis gegenüber dem Noema belegt ist.[689]

1 Synthesen über Synthesen

Die für meine Fragestellung zentrale Form der Synthesis ist die *Synthesis der Identifikation*. Diese ist der Schlüssel für Husserls Verständnis eines intentionalen Objekts. Man kann bei Husserl zwischen spezifisch intentionalen und universellen Synthesen unterscheiden: Erstere umfassen Akte, Letztere unterschiedslos alle Erlebnisse. Auf allen Ebenen des Bewusstseins finden solche Synthesen statt und fungieren als vereinheitlichende Strukturen. Synthesis ist die „Urform des Bewußtseins" (CM, 41); sie ist gleichsam der Kitt, der einzelne Erlebnisse *in sich selbst* und *untereinander* zu einheitlichen Ereignissen verschmilzt. Sowohl einzelnes Bewusstsein als auch der Bewusstseinsstrom als Ganzer ist letztlich nichts anderes als eine umfassende Synthesis. Synthesis ist eine „Verbindungsweise, die Bewußtsein mit Bewußtsein einigt" und ist zudem der „Bewußtseinsregion ausschließlich" eigen. (CM, 41) Synthesis ist eine Relation, die *nur* zwischen Erlebnissen und Erlebnisphasen bestehen kann; in diesem Sinne gehört sie zu den „ganz einzigen 'Formen'" (Hua XXV, 30), die Bewusstsein charakterisieren und kriterial von „physischen Phänomenen" abgrenzen. Nicht-intentionale Entitäten wie Steine und Gewitter können keine Relata einer Synthesis sein. Treten e und e* in eine Synthesis der Identifikation, so ist ihre Einheit „nicht überhaupt eine kontinuierliche Verbundenheit von *cogitationes* (gewissermaßen ein äußerliches Aneinandergeklebtsein), sondern Verbundenheit zu Einem Bewußtsein, in dem sich Einheit einer intentionalen Gegenständlichkeit als derselben mannigfaltiger Erscheinungsweisen konstituiert" (CM, 44). Die Synthesis der Identifikation ist somit verantwortlich dafür, dass zwei Erlebnisse e und e* einen gemeinsamen Bezugsgegenstand haben können.

Neben der Synthesis der Identifikation ist die *Synthesis der Assoziation* die wichtigste intentionale Synthesis (vgl. CM, §§ 39, 51). Beides sind *au fond* passive

---

[689] Man beachte außerdem, dass diese Passage (§ 19) innerhalb der II. Meditation steht, in der *Intentionalität als solche* bzw. „Konstitution eines intentionalen Gegenstandes überhaupt" (CM, 57) analysiert wird, die unabhängig von Konstitution im prägnanten Sinne ist, die erst in der III. Meditation „Wahrheit und Wirklichkeit" thematisiert wird.

Synthesen, die sich ohne Spontaneität des Ich einstellen können. Sehe ich z. B. eine fremde Katze, die mich an meine eigene erinnert, und taucht von letzterer ein ‚inneres Bild' auf, so verhalte ich mich zunächst passiv. Sind zwei intentionale Erlebnisse e (X) und e* (X*) durch assoziative Synthesis verbunden, so bilden sie, wie oben gezeigt, eine (quasi-)anschauliche Einheit, wobei X und X* zwar nicht als *identische*, aber als *ähnliche* Objekte aufgefasst werden. Assoziation ist, anders als Identifikation, eine Form der „Paarung" intentionaler Objekte und setzt ein *Pluralitätsbewusstsein* voraus.

Die fundamentale und alle Erlebnisse ausnahmslos umgreifende Form der Synthesis ist die Synthesis des *inneren Zeitbewusstseins*. Für Husserl bildet sie im „ABC der Konstitution aller bewusstwerdenden Objektivität" und der „Subjektivität als für sich selbst seiend" das „A"; sie ist der „universale[] formale[] Rahmen, an dem „alle anderen möglichen Synthesen Anteil haben müssen" (Hua XI, 125).[690] Sie zeichnet verantwortlich dafür, dass Erlebnisse als fließende erlebt werden und eine Früher-Später-Ordnung aufweisen. Das innere Zeitbewusstsein ist deshalb eine Synthesis, weil es eine vereinheitlichende Struktur differenzierter Momente ist, nämlich der Aktmomente der Retention, Protention und der Urimpression/ Jetzt-Phase des Erlebens. Zur Phänomenologie bewussten Lebens gehört es wesentlich, in drei temporale Richtungen sozusagen ausstrahlende Erlebnisse zu haben. Erlebnisse sind notwendigerweise präreflexiv erlebt als *temporal erstreckt* – mit einem Höhepunkt gleichsam im Jetzt. In keinem Moment unseres bewussten Lebens begegnen wir nach Husserl einem ausdehnungslosen punktuellen Jetzt. Es gibt „kein Bewusstsein, das nicht in sich selbst schon eine Kontinuität wäre" (Hua XXXV, 87).

Fokussieren wir nun auf Synthesen der Identifikation, die für die intentionale Gerichtetheit auf Objekte jedweder Art und Kategorie zentral ist. Diese können mit Blick auf ihre zeitliche Struktur entweder *kontinuierlich (stetig)* oder *diskret* sein. Im Folgenden stehe das zweistellige Prädikat „e≈e*" dafür, dass die Erlebnisse e und e* eine Synthesis der Identifikation eingehen. Mit den Indizes „kont" und „dis" versehen, steht dieses Prädikat dann für kontinuierliche bzw. diskrete Synthesen: „[J]edes Bewußtsein kann mit anderem und mannigfaltigem Bewusstsein (kontinuierlich oder diskret) so zur Einheit kommen, dass ein synthetisches Bewusstsein von demselben [...] Gegenstand erwächst." (Hua XXXV, 322) Husserl vertritt somit die folgenden beiden Thesen zur *Rolle der Synthesis für Intentionalität*:

---

690 Vgl. Hopp 2011, 164: „Time-consciousness, unlike dog-consciousness or food-consciousness or even space-consciousness, is absolutely pervasive."

1. Ist e ein auf X gerichtetes Erlebnis, so gibt es[691] ein auf X gerichtetes und von e verschiedenes Erlebnis e*, für das gilt: e≈e*.

2. Für alle intentionalen Erlebnisse e und e* mit e≈e* gilt: entweder e≈$_{kont}$e* oder e≈$_{dis}$e*.

Jedes Erlebnis ist somit *anschlussfähig* an weitere Erlebnisse, die von demselben Objekt handeln und mit denen es eine identifizierende Synthesis eingehen kann. Die beiden Erlebnisse oder Erlebnis-Phasen schließen sich dabei entweder ohne zeitliche Lücke kontinuierlich aneinander an, oder eben nicht. Diskrete Synthesen der Identifikation bezeichnet Husserl im Anschluss an Kant oft auch als „Synthesen der Rekognition" (vgl. Hua XXVI, 180 ff., 206).

Die Idee der identifizierenden Synthesis gestattet es, auf der Gesamtheit aller faktischen und idealiter möglichen Erlebnisse eines (oder mehrerer) Subjekte eine *Zerlegung* vorzunehmen.[692] Relativ zu einem gegebenen Erlebnis e können somit alle Erlebnisse aus dieser Gesamtheit ausgesondert werden, die mit e in einer Synthesis der Identifikation stehen können. Auf diese Weise gelangt Husserl zu der für seine Idee eines „universalen Korrelationsapriori" (Hua VI, 161) zentralen These, dass jedem Objekt eine „offen endlose Mannigfaltigkeit möglicher Bewußtseinsweisen" (Hua XVII, 168) zugeordnet ist. Folgende Stelle aus *Ding und Raum* unterstützt diese Lesart. Husserl zerlegt hier die Klasse aller „singulären Wahrnehmungsessenzen", d.h. aller auf ein *sensibile* X gerichteten Erlebnisse *in specie*, relativ zu einer gegebenen Wahrnehmungsessenz A in zwei disjunktiv-erschöpfende Klassen:

> Hätten wir alle singulären Wahrnehmungsessenzen vor Augen und verglichen wir sie [...] mit der vorgegebenen Wahrnehmung A [...], dann zerfielen diese Essenzen in zwei Klassen. Jede Wahrnehmungsessenz der einen Klasse fundierte mit A, dem Wesen A, ein Identitätsbewußtsein [...] und jede Wahrnehmungsessenz der anderen Klasse ein Bewußtsein von Nichtidentität. (Hua XVI, 31)

---

691 Dieses „es gibt" ist nicht im Sinne einer faktischen, sondern einer „idealen" Möglichkeit zu verstehen – ähnlich wie man sagt, es gebe zwischen zwei faktisch instanziierten Farbtönen weitere Töne, ohne dass diese tatsächlich vorliegen müssen.

692 Mitunter deutet Husserl eine formale Präzisierung dieser Idee an, indem er die Relation „≈" als eine (reflexive, symmetrische und transitive) Äquivalenzrelation deutet, die auf der Gesamtheit aller Erlebnisse eines Subjektes eine sog. Partition induziert, sodass jedem Erlebnis e, das auf ein Objekt X gerichtet ist, eine Äquivalenzklasse zugeordnet ist, die genau diejenigen Erlebnisse enthält, die mit e eine Synthesis der Identifikation eingehen können. So schreibt Husserl z.B., dass der „Eigenname [...] das Identische der Äquivalenzgruppe" (Hua XXVI, 174) bezeichne. Vgl. ebd., 171f., und Hua XVI, 32f. Ob und wie sich dies formal exakt ausbuchstabieren lässt, ist ein Thema für sich. Da Husserl promovierter Mathematiker war, scheint mir diese Terminologie jedoch kaum ein Zufall zu sein.

II Intentionale Objekte (oder: Konstitution im weiten Sinne) — 517

Vom konstitutionstheoretischen Standpunkt aus gesehen kann man gewissermaßen sagen, (wahrgenommene) intentionale Objekten seien nichts anderes als solche Klassen von „Wahrnehmungsessenzen".[693] Husserl selbst sagt, X werde durch solche Mannigfaltigkeiten im „phänomenologisch reinen Bewußtsein [...] repräsentiert" (Hua III/1, 351) oder „vertreten" (Hua III/1, 310).[694] Dieser Zusammenhang schwebt Husserl offenbar auch vor Augen, wenn er Objekte wiederholt als *Indizes* oder *Leitfäden* einer Mannigfaltigkeit von Akten charakterisiert (vgl. CM, § 19; *Ideen I*, 150).

Intentionale Objekt erweisen sich dergestalt als „Identitätspole" (CM, 49). Intentionale Objekte sind gewissermaßen nichts weiter als der gemeinsame Fokus solcher identifizierender Synthesen. Sie haben als solche keine besondere Seinsweise. Alles, was man braucht, um ein intentionales Objekt zu haben, sind *Akte*, die aufgrund ihrer intrinsischen Struktur (ihrer „Essenz") „Identitätsbewußtsein" mit anderen Akten fundieren können. In *existenzialer Hinsicht* sind intentionale Objekt somit neutral: daraus, dass zwei Akte eine identifizierende Synthesis eingehen, folgt nicht, dass diese Identifikation „triftig" ist und somit der intentionale Gegenstand existiert (vgl. Hua XVI, 31). Dessen ungeachtet üben intentionale Objekte insofern eine zentrale *phänomenologische Funktion* aus, als sie gleichsam als Brennpunkte (oder „Pole") jener Synthesen der Identifikation fungieren. Bevor ich diese Idee im nächsten Abschnitt vertiefe, sollen die beiden Grundformen der Identifikation, nämlich kontinuierliche und diskrete, noch kurz erläutert werden.

Husserl zufolge gibt es einen *Primat* kontinuierlicher Synthesen gegenüber diskreten. Zudem erkennt er explizit nicht-propositionale Identifikationen an. Kontinuierliche Synthesis innerhalb der Wahrnehmung ist die für alle anderen Bezugnahmen (auf Transzendentes) fundierende Synthesis, da alle anderen Akte entweder *intentionale Modifikationen* (vgl. Phantasie, Bildbewusstsein, Erinnerung, Erwartung, leeres Denken, Zeichenbewusstsein) oder aber in *Wahrnehmungen – oder deren Modifikationen – fundierte Akte* sind (vgl. Einfühlungen,

---

[693] An dieser Stelle wird freilich die Frage virulent, wie Husserls Idealismus genau zu verstehen ist. Deutet man das Korrelationsapriori ontologisch, so folgt, dass Objekte letztlich auf Erlebnismannigfaltigkeiten gleichsam supervenieren. Vgl. zu dieser starken Lesart A. D. Smith 2003, Kap. 4; Meixner 2010; Chrudzimski 2002. Eine schwächere, hier favorisierte Lesart besagt hingegen, dass jene Mannigfaltigkeiten in ihrer Struktur beschrieben werden müssen, um die Weise der Intentionalität verständlich zu machen. Universale Korrelation ist eben „Korrelation" und nicht Reduktion oder Supervenienz.
[694] Auf ähnliche Weise ‚konstituiert' Rudolf Carnap im *Logischen Aufbau der Welt* (1928) die „intentionale Beziehung"; vgl. Carnap 1998, § 164. Vgl. dazu kritisch Mohanty 1972, 46 f.

kategoriale Akte, ideierende Abstraktionen). In diesem Sinne beschränke ich mich im Folgenden auf die Darstellung der Synthesen innerhalb der Wahrnehmung.[695]

Die für Intentionalität fundierende Form der Synthesis ist die kontinuierliche Synthesis der (äußeren) Wahrnehmung; sie ist sozusagen die Geburtsstätte der Rede von intentionalen Objekten vom phänomenologischen Standpunkt aus: ohne ihre kontinuierliche Synthesen hätten wir gar keinen Begriff eines intentionalen Objekts:

> Noch auf eines sei hingewiesen: für die Aufklärung der Leistung intentionaler Synthesen ist bevorzugt die der kontinuierlichen Synthesen (wie z. B. die in der strömend einheitlichen Wahrnehmung beschlossene), als Boden für die höherstufige Aufklärung der diskreten Synthesen. Ich nenne als Beispiel die Identifikation eines Wahrgenommenen mit demselben, das, gemäß der Wiedererinnerung, schon früher da war. Das Wiedererkennen, dessen Auslegung durch kontinuierliche Wiedererinnerung, die entsprechenden tieferen Analysen dieser „Selbstverständlichkeiten" – all das führt auf schwierige Untersuchungen. (Hua VI, 172)

Kontinuierliche Wahrnehmung ist ein Bewusstsein von demselben *sensibile* X während eines ununterbrochenen Zeitintervalls, das als lücken- und nahtlos abfließendes Bewusstsein erlebt wird. Während S z. B. in ambulando um X herumgeht, ist S X trotz der verschiedenen Abschattungen als dasselbe Objekt bewusst – und nicht nur bewusst im Sinne von ‚(bloß) gedacht'. Denn die Selbigkeit des X *erscheint* uns, wir sind uns X *anschaulich* als einer Einheit bewusst und denken diese Einheit nicht nur hinzu. Nach Husserl kann nur kontinuierliche Synthesis eine solche evidente Gegebenheit von Selbigkeit und Einheit fundieren: sobald Diskretion eintritt, ist uns diese Selbigkeit nicht mehr *anschaulich gegeben*. Wenn ich also z. B. meinen iMac heute morgen unmittelbar als denselben iMac wie den von gestern Abend auffasse, dann ist dies ein Urteil oder eine Meinung, deren anschauliche Rechtfertigung auf eine kontinuierliche Wahrnehmung des iMac zwischen dem gestrigen Abend und dem heutigen Morgen verweist. Erst wenn ich den iMac kontinuierlich von gestern Abend bis heute Morgen im Blick hätte, hätte ich eine anschauliche Gegebenheit seiner diachronen Identität. Diskrete Identifikationen sind in diesem Sinne *parasitär* gegenüber kontinuierlichen. Husserl geht so weit, zu behaupten, dass die gegenständlichen Sinne (Kerne) der beiden Akte phänomenologisch höchstens die „gleichen", aber nicht „dieselben" sein

---

[695] Hier gibt es natürlich eine Fülle interessanter und diffiziler Fragen. So ist z. B. zu fragen, ob es überhaupt eine kontinuierliche Synthesis in der Phantasie gibt. Kritisch dazu hat sich z. B. Sartre geäußert; vgl. IM, 141 ff., 197 ff. Dass alle intentionalen Objekte, gleich welcher Art, *mutatis mutandis* als „Identitätspol[e]" (CM, 48) von Synthesen der Identifikation zu verstehen sind, ist jedenfalls Husserls feste Überzeugung.

können – selbst wenn der iMac am Morgen exakt auf dieselbe Weise erscheint wie am Abend zuvor:

> Also hätten wir möglicherweise Sinnesgleichheit, aber nicht Sinnesidentität, und allgemeiner, wir hätten Gleichheit der gegenständlichen Richtung, nämlich Richtung auf Gleiches, aber nicht Identität als Richtung auf Identisches, auf einen und denselben Gegenstand. Nur wenn in der Einheit der Erfahrung der stetige Übergang von der einen Wahrnehmung in die andere gewährleistet ist, dürfen wir von der Evidenz sprechen, daß die Identität gegeben sei. *Die Einheit des Gegenstands weist sich nur aus in der Einheit der die mannigfaltigen Wahrnehmungen kontinuierlich verknüpfenden Synthesis, und diese kontinuierliche Synthesis muß zugrunde liegen, damit die logische Synthesis, die der Identifizierung, evidentes Gegebensein der Identität der in verschiedenen Wahrnehmungen erscheinenden Gegenstände herstellt. Die Wahrnehmungen müssen sich als Phasen in die Synthesis einordnen, und das sehen wir eben nur, wenn wir die Synthesis vollziehen. Diese wichtige Tatsache gilt allgemein.* (Hua XVI, 155; Herv. CE)[696]

Es sei angemerkt, dass kontinuierliche Synthesis in der Wahrnehmung noch kein explizites, kategoriales oder denkendes Identitätsbewusstsein ist, sondern vielmehr ein „vorprädikatives" Einheits- oder Selbigkeitsbewusstsein (vgl. LU VI, § 8; Hua XXIV, §§ 45 a), 49 b)): „im stetigen Fluß der Wahrnehmung, i s t Bewußtsein stetiger Einheit, aber nicht Bewußtsein [von] der Identität" (Hua XXIV, 320); dabei ist „identifizierende Deckung e r l e b t , mag auch die b e w u ß t e I n t e n t i o n auf Identität, das b e z i e h e n d e Identifzieren unterblieben sein" (Hua XIX/2, 570). Die Identität von X ist „Erlebnis, unausdrückliches, unbegriffenes Erlebnis" (Hua XIX/2, 568). Mit anderen Worten: kontinuierliche Wahrnehmung eines X im Zeitintervall Δt ist kein Denken oder Urteilen, dass X in Δt identisch dasselbe ist. Identität ist ein kategorialer Gegenstand (ein „Sachverhalt"), der nicht einer „schlichten" Wahrnehmung, sondern nur einer „kategorialen Anschauung" zugänglich ist. Kontinuierliche Wahrnehmung ist auf X, nicht auf die Identität des X gerichtet. Die Kontinuität einer Wahrnehmung von X bedeutet unter anderem, dass *jede ihrer Phasen* bereits „volle" (Hua XIX/2, 678) Wahrnehmung von X ist; ein solches ,*Vererbungsprinzip*', wie man sagen könnte, ist bei kategorialen Akten typischerweise ausgeschlossen.[697] Da kategoriale Akte fundierte Akte sind, haben sie einen *neuen* intentionalen Gesamtgegenstand, auf den ihre Teilakte und Phasen gerade nicht gerichtet sind. Urteile ich, dass der Abendstern am Himmel

---

[696] Auf die Bedeutung dieser Passage aus *Ding und Raum* weist A. D. Smith 2006, 321, umsichtig hin.

[697] Vgl. Husserls mereologische Charakterisierung der Kontinuität: „Jede konkrete Anschauung kann bezeichnet werden als eine kontinuierliche Synthesis von Anschauungen insofern, als jede in Strecken zerfällbar ist, die wesensverwandt sind dem Ganzen, also auch Anschauungen, auch Wahrnehmungen, wenn das Ganze Wahrnehmung ist usw." (Hua XXVI, 178)

steht, dann gehört zu diesem propositionalen Akt ein nominaler Teilakt, der auf den Abendstern, aber nicht auf das Am-Himmel-Stehen des Abendsterns gerichtet ist. Identitätsurteile sind somit phänomenologisch und epistemologisch in kontinuierlichen Wahrnehmungen fundiert, und nicht umgekehrt. Einstrahlige Wahrnehmung ist eine „Verschmelzung von Partialakten zu einem Akt" (Hua XIX/2, 678), wobei „Verschmelzung" keine kategoriale oder syntaktische Form, sondern mereologische Fusion ist. Verschmelzungen setzen mithin keine zusätzlichen Akte voraus, sondern *sind* die Einheit des Wahrnehmungsaktes.

Im folgenden Abschnitt soll die Idee der Synthesis der Identifikation mit dem Begriff des Akthorizonts in Verbindung gebracht werden. Dadurch soll Husserls Verständnis von intentionalen Objekten als „Identitätspole" (CM, 48) abschließend vertieft werden.

2 Intentionale Objekte als „Identitätspole" im Horizont des „Ich kann"

Intentionale Identifikation gehört zum Kern von Husserls Konzeption von Intentionalität. Zusammen mit der *Horizontthese* und den diversen *Momenten* intentionaler Erlebnisse bildet diese *Identifikationsthese* gleichsam den Stoff, aus dem Intentionalität gemacht ist.

Nach Husserl ist Identitätsbewusstsein notwendig und hinreichend für intentionales Bewusstsein von etwas. Ein intentionaler Gegenstand ist als „Identitätspol" (CM, 48) aktueller und potentieller Akte bewusst: „Wir sprechen also mit Beziehung darauf, daß das Bewußtsein den Charakter des Selbigkeitsbewußtseins hat, davon, daß die Vorstellung Gegenständliches vorstelle." (Hua XXVI, 74) Anders als logische Identität ist intentionale Identität *nicht-relational* und *existenzindifferent*: Zwei Erlebnisse e und e* können eine Synthesis der Identifikation eingehen, obgleich der gemeinsame intentionale Gegenstand X nicht existiert.[698] Wenn ich beispielsweise A mit seinem Zwillingsbruder B verwechsle, so vollziehe ich eine Synthesis der Identifikation, obgleich das Identitätsurteil „A=B" falsch ist. Husserl räumt sogar pathologische Verwechslungen wie die zwischen Schuhcreme und einem Haus ein:

> Aber was kann nicht alles in die Einheit eines identifizierenden Bewußtseins treten, was kann der Mensch nicht alles verwechseln! Das schadet nichts. Es gilt ihm als dasselbe, es ist als dasselbe vermeint, und wenn das wirklich so ist, ist die Eigenbedeutung dieselbe. Wenn ich

---

[698] Vgl. ähnlich Anscombe 1965, die von der Identität intentionaler Objekte auf existenzneutrale Weise spricht.

also ein Haus und Stiefelwichse verwechsle, so ist die Bedeutung [...] dieselbe (Hua XXVI, 213).

Aber wie genau funktioniert intentionale Identifikation? Welche Bedingungen müssen zwei Erlebnisse erfüllen, damit sie eine Synthesis der Identifikation eingehen können? Husserls reifer Analyse zufolge spielt dabei der *Horizont* eines Erlebnisses eine entscheidende Rolle, da durch ihn jene Erlebnismannigfaltigkeiten mitbestimmt werden, die intentionalen Objekten gemäß dem Korrelationsapriori zugeordnet sind; hinzukommt die *(habituelle) Fähigkeit* des Subjekts, *immer wieder* auf ein und denselben Gegenstand in einer „Synthesis der Rekognition" zurückzukommen.

Zunächst also zu Husserls These, dass Intentionalität und Identifikation Hand in Hand gehen. Mit Blick auf die Wahrnehmung heißt es dazu in *Ding und Raum:*

> Beziehung auf eine Gegenständlichkeit ist, phänomenologisch angesehen, gar nichts anderes als die im Wesen des objektivierenden Erlebnisses, hier der Wahrnehmung, gründende Schicklichkeit, Identitätsbewußtsein zu fundieren. (Hua XVI, 31)

Jedes auf einen intentionalen Gegenstand X bezügliche Erlebnis e ist demnach aufgrund seines Wesens disponiert dazu („schicklich"), mit weiteren Erlebnissen in eine Synthesis der Identifikation eingehen zu können. X ist auf diese Weise einer Erlebnis-Mannigfaltigkeit zugeordnet:

> Jedenfalls aber steht j e d e s B e w u ß t s e i n wesensmäßig in einer besonderen, ihm zugehörigen B e w u ß t s e i n s m a n n i g f a l t i g k e i t, in einer synthetischen offenen Unendlichkeit möglicher Bewußtseinsweisen von Demselben (Hua XVII, 316; vgl. 168)

In *VüB*, wo Bedeutungserlebnisse im Zentrum stehen, führt Husserl aus, dass die Intentionalität eines Namens nur im propositionalen Kontext eines Urteils Sinn mache. Ein Name bzw. nominaler Akt ist nur dadurch Name *von etwas*, dass er ein Identitätsurteil flankieren kann (vgl. VüB, §§ 9–21). Husserl dehnt diese Idee auf Wahrnehmungen aus. Auch für Wahrnehmungen gilt, dass man gleichsam über den momentanen Akt hinausgehen muss, um ihre Objektgerichtetheit zu verstehen:

> Auch die den intuitiven Akten zugeschriebene Beziehung auf Gegenständliches ist nichts unmittelbar Selbstverständliches, auch sie führt über den einzelnen Akt hinaus auf gewisse kategoriale Zusammenhänge von Intuitionen, die den prädikativen genau parallellaufen.

> *Eine* Anschauung haben, das ist noch nicht einen Gegenstand haben, und Gegenstand ist auch hier Identisches der Vorstellungen. (Hua XXVI, 60)[699]

Husserl zufolge kann man sich also nur dadurch intentional auf ein Objekt X beziehen, wenn man in der Lage ist, X in material und/oder qualitativ verschiedenen *weiteren Akten* als ein und dasselbe Objekt zu erfassen. Stillschweigend wird bei der Rede von der Gerichtetheit auf X „mögliche und beliebig wiederholbare Wiedererinnerung" in Rechnung gezogen; die „intentionale Mitbeziehung auf diese 'Synthesis der Rekognition'" (Hua XVII, 165 f.) ist wesentlich für Intentionalität. Intentionale Objekte sind in diesem Sinne ontologisch ‚gleichwertig' mit Synthesen der Identifikation auf noetischer Seite: „'Gegenstand selbst' weist auf eine gewisse im identifizierenden Denken zu vollziehenden Einheit der Identifizierung hin." (Hua XXVI, 47)[700] Intentionale Objekte sind „ideale[] Schnittpunkt[e]" (Hua IX, 153) einer Mannigfaltigkeit von Akten, die in Synthesen der Identifikation untereinander stehen (können).

Husserl bezeichnet intentionale Objekte in diesem Sinne oft als „Pole". Das ist eine metaphorische Redeweise, die er verwendet, um einen primitiven Begriff näher zu erläutern.[701] Offenbar hat Husserl das Bild von geographischen bzw. (elektro-)magnetischen Polen vor Auge, in denen gewisse Feldlinien *zusammenlaufen*. Phänomenologisch gewendet: intentionale Objekte sind dadurch charakterisiert, dass verschieden tingierte Akte, z. B. Akte mit verschiedenem Sinn oder verschiedener Qualität, sich decken und somit eine bewusste Synthesis der Identifikation eingehen. In diesem Sinne kann man intentionale Objekte so charakterisieren: Zwei (oder mehrere) Akte e, e*, ... sind genau dann auf dasselbe intentionale Objekt X gerichtet, wenn e, e*, ... eine Synthesis der Identifikation eingehen. Ist dies der Fall, so fungiert X als „Identitätspol" (CM, 48). Solche „Pole"

---

[699] Hier übertreibt Husserl die „Kategorialität" der Wahrnehmung. In den *Ideen II*, § 9, unterscheidet er treffender zwischen kategorialer und sinnlicher Synthesis. Erstere ist immer ein *aktives Tun* des Ich und involviert einen *syntaktisch gegliederten* Aktvollzug, während Letztere *au fond* passiv und *einstrahlig (schlicht)* ist.

[700] Vgl. Hua XXVI, 161, wo gewisse idealistische Untertöne anklingen, wenn es heißt: „Der Gegenstand ist nichts neben der Einheit der Erkenntnis, sondern nur das durchgehende Identische, das in ihr erkannt und begründet ist. [...] Und wenn wir das Identische, das einmal als α und dann als β etc. bestimmt ist, Gegenstand nennen, so nennen wir die Vorstellungen, die [...] als Glieder dieser Identifikationen fungieren [...], sämtlich Vorstellungen von demselben, von dem einen und selben Gegenstand."

[701] Vgl. die Rede vom „Ich-Pol", von „Strahlen der Aufmerksamkeit", von der „Gerichtetheit" des Bewusstseins auf etwas, etc. Alternativ redet Husserl auch von „Brennpunkten", in denen „unendliche Strahlenbündel zusammenlaufen" (Hua XXV, 147). Vgl. auch Hua XXX, 193, wo von „Bedeutungsbrennpunkt[en]" die Rede ist.

haben *qua Pole* noch keinen positiven ontologischen Status. Denn zum einen kann prinzipiell alles als Pol fungieren, zum anderen existiert nicht jeder Identitätspol.

Welche Rolle spielt dabei der Akthorizont? Angenommen, ich sehe einen Apfel vor mir liegen. Er präsentiert sich mir inadäquat – eine Seite ist anschaulich gegeben, andere Seiten sind leer und in gewissen Stücken unbestimmt intendiert; sie sind gleichwohl mit-bewusst und gehören zum Innenhorizont des visuellen Erlebnisses. Mein aktuelles Sehen als mereologischer Komplex lässt sich damit einer Mannigfaltigkeit von Akten zuordnen, in denen sich die Anschauung der Vorderseite bestätigen würde. Würden sich die Leerintentionen erfüllen, würde sich eo ipso ein Identitätsbewusstsein einstellen (es ist derselbe Apfel – von vorne und von hinten). Da Horizontalität aber für alle Akte – *mutatis mutandis* – charakteristisch ist, lassen sich Akte nur deshalb einer „Mannigfaltigkeit" zuordnen, weil sie einen Horizont haben, aufgrund dessen sie miteinander verbunden sind.

Intentionale Objekte spielen somit bei Husserl eine eigentümliche Rolle, da sie, *auf der einen Seite, per se* keinen positiven ontologischen Status haben – sie sind keine *Entitäten*; in ontologischer Hinsicht gehen sie darin auf, das zu sein, worin sich die in Synthesen der Identifikation im Horizont eines Aktes stehenden Akte decken. Intentionale Objekte ‚supervenieren' oder ‚emergieren' gleichsam auf diesen Synthesen, durch die sie individuiert sind. Als Pole gehen sie ganz in ihrer *phänomenologischen Funktion* für die horizontal-identifizierenden Synthesen der Erlebnisse auf. *Auf der anderen Seite* spielen sie eben dadurch eine unverzichtbare phänomenologische Rolle für die Intentionalität des Bewusstseins. Akte lassen sich nicht gänzlich ohne Bezugnahme auf ihre Objekte beschreiben; wir *erleben* uns schlicht und ergreifend als gerichtet auf etwas (anderes). Dies ist nach Husserl ein phänomenologisches Faktum, das nicht wegerklärt werden darf – selbst wenn der intentionale Gegenstand nicht existiert, bleibt dieses *Von-uns-selbst-Abgewendetsein* erhalten.[702] In diesem Sinne sind Husserls mitunter verwirrende Aussagen zu verstehen, in denen er die *Unabtrennbarkeit* intentionaler Objekte von den Erlebnissen betont und ihr „ideales", „irreelles" und „irreales" Enthalten-

---

702 Diese doppelte Funktion intentionaler Objekte hebt A. D. Smith 2002, 244 f., treffend hervor: „We do, indeed, need an *ontologically reductive* account of intentionality. Non-existent objects supervene on intentional experiences. We should, however, sharply distinguish this from any attempt at *psychological reduction*. Talk of awareness is inescapable if we are adequately to characterize certain psychological states as they are lived. Reference to intentional objects is not just ‚a way' of talking about perceptual experience, but the phenomenologically necessary, only adequate, way. It is necessary in order to do *descriptive justice* to the phenomenological fact of someone's being minded in a determinate fashion [...] It is crucial [...] that one be able to combine ontological conservativism with the claim to the phenomenological indispensability of reference to such objects. Remember that ‚object' does not mean ‚entity': the former term is here given an *exclusively phenomenological interpretation*."

Sein im Bewusstsein hervorhebt. Das Eigentümliche intentionaler Objekte besteht eben darin, dass sie, obschon sie nicht zwangsläufig existieren, gleichwohl als *identische Fokusse* fungieren und somit keine echten reellen Teile des Bewusstseinsstroms sein können. Denn alles, was reeller Teil ist, ist notwendigerweise im Fluss und somit bar jeder diachronen Identität (vgl. PP, § 34).

Für Husserl ist die Identität, die intentionale Objekte als solche ausmacht, keine ‚metaphysisch' zu verstehende Identität bewusstseinsunabhängiger Substanzen. Es geht vielmehr darum, wie das „Meinen" von etwas Identischem *überhaupt möglich ist*. Dieses Identische, das Husserl bekanntlich als das „bestimmbare X im noematischen Kern" bezeichnet (vgl. *Ideen I*, § 131), ist ein Moment des intentionalen Gehalts der Wahrnehmung. Ein Apfel etwa, den ich aus verschiedenen Blickwinkeln betrachte, ist mir als ein und derselbe *gegeben*, so *erscheint* er mir, als identisches X ist er mir *perzeptiv bewusst* – womit noch nicht ausgeschlossen ist, dass ich gerade halluziniere:

> Ob ich dieses Buch hier von oben oder unten, von innen oder außen ansehe, immer sehe ich d i e s e s B u c h. Es ist immer die eine und selbe Sache, und zwar nicht im bloßen physikalischen Sinne, sondern nach der Meinung der Wahrnehmungen selbst. (Hua XIX/2, 677)

Kein intentionales Objekt ist „denkbar, ohne daß auch mannigfaltige intentionale Erlebnisse denkbar wären, verknüpft in kontinuierlicher oder in eigentlich synthetischer (polythetischer) Einheit, in denen ‚es', das Objekt, als identisches und doch in noematisch verschiedener Weise bewußt ist: derart, daß der charakterisierte Kern ein wandelbarer und der ‚Gegenstand' [...] eben ein Identisches ist" (Hua III/1, 302).

III Konstitution im prägnanten Sinne

> Konstitution von seienden Gegenständen einer seienden Welt ist die Vernunftleistung.
> (Hua XXIII, 558)

Was im vorherigen Abschnitt beschrieben wurde, gilt, *mutatis mutandis*, für alle intentionalen Objekte. Alle intentionalen Objekte, ob seiend oder nicht-seiend, ob möglich oder unmöglich, ob bestimmt oder unbestimmt, sind als Identitätspole in mannigfachen „*modis cogitationis* bewusst" (Hua XXXV, 87). Husserl behauptet ausdrücklich, dass dies ausnahmslos für alle Akte gilt, obschon er seine Analyse in der Regel auf *sensibilia* (genauer: Dinge) beschränkt:

III Konstitution im prägnanten Sinne — 525

> Jedes Erlebnis ist intentionales, sofern es als Bewusstsein von etwas in sich einen Pol hat, d.i. mit gewissen anderen, und ideell unendlich vielen, in Synthesen der Identifikation treten kann, wobei im Einheitsbewusstsein bzw. Identitätsbewusstsein dieser ideelle Pol als Identisches [...] zur Deckungseinheit kommt. (Hua XXXV, 89)

Alle intentionalen Objekte sind in diesem *weiten Sinne* konstituiert. Es ist nun der Schritt zu Husserls Konstitutionsbegriff im *prägnanten Sinn* anzudeuten. Prägnante Konstitution selektiert sozusagen solche Objekte aus der Sphäre weiter Konstitution, die sich als (wirklich) existierend darstellen können. Bei prägnanter Konstitution einer Entität X (einer bestimmten Region) geht es um die Frage:

> Wie sehen die mannigfaltigen setzenden Anschauungen [...] aus, in denen ein „wirkliches" Ding zur Gegebenheit kommt und anschauungsmäßig, in ursprünglicher „Erfahrung" seine Wirklichkeit ausweist? (Hua III/1, 349)

Anders als bei Konstitution im weiten Sinne geht es bei Konstitution im engeren Sinne um *existierende* intentionale Objekte bzw. um *Entitäten*, die als solche bewusst sind. Als Phänomenologe stellt sich Husserl die Frage, wie sich die Existenz von etwas für uns darstellt: Wie „weist" sich etwas als seiend für uns aus? Wie ist uns die Existenz von etwas „gegeben"? Warum halten wir manches für wirklich, anderes nicht? Auf diese Frage muss der Phänomenologe eine Antwort geben, wenn er seinem Anspruch, eine Konstitution dessen, was wirklich ist und existiert, zu liefern, gerecht werden will.[703]

Den Kerngedanken dieser Konstitution im engeren Sinne bildet eine *modal qualifizierte („ideale") Äquivalenzthese* zwischen *Bewusstsein* bzw. *Vernunft* und *Wirklichkeit*.[704] Etwas weist sich als wirklich seiend in Akten der „Vernunft" aus, wobei Husserl ein sehr weites Verständnis von Vernunft hat (vgl. FTL, § 107 d)). Zur Vernünftigkeit gehören „Intentionalitäten höherer Stufe" (CM, 58). Vernunft „verweist auf Möglichkeiten der Bewährung, und diese letztlich auf das Evident-Machen und Evident-Haben" (CM, 58). Wirklichkeit ist das „Korrelat evidenter Bewährung" (CM, 61). Da Bewährung, Erfüllung und Evidenz von Husserl nicht von vornherein auf Sprache und ‚Rationalität' im engeren Sinne angewiesen ist, können auch nicht-menschliche Subjekte prinzipiell vernünftig sein.

Zu sagen, dass X existiert und so-und-so ist, bedeutet für den Phänomenologen letztlich, dass die Setzung von X vernünftig ist bzw. sein kann, also eine Setzung ist

---

[703] Vgl. A. D. Smith 2003, 167: „So the topic of reality, far from being uncomfortably at home in a transcendental enquiry, is absolutely central to it."
[704] Dabei ist „Wirklichkeit" bei Husserl koextensional mit „Sein", „Es gibt" und „Existenz"; ferner wird Wirklichkeit nicht, wie etwa bei Frege, mit kausaler Wirksamkeit gleichgesetzt und somit auf Realia eingeschränkt. Vgl. Hua XXIV, § 49 b).

aufgrund einer Evidenz. Dazu muss X eine *offene Mannigfaltigkeit*, ein *strukturiertes System* von aktuellen und möglichen Erlebnissen entsprechen, das ganz bestimmten Bedingungen genügt, zu denen insbesondere ein „typische[r] Stil bewährender" (CM, 58) Synthesen gehört. Ein solches System bezeichne ich im Folgenden als *prägnantes Konstitutionssystem* (PKS). Ein PKS ist eine *triftige (veridische)* und *vernünftige Aktmannigfaltigkeit*, deren Akte in einstimmigen, anschaulichen und doxisch unmodifizierten Synthesen der Identifikation stehen oder stehen können. Bezüglich eines intentionalen Objekts X ist PKS (X) das prägnante Konstitutionssystem von X. Es ist wichtig zu sehen, dass nicht jedem intentionalen Gegenstand ein PKS zugeordnet ist. Denn nicht jeder intentionale Gegenstand existiert. Hingegen lässt sich *jedem* X ein *Konstitutionssystem im weiten Sinne* (WKS) zuordnen. Jeder intentionale Gegenstand ist eben ein identischer Pol in einer Aktmannigfaltigkeit. Einem *impossibile* wie dem runden Quadrat ist z. B. nur ein WKS, aber kein PKS zugeordnet. Relativ zu einem intentionalen Objekt X gilt, dass PKS (X) eine *echte* Teilmenge von WKS (X) ist:

> Der Titel wahrhaftes Sein und Wahrheit (nach allen Modalitäten) bezeichnet für jeden der für mich als transzendentales Ego vermeinten und je zu vermeinenden Gegenstände überhaupt eine Strukturscheidung innerhalb der unendlichen Mannigfaltigkeiten von wirklichen und möglichen *cogitationes*, die sich auf ihn beziehen, also überhaupt zur Einheit einer Identitätssynthesis zusammenstehen können. Wirklich seiender Gegenstand indiziert innerhalb dieser Mannigfaltigkeit [=WKS] ein Sondersystem [=PKS], das System auf ihn bezogener Evidenzen, derart synthetisch zusammengehörig, das sie sich zu einer, wenn auch vielleicht unendlichen Totalevidenz zusammenschließen. (CM, 64)

Aufgabe der Phänomenologie der Wirklichkeit ist es, für jede Art intentionaler Objekte die zugehörigen weiten und prägnanten Konstitutionssysteme in ihren wesentlichen Strukturen vom reflexiven Standpunkt aus (unter Epoché) zu beschreiben. Die Bedingungen, die für prägnante Konstitution erforderlich sind, sollen im Folgenden überblicksartig dargestellt werden (vgl. dazu A. D. Smith 2003, Kap. 4). Ich gehe wieder von einem einfachen Beispiel aus der Sphäre der visuellen Wahrnehmung bzw. der Region *(materielles) Ding* aus: Gerade sehe ich einen roten Apfel (X) vor mir liegen, den ich für existierend halte. Was zeichnet das ihm zugeordnete PKS aus?

I. *Unmodifizierte Positionalität.* Ein PKS muss *positional (doxisch) unmodifizierte* Akte enthalten.[705] Objekte werden uns nach Husserl generell nur in doxisch unmodifizierten Akten als existierende und wirkliche bewusst: „Mit der Idee der Wirklichkeit stehen wir im System der thetisch unmodifizierten Intentionalität, in der Intentionalität der Doxa, des Glaubens." (Hua XXIII, 557 f.) Im Fall des Apfels

---

[705] Es muss nicht *nur* solche Akte enthalten, aber in jedem Fall *einige*.

ist die visuelle Wahrnehmung ursprünglich setzender Natur. Unmodifiziertes Wahrnehmen enthält einen passiven und unreflektierten Seinsglauben, ein schlichtes Für-seiend-Halten (vgl. DR, § 5). Die Urform ist dabei der unmodifizierte Glaube (Urdoxa), die, mit Hegel gesagt, sinnliche Gewißheit. Modifiziertes Glauben liegt hingegen dem Vermuten, Für-möglich-Halten etc. zugrunde. Auch doxisch neutrale Akte, wie z. B. Phantasien, können uns nicht unmittelbar ein Objekt als seiend präsentieren. Ähnliches gilt für Annahmen und Vordersätze eines hypothetischen Urteils.

II. Anschaulichkeit & Originarität. Aber unmodifizierte Positionalität ist nicht hinreichend für die „Ausweisung" der Wirklichkeit des Objekts. Denn es gibt unzählige Dinge, an die ich auf unmodifizierte Weise glaube, ohne dass mir deren Sein und Sosein ‚gegeben' wären. Ich glaube z. B., dass der Eiffelturm jetzt in Paris steht, dass er aus Stahl ist, sich hart anfühlt etc. Dies ist ein gleichermaßen unmodifizierter Glaube. Was ihm fehlt, ist die „F ü l l e d e s 'selbst'" (Hua XIX/2, 597). Allgemein gilt nach Husserls globalem Intuitionismus, dass sich alles, was uns als wirklich gilt, auf anschauliche Weise als solches präsentieren können muss: *wo Seinsglaube, da mögliche Anschaulichkeit (Originarität).* Sinnliche Wahrnehmung ist Husserls Paradigma von Anschauung; in ihr steht uns die Sache selbst in leibhaftiger Gegenwart, direkt und *in propria persona* vor Augen. (Rein) sinnliche Wahrnehmung zielt auf raumzeitliche Individuen der Region der Dinge bzw. auf gewisse „Schichten" des Dinges, wie z. B. die individuellen Eigenschaften, oder die sinnlichen Schemata (sog. „Phantome", z. B. Regenbögen, Schatten) (vgl. *Ideen I*, §§ 39, 149, 151; *Ideen II*, § 15 b)). Andere Entitäten weisen sich in anderen Arten anschaulicher Akte als existierend aus. Jeder Schicht und Stufe einer Region von Entitäten ist gemäß Husserls Korrelationsapriori eineindeutig ein Typus originäranschaulicher Akte zugeordnet. Die sinnliche Wahrnehmung bildet – in der Sphäre auf Realia gerichteter Akte – die unterste Stufe, denn in ihr sind letztlich alle anderen originären Präsentationsweisen *einseitig fundiert.* So sind uns andere Personen im originären Modus der *Einfühlung* zugänglich, kraft dessen uns ein anderer Leib als Leib eines Ich mitsamt Erlebnissen gegeben ist. Auch „alle Arten von Wertobjekten und praktischen Objekten, alle konkreten Kulturgebilde" stehen uns als „harte Wirklichkeiten" (Hua III/1, 354) in originären Akten gefühlsmäßiger „genießende[r] Hingabe" oder „Wertnehmung" (Hua IV, 9) und Einfühlung gegenüber. Ähnliches gilt für freie Idealitäten wie Zahlen und mathematische Sätze, reine Wesen, etc. Auch eigene Erlebnisse aus der Sphäre der Immanenz stellen sich in reflexiven Akten der immanenten *Wahrnehmung* als existierend dar:

> Überall ist die Aufgabe dem Prinzipiellen nach dieselbe: Es gilt, das vollständige System der die originäre Gegebenheit aller solchen Objektitäten konstituierenden Bewußtseinsgestaltungen nach allen Stufen und Schichten zur Erkenntnis zu bringen, und damit das Be-

wußtseinsäquivalent der betreffenden Art „Wirklichkeit" verständlich zu machen. (Hua III/1, 355)

III. Global einstimmige (harmonische) Synthesen der Identifikation. Sind doxisch unmodifizierte und anschaulich erfüllte Akte *eo ipso* wirklichkeitsausweisend? Offenbar nicht. Denn nach Husserl muss der anschaulich setzende Akt gewisse *Kompatibilitätsbedingungen* erfüllen, damit sich in ihm etwas als seiend ausweist. Husserls Lieblingswort dafür ist „Einstimmigkeit"; Einstimmigkeit gehört zum intentionalen Gehalt/Sinn der Erlebnisse. Grob gesagt gilt, dass der Aktsinn M eines Erlebnisses e genau dann einstimmig ist, wenn sich die zum aktuellen Horizont von e gehörigen Leerintentionen e*, e**, ... so erfüllen, dass der gemeinsame intentionale Gegenstand (das „bestimmbare X") von e und e*, e**, ... nicht durch inkompatible Kerne gegeben ist. Positiv gesprochen tritt dann eine phänomenal erlebbare „Deckung" (Hua XIX/2, 566, 596, *passim*) ein, die unterschiedliche Grade haben kann. Gehört zur Wahrnehmung des roten Apfels z. B. die Leerintention, dass dieser auf der Rückseite auch rot sei, und erfüllt sich diese Erwartung beim Drehen des Apfels, so findet eine einstimmige Synthesis der Identifikation statt, in der das soeben leer antizipierte Rot der Rückseite anschaulich bestätigt wird und somit den Gesamtkern des Sehens einstimmig bereichert. In diesem Sinne weist sich der rote Apfel als wirklich rot-seiend aus. Es ist klar, dass es aufgrund der unerschöpflichen Transzendenz materieller Dinge unendlich viele Möglichkeiten gibt, wie sich Sinne einstimmig erfüllen können. Zudem gehören zu den impliziten Leerintentionen unterschiedliche ‚Erwartungen'.[706] So erwarte ich z.B., dass sich die rote Farbe der Vorderseite auf der Rückseite fortsetzt. Aber auch andere Sinnesmodalitäten spielen hinein; so erwarte ich eine gewisse haptische Glätte der roten Apfeloberfläche, ein weiches Innenleben, einen süßlichen Duft und fruchtigen Geschmack beim Hineinbeißen. Dies sind Erwartungen, die ebenfalls mit zum Leerhorizont des Aktes gehören und die mit dem Erscheinen des explizit Sichtbaren assoziativ geweckt werden. Solange die eintretenden Erfüllungen der Leerintentionen Einstimmigkeit aufweisen, bleibt der setzend qualifizierte Kern *roter Apfel* unmodifiziert. Treten hingegen *Enttäuschungen* bzw. *Widerstreit* ein, so ändert sich die Situation. Der Gegenbegriff zur Einstimmigkeit ist *Widerstreit*, von dem ebenfalls eine Reihe von Stufungen

---

[706] Das Wort „Erwartung" muss hier in einem weiten Sinne verstanden werden, der sich von thematischen oder expliziten Erwartungen spürbar unterscheidet. Wenn ich z.B. an der Bushaltestelle auf den Bus warte, so liegt eine Erwartung im engeren Sinne vor. Husserls implizite Leerintentionen, die zum aktuellen Akthorizont gehören, sind keine Erwartungen in diesem Sinne. Vielleicht ist Husserls eigenes bzw. von Kant entlehntes Wort „Antizipation" besser. Vgl. EU, § 8.

möglich sind. Allerdings ist Widerstreit nach Husserl auf ‚höhere' Sinn-Stufe sozusagen immer noch eine Form von Einstimmigkeit und partieller Erfüllung (vgl. LU VI, § 11; CM, § 24). Wenn sich z. B. die Rückseite des Apfels als bräunlich verfärbt enthüllt, tritt eine Enttäuschung ein, aufgrund deren der Sinn *roter Apfel* „durchgestrichen" wird, zumindest partiell. Aber deshalb höre ich nicht auf, zu glauben, vor mir liege tatsächlich ein teilweise roter Apfel. Es findet eine Modifikation statt, aufgrund deren der frühere Sinn *(durchgehend) roter Apfel* durch den aktuellen Sinn *vorne roter und hinten bräunlicher Apfel* ersetzt wird. Es findet „Sinnbereicherung und Sinnfortbildung" (Hua VI, 161) statt. Der neue Sinn ist nun aber wiederum einstimmig gegeben, der Widerstreit war also nur von kurzer Dauer und ist einstimmig ‚aufgehoben' worden (à la Hegel).[707] Wenn sich X als wirklich ausweisen soll, muss es somit in *global* einstimmigen Synthesen der setzenden Identifikation originär gegeben sein. *Lokale* Unstimmigkeiten sind dabei zulässig, ja mehr noch, Husserl betont, dass bei räumlichen Realia notwendigerweise gewisse Unstimmigkeiten auftreten, die sich allerdings, falls das Objekt wirklich existiert, gewissermaßen von selbst oder passiv aufheben. Der rote Apfel erscheint z. B. aus größerer Entfernung von einem einheitlichen Rot bedeckt, das bei näherem Hinsehen als unterschiedlich nuanciert erscheint; in der Wahrnehmung gibt es eine „eigentlich beständig mitfungierende Korrektur" (Hua VI, 166).

Erst Phänomene, die Husserl bei der Wahrnehmung unter dem plastischen Titel der *Explosion* der Dingauffassung thematisiert, sind bar jeder Einstimmigkeit (vgl. *Ideen I*, §§ 138, 151). „Explodiert" meine Apfelwahrnehmung, so erweist sich der Apfel als ein nicht-existierender Gegenstand (ein *hallucinatum*) und die Wahrnehmung als gegenstandslos. Es lässt sich dann nicht einmal die Einheit des „bestimmbaren X" durchhalten, weil es gar kein solches X gibt. Durch diese Explosion der Einstimmigkeit kommt „das gesetzte Ding ganz und gar zur Durchstreichung" (Hua III/1, 353); das „Verdikt des Nichtseins" wird „nicht bloß über ein

---

[707] Es sei darauf hingewiesen, dass sich insbesondere Realia in gewissem Sinne stets in einstimmigen *und* widerstreitenden Erfahrungen prägnant konstituieren. Nach Husserl ist die Wahrnehmung von Dingen in diesem Sinne ein „Verlauf ständiger Selbstkorrektur", in dessen Entfaltung „auf dem Boden der durchgehenden Erfahrungsgewißheit [...] ständig partielle Durchstreichungen" (EU, 331) stattfinden. Auf die zahlreichen Modalisierungen und Modifikationen der Erfahrung, auf die sich die Urteilsmodalitäten (z. B. *möglich, zweifelhaft, wahrscheinlich, fraglich*) gründen, kann hier nicht näher eingegangen werden. Es ist klar, dass solche Phänomene des Widerstreits, der Enttäuschung und Durchstreichung eine Rolle für das Problem der Nicht-Existenz spielen. Vgl. dazu Drummond 1998, 2012 und Alweiss 2010. Wie sich zunächst einstimmige und setzende Erfahrung modifiziert, beschreibt Husserl ausführlich im Kontext der genetischen Analysen in EU, §§ 21, 66–79, und Hua XI, §§ 5–15, unter dem Titel *Modalisierung*.

einzelnes oder komplexes Beschaffensein, vielmehr über das gesamte Sein ausgesprochen" (Hua XX/1, 161).[708]

IV. Regularität. Ungeachtet der (potentiellen) Unendlichkeit des PKS eines transzendenten Reale weist dieses eine *einsehbare Ordnung* oder *Regularität* auf. Jedes Objekt ist an eine „Strukturtypik" gebunden, „die unzerbrechlich dieselbe ist, solange eben die Gegenständlichkeit gerade als diese und als so geartete bewußt bleibt und solange sie im Wandel der Bewußtseinsweisen in der Evidenz der Identität soll verharren können" (CM, 53 f.). Wenn es um transzendente Entitäten geht, insbesondere um räumliche Realia, gibt es prinzipiell keine adäquate Gegebenheit – egal wie lange man um ein Ding herumgeht, es wird sich nie unabgeschattet präsentieren. Gleichwohl ist das zugehörige PKS so gebaut, dass sich ihm gleichsam der *modus procedendi* entnehmen lässt, der nicht nur zu weiteren, sondern auch zu immer genaueren, besseren und vollständigeren Gegebenheitsweisen führen würde. Diese Struktur hat einen *Regel-Charakter*, der in dem *(reinen) Wesen (Eidos)* der jeweiligen Region gründet, zu der X gehört (vgl. EU, §§ 86 – 93). Diese Regel sagt uns, wie wir unsere Akte weiter fortzuführen haben, um X näherhin bestimmen zu können:

> Sie schreibt die Regel vor für die Art, wie ein ihr unterstehender Gegenstand nach Sinn und Gegebenheit zu voller Bestimmtheit, zu adäquater originärer Gegebenheit zu bringen wäre; durch welche vereinzelten oder kontinuierlich fortlaufenden Bewußtseinszusammenhänge und durch welche konkrete Wesensausstattung dieser Zusammenhänge. (Hua III/1, 330)

In diesem Sinne bezeichnet Husserl alle intentionalen Gegenstände auch als Indizes einer „Regelstruktur des transzendentalen Ego" (CM, 55). Bezogen auf den roten Apfel, der die Region materieller Dinge exemplifiziert, gilt: will ich dessen Rückseite sehen, muss ich mich um ihn herumbewegen (oder ihn drehen); dabei muss ich meine Augen attentional auf ihn gerichtet lassen; dabei muss ich, obschon passiv, eine Synthesis der Identifikation und Einstimmigkeit vollziehen, damit er mir als derselbe und einheitlich bestimmte rote Apfel erscheint; ist die Synthesis nicht kontinuierlich (diskret), weil ich etwa von einem lauten Knall abgelenkt wurde und kurz den Blick abwende, so ändert sich die Gewissheit, dass es sich um denselben Apfel handelt (er könnte vertauscht worden sein); *etc. pp.* Darin kommen nach Husserl keine kontingenten Zusammenhänge zum Ausdruck, sondern wesentliche Aspekte des Sinns *roter Apfel (qua materielles Ding)*.

V. Wirklichkeit als „Idee". Obschon bei transzendenten (räumlich fundierten) Realia keine vollständige anschauliche Erfassung möglich ist – weder zu einem

---

[708] Zu den verschiedenen Möglichkeiten des Verlaufs einer Wahrnehmung (Näherbestimmung, Andersbestimmug, Annullierung) vgl. Hua XX/1, §§ 38 ff.

III Konstitution im prägnanten Sinne —— 531

Zeitpunkt noch in einem beliebig langen Zeitintervall –, bemüht sich Husserl, zu zeigen, dass auch in diesem Fall das Wirklichsein äquivalent ist mit einer Form adäquater Evidenz – allerdings nur in Form einer *Idee:*

> Aber als „Idee" (im Kantischen Sinn) ist gleichwohl die vollkommene Gegebenheit vorgezeichnet – als ein in seinem Wesenstypus absolut bestimmtes System endloser Prozesse kontinuierlichen Erscheinens [...]. Dieses Kontinuum bestimmt sich näher als allseitig unendliches, in allen seinen Phasen aus Erscheinungen desselben bestimmbaren X bestehend, derart zusammenhängend geordnet und dem Wesensgehalt nach bestimmt, daß jede beliebige Linie desselben in der stetigen Durchlaufung einen einstimmigen Erscheinungszusammenhang ergibt [...], in welchem das eine und selbe immerfort gegebene X sich kontinuierlich-einstimmig „näher" und niemals „anders" bestimmt. (Hua III/1, 331)

Dem Wirklichsein von X ist demnach eine Idee, d. i. hier eine *unendliche* Mannigfaltigkeit von Akten und Sinnen zugeordnet, die in kontinuierlicher Synthesis der Identifikation stehen – alle enthalten dasselbe „bestimmbare X"; darüber hinaus sind sie einstimmig synthetisierbar und bringen das X „näher", d. h. es sind Erfüllungen im progressiven Sinne involviert. Die ‚Idealität' dieses „Systems endloser Prozesse" besteht in dessen Endlosigkeit oder Unendlichkeit.[709] Dass ein Ding wirklich (so-und-so) ist, ist nie abschließend zu wissen. Entsprechende Setzungen sind stets revidierbar. Keine auf „einer inadäquat gebenden Erscheinung beruhende Vernunftsetzung [kann] ‚endgültig', keine ‚unüberwindlich' sein"; kein Urteil ist gleichwertig „mit dem schechthinnigen: ‚Das Ding ist wirklich', sondern nur gleichwertig [...] mit dem: ‚Es ist wirklich' – vorausgesetzt, daß der Fortgang der Erfahrung nicht ‚stärkere Vernunftmotive' herbeibringt, welche die ursprüngliche Setzung als eine in dem weiteren Zusammenhang ‚durchzustreichende' herausstellen" (Hua III/1, 319). Nach Husserl ist weder das *individuelle Ding X* noch das *Individualwesen des Dinges* (die X-heit) noch das *allgemeine Wesen* (oder die *Region*) Dingheit adäquat erkennbar; gleichwohl soll die *Idee* des Dings adäquat erfassbar sein (vgl. *Ideen I*, § 149).[710] Die Idee des unendlichen Systems ist „nicht selbst eine Unendlichkeit" (Hua III/1, 331). Wir erkennen die Idee des Dings, den „Ding-Sinn" (Hua III/1, 345), dadurch adäquat, dass wir die „Regel" erkennen, die innerhalb eines solchen unendlichen

---

709 Dass bei Husserl auch der Begriff des empirischen Dings eine Idee anzeigt, ist offenbar als Polemik gegen Kant zu verstehen. Denn Husserl zufolge hat Kant die empirische Erkenntnis, d.i. die synthetischen Urteile *a posteriori*, radikal unterschätzt und dementsprechend keiner „Kritik" unterworfen (vgl. Hua XXIV, § 51).
710 Offenbar identifiziert Husserl Idee und Ding-Sinn bzw. Noema. Die Idee des Dinges ist deshalb nicht das Wesen *Dingheit*, weil sie sich nicht in Dingen, sondern im Bewusstsein von Dingen vereinzelt. Allerdings ist Husserls Terminologie am Ende der *Ideen I*, auf die ich mich hier stütze, äußerst verwirrend.

Systems von einer Anschauung zu einer weiteren und ‚besseren' Anschauung desselben X führt, usf. Wir sehen gleichsam ein, wie es einstimmig weitergehen müsste. Wir sehen den *modus procedendi* ein, der für X charakteristisch ist. Dafür muss ich weder X noch sein Wesen (die Gesamtheit seiner essentiellen Eigenschaften) adäquat erkennen. Dass wir dabei nicht alle einzelnen Fortsetzungen vor Augen haben können, ist für Husserl kein Grund, die Adäquatheit der Evidenz des Ding-Sinns in Frage zu stellen:

> Andererseits erfassen wir doch mit Evidenz und adäquat die „Idee" Ding. Wir erfassen sie im freien Prozeß des Durchlaufens, im Bewußtsein der Grenzlosigkeit des Fortganges der einstimmigen Anschauungen. Wir erfassen so zunächst die unerfüllte Idee des Dinges, und dieses individuellen Dinges, als etwas, das „so weit" gegeben ist, als die einstimmige Anschauung eben „reicht", aber dabei „in infinitum" bestimmbar bleibt. Das „usw." ist ein einsichtiges und absolut unentbehrliches Moment im Dingnoema. (Hua III/1, 347)

Ähnlich wie man den Sinn *natürliche Zahl* adäquat erfassen kann, indem man sich klarmacht, dass 1 eine natürliche Zahl ist, und dass (n+1) eine natürliche Zahl ist, sofern n eine solche ist, kann man die Idee oder den Sinn *Ding* adäquat erkennen, indem man einsieht, dass e eine Dingwahrnehmung ist, und dass e* eine Dingwahrnehmung ist, sofern e* eine im Horizont von e enthaltene Leerintention einstimmig-identifizierend erfüllt. Auf diese Weise kann uns, so Husserl, der *modus procedendi* adäquat gegeben sein, auch wenn wir keine adäquate Einsicht in die Unendlichkeit aller möglichen Akte haben, die zu PKS (X) gehören.[711] Es gibt hier ein „subjektiv abschließende[s] Bewußtsein des ‚Undsoweiter' – des ‚So könnten wir immer weiter' Einheit für Einheit hinzufügen" (Hua VIII, 151).[712]

---

711 Husserl zufolge trägt jeder Akt eine potentielle Unendlichkeit weiterer Akte in sich, nämlich in Form von horizontalen Implikationen. Vgl. Hua VIII, 49. Vorlesung; Hua IX, 183; A. D. Smith 2006, 325f.

712 Husserl sieht hier offenbar kein Wittgenstein'sches Regelfolgen-Problem: „Es versteht sich leicht, dass originär gebende Intuition, also auch Evidenz, Unendlichkeiten umspannen kann; es handelt sich hier um nichts Unerhörtes, sondern um ein alltägliches, nur nie gewürdigtes Vorkommnis. [...] Zum Beispiel, einsichtig erfassen wir die Unendlichkeit einer fortschreitenden Reihe der Zählung, obschon wir nur wenige Reihenglieder in wirklicher Kollektion gegeben haben: eins und eins, das eins und eins und eins; nun noch vielleicht einen Schritt, und dann heißt es: ‚und so weiter'. Der synthetisch-einheitliche Fortgang gemäß der fühlbar gleichförmigen Regelung eröffnet einen ‚sichtbaren' Horizont oder ‚Spielraum'. Eine ganz einzigartige Intuition (als originär gebender Akt) erfasst diese nach geregeltem Sinn fortschreitende ‚Reihe', die als offene mit einem ‚und so weiter' behaftet ist und nach ihrem ‚Sein' vollkommen erfasst ist; erfasst eben als diese bestimmte von den gegebenen Anfängen auslaufende Möglichkeit: 1,2,3... und so weiter. Genau so erfassen wir auch sonst geordnete und konstruierbare Mannigfaltigkeiten, wie übrigens auch ungeordnete ‚Mengen', als offene ‚Vielheiten' [...], demnach auch in unserem Gebiet die Unendlichkeiten ‚möglicher Erfahrungen' bestimmter Progressionsform

Niemand kann mir streitig machen, dass mir gerade etwas *als ein Ding* erscheint, dass ich den Apfel für ein Ding halte – obschon ich mich natürlich darin täuschen kann, dass er ein Ding ist und so ist, wie er mir erscheint. Husserl vertritt hier eine resolut internalistische Position mit Blick auf das, was wir meinen bzw. „im Sinn haben".

VI. Potentialität & Habitualität. Eine weitere Auszeichnung prägnanter Konstitution besteht darin, dass wir uns auf einen Gegenstand, der sich uns einmal als wirklich ausgewiesen hat, wiederholt beziehen können – und zwar so, dass er sich dabei wieder als wirklich darbietet. Typischerweise gilt dies für persistierende Objekte, die ein „bleibendes Sein" haben, also substantielle Realia: „Ohne dergleichen Möglichkeiten wäre für uns kein stehendes und bleibendes Sein, keine reale und ideale Welt." (CM, 62)

> Jedes Seiende ist in einem weitesten Sinne „an sich" und hat sich gegenüber das zufällige Fürmich der einzelnen Akte, und ebenso ist jede Wahrheit in diesem weitesten Sinne „Wahrheit an sich". Dieser weiteste Sinn des Ansich verweist also auf Evidenz, aber nicht auf eine Evidenz als Erlebnistatsache, sondern auf gewisse im transzendentalen Ich und seinem Leben begründete Potentialitäten, zunächst auf diejenigen der Unendlichkeit auf ein und dasselbe synthetisch bezogener Meinungen überhaupt, dann aber auch auf diejenigen ihrer Bewährung, also auf potentielle, als Erlebnistatsachen ins Unendliche wiederholbarer Evidenzen. (CM, 62)

Diese These der potentiell unendlichen Wiederholbarkeit originärer Gegebenheit muss jeweils an die Art der involvierten Objekte angepasst werden. Zahlen z. B., die zu den freien Idealitäten gehören, sind zu jeder Zeit und an jedem Ort auf exakt dieselbe Weise originär zugänglich; dies gilt nicht für vergangene Ereignisse, die, einmal wahrgenommen, niemals wieder wahrgenommen werden können. Allerdings stellen sie sich quasi-originär in anschaulichen Akten der Erinnerung dar, die auch ihre Weise der Evidenz haben, nämlich dadurch, dass idealerweise vom erinnerten Objekt aus kontinuierliche Erinnerungen bis hin zur Gegenwart der Erinnerung vollzogen werden können (vgl. *Ideen I*, § 141; EU, §§ 37 f.). Ist eine solche „Explikation bis zum aktuellen Jetzt durchgeführt, so strahlt etwas vom Licht der Wahrnehmung und ihrer Evidenz auf die ganze Reihe zurück" (Hua III/1, 327). Wirkliche Objekte sind somit, anders als bloß intentionale, stets in gewisse *Zusammenhänge* eingebettet, die eine, wenn auch modifizierte, Wiederholung ihres Wirklichkeitsausweises ermöglichen. Dies gilt z. B. nicht für ein *hallucinatum*. Nur das halluzinierende Erlebnis ist wirklich und lässt sich kraft seiner Einbettung in den Bewusstseinsstrom wiederholt als etwas

---

und korrelativ z. B. unendliche Folgen einstimmig näher bestimmender intuitiver Möglichkeiten eines mit unvollkommenem Bestimmungsgehalt Gegebenen als solchen." (Hua XX/1, 199 f.)

ehemals Wirkliches erinnern. Was sich einmal als wirklich ausgewiesen hat, stiftet so für das Subjekt eine gewisse *Habitualität*, aufgrund deren es den einmaligen Wirklichkeitsausweis wiederholen oder auf ihn zurückkommen kann. In § 27 der *Cartesianischen Meditationen*, der den prägnanten Titel „Habituelle und potentielle Evidenz konstitutiv fungierend für den Sinn 'seiender Gegenstand'" trägt, heißt es dazu:

> Jede Evidenz stiftet für mich eine bleibende Habe. Auf die selbst erschaute Wirklichkeit kann ich „immer wieder" zurückkommen, in Ketten neuer Evidenzen als Restitutionen der ersten Evidenz; so z. B. bei der Evidenz immanenter Gegebenheiten in Form einer Kette anschaulicher Wiedererinnerungen mit der offenen Endlosigkeit, die, als potentieller Horizont, das „Ich kann immer wieder" schafft. (CM, 62; vgl. EU, § 25)

VII. Intersubjektivität. Für die Wirklichkeit eines Reale ist nach Husserl niemals nur das prägnante Konstitutionssystem *eines* Subjekts hinreichend. Erst eine Gemeinschaft von Subjekten, die in intersubjektiver Einfühlung stehen, konstituieren im prägnanten Sinne reale Objekte. Solange *nur ich* Akte vollziehe, die den Bedingungen I bis VI genügen, könnte es immer noch sein, dass ich, salopp gesagt, einfach nur spinne oder verrückt bin, und andere Subjekte keinen roten Apfel, sondern nur eine gelbe Birne sehen. Die Wirklichkeit von Realia ist demnach nur äquivalent mit einem ‚großen' vernünftigen System von wechselseitig empathischen Bewusstseinsströmen. Aus diesen Gründen hat sich Husserl intensiv mit dem Phänomen der Intersubjektivität beschäftigt und die These vertreten, dass die Objektivität der Realia Intersubjektivität voraussetzt. Zur prägnanten „Konstitution der objektiven Welt [gehört] wesensmäßig eine ‚Harmonie' der Monaden" (CM, 110). Der erste Schritt in diese Richtung ist freilich die (prägnante) Konstitution eines *alter ego* vom Standpunkt des *solus ipse* aus, die im Rahmen von Husserls Theorie der Einfühlung erfolgt (vgl. CM V). Ob Husserl damit ‚erfolgreich' ist oder nicht, muss uns hier nicht näher interessieren; zumal für bloße intentionale Objekte der Bezug auf andere Subjekte offenbar nicht notwendig ist. Mir sind keine Stellen bei Husserl bekannt, in denen er behauptet, dass es Intentionalität als solche nur dort gibt, wo ein Subjekt sich zusammen mit anderen Subjekten auf ‚seine' Objekte bezieht.[713] Den internen Zusammenhang zwischen einem intersubjektiven prägnanten Konstitutionssystem auf der einen, und der Existenz des (realen) Objekts auf der anderen Seite macht Husserl hingegen im folgenden *kontrafaktischen Konditional* aus § 49 der *Ideen I* deutlich:

---

[713] Vgl. Hua XXX, 285: „*A priori* können wir wohl nicht sagen, daß ein Subjekt undenkbar ist ohne Beziehung zu anderen Subjekten." Allerdings gilt „a priori", dass ein Subjekt Subjekt intentionaler Erlebnisse ist.

Nehmen wir an, Bewußtsein sei mit seinem Erlebnisgehalt und Verlauf wirklich in sich so geartet, daß das Bewußtseinssubjekt im freien theoretischen Verhalten des Erfahrens und Erfahrungsdenkens all solche Zusammenhänge vollziehen k ö n n t e (wobei wir den Sukkurs der Wechselverständigung mit anderen Ichen und Erlebnisströmen mit in Rechnung zu ziehen hätten); nehmen wir ferner an, daß die zugehörigen Bewußtseinsregelungen wirklich beständen, daß auf seiten der Bewußtseinsverläufe überhaupt nichts fehlte, was zur Erscheinung einer einheitlichen Welt und zur vernünftigen theoretischen Erkenntnis derselben irgend erforderlich wäre. Wir fragen nun, ist es, das alles vorausgesetzt, noch d e n k b a r und nicht vielmehr widersinnig, daß die entsprechende transzendente Welt n i c h t sei? (Hua III/1, 105)

Transzendente (reale) Wirklichkeit ist in diesem Sinne äquivalent mit einem prägnanten *intersubjektiven* Konstitutionssystem. Einschränkend ist dazu zu sagen, dass sich nicht alle Entitäten intersubjektiv konstituieren müssen. Dies gilt z. B. nicht für meine eigenen Erlebnisse. Diese können sich sozusagen *solipsistisch als wirklich* konstituieren. Husserl übertreibt mithin die Rolle von Intersubjektivität für Wirklichkeit auch nicht. Das ist ein in meinen Augen vertretbares ‚cartesisches' Erbe in Husserls Phänomenologie.

VIII. „Erfahrungsdenken". In der gerade zitierten Passage klingt ein letzter Aspekt prägnanter Konstitution von räumlich fundierten Realia an. Husserl spricht vom „Erfahrungsdenken". Damit sind die indirekten und inferentiellen Methoden der (empirischen) Naturwissenschaften gemeint – lassen wir hier die Frage nach der ‚Wirklichkeit' von *culturalia* außen vor –, die mitunter hinzugezogen werden müssen, um zu bestimmen bzw. zu konstituieren, wie ein Reale tatsächlich beschaffen ist. Aus welchen molekularen Stoffen und aus welchen Atomen der Apfel besteht, warum er sich auf eine bestimmte Weise verhält, die sich mit rein ‚anschaulichen' Methoden nicht erklären lässt, etc. – all dies sind Fragen, die „Erfahrungsdenken" zu ihrer Beantwortung involvieren. Eine triftige Wahrnehmung muss sich ggf., so Husserl, „im aktuellen Erfahrungszusammenhange, *ev. unter Mithilfe korrekten Erfahrungsdenkens* 'bestätigen'", denn (nur) dann „i s t das wahrgenommene Ding w i r k l i c h und in der Wahrnehmung wirklich selbst, und zwar leibhaftig gegeben" (Hua III/1, 81; Herv. CE).[714]

Fazit: Konstitution im prägnanten Sinne liefert ein anschauungsbasiertes, teleologisch-dynamisches, unreduzierbar modales, offenes und kohärentistisch-holistisches Bild relationaler Ausprägungen von Intentionalität. Vom phäno-

---

[714] Wie sich wahrgenommenes und physikalisches Ding zueinander verhalten und wie sich die ‚subjektabhängigen' von den ‚objektiven' Merkmalen abgrenzen lassen, ist ein eigenes Thema von Husserls Konstitutionstheorie der Realität. Husserl hat in diesem Kontext eine Zwei-Aspekt-Theorie vertreten, derzufolge es sich um zwei Aspekte ein und derselben Entität handelt. Vgl. dazu *Ideen I*, § 52; *Ideen II*, § 18.

menologischen Standpunkt aus gesehen ist die Existenz (realer) intentionaler Objekte das *Korrelat* von Erlebnismannigfaltigkeiten, welche den oben beschriebenen Bedingungen genügen. Die Existenz solcher Erlebnissysteme ist *korrelativ zu* bzw. *äquivalent mit* der Existenz der jeweiligen intentionalen Objekte und damit auch der ‚echten' Relationalität der Akte:

> Es bleibt also dabei, daß das Eidos Wahrhaft-Sein korrelativ gleichwertig ist mit dem Eidos Adäquat-gegeben und Evident-setzbar-sein – das aber entweder im Sinne endlicher Gegebenheit oder Gegebenheit in Form einer Idee. In einem Falle ist das Sein „immanentes" Sein, Sein als abgeschlossenes Erlebnis oder noematisches Erlebniskorrelat; im anderen Fall transzendentes Sein, d.i. Sein, dessen „Transzendenz" eben in der Unendlichkeit des noematischen Korrelats [...] gelegen ist. (Hua III/1, 332)

Husserl hält somit daran fest, dass adäquate Gegebenheit als Paradigma für die „Triftigkeit" von Akten fungiert. *Entweder* ist adäquate Evidenz eine prinzipiell unrealisierbare „Idee" (Realia, transzendente Idealitäten), *oder* aber eine realisierbare Option (immanente Wahrnehmung eigener Erlebnisse, immanente Idealitäten). In jedem Fall ist die Relationalität intentionaler Erlebnisse eine Folge aus ihrem adäquaten (oder apodiktischen) Erfülltsein, nicht aus ihrer Intentionalität *per se*.

IV Relationalität und kognitive Teleologie

Wenn Intentionalität eine intrinsische Eigenschaft von Akten ist, so steht kein Akt *qua* intentionales Erlebnis in einer Relation zu seinem Objekt X. Jeder Akt ist *qua* intentionales Erlebnis zwar konstitutiv auf X gerichtet, aber Gerichtetheit ist keine Relation. Es wurde gezeigt, dass Husserl nicht behauptet, dass es überhaupt keine relationalen Formen von Intentionalität gibt. Apodiktische und adäquate Evidenzen sind zwei relationale Ausprägungen der Intentionalität. Allerdings sind diese nicht *aufgrund* ihrer Gerichtetheit als solcher, sondern eben aufgrund ihrer spezifischen Art der *Erfüllung* relational: bei der apodiktischen Evidenz ist das Nicht-Sein des Objekts undenkbar (und als solches *einzusehen*), bei adäquater Evidenz ist der Gegenstand so vollständig gegeben, dass seine Gegebenheit seine Existenz impliziert. Adäquate Evidenzen spielen bei Husserl eine zentrale methodische Funktion, da sie als Paradigmen bzw. Ideale fungieren, die inadäquater Gerichtetheit einen gewissen *modus procedendi* vorschreiben, dessen *ideale* Erfüllung gleichwertig mit der Existenz des Objektes ist.

In diesem abschließenden Abschnitt sollen *drei Fragen* mit Blick auf Intentionalität und Relationalität aufgeworfen werden. *Zunächst* ist zu klären, welcher Art die Relation ist, die veridischen Akten zukommt. Meine ‚realistische' These ist, dass triftige Intentionalität eine Form *einseitiger Fundierung* des veridischen Aktes in dessen Objekt darstellt. *Zweitens* werfe ich die exegetisch heikle Frage auf, ob Husserl eine Art ‚mundanen Relationalismus' vertritt, demzufolge Akte zwar für sich, aber nicht in ihrer Gesamtheit genommen, „gegenstandslos" sein können. *Schließlich* skizziere ich ein Bild der Verbindung, die zwischen Bewusstsein und ‚Sein' bei Husserl besteht. Husserl vertritt die These, dass bewusste Subjekte von Natur aus auf Evidenz, Wahrheit und Sein (und damit auf Relationalität) ausgerichtet sind – und zwar in einem teleologischen Sinne.

1 Die Relationalität „triftiger" Intentionalität

Oben wurde folgendes Argument für die Existenz einer ‚Triftigkeits-Relation' formuliert:
(1) Ist e intentional auf X gerichtet und existiert X, so gibt es eine Relation R mit eRX.
(2) Ist e intentional auf X gerichtet und ist e „triftig" (veridisch), so existiert X.
(3) *Folglich:* Ist e intentional auf X gerichtet und ist e triftig (veridisch), so gibt es eine Relation R mit eRX.

Was „e ist triftig (veridisch)" bedeutet, haben wir erläutert. Es bedeutet, das e einem prägnanten Konstitutionssystem zugehört. Je nach Akt- und Objektart gestaltet sich triftige Gerichtetheit anders.

Dass Husserl die Prämissen (1) und (2) vertritt, ist meines Erachtens relativ offensichtlich. Dies gilt insbesondere für (2), denn Husserl vertritt die These, dass es einen internen Zusammenhang zwischen der Richtigkeit oder Wahrheit von Erlebnissen bzw. deren Sinnen und dem „Sein" ihrer Bezugsgegenstände gibt. Wahrheit und Sein sind *Korrelate* (vgl. Hua XIX/2, 655). Darin und in der These, dass Richtigkeit und Wahrheit als evidente (ideale und vollkommene) Erfüllung von Akten gedacht wird, besteht geradezu die Pointe von Husserls Wahrheitsbegriff (vgl. LU VI, §§ 36–39). Mit Blick auf die „Triftigkeit" der Wahrnehmung wird Prämisse (2) auch durch folgende Passage aus § 39 der *Ideen I* belegt:

> Ich sehe und fasse das Ding selbst in seiner Leibhaftigkeit. Freilich täusche ich mich mitunter und nicht nur hinsichtlich der wahrgenommenen Beschaffenheiten, sondern auch hinsichtlich des Daseins selbst. Ich unterliege einer Illusion oder Halluzination. Die Wahrnehmung ist dann nicht „echte" Wahrnehmung. Ist sie es aber, und das sagt: läßt sie sich im aktuellen Erfahrungszusammenhange, ev. unter Mithilfe korrekten Erfahrungsdenkens „bestätigen", dann i s t das wahrgenommene Ding w i r k l i c h und in der Wahrnehmung wirklich selbst, und zwar leibhaftig gegeben. (Hua III/1, 81)

Hier sagt Husserl, dass eine „echte" Wahrnehmung, womit offenbar eine „triftige" gemeint ist, nicht nur quasi-kohärentistisch dadurch ausgezeichnet ist, sich in den Zusammenhang mit anderen Wahrnehmungen, prädikativen und theoretischen (naturwissenschaftlichen) Denkakten einstimmig einfügen zu lassen, sondern auch dadurch, dass das wahrgenommene Objekt wirklich ist bzw. existiert. „Triftige" Akte sind also aufgrund ihrer Triftigkeit existenzinvolvierend.

Dass auch (1) gilt, dass es also eine spezifische Relation der „Triftigkeit" gibt, soll im Folgenden nachgewiesen werden. Es wird sich zeigen, dass es Indizien dafür gibt, dass R eine einseitige Fundierungsrelation ist.

Dass es sich dabei um keine empirische (raum-zeitliche, kausale, komparative) Relation handeln kann, ist für Husserl klar. Anders gesagt: *R ist keine Verbindungs- oder Vergleichungsrelation*. Das ist schon deshalb ausgeschlossen, weil nach Husserl nicht jede Entität in der Raumzeit existiert. Aber auch bei der triftigen Wahrnehmung kann die „Triftigkeitsrelation" keine solche W- oder V-Relation sein. Denn Kausalität ist eine externe Relation, deren Relata unabhängig voneinander existieren und charakterisiert sind. Es gibt bei triftiger Gerichtetheit auf Realia zwar auch eine Verbindungsrelation zwischen Akt und Objekt, aber diese läuft, wie oben gezeigt wurde, lediglich *parallel* zur veridischen Intentionalität, ist also von dieser zu unterscheiden (vgl. *Ideen II*, § 56).[715] Habe ich z. B. eine veridische Wahrnehmung von einem Apfel, so besteht neben oder parallel zur Triftigkeitsrelation auch eine kausale Relation zwischen mir und dem Apfel. Aber Husserl betont, dass selbst im veridischen Fall diese kausale Relation von der triftigen Intentionalität verschieden ist. Intentionalität selbst ist nach Husserl in keinem Fall eine kausale Relation.

Einen Wink in die Richtung, dass triftige Relationalität eine Spezies der Fundierungsrelation ist, gibt die bereits analysierte Passage aus den *Ideen I* zur immanenten Wahrnehmung: „Das Wahrnehmen birgt sein Objekt hier so in sich, daß es von diesem nur abstraktiv, nur als wesentlich unselbständiges abzusondern ist." Es liegt weiters „ein Ineinander zweier intentionaler Erlebnisse [vor], von welchen mindestens das höhere unselbständig und dabei nicht bloß in dem tieferen fundiert, sondern zugleich ihm intentional zugewendet ist" (Hua III/1, 78). Im Falle der immanenten Wahrnehmung stehen Akt und Objekt also in einer echten Relation zueinander, die zudem eine Form der Fundierung darstellt. Oben wurde gezeigt, dass es sich um eine konstante, rigide und einseitige Abhängigkeit

---

715 Vgl. dazu auch Johansson 1989, Kap. 13, der ebenfalls die These verteidigt, dass Intentionalität *als solche* keine Relation sei; erfüllte (*satisfied*) Intentionalität gehe gleichwohl mit gewissen Relationen Hand in Hand. Bei der (äußeren) Wahrnehmung liegt eine besonders innige Relation zwischen Akt und Objekt vor, nämlich eine Relation individueller existenzialer Abhängigkeit (vgl. 210 ff.).

des reflektierenden Aktes vom reflektierten Akt handelt. *Die Triftigkeit immanenter Wahrnehmung ist also eine Spielart der Fundierungsrelation.*

Diese Idee lässt sich auf transzendente Wahrnehmungen, die auf räumliche Objekte zielt, übertragen. Verkompliziert wird hier alles dadurch, dass transzendente Akte *inadäquat* sind und ihre Objekte nur durch oder aufgrund gewisser „Abschattungen" intendieren können. Deshalb tragen sie die Existenz ihrer Objekte nicht *eo ipso* in sich selbst wie immanente Wahrnehmungen; sie sind *wesentlich präsumptiv* (vgl. Ideen I, § 138; EU, § 77). Transzendente Akte haben notwendigerweise *offene Horizonte,* welche die prinzipielle Möglichkeit der „Andersbestimmung" (vgl. Illusion, Täuschung, Irrtum) und „Annullierung (,Durchstreichung')" (Hua XX/1, 161) (vgl. „Explosion", Halluzination) ihrer Objekte implizieren. Zu sagen, eine transzendente Wahrnehmung e, z. B. das Sehen dieses Apfels hier auf meinem Schreibtisch, sei „triftig", präsumiert, dass sich *alle* zu e gehörigen Leerintentionen bei ‚inspizierender' Betrachtung einstimmig erfüllen würden. Allerdings kann man sagen, dass in dem Fall, in dem diese einstimmige Erfüllung realisiert ist (auch wenn das bloß eine „regulative Idee" ist), die Existenz des Objekt *untrennbar* mit entsprechenden Aktzusammenhängen verknüpft ist:

> Prinzipiell entspricht (im Apriori der unbedingten Wesensallgemeinheit) j e d e m „w a h r h a f t s e i e n d e m" Gegenstand die Idee eines möglichen Bewußtseins, in welchem der Gegenstand selbst o r i g i n ä r und dabei v o l l k o m m e n a d ä q u a t erfaßbar ist. Umgekehrt, wenn diese Möglichkeit gewährleistet ist, ist eo ipso der Gegenstand wahrhaft seiend. (Hua III/1, 329)

Entscheidend ist hier der letzte Satz: sind alle horizontal vorgezeichneten Möglichkeiten so realisiert, dass sie Einstimmigkeit mit der aktuellen Setzung aufweisen, sind also die Bedingungen prägnanter Konstitution erfüllt (vgl. A. D. Smiths *ideal harmonization*-Bedingung), so *muss* der Gegenstand existieren. Es wäre „widersinnig", wenn unter solchen Bedingungen der „entsprechende" Gegenstand nicht existieren würde (vgl. Hua III/1, 105). Mit anderen Worten: „triftige" transzendente Wahrnehmungen sind in der Existenz ihrer Objekte fundiert. Bei „schlichten" (immanenten/transzendenten) Wahrnehmungen ist diese Fundierung typischerweise *rigider* Natur, denn eine Wahrnehmung erfordert die Existenz eines ganz bestimmten individuellen Objekts *hic et nunc*. Darin unterscheiden sich Wahrnehmung und Denken, denn ein Gedanke kann eine unbestimmte kategoriale Materie haben und dementsprechend durch einen beliebigen Gegenstand einer bestimmten Art erfüllt werden. Wenn ich z. B. denke, dass vor dem Eiffelturm gerade ein japanischer Tourist steht, so kann dieser Gedanke triftig sein, wenn es irgendeinen solchen Touristen gibt, der gerade vor dem Eiffelturm steht. In diesem Fall ist die Fundierung nicht rigider, sondern generischer Natur.

Um für alle Aktarten, also v. a. für *fundierte Akte*, d.i. kategoriale, eidetische und nicht-objektivierende (emotive, konative, volitive, evaluative Akte), zu zeigen, dass Triftigkeit in der Tat eine Spezies der Fundierung darstellt, müssten diese Aktarten mit Blick auf ihre jeweiligen Erfüllungsbedingungen untersucht werden. Aber es würde sich bestätigen, dass Triftigkeit auch in diesen Fällen eine nicht-empirische Relation ist, die im Sinne einer Fundierungsrelation verstanden werden kann. Zu beachten ist, dass einige der gerade erwähnten Akte in schlichten Wahrnehmungen fundiert sind; ihre Erfüllungsbedingungen implizieren also die Triftigkeit der zugrunde liegenden Wahrnehmungen. Auch *modifizierte setzende Akte* (Erinnerungen, Erwartungen) wären eigens zu behandeln. Deren Triftigkeit basiert auf der von unmodifizierten Wahrnehmungen. So kann z. B. eine Erinnerung an ein früheres Ereignis nur dann triftig sein, wenn das Subjekt dieses Ereignis in dem früheren Zeitpunkt auf triftige Weise wahrgenommen hat. Die Triftigkeitsbedingungen fundierter und modifizierter Akte sind ihrerseits in denen der fundierenden und unmodifizierten Akte fundiert.

Insgesamt können wir also die These aufstellen, dass Triftigkeit bei Husserl eine einseitige Fundierungsrelation ist:

> Ist e ein auf X gerichtetes Erlebnis und ist e triftig (veridisch), so besteht zwischen e und X eine *einseitige Fundierungsrelation R* (die „Triftigkeitsrelation").

Stimmt diese These, so wäre Husserl in folgendem Sinn ‚Realist': Akte könnten nicht triftig sein, ohne dass ihre Objekte existieren (und so sind, wie sie im Akt erscheinen). Einseitig ist diese Relation deshalb, weil es (so-und-so) seiende Objekte geben kann, auf die kein Akt gerichtet ist.

2 Mundaner Relationalismus?

Ich möchte nun noch einer Vermutung nachgehen, die in der Einleitung dieser Arbeit kurz erwähnt wurde, nämlich der Idee, dass Intentionalität nur oberflächlich eine nicht-relationale, *au fond* hingegen eine relationale Eigenschaft ist. Diese Idee lässt sich ganz unterschiedlich ausbuchstabieren. Eine Möglichkeit ist der Eigenschaftsrelationalismus, demzufolge jeder Akt letztlich in Relationen zu gewissen Eigenschaften steht. Diese Position habe ich im Laufe der Arbeit mehrfach kritisch kommentiert. Eine andere Option, die nun verfolgt werden soll, besagt, dass Intentionalität aus zwei Gründen *au fond* relational ist: nämlich *erstens* deshalb, weil alle Akte in Wahrnehmungen insofern gründen, als sie entweder intentionale Modifikationen von Wahrnehmungen sind (wie z. B. Phantasien), oder in diesen einseitig fundiert sind (wie z. B. Wahrnehmungsurteile); *zweitens* deshalb, weil Wahrnehmungsakte ihrerseits dergestalt organisiert sind, dass zwar *einzelne* Wahrnehmungen eines Subjekts gegenstandslos und somit nicht-relational sein können, aber nicht *alle* auf einmal. Bildlich gesprochen: Wahrnehmungen formieren ein engmaschiges Schleppnetz mit unzähligen Knotenpunkten, von denen immer nur einzelne, aber nicht alle zugleich den Kontakt zum Meeresboden verlieren können. Wahrnehmungen sind dieser Idee zufolge *au fond* in der Welt der Dinge verankert. Nimmt S X wahr, so impliziert dies zwar nicht, dass X existiert (vgl. das Problem der Halluzination), aber S's Wahrnehmungsstrom muss, so die These, so beschaffen sein, dass stets *einige* seiner Wahrnehmungen relational sind. Dem perzeptiven Strom der Erlebnisse ‚korreliert' in diesem Sinne immer *irgendetwas*, letztlich eine Welt von Dingen.

Diese Position kann man als *mundanen Relationalismus* bezeichnen, weil ihr zufolge zwischen dem Bewusstseinsstrom eines Subjekts *als Ganzem* und der Welt eine Relation besteht, selbst wenn einzelne Akte gegenstandslos sind.[716] Intentionalität ist *au fond* relational, weil ein Subjekt in einer echten intentionalen (d. h. nicht nur psychophysischen oder kausalen) *Relation* zur wahrgenommenen Welt steht: Intentionalität ist mundan-relational; Subjekte sind *aufgrund* ihrer intentionalen Erlebnisse – und nicht etwa aufgrund ihrer physischen Beschaffenheit – in einem relationalen Sinne in der Welt. Anders gesagt: Intentionalität ist (einseitig) fundiert in der Existenz einer Welt. Wäre der mundane Relationalismus wahr und eine Position Husserls, so würde nicht nur die cartesische Apodiktizität „Ich existiere (als reines Ich meiner Erlebnisse)", sondern auch die Heidegger'sche Apodiktizität „Die Welt existiert" in seiner Phänomenologie Platz finden. Aber vertritt Husserl den mundanen Relationalismus tatsächlich? Und wie plausibel ist dieser und was besagt er genau? Und inwiefern stellt er eine Herausforderung für die Leitthese der intrinsischen Intentionalität dar?

Aus werkgeschichtlicher Perspektive ist zunächst zu sagen, dass sich, wie so oft bei Husserl, kein einheitliches Bild ergibt. So spricht Husserl z. B. noch in den späten *Cartesianischen Meditationen* (1931) von der Möglichkeit eines *zusam-*

---

716 Eine solche Lesart von Husserl vertreten z. B. John Drummond 1998, 2012 und Peter Poellner 2007. Nach Drummond sind z. B. Halluzinationen nur deshalb möglich, weil es im Horizont des Aktes existierende *sensibilia* gibt, von denen sich das *hallucinatum* gleichsam parasitär abhebt. Ähnliches soll dann auch für *imaginabilia* und *impossibilia* gelten; vgl. ähnlich Alweiss 2010. Ich kann nicht sehen, inwiefern damit die Gerichtetheit auf ein ganz bestimmtes inexistentes *hallucinatum* erklärt werden kann. Wenn die Horizonte zweier Akte gleich sind, woher kommt es, dass im einen Fall dieses, im anderen jenes Objekt halluziniert wird? Anders gesagt: wie sollen Relationen zu existierenden Objekten aus der Aktumgebung die Gerichtetheit auf ein bestimmtes *hallucinatum* verständlich machen? Für eine plausiblere Deutung von Halluzinationen im Husserl'schen Rahmen vgl. Hopp 2011, Kap. 1 und 6, und A. D. Smith 2002, Kap. 9.

menhängenden Traums (vgl. CM, § 7), aufgrund dessen der apodiktische Charakter der Welt-Existenz zu leugnen ist. Explizit wird in den zeitnahen Vorlesungen zur *Ersten Philosophie* (1923/4) verneint, dass der Satz „Die Welt ist" apodiktisch sei (vgl. EP, 32.–36. Vorlesung).

Andererseits finden sich vor allem in Nachlassbänden aus Husserls Spätphase (vgl. Hua XXXIV, Hua XXXIX) Passagen, die auf den mundanen Relationalismus hinweisen – und überhaupt scheint Husserls Konzeption der *Lebens-* und *Umwelt* in diese Richtung zu weisen.[717] Husserl thematisiert in diesen Texten oft in selbstkritischer Weise seine frühere These, dass es tatsächlich eine evidente und einsehbare Möglichkeit sei, dass die Welt *als Ganze* nicht existiert. Husserl beschäftigt sich also mit der Frage, ob es phänomenologische Anhaltspunkte gibt, den Satz „Es ist möglich, dass die Welt nicht existiert" für wahr zu halten. Mit der Rede von „phänomenologischen Anhaltspunkten" ist gemeint, dass es Husserl offenbar nicht so sehr um bloß denkbare Szenarien à la *genius malignus*, *Matrix* oder *brains in a vat* geht; vielmehr geht es darum, ob es, vom subjektiven Standpunkt aus gesehen, einsehbare Strukturen der Erfahrung (Wahrnehmung) gibt, welche die Möglichkeit der Nicht-Existenz der Welt sozusagen offenlassen. In diesem Sinne behauptet Husserl z. B., dass jede *einzelne* Dingwahrnehmung nicht apodiktisch sei: „Wesensgesetzlich gilt: **Dingliche Existenz ist nie eine durch die Gegebenheit als solche notwendig geforderte**, sondern in gewisser Art immer *zufällige.*" (Hua III/1, 97) Dies liegt daran, dass sich Dinge inadäquat (durch Abschattung) darstellen und somit immer etwas offenlassen, das sich als anders erweisen kann; es ist sogar möglich, dass es gar kein Ding bzw. gar nichts gibt („Explosion", Halluzination). Gilt aber dasselbe für die erfahrene Welt als Ganze? Kann auch sie sich als ein bloßes intentionales Objekt herausstellen aufgrund gewisser Unstimmigkeiten in der Erfahrung? Dies ist gewissermaßen die Gretchenfrage mit Blick auf den mundanen Relationalismus.

In dem berühmt-berüchtigen § 49 der *Ideen I* (1913), betitelt mit „Das absolute Bewußtsein als Residuum der Weltvernichtung", bejaht Husserl diese Fragen explizit:

> Existenz einer Welt ist das Korrelat gewisser, durch gewisse Wesensgestaltungen ausgezeichneter Erfahrungsmannigfaltigkeiten. [...] Vielmehr ist es sehr wohl denkbar, daß nicht nur im einzelnen sich Erfahrung durch Widerstreit in Schein auflöst, und daß nicht, wie de facto, jeder Schein eine tiefere Wahrheit bekundet und jeder Widerstreit an seiner Stelle gerade das durch weiterumfassende Zusammenhänge für die Erhaltung der gesamten Einstimmigkeit Geforderte ist; *es ist denkbar,* daß es im Erfahren von unausgleichbaren und nicht nur für uns, sondern an sich unausgleichbaren Widerstreiten wimmelt, daß die Erfahrung mit

---

[717] Der *locus classicus* zum Begriff der Lebenswelt ist Husserls *Krisis*-Schrift aus dem Jahre 1936 (Hua VI). Vgl. auch Hua XXIX und Hua XXXIX. Zum Begriff der Umwelt vgl. *Ideen II*, §§ 48 ff.

einem Male sich gegen die Zumutung, ihre Dingsetzungen einstimmig durchzuhalten, widerspenstig zeigt, daß ihr Zusammenhang die festen Regelordnungen der Abschattungen, Auffassungen, Erscheinungen einbüßt – *daß es keine Welt mehr gibt*. (Hua III/1, 103; Herv. CE)

Mit der *Denkbarkeit* der Nicht-Existenz der Welt ist für Husserl wohl auch die prinzipielle *Möglichkeit* derselben verbunden. Husserl macht gleichwohl deutlich, dass damit keine eigentliche *Zweifelhaftigkeit* der Weltexistenz verbunden sei (vgl. *Ideen I*, § 46), sondern nur eine von der Struktur der Welterfahrung her offengelassene Möglichkeit des Nicht-Seins. Während Husserl in den *Ideen I* somit eine gewisse *Analogie* zwischen Ding- und Welterfahrung konstatiert, betont er u. a. in Hua XXXIX die *Disanalogie* von Ding- und Welterfahrung und weist das Argument aus § 49 als fehlerhaft zurück: man kann eben nicht, so Husserl nun, von der Möglichkeit der Gegenstandslosigkeit *einer jeden einzelnen* Wahrnehmung ohne Weiteres auf die Möglichkeit der Gegenstandslosigkeit *aller* Wahrnehmungen – und damit auf die Möglichkeit des Nicht-Seins der Welt – schließen (vgl. Hua XXXIX, 257):[718]

> Also dass jedes einzelne Ding zweifelsmöglich werden kann, ist nicht äquivalent damit, dass die Totalität der Welt zweifelsmöglich ist. Die ständige Relativität der Gültigkeit für mich hinsichtlich all ihrer einzelnen weltlich Seienden und Soseienden kann nicht die Gültigkeit des Seins der Welt für mich aufheben. (Hua XXXIX, 256)

Der Übergang von Aussagen der Form „$\forall x \diamond \sim Px$" zu solchen der Form „$\diamond \forall x \sim Px$" ist aus rein modallogischen Gründen nicht allgemein zulässig. Legt man z. B. eine *epistemische* Deutung des Möglichkeitsbegriffs zugrunde, wie sie Husserl offenbar im Auge hat, so kann ich z. B. an der Echtheit eines jeden einzelnen Geldscheins zweifeln, aber nicht zugleich daran, dass es überhaupt echte Geldscheine gibt bzw. gab.

Aber Husserl ist nicht primär an seinem modallogischen Fehlschluss aus den *Ideen I* interessiert, sondern an phänomenologischen Problemen. In diesem Sinne ist er in Hua XXXIX bemüht, die unterschiedliche *Gegebenheit und Erfahrung* von Ding und Welt möglichst scharf zu exponieren. Das Ergebnis lautet, dass sich an der Welt insofern nicht zweifeln lässt, als sie bei allem Zweifeln immer schon ,vorausgesetzt' ist als ein fragloser „Boden" bzw. „Seinsboden" (Hua XXXIX, 246, 237). Dies ist aber kein ,transzendentales Argument', sondern soll sich aus der Weise, wie wir im Dingerfahren immer auch ein Weltbewusstsein haben, ergeben. Der entscheidende Unterschied besteht darin, dass die Dingerfahrung vorgezeichnete Möglichkeiten des Nicht-Seins hat, während die Welt keine solche

---

[718] Vgl. dazu Beyer 2000, § 6, der Husserls späte Selbstkritik kongenial antizipiert.

Vorzeichnungen hat. Es macht, so Husserl, keinen Sinn, *phänomenologische* Bedingungen auszubuchstabieren, unter denen sich uns die Welt als Ganze als absolutes Nichts darstellt – als ein enormes *hallucinatum* sozusagen:

> Andererseits ist der Zweifel an dem Sein der Welt lächerlich. Es ist klar, dass die Dignität der Welterfahrung, d.i. der im laufenden Strom der Gesamteinheit der Erfahrungen liegenden Erfahrungsgewissheit von der Welt, von einer ungleich höheren Dignität der Evidenz ist als diejenige der Einzelerfahrung. Wie ist das zu verstehen, da doch die Welt das Universum der erfahrbaren Einzelrealitäten ist, deren Dasein selbst doch nur durch Einzelerfahrung gegeben ist? Die Weltexistenz hat etwas von Apodiktizität in sich; es ist nicht richtig, dass sie für mich, der ich sie in Erfahrung habe, bezweifelbar ist. Das einzelne Reale, während ich es erfahre, kann ich zwar auch nicht bezweifeln, aber es ist empirisch möglich, dass es für mich zweifelhaft wird; und das kann ich einsehen. Während ich aber die Welt erfahre, kann das Sein derselben empirisch nicht zweifelhaft werden (als ob Sein der Welt eine der „vorgezeichneten" Möglichkeiten aus einem vorgezeichneten Spielraum anderer Möglichkeiten wäre). (Hua XXXIX, 236; vgl. 255, 258)

Die Welt hat „keinen konstituierten Horizont möglicher Nichtbestätigung": „Womit soll die Welterfahrung streiten? Nichts ‚kann' als Gegenerfahrung sie aufheben. Solange sie fortläuft und ihren Stil erhält als Welterfahrung, trägt sie sich, in Selbstbestätigung, selbst." (Hua XXXIX, 236) Ein Ding kann sich, so Husserl, nur dadurch als nicht-seiend erweisen, als *hallucinatum*, dass sich andere Dinge als seiend präsentieren: „Jede Bewährung oder Widerlegung setzt für Dinge das Sein anderer Dinge, also schließlich das Sein der Welt voraus." (Hua XXXIX, 255) Wenn ich urteile, dass dieser Apfel hier vor mir nur halluziniert ist, dann kann dies z. B. daran liegen, dass sich der Apfel nicht mit der Hand greifen lässt. Er ist sichtbar, aber nicht tastbar. Seine Unwirklichkeit weist sich in diesem Fall dadurch aus, dass ich ein anderes ‚Ding', nämlich meine Hand, als etwas Wirkliches erfahre. Husserls These ist nun, dass dies universell gilt. Das heißt, Unwirklichkeit und Nicht-Existenz (Illusion, Halluzination) sind notwendigerweise *lokale Phänomene*, die zudem *parasitären Charakter* haben. Unwirkliches weist sich als solches nur vor dem Hintergrund einer für unproblematisch gehaltenen Wirklichkeit aus. *Globale Unwirklichkeit ist ein Unding* – ist „lächerlich", wie Husserl oben sagt. Eben deshalb macht es keinen Sinn, die Welt als Ganze, den Horizont aller Horizonte, für etwas Unwirkliches zu halten. Die Welt ist bei Husserl dasjenige, was Erfüllung, Einstimmigkeit, Widerstreit und Enttäuschung möglich macht. Sie ist gleichsam ein „Stil", der alle Einzelerfahrungen durchdringt und organisiert. Ein intentionaler Erfahrungszusammenhang bar jeden *Stils* ist nach Husserl unmöglich: wo (perzeptive) Intentionalität, da Stil; wo Stil, da Welt – so die These.

Bei diesen Überlegungen spielt offenbar der *Außenhorizont* der Dingwahrnehmung eine wichtige Rolle. Denn der Außenhorizont ist sozusagen das Tor, das uns das *Bewusstsein* einer Welt eröffnet – ähnlich wie der *Innenhorizont* das Bewusstsein eines Dinges ermöglicht. Diesen Zusammenhang macht Husserl in der *Krisis* deutlich:

> Das Einzelne ist – bewußtseinsmäßig – nichts für sich, Wahrnehmung eines Dinges ist seine Wahrnehmung in einem Wahrnehmungsfeld. Und wie das einzelne Ding in der Wahrnehmung nur Sinn hat durch einen offenen Horizont „möglicher Wahrnehmungen", sofern das eigentlich Wahrgenommene auf eine systematische Mannigfaltigkeit möglicher ihm einstimmig zugehöriger wahrnehmungsmäßiger Darstellungen „verweist", so hat das Ding noch einmal einen Horizont: gegenüber dem „Innenhorizont" einen „Außenhorizont", eben als Ding eines Dingfeldes; und das verweist schließlich auf die ganze „Welt als Wahrnehmungswelt". (Hua VI, 165)

Aufgrund des Außenhorizonts meiner aktuellen Wahrnehmungen erscheint mir das Ding in Relationen (vorwiegend räumlicher, aber auch qualitativer Art (Ähnlichkeit, Kontrast)) zu anderen, implizit wahrgenommenen Dingen. Auf diese Weise erscheint „bewusstseinsmäßig" das Ding als ein *Ding unter Dingen* (vgl. *Krisis*, § 37).[719] Dinge sind notwendigerweise als „inexistente" Dinge bewusst: „Existenz eines Realen hat sonach nie und nimmer einen anderen Sinn als Inexistenz, als Sein im Universum, im offenen Horizont der Raumzeitlichkeit" (EU, 29).[720] Ist e ein auf ein Reale X attentional gerichtetes Wahrnehmungserlebnis von S, so lässt sich der *aktuelle Außenhorizont* von e wie folgt präzisieren:

> Ein Erlebnis e* von S gehört zum *aktuellen Außenhorizont* von e **gdw.** (i) e* ist ein Wahrnehmungserlebnis, (ii) e* überlappt sich zeitlich mit e, (iii) e* ist im Modus der Inaktualität auf ein Reale X* gerichtet (X≠X*), & (iv) S ist sich dessen (präreflexiv) bewusst, e* während der gesamten Dauer von e in den Modus der Aktualität umwandeln zu können („Ich kann").[721]

Simpel gesagt: der Außenhorizont umfasst die nicht explizit wahrgenommenen, aber jederzeit explizit wahrnehmbaren Dinge im ‚Hintergrund' oder in der Umgebung. Husserl behauptet, dass jede Dingwahrnehmung einen *nicht-leeren* Au-

---

719 Husserl beansprucht hierfür den Status einer Wesenswahrheit – keiner ontologischen, sondern einer phänomenologischen. (Dass es nur ein Ding geben könnte, scheint keine apriorische (metaphysische) Unmöglichkeit zu sein.) Man fragt sich allerdings, ob man nicht auch ein einziges Ding sehen kann. Man denke z. B. an einen Astronauten, der einen schwebenden Ball im leeren Weltraum sieht, oder an einen Blinden, der etwas Vereinzeltes hört.
720 Zum Sinn von „Existenz" als Inexistenz vgl. Hua XXX, § 40, und Hua Mat VI, 153 ff.
721 (iv) drückt wieder ein *Vermögen* von S aus, ein prinzipielles „Ich kann". Statt „Inaktualität" und „Aktualität" kann man auch von „Inattentionalität" und „Attentionalität" und, ähnlich wie beim Innenhorizont, von „implizitem" und „explizitem Bewusstsein" sprechen. Vgl. *Ideen I*, §§ 35, 45; EU, §§ 8, 22, 33.

ßenhorizont hat. Ferner baut sich auf den Außenhorizont unser Weltbewusstsein auf, das bei keiner Dingwahrnehmung fehlen kann.

Die obigen Thesen aus Hua XXXIX lassen sich somit so reformulieren, dass nach Husserl nicht alle Erlebnisse, die zum Außenhorizont eines Aktes e gehören, untriftig sein können; genauer: nicht alle Erlebnisse, die zum Außenhorizont *aller* „aktuellen" Erlebnisse von S gehören, können nicht-relational sein: irgendwo muss das ‚Schleppnetz' der Wahrnehmung festen Boden berühren.

Welcher Art ist somit Weltbewusstsein? Ist es, wie bei Kant, nur der leere Gedanke, die „Idee" der „Totalität" des (real) Existierenden? Oder stellt sich Weltbewusstsein ähnlich wie das synthetische (plurale) Bewusstsein einer Kollektion ein (vgl. *Ideen I*, § 119; EU, §§ 34 a), 61)? Erst wird *dieses* in den Blick gewonnen, dann *jenes*, dann ..., bis wir schließlich ein umfassendes kollektives Welt-Bewusstsein haben? Husserl verneint beides und legt Wert darauf, von einer *Welterfahrung* zu sprechen, die *sui generis* ist (vgl. PP, § 11, *contra* Kant). „Erfahren" ist bei Husserl alles, was sich in passiv-setzenden Synthesen der Einstimmigkeit als es selbst darstellt – und dies soll auch für die Welt selbst gelten, die zwar einzelne Dingwahrnehmungen voraussetzt, aber dabei zugleich über die Außenhorizonte in Form eines Ausschnittes erscheint (vgl. Hua VI, 165). Welterfahrung heißt, einstimmig immer weiter und Weiteres erfahren zu können. Husserl operiert nicht in erster Linie mit einem ‚metaphysischen' Weltbegriff, der die „Gesamtheit der Tatsachen" (à la Wittgenstein) oder die Totalität alles Seienden überhaupt bezeichnet.[722] Welt ist für Husserl primär die Welt sinnlicher Erfahrung; genauer: der Ausdruck „die Welt" bezeichnet bei Husserl nicht so sehr Entitäten einer oder aller Regionen, sondern eher einen gewissen „Stil". Dies stellt A. D. Smith klar heraus:

> So, to say, phenomenologically, that there is a world – that a world at least *appears* to us to be there – is to say that experience is not a chaotic mess. It is to say, more particulary, that *confirmations that hold good are possible*. [...] Where there are such possibilities, there is a world, at least in a minimal sense. [...] Although Husserl can occasionally speak of the world in terms of a totality of entities, the fundamental phenomenological sense of ‚world' is that of the horizonal structure of experience. And [...] horizons are not objects, but structures of experience without which no perceptual object can come to consciousness. The world is the ultimate horizon for any physical object: the horizon of all horizons, as it is sometimes said.

---

[722] Bei Husserl gibt es mindestens zwei (konkurrierende) Aspekte des Weltbegriffs: zum einen wird die Welt als „absolutes Substrat", „All-Natur" (EU, 157) oder, quasi-wittgensteinianisch, als „universale Tatsache" (EU, 424) verstanden, also als eine Art *Hyperentität*; zum anderen wird Welt als ultimativer *Horizont der Erfahrung* aufgefasst, also eher als eine Struktur oder Typik des Bewusstseinsstroms, als eine Weise der Intentionalität (vgl. EU, §§ 7–10; *Krisis*, § 37).

[...] Phenomenologically speaking, the world is not a big thing. Indeed, it is not a ‚object' at all – except for a reflective, theoretical attitude. (A. D. Smith 2003, 169 f.)

Solange es Strukturen einstimmiger Erfüllung gibt, gibt es, wie Smith sagt, eine Welt – „at least in a minmal sense" (ebd.). Da anschauliche Intentionalität, insbesondere perzeptive, auf Einstimmigkeit angewiesen ist, ist jede einzelne Wahrnehmung nur vor dem Hintergrund einer Welt möglich. Husserl schließt nicht aus, dass es zu einem totalen Kollaps intentionaler Erlebnisse kommen kann. Dies geschieht dann, wenn überhaupt keine einstimmigen Synthesen der Identifikation mehr möglich sind. In einem solchen Fall verwandelt sich alles für das Subjekt in „bloßes Gewühl von sinnlosen Empfindungen" (Hua XVI, 288), sprich: es können keine *intentionalen* Erlebnisse mehr vollzogen werden.[723]

Weltbewusstsein ist also eine gewisse Form von intentionalem Bewusstsein, ein Bewusstsein des *Und-so-weiter,* allerdings ein implizites, marginales oder unthematisches Bewussthaben – zumindest solange wir nicht explizit über die Welt nachdenken und sie somit zum intentionalen Objekt im weiten Sinne wird. Weltbewusstsein ist ursprünglich ein nicht „erfassende[s], gewahrende[s]" (Hua IX, 96), das den ‚Hintergrund' erfassender und gewahrender Dingwahrnehmung bildet. Offenbar gibt es bei Husserl, ähnlich wie bei Heidegger, eine spezifische **P**hänomenologie des In-der-Welt-Seins: es ist für ein perzeptives Subjekt auf eine bestimmte Weise, in einer *Welt* von Dingen zu sein.[724]

Wir können nun die These formulieren, dass intentionales Bewusstsein immer auch Weltbewusstsein involviert. Nennen wir dies Husserls These der *mundanen Intentionalität* aller Akte eines Subjekts:

Ist e intentional auf X gerichtet, so ist e implizit (via den *Außenhorizont*) auf die Welt gerichtet.

---

[723] Die prinzipielle Möglichkeit eines solchen „Gewühls" ist für den Husserl der *Ideen I* von großer Bedeutung. Denn sie zeigt, dass Bewusstsein tatsächlich eine eigene Region bildet bzw. ontologisch selbständig ist. *Bewusstsein kann demnach prinzipiell ohne Materie existieren* (vgl. Ideen I, §§ 49, 51). Die Existenz der Welt ist hingegen nur in einem „historischen" oder „relativen" Sinne apodiktisch, weil sie sich prinzipiell (in der Zukunft) auflösen kann, ohne die Existenz von Bewusstsein zu affizieren (vgl. Hua XXXIX, 211, 215, 241). Allerdings betont Husserl, fast wie ein Externalist, dass dies nicht für die *Essenz* von Bewusstsein gilt. Denn sollte „e i n e Ver n i c h t u n g d e r D i n g w e l t" tatsächlich eintreten, so würde das „S e i n d e s B e w u ß t s e i n s [...] n o t w e n d i g m o d i f i z i e r t" (Hua III/1, 104). Gäbe es keine Dinge mehr, hätte Bewusstsein andere Eigenschaften, weil nicht mehr alle Intentionen einstimmig erfüllbar wären.
[724] Auch Horgan/Tienson 2002 nehmen eine solche **P**hänomenologie des In-der-Welt-Seins an – allerdings ohne mundane Relationalisten, sondern adverbiale Internalisten zu sein.

Diese These leuchtet, wie so oft bei Husserl, am ehesten für Akte der äußeren Wahrnehmung ein. Da alle anderen Akte aber, so Husserl, entweder gewisse *intentionale Modifikationen*, also mit Blick auf die äußere Wahrnehmung gleichsam ‚parasitäre' Akte, oder aber in solchen Wahrnehmungen *fundierte Akte* sind, ergibt sich, dass die These der mundanen Intentionalität *mutatis mutandis* für alle Akte gilt.

Zusammen mit den obigen Überlegungen lässt sich damit die These des *mundanen Relationalismus* präzisieren:

> Ist e implizit (via den *Außenhorizont*) auf die Welt gerichtet, so steht e in einer Relation zur Welt.

Zusammen mit der Außenhorizont-These, der These also, dass alle auf ein X gerichteten intentionalen Erlebnisse aufgrund ihres Außenhorizonts ein Weltbewusstsein inkorporieren, ergibt sich, dass letztlich jedes Erlebnis insofern relational ist, als es die Existenz einer Welt voraussetzt. Mundane Intentionalität wäre demnach *eo ipso*, d.h. *qua* Intentionalität, relational. Nur die Gerichtetheit auf einzelne Objekte wäre monadischer Natur, während die Gerichtetheit auf die Welt als Ganze, dem Horizont aller Bezugnahmen, relationaler Natur ist. Intentionalität, verstanden nicht primär als Eigenschaft einzelner Akte, sondern als globale Eigenschaft des intentionalen Bewusstseinsstroms eines Subjekts, wäre demnach *au fond* eine relationale Struktur, die Bewusstsein und Welt gleichsam verflicht, sodass es keinen intentionalen Strom gibt und geben könnte, der nicht in der Existenz einer Welt verankert wäre. Ähnlich wie bei der ‚Triftigkeitsrelation' einzelner Akte wäre hier zu vermuten, dass der Bewusstseinsstrom als Ganzer in einer *(einseitigen) Fundierungsrelation* zur Welt als Ganzer steht.

Insgesamt kann man durchaus sagen, dass es, insbesondere im Spätwerk und in nachgelassenen Texten, Indizien dafür gibt, dass Husserl die These des *mundanen Relationalismus* vertreten hat. Allerdings scheint auch diese These weniger eine These über Intentionalität *als solche*, sondern über *erfüllte*, d.i. perzeptive Intentionalität zu sein. An der Gültigkeit der Leitthese der intrinsischen Intentionalität, die in erster Linie für *einzelne* Akte formuliert wurde, ändert sich dadurch nichts. Wie es möglich ist, dass eine einzelne Episode auf einen nichtexistierenden Gegenstand, z.B. auf ein bestimmtes *hallucinatum*, gerichtet ist, scheint nicht dadurch verständlicher zu werden, dass man sagt, eine solche Episode sei notwendigerweise mit gewissen veridischen Akte verwoben, die ganz *andere Objekte* „treffen".[725] Außerdem ist zu beachten, dass Husserls Weltbegriff

---

[725] *Pace* Drummond 1998, 2012 und Poellner 2007, die Husserl im Sinne des mundanen Relationalismus lesen, und darüber hinaus eine Version einer relationalen Akt-Objekt-Theorie

doppeldeutig ist. Denn zum einen bezieht er sich auf ein *ausgezeichnetes Seiendes*, ‚in' dem alle anderen (realen) Entitäten ‚enthalten' sind – vergleichbar mit Raum und Zeit (vgl. *Krisis*, § 37; Hua Mat VI 165, 168 f.); zum anderen ist die Welt als *Horizont aller Horizonte* eher eine Art „Stil", ‚Form' oder Struktur eines intentionalen Bewusstseinsstroms. Es stehen sich also, wenn man so will, ein kosmologischer und ein transzendentaler Weltbegriff gegenüber. Offenbar zielt der mundane Relationalismus letztlich auf den kosmologischen Weltbegriff ab; aber ob Husserls Argumente dafür hinreichend sind, ist fraglich. Ist es prinzipiell auszuschließen, dass ein *brain in a vat* auch mundane Intentionalität hat? Reicht es zu sagen, dass mein intentionaler Strom einen „Stil" hat, um behaupten zu können, ich sei im relationalen Sinne in der Welt? Ich kann nicht sehen, wieso radikal skeptische Szenarien wie die von Husserl in den *Ideen I* (1913) und noch in den *Cartesianischen Meditationen* (1931) eingeräumte Möglichkeit eines *zusammenhängenden Traums* apriori unmöglich sein sollen.[726] Der mundane Relationalismus ist also sowohl vom exegetischen als auch vom systematischen Standpunkt aus mit Vorsicht zu genießen.

3 Kognitive Teleologie

Wenngleich Intentionalität eine intrinsische Eigenschaft ist, so „verweist" jeder Akt auf Wahrheit, Existenz und Relationalität: Zwar ist kein Akt aufgrund seiner Intentionalität als solcher relational, aber jeder Akt strebt, wenn man so will, durch Erfüllung seiner Leerintentionen danach, in einer Relation zu seinem Objekt zu stehen. Diese universelle Ausgerichtetheit auf Evidenz, Wahrheit, Existenz und

---

vertreten. Im Fall der Nicht-Existenz, so Drummond, handelt es sich dabei um ein *anderes existierendes Objekt*, von dem der auf ein Nicht-Seiendes gerichtete Akt sich gleichsam parasitär abhebt.

726 Wie *Erfahrung und Urteil* (1938), v. a. §§ 1– 46, mit Blick auf den mundanen Relationalismus (und Eigenschaftsrelationalismus) zu verstehen ist, wäre eigens zu untersuchen. Husserl betont dort die „passiv" bzw. „rezeptiv" konstituierten Vorbedingungen der „vergegenständlichenden" Dingwahrnehmung; die „seiende Welt" wird als „universale passive Vorgegebenheit" (EU, 26) charakterisiert. Husserl spricht hier auch von „Sinnesfeldern", die erfahren sein müssen, um Objektbewusstsein im engeren Sinne zu ermöglichen. Vielleicht vertritt Husserl an diesen Stellen eine Spielart des Eigenschaftsrelationalismus, demzufolge phänomenale Qualitäten „vorgegeben", d.i. relational repräsentiert sein müssen, damit Objekt- bzw. Dingwahrnehmung im engeren Sinne stattfinden kann. Insgesamt scheint mir aber auch *EU* im Sinne des nicht-relationalen Intentionalismus lesbar. Alles, was hierfür notwendig ist, ist die *prinzipielle (metaphysische, denkbare) Möglichkeit* einer ‚mundanen Halluzination' bzw. eines „zusammenhängenden Traums". Objektbewusstsein im engeren Sinne ist auch in *EU* keine Relation.

Relationalität gründet in dem *Objektivations-* oder *Setzungspotential*, dass jeder Akt nach Husserl in sich trägt:

> Zum Wesen jedes intentionalen Erlebnisses, was immer sonst in seinem konkreten Bestande vorfindlich sein mag, gehört es, mindestens einen, in der Regel aber mehrere, in der Weise der Fundierung verbundene „Setzungscharaktere", „Thesen" zu haben (Hua III/1, 269).

Während diese These für explizit setzende Akte wie Wahrnehmungen und Urteile unmittelbar plausibel erscheint, beansprucht Husserl ihre Gültigkeit auch für Akte aus der Sphäre der Gefühle, Volitionen, Wünsche und Absichten. Mit Blick auf Gefühle vertritt Husserl z. B. die These, dass es sich bei ihnen um sog. „Wertnehmungen" handelt, die wahrnehmungsanalog auf *affektive und axiologische Eigenschaften* bzw. *Werte* gerichtet sind, die explizit objektiviert und gesetzt werden können (vgl. *Ideen I*, § 37; *Ideen II*, §§ 5–7). Wie dies en détail aussieht, wurde in dieser Arbeit nicht thematisiert (vgl. zur Übersicht Mulligan 2010). Selbst neutrale Akte wie Phantasien sind so geartet, dass sie zwar selbst keine Objekte setzen – *imaginabilia* sind nicht gesetzt –, aber gleichwohl das Potential in sich tragen, gewisse *possibilia* zu setzen. (Reine) Spezies sind in diesem Sinne aufgrund von Phantasien setzbar, da einstimmige Phantasierbarkeit nach Husserl Möglichsein impliziert. Neutrale Akte bergen auch insofern eine Setzung in sich, als sie selbst *qua Akte* jederzeit reflexiv gesetzt werden können: „Bloß e i n e doxische Setzbarkeit verbleibt auch den neutralen Erlebnissen: die zu ihnen als Daten des immanenten Zeitbewußtseins gehörige" (Hua III/1, 261; vgl. 96 f.).

Relationalität, Existenz und Wahrheit sind somit für Husserl nichts, was der intrinsischen Intentionalität des Bewusstseins sozusagen fremd wäre und, wie externalistische Theorien tendenziell behaupten, gleichsam von außen kommt. Akte sind qua intentionale zwar nicht eo ipso mit ihren Objekten verbunden, aber sie enthalten in sich die Bedingungen, unter denen erfolgreiche Gerichtetheit möglich ist. Nach Husserl ist intentionales Bewusstsein sogar *teleologisch* darauf ausgerichtet, relationalen Kontakt zu seinen Objekten zu etablieren, denn

> Bewußtsein [ist] nicht nur ein leeres, wenn auch vielfarbiges Bewußthaben [...], sondern ein in mannigfaltigen nachweisbaren Formen und zugehörigen Synthesen sich vollziehendes Leisten, überall intentional, zielgerichtet, gerichtet auf Ideen der Wahrheit. (Hua IX, 36)

Intentionalität und Evidenz sind keine kontingenterweise koinstanziierten Eigenschaften des Geistes, vielmehr sind „Erlebnis eines Bewußthabens von etwas – und E v i d e n z , I n t e n t i o n a l i t ä t d e r S e l b s t g e b u n g [...] w e s e n s m ä ß i g z u s a m m e n g e h ö r i g e B e g r i f f e". Somit ist „E v i d e n z e i n e u n i v e r s a l e [...] t e l e o l o g i s c h e S t r u k t u r , ein Angelegtsein auf ‚Vernunft' und sogar eine durchgehende Tendenz dahin, also auf Ausweisung der Richtigkeit (und dann zugleich auf habituellen Erwerb derselben) und auf Durchstreichung der Unrichtigkeiten" (Hua XVII, 168 f.).

In diesem Sinne gibt es kein intentionales Subjekt, das nicht nach Evidenz seiner unerfüllten Akte hin „tendiert". Intentionalität ist gleichsam „prätendierte" Relationalität (vgl. Hua XI, 3). Folglich gibt es durchaus eine *intime Relation* zwischen Bewusstsein und Existenz, aber sie ist teleologischer und nicht faktiver Natur: jedes bewusste Subjekt strebt, aristotelisch gesagt, nach Evidenz und damit nach dem Aufweis der Existenz seiner Objekte. Nicht-Existenz zieht dabei den Kürzeren: es ist zwar wesentlich für die Natur des Bewusstseins, auf Nicht-Seiendes gerichtet sein zu können, aber worauf es Bewusstsein letztlich ankommt, ist Erfüllung, Wahrheit, Existenz und Wirklichkeit.

V Zusammenfassung und Ausblick

In diesem Kapitel wurde dargestellt, wie Husserl den ‚Übergang' von der intrinsischen (nicht-relationalen) Intentionalität zu relationalen Manifestationen konzipiert. Insbesondere ging es um veridische oder „triftige" Intentionalität, denn Akte, die ihre Objekte „treffen", involvieren die Existenz ihrer intentionalen Objekte. Wesentlich sind dabei folgende Thesen:

1. Husserl sieht im Phänomen der *anschaulichen Erfüllung* das Herzstück der Erkenntnistheorie und somit auch die phänomenologische Grundlage von veridischer Intentionalität. Husserl behauptet sogar, dass es eine jedem Bewusstsein gleichsam angeborene „Tendenz" nach anschaulicher Erfüllung/Evidenz gibt. Nur anschaulich erfüllte Akt können ein Objekt im relationalen bzw. existenzialen Sinne *involvieren*. Husserl orientiert veridische Intentionalität am Paradigma bzw. „Ideal" der adäquaten Evidenz. Im Unterschied zu adäquater Evidenz, für die eine gewisse vollständige Präsentationsweise des Objekts charakteristisch ist, handelt es sich bei apodiktischer Evidenz um eine ‚modale' Evidenz, deren Objekte insofern notwendigerweise existieren, als ihr Nicht-Sein nicht denkbar ist. Es wurde kritisch diskutiert, ob es überhaupt Formen von adäquater Evidenz geben kann, da jedes reale Objekt (auch nach Husserl) durch räumliche und/oder zeitliche Abschattung gegeben ist. Wenn überhaupt, so kommen eigene gegenwärtige Erlebnisse, deren Sinne (Gehalte) und gewisse *abstracta* für adäquate Evidenz in Frage. Apodiktische Evidenz scheint demgegenüber unproblematischer. Sowohl adäquate als auch apodiktische Evidenz ist relational und objektinvolvierend – im scharfen Kontrast zu „assertorischer" und „präsumptiver" Evidenz. Die Evidenz der immanenten Wahrnehmung wirft dabei insofern Probleme auf, als sie in vielen Fällen dazu führt, dass das zu reflektierende Erlebnis aufhört und ins retentionale Bewusstsein absinkt. Das gilt vor allem für spontan vollzogene Akte wie z. B.

Schlüsse und Urteile, die attentionsabhängig sind. Denn sobald ich auf meinen Schlussakt reflektiere, zerrinnt er mir gleichsam zwischen den Fingern. Auf diese Weise wird Husserls These gefährdet, je eigenes Erleben sei epistemisch durch Adäquatheit und Apodiktizität ausgezeichnet. Aus solchen Gründen behauptet Husserl explizit, dass auch die unmittelbar retinierten Erlebnisse mit zum apodiktischen Bestand der Reflexion gehören (vgl. *Ideen I*, § 78: „das absolute Recht der immanenten Retention"). M.E. folgt daraus jedenfalls nicht, wozu man im Anschluss an Ryle und Dennett vielleicht geneigt sein mag, dass immanente Wahrnehmung unmöglich und durch fallible Erinnerung zu ersetzen ist. Am ausgezeichneten epistemischen Zugang zu je eigenen Erlebnisse kann immer noch festgehalten werden, auch wenn man bei einigen Erlebnissen gewisse ‚Abstriche' machen muss. Zudem ist auf das präreflexive Bewusstsein zu verweisen, das die immanente Wahrnehmung ermöglicht, alle Akte ‚begleitet' und dem reflexiven Bewusstsein zugrunde liegt.

2. Veridische Intentionalität wird Rahmen der sog. „Konstitution im engeren oder prägnanten Sinne" behandelt. Ihr liegt die „Konstitution im weiteren Sinne" zugrunde. Jedes intentionale Objekt, ob existierend oder nicht, wird im weiten Sinne konstituiert. Konstitution im weiten Sinne besteht letztlich darin, dass jeder Akt in seiner intrinsisch-phänomenalen Bauart hinreichend komplex ist, um zu einer Mannigfaltigkeit von Akten zu gehören, die untereinander in der intramentalen Relation der „Synthesis der Identifikation" stehen können (via Akthorizont und Möglichkeiten des „Ich kann"). Indem Intentionalität mit Hilfe der *Möglichkeit* einer „Synthesis der Identifikation" erläutert wird, erhält sie einen Dispositions- bzw. Fähigkeitscharakter. Intentionalität ist somit nicht nur eine aktuelle intrinsische Beschaffenheit von Erlebnissen, sondern beruht wesentlich auf den Identifikationsmöglichkeiten, die Erlebnisse realisieren können.

3. Die Rede von intentionalen Objekten hat bei Husserl insgesamt *janusköpfigen Charakter*. Denn einerseits verzichtet er nicht auf die Rede von intentionalen Objekten – selbst dann nicht, wenn es sie in keinem Sinne von „Sein" gibt. Um zu beschreiben, wie numerisch und „reell" verschiedene Akte vom Subjekt als Akte von ein und demselben Gegenstand erlebt werden können, muss der Phänomenologe zwangsläufig von *dem einen* intentionalen Objekt in der *Mannigfaltigkeit* von Akten, Qualitäten, Sinnen und attentionalen Modi sprechen. Es ist diese, vom phänomenologischen Standpunkt aus gesehen, *irreduzible* Identitätserfahrung, die intentionale Objekte zu unverzichtbaren Komponenten einer Theorie der Intentionalität macht. Andererseits ist die Rede von „Identifikation" nicht im ontologischen Sinne zu verstehen; intentionale Objekte individuieren Akte nicht in dem Sinne, dass ihre Existenz vorausgesetzt würde; vielmehr ist die „Synthesis der Identifikation" ein phänomenologisches Prinzip. Intentionale Objekte sind somit ‚von innen' bestimmt, da sich die möglichen Synthesen der Identifikation im

Rahmen der Perspektive des Subjekts abspielen müssen. Nicht jede ‚objektiv' mögliche und gültige Identifikation ist dem Subjekt möglich. Deshalb verletzt das Prädikat „X ist intentionales Objekt für S" auch das Prinzip der *substitutio salva veritate:* aus „X=Y" und „X ist intentionales Objekt für S" folgt nicht „Y ist intentionales Objekt für S". Ferner ist die Synthesis der Identifikation fallibel: so folgt aus „e≈e*" nicht *eo ipso,* dass die intentionalen Objekte von e und e* wirklich dieselben sind. Ich kann ja z. B. zwei Ansichten für Ansichten ein und desselben Hauses halten, obgleich sie zu verschiedenen Häusern gehören, etc. Allerdings lässt sich *idealiter* eine „unendliche Mannigfaltigkeit" von untereinander in einstimmiger Synthesis stehenden Erlebnisse eineindeutig mit dem Objekt „korrelieren". Eine solche „Mannigfaltigkeit" entspricht gleichsam einem idealen Subjekt, das alle Perspektiven eines Objekts zur Verfügung hat und miteinander synthetisieren kann.

4. Streng genommen habe ich hier nur *intrasubjektive* intentionale Objekte behandelt. Husserl bleibt dabei bekanntlich nicht stehen: im Zuge seiner Phänomenologie der Einfühlung thematisiert er auch das Phänomen, dass sich zwei Subjekte auf *ein und dasselbe Objekt* beziehen: „Ich sehe denselben Apfel, den (auch) du siehst" ist ein typischer Ausdruck für eine intersubjektive Synthesis der Identifikation. Was liegt einem solchen Satz phänomenologisch zugrunde? Offenbar sind dafür Synthesen der Identifikation notwendig, die meine Erlebnisse mit denen eines anderen Ich einigen. Gemäß Husserls Konzeption der Einfühlung geschieht dies grob gesagt so, dass ich dem Anderen Erlebnisse einfühle, die ich haben würde, wenn ich an seiner Raum-Zeit-Stelle wäre (vgl. CM, §§ 49–54). Dafür ist es notwendig, dass ich den Anderen als ein verkörpertes Wesen erfahre, dessen Körper mir selbst genügend Anhaltspunkte liefert, dass eine „verähnlichende Apperzeption" (CM, 113) – eine Art nicht-inferentieller Ähnlichkeitswahrnehmung zwischen meinem beseelten Körper (=Leib) und seinem Körper – stattfindet, aufgrund deren ich diesen Körper als ebenfalls beseelt erfahre. Ich schreibe dem Anderen dann Erlebnisse zu, die „ich [...] selbst in Gleichheit haben würde, wenn ich dorthin ginge und dort wäre" (CM, 120). *Intersubjektiv*e Synthesen der Identifikation basieren somit auf solchen *kontrafaktisch antizipierten* (imaginativ vergegenwärtigten) *intrasubjektiven* Synthesen. Nach Husserl ist fremdes Erleben „nur denkbar als Analogon von Eigenheitlichem" (CM, 118); der Andere ist „mein Modifikat, anderes Ich" (CM, 119). Ob damit wirkliche Andersheit angemessen dargestellt ist, sei hier dahingestellt. In jedem Fall ist offensichtlich, dass Husserl die Möglichkeit intersubjektiver intentionaler Objekte aufklären muss. Mit Blick auf das Problem der Nicht-Existenz besteht eine weitere Frage darin, wie sich die Synthesen der Identifikation bei nicht-existenten Objekten darstellen, die in aller Regel auch „Unbestimmtheitsstellen" (à la Ingarden) aufweisen. Inwiefern kann es auch dann noch Identifikation geben, wenn die Objekte keine klaren Identi-

tätsbedingungen vorweisen können? Eine Vermutung wäre, dass im Falle von unbestimmten und insbesondere nicht-existierenden intentionalen Objekten phänomenale Gleichheit (ggf. Ähnlichkeit) in vielen Fällen bereits *hinreichend* ist für intentionale Identität. So ist z. B. rein „Phantasiertes [...] rein Subjektives" und „nicht nur an das Subjekt, sondern [...] auch an die Erlebnisse gebunden". Es gibt hier „kein ideal Identisches, sondern immer wieder Neues, nur Gleiches" (Hua XXIII, 569). Wenn die Objekte nicht existieren, gibt es in vielen Fällen keine zwingenden Kriterien oder Merkmale, aufgrund deren Identität oder Nicht-Identität festgestellt werden kann. Insbesondere die intentionale Identität „einzelsubjektiver" (Hua XXIII, 568) Objekte (z. B. Halluzinationen) ist in großem Umfang den Setzungen und Fusionierungen des Subjekts unterworfen. Es macht hier wenig Sinn zu fragen, ob es *wirklich* dieselben sind (vgl. ähnlich Hua XXIII, 519 ff.; Sartre in IM, 148 ff.). Im Fall von fiktionalen Objekten, die durch gewisse (Kunst-)Werke dargestellt werden, werden die Identifikationsmöglichkeiten zwar eingeschränkt – etwa dadurch, dass im Werk eine Identität *behauptet* wird –, aber gleichwohl nicht so, dass sich jede Identitätsaussage entscheiden ließe.[727]

5. Ist ein Akt veridisch oder „triftig", so gibt es eine Spielart der *Fundierung* zwischen Akt und Objekt. Auch „triftige" Intentionalität ist nicht dasselbe wie Verursachung bzw. eine „Wirklichkeits-" oder „Verbindungsrelation", sondern eher eine Art *logische* oder *interne Relation*, deren Einheit im „Wesen" der beiden Relata gründet. Ein „triftiges" Sehen z. B. wäre nicht triftig, wenn es nicht einseitig in der Existenz des wahrgenommenen Dinges fundiert wäre, das zudem genau so sein muss, wie es im Akt aufgrund seines Sinnes vermeint ist. Eine kausale „Wirklichkeitsrelation" muss allerdings, wie Husserl sagt, „parallel" zur Intentionalität laufen, damit der Akt tatsächlich triftig sein kann – zumindest im Fall realer Objekte.

6. Offengelassen habe ich in diesem Kapitel die Frage, inwiefern Husserls globaler Intuitionismus überhaupt plausibel ist: Macht es wirklich Sinn, zu sagen, dass die „originäre Gegebenheitsweise" für eine jede Entität O – und somit auch die letzte Rechtfertigungsquelle aller unserer Überzeugungen über O – in einer O-spezifischen Form von Anschauung besteht? Wird dadurch nicht der Begriff der Anschauung hoffnungslos überstrapaziert? Können mir ein anderes Subjekt, ggf. Gott, die letzten Bausteine der Materie, Spezies, Werte und nicht zuletzt meine eigenen Erlebnisse, Vermögen und Charakterzüge wirklich „anschaulich" gegeben sein? Diese Fragen sind hier nicht zu beantworten. Allerdings sei darauf hingewiesen, dass Husserls allgemeine These, jede Entität müsse „originär" zugänglich sein, eine fruchtbare methodische Richtlinie abgibt, die dabei hilft, unter-

---

[727] Zum Verhältnis Nicht-Existenz, Intentionalität und Identität vgl. Crane 2013, 6.8.

schiedliche Gegebenheitsweisen hierarchisch anzuordnen. Zudem ist immer zu beachten, dass Husserl „Anschauung" nicht an das Vorhandensein sensorischer oder gleichsam ‚hypersensorischer' Organe bindet, sondern an eine ausgezeichnete Präsentationsweise, wie sie vorliegen muss, wenn es möglich sein soll, in direktem epistemischen Kontakt zur fraglichen Entität zu stehen; sie steht im scharfen Gegensatz zu leerer, bloß signitiver und inferentieller Bezugnahme.

F Rück- und Ausblick

In diesem Rück- und Ausblick soll abschließend zweierlei geschehen: Da ich insgesamt ein historisches (exegetisches) *und* systematisches Ziel verfolgt habe, rekapituliere ich zuerst meine Lesart von Husserl mit Blick auf das Problem der Nicht-Existenz. Sodann komme ich auf die Natur und Relevanz dieses Problems sowie auf die Idee zurück, dass Intentionalität eine monadische Eigenschaft ist, woraus einige Konsequenzen gezogen und offene Fragen aufgeworfen werden.

In dieser Arbeit habe ich versucht zu zeigen, dass das Problem der Nicht-Existenz eine wichtige Rolle sowohl am Anfang als auch im Laufe der Entwicklung von Husserls Phänomenologie spielt. Das heißt nicht, dass dieses Problem eine Art *clavis husserliana* darstellt, der Husserls Gesamtwerk in völlig neuem Licht erscheinen lässt. Allerdings taucht die Frage, wie wir an Nicht-Seiendes denken können und darüber Wahres urteilen können, an neuralgischen Punkten immer wieder auf, insbesondere wenn es darum geht, die Natur der Intentionalität des Bewusstseins näher zu bestimmen. In diesem Sinne ist dieses Problem ein *basso continuo* des Husserl'schen Denkens, das grundsätzliche Entscheidungen fordert, eben was Struktur und Status von Intentionalität betrifft. Man kann Theorien der Intentionalität, die stets Theorien des Geistes, Mentalen oder Psychischen (des Menschen) sind, mit Blick auf ihre Stellung zum Problem der Nicht-Existenz charakterisieren. So haben wir bei Husserl gesehen, dass dieses Problem bereits im frühen Essay *Intentionale Gegenstände* (1894) in Gestalt des „Paradoxons gegenstand(s)loser Vorstellungen" seinen ersten prominenten Auftritt hat. Dort fungiert es als *agent provocateur* und führt Husserl zu einer Konzeption, derzufolge Intentionalität als eine nicht-relationale Eigenschaft verstanden werden kann. Dabei entwirft Husserl eine Theorie assumptiven Urteilens, welche es ermöglicht, auch über Nicht-Seiendes wahre Urteile fällen zu können (es wurden insb. hypothetische, analytische und essentiale Urteile diskutiert). Selbst wenn die nicht-relationale Lesart nicht durch sämtliche Äußerungen Husserls unterstützt wird, weist Husserl in jedem Fall die These zurück, dass es sich um eine „reale" Relation handele; wenn überhaupt, so ist die „intentionale Beziehung" eine „ideale oder logische" (Hua Dok III/1, 82) Relation, die existenzindifferent ist.[728] Die exzeptionalistische Lesart, derzufolge Intentionalität eine Relation sui

---

[728] Es sei angemerkt, dass die nicht-relationale Lesart nicht beansprucht, alle Aussagen Husserls kohärent abzudecken. (Dies ist, nebenbei gesagt, angesichts von Husserls umfangreichem (un)veröffentlichten Opus ohnehin ein exegetisch anmaßendes Unterfangen.) So lassen sich z. B. im mittleren und späten Werk Passagen finden, die sich im Sinne des globalen Relationalismus lesen lassen. So heißt es z. B. in der Vorlesung „Phänomenologie und Psychologie" (1917): „Die Erscheinungen a l s Erscheinungen des jeweiligen Bewußtseins, des jeweiligen

generis ist, die vollständig durch nicht-relationale Eigenschaften bestimmt wird, kann nicht definitiv ausgeschlossen werden, allerdings spricht insbesondere Husserls in den *Untersuchungen* (1900/1) entwickeltes Speziesmodell dagegen. Ohne weitere Begründung setzt Husserl in der Regel Prinzipien wie die Existenzabhängigkeit einfacher kategorischer und relationaler Prädikationen voraus; in diesem Sinne kann man ihm eine *negative freie Logik* im heutigen Sinne unterstellen. Im Spätwerk wird eine Unterscheidung zwischen Vergleichungs-/Ähnlichkeits- und Verbindungs-/Wirklichkeitsrelationen eingeführt, unter die sich Intentionalität ebenfalls nicht subsumieren lässt. (Zu ersteren gehören z. B. Ähnlichkeitsrelationen zwischen Farbspezies, zu letzteren räumliche, zeitliche und kausale Relationen zwischen Realia. Insgesamt vermisst man aber ausführlichere Überlegungen zur Natur von Relationen.) Vor dem Hintergrund aktueller Diskussionen in der Philosophie des Geistes, etwa bei Uriah Kriegel und Tim Crane, erweist sich somit der frühe Husserl als erstaunlich aktuell, zumal Husserl eine ontologisch deflationäre Lesart intentionaler Objekte vertritt und zugleich daran festhält, dass Bewusstsein wesentlich Bewusstsein von etwas sei. Diese Tendenz, so eine weitere These dieser Arbeit, hält Husserl in nachfolgenden Hauptwerken (*Logische Untersuchungen, Ideen, Erfahrung und Urteil*) bei, obschon es im Kontext der Noema-Theorie zu einigen Komplikationen kommt. Die *Untersuchungen* legen eine Grundlage für die Lösung des Problems der Nicht-Existenz, indem Husserl eine nuancierte, mereologisch formulierte und gleichsam *dicke* Ontologie des Bewusstseins entwirft, derzufolge intentionale Erlebnisse eine reichhaltige intrinsische Struktur haben, die sich reflexiv beschreiben lässt und die verantwortlich dafür zeichnet, dass Bewusstsein von etwas handeln kann. Die wichtigsten „Teile" von Akten sind Qualität und Materie, wobei beide insofern als nicht-relationale Eigenschaften verstanden werden können, als sie sich in einem Erlebnis unabhängig von der Existenz des intentionalen Objekts instanziieren können. Qualität und Materie werden im Rahmen einer Ontologie von *monadischen (unselbständigen) Spezies* eingeführt (vgl. die Analogie *Materie in specie* und *Röte in specie*), sodass gewährleistet ist, dass numerisch verschiedene Akte ein

---

Wahrnehmens, Erinnerns, Phantasierens, Halluzinierens, *sind doch sehr wohl etwas und haben ihre Existenz*. Gewiß sind sie, was sie sind, nur als Erscheinungen, nur als Vorgestelltes der jeweiligen Vorstellung. Aber genau so, wie sie da sind, in dieser konkreten Korrelation, genau mit dem Eigengehalt, mit dem sie auftreten, und in den Zusammenhängen, die sie voraussetzen, können sie doch theoretisches Interesse erregen und zu Themen wissenschaftlichen Studiums werden. (Hua XXV, 87; Herv. CE; vgl. ähnlich Hua XXIII, 569; Hua XX/2, 94 f.). Hier sieht es so aus, als würde Husserl die Ingarden'sche Konzeption bewusstseinsabhängiger „rein intentionaler Gegenstände" antizipieren und somit auch *hallucinata* eine Existenzweise *sui generis* einräumen, was im krassen Widerspruch zu anderen Passagen steht (vgl. etwa Hua XIX/2, 774 f.; Hua XIX/1, 42, 129 f.).

und desselben oder verschiedener Subjekte dieselbe Qualität und Materie haben können. Dieses Speziesmodell der Intentionalität stellt ein überaus elegantes und sparsames Modell dar, da es für die Struktur von Intentionalität keine *neuartigen* Relationen und Entitäten einführt, die gleichsam zwischen Subjekt, Akt und Objekt treten (vgl. Husserls Anti-Repräsentationalismus und die Kritik an Ähnlichkeits-, Bilder- und Zeichentheorien). Intentionalität ist zwar eine „Eigentümlichkeit" des Bewusstseins und etwas *materialiter Irreduzibles* (Stichwort: Antinaturalismus, Motivation vs. Naturkausalität), gleichwohl werden die Strukturen des Bewusstseins im Rahmen einer allgemeinen Ontologie von Teilen und Ganzen und von Universalien und Einzeldingen eingeführt. Allerdings ist die Klärung der Beziehung von Naturalismus, Physikalismus und Husserl'scher Phänomenologie ein Desiderat, das hier nicht in Angriff genommen wurde; insbesondere wäre zu fragen, wie Husserls Standpunkt zum Bewusstsein-Materie-Problem und zur Thematik der Willensfreiheit näherhin auszubuchstabieren wäre (vgl. etwa Meixners 2007, 2011 dualistische Lesart). Solche Fragen werden nicht zuletzt durch die diffuse Idealismus-Thematik, die in dieser Arbeit ebenfalls eine untergeordnete Rolle gespielt hat, enorm kompliziert.

Abgesehen von solchen Lücken, was abschließende ontologische bzw. metaphysische Fragen betrifft, besteht die Stärke von Husserls Phänomenologie darin, sich den diffizilen und elusiven Nuancen der Erlebnisse deskriptiv zu widmen, ohne gleich Partei für eine der diversen metaphysischen Optionen zu ergreifen (vgl. die Methode der Epoché). In diesem Sinne versteht sich auch die vorliegende Arbeit, in der großer Wert auf allgemeine und spezielle Aktanalysen gelegt wurde. Für das Problem der Nicht-Existenz haben sich dabei vor allem Husserls Überlegungen zu wesentlich leeren und frei phantasierenden Akten als bedeutsam erwiesen, die jeweils auf zwei ganz unterschiedliche Arten von „Negativitäten" (Sartre) gerichtet sind – nämlich *impossibilia* und *imaginabilia*. Während es keine definitiven Belege dafür gibt, dass Husserl diesen beiden Arten intentionaler Objekte positiven ontologischen Status einräumt, wurde der Versuch unternommen, ebendies für die *ficta*, die in (literarischen) Kunstwerken dargestellten Objekte, nachzuweisen. Nach der vorgeschlagenen Lesart sind *ficta* nicht nichts, sondern sind vielmehr als existierende und mehrfach fundierte „Erzeugnisse" zu verstehen, die gut in die Kategorie der „gebundenen Idealitäten" passen, die Husserl im Spätwerk, wenn auch nur flüchtig, einführt (vgl. *Erfahrung und Urteil*) und die Ingardens „rein intentionale" Seinsweise vorwegnehmen. Im Kapitel zum Noema (vgl. D. II. 2. § 1) wurde zudem der Versuch unternommen, auch dieses als eine solche „gebundene Idealität" zu deuten, was einerseits viele Textstellen erhellt, andererseits zur Verkomplizierung und Opakisierung der Intentionalität führt. Denn entweder setzt man Noemata mit den fokalen intentionalen Objekten gleich oder nicht. Wenn man es tut, folgt ein Idealismus, demzufolge alle intentionalen Objekte bewusstseinsabhängig sind (dies ist Ingardens Lesart von Husserl; vgl. SEW I); tut man es nicht, bilden Noemata eine Art Schleier über den fokalen Objekten, zumal die Relation zwischen Subjekt/Akt und Noema nicht hinreichend geklärt wird. Solche und ähnliche Probleme waren der Grund, der frühen Speziestheorie den Vorzug zu geben und Noemata als Noesen in specie zu deuten.

Angewendet auf die Natur von *ficta* weist die im Spätwerk entdeckte Region der „gebundenen Idealitäten", welche die Disjunktion von Realität und Idealität durch eine Triade ersetzt, deutliche Parallelen zum fiktionalen Realismus in der gegenwärtigen Debatte auf, in der der Kreationismus eine wichtige Rolle spielt (vgl. Thomasson 1999). Eine weiterführende Frage, die sich dabei auftut, ist, ob man konsistent an einer nihilistischen Lesart von *impossibilia*, *imaginabilia* und auch *hallucinata* festhalten kann, während man zugleich *ficta* einen Status sui generis einräumt. Muss man nicht, bildlich gesprochen, allen intentionalen Objekten ontologisches Asyl gewähren, wenn man einmal die Grenzen zwischen dem Reich der „Negatitäten" und Entitäten geöffnet hat? Dies ist der Weg von Roman Ingarden, bei dem alle intentionalen Objekte existieren, wenngleich nicht auf dieselbe Weise. Ingarden deutet das Problem der Nicht-Existenz in das Problem fundierter Seinsweisen um: „X existiert nicht" wird als „X existiert als ein rein intentionaler Gegenstand des Bewusstseins" paraphrasiert. Als ein solches rein intentionales Objekt zeichnet es sich gegenüber *Realia* und *Idealia* durch mindestens zwei Formen von Fundierung aus (Seinsheteronomie, Seinsabgeleitetheit; vgl. SEW I, §§ 10 ff.), die sich in weiteren strukturellen Eigentümlichkeiten niederschlagen (Doppelseitigkeit, „Unbestimmtheitsstellen"; vgl. SEW II/1, § 47). Edward Zaltas von Mally und Meinong inspirierte Theorie abstrakter Objekte geht in eine ähnliche Richtung, obschon Zalta zwischen Sein (Es gibt) und Existenz (im Sinne von raumzeitlichem Sein) unterscheidet. Bei Zalta wird „X existiert nicht" als „X ist ein (seiendes) abstraktes Objekt" verstanden.

Selbst wenn Ingardens ‚Alles-Existiert-These' und Zaltas ‚Nicht-Existentes-ist-Abstraktes-These' widerspruchsfrei ausbuchstabiert werden können, verletzen sie meines Erachtens die grundlegende nihilistische Intuition, dass nicht jedes intentionale Objekt *eo ipso* einen wie auch immer gearteten positiven Status hat. Manches existiert bzw. gibt es eben gar nicht – Punkt. Das ist auch insofern phänomenologisch plausibel, als sich – vom Husserl'schen Standpunkt aus gesehen – das bloße Denken an etwas von dem Sein oder Existenz ausweisenden „erfüllenden" Denken bzw. Anschauen unterscheidet. Eine Theorie, die aus jedem *cogitatum* ein *ens* macht – sei es auch ‚nur' ein *ens rationis* oder ein *abstractum* – erscheint deshalb unangemessen liberal bzw. inflationär. Zudem bietet Husserls These, intentionale Objekte als „Identitätspole" zu verstehen, Mittel an die Hand, anhand deren zwischen existierenden und nicht-existierenden Objekten unterschieden werden kann (vgl. D. I. 4; E. II-III). Denn nur bei existierenden Objekte können objektive und intersubjektive „Synthesen der Identifikation" aufgewiesen werden, während nicht-existierende Objekte (insb. „monosubjektive") nur stipulative Identifikationen „unter Assumption" zulassen. Allerdings muss phänomenologisch inspirierte Ontologie weiterhin daran arbeiten, die Bedingungen zu klären, unter denen es legitim ist, bestimmte intentionale Objekte zu „setzen". Insbesondere wäre Husserls globaler Intuitionismus kritisch zu überprüfen, demzufolge Rechtfertigung und Anschaulichkeit für jeden Typ von Entitäten bzw. intentionalen Objekten Hand in Hand gehen müssen – eine These, die in Kapitel E dieser Arbeit exemplarisch verdeutlicht, aber nicht eigens hinterfragt wurde. Entgegen der oft vertretenen Meinung, Husserls Phänomenologie interessiere sich nicht für Ontologie, wurde in dieser Arbeit der Versuch unternommen, zu zeigen, dass dies in dreierlei Hinsicht nicht stimmt: erstens basiert Husserls Akt-Phänomenologie auf einer formalen Ontologie von Ganzen und Teilen (Mereologie); zweitens ist Husserl in dem Sinne Platonist, dass er die Existenz von idealen Entitäten anerkennt, die nicht vom Subjekt erschaffen, kreiert oder konstruiert worden sind. Dazu gehören auch die Aktsinne, sodass die Ontologie der Irrealia wesentlich für die Ontologie der Intentionalität ist. Schließlich wurde drittens gezeigt, dass es in Husserls Theorie der Erfüllung darum geht, wirkliche und nicht-wirkliche Objekte zu unterscheiden, sodass man sagen kann: „So the topic of reality, far from being uncomfortably at home in a transcendental enquiry, is absolutely central to it." (A. D. Smith 2003, 167)

In diesem Kontext ist auf weitere (offenbar) nicht-existierende Objekte zu verweisen, die hier nicht genauer untersucht worden sind. So sind etwa zukünftige Objekte (*futurabilia*) genauerer Betrachtung wert. Denn bei diesen scheint es außer Frage, dass sie nicht existieren. Welche Möglichkeiten der Gerichtetheit lassen sich dabei phänomenologisch dingfest machen? Wenn z. B. *Erwartung* eine solche zukunftsgerichtete Intentionalität ist, was zeichnet sie vom bloßen Denken an Zukünftiges aus? Gibt es irreduzible Weisen, Futurisches zu intendieren, oder lässt sich z. B. die Erwartung eines Ereignisses auf das Urteil, dass dieses künftig eintreten wird, reduzieren? Die Intentionalität von *futurabilia* (z. B. Zielen, Zwecken) ist nicht zuletzt wegen ihrer Rolle für die Phänomenologie der Praxis, d. i. des Wollens und Handelns von zentraler Bedeutung (vgl. Hua XXVIII, 102 ff.). Hier gibt es ein weites Feld fruchtbarer phänomenologischer Beschreibungen, die auf intime Weise mit dem Problem der Nicht-Existenz verbunden sind. Soweit ich sehe, werden *futurabilia* in der aktuellen Debatte selten behandelt, da der Fokus auf *ficta*, *(im)possibilia* und *errata* liegt.

Was nun ganz allgemein das Problem der Nicht-Existenz und die in dieser Arbeit im Anschluss daran proponierte nicht-relationale Sichtweise von Intentionalität betrifft, sollen abschließend einige allgemeine provokative Thesen formuliert und mit vier möglichen Einwänden konfrontiert werden:

1. Das Problem der Nicht-Existenz hat *pandemischen Charakter:* wenn es plausibel ist, dass es mindestens ein Erlebnis gibt, das auf ein nicht-existierendes Objekt gerichtet ist, dann kann Intentionalität keine Relation sein – vorausgesetzt, dass Relationen existenzabhängig sind. Dies folgt unter der weiteren *prima facie* sinnvollen Annahme, dass Intentionalität eine einheitliche generische Eigenschaft ist. Eine solche Eigenschaft kann aber nicht manchmal relationale und manchmal intrinsische Instanzen haben.

2. Das Problem der Nicht-Existenz hat *permeativen Charakter:* (normales menschliches) Bewusstsein ist reich, sodass die meisten Erlebnisse mit Akten verwoben sind, die auf nicht-existierende Objekte gerichtet sind. Man denke nur an die Rolle von Phantasien, Antizipationen, Erwartungen, Absichten oder das Wollen von Zwecken, die unseren Bewusstseinsstrom unaufhörlich durchdringen und, wie Sartre dramatisierend, aber völlig zu Recht sagt, mit ihrer Gerichtetheit auf „Negativitäten" beständig „heimsuchen".

3. Das Problem der Nicht-Existenz hat *kriterialen Charakter:* Intentionalität scheint ohne die Möglichkeit, auf nicht-existierende Objekte gerichtet zu sein, nur schwer denkbar: entweder müssten alle Objekte mentaler Bezugnahme existieren, oder eine solche Bezugnahme wäre unmöglich. Die erste Option erscheint unangemessen inflationär und kontraintuitiv, die zweite phänomenologisch wenig plausibel. Mit anderen Worten: Intentionalität und Nicht-Existenz sind gleichsam verschwisterte Phänomene, sodass keine Theorie der Intentionalität adäquat sein kann, die dieses Problem nicht löst. Das Problem der Nicht-Existenz ist mithin ein *Kriterium* für die Güte einer Theorie des Geistes.

4. Das Problem der Nicht-Existenz hat *aufschlussreichen Charakter:* wenn es genuine und irreduzible Gerichtetheit auf Nicht-Seiendes gibt, dann sagt das etwas über die Natur der Intentionalität aus, nämlich, dass sie entweder eine Relation *sui generis* oder eben – entgegen dem ersten Anschein – gar keine Relation, sondern vielmehr eine intrinsische Bestimmung des Subjekts und seiner Erlebnisse ist. Ob es prinzipiell Relationen geben kann, von denen nur ein Relatum (oder sogar gar keines) existiert, wurde hier zwar nicht näher untersucht, aber als kontraintuitiv und ontologisch fragwürdig eingeklammert. Um das definitiv zu klären, wäre eine allgemeine Ontologie von Relationen nötig.

5. Das Problem der Nicht-Existenz hat *holistischen Charakter:* es wurde gezeigt, dass sich die Gerichtetheit auf Nicht-Existierendes nicht isoliert behandeln lässt. Nicht nur ist dieses Problem im Rahmen einer Theorie des Mentalen zu klären, vielmehr sind auch logische, semantische und ontologische Grundsatzfragen wie z. B. die folgenden involviert: Sind leere Namen bedeutungslos? Wie können Sätze über Nicht-Seiendes wahr sein? Was ist die logische Form von Sätzen

über Nicht-Existentes und welche Spielarten solcher Sätze gibt es? Welche Unterscheidungen sind im Reich des Nicht-Seins zu machen? Kann Nicht-Existentes Eigenschaften haben? Was ist ein Objekt? Sind alle Objekte Entitäten (Seiendes)? Gibt es Objekte, die nicht existieren? Ist Sein dasselbe wie Existenz? Gibt es existenzunabhängige Relationen? Was sind Relationen?

Nun sollen abschließend Einwände gegen die in dieser Arbeit im Anschluss an und zusammen mit Husserl entwickelte monadische Sichtweise auf Intentionalität knapp dargestellt und kritisiert werden. Soweit ich sehe, gibt es mindestens vier zentrale Einwände gegen diese Konzeption (vgl. auch Addis 1989, 66 ff.; Kriegel 2008; Pitt 2009).

So lässt sich *erstens* einwenden, dass der Monadismus die Grammatik der Zuschreibung intentionaler Eigenschaften pervertiert. Diesem *grammatischen Einwand* zufolge müssen solche Zuschreibungen stets die zweistellige Form „S denkt an X" oder „S denkt, dass p" haben. Grammatischer Zweistelligkeit liegt aber, so der Einwand, ontologische Dyadizität zugrunde. Darauf kann man erwidern, dass die natürliche Sprache nicht immer ein verlässlicher Wegweiser für ontologische Strukturen ist. So gibt es z. B. spätestens seit Frege eine ausführliche Debatte darüber, ob „Existenz" ein Prädikat erster oder zweiter Stufe ist, während der sprachliche Ausdruck von Existenzurteilen wie „Charles existiert" oder „Thronfolger existieren" eindeutig nahelegt, dass es sich um ein erststufiges Prädikat handelt. Ferner argumentieren Korrespondenztheorien der Wahrheit dafür, dass „wahr" eine relationale Eigenschaft ausdrückt, während es sprachlich wie ein einstelliges Prädikat anmutet.[729] Schließlich scheint auch ein Satz wie „Charles tanzt den Twist", obschon syntaktisch zweistellig, nicht durch eine Relation wahr gemacht zu werden. Nichts spricht also *prinzipiell* dagegen, dass auch „Charles phantasiert ein Einhorn" eine zweistellige Prädikation ist, die gleichwohl nicht durch eine Relation zwischen Charles und einem Einhorn fundiert wird. Will man der grammatischen Intuition jedoch ein Stück entgegenkommen, könnte man ggf. die exzeptionalistische Lesart vertreten, derzufolge Intentionalität als eine Relation sui generis zu verstehen ist, die aber gleichwohl vollständig auf den nicht-relationalen Eigenschaften von Erlebnissen superveniert. In jedem Fall liegt die Entscheidung sozusagen in den intrinsischen Eigenschaften des Subjekts der Intentionalität.

Ein zweiter Einwand besagt, dass die Ontologie von Spezies, Genera, Universalien oder Typen nicht geeignet ist, um die Logik des Denkens adäquat einzufangen. Dies kann man als den *logischen Einwand* gegen die Speziestheorie

---

[729] Frege hat bekanntlich im Essay *Der Gedanke* dafür plädiert, dass Wahrheit eine solche (undefinierbare) monadische Eigenschaft sei.

bezeichnen. Während nämlich die Instanziierung einer Spezies S in einem Einzelding t im Normalfall *eo ipso* dazu führt, dass jede von S implizierte (oder nezessitierte) Spezies zugleich in t instanziiert ist, ist unser endliches Denken nicht deduktiv abgeschlossen – von irrationalem Denken ganz zu schweigen. Instanziiert dieser Stift z. B. die Spezies *Röte*, dann auch die Spezies *Farbe, Ausdehnung*, etc. Aber wenn ich denke, dass p, und wenn p q impliziert, dann denke ich nicht automatisch, dass q. Sprich: in dem Akt, in dem sich „p" instanziiert, vereinzelt sich nicht notwendigerweise auch die Proposition „q". Das müsste aber so sein, wenn „p", wie es das Speziesmodell der *Untersuchungen* suggeriert, eine gewisse Spezies bezeichnet – nämlich eine unselbständige Spezies (Materie *in specie*), die sich im konkreten Moment *in individuo* eines Denkaktes vereinzelt.[730] Wenn dieser Einwand zutrifft, zeigt er allerdings nicht, dass Intentionalität eine Relation ist, sondern lediglich, dass sich der intentionale Gehalt nicht wie eine Spezies (Typ/Universale/Eigenschaft) zum Akt verhält, sondern auf andere Weise. Dieser Einwand könnte also eine Revision des Speziesmodells zugunsten der Noematheorie zur Folge haben. Aber ist der Einwand wirklich stichhaltig? Ein erste (kühne) Reaktion könnte darin bestehen, den Einwand gar nicht als Einwand gelten zu lassen. Man könnte z. B. sagen, dass das Denken eines Gedankens den Denker dazu in die Lage versetzt, alle implizierten Gedanken zu denken; allerdings wäre das nur ein Potential und keine Aktualität. Man könnte weiter gehen und die implizierten Gedanken im *Horizont* des explizit gedachten Gedankens lokalisieren. Eine zweite und m. E. sinnvollere Reaktion besteht jedoch darin, zu prüfen, ob es tatsächlich notwendigerweise so ist, dass sich die logischen Relationen zwischen den Aktspezies automatisch auf deren Instanzen vererben müssen. Denn Akttypen verhalten sich möglicherweise anders als ‚normale' Universalien wie *Röte* oder *Menschsein*. So sind ja bereits Akttypen und deren Token Träger gemeinsamer (intentionaler) Eigenschaften, während zwischen Röte und Rotmoment offenbar eine viel größere ‚Kluft' besteht. Denn während sowohl die Materie in specie als auch der Akt, der die Materie in individuo enthält, intentionale Entitäten sind, kann man von der Röte in specie nicht sagen, sie sei rot, obschon das Rotmoment, in dem sie sich vereinzelt, rot ist. Wenn es solche Asymmetrien gibt, warum sollte es dann ab ovo ausgeschlossen sein, dass sich auch logische Relationen zwischen Akttypen nicht auf dieselbe Weise auf deren Token übertragen wie bei Röte und Menschsein?

Der dritte Einwand ist *psychologistischer Natur:* Wären Propositionen intentionale Gehalte und somit Eigenschaften (*in specie*) von Akten, so müssten auch

---

[730] Interessanterweise formuliert auch Husserl einen ähnlichen Einwand; vgl. Hua XXVI, Beilage XVII.

Wahrheiten aktgebunden sein, da Wahrheit eine Eigenschaft von Propositionen ist. Dann ist aber der Subjektivität, Zeitlichkeit und Relativität der Wahrheit Tür und Tor geöffnet, was insbesondere nicht im Sinne Husserls sein kann, der sich in den *Prolegomena zur reinen Logik* (1900) so vehement gegen den zeitgenössischen Psychologismus gewehrt und daran (mutatis mutandis) zeitlebens festgehalten hat. Dagegen ist zu sagen, dass Materien in specie nur insofern etwas „Psychisches" sind, als sie sich exklusiv in mentalen Einzeldingen instanziieren können. Jede Materie in specie ist *„eo ipso* auf die idealen Umfänge [...], also auf mögliche reale Denkakte" (Hua XXII, 159) bezogen. Aber deshalb sind Gehalte nicht subjektiv oder bewusstseinsabhängig. Ich kann ja nur deshalb Akte vollziehen, *weil* diese eine bestimmte Natur haben, die zum Teil in der Materie-Spezies enthalten ist. Wenn nun Wahrheit ein Prädikat von solchen Materien in specie ist, dann heißt das zudem nicht, dass es vom Subjekt und seinen Akten abhängt, ob eine bestimmte Proposition wahr ist oder nicht. Denn eine Proposition ist dann und nur dann wahr, wenn der in ihr intendierte Sachverhalt besteht. Nur weil sozusagen das ‚Auftreten' oder ‚Vorkommen' von Wahrheit an Subjekte gebunden ist – man beachte zudem, dass hierfür (zumindest für Husserl) bereits *„mögliche* reale Denkakte" genügen –, ist deshalb noch nicht das *Wahrsein* von Propositionen subjektabhängig.

Ein vierter Einwand besagt, dass eine monadische Konzeption von Intentionalität mehr oder weniger direkt in den Skeptizismus mündet. Dies ist der *skeptische Einwand.* Wenn Intentionalität keine Relation ist, dann reicht es eben nicht hin, Bewusstsein von etwas zu haben, um mit diesem etwas ‚verbunden' zu sein. Wir bleiben also gleichsam in einem cartesianischen Zirkel gefangen und sind ohne interne Verbindung zu einer Welt außerhalb unserer Erlebnisse. Ein solcher Nicht-Relationalismus stellt nicht nur einen argumentativen, sondern auch einen phänomenologischen Rückschritt dar, da er uns wieder die leidige Subjekt-Objekt-Spaltung der frühen Neuzeit beschert, von der uns die Phänomenologie mitsamt ihrer These der Intentionalität und „Transzendenz" des Subjekts und der Maxime „Zu den Sachen selbst!" doch gerade befreien wollten.[731] Zu diesem Einwand lässt sich erstens sagen, dass er ggf. durch Husserls mundanen Relationalismus (siehe E. IV. 2) zurückgewiesen werden kann, demzufolge zwar die Intentionalität einzelner Akte, nicht jedoch die Intentionalität des ganzen Bewusstseins, deren

---

[731] In diesem Sinne können Heideggers und Sartres Kritik an Husserl gelesen werden. Während Heidegger ein offenbar relationales *Sein bei* Zu- und Vorhandenem einführt, das durch das gleichermaßen relationale In-der-Welt-Sein fundiert wird, das alle einzelnen intentionalen Vollzüge des „Daseins" trägt, versucht Sartre mit seinem „ontologischen Beweis" zu zeigen, dass die bloße Tatsache der Intentionalität (Bewusstsein von X) die Existenz von X bzw. allgemeiner eines bewusstseinsunabhängigen „Seins an sich" (*En-soi*) konstitutiv involviert.

„Korrelat" die Welt ist, gegenstandslos sein kann (vgl. prägnant Drummond 2012). Und selbst wenn man an der prinzipiellen Möglichkeit von skeptischen Traumszenarien festhält, in denen alles genauso erscheint, wie im veridischen Fall – was Husserl an vielen Stellen tut und m. E. nicht dogmatisch auszuschließen ist –, kann man zweitens erwidern, dass es nicht die Aufgabe von Intentionalität *als solcher* ist, die ‚Verbindung' mit einer bewusstseinstranszendenten Welt zu etablieren. Dies ist vielmehr der Job von Wahrheit, Erfüllung, Anschauung (Originarität), Einstimmigkeit und Evidenz.

Diese vier Einwände stellen durchaus Herausforderungen für den Monadismus dar und können helfen, diese Konzeption zu profilieren und weiterzuentwickeln; sie sind aber sicherlich keine unmittelbaren Widerlegungen. Ich schließe mit einem methodischen Desiderat.

Das sich seit einigen Jahren unter dem Schlagwort *Phänomenale Intentionalität* (kurz: PIRP, vgl. Kriegel 2013a) formierende „Forschungsprogramm" versteht sich als eine Alternative zu dem dominierenden „Naturalist-Externalist Research Programm" (NERP). Anders als dieses Paradigma geht PIRP von der Idee aus, dass bewusste Intentionalität die Quelle von Repräsentation überhaupt ausmacht und dass diese Form von Gerichtetheit durch die intrinsische Verfassung des Subjekts bestimmt ist. Es wird nicht mehr nach einer naturalisier- oder physikalisierbaren „tracking relation" gesucht, deren Instanziierung Intentionalität in ihren mannigfachen Formen realisiert. Dieses Projekt charakterisiert Uriah Kriegel näherhin durch sechs Thesen, die bei genauerer Inspektion frappierende Parallelen zu Husserl (und anderen „frühen" Phänomenologen) aufweisen:

> *Phenomenal Grounding.* There is a kind of intentionality – phenomenal intentionality – that is grounded in phenomenal character.
>
> *Inseparatism.* The phenomenal and the intentional do not form two separate mental realms, but are instead inseparably intertwined.
>
> *Distinctiveness.* Phenomenal intentionality is special and distinctive, in that it has certain important properties non-phenomenal forms of intentionality do not.
>
> *Narrowness.* Phenomenal intentionality is narrow, i.e., it is not constitutively dependent upon anything outside the experiencing subject.
>
> *Subjectivity.* Phenomenal intentionality is inherently subjective: it is built into the phenomenal character of a phenomenally intentional state that it (re)presents what it does to *someone.*
>
> *Basicness.* Phenomenal intentionality is a basic kind of intentionality, and functions as the source of all intentionality. (Kriegel 2013a, 5)

Substituiert man hier „phenomenal" durch „erlebt" oder „bewusst", fällt es nicht schwer, zu jeder dieser sechs Thesen Pendants bei Husserl zu finden. Wie Kriegel

(2013a, 21) ganz richtig vermutet, steht erlebte Intentionalität bei den frühen Phänomenologen im Zentrum – ja, Husserl definiert Intentionalität sogar als „Wesenseigentümlichkeit der Erlebnissphäre" (Hua III/1, 187). Ohne auf Details einzugehen, zeigt folgende Tabelle, wie sich Kriegels sechs Thesen mit Husserl'schen Ideen und Stichworten systematisch korrelieren lassen:

Forschungsprogramm: Phänomenale Intentionalität	Husserls Phänomenologie der Intentionalität
Phenomenal Grounding	Die Intentionalität von Erlebnissen gründet im „Zumutesein".
Inseparatism	Erlebnisse sind entweder selbst intentional oder potentielle „Träger" von Intentionalität (Empfindungen).[732]
Distinctness	Das innere Zeitbewusstsein, die objektivierende „Auffassung" von Empfindungen und das „Identitätsbewußtsein" zeichnen bewusste Intentionalität gegenüber unbewussten Formen aus.
Narrowness	Intentionalität (Materie/Qualität) ist ein nicht-relationales Moment von Erlebnissen („reeller Bestand").
Subjectivity	Der „Ich-Pol" fungiert als unverzichtbarer terminus a quo von „cogitationes".
Basicness	Bilder und (sprachliche) Zeichen („Anzeichen und Ausdrücke") setzen (bewusste) Intentionalität voraus; nicht-bewusste psychische Intentionalität war entweder einmal bewusst („Urstiftung") oder kann wieder bewusst werden („Weckung").

Für das Problem der Nicht-Existenz ist dabei vor allem die These *Narrowness* von Interesse, denn dass phänomenale Intentionalität „nicht konstitutiv von etwas außerhalb des Subjekts" abhängt, klingt geradezu wie eine Reformulierung von Husserls These, Intentionalität gehöre „zum *immanenten* Wesen der betreffenden Akte" (Hua XXVIII, 271; Herv. CE). Selbst wenn sich mit Bezug auf den transzendentalen Charakter von Husserls reifer Phänomenologie mitsamt den Methoden der Epoché und Reduktion erhebliche Differenzen zeigen sollten, sind die Gemeinsamkeiten und Parallelen in der Tat verblüffend, sodass man sich des Eindrucks nicht leicht erwehren kann, das Forschungsprogramm *Phänomenale Intentionalität* sei die erste eigenständige Strömung in der analytischen Philosophie des Geistes, die sich *direkt* mit Brentano, Husserl und verwandten Autoren der frühen Phänomenologie vergleichen lässt. Eine gewisse Geistesverwandtschaft ist

---

732 Allerdings ist der Status von Stimmungen und Zuständen wie Müdigkeit und Erschöpfung bei Husserl unklar. Wenn sie nicht-intentional sind, sind sie dann als Empfindungen zu klassifizieren?

jedenfalls nicht zu übersehen. Zukünftige phänomenologische Forschung, die mehr sein will als immanent-exegetisches und historisch-kritisches Aufarbeiten der Tradition, muss diese Parallelen ernst nehmen und differenzierend ausbauen.

Literatur

I Siglen

1 Husserl

Husserl wird größtenteils nach der Husserliana-Ausgabe zitiert: Husserl, Edmund (1950 ff.): *Husserliana. Gesammelte Werke*. Den Haag/Dordrecht. Als Abkürzung wird die Sigle „Hua" mitsamt Bandangabe in römischen und Seitenangabe in arabischen Ziffern verwendet. Materialienbände und Husserls Briefwechsel werden analog mit „Hua Mat" bzw. „Hua Dok" mitsamt Band- und Seitennummer zitiert.

Husserliana

Hua I	Cartesianische Meditationen und Pariser Vorträge. Hrsg. und eingeleitet von Stephan Strasser. Nachdruck der 2. verb. Auflage. 1991.
Hua II	Die Idee der Phänomenologie. Fünf Vorlesungen. Hrsg. und eingeleitet von Walter Biemel. Nachdruck der 2. erg. Auflage. 1973.
Hua III	**(Ideen I)** Ideen zu einer reinen Phänomenologie und phänomenologischen Philosophie. Erstes Buch: Allgemeine Einführung in die reine Phänomenologie. In zwei Bänden: 1. Halbband: Text der 1.–3. Auflage (=Hua III/1); 2. Halbband: Ergänzende Texte (1912–1929) (=Hua III/2). Neu hrsg. von Karl Schuhmann. Nachdruck. 1976.
Hua IV	**(Ideen II)** Ideen zu einer reinen Phänomenologie und phänomenologischen Philosophie. Zweites Buch: Phänomenologische Untersuchungen zur Konstitution. Hrsg. von Marly Biemel. Nachdruck. 1952.
Hua V	**(Ideen III)** Ideen zu einer reinen Phänomenologie und phänomenologischen Philosophie. Drittes Buch: Die Phänomenologie und die Fundamente der Wissenschaften. Hrsg. von Marly Biemel. Nachdruck. 1971.
Hua VI	**(Krisis)** Die Krisis der europäischen Wissenschaften und die transzendentale Phänomenologie. Eine Einleitung in die phänomenologische Philosophie. Hrsg. von Walter Biemel. Nachdruck der 2. verb. Auflage. 1976.
Hua VII	**(EP I)** Erste Philosophie (1923/24). Erster Teil: Kritische Ideengeschichte. Hrsg. von Rudolf Boehm. 1956.
Hua VIII	**(EP II)** Erste Philosophie (1923/24). Zweiter Teil: Theorie der phänomenologischen Reduktion. Hrsg. von Rudolf Boehm. 1959.
Hua IX	**(PP)** Phänomenologische Psychologie. Vorlesungen Sommersemester 1925. Hrsg. von Walter Biemel. 2. verb. Auflage. 1968.
Hua X	Zur Phänomenologie des inneren Zeitbewusstseins (1893–1917). Hrsg. von Rudolf Boehm. Nachdruck der 2. verb. Auflage. 1969.
Hua XI	Analysen zur passiven Synthesis. Aus Vorlesungs- und Forschungsmanuskripten (1918–1926). Hrsg. von Margot Fleischer. 1966.

Hua XII	Philosophie der Arithmetik. Mit ergänzenden Texten (1890–1901). Hrsg. von Lothar Eley. 1970.
Hua XIII	Zur Phänomenologie der Intersubjektivität. Texte aus dem Nachlass. Erster Teil: 1905–1920. Hrsg. von Iso Kern. 1973.
Hua XIV	Zur Phänomenologie der Intersubjektivität. Texte aus dem Nachlass. Zweiter Teil: 1921–1928. Hrsg. von Iso Kern. 1973.
Hua XV	Zur Phänomenologie der Intersubjektivität. Texte aus dem Nachlass. Dritter Teil: 1929–1935. Hrsg. von Iso Kern. 1973.
Hua XVI	**(DR)** Ding und Raum. Vorlesungen 1907. Hrsg. von Ulrich Claesges. 1973.
Hua XVII	**(FTL)** Formale und transzendentale Logik. Versuch einer Kritik der logischen Vernunft. Mit ergänzenden Texten. Hrsg. von Paul Janssen. 1974.
Hua XVIII	**(Prolegomena)** Logische Untersuchungen. Erster Band: Prolegomena zur reinen Logik. Text der 1. und 2. Auflage. Hrsg. von Elmar Holenstein. 1975.
Hua XIX/1	**(LU I-V)** Logische Untersuchungen. Zweiter Band. Erster Teil. Untersuchungen zur Phänomenologie und Theorie der Erkenntnis. Hrsg. von Ursula Panzer. 1984.
Hua XIX/2	**(LU VI)** Logische Untersuchungen. Zweiter Band. Zweiter Teil. Untersuchungen zur Phänomenologie und Theorie der Erkenntnis. Hrsg. von Ursula Panzer. 1984.
Hua XX/1	Logische Untersuchungen. Ergänzungsband. Erster Teil. Entwürfe zur Umarbeitung der VI. Untersuchung und zur Vorrede für die Neuauflage der Logischen Untersuchungen (Sommer 1913). Hrsg. von Ullrich Melle. 2002.
Hua XX/2	Logische Untersuchungen. Ergänzungsband. Zweiter Teil. Texte für die Neufassung der VI. Untersuchung: Zur Phänomenologie des Ausdrucks und der Erkenntnis (1893/94–1921). Hrsg. von Ullrich Melle. 2005.
Hua XXII	Aufsätze und Rezensionen (1890–1910). Hrsg. von Bernhard Rang. 1979.
IG	Husserl, Edmund (1894/8): „Intentionale Gegenstände". In: Hua XXII, S. 303–348.
Hua XXIII	Phantasie, Bildbewusstsein, Erinnerung. Zur Phänomenologie der anschaulichen Verge genwärtigungen. Texte aus dem Nachlass (1898–1925). Hrsg. von Eduard Marbach. 1980.
Hua XXIV	Einleitung in die Logik und Erkenntnistheorie. Vorlesungen 1906/07. Hrsg. von Ullrich Melle. 1984.
Hua XXV	Aufsätze und Vorträge (1911–1921). Hrsg. von Thomas Nenon und Hans Rainer Sepp. 1987.
Hua XXVI	**(VüB)** Vorlesungen über Bedeutungslehre. Sommersemester 1908. Hrsg. von Ursula Panzer. 1987.
Hua XXVII	Aufsätze und Vorträge (1922–1937). Hrsg. von Thomas Nenon und Hans Rainer Sepp. 1989.
Hua XXVIII	Vorlesungen über Ethik und Wertlehre (1908–1914). Hrsg. von Ullrich Melle. 1988.
Hua XXIX	Die Krisis der europäischen Wissenschaften und die transzendentale Phänomenologie. Ergänzungsband. Texte aus dem Nachlass 1934–1937. Hrsg. von R. N. Smid. 1993.
Hua XXX	Logik und allgemeine Wissenschaftstheorie. Vorlesungen Wintersemester 1917/18. Mit ergänzenden Texten aus der ersten Fassung von 1910/11. Hrsg. von Ursula Panzer. 1996.
Hua XXXI	Aktive Synthesen. Aus der Vorlesung „Transzendentale Logik" 1920/21. Ergänzungsband zu „Analysen zur passiven Synthesis". Hrsg. von Roland Breeur. 2000.

Hua XXXII   Natur und Geist. Vorlesungen Sommersemester 1927. Hrsg. von Michael Weiler. 2001.
Hua XXXIII   Die Bernauer Manuskripte über das Zeitbewusstsein (1917/18). Hrsg. von Rudolf Bernet und Dieter Lohmar. 2001.
Hua XXXIV   Zur phänomenologischen Reduktion. Texte aus dem Nachlass (1926–1935). Hrsg. von Sebastian Luft. 2002.
Hua XXXV   Einleitung in die Philosophie. Vorlesungen 1922/23. Hrsg. von Berndt Goossens. 2002.
Hua XXXVI   Transzendentaler Idealismus. Texte aus dem Nachlass (1908–1921). Hrsg. von Robin D. Rollinger in Verbindung mit Rochus Sowa. 2003.
Hua XXXVII   Einleitung in die Ethik. Vorlesungen Sommersemester 1920 und 1924. Hrsg. von Henning Peucker. 2004.
Hua XXXVIII Wahrnehmung und Aufmerksamkeit. Texte aus dem Nachlass (1893–1912). Hrsg. von Thomas Vongehr und Regula Giuliani. 2004.
Hua XXXIX   Die Lebenswelt. Auslegungen der vorgegebenen Welt und ihrer Konstitution. Texte aus dem Nachlass (1916–1937). Hrsg. von Rochus Sowa. 2008.
Hua XL   Untersuchungen zur Urteilstheorie. Texte aus dem Nachlass (1893–1918). Hrsg. von Robin D. Rollinger. 2009.
Hua XLI   Zur Lehre vom Wesen und zur Methode der eidetischen Variation. Texte aus dem Nachlass (1891–1935). Hrsg. von Dirk Fonfara. 2012.
Hua XLII   Grenzprobleme der Phänomenologie. Analysen des Unbewusstseins und der Instinkte. Metaphysik. Späte Ethik. Texte aus dem Nachlass (1908–1937). Hrsg. von Rochus Sowa und Thomas Vongehr. 2014.

Materialien

Hua Mat I   Logik. Vorlesung 1896.
              Hrsg. von Elisabeth Schuhmann. 2001.
Hua Mat II   Logik. Vorlesung 1902/03.
              Hrsg von Elisabeth Schuhmann. 2001.
Hua Mat III   Allgemeine Erkenntnistheorie. Vorlesung 1902/03.
              Hrsg. von Elisabeth Schuhmann. 2001.
Hua Mat IV   Natur und Geist. Vorlesungen Sommersemester 1919.
              Hrsg. von Michael Weiler. 2002.
Hua Mat V   Urteilstheorie. Vorlesung 1905.
              Hrsg. von Elisabeth Schuhmann. 2002.
Hua Mat VI   Alte und neue Logik. Vorlesung 1908/09. Hrsg. von Elisabeth Schuhmann. 2003.
Hua Mat VII   Einführung in die Phänomenologie der Erkenntnis. Vorlesung 1909.
              Hrsg. von Elisabeth Schuhmann. 2005.
Hua Mat VIII Späte Texte über Zeitkonstitution (1929–1934): Die C-Manuskripte
              Hrsg. von Dieter Lohmar. 2006.

Briefwechsel

Hua Dok Husserliana Dokumente, in Verbindung mit Elisabeth Schuhmann hrsg. von Karl
III   Schuhmann in zehn Bänden. Bd. III/1: Die Brentanoschule; Bd. III/3: Die Göttinger
         Schule. 1994.

Außerhalb der Husserliana

CM   Cartesianische Meditationen. Eine Einleitung in die Phänomenologie. Textedition
          Elisabeth Ströker: Edmund Husserl. Gesammelte Schriften. Bd. 8. Hamburg. 1992.
EU   Erfahrung und Urteil. Untersuchungen zur Genealogie der Logik. Redigiert und hrsg.
          von Ludwig Landgrebe Hamburg. 1948 ff.
LV   „Phänomenologische Methode und phänomenologische Philosophie. Londoner Vor-
          träge 1922". Hg. von Berndt Goossens. In: Husserl Studies 16, S. 183–254.
ZB   Vorlesungen zur Phänomenologie des Zeitbewußtseins. Hrsg. von Martin Heidegger.
          Tübingen. 2000.
Nachwort „Nachwort zu meinen Ideen zu einer reinen Phänomenologie und phänomenologi-
          schen Philosophie. In: Ideen zu einer reinen Phänomenologie und phänomenologi-
          schen Philosophie. Textedition Elisabeth Ströker: Edmund Husserl. Gesammelte
          Schriften. Bd. 5. Hamburg. 1992, S. 139–162.
NuS   Unveröffentlichtes Manuskript aus dem Husserl-Archiv (Sigle Mm 3); zitiert nach
          Süßbauer 1995, passim.

2 Sonstige Siglen

Schuhmann- Schuhmann, Karl (1990/91): „Husserls Abhandlung ‚Intentionale Gegenstände'.
Edition   Edition der ursprünglichen Druckfassung". In: *Brentano Studien* 3, S. 137–176.
PES I   Brentano, Franz (1874/1973): *Psychologie vom empirischen Standpunkt. Erster
            Band*. Hamburg.
PES II   Brentano, Franz (1959): *Psychologie vom empirischen Standpunkt. Zweiter Band*.
            Hamburg.
BG   Frege, Gottlob (2002): „Begriff und Gegenstand". In: Ders.: *Funktion – Begriff –
            Bedeutung*. Hrsg. von Mark Textor. Göttingen, S. 47–60.
FB   Frege, Gottlob (2002): „Funktion und Begriff". In: Ders.: *Funktion – Begriff – Be-
            deutung*. Hrsg. von Mark Textor. Göttingen, S. 2–22.
GA   Frege, Gottlob (1884/2005): *Die Grundlagen der Arithmetik. Eine logisch mathe-
            matische Untersuchung über den Begriff der Zahl*. Stuttgart.
GED   Frege, Gottlob (1918/2003): „Der Gedanke – eine logische Untersuchung". In:
            Ders.: *Logische Untersuchungen*. Hrsg. u. eingeleitet von Günter Patzig. Göttingen,
            S. 35–62.

L	Frege, Gottlob (1897/2001): „Logik". In: Ders.: *Schriften zur Logik und Sprachphilosophie. Aus dem Nachlaß*. Mit Einleitung, Anmerkungen, Bibliographie und Registern hrsg. v. Gottfried Gabriel, S. 35–73.
SB	Frege, Gottlob (1892/2002): „Über Sinn und Bedeutung". In: Ders.: *Funktion – Begriff – Bedeutung*. Hrsg. von Mark Textor. Göttingen, S. 23–46.
SEW I	Ingarden, Roman (1965): *Der Streit um die Existenz der Welt. Existentialontologie* Band I. Tübingen.
SEW II/1	Ingarden, Roman (1965): *Der Streit um die Existenz der Welt. Formalontologie 1. Teil* (Band II/1). Tübingen.
SEW II/2	Ingarden, Roman (1965): *Der Streit um die Existenz der Welt. Formalontologie 2. Teil: Welt und Bewußtsein.* Band II/2. Tübingen.
LK	Ingarden, Roman ([4]1972): *Das literarische Kunstwerk. Mit einem Anhang von den Funktionen der Sprache im Theaterschauspiel.* Tübingen.
KrV	Kant, Immanuel (1998): *Kritik der reinen Vernunft*. Nach der ersten und zweiten Originalausgabe hrsg. von Jens Timmermann. Mit einer Bibliographie von Heiner Klemme. Hamburg.
ÜA	Meinong, Alexius (1902): *Ueber Annahmen*, Leipzig (Ndr. 2010, La Vergne, TN).
ÜG	Meinong, Alexius (1904/1971): „Über Gegenstandstheorie". In: Ders.: *Abhandlungen zur Erkenntnistheorie und Gegenstandstheorie*. Gesamtausgabe Band II. Bearbeitet von R. Haller. Graz, S. 481–530.
ST	Meinong, Alexius (1907/1973): „Über die Stellung der Gegenstandstheorie im System der Wissenschaften". In: Ders., *Gesamtausgabe Band V.* Bearbeitet von R. Chisholm. Graz, S. 197–366.
EN	Sartre, Jean-Paul (1943/1994): *Das Sein und das Nichts. Versuch einer phänomenologischen Ontologie*. Reinbek bei Hamburg.
TE	Sartre, Jean-Paul (1939/1994): *Die Transzendenz des Ego. Philosophische Essays 1931–1939*. Reinbek bei Hamburg.
IM	Sartre, Jean-Paul (1940/1994): *Das Imaginäre. Phänomenologische Psychologie der Einbildungskraft*. Reinbek bei Hamburg.
TLP	Wittgenstein, Ludwig (2003): *Logisch-philosophische Abhandlung/Tractatus logico-philosophicus*. Frankfurt a. M.

II Weitere Literatur

Addis, Laird (1983): „Natural Signs". In: The Review of Metaphysics 36. Nr. 3, S. 543–568.
Addis, Laird (1989): Natural Signs. A Theory of Intentionality. Philadelphia/PA.
Addis, Laird (1999): Of Mind and Music. Cornell.
Addis, Laird (2005): „The Nature and Necessity of Mental Content". In: Gábor Forrai/George Kampis (Hrsg.): Intentionality – Past and Future. Amsterdam/New York, S. 1–14.
Addis, Laird (2009): „Ryle and Intentionality". In: Metaphysica 10, S. 49–63.
Alweiss, Lilian (2009): „Between Internalism and Externalism: Husserl's Account of Intentionality". In: Inquiry 52, S. 53–78.
Alweiss, Lilian (2010): „Thinking about Non-Existence". In: Carlo Ierna u. a. (Hrsg.): Philosophy, Phenomenology, Sciences. Essays in Commemoration of Edmund Husserl. Dordrecht/Boston/London, S. 695–721.

Anscombe, Gertrude E. M. (1965): „The Intentionality of Sensation: A Grammatical Feature". In: Ronald J. Butler (Hrsg.): Analytical Philosophy: 2nd series. Oxford, S. 158–180.
Aquila, Richard (1977): Intentionality. A Study of Mental Acts. University Park, PA/London.
Aristoteles (1998): Die Kategorien. Übersetzt und hrsg. von Ingo W. Rath. Stuttgart.
Armstrong, David (1989): Universals. An Opinionated Introduction. Boulder, CO/London.
Arp, Kristina (1994): „Husserl and Putnam on the Human Sciences versus the Natural Sciences". In: The Southern Journal of Philosophy XXXII, S. 355–366.
Augustinus, Aurelius (2010): De Magistro/Über den Lehrer. Stuttgart.
Bayne, Tim/Montague, Michelle (2011): Cognitive Phenomenology. Cambridge.
Becker, Ralf (2002): Sinn und Zeitlichkeit. Vergleichende Studien zum Problem der Konstitution von Sinn durch die Zeit bei Husserl, Heidegger und Bloch. Würzburg.
BonJour, Laurence (1998): In defense of pure reason. A rationalist account of a priori justification. Cambridge.
Benoist, Jocelyn (2001): Représentations sans objet. Aux origines de la phénoménologie et de la philosophie analytique. Paris.
Benoist, Jocelyn (2008): „Grammatik und Intentionalität". In: Verena Mayer (Hrsg.): Edmund Husserl. Logische Untersuchungen. Berlin, S. 123–137.
Beyer, Christian (1996): Von Bolzano zu Husserl. Eine Untersuchung über den Ursprung der phänomenologischen Bedeutungslehre. Dordrecht/Boston/London.
Beyer, Christian (1997): HusSearle's Representationalism and the Hypotheses of the Background. In: Synthese 112, S. 323–352.
Beyer, Christian (2000): Intentionalität und Referenz. Eine sprachanalytische Studie zu Husserls transzendentaler Phänomenologie. Paderborn.
Beyer, Christian (2004a): „Fiktionale Rede". In: Mark Siebel/Mark Textor (Hrsg.): Semantik und Ontologie. Beiträge zur philosophischen Forschung. Frankfurt a. O., S. 169–184.
Beyer, Christian (2004b): „Bolzano and Husserl on Singular Existential Statements". In: Arkadiusz Chrudzimski/Wolfgang Huemer (Hrsg.): Phenomenology and Analysis: Essays on Central European Philosophy. Frankfurt a. O., S. 69–88.
Beyer, Christian (2011): „Husserl über Begriffe". In: Verena Mayer u. a. (2011): Die Aktualität Husserls. Freiburg/München, S. 88–113
Beyer, Christian (2012a): „Husserls transzendentale Phänomenologie im Lichte der (neueren) Erkenntnistheorie". In: Julian Nida-Rümelin/Elif Özmen (Hrsg.): Welt der Gründe. Hamburg, S. 31–47.
Beyer, Christian (2012b): „Husserl on Understanding Persons". In: Dagfinn Føllesdal/Christel Fricke (Hrsg.): Intersubjectivity and Objektivität in Adam Smith and Edmund Husserl: A Collection of Essays. Frankfurt a. O., S. 93–116.
Bernet, Rudolf/Marbach, Eduard/Kern, Iso (1996): Edmund Husserl. Darstellung seines Denkens. Hamburg.
Bernet, Rudolf (1997): „Husserls Begriff des Phantasiebewußtseins als Fundierung von Freuds Begriff des Unbewußten". In: Christoph Jamme (Hrsg.): Grundlinien der Vernunftkritik. Frankfurt a. M., S. 277–306.
Bernet, Rudolf (2006): „Reine Phantasie als freie Selbstentzweiung des Ich bei Husserl". In: Dirk Fonfara (Hrsg.): Metaphysik als Wissenschaft: Festschrift für Klaus Düsing zum 65. Geburtstag. Freiburg/München, S. 408–426.
Bernet, Rudolf (2008): „Intention und Erfüllung, Evidenz und Wahrheit". In: Verena Mayer (Hrsg.): Edmund Husserl. Logische Untersuchungen. Berlin, S. 189–208.

Bolzano, Bernard (1978): Grundlegung der Logik. Ausgewählte Paragraphen aus der Wissenschaftslehre. Band I und II. Hamburg.
Brandom, Robert (2001): Begründen und Begreifen. Eine Einführung in den Inferentialismus. Frankfurt a. M.
Brough, John B. (2005): „Translator's Introduction". In: Edmund Husserl: Phantasy, Image Consciousness, and Memory (1898–1925). Dordrecht, S. XXIX–LXVIII.
Butchvarov, Panayot (1980): „Adverbial Theories of Consciousness". In: Midwest Studies in Philosophy 5, S. 261–280.
Carnap, Rudolf (1928/1998). Der logische Aufbau der Welt. Hamburg.
Carnap, Rudolf (1929): Abriß der Logistik, mit besonderer Berücksichtigung der Relationstheorie und ihrer Anwendungen. Wien.
Carnap, Rudolf (^{2}1960): Einführung in die symbolische Logik, mit besonderer Berücksichtigung ihrer Anwendungen. Wien.
Casey, Edward (1981): „Sartre on Imagination". In: Paul A. Schilpp (Hrsg.): The Philosophy of Jean-Paul-Sartre. La Salle, S. 139–166.
Casey, Edward (^{2}2000): Imagining. A Phenomenological Study. Bloomington/IN.
Caston, Victor (1998): „Aristotle and the Problem of Intentionality". In: Philosophy and Phenomenological Research 58. Nr. 2, S. 249–298.
Cavallin, Jens (1997): Content and Object. Husserl, Twardowski and Psychologism. Dordrecht/Boston/London.
Cerbone, David (2006): Understanding Phenomenology. Stocksfield.
Cerbone, David (2012): „Phenomenological Method: Reflection, Introspection, and Scepticism". In: Dan Zahavi (Hrsg.): The Oxford Handbook of Contemporary Phenomenology. Oxford, S. 7–24.
Chisholm, Roderick (1952): „Intentionality and the Theory of Signs". In: Philosophical Studies 3, S. 56–63.
Chisholm, Roderick (1955/56): „Sentences about Believing". In: Proceedings of the Aristotelian Society 56, S. 125–148.
Chisholm, Roderick (1957): Perceiving. A Philosophical Study. Ithaca/NY.
Chisholm, Roderick (1973): „Homeless Objects". In: Révue Internationale de Philosophie 104. Nr. 5, S. 207–223.
Christensen, Carleton B. (1993): „Sense, Subject and Horizon". In: Philosophy and Phenomenological Research 53, S. 749–779.
Chrudzimski, Arkadiusz (2001): „Die Theorie der Intentionalität Meinongs". In: Dialectica 55. Nr. 2, S. 119–143.
Chrudzimski, Arkadiusz (2002): „Von Brentano zu Ingarden. Die Phänomenologische Bedeutungslehre". In: Husserl Studies 18, S. 185–208.
Chrudzimski, Arkadiusz (2005): „Brentano, Husserl und Ingarden über die intentionalen Gegenstände". In: Ders. (Hrsg.): Existence, Culture, and Persons: The Ontology of Roman Ingarden. Frankfurt a. M., S. 83–114.
Chudnoff, Elijah (2011): „What Intuitions Are Like". In: Philosophy and Phenomenological Research 82, S. 625–654.
Chukwu, Peter M. (2009): Competing interpretations of Husserl's Noema. Gurwitsch versus Smith and McIntyre. New York u. a.
Conrad-Martius, Hedwig (1916): „Zur Ontologie und Erscheinungslehre der realen Außenwelt: Verbunden mit einer Kritik positivistischer Theorien". In: Jahrbuch für Philosophie und phänomenologische Forschung 3, S. 345–542.

Conrad, Theodor (1911): „Über Wahrnehmung und Vorstellung". In: Alexander Pfänder (Hrsg.): Münchener Philosophische Abhandlungen. Leipzig, S. 51–76.
Conrad, Theodor (1968): Zur Wesenslehre des psychischen Lebens und Erlebens. Den Haag.
Crane, Tim (2001a): Elements of Mind. An Introduction to the Philosophy of Mind. Oxford.
Crane, Tim (2001b): „Intentional Objects". In: Ratio 14, S. 336–349.
Crane, Tim (^{2}2003): The Mechanical Mind. London/Now York.
Crane, Tim (2006a): „Is There A Perceptual Relation?"
 http://web.mac.com/cranetim/Tims_website/Online_papers_files /Perceptual%20relation.pdf, besucht am 16.04.2012.
Crane, Tim (2006b): „Brentano's Concept of Intentional Inexistence". In: Mark Textor (Hrsg.): The Austrian Contribution to Analytic Philosophy. London/New York, 20–35.
Crane, Tim (2007a): „Der nicht-begriffliche Gehalt der Erfahrung". In: Ders.: Intentionalität als Merkmal des Geistigen. Sechs Essays zur Philosophie des Geistes. Frankfurt a. M., S. 90–119.
Crane, Tim (2007b): „Intentionalität als Merkmal des Geistigen". In: Ders.: Intentionalität als Merkmal des Geistigen. Sechs Essays zur Philosophie des Geistes. Frankfurt a. M., S. 23–50.
Crane, Tim (2008): „Is Perception a Propositional Attitude?". In: The Philosophical Quarterly 59, S. 452–469.
Crane, Tim (2009): „Sainsbury on Thinking about an Object". In: Critica 40, S. 85–95.
Crane, Tim (2010): „Wittgenstein on Intentionality". In: Harvard Review of Philosophy 17, S. 88–104.
Crane, Tim (2011): „I – The Singularity of Singular Thoughts". In: Aristotelian Society Supplementary Volume 85, S. 21–43.
Crane, Tim (2013): The Objects Of Thought. Oxford.
Crowell, Steven G. (2010): „Husserl's Subjectivism: the ‚thoroughly peculiar forms' of Consciousness and the Philosophy of Mind". In: Carlo Ierna u. a. (Hrsg.): Philosophy, Phenomenology, Sciences. Essays in Commemoration of Edmund Husserl. Dordrecht/Boston/London, S. 363–390.
Davis, Wayne (2003): Meaning, Expression and Thought. Cambridge/MA.
Davis, Wayne (2005): Nondescriptive Meaning and Reference. Cambridge/MA.
Dennett, Daniel (1987): The Intentional Stance. Cambridge/MA.
Denyer, Nicholas (1991): Language, Thought and Falsehood in Ancient Greek Philosophy. London/New York.
Descartes, René (1642/2001): Meditationes de Prima Philosophia. Stuttgart.
Dretske, Fred (1995): Naturalizing the Mind. Cambridge/MA, London.
Drummond, John J. (1990): Husserlian Intentionality and Non-Foundational Realism. Noema and Object. Dordrecht/Boston/London.
Drummond, John J./Embree, Lester (Hrsg.) (1992): The Phenomenology of the Noema. Dordrecht/Boston/London.
Drummond, John J. (1998): „From Intentionality to Intensionality and Back". In: Études Phénoménologiques 27–28, S. 89–126.
Drummond, John J. (2008): „Wholes, Parts, and Phenomenological Methodology (III. Logische Untersuchung)". In: Verena Mayer (Hrsg.): Edmund Husserl. Logische Untersuchungen. Berlin, S. 105–122.
Drummond, John J. (2012): „Intentionality without Representationalism". In: Dan Zahavi (Hrsg.): The Oxford Handbook of Contemporary Phenomenology. Oxford, S. 115–133.

Eden, Tania (1999): Lebenswelt und Sprache. Eine Studie zu Husserl, Quine und Wittgenstein. München.
Elveton, R. O. (2001): „Husserl and Heidegger: The Structure of the World". In: The New Yearbook for Phenomenology and Phenomenological Philosophy 1, S. 203–240.
Erhard, Christopher (2009): „Typische Merkmale intentionaler Zustände und Husserls V. Logische Untersuchung". In: Philosophisches Jahrbuch 116. Nr. 1, S. 59–89.
Erhard, Christopher (2011): „Empirische Bedeutung und Twin Earth – Husserls Bedeutungstheorie modifiziert". In: Verena Mayer u. a. (Hrsg.): Die Aktualität Husserls. Freiburg/München, S. 192–230.
Erhard, Christopher (2012): „Husserls moderater empirischer Fundamentalismus und das Verhältnis zwischen Phänomenologie, Ontologie und Metaphysik (Kommentar zu Christian Beyer)". In: Julian Nida-Rümelin/Elif Özmen (Hrsg.): Welt der Gründe. Hamburg, S. 48–62.
Erhard, Christopher (2013): „From Nihilism to Creationism – Bringing Ficta home with Husserl and Ingarden." 44th Annual Husserl Circle Meeting, Husserl Circle, Universität Graz. https://docs.google.com/file/d/0B6U_173DOIzRZ0RnT2hzUkxkS2c/edit?pli=1, besucht am 10.10.2013.
Evans, Gareth (1982): The Varieties of Reference. Oxford.
Ferencz-Flatz, Christian (2011): „Husserls Idee einer ‚Phänomenologie der Okkasionalität'". In: Philosophisches Jahrbuch 118. Nr. 1, S. 85–103.
Farkas, Katalin (2008): The Subject's Point of View. Oxford.
Fine, Kit (1995): „Part-whole". In: Barry Smith/David W. Smith (Hrsg.): The Cambridge Companion to Husserl. Cambridge, S. 463–485.
Fink, Eugen (1966): „Vergegenwärtigung und Bild". In: Ders.: Studien zur Phänomenologie 1930–1939. Den Haag, S. 46–78.
Føllesdal, Dagfinn (1969): „Husserl's Notion of Noema". In: Journal of Philosophy 66, S. 680–687.
Føllesdal, Dagfinn (1978): „Brentano and Husserl on Intentional Objects and Perception". In: Grazer Philosophische Studien 5, S. 83–94.
Føllesdal, Dagfinn (1990): „Noema and Meaning in Husserl". In: Philosophy and Phenomenological Research 1 (Supplement), S. 263–271.
Føllesdal, Dagfinn (2010): „Intentionalität und ihr Gegenstand". In: Manfred Frank/Niels Weidtmann (Hrsg.): Husserl und die Philosophie des Geistes. Frankfurt a. M., S. 134–155.
Forbes, Graeme (2006): Attitude Problems. An Essay on Linguistic Intensionality. Oxford.
Fréchette, Guillaume (2010): Gegenstandslose Vorstellungen. Bolzano und seine Kritiker. St. Augustin.
Frege, Gottlob (1919/2003): „Die Verneinung – eine logische Untersuchung". In: Ders.: Logische Untersuchungen. Hrsg. u. eingeleitet von Günter Patzig. Göttingen, S. 63–83.
Gallagher, Shaun (1986): „Hyletic experience and the lived body". In: Husserl Studies 3, S. 131–166.
Gallagher, Shaun/Zahavi, Dan (2008): The Phenomenological Mind. An Introduction to Philosophy of Mind and Cognitive Science. London/New York.
Grossmann, Reinhardt (1984a): Phenomenology and Existentialism. An Introduction. London.
Grossmann, Reinhardt (1984b): „Nonexistent Objects versus definite Descriptions". In: Australasian Journal of Philosophy 62. Nr. 4, S. 363–377.
Grossmann, Reinhardt (1992): „Review: Laird Addis: A Theory of Intentionality". In: Noûs 26. Nr. 4, S. 551–555.

Harman, Gilbert (1990): „The Intrinsic Quality of Experience". In: Philosophical Perspectives 4, S. 31–52.
Heidegger, Martin (^{17}1993/1927): Sein und Zeit. Tübingen.
Heidegger, Martin (2005): Die Grundprobleme der Phänomenologie. Frankfurt a. M.
Heinsen, Douglas (1982): „Husserl's Theory of the Pure Ego". In: Hubert L. Dreyfus (Hrsg.): Husserl, Intentionality and Cognitive Science. Cambride/MA, London, S. 147–167.
Hickersen, Ryan (2005): „Getting the Quasi-Picture: Twardowskian Representationalism and Husserl's Argument Against It". In: Journal of the History of Philosophy 43, S. 461–480.
Hildebrand, Dietrich von (1916): „Die Idee der sittlichen Handlung". In: Jahrbuch für Philosophie und phänomenologische Forschung 3, S. 126–252.
Höfler, Alois (1890): Logik. Unter Mitwirkung von Dr. Alexius Meinong, verfasst von Dr. Alois Höfler. Prag/Wien/Leipzig.
Hong, Seongha (2011): „Welt und Unbewusstes bei Husserl und Fink". In: Cathrin Nielsen/Hans Rainer Sepp (Hrsg.): Welt denken. Annäherungen an die Kosmologie Eugen Finks. Freiburg/München, S. 104–119.
Hopp, Walter (2005): Rehabilitating the Given (unveröffentlichte Dissertation der Faculty of the Graduate School of Southern California im Mai 2005). Ehemals unter: http://people.bu.edu/hopp/papers.html, zuletzt besucht am 10.12.2009.
Hopp, Walter (2008a): „Husserl on Sensation, Perception, and Interpretation". In: Canadian Journal of Philosophy 38. Nr. 2, S. 219–246.
Hopp, Walter (2008b): „Review Essay of J. N. Mohanty's The Philosophy of Edmund Husserl". In: Graduate Faculty Philosophy Journal 29, S. 175–84.
Hopp, Walter (2011): Perception and Knowledge. A Phenomenological Account. Cambridge/MA.
Horgan, Terry/Kriegel, Uriah (2007): „Phenomenal Epistemology: What is Consciousness that We may Know It so Well?". In: Philosophical Issues 17, S. 123–144.
Horgan, Terry/Tienson, John (2002): „The Phenomenology of Intentionality and the Intentionality of Phenomenology". In: David Chalmers (Hrsg.): Philosophy of Mind. Classical and Contemporary Readings. Oxford, S. 520–533.
Hume, David (1739f./1978): A Treatise of Human Nature. Hrsg. von L. A. Selby-Bigge und P. H. Nidditch. Oxford.
Hume, David (1982): Eine Untersuchung über den menschlichen Verstand. Stuttgart.
Hübner, Johannes (2007): Komplexe Substanzen. Berlin/New York.
Ichikawa, Jonathan (2009): „Dreaming and Imagination". In: Mind & Language 24. Nr. 1, S. 103–121.
Ingarden, Roman (1962): Untersuchungen zur Ontologie der Kunst. Musikwerk – Bild – Architektur – Film. Tübingen.
Ingarden, Roman (1992): Einführung in die Phänomenologie Edmund Husserls (Osloer Vorlesungen 1967). Tübingen.
Jacob, Pierre (2004): L'Intentionnalité. Problèmes de philosophie de l'esprit. Paris.
Jansen, Julia (2005): „On the development of Husser's transcendental phenomenology of imagination and its use for interdisciplinary research". In: Phenomenology and the Cognitive Sciences 4, S. 121–132.
Janzen, Greg (2006): „The representational theory of phenomenal character: A phenomenological critique". In: Phenomenology and the Cognitive Sciences 5, S. 321–339.
Johansson, Ingvar (1986): Ontological Investigations. London/New York.

Kosowski, Lukasz (2010): Noema and Thinkability. An Essay on Husserl's Theory of Intentionality. Frankfurt a. O.
Kriegel, Uriah (2007): „Intentional Inexistence and Phenomenal Intentionality". In: Philosophical Perspectives 21, S. 307–340.
Kriegel, Uriah (2008): „The dispensability of (merely) intentional objects". In: Philosophical Studies 141, S. 79–95.
Kriegel, Uriah (2011a): The Sources of Intentionality. Oxford.
Kriegel, Uriah (2011b): „The Veil of Abstracta". In: Philosophical Issues 21, S. 245–267.
Kriegel, Uriah (2013a): „The Phenomenal Intentionality Research Program". In: Uriah Kriegel (Hrsg.): Phenomenal Intentionality. Oxford, S. 1–26.
Kriegel, Uriah (2013b): „Brentano's Simple Attitudes."
http://uriahkriegel.com/downloads/relativelich.pdf, besucht am 15.11.13.
Kriegel, Uriah (2013c): Current Controversies in Philosophy of Mind. London.
Kriegel, Uriah (2013d): „The Phenomenology of Entertaining."
http://uriahkriegel.com/downloads/Ch3.pdf, besucht am 16.04.2012.
Kroon, Fred/Voltolini, Alberto (2011): „Fiction". In: Edward N. Zalta (Hrsg.): The Stanford Encyclopedia of Philosophy (Fall 2011 Edition).
http://plato.stanford.edu/archives/fall2011/entries/fiction/.
Kroon, Fred (2013): „Intentional Objects, Pretence, and the Quasi-relational Nature of Mental Phenomena – a new look at Brentano on Intentionality". In: International Journal for Philosophical Studies 21. Nr. 3, S. 377–393.
Künne, Wolfgang (1971): „Beschreiben und Benennen. Untersuchungen zu einer Kontroverse zwischen logischer Analyse und linguistischer Phänomenologie". In: Neue Hefte für Philosophie 1, S. 33–50.
Künne, Wolfgang (1986): „Edmund Husserl: Intentionalität". In: Josef Speck (Hrsg.): Grundprobleme der großen Philosophen. Philosophie der Neuzeit IV. Göttingen, S. 165–215.
Künne, Wolfgang (1990): „Perception, Fiction, and Elliptical Speech". In: Klaus Jacobi/Helmut Pape (Hrsg.): Thinking and the Structure of the World. Hector-Neri Castañeda's epistemic Ontology presented and criticized. Berlin/New York, S. 258–267.
Künne, Wolfgang (1995): „Sehen: eine sprachanalytische Betrachtung". In: Logos (Neue Folge) 2, S. 103–121.
Künne, Wolfgang (^{2}2007): Abstrakte Gegenstände. Semantik und Ontologie. Frankfurt a. M.
Künne, Wolfgang (2007a): „Fiktion ohne fiktive Gegenstände: Prolegomenon zu einer Fregeanischen Theorie der Fiktion". In: Maria E. Reicher (Hrsg.): Fiktion, Wahrheit, Wirklichkeit. Philosophische Grundlagen der Literaturtheorie. Paderborn, S. 54–71.
Künne, Wolfgang (2009): „Bolzano and (Early) Husserl on Intentionality". In: Guiseppe Primiero/Shahid Rahman (Hrsg.): Acts of Knowledge: History, Philosophy and Logic. Essays Dedicated to Goran Sundholm. London, S. 41–88.
Künne, Wolfgang (2010): Die philosophische Logik Gottlob Freges. Frankfurt a. M.
Künne, Wolfgang (2011): „Denken ist immer etwas Denken. Bolzano und (der frühe Husserl) über Intentionalität". In: Christian Beyer/Konrad Cramer (Hrsg.): Edmund Husserl 1859–2009. Beiträge aus Anlaß der 150. Wiederkehr des Geburtstages des Philosophen. Berlin/New York, S. 77–99.
Lee, Nam-In (1998): „Edmund Husserl's phenomenology of mood". In: Natalie Depraz/Dan Zahavi (Hrsg.): Alterity and facticity: New perspectives on Husserl. Dordrecht, S. 103–120.
Lewis, David (1978): „Truth in Fiction". In: American Philosophical Quarterly 15, S. 37–46.

Lewis, David (1990): „Noneism or Allism?". In: Mind 99, S. 23–31.
Lohmar, Dieter (1996): „Zu der Entstehung und den Ausgangsmaterialien von Edmund Husserls Werk Erfahrung und Urteil". In: Husserl Studies 13, S. 31–71.
Lohmar, Dieter (2003): „Einleitung". In: Edmund Husserl: Phänomenologische Psychologie. Hamburg, S. XIII–XLI.
Lohmar, Dieter (2008): „Kategoriale Anschauung". In: Verena Mayer (Hrsg.): Edmund Husserl. Logische Untersuchungen. Berlin, S. 209–237.
Lorca, Daniel (1999): „Husserl's Theory of Consciousness in the Fifth Logical Investigation". In: Journal of the British Society for Phenomenology 30. Nr. 2, S. 51–165.
Lowe, E. J. (2000): An Introduction to the Philosophy of Mind. Cambridge.
Lowe, E. J. (2002): A Survey of Metaphysics. Oxford.
Mackie, John L. (1975): „Problems of Intentionality". In: Edo Pivčević (Hrsg.): Phenomenology and Philosophical Understanding. Cambridge, S. 38–52.
Marbach, Eduard (1974): Das Problem des Ich in der Phänomenologie Husserls. Den Haag.
Marbach, Eduard (1980): „Einleitung des Herausgebers". In: Hua XXIII, S. XXV–LXXXII.
Marbach, Eduard (1993): Mental Representation and Consciousness. Towards a Phenomenological Theory of Representation and Reference. Dordrecht/Boston/London.
Marbach, Eduard (2006): „Einleitung". In: Hua XXIII, S. XV-L.
Marbach, Eduard (2011): „Husserl zur Frage des Ich während der Göttinger Jahre: auf dem Holzweg?". In: Christian Beyer/Konrad Cramer (Hrsg.): Edmund Husserl 1859–2009. Beiträge aus Anlaß der 150. Wiederkehr des Geburtstages des Philosophen. Berlin/New York, S. 33–48.
Marbach, Eduard (2013): „A Phenomenological Analysis of Fictional Intentionality and Reference". In: International Journal for Philosophical Studies 21. Nr. 3, S. 428–447.
Marek, Johann (2009): „Alexius Meinong". In: Edward N. Zalta (Hrsg.): The Stanford Encyclopedia of Philosophy (Summer 2009 Edition). http://plato.stanford.edu/archives/sum2009/entries/meinong/.
Martin, Wayne (1999): „Husserl's Relapse? Concerning a Fregean Challenge to Phenomenology". In: Inquiry 42, S. 343–370.
Martin, Wayne (2007): „Review: David Woodruff Smith, Husserl, Routledge, 2007". In: Notre Dame Philosophical Reviews. An electronic journal (2007.09.04). http://ndpr.nd.edu/news/23118-husserl/, besucht am 15.11.2013.
Mayer, Verena (1991): „Die Konstruktion der Erfahrungswelt: Carnap und Husserl". In: Synthese 35, S. 287–303.
Mayer, Verena (2011): „Husserl und die Kognitionswissenschaften". In: Verena Mayer u. a. (Hrsg.): Die Aktualität Husserls. Freiburg/München, S. 114–144.
Mayer, Verena/Erhard, Christopher (2008): „Die Bedeutung objektivierender Akte". In: Verena Mayer (Hrsg.): Edmund Husserl. Logische Untersuchungen. Berlin, S. 159–187.
McDowell, John (1986): „Singular Thought" and the Extent of Inner Space". In: Philip Pettit/John McDowell (Hrsg.): Subject, Thought, and Context. Oxford, S. 137–168.
McDowell, John (1994): Mind and World, Cambridge/MA.
McGinn, Colin (1997): The Character of Mind. Oxford.
McGinn, Colin (2000): Logical Properties. Identity, Existence, Predication, Necessity, Truth. Oxford.
McGinn, Colin (2004a): Mindsight. Image, Dream, Meaning. Cambridge, MA/London.
McGinn, Colin (2004b): „The Objects of Intentionality". In: Richard Schantz (Hrsg.): The Externalist Challenge. Berlin, S. 495–512.

McGinn, Colin (2009): „Imagination". In: Brian P. McLaughlin u. a. (Hrsg.): The Oxford Handbook of Philosophy of Mind. Oxford, S. 595–606.
McIntyre, Ronald/Smith, David W. (1982): Husserl and Intentionality. A Study of Mind, Meaning, and Language. Dordrecht.
McIntyre, Ronald/Smith, David W. (1989): „Theory of Intentionality". In: Jitendra N. Mohanty/William R. McKenna (Hrsg.): Husserl's Phenomenology: A Textbook. Lanham/MD, S. 147–179.
Meinong, Alexius (1971): „Über Gegenstände höherer Ordnung und deren Verhältnis zur inneren Wahrnehmung". In: Ders.: Gesamtausgabe Band II. Bearbeitet von R. Haller. Graz, S. 377–480.
Meixner, Uwe (2003): „Die Aktualität Husserls für die moderne Philosophie des Geistes". In: Uwe Meixner/Albert Newen (Hrsg.): Seele, Denken, Bewusstsein. Zur Geschichte der Philosophie des Geistes. Berlin, S. 308–386.
Meixner, Uwe (2006): „Classical Intentionality". In: Erkenntnis 65, S. 25–45.
Meixner, Uwe (2007): „Husserls Dualismus". In: Philosophiegeschichte und logische Analyse 10, S. 156–179.
Meixner, Uwe (2010): „Husserls transzendentaler Idealismus als Supervenienzthese – ein interner Realismus". In: Manfred Frank/Niels Weidtmann (Hrsg.): Husserl und die Philosophie des Geistes. Frankfurt a. M., S. 178–208.
Meixner, Uwe (2011): „Naturale Psyche: Husserl über die Seele als Naturobjekt". In: Verena Mayer u. a. (Hrsg.): Die Aktualität Husserls. Freiburg/München, S. 22–38.
Melle, Ulrich (2001): „La théorie husserlienne du jugement". In: Revue Philosophiques de Louvain 99. Nr. 4, S. 683–714.
Mertens, Karl (2010): „Leitmetaphern in Husserls Analyse des Bewusstseins". In: Manfred Frank/Niels Weidtmann (Hrsg.): Husserl und die Philosophie des Geistes. Frankfurt a. M., S. 156–177.
Meyer-Drawe, K. (1996): „Welt-Rätsel. Merleau-Pontys Kritik an Husserls Bewußtseinskonzeption". In: Ernst W. Orth (Hrsg.): Freiburger Phänomenologie. Antworten auf Edmund Husserl (Phänomenologische Forschungen Bd. 30). Freiburg/München, S. 194–221.
Millar, Izchak (1986): „Husserl on the Ego". In: Topoi 5, S. 157–162.
Mohanty, Jitendra N. (1959): „Individual Fact and Essence in Husserl's Phenomenology". In: Philosophy and Phenomenological Research 20. Nr. 2, S. 222–230.
Mohanty, Jitendra N. (1972): The Concept of Intentionality. St. Louis/MO.
Mohanty, Jitendra N. (1982): „Intentionality and Possible Worlds: Husserl and Hintikka". In: Hubert L. Dreyfus (Hrsg.): Husserl, Intentionality and Cognitive Science. Cambride/MA, London, S. 233–251.
Mohanty, Jitendra N. (1984a): „Intentionality, Causality and Holism". In: Synthese 61, S. 17–33.
Mohanty, Jitendra N. (1984b): „Husserl on possibility". In: Husserl Studies 1, S. 13–29.
Mohanty, Jitendra N. (1992): „Noema and Essence". In: John J. Drummond/Lester Embree (Hrsg.): The Phenomenology of the Noema. Dordrecht, S. 49–55.
Mohanty, Jitendra N. (1995): „The Development of Husserl's Thought". In: Barry Smith/David W. Smith (Hrsg.): The Cambridge Companion to Husserl. Cambridge, S. 45–77.
Mohanty, Jitendra N. (2008): The Philosophy of Edmund Husserl. A Historical Development. New Haven/London.

Mohanty, Jitendra N. (2011): The Philosophy of Edmund Husserl. Freiburg Years 1916–1938. New Haven/London.
Montague, Michelle (2007): „Against Propositionalism". In: Noûs 41. Nr. 3, S. 503–518.
Montague, Michelle (2010): „Recent Work on Intentionality". In: Analysis Reviews 70. Nr. 4, S. 765–782.
Monticelli, Roberta De (2011): „Alles Leben ist Stellungnehmen. Die Person als praktisches Subjekt". In: Verena Mayer u. a. (Hrsg.): Die Aktualität Husserls. Freiburg/München, S. 39–55.
Moran, Dermot (2000): „Heidegger's Critique of Husserl's and Brentano's Accounts of Intentionality". In: Inquiry 43, S. 39–66.
Moran, Dermot (2005): Husserl. Founder of Phenomenology, Cambridge/Malden.
Moran, Dermot (2013): „Intentionality: Some Lessons from the History of the Problem from Brentano to the Present". In: International Journal for Philosophical Studies 21. Nr. 3, S. 317–358.
Moore, George E. (1903): „The Refutation of Idealism". In: Mind 12, S. 433–455.
Moore, George E. (1958): „Being, Fact and Existence". In: Ders.: Some Main Problems of Philosophy. London/New York, S. 288–305.
Moreland, James P. (1989): „Was Husserl a Nominalist?". In: Philosophy and Phenomenological Research 49. Nr. 4, S. 661–674.
Mulligan, Kevin (1998): „Relations: Through Thick and Thin". In: Erkenntnis 48, S. 325–353.
Mulligan, Kevin (2004): „Essence and Modality. The Quintessence of Husserl's Theory". In: Mark Siebel/Mark Textor (Hrsg.): Semantik und Ontologie. Beiträge zur philosophischen Forschung. Frankfurt a. M., S. 387–418.
Mulligan, Kevin (2010): „Husserls Herz". In: Manfred Frank/Niels Weidtmann (Hrsg.): Husserl und die Philosophie des Geistes. Frankfurt a. M., S. 209–238.
Mulligan, Kevin/Smith, Barry (1986): „A Husserlian Theory of Indexicality". In: Grazer philosophische Studien 28, S. 133–163.
Münch, Dieter (1993): Intention und Zeichen. Untersuchungen zu Franz Brentano und zu Edmund Husserls Frühwerk. Frankfurt a. M.
Naberhaus, Thane M. (2006): „Does Husserl have an Argument against Representationalism". In: Grazer Philosophische Studien 73, S. 43–68.
Nagel, Thomas (1974): „What is it Like to be a Bat?". In: Philosophical Review 83, S. 435–450.
Null, Gilbert T. (1984): „First-Order Axiom Systems for Part-Whole and Foundation Relations". In: Lester Embree (Hrsg.): Phenomenological Essays in Memory of Aron Gurwitsch. Lanham/MD.
Null, Gilbert T. (1989): „Husserl's Doctrine of Essence". In: Jitendra N. Mohanty/William R. McKenna (1989): Husserl's Phenomenology: A Textbook. Lenham MD, S. 69–105.
Palma, Vittoria De (2008): „Husserls phänomenologische Semiotik". In: Verena Mayer (Hrsg.): Edmund Husserl. Logische Untersuchungen. Berlin, S. 43–59.
Parmenides (2000): Über das Sein. Mit einem einführenden Essay hrsg. von Hans von Steuben. Stuttgart.
Parsons, Terence (1980): Nonexistent Objects. New Haven.
Perler, Dominik (^{2}2004): Theorien der Intentionalität im Mittelalter. Frankfurt a. M.
Philipse, Herman (1992): „The Problem of Occasional Expressions in Husserl's *Logical Investigations*". In: Journal of the British Society for Phenomenology 13, S. 168–185.

Philipse, Herman (1987): „The Concept of Intentionality: Husserl's Development from the Brentano Period to the *Logical Investigations*". In: Philosophy Research Archives XII, S. 294–328.
Philipse, Herman(1994): „Transcendental idealism". In: Barry Smith/David W. Smith (Hrsg.): The Cambridge Companion to Husserl. Cambridge, S. 239–322.
Pitt, David (2004): „The Phenomenology of Cognition – or What is it Like to Think that P?". In: Philosophy and Phenomenological Research 69, S. 1–36.
Pitt, David (2009): „Intentional Psychologism". In: Philosophical Studies 146, S. 117–138.
Platon (1958): Sämtliche Werke 4: Phaidros, Parmenides, Theaitetos, Sophistes. Nach der Übersetzung von Friedrich Schleiermacher mit der Stephanus-Numerierung hrsg. von W. F. Otto, E. Grassi u. G. Plamböck. Hamburg.
Poellner, Peter (2007): „Consciousness in the World. Husserlian Phenomenology and Externalism". In: Brian Leiter/Michael Rosen (Hrsg.): The Oxford Handbook of Continental Philosophy. Oxford, S. 409–460.
Priest, Graham (2005): Towards Non-Being – the logic and metaphysics of intentionality. Oxford.
Priest, Stephen (1999): „Husserl's Concept of Being: From Phenomenology to Metaphysics". In: Anthony O'Hear (Hrsg.): German Philosophy Since Kant, S. 209–222.
Putnam, Hilary (1981): „Brains in a vat". In: Ders.: Reason, Truth and History. Cambridge, New York, S. 1–21.
Putnam, Hilary (^{3}2004): Die Bedeutung von „Bedeutung". Frankfurt a. M.
Quine, Willard van Orman (1948/1979): „Was es gibt". In: Ders.: Von einem logischen Standpunkt. Frankfurt a. M., S. 9–26.
Quine, Willard van Orman (1956): „Quantifiers and Propositional Attitudes". In: Journal of Philosophy 53. Nr. 5, S. 177–187.
Rang, Bernhard (1975): „Repräsentation und Selbstgegebenheit". In: Phänomenologische Forschungen 1, S. 105–137.
Rang, Bernhard (1979): „Einleitung des Herausgebers". In: Hua XXII, S. IX-LVI.
Rang, Bernhard (1990): Husserls Phänomenologie der materiellen Natur. Frankfurt a. M.
Reiner, Hans (1927): Freiheit, Wollen und Aktivität. Phänomenologische Untersuchungen in Richtung auf das Problem der Willensfreiheit. Halle a. d. Saale.
Reicher, Maria E. (2000): „Gibt es Gegenstände, die nicht existieren?". In: Metaphysica 1, S. 135–162.
Reicher, Maria E. (2006): „Two Interpretations of 'According to a story'". In: Andrea Bottani/Richard Davies (Hrsg.): Modes of Existence. Papers in Ontology and Philosophical Logic. Frankfurt a. M., S. 153–172.
Reicher, Maria E. (Hrsg.) (2007): Fiktion, Wahrheit, Wirklichkeit. Philosophische Grundlagen der Literaturtheorie. Paderborn.
Reicher, Maria E. (2010): „Non-Existent Objects". In: Edward N. Zalta (Hrsg.): The Stanford Encyclopedia of Philosophy (Fall 2010 Edition). http://plato.stanford.edu/archives/fall2010/entries/nonexistent-objects/.
Rinofner-Kreidl, Sonja (2000): Edmund Husserl. Zeitlichkeit und Intentionalität. Freiburg/München.
Rinofner-Kreidl, Sonja (2011): „Motive, Gründe und Entscheidungen in Husserls intentionaler Handlungstheorie". In: Verena Mayer u. a. (Hrsg.): Die Aktualität Husserls. Freiburg/München, S. 232–277.

Robinson, Howard (2005): „Sense-Data, Intentionality, and Common Sense". In: Gábor Forrai/George Kampis (Hrsg.): Intentionality – Past and Future. Amsterdam/New York, S. 79–89.
Rollinger, Robin D. (1996): „Meinong and Husserl on Assumptions". In: Axiomathes 7, S. 89–102.
Rollinger, Robin D. (1999): Husserl's Position in the School of Brentano. Dordrecht/Boston/London.
Rombach, Siegfried (2004): „Gegenstandskonstitution und Seinsentwurf als Verzeitigung. Über die zeitliche Konstitution der Gegenstandstypen bei Husserl und den zeitlichen Entwurf der Seinsarten bei Heidegger". In: Husserl Studies 20, S. 25–41.
Rosado Haddock, Guillermo E. (2003): „Husserl's Epistemology of Mathematics and the Foundation of Platonism in Mathematics". In: Guillermo E. Rosado Haddock/Claire Ortiz Hill: Husserl or Frege? Meaning, Objectivity, and Mathematics. Chicago & La Salle/IL., S. 221–240.
Rosado Haddock, Guillermo E. (2008a): „Husserl on Analyticity and Beyond". In: Husserl Studies 24, S. 131–140.
Rosado Haddock, Guillermo E. (2008b): The Young Carnap's Unknown Master. Husser's Influence on „Der Raum" and „Der logische Aufbau der Welt". Aldershot.
Rother, Christian (2004): Der Ort der Bedeutung. Zur Metaphorizität des Verhältnisses von Bewußtsein und Gegenständlichkeit in der Phänomenologie Edmund Husserls. Hamburg.
Russell, Bertrand (1905): „On Denoting". In: Mind 14, S. 479–493.
Russell, Bertrand (1993): Introduction to Mathematical Philosophy. New York.
Russell, Bertrand (1999): The Problems of Philosophy. Mineola/NY.
Ryle, Gilbert (1949/2002): The Concept of Mind. With an Introduction by Daniel C. Dennett. Chicago.
Ryle, Gilbert (1971): „Phenomenology". In: Ders.: Collected Papers. Bd. 1: Critical Essays. London, S. 167–178.
Ryle, Gilbert (1973): „Intentionality-Theory and the Nature of Thinking". In: Revue Internationale de Philosophie 27, S. 255–265.
Sainsbury, Richard M. (2010a): Fiction and Fictionalism. London/New York.
Sainsbury, Richard, M. (2010b): „Intentionality without exotica". In: Robin Jeshion (Hrsg.): New Essays on Singular Thought. Oxford, S. 300–318.
Sallis, John (1990): „Spacing Imagination. Husserl and the Phenomenology of Imagination". In: Paul van Tongeren u. a. (Hrsg.): Eros and Eris. Contributions to a Hermeneutical Phenomenology. Dordrecht, S. 201–215.
Schaffer, Jonathan (2009): „On What Grounds What". In: David Chalmers u. a. (Hrsg.): Metametaphysics: New Essays on the Foundations of Ontology. Oxford, S. 347–383.
Schmid, Hans Bernard (2001): „Apodictic Evidence". In: Husserl Studies 17, S. 217–237.
Schmid, Stephan (2006): „Repräsentationalismus, Halluzinationen und Universalien. Ontologische Überlegungen zu Fred Dretskes Repräsentationalismus". In: Facta Philosophica 8, S. 53–77.
Schnieder, B. (2012): „Gründe, Folgen, Fundamente. Zur Renaissance einer philosophischen Debatte". In: Julian Nida-Rümelin/Elif Özmen (Hgg.): Welt der Gründe. Hamburg, S. 63–83.
Schopenhauer, Arthur (1977): „Die Welt als Wille und Vorstellung". In: Ders.: Werke in zwei Bänden. Bd. 1. Hrsg. von Werner Brede. München/Wien, 7–522.

Schuhmann, Karl (1990/91): „Husserls Abhandlung ‚Intentionale Gegenstände'. Edition der ursprünglichen Druckfassung". In: Brentano Studien 3, S. 137–176.

Schuhmann, Karl (1991): „Intentionalität und intentionaler Gegenstand beim frühen Husserl". In: Phänomenologische Forschungen 24/25, S. 46–75.

Schuhmann, Karl (1992): „Book Review: Edmund Husserl, Vorlesungen über Bedeutungslehre. Sommersemester 1908". In: Husserl Studies 8, S. 237–242.

Schuhmann, Karl (1993a): „Husserl and Twardowski". In: Poznan Studies in the Philosophy of the Sciences and the Humanities 28, S. 41–58.

Schuhmann, Karl (1993b): „Husserl's Theory of Indexicals". In: Frank M. Kirkland/Debi Prasad Chattopadhyaya (Hrsg.): Phenomenology – East and West. Essays in Honor of J. N. Mohanty. Dordrecht, S. 111–127.

Schwitzgebel, E. (2010): „Introspection". In: Edward N. Zalta (Hrsg.): The Stanford Encyclopedia of Philosophy (Fall 2010 Edition). http://plato.stanford.edu/archives/fall2010/entries/introspection/.

Searle, John (1979): „What Is an Intentional State?". In: Mind 88, S. 74–92.

Searle, John (1987): Intentionalität. Eine Abhandlung zur Philosophie des Geistes. Frankfurt a. M.

Searle, John (1992): The Rediscovery of Mind. Cambridge/MA.

Segal, Gabriel (2000): A Slim Book About Narrow Content. Cambridge/MA, London.

Segal, Gabriel (2005): „Intentionality". In: Frank Jackson/Michael Smith (Hrsg.): The Oxford Handbook of Contemporary Philosophy. Oxford. S. 283–309.

Sellars, Wilfried (1968): Science and Metaphysics. Variations on Kantian Themes. London/New York.

Shim, Michael K. (2011): „Representationalism and Husserlian Phenomenology". In: Husserl Studies 27, S. 197–215.

Simons, Peter (1982): „The Formalisation of Husserl's Theory of Wholes and Parts". In: Barry Smith (Hrsg.): Parts and Moments. München, S. 113–159.

Simons, Peter (1986): „Alexius Meinong: Gegenstände, die es nicht gibt". In: Josef Speck (Hrsg.): Grundprobleme der großen Philosophen. Philosophie der Neuzeit IV. Göttingen. S. 91–127.

Simons, Peter (1987): Parts. A Study in Ontology. Oxford.

Simons, Peter (1995): „Meaning and Language". In: Barry Smith/David W. Smith (Hrsg.): The Cambridge Companion to Husserl. Cambridge, S. 106–137.

Simons, Peter (2008): „Zugang zum Idealen: Spezies und Abstraktion". In: Verena Mayer (Hrsg.): Edmund Husserl. Logische Untersuchungen. Berlin, S. 77–91.

Simons, Peter (2012): „To be and/or not to be: The Objects of Meinong and Husserl". In: Leila Haaparanta/Heikki J. Koskinen (Hrsg.): Categories of Being. Oxford, S. 241–256.

Smith, Barry (1987): „Husserl, Language, and the Ontology of the Act". In: Dino Buzzetti/Maurizio Ferriani (Hrsg.): Speculative Grammar, Universal Grammar and Philosophical Analysis of Language. Amsterdam, S. 204–227.

Smith, Barry (1994): „Husserl's Theory of Meaning and Reference". In: Leila Haaparanta (Hrsg.): Mind, Meaning and Mathematics. Essays on the Philosophical Views of Husserl and Frege. Dordrecht, S. 163–183.

Smith, Arthur D. (2001): „Perception and Belief". In: Philosophy and Phenomenological Research 62, S. 283–309.

Smith, Arthur D. (2002): The Problem of Perception. Cambridge/MA, London.

Smith, Arthur D. (2003): Husserl and the Cartesian Meditations. London/New York.

Smith, Arthur D. (2006): „Husserl and Externalism". In: Synthese 160, S. 313–333.

Smith, Arthur D. (2008): „The Critique of Empiricist Accounts of Abstraction". In: Verena Mayer (Hrsg.): Edmund Husserl. Logische Untersuchungen. Berlin, S. 93–103.
Smith, David W. (1982): „Husserl on Demonstrative Reference and Perception". In: Hubert L. Dreyfus (Hrsg.): Husserl, Intentionality and Cognitive Science. Cambridge/MA, London, S. 193–213.
Smith, David W. (1993): „Transcendental 'I'". In: Frank M. Kirkland/Debi Prasad Chattopadhyaya (Hrsg.): Phenomenology: East and West. Essays in Honor of J. N. Mohanty. Dordrecht/Boston/London, S. 81–91.
Smith, David W. (1995): „Mind and Body". In: Barry Smith/David W. Smith (Hrsg.): The Cambridge Companion to Husserl. Cambridge, S. 323–393.
Smith, David W. (1999): „Intentionality Naturalized?". In: Jean Petitot/Francisco J. Varela/Bernard Pachoud/Jean-Michel Roy (Hrsg.): Naturalizing Phenomenology: Issues in Contemporary Phenomenology and Cognitive Science. Stanford, S. 83–110.
Smith, David W. (2004): Mind World. Essays in Phenomenology and Ontology, Cambridge u. a.
Smith, David W. (2007): Husserl. New York.
Smith, David W. (2011): „The Phenomenology of Consciously Thinking". In: Tim Bayne/Michelle Montague (Hrsg.): Cognitive Phenomenology. Cambridge, S. 345–372.
Smith, Quentin (1977a): „On Husserl's Theory of Consciousness in the *Fifth Logical Investigation*". In: Philosophy and Phenomenological Research 37. Nr. 4, S. 482–497.
Smith, Quentin (1977b): „A Phenomenological Investigation of Husserl's Theory of Hyletic Data". In: Philosophy Today 21, S. 356–367.
Soames, Scott (2010): What is Meaning?. Princeton/NJ.
Sokolowski, Robert (1968): „The Logic of Parts and Wholes in Husserl's *Investigations*". In: Philosophy and Phenomenological Research 28, S. 537–553.
Sokolowski, Robert (1987): „Husserl and Frege". In: The Journal of Philosophy 84, S. 521–528.
Sokolowski, Robert (2002): „Semiotics in Husserl's *Logical Investigations*". In: Dan Zahavi (Hrsg.): One Hundred Years of Phenomenology: Husserl's Logical Investigations Revisited. Dordrecht, S. 171–183.
Soldati, Gianfranco (1996): „Bedeutungen und Gegenständlichkeiten. Zu Tugendhats sprachanalytischer Kritik von Husserls früher Phänomenologie". In: Zeitschrift für philosophische Forschung 50, S. 410–441.
Soldati, Gianfranco (1999): „What is Formal in Husserl's *Logical Investigations*?". In: European Journal of Philosophy 3, S. 330–338.
Soldati, Gianfranco (2000): „Frühe Phänomenologie und die Ursprünge der analytischen Philosophie". In: Zeitschrift für philosophische Forschung 54, S. 313 340.
Soldati, Gianfranco (2005): „Begriffliche Qualia. Zur Phänomenologie der Bedeutung". In: Thomas Grundmann u. a. (Hrsg.): Anatomie der Subjektivität. Bewusstsein, Selbstbewusstsein und Selbstgefühl. Frankfurt a. M., S. 140–168.
Soldati, Gianfranco (2008): „Die Objektivität der Bedeutung". In: Verena Mayer (Hrsg.): Edmund Husserl. Logische Untersuchungen. Berlin, S. 61–75.
Sommer, Manfred (1984): „Einleitung: Husserls Göttinger Lebenswelt". In: Edmund Husserl: Die Konstitution der geistigen Welt. Herausgegeben und eingeleitet von Manfred Sommer. Hamburg, S. IX-XLII.
Sosa, Ernest (2006): A Virtue Epistemology. Volume 1. New York.
Sowa, Rochus (2005): Ideation, freie Variation, materiales Apriori. Husserls Lehre von der Wesensanschauung und seine Methode der Aprioriforschung. Neu dargestellt unter dem

Primat des eidetischen Satzes und unter Zugrundelegung des als Sachverhaltsfunktion aufgefassten Wesens (unveröffentliche Dissertation der Universität Leuven).

Sowa, Rochus (2007): „Wesen und Wesensgesetze in der deskriptiven Eidetik Edmund Husserls". In: Phänomenologische Forschungen (2007), S. 5–37.

Staub, Christian (2003): Leerintentionen und leere Namen. Eine semantische Untersuchung zur Phänomenologie Husserls. St. Augustin.

Stawarska, Beata (2005): „Defining Imagination: Sartre between Husserl and Janet". In: Phenomenology and the Cognitive Sciences 4, S. 133–153.

Stepanians, Markus S. (1998): Frege und Husserl über Denken und Urteilen. Paderborn u.a.

Strawson, Galen (1994): Mental Reality. Cambridge/MA.

Süßbauer, Alfons (1995): Intentionalität, Sachverhalt, Noema. Eine Studie zu Edmund Husserl. Freiburg/München.

Szanto, Thomas (2012): Bewusstsein, Intentionalität und mentale Repräsentation. Husserl und die analytische Philosophie des Geistes. Berlin.

Tewes, Christian (2007): Grundlegungen der Bewusstseinsforschung. Studien zu Daniel Dennett und Edmund Husserl. Freiburg/München.

Theunissen, Michael (1965): Der Andere. Studien zur Sozialontologie der Gegenwart. Berlin.

Thomasson, Amie L. (1996): „Fiction and Intentionality". In: Philosophy and Phenomenological Research 56, S. 277–298.

Thomasson, Amie L. (1997): „The Ontology of the Social World in Searle, Husserl and Beyond". In: Phenomenological Inquiry 21, S. 109–136.

Thomasson, Amie L. (1999): Fiction and Metaphysics. Cambridge.

Thomasson, Amie L. (2005): „Ingarden and the Ontology of Cultural Objects". In: Arkadiusz Chrudzimski (Hrsg.): Existence, Culture, and Persons: The Ontology of R. Ingarden. Frankfurt a. O., S. 115–136.

Thomasson, Amie L. (2009): „Fictional Entities". In: Jaegwon Kim/Ernest Sosa (Hrsg.): A Companion to Metaphysics. Malden/MA, S. 10–18.

Thompson, Evan (2008): „Representationalism and the Phenomenology of Mental Imagery". In: Synthese 160. Nr. 1, S. 203–213.

Tieszen, Richard (1995): „Mathematics". In: Barry Smith/David W. Smith (Hrsg.): The Cambridge Companion to Husserl. Cambridge, S. 438–462.

Tieszen, Richard (2008): „Husserl's concept of Pure Logic". In: Verena Mayer (Hrsg.): Edmund Husserl. Logische Untersuchungen. Berlin, S. 9–26.

Tieszen, Richard (2010): „Mathematical Realism and Transcendental Phenomenological Realism". In: Mirja Hartimo (Hrsg.): Phenomenology and Mathematics. Dordrecht, S. 1–22.

Tugendhat, Ernst (1970): Der Wahrheitsbegriff bei Husserl und Heidegger. Berlin.

Tugendhat, Ernst (1976): Vorlesungen zur Einführung in die sprachanalytische Philosophie. Frankfurt a. M.

Twardowski, Kasimir (1894/1982): Zur Lehre vom Inhalt und Gegenstand der Vorstellungen. Eine psychologische Untersuchung. Unveränderter Nachdruck der 1. Auflage von 1894 mit einer Einleitung von Rudolf Haller. München/Wien.

Van Atten, Mark (2005): „Book Review: Edmund Husserl, Logik. Vorlesung 1902/03". In: Husserl Studies 21, S. 145–148.

Van Inwagen, Peter (1990): Material Beings. Ithaca u.a.

Van Inwagen, Peter (2007): „Fiktionale Geschöpfe". In: Maria E. Reicher (Hrsg.): Fiktion, Wahrheit, Wirklichkeit. Philosophische Grundlagen der Literaturtheorie. Paderborn, S. 73–93.
Volonté, Paolo (1997): Husserls Phänomenologie der Imagination. Zur Funktion der Phantasie bei der Konstitution von Erkenntnis. Freiburg/München.
Voltolini, Alberto (2006a): How Ficta Follow Fiction. A Syncretistic Account of Fictional Entities. Dordrecht.
Voltolini, Alberto (2006b): „Are there non-existent Intentionalia". In: Philosophical Quarterly 56, S. 436–441.
Voltolini, Alberto (2009): „Consequences of Schematism". In: Phenomenology and the Cognitive Sciences 8, S. 135–150.
Walton, Kendall (1990): Mimesis as Make-Believe: On the Foundations of the Representational Art. Cambridge, MA.
Walton, Kendall (2007): „Furcht vor Fiktionen". In: Maria E. Reicher (Hrsg.): Fiktion, Wahrheit, Wirklichkeit. Philosophische Grundlagen der Literaturtheorie. Paderborn, S. 94–119.
Warren, Nicolas de (2010): „Tamino's Eyes, Pamina's Gaze: Husserl's Phenomenology of Image-Consciousness Refashioned". In: Carlo Ierna u. a. (Hrsg.): Philosophy, Phenomenology, Sciences. Essays in Commemoration of Edmund Husserl. Dordrecht/Boston/London, S. 303–332.
Weidtmann, Niels (2010): „Phänomenales Bewußtsein und Intentionalität". In: Manfred Frank/Niels Weidtmann (Hrsg.): Husserl und die Philosophie des Geistes. Frankfurt a. M., S. 89–111.
Wetzel, Linda (2009): Of Types and Tokens: On Abstract Objects. Cambridge, MA.
Wiegand, Olav K. (1998): Interpretationen der Modallogik. Ein Beitrag zur phänomenologischen Wissenschaftstheorie. Dordrecht.
Williford, Kenneth (2013): „Husserl's hyletic data and phenomenal consciousness". In: Phenomenology and the Cognitive Sciences 12. Nr. 3, S. 501–519.
Willard, Dallas (1964): Meaning and Universals in Husserl's „Logical Investigations". Wisconsin.
Willard, Dallas (1967): „A Crucial Error in Epistemology". In: Mind 76, S. 513–523.
Willard, Dallas (1977): „The Paradox of Logical Psychologism: Husserl's Way Out". In: Frederick Elliston/Peter McCormick (Hrsg.): Husserl: Expositions and Appraisals. Notre Dame, S. 10–17.
Willard, Dallas (1979): „Husserl's Critique of ‚Extensional Logic': ‚A Logic That Does Not Understand Itself'". In: Idealistic Studies 9. Nr. 2, S. 144–164.
Willard, Dallas (1984): Logic and the Objectivity of Knowledge. A Study in Husserl's Early Philosophy. Athens.
Willard, Dallas (1988): „A Critical Study of *Husserl and Intentionality*". In: Journal of the British Society for Phenomenology 19, S. 186–98, S. 311–322.
Willard, Dallas (1992): „Finding the Noema". In: John J. Drummond/Lester Embree (Hrsg.): The Phenomenology of the Noema. Dordrecht, S. 29–47.
Willard, Dallas (1994): „The Integrity of the Mental Act: Husserlian Reflections on a Fregian Problem". In: Leila Haaparanta (Hrsg.): Mind, Meaning and Mathematics. Essays on the philosophical views of Husserl and Frege. Dordrecht, S. 235–262
Willard, Dallas (1995a): „Knowledge". In: Barry Smith/David W. Smith (Hrsg.): The Cambridge Companion to Husserl. Cambridge, S. 138–167.

Willard, Dallas (1995b): „Is Derrida's View of Ideal Being Rationally Defensible?". In: William McKenna/Jean-Claude Evans (Hrsg.): Derrida and Phenomenology. Boston, S. 23–41.
Willard, Dallas (1995c): „Phenomenology and Metaphysics." http://www.dwillard.org/articles/artview.asp?artID=77, besucht am 28.4.2013.
Willard, Dallas (1999): „How Concepts Relate the Mind to Its Objects: The God's Eye View Vindicated?". In: Philosophia Christi 2, S. 5–20.
Willard, Dallas (2000): „Knowledge and Naturalism". In: William L. Craig/James P. Moreland (Hrsg.): Naturalism: A Critical Analysis. London, S. 24–48.
Willard, Dallas (2002): „The World Well Won. Husserl's Epistemic Realism One Hundred Years Later". In: Dan Zahavi/Frederik Stjernfelt (Hrsg.): One Hundred Years of Phenomenology. Husserl's Logical Investigations Revistited. Dordrecht, S. 69–78.
Willard, Dallas (2003): „The Theory of Wholes and Parts and Husserl's Explication of the Possibility of Knowledge in the Logical Investigations". In: Denis Fisette (Hrsg.): Husserl's Logical Investigations Reconsidered. Dordrecht, S. 163–181.
Willard, Dallas (2011): „Realism Sustained? Interpreting Husserl's Progression into Idealism." http://www.dwillard.org/articles/phillist.asp, besucht am 29.12.12.
Wittgenstein, Ludwig (2003): Philosophische Untersuchungen. Frankfurt a. M.
Zahavi, Dan (1994): „Intentionality and the representative theory of perception". In: Man and World 27, S. 37–47.
Zahavi, Dan (1996): Husserl und die transzendentale Intersubjektivität. Eine Antwort auf die sprachpragmatische Kritik. Dordrecht.
Zahavi, Dan (1999): Self-awareness and Alterity. A Phenomenological Investigation. Evanston/IL.
Zahavi, Dan (2002): „The Three Concepts of Consciousness in *Logische Untersuchungen*". In: Husserl Studies 18, S. 51–64.
Zahavi, Dan (2003a): Husserl's Phenomenology. Stanford.
Zahavi, Dan (2003b): „Intentionality and phenomenality. A phenomenological take on the hard problem". In: Evan Thompson (Hrsg.): The Problem of Consciousness: New Essays in Phenomenological Philosophy of Mind (Canadian Journal of Philosophy. Supplementary Volume 29). Edmonton, S. 63–92.
Zahavi, Dan (2004): „Husserl's Noema and the Internalism-Externalism Debate". In: Inquiry 47, S. 42–66.
Zahavi, Dan (2008): „Intentionalität und Bewusstsein". In: Verena Mayer (Hrsg.): Edmund Husserl. Logische Untersuchungen. Berlin, S. 139–157.
Zahavi, Dan (2010): „Husserl and the ‚absolute'". In: Carlo Ierna u. a. (Hrsg.): Philosophy, Phenomenology, Sciences. Essays in Commemoration of Edmund Husserl. Dordrecht/Boston/London, S. 71–92.
Zahavi, Dan (2011): „Der Sinn der Phänomenologie: Eine methodologische Reflexion". In: Hans-Dieter Gondek u. a. (Hrsg.): Phänomenologie der Sinnereignisse. München, S. 101–119.
Zalta, Edward N. (1983): Abstract Objects. An Introduction to Axiomatic Metaphysics. Dordrecht.
Zalta, Edward N. (1988): Intensional Logic and the Metaphysics of Intentionality. Cambridge, MA.
Zalta, Edward N. (1991): „Is Lewis a Meinongian?" http://mally.stanford.edu/Papers/lewis.pdf, besucht am 28.4.2013.

Zalta, Edward N. (1996): „The Modal Object Calculus and Its Interpretation".
  http://mally.stanford.edu/Papers/calculus.pdf, besucht am 28.4.2013.
Zalta, Edward N. (1998): „Mally's Determinates and Husserl's Noemata". In: Alexander Hieke
  (Hrsg.): Ernst Mally – Versuch einer Neubewertung. St. Augustin, S. 9–28.
Zalta, Edward N. (2013): „The Fundamental Theorem of World Theory." http://mally.stanford.
  edu/Papers/worlds.pdf, besucht am 28.4.2013.

Personen- und Sachregister

Abhängigkeit
- generische 92, 439
- genetische 92, 398, 480

absurda 62f., 198, 208, 252, 326

Addis, L. 21, 31f., 69, 137, 158, 266, 333-335, 356, 378, 562

Adverbialismus 50-52, 54, 67, 278f., 281, 332

Ähnlichkeit 17, 30, 104-108, 113, 155, 162, 215-217, 219f., 282, 445, 453-455, 459, 466, 468, 499, 545, 554

Ähnlichkeitskreis 107f.

Ähnlichkeitsrelation/Vergleichungsrelation 320, 538

Akt
- kategorial 305, 307, 321, 349, 416, 498, 518, 520
- nicht-objektivierend 299, 303f., 396, 399, 481
- objektivierend 297, 299, 302-305, 309f., 396f., 400, 495

Aktivität 120, 125, 189, 386f., 391, 395, 453, 460, 480

Aktualität 183, 190, 196, 399, 401, 545, 563

Allzeitlichkeit 71, 118-120, 512

Alweiss, L. 2, 28, 66, 111, 364, 529, 541

Annahme (Assumption) 10, 12, 20, 37, 49, 71, 78, 100, 105, 110f., 132, 191, 224, 226f., 230f., 233, 238-240, 243, 248, 251, 255, 258, 270, 318, 365, 379, 456, 486, 561

Anschauung 109f., 116f., 125, 128, 149, 161, 175f., 179, 215, 242, 247, 251, 291, 306f., 310, 322-325, 329-331, 340, 361, 401, 407, 410, 420, 452, 455, 458, 466, 469, 491-493, 496f., 505f., 519f., 522f., 527, 532, 554, 565

Anscombe, G. E. 61, 520

Anti-Repräsentationalismus 172, 558

Antirealismus 417, 443

Apperzeption 147, 160, 435, 454, 553

Äquivalenz 79, 102, 132, 134, 136, 206, 230, 247

Äquivalenzklasse 516

Äquivalenzrelation 516

Aristoteles 310

Armstrong, D. 99, 103, 107, 302

Assoziation 144, 150, 154, 185, 436, 452-455, 515

Auffassung 26, 31, 48, 66, 108, 155, 160-162, 165, 170, 186, 188, 192, 201, 214, 220f., 223, 225, 249, 253f., 262, 274, 287, 298, 319f., 322, 352, 356, 372, 384f., 404, 425, 434f., 461, 510, 566

Auffassungsform 195f., 299, 305, 318-320, 323, 386, 400

Auffassungssinn 161f.

Aufmerksamkeit 57, 104, 126, 148, 189f., 195, 342, 348, 365, 386-388, 402, 415, 439, 522, 545, 570

Augustinus, A. 5

Ausdruck
- okkasionell 54, 287f., 290-292

Außersein 8, 43, 50, 59, 65, 135, 207

axiologisch 56, 136, 169, 345, 395, 397, 436, 441, 479, 550

Bedeutungserlebnis/-intention 110, 162, 177, 190, 192, 285f., 289, 294f., 305, 307, 321f., 324f., 330, 338, 353, 493-496, 499, 521

Berkeley, G. 70, 72, 104, 108, 440, 502, 510

Bernet, R. 217, 394, 402, 405, 420, 442, 570

Bewusstseinsabhängigkeit 74, 79, 440, 559, 564

Bewusstseinsstrom 94, 144-146, 153, 158, 188, 191, 195, 197, 200, 263, 277, 320, 393, 413, 452f., 491, 511, 514, 533, 541, 548, 561

Beyer, C. 64, 66, 185, 200, 222, 242, 364, 396, 429, 460, 471, 511, 543

Bild 30f., 63, 67, 144, 153, 167, 177f., 180, 188, 210, 214-220, 222, 308, 322, 344, 346, 354, 401-404, 406, 408, 411, 416, 419, 474, 482, 502, 515, 522, 535, 537, 541

Bildding 217, 403, 421, 474, 482

Bildertheorie (der Intentionalität)   214–217, 404
Bildobjekt   217 f., 301, 403, 406, 421, 475, 482
Bildsujet   217, 403, 406, 421, 482
Bolzano, B.   2, 33, 199–201, 209–211, 333, 460
Brentano, F.   2, 17, 21, 23, 33–38, 43, 46 f., 143, 157, 178, 199, 209, 213, 222, 230, 268, 296, 316, 339, 356, 437, 441, 460, 504, 509, 566, 571
Brentano-Passage   35, 46, 209

Carnap, R.   20, 197, 326, 517
Casey, E.   402, 475
Cerbone, D.   55, 138, 149
Chisholm, R.   6, 14, 33–35, 37 f., 44, 50, 173, 231, 278, 572
Chrudzimski, A.   42, 47, 52, 278, 342 f., 363, 440, 517
cogito   147 f., 170 f., 189, 350, 387, 397, 430
Conrad, Th.   402, 442
Conrad-Martius, H.   57
Crane, T.   2, 6, 14–16, 19, 22 f., 26, 30, 36, 38, 41, 49, 53–56, 59 f., 136 f., 150, 155, 157 f., 166 f., 174, 197, 265, 278, 282–285, 289, 291, 332, 348, 365, 374, 425–428, 437 f., 441, 554, 557

Davis, W.   2, 8, 17, 31 f., 42, 49, 59, 80, 195, 200, 253, 288, 335–337, 441
demonstrativ   142, 288, 290, 445
Denken
– leeres   82, 316, 324, 331 f., 518
Dennett, D.   41, 54, 149, 552
Descartes, R.   7, 12, 76, 142, 167, 199, 201, 213, 316, 442
diaphan   83, 137
Disjunktivismus/disjunktivistisch   16, 304, 405, 420, 488
Disposition   86, 149–151, 183, 399, 405, 415, 491, 507
doxa   174, 258
Dretske, F.   22 f., 25, 302, 425, 427, 437, 441, 486
Drummond, J.   22, 28, 66, 84, 342, 344, 380, 529, 541, 548, 565

Dualismus   84, 87 f., 174, 357

Egologie   188, 383, 392, 396
Egozentrizität   188, 386
Eigenschaftsrelationalismus   22, 26, 28, 346, 377, 426–428, 441, 486, 540, 549
Einfühlung   78, 125, 127, 140, 176, 395, 429, 495, 527, 534, 553
Eliminativismus   17, 42, 283
Empfindnis   166, 184
Empfindung   159 f., 162, 173, 212, 320, 322
Enkodierung (encoding)   45, 49, 207, 440
Epoché   70 f., 73, 79, 231, 281, 338–340, 429, 440, 526, 558, 566
Erfüllung   18, 81 f., 102, 109, 164, 262, 277, 299, 304–307, 311, 316, 325, 331, 417, 456, 460, 463, 465, 487–498, 500 f., 504 f., 512, 525, 529, 536 f., 539, 544, 547, 549, 551, 560, 565
Evidenz   18, 81 f., 102, 109 f., 119 f., 124, 133, 143, 164, 175, 190, 207, 228, 238, 245, 247, 251 f., 262, 264 f., 274, 277, 299, 304–308, 311, 316, 325, 331, 349, 399, 417, 426, 456, 460, 463, 465, 474 f., 487–498, 500–506, 512, 519, 525 f., 529–534, 536 f., 539, 544, 547, 549–551, 560, 565
– adäquate   488, 504–507, 536, 551
– apodiktische   326, 504–506, 509, 551
Exemplifikation/Vereinzelung/Instanziierung   10, 45, 106, 113 f., 130, 193, 207, 248, 264, 266, 273, 335 f., 351, 357, 361 f., 377 f., 440, 451, 475, 563, 565
Existenzabhängigkeit   11, 67 f., 206 f., 228, 433, 466, 469, 485, 557
Existenzindifferenz   11, 38, 53, 66, 192, 268, 274, 346, 430, 435, 520, 556
Existenzurteil   43, 226, 229, 256, 307, 338, 360, 460–465
extensional   104, 107, 203, 205 f., 257, 477
Externalismus   42, 547
Exzeptionalismus   10 f., 70, 81, 332, 470, 556, 562

Fassen (Gedanken)   39 f., 129 f., 193

ficta 13, 60, 62, 64, 81, 123, 242f., 259, 269, 343, 357, 439, 443–445, 450, 470–474, 477, 483–485, 558–560
Fokus 15, 82, 148, 173, 335, 359, 371f., 388, 437, 439, 517, 524, 560
Føllesdal, D. 66, 162, 344, 352, 355f., 378, 380
Forbes, G. 13f.
Frege, G. 2, 12, 14, 16, 20, 23, 39f., 45, 53, 57f., 112, 117, 119f., 129f., 132, 199, 201f., 233f., 267, 270, 277, 283f., 288, 293, 307, 314, 333, 336f., 343, 352, 355f., 363, 377f., 380, 460, 464, 479, 525, 562, 571f.
Freiheit 118, 183, 240f., 331, 386, 415f., 418, 429, 451
Fülle 55, 57, 62, 68, 77, 81, 92, 137, 141, 164, 174, 177, 181, 185f., 188, 193, 264, 295, 314, 318, 323f., 368, 374, 471, 492, 497–500, 502, 511, 518, 527
Fundierung 83–85, 88–93, 98, 106, 124, 126, 140, 154, 194f., 363f., 366, 428, 436, 444, 472, 479, 488, 496, 509, 537–540, 550, 554, 559
futurabilia 3, 64, 560

Gegenständlichkeit 1, 35, 44, 47, 74, 112, 118, 121, 124, 131, 133, 190, 211, 229, 255, 262, 268, 271, 275, 298, 322, 327, 343, 349, 352, 355, 362, 366f., 383, 424, 439, 455, 474f., 481, 506, 511, 513, 515, 521, 530
Gegenstandstheorie 43–45, 572
Gegenwärtigung 368, 400, 410
Gleichheit 36, 104–106, 113, 163, 264, 267, 303, 453–455, 459, 519, 553
Grossmann, R. 1, 11

Habitualität 150f., 393, 507, 533f.
Halluzination 1f., 9, 15, 22–24, 26–28, 187, 211, 282, 339, 360, 427, 442, 486, 493, 505, 537, 539, 541f., 544, 549
Heidegger, M. 27f., 56f., 115, 300, 547, 564, 571
Hildebrand, D. v. 494
Höfler, A. 11

Hopp, W. 10, 15, 20, 28, 31, 66, 96, 99, 114, 127, 137, 152, 165, 182f., 200, 219, 292, 334, 343, 374, 378, 403, 421, 425, 439, 494f., 497f., 515, 541
Horizont 147, 154, 177–187, 196, 243, 288, 294, 337, 385, 417, 457, 459, 484, 489, 503, 511, 513, 520f., 523, 532, 541, 544–546, 548f., 563
– aktueller 182–184, 528
– Außenhorizont 181f., 446–448, 544–548
– Innenhorizont 180f., 416, 448, 523, 545
– potentieller 534
Hume, D. 23, 104, 108, 175, 188, 191, 319, 389, 406f., 409f., 433, 469
hyle (siehe Empfindung) 384
Hylemorphismus 383, 385
Hypothese 207f., 229, 234f., 460

Ich
– empirisches 392, 394
– reines 134, 188, 386f., 391, 394f., 541
Idealismus/idealistisch 72–74, 78f., 120, 197, 304, 338, 341, 369, 440, 517, 522, 558, 570
Idealität 82, 111, 118, 121f., 124, 130, 194, 292, 317, 328f., 357, 365f., 471, 475, 477, 480–484, 531, 558f.
– freie 119–121, 123, 128, 292, 364, 476, 481, 507, 527, 533
– gebundene 97, 118, 120, 122–124, 128, 194, 259, 292, 343, 347, 357, 364–368, 377f., 439, 443, 471, 476, 482–484, 558f.
Identifikation 131, 221, 227–229, 253f., 289, 299, 304f., 331, 337, 340, 359, 372f., 423f., 443, 449, 451, 453, 463, 479, 493f., 500f., 512–518, 520–523, 525f., 528, 530f., 547, 552f., 560
Identität 24, 50, 79, 104–107, 113, 191, 219, 229–231, 241, 247, 252–254, 282, 285f., 292, 295f., 300, 312–314, 337, 369f., 372, 390f., 451, 458f., 463, 475, 477, 482, 496f., 500, 519f., 524, 530, 554
Identitätsbedingungen 107, 122, 196, 295f., 312, 483, 554
imaginabile 62–64, 82, 127, 132, 171, 242–244, 259, 273, 341, 343, 346, 401,

407, 410, 412f., 415f., 418–423, 432, 434, 442, 445, 449–452, 454, 457f., 468, 470f., 474, 483, 485, 541, 550, 558f.
Immanentismus 45f., 49, 63
Immanenz 47, 50, 76, 115, 125, 138f., 146, 152, 156, 163, 171, 173, 181, 212, 219f., 223, 226, 255, 268, 316, 322, 336, 366, 390, 393, 406, 412f., 482, 488, 507f., 511, 527, 538f., 550f., 566
Implikation (intentionale) 410, 412f.
impossibilia 44, 46, 48f., 62f., 71, 78, 82, 134, 198, 208, 250, 252, 259, 322–325, 330–332, 341, 343, 425, 474, 493, 526, 541, 558f.
Inaktualität 190, 196, 545
indexikalisch 287f., 290, 292
Infallibilität 34, 102, 138f., 173, 294
Ingarden, R. 40, 47f., 52, 60, 64, 73f., 81, 83, 91, 120, 159, 171, 194, 197, 242, 269, 337f., 363, 365, 369, 377, 439f., 442–444, 470–473, 480, 486, 553, 557, 559, 572
intensional 13, 38, 62, 80, 107, 132, 205, 257, 343, 356, 435, 485
Intentionalismus 17, 20f., 67, 166, 213, 332, 549
Intentionalität
– intrinsische 29, 40, 54, 67, 69, 79, 82, 262f., 284, 334, 338f., 341, 376, 383, 432, 436, 438, 440, 486f., 489, 513, 541, 548, 550
– phänomenale 192, 437, 565f.
– ursprüngliche 30f., 280, 356
interfiktional 198, 456
Internalismus 336, 366, 371
Intersubjektivität 39, 53, 76, 115, 200, 338, 389, 439, 483, 534f., 569
intrafiktional 198, 241, 244, 451, 456
intrasubjektiv 389, 495
intrinsisch 30–33, 80, 96, 109, 152, 256, 277, 284, 287, 318, 324, 336, 356, 478
Introspektion 21, 138, 140f., 145, 149, 166, 293f., 360, 389, 508
Intuitionismus 149, 176, 508, 527, 554, 560
Inwagen, P. v. 94

Irrealia (Irrealität, Idealität) 95–99, 101, 103, 105, 109–116, 118–126, 128–131, 176, 194, 215f., 355–357, 377, 379, 382, 410, 458, 462, 464, 470, 485, 488, 560
Irreduzibilität 65, 96, 99, 103, 108, 154f., 243, 288, 371, 445
irreell 366, 440, 524

Johansson, I. 17, 89, 468, 538
Jupiter/Zeus 64, 171, 210, 230, 241, 258, 268–270, 272f., 278, 381, 424, 459, 485

Kant, I. 73, 125, 186, 224, 386, 417, 516, 528, 531, 546, 572
kategoriale Anschauung 527
Kategorie 17, 52, 60, 87, 98, 125, 192, 194, 199, 220f., 312, 328, 365, 367, 369, 383, 394, 468, 515, 558
Kausalität 17, 118, 154f., 197, 219, 346, 422, 428f., 432–434, 436f., 441, 538
Kinästhese 157, 166, 184, 320, 416, 499
Komprehensionsprinzip 9, 45
Konstitution 19, 29, 38, 43, 51, 74, 115, 119f., 129, 137, 159, 164f., 170, 178, 261, 275f., 281, 298, 305, 308, 312, 318f., 326f., 340f., 383f., 389, 402, 420, 428, 436, 440, 451, 454, 463, 473, 476, 482, 489, 492, 496, 503, 512, 514f., 517, 524–526, 533–535, 539, 552, 568, 570
Kontinuität 419, 515, 519f.
Korrelation 76f., 131, 219, 343f., 357, 377, 379, 517, 557
Kreationismus 45, 47–49, 63, 120, 470f., 559
Kriegel, U. 2, 6, 10f., 16–18, 22, 25, 31, 38, 41, 50–52, 55, 139, 147, 174, 192, 197, 272, 278–281, 283, 287, 332, 381, 426, 437f., 441, 489, 557, 562, 565
Kulturgegenständlichkeit 443, 471–475, 477–481, 535
Künne, W. 2, 33, 36, 38, 55–57, 64, 66, 99, 103, 114, 121, 137, 173, 209f., 242f., 256, 258, 269, 272f., 312, 314f., 332, 361, 414, 447, 455, 458, 471

Lebenswelt 395, 443, 476, 542, 570

Leere 49, 71, 174, 176, 179, 185–187, 324, 327, 492
Leib 37, 161, 166, 183 f., 393–395, 416, 430, 527, 553
Lewis, D. 42, 242 f.
Logik
– freie 56, 202, 206, 557
– negative 56
Lowe, E. J. 15, 87, 99 f.

Mally, E. 44, 206, 559
Marbach, E. 66, 191, 217, 394, 402 f., 405, 408, 412 f., 456, 569
Martin, W. 39, 286, 378, 571
Materie (eines Aktes) 72, 97, 117, 168, 192 f., 195 f., 249, 262–268, 270–279, 286 f., 292, 295 f., 298 f., 302–305, 307–309, 312–319, 321, 323 f., 329, 332 f., 335 f., 345, 349, 351, 368, 373, 380, 386, 440, 443 f., 460, 466, 497, 500, 539, 547, 554, 557, 563 f., 566
Mayer, V. 74, 155, 199, 259, 297, 307, 437, 439
McDowell, J. 17, 22, 42, 116
McGinn, C. 2, 15, 31, 48, 60, 167, 179, 388, 402, 405, 408, 416, 421, 442
McIntyre, R. 11, 41, 53, 66, 130 f., 159, 177, 182, 278, 351, 356, 380, 382, 424, 446
Meinong, A. 2 f., 8, 11, 42–45, 49 f., 52, 65, 81, 132, 199, 206, 226, 238, 248, 252, 559, 572
Meinongianismus 13, 21, 42, 47–50, 109
Meixner, U. 32, 73 f., 97, 117, 143, 149, 151, 155, 394, 417, 437, 476, 478, 517
Melle, U. 460, 569
Mereologie 82–84, 195, 263, 308, 560
Modifikation 50, 92, 98, 161, 174 f., 177, 181, 190, 223, 232, 302 f., 308, 317 f., 387, 395, 398, 400, 405 f., 409, 411 f., 419, 486, 529
Mohanty, J. N. 68, 96 f., 131, 199, 243, 251, 255, 259, 310, 338, 374, 378, 402, 420, 433, 439, 458 f., 467, 517
Moore, G. E. 6, 137, 293
Moran, D. 33, 179
morphé (vs. hyle) 384

Motivation 119, 130, 144, 154, 184, 191, 346, 394, 428–430, 434–436, 441, 461, 558
Mulligan, K. 233, 289, 550

Nagel, Th. 33
Naturalisierung 41, 155, 346, 422, 429 f., 437 f., 441, 484
Naturalismus 22, 32, 425, 429, 437, 476
Negativität 3, 65, 208, 257, 259, 558 f., 561
Neutralität 59 f., 70, 136, 173, 238, 339, 395, 408 f., 415
Noema 77, 98, 123, 129–132, 168, 171, 193 f., 258, 285, 338, 342–344, 346–349, 351–357, 360, 362 f., 365–369, 371–383, 422–424, 439 f., 443, 462, 514, 531, 558
Noematheorie 82, 130 f., 193, 345, 358, 362, 377, 379–382, 439, 563
Noesis 123, 168, 258, 342, 344, 346 f., 351, 356, 364, 366 f., 374–376, 378, 380, 382–385, 439, 514
Noesis in specie 258, 344, 374 f., 378, 380, 382, 439
Non-Relationalismus 278

Ontologie/ontologisch 9, 11, 19 f., 24, 35, 39, 41 f., 47, 54, 57, 60–62, 71, 74, 82–85, 87, 95–98, 100, 105, 108, 111–113, 117, 122 f., 125, 129 f., 137, 141, 146, 155, 178, 182, 193–197, 213, 248, 252, 259, 264, 266, 279, 281, 286, 299, 309, 332, 336, 340, 343, 354, 363 f., 366, 376, 380, 382, 390–392, 428, 439, 442–444, 468, 470–473, 475 f., 485 f., 495, 508, 513, 517, 522, 547, 557, 560–562, 572
Originarität 77–79, 120, 122, 124–126, 140 f., 145, 153, 174–176, 265, 311, 368, 401, 410, 423, 473, 527, 529, 532 f., 539, 554, 565

Paradox 5, 8, 28, 40, 66 f., 198, 208 f., 211 f., 214 f., 227, 253, 336, 342, 457
Paraphrase 194, 231, 241
Parmenides 2 f., 5 f.
Parsons, T. 9, 42, 45

Passivität/passiv 125 f., 189, 191, 454
Personalität 394–396
Phänomenale Intentionalität 192, 437
Phänomenalität 24, 192
Phantasie 63, 86, 116, 127, 142, 159, 168, 170, 174 f., 177, 182, 201 f., 221, 243, 258, 261, 266, 269, 296, 301, 305, 319, 325, 329, 331, 346, 369, 396, 398, 401–413, 415–421, 423, 433–435, 441, 445 f., 448–451, 453–457, 460, 465 f., 471, 481, 485, 497, 503, 518, 569
Pitt, D. 147, 336, 562
Platon 2, 5 f., 95 f., 110, 338
Platonismus 95 f., 110, 194, 338, 560
Platons Bart 6
Poellner, P. 33, 441, 513, 541, 548
Pol 151 f., 191, 350, 383, 392 f., 513, 523, 525 f.
Positionalität 173, 238, 409, 526 f.
Potentialität 182 f., 400, 533
Prädikate
– determinierende 222, 225
– modifizierende 222, 277, 461
Propositionalismus 12–14, 310, 371
Protention 327, 515
Psychologismus 199, 204, 337, 473, 479, 564
Putnam, H. 27, 31 f., 80, 337, 364

Qualia 33, 143, 163 f., 192, 195, 384, 390, 437
Qualität (eines Aktes) 264, 266, 333
Quine, W. v. 6, 13, 51, 83, 193, 277, 279, 425, 473

Rang, B. 203, 215, 221, 312, 374, 378, 569
Realia (Realität) 72, 95–98, 102, 105, 111–118, 120–128, 133, 149, 160, 176, 179–181, 184, 194, 224 f., 237, 244 f., 248, 318, 355, 379, 410, 417, 428, 449 f., 462, 466 f., 472, 475–478, 482–486, 488, 507, 510, 525, 527, 529 f., 533–536, 538, 557, 559
Realismus 36, 55, 64 f., 96, 160, 172, 256, 259, 377 f., 470, 473, 475 f., 559
Rede
– fiktionale 256, 446, 455

– uneigentliche 220–222, 225, 332
Reduktion 155, 338, 340, 392, 440, 479, 517, 566, 568, 570
reell 75, 116, 143, 213, 215, 264, 268, 367, 552
Reflexion 1, 20 f., 83, 91, 130, 134, 137–140, 146–149, 158, 161, 164, 287, 292–294, 307, 342, 348, 350, 359 f., 389, 392, 402, 411–414, 439, 504 f., 507, 509, 511, 550, 552, 557
– noematische 350, 358
– noetische 350, 358 f., 376, 392, 507, 509
Region 60 f., 63, 84, 95, 97, 135, 187, 195, 213, 221, 343, 355, 357, 383, 397, 428 f., 462, 485, 508, 510, 525–527, 530 f., 547, 559
Reicher, M. E. 9
Reiner, H. 41, 126
reines Ich 134, 188, 386 f., 391, 394 f., 541
Relation 1, 7–14, 16–22, 24 f., 27–29, 36 f., 39, 41–43, 50–52, 54, 68–70, 74, 77, 80 f., 86 f., 90 f., 107, 113, 124, 130, 133, 154, 157, 162 f., 193, 198, 212, 214, 228 f., 237, 247, 253, 256, 271, 278, 280 f., 284, 288, 332, 334, 341, 343 f., 347, 351, 357, 360–363, 369 f., 377–382, 425, 430 f., 433 f., 436–439, 441, 446, 452, 457, 464, 467, 469 f., 488 f., 495 f., 514, 516, 536–538, 540 f., 548 f., 551 f., 554, 556, 559, 561–564
– kausale 31, 74, 436
– reale 431
Relationalismus 22, 24, 41, 48 f., 54, 68, 213, 226, 540–542, 549, 556
– mundaner 486, 490, 537, 541 f., 548 f., 564
Relationalität 17, 20–22, 27 f., 36, 49, 54, 68, 262, 487–489, 506, 536–538, 549–551
Repräsentationalismus 53, 80, 278
Retention 139, 148, 511, 515, 552
Rollinger, R. D. 238, 570
Rosado Haddock, G. E. 249, 472
Russell, B. 2, 107 f., 125, 138, 222, 226, 293, 351, 466
Ryle, G. 60 f., 66, 150, 326, 552

Sainsbury, R. M.   13 f., 55, 64, 256
Sartre, J.-P.   3, 17, 27, 65, 83, 137, 146, 148, 170, 188, 387, 397, 402, 408, 417, 419, 421, 434, 442, 474, 509, 518, 554, 558, 561, 564, 572
Schaffer, J.   95, 473
Schnieder, B.   90
Schopenhauer, A.   107
Schuhmann, K.   66, 209 f., 285, 289, 363, 568, 570 f.
Searle, J.   13, 20, 30, 38, 155, 167, 170, 265
Seele   89, 97 f., 149–151, 392–394, 423, 428, 430, 434
Seinsabgeleitetheit   366, 480, 559
Seinsheteronomie   366, 444, 559
signitiv   176, 319–322, 325, 330, 410, 498 f.
Simons, P.   45, 66, 84, 89, 99, 209, 269, 278, 342, 417, 471
Sinnesdaten   23, 160, 205
Smith, A. D.   2, 23, 41 f., 48, 55, 66, 71, 73, 79, 104, 117, 135, 140, 159, 164, 177, 179–181, 188, 282, 300, 302, 304, 344, 377 f., 427, 439, 489, 492, 504, 512, 517, 519, 523, 525 f., 532, 539, 541, 546 f., 560
Smith, B.   333, 379
Smith, D. W.   15, 17, 47, 72, 79, 83, 95, 97, 147, 155, 189, 289, 350, 354, 356, 367 f., 392, 425
Smith, Q.   166, 259, 297
Sokolowski, R.   84, 420
Soldati, G.   192, 199, 249, 289, 291 f., 351
Sowa, R.   129, 255, 358, 570
Spezies   82, 87, 97 f., 100, 102, 104–107, 110–114, 116, 124, 127–133, 143, 194, 250, 260, 264, 266, 272, 279, 285–287, 289 f., 292 f., 295, 328 f., 333, 336, 349, 351, 354, 356–362, 364 f., 367, 376, 379, 381 f., 403, 427, 468, 470, 484, 538, 540, 550, 554, 557, 562
Speziestheorie (der Intentionalität)   82, 129–131, 193, 258, 285 f., 292, 294, 333 f., 336 f., 344, 346, 351, 358–362, 364 f., 374, 378, 380–382, 425, 439, 557, 559, 562
Spontaneität   125, 183, 189, 395, 415, 422 f., 460, 515

Stellungnahme   151, 156, 301, 303, 316, 396 f., 400, 409, 434, 460
Stepanians, M.   137, 259, 310, 315–317
Stimmung   197, 300, 437, 566
Subsistenz   8, 45
substitutio salva veritate   38, 257, 553
Supervenienz   47 f., 73 f., 517
Synthesis   150, 164, 229, 299, 311, 337, 340 f., 370, 372, 391, 444, 452 f., 463, 486, 490, 495 f., 500, 514–522, 528, 530 f., 552 f., 568 f.
– diskrete   515
– kontinuierliche   518–520

tertium non datur   12, 243, 276, 458
Theaitetos   5, 17
Thesis   189, 209, 232, 234, 244, 253, 308, 311, 316, 338, 396 f., 399
Thomasson, A.   2, 9, 20, 47 f., 64, 85, 91 f., 123, 444, 471–473, 477, 480, 482 f., 486, 559
Tieszen, R.   204, 472
transfiktional   198, 455, 459, 469 f.
Transparenz/transparent   62, 109, 137, 341, 366
transzendental   18, 69, 71, 74–76, 97, 117, 130, 151, 188, 194, 338, 341, 383, 389, 403, 444, 473, 530, 533, 566, 568 f.
Transzendenz   47, 50, 70, 75 f., 79, 125, 170–172, 188, 220, 268, 290, 366, 381, 390, 393, 404, 413, 488, 528, 536, 564, 572
Traum   9, 409, 419, 442
Triftigkeit/triftig   18, 70, 76, 173 f., 219 f., 233, 255, 278, 299, 374, 429, 488–490, 504, 517, 526, 535–540, 551, 554
Tugendhat, E.   11, 13, 305
Twardowski, K.   2, 10 f., 199, 209 f., 222, 260, 379
twin earth   294, 336, 364
Typ   20, 75, 92, 100, 114, 128, 141, 145, 194, 279, 286 f., 295, 333, 336, 349, 361, 364, 378, 560, 562

Umwelt   336, 393–395, 421, 429 f., 434 f., 475, 542

Unabhängigkeit des Soseins vom Sein 8 f.,
  44, 101, 134, 206
Universalien 25, 71, 84, 88, 90, 98, 100,
  104 f., 108, 111–114, 129–131, 194, 246 f.,
  249 f., 260, 274, 286 f., 292, 333, 337,
  356 f., 364 f., 423, 425–427, 484, 486,
  507, 517, 558, 562
unzeitlich 115, 117, 122, 200, 410, 472, 475
Urimpression 139, 148, 515
Urteil
– analytisches 198, 231, 233, 248, 256
– hypothetisches 205, 208, 227, 232–235,
  238 f., 241, 243, 253, 317
– wesentliches 71, 103, 198, 232,
  244–248, 368, 403, 556

Variation 88, 97, 127, 190, 236, 244, 267,
  315, 318, 350, 570
Verbindungsrelation/Wirklichkeitsrelation
  432, 538, 554
Vergegenwärtigung 140, 368, 396, 400,
  406 f., 410–414, 502
Vermögen 40, 137, 149, 183, 186, 392, 399,
  405, 545, 554
Voltolini, A. 62, 64, 285, 472
Vorstellung
– objektive 200–202, 212, 224, 241,
  254–256, 464
– subjektive 200–202, 223, 255, 257, 336

Wahrnehmung
– immanente 138, 140, 170 f., 182, 316,
  340, 495, 500, 508–511, 536, 539, 552
– transzendente 321, 459, 539
Wert 58, 84, 97, 109, 183, 202, 237, 292,
  336, 345, 388, 397 f., 400, 478, 546,
  550, 554

Wesen
– bedeutungsmäßiges 255, 295
– erkenntnismäßiges 295
– intentionales 3, 264, 295 f., 312, 319,
  466
Wesensanschauung 527
Widerstreit 246, 421, 465, 500 f., 503, 528,
  542, 544
Willard, D. 6, 10, 19, 21, 29, 31, 33, 66 f.,
  71, 76, 83, 86, 99, 101, 114, 133, 138,
  203, 292, 333, 342, 344, 346, 350, 356,
  365, 369, 374, 376 f., 380, 439, 488,
  494
Willkür 120, 162, 240, 242 f., 255, 320, 339,
  415, 418–420, 423, 451, 457 f., 460, 471
Wirklichkeit 17, 19, 22, 26, 36, 54, 70 f.,
  78 f., 96, 102, 119, 132, 143, 174, 185,
  215, 221, 226, 240, 269, 271, 288, 304,
  331, 339, 341, 352 f., 404, 407, 410, 420,
  422, 428, 430, 433, 435 f., 455, 460 f.,
  463–466, 468 f., 473, 479, 485,
  487–489, 492, 514, 525–528, 530,
  534 f., 544, 551

Zahavi, D. 11, 71, 74, 78, 134, 137, 140, 144,
  147, 185, 192, 197, 215, 259, 344, 374,
  433, 437
Zalta, E. 2, 9, 42, 45 f., 207, 440, 559
Zeichen 5, 8, 57, 162, 167, 176, 180, 190,
  205 f., 214, 216, 218–220, 260, 319 f.,
  322, 331, 334, 566
– natürliches 32, 334, 379
Zeichentheorie (der Intentionalität) 213,
  215, 217, 220, 256, 363
Zeitbewusstsein 152, 164, 459, 515, 566,
  570

www.ingramcontent.com/pod-product-compliance
Lightning Source LLC
Chambersburg PA
CBHW070254240426
43661CB00057B/2552